W0343999

Ivvavik
Vuntut
Inuvik
Tuktut Nogait
Mackenzie Rv.
Dawson City
Great Bear Lake
YT
NWT
Yukon Rv.
5
Fort Simpson
Yellowknife
Kluane
Nahanni
Great Slave Lake
Whitehorse
Wood Buffalo
Glacier Bay
Juneau
BC
Sitka
Stewart / Hyder
AB
AK
6
4
Prince Rupert
Prince George
Edmonton
Haida Gwaii Islands
Gwaii Haanas
Jasper
3
2
Glacier
Banff
Kamloops
Calgary
Vancouver Island
Yoho
1
Waterton Lakes
Vancouver
Pacific Rim
Kelowna
Victoria

Unterwegs mit

Martin Pundt

1965 in Buxtehude geboren und hinterm Deich aufgewachsen, was früh die Sehnsucht nach der anderen Seite des Meeres weckte. Auf Schule und Studium folgten Stationen im Tourismus sowie zahlreiche Reisen in Kanadas Westen und Alaska. Mit 50 gründete er einen Westkanada-Reiseveranstalter und wollte Kunden einen Kanada-Reiseführer mitgeben. Michael Müller meinte: „Haben wir nicht – aber wir suchen gerade einen Autor ." ...

Die Sommer verbringt Martin Pundt in Kanada, oft auf dem Rad – den Winter in Deutschland, wo er schreibt, Kanada-Reisen für seine Kunden organisiert und als Dozent an der Hochschule in Ravensburg unterrichtet.

Mehr über den Autor unter www.martinpundt.de

Als mich Darin Swanson von der Haida First Nation vor einigen Jahren zu einer Potlatch-Zeremonie einlud, wollte ich natürlich wissen, wann diese beginnt. Seine Antwort: „Na, wenn alle da sind!"

Noch habe ich mein deutsches Verständnis von Zeit nicht ganz ablegen können. Aber wenn ich vorm Coffee Shop aufs Rad steige, um damit durch die Städte zu cruisen oder auf ehemaligen Bahntrassen durch Berge und an Küsten entlang zu streifen, fällt das Umschalten leicht.

Mal zieht es mich ins quirlige Vancouver, mal auf die urtümlichen Haida-Gwaii-Inseln. Der Norden am Yukon und an der arktischen Küste reizt mich auch beim vierten Mal genauso wie der Highway 3 im Süden. Beim Inselhüpfen mit den Fähren fällt jede Unruhe von mir ab, und später lasse ich den Tag bei Pazifik-Lachs und Wein aus dem Okanagan ausklingen.

Zum Kanada-Gefühl gehören für mich neben der atemberaubenden Natur die Menschen: Bei meiner letzten Reise ergab sich ein Gespräch über die Kraft des Reisens und den Austausch der Kulturen.

Dass die Schlange hinter mir länger wurde, störte dabei weder mich noch die Schlange noch ihn – den Beamten der Einreisebehörde am Airport ... Meine anschließende SMS nach Hause konnte nicht wahrer sein: „Bin gut angekommen".

Was haben Sie entdeckt?

Haben Sie ein besonderes Restaurant, ein neues Museum oder ein nettes Hotel entdeckt? Wenn Sie Ergänzungen, Verbesserungen oder Tipps zum Buch haben, lassen Sie es uns bitte wissen!

Schreiben Sie an: Martin Pundt, Stichwort „Kanada – der Westen"
c/o Michael Müller Verlag GmbH | Gerberei 19, D – 91054 Erlangen
martin.pundt@michael-mueller-verlag.de

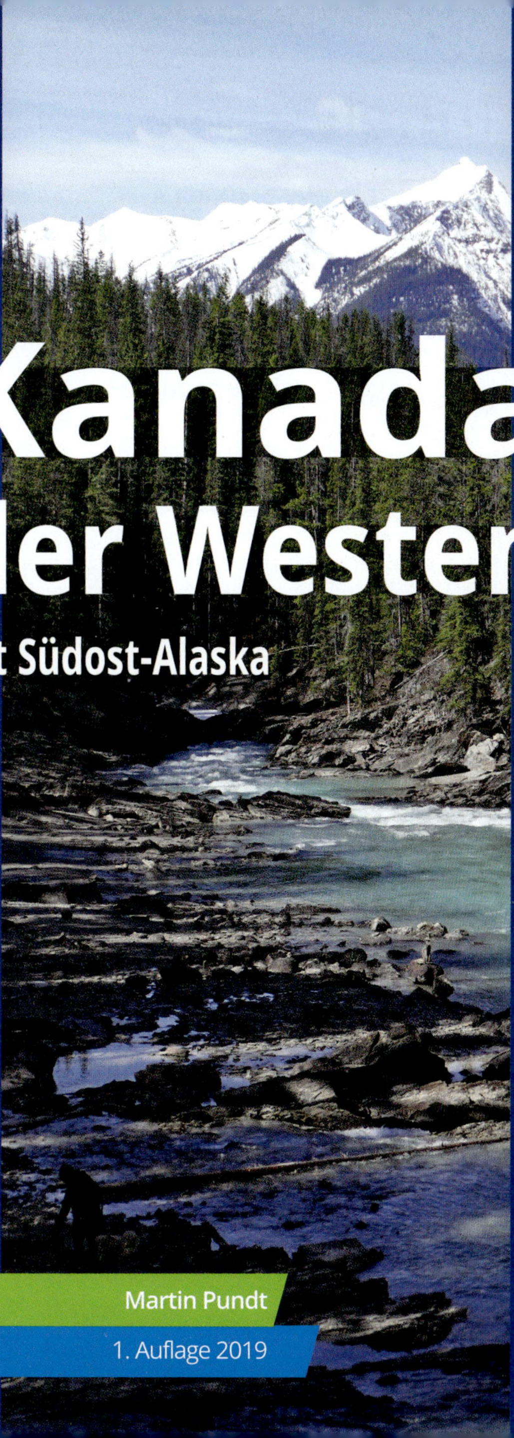

Kanada der Westen

mit Südost-Alaska

Martin Pundt

1. Auflage 2019

Inhalt

Die lebenswerte Metropole begeistert mit der einmaligen Lage zwischen Pazifik und Bergen. Kosmopolitische Entdecker, Freunde der Kunst, Outdoor-Fans und Gourmets fühlen sich hier gleichermaßen wohl.

Vancouver Island ■ 112

Alles, was Kanada ausmacht – auf einer faszinierenden Insel: hohe Berge, grüne Urwälder, wilde Küsten, charmante Städte und atemberaubende Tierwelt. Dazu traumhafte Routen zu Fuß, mit dem Rad oder Kajak.

British Columbia – das Landesinnere ▪ 234

Hochalpine Bergwelten und Kanadas einzige Wüste, unberührte Natur in abwechslungsreichen Provinzparks und Weinberge im Okanagan – die Kontraste könnten größer nicht sein im vielfältigen Herz der Provinz.

Die grandiose Natur in den Nationalparks der Rocky Mountains bietet einen aufregenden Kontrast zu den quirligen Metropolen Edmonton und Calgary, die mit Kunst, Kultur und Kulinarischem begeistern.

Unvergleichliche Roadtrips auf den Spuren der Goldsucher erschließen den ungezähmten Yukon und die Northwest Territories. Abenteurer, Naturliebhaber und Aussteiger auf Zeit machen hier ihre Träume wahr.

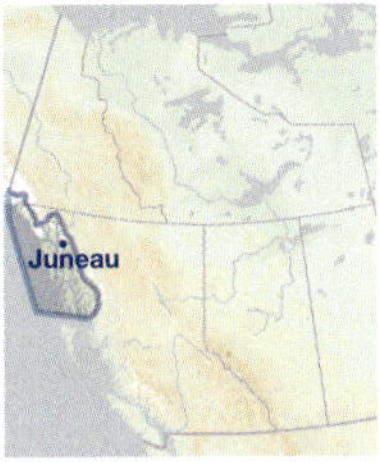

Fähren sind ideal, um im nördlichsten Bundesstaat der USA von Insel zu Insel zu hüpfen. Vor Ort mit dem Rad unterwegs, lassen sich Gletscher und Geschichte, Wale und Bären, Städte und Nationalparks entdecken und erleben.

Vancouver: Blick auf die Burrard Street Bridge und Downtown

Nachlesen & Nachschlagen ■ 654

Verzeichnisse ■ 738

Was haben Sie entdeckt?

Haben Sie ein besonderes Restaurant, ein neues Museum oder ein nettes Hotel entdeckt? Wenn Sie Ergänzungen, Verbesserungen oder Tipps zum Buch haben, lassen Sie es uns bitte wissen!

Schreiben Sie an: Martin Pundt, Stichwort „Kanada – der Westen"
c/o Michael Müller Verlag GmbH | Gerberei 19, D – 91054 Erlangen
martin.pundt@michael-mueller-verlag.de

nachhaltig, ökologisch, regional

meinTipp Die besondere Empfehlung unseres Autors

Die Virginia Falls im
Nahanni National Park Reserve

Two Jack Lake, Banff National Park

Orientiert
in Westkanada

Der Landesteil im Profil

Westkanada ist ...

Im Westen der Pazifik und die Metropole Vancouver, im Osten die Rocky Mountains und Albertas Prärie, an der Grenze zu den USA Weinbau im Okanagan Valley und hoch im Norden Wildnis und das arktische Meer – kurz: ein Paradies für Individualreisende und alle Freunde der Wildnis.

- 3,4 Mio. km² Fläche (Deutschland 357.000 km²)
- Einwohner: 8,8 Mio. (Deutschland 83 Mio.), etwa 70 % davon in den drei Ballungsräumen Vancouver, Calgary und Edmonton
- Ost-West Ausdehnung: 1.494 km
- Nord-Süd-Ausdehnung: 2.478 km
- Zeitzonen: 3

... vielfältig

Die faszinierende Tier- und Pflanzenwelt, beeindruckende Landschaften und lebendige Metropolen machen Westkanada zu einem echten Traumziel. Mindestens zwei, besser drei Wochen sollte man sich schon nehmen, um sowohl die Natur als auch eine der großen Städte ausgiebig zu entdecken und zu erleben

... ein Ziel für Individualisten

Die Entfernungen sind groß, aber Straßen und Unterkünfte sind gut und auf Individualreisende ausgelegt: Viele europäische Urlauber entdecken Westkanada per Mietwagen oder Wohnmobil. Hotels und Motels, Campingplätze und Supermärkte sowie Restaurants finden sich überall entlang der Highways. Die großen Städte verfügen über öffentliche Verkehrsmittel und ausgedehnte Radwegnetze – vor allem Vancouver und Victoria lassen sich ideal per Rad entdecken

... ideal für aktive Naturliebhaber

Tausende von Wander- und Radwegen in den Bergen, die Inselwelten an der Küste und die Seen im Landesinneren machen Westkanada zum Traumziel für Wanderer, Radfahrer, Kajakfahrer und Kanuten – planen Sie unterwegs ausreichend Zeit ein, um das Land unmittelbar zu erleben.

... verschieden

Von Meereshöhe bis auf fast 6.000 Metern am Mount Logan finden sich zahlreiche Vegetations- und Klimazonen. Die feuchten Regenwälder prägen die Küste, während das trockene Zentralplateau nur wenig Niederschlag abbekommt. Baumriesen am Pazifik, Weinbau im Okanagan und im Norden die weite Tundra: Das Land ist überraschend vielfältig.

... ein Sommerziel

Die beste Reisezeit ist zwischen Ende Mai und Anfang September. Das Wetter ist dann fast überall ähnlich dem in Mitteleuropa (also auch sehr warm im Sommer!), und alle touristischen Einrichtungen sind geöffnet. Am teuersten sind Reisen im Juli und August. Die Städtereiseziele Vancouver, Calgary und Edmonton lohnen sich ganzjährig.

... das "bessere Amerika"

Die Kaufkraft ist höher, die Kriminalität deutlich niedriger, die Menschen sind freundlicher, und die Landschaften sind oft noch beeindruckender als beim südlichen Nachbarn USA.

... kosmopolitisch

Multikulti hat in einem Einwanderungsland Tradition. Das bunte Vancouver gilt als eine der lebenswertesten Städte der Welt: Spektakulär zwischen Pazifik und Küstengebirge gelegen, trifft in Kanadas Schmelztiegel Kultur auf Kulinarik, Landschaft auf Lifestyle, Asien auf Europa. Calgary lockt mit Cowboy-Historie, Edmonton mit Kultur und Shopping – alle drei Städte lohnen mehrtägige Aufenthalte, um Geschichte und Gegenwart der westkanadischen Zentren zu entdecken. Alle drei sind per Flug nonstop aus Westeuropa erreichbar und somit ideale Startpunkte für Kanadas Westen.

... stellenweise voll

Banff und Jasper in Alberta, Tofino und Whistler in British Columbia: Die faszinierenden Landschaften und Tierwelten in den bekannten großen Nationalparks ziehen jährlich Hunderttausende an. Auf den Zufahrtsstraßen und in den Städten wird es dann voll, und ohne Reservierung geht nichts. Aber: Immer sind es nur wenige Schritte weg von den Menschen, hinein in die unberührte Natur, und das gilt in der Regel wortwörtlich.

... auch abseits der Top-Ziele sehenswert

Der Yukon und die Northwest Territories bieten einsame Road Trips an die arktische Küste sowie spektakuläre Natur im Nahanni Nationalpark und den Tombstone Mountains. Noch wenig besucht sind die Haida-Gwaii-Inseln, der Great Bear Rainforest und der Cassiar Highway, alle in British Columbia – unmittelbare Begegnungen von Mensch und Natur sind hier garantiert. Im kaum besuchten Südosten Albertas bieten zahlreiche Provinzparks fossile Erdgeschichte und Felsmalereien der Ureinwohner.

Gemeinsam & draußen

Westkanada mit der Familie

Kanadas Westen und Südost-Alaska sind ideale Ziele für Familien mit Schulkindern oder Jugendlichen. Je besser die Englischkenntnisse der Kinder sind, desto mehr werden sie am Urlaub aktiv teilhaben können. Längere Autofahrten wird der Nachwuchs aber ab und zu absolvieren müssen.

Kanada steht im Sicherheitsranking noch vor Deutschland. Sowohl Familien als auch allein reisende Frauen können sich sicher fühlen. Vor allem Autofahrer sind sehr viel rücksichtsvoller als zu Hause. Dennoch sollte man den gesunden Menschenverstand einschalten und Kinder nicht unbeobachtet lassen.

Nehmen wir die Kinder mit?

Das Land ist ideal, um Kinder und Jugendliche für die Natur zu begeistern und in der Familie Einzigartiges zu erleben: Gemeinsam das Abendessen erst angeln und dann über dem Lagerfeuer grillen – das schafft verbindende Erlebnisse. Lange Autofahrten und lange Wanderungen jedoch können jüngere Kinder überfordern – das sollte bei der Planung berücksichtigt werden. Faustregel: Sobald die Kinder passabel Englisch sprechen, haben sie Spaß daran, die Umgebung zu entdecken, Hinweisschilder und Speisekarten zu übersetzen und auch mit anderen Kindern ein Gespräch anzufangen.

Familienfreundliche Highlights

Mehrere Sehenswürdigkeiten im kanadischen Westen kombinieren ein historisches Freilichtmuseum mit den Attraktionen eines Vergnügungsparks, z. B. der **Heritage Park** in Calgary oder **Fort Edmonton Park** – lohnend für jedes Familienmitglied. In größeren Städten gibt es **Hands-on Experiences** – Anfassen ist ausdrücklich erlaubt, z. B. in Aquarien oder Wissenschaftsmuseen, so dass sich auch ein Regentag gut gestalten lässt. Unterhaltung bringen große **Themenparks** wie Galaxyland (Edmonton), Calaway Park (Calgary) und Playland (Vancouver) sowie **Hochseilgärten, Ziplining-Parks** und ähnliche Attraktionen entlang der Hauptrouten.

Unterkünfte

Viele Hotels und Motels bieten gegen geringen Aufpreis Zimmer mit zwei **Queensize-Betten:** Platz genug für vier – allerdings gibt es meist nur eine große Decke pro Bett ... Seltener finden sich **Family Suites,** bei denen sich zwei Schlafzimmer ein Bad teilen – diese muss man vorausbuchen. **Resort Hotels** in den wichtigsten Urlaubsorten sind zwar auf längere Aufenthalte eingestellt; Animation und Kinderbetreuung sucht man dennoch vergebens ... Gut zu wissen: zum Teil dürfen aus Haftungsgründen Kinder unter 16 ohne Eltern nicht in den Hotel-Pool.

Volljährig oder nicht?

Jede Provinz regelt Autofahren, Alkoholgenuss o. Ä. unterschiedlich. So dürfen z. B. in British Columbia erst 19-Jährige Alkohol trinken und eine Bar betreten. Bis dahin heißt es für die ganze Familie: Ab ins Family Restaurant bei Saft und Wasser ... Wer unter 21 ist, darf keinen Alkohol ins Land bringen und sollte – auch wenn man nach deutschem Recht volljährig ist – eine englischsprachige Erlaubnis der Eltern mitführen, wenn er ohne sie unterwegs ist. Wenn nur ein Elternteil mit dem Nachwuchs reist, empfiehlt sich sogar eine notariell beglaubigte Erlaubnis des anderen Elternteils.

Mit Wohnmobil oder Auto

Wer auf vier Rädern unterwegs ist, bucht mit der Familie am besten ein, zwei Nummern größer als unbedingt nötig: Es ist ein tolles Erlebnis, mit dem Wohnmobil in die Nationalparks zu fahren, dort zu campen und abends am Lagerfeuer zu sitzen – aber all zu oft wurde es schon getrübt, weil der Stauraum im Fahrzeug nicht für Gepäck und Lebensmittel ausreichte, oder weil es an Rückzugsmöglichkeiten fehlte. Ebenso hat es sich bewährt, die Aufgabenverteilung schon im Vorfeld abzustimmen – im Familienurlaub sollten auch mal andere ran beim Kochen und Abwaschen. Für Regentage empfiehlt sich ein Spiele-Set oder ein Kartenspiel im Gepäck – die gehören nicht zur Standardausstattung der Campmobile oder Hotelzimmer.

Kinderermäßigung?

Günstig ist Kanada nicht: Kinder ab 6 Jahren zahlen zwar bis zum 12., 14. oder 16. Lebensjahr oft einen Kinderpreis – doch liegt der meist bei 60–80 % des Normalpreises. Auch Familientickets kosten deutlich mehr als die Eintritte für zwei Vollzahler. Bei öffentlichen Verkehrsmitteln sieht es kaum anders aus, und Kinderteller stehen meist nur in Family Restaurants auf der Karte – dann aber in sehr überzeugender Weise und in großer Auswahl.

Familienfotos

Wer mit Kamera oder Smartphone Fotos von spielenden Kindern macht, sollte vorsichtig sein – andere Eltern reagieren schnell empfindlich, wenn der eigene Nachwuchs beim Sandburgenbau am Strand mit auf dem Bild ist. Daher besser vorher fragen.

Küsten, Seen und Flüsse

Am und auf dem Wasser

Wilde Küsten, liebliche Seen, tosende Wasserfälle und eisblaue Gletscher: Wasser prägt in jeder Form das Land. Egal ob mit dem Fährschiff oder Ausflugsboot, per Kanu, Kajak oder Surfbrett: Nur vom Wasser aus erlebt man die einmalige Natur in allen Facetten.

- 187.528 km Küstenlinie besitzt Westkanada.
- Der Great Bear Lake ist größte See, der Great Slave Lake der tiefste.
- Der 3.120 km lange Yukon war bis in die zweite Hälfte des 20. Jh. die wichtigste und oft einzige Verkehrsader im Norden.
- Der Columbia River deckt mehr als 90 % des Energiebedarfs von ganz British Columbia.

An Bord

Die Gesellschaften BC Ferries und Alaska Marine Highway erschließen die Pazifikküste von Seattle bis hinauf zu den Alëuten – von kurzen Überfahrten bis hin zu mehrtägigen Reisen. Inside Passage und Discovery Coast Passage in B.C. sowie die Wrangell Narrows und die Fahrt nach Sitka in Alaska sind absolute Reise-Höhepunkte. Schon wer "nur" mit der Fähre nach Vancouver Island übersetzt, bekommt einen bleibenden Eindruck. Zahlreich sind die Kreuzfahrtanbieter – von kleinen Schiffen für 100 Aktivurlauber bis hin zu den großen Pötten, die schon mal 4000 Gäste gleichzeitig in Ketchikan oder Juneau an Land setzen.

Im (nicht mehr) ewigen Eis

Trotz Klimawandel: Der Icefields Parkway in Albertas Rocky Mountains ist nach wie vor mit Dutzenden von Gletschern eine der eindrucksvollsten Bergstraßen der Erde. Der Glacier Bay National Park bietet täglich das Spektakel der Tidewater Glacier – Gletscher, die direkt ins Meer kalben. Die Eismassen des Kluane National Parks im Yukon Territory bilden das größte Eisfeld außerhalb der Polarregionen. Die bis zu 60 km langen Gletscher lassen sich am besten aus der Luft entdecken. Bequem mit dem Auto erreichbar sind dagegen der Bear Glacier und der Sawyer Glacier an der Grenze von B.C. zu Alaska.

Mit Kajak und Kanu

Am Lake Louise und am Moraine Lake kann man auf dem Kanu dem Andrang am Ufer entgehen und die Bergwelt vom Wasser aus bestaunen. Die Provinzparks Wells Gray und Bowron Lake erlauben sogar mehrtägige Touren. In den geschützten Buchten am Pazifik lassen sich Vancouver, Victoria, Tofino und

andere Orte gut vom Wasser aus erkunden. Die Broughton Strait und die Broken Group Islands sind ideale Reviere für mehrtägige Fahrten. Hoch im Norden ist ein Kanu-Trip auf dem Yukon für viele ein Höhepunkt ihrer Reise; vom halben Tag bis 14 Tage ist alles möglich. Egal ob Kanu (Seen und Flüsse) oder Kajak (Küste): Beide Bootstypen sind auch für Anfänger geeignet – die unvergleichlichen Eindrücke bleiben länger als der Muskelkater ...

Im Regenwald

Das einzigartige Öko-System des gemäßigten Regenwaldes an der Küste braucht ganzjährig viel Niederschlag. Zwar fällt der meiste Regen im Winterhalbjahr, doch kann es auch im Sommer mehrere nasse Tage am Stück geben – Regenjacke und wasserfeste Schuhe gehören daher genauso ins Gepäck wie Sonnenschutz. Von Mai bis September sind die Morgen an der Küste oft neblig – recht zuverlässig dringt am Nachmittag die Sonne durch.

Petri Heil!

Angeln und Fischen sind Volkssport: Kaum ein Hafen, kaum ein Fluss ohne Angler. Es gibt zahlreiche Vorschriften, welche Fische wann, wo, mit welchen Ködern und in welcher Zahl gefangen werden dürfen. Die Infos dazu holt man sich mit der Angellizenz in jedem Sportgeschäft oder man geht gleich mit einem einheimischen Führer auf Tour.

Wasserfälle

Hohe Berge, reißende Flüsse, viel Niederschlag – mehr brauchte die Natur nicht für gewaltige Wasserfälle. Einige sind nur schwer zugänglich, wie die 440 Meter hohen Della Falls auf Vancouver Island oder die nur per Flugzeug erreichbaren mächtigen Virginia Falls im Nahanni National Park. Helmcken Falls (Wells Gray Provincial Park), Athabasca Falls (Jasper National Park), Takakkaw Falls (Yoho National Park) und Shannon Falls (bei Squamish) lohnen vor allem im Frühsommer jeden Umweg. Die Northwest Territories verbinden ihre sehenswerten Katarakte sogar auf einer eigenen Straße, der Waterfalls Route.

Mit dem Wasserflugzeug

Moderne Seaplanes verbinden die Häfen von Vancouver und Victoria und bieten an allen wichtigen Orten auch Rundflüge an. Je weiter man nach Norden kommt, desto mehr dominieren robuste Oldtimer. Die oft über 50 Jahre alten, aber bestens gepflegten Maschinen versorgen auch entlegene Siedlungen, Lodges und Camps. Fast alle nehmen auf diesen Arbeitsflügen zahlende Passagiere mit, die so die Wildnis authentisch und auf einmalige Art und Weise erleben.

Indigene Kulturen

First Nations, First Peoples

So abwechslungsreich wie das Land, so vielfältig sind auch die indigenen Völker: First Nations, Inuvialuit, Métis – nirgendwo sonst in Nordamerika lassen sich Geschichte und Kultur besser entdecken dank einer Fülle von Museen, touristischen Programmen und Begegnungen in den einzigartigen Kulturstätten.

Alleine in British Columbia leben heute 200.000 Nachfahren der Ureinwohner – in 198 Stämmen, die 30 Sprachen und 60 Dialekte sprechen.

Auch in den anderen Regionen bietet sich ein buntes und vielfältiges Bild: Jeder Stamm hat seine eigene Geschichte, seine eigenen Traditionen.

Warum „First Nations"?

Sie nennen sich „First Nations", auch „Indigenous People" oder „Aboriginals" – die Eingeborenen, die Ureinwohner, aber niemals „Indians". Diesen Indianer-Begriff sollte man unbedingt meiden, wenn man über sie und mit ihnen spricht - jene, die seit mehr als 7000 Jahren dieses Land besiedelt und an den Küsten vielfältige Kulturen geschaffen haben. Sie bauten hochseetaugliche Kanus und gewaltige Langhäuser, schufen einzigartigen Schmuck und Masken, betrieben Ackerbau und Fischfang sowie die Jagd auf Büffel, Robben und Karibus.

First Nations oder First Peoples (in Alaska) ist Ausdruck eines wiedererwachten Selbstbewusstseins: Wir waren zuerst da und sind nicht nur ein Stamm, sondern erheben Forderungen, über unseren traditionellen Lebensraum souverän bestimmen zu können – eben als Nation und nicht nur als Volksgruppe.

Inuit, Inuvialuit und Métis

Neben den First Nations und First Peoples spielen die Inuit der arktischen Küste eine wichtige Rolle: Die Inuvialuit leben in der westlichen Arktis. Die Métis dagegen sind als Ethnie vor allem in Alberta heimisch. Sie sind Nachfahren europäischer Pelzhändler – insbesondere aus Frankreich, England und Schottland – und Frauen indigener Abstammung.

200 dunkle Jahre

Ende des 18. Jh. begann der Siegeszug der Europäer, bis zum Ende des 20. Jh. war die Jahrtausende alte Lebensweise durch Krankheiten und Kriege, Umsiedlung und Umerziehung fast ausgelöscht. Erst 1996 schloss Kanadas letzte „Residential School" – Internate zur

Umerziehung der indigenen Kinder, um "das Indianerproblem zu lösen", so die einstige staatliche Leitlinie. Erst seit den 90ern haben die Regierungen in Ottawa und den Provinzen umgesteuert: Die alten Sprachen und Traditionen werden wieder gelehrt, Kulturschätze wurden zurückgegeben und neue Museen gebaut sowie mit staatlicher Förderung zahlreiche touristische Programme geschaffen. So lernen die Jungen wieder die Sprache der Ältesten und für viele von ihnen ist jetzt der Lachsfang interessanter als ein Computerspiel, eine Aufgabe als Guide für Wanderer und Kanuten attraktiver als ein Schreibtischjob in der Stadt.

Erstes Kennenlernen

Die exzellenten Provinzmuseen Royal BC in Victoria und Royal Alberta in Edmonton bringen Außenstehenden alle wichtigen Aspekte der indigenen Ethnien nahe. Die größten kulturellen Schätze finden sich in Vancouvers Völkerkundemuseum MOA sowie im Sheldon Jackson Museum in Sitka. Ebenso lohnend ist ein Besuch in einem der vielen, oft staatlich geförderten Kulturzentren der First Nations – die besten finden sich in Alert Bay, Dawson City, Ketchikan, Skidegate (Haida Gwaii) und Whistler.

Kulturen erleben

Mehr als 170 Angebote listet die Vereinigung indigener Tourismusanbieter. Alle sind „export-ready", wie es in der Touristikbranche heißt, also den Erwartungen der zahlenden Besucher entsprechend: In früheren Jahren kam es schon mal vor, dass der Guide zu einer Führung nicht erschien, weil das Wetter an dem Tag überraschend ideal zum Fischen war ... Das geschieht heute nur noch in Ausnahmefällen. Wer sich unvoreingenommen auf neue Erfahrungen und Sichtweisen einlässt, profitiert immer davon. Fast alle Touren und Programme gehen über übliche Ausflüge hinaus und vermitteln tiefe Einblicke in die jahrtausendealten Kulturen und Traditionen. Gerade Tierbeobachtungen gestalten sich mit einheimischen Führern oft viel intensiver.

First Nations als Gastgeber

Einmalige Erlebnisse bieten Wildnis-Lodges wie die Spirit Bear Lodge in Klemtu oder die beiden Top-Unterkünfte auf dem Haida-Gwaii-Archipel, das Haida House in Tllaal und das Ocean House in Stads K'uns GawGa. Günstiger, aber ähnlich komfortabel und authentisch übernachtet man im Kwa'lilas Hotel in Port Hardy. Die Ruhepole der indigenen Kultur finden sich mitten im Zentrum Vancouvers mit der Skwachàys Lodge, aber auch weitab des Straßennetzes im Yukon im Zwei-Zelte-Camp Shakat Tun der Familie Allen.

British Columbia und Alberta

Routen im Süden

Die kanadischen Provinzen Alberta und British Columbia bieten mehr Sehenswertes, als sich in einem einzigen Urlaub abdecken lässt. Für die hier beispielhaft zusammengestellten Routen ist jeweils etwa eine Woche zu veranschlagen. Sie lassen sich leicht zu einer mehrwöchigen Reise kombinieren.

Per Flugzeug aus Europa

Direkt angeflogen werden die Airports von Calgary, Edmonton, Seattle und Vancouver.

Städtetour Vancouver – Whistler – Victoria

Die drei Top-Städte im Westen lassen sich gut ohne Mietwagen entdecken: Drei Tage in der Pazifik-Metropole Vancouver reichen für die Downtown, die North Shore und die Gegend südlich des False Creek. Mit dem Bus weiter zum Olympiaort Whistler mit seiner bestens erschlossenen Bergwelt. Per Wasserflugzeug von dort nach Victoria auf Vancouver Island, der Provinzhauptstadt von British Columbia, zum Whale Watching, auf Craft-Beer-Tour oder ins großartige Royal BC Museum. Zurück dann per Fähre durch die Inselwelt der Gulf Islands. → Karte/magenta

Vancouver Island und die Sunshine Coast

Eine Insel mit allem, was Kanada ausmacht: Wilde Küsten und hohe Berge, Wale und Bären, Geschichte und Natur. Je zwei Tage in Victoria und im Outdoor-Mekka Tofino braucht man für die Höhepunkte, der Reisetag dazwischen bietet viel Abwechslung. Im Inselnorden lassen sich Wale und Bären beobachten und in Port Hardy legen die Küstenfähren ab. Wer nicht so weit reisen will, nimmt in Comox die Fähre nach Powell River und reist in zwei Tagen entlang der Sunshine Coast zurück nach Vancouver. → Karte/lila

Haida Gwaii

Unberührte Natur und alte Kultur der Haida First Nation: Der mystische Gwaii Haanas National Park, aber auch der Naikoon Park mit seinen Traumstränden und das Haida-Kulturzentrum lohnen den Besuch. Wer per Fähre oder Flug anreist, findet vor Ort Mietwagen und Camper. → Karte/hellblau

Die Nordrouten

In zwei Tagen kann man von Vancouver zu den Rocky Mountains durch-

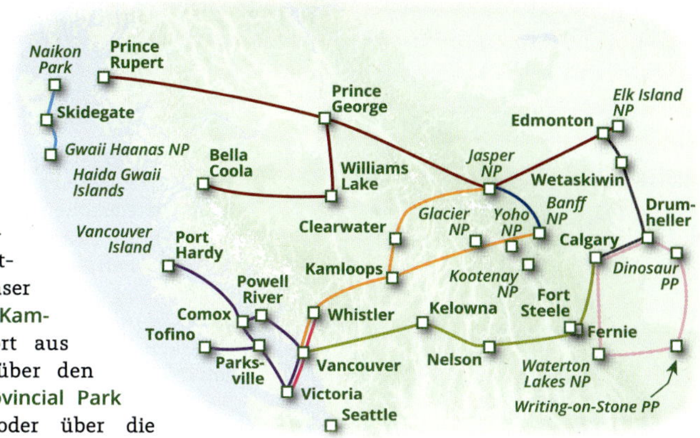

fahren – und dabei viel verpassen. Empfehlenswerter sind die Strecken über Whistler oder den Fraser Canyon nach Kamloops. Von dort aus gelangt man über den Wells Gray Provincial Park nach Jasper oder über die Nationalparks Mount Revelstoke, Glacier und Yoho nach Banff – eine Menge eindrucksvolle Natur für eine Woche. → Karte/orange

Die Südroute

Die Weinbauregion Okanagan und die aus der Zeit gefallenen Städte Nelson und Fernie sind Höhepunkte der Route durch den Süden British Columbias. Mit zahlreichen Seen, einzigartigen Museen und der Westernstadt Fort Steele eine abwechslungsreiche Alternative zur Nordroute. → Karte/grün

Die Rockies

Berge, Gletscher, Wasserfälle, türkisblaue Seen – Postkarten-Kanada entlang dem Icefield Parkway. Die Kehrseite: Unterkünfte sind knapp und teuer; die Staus im Sommer legendär. Doch wer frühmorgens die schönsten Plätze genießt und tagsüber auf einsamen Wegen wandert, kann auch heute noch eine wunderschöne Bergwelt erleben. Die Nationalparks Jasper und Banff sind die Hauptziele, aber auch Abstecher in die Parks Yoho und Kootenay lohnen. → Karte/dunkelblau

Albertas Süden

Die vielfältige Region rückte erst seit Kurzem in den Fokus: Der Waterton Lakes National Park ist bereits kein Geheimtipp mehr. In den Provinzparks Writing-on-Stone und Cypress Hills wird die Kultur der Ureinwohner lebendig. Der Dinosaur Provincial Park und Drumheller sind das Ziel für Fossilienfreunde aus der ganzen Welt. → Karte/rosa

Von Calgary nach Edmonton

Die beiden größten Städte Albertas konkurrieren im Kampf um die Gunst der Urlauber. Je zwei, drei Tage lassen sich abwechslungsreich mit Kultur, Natur und Geschichte gestalten. Auf dem Weg liegen das an Museen reiche Wetaskiwin und der Boomtown Trail im ländlichen Osten der Provinz. → Karte/grau

Yellowhead Highway

Die historische Route verbindet Edmonton mit dem Pazifik. Das neue Royal Alberta Museum alleine lohnt schon den Besuch in der Hauptstadt Albertas, ebenso der Abstecher zum Elk Island National Park und dem ukrainischen Dorf. Der Jasper National Park ist Höhepunkt auf der Fahrt nach Westen; Prince George und Prince Rupert sind ebenso einen Aufenthalt wert wie das Bella Coola Valley – die Distanzen zwischen ihnen sind aber groß. → Karte/dunkelrot

Yukon, Südost-Alaska, NWT

Routen im Norden

Der spärlich besiedelte Norden Westkanadas und Südost-Alaska bieten Einmaliges: Wale und Wälder, Bären und Berge, Gletscher und Goldrausch – und alles in unverfälschter Form. Doch das gibt es nicht geschenkt. Die Distanzen sind lang, die Kosten hoch, die Reisezeit kurz.

Achtung, Zeitfenster!

Die Saison im kanadischen Norden dauert nur von Mitte Juni bis Anfang September. Buchungen sind also obligatorisch.

Dempster Highway

Der letzte große Road Trip Amerikas hat 2017 eine Fortsetzung an die arktische Küste erhalten – über 800 km raue Schotterpiste durch wilde, menschenleere Landschaft. Hier gilt: Der Weg selbst ist das Ziel. Dawson City, der Tombstone Territorial Park sowie jenseits des Polarkreises Inuvik und Tuktoyaktuk lohnen ein bis zwei Übernachtungen. **Reservetage einplanen!** Reifenpannen und extremes Wetter können den Reiseplan beeinträchtigen. → Karte/hellblau

Yukon Gold

Dawson City und die Goldfelder des Klondike wurden durch Jack London und Robert Service literarisch unsterblich gemacht und haben nichts von ihrer Anziehungskraft verloren: Die alten Gebäude in Dawson und die Goldfelder mit ihren Schürfgerätschaften lassen die Vergangenheit wieder aufleben. Kombiniert mit dem oberhalb der Baumgrenze verlaufenden **Top-of-the-Word-Highway** und der Rückfahrt auf dem Alaska Highway entlang des Kluane Nationalparks ergibt sich eine **einmalige Rundreise** ab und bis Whitehorse. → Karte/lila

Golden Circle

Die nur 600 km lange Rundreise bietet eine der wohl **schönsten und abwechslungsreichsten Routen im Norden.** Whitehorse, die lebendige Hauptstadt des Yukon, bietet Sehenswertes für mehrere Tage, wie z. B. das MacBride Museum und den Raddampfer „SS Klondike". Haines Junction am Kluane National Park, Haines mit seiner einzigartigen Lage sowie Skagway als Zentrum des Klondike-Goldrausches reizen mit Gletschern und Geschichte, Natur und Kultur. Ein Abstecher von Haines zum **Glacier Bay National Park** gehört ebenfalls auf den Reiseplan. → Karte/orange

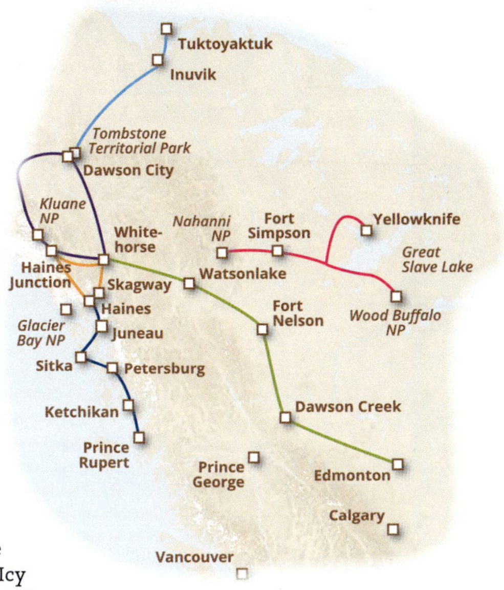

Inside Passage

Gut 50 Stunden benötigen die Blue Canoes der staatlichen Fährgesellschaft von Prince Rupert nach Skagway. Unterwegs sollte man in Ketchikan stoppen und die Geschichte der Tlingit First People kennenlernen sowie die Fahrt durch die Wrangell Narrows genießen: Am Ende dieser Passage liegt Petersburg, das Zentrum der Fischerei in Alaska. In Juneau beeindrucken der Mendenhall Gletscher und der Blick vom Mount Roberts, aber auch die Wale in der nahe gelegenen Icy Strait. Wer noch Abstecher nach Sitka oder in den Glacier Bay National Park plant, sollte für einige Strecken aufs Flugzeug umsteigen, sonst reicht eine Woche nicht für Alaskas Panhandle.
→ Karte/dunkelblau

Alaska Highway

Durchgehend asphaltiert und in gutem Zustand: Fahrtechnisch ist der Alaska Highway mittlerweile für jede/n machbar. Doch die Relikte aus der Frühzeit dieser Verkehrsachse – teils in Museen, teils am Straßenrand vor sich hin rostend – laden ebenso zu zahlreichen Zwischenstopps ein wie die Tierwelt links und rechts des Highways. Noch gibt es kleine Lodges und private Restaurants, die an die Glanzzeit des Highways erinnern. Wanderwege und urtümliche heiße Quellen runden einen nach wie vor grandiosen Road Trip ab.
→ Karte/grün

Höhepunkte der Northwest Territories

Yellowknife, die vielfältige Hauptstadt der NWT mit einem faszinierenden Parlament und einem großartigen Museum, ist Ausgangspunkt für eine Reise durch die Taiga des Nordens. Die Waterfalls Route verbindet den gewaltigen Great Bear Lake entlang wilder Flüsse mit dem Wood Buffalo National Park, der neben Bisons auch viel einzigartige Landschaft zu bieten hat. Höhepunkt jeder Reise in die NWT dürfte der spektakuläre Nahanni National Park sein, der mit seinem tiefen Canyon und den gewaltigen Virginia Falls am besten per Flug von Fort Simpson aus erreichbar ist.
→ Karte/magenta

Was geplant werden muss?

Mietwagen oder Wohnmobile am besten langfristig buchen!

Anreise am besten per Flugzeug von Frankfurt nonstop nach Whitehorse oder mit Umsteigen nach Yellowknife, Juneau und Inuvik (per Mietwagen aus dem Süden sind es zwei Tage reine Fahrzeit von Vancouver bis Dawson Creek oder von Edmonton nach Hay River).

Alaska Highway: Soldier's Summit am Kluane Lake

Unterwegs

in Westkanada

Vancouver und Umgebung (B.C.)

Vancouver gilt zu Recht als eine der lebenswertesten Städte der Welt mit Stränden mitten in der Stadt und den Bergen vor der Haustür. Dazu kommen die weltoffene Bevölkerung, die Museen mit Weltruf, die Parks und die vielseitige Kultur- und Gastro-Szene.
Der Olympia-Ort Whistler, die beschaulichen Gulf Islands und die abwechslungsreiche Sunshine Coast liegen direkt vor den Toren der Stadt und sind auch als Tagesausflug erreichbar.

- Die Metropolregion Vancouver zählt etwa 2,5 Mio. Einwohner.
- Whistler – 125 km bzw. 90 Autominuten nördlich – hat nur 10.000!

Für Vancouver und das Umland sollte man sich drei Tage Zeit nehmen – einen für die Downtown und den Stanley Park, einen weiteren für die North Shore. Am dritten Tag bieten dann Kitsilano und der False Creek mit Granville Island zahlreiche Erlebnisse.

Jeweils zwei Tage kann man für Whistler, die Sunshine Coast und mindestens eine der Gulf Islands einplanen. Der Olympiaort punktet mit spektakulärer Seilbahn und Museen, die Küste und Inseln mit Kunst und Kulinarik.

Was anschauen?

Vancouver: Der Canada Place am Coal Harbour ist ein guter Startpunkt für den Bummel am Wasser entlang zum Stanley Park. Die schöne Parkanlage mit zahlreichen Attraktionen erkundet man am besten per Rad oder Kutsche. In North Vancouver finden sich stark besuchte Touristenfallen wie der Capilano Suspension Bridge Park, dabei gibt es ebenso eindrucksvolle Provinzparks direkt vor der Stadt. Bei schönem Wetter lohnt die Auffahrt auf den Grouse Mountain. Im Süden, westlich von Kitsilano mit dem längsten Pool Kanadas, genießt das Völkerkundemuseum MOA zu Recht Weltruf. Die Strände an der English Bay, die Szene-Viertel Gastown, Granville Island und entlang des False Creeks sind Hauptziele für die Abende. → **S. 30**

Squamish: Zwischen Vancouver und Whistler liegt der Ort mit den herrlichen Wasserfällen Shannon Falls und Brandyvine Falls sowie dem Granitmonolithen Stawamus Chief und der Sea to Sky Gondola. In der Britannia Mine erlebt man die Bergbaugeschichte der erzreichen Provinz B.C. → **S. 71**

Whistler: Im Olympiaort geht es hoch hinaus. Die Peak 2 Peak Gondola zählt zu den spektakulärsten Seilbahnen der Welt. Am Whistler Mountain und im Tal liegen eine Vielzahl traumhafter Wander- und Radwege. Das Audain Art Museum und das Squamish Lil'Wat Cultural Centre lohnen sich sogar bei schönem Wetter. → S. 77

Southern Gulf Islands: Zwischen Vancouver und Vancouver Island liegen zahlreiche Inseln – die größeren sind per Fähre erreichbar. Die vielleicht schönste und vielfältigste ist **Salt Spring Island.** Am besten besucht man sie an einem Samstag, wenn der sehenswerte Farmers Market stattfindet. Die geschützten Gewässer und zahlreiche Provinzparks an den Küsten sind ideal für Kajaktouren. Kommt man abends wieder an Vancouvers Fährhafen Tsawwassen an, ist der Night Market in **Richmond** „Pflicht" auf dem Rückweg in die Stadt. → S. 83

Sunshine Coast: 20 Minuten nordwestlich von Vancouver liegt der Fährhafen von **Horseshoe Bay,** von dem man an die **Lower Sunshine Coast** übersetzen kann – eine weitere Fähre erschließt dann noch die **Upper Sunshine Coast.** Beide liegen im Regenschatten Vancouver Islands und machen ihrem Namen meist alle Ehre: Kleine, verträumte Städte wie Gibsons und Powell River, aber auch faszinierende Wanderwege wie der Sunshine Coast Trail lassen sich so ideal genießen. → S. 94

Was essen und trinken?

Hier dominiert die **West Coast Cuisine:** Fleisch- und fischreich, aber mit eher leichten Beilagen, immer öfter in Bio-Qualität („organic") sowie lokal gefangen, aufgezogen oder angebaut. Lachs und Heilbutt sind auf jeder Karte zu finden, meist auch Steaks, Burger und Sandwiches. Dazu passen die leichten Weine aus British Columbia sowie die zahlreichen Spezialbiere der örtlichen Kleinbrauereien. In den Häfen bieten oft kleine Imbisse fangfrischen Fisch an – ideal für den Snack unterwegs.

Was sonst noch?

Wer nicht viel Zeit hat: Mit dem **Wasserflugzeug** ist man von Vancouver schnell in Whistler, Gibsons oder Ganges auf Salt Spring Island. Der beeindruckende Flug ist noch bezahlbar und zudem ein einmaliges Erlebnis.

In Vancouver sind der SeaBus und die **privaten Fähren** auf dem False Creek und im Coal Harbour mehr als nur Transportmittel – sie sind schon selbst Teil des Urlaubserlebnisses. Aber auch mit der U-Bahn **SkyTrain** und den Bussen kommt man gut durch die Stadt. Die botanischen Gärten und großen Parks sind Oasen der Ruhe nach einem erfüllten Urlaubstag und bieten auch noch exzellente Restaurants.

Vancouver

Gleichermaßen am Meer und an den Bergen gelegen, zieht die grüne Metropole an der Westküste Besucher aus aller Welt in ihren Bann: Kultur und Kulinarisches, Parks und der Pazifik, Shopping und Sandstrände – all dies macht die Reize von Vancouver aus.

Das 115 km² große Stadtgebiet auf der Burrard-Halbinsel liegt zwischen Burrard Inlet im Norden und Fraser River im Süden. Es steigt von der Küste her leicht an und erreicht im Queen Elizabeth Park eine Höhe von 167 m. Der Siwash Rock an der Westseite des Stanley Park ist der einzige sichtbare Zeuge der vulkanischen Erdgeschichte der Region. Im Westen setzt die Meeresstraße Strait of Georgia, im Norden die Berge der North Shore Mountains natürliche Grenzen. Von der historischen Downtown am Naturhafen Burrard Inlet ist die Stadt daher vor allem nach Süden und Osten gewachsen.

Auf der Nordseite des Hafens stellen Fähren und zwei Brücken die Verbindung zu North Vancouver her. Östlich der Downtown folgen die Stadtviertel Gastown, Chinatown, Strathcona und Eastside, südöstlich Grandview-Woodland, das vor allem für den Commercial Drive bekannt ist. Nach Süden verbinden drei Brücken über den False Creek hinweg die Downtown mit Granville Island, wo Kunst und Kulinarisches zuhause sind, und mit dem Szeneviertel Kitsilano. Weiter südlich bildet der mächtige Fraser River einen natürlichen Abschluss. In seinem Mündungsdelta liegen zahlreiche Inseln; auf der zweitgrößten, Sea Island, ist der internationale Flughafen beheimatet, auf der größten, der südlich davon gelegenen Lulu Island, liegen Richmond und der historische Hafen von Steveston.

Abgesehen von der Südostküste Vancouver Islands ist die Region um Vancouver die wärmste ganz Kanadas. Frost ist sogar im Winter selten, Juli und August sind mit durchschnittlichen Tageshöchstwerten von 22 Grad die wärmsten und trockensten Monate und ideal für einen Urlaub, aber auch in Mai, Juni und September sind die Temperaturen angenehm und die Niederschlagsmenge weit unter den Werten der nassen Jahreszeit von Oktober bis April. Das milde Klima erlaubt auch eingeführten Pflanzen wie Palmen, Azaleen und den im Mai blühenden Rhododendren ein Auskommen. In den 1930er-Jahren stiftete Japan Tausende Kirschbäume, die noch heute zahlreiche Straßen der Stadt säumen.

Geschichte und Wirtschaft

Bis zu 9.000 Jahre zurück lässt sich die Besiedelung des Mündungsgebietes des Fraser Rivers durch verschiedene Stammesgruppen der Coast Salish nachweisen. Die hochentwickelten Kulturen mit ihren ausgeprägten gesellschaftlichen Strukturen unterhielten zahlreiche Winterquartiere in Form von traditionellen Langhäusern im heutigen Raum Vancouver.

Die Besiedlung durch Europäer setzte erst mit den Goldfunden am Fraser Canyon 1859 und am Cariboo 1861 ein – Zehntausende machten sich aus Kalifornien nach Norden auf. Am natürlichen Hafen im Burrard Inlet entstanden bald die ersten Sägewerke, denn das Holz war im Schiffbau begehrt, und der Goldrausch verlangte nach immer mehr Schiffen, um die vielen Sucher nach Norden zu transportieren. Heute exportiert der größte Hafen Kanadas mehr Güter als jeder andere nordamerikanische Hafen.

Neben einem der Sägewerke wuchs die Siedlung Gastown heran – Grund genug für die Canadian Pacific Railway, diesen Ort als Endstation der 1887 vollendeten Bahnstrecke festzulegen, was einen weiteren Boom auslöste. Die 1886 erstmals offiziell als Vancouver bezeichnete Stadt wuchs bis zur Jahrhundertwende von 5000 auf 100.000 Einwohner. Treiber der Entwicklung waren Konzerne, die anfangs vor allem auf den Abbau der Holzressourcen setzten, später verstärkt auf den Export über den Hafen. Von der Weltwirtschaftskrise Anfang der 1930er-Jahre erholte sich Vancouver erst mit Beginn des Zweiten Weltkriegs. Die Produktion von Schiffen und Flugzeugen verhalf der Stadt zum Aufschwung, brachte aber auch das dunkelste Kapitel der Stadtgeschichte mit sich: Nach dem japanischen Angriff auf Pearl Harbor wurden Zehntausende japanischstämmiger Kanadier im Hastings Park zusammengetrieben und dann in Lagern im Landesinneren interniert. Es dauerte bis 1988, bis sich die Regierung entschuldigte.

Der nach dem Krieg einsetzende Bauboom kam vorerst Ende der 1960er-Jahre zu einem Abschluss, als sich Einwohner des Viertels Strathcona gegen den Abriss zahlreicher Häuserblöcke wehrten, die einer Autobahn weichen sollten. Aus den Protesten ging 1971 die Umweltorganisation Greenpeace hervor. Die Weltausstellung EXPO 1986 löste dann einen erneuten Bauboom aus: Das Kongresszentrum und das Kreuzfahrtterminal am Canada Place entstanden ebenso wie das kugelförmige

Vancouver und Umgebung | B. C. → Karten S. 30 und S. 32/33

Horseshoe Bay
Ferry Terminal/
Sewell's Marina
Whytecliff
Park
1
Karte North Vancouver
und Stanley Park
siehe S. 53
Grouse Mountain
1231
Capilano
Lake
Lynn Creek
Seymour River
Capilano
Suspension
Bridge
Lynn
Canyon
Mount Seymour
Provincial
Park
1
Deep Cove
Karte Vancouver Eastside
siehe S. 51
North Vancouver
Karte Vancouver Downtown
siehe S. 36/37
Stanley
Park
SeaBus
Burrard Inlet
English
Bay
Vancouver
Art Gallery
MOA - Museum of
Anthropology
Vancouver
Pacific
Spirit
Regional
Park
Millennium Line
Burnaby
Expo Line
Kingsway
Bloedel
Conservatory
Burnaby
Art Gallery
Burnaby
Village Museum
99
Canada Line
Karte Vancouver südlich des
False Creek
siehe S. 47
Vancouver
International
Airport
2
3
Richmond
Night Market
99
Fraser River (North Arm)
91
91
Richmond
Fraser River (South Arm)
17
Burns Bog
4
Steveston
Interurban Tram
Gulf of
Georgia Cannery
6
5
Britannia Shipyards
National Historic Site
99
Westham
Island
Ladner
Delta
17
Tsawwassen
Ferry Terminal
Tsawwassen
Canada
USA

Übernachten (S. 64)
2 River Rock Casino Resort
3 Travelodge Hotel Vancouver Airport
4 The Seabreeze Guesthouse
Essen & Trinken (S. 67/68)
1 Arms Reach Bistro
5 Cimona Cafè
6 Blue Canoe Waterfront Restaurant
Indian Arm
Buntzen Lake
Coquitlam Lake
Coquitlam River
Belcarra Regional Park
Coquitlam
Pitt River
Fraser River
Douglas Island
Pitt Meadows
Maple Ridge
Barnston Island
Trans-Canada Hwy
Walnut Grove
Fort Langley
Surrey
King George Blvd
Fraser Hwy
North Delta
Greater Vancouver Zoo, Hope, Kamloops, Kelowna
Langley
Fraser Valley Heritage Railway
South Surrey
SkyTrain (Canada Line, Expo Line, Millennium Line)
Peace Arch
Canada
USA
Seattle
2,3 km
Vancouver

Gebäude am False Creek, die heutige World of Science, und das erste überdachte Stadion Kanadas, BC Place. Für die Olympischen Winterspiele 2010 wurde die Infrastruktur der Stadt an vielen Knotenpunkten gezielt weiterentwickelt.

Für viele Europäer, Araber und Asiaten wurde Vancouver im 20. Jahrhundert eine neue Heimat; seit den 1980er-Jahren kommen vor allem Chinesen ins Land. Die Integration der Einwanderer in die Gesellschaft unter Beibehaltung der kulturellen Vielfalt gelang so gut, dass Vancouver seit vielen Jahren bei Umfragen zu den lebenswertesten Städten des Erdballs immer ganz vorne mit dabei ist. Auch im Siemens „Green City Index" hat Vancouver weltweit eine Führungsrolle: Vom umfangsreichsten öffentlichen Nahverkehrsnetz in Nordamerika und der reinen Luft profitieren auch die Urlauber – keine andere Großstadt in Nordamerika erreicht diese Werte.

Downtown

In der Downtown pulsiert das Herz Vancouvers. Die Hauptachsen und Haupteinkaufsstraßen der Innenstadt sind zum einen die Georgia Street und die Robson Street, zum anderen die sie schneidende Granville Street.

Radeln in Vancouver

Während die Downtown, Gastown und Chinatown gut zu Fuß zu entdecken sind, bietet sich für den Stanley Park, die Strände, Kitsilano und Strathcona/Commercial Drive das Fahrrad an. Die fahrradfreundliche Stadt lässt sich überhaupt ideal auf zwei Rädern entdecken. Geführte Touren sind nicht viel teurer als die reine Fahrradmiete und erlauben es, die Stadt mit den Augen der Einheimischen zu entdecken. Wer lieber auf eigene Faust loszieht, kann wenig falsch machen: Die Infrastruktur ist exzellent und der von der Stadtverwaltung herausgegebene „Bicycle Route Map and Guide" zeigt auf, wo die sogenannten AAA-Roads, die Fahrradautobahnen verlaufen. Die kleine Broschüre ist im Rathaus (City Hall) und bei den meisten Radvermietern erhältlich.

Die schönsten Routen sind die verkehrsfreien Strecken am Wasser mit ihren herrlichen Ausblicken. Die Hauptroute führt in einer großen S-Kurve vom Canada Place einmal um den Stanley Park herum, an der English Bay und an der Nordseite des False Creek entlang. An der World of Science erfolgt der zweite Schlenker: Es geht an der Südseite des False Creeks entlang zurück – über Granville Island, Kitsilano, Point Grey bis zum Pacific Spirit Park und dem Spanish Beach. Zur Miete gehören grundsätzlich Schloss und Helm – dieser ist in B.C. vorgeschrieben, auch wenn sich in Vancouver längst nicht jeder daran hält. So sicher das Fahren in Vancouver auch ist: Wer für eine Pause vom Rad steigt, sollte es stets absperren. Natürlich verfügt Vancouver auch über ein Bike-Share-System: Überall in der Stadt sieht man die Fahrrad-Stationen mit den blauen Rädern von MobiBike (→ Basis-Infos, S. 60).

Jack Poole Plaza

Im Zentrum findet man zahlreiche Hotels und Restaurants, aber auch Kirchen, einige kleinere Museen und Attraktionen wie den Vancouver Lookout – jeweils nur wenige Fußminuten voneinander entfernt. Am Burrard Inlet liegt das ehemalige Expo-Gelände Canada Place mit der Jack Poole Plaza. Im Osten von Downtown spiegeln Gastown und Chinatown das historische Erbe der Stadt wider, und wenige Meter weiter entstehen modernste Stadtviertel – urban und lebendig. Kleine und große Parks, Uferpromenaden und Strände, Kioske und Food Trucks laden zur Pause ein.

Canada Place und Jack Poole Plaza

Der kanadische Pavillon der Expo '86 beherbergt heute neben dem Kongresszentrum, dem Kreuzfahrtterminal und dem Pan-Pacific-Hotel auch die **4D-Show FlyOver Canada:** Deren Besuch ist als Einstieg für einen Kanadaurlaub durchaus zu empfehlen. Die komplette Show dauert ca. 25 Minuten, davon entfallen 8 Minuten auf den virtuellen Flug über Kanada. Zudem lohnen die Blicke vom Canada Place über den Burrard Inlet zu den Bergen North Vancouvers und auf das Hafengeschehen: Direkt am Canada Place legen fast täglich die großen Kreuzfahrtschiffe an.

Westlich schließt sich das neue **Convention Centre** an der Burrard Landing an. Das Oberdeck mit der großzügigen Jack Poole Plaza bietet zahlreiche Cafés und Restaurants. Blickfang ist Douglas Couplands 2010 errichtete und nachts beleuchtete Skulptur „Digital Orca", die aus zahlreichen kleinen Würfeln zusammengesetzt ist. Von der Plaza und dem benachbarten, begehbaren Dach hat man einen schönen Blick auf das rege Treiben am Terminal für die Wasserflugzeuge. Von hier nach Westen verlaufen Fuß- und Radwege – immer am Ufer entlang. Wer hier aufs Rad steigen will, findet einen Fahrradverleih vor Ort (→ Basis-Infos, S. 60).

4D-Show FlyOver Canada: Tägl. 9.30–21 Uhr. Eintritt online 28 $, vor Ort 33 $. Fastlane-Tickets mit fester Zeit. Canada Place, ✆ (888) 290-7343, www.flyovercanada.com.

Übernachten (S. 63/64)
1 The Buchan
2 The English Bay Inn
3 The Sylvia
6 Shangri-La Hotel
10 The Fairmont Vancouver
19 Wedgewood Hotel & Spa
20 Victorian Hotel
21 Skwachàys Lodge & Gallery
26 The Burrard
31 YWCA Hotel
36 Opus Hotel
37 Granville Island Hotel
Nachtleben (S. 68)
5 The Butcher and Bullock
11 Salt Tasting Room
12 1927 (im Rosewood Hotel Georgia)
13 Clough Club
16 Shebeen Whisky
24 The Roxy
27 Keefer Bar
28 Republic
29 UVA Wine Bar
34 Tavern at the New Oxford
35 Distillery Bar & Kitchen
36 Opus Bar
Stanley Park
Lost Lagoon
Stanley Park
Devonian Harbour Park
Stanley Park Dr
Lagoon Dr
Chilco St
Gilford St
Denman St
Haro St
West Georgia St
Alberni St
West
Barclay St
Bill Reid Gallery
West End
Bidwell St
Robson St
Roedde House Museum
Cardero St
Nicola St
Nelson St
Haro St
Davie St
Broughton St
Jervis St
Bute St
Beach Ave
Pendrell St
Comox St
Nelson Park
Thurlow St
Burnaby St
Sunset Beach Park
English Bay
Harwood St
Davie St
Pacific St
Burrard St
Hornby St
Howe St
Granville St
Vancouver Maritime Museum
Vanier Park
Ogden Ave
Museum of Vancouver & H.R. MacMillan Space Centre
Whyte Ave
Creelman Ave
Chestnut St
Burrard St
Yalet
Granville Island Public Market
George Wainborn Park
Cornwall Ave
Yew St
York Ave
Granville Bridge
W 1st Ave
W 2nd Ave
Granville Island
Kitsilano
W 3rd Ave
Fir St
W 4th Ave
Arbutus St
Maple St
Cypress St
W 4th Ave
W 5th Ave
W 6th Ave
Pine St
W 6th Ave
W 7th Ave
Burrard St
Le Centre Culturel Francophone
Granville St
Hemlock St
W 7th Ave
W 8th Ave
W 8th Ave
Spruce St
Oak St
W Broadway

Essen & Trinken
(S. 65/66)
4 Forage (im Listel Hotel)
6 Market by Jean Georges
7 Top of Vancouver (S. 38)
8 Black & Blue/The Roof
9 Pourhouse Restaurant
14 L'Abattoir
15 Nuba in Gastown
17 Bauhaus
18 Tuc Craft Kitchen
22 Kam Wai Dim Sum
23 Kissa Tanto
25 Bao Bei Chinese Brasserie
30 Floata Seefood Restaurant
32 Blue Water Café
33 Cioppino's Mediterranean Grill
Coal Harbour
North Vancouver
Jack Poole Plaza
Digital Orca
FlyOver Canada
Canada Place
SeaBus Terminal
Hubschrauber-landeplatz
West Cordova St
Pender St
West Hastings St
Marine Building
Melville St
Waterfront
Waterfront Station
Gastown
Gastown Steamclock
Vancouver Lookout
Burrard
Burrard St
Hornby St
Howe St
West Pender St
West Hastings St
Christ Church Cathedral
Bill Reid Gallery
Water St
Maple Tree Square
W Cordova St
Powell St
Granville
Vancouver Art Gallery
Jimi Hendrix & Bob Marley Shrine
East Cordova St
Main St
Vancouver Police Museum
City Centre
Granville St
Rosary Cathedral
Dunsmuir St
Victory Square
Carrall St
East Hastings St
West Georgia St
Sun Tower
Chinatown
E Pender St
Orpheum
Richards St
Homer St
Vancouver Public Library
Abbott St
Stadium
Dr. Sun Yat Sen Classical Chinese Garden
Gore Ave
Seymour St
Smithe St
Cambie St
Expo Blvd
Contemporary Art Gallery
BC Sports Hall of Fame and Museum
Nelson St
Stadion
Beatty St
Mainland St
Pacific Blvd
Main St
Pacific Central Station
Yaletown - Roundhouse
Expo Blvd
Pacific Blvd
Yaletown Roundhouse
Crescent
Science World
Main Street - Science World
David Lam Park
Marinaside
Athletes Way
Quebec St
Olympic Village
W 1st Ave
False Creek
Cambie St
E 2nd Ave
W 2nd Ave
W 3rd Ave
W 4th Ave
Charleson Park
Olympic Village
Columbia St
W 5th Ave
Ontario St
Quebec St
Main St
SkyTrain
W 6th Ave
W 6th Ave
Laurel St
Ash St
Yukon St
Alberta St
Manitoba St
W 7th Ave
W 8th Ave
200 m
Vancouver Downtown

Vancouver Lookout

Das 1977 erbaute Harbour Centre ist nicht mehr das höchste Gebäude Vancouvers, doch von der Aussichtskanzel in 130 m Höhe hat man noch immer einen schönen 360-Grad-Blick über den Hafen und die Innenstadt. Das Ticket ist den gesamten Tag gültig und Wartezeiten gibt es kaum – es lohnt also, am Abend noch mal wiederzukommen und auch den Blick über die nächtliche Skyline zu genießen. Eine Etage tiefer befindet sich das **Drehrestaurant Top of Vancouver.** Wer dort speist, hat die gleichen Blicke, muss aber keinen Eintritt zahlen – günstiger wird es aber aufgrund der Preise dort nicht.

Aussichtskanzel/Restaurant Mai bis Okt. tägl. 8.30–22.30 Uhr, Winter 9–21.30 Uhr. Eintritt 18 $. 555 West Hastings St, ✆ (604) 689-0421, www.vancouverlookout.com. **Top of Vancouver 7** (→ Karte S. 37): Tägl. Lunch und Dinner. ✆ (604) 669-2220, www.topofvancouver.com.

Downtown mit dem Aussichtsturm Vancouver Lookout

Bill Reid Gallery of Northwest Coast Art

Etwas versteckt auf einem kleinen Hochplateau liegt Kanadas einzige Galerie, die sich der zeitgenössischen indigenen Kunst der Nordwestküste widmet. Bill Reid (1920–1998) war der wohl bekannteste indigene Künstler Kanadas. Sein Vater hatte deutsche und schottische Wurzeln, seine Mutter stammte von den Haida-Gwaii-Inseln. Reid entwickelte die Kunst der Haida weiter und ließ vielfältige Strömungen in seine Arbeiten einfließen. Neben zahlreichen Skulpturen von Reid sind auch von ihm gefertigter Schmuck und ein Totempfahl von James Hart zu sehen. Der angegliederte Laden verkauft authentischen Schmuck der First Nations aus dem Nordwesten British Columbias.

▪ Ende Mai bis Anfang Okt. tägl. 10–17 Uhr. Eintritt 13 $. Jeden 1. Freitag im Monat ab 14 Uhr freier Eintritt. 639 Hornby St, ✆ (604) 682-3455, www.billreid.gallery.ca.

Vancouver Art Gallery

Westkanadas größtes Kunstmuseum besteht seit 1931 und ist seit 1983 im ehemaligen Hauptgerichtsgebäude beheimatet. Die permanente Sammlung umfasst an die 8000 Kunstwerke, darunter bedeutende Werke der Kanadierin Emily Carr sowie Illustrationen von Marc Chagall. Parallel dazu finden auf der 41.000 m² großen Ausstellungsfläche gleichzeitig bis zu sieben Sonderausstellungen mit Werken des 19. bis 21. Jahrhunderts statt – neben Gemälden auch Fotografien, Skulpturen und Design-Dokumentationen.

▪ Tägl. 10–17, Di, Fr bis 21 Uhr. Eintritt 24 $, Di ab 17 Uhr freier Eintritt, Spenden erbeten. 750 Hornby St, ✆ (604) 662-4719, www.vanartgallery.bc.ca.

Contemporary Art Gallery

Die älteste unabhängige und öffentlich zugängliche Sammlung für zeitgenössische Kunst in Kanada. Sie widmet

Coal Harbour, Heimat der Wasserflugzeuge in Vancouver

sich den lokalen, nationalen und internationalen bildenden Künsten. Die Non-Profit-Einrichtung organisiert 10 bis 20 Ausstellungen und Werksschauen pro Jahr an ihrem Hauptsitz oder außerhalb – ein Blick vorab auf die Webseite lohnt daher.

▪ Di–So 12–18 Uhr, an Feiertagen geschlossen. Eintritt frei. 555 Nelson St, ☏ (604) 681-2700, www.contemporaryartgallery.ca.

Yaletown

Auf dem ehemaligen Eisenbahngelände im Süden der Halbinsel entstand in den letzten Jahrzehnten das neue Stadtviertel Yaletown. In der Marinaside Crescent rund um den Yachthafen dominieren teure Restaurants und Bars, in der Davie Street steht der sorgsam renovierte Rundlokschuppen, der heute ein Veranstaltungszentrum ist. In einem Glaspavillon wird die Lok 374 ausgestellt, die dampfbetrieben 1887 den ersten Zug von Osten nach Vancouver zog. Im Osten von Yaletown liegt das **BC Sports Hall of Fame and Museum.** Von der Konzeption und Umsetzung her ein großartiges Museum. Den meisten europäischen Besuchern dürfte jedoch der Bezug zur regionalen Sportgeschichte mit ihren Heldinnen und Helden fehlen. Wer sich dennoch auf einen Besuch einlässt, kann ein Dutzend Themenbereiche entdecken, die sich z. B. den Olympischen Winterspielen 2010, Sportlerinnen aus B.C. und indigenen Sportlern widmen, aber auch unbeugsamen Menschen wie Terry Fox, der im Kampf gegen den Krebs ein Bein verlor und dennoch zu einem Lauf quer durch ganz Kanada aufbrach.

Roundhouse: Mo–Fr 9–22, Sa/So 9–17 Uhr. Engine-374-Pavillon tägl. 10–16 Uhr, Eintritt frei. 181 Roundhouse Mews, Ecke Davie St/Pacific St (Community Centre), ☏ (604) 713-1800, www.roundhouse.ca.

BC Sports Hall of Fame and Museum: Tägl. 10–17 Uhr. Eintritt 15 $. 777 Pacific Boulevard South (Zugang durch Tor A des BC Place-Stadions), ☏ (604) 687-5520, www.bcsportshalloffame.com.

Roedde House Museum

Im Wohnviertel West End steht dieses prachtvolle viktorianische Haus von 1893, in dem einst der erste Buchbinder Vancouvers, Gustav Roedde, lebte. Seit 1976 im Besitz der Stadt und unter Denkmalschutz, wurde nicht nur die Villa behutsam renoviert, sondern gleich die gesamte nähere Umgebung dazu. Der Barclay Heritage Square mit seinen neun historischen Häusern vermittelt einen Eindruck davon, wie es in Vancouver vor gut hundert Jahren ausgesehen haben mag. Im Roedde House

Stadtbummel durch Vancouvers Architektur

Zahlreiche eindrucksvolle Gebäude aus der frühen Blütezeit Vancouvers sind erhalten, von denen sich einige auf einem rund einstündigen Spaziergang entdecken lassen. Ausgangspunkt ist das schön restaurierte **Bahnhofsgebäude** an der Waterfront, das 1914 als neue Endstation der transkanadischen Eisenbahn erbaut wurde und heute vor allem als Knotenpunkt des Nahverkehrs dient. Drei Blocks weiter westlich liegt das **Marine Building** (355 Burrard St), dessen Art-deco-Stil dem Empire State Building nachempfunden ist; die Glasfenster sind vor allem von innen eindrucksvoll. Die kleine **Christchurch Cathedral** der anglikanischen Kirche von 1894 (Burrard St/West Georgia St) und die katholische **Rosary Cathedral** von 1900 (Richards St) sind die eindrucksvollsten neugotischen Kirchen Vancouvers. Zwischen beiden liegt das **Orpheum** in der Granville Street, ein noch fast original erhaltenes Vaudeville-Theater von 1927. Von der Rosary Cathedral sind es nur wenige Schritte zur modernen **Public Library** von 1995, die an das Kolosseum in Rom erinnert. Der **Sun Tower** von 1912, ein im Beaux-Arts-Stil erbautes 17-stöckiges Gebäude, war jahrzehntelang Heimat der renommierten Tageszeitung Vancouver Sun (128 West Pender St). Keine zehn Fußminuten entfernt beeindruckt das bügeleisenförmige, sechsstöckige **Hotel Europe** in der Powell Street. Von hier aus führt der Weg durch die historische Gastown mit ihren Restaurants und Cafés zurück zur Waterfront. Wer mehr Architekturgeschichte entdecken will, sollte einen geführten Stadtrundgang des Architectural Institute of BC mitmachen.

Art déco in Vancouver: das Marine Building

■ Führungen im Sommer Do–Mo. Preis 10 $. Online-Reservierung unter www.aibc.ca/news-events/signature-events-programs.

selbst sind die elf Räume historisch eingerichtet – aber nicht hinter Absperrungen: Anfassen ist, wenn auch unter Aufsicht, erlaubt. Begehung auf eigene Faust oder im Rahmen einer geführten Tour. Sonntags wird zur Tour stilvoll Tee gereicht.

■ Di–Sa 11–16, So 13–16 Uhr. Eintritt Di–Sa 5 $, So 8 $. 1415 Barclay St, ✆ (604) 684-7040, www.roeddehouse.org.

Stanley Park

Kanadas größter Stadtpark ist nach dem früheren Generalgouverneur, Frederick Arthur Stanley, benannt, der auch den Stanley Cup für den Sieger der nordamerikanischen Eishockey-Profiliga stiftete.

Eröffnet wurde der Park 1888, nur zwei Jahre, nachdem Vancouver die Stadtrechte erhielt. Die Häuser der zahlreichen indigenen Gruppen, die hier siedelten, wurden ohne Vorwarnung abgerissen, das Dorf im Rahmen des Straßenbaus eingeebnet. Vier große Stürme dezimierten zwischen 1934 und 2006 weite Teile des alten Baumbestandes, so dass heute Sekundärwald dominiert. Bis zu 8 Mio. Besucher jährlich besuchen den Park und seine Einrichtungen; vor allem abends und am Wochenende werden das 200 km lange Wegenetz, die Strände und die Picknick-Bereiche stark genutzt. Westlich des Aquariums führt im Sommer täglich zwischen 10 und 16 Uhr die Parkeisenbahn große und kleine Besucher für 7 $ auf einer 2 km langen Strecke durch den Park.

Seawall

Der 9 km lange Weg für Fußgänger, Radfahrer und Skater, der der Küstenlinie folgt, ist die schönste Möglichkeit, den Park zu erkunden – für Radfahrer nur gegen den Uhrzeigersinn. Unweit des Brockton Point finden sich zahlreiche Totempfähle der regionalen First-Nation-Stämme. Infotafeln erläutern

Der Monolith „Siwash Rock" im Nordwesten des Stanley Parks

die Geschichte und Bedeutung jedes Pfahles. Wenige Meter weiter befindet sich die „Nine o'clock gun", die seit 1894 in Vancouver als Zeitsignal dient. Noch heute wird sie täglich um Punkt 21 Uhr abgefeuert. Im Nordwesten liegt der 18 m hohe vulkanische Monolith Siwash Rock, kurz danach folgt der erste längere Strandabschnitt Third Beach, gefolgt vom Second Beach.

■ Information beim Visitor Centre und bei Fahrradverleihern, auch detaillierte Karten. www.vancouver.ca/parks-recreation-culture/stanley-park.aspx.

Vancouver Aquarium

Einer der Publikumsmagneten des Parks. Acht Themenbereiche stellen die regionalen Meeresbewohner West-Kanadas vor. In den Außenbecken sind Delfine, Seeotter und Pinguine zu entdecken.

■ Tägl. 10–17 Uhr, Schulferien und Feiertage 9.30–18 Uhr. Eintritt 38 $. 845 Avison Way, ✆ (604) 659-3474, www.vanaqua.org.

 → Karten S. 30 und S. 32/33

Gastown

1867 kam John „Gassy Jack“ Deighton nur mit einem Fass Whiskey an den Burrard Inlet und baute dort in der Wildnis einen kleinen Saloon. Seine Kunden nannten die Siedlung, die sich um den Saloon bildete, zu seinen Ehren bald Gastown. Als die Stadt wuchs, entstanden hier Lagerhäuser. Viele der Backsteinbauten stehen heute noch und prägen das Bild des Viertels. In den 1990er-Jahren begann das eher baufällige und heruntergekommene Viertel aufzublühen – auch wegen des touristischen Interesses. Heute ist Gastown wieder hip: Galerien und Gastronomie zwischen Design und Denkmalschutz prägen das Bild; viele von Vancouvers besten Restaurants sind in der Gastown zuhause.

Vancouvers ältester Distrikt erstreckt sich über nur wenige Blöcke zwischen der Water Street im Norden und der zwei Querstraßen weiter südlich verlaufenden West Cordova Street. Westlich und östlich begrenzen die Richards Street bzw. die Columbia Street die eigentliche Gastown.

Vancouvers Wahrzeichen: Die „Steam Clock“ in Gastown

Gastown Steam Clock

Die Dampfuhr in der Water Street (Ecke Cambie Street) ist die wohl meistfotografierte Attraktion der Stadt. Der Pendelmechanismus wird von einem Paternoster und umlaufenden Kugeln angetrieben, Dampf befördert die Kugeln wieder nach oben. Die vier kleinen Pfeifen spielen jede Viertelstunde, die fünfte in der Mitte nur zur vollen Stunde. Was wie ein Relikt aus der Frühzeit der industriellen Entwicklung wirkt, ist allerdings erst 1977 erbaut worden.

Wer von der Waterfront kommt, sollte sich nicht mit dem Abstecher zur Dampfuhr begnügen, sondern noch zwei Blöcke weiter zum schönen Maple Tree Square bummeln. In der schmalen Blood Alley zwischen Water Street und Cordova Street liegen zahlreiche interessante Geschäfte und Bars.

Jimi Hendrix & Bob Marley Shrine

Knapp außerhalb der Gastown liegt eine Erinnerungsstätte für die beiden großen Musiker. Jimi Hendrix wuchs in Vancouver auf, lebte und übte in diesem Haus. Die Nachbarn sagen, dass man in stillen Nächten noch heute seine Gitarre hören kann …

■ Juni bis Mitte Sept. Mo–Fr 12–18 Uhr. Eintritt frei, Spenden erbeten. 432 Homer St, ✆ (604) 688-0112, www.creeksitestudentresidence.com.

Vancouver Police Museum

An der Grenze zu Strathcona und Chinatown informiert im einstigen Rotlichtbezirk das Polizeimuseum über die Geschichte des Verbrechens – und seiner Bekämpfung – in Vancouver. Lohnend sind auch die geführten Rundgänge in Gastown und Strathcona, die die Geschichte vor Ort wieder lebendig machen.

▪ Di–Sa 9–17 Uhr. Eintritt 12 $. Touren à 90 Minuten Fr und Sa für 14 $. 240 East Cordova St, ✆ (604) 665-3346, www.sinsofthecity.ca.

Chinatown und East False Creek

Vancouvers Chinatown ist die größte in ganz Kanada, und viele Reisende besuchen das Viertel, um die chinesische Geschichte und Gegenwart der Metropole zu entdecken. Doch davon ist nur noch wenig auszumachen, seit Jahrzehnten ist das Viertel im Niedergang begriffen. Bereits in den 1980er-Jahren zogen wohlhabende Taiwanesen und Hongkong-Chinesen von hier fort und siedelten sich in Richmond an. Fast alle Neuankömmlinge in Vancouver taten es ihnen gleich, so dass heute Richmond das Zentrum des chinesischen Lebens in der Region ist. Die zahlreichen Bemühungen zur Revitalisierung der Chinatown blieben weitgehend erfolglos, die für Urlauber so pittoresk wirkenden Altbauten mit ihren Läden und Restaurants werden immer mehr durch gesichtslose Hochhaus-Neubauten verdrängt. Doch noch findet man entlang der Pender Street, im Abschnitt zwischen Taylor Street im Westen und Gore Street im Osten, einige Kräuterhändler und Souvenirläden, Apotheken und zweifelhafte Spielsalons.

▪ Die Vancouver Chinatown BIA Society gibt eine Broschüre heraus, die in vielen Geschäften kostenlos erhältlich ist. Neben einer Übersichtskarte werden die 20 wichtigsten historischen Gebäude beschrieben. ✆ (604) 632-3808, www.vancouver-chinatown.com.

Dr. Sun Yat Sen Classical Chinese Garden

Der erste nach traditionellen Werten und Techniken gebaute chinesische Garten außerhalb Chinas. Die authentische Gestaltung im Stil der Ming-Dynastie erforderte 13 Monate Arbeit von mehr als 50 chinesischen Gärtnern aus der Region Suzhou. Die von Mauern umschlossene Gartenanlage lohnt einen Besuch, sofern man bereit ist, sich auf die Geschichte und Philosophie des Gartens einzulassen. Erst im Rahmen einer Führung werden die vielen Details sichtbar und verständlich, und Europäern eröffnen sich neue und überraschende Sichtweisen.

▪ Mai bis Mitte Juni und Sept. 10–18 Uhr, Mitte Juni bis Aug. 9.30–19 Uhr, Okt. bis April Di–So 10–16.30 Uhr. Eintritt 14 $, Führungen (4- bis 8x tägl.) sind im Preis inbegriffen. 578 Carrall St, ✆ (604) 662-3207, www.vancouverchinesegarden.com.

Sam Kee Building

Das 1913 errichtete Gebäude in der West Pender Street Nr. 8 ist mit nur 1,5 m Tiefe im Guinness Book of Records als schmalstes Gewerbegebäude der Welt verzeichnet. Der Reise- und Fischhändler Sam Kee musste Anfang des 20. Jahrhunderts einen Großteil seines Grundstücks an die Stadt verkaufen, die die Pender Street verbreitern wollte. Er beschloss, auf dem verbleibenden, nur noch 1,5 m breiten Streifen dennoch zu bauen. Im Obergeschoss des Gebäudes, das heute Sitz eines Versicherungsmaklers ist, führen überhängende Erker zu einer etwas größeren nutzbaren Fläche.

Science World

Der Bau am False Creek mit seiner markanten Kuppel – einige Fußminuten südlich der Chinatown, am östlichen Ende des False Creek – ist ein Relikt der Expo '86. Das Mitmach-Konzept bringt großen und kleinen Besuchern interaktiv naturwissenschaftliche oder technische Abläufe nahe und vermittelt spielerisch Zusammenhänge. Nach der Weltausstellung wurde das Gebäude erweitert und um ein Omnimax-Kino (IMAX-Kino mit noch größerer Leinwand) ergänzt, in dem täglich

Vancouver und Umgebung | B. C. → Karten S. 30 und S. 32/33

mehrmals IMAX-Filme gezeigt werden. So lohnt ein Besuch vor allem mit Kindern und an einem Regentag.

■ Juli/Aug. tägl. 10–18, Do bis 20 Uhr. April/Mai und Sept./Okt. Mo–Fr 10–17, Sa/So 10–18 Uhr. Eintritt 25 $, mit Omnimax-Film 31 $, nur Omnimax-Film 12 $. 1455 Quebec St, ☎ (604) 443-7440, www.scienceworld.ca.

Südlich des False Creek

Die Stadtviertel südlich der Downtown stehen oft im Schatten der Innenstadt – zu Unrecht. Auch hier laden zahlreiche Museen zum Besuch ein und die Strände sind ähnlich schön wie an der English Bay – aber weniger überlaufen. Ganz im Westen liegt die UBC, das neue Universitätsviertel Vancouvers, auf dessen Gelände sich das renommierte **Völkerkundemuseum MOA** findet. Der **Pacific Spirit Regional Park** lockt mit Baumriesen und meist menschenleeren Strandabschnitten. Lebhafter geht es vom Spanish Beach über Point Grey bis zum **Kitsilano Beach** zu; vor allem abends und an Wochenenden genießen auch viele Einheimische hier das Strandleben. Im Norden Kitsilanos, zwischen Vanier Park und Hadden Park, finden sich gleich drei interessante Museen in unmittelbarer Nähe zueinander. Im Osten schließt sich **Granville Island** an: Das ehemalige Industriegebiet mit seiner Markthalle und den vielen Restaurants, Galerien und Läden zieht Besucher aus aller Welt an. Südlich davon verströmen in **South Granville** Edel-Boutiquen und Luxus-Shops einen Hauch von Glamour. Von Fairview bis Mount Pleasant dagegen dominieren vor allem Geschäfte, die sich die Innenstadtlagen nicht leisten wollen oder können. Für die Olympischen Spiele 2010 entstand nördlich von Mount Pleasant ein ganz neues Viertel, das **Olympic Village** am südöstlichen Ende des False Creek.

Gut 15 km sind es zu Fuß oder mit dem Rad vom Museum of Anthropology im Westen bis zum Ende des False Creek im Osten, wenn man sich immer ans Ufer hält – ideal, um die Strände und die Museen zu entdecken. Für den Autoverkehr ist die Broadway genannte 9th Avenue die Hauptachse von Wes-

Kajaken mit Downtown-Blick am Kitsilano Beach

Der Rabe, das Licht und die ersten Menschen

Adler, Bären, Wale: Viele Tiere spielen eine wichtige Rolle in der Mythologie der First Nations. Die größte spirituelle Bedeutung aber kommt dem Raben zu. In fast allen Schöpfungsgeschichten der indigenen Küstenvölker Nordwestamerikas ist es der schlaue, aber auch verschlagene Vogel, der dem Himmelsvater das Licht stiehlt, um es auf die Erde zu bringen. Der Schöpfer macht sich an die Verfolgung des Raben, der bei seiner Flucht das Licht fallen lässt: Es zerspringt in Millionen Teile und bildet so Sonne, Mond und die Sterne am Firmament. Nun hat der Rabe zwar Licht auf der Erde, aber es ist ihm ziemlich langweilig, weil niemand da ist, an dem er seine hinterlistigen Tricks ausprobieren kann. Da sieht er eines Tages eine riesige Muschel im Sand, und als er versucht, sie zu öffnen, kriechen aus ihr die ersten Menschen an den Strand. Diesen Moment, der in der Mythologie vieler Stämme eine große Rolle spielt, stellt Bill Reid in seiner Skulptur „Raven and the First Men" im MOA dar. Man begegnet dieser Legende an der Nordwestküste aber auch an vielen anderen Orten in der Form von Kunsthandwerk, Kinderbüchern und Totempfählen.

ten nach Osten: Hier finden sich die meisten Geschäfte und Restaurants. In Kitsilano und South Granville prägt die 4th Avenue das sehr lebendige Zentrum.

Information: Im Rathaus erhält man diverse Broschüren, einen Stadtplan für Radfahrer und Übersichtspläne zum öffentlichen Verkehr. Mo–Fr 8.30–17 Uhr. 453 W 12th Ave, ✆ (604) 873-7000, www.vancouver.ca

Bus: Die Linie 99 verbindet die UBC über den Broadway mit den Metrostationen Broadway/City Hall und Commercial/Broadway. Fahrpläne und Übersichtskarten unter www.translink.ca.

Museum of Anthropology (MOA)

Das Völkerkundemuseum auf dem Gelände der UBC genießt internationalen Ruf. Mit über 7000 Ausstellungsstücken der indigenen Völker British Columbias und mehr als 30.000 Objekten aus anderen Regionen Nordamerikas, Asiens, Afrikas und des Pazifikraumes ist es eines der größten und wichtigsten Völkerkundemuseen weltweit. Höhepunkte eines Besuchs sind die Große Halle mit zahlreichen Totempfählen und Holzskulpturen, die Bill Reid Rotunda mit der bekannten Skulptur „The Raven and the First Men" sowie die 2017 eröffnete neue Gallery of Northwest Coast Masterworks, für die zahlreiche Kunstwerke aus aller Welt zurück nach B.C. geholt wurden.

▪ Tägl. 10–17, Do bis 21 Uhr. Im Winter Mo geschlossen. Im Sommer mehrmals tägl. kostenlose Führungen (meist um 11, 13, 14, 15.30 Uhr). Eintritt 18 $. 6393 NW Marine Drive, ✆ (604) 827-5932, www.moa.ubc.ca.

UBC Botanical Garden

Anders als der Vandusen Botanical Garden (→ S. 49) ist dies kein gestalteter Landschaftsgarten. Hauptziel ist der Erhalt und die Aufzucht zahlreicher Pflanzenarten. Thematisch gliedert sich das dicht bewachsene Gelände in einen asiatischen, einen alpinen und einen B.C.-Regenwald-Garten, ergänzt durch kleinere Nebenanlagen. Seit 2017 werden Führungen angeboten. Dies ist auch sinnvoll, denn der Laie kann kaum erkennen, dass neben der einheimischen

Fichte eine aus Nepal steht. Mit der Eintrittskarte erhält man einen Plan, der auch die Vegetation des jeweiligen Besuchsmonats erläutert. Der 300 m lange und bis zu 18 m über dem Boden verlaufende „Greenheart Tree Walk" führt über eine äußerst fragile Konstruktion aus Stricken und Lochblechen und bietet sicher mehr Adrenalin-Kick als das Gegenstück im Capilano Park der North Shore.

▪ Mitte März bis Ende Okt. tägl. 9.30–16 Uhr, im Sommer Do bis 20 Uhr. Eintritt 9 $, inkl. Tree Walk 20 $, Kombi-Ticket mit Nitobe Memorial Garden 13 $, inkl. Tree Walk 24 $. 6804 SW Marine Drive, ✆ (604) 822-4208, www.botanicalgarden.ubc.ca.

Nitobe Memorial Garden

Einige hundert Meter vom UBC Botanical Garden steht unter gleichem Management dieser traditionelle japanische Tee- und Lustgarten. Er gilt als einer der fünf schönsten und authentischsten japanischen Gärten außerhalb Japans. Selbstverständlich kann man auch an einer klassischen Tee-Zeremonie teilnehmen.

▪ Mitte März bis Ende Okt. tägl. 11–16.30, im Sommer Do–Sa bis 20 Uhr. Eintritt 7 $, Kombitickets s. o. 1895 Lower Mall, ✆ (604) 822-4208, www.botanicalgarden.ubc.ca/visit/nitobe-memorial-garden.

Beaty Biodiversity Museum

Vancouvers Museum der Naturgeschichte liegt ebenfalls im Universitätsviertel. Das vor allem von Schulklassen stark frequentierte Museum ist in sechs thematische Sammlungen gegliedert. Höhepunkte sind die Ausstellung mit Kanadas größtem Blauwal-Skelett sowie das „Timeline Exhibit" – ein Spaziergang durch 4,5 Milliarden Jahre Erdgeschichte.

▪ Di–So 10–17 Uhr. Eintritt 14 $. 2212 Main Mall, ✆ (604) 827-4955, www.beatymuseum.ubc.ca.

Das kleine, aber feine Vancouver Maritime Museum

Pacific Spirit Regional Park

Der fast 900 ha große, dreigeteilte Park bietet über 70 km Wanderwege, von denen etwa 50 km auch für Fahrräder und Pferde zugelassen sind. Die ruhigen Strandabschnitte sind komplett als „Clothing Optional" ausgewiesen, d. h. FKK ist offiziell erlaubt. Die Trails 3, 4, 6 und 7 bieten Strandzugänge, die allerdings oft sehr steil sind – bis zu 500 Stufen sind zu bezwingen.

▪ Park-Info-Center an der 16th Avenue. www.metrovancouver.org/services/parks/ParksPublications/PacificSpiritParkMap.pdf.

Old Hastings Mill Store Museum

Vancouvers ältestes Gebäude liegt am Ostende des Jericho Beach Park und birgt ein kleines Museum mit Erinnerungsstücken aus der frühen Zeit der Stadt, von Fotos der Holzfällerindustrie über Gegenstände von Bord des Dampfschiffes SS Beaver bis hin zu historischen Haushaltsgegenständen, die Vancouvers Bürger spendeten.

▪ Mitte Juni bis Mitte Sept. Di–So 13–16, sonst nur Sa/So 13–16 Uhr. Eintritt frei, Spenden erbeten. 1575 Alma St, ✆ (604) 734-121, www.hastings-mill-museum.ca.

Vancouver Maritime Museum

Das kleine Museum widmet sich der Seefahrt an der Pazifikküste und in der Arktis. Hauptausstellungsstücke sind die St. Roch, das erste Schiff, das die berühmte Nordwestpassage in beiden Richtungen durchfuhr, sowie die Ben Franklin, ein Forschungs-Tauchboot.

Das Childrens' Discovery Centre mit vielen Ausstellungsstücken zum Ausprobieren und die Piratenhöhle machen das Museum auch für Familien interessant.

▪ Juni bis Aug. tägl. 10–17, Do bis 20 Uhr; Sept. bis Mai Di/Mi und Fr/Sa 10–17, Do 10–20, So 12–17 Uhr. Eintritt 14 $. Kombi-Pass mit Museum of Vancouver und Space Centre 41 $. Vanier Park, ✆ (604) 257-8300, www.vanmaritime.com.

Museum of Vancouver & H.R. MacMillan Space Centre (MOV)

Zwei Museen unter einem Dach. Das Museum of Vancouver gilt als das beste stadtgeschichtliche Museum Kanadas. Auf sehr anschauliche Weise ermöglicht es eine Zeitreise von den frühen Siedlungen und der Kultur der Musqueam First Nation bis hin zur Gründung von Greenpeace in den 1970er-Jahren. Ein klassisches Diner-Restaurant und die Neon-Kunst der 1950er- und 1960er-Jahre versetzen die Besucher ein halbes Jahrhundert zurück. Hauptattraktion des Space Centres ist das eindrucksvolle Planetarium-Theater, das stündlich wechselnde Sternen-Shows zeigt. Darum herum wird die Raumfahrt spielerisch erklärt, und auch hier gilt: Anfassen erlaubt – einen Brocken Mondgestein oder einfach mal, um für ein Foto in einen Raumanzug zu schlüpfen.

▪ So–Mi 10–17, Do 10–20, Fr/Sa 10–21 Uhr; Eintritt 18 $. Space Centre tägl. 10–17 Uhr, Planetarium Shows Fr/Sa 19.30 und 21 Uhr, Observatorium Fr/Sa 20–24 Uhr. Eintritt tagsüber inkl. Planetariumshow 18 $, abends inkl. Show und Observatorium 13 $. Kombiticket für beide Museen + Maritime Museum 41 $. 1100 Chestnut St, Vanier Park. MOV: ✆ (604) 736-4431, www.museumofvancouver.ca. Space Center: ✆ (604) 738-7827, www.spacecentre.ca.

Le Centre Culturel Francophone

Im englischsprachigen Westen Kanadas hält das Kulturzentrum die Fahne der französischen Sprache und Kultur hoch. Höhepunkt des Jahres ist das im Juni stattfindende „Festival d'été francophone de Vancouver" mit Konzerten, Filmen und Ausstellungen, aber auch in den anderen Monaten finden zahlreiche Veranstaltungen statt. Das kleine „Café Salade de Fruits" bietet – natürlich – Küche aus Québec.

▪ Mo–Do 9–21, Fr 9.30–17.30, Sa 10–16 Uhr. 1551 West 7th Avenue, ✆ (604) 736-9806, www.lecentreculturel.com.

Granville Island

Die Halbinsel unter der Granville Street Bridge lohnt einen Besuch aus vielen Gründen. In der Railspur Alley und drum herum verkaufen zahlreiche Geschäfte Kunst, Handwerk, Souvenirs und Mode. Die Markthallen des Public Market bieten Kulinarisches aus der Region und aus aller Welt. Die Auswahl ist ideal, um sich ein Lunchpaket zusammenzustellen, das man – fast immer von Livemusik begleitet – auf den Bänken am Wasser verzehren kann. Auch ein Picknick auf See ist möglich: Es gibt einen Kajakverleih sowie die Fährboote der False Creek Ferries und des Aquabus. Die ungewöhnlichste Möglichkeit, den False Creek zu entdecken, ist per Motorboot: Verleiher haben führerscheinfreie Boote im Angebot, die ein 250 km^2 großes Gebiet bis in den Howe Sound befahren dürfen. An Land lässt sich dann das Erlebnis Granville Island in einem der zahlreichen Restaurants oder in einer Brauerei abrunden.

▲ Blick auf Granville Island
▼ Public Market
▼▼ Queen Elizabeth Park

Information: www.granvilleisland.com

Parken: Ab 10 Uhr morgens sind die wenigen Parkplätze oft schon voll belegt; die bequemste Anfahrt erfolgt daher mit den Wassertaxis von False Creek Ferries und Aquabus oder mit dem Fahrrad.

Bootsfahrt auf dem False Creek: Aquabus, Einzelfahrt je nach Entfernung 3,50–5,50 $, Day Pass 15 $, www.theaquabus.com.

False Creek Ferries, Einzelfahrt wie Aquabus, 25-/40-minütige Mini Cruise für 7,50 und 11 $, Tagespass 16 $, www.granvilleislandferries.bc.ca.

Bootsverleih: Granville Island Boat Rentals. Führerscheinfreie Motorboote für bis zu 6 Pers. ab 45 $/Std., ohne Sprit und Versicherung. 1696 Duranleau St, ✆ (604) 682-6287, www.boatrentalsvancouver.com.

Kajakverleih: Ecomarine Paddlesport Centre Granville Island, Kajaks ab 39 $/2 Std., 49 $/3 Std. 1668 Duranleau St (westlich des Public Markets), ✆ (604) 689-7575, www.ecomarine.com.

Markt: Public Market, tägl. 9–19 Uhr; Juni bis Sept. zusätzlich Do 10–15 Uhr. Farmers Market: 1669 Johnston Street, ✆ (604) 666-6655, www.granvilleisland.com/public-market.

Queen Elizabeth Park

Das 52 ha große Schmuckstück der Gartenbaukunst liegt auf dem höchsten Punkt Vancouvers und glänzt mit prächtigen Blumenbeeten, einem Steingarten, einem Arboretum mit Bäumen aus aller Welt und zahlreichen Skulpturen.

Tropenhaus Bloedel Conservatory

Mitten im Queen Elizabeth Park haben rund 200 frei fliegende Vögel und über 500 Pflanzen des tropischen Ökosystems, aber auch der ariden Wüstenzonen einen Platz bekommen. Das „Seasons", eines der besten Restaurants der Stadt, findet sich wenige Schritte weiter mitten im Grünen.

▪ Mai bis Aug. tägl. 10–20 Uhr, Sept. bis April tägl. 10–17 Uhr. Eintritt 6,50. $. Queen Elizabeth Park, ✆ (604) 257-8584, www.vancouver.ca/parks-recreation-culture/bloedel-conservatory.aspx.

Van Dusen Botanical Garden

Das große Gelände mitten in Vancouver wird vom englischen Landschaftsgarten mit dem „Great Lawn" – der großen Wiese – geprägt. Zahlreiche weitere Gärten runden das Gesamtkonzept ab: Steingarten, Labyrinth, Meditations- und Gemüsegarten, dazu die idyllische Landschaft um den Heron Lake, in dem tatsächlich Fischreiher heimisch sind. Ein idealer Ort, um nach einem erfüllten Besuchsprogramm in der Innenstadt am späten Nachmittag auszuspannen – lassen Sie Beine und Seele baumeln. Wer danach nicht weit zum Abendessen laufen möchte: Das Restaurant Shaughnessy bietet einen herrlichen Blick über den Garten und eine gute Küche.

▪ Mai tägl. 9–20 Uhr, Juni bis Aug. tägl. 9–20 Uhr, Sept. tägl. 9–18 Uhr, sonst kürzer. Eintritt 12 $. 5251 Oak Street, ✆ (604) 257-8335, www.vancouver.ca/vandusen.

Main Street

Im Osten, schon fast in Chinatown, liegt die Main Street. Vor 15 Jahren eine eher üble Gegend, wurde die Straße 2016 zu einer der „15 coolsten Straßen Nordamerikas" gewählt. Fast täglich öffnen neue Restaurants, Shops und Galerien ihre Türen, doch noch überwiegt die klassische Backsteinarchitektur. Die meisten Gebäude sind noch nicht renoviert, was die Mieten niedrig hält. Viele Geschäfte sind inhabergeführt, Handelsketten und große Marken sucht man vergeblich. Aber es zeichnet sich ab, dass nach der 4th Avenue in Kitsilano dieser Distrikt als nächster der Gentrifizierung zum Opfer fallen wird; schon entstehen auch hier die ersten Luxus-Apartments.

East Vancouver und Commercial Drive

20 Minuten Fußweg sind es von Gastown und Chinatown durch die Stadtviertel Railtown und Strathcona nach East Vancouver, oft auch Eastside genannt. Hier zeigt sich Vancouver nicht von seiner schönsten Seite – aber vielleicht von seiner ehrlichsten. Das Viertel ist im Wandel: In den alten Lagerhäusern haben sich Brauereien, Künstler und Start-ups eingerichtet. Modernste Umbauten stehen hier neben halb verfallenen Gebäuden. Südlich der Cordova Street dominiert die Wohnbebauung der Arbeiterklasse, nördlich davon finden sich Suppenküchen und Wohnheime für Obdachlose, buddhistische Tempel und Third-Hand-Läden, Schlachthöfe und die Heilsarmee. Auch wenn man die Region tagsüber zu Fuß

East Vancouver, ein Stadtviertel im Umbruch

bedenkenlos durchqueren kann, wird ein sensibler Umgang mit der Kamera empfohlen.

Mitten in East Vancouver liegt der Brewery District, scherzhaft auch als „Yeast Vancouver" (Hefe-Vancouver) bezeichnet. Er war 2018 Heimat von nicht weniger als 15 Brauereien – inzwischen dürften weitere hinzugekommen sein. Fast alle können besichtigt werden und verfügen über einen Tasting Room, in dem die Biere verkostet werden, oft werden auch Snacks dazu angeboten. Die meisten Brauereien haben ihren Sitz in der Gegend rund um das nördliche Ende des Commercial Drive, in der Powell Street und in der Triumph Street. Öffnungszeiten und Locations wechseln häufiger – ein Blick vorab ins Internet lohnt.

Brewery District: Brauereien und Destillerien im Überblick

→ Karte S. 51

2017 eröffnete die **East Van Brewing Company** **8** ihren Tasting Room (1675 Venables Street, www.eastvanbrewing.com), in dem bis zu 17 Biere im Ausschank sind. Die **Andina Brewing Company** **4**, 1507 Powell Street, bietet Bier, Musik und Essen mit südamerikanischer Note (www.andinabrewing.ca.). Als Kooperative geführt wird die **Callister Brewing Company** **5**, 1338 Franklin Street. Neben neun Bieren vom Fass gibt es Snacks und bezahlbare Kunst (www.callisterbrewing.com). **Luppolo Brewing** **7**, 1123 Venables Street, kombiniert unterschiedliche Biersorten mit italienischer Küche (www.luppolobrewing.ca). Eine der größeren Brauereien mit Restaurant und Shop für die „Gallon to go" ist **Parallel 49 Brewing** **3**, 1950 Triumph Street, www.parallel49brewing.com. Doch nicht nur Bier gibt es im Brewery District: Die Destillerie **Odd Society Spirits** **1**, 1725 Powell Street, produziert auf klassische Weise Wodka, Gin, Whisky und Liköre (www.oddsocietyspirits.com).

Fast überall im Angebot: Auswahl verschiedener Biere zum Probieren

▪ Die kleine Broschüre „East Vancouver Brewery District Tour" ist im Visitor Centre und in der Eastside erhältlich.

Einheimische nennen den **Commercial Drive** einfach nur „The Drive". Noch heute sind 80 % der Geschäfte entlang des Commercial Drive in den acht Blocks nördlich und südlich der 1st Avenue fest in italienischer Hand – das Viertel ist als Little Italy bekannt. Hier dominieren italienische Bäckereien, Restaurants, Bars und Kaffeehäuser. Daneben finden sich Lebensmittelhändler wie der Santa Barbara Market sowie die Plattenläden Highlife Records und Audiopile. Wer den Drive zu Fuß hinunterbummelt, sieht mehr, kann am südlichen Ende an der Station Commercial/Broadway in den SkyTrain steigen und ist in wenigen Minuten wieder in der Downtown.

Bus: Die Linie 20 fährt von der SkyTrain-Station Granville in Downtown nach East Vancouver, biegt in den Commercial Drive ein und befährt ihn in ganzer Länge. An der Station Commercial/Broadway besteht Anschluss zum SkyTrain. www.translink.ca.

Vancouvers North Shore

Die Hängebrücke über den Capilano Creek und die Seilbahn auf den Grouse Mountain sind die wichtigsten, allerdings stark überlaufenen Höhepunkte der North Shore, die sich von West Vancouver über North Vancouver bis nach Deep Cove am Eingang des Indian Arm-Fjordes im Osten hinzieht. An den dicht besiedelten Steilhängen des Küstengebirges liegen noch zahlreiche weitere touristische Attraktionen. In den höheren Regionen bieten die Berge bis ins Frühjahr hinein gute Schneeverhältnisse für Wintersportler und im Sommer ein großes Netz von Wanderwegen und Mountainbike-Trails. Im Osten ist Deep Cove Ausgangspunkt für Touren in das nur wenige Kilometer von der Großstadt entfernt liegende, aber fast unbewohnte Gebiet des Indian Arm.

Grizzly Bear im Grouse Mountain Wildlife Refuge

Zwei große Brücken erschließen die Nordküste von Vancouver aus: Vom Stanley Park führt die Lions Gate Bridge über die Meeresenge First Narrows nach North Vancouver, 7 km weiter östlich überbrückt die Ironworkers Memorial Bridge im Rahmen des Trans-Canada Highway ebenfalls den Burrard Inlet. Zwischen den beiden Brücken verbindet der SeaBus den Lonsdale Quay (North Vancouver) mit der Waterfront Vancouvers. Hauptverkehrsachsen in West-Ost-Richtung sind der Trans-Canada Highway und im Anschluss der Dollarton Highway, der bis nach Deep Cove führt. Abgesehen vom Lonsdale Quay liegen fast alle interessanten Punkte teils hoch in den Seitentälern und sind fußläufig nur schwer erreichbar. Grouse Mountain und die Attraktionen an der Capilano Suspension Bridge bieten kostenfreie Shuttles aus der Innenstadt an, doch für alle anderen lohnenswerten Stopps ist man auf das eigene Auto oder auf Busse angewiesen.

Information: Visitor Centre im Lonsdale Quay Market. Sommer tägl. 10–18 Uhr, Okt. bis Mitte Mai tägl. 10–16 Uhr. Hier erhält man die völlig ausreichende „North Shore Map". 123 Carrie Cates Court, North Vancouver, ✆ (604) 656-6491, www.nvtourism.ca.

SeaBus: Tagsüber alle 15 Min., sonst alle 30 Min. vom Lonsdale Quay zur Waterfront von Vancouver. www.translink.ca.

Bus: Vom Lonsdale Quay verkehren u. a. Busse zum Capilano Park und nach Grouse Mountain (Linie 236) sowie zum Lynn Canyon (Linie 228). www.translink.ca.

Lonsdale Quay

Der Lonsdale Quay mit der Markthalle, der baulich schon etwas in die Jahre gekommenen Plaza und den benachbarten Einkaufsstraßen ist das Zentrum North Vancouvers. Sowohl vom Kai mit seinem Aussichtsturm als auch vom SeaBus hat man schöne

Ausblicke auf die Skyline der Stadt. In den Markthallen trifft der Besucher auf 90 lokale Händler, die Fisch, Brot, Gemüse und Obst anbieten, aber auch Schmuck, Kunsthandwerk und Souvenirs. Abgerundet wird das Angebot in den Markthallen und in unmittelbarer Umgebung durch zahlreiche Restaurants und eine Brauerei.

Markt: Stände tägl. 9–19 Uhr, Geschäfte erst ab 10 Uhr. 123 Carrie Cates Court, North Vancouver, ✆ (604) 985-6261, www.lonsdalequay.com.

Capilano Suspension Bridge Park

Mit einer Hängebrücke, deren Vorläufer schon 1889 errichtet wurde, ist der Park heute eines der meistbesuchten Touristenziele Vancouvers. Neben der 140 m langen und 70 m hohen Capilano Suspension Bridge sind der Cliffwalk (ein hart an einer Felswand entlang verlaufender Weg) und das Treetops Adventure (ein Baumwipfelpfad) die oft überlaufenen Hauptziele im Park. Etwas ruhiger ist es auf den kurzen Wegen am Rande der Schlucht. Totempfähle, erschreckend schlechte Livemusik, überteuerte Speisen und zahlreiche Souvenirläden runden das „Erlebnis" ab. Zwischen 10 und 17 Uhr treffen Busgruppen im Minutentakt ein, und es kommt oft zu langen Wartezeiten an der Hängebrücke – meiden Sie also nach Möglichkeit diese Zeiten. Wer Vancouvers Ausflugsziel Nr. 1 auf seiner Liste abhaken möchte, wird um einen Besuch nicht herumkommen. Wer aber ein authentisches Naturerlebnis an der Nordküste sucht, ist mit den beiden Provinzparks der North Shore, Lynn Canyon Park und Mount Seymour Provincial Park, besser und deutlich günstiger bedient.

■ Mitte April bis Mai tägl. 9–19 Uhr, Juni bis Aug. tägl. 8.30–20 Uhr, Sept. tägl. 9–18 Uhr, sonst oft nur bis 17 Uhr. Eintritt 47 $. 3755 Capilano Road, ✆ (604) 985-7474, www.capbridge.com.

Grouse Mountain

Der am besten erschlossene Gipfel an der Nordküste ist ebenfalls überlaufen. Die Kabinenseilbahn bringt Besucher im 15-Minuten-Takt zur Bergstation mit ihrer schönen Aussicht. Wanderer benötigen über den Grouse-Grind-Weg knapp zwei Stunden hinauf. Kurze Wege hinter der Bergstation erschließen zahlreiche Attraktionen. Im Preis der Seilbahnfahrt eingeschlossen sind Raubvogelvorführungen, Ranger Talks am Grizzly-Gehege, eine Holzfäller-Show, ein Kinoprogramm und kurze, geführte Wanderungen mit Erläuterung des Öko-Systems. Gegen Aufpreis werden in der Hochsaison der Sessellift zum Gipfel sowie zahlreiche Nervenkitzel angeboten, vom Ziplining über den Aufstieg in ein großes Windrad bis hin zu Helikopterflügen oder einer Seilbahnfahrt auf dem Dach (!) der Kabine.

■ Im Sommer tägl. 8.45–22 Uhr. 56 $. 6400 Nancy Greene Way, ✆ (604) 980-9311, www.grousemountain.com.

Die Provinzparks der North Shore und Deep Cove

Die örtlichen Provinzparks sind eine lohnende und kostenfreie Alternative zum Kommerzbetrieb am Capilano Suspension Bridge Park. Deep Cove am Indian Arm lädt zu Touren mit dem Kajak oder Kanu ein.

Capilano River Regional Park

Der Hauptteil des Parks liegt direkt oberhalb des Capilano Suspension Bridge Park. Zahlreiche Rad- und Wanderwege erschließen den Park mit seinen moosbewachsenen Baumriesen. Auch an heißen Sommertagen dringt kaum ein Sonnenstrahl durch die dichten Baumkronen. Längster und schönster Weg im Park ist der etwa 8 km lange Capilano Pacific Trail, der vom Cleveland-Staudamm bis zum Burrard Inlet führt. Hauptattraktion ist die Lachsaufzuchtstation Capilano Salmon Hatchery, die kostenfrei besucht werden kann. Vom Parkplatz sind es nur wenige Minuten Fußweg zum Damm und zur Salmon Hatchery.

■ Juni bis Aug. 8–20 Uhr, Mai und Sept. 8–19 Uhr, April und Okt. 8–18 Uhr, Nov.–März 8–16 Uhr. Eintritt frei. 4500 Capilano Road, ✆ (604) 666-1790, www.vancouversnorthshore.com/things-to-do/parks/capilano-river-regional-park.

Lynn Canyon Park & Suspension Bridge

Der bereits 1912 eröffnete Park verfügt über zahlreiche Wanderwege. Der 30 Foot Pool Trail erschließt einen beliebten Badesee, der Twin Falls Trail bietet Ausblicke auf einen Wasserfall, der Lynn Headwaters Trail erlaubt eine gemütliche Wanderung am Fluss entlang. Verbunden wird das Wegenetz durch die Hängebrücke über den Lynn Canyon: Der Blick von der recht fragilen Konstruktion in den 50 m tiefer liegenden Canyon ist beeindruckend. Kaum kleiner als ihre berühmte Schwester im Capilano Park, ist die Brücke hier nicht annähernd so überlaufen – und obendrein kostenlos. Im kleinen Lynn Canyon Ecology Centre kann man sich näher mit dem Ökosystem der Nordküste befassen; zudem werden im Hochsommer Mittwoch bis Sonntag geführte Themenwanderungen angeboten. Am Parkeingang befindet sich ein Café.

■ Tägl. von Sonnenaufgang bis -untergang. Eintritt frei. Hauptzugang am Ende der Peters Road. Zufahrt über Ausfahrt 19 des Trans-Canada Highway, dann die Lynn Valley Road hinauf. www.lynncanyon.ca.

Mount Seymour Provincial Park

Mit seinen vierzehn Wegen und schönen Ausblicken auf Vancouver und den Indian Arm wird der Park von Wanderern und Mountainbikern gleicherma-

Marina in Deep Cove: Blick in den Indian Arm

ßen geschätzt, vor allem im Hochsommer, wenn auf den Bergwiesen zahlreiche alpine Blumen blühen. Die höher gelegenen Trails sind Wanderern vorbehalten. Obwohl so dicht an der Großstadt, liegt ein Großteil des Parks in der Wildnis, Vorsicht ist angebracht: Die Wege sind steil und erfordern zum Teil Trittsicherheit. Auf den entlegeneren Trails ist stets mit Bären, Pumas und Luchsen zu rechnen. Vier Picknickbereiche laden zur Rast ein. Wer nichts mitgebracht hat, findet am Parkeingang eine Cafeteria.

■ Im Sommer rund um die Uhr geöffnet. Kostenfrei. Ausfahrt 22 des Trans-Canada Highway, dann östlich auf den Mt. Seymour Parkway und die Mt. Seymour Road. ✆ (604) 986-2261, www.env.gov.bc.ca/bcparks/explore/parkpgs/mt_seymour.

Deep Cove

Der Kontrast zwischen der nur wenige Kilometer entfernten Skyline Vancouvers und dem kleinen Dorf an einer Bucht des Indian Arm überrascht. Wer in Deep Cove auf die nur zwei Blöcke lange Hauptstraße Gallant Road mit ihren Galerien und Restaurants einbiegt, den kleinen Hafen schon vor Augen, fühlt sich in eine andere Welt versetzt. Das Dorf ist Ausgangspunkt für Touren per Boot oder Kajak in den fjordähnlichen Meeresarm, aber auch für Spaziergänge in den vier Parks Cates, Myrtle, Panorama und Wickenden.

Wassersport: Deep Cove Kayak, Vermietung von Kajaks, SUP-Boards und Surfskis. Auch geführte Touren mit dem Kajak. Kajaks ab 39 $/2 Std., ab 85 $/Tag. Touren ab 80 $. 2156 Banbury Road, Deep Cove, ✆ (604) 929-2268, www.deepcovekayak.com.

Touren: Geführte Touren mit dem Drachenboot, Kajak, Kanu oder zu Fuß, derzeit nur ab 6 Pers. Cates Park. Drachenboot- oder Kajak-Touren: 60 $/2 Std., Rainforest Walk 35 $. ✆ (604) 985-2925, www.takayatours.com.

Richmond und Steveston

Der Vancouver International Airport und die große Zahl chinesischer Einwanderer prägen die südlichen Nachbarorte Vancouvers. Zahlreiche Hotels in Richmond werden vor allem von Fluggästen für die erste und letzte Nacht genutzt, bieten sich aufgrund der vergleichsweise günstigen Tarife aber auch für einen längeren Aufenthalt an. Die No. 3 Road in Richmond ist fest in der Hand der Einwanderer aus Asien, auf den Werbetafeln finden sich fast nur chinesische Schriftzeichen. Entspannt geht es in Steveston zu, dem ländlichen kleinen Hafen mit seiner alten Fischfabrik.

Information: Tourism Richmond Visitor Centre. Mi–Sa 9.30–18, So 10–18 Uhr. 3811 Moncton St, ✆ (604) 271-8280, www.visitrichmondbc.com.

Hin und weg: Der SkyTrain der Canada Line von Translink fährt bis ins Herz von Richmond. An der Station Richmond-Brighouse muss man in den Bus 402 Richtung Two Road umsteigen, um zur Cannery und nach Steveston zu gelangen. www.translink.ca.

Gulf of Georgia Cannery

Die 1894 erbaute Fischkonservenfabrik war einst die größte in British Columbia; 1902 wurden hier 2,5 Mio. Dosen Lachs manuell abgepackt. 1930 im Rahmen der Weltwirtschaftskrise geschlossen, folgte im Zweiten Weltkrieg die Wiedereröffnung und 1979 die endgültige Schließung. Der unter Denkmalschutz stehende Gebäudekomplex kann seit 1994 besichtigt werden. Die Küstenfischerei, von den Fischtrawlern über die Fabrik bis zum Endverbraucher, wird hier anschaulich dargestellt.

Die historische Fischkonservenfabrik in Richmond

▪ Tägl. 10–17 Uhr. Eintritt 8 $. 12138 Fourth Avenue, Richmond, ✆ (604) 664-9009, www.pc.gc.ca/en/lhn-nhs/bc/georgia.

Britannia Shipyards National Historic Site

500 m östlich der Cannery, ein kurzer Spaziergang am Wasser entlang. Um eine Schiffswerft herum sind historische Läden, Wohnhäuser und Bootshäuser zu einem Museumsdorf gruppiert. Die authentischen Gebäude und Boote dieses musealen Kleinods datieren aus der Zeit zwischen 1885 und dem Ersten Weltkrieg und zeigen die Einflüsse der europäischen, asiatischen und indigenen Völker auf Seefahrt und Fischfang an der Küste British Columbias. Am Wochenende demonstrieren Freiwillige in alten Kostümen traditionelle Handwerkstechniken und Lebensweisen.

▪ Mai bis Sept. tägl. 11–18 Uhr, Okt. bis April tägl. 12–17 Uhr. Eintritt frei. 5180 Westwater Drive, Richmond, ✆ (778) 296-1400, www.richmond.ca/culture/sites.

Steveston Interurban Tram

Mehr als ein halbes Jahrhundert prägten die Überlandstraßenbahnen den öffentlichen Nahverkehr im Großraum Vancouver. Der Straßenbahnwagen 1220 der Steveston Interurban Tram ist einer der wenigen erhaltenen und wird in einem Gebäude einen Block östlich des Visitor Centre gezeigt.

▪ Juni bis Sept. tägl. 10–17 Uhr, Okt. bis Mai tägl. 10–16 Uhr. Eintritt frei. 4011 Moncton Street, Richmond, ✆ (604) 238-8081, www.richmond.ca/culture/sites.

Richmond Night Market

An Sommerwochenenden erstrahlt die Zeltstadt in Richmond im Lichtermeer: Mehr als 200 Aussteller bieten über 500 verschiedene Speisen und Getränke aus aller Welt an: Austern und Bubble Tea, Tintenfisch-BBQ und Tacos, Schweinshaxe „Oktoberfest Style" und

Sushi, duftende Tees und bunte Limonaden. An weiteren Ständen reicht die Palette von koreanischen Socken in schrillen Farben bis zu neuesten elektronischen Geräten – es gibt fast nichts, was man hier nicht findet.

Mitte Mai bis Anfang Okt. Fr/Sa 19–24, So und Feiertage 19–23 Uhr. Eintritt 4,25 $. Anfahrt mit dem SkyTrain bis Bridgeport Station, dann 5 Minuten zu Fuß. 8351 River Road, ✆ (604) 244-8448, www.richmondnightmarket.com.

Basis-Infos

Information Bereits am Flughafen Vancouver International findet man eine Zweigstelle des **Visitor Centre,** wo man alle Informationen erhält. Das eigentliche **Visitor Centre** ist am Canada Place: Tägl. 9–17 Uhr. Hier kann man auch Ausflüge, Theatertickets etc. buchen. 200 Burrard St, ✆ (604) 683-2000, www.tourismvancouver.com.

Geldwechsel Büros von **Western Union** finden sich in der Downtown, 1122 Burrard St und 1022 Granville St, jeweils bis 21 Uhr geöffnet. Der dortige Wechselkurs Euro/Can. $ ist aber schlechter als der Kurs der Banken und auch teurer als das Abheben mit Maestro-Karte oder Kreditkarte!

Hin und weg

Flughafen Der Vancouver International Airport liegt südwestlich der Innenstadt. Im Hauptterminal werden alle Flüge von/nach Europa und die USA abgewickelt sowie längere innerkanadische Flüge. Ankünfte/Abflüge unter ✆ (604) 207-7077, www.yvr.ca.

Vom Flughafen in die Stadt Schnellste und günstigste Verbindung ist die U-Bahn-ähnliche **Canada Line,** die 26 Min. bis zur Waterfront braucht. 5–1 Uhr alle 6–20 Minuten.

Für **Taxis** gilt ein fester Zonenpreis je nach Ziel, z. B. Downtown 31 $, Waterfront 35 $. Fahrzeit je nach Verkehr 30–60 Minuten zur Waterfront. Alle wichtigen **Mietwagenfirmen** sind am Flughafen vertreten.

Bahn Der Starzug der kanadischen VIA Rail, „The Canadian", erreicht Vancouver 3x wöchentlich abends, aus Toronto über Winnipeg, Edmonton und Jasper. Die US-Bahngesellschaft Amtrak verbindet Seattle 2x tägl. mit Vancouver. Beide Gesellschaften nutzen das Pacific Central Terminal an der Main Street.

Bus **Quick Coach** bedient die Strecke Seattle – Vancouver 4x täglich. ✆ (604) 940-4428, www.quickcoach.com. Busbahnhof: Pacific Central Terminal, 1150 Station Street, Ecke Main Street.

Über weitere Fernbusverbindungen gab es bei Redaktionsschluss (April 2019) noch keine verlässlichen Angaben, nachdem der bisherige Betreiber Greyhound Bus seine Linien in Westkanada Ende 2018 eingestellt hatte (→ S. 698).

Öffentlicher Nahverkehr Im Großraum betreibt **Translink** den öffentlich Verkehr – mit zahlreichen Buslinien, dem West Coast Express (einer Art S-Bahn), den drei Linien des SkyTrain und dem SeaBus, der Downtown Waterfront mit North Vancouver verbindet. In den Zügen und im SeaBus kann an Automaten bar oder mit Kreditkarte bezahlt werden, in den Bussen nur bar in Münzen (Geld abgezählt bereithalten, Fahrer wechseln nicht!)

An den Automaten erhält man „Compass Cards", die nach dem Bezahlen mit den entsprechenden Beträgen aufgeladen sind und an den Sperren der Einstiegs- und der Zielstation gescannt werden. Umsteigen ist innerhalb

Vancouvers moderne U-Bahn: der SkyTrain

90 Min. möglich, aber nur mit Compass Card – also nicht mit einem Barticket aus dem Bus. Eine Zone kostet 2.95 $, zwei Zonen 4.20 $, drei Zonen 5.70 $. Ab 18.30 Uhr sowie an Sa/So ist immer nur eine Zone zu bezahlen. Der **Tages-Pass** für 10.25 $ bietet unbegrenzte Fahrten an einem Kalendertag. Im Visitor Centre und an Verkaufsstellen von Translink erhält man den Faltplan „Metro Vancouver Transit Map" mit einer hilfreichen Übersicht aller Linien. www.translink.ca.

Der Aquabus pendelt auf dem False Creek

False Creek Ferries, Aquabus: Die kleinen Fährboote der beiden konkurrierenden Unternehmen befahren ähnliche Routen entlang des False Creek zwischen der Telus World of Science im Osten und dem Maritime Museum im Westen. False Creek Ferries verkehren zwischen 8 und 22 Uhr, zum Maritime Museum nur bis 20 Uhr. 3,50–6 $ je nach Route, Tages-Pass 16 $. ✆ (604) 684-7781, www.granvilleislandferries.bc.ca. Aquabus fährt tägl. von 8 bis 22.30 Uhr. 3,50–5,50 $, Tages-Pass 15 $. Nicht bis zum Maritime Museum, nur östlich Granville Island. ✆ (604) 689-5858, www.theaquabus.com.

Parken Wie in allen Großstädten ist das Parken teuer. Rund um Granville St und Waterfront sind Tarife von 5–6 $/Std. üblich, weiter entfernt fallen die Preise etwas, südlich der Chinatown oder im Westend zahlt man 1–2 $/Std., dann aber meist max. 2 Std. In den Parkhäusern der Innenstadt finden sich oft noch freie Stellplätze. Achtung: Man muss bei der Einfahrt kein Ticket ziehen, dafür ist die benötigte Parkdauer zu schätzen und am Automaten vorab zu bezahlen.

Einkaufen

Alkohol Auch in Vancouver gibt es Alkohol nur in Restaurants oder in Liquor Stores. **Brewery Creek** (3045 Main St) und der **Legacy Liquor Store** (1633 Manitoba St) haben jeweils eine riesige Auswahl lokaler, regionaler und internationaler Craft-Biere. Der unscheinbare Store von **Viti Vine & Lager** (900 Seymour St) verfügt über eine große Weinauswahl, führt aber auch seltene Biere.

Bäcker Auch gute Bäckereien haben oft nur eine begrenzte Brotauswahl, dazu aber Gebäck, Kuchen, Kaffee und anderes anzubieten. **Tartine Breads & Pies** (770 Beach Avenue, Filiale 1069 Davie St, www.tartine.ca) will nur der kleine Laden für die Nachbarschaft sein, hat aber Anhänger in ganz Downtown. **Terra Breads** mit vier Locations (u. a. auf Granville Island und im Olympic Village, www.terrabreads.com) setzt auf Brote ohne Konservierungsstoffe. **A Bread Affair** auf Granville Island ist eine zertifizierte Bio-Bäckerei (www.abreadaffair.com).

Bücher und Landkarten Stets etwa 9000 Titel hat **The Paper Hound** (344 West Pender Street) im Angebot: neu, gebraucht und gesucht, klassisch und außergewöhnlich, Bestseller und Sammlerstücke. **Tanglewood Books** (2306 West Broadway) unterbietet mit Discounts von bis zu 50 % für Neuerscheinungen oft selbst Amazon und die großen Ketten. **Mayfair News** (1535 West Broadway, www.mayfairnews.ca) führt 5000 verschiedene Zeitungen, Illustrierte und Magazine aller Fachrichtungen. **Wanderlust – The Traveller's Store** (1929 W. Fourth Avenue) bietet eine große Auswahl an Reiseführern, Landkarten, aber auch Koffer, Rucksäcke etc.

Designer Outlets Das **McArthur Glen Designer Centre** (1000-7899 Templeton Station Road, Richmond BC, www.mcarthurglen.com) in der Nähe des Airports führt Ware von 60 führenden Marken. Der Shopping-Komplex **Tsawwassen Mills** (5000 Canoe Pass Way, Tsawwassen, www.tsawwassenmills.com) in der Nähe des Fähranlegers, 30 Minuten südlich der Stadt, bietet 200 Marken und Designer Outlets.

Kaufhäuser Die großen Kaufhäuser **Holt Renfrew, Hudson's Bay** und **Nordstrom** finden sich alle in der Downtown.

Selbstversorger Große Supermärkte wie **Safeway** finden sich vor allem an den Ausfallstraßen und in den Vororten, z. B. an der 4th Avenue in Kitsilano oder am südlichen Ende der Granville Street, nicht weit vom Airport. In der Innenstadt ist **Urban Fare** – eine Mischung aus Supermarkt und Delikatessengeschäft mit riesiger Auswahl – dreimal vertreten: 305 Bute St in der Nähe des Coal Harbour, 1133 Alberni St in der Nähe der SkyTrain-Station Burrard St und 177 Davie St, gegenüber dem Yaletown Roundhouse.

Der **Public Market** bietet tägl. 9–19 Uhr kanadische und internationale Spezialitäten an 90 Ständen in der Markthalle auf Granville Island.

Shopping Malls Vancouvers größtes Einkaufszentrum ist **Metropolis,** mit Auto oder SkyTrain (Station Metrotown) nur 15 Min. von der Innenstadt. 400 Geschäfte und Restaurants, Rabatte bei den Guest Services für Nicht-Kanadier! 4700 Kingsway, Mo–Sa 10–21, So 11–19 Uhr, www.metropolisatmetrotown.com.

In North Vancouver ist **The Village at Park Royal** erste Wahl. 275 Shops finden sich in der Mall am Nordende der Lions Gate Bridge. 4700-4800 Kingsway, www.shopparkroyal.ca.

Souvenirs In Gastown findet sich die größte Ansammlung klassischer Souvenirläden mit oft fragwürdigem Preis-Leistungs-Verhältnis. **Jade Vancouver** (375 Water St) offeriert Schmuck und anderes aus lokalen Jadesteinen. **Northwest Coast Gifts** in der Lattimer Gallery (1590 West 2nd Avenue) bietet Alltags- und Gebrauchsgegenstände wie Wasserflaschen, Handy-Schutzhüllen und Regenschirme in modernem indianischen Design. Auch viele Museumsläden (z. B. im MOA) bieten eine Auswahl an Souvenirs.

Sport und Freizeit

Baden Aufgrund von warmen Meeresströmungen erreicht der Pazifik an den Stränden Vancouvers im Sommer oft 20 Grad und mehr. Am **Strand der English Bay**, vom Stanley Park bis zur Burrard Bridge tummeln sich an lauen Sommerabenden Tausende im Wasser und auf den breiten grünen Wiesen. Gegenüber reihen sich zwischen UBC und Downtown **Acadia Beach, Spanish Banks Beach, Locarno Beach, Jericho Beach** und **Kitsilano Beach** aneinander. Jeder Strandabschnitt ist auf unterschiedliche Weise einladend, einige sind Wassersportlern vorbehalten, an den meisten aber ist Schwimmen erlaubt. Ist es

English Bay Beach – Vancouvers belebtester Strand mit sommerlichen Wassertemperaturen von über 20 Grad

Kitsilano Pool: Kanadas längster Pool bietet eine fantastische Aussicht

doch mal zu frisch, wechselt man in das spektakuläre, 137 m lange Salzwasser-Becken des **Kitsilano Pools** (2305 Cornwall St, www.vancouver.ca/parks-recreation-culture/kitsilano-pool.aspx). Er ist Kanadas längster Pool.

Fahrradverleih Mit **MobiBike** verfügt die Stadt über ein Bike-Share-System: Überall in der Stadt sieht man die Fahrrad-Stationen mit den blauen Rädern von MobiBike. Anmietung und Rückgabe sind nur in den Abstellstationen möglich. Der 24-Stunden-Pass zu 10 $ erlaubt unbegrenzt viele Fahrten von max. 30 Min. Wer das Rad nicht nach spätestens 30 Min. an einer Station zurückgibt, zahlt 5 $ für jede angefangene weitere halbe Stunde. Eine Zwei-Stunden-Tour durch den Stanley-Park schlägt so schon mit 25 $ zu Buche. Eine Registrierung unter www.mobibikes.ca ist notwendig.

Aber es gibt auch klassische Verleiher: **Cycle City Tours** in Downtown vermietet Räder je nach Modell ab 9,50 $/Std., 38–70 $/Tag. Auch E-Bikes. 648 Hornby Street, ✆ (604) 618-8626, www.cyclevancouver.com.

Spokes Bicycle Rentals, seit 1938, in der Nähe des Stanley Park, hat faire Preise. Je nach Ausstattung 8–11 $/Std., 38–52 $/24 Std. 1798 West Georgia St, ✆ (604) 688-5141, www.spokesbicyclerentals.com.

Cycle BC, ebenfalls günstig und nur fünf Radminuten vom False Creek entfernt. Auch Motorroller. Fahrrad 8 $/Std., 28 $/Tag. Motorroller ab 15 $/Std., 65 $/Tag. 73 East 6th Ave (in der Tiefgarage), ✆ (604) 709-5663, www.cyclebc.ca.

Wandern Sowohl der stadtnahe Stanley Park als auch die Parks an der North Shore (siehe dort) bieten ein großes Netz an Wanderwegen. Der längste, der 48 km lange Baden-Powell Trail, verläuft an der Nordküste oberhalb der Bebauung vom Fährhafen Horseshoe Bay im Westen bis zur Bucht Deep Cove am Indian Arm im Osten.

Wassersport Die **Ecomarine Paddlesport Centres** auf der Ostseite von Granville Island, am Jericho Beach und am English Bay Beach verleihen Ausrüstung und geben auch Kurse für Paddler und SUP'ler. Kajak ab 39 $/2 Std., SUP ab 19 $/Std. Auch geführte Touren. ✆ (604) 689-7575, www.ecomarine.com.

Stadtrundfahren/Stadtrundgänge

Mehrere Firmen bieten Fahrten durch die Stadt und in die Umgebung an. Ideal lässt sich die Pazifikmetropole bei einer Stadtrundfahrt auf dem Fahrrad entdecken. Entspannnt sind die Touren auf dem Wasser, sei es am Hafen oder auf dem False Creek.

Mit dem Bus **Hop-On-Hop-Off:** Zwei Routen mit 29 Stopps: Die Park Route (2 Std., 49 $) führt um den Stanley Park bis zum Maritime Museum, die City Route (90 Min., 39 $) führt durch Downtown, Gastown, Chinatown. Tagespass für beide Routen 59 $. Abfahrten Mai bis

Sept. etwa 9–17 Uhr, alle 20 Min. Zusätzlich klassische Stadtrundfahrt mit Vancouver Lookout (78 $) oder mit Grouse Mountain und Capilano Bridge (156 $). Ab Cruise Terminal und Downtown-Hotels. ✆ (604) 451-1600, www.westcoastsightseeing.com.

Landsea Tours & Adventures Tours: Klassische Stadtrundfahrt mit allen Highlights. Tägl. 10 und 14 Uhr, 4 Std., 80 $. Von Hotels in der Innenstadt. ✆ (604) 255-7272, www.vancouvertours.com.

Zu Fuß Off the eaten Track: Drei kulinarische Stadtrundgänge von 46 $ bis 80 $. Buchung nur telefonisch: ✆ (800) 418-1906, www.offtheeatentracktours.ca.

Forbidden Vancouver Walking Tours: Fünf Spaziergänge in die Epoche des Art Déco, zu den Anfängen der LGBTQ+-Community oder zu den unruhigen Zeiten der Stadt mit Bandenkriminalität, Opiumhöhlen und ungelösten Mordfällen. 2–2½ Std., ab 28 $. Buchung nur telef. oder online. ✆ (604) 227-7570, www.forbiddenvancouver.ca.

Per Fahrrad Cycle City Tours: Alle Touren sind auch für weniger erfahrene Radler machbar, führen über ebenes Gelände und bieten viele Pausen. Stanley Park Tour (3 Std., 65 $.) oder als Grand Tour mit Downtown (5 Std., 89 $). Zudem Brauerei-Tour mit Lunch und Bierverkostung sowie E-Bike-Touren. 648 Hornby Street, ✆ (604) 618-8626, www.cyclevancouver.com.

Auf dem Wasser Vancouver Harbour Cruise: Bis zu 4-mal tägl. Hafenrundfahrt (75 Min.), 41 $. Abends Sunset Dinner Cruise (2½ Std., 93 $). **Coal Harbour e-Tour:** Rundfahrt in 10-sitzigen Elektrobooten. Tägl. 10–17 Uhr, Abfahrten zur vollen Stunde. 60-Min.-Tour je 30 $, Ermäßigung in Kombination mit Hop-On-Hop-Off-Tour: Ab 501 Denman Street, Harbour Cruise Marina. **False Creek e-Tour:** wie Coal Harbour e-Tour, aber ab Maritime Museum. ✆ (604) 451-1600, www.westcoastsightseeing.com.

Pacific Ferries & Tours: Die Hop-On-Hop-Off City Tour verbindet Coal Harbour, die North Shore und Granville Island alle 2 Std., 9.30–17.30 Uhr, 75 $. Viel entspannter als zu Lande. ✆ (778) 877-3329, www.pacificferries.ca.

In der Luft Harbour Air: Rundflüge von 10 bis 35 Min., 95–199 $. Vancouver Harbour Flight Centre, 1055 Canada Place. ✆ (604) 274-1277, www.harbourair.com.

Ausflüge ins Umland/Whalewatching

Wer nur wenig Zeit in Kanadas Westen hat, kann erwägen, auch Victoria, Whistler oder andere Ziele in der Umgebung als Tagesausflug von Vancouver aus in die Reiseplanung einzubinden.

Mit dem Bus West Coast Sightseeing setzt per Fähre nach Victoria über und kombiniert die Inselhauptstadt und Butchart Gardens (ganzer Tag, 205 $). Eine weitere Tagestour führt über die Shannon Falls nach Whistler (146 $). Ab Cruise Terminal oder Downtown-Hotels. ✆ (604) 255-7272, www.vancouvertours.com.

Landsea Tours & Adventures Tours bietet fast die gleichen Touren an, wobei Victoria (ab 210 $) mit einem Flug im Wasserflugzeug oder einem Besuch im Royal BC Museum kombiniert werden kann. Ab Cruise Terminal oder Pick-up an Hotels in der Innenstadt. ✆ (604) 451-1600, www.westcoastsightseeing.com.

Mit dem Boot Prince of Whales kombiniert eine 4-stündige Whale Watching Tour mit einem Abstecher nach Victoria und in die Butchart Gardens (ab 325 $). 1601 Bayshore Drive (im Westin Bayshore Hotel), ✆ (250) 383-4884, www.princeofwhales.com.

Pacific Ferries & Tours: Die Island Hopping Tour startet tägl. um 8.45 Uhr nach Bowen Island (1 Std. Pause) und Gibsons (2½ Std.) und endet 14.45 Uhr auf Granville Island – Rückfahrt jederzeit mit der Hop-On-Hop-Off-Tour. 185 $. ✆ (778) 877-3329, www.pacificferries.ca.

Mit dem Wasserflugzeug Harbour Air bietet ein Dutzend verschiedene Touren ab Vancouver an, u. a. nach Victoria, Whistler und an die Sunshine Coast, teils als Sonderfliug, teils auf den Linienflügen und kombiniert mit Bustouren. Eine Stunde bis ganzer Tag, 169 $ bis 625 $. Vancouver Harbour Flight Centre, 1055 Canada Place, ✆ (604) 274-1277, www.harbourair.com.

Whale Watching In der Strait of Georgia, zwischen Vancouver und Victoria, sind Buckel- und Killerwale heimisch. Mehrere Unternehmen bieten von Vancouver aus drei- bis fünfstündige Touren zur Walbeobachtung an.

Vancouver und Umgebung | B. C. → Karten S. 30 und S. 32/33

Prince of Whales: April bis Nov. 1- bis 2x tägl. mit Zodiac oder Großboot, ab 170 $. Kombinationen mit Butchart Gardens und Victoria möglich. 1601 Bayshore Drive (im Westin Bayshore Hotel). ✆ (250) 383-4884, www.princeofwhales.com.

Wild Whales Vancouver: April bis Okt. tägl. bis zu 5 Fahrten mit gedeckten und offenen Booten für 135 $. 1806 Mast Tower Road, Granville Island, ✆ (604) 699-2011, www.vancouverwhales.com.

Mein Tipp **Vancouver Whale Watch:** etablierter Familienbetrieb. Seit 1998 Fahrten ab Steveston, mit Shuttlebus ab Vancouver. April bis Okt. tägl. mit Zodiac oder Großboot ab 130 $. 12240 2nd Avenue, Steveston, ✆ (604) 274-9565, www.vancouverwhalewatch.com.

Veranstaltungen/Kultur

Auf der Webseite des Visitor Centres (www.vancouvertourism.com) werden alle Festivals, Veranstaltungen, Sportereignisse und große Konzerte in Vancouver aufgelistet.

Galerien Zeitgenössische asiatische Kunst findet man bei **Art Beatus** (808 Nelson St). Die **Chali-Rosso Art Gallery** (549 Howe St) führt Werke europäischer Künstler des 20. Jh., u. a. Chagall, Dali, Matisse, Miro und Picasso. **Coastal Peoples Fine Arts Gallery** (322 Water St, Gastown) widmet sich der indigenen Kunst der First Nations und Inuit. Bezahlbare indigene Kunst- und Schmuckobjekte finden sich auch in der **Wickaninnish Gallery** (1666 Johnston St, Granville Island). **Jones Fine Arts** (258 East 1st Ave.) ist erste Wahl für zeitgenössische kanadische Fotografien, Skulpturen und Malerei. **Arts off Main** (216 East 28th Avenue) und **Art Works** (1536 Venables St) zählen zu den bekannteren Kunsthändlern Vancouvers. Die auch in Deutschland bekannte **Galerie Lumas** (305 Water St) bietet Fotokunst. In **Hill's Native Art Gallery** (165 Water St) findet man eine große Auswahl indigener Kunst, vor allem Schnitzereien und Schmuck.

Kinos Zahlreiche Kinos in der Stadt und den Vororten zeigen die neuesten Blockbuster. Für unabhängig produzierte Filme, aber auch Live-Konzerte, ist das klassische **Rio Theatre** auf dem Broadway die richtige Wahl.

Bühnen/Theater Im Visitor Centre bietet **Tickets Tonight** am Canada Place Restkarten für Konzerte, Theater und Shows am gleichen Abend mit 50 % Ermäßigung. ✆ (604) 684-2787, www.ticketstonight.ca. Die Konzerthalle im **Chan Centre** ist für ihre hervorragende Akustik bekannt, viele große Konzerte finden hier statt. Das ehemalige Vaudeville-Theater **Orpheum** von 1927 ist Heimat des Vancouver Symphony Orchestra, dessen Sommerkonzertreihe bis Mitte Juli läuft. Von Anfang Juni bis Ende Sept. bietet das **„Bard on the beach"-Festival** auf der Wiese gegenüber des Sunset Beach wöchentlich fünf bis sechs Shakespeare-

TELUS Science Center am East False Creek

Aufführungen. Opern, Operetten und Broadway Musicals gleichermaßen sind im **Queen Elizabeth Theatre** – mit 2765 Plätzen eines der größten kanadischen Theater – auf dem Spielplan zu finden. Ballett, Tanz und Kammermusik sind dagegen die Domäne des mit 668 Plätzen deutlich kleineren **Vancouver Playhouse** gleich um die Ecke. Der **Artsclub** betreibt drei unabhängige Bühnen: Stanley Industrial Alliance Stage, Granville Island Stage und Coldcorp Stage.

Veranstaltungen/Feste Festival-Höhepunkte der sommerlichen Hauptsaison sind das dreitägige kulinarische Fest **Eat!** Ende Mai/Anfang Juni, das **internationale Drachenbootfestival** auf dem False Creek, das wie das **Jazz Festival** Ende Juni stattfindet. Am **Unabhängigkeitstag** 1. 7. zieht die zweitgrößte Party Kanadas 350.000 Gäste am Canada Place in ihren Bann. Am 3. Juli-Wochenende ist Vancouver Gastgeber des **Folk Music Festivals**, gefolgt von der **Celebration of Light** Ende Juli/Anfang Aug., dem weltgrößten Wettbewerb für Feuerwerke. **Vancouver Pride and Festival** ist die größte Veranstaltung der LGBTQ+-Community in ganz Westkanada. Ende August bis Mitte Sept. klingt der Sommer dann mit dem Volksfest **Pacific National Exhibition** aus.

Übernachten

→ Karte S. 36/37

Die Hotels in der Downtown sind teuer, vor allem im Juli und August. Gastown und Chinatown weisen keine empfehlenswerten Hotels auf. Nur an der North Shore liegen die Übernachtungspreise deutlich unter denen der Downtown. Mit dem SeaBus ist man von dort in 15 Minuten in der Innenstadt und die Fahrt selbst ist schon ein Erlebnis. So ist die Nordküste durchaus eine Alternative.

> Unterkünfte finden Sie in der Regel auf der Karte zur Downtown (S. 36/37), Ausnahmen sind extra vermerkt.

Hotel ***** **Shangri-La Hotel** **6**, Downtown. Das in jeder Hinsicht luxuriös ausgestattete Hotel liegt im Herzen der Downtown. Die mehrfach prämierten Restaurants und der exklusive Spa-Bereich lassen keine Wünsche offen. DZ ab 580 $, mit Balkon ab 620 $. 1128 West Georgia St, ✆ (604) 689-1120, www.shangri-la.com/vancouver/shangrila.

***** **Opus Vancouver** **36**, Downtown. Das Boutique-Hotel in Yaletown hat zahlreiche Auszeichnungen für Design und Service erhalten. Auch das Restaurant La Pentola und die OPUS Bar überzeugen. DZ ab 389 $, manchmal Angebote für drei Nächte zum Preis von zwei. 322 Davie St, ✆ (604) 642-6787, www.opushotel.com.

**** **The Fairmont** **10**, Downtown. Das 1939 eröffnete Hotel gilt als eines der Wahrzeichen Kanadas und hat sich Eleganz und Stil bewahrt. Die Renovierung aller Zimmer wurde 2017 abgeschlossen. DZ ab 375 $. 900 West Georgia St, ✆ (604) 684-3131, www.fairmont.com.

Granville Island **37**, Granville Island. Das luxuriöse Boutique-Hotel direkt auf der Insel bietet moderne und komfortable Zimmer. Das Dockside Restaurant gilt als eines der schönsten der direkt am Wasser gelegenen Restaurants in Vancouver. DZ ab 359 $. 1253 Johnston Street, Granville Island, ✆ (604) 683-7373, www.granvilleislandhotel.com.

Skwachàys Lodge & Gallery **21**, Downtown. Sechs Hotel-Designer und 12 Aboriginal-Künstler haben sich zusammengetan, um 18 Hotelzimmer künstlerisch zu gestalten. Gleichermaßen gut zur Downtown, Gastown und Chinatown gelegen, bietet die Lodge hinter der klassisch-viktorianischen Fassade modernsten Komfort, eine Fair Trade Gallery und vieles mehr. DZ ab 335 $. 31 West Pender St, ✆ (604) 687-3589, www.skwachays.com.

**** **Wedgewood Hotel & Spa** **19**, Downtown. Das eher britisch als kanadisch anmutende Hotel in bester Lage bietet mit seinen eher kleinen Zimmern mit falschen Antiquitäten nichts Besonderes, doch der Service ist perfekt; nach einem Tag in der Stadt bieten Spa und Sauna Erholung. DZ ab 296 $. 845 Hornby St, ✆ (604) 689-7777, www.wedgewoodhotel.com.

*** **Victorian** **20**, Downtown. Das Hotel in einem Gebäude von 1898 bietet günstige „Euro Rooms", bei denen sich zwei Zimmer ein Bad teilen. DZ ab 274 $, mit geteiltem Bad ab 164 $. 514 Homer St, ✆ (604) 681-6369, www.victorianhotel.ca.

The Burrard **26**, Downtown. Das ehemalige Burrard Motor Inn wurde vor einigen Jahren komplett saniert und glänzt heute im Retro Style als Boutique-Hotel. Perfekte Lage. DZ ab

249 $. 1100 Burrard St, ✆(604) 681-9753, www.theburrard.com.

***** The Sylvia 8,** beim Stanley Park. Das unter Denkmalschutz stehende Hotel liegt an der English Bay, günstig sowohl zum Stanley Park als auch zur Downtown. DZ ab 249 $, mit geteiltem Bad ab 169 $. 1154 Gilford St, ✆(604) 681-9321, www.sylviahotel.com.

Lonsdale Quay 6 (→ Karte S. 53), North Shore. Direkt über den Markthallen liegt das beste Hotel der North Shore mit 70 Zimmern, die fast alle einen schönen Blick über den Burrard Inlet auf die Downtown bieten. DZ ab 210 $. 123 Carrie Cates Court, ✆(604) 986-6111, www.lonsdalequayhotel.com.

River Rock Casino Resort 2 (→ Karte S. 32/33), Richmond. Das große Casino bietet komfortable Zimmer und Suiten, mehrere Restaurants sowie einen Salzwasser-Pool und einen Spa-Bereich. Direkter Zugang zur SkyTrain-Station, mit dem Zug ist man in 18 Min. in Downtown. DZ ab 209 $, Suite ab 269 $. 8811 River Road, ✆(604) 273-1895, www.riverrock.com.

MeinTipp **YWCA Hotel 31,** Downtown. Das beste Preis-Leistungs-Verhältnis in der Downtown bieten die modernen und sauberen Zimmer im YWCA (Young Women's Christian Association), das trotz seines Namens auch Männern und Familien offensteht. DZ mit Du/WC ab 143 $, DZ mit Gemeinschaftsdusche/WC ab 98 $. 733 Beatty St, ✆(604) 895 5830, www.ywcavan.org.

The Buchan 1, beim Stanley Park. Das einfache, aber saubere Buchan genießt unter Reisenden mit schmalem Geldbeutel einen legendären Ruf. Die Zimmer sind klein und eher spartanisch – aber in Vancouver verbringt man die Zeit eh nicht im Zimmer. DZ mit Du/WC ab 129 $, mit geteiltem Bad ab 109 $. 1906 Haro St, ✆(604) 681-9321, www.buchanhotel.com.

Travelodge Hotel Vancouver Airport 3 (→ Karte S. 32/33), Richmond. Schon etwas abgewohnt, aber dennoch mit dem besten Preis-Leistungs-Verhältnis aller großen Kettenhotels rund um den Flughafen. DZ ab 119 $. 3071 St Edwards Drive, ✆(604) 278-5155, www.wyndhamhotels.com

MeinTipp **UBC Conferences & Accommodation 4** (→ Karte S. 47), auf dem UBC-Gelände. Die Universität verfügt über zahlreiche neue Unterkünfte unterschiedlichen Komforts. Was nicht für Konferenzen oder Gastdozenten benötigt wird, wird auf dem freien Markt vermietet. Alle Unterkünfte liegen auf dem Gelände der UBC. DZ mit Gemeinschaftsbad und -küche ab 69 $, Suite ab 185 $, Apartment ab 135 $. ✆(888) 331-4194, www.suitesatubc.com.

Guesthouse/B&B ****** The English Bay Inn 2,** beim Stanley Park. B&B mit Zimmern unterschiedlicher Ausstattung, teils mit erheblicher Dachschräge, doch Eleganz, Lage und kostenloses Frühstück machen das mehr als wett. DZ ab 229 $. 1968 Comox St, ✆(604) 681-9321, www.englishbayinn.com.

Cambie Lodge/Douglas Guesthouse/ Windsor Guesthouse 11 (→ Karte S. 47), südlich des False Creek, im Viertel Mount Pleasant. Die drei unter gemeinsamem Management stehenden viktorianischen Gästehäuser liegen sämtlich in ruhigen Seitenstraßen in der Nähe der City Hall. Alle Häuser bieten Frühstück und sind nur wenige Minuten von der SkyTrain-Station entfernt. Kleine DZ ab 145 $, größere ab 185 $. ✆(604) 872-3060, www.beautifulguesthouse.ca.

Bee & Thistle 9 (→ Karte S. 51), East Vancouver. In einer ruhigen Nebenstraße, nur 3 Minuten Fußweg vom Commercial Drive, liegt dieses stilvolle Guesthouse mit 5 Zimmern in einem Haus aus dem Jahr 1908. Frühstück ist nicht inklusive, aber der Commercial Drive bietet für jeden Geschmack etwas. DZ ab 165 $, Mindestaufenthalt 2 Nächte. 1842 Parker St, ✆(604) 669-0715, www.beeandthistle.ca.

Ocean Breeze Executive 7 (→ Karte S. 53), North Shore. B&B in einer ruhigen Seitenstraße, zehn Minuten Fußweg vom SeaBus, 4 im viktorianischen Stil ausgestattete Zimmer. DZ ab 149 $. 462 1st St East, ✆(604) 988-0546, www.oceanbreezevancouver.com.

The Seabreeze 4 (→ Karte S. 32/33), Richmond. Direkt am Deich gelegenes Guesthouse; die beiden oberen Zimmer bieten schöne Blicke über den Pazifik. Alle Zimmer haben eine Jacuzzi-Wanne im Bad. Kontinentales Frühstück. DZ ab 129 $, DZ mit Meerblick ab 149 $. 3111 Springside Place. ✆(778) 686-1248, www.theseabreeze.net.

Jugendherberge **HI Vancouver Jericho Beach 1** (→ Karte S. 47), südlich des False Creek. Traumhaft im großen Park gelegen, nur wenige Meter vom Strand am Jericho Beach. Das Hostel vermietet Fahrräder und Kajaks zu sehr günstigen Preisen und verfügt über ein Restaurant. DZ mit Du/WC ab 78 $, mit Gemeinschaftsbad ab 66 $, im Schlafsaal ab 33 $ pro Person, mit JH-Ausweis 10 % weniger.

1515 Discovery Street, ✆ (604) 224-3208, www.hihostels.ca/en/destinations/british-columbia/hi-vancouver-jericho-beach.

Apartment Quay Executive Rentals 4 (→ Karte S. 53), North Shore. Die modern und komplett ausgestatteten großen Apartments mit ein oder zwei Schlafzimmern liegen nur 300 m vom Lonsdale Quay entfernt, mit eigenem Parkplatz. Apartment mit 1 Schlafzimmer ab 120 $, mit 2 Schlafzimmern ab 180 $. 215 West 1st Street. Buchung derzeit nur über die bekannten Hotelportale möglich.

Short-Term Vacation Rentals (→ Karte S. 47) In Kitsilano (südlich des False Creek) gibt es eine Vielzahl komplett ausgestatteter Apartments, die sich für etwas längeren Aufenthalt eignen. Meist wird ein Mindestaufenthalt zwischen 4 und 7 Nächten gewünscht; oft wird noch eine Endreinigung berechnet. Zuverlässige Anbieter sind z. B. **Alma Beach Suites 3** mit mehreren Standorten (www.almabeachsuites.com), die **Kitsilano Garden Suites 2** fast direkt am Strand (www.kitsilanogardensuites.com) und das **Vancouver House 10** (Check-in 2426 West 15th Avenue), die Apartments liegen jedoch verteilt. Derzeit nur über die üblichen Hotelplattformen buchbar.

Camping Capilano River RV Park 1 (→ Karte S. 53), North Shore. Der einzige Campground in Stadtnähe, das schlägt sich im Preis nieder. Zeltplätze und Full Hook-up-Standplätze für Wohnmobile. Hot Tub, Pool, kostenloses WLAN, Wäschecenter. Zelt-Stellpatz 49 $, Wohnmobile 61–79 $. 295 Tomahawk Avenue, West Vancouver, ✆ (604) 987-4722, www.capilanoriverrvpark.com.

Essen & Trinken

Nirgendwo in Kanada außer in Toronto gibt es so viele hochklassige und hochpreisige Restaurants wie in Vancouver. Gleichzeitig wird Reisenden eine kulinarische Vielfalt geboten, die man so kaum irgendwo sonst auf der Welt findet.

Downtown (→ Karte S. 36/37) Market by Jean-Georges 6: Im exklusiven Shangri-La Hotel gelegen, serviert Chefkoch Ken Nakano im „Market" feinste französische und asiatische Küche schon zum Frühstück (nur Mo–Fr). Tägl. Lunch und Dinner. Für abends reservieren. 1115 Alberni St, ✆ (604) 695-1115, www.marketkitchen.com.

Blue Water Café 32: Der Begriff „Café" beschreibt Vancouvers bestes Seafood-Restaurant nur unzureichend, zumal sich zum hervorragenden Essen auch noch eine ausgezeichnete Weinkarte und ein sehr guter Service gesellen. Tägl. ab 17 Uhr. 1095 Hamilton St, Yaletown, ✆ (604) 688-8078, www.bluewatercafe.net.

Black & Blue/The Roof 8: Das ohnehin schon lohnende Steakhouse Black & Blue hat mit der 2017 eröffneten Dachterrasse „The Roof" noch dazugewonnen. Mittags bezahlbare Kombos. Mo–Fr 11.30–13, Sa/So 14.30–1 Uhr. 1032 Alberni St, ✆ (604) 637-0777, www.glowbalgroup.com/the-roof.

Forage 4: Das auf Nachhaltigkeit setzende Forage kocht seit 2012 energiesparend mit lokalen Zutaten aus ethisch korrekter Tierhaltung. Mo–Fr 6.30–10, Sa/So 7–14 Uhr, abends täglich. 1300 Robson St (im Listel Hotel), ✆ (604) 661-1400, www.foragevancouver.com.

Cioppino's Mediterranean Grill 33: Elegante italienische Küche und eine der umfangreichsten Weinkarten in Vancouver. Exzellentes Essen, preislich dennoch zu hoch angesiedelt, auch wenn das Restaurant zu den Top 10 in Kanadas Westen zählt. Nur abends, So/Mo geschlossen. 1133 Hamilton St, Yaletown, ✆ (604) 688-7466, www.cioppinosyaletown.com.

Stanley Park (→ Karte S. 53) The Teahouse Restaurant 8: Hier wird Essen zelebriert. West Coast Dining vom Feinsten mit dem Wald im Rücken und den Blicken über den Ozean. Sehr gute Weinkarte. Reservieren! Sa/So abends geschlossen, aber Brunch ab 10.30 Uhr. 3rd Beach, Ferguson Point, ✆ (604) 669-3281, www.vancouverdine.com/teahouse.

Stanley's Bar & Grill 9: Im historischen Pavillon von 1911 im Rosengarten. Ordentliche Auswahl an Weinen und Bieren. Lunch tägl. 11–17 Uhr. 610 Pipeline Road, ✆ (604) 602-3088, www.stanleyparkpavilion.com/stanleys-bar-and-grill.

Prospect Point Café 3: Am Aussichtspunkt Prospect Point liegen ein Café, ein Grill-Restaurant und eine Eisdiele, die sämtlich 2017 umgebaut wurden und seit 2018 in neuem Glanz erstrahlen. Lunch und Dinner, tägl. 10–18 Uhr. 5601 Stanley Park Drive, ✆ (604) 669-2737, www.prospectpoint.com.

Gastown (→ Karte S. 36/37) L'Abattoir 14: Seit vielen Jahren eines der Top-Restaurants in Kanada, überzeugt das Team um Chefkoch Lee Cooper mit hervorragender Küche des pazifischen Nordwestens. Übersichtliche, aber exzellente Weinkarte. Reservierung Wochen im Voraus erforderlich. Sa/So auch Brunch 10–14 Uhr, sonst nur abends. 217 Carrall St, ✆ (604) 568-1701, www.labattoir.ca.

Bauhaus 17: Nach einem holprigen Start 2015 hat der deutsche B-Movie-Regisseur Uwe Boll seinen Traum mit Hilfe des Berliner Sternekochs Stefan Hartmann zum Laufen gebracht: ein exzellentes deutsch-kanadisches Restaurant. 4- bis 6-Gang-Menüs, Sa/So auch Brunch 10–14 Uhr, sonst nur abends. 1 West Cordova St, ✆ (604) 568-1701, www.bauhaus-restaurant.ca.

Pourhouse Restaurant 9: Die Einrichtung im Stil der kanadischen Gründerzeit mit wiederverwendeten Materialien (z. B. bei der langen Bartheke) gibt dem Restaurant viel Charakter. Die Steaks sind saftig, die Preise auch. Tägl. geöffnet, nur abends. 162 Water St, ✆ (604) 568-7022, www.pourhouse restaurant.com.

Nuba in Gastown 15: Vielfältige und authentische libanesische Küche, mit frischen Zutaten, fast immer lokal und aus biologischem Anbau. Viele vegane Optionen. Tägl. Lunch und Dinner. 207 W Hastings St, ✆ (604) 688-1655, www.nuba.ca.

Tuc Craft Kitchen 18: Das relativ junge Restaurant wirkt, als sei es schon immer dagewesen. Essen von rustikal bis elegant, von klassischen Gerichten bis hin zur Fusion- und Experimentalküche, doch immer bodenständig. Mo/Di nur abends, sonst täglich Lunch und Dinner. 60 W Cordova St, ✆ (604) 559-8999, www.tuc craftkitchen.com.

Chinatown (→ Karte S. 36/37) **Bao Bei Chinese Brasserie 25:** Das kleine Restaurant serviert Gerichte aus Taiwan, Shanghai und Szechuan. Das Besondere: Es ist ausdrücklich vorgesehen, dass die (kleinen) Gerichte in der Gruppe geteilt werden, um das Gemeinschaftserlebnis zu fördern. Tägl. geöffnet, nur abends. 163 Keefer Street, ✆ (604) 688-0876, www.bao-bei.ca.

Kissa Tanto 23: Hier treffen sich japanische und italienische Küche und spielen gemeinsame Stärken aus. Grandiose Vorspeisen, viel Fisch und Meeresfrüchte. Nur abends, So/Mo geschlossen. 263 E Pender St, ✆ (778) 379-8078, www.kissatanto.com.

Floata Seafood Restaurant 30: Traditionelle chinesische Küche wird hier modern interpretiert. Auch Einheimische essen gerne in diesem sehr großen Restaurant. Tägl. Lunch und Dinner. 180 Keefer St, ✆ (604) 602-0368, www.floata.com.

Kam Wai Dim Sum 22: Die kleinen Zwischenmahlzeiten und Snacks sind typisch für die kantonesische Küche und in Chinatown bei Kam Wai mit am besten. Oft sind die begehrtesten Speisen gegen 15 Uhr schon ausverkauft. Tägl. 9–21 Uhr. 249 E Pender St, ✆ (604) 683-2333.

Südlich des False Creek (→ Karte S. 47)
Loafe Café 7: Mitten im Studentenviertel, günstige und abwechslungsreiche Frühstücks- und Lunch-Varianten. Frühstück und Lunch. Mo–Fr 8–18, Sa 11–16 Uhr. 6163 University Boulevard, kein Telefon, www.loafecafe.com.

Seasons in the Park 12: Für das exklusive Restaurant mitten im Queen Elizabeth Park mit Ausblick über die North Shore und Teile Downtowns ist eine Reservierung zu empfehlen. Tägl. Lunch und Dinner. Queen Elizabeth Park, ✆ (604) 874-8008, www.vancouverdine.com/seasons.

Rangoli 8: Chefkoch Vikram Vij managt sowohl das exklusive Vij's – jetzt in der Cambie Street – als auch das lockere und bodenständige Rangoli. In beiden Restaurants gibt es traditionelle indische Küche, aber mit Zutaten aus der Region. Tägl. Lunch und Dinner. 1480 West 11th Avenue, ✆ (604) 736-5711, www.vijsrangoli.ca.

The Farmer's Apprentice 6: Lokaler und frischer geht es nicht: Das Menü wechselt täglich, je nachdem, was Inhaber David Gunawan einkaufen konnte. In der offenen Küche werden Rüben gegrillt und Blutwurst in Schokolade gewendet. Es lohnt, sich darauf einzulassen. Lunch/Brunch und Dinner. So/Mo nur abends. 1335 West 6th Avenue, ✆ (604) 620-2070, www.farmersapprentice.ca.

Shaughnessy's Restaurant: Das locker-elegante und stilvolle Restaurant bietet schöne Blicke über den Botanischen Garten Vandusen. Tägl. Lunch und Dinner 15–32 $. 5251 Oak Street, ✆ (604) 261-0011, www.shaughnessy restaurant.com.

Koerner's Pub 5: Etwas versteckt liegt dieser exzellente Pub mit Sonnendeck auf dem Universitätsgelände. Ausgerichtet auf die internationale Studenten-Klientel finden sich vor allem günstige asiatische, mexikanische und kanadische Gerichte auf der Karte. Lunch und Dinner,

Gastown und die Eastside sind Viertel mit viktorianischer Architektur

Küche schließt um 21 Uhr. Sa/So geschlossen. 6371 Crescent Road (Zugang von West Mall), ✆ (604) 827-1443, www.koerners.ca.

Salmon n' Bannock Bistro 9: Vancouvers einziges (!) First-Nation-Restaurant verbindet die klassische Küche der Coast-Salish-Indianer mit modernen Elementen. Viele Speisen basieren auf den namensgebenden Zutaten, Lachs und dem Fladenbrot Bannock. Auch Vegetarisches. Nur abends, So geschlossen. Unbedingt früh eintreffen oder reservieren! 1128 West Broadway, ✆ (604) 568-8971, www.salmonand bannock.net.

East Vancouver und Commercial Drive (→ Karte S. 51) **Scandilicious 2**: Restaurant mit skandinavischer Küche und All-Day Breakfast, z. B. exzellente Waffeln mit Shrimps zum Frühstück oder einem „Troll Burger" zum Lunch. Frühstück und Lunch, ab 15 Uhr geschlossen. 25 Victoria Drive, ✆ (604) 877-2277, www.scandilicious.com.

Fratelli 13: Die authentisch-italienische Bäckerei bietet neben Brot auch Biscotti und andere italienische Spezialitäten – und natürlich Kaffee in allen Variationen. Abends geschlossen. 1795 Commercial Drive, ✆ (604) 255-8926, www.fratellibakery.com.

Eternal Abundance 10: Halb Gemüseladen, halb Café, gibt es hier ausschließlich Veganes und Glutenfreies aus biologischem Anbau. Frühstück 8–12 $, Lunch/Dinner 8–15 $. 1025 Commercial Drive, ✆ (604) 707-0088, www.eternalabundance.ca.

Jackalope's Neighbourhood Dive Bar 6: Dieses unprätentiöse Restaurant mit Bar hat alles, was eine gemütliche Eckkneipe braucht – auch wenn die „Ecke" fehlt. Nur lokale Zutaten, sehr faire Preise. Mo–Do 15–21, Fr–So 10––23 Uhr. 2257 East Hastings St, ✆ (604) 568-6674, www.jackalopesdive.com.

Fets Whisky Kitchen 11: Mehr als nur Kanadas führende Whisky-Bar: 750 verschiedene Whiskys sind zu verkosten; zudem wird Hochprozentiges auch zum Kochen genutzt und findet sich im Speisenangebot wieder. Tägl. Frühstück ab 10 Uhr, Lunch und Dinner. 1230 Commercial Drive, ✆ (604) 255-7771, www.whisky kitchen.ca.

Federico's Supper Club 12: Klassische italienische Küche, dazu Dinnermusik ab 19 Uhr, Tanzmusik ab 21 Uhr. Fr/Sa nur fixe Menüs, sonst auch à la carte. 3- bis 4-gängige Menüs. Mi–So ab 17.30 Uhr. 1728 Commercial Drive, ✆ (604) 251-3473, www.federicossupperclub.com.

North Shore **Arms Reach Bistro 1** (→ Karte S. 32/33): Das mehrfach ausgezeichnete Bistro mit Blick auf den Indian Arm ist auch bei Einheimischen beliebt. Tägl. 11–23 Uhr. 4390 Gallant Avenue, Deep Cove, ✆ (604) 929-7442, www.armsreachbistro.com.

The Portly Chef 2 (→ Karte S. 53): „Traue niemals einem dünnen Koch" ist das Motto des kleinen, zentral gelegenen Bistros, das Steaks, frischen Fisch, Lamm, Ente und mehr überzeugend auf den Tisch bringt. Berühmt ist der Cheesecake zum Dessert. Mo/Di geschlossen, sonst ab 11.30 Uhr geöffnet, Sa/So Brunch ab 10.30 Uhr. Reservierung unbedingt empfohlen. 1211 Lonsdale Avenue, ✆(604) 971-4377, www.theportlychef.com.

BLVD Bistro 5 (→ Karte S. 53): Schon zum Frühstück gibt es hier Kulinarisches vom Feinsten, und das sowohl aus Kanada, als auch aus der japanischen, mexikanischen und mediterranen Küche. Tägl. 7–14 Uhr. 636 Queensbury Avenue, ✆(604) 971-5559, www.blvdbistro.ca.

Richmond und Steveston **Cimona Café 5** (→ Karte S. 32/33): Das zwanglose und gemütliche Restaurant bietet Rundumversorgung zu sehr günstigen Preisen. Bei schönem Wetter kann man die Speisen auf der Terrasse genießen. Mo–Fr 9–16, Sa/So 8–16 Uhr. 3791 Bayview St, Steveston, ✆(604) 275-3753, www.cimona.ca.

Blue Canoe Waterfront Restaurant 6 (→ Karte S. 32/33): 2015 zu Richmonds bestem Restaurant gewählt, überzeugt das Blue Canoe nicht nur durch die Lage auf dem Bayview Pier, sondern vor allem durch Chefkoch Daryle Nagata, der fangfrischen Fisch mit Gemüse lokaler Farmen kombiniert. Tägl. Lunch und Dinner. 3866 Bayview St., Steveston, ✆(604) 275-7811, www.bluecanoerestaurant.com.

Ichiro: Master Sakura bringt fast fünf Jahrzehnte Erfahrung aus Japan und Kanada mit. Neben Sushi gibt es auch Kaiseki und Sashimi-Platten mit Hummer oder Wagyu-Rind. Tägl. Lunch und Dinner. 12011 2nd Avenue, Steveston, ✆(604) 277-1150, www.ichirojapanese restaurant.com.

Nachtleben

→ Karte S. 36/37

Cocktailbars/Pubs Das **1927 12** (801 West Georgia St, www.rosewoodhotels.com) im Rosewood Hotel Georgia erinnert an einen altenglischen Gentleman-Club.

Kulturbegeisterte treffen sich vor und nach den abendlichen Shows gern in der **UVA Wine Bar 29** (900 Seymour St, www.uvavvancouver.ca).

Granville Street:
Shopping und Nachtleben

Kleine Speisen und Cocktails bis 3 Uhr morgens gibt es im **The Butcher and Bullock 5** (911 West Pender St, www.donnellygroup.ca).

In Yaletown ist die **Distillery Bar & Kitchen 35** (1131 Mainland St, www.mjg.ca) eine gute Wahl.

Wer in Gastown vor oder nach dem Essen einen guten Drink genießen will, ist im **Clough Club 13** (212 Abbott St, www.donnellygroup.ca) ebenso gut aufgehoben wie im **Shebeen Whisky 16** House (212 Carrall St, www.shebeen.ca). Eine Alternative für Weintrinker ist der **Salt Tasting Room 11** (45 Blood Alley Square, www.salttastingroom.com) mit großer Auswahl.

Keefer Bar 27: Eine der besten Bars Vancouvers mit ausgezeichneten Cocktails und einer riesigen Auswahl. In der Chinatown, nur abends. 135 Keefer St, ✆(604) 688-1961, www.thekeeferbar.ca.

Clubs Rund um den Entertainment District der Granville Street finden sich Tanzclubs wie das **Republic 28** (958 Granville St, 22–3 Uhr, www.republic958.com) und Cabarets wie das **The Roxy 24** (932 Granville St, 20–3 Uhr, www.roxyvan.com). Die **Tavern at the New Oxford 34** – das ehemalige Hooker's Green – (1141 Hamilton St, 16–2 Uhr, www.donnelly group.ca) und die **Opus Bar 36** (350 Davie St, im Opus Hotel) bieten in Yaletown gute Unterhaltung.

Östlich von Vancouver

Wer Vancouver Richtung Osten verlässt, gelangt auf der Nordseite des Fraser Rivers nach New Westminster, Burnaby, Coquitlam, Port Coquitlam, Pitt Meadows und Maple Ridge, auf der Südseite des Flusses nach Surrey, Fort Langley, Langley und Cloverdale. Es handelt sich meistens um Schlafstädte für Zehntausende von Pendlern. Sehenswertes, das einen Stopp lohnen würde, gibt es nur wenig.

Der Trans-Canada Highway (TCH) Nr. 1 verlässt Vancouver Richtung Südosten. Zusammen mit den parallelen Highways 1A und 7 erschließt er das Siedlungsgebiet vor den Toren der Metropole. Wer ohne Stopp nach Osten fährt, verpasst nichts Wesentliches. Die schnellere Route ist der Highway 1, gemütlicher, landschaftlich schöner – aber von Vancouver nach Hope etwa eine Stunde länger – ist die Fahrt über den zumindest hinter Mission dann sehr ländlichen Highway 7.

Belcarra Regional Park: Wer während des Urlaubs keine Zeit an der Westküste verbringt, sollte zumindest einen Abstecher hierher machen und einen kleinen Eindruck von der unberührten Landschaft mitnehmen – das geht nämlich auch vor der Haustür Vancouvers. Über Coquitlam erreicht man den 11 km^2 großen Park, zu dem der Sasamat Lake sowie ein Küstenabschnitt des Indian Arm gehören. Von den zahlreichen Rad- und Wanderwegen ist der Jug Island Beach Trail (ca. 1 Stunde hin/zurück) der empfehlenswerteste: traumhafte Blicke über den Fjord. Beginn und Ende des Trails am Parkplatz der Belcarra Picnic Area.

Burnaby: Die angesehene Art Gallery (Eintritt frei) verfügt über keine permanente Sammlung, sondern stellt vor allem zeitgenössische Kunst wechselnder lokaler, regionaler und internationaler Künstler aus. Zudem widmet sie sich der künstlerischen Nachwuchsförderung. Direkt nebenan liegt das Burnaby Village Museum (ebenfalls freier Eintritt). Das kleine Museumsdorf führt Besucher zurück in einen typischen Vorort in den 1920er-Jahren. Ein General Store, eine Druckerei, ein Hufschmied und andere Häuser und Einrichtungen können nicht nur besichtigt, sondern dank des Engagements Freiwilliger auch aktiv erlebt werden.

Fort Langley: Das 1827 erbaute Fort der Hudson's Bay Company – etwa 50 km von Vancouver entfernt – war eine der ersten dauerhaften Siedlungen in Westkanada. Als der Fraser-River-Goldrausch immer mehr US-Amerikaner ins Land zog, diente es neben dem Pelzhandel zunehmend dem Schutz britischer Gebietsansprüche. Folgerichtig wurde hier 1858 die Kronkolonie British Columbia ausgerufen, weshalb Fort Langley als Geburtsort der Provinz gilt. Heute können sich Besucher durch das Konzept „Living history" in die Mitte des 19. Jahrhunderts versetzen lassen: Freiwillige in alten Kostümen lassen die vergangenen Zeiten durch Erzählungen, bei Vorführungen und auf geführten Touren wieder lebendig werden. Das umgebende Städtchen Fort Langley mit seinen knapp 3000 Einwohnern, dem BC Farm Museum und zahlreichen Restaurants lohnt einen Abstecher nach dem Besuch des Forts.

▪ Tägl. 10–17 Uhr. Eintritt 8 $. 23433 Mavis Avenue, Fort Langley, ✆ (604) 513-4777, www.pc.gc.ca/en/lhn-nhs/bc/langley.

Fraser Valley Heritage Railway in Cloverdale: Mit dem mehr als hundert Jahre alten Straßenbahnwagen No. 1225 werden an Wochenenden Museums-

Vancouver und Umgebung | B. C. → Karten S. 30 und S. 32/33

fahrten auf einem Teil der früheren Strecke durchgeführt. Zusätzlich können die Werkstatt und der originalgetreu wiederaufgebaute Bahnhof besichtigt und Fahrten mit einer Fahrraddraisine gebucht werden.

■ Mai bis Sept. Sa/So 9.30–16 Uhr, Zugfahrten 10–15 Uhr alle 75 Minuten. Zugfahrt 20 $, Werkstatt-Besichtigung und Draisinenfahrt 5 $. Kreuzung Highway 10/176A Street in Cloverdale (hinter dem Clydesdale Inn), ✆ (604) 574-9056, www.fvhrs.org.

Greater Vancouver Zoo in Aldergrove: Hier sind Tiere aus aller Welt zu finden. In den Bereichen „North American Trails" und „North American Wilds" lassen sich u. a. Elche, Grizzlys, Schwarzbären, Adler und Bisons beobachten. Programme wie „Night in the Wild" (Familien können im Park übernachten) und „Behind the scenes" (Intensivführung und hautnaher Kontakt mit den Tieren) ermöglichen ganz besondere Erlebnisse.

■ April bis Sept. tägl. 9–20 Uhr, Okt.–März tägl. 9–17 Uhr. Eintritt 26 $. 5048 264th St, Aldergrove, ✆ (604) 856-6825, www.gvzoo.com.

Nördlich von Vancouver

Von Vancouver zieht es viele Westkanada-Urlauber direkt in Richtung Rocky Mountains. Doch schon in der Nähe der Metropole gibt es entlang des Highways 99 – auch bekannt als Sea-to-Sky-Highway – ein landschaftliches Highlight nach dem anderen.

Ein idealer Ort für einen Stopp ist das Bergsport-Mekka Whistler, und das nicht nur im Winter: Die Seilbahnen, Mountainbike-Trails und Wanderwege machen den Olympiaort von 2010 auch für Sommerurlauber reizvoll. Gleiches gilt für den Nachbarort Squamish am Howe Sound. Wer noch weiter nach Westen möchte, findet Informationen ab S. 236 (Von Vancouver Richtung Rocky Mountains).

Horseshoe Bay Park

Horseshoe Bay

Der kleine Ort an einer nach Norden gewandten Bucht wird von den gewaltigen Anlagen des Fährhafens mit seinen Dutzenden von Wartespuren dominiert: Von hier legen Fähren an die Sunshine Coast, nach Vancouver Island und nach Bowen Island ab. Doch das Städtchen selbst lohnt ebenfalls einen Stopp, und sei es nur ein kurzer Spaziergang vom Anleger, wenn man die Wunschfähre verpasst hat.

Klassische Sehenswürdigkeiten gibt es in Horseshoe Bay nicht; dennoch lohnt ein Bummel durch die Hauptstraßen Royal Avenue und Bay Street sowie zum Horseshoe Bay Park, der wegen des Ausblicks beliebt ist. Vom Pier am Westende des Parks aus kann man das geschäftige Treiben am Fährhafen und in der Marina verfolgen.

Whytecliffe Park: Der Park westlich des Orts zählt zu den ältesten kanadischen Meeresschutzgebieten. Das Areal rund um die Landspitze ist Heimat für mehr als 200 Tierarten, darunter Seelöwen, die im Sommer oft den Strand für sich beanspruchen.

Tägl. 11–19 Uhr, Sa/So schon ab 10 Uhr. 7100 Marine Drive, ✆ (604) 925-7275, www.whytecliffpark.com.

Praktische Infos

Information Das nächste **Visitor Centre** befindet sich am Lonsdale Quay, North Vancouver. In Horsehoe Bay fungiert das kleine Café „The Lookout" mit Souvenirshop, am Fuß der Royal Avenue, als private Tourist Information.

Hin und weg **Bus:** Die ExpressLinie 257 von Translink verbindet Horseshoe Bay mit Vancouver, jeweils zu den Abfahrten und Ankünften der Fähren. ✆ (604) 953-3333, www.translink.ca.

Bootsmiete/Bootstouren Für die Miete von führerscheinfreien Booten und Touren auf dem Wasser ist **Sewell's Marina** eine gute Adresse. Motorboote ab 76 $/Std., ab 532 $/Tag. April bis Okt. tägl. drei verschiedene 2-stündige Touren im robusten Zodiac-Schlauchboot für jeweils 89 $. Tägl. 8–20 Uhr. 6409 Bay Street, ✆ (604) 921-3474, www.sewellsmarina.com.

Übernachten **Horseshoe Bay Motel:** Der gepflegte Familienbetrieb mit 23 Zimmern im Herzen der Stadt ist eine Alternative zu den Hotels in Vancouver, wenn man ohnehin durch Horseshoe Bay kommt. DZ ab 158 $. 6588 Royal Avenue, ✆ (604) 921-7454, www.horseshoebaymotel.ca.

Essen und Trinken **Olive & Anchor:** Viel Meeresfrüchte und Fisch in entspannter Atmosphäre und bester Lage. Lunch und Dinner. Mo–Fr 11–23, Sa 9–23 Uhr. 6418 Bay Street, ✆ (604) 921-8848, www.oliveandanchor.com.

Butter Lane Bake Shop & Tea House: In der Bäckerei gibt es englische Scones und Cupcakes, im Tea House den klassischen „High Tea". Bäckerei: Do–Mo 12–18 Uhr, High Tea (nur mit Reservierung!) um 12, 14.15, 16.30 Uhr. 6607 Royal Avenue, ✆ (604) 922-4472.

Squamish

Das Städtchen an der Westküste steht zu Unrecht meist im Schatten von Whistler, begeistert es doch nicht nur durch seine Lage am Howe Sound zu Füßen des gewaltigen Bergmassivs Stawamus Chief, sondern macht auch den Zugang zu dieser eindrucksvollen Natur leicht möglich. Rad- und Wanderwege, die Seilbahn und alle Arten des Wassersports, dazu zwei ungewöhnliche Museen und zahlreiche Provinzparks – hier kann man durchaus mehrere Tage verbringen.

Benannt ist die Stadt mit ihren 17.000 Einwohnern nach einem Stamm der First Nations, einer Untergruppe der Coast Salish. Vom Highway 99 aus Vancouver kommend, biegt man am Einkaufszentrum Squamish Station links in die Cleveland Avenue ab und erreicht die Downtown, die Richtung Hafen ausgerichtet ist. Der Highway wurde übrigens erst 1959 fertiggestellt – bis dahin war das Städtchen nur per Fähre erreichbar. Die Attraktionen von Squamish liegen allesamt außerhalb: Auto oder Fahrrad sind also erforderlich.

Sea to Sky Gondola: Schon die Fahrt mit der Seilbahn hinauf zur Summit Lodge bietet traumhafte Ausblicke. An der Bergstation angekommen, sorgen erst einmal die Sky-Pilot-Hängebrücke und das gute Restaurant für Abwechslung, bevor man sich für einen der zahlreichen Wanderwege oder eine Kletterroute entscheidet, die das Bergplateau erschließen. Der kurze Spaziergang auf dem Panorama Trail zur Aussichtsplattform (45 Min. hin/zurück) gehört unbedingt ins Programm. Auf den längeren Trails wie dem Shannon Basin Loop (10 km, ca. 3 Std.) und dem Sky Pilot Valley Trail (8 km, ca. 4 Std.) lässt man sofort die Menschenmassen hinter sich. Zusätzlich können weitere Programmpunkte gebucht werden, wobei insbesondere die von Squamish-

→ Karten S. 30 und S. 32/33

Stammesmitgliedern geführte Wanderung lohnt.

Da an schönen Sommerwochenenden halb Vancouver auf den Berg will, sollte man früh starten oder besser noch während der Woche anreisen. Die Talstation befindet sich ca. 2 km südlich von Squamish (36800 Highway 99). Kleines Extra: Wer montags bis freitags die „Backcountry-Gondel" um 9.30 Uhr nimmt, kann für 15 $ am „Mountaintop Yoga" teilnehmen.

▪ Im Sommer tägl. 9.30–18, Fr/Sa bis 20 Uhr. Letzte Talfahrt jeweils eine Stunde später. Ab 42 $. ✆ (604) 892-2551, www.seatoskygondola.com.

Shannon Falls Provincial Park: Der kleine Park liegt südlich der Talstation der Gondelbahn. Hauptattraktion sind die in drei Stufen in die Tiefe stürzenden Wassermassen der Shannon Falls. Die gesamte Fallhöhe von 335 m macht die Kaskaden zu den drittgrößten in British Columbia; der Hauptfall ist 198 m hoch. Für Fotografen: Das beste Licht hat man am Nachmittag. Der Campingplatz des Parks ist mit 74 Stellplätzen für Walk-In-Gäste und 16 für Zeltcamper und Wohnmobile ein gutes Basislager für Touren in der ganzen Region.

Hängebrücke an der Bergstation der Sea to Sky Gondola

Stawamus Chief: Neben dem Shannon Falls Park ragt die 700 m hohe, fast senkrecht abfallende Felswand des Stawamus Chief empor. Der weltweit zweithöchste Granitmonolith ist von über 200 sehr anspruchsvollen Kletterrouten durchzogen. Wanderer gelangen auf einfacheren, aber dennoch steilen Routen auf einen der drei Gipfel, von denen jeder einen großartigen Ausblick bietet. Der Anstieg vom Parkplatz des Shannon Falls Park zum 602 m hohen Südgipfel dauert etwa 90 Minuten, jeweils weitere 30 Minuten braucht man für den mittleren Gipfel und den Nordgipfel, der höchste von den dreien. Die Wege führen teils über Leitern und seilgesicherte Passagen – Trittsicherheit, Bergstiefel, Wetterschutz und ausreichend Wasser sind ein Muss!

Britannia Mine: Einst eine der weltgrößten Kupfererzminen, heute ein eindrucksvolles Museum. Der 20 Stockwerke hohe Concentrator, in dem das Material verarbeitet wurde, ist im Rahmen einer geführten Tour zugänglich. Hierbei fahren die Besucher mit einer kleinen Grubenbahn durch Teile des Stollensystems. Man setzt sich kritisch mit der damaligen mangelnden Arbeitssicherheit und den Umweltverschmutzungen durch die Minenabwässer auseinander. Historische Filmaufnahmen sowie das abschließende Goldwaschen ergänzen das Programm; ab 2019 gibt es weitere Attraktionen in der Mine, u. a. eine Show im Concentrator.

▪ Tägl. 9–18 Uhr. Touren im Sommer Mo–Fr 10–16.30 Uhr alle 30 Minuten, Sa/So 17 Uhr. Eintritt 30 $. Highway 99 (12 km südlich von Squamish), ✆ (604) 896-2233, www.bcmm.ca.

Blick vom Hafen in Squamish auf den Stawamus Chief

West Coast Railway Heritage Park: Nicht nur für Eisenbahnbegeisterte lohnt der Besuch von Kanadas zweitgrößtem Eisenbahnmuseum. In einem Rundschuppen und auf einem großen Freigelände sind zahlreiche Lokomotiven, Triebwagen und Reisezugwagen ausgestellt und begehbar; ein Bahnhof und das Wohnhaus des Stationsvorstehers erlauben Einblicke in die Lebensweise der Beschäftigten der Bahn im frühen 20. Jahrhundert. Eine Miniatureisenbahn fährt große und kleine Besucher durch das weitläufige Gelände.

▪ Tägl. 11–17 Uhr, Miniatureisenbahn bis 16 Uhr. Eintritt 25 $. 39645 Government Road (ca. 3 km nördlich des Stadtzentrums), ✆ (604) 898-9336, www.wcra.org.

Garibaldi Provincial Park: Der fast 2000 km² große Park nordöstlich der Stadt schützt seit 1927 einen besonders eindrucksvollen Teil der Bergkette der Coast Range rund um den 2700 m hohen Mount Garibaldi. Der Park erstreckt sich vom Ökosystem des feuchtgemäßigten Regenwaldes bis hinauf zur alpinen Tundra. Er ist bei Wanderern und Bergsteigern beliebt und ausschließlich zu Fuß erreichbar, u. a. von fünf Wanderparkplätzen am Sea-to-Sky-Highway aus. Im Park selbst gibt es keine Straßen und nur einige einfache Zeltplätze.

Mit dem Mountainbike: Das renommierte Mountain Bike Magazine hat das mehr als 200 km lange Trail-System in Squamish zu einer der 25 wildesten und exotischsten Destinationen für Mountainbiking gewählt. Von flachen Wegen an der Flussmündung und gemütlichen Querfeldein-Wegen wie dem Wonderland Trail bis hin zu haarsträubenden Downhill-Passagen, z. B. Half Nelson und Hoods in the Woods – Squamish bietet Anfängern und Erfahrenen zahlreiche Möglichkeiten.

▪ Weitere Informationen unter www.explore squamish.com/explore/mountain-biking. Fahrradverleiher → S. 74.

Flightseeing: Natürlich lässt sich die spektakuläre Landschaft auch aus der Luft erleben – und das zu vergleichsweise günstigen Preisen. Nicht überraschend, dass Buschpiloten die ersten waren, die die Schönheiten der Natur in den 1920er-Jahren entdeckten und den Berggipfeln Namen wie Skypilot und Co-Pilot gaben ... Neben faszinierenden Rundflügen gibt es eine ganz besondere Option, denn die entspannte kanadische Mentalität des „Anfassen erlaubt" gilt selbst hier: Bei der Introductory Flight Experience Tour fliegen Sie die Maschine unter Anleitung des Piloten selbst! Mehr dazu siehe unten.

Praktische Infos

Information Der Name ist Programm: **Squamish Adventure Centre**. Hier gibt es nicht nur Infos, Touren und Ausflüge können auch direkt gebucht werden. Mitte Mai bis Mitte Sept. tägl. 8–17, sonst 8.30–16.30 Uhr. 38551 Loggers Lane (östl. des Highways), ✆ (604) 815-4994, www.exploresquamish.com.

Hin und weg **Bus:** 4x tägl. mit Pacific Coach Lines in 90 Min. von/nach Vancouver und Whistler. Reservieren. ✆ (604) 662-7575, www.pacificcoach.com. Die Busse von „Squamish Connector" sind vor allem für Pendler gedacht, nehmen aber auch Urlaubsreisende mit. 2x tägl. zwischen Squamish und Vancouver. Reservierung empfohlen. ✆ (604) 802-2119, www.squamishconnector.com.

Fahrradverleih Mehrere Anbieter: **Sea to Sky Adventure Company** im Squamish Adventure Centre; ab 62 $/4 Std., ab 80 $/Tag. 38551 Loggers Lane, ✆ (888) 284-2453, www.seatoskyadventurecompany.com. **Flying Spirit Rentals** im Gewerbegebiet nördlich der Downtown; ab 30 $/4 Std. E-MTB ab 90 $/Tag. 38924 Queens Way, ✆ (604) 390-3822, www.flyingspiritrentals.com. **Biking in Squamish:** Die Fahrräder werden an jede Adresse in Squamish geliefert und wieder abgeholt! Kein Büro. 50 $/5 Std., 80 $/Tag. 14–19 Uhr. ✆ (604) 935-2435, www.bikinginsquamish.com.

West Coast Railway Heritage Park

mein Tipp **Flightseeing** **Sea to Sky Air:** Im Sommer tägl. 9–17 Uhr. Flug zum Skypilot 87 $/25 Min., Whistler Backcountry Safari 209 $/50 Min. Selber fliegen (unter Anleitung des Piloten) 239 $/Std. (Mitflieger 60 $). 46041 Government Road, Squamish Airport (etwas nördl. der Stadt), ✆ (604) 898-1975, www.seatoskyair.ca.

Übernachten **Executive Suites Hotel & Resort 3:** Das moderne Resort mit Umweltlabel bietet schöne Suiten – teils mit Küche und Waschmaschine – Pool und Hot Tub sowie Fitnesscenter und Spa. Das 2017 eröffnete Restaurant **Norman Rudy's 3** hat sich schnell einen guten Ruf erworben. DZ ab 132 $. 40900 Tantalus Road, ✆ (604) 815-0048, www.executivesuitessquamish.com.

mein Tipp **Hotel Squamish 7:** Das zweitälteste Gebäude in Squamish mit bunter Geschichte wurde behutsam modernisiert. Charme und Charakter blieben ebenso wie die günstigen Preise. Manager Jared teilt sein Wissen über das Outdoor-Mekka Squamish gerne. DZ ab 98 $. 37991 Second Avenue, ✆ (604) 892-9584, www.hotel-squamish.com.

Squamish Highlands 4: Das gemütliche B&B im ruhigen Vorort Garibaldi Highlands bietet 4 Zimmer mit exzellentem Frühstück in bester Lage für Mountainbiker. DZ ab 129 $. 1012 Glacier View Drive, ✆ (604) 898-1018, www.squamish-highlandsbnb.com.

Squamish Adventure Inn & Hostel 5: Hier ist die Unterkunft zweitrangig – das Gemeinschaftserlebnis dafür erstklassig! Ob Kiteboarden oder Rafting, Ziplining oder Mountainbike-Fahrten, Wandern oder Klettern: Hier gibt es Tipps, Ausrüstung, Touren und Gleichgesinnte. DZ mit Du/WC ab 95 $, mit Gemeinschaftsbad ab 75 $, Bett im Schlafsaal ab 33 $. 38220 Highway 99, ✆ (604) 892-9240, www.squamishhostel.com.

Essen und Trinken **Chef Big D's 6:** Das Restaurant mit bodenständiger Hausmanns-

kost wirkt, als sei es schon immer dagewesen. Von gesund bis Bergsteigerportion ist alles im Angebot. Bei Einheimischen sehr beliebt. Tägl. 8–15 Uhr. 38040 Cleveland Avenue, ✆ (604) 892-0224.

Crabapple Cafe 1: Zutaten aus biologischem und lokalem Anbau dominieren die Karte – natürlich auch vegan und glutenfrei. Frühstück, Lunch, Dinner. Mi–Mo 8–21.30 Uhr. 41701 Government Road, Brackendale, ✆ (604) 898-1991, www.thecrabapplecafe.ca.

Howe Sound Brewing 8: Mit seinem Konzept, das Brauerei, Hotel, Bräu-Pub und Restaurant unter einem Dach vereint, wurde das Haus mehrfach als einer der besten Brew Pubs der Region Vancouver ausgezeichnet. Tägl. 11–24, Fr/Sa bis 1 Uhr (im Sommer Livemusik). 37801 Cleveland Avenue, ✆ (604) 892-2603, www.howesound.com.

The Watershed Grill 2: Das Watershed im nördlichen Vorort Brackendale hat die wohl schönste Terrasse von Squamish. Auch das Essen und der Service überzeugen, wenngleich die wegen der kleinen Portionen notwendigen Vorspeisen ein Loch in den Geldbeutel reißen. Tägl. 11–24, Sa/So schon ab 10 Uhr. 41101 Government Road, Brackendale, ✆ (604) 898-6665, www.thewatershedgrill.com.

Whistler

Die grandiose Lage in den Coast Mountains und die zahlreichen Angebote rund um diese attraktive Bergwelt machen Whistler zu einem Top-Ziel für Kanada-Urlauber. Hier dreht sich alles um den Tourismus – im Sommer wie im Winter. Die spektakuläre Peak-2-Peak-Seilbahn, die weltweit meisten Mountainbike Trails, das neue Audain Art Museum sowie das mehrfach ausgezeichnete Squamish Lil'wat Cultural Centre sind nur vier der einzigartigen Höhepunkte in Whistler und sollten bei keinem Besuch des für seine „Work hard, play hard"-Mentalität bekannten Städtchens fehlen.

Whistler, das nach dem Pfeifen *(whistle)* der lokalen grauen Murmeltiere benannt ist, wurde für die Olympischen Winterspiele 2010 völlig umgestaltet. Drei Ortsteile sind für Reisende interessant: Das Village Centre mit dem Mountain Square, wo die meisten Lifte ihren Ausgangspunkt haben, das Village North mit dem Marketplace, wo einst die Medaillen vergeben wurden, und das Upper Village mit seinen Hotels und weiteren Liftanlagen. Der Village Stroll ist eine breite Fußgängerzone, an der die meisten Geschäfte und Restaurants liegen, und verbindet Village Centre und Village North. Von dort zu den Parkplätzen und zum Upper Village gibt es zahlreiche Fußwege. Wer nur einen Kurzbesuch plant, kann auf dem Marketplace bis zu zwei Stunden kostenfrei parken; für längere Aufenthalte gibt es die Großparkplätze 1 bis 5. Alle Sehenswürdigkeiten und Aktivitäten sind von dort aus fußläufig gut erreichbar.

Village Stroll: In dieser Fußgängerzone feiert Whistler sich selbst und seine Sportgeschichte. Im Village North beginnt der Village Stroll in der Nähe des Marketplace mit zahlreichen Geschäften und dem größten Supermarkt im Ort. Direkt daneben liegt die Olympic Plaza, auf der einst die Medaillen überreicht wurden. Einige Schritte weiter stößt man auf den Village Park East:

Whistler und Olympia

Lange war die Region rund um Whistler abgesehen von einigen Lodges am Alta Lake kaum erschlossen und nur mit der 1914 erbauten Pacific Great Eastern Railway erreichbar; die Straße nach Vancouver wurde erst in den frühen 1960er-Jahren fertig. Investoren erkannten das Wintersport-Potential und bauten 1966 den ersten Skilift auf den Mount Garibaldi – Grund genug für die selbstbewussten Unternehmer, sich mit ihrem einzigen Lift gleich um die Ausrichtung der Olympischen Winterspiele 1968 zu bewerben! Acht Jahre später dann hätte es sogar fast geklappt: Denver verzichtete aus Geldnot auf die Ausrichtung der Spiele 1976, das IOC bot diese Whistler an. Doch die Stadtverwaltung war von dem Gedanken nicht begeistert und lehnte dankend ab. Erst 2010, im Verbund mit Vancouver, wurde Whistler Olympiaort: Die alpinen und nordischen Skiwettkämpfe sowie Biathlon, Rodeln, Bob und Skeleton der olympischen und paralympischen Spiele fanden hier statt. Das IOC ernannte Whistler zum ersten Olympic Mountain Resort.

Der Village Stroll – zentraler Platz in Whistler

Hält man sich hier südlich des Baches, gelangt man zum Maury Young Arts Centre und gleich danach zum Audain Art Museum. Hält man sich nördlich des Baches, führt der Weg unweigerlich ins örtliche Brauhaus ...

Zurück auf dem Village Stroll folgen die Town Plaza und die Fußgängerbrücke über den Village Gate Boulevard. Auf dem weiteren Weg zum Mountain Square dominieren Restaurants, Outdoor-Shops und Souvenirläden; in den Geschossen darüber ist ein Großteil der örtlichen Hotellerie zu finden. Der Mountain Square öffnet sich zur Skier's Plaza, die im Sommer jedoch eine Bikers Plaza ist: Mehrere Lifte befördern unablässig Mountainbiker die Hänge hinauf – an sonnigen Nachmittagen artet das Après-Bike dann schon mal in ausgelassene Spontan-Partys aus. Wem das zuviel wird: Ruhiger geht es rund um die Olympic Plaza zu.

Squamish Lil'wat Cultural Centre: Die zwischen Squamish und Lillooet beheimateten First Nations bringen dem Besucher in dieser mehrfach ausgezeichneten Einrichtung ihre Kultur näher. Schon am Eingang wird man mit Trommeln und Tanz begrüßt. Anschließend vermitteln die indigenen Führer anschaulich, welche Bedeutung Berge und Meer, Bäume und Tiere für sie haben. Ein informativer Film, ein kleiner Waldspaziergang, ein Langhaus und zahlreiche Ausstellungsstücke aus den Bereichen Kleidung, Handwerk und Religion vertiefen das Erlebnis. Das kleine Thunderbird Café bietet leckere indigene Küche, und im Souvenirshop können auch hochwertige Waren und Schmuck erworben werden.

■ Tägl. 9.30–17 Uhr. Eintritt 18 $. 4584 Blackcomb Way, ✆ (604) 964-0990, www.slcc.ca.

Audain Art Museum: Das 2016 eröffnete Museum fügt sich harmonisch in das umgebende kleine Waldgebiet ein. Die Dauerausstellung mit mehr als 200 Werken der Kunstgeschichte British Columbias zeigt viele Werke von Emily Carr und die wohl eindrucksvollste Sammlung von Masken der First Nations. Malern der Nachkriegs-Moderne wie Jack Shadbolt, E. J. Hughes und Gordon Smith wird ebenso Raum gegeben wie zeitgenössischen Künstlern, u. a. mit Werken von Jeff Wall und Dana Claxton. Hinzu kommen wechselnde Sonderausstellungen.

■ Mi–Mo 10–17 Uhr, im Juli/Aug. Do/Fr bis 19 Uhr. Eintritt 18 $. 4350 Blackcomb Way, ✆ (604) 962-0413, www.audainartmuseum.com.

Whistler Museum and Walking Tour: Das Stadtmuseum spannt den Bogen von den ersten Pionieren bis zu den Spielen von 2010. Absolut lohnenswert sind die geführten Stadtrundgänge „Valley of Dreams Walking Tour", auf denen mit zahlreichen Anekdoten gespickt kurzweilig Hintergründiges vermittelt wird.

▪ Tägl. 11–17 Uhr, Stadtrundgang Juni bis Aug. tägl. 11 Uhr. Eintritt und Walking Tour frei, Spenden erbeten. 4333 Main St., ✆ (604) 962-0413, www.whistlermuseum.org.

Whistler aktiv

Peak-2-Peak Gondola: Eine Seilbahn der Superlative verbindet den Whistler Mountain mit dem Blackcomb Peak: Zwischen den Stützen hat die 2007 erbaute Bahn 3024 m Spannweite, und selbst am tiefsten Punkt der Fahrt hängen die Gondeln noch 436 m über dem tief eingeschnittenen Fitzsimmons Creek – beides sind Weltrekorde. Besonders beeindruckend ist die Fahrt in den beiden Spezialgondeln mit Glasboden zu erleben. Die Auffahrt erfolgt mit der Whistler Village Gondola auf den Whistler Mountain oder mit dem Sessellift Wizard Express vom Upper Village auf den Blackcomb Mountain. Man muss im Anschluss an die Bergfahrt nicht sofort in die Peak-2-Peak-Gondel umsteigen; beide Berggipfel laden dazu ein, das Panorama zu genießen oder das Netz der mehr als 50 km langen alpinen Wanderwege zu erkunden, die allerdings oft bis in den Juli hinein noch verschneit sind. Freitag bis Sonntag kann man abends ein Dinnerbüffet mit der Peak-2-Peak-Fahrt kombinieren (ab 80 $).

▪ Ende Mai bis Mitte Sept. tägl. 8.30–17 Uhr, dann bis Mitte Okt. nur Sa/So. 58 $ (Vorausbuchung) bzw. 63 $ (vor Ort). ✆ (604) 967-8950. Karte der Wanderwege an den Liftkassen erhältlich. www.whistlerblackcomb.com.

Bikepark: Der größte durch Lifte erschlossene Downhill Bike Park der Welt erwartet Mountainbike-Anfänger wie -Profis gleichermaßen. An der Bergstation des Hauptliftes Fitzsimmons Express gibt es ein kostenfreies Orientation Centre. Hier kann man Techniken ausprobieren und bekommt von den Guides Tipps, welche Pisten für das eigene fahrerische Können geeignet sind. Wem dies nicht reicht, der kann sich die wichtigsten Grundtechniken in einem 2-Stunden-Kurs vermitteln lassen. Der heutige Bike Park besteht aus fünf Zonen mit allen fünf Schwierigkeitsgraden. Der Schwierigkeitsgrad der Trails ist ähnlich wie bei Skipisten farblich gekennzeichnet: Anfänger sind am besten auf grünen Pisten aufgehoben. Der ursprüngliche Bike Park von 1999, die Fitzsimmons Zone, ist der größte Bereich im Park; anspruchsvoller sind die Garbanzo Zone, die relativ neue Creek Zone und die Peak Zone: Schmale Berggrate mit grandiosem Ausblick, die sich auch die meisten Fußgänger nicht zutrauen würden …

Eine Übersichtskarte aller Trails findet man unter www.whistlerblackcomb.com. Wer sein eigenes Rad dabei hat: Dieses ist meist nicht für diese Downhillpisten geeignet – man sollte sich unbedingt vorab informieren!

▪ Mitte Mai bis Mitte Juni und Sept. 10–17 Uhr, Mitte Juni bis Aug. 10–20 Uhr. Pass für drei Fahrten 34 $, wird bei Interesse auf den Lift-Tagespass (64 $) angerechnet. Einsteiger-Kurs mit Bike, Ausrüstung, Liftpass, Instruktionen 149 $. ✆ (604) 967-8950. www.whistlerblackcomb.com.

Brandywine Falls Provincial Park und Sea-to-Sky-Trail: 17 km südlich von Whistler liegen unmittelbar am Highway 99 die eindrucksvollen Brandywine Falls; ein Spaziergang von wenigen Minuten führt vom Parkplatz zu einer Aussichtsplattform. Morgens hat man die besten Blicke auf die gewaltigen, 70 m hohen Fälle. Der Park ist auch vorläufiger Endpunkt des Sea-to-Sky-Trails von Whistler. Der etwa 20 km lange Weg ist für Wanderer, Radfahrer und Reiter freigegeben und soll dereinst weit nach Norden bis

D'Arcy reichen. Der schon fertiggestellte Abschnitt lohnt schon jetzt eine Wanderung oder Radtour.

Wandern: Die Auswahl an Wanderwegen ist riesig – das Visitor Centre informiert gerne über alle Routen im Detail. Zwei der schönsten Touren sind die zum Lost Lake und der Skywalk. Die 90-minütige Wanderung zum Lost Lake mit nur geringen Steigungen ist eine Alternative zu den schweißtreibenden Touren auf die Berge. Vom Parkplatz 5 und der Brücke über den Fitzsimmons Creek geht es ab dem Lost-Lake-Passivhaus auf gut ausgeschilderter Route über einen kleinen Hügel westlich des Sees entlang und dann am Ostufer mit Bademöglichkeit zurück. Bänke, ein Food Truck und ein Picknickbereich bieten die Möglichkeit, die Natur nah am Stadtzentrum zu genießen. Der Skywalk Trail wurde 2014 durch Freiwillige des Alpine Club of Canada angelegt, die Ganztagestour durch alten Regenwald und entlang des Iceberg Lakes gilt (noch) als Geheimtipp. Für diesen Trail ist unbedingt eine gründliche Vorabinformation im Visitor Centre einzuholen, das auch gute topographische Karten bereithält.

Fahrradfahren: Mehr als 40 km asphaltierte Wege für Spaziergänger, Jogger, Skater und Radfahrer umfasst das Netz des Whistler Valley Trails. Eine schöne Rundtour führt von der Downtown zum Green Lake, von dort über den Emerald Forest am Westufer des Alta Lake entlang in den Vorort Creekside und durch den Lakeside Park zurück. Über 300 km weitere Wege stehen exklusiv Wanderern oder Radfahrern zur Verfügung – auf relativ ebenem Terrain im Whistler Valley, aber auch auf den Flanken der umgebenden Berge.

■ Infos zum Wegenetz beim Visitor Centre und unter www.whistler.com/pdf/maps/whistler-hiking-biking-map.pdf.

Adrenalin-Kicks: Das Whistler Sliding Centre bietet auch im Sommer die

Whistler Bikepark: Mit dem Lift nach oben, auf Pisten aller Schwierigkeitsgrade wieder nach unten

Möglichkeit, eine Bob-Bahn auszuprobieren: Mit einem Schlitten auf Rädern geht es mit bis zu 90 Sachen die Bahn hinunter. Wer es an der Stätte von Magdalena Neuners größten Erfolgen selbst mal mit Biathlon probieren möchte, hat dazu im Olympic Park Gelegenheit. Nicht überraschend, dass Whistler auch beim Ziplining Rekorde aufstellt: „The Sasquatch" ist mit mehr als 2 km Länge und einer Höhe von fast 200 m über dem Tal die längste und eine der schnellsten Ziplines in Nordamerika. Wer es entspannter angehen will, findet bei Ziptrek auch zahlreiche zahmere Alternativen sowie einen Baumwipfelpfad. Anbieter siehe unten.

Praktische Infos

Information **Visitor Centre** in der Nähe des Village Square. Mai bis Sept. So–Do 9–18 Uhr (im Mai bis 17), Fr/Sa 9–21 Uhr. Zusätzlich gibt es in der Hochsaison mobile Infostände in der Fußgängerzone. 4230 Gateway Drive, ✆ (604) 932-0606, www.whistler.com/de.

Print-Info Das Wochenmagazin **Pique** informiert über Veranstaltungen sowie Sonderangebote und spricht wie die Saisonmagazine **Whistler Traveller**, **Whistler Magazine** und **Insiders' Guide to Whistler** alle Whistler-Besucher an. **Crank'd** richtet sich an Radsportler, **Mountain Life** an Bergsteiger und **Coast Mountain Culture** an Kultur- und Kunstinteressierte.

Hin und weg **Bus:** Mit Pacific Coach Lines 4x tägl. in 3 Std. vom Flughafen und der Downtown Vancouvers über Squamish nach Whistler und zurück. Vorausbuchen. ✆ (604) 662-7575, www.pacificcoach.com.

Wasserflugzeug: Whistler Air fliegt 2x tägl. von/nach Vancouver sowie 1x tägl. von/nach Victoria. Kostenfreier Shuttle vom/zum Flughafen. ✆ (604) 932-6615, www.harbourair.com/tours/whistler.

Adrenalin-Kicks Das **Whistler Sliding Centre** bietet Bobfahrten (im Sommer auf Rädern) für 109 $. Juli bis Anfang Sept. tägl. 10–16.30 Uhr. 4910 Glacier Lane, ✆ (604) 964-0040, www.whistlerslidingcentre.com.

Ziptrek Ecotours ist für Ziplining (ab 119 $) und Baumwipfelpfad (ab 39 $) zuständig und bietet auch Kombinationen mit anderen Attraktionen an. 4280 Mountain Square (in der Carleton Lodge), ✆ (604) 935-0001, www.ziptrek.com.

Fahrradverleih Am Fuß des Bike Parks hat sich **Garbanzo Rentals** auf Downhill-Bikes spezialisiert. Bei Vorausbuchung 115 $/4 Std., 145 $/Tag inkl. Helm, aber ohne die erforderliche Schutzausrüstung, die man ebenfalls mieten kann. ✆ (800) 766-0449, http://bike.whistlerblackcomb.com/explore/rider-type/expert. Bei **Evolution Whistler** gibt es die ganze Palette: Downhill Bikes ab 150 $/Tag, Trail Bikes ab 70 $/Tag, Rennräder ab 75 $/Tag. 4122 Village Green. ✆ (604) 932-2967, www.evolutionwhistler.com.

Flightseeing Die umgebende Bergwelt aus der Luft erkunden: **Whistler Air** bietet zahlreiche Touren mit Wasserflugzeugen an, die ihren Ausgangspunkt an der Float Plane Base nördlich der Stadt haben. Die Abholung in Whistler Downtown an der Gondola Transit Exchange ist im Preis enthalten. ✆ (604) 932-6615, www.harbourair.com/tours/whistler.

Kajak/Tretboot/SUP Am Alta Lake vermietet **Backroads Whistler** Kajaks ab 25 $/Std., Tretboote 50 $/Std., SUP-Boards 30 $/Std, Kanus 35 $/Std. ✆ (604) 932-3111, www.backroadswhistler.com.

Kultur Das **Maury Young Art Centre** ist Whistlers Kunst- und Kultur-Drehscheibe mit mehreren Bühnen, einer Galerie und einem kleinen Laden, der lokal produzierte Waren verkauft. Das Team informiert über alles, was sich in Whistlers Szene tut, verkauft Tickets für Konzerte und Vorträge, Theater- und Filmvorführungen. Tägl. 10–18 Uhr. 4335 Blackcomb Way, ✆ (604) 935-8410, www.artswhistler.com.

meinTipp **Spa** Nach einem anstrengenden Tag auf dem Rad oder in Bergstiefeln findet man im **Scandinave Spa** Entspannung: Sauna und Dampfbad, kalte und heiße Pools, Hängematten und ein Bistro machen den Aufenthalt zum erholsamen Genuss. Die „No-Talking-please"-Regel erleichtert das Abschalten. Auch Massagen können gebucht werden; ein Bistro serviert Snacks. Anders als in Europa behält man in der Sauna die Badebekleidung an. 79 $. Ab 19 Jahren. Tägl. 10–21 Uhr. 8010 Mons Road, ✆ (604) 935-2424, www.scandinave.com.

Touren/Kurse Zahlreiche Anbieter bieten Touren in die Region an: Touren zu Wasserfällen, Touren von der gemütlichen Familienpaddelei bis zu anspruchsvollen Touren im reißenden Wildwasser, Rafting, Foto-Safaris, Kletter-

kurse, Rad- und Mountainbiketouren, Bear Watching, Regenwaldtouren, Bergsteigerkurse, Gletschertouren ... und Kombinationen daraus: Alles kann im Visitor Centre gebucht werden.

Übernachten Auch im Hochsommer findet sich fast immer noch ein Zimmer – doch der Großteil der Unterkünfte liegt im ****-Bereich und fordert im Juli und August Preise zwischen 300 und 600 $ die Nacht. Legen Sie, wenn möglich, Ihre Route so, dass Sie nicht am Wochenende in Whistler sind und buchen Sie früh; dann wird es günstiger.

******* Fairmont Chateau Whistler Resort 4:** Im ruhigeren Upper Village, in jeder Hinsicht das erste Haus am Platz. Das elegante Resort gilt als eines der Top-10-Hotels in Kanada. Im Sommer oft attraktive Sonderangebote. DZ ab 340 $. 4599 Chateau Boulevard, ✆ (604) 938-8000, www.fairmont.com/whistler.

****** Summit Lodge Boutique Hotel 2:** Das gepflegte Hotel in bester Stadtlage überzeugt durch Pool, Hot Tub, Sauna, Spa-Bereich und guten Service. Vermietet auch Vespas, E-Bikes und Cruiser-Bikes. DZ ab 209 $. 4359 Main St, ✆ (604) 932-2778, www.summitlodge.com.

****** Crystal Lodge and Suites 6:** zentral, nur 200 m zu den Liften. Moderne Zimmer und Suiten, attraktive Packages mit Lifttickets für den Bikepark oder das Scandinave Spa. DZ ab 190 $. 4154 Village Green, ✆ (604) 932-2221, www.crystal-lodge.com.

***** Whistler Village Inn and Suites 7:** Eines der wenigen 3-Sterne-Hotels in bester Lage. Standardzimmer. Suiten und Lofts für bis zu

6 Pers. DZ ab 149 $, Suite ab 159 $. 4429 Sundial Place, ✆ (604) 932-4004, www.whistlervillageinnandsuites.com.

Cedar Springs Gourmet B&B Lodge: Die Lodge wurde 2017 komplett renoviert. Luxuriöse und stilvolle Zimmer, Gourmet-Frühstück. 6 DZ mit Bad ab 199 $, 2 DZ mit gemeinsamem Bad ab 119 $. 8106 Cedar Springs Road, ✆ (604) 938-8007, www.whistlerinns.com.

Whistler Mountain House: Das Bed and Breakfast oberhalb des Golfplatzes mit seinen 3 DZ ist nur 10 Fußminuten vom Whistler Village entfernt, steht inmitten alter Bäume und bietet einen Hot Tub. DZ ab 95 $. 3333 Panorama Ridge, Brio, ✆ (604) 932-8310.

Whistler Lodge Hostel: Im Vorort Creekside, das beste Hostel in Whistler. Die über 50 Jahre alte rustikale Holzlodge ist bestens gepflegt, verfügt aber nur über 42 Betten. Billard, Sauna, Hot Tub. DZ mit Gemeinschaftsbad ab 78 $, Bett im Schlafsaal ab 39 $. 2124 Nordic Drive, ✆ (604) 932-6604, www.whistlerlodgehostel.com.

Riverside Resort: 3 km nördl. des Zentrums. Von Stellplätzen über Jurten bis zu einfachen Blockhäusern reichen die Optionen auf diesem Campingplatz mit Minigolf-Anlage. Zeltstellplatz ab 40 $, Wohnmobil ab 60 $, Jurte ab 125 $, Cabin mit Du/WC ab 230 $. 8018 Mons Road, ✆ (604) 905-5533, www.parkbridge.com/en-ca/rv-cottages/riverside-resort.

Essen und Trinken Whistler verfügt über eine Vielzahl von Restaurants. Die Konkurrenz ist groß, die Qualität daher meist hoch – die Preise, vor allem in der Innenstadt, leider auch. Am Wochenende sind in den besseren Restaurants stets Reservierungen zu empfehlen.

Red Door Bistro Restaurant: Moderne französische Bistro-Küche mit einem Touch West Coast, und das in behaglichem Ambiente. Chefkoch R. D. Stewart hat sich nach 20 Jahren in Whistlers besten Restaurants hier auf eigene Beine gestellt. Tägl. ab 17 Uhr. 2129 Lake Placid Road, ✆ (604) 962-6262, www.reddoorbistro.ca.

Rim Rock Café: Etwas außerhalb, mehr Restaurant als Café, mit schöner Terrasse. West Coast Cuisine und gute Weinkarte. Tägl. 17.30–21.30 Uhr. 2117 Whistler Road, ✆ (604) 932-5565, www.rimrockcafe.com.

Mein Tipp Elements Urban Tapas Parlour 2: Versteckt im Summit Lodge Boutique Hotel gelegen, bietet das Elements weit mehr als nur Tapas. Leichte, innovative Küche und ständig wechselnde Menüs. Frühstück, Lunch und Dinner. Tägl. 8–14 und 17–22, Fr/Sa bis 23 Uhr. Nimmt keine Reservierungen an. 4359 Main Street, ✆ (604) 932-5569, www.elementswhistler.com. Wer hier keinen Platz ergattern kann: Das gleiche Team betreibt auch das ähnlich gute **Wild Wood Pacific Bistro 8**, 4154 Village Green.

Southside Diner: Ein klassisches Arbeiter- und Familienrestaurant für die „Locals" im Vorort Creekside. Das Essen ist gut und bezahlbar; der Service lässt keine Hektik aufkommen. Di–Sa 7–21, So/Mo 7–16 Uhr. 2102 Lake Placid Road, ✆ (604) 966-0668, www.southsidediner.ca.

Mein Tipp Restaurant Tour: Wer keine Lust auf Suchen und Reservieren hat, ist hier gut aufgehoben. Seit 2008 organisiert das engagierte Team Vier-Gänge-Menüs – in vier verschiedenen Restaurants: Nach jedem Gang geht es ein Haus weiter. Dinner in vier Top-Restaurants 120 $, mit Wein 150 $. In vier nicht so teuren Restaurants 95/125 $. Guided Lunch mit sechs Stopps 70 $. Büro 10–18 Uhr. Reservierung telefonisch oder online. 4111 Golfer's Approach, ✆ (604) 902-8687, www.whistlertastingtours.com.

The Green Moustache 1: Vegan, bio, lokal – und das konsequent. Weit mehr als nur frisch gepresste Säfte und Smoothies. Tägl. 8–18 Uhr. 4340 Lorimer Road, ✆ (604) 962-3727, www.greenmoustache.com.

Ingrid's Village Café 5: Die meisten Kunden holen sich morgens nur schnell einen „Coffee to go", doch wer einen Platz auf der kleinen Terrasse ergattern kann, hat einen schönen Ausblick auf das geschäftige Treiben in Whistlers Downtown. Tägl. 7–18 Uhr. 4305 Village Stroll, ✆ (604) 932-7000, www.ingridswhistler.com.

The Fitzsimmons Pub 3: In dem kleinen Pub mit nur 40 Plätzen im Upper Village treffen sich die Einheimischen. Großartige Drinks zu fairen Preisen. Mo–Sa 14–1, So 14–24 Uhr. 4573 Chateau Boulevard Road, ✆ (604) 935-3489.

Garfinkel's und **Dubh Linh Gate:** Wer so viele Urlauber anzieht wie Whistler, hat auch Touristenfallen. Dies sind die schlimmsten: Garfinkel's ist Whistlers Äquivalent zum Ballermann auf Mallorca. 8 $ Eintritt und überteuerte Drinks. Der irische Pub Dubb Linh Gate ist mit zunehmendem Verlauf des Abends auch immer lauter, voller und wenig angenehm.

Southern Gulf Islands

Jede der fünf klimatisch verwöhnten und landschaftlich reizvollen Hauptinseln hat ihren Charakter. Hier sind es die Provincial Parks mit Stränden und Wasserwegen, dort sind es Bio-Bauern und Künstler. Die Inseln sind ideal, um ein paar Tage auszuspannen.

Die meisten Reisenden sehen die Southern Gulf Islands nur im Vorbeifahren, wenn sie von Tsawwassen bei Vancouver mit der Fähre nach Swartz Bay auf Vancouver Island übersetzen. Sie lassen auf ihrem direkten Weg Galiano

Island und Salt Spring Island rechts, Mayne Island, die Pender Islands und Saturna Island links liegen. Doch verfügen alle diese Inseln über einen oder mehrere Fährhäfen und werden täglich vom Festland wie auch von Vancouver Island aus bedient.

Auf den Southern Gulf Islands geht es ruhig zu. Vielerorts finden sich Schilder mit dem Hinweis, dass hier die Uhren anders gehen: „Relax – this is not the mainland!" Stellen Sie sich darauf ein – auch darauf, dass Geschäfte früh schließen – und genießen Sie das entspannte Inselleben. Höhepunkt des sozialen Lebens ist stets der samstägliche Farmers Market. Es lohnt sich, die Routenplanung so zu gestalten, dass Sie einen Samstag auf einer der Inseln verbringen können. Wer mit BC Ferries anreist, informiert sich schon an Bord: Alle Inseln stellen auf der Fähre einen kostenlosen Inselführer zur Verfügung, der Restaurants, Shops und Sehenswürdigkeiten vorstellt. Wer spontan eine Nacht bleiben will, wird sich im Sommer oft schwer tun: An den Wochenenden sind Unterkünfte Monate im Voraus ausgebucht.

Salt Spring Island

Salt Spring Island ist die größte, am dichtesten besiedelte, am besten erschlossene und lebhafteste der Gulf Islands. Mit 29 km Länge und 14 km Breite ist sie etwa so groß wie Fehmarn. Trotz ihrer 10.000 Einwohner wirkt sie beschaulich und entspannt. Die abwechslungsreiche Landschaft, Galerien und Läden für Kunsthandwerk, dazu der samstägliche Farmers Market machen den Charme der Insel aus. Wenn Ihnen nur Zeit für eine Insel bleibt, besuchen Sie Salt Spring – sie gilt vielen als typischste und schönste.

Im nördlichen Drittel der Insel mit zahlreichen großen Buchten liegt der Inselhauptort Ganges. Drei Hauptstraßen verbinden den Ort mit den drei Fährhäfen: **Vesuvius Bay** im Nordwesten (Fähre nach Crofton auf Vancouver

Der Hafen von Ganges, Hauptort auf Salt Spring Island

Island), **Fulford Harbour** im Süden (nach Swartz Bay auf Vancouver Island) und Long Harbour im Osten (nach Tsawwassen bei Vancouver). Von diesen Straßen ausgehend, erschließen weitere Straßen den eher flachen Inselnorden und den hügeligen Südosten der Insel mit dem Ruckle Provincial Park. In **Ganges** finden sich alle Versorgungseinrichtungen wie Supermarkt, Tankstellen etc.

Salt Spring Studio Tour: Ob kulinarische Genüsse, Malerei oder Kunsthandwerk: Die an der Salt Spring Studio Tour teilnehmenden Bio-Bauern, Handwerker und Künstler stehen für die kreative Vielfalt der Inselbewohner und lassen sich gerne bei der Arbeit über die Schulter schauen. Man sollte allerdings das Auto mit auf die Insel genommen haben, da viele Farmen und Studios abseits im Hinterland liegen. Wem dies zu aufwendig ist: Fast alle Anbieter sind samstags auf dem unvergleichlichen **Farmers Market in Ganges** zu finden: Falafel und Bio-Seifen, Holzschnitzereien und Glaskunst, Öko-Mode und Lavendelprodukte: Alles, was hier verkauft wird, muss auf der Insel produziert worden sein. Die bunte Mischung von Alteingesessenen, übriggebliebenen 68ern und umweltbewussten Unternehmern des 21. Jahrhunderts fasziniert. Wer genug gesehen hat, setzt sich auf die große Wiese im Park und lauscht der Livemusik …

▪ Die meisten der rund 30 Betriebe sind im Sommer von 10–17 Uhr geöffnet. Karten und Detailinfos im Visitor Centre von Ganges und unter www.saltspringstudiotour.com.

Provinzparks: Henry Ruckle schuf im 19. Jahrhundert eine der ersten Farmen British Columbias. Die Gebäude der aktiven Farm sind im **Ruckle Provincial Park** weitgehend im Originalzustand erhalten, können aber nicht besichtigt werden. Hauptanziehungspunkt für Wanderer und Wassersportler ist die 7 km lange Küstenlinie des Parks.

Die raue Piste zum Gipfel im **Mount Maxwell Provincial Park** ist selbst mit Allradantrieb eine Quälerei für Mensch und Maschine, doch das 180-Grad-Panorama vom Baynes Peak aus 600 m Höhe ist an klaren Tagen grandios. Wer mehr als nur die wenigen Meter vom Parkplatz zum Aussichtspunkt laufen möchte, findet ein Netz von elf Wanderwegen zwischen Gipfel und Küste mit weiteren Ausblicken.

Praktische Infos

Information Visitor Centre: April/Mai und Sept./Okt. tägl. 10–16 Uhr, Juni bis Aug. tägl. 9–17 Uhr. 121 Lower Ganges Road, ✆ (250) 537-8320, www.saltspringtourism.com.

Hin und weg Fähre: Mit BC Ferries 2x tägl. von Tsawwassen bei Vancouver nach Long Harbour; 8x tägl. von Swartz Bay bei Victoria nach Fulford Harbour im Südwesten; bis zu 14x tägl. von Crofton bei Chemainus nach Vesuvius Bay im Inselnorden. ✆ (250) 386-3431, www.bcferries.com.

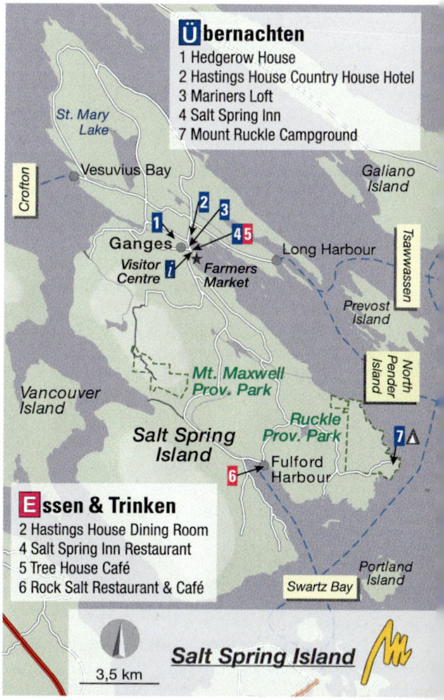

Bus: Ein Bus von BC Transit verbindet auf sechs Routen nach einem ausgeklügelten Fahrplan die drei Fährhäfen zu fast allen Ankünften und Abfahrten mit dem Hauptort Ganges. Ideal für einen Tagesausflug – lassen Sie das Auto auf dem Festland bzw. auf Vancouver Island. ✆ (250) 538-4282, www.bctransit.com/saltspring-island.

Flugzeug: Ein Wasserflugzeug von Salt Spring Air verbindet Ganges bis zu 4x tägl. mit Vancouver. ✆ (250) 537-9880, www.saltspringair.com.

Markt Der **Farmers Market** wird im Centennial Park, im Herzen des Inselhauptortes Ganges, abgehalten. April bis Okt. Sa 9–16 Uhr. Kleiner, aber auch reizvoll ist der **The Tuesday Market,** ebenfalls im Centennial Park. Juni bis Okt. Di 14–18 Uhr. www.saltspringmarket.com.

Übernachten **Hastings House Country House Hotel 2:** Das luxuriöse Landgut auf einem großen Grundstück in der Nähe des Hafens von Ganges verfügt über ein Spa und ein exzellentes Restaurant: Marcel Kauer setzt in der kanadischen Küche Züricher Akzente. DZ ab 465 $. 160 Upper Ganges Road, ✆ (800) 661-9255, www.hastingshouse.com.

Mariners Loft 3: Die 7 hochwertig ausgestatteten Suiten für Selbstversorger liegen zentral in Ganges und mit schönem Ausblick, aber tagsüber nicht ganz ruhig. Suite mit 2 DZ ab 399 $. 118 Rainbow Road, ✆ (250) 881-7551, www.marinersloftsaltspring.ca.

Hedgerow House 1: Dezenter Luxus, eigenes Spa, 3-Gänge-Menü zum Frühstück: Das 3-Zimmer-B&B überzeugt in jeder Hinsicht. Ruhig, aber nur wenige Minuten Fußweg vom Herz Ganges'. DZ ab 180 $. 238 Park Drive, ✆ (250) 538-1716, www.hedgerowhouse.ca.

meinTipp **Salt Spring Inn 4:** Die Zimmer mit Gemeinschaftsbad bieten das beste Preis-Leistungs-Verhältnis auf der Insel, zumal das Hotel zentral liegt und über ein exzellentes Restaurant verfügt. DZ ab 115 $ (Gemeinschaftsbad), mit eigenem Bad ab 169 $. 132 Lower Ganges Road, ✆ (250) 537-9339, www.saltspringinn.com.

Camping **Mount Ruckle Campground 7:** Der idyllische Campingplatz im Mount Ruckle Park ist sehr begehrt – unbedingt reservieren. 20 $. http://www.env.gov.bc.ca/bcparks/explore/parkpgs/ruckle.

Essen und Trinken **Salt Spring Inn Restaurant:** Im Herzen von Ganges erhält man herzhafte Salate und anderes zu fairen Preisen. Frühstück, Lunch, Dinner. Mo–Sa 8–22, So bis 21 Uhr. 132 Lower Ganges Road, ✆ (250) 537-9339, www.saltspringinn.com.

meinTipp **Rock Salt Restaurant & Café 6:** Das Restaurant am Fähranleger in Fulford Harbour überrascht mit Kombinationen asiatischer, mexikanischer und kanadischer Küche. Die Wein- und Bierkarte begeistert. Frühstück, Lunch und Dinner. Tägl. 8–21 Uhr. 2921 Fulford Ganges Road, ✆ (250) 653-4833 www.rocksaltrestaurant.com.

Tree House Café 5: Im kleinen Open-Air-Restaurant in einer Gasse am Hafen von Ganges geht es stets hoch her – im Sommer jeden Abend mit Livemusik. Frühstück, Lunch, Dinner. Tägl. 8–22 Uhr. 106 Purvis Lane, ✆ (250) 537-5379, www.treehousecafe.ca.

Die Pender Islands

Die ruhige, 34 km² große Doppelinsel mit gut 2000 Einwohnern bietet alles, was man für ein paar Tage Ausspannen braucht. **North und South Pender** wurden 1903 durch einen Kanal getrennt, sind aber seit 1955 durch eine Brücke wieder miteinander verbunden. Der Großteil der beiden Inseln ist in Privatbesitz, doch 33 öffentliche Strandzugänge und zahlreiche Wanderwege bieten auch Urlaubern genügend Auswahl.

Der Fähranleger liegt im Nordwesten der Insel, in Otter Bay. Von da führt die Otter Bay Road, später die Bedwell Harbour Road zum kleinen Driftwood Centre, wo sich u. a. der Supermarkt, das Visitor Centre und ein Café befinden. Nur wenige hundert Meter östlich liegt die große Bucht von Port Browning, Ausgangspunkt für Kajaktouren. Nördlich der Bucht liegen ein Weingut und eine Cidery; südlich führt die Straße weiter nach South Pender.

Kunst und Kulinarik: 21 Künstler der Pender Islands haben sich zusammengeschlossen und produzieren den „Pender Islands Art Guide", der über ihre Arbeit informiert und auch die Öffnungszeiten der Shops und Studios angibt (www.

penderarts.com). Zahlreiche Veranstaltungen wie der Art Walk, Art off the fence, Art in the orchard und die Summer Art Show sind überregionale Events.

Auch kulinarisch haben die Inseln etwas zu bieten. Das kleine Team der **Twin Island Cidery** hat 2016 die Obstgärten der frühen Siedler wiederbelebt und die Produktion von Cider (Apfelmost) aufgenommen. Aus den Setzlingen wurde eine neue Apfelwiese geschaffen. – mit rein lokalen Sorten. Der kleine Tasting Room lohnt unbedingt einen Besuch (Do/Fr 12–17 Uhr). Die Sea Star Estate Farm and Vineyards ist das einzige professionelle Weingut der Insel. Die Kellerei kann besichtigt werden (Fr–So 11–17 Uhr). Mittwoch und Samstag hat von 11 bis 15 Uhr das farmeigene „Café at Large" geöffnet, es gibt Picknicktische.

Sportliche Aktivitäten: Große Flächen der beiden Inseln stehen als Teil des **Gulf Islands National Park Reserve** unter Schutz. Im Westen der Nordinsel, gegenüber dem Fähranleger, sind rund um Roe Islet (eine bei Hochwasser abgeschnittene „Insel") und Roe Lake zahlreiche Wanderungen möglich. Auch das kleine **Pender Island Museum** ist hier zu finden, das über die frühe Siedlungs- und Farmgeschichte der Insel informiert. Im Osten lohnt der gut halbstündige Rundweg an der Spitze des Mount Menzies einen Abstecher. Auf der Südinsel gibt es längere Wanderwege rund um den Mount Norman. Von vielen Punkten an der Südwestküste der Inseln lassen sich mit etwas Glück vorbeiziehende Wale beobachten.

Die Gewässer um die beiden Pender Islands sind ideal mit dem Kajak oder dem SUP-Board zu entdecken. Wer von Profis lernen will, mit dem Kajak durch die stillen Gewässer an den Küsten der Gulf Islands zu gleiten, findet ein engagiertes Team am Ort. Wer lieber auf dem Trockenen bleibt, mietet ein Fahrrad oder – ideal für das recht hügelige Gelände der Inseln – ein E-Bike.

Praktische Infos

Information Beim **Chamber of Commerce** im Driftwood Centre. Meist Mo–Fr 9–16 Uhr. 4605 Bedwell Harbour Road, ✆ (250) 999-6371, www.penderislandchamber.com. Wenn geschlossen ist, hilft der Prospektkiosk im Supermarkt.

Hin und weg **Fähre:** Mit BC Ferries 2x tägl. von/nach Tsawwassen bei Vancouver. Mindestens 1x tägl. zu den anderen Golfinseln. ✆ (250) 386-3431, www.bcferries.com.

Port Browning Marina Resort: Ausgangspunkt für Kajaktouren

Vancouver und Umgebung | B. C. → Karten S. 30 und S. 32/33

Airstream-Wohnwagen: originelles Quartier auf Pender Island

Bus: Nur Fr und Sa verbindet der kleine, kostenfreie Pender Island Community Bus den Fährhafen mit dem Driftwood Centre und den Wohngebieten im Norden und Süden der Nordinsel. Fahrplan beim Chamber of Commerce (→ Information).

Car Stop Program: An 30 Standplätzen, die mit einem grünen Schild gekennzeichnet sind, können Fußgänger warten, um sich von Einheimischen mitnehmen zu lassen.

Kajak/Fahrrad Neben Kajak-Vermietung und geführten Touren auch für Anfänger bietet das engagierte Team des **Port Browning Marina Resorts** Schulungen mit Zertifikat an. Im Sommer tägl. ab ca. 9 Uhr. Miete: Kajak 30 $/1 Std., 60 $/Tag; SUP 25 $/1 Std., 65 $/Tag; Fahrräder/E-Bikes 15/25 $/1 Std., 50/90 $/Tag. 4605 Oak Road, ✆ (855) 629-6939, www.kayakpenderisland.com.

Markt Der samstägliche **Farmers Market** der Insel findet seit 1924 statt – im Sommer 9.30–13 Uhr in der Pender Island Community Hall.

Übernachten **Woods on Pender:** Hier ist das Konzept wichtiger als die Location: Luxus-Camping in stilvollen Airstream-Wohnwagen und Cottages mit Hot Tub. Gepaart mit (am Wochenende) exzellenter Küche, wird der Aufenthalt zu einem echten Erlebnis. Klassische DZ im Altbau der Lodge ab 110 $. Wohnwagen ab 225 $, Cabin ab 200 $, im Sommer jeweils 3 Nächte Mindestaufenthalt. 4709 Canal Road, ✆ (250) 629-3353, www.woodsonpender.com.

Poets Cove Resort & Spa: Politisch umstritten, das Resort wurde ursprünglich ohne Baugenehmigung auf einem indianischen Friedhof errichtet. Doch kann man sich dem Charme der einzigartigen Lage nicht verschließen. DZ ab 260 $, Villen ab 410 $, Cottages ab 435 $. 9801 Spalding Road, South Pender Island., ✆ (250) 629-2100, www.poetscove.com.

Essen und Trinken **Jo's Place:** Das kleine Café im Driftwood Centre überzeugt mit frischen Zutaten und riesiger Frühstückskarte. Tägl. 8–14 Uhr. 4605 Bedwell Harbour Road, ✆ (250) 629-6033.

Coffee + Kitchen: Der bescheidene Name des Restaurants des Woods on Pender lässt nicht erkennen, dass hier eines der besten gastronomischen Erlebnisse der gesamten Gulf Islands wartet. Lokale Zutaten, Farm-to-table aus biologischem Anbau sowie exzellente Weine und Biere aus B.C. prägen das Angebot. Fr–So 9–14 und 17–21 Uhr. 4709 Canal Road, ✆ (250) 629-3353, www.woodsonpender.com.

Picknick am Strand: Der Supermarkt Tru Value Foods im Driftwood Centre und der benachbarte Liquor Store bieten alles, was man fürs Picknick braucht. Mo–Sa 8.30–20.30, So 9.30–18.30 Uhr. ✆ (250) 629-8322, www.truvaluefoods.com.

Galiano Island

Auf halber Fährstrecke zwischen Vancouver und Vancouver Island liegt die schmale, 27,5 km lange Golfinsel Galiano. Benannt nach dem spanischen Kapitän Dinisio Galiano, der 1792 als erster Europäer die Insel betrat, war diese schon 3000 Jahre vorher Heimat der Penelakut-Indianer. Im Nordwesten liegen insgesamt acht Provinzparks und Naturschutzgebiete, in denen man die Wälder, Hügel und Strände der Insel am besten erleben und genießen kann.

Im Südosten, rund um den Fährhafen **Sturdies Bay** und der nahegelegenen Whaler Bay, liegen die meisten Restaurants und Geschäfte der Insel, so dass man auch bei einem Tagesausflug ohne Auto einiges entdecken kann. Vom Fährhafen führt die Sturdies Bay Road ins kleine Inselzentrum von **Sturdies Bay Village.** Nach etwa 1500 m geht es rechts zur Whalers Bay mit einigen Shops und Künstler-Galerien, links zur Georgina Bay und dem kleinen Wandergebiet am Mount Galiano mit einem schönen Blick über die Haupt-Fährroute durch den engen Active Pass. Bleibt man auf der Hauptstraße, wird diese zur Porlier Pass Road und führt an der Marina Montague Harbour vorbei über mehr als 20 km bis ganz in den Nordwesten der Insel.

Kunst und Galerien: Galiano Island hat eine große Künstlergemeinde: 190 Künstler – darunter 30 von der Insel – schufen zu den Olympischen Winterspielen 2010 das Kunamokst-Wandgemälde, das im Galiano Inn öffentlich zugänglich ist. In sieben Galerien und Kunsthandwerkstudios lässt sich das lokale Kunstschaffen intensiv entdecken. Die meisten Studios sind im Sommer täglich zwischen der Ankunft der Morgen- und der Abfahrt der Nachmittagsfähre geöffnet. Auch das kleine Cabra Gallery Museum (2401 Sturdies Bay Road), das sich der Entdeckung der Insel durch die Spanier widmet, stellt Werke örtlicher Künstler aus.

Wandern: Durch zahlreiche Parks führen kürzere und längere Wanderwege. Häufig besucht ist der **Montague Harbour Marine Provincial Park,** ruhiger der **Dionisio Point Povincial Park** mit seinem langen Strand entlang der Coon Bay. Gut erschlossen sind auch der **Bodega Ridge Provincial Park** und der **Bellhouse Provincial Park.** Alle vier bieten viele Wanderwege mit Picknick-Plätzen, einige auch Campingmöglichkeiten. Nicht nur Ornithologen werden sich an den mehr als 130 Vogelarten erfreuen. Die Galiano Trails Society hat eine kleine Wanderbroschüre aufgelegt, die im Visitor Centre erhältlich ist.

Praktische Infos

Information Die örtliche Handelskammer betreibt ein **Visitor Centre** rechts oberhalb des Fähranlegers, das nur in der Hochsaison besetzt ist. Pläne und Infobroschüren sind dort ganzjährig verfügbar. www.galianoisland.com.

Hin und weg **Fähre:** Mit BC Ferries 2x tägl. von/nach Tsawwassen bei Vancouver. 1- bis 3x tägl. Verbindung zu den anderen Golfinseln. ✆ (250) 386-3431, www.bcferries.com.

Flugzeug: Seair verbindet mit einem Wasserflugzeug das Vancouver Airport Seaplane Terminal in Richmond 2x tägl. mit Montague Harbour. ✆ (604) 273-8900, www.seairseaplanes.com.

Markt Auch hier ist der samstägliche **Galiano Saturday Market** Treffpunkt der Gemeinde. Dutzende einheimischer Unternehmer verkaufen Kunst und Kosmetik, Brot und Blumen, Handwerkliches und Hausgemachtes. Ende Mai bis Anfang Okt. Sa 10–14 Uhr. Lions Field, 992 Burrill Road (ca. 20 Min. zu Fuß von der Fähre), ✆ (250) 539-5755.

Mopedverleih Mopeds sind ideal, um die verkehrsarme, aber langgezogene und steigungsreiche Insel zu entdecken. Verleih bei **Galiano Mopeds.** 22 $/Std., 109 $/Tag. Tägl. Mai bis Sept. 3451 Montague Road, Montague Harbour, ✆ (250) 539-3443, www.galiano adventures.com.

Übernachten **Galiano Inn:** Das Boutiquehotel mit Spa liegt direkt am Wasser – spektakuläre Ausblicke. Großzügiger Landschafts-

Vancouver und Umgebung | B. C. → Karten S. 30 und S. 32/33

Leuchtfeuer am Active Pass

garten, ständige Kunstausstellung in eigener Galerie. Günstige Packages für Aufenthalte in der Wochenmitte. DZ ab 299 $, Villa-Suite für 4 Pers. ab 399 $. 134 Madrona Drive, Sturdies Bay, ✆ (250) 539-3388, www.galianoinn.com.

Salish Sea B&B: ca. 2 km vom Ortszentrum. Die Suite bietet ein Schlafzimmer mit Kingsize-Bett und ein Wohnzimmer mit Meerblick. Suite ab 185 $, Mindestaufenthalt 2 Nächte. 260 Kayzer Road, ✆ (250) 539-3361, www.salishsea galiano.com.

Cliffhouse Cottage: An der ruhigen Nordwestküste steht das Cliffhouse auf einer Felsklippe mit spektakulärem Blick, Terrasse und Sauna. Das kleinere Treehouse liegt etwas weiter zurück, halb im Wald. Beide Holz-Cottages sind stilvoll und komplett mit Küche ausgestattet, bieten aber auch Frühstück. Cliffhouse ab 185 $, Treehouse ab 153 $, Mindestaufenthalt 2 Nächte. 105 Serenity Lane, ✆ (250) 539-5239, www.cliffhousecottages.com.

Essen und Trinken **Babes in the Woods:** Das ungezwungene Restaurant in der Nähe der Fähre bietet Pizza, Wraps und tägl. wechselnde Specials. Frühstück, Lunch, Dinner. Tägl. 9–21 Uhr. 2540 Sturdies Bay Road, ✆ (250) 539-2817, www.galianoisland.com/babes-woods-restaurant.

Pilgrimme: Das 10 Fußminuten von Montague Harbour im Wald gelegene Restaurant nutzt nur lokale Zutaten und überzeugt in jeder Beziehung. Nur Dinner, Do–Mo ab 17 Uhr, unbedingt reservieren. 2806 Montague Road, ✆ (250) 539-5392, www.pilgrimme.ca.

Hummingbird Pub: Nachmittags und abends treffen sich hier Insulaner und Besucher auf ein Bier. auch Speisen werden angeboten. Fr & Sa oft Livemusik. So–Do 11–24, Fr/Sa bis 1 Uhr. Eigener Bus-Shuttle von 17–23 Uhr zwischen Pub, Marina und Campingplatz. 47 Sturdies Bay Road, ✆ (250) 539-5472, www.hummingbirdpub.com.

Mayne Island

Die südlich des Active Pass gelegene Insel mit ihren gut 1000 Einwohnern ist landwirtschaftlich geprägt: Schon in den 1920er-Jahren wurden hier in großem Maßstab Äpfel und Tomaten angebaut. Auch anderes Obst und Gemüse gedeiht gut im trockenen und milden Klima der Insel. Mayne Island ist ideal für Reisende, die eine Zeitlang ausspannen wollen. Das gemächliche Tempo und das Fehlen größerer Sehenswürdigkeiten laden gerade dazu ein, sich in einen der vielen kleinen

Parks zu setzen und ein Buch zu lesen oder einfach nur zu „chillen".

Die Village Bay Road führt vom **Fährhafen Village Bay** nach **Miners Bay;** dort findet man die meisten Geschäfte der Insel. Die Fernhill Road führt an die Ostküste zur **Bennett Bay,** wo viele Unterkünfte liegen. Nördlich dieser Inselachse erschließen die Georgina Point Road und die Campbell Bay Road die Nordküste mit dem alten Leuchtturm. Südlich der Achse ziehen Mariners Way und Gallagher Bay Road eine große Schleife durch den Südteil der Insel.

Japanische Einwanderer machten die Landwirtschaft auf Mayne Island zu einem wichtigen Wirtschaftszweig; doch wie überall in Kanada wurden sie während des Zweiten Weltkriegs interniert – nur wenige kehrten nach dem Krieg zurück. Als Erinnerung an die japanische Geschichte der Insel wurde 1987 der Dinner Bay Park mit den Japanese Gardens erschaffen. Heute kümmern sich Freiwillige um die wunderschöne, kostenfrei zugängliche Grünanlage an der Dinner Bay Road (15 Fußminuten südlich des Fähranlegers).

Die kostenfreie „Hiking & Walking Trail Map" listet zwar 25 Wanderwege auf der Insel auf, doch die meisten sind nur wenige hundert Meter lang. Der längste Trail, zum Hügelkamm der Halliday Ridge, beginnt am Ende der Kim Road (2,2 km einfach, hin/zurück ca. 90 Min.) und bietet vom Mount Parke Park aus die besten Ausblicke über die Insel. Die ruhigen Buchten Campbell Bay, Bennett Bay und Horton Bay laden zu gemütlichen Kajaktouren ein.

Praktische Infos

Information Nur online: www.mayneislandchamber.ca/visitors-guide.html.

Hin und weg **Fähre:** Mit BC Ferries tägl. 2x von/nach Tsawwassen bei Vancouver. Der kostenfreie (Spenden erbeten) **Community Bus** verbindet Do–Sa das Fährterminal zu den Ankünften und Abfahrten der Fähren von/nach Tsawwassen mit den Hauptorten der Insel. 1- bis 3x tägl. Verbindung zu den anderen Golfinseln. ✆ (250) 386-3431, www.bcferries.com.

Touren zur Walbeobachtung zwischen den Southern Gulf Islands werden von vielen Orten aus angeboten

Vancouver und Umgebung | B. C. → Karten S. 30 und S. 32/33

Car Stop Program: 25 mit grün-weißen Schildern markierte „Car Stop"-Buchten finden sich an den Inselstraßen Mayne Islands. Einfach hinstellen und mit der Hand anzeigen, in welche Richtung man mitgenommen werden möchte – kostenfrei.

Kajak Kajaktouren bei **Bennett Bay Kayaking,** tägl. April bis Okt. 2½-Std.-Tour (auch für Anfänger) 66 $. 494 Arbutus Drive, ✆ (250) 539-0864, www.kayakinggulfislands.com.

Übernachten **Mayne Island Resort:** Das Haupthaus aus dem Jahr 1912 wurde um moderne Cottages und kleine Villen ergänzt. Traumhafte Lage und hauseigenes Spa, das von den Gästen kostenfrei genutzt werden kann. Auf dem Gelände befinden sich auch ein kleines Bistro und Bennett Bay Kayaking. DZ im Altbau ab 159 $, Cottages und Villas ab 269 $. 494 Arbutus Drive, Bennett Bay, ✆ (250) 539-3122, www.mayneislandresort.com.

Blue Vista Resort: 9 sehr unterschiedliche Cottages, z. T. mit Küche oder Kamin, verteilt in einer parkähnlichen Anlage. Nur wenige Meter vom Ozean und für die Gulf Islands günstig. Kooperiert mit einem Yachtcharteranbieter für Touren zu den Nachbarinseln. DZ ab 115 $, größere Cottages für bis zu 8 Pers. ab 165 $. 563 Arbutus Drive, ✆ (250) 539-2463, www.bluevistaresort.com.

Blick von der Fähre auf Mayne

Springwater Lodge: Das seit 1892 durchgängig betriebene älteste Hotel in British Columbia bietet im Haupthaus einfache DZ mit Gemeinschaftsbad zum Schnäppchenpreis. Außerdem gibt es vier Waterfront Cabins mit je 2 DZ und schönem Ausblick. DZ ab 40 $, Cabin ab 258 $. 400 Fernhill Road, Miners Bay, ✆ (250) 539-5521, www.springwaterlodge.com.

Essen und Trinken **Springwater Lodge:** Die große Holzterrasse direkt am Wasser ist Treffpunkt von Einheimischen und Gästen. Restaurant und separate Bar. Nur Dinner. Im Sommer tägl. 17.30–21 Uhr. 400 Fernhill Road, ✆ (250) 539-5521, www.springwaterlodge.com.

The Groove Island Kitchen: Pizza, Burger, Tapas, Salate – das Übliche, mag man denken, doch hier werden asiatische, mexikanische und kanadische Küche kreativ gemixt. Alles frisch. Exzellente Wein- und Bierauswahl. Lunch und Dinner. Tägl. 12–21 Uhr. 454 Village Bay Road, Miners Bay, ✆ (250) 539-0776, www.thegroove.kitchen.

Saturna Island

Die nur 31 km² große Insel ist die östlichste und abgelegenste der Southern Gulf Islands, auf drei Seiten von der Grenze zu den USA umgeben. Die Hälfte der Inselfläche ist seit einigen Jahren Teil des Gulf Islands Nationalpark, der auch einen der letzten Urwälder im Süden Kanadas umfasst: Douglasien und Eichen bestimmen hier das Bild des gemäßigten Regenwaldes. Die nur gut 300 Einwohner sind Besuchern gegenüber sehr aufgeschlossen, man kommt recht problemlos per Anhalter in jeden Zipfel der Insel. Wie die anderen Gulf Islands zieht auch Saturna Künstler an, die ihre Eindrücke in Gemälden, Textildrucken, Strandgutskulpturen und Töpferware verewigen – und die Ergebnisse gerne verkaufen.

Der **Fährhafen Lyall Harbour** liegt in einer großen Bucht im Westen der Insel. Vier Straßen erschließen das Eiland. Vom Hafen Richtung Süden ist man nach 3 km am Thomson Park und Saturna Beach, dem Hauptbadestrand der Insel. Von dieser Straße zweigt eine Stichstraße auf den **Mount Warburton** ab. Direkt vom Hafen nach Osten führt die Straße zur Narvaez Bay mit einigen schönen Wanderwegen. Die längste Straße führt vom Fährhafen erst nach Norden zur Winter Cove und dann über 15 km die gesamte Nordküste der Insel entlang bis zum Leuchtturm am East Point.

Parks: Mit dem **Gulf Islands National Park, den Regionalparks Thomson und East Point** sowie zahlreichen öffentlichen Strandzugängen sind über 50 % der Insel öffentlich zugänglich – der mit Abstand höchste Anteil aller Golfinseln. Die Aussicht vom 397 m hohen Gipfel des Mount Warburton ist lohnend. Am East Point sind im Frühjahr und Herbst oft Wale aus nächster Nähe zu beobachten. Zum East Point Park gehören auch der Leuchtturm und das restaurierte Nebelwarngebäude, das heute ein Museum beherbergt. Zahlreiche audiovisuelle Exponate erzählen die Geschichte der Insel. Wie auf den anderen Gulf Islands auch, kann man die wahre Schönheit Saturnas am besten vom Wasser aus – auf einer Kajak-Tour – entdecken.

▪ Museum: Saturna Heritage Centre, im Fog Alarm Building am East Point. Juni bis Aug. meist an 6 Tagen/Woche geöffnet. Vorher anrufen. ☎ (250) 483-5547, www.saturnaheritage.ca.

Abwechslungsreiche Wanderwege rund um die Narvaez Bay

Praktische Infos

Information Informationen nur unter www.saturnatourism.com.

Hin und weg **Fähre:** Mit BC Ferries 2x tägl. von/nach Tsawwassen bei Vancouver, nur mit Umsteigen an einem der anderen Häfen auf eine kleinere Fähre. ☎ (250) 386-3431, www.bcferries.com.

Kajak Verleih von Kajaks und ein vielfältiges Angebot vom Kurztrip bis zur Dreitagestour mit Übernachtungen in B&B findet man bei **Saturna Sea Kayaking**. Kajak ab 40 $/2 Std., ab 60 $/Tag. Geführte Halb-, Ganz- und Mehrtagestouren ab 75 $. Im Sommer täglich, Reservierung empfohlen. Boot Cove Road, Lyall Harbour, ☎ (250) 539-5533, www.saturnaseakayaking.com.

Markt Auf dem kleinen **Saturday Market** an der Narvaez Bay stellen auch die meisten Künstler der Insel aus. Juli/Aug. Sa 10–13 Uhr.

Übernachten **Four Winds Bed & Breakfast:** Die spektakuläre Lage auf einem Felsen direkt an der Küste und die schönen Terrassen der drei Suiten machen den Aufenthalt zum Erlebnis. Suiten für max. 4/6 Pers. 135–165 $. 443 East Point Road, ☎ (250) 539-5463, www.fourwindsb-b.com.

Essen & Trinken/Camping **Lighthouse Pub:** Der Ausblick von einem der schönsten Sonnendecks der gesamten Gulf Islands lohnt den Besuch; auch das Essen ist überraschend gut. Die Eigentümer betreiben den einzigen **Campground** der Insel. Unregelmäßige Öffnungszeiten, im Sommer meist Do–So 11–21 Uhr. 100 East Point Road (beim Fähranleger), ☎ (250) 539-5725, www.saturnapub.com.

Lower Sunshine Coast

Entspanntes Insel-Feeling auf dem Festland bietet die gesamte Lower Sunshine Coast: Wer von der Fähre kommt, hat das hektische Vancouver hinter sich und taucht in die gelassenere Welt entlang der Strait of Georgia ein. Kleine Hafenstädtchen, gute Restaurants und zahlreiche Outdoor-Abenteuer machen den Urlaub hier zum Erlebnis.

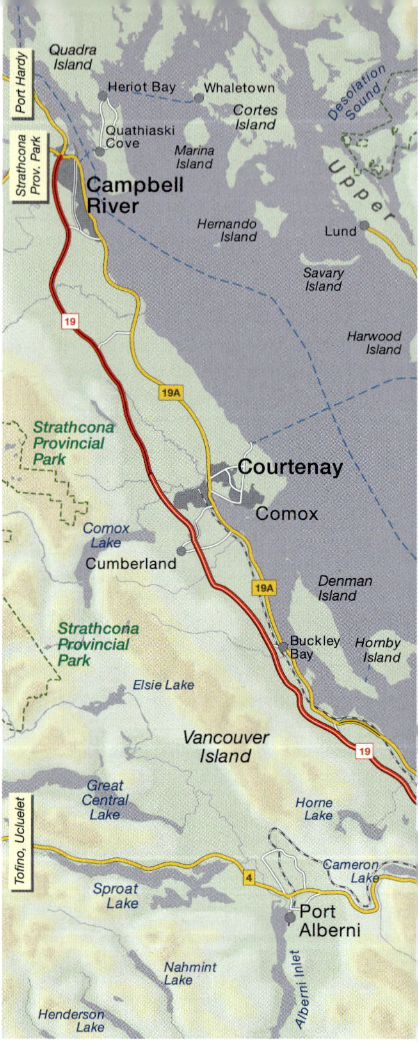

Obwohl Teil des Festlands, wurde die Region bis heute nicht ans überregionale Straßennetz angebunden: Von Vancouver lässt sich die Lower Sunshine Coast nur mit einer Fährpassage über den Howe Sound erreichen. Vom Fährhafen in Langdale zieht sich der Highway 101 nach Norden: Gibsons, Sechelt, Pender Harbour und Egmont liegen entlang der kurvigen Küstenstraße zwischen Meer und Bergen. In Earl's Cove wartet dann eine weitere Fähre: Über den Jervis Inlet wird die Upper Sunshine Coast erreicht, die bis nach Lund führt. Zwar könnte man trotz der beiden Fährstrecken die gesamte Sunshine Coast an einem langen Tag komplett abfahren, doch die zahlreichen Sehenswürdigkeiten lohnen mindestens drei, besser vier Übernachtungen.

Unzugängliche, bis 4000 m hohe Küstenberge, dazu geringe Besiedelung, die Ortschaften eingezwängt zwischen Meer und Bergen – oft auf Halbinseln – und wie an einer Perlenkette entlang des Highway 101 aufgereiht. Im Küstenregenwald dominieren die aufgeforsteten Flächen mit Douglasien, Hemlocktannen und Riesenlebensbäumen; Wölfen, Pumas und Schwarzbären begegnet man am ehesten auf den beiden Fernwanderwegen – die Teilnahme an Informationsveranstaltungen vorab wird daher empfohlen.

Die Squamish-Indianer und andere Stämme der Coast Salish siedelten seit Jahrtausenden an der Küste als Jäger und Sammler. Ab Ende des 19. Jahrhunderts fassten – forciert durch europäische Einwanderer – Holz- und Fischwirtschaft Fuß, die neben Handel und Tourismus auch heute noch eine wichtige wirtschaftliche Rolle für die Region spielen.

Bowen Island

Die 50 km² große Insel im Howe Sound ist halb Vorort von Vancouver, halb selbstständige Gemeinde mit eigenem Wirtschafts- und Kulturleben. Jeder fünfte der knapp 3500 Einwohner pendelt täglich in 20 Minuten zum Festland. Vom beschaulichen Fährhafen in **Snug Cove** ist man in ein paar Fußminuten am Artisan Square, dem Geschäftszentrum der Insel mit Töpferei, der Vikki Fuller Gallery, Modeboutique, Schokoladengeschäft und der Artisan-Bäckerei. Auch das Café, der Pub und der angeblich kleinste Süßwarenladen der Welt lohnen einen Besuch. Da sich fast alles nur wenige Fußminuten von Snug Cove entfernt befindet, kann man das Auto auch in Horseshoe Bay stehen lassen und die Insel zu Fuß in einem Halbtagesausflug entdecken.

Wandern und Kajakfahren: Der Uferweg führt von Snug Cove als Spaziergang nach Süden zur Marina USSC, mit netten Blicken auf den Hafen und auf die historischen Gebäude des Union Steamship Resorts. Anschließend wird der Weg zu einem Pfad bis zum Dorman Point (hin/zurück 30 Min.) – unterwegs schöne Blicke über die North Shore Mountains und den Howe Sound. Auf dem Rückweg bietet sich ein kleiner Abstecher zu den Picknickplätzen auf dem oberhalb der Marina gelegenen Bowfest Field an. Als längere Tour sei der Alder Grove Trail zum Killarney Point empfohlen: Der 9 km lange Rundweg um den Killarney Lake (2½–3 Std.) ist die abwechslungsreichste Wanderung auf der Insel.

Die ruhigen Gewässer rund um Bowen Island sind ideal für Kajaktouren – und das nicht nur tagsüber: Touren zum Sonnenuntergang oder während des Vollmondes sind ein besonderes Erlebnis.

Praktische Infos

Information Das blaue Holzhäuschen von **Tourism Bowen Island** ist nur im Sommer Sa/So 9–16 Uhr besetzt. 432 Cardena Road, ✆ (604) 200-4399, www.tourismbowenisland.com.

Hin und weg **Fähre:** BC Ferries fährt 6–22 Uhr bis zu 15x tägl. von Horseshoe Bay nach Bowen Island und zurück. Fahrzeit 20 Min. ✆ (250) 386-3431, www.bcferries.com.

LIFT: Bowen Island hat Kanadas erstes von der Gemeinde offiziell eingerichtetes Anhalter-System. Zustieg und Ausstieg an den Haltestellen mit den grünen LIFT-Schildern.

Kajak Miete, Touren und Kurse für Anfänger und Fortgeschrittene bei **Bowen Island Sea Kayaking**. Miete ab 45 $/ 3 Std. Juni bis Aug. tägl. 9–18 Uhr. Kein Büro, nur ✆ (604) 947-9266, www.bowenislandseakayaking.com.

Übernachten **Bowen Island Lodge:** Auf dem Hügel oberhalb des Hafens mit traumhafter Aussicht. Neben 25 Hotelzimmern stehen auch ein „Glamping Tent" (Luxuszelt) und ein Cottage zur Verfügung. DZ ab 129 $, mit Meerblick ab 145 $. 380 Cardena St, ✆ (604) 947-2129, www.bowenislandlodge.ca.

The Lodge at the Old Dorm: Das ehemalige Wohngebäude für Mitarbeiter der Union Steam Ship Company von 1941 wurde behutsam und stilvoll renoviert. 7 Gästezimmer. DZ ab 110 $ (Gemeinschaftsbad) bzw. ab 169 $ mit Bad/WC. 460 Melmore Road (15 Min. zu Fuß vom Fähranleger), ✆ (604) 947-0947, www.lodgeattheolddorm.com.

Union Steamship Marine Resort: Einige der perfekt gepflegten historischen Gebäude des Resorts von 1889 wurden in Ferienwohnungen für 2–7 Pers. umgewandelt. Küche, Wohnbereich, z. T. auch Kamin. Wohnung ab 150 $. Direkt am Fähranleger. 431 Bowen Island Trunk Road, ✆ (604) 947-0707, www.unionsteamshipmarina.com.

Essen und Trinken **Rustique Bistro;** Frische und erfrischende französische Küche. Mi–Fr 12–20.30, Sa–So 10.30–20.30 Uhr. 433 Bowen Island Trunk Road, ✆ (604) 947-2277, www.rustiquebistro.wixsite.com.

Bowen Island Pub: Von den Locals nur „The Pub" genannt, gibt es hier am Wochenende oft Livemusik – verpassen Sie die letzte Fähre nicht! Tägl. 12–24, Fr/Sa bis 1 Uhr. 479 Bowen Island Trunk Road (Ecke Dorman Road), ✆ (604) 947-2782, www.bowenislandpub.com.

The Snug Café: Café und Inseltreffpunkt in einem. Hier kommt man auch gut mit Einheimischen in Kontakt. Mo–Fr 5–16, Sa/So 7–16 Uhr. Bowen Island Trunk Road (ca. 200 m von der Fähre), ✆ (604) 947-0402, www.snugcafe.ca.

Gibsons

Kanadier kennen Gibsons aus der Fernsehserie „The Beachcombers" (siehe unten), doch auch Europäer erliegen schnell dem Charme des idyllischen Hafens mit seinem Pier, den Yachten, der Uferpromenade und den zahlreichen netten Restaurants und Cafés. Weiter westlich beginnen lange Strandabschnitte, an denen man baden, picknicken oder den Sonnenuntergang genießen kann. Der kleine Park oberhalb des Hafens, wo Marine Drive, School Road, Gibsons Way und die Restaurant- und Einkaufsstraße Gower Point Road aufeinandertreffen, ist das Herz Gibsons: Alles Lohnenswerte ist von hier aus leicht zu Fuß erreichbar.

Der Hafen in Gibsons ist Heimat für Hausboote und Yachten

Der halbkreisförmige kleine Hafen The Landing, umringt von steil ansteigenden Bergen und mit schönem Ausblick ist an Sonnentagen ein Ort, von dem man nicht mehr weg möchte: In einem Terrassen-Restaurant frühstücken, dann vielleicht ein Bummel die kleine Promenade entlang, mittags ein Fischrestaurant am Ufer, gefolgt von einem Drink. Oder zwei. Gibsons Landing lässt auch den aktivsten Reisenden zur Ruhe kommen und einfach die Atmosphäre genießen. Der Waterfront Walk (östlich des Piers) und der Seawalk auf der gegenüberliegenden Seite bilden die gemütliche Uferpromenade für Fußgänger; es sind rund 45 Minuten Fußweg vom Armours Beach am Pier vorbei zum Breakwater.

Sunshine Coast Museum: Das engagierte Museum zeigt nicht nur Sammlungen zu allen Aspekten der lokalen Geschichte wie der Besiedlung durch die First Nations, der ersten weißen Siedler, Obstbau und Küstenschifffahrt, es veranstaltet auch regelmäßig geführte Stadtrundgänge, Web-Workshops und Themenabende.

■ Di–So 10.30–16.30 Uhr. Eintritt frei, Spenden erbeten. 716 Winn Road, ✆ (604) 886-8232, www.sunshinecoastmuseum.ca.

Persephone Brewing Company: Ein Biergarten im wahrsten Sinne des Wortes – und weit mehr: In einem großen Garten mit Bäumen und Büschen, Hopfengarten (fürs Bier) und Apfelbäumen (für den Cider) sitzt man auf Heuballen, Bänken oder im Gras. In der Scheune wird frisches Bier gezapft, aus einem Airstream-Wohnwagen werden Burger und Snacks verkauft, dazu spielt am Wochenende eine Live-Band. Auch hier stellt sich ganz schnell gemütliches Insel-Feeling ein.

■ Im Sommer Mo–Mi 11–19, Do–So 10–21 Uhr. 1053 Stewart Road (knapp 3 km vom Hafen), ✆ (778) 462-3007, www.persephonebrewing.com.

Strände: Das idyllisch im dichten Wald gelegene Viertel Roberts Creek westlich Gibsons hat mehrere Strandzugänge. Die schönsten sind am Secret Beach

Vancouver und Umgebung | B. C. → Karten S. 30 und S. 32/33

The Beachcombers – Die Strandpiraten

Die von 1972 bis 1990 ausgestrahlte Serie „The Beachcombers" war eine der langlebigsten in Kanadas Fernsehgeschichte – in Konzeption und Popularität am ehesten vergleichbar mit der deutschen „Lindenstraße". In Deutschland lief die Serie im ZDF unter dem Titel „Die Strandpiraten". Ein Großteil der Dreharbeiten fand in und um Gibsons statt. An der Hauptkreuzung im Hafen Gibsons Landing wurde zur Erinnerung der kleine Holzschlepper „Persephone" aufgestellt, der – mitsamt Crew und ihren Familien – in der Serie eine wichtige Rolle spielte. Gleiches gilt für den Hafen und das heutige „Molly's Reach", das erst nach dem Ende der Dreharbeiten in den 1990er-Jahren zu einem Restaurant umgebaut wurde. Noch heute zehrt Gibsons von dieser Serie. Ältere Kanadier laufen fingerzeigend durch den Ort, auf Spurensuche, um die damaligen Drehorte wiederzuentdecken.

Park in der Gower Point Road, am Roberts Creek Pier und an der Beach Avenue/Flume Road. Der weit ins Wasser ragende Roberts Creek Pier ist vor allem bei Sonnenuntergang beliebt.

Praktische Infos

Information Gibsons Visitor Centre, im Sommer Mi–Mo 10–16 Uhr. 417 Marine Drive, ✆ (604) 886-2374, www.gibsonsvisitorinfo.com.

Hin und weg **Fähre:** BC Ferries, bis zu 10x tägl. Horseshoe Bay–Langdale. Es wird nur in Richtung Langdale kassiert. ✆ (250) 386-3431, www.bcferries.com.

Fischotter sind neugierig ...

Bus: Die Linien 1 und 90 von BC Transit fahren passend zu den Fährankünften/ -abfahrten von Langdale nach Gibsons und zurück und ermöglichen damit auch günstige Tagesausflüge ohne Auto nach Gibsons. ✆ (604) 885-6899, www.bctransit.com/sunshine-coast/home.

Markt Neuestes Ziel in Gibsons ist der Public Market: Di–So 10.30–16.30 Uhr. In der kleinen Markthalle sind nur sieben Händler zugange, doch die Auswahl an frischem Brot, Obst, Gemüse, Fleisch, Fisch und Milchprodukten reicht für ein großes Picknick oder für das selbst zubereitete Mahl in der Kitchenette im Hotelzimmer.

Wassersport/Ausfahrten Der größte Anbieter für Wassersport in der Region ist **Sunshine Kayaking:** Miete von Kajaks und SUP-Brettern (Kajak 35 $/2 Std., SUP 30 $/2 Std.). Geführte Kajaktouren von 2½–7 Std., auch bei Sonnenuntergang und Vollmond (110–220 $). Angeltouren mit Motorboot zum Lachsfischen (495 $ für bis zu 4 Pers.). Tauchfahrten zu Riffen und Schiffswracks (135 $/Pers.). Touren mit Segelboot ab (275 $ für bis zu 6 Pers.). Hafenrundfahrten (35 $, min. 2 Pers.). Molly's Lane, ✆ (604) 886-9760, www.sunshinekayaking.com.

Mit dem örtlichen Wassertaxi kann man einstündige Hafenrundfahrten unternehmen, die von Gibsons Landing zur Nachbarinsel Keats Island und dem Provinzpark Plumper's Cove führen.

Übernachten **The Bonniebrook Lodge:** Die 7 Suiten in dieser traditionellen Boutique-Lodge sind luxuriös ausgestattet und nur durch einen kleinen Park vom Wasser getrennt. Attraktive Packages, z. B. inkl. Dinner im Chasters Restaurant (s. u.). Suite ab 239 $, mit Meerblick ab 289 $. 1532 Ocean Beach Esplanade, ✆ (604) 886-2887, www.bonniebrook.com.

Gibsons Garden Hotel: Das beste der vielen Motels an der Hauptstraße. Hallenbad, Sauna, Fitnessraum. DZ ab 139 $, mit Küche inkl. Frühstück ab 152 $. 963 Gibsons Way (20 Fußminuten zur Landing), ✆ (604) 886-4638, www.gibsonsgardenhotel.com.

BTR Seaside Retreat: Bezahlbarer Luxus. Das B&B von Bonnie & Tom Rogers verfügt über nur eine Suite – die aber bietet alles: Schlafzimmer, Wohnzimmer, voll ausgestattete Küche, Esszimmer. Dazu Meerblick von allen Räumen, Hot Tub, Balkon, BBQ-Station. Ab 150 $. 44 Fifteenth St, ✆ (604) 886-8054, www.btrseasideretreat.ca.

Up the Creek Backpackers B&B: Das top geführte Hostel liegt im Grünen im Vorort Roberts Creek, ca. 10 Min. zu Fuß vom Strand. Großzügige Gemeinschaftsflächen, Leihfahrräder, Bushaltestelle um die Ecke. Eigene Touren. DZ/Cabin mit Gemeinschafts-Du/WC ab 80 $, Schlafsaal ab 28 $, Frühstück 6 $. 1261 Roberts Creek Road, ✆ (604) 837-5943, www.upthecreek.ca.

Essen und Trinken **Chasters:** Das exzellente Restaurant in der Bonniebrook Lodge gilt als das beste der Lower Sunshine Coast. Drei-Gang-Menü oder à la carte. Juni bis Sept. Mi–So 17.30–21 Uhr, Okt. bis Mai Do–So 17.30–20.30 Uhr. Reservierung empfohlen! 1532 Ocean Beach Esplanade, ✆ (604) 886-2887, www.bonniebrook.com/index.php/dining/about-chasters-restaurant.

Sweetwater Bistro: Nicht direkt am Hafen, dafür aber mit guter Küche und hohem Anteil an Fisch und Meeresfrüchten. Di–Sa 17.30–21 Uhr. 280 Gower Point Road (Obergeschoss), ✆ (604) 886-2024.

Molly's Reach Restaurant: Von der kleinen Terrasse hat man einen guten Blick auf das Treiben im Hafen. Trotz der klassischen Touristenlage gibt es gutes Essen zu akzeptablen Preisen mit freundlichem Service. Frühstück, Lunch, Dinner. Tägl. 9–21 Uhr. 647 School Road. ✆ (604) 886-9710, www.mollysreach.ca.

Smoke on the Water: Mitten auf dem Pier gibt es Barbecue in allen Varianten: Fisch, Hühnchen, Rippchen, Gemüse – alles landet auf dem Grill. Lunch und Dinner. Mi–Mo 11–18.30 Uhr. 611 School Road, ✆ (604) 840-0004, www.smokeonthewaterbbq.ca.

Sechelt

Der größte Ort an der Lower Sunshine Coast liegt auf der nur wenige hundert Meter breiten Landenge zwischen Pazifik und Sechelt Inlet. Was der Pazifikküste hier an Charme fehlt – Industriebauten teilen sich das Ufer mit Wohnblöcken – macht die Inlandküste am Sechelt Inlet wieder wett, wo Provinzparks an der Küste und Urwälder im Landesinneren um die Gunst und Zeit der Reisenden wetteifern. Mit gleich zwei Küsten versehen, überrascht es nicht, dass auch in Sechelt die Hauptattraktionen in der Natur liegen. Andere Sehenswürdigkeiten gibt es nicht.

Wanderungen und Parks: Zahlreiche Wege durchziehen die wald- und seenreiche Region um Sechelt. Alter Baumbestand wie auf dem Big Tree Trail oder Wasserfälle wie Chapman Falls fordern geradezu dazu auf, das Auto mal eine Stunde oder zwei stehen zu lassen. Mit Trails aller Schwierigkeitsgrade kommen auch Mountainbiker auf ihre Kosten. Das Visitor Centre bietet umfangreiche Informationen im Büro und auf seiner Webseite. Dort kann auch eine nicht mehr ganz neue, aber immer noch ausreichend aktuelle Sammlung von Karten und Trail-Beschreibungen heruntergeladen werden.

▪ Wanderwege: www.secheltvisitorcentre.com/pdf_files/sunshine-coast-hiking-trails-2.pdf. Mountainbiking: www.secheltvisitorcentre.com/pdf_files/2010_mountain_Bike_Book.pdf.

Porpoise Bay Provincial Park: Der 61 ha große Park am Ufer des Sechelt Inlet ist nicht nur bei Familien beliebt, für die der sehr flache Sandstrand mit markierter Badezone, großer Wiese und vielen Picknicktischen und Feuerstellen ideal ist. 84 Camping-Stellplätze machen den Park auch zu einem guten Basislager für Tagestouren entlang der Lower Sunshine Coast.

Weiter nördlich sind am Sechelt Inlet gut 70 ha bis zu 700 Jahre alter

Waldbestand erhalten geblieben. Wanderwege erschließen Baumformationen wie den Ancient Grove und den Lonely Giant, aber auch Aussichtspunkte wie Pine Bluff Viewpoint. Die Sechelt Groves sind einfach zu erreichen: nach dem Provinzpark Porpoise Bay auf der Sechelt Inlet Road bis zum Schild „Hidden Grove" weiterfahren. Der Eintritt ist frei.

Noch weiter nördlich liegt der 1000 ha große **Mount Richardson Provincial Parkk,** der nur mit Allradantrieb erreicht werden kann. Zwar wurden hier nie Bäume gefällt, doch ein Waldbrand in den 1930er-Jahren führte dazu, dass heute neben alten Baumriesen neue, etwa 80 Jahre alte Bäume stehen. Es gibt nur wenige gepflegte Wanderwege – die meisten Besucher kommen per Kajak oder Kanu.

Praktische Infos

Information Sehr engagiertes Team im Sechelt Visitor Centre. Mo–Sa 9–17 Uhr. 5790 Teredo Street (am westl. Ende der Stadt). ☏ (604) 885-1036, www.secheltvisitorcentre.

Hin und weg **Bus:** Passend zu den Fährankünften/-abfahrten verkehren die Linien 1 und 90 von BC Transit von Langdale nach Sechelt und zurück. Dies ermöglicht günstige Tagesausflüge. ☏ (604) 885-6899, www.bctransit.com/sunshine-coast/home.

Flightseeing Vom Hafen der Wasserflugzeuge heben die Maschinen nicht nur als Linienflüge nach Vancouver ab, sondern auch für Flightseeing-Flüge über die Berg- und Wasserwelt der Strait of Georgia. **Harbour Air:** 20/30 Min. für 79/119 $. Ganzjährig täglich. 5764 Wharf Road, Porpoise Bay, ☏ (604) 885-8774, www.harbourair.com. **Sunshine Coast Air:** Individuelle Flüge, min. 2 Pers. Local Tour 134 $, Thormanby Island 150 $, Chatterbox Falls 319 $. 5987 Sechelt Inlet Road, ☏ (604) 740-8889, www.sunshinecoastair.com.

Übernachten Mit dem Wasserflugzeug sind es nur 20 Minuten bis Vancouver – kein Wunder, dass sich ein Großteil des Hotellerie-Angebots an finanzkräftige, aber gestresste Städter wendet. Klassische Mittelklassehotels gibt es kaum, und die wenigen Motels sind abgewohnt. Zahlreiche, oft wechselnde B&B-Unterkünfte sind eine gute Alternative.

***** **The Tuwanek Hotel and Spa:** Das Boutique-Hotel fügt sich harmonisch in die Landschaft am Sechelt Inlet ein und bietet eine legere Atmosphäre sowie allen Komfort. Attraktives Day Spa, vielfältige Packages, aber nur Frühstück – kein Restaurant. Suite ab 329 $,

Der Porpoise Bay Provincial Park bietet einen schönen, flachen Strand

Cottage ab 349 $. 7545 Islet Place, ✆ (604) 885-3442, www.tuwanekhotel.com.

****** Rockwater Resort:** erholen, entspannen, genießen – das Resort in Secret Cove ist für sein Spa und die wildromantischen Tenthouse Suites (Zelte mit allem Komfort und Ausblick) bekannt. DZ ab 179 $, Tenthouse Suite ab 339 $. 5356 Ole's Cove Road, Halfmoon Bay (22 km westl. von Sechelt), ✆ (604) 885-7038, www.rockwatersecretcoveresort.com.

Takahashi Gardens Waterfront Retreat: Kanadische Westküsten-Gastlichkeit mit einem Hauch von Zen. Das Cottage und die beiden Suites sind für Selbstversorger komplett eingerichtet. Outdoor Hot Tub inkl., Spa-Anwendungen extra. Ab 179 $, Mindestaufenthalt 2 Nächte. 5794 Marine Way, ✆ (604) 885-9963, www.takahashigardens.com.

**** Driftwood Inn:** Das einzige empfehlenswerte Mittelklassehotel in Sechelt verfügt über 28 Zimmer. Die Leistung überzeugt, der Preis nicht. DZ ab 139 $, mit Meerblick ab 189 $. 5454 Trail Avenue, ✆ (604) 885-5811, www.driftwoodmotorinn.com.

Tzoonie Wilderness Resort: Das rustikale, sehr einfache Camp erlaubt auch Reisenden mit knappem Budget einmalige Erlebnisse in der Wildnis. Die Preise beinhalten den Transfer per Wassertaxi (einzige Anreisemöglichkeit) sowie die Nutzung von Kajaks, Kanus und SUP-Boards. Schlafsack und Mountainbike – es gibt zahlreiche stillgelegte Forststraßen – sind mitzubringen, ebenso die Verpflegung, wenn man sich diese nicht vor Ort selbst angeln will. Unterbringung in Zelten und kleinen Cabins mit zentralen Duschen und WC. 125 $ pro Person und Nacht, Mindestaufenthalt 2 Nächte. 30 km nördl. von Sechelt, ✆ (604) 885-9802, www.tzoonie.com.

Essen und Trinken **The Blue Heron Inn:** Perfekter Service, fangfrischer Fisch, schöne Ausblicke von Restaurant und Terrasse, das Abendessen im Blue Heron ist ein Erlebnis. Mi–So 17–23 Uhr. 5321 Delta Road, ✆ (604) 885-384, www.blueheronrestaurant.ca.

Lucky's Smokehouse: Wohl das beste BBQ der Sunshine Coast, dazu auch Pizza und Sandwiches. Mo–Sa 11–21 Uhr. 5645 Wharf Ave, ✆ (604) 885-8846, www.luckyssmokehouse.com.

Basted Baker: Ständig wechselnde, kreative und vielfältige Menüs, auch exzellente Auswahl an Kaffees und Tees. Mo–Fr 7–17, Sa/So 8–16.30 Uhr. 5685 Cowrie St, ✆ (604) 885-1368, www.bastedbaker.com.

Pender Harbour und Egmont

Pender Harbour ist der Name eines Meeresarmes, an dessen zerklüfteter Küstenlinie sich mehrere kleine Siedlungen und Yachthäfen angesiedelt haben, die beiden größten sind Madeira Park und das idyllisch gelegene Garden Bay. Dutzende von Seen, Provinz- und Regionalparks liegen entlang des unübersichtlichen Straßennetzes und bieten zahlreiche Möglichkeiten zum Wandern und Schwimmen. Die meisten Yachthäfen in den geschützten Buchten verfügen über ein Restaurant oder Café, wo man gemütlich von der Terrasse aus das Geschehen genießen kann. Egmont, in der Nähe des Fähranlegers Earl's Cove, ist Ausgangspunkt einer Wanderung zu den bekannten Gezeitenstromschnellen der Skookumchuck Narrows.

Der Highway 101 verläuft von Sechelt kommend östlich von Pender Harbour nach Norden bis Earl's Cove. Egmont, Teil der Gemeinde, liegt gut 20 km entfernt im Nordosten der Halbinsel. Der erste Abzweig, von Süden kommend, führt über zahlreiche Inseln und Brücken nach Beaver Island. Die zweite Stichstraße führt hinunter nach Madeira Park mit dem Supermarkt, der Bibliothek und einem Park. Rund 5 km weiter – am Abzweig nach Garden Bay – befindet sich die einzige Tankstelle der Region!

Skookumchuck Narrows: Sie bilden die einzige Verbindung zwischen dem Sechelt Inlet mit seinen Seitenfjorden und dem Pazifik. Bei aufkommender Flut schiebt sich eine der schnellsten und höchsten Gezeitenwellen der Erde durch die Narrows in den Inlet – bis zu 32 km/h schnell und bis zu 2 m hoch. Wer das Spektakel erleben will, muss allerdings die richtige Zeit wissen, sonst sieht man die Welle nicht – am besten schon in Egmont nach dem

Vancouver und Umgebung | B. C. → Karten S. 30 und S. 32/33

Gezeitenkalender fragen. Die Aussichtspunkte erreicht man nach einer 60–90 Minuten dauernden Wanderung am Brown Lake vorbei, oder man bucht in Egmont eine Bootstour.

Wer das Spektakel der Skookumchuck Narrows verpasst hat, kann als Alternative in Egmont eine Bootstour in den traumhaft schönen Jervis Inlet und dessen Seitenarm Princess Louisa Inlet buchen. Im Princess Louisa Marine Park wird eine Lunchpause eingelegt, in unmittelbarer Nähe zu den beeindruckenden, 37 m hohen Chatterbox Falls.

Iris Griffith Centre: Die Ruby Lake Lagoon Society kümmert sich um die Erhaltung des Öko-Systems in der Lagune und vermittelt ihr Wissen vor allem Schulklassen. Aber auch Einzelreisende können auf den kurzen Trails rund um das Centre viel über Flora und Fauna der Feuchtgebiete erfahren.

Blackeddy Resort in Egmont: Startpunkt für Touren zu den Skookumchuck Narrows

Suncoaster Trail: Der 37 km lange Rad- und Wanderweg ist der schicke, kleine Bruder des 180 km langen Sunshine Coast Trail an der Upper Coast. Der breite Waldweg ist in sehr gutem Zustand und lädt zu Touren ein, derzeit von Earl's Cove bis zur Halfmoon Bay; eine Verlängerung nach Süden ist im Bau und soll ab 2019 abschnittsweise eröffnet werden.

▪ Im Sommer tägl. 10–16 Uhr. Eintritt frei, Spenden erbeten. 15386 Sunshine Coast Highway (ca. 7 km vor Earl's Cove), ✆ (604) 883-9201. Infos zum Suncoaster Trail: ✆ (604) 885-6800, www.scrd.ca/Suncoaster-Trail. Up the Creek bietet geführte Mountainbike-Touren auf dem Trail: 3 Std. ab 60 $. 1261 Roberts Creek Road, Roberts Creek bei Gibsons, ✆ (877) 885-8100, www.upthecreek.ca.

Beaver Island: Baker Beach Park und Francis Point Provincial Park weisen gute Bademöglichkeiten im Pazifik auf. Katherine Lake Park und der Dan Bosch Park am Ruby Lake sind ideale Inland-Seen zum Schwimmen – letzterer sogar mit einem Sandstrand. Auf der Francis-Halbinsel sowie rund um Mount Daniel und Pender Hill finden sich zahlreiche Wanderwege. Auch Radfahrer fühlen sich auf den verkehrsarmen Straßen wohl.

▪ Die Pender Harbour and District Wildlife Society gibt eine kleine Karte mit detailliertem Straßenverlauf und einigen Wanderwegen heraus. Im Egmont Heritage Centre erhältlich.

Information Die Region ist mit zwei Büros präsent: **Pender Harbour Visitor Information Booth,** Ende Juli bis Anfang Okt. tägl. 10–17.30 Uhr; 12911 Madeira Park Road, ✆ (604) 883-2561. **Egmont Heritage Centre,** Ende Mai bis Anfang Okt. tägl. 10–17, sonst Sa/So 11–16 Uhr; 6671 Egmont Road, ✆ (604) 883-9994, www.penderharbour.ca.

Hotel Lake und Pender Harbour vom Wasserflugzeug aus

Bootstouren **Sunshine Coast Tours** organisiert Touren in die Region; Skookumchuck Narrows unregelmäßig, 49 $. Princess Louisa Inlet im Sommer tägl., 5-Std.-Tour 149 $. 16660 Backeddy Road, Egmont, ✆ (604) 883-2280, www.sunshinecoasttours.ca.

Übernachten **Sunshine Coast Resort:** Das luxuriöse Boutique-Hotel mit 19 Zimmern und Suiten unter deutscher Leitung bietet viel Entspannung, Meerblick von jedem Zimmer und vermietet auch Motorboote. DZ und Suiten ab 299 $. 12695 Sunshine Coast Highway, Madeira Park, Pender Harbour, ✆ (604) 883-9177, www.sunshinecoast-resort.com.

West Coast Wilderness Lodge: Von 2011 bis 2016 sechsmal in Folge als bestes Wildnis-Resort in B.C. ausgezeichnet. Schon in der Fjordwelt des Jervis Inlet, aber per Pkw noch erreichbar. Umfangreiche Freizeit- und Outdoor-Aktivitäten, gutes Restaurant, attraktive Packages. DZ ab 186 $, Suite ab 216 $. Maple Road, Egmont, ✆ (778) 280-8610, www.wcwl.com.

Ruby Lake Resort: Traumhaft an der glasklaren Lagune gelegen, bietet das Resort Safari-Zelte und Hütten. Kanu-, Ruderboot- und SUP-Board-Verleih, Yoga und Wanderungen. Zelt mit geteiltem Bad ab 90 $, Cottage mit Du/WC ab 179 $. 15426 Sunshine Coast Highway (kurz vor Earl's Cove), ✆ (604) 883-2269, www.rubylakeresort.com.

Essen und Trinken **The Lagoon – Restaurant at Painted Boat:** Gehobene Küche, gehobenes Ambiente, schöne Ausblicke – die Krawatte kann zwar im Koffer bleiben, doch am Wochenende geht ohne Reservierung nichts. Schwerpunkt: Fisch und Meeresfrüchte. Zum Dinner u. a. auch ein 4-Gang-Menü für 65 $. Mi–Mo 15–21 Uhr. 12849 Lagoon Road, ✆ (604) 883-2456, www.paintedboat.ca.

LaVerne's Grill: Das kleine Restaurant hat sich in 17 Jahren eine Stammkundschaft weit über die Sunshine Coast hinaus aufgebaut. Ordentliches Frühstück, sehr gute Fish & Chips. Frühstück und Lunch. Di–So 9–19 Uhr. 4326 Garden Bay Road, ✆ (604) 883-1333, www.lavernesgrill.com.

The Grasshopper Pub: Der Pub im neuen Pender Harbour Hotel wirkt auf den ersten Blick wie ein typischer Allerwelts-Sports-Pub. Doch die Terrasse mit Blick, die Speisen- und Getränkeauswahl und der Service überzeugen. Tägl. 11.30–23 Uhr. 12671 Sunshine Coast Highway, ✆ (604) 883-9013, www.penderharbourhotel.com/menu.com.

Euspiria Café: Café, Galerie und Geschenkeladen in einem – tagesaktuell wechselnde frische Gerichte. Tägl. 6–17 Uhr. 12904 Madeira Park Road, ✆ (604) 883-0096, www.euspiriacafe.ca.

Upper Sunshine Coast

Zwischen den Küstenbergen und der Salish Sea liegt die nördliche Sunshine Coast. Strände wie der Hausstrand von Powell River, der Willingdon Beach, beeindrucken durch ihre Schönheit, doch spektakulär wird es erst jenseits des Straßennetzes: auf dem Sunshine Coast Trail und im Meeres-Provinzpark Desolation Sound.

Vom **Fährhafen Saltery Bay** am Nordufer des Jervis Inlet führt der Highway 101 über gut 30 km an mehreren Provinz- und Regionalparks mit Camping- und Picknickplätzen vorbei nach Powell River. Kurz vor Powell River liegen schöne Strände – dementsprechend finden sich dort auch einige Hotels und Motels. Etwa 4 km nördlich des heutigen Zentrums von Powell River liegt die Catalyst-Papierfabrik mit ihren einzigartigen Wellenbrechern sowie das unter Denkmalschutz stehende Gebäudeensemble der Historic Townsite. Noch einmal 30 km weiter endet in Lund das Straßennetz – doch ein weiterführender Ausflug zu Wasser, in den Desolation Sound hinein, ist unbedingt zu empfehlen.

Powell River

Die Stadt mit fast 20.000 Einwohnern verdankt ihr rasches Wachstum der 1912 gegründeten Papier- und Zellstofffabrik, die zu ihren Glanzzeiten bis zu 2500 Mitarbeiter beschäftigte. Heute ist Powell River das regionale Zentrum der Upper Sunshine Coast und ein beliebtes Ziel bei Reisenden, die die umgebende Wasser- und Bergwelt erleben wollen. Hier finden sich Hotels, Restaurants und alle Einkaufsmöglichkeiten sowie der Fährhafen für die Überfahrt nach Comox auf Vancouver Island. Die Marine Avenue verläuft meist dicht am Wasser und erschließt auf dem gut 1 km langen Abschnitt durch die In-

Das alte Gerichtsgebäude in Powell River ist heute ein B&B

Kanadisches Traditionskino: das Patrica Theatre

nenstadt den Willingdon Beach, das Museum, den Fährhafen sowie viele Restaurants, Galerien und Läden. Parallel dazu verläuft weiter östlich, im Landesinneren, die Joyce Avenue; hier finden sich die großen Supermärkte, Fastfood-Ketten, Tankstellen und das Visitor Centre.

Historic Townsite: Ab 1912 entstand neben der Zellstofffabrik, 4 km nördlich des heutigen Zentrums, eine Siedlung für die Angestellten – die Townsite. Das gesamte Ensemble wurde 1955 unter Denkmalschutz gestellt. Als Besucher erlebt man das Viertel mit gemischten Gefühlen: Trotz der Bemühungen der Heritage Society ist ein Großteil der Häuser dem Verfall preisgegeben. Andererseits sind einige Gebäude gut erhalten, z. B. das Patricia Theatre, Kanadas ältestes durchgehend betriebenes Kino, oder das Provincial Building, das heute ein Bed & Breakfast ist. Auch ins Federal Building, heute Heimat der lokalen Brauerei, ist neues Leben eingekehrt.

Um das Ufer der Papierfabrik vor hohen Wellen zu schützen, hat man vor der Küste ausgediente Transportschiffe des Zweiten Weltkriegs als Wellenbrecher verankert (am besten einsehbar vom Aussichtspunkt an der Marine Avenue oberhalb der alten Townsite und der Fabrik). Die aus Beton (!) gebauten Schiffe waren aufgrund ihres hohen Gewichts nach dem Krieg nicht mehr wirtschaftlich nutzbar. Bis zu zehn Anker pro Schiff halten diese skurrile Flotte an Ort und Stelle. Oft sind Seelöwen auf den Wracks zu sehen oder zu hören.

▪ Nähere Infos und eine Detailkarte für eine Walking Tour im Visitor Information Centre oder bei der Townsite Heritage Society. ✆ (604) 483-3901, www.powellrivertownsite.com.

Westview, Cranberry und Willingdon Beach: Der Millennium Park am nördlichen Ende des Viertels Westview und der anschließende Stadtstrand Willingdon Beach bieten zahlreiche Wanderwege wie den Willingdon Beach Trail, den Millennium Trail oder den McFall Trail zum Cranberry Lake. Wer sich nach Süden am Wasser entlang hält, kommt am Fähr- und Yachthafen vorbei und kann den Spaziergang auf dem

Seawalk Trail weit unterhalb der Straße fortsetzen. Das nördlich von Westview gelegene Cranberry-Viertel verfügt mit dem Cranberry Lake und der Mowat Bay am Powell Lake gleich über zwei schöne Bademöglichkeiten und bietet Gelegenheit für ein Picknick am Wasser. Der Aufstieg auf den Valentine Mountain gibt den Blick frei bis hinüber nach Vancouver Island. Die beiden kleinen Museen – das Stadtmuseum und das Forstmuseum – informieren über die Stadtgeschichte bzw. über die Entwicklung der Forstwirtschaft in der Region.

Powell River Historical Museum and Archives: Di–Sa 10–16 Uhr. Powell River Forestry Museum: im Sommer tägl. 12.30–16.30 Uhr. 4815 Marine Avenue, beide Museen ✆ (604) 485-2222. Eintritt jeweils frei, Spenden erbeten.

Praktische Infos

Information **Powell River Visitor Information Centre:** Mo–Sa 9–17 Uhr. Das Centre informiert im Detail über die gesamte Upper Sunshine Coast mit Lund, dem Sunshine Coast Trail etc. 4760 Joyce Avenue, ✆ (604) 485-4701, www.powellriver.info.

Hin und weg **Fähre:** Mit BC Ferries. Die Fähre von Earl's Cove an der Lower Sunshine Coast erreicht die Upper Sunshine Coast in Saltery Bay, 34 km von Powell River entfernt. Bis zu 8x tägl., Fahrzeit ca. 50 Min. Es wird nur in Nord-Süd-Richtung kassiert. Vom Fährhafen Westview im Zentrum von Powell River bis zu 5x tägl. nach Comox auf Vancouver Island. Ebenfalls vom Fährhafen Westview wird bis zu 8x tägl. Blubber Bay auf Texada Island bedient. Überfahrt ca. 50 Min. ✆ (250) 386-3431, www.bcferries.com.

Übernachten **Beyond Bliss 3:** Hinter der Fassade des Frisörsalons und Spas verbergen sich vier Hotelsuiten zu guten Preisen. Ideale Lage im Zentrum, dennoch nachts ruhig. Suite ab 145 $, mit Meerblick ab 160 $. 4555 Marine Avenue, ✆ (604) 485-9521, www.powellriverhotel.com.

The Old Courthouse Inn: Das Boutique-Hotel im ehemaligen Gerichtsgebäude der denkmalgeschützten Townsite überzeugt mit historischem Charme in den 8 unterschiedlich ausgestatteten Gästezimmern. DZ inkl. Full Hot Breakfast ab 129 $. 6243 Walnut St, Historic Townsite, ✆ (604) 483-4000, www.oldcourthouseinn.ca.

Westview Centre Motel 5: Zentral, sauber und mit freundlichem Service. Einige Zimmer verfügen über eine komplett ausgestattete Küche. DZ ab 70 $, mit Küche und Meerblick ab 78 $. 4534 Marine Avenue, ✆ (604) 485-4023, www.powellrivermotel.com.

Camping **Willingdon Beach Campsite 1:** Der städtische Platz bietet wahlweise schönen alten Baumbestand oder Stellplätze direkt am Strand. Nur 5 Min. zu Fuß ins Zentrum von Westview. Zeltstellplatz 21 $, Wohnmobil 25–33,50 $. 4845 Marine Avenue, ✆ (604) 485-2242, www.powellriver.info/willingdon_campground.

Üppiges Grün in der Innenstadt: Restaurant Costa del Sol

Essen und Trinken **Magpie's Diner:** im Cranberry-Viertel. Das klassische und gemütliche Vorort-Restaurant ist seit Jahrzehnten eine Institution. Große Portionen! Tägl. 7–15 Uhr. 6762 Cranberry St, ✆ (604) 483-9114, www.magpiesdiner.ca.

MeinTipp **Coastal Cookery 4:** Die beiden Köche bringen langjährige Erfahrung mit und kombinieren lokale Zutaten mit kulinarischen Einflüssen aus aller Welt. Selbst Standard-Vorspeisen wie die Chicken Wings begeistern hier. Exzellente Cocktails, gute Weinauswahl. Mo–Sa 11.30–21, So 16–21 Uhr. 4553 Marine Avenue, ✆ (604) 458-5568, www.coastalcookery.com.

Costa del Sol 2: In der ehemaligen Polizeistation fühlt man sich nach Mexiko versetzt: Putz, Kacheln, bunte Glasfenster prägen die Atmosphäre. Hervorragende mexikanische Küche, aber nur wenig Auswahl. Lokale Zutaten. Tägl. 11.30–21, Fr/Sa bis 22 Uhr. 4578 Marine Avenue, ✆ (604) 485-2227, www.costadelsollatincuisine.com.

Lund und der Desolation Sound

Lund ist der nördlichste Punkt im Straßennetz der Sunshine Coast. Hier nimmt der Highway 101 – auch Pacific Coastal Highway genannt – seinen Anfang und verläuft über 15.202 km bis Quellón in Chile. Lund ist Ausgangspunkt für zahlreiche Touren in die umgebende Inselwelt. Ganz im Gegensatz zu George Vancouver, der die fjordartige Landschaft „Meerenge der Trostlosigkeit" taufte (weil er wieder einmal die in der Region vermutete Nordwestpassage nicht fand), sind die heutigen Besucher von den landschaftlichen Schönheiten begeistert, zumal das dank einer Meeresströmung im Sommer bis zu 24 Grad warme Pazifikwasser im Desolation Sound zu einem Bad einlädt. Das größte Meeresschutzgebiet British Columbias, der Desolation Sound Provincial Marine Park, ist nur auf dem Wasserweg zugänglich, Touren werden von Lund aus angeboten.

Lund: Ausgangspunkt des Highway 101

Der Ort wurde von den Gründern, den schwedischen Brüdern Charles und Frederick Thulin, nach der Stadt Lund in Schweden benannt, da sie befürchteten, dass der Name ihrer Heimatstadt Valdemarsvik-Tryserum zu lang sei. Lund besteht praktisch nur aus dem kleinen Hafen und einigen Gebäuden rund ums Hafenbecken. Parken kann man oberhalb des Hafenbeckens (bei der Gedenksäule für den Highway 101 links abbiegen, 2 Std. frei). Die gepflegte Lund Marina mit ihren Palmen und kleinen Anlegern lädt zu einem Bummel ein. In fünf kleinen Läden und Galerien kann man Kleidung, Schnitzkunst und Töpferwaren kaufen.

Lokale Veranstalter bieten zahlreiche Touren in die Umgebung an – per Zodiac-Schlauchboot, Kajak oder zu Fuß (von 3 Stunden bis 3 Tagen). Eine Fahrt in den Desolation Sound sollte unbedingt Teil des Urlaubsprogramms sein. Wer nur mit dem Auto nach Lund fährt, um gleich wieder umzukehren, verpasst eine der spektakulärsten Regionen British Columbias.

Sunshine Coast Trail: Der grandiose 180 km lange Fernwanderweg von Sarah Point bei Lund bis zum Fährhafen Saltery Bay verläuft überwiegend weitab der Siedlungen im waldigen und bergigen Hinterland (bis auf 1300 m Höhe) sowie an sonst unzugänglichen Ufern der Meeresarme und Seen. Was 1992 als Umweltprojekt begann, ist heute ein attraktiver Wanderweg mit zahlreichen Zugangsstellen, so dass auch Tagesetappen möglich sind, zum Beispiel auf den Tin Hat Mountain mit

Nancy's Bakery: exzellente Zimtschnecken mit Hafenpanorama

seinem fantastischen 360-Grad-Panorama. Faszinierende Tierwelt und spektakuläre Ausblicke machen den SCT zu einem wahren Erlebnis. Das US-Outdoor-Magazin „Explore" hat den Trail zu einem der 50 besten Wanderwege der Welt gewählt. Er ist nicht so anstrengend wie der West Coast Trail auf Vancouver Island, weil in den trockenen Sommern die Wege in gutem Zustand sind; es kommen aber immerhin über 10.000 Höhenmeter zusammen. Geeignete Ausrüstung ist daher selbst für Tagestouren unerlässlich.

▪ Der gesamte Trail inklusive 12 Schutzhütten ist kostenfrei. Zugang zum Startpunkt am Sarah Point mit Wassertaxi ab Lund oder mit Allradfahrzeug. Infos: Visitor Centre in Powell River. www.sunshinecoasttrail.com.

Savary Island: Warmes Wasser und feinste Sandstrände machen die kleine Insel zu einem Traumziel, das leider zwei Haken hat: Zum einen gelangt man von Lund nur per Wassertaxi dorthin. Zum anderen ist die Insel fast komplett in Privatbesitz. Zwar sind die schönsten Strände – Indian Point und South Beach – öffentlich zugänglich, doch läuft man aufgrund der fehlenden Ausschilderung Gefahr, private Grundstücke zu betreten, was die Bewohner gar nicht gerne sehen. Eventuelle Touren dorthin sollte man daher mit dem Wassertaxi-Betreiber absprechen.

▪ Lund Water Taxi: im Sommer 8–20 Uhr. 11 $ einfach. Reservierung Pflicht. Lund Hafen. ✆ (604) 483-9749, www.lundwatertaxi.com.

Praktische Infos

Information Lund hat kein Visitor Centre. Auskünfte gibt das Visitor Centre in Powell River (siehe dort).

Hin und weg **Bus:** BC Transit fährt Di und Fr jeweils 2x von Powell River nach Lund, was einen 6-stündigen Aufenthalt in Lund erlaubt. ✆ (604) 485-4287, www.bctransit.com/powell-river/contact.

Kajak Miete ab 35 $/3 Std., ab 45 $/Tag bei **Terracentric Adventures;** Mai bis Sept. tägl. 9.30–15.30 Uhr. 1451B Highway 101 (über „Nancy's Bakery"), ✆ (604) 483-7900, www.terracentricadventures.com.

Touren Wer ab Lund organisierte Touren unternimmt, sollte beim Anbieter vorab reservieren. **Terracentric Adventures** (s. o.):

Vancouver und Umgebung | B. C. → Karten S. 30 und S. 32/33

Geführte Kajaktouren 3½–8 Std. für 79–149 $, auch mehrtägige Touren mit Übernachtungen. Zodiac-Touren 105–179 $, Regenwald-Wanderungen 49–105 $. Wassertaxi zum Sarah Point (Start des Sunshine Coast Trail) 105 $, max. 5 Pers. www.terracentricadventures.com.

Beyond the Road Adventures: Tour zum Copeland Island Marine Park (2 Std.) 69 $, Dinner Cruise (3½ Std.) 125 $, Desolation Sound Lunch Cruise (5 Std.) 145 $, auch Mehrtagestouren. Kein Büro, nur ✆ (604) 483-8128, www.beyondtheroad.com.

Übernachten **Cabana Desolation Eco Resort:** Auf Kinghorn Island mitten im Desolation Sound liegt dieses Resort mit Hütten aus lokalen Hölzern, guter Küche und zahlreichen Freizeitaktivitäten (Kajaks, SUP, Schnorcheln etc). Transfer vom Okeover Inlet per Kajak oder Motorboot. 4-Tage-Paket mit 3 Übernachtungen und geführten Kajaktouren ab 1245 $. Wem dies zu teuer ist: Es gibt auch Tagestouren ab Lund. Kein Büro, nur ✆ (604) 483-2160, www.bcseakayak.com.

Desolation Resort: Am Tor zum Marine Provincial Park; das sehr komfortable Resort ist ein idealer Ausgangspunkt für Kajak- und Bootstouren in den Park. Die 13 harmonisch in die Landschaft eingefügten Chalets bieten 2–8 Personen Platz, z. T. mit eigenem Hot Tub. Chalet ab 125 $, mit Hot Tub ab 219 $. Kajakmiete ist inklusive. Attraktive Packages. 2694 Dawson Road (am Okeover Inlet), ✆ (604) 483-3592, www.desolationresort.com.

The Historic Lund Hotel: Das von den Thulin-Brüdern gegründete Hotel wurde in den letzten Jahren renoviert und wird seit 2016 von der Sliammon First Nation betrieben. DZ ab 179 $, mit Balkon und Meerblick ab 249 $. 1436 BC 101, ✆ (604) 414-0474, www.lundhotel.com.

Camping **SunLund by-the-sea:** Der sehr gepflegte kleine Campground liegt nur wenige Schritte vom Hafen in Lund. Stellplatz für Zelt und Wohnmobil 37 $, Cabin ab 45 $, mit Du/WC ab 145 $. Fahrrad 15 $/Tag. Geöffnet Mai bis Sept. 1496 Murray Road, ✆ (604) 483-9220, www.sunlund.ca.

Essen und Trinken **The Boardwalk Restaurant:** Das Restaurant am kleinen Hafen von Lund bietet schöne Ausblicke und nachhal-

Grizzlys im Toba Inlet

Die Straße ist in Lund zu Ende – die Küste noch lange nicht. Im fjordartigen Toba Inlet, dem nördlichen Teil des Desolation Sounds, liegt die Homfray Lodge auf dem Gebiet der Klahoose First Nation. Für Naturliebhaber und Tierfilmer ist die Lodge von Mitte August bis Mitte Oktober ein Paradies: Grizzlys kommen aus den Küstenbergen in die Mündungsgebiete des Klite Rivers und anderer Flüsse im Toba Inlet, um rückkehrende Lachse zu fangen. Die Bären lassen sich aus Unterständen und von Plattformen aus nächster Nähe beobachten. Die Lodge bietet maximal 12 Gästen Platz – dies ermöglicht allen Teilnehmern eindrucksvolle Erlebnisse. Die vergleichsweise günstigen Preise (ab 2800 $ für vier Nächte) schließen Vollpension und den Wassertaxi-Transfer ab/bis Lund mit ein. www.homfraylodge.com.

Pacific Coastal Cruises erschließt mit der hochseetauglichen Yacht „Pacific Bear" ebenfalls die an Flora und Fauna so reiche Welt des Desolation Sounds. Bei den mehrtägigen Touren ab Powell River hat man tagsüber Gelegenheit zu Tierbeobachtungen. Die Nächte verbringt man in der Homfray Lodge oder vergleichbaren Unterkünften. Je nach Länge und Saison kosten die Fahrten zwischen 1125 und 2175 $. www.coastalcruises.ca.

tige, glutenfreie Bio-Küche mit den wohl besten Fish & Chips der Küste. Tägl. 12–20 Uhr. 9673 Longacre Road, ✆ (604) 483-2201, www.boardwalkrestaurantpowellriverlund.com

MeinTipp **Nancy's Bakery:** Die besten Zimtschnecken der gesamten Küste gibt es bei Nancy Bouchard – mittags oft schon ausverkauft! Die Bäckerei bietet in dem kleinen Café Frühstück und Lunch. Mai bis Sept. tägl. 7–17 Uhr. 1451 Highway 101(am Hafen), ✆ (604) 483-4180.

Texada Island

Die größte und mit 50 km längste Insel in der Strait of Georgia unterscheidet sich geologisch von allen anderen der Gulf Islands: Sie besteht überwiegend aus Kalkstein. Im 20. Jahrhundert waren Kalksteinverarbeitung und Zementherstellung Haupterwerbszweige der Insulaner. Noch heute weisen aufgelassene Steinbrüche – zum Teil Badeseen geworden – darauf hin. Nur etwa 1000 Einwohner leben auf der gut 300 km² großen Insel, die man per Fähre von Powell River aus erreicht. Vom Fährhafen Blubber Bay am Nordende der Insel sind es rund 5 km bis zum Hauptort Van Anda an der Nordostküste. Die asphaltierte Gillies Bay Road führt von hier weiter nach Gillies Bay, dem zweiten Inselort, die geschotterte High Road erschließt auf der langgestreckten Insel die am äußersten Südende gelegenen Provinzparks Anderson Bay und South Texada Island. Für die Schotterstraßen in der Südhälfte sind Fahrzeuge mit Allradantrieb und großer Bodenfreiheit ein Muss – die beiden Provinzparks sind nur so oder auf dem Wasserweg erreichbar. Da auf Texada weder Bären noch Pumas oder andere Raubtiere heimisch sind, hat sich die Insel zu einem Vogelparadies entwickelt – bis zu 250 Arten leben hier. Das macht Texada Island vor allem im Frühjahr und Herbst zu einem Paradies für Ornithologen.

Praktische Infos

Information Die **Texada Arts, Culture and Tourism Society** informiert, aber leider nur online: www.texada.org. Einen Übersichtsplan für den Stadtrundgang erhält man im kleinen **Museum** in Van Anda (2003 Waterman Avenue), das allerdings nur im Juli/Aug. Do–So 11–16 Uhr geöffnet ist.

Hin und weg **Fähre:** Mit BC Ferries vom Fährhafen Westview in Powell River zur Blubber Bay auf Texada bis zu 8x tägl., Überfahrt ca. 50 Min. ✆ (250) 386-3431, www.bcferries.com.

Bus: Jeden Donnerstag um 6 Uhr verlässt ein Bus von BC Transit Powell River, nimmt die Fähre nach Texada und fährt – mit Halt in Van Anda – bis Gillies Bay, wo man 9 Std. Aufenthalt hat – genug Zeit für den Strand, den kleinen Regionalpark und ein gutes Essen in der Lodge. ✆ (604) 485-4287, www.bctransit.com/powell-river.

Übernachten **The Retreat on Texada Island:** Das kleine, einfache, aber gepflegte Motel liegt in Gillies Bay, etwa 2 km südlich des General Store und des Restaurants. DZ ab 110 $. 5868 Gillies Bay Road, ✆ (604) 486-7360, www.texafa-retreat.ca.com.

Sand Dollar Log Cabin: Das mächtige Blockhaus direkt am Strand (Treppe) ist ideal für bis zu 6 Personen. Tolle Ausblicke, Hot Tub, große BBQ-Station und Kamin. Ab 209 $. 4157 Gillies Bay Road, Gillies Bay, ✆ (604) 886-0548, www.sanddollarlogcabin.com.

The Ravenous Raven: Neben einem Restaurant bietet die kleine Lodge auch zwei einfache Zimmer mit Balkon und Ozeanblick. Hotelgäste werden bei Reservierung auch an der Fähre abgeholt. DZ ab 110 $. 5035 Gillies Bay Road. ✆ (604) 486-0471, www.theravenousraven.com.

Essen und Trinken Kulinarisch bietet Texada wenig Auswahl. Neben dem Ravenous Raven gibt es noch Mary's Café in Van Anda (sehr unregelmäßig geöffnet) sowie im Shelter Point Park, nicht weit vom Retreat on Texada, einen im Sommer geöffneten Kiosk.

The Ravenous Raven: Das im Kollektiv geführte Restaurant der Lodge (s. o.) überrascht mit einer umfangreichen Karte, inklusive vegetarischer, veganer und glutenfreier Optionen. Lunch und Dinner. Di–Sa 11–20, So 10–15 Uhr.

Vancouver und Umgebung | B. C. → Karten S. 30 und S. 32/33

Von Vancouver Island zu den Haida-Gwaii-Inseln

Auf den Inseln und an den Küsten British Columbias sind einige der schönsten Urlaubsziele Westkanadas zu finden: Von der Provinzhauptstadt Victoria auf dem vielfältigen Vancouver Island geht es durch die Inside Passage nach Norden bis zu den mythischen Haida Gwaiis.

- **Vancouver Island:** Mehr als 90 % der 750.000 Einwohner leben in der südlichen Hälfte der Insel. Von Victoria im Süden sind es 300 km nach Tofino im Westen und 500 km nach Port Hardy im Norden – hier lohnt eine Woche oder mehr.
- **Haida-Gwaii-Inseln:** Nur etwa 4.500 Menschen wohnen auf dem Archipel, dessen mehr als 200 Inseln sich auf über 10.000 km² Fläche erstrecken!

Vancouver Island bietet alles, was Westkanada so reizvoll macht: Berge und Küsten, türkisblaue Seen und grüne Wälder, eine reiche Tierwelt und interessante Städte, dazu indigene Kultur und ein mildes Klima, und das alles – nach kanadischen Verhältnissen – auf überschaubarer Fläche. Je weiter man in den Inselnorden reist, desto einsamer und ursprünglicher wird es. Das setzt sich auf den **Fährpassagen an der Westküste** fort – nur wenige Dörfer liegen entlang der mehrere hundert Kilometer langen Routen durch die Inselwelt der **Inside Passage**. Ein Geheimtipp sind noch die **Haida-Gwaii-Inseln:** keine Fastfood-Läden, keine Kettenhotels, keine Shopping Malls, stattdessen Natur pur und die spirituelle Welt der Haida First Nation im **Gwaii-Haanas-Nationalpark.**

Was unternehmen und anschauen auf Vancouver Island?

Victoria: Empress Hotel, B.C. Parliament, Steamship Terminal und Craigdarroch Castle überzeugen architektonisch und laden darüber hinaus ein zum gepflegten **Afternoon Tea,** zur Parlamentsbesichtigung und zur Kunst. Das **Royal BC Museum** ist das größte, wichtigste und abwechslungsreichste Museum der Provinz und darf ebenfalls nicht fehlen. Zahlreiche gute Restaurants, eine sehr lebendige **Kultur- und Craft-Beer-Szene** und ein Fuß- und Radwegenetz auf stillgelegten Trassen ehemaliger Überland-Trams füllen problemlos zwei bis drei Tage. → S. 119

Insel-Süden: Seine Highlights lassen sich von Victoria bestens auf Tagestou-

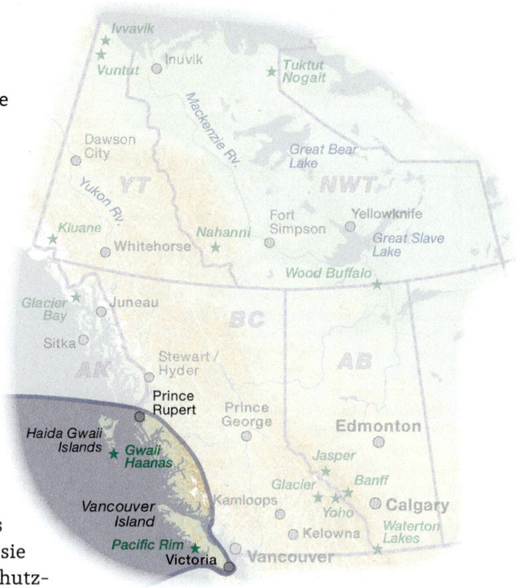

ren entdecken: köstliche Weine im **Cowichan Valley,** Wandmalereien in **Chemainus,** Totems in **Duncan** und wilde Küsten und Wanderwege im **Juan de Fuca Provincial Park** und auf dem **West Coast Trail.** → S. 141

Die Westküste: Als Traumziele gelten **Tofino** und die etwas ruhigere Nachbarstadt **Ucluelet.** Beide bieten schöne Wanderwege und eine Fülle von Ausflügen per Schiff, Kajak, Flugzeug: Die grandiose Landschaft im **Pacific Rim National Park** muss man aktiv erleben und sollte sie nicht nur durch die Windschutzscheibe des Mietwagens gesehen haben. Je einen Tag für Hin- und Rückfahrt an die Westküste sowie zwei Tage vor Ort dürfen es schon sein. → S. 159

Die Ostküste: Zwischen Victoria und Port Hardy liegt **Campbell River,** genau wie **Telegraph Cove** Ausgangsort für Touren auf dem Wasser zu Bären und Walen in der Broughton Strait, aber auch Tor zum Inselinneren mit dem **Strathcona Provincial Park,** dem größten und schönsten der Insel. → S. 179

Wohin weiterreisen?

Inside Passage und Discovery Coast: Die dramatisch-schönen Fährpassagen führen durch Meerarme und Fjorde, eine davon auch durch den **Great Bear Rainforest,** das einzigartige Schutzgebiet für die letzten weißen Kermode-Bären. Von den Endpunkten **Bella Coola** und **Prince Rupert** ergeben sich Fortsetzungen für Rundreisen und Abstecher in Sachen Nostalgie und Wildlife. → S. 211

Haida-Gwaii-Inseln: Auf der Nordinsel **Graham Island** liegt das sehenswerte Kay Llnagaay, das führende Kulturzentrum und Museum der Haida. An der einzigen, gut 100 km langen Straße reihen sich kleine Dörfer und der urtümliche **Naikoon Provincial Park** mit **Kanadas schönstem Strand** und dem Aussichtshügel am Tow Hill. Der einzige Ort auf der großen Südinsel **Moresby Island,** Sandspit, ist Ausgangspunkt für Touren in den **Gwaii Haanas National Park,** dessen Insel SGang Gwaii mit der verlassenen Siedlung Ninstints seit 1981 UNESCO-Weltkulturerbe ist. Neben viel Geschichte und Tierwelt kann man sich auf den Touren in heißen Quellen an einem Pazifikstrand entspannen. → S. 222

Was muss geplant werden?

Trotz neuer Unterkünfte und neuer Angebote sollten alle Quartiere und Touren vorab gebucht werden. Aufgrund der großen Distanzen können die vergleichsweise günstigen Flüge, z. B. von Vancouver nach Tofino, Port Hardy, Prince Rupert oder Masset und Sandspit auf den Haida-Gwaii-Inseln eine sinnvolle Alternative zur Fährpassage darstellen: Mietwagen können an mehreren Orten gebucht werden.

Vancouver Island

Wilde Brandung und undurchdringliche Wälder an der Westküste, britischer Charme und verträumte Inseln an der sonnigen Ostküste, dazu Wale, Bären und die Kultur der Ureinwohner – Vancouver Island bietet eine große Vielfalt an Erlebnissen und lohnt einen längeren Aufenthalt.

Seit den 1960er-Jahren wird der Tourismus auf Vancouver Island immer wichtiger. Die Stadt Victoria und der Nationalpark Pacific Rim ziehen ebenso wie zahlreiche Provinzparks jedes Jahr mehr Reisende an.

Vancouver Island ist mit 450 km Länge und bis zu 100 km Breite die größte nordamerikanische Pazifikinsel. Mit einer Fläche von 31.285 km² ist sie kaum kleiner als Nordrhein-Westfalen, hat aber nur etwa 800.000 Einwohner, von denen fast die Hälfte im Großraum Victoria im Süden der Insel lebt. Der Norden ist dagegen nur sehr dünn besiedelt. Die Insular Range, eine Bergkette vulkanischen Ursprungs, zieht sich vom Süden Vancouver Islands bis zu den Haida-Gwaii-Inseln im nördlichen British Columbia, höchster Gipfel ist der 2197 m hohe Golden Hinde. Die Bergkette teilt die Insel klimatisch in zwei Hälften: Auf der regenreichen Westseite fallen bis zu 6600 mm Niederschlag pro Jahr, im trockenen Südosten nur ein Zehntel davon.

Victoria weist das mildeste Klima aller kanadischen Provinzhauptstädte auf und lockt ganzjährig mit blühenden Gärten, britischem Afternoon Tea, umfangreichem Kulturangebot und vielen guten Einkaufsmöglichkeiten, Pubs und Restaurants.

Die gesamte **Ostküste der Insel** ist durch die zentrale Bergkette vor den Regenstürmen des Pazifiks geschützt und ermöglicht den Weinanbau im Cowichan Valley. Die Winzer lohnen ebenso einen Besuch wie die Kinsol Trestle, die längste und höchste Holzbrücke des Commonwealth. Rund um Nanaimo und Parksville finden sich schöne Badestrände.

Die **Westküste** besticht durch eine grandiose Natur mit unzähligen Wandermöglichkeiten vom kurzen Spaziergang bis hin zum bekannten West Coast Trail. Eindrucksvolle Baumriesen in den Urwäldern des Nationalparks und wilde Küstenlandschaften lassen sich vom Land und vom Wasser aus gleichermaßen entdecken. Whale Watching, Kajakfahren und Surfen gehören zu den vielen Outdoor-Aktivitäten rund um Tofino und Ucluelet, um die faszinierende Flora und Fauna intensiv zu erleben.

Im dünn besiedelten **North Island** bringen organisierte Touren Besucher zu Grizzlys und Killerwalen. In Port Hardy endet das Straßennetz, aber nicht das Reise-Erlebnis: BC Ferries bietet mit der berühmten Inside Passage eine Fährfahrt nach Prince Rupert entlang der Nordwestküste British Columbias.

Flora und Fauna: An der Westküste, vor allem im Pacific-Rim-Nationalpark, finden sich noch große zusammenhängende Flächen des gemäßigten Küstenregenwaldes, wo Douglasien, Riesenlebensbäume und Sitka-Fichten bis zu 100 m hoch wachsen. Sonst dominieren wiederaufgeforstete „Second growth"-Flächen. In den dichten Wäldern leben neben Schwarzbären auch Wölfe und Pumas. Nach wie vor sind viele Gebiete von der Holzindustrie bedroht, nur etwa ein Sechstel der Insel ist unter Schutz gestellt. Die Meeresströmungen schwemmen Plankton an die Küsten und fördern so den Fischreichtum, bieten aber auch Nahrung für zahlreiche Walarten. Selbst im Großraum Victoria wandern im Herbst noch Lachse durch Flüsse und Seen zu ihren Laichgebieten.

Geschichte: Die First Nations besiedelten nach Ende der letzten Eiszeit, ab etwa 12.000 v. Chr. die Insel. Drei Stammesgruppen formten sich heraus, die noch immer bestehen. So leben heute mehr als 30 Gruppen der Coast Salish im Süden und Osten, 15 Gruppen der Nuu-chah-nulth an der Westküste und 17 Gruppen der Kwakwaka'wakw im Inneren und Norden der Insel. Der Nahrungsreichtum ließ ihnen Zeit für ein spirituelles Leben mit Ritualen und Traditionen.

James Cook landete am 31. März 1778 an der Westküste im Nootka-Sund und reklamierte die Insel für Großbritannien. Spanien gründete unbeeindruckt einige Jahre später Fort San Miguel auf einer Nachbarinsel, die einzige spanische Siedlung im heutigen Kanada. Beide Nationen waren kaum militärisch präsent, die folgenden Jahrzehnte wurden von den Flotten der Jäger und Händler dominiert. Davon profitierte vor allem die Hudson's Bay Company (→ Geschichte, S. 667), die 1843 ihr westliches Hauptquartier aus den USA auf die Insel verlegte und nach der britischen Königin Victoria benannte. Schnell wurde Victoria zu einem Zentrum des Pelzhandels. Als Einfallstor für Tausende Goldsucher des Cariboo-Goldrausches 1858 wuchs der Handelsposten zu einer Stadt, die 1871 zur Hauptstadt der Provinz British Columbia wurde; das heute viel größere Vancouver war damals nur eine Sägewerkssiedlung. Der Stützpunkt der Pazifikflotte im nahen Esquimalt schützte Victoria, das im zivilen Sektor als Handels- und Umschlagplatz prosperierte.

Cape Scott Provincial Park
Prince Rupert, Bella Coola
Queen Charlotte Strait
Kingcome Inlet
Port Hardy
Holberg
19
Coal Harbour
Winter Harbour
Port McNeill
Sointula
Alert Bay
30
Knight Inlet
Quatsino Sound
Port Alice
Beaver Cove
Telegraph Cove
Johnstone Strait
Nimpkish Lake
Sayward
19
Vancouver Island
Kyuquot
Victoria Peak 2163
Zeballos
Kyuquot Sound
Tahsis
Upper Campbell Lake
28
Gold River
Nootka Island
Elkhorn Mountain 2194
Buttle Lake
Yuquot
Golden Hinde 2195
Pacific Ocean
Nootka Sound
Strathcona Provincial Park
Flores Island
Clayoquot Sound
Meares Island
Tofino
Kennedy Lake
4
Pacific Rim NP - Long Beach Unit
Ucluelet
Barkley
Vancouver Island
19 km

Coast Mountains
BRITISH COLUMBIA
Chilko Lake
Southgate River
Carpenter Lake
Downton Lake
Lilloet River
Bute Inlet
Cache Creek, Prince George, Kamloops
Pemberton
99
Whistler
Squamish River
Brandywine Falls Provincial Park
Quadra Island
Cortes Island
Desolation Sound Marine Provincial Park
Powell Lake
Campbell Lake
Campbell River
Lund
Sunshine Coast
19
Miracle Beach Prov. Park
Powell River
Saltery Bay
101
19A
Mount Albert Edward 2081
Courtenay
Comox
Gillies Bay
Malaspina Strait
Earl's Cove
Egmont
Squamish
Stawamus Chief and Shannon Falls Provincial Parks
Britannia Beach
Cumberland
Comox Lake
Denman Island
Texada Island
Pender Harbour
Hornby Island
Buckley Bay
Lasqueti Island
Sechelt
Langdale
Pitt Lake
Great Central Lake
Qualicum Beach
Salish Sea
Gibsons
North Vancouver
Parksville
Rathtrevor Beach Prov. Park
Sproat Lake
4
Coombs
Port Alberni
Vancouver
Burnaby
Hope, Kamloops, Kelowna
Nanaimo
Rich-mond
Surrey
1
Kildonan
Alberni Inlet
Vancouver Island
Thetis Island
Pacific Rim NP - Broken Group Islands Unit
Ladysmith
Chemainus
Cowichan Lake
5
Sound
Bamfield
Galiano
Nitinat Lake
Lake Cowichan
18
Salt Spring Island
Gulf Islands National Park
Duncan
Saturna Island
Bellingham
Carmanah Walbran Provincial Park
Cowichan Bay
Clo-oose
Sidney
Seattle
Pacific Rim NP - West Coast Trail Unit
Orcas Island
Port Renfrew
San Juan Island
Anacortes
Goldstream Provincial Park
Juan de Fuca Provincial Park
14
Sooke
Victoria
French Beach Provincial Park
Oak Harbor
WA 20
Port Angeles
Port Townsend
Ozette Lake
WASHINGTON
Seattle

Goldfunde, Holzreichtum, Kohleabbau und Landwirtschaft lockten in der zweiten Hälfte des 19. Jahrhunderts Zehntausende auf die Insel. Für die schweren Arbeiten warb man schon früh asiatische Arbeiter an, vor allem Chinesen. Um 1880 war Victorias Chinatown die größte in Kanada. 1877 kamen die ersten Japaner. Sie dominierten schnell die Fischerei und hatten innerhalb weniger Jahrzehnte beinahe die Hälfte der Lizenzen inne. Mit einem Ausschluss vom Wahlrecht, Entzug von Lizenzen und Einwanderungsverboten ging die Regierung zunehmend härter gegen die asiatischen Bevölkerungsgruppen vor, um die wirtschaftlichen Interessen der weißen Bevölkerung zu schützen. Aber auch die First Nations hatten das Nachsehen: Die traditionell in Victoria lebenden Völker der Coast Salish wurden aus der stark expandieren Stadt und dem Hafen verdrängt und schließlich 1911 nach Esquimalt umgesiedelt.

Mit der beginnenden Industrialisierung beherrschten Großunternehmer wie Robert Dunsmuir mit seinen Beteiligungen an Kohlegruben und Eisenbahnbauten die Insel. In den 1940er-Jahren begann die Abholzung weiter Teile Vancouver Islands, die bis heute anhält – weniger als 2 % der ursprünglichen Urwälder existieren noch.

Saisonzeiten: Vancouver Island ist ein Ganzjahresziel, wobei zumindest Mitte Mai bis Mitte September – in Victoria länger – alle touristischen Einrichtungen geöffnet sind und alle Ausflugsprogramme angeboten werden. Im Juli und August ist Hochsaison: Übernachtungen, aber auch Ausflüge sollten dann in allen Orten vorab gebucht werden, sonst sind Enttäuschungen vorprogrammiert.

Vancouver Island gehört wie Vancouver und die gesamte Westküste Kanadas zur Provinz British Columbia. Alles Wichtige und Wissenswerte zu BC lesen Sie zusammengefasst auf S. 374.

Weißkopfseeadler – wie hier auf Haida Gwaii – sind in der Region heimisch

Pferdekutsche in der historischen Innenstadt

Victoria

Victoria, die Hauptstadt British Columbias, galt noch in den 90er-Jahren als Stadt der Beamten und Rentner. Doch das milde Klima und die einzigartige Lage am Pazifik machen Victoria heute zum begehrten Ziel für Aktivurlauber und Städtereisende gleichermaßen: Zahllose touristische Angebote entstanden in den letzten Jahren neu.

Baulich verfügt Victoria über nur wenige klassische Sehenswürdigkeiten. Manche „Attraktionen" erleichtern vor allem den Geldbeutel. Viele Reize der Stadt jedoch sind kostenlos und zudem zu Fuß zu erreichen: der Hafen mit den Straßenmusikanten, die Hausboote und Seehunde am Fisherman's Wharf, die Ausblicke vom Beacon Hill Park, Oak Bay und vieles mehr. Die Stadt ist vor allem an Wochenenden ein begehrtes Ziel für Kurzurlauber aus Vancouver und Seattle. Wer kann, besucht Victoria zwischen Montag und Freitag.

Fast alle wichtigen Sehenswürdigkeiten liegen rund um den Inner Harbour, der die Innenstadt nach Westen hin begrenzt. Südlich des Hafens liegen der Beacon Hill Park und die Juan de Fuca Strait. Östlich schließt sich der Villen-Vorort Oak Bay an und dahinter die Strait of Georgia.

Die meisten der rund 340.000 Menschen der Greater Victoria Region leben nicht in Victoria selbst, sondern in einer der zwölf benachbarten Städten und Gemeinden. Die interessantesten Nachbarorte sind Oak Bay (→ S. 136) im Osten sowie Esquimalt und Sooke (→ Westlich von Victoria, S. 138) im Wetasten.

Sehenswertes

Das viktorianische Stadtbild hat seine Wurzeln im Bauboom der industriellen Gründerzeit zwischen etwa 1870 und

Vancouver Island bis Haida Gwaii → Karten S. 114 und S. 116/117

dem Ersten Weltkrieg. Aus Lagerhäusern und Bordellen des Fischereihafens wurden inzwischen Restaurants und Kunstgalerien; Baracken und Industrieflächen wichen Hotels und Läden. Die Stadt ist gut zu Fuß, mit dem Fahrrad oder mit den Wassertaxis des Inner Harbour zu erkunden.

Royal BC Museum: Ein Besuch des wichtigsten und prächtigsten Museums auf Vancouver Island ist absolut lohnenswert. Den 1. Stock prägt eine umfassende und sehr informative Ausstellung zur Naturgeschichte British Columbias, inklusive eines lebensechten Mammuts, eines nachgebildeten Regenwalds und einer Meeresküste mit Gezeitenpool. Zudem finden hier wechselnde Sonderausstellungen statt.

Der 2. Stock ist der Neuzeit gewidmet und stellt ansprechend und detailliert die Besiedelung durch die Weißen ab 1778 dar, insbesondere den Kohlebergbau, die Holzverarbeitung und die Entwicklung der Fischerei. Eine lebensecht gestaltete Straßenszene einer Kleinstadt zu Beginn des 20. Jahrhunderts versetzt den Besucher um hundert Jahre in die Vergangenheit. Die First Peoples Gallery veranschaulicht die Geschichte, das Handwerk und die Bräuche der Ureinwohner vor der „Entdeckung" durch die Weißen über die Epoche der Besiedelung und den damit verbundenen Verlust der Traditionen bis hin zur jüngeren Geschichte, die zur Rückbesinnung auf die eigene Kultur führte. Die Sammlung der Totempfähle, Kanus und anderer Ausstellungsstücke ist beeindruckend.

Im Außenbereich steht neben weiteren Exponaten das älteste Gebäude der Stadt, das nach dem Arzt, Händler und Politiker John Helmcken benannte Helmcken House. Die älteste Schule der Stadt, St. Ann's Schoolhouse, bietet Einblicke in das Erziehungswesen des 19. Jahrhunderts.

Für den Besuch sollte man mindestens drei Stunden einplanen. Im Erdgeschoss gibt es zwei Cafés (der Wiedereintritt ins Museum ist kostenfrei möglich) sowie einen gut sortierten Shop mit Büchern, Kunsthandwerk und vielem mehr. Zudem befindet sich hier das IMAX-Kino, das stünd-

John Lennons Rolls Royce Phantom V im Royal BC Museum

lich wechselnde Naturfilme zeigt. Fast täglich steht „Humpback Whales", ein eindrucksvoller Film über die Buckelwale des Pazifiks, auf dem Programm – eine gute Alternative, wenn Zeit oder Budget keine Walbeobachtungstour zulassen.

■ Tägl. 10–17 Uhr. Eintritt 27 $, IMAX-Kino 12 $, Kombi-Ticket 37 $. 675 Belleville Street. Sonderausstellungen und IMAX-Programm: ☎ (250) 356-7226, www.royalbcmuseum.ca.

Fairmont Empress Hotel: Das Hotel mit seinen 477 Zimmern und vier Restaurants ist das Wahrzeichen Victorias und dominiert den Inner Harbour. 1904–1908 von Francis Rattenbury erbaut, ist „The Empress" heute vor allem durch den britischen Afternoon Tea bekannt: Mehr als 500.000 Tassen Tee werden jährlich serviert. Auch wer nicht zum Tee kommt, sollte sich Zeit für einen Rundgang durch die Lobby nehmen und die opulente Atmosphäre auf sich wirken lassen. Trotz des hohen Preises, der neben Tee auch Sandwichs, Scones und andere Köstlichkeiten einschließt, sind Reservierungen für die Tea Time unerlässlich.

■ Tägl. 12–16 Uhr. Afternoon Tea 78 $. Dress Code beachten! 721 Government St. Reservierung: ☎ (250) 389-2727, www.teaatthe empress.com.

Maritime Museum: Gegenüber der Nordostecke des Fairmont Empress Hotel hat das Museum für kanadisch-pazifische Seefahrtsgeschichte ein provisorisches Refugium gefunden, nachdem es 2014 seinen früheren Standort räumen musste. Auf einem Bruchteil der früheren Fläche können im neuen Domizil nur wenige der 800 Schiffsmodelle und 40.000 weiteren Sammlungsstücke gezeigt werden. Langfristig soll das Museum am Kreuzfahrtterminal Ogden Point eine neue Bleibe erhalten; doch sind Zeitplan und Finanzierung noch ungewiss.

■ Di–Sa 10–16 Uhr. Eintritt frei; Spenden erbeten. 634 Humboldt St, ☎ (250) 385-4222, www.mmbc.bc.ca.

Die indigene Kultur ist auch in Grünanlagen stets präsent

Robert Bateman Centre: Im beeindruckenden Steamship Terminal wird eine repräsentative Auswahl aus dem Lebenswerk des bekanntesten kanadischen Natur- und Landschaftsmalers gezeigt. Die Räume sind nach Schwerpunkten geordnet, zum Teil geografisch (British Columbia, Afrika), zum Teil thematisch (Porträts). Wer den Außenaufzug westlich des Gebäudes nimmt, geht bereits durch einen Teil der Ausstellung und kann sich in einer Video-Dokumentation kostenfrei einen ersten Eindruck verschaffen.

■ Tägl. 10–17 Uhr. Kostenlose Führungen Di und Sa 14 Uhr. Eintritt 10 $. 470 Belleville St, ☎ (250) 940-3630, www.batemancentre.org.

Parlamentsgebäude: Die Legislative Buildings im neo-romanischen Stil dominieren die südliche Seite des Inner

Hausboote an der Fisherman's Wharf

Harbour. Kostenlose Führungen informieren vor allem über die politische Arbeit, aber auch über die historische Bedeutung und die architektonischen Eigenheiten des Gebäudekomplexes. Abends wird das Hauptgebäude von mehr als 3500 Glühbirnen erleuchtet.

▪ Juni bis Aug. tägl. 9–17 Uhr. Am Wochenende nur im Rahmen von geführten Touren. Sept. bis Mai Mo–Fr 9–17 Uhr. Eintritt frei. Belleville St. Teilweise zeitliche Einschränkungen, aktuelle Infos: ✆ (250) 387-3046, tours@leg.bc.ca.

Fisherman's Wharf: Die pittoreske Hausbootkolonie ist Ausgangspunkt für Walbeobachtungs- und Kajaktouren; hier finden sich auch Restaurants, Imbisse, ein Café und eine Eisdiele. Oft sind Seehunde zu sehen, die auf Fischreste spekulieren.

▪ 10 Minuten Fußweg vom Steamship Terminal am Inner Harbour oder mit der Victoria Harbour Ferry (5 $).

Beacon Hill Park: Vom Royal BC Museum sind es nur wenige Schritte die Anhöhe hinauf zum 80 ha großen Park, der sich bis an den Strand der Meeresstraße Juan de Fuca erstreckt. Im Park nisten Adler; aber auch Fischreiher und Pfaue sind hier heimisch. Im nördlichen Teil wurde eine Gartenanlage mit Teichen, Brücken und Spazierwegen angelegt. Im Zentrum, am Circle Drive, begeistert der Streichelzoo der Beacon Hill Children's Farm vor allem Kinder. Am Südende des Parks steht eine große Tafel, die auf den Kilometerstein „0" des Trans-Canada Highway hinweist, der als Kanadas Highway No. 1 von hier aus über mehr als 7000 km nach Neufundland führt.

▪ Beacon Hill Children's Farm: tägl. 10–16 Uhr. Eintritt frei, Spenden erbeten.

Emily Carr House: Westlich des Beacon Hill Park liegt das Haus, in dem die Malerin und Schriftstellerin Emily Carr aufwuchs. Die 1871 in Victoria geborene Künstlerin war in ihrem Schaffen stark von den indianischen Kulturen

Kanadas beeinflusst. Eine Stiftung informiert über ihr Leben und Wirken.

■ Mai bis Sept. Di–Sa 11–16 Uhr. Eintritt 7 $. 207 Government St, www.emilycarr.com.

Chinatown: Im Norden der Downtown, rund um das westliche Ende der Fisgard Street, liegt das chinesische Viertel. Auf dem Weg vom Inner Harbour dorthin lohnt ein Abstecher durch die kleine Waddington Alley, eine Verbindungsgasse zwischen der Yates Street und der Johnson Street. Ihr „Straßenpflaster" ist auch heute noch aus Holz – das war 1908 noch billiger als Stein und hält länger ... Die kleine Chinatown ist die zweitälteste in ganz Nordamerika. Schon 1858 gelangte mit dem Cariboo-Goldrausch die erste Welle chinesischer Einwanderer nach Victoria. Sichtbares Wahrzeichen der Chinatown ist das rote, von zwei Löwen flankierte „Tor der Harmonie" (Fisgard Street/Ecke Government Street). Wenige Schritte weiter liegt das älteste durchgängig betriebene chinesische Geschäft in Nordamerika: die Schlachterei Loy Sing (554 Fisgard Street). Die chinesische Apotheke (614 Fisgard Street) lohnt einen Besuch auch für Anhänger westlicher Medizin.

Noch bis in die 1970er-Jahre prägten Glücksspiel und Opium das Leben in der versteckten, teilweise nur einen Meter breiten Fan Tan Alley, zwischen Fisgard Street und Pandora Avenue. Heute laden hier Kunsthandwerker und Souvenirgeschäfte zum Bummeln ein. Die BBQ Bakery (1714 Government Street) verkauft chinesische und europäische Spezialitäten und ist berühmt für ihre Teigtaschen. Don Mee, ein paar Schritte weiter, bietet die wohl größte Dim-Sum-Auswahl in Victoria sowie Fisch und Meeresfrüchte. Der älteste buddhistische Tempel Kanadas liegt von außen unscheinbar im 3. Stock des Hauses Nr. 1713 der Government Street und ist der Seegöttin Tam Kung gewidmet (Eintritt frei, Spende erbeten).

■ 90-minütige, hervorragende Führungen: Juni bis Aug. Di, Do, Sa 10.30 Uhr; sonst nur Sa. Preis 15 $. Treffpunkt: Pearl-Skulptur Fisgard St/Government St. Keine Reservierung erforderlich. ✆ (250) 384-6698, www.discoverthepast.com.

Gate of Harmonious Interest, Chinatown

Vancouver Island bis Haida Gwaii → Karten S. 114 und S. 116/117

Dunsmuir und Rattenbury – Männer, die Victoria prägten

Besucher Victorias stoßen immer wieder auf die beiden Namen Robert Dunsmuir und Francis Rattenbury. Robert Dunsmuir, 1825 in Schottland geboren, kam 1851 als Bergmann an die kanadische Westküste und arbeitete sich hoch. 1869 stieß er beim Angeln in der Nähe von Nanaimo auf ein großes Kohleflöz. Er sicherte sich die Claims im weiten Umkreis und schuf daraus innerhalb von nur gut zehn Jahren ein Kohleimperium: Er ließ eine eigene Eisengießerei erbauen und trieb als Hauptgesellschafter den Bau der Eisenbahn nach Victoria zum Abtransport der Kohle voran. Ab 1882 war er Abgeordneter, später auch Minister. 1887 beauftragte er den Bau des Craigdarroch Castle: Drei seiner Töchter waren noch ledig, und er suchte den passenden Rahmen für gesellschaftliche Veranstaltungen. 1889 starb er als reichster Mann der Westküste. Die Fertigstellung des Craigdarroch Castle erlebte er nicht mehr.

Francis Rattenbury wurde 1867 in Leeds geboren und kam als junger Architekt 1891 nach Vancouver. Unter einem Pseudonym gewann er 1892, gerade 25-jährig, die Ausschreibung zum Bau des Parlamentsgebäudes in Victoria. Obwohl er die ursprünglich veranschlagten Kosten weit überschritt, brachte der Erfolg ihm zahlreiche weitere Aufträge ein. Seine bekanntesten Gebäude sind das Empress Hotel sowie das 1924 im neoklassizistischen Stil erbaute Steamship Terminal; somit wurden die drei dominierenden Gebäude am Inner Harbour alle von Rattenbury entworfen. Privat hatte der Architekt weniger Glück. 1923 verließ er seine Frau und brannte mit seiner 30 Jahre jüngeren Geliebten nach England durch. Diese wiederum betrog ihn bald mit dem Chauffeur. 1935 wurde Rattenbury in seinem Wohnzimmer erschlagen aufgefunden. Der Chauffeur wurde verurteilt, die Geliebte beging Selbstmord.

Fairmont Empress Hotel am Inner Harbour

Craigdarroch Castle: Der Prachtbau auf einer Anhöhe gut 2 km östlich des Zentrums ist ein eindrucksvolles Manifest viktorianischer Architektur. Robert Dunsmuir, „Kohlebaron" und damals reichster Mann Westkanadas, ließ den schlossartigen Bau im romanischen Stil zwischen 1887 und 1890 errichten. Das fast 2000 m² große Gebäude mit seinen 39 Zimmern beeindruckt durch bunte Glasfenster, epochetypische Einrichtungsgegenstände und authentische Möbel. Zur damals unglaublich hohen Kaufsumme von 500.000 $ kamen Extravaganzen hinzu, die bis dahin im Westen nicht vorstellbar waren: Das Treppenhaus aus Eiche wurde bereits in Chicago vorgefertigt und am Stück nach Victoria gebracht. Während der Granit aus British Columbia stammte, wurden die Kacheln in San Francisco gebrannt. Mehr als 150.000 Gäste im Jahr besichtigen das Schloss – nutzen Sie möglichst die Tagesrandlagen für Ihren Besuch.

▪ Mitte Juni bis Anfang Sept. tägl. 9–19, sonst 10–16.30 Uhr. Eintritt 14 $ inkl. Audioguide. 1050 Joan Crescent, ✆ (250) 592-5323, www.thecastle.ca. Im Sommer kann man hier die Stadtrundfahrten für einen Besuch unterbrechen.

Art Gallery of Greater Victoria (AGGV): Der renommierte Ausstellungskomplex unweit des Craigdarroch Castle ist eine Mischung aus Museum und Kunstgalerie. Rund um das Spencer Mansion von 1889 entstanden in den vergangenen Jahrzehnten sieben weitere Ausstellungsbereiche. Über 18.000 Ausstellungsstücke bilden die in drei thematische Bereiche gegliederte permanente Sammlung: Die umfassendste Kollektion japanischer Kunst in Kanada bildet den Kern der asiatischen Ausstellungsstücke. Hinzu kommen historische und zeitgenössische Werke sowohl kanadischer als auch internationaler Künstler, mit besonderem Schwerpunkt auf regionalen und lokalen Künstlerinnen und Künstlern; so ist ein Raum dem Werk der Malerin und Schriftstellerin Emily Carr gewidmet. Im asiatischen Garten befindet sich der einzige authentische Shinto-Tempel Nordamerikas. Die AGGV veranstaltet auch Lesungen sowie Konzerte experimenteller Musik.

▪ Di–Sa 10–17, So 12–17 Uhr, im Sommer auch Mo geöffnet sowie Do bis 21 Uhr. Eintritt 13 $. 1040 Moss St, ✆ (250) 394-4171, www.aggv.ca.

Miniature World und Victoria Bug Zoo: Kinder werden hier ihren Spaß haben. Die Miniature World im Keller des Empress Hotels (Zugang von der Humboldt Street) ist ein Durcheinander von modellbauerisch mehr oder weniger überzeugend gestalteten Szenen: Von Raumschiffen und Ritterschlössern über Puppenhäuser, den Buckingham Palace und Weltkriegsruinen ist alles vertreten. Während Erwachsene meist die Nase rümpfen angesichts des Versuchs, zehn große europäische Schlösser ins nachempfundene Rheintal zu verpflanzen und eine Modellbahn ihre Kreise drum herum ziehen zu lassen, drücken sich kleine Prinzen und Prinzessinnen an den Scheiben die Nasen platt.

Im Victoria Bug Zoo, einen Block weiter, bringen ausgebildete Biologen vor allem den kleinen Besuchern die Welt der Käfer, Ameisen, Heuschrecken und Spinnen anschaulich näher, wobei Kindergeburtstage mit über Arme krabbelnden Tarantulas den Lärmpegel regelmäßig in die Höhe treiben. Erwachsene ohne Kinder werden sich bei beiden Attraktionen schwer tun, einen fairen Gegenwert für das Eintrittsgeld zu erkennen.

Miniature World: Mitte Mai bis Sept. tägl. 9–21, sonst 9–17 Uhr. Erw. 16 $, Kind 8 $. Günstiger für Familien ab vier Pers. 649 Humboldt Street. www.miniatureworld.com. **Bug Zoo:** Mo–Fr 11–16, Sa/So 10–17 Uhr. Erw. 12 $, Kind 8 $. 631 Courtney St, www.victoriabugzoo.ca.

Mount Tolmie: Bei guter Sicht lohnt ein kurzer Abstecher in den Norden der Stadt. An klaren Tagen reicht der 360-Grad-Blick vom Mount Tolmie, den

Vancouver Island bis Haida Gwaii → Karten S. 114 und S. 116/117

man über den Mayfair Drive erreicht, bis zum unverwechselbaren Vulkangipfel des Mount Baker in Washington.

Touren

Whale Watching: Zahlreiche Unternehmen bieten von Victoria aus etwa dreistündige Touren zur Walbeobachtung an. Oft darf die Tour an einem anderen Tag kostenfrei wiederholt werden, für den Fall, dass keine Wale gesichtet wurden.

Prince of Whales, mit Zodiac oder Großboot für 130 $. Kombinationen mit Butchart Gardens und Vancouver möglich. 812 Wharf St (UG des Visitor Centre). ✆ (250) 383-4884, www.princeofwhales.com.

Orca Spirit, die größte Flotte in Victoria fährt von April bis Okt. tägl. bis zu 8-mal mit Zodiac, kleinem Boot oder großem Katamaran für 126 $ inkl. Shuttle vom/zum Hotel. 950 Wharf St (Seaplane Terminal) und 146 Kingston St (Fisherman's Wharf), ✆ (250) 800-3747, www.orcaspirit.com.

Springtide, etablierter Familienbetrieb, seit 1993 vor Ort. Mitte April bis Okt. tägl. bis zu 5 Fahrten mit Zodiac oder Großboot für 119 $. 1119 Wharf St (am Bastion Square), ✆ (800) 470-3474, www.victoriawhalewatching.com.

Mein Tipp **Eagle Wing Tours,** kleinerer Anbieter, tägl. nur wenige Fahrten, darunter eine Sunset-Tour. Touren bis zu 4 Stunden, je nach Sichtungen, ohne Zeitdruck. Mit offenem Boote oder Katamaran für 135 $, Sunset Tour 110 $. Fisherman's Wharf. ✆ (250) 384-8008, www.eaglewingtours.com.

Walbeobachtungsboot und Steamship Terminal im Hafen

Stadtrundfahrten und -rundgänge: Mehrere Firmen bieten Stadtrundfahrten an. Abfahrten immer vor dem Empress Hotel am Hafen. Da aber fast alle wichtigen Sehenswürdigkeiten ohnehin rund um den Hafen zu finden sind, sollte man sich überlegen, ob eine Tour lohnt. Big Bus bietet Kombinationen mit Whale Watching und anderen Attraktionen an. Wer beides machen will, spart. Am besten lässt sich die Stadt an der Seite Einheimischer auf dem Fahrrad entdecken: Viele Anbieter verleihen nicht nur Räder, sondern bieten auch geführte Touren. Absolut empfehlenswert ist „The Pedaler" mit seiner „Hoppy Hour Tour". Victoria Harbour Ferry bietet nicht nur Wassertaxi-Dienste, sondern auch eine Hafenrundfahrt mit ausführlichen Erläuterungen.

Big Bus Victoria bedient auf einer Rundfahrt 23 Stationen. Mai bis Sept. 9.30–18 Uhr, etwa alle 45 Min. Tagespass 36 $, 2-Tages-Pass 46 $, mit beliebig vielen Unterbrechungen („Hop on, hop off!"). ✆ (250) 389-2229, www.bigbusvictoria.com.

CVS Tours macht eine abendliche Stadtrundfahrt (18 Uhr, 40 $). Tagsüber Kombitour Craigdarroch Castle und Butchart Gardens (5 Std., 100 $). Ganztagestour mit allen Attraktionen 229 $. ✆ (877) 578-5552, www.cvstours.com.

Gray Line, Mai bis Okt. Hop-on-hop-off-Tour für 1 und 2 Tage 45 $/72 $. Die Halte werden im Juli und August alle 40, sonst alle 60 Min. bedient. ✆ (250) 385-6553, www.sightseeingvictoria.com.

Mein Tipp **Discover the Past,** Stadtspaziergänge zu verschiedenen Themen, z. B. der schaurig-schöne „Ghostly Walk", tägl. 19.30, Fr/Sa auch 21.30 Uhr. 15 $. Viele Führer sind ausgebildete Historiker und Schauspieler. ✆ (250) 384-6698, www.discoverthepast.com.

The Pedaler, „Castle, Hoods & Legends": 2-stündige Stadtrundfahrt, tägl. 10.30 und 13.30 Uhr, 55 $. „Hoppy Hour Tour": 3-stündige Fahrradtour zu mehreren Kleinbrauereien mit Bier & Snacks, tägl. 13 Uhr, 91 $. 321 Belleville St, ✆ (778) 265-5743, www.thepedaler.ca.

Victoria Harbour Ferry, Hafenrundfahrt, tägl. 10–18 Uhr, im Sommer bis 19 Uhr, alle 30 Min. Dauer 45 Min. 30 $. Inner Harbour (beim Visitor Centre), ✆ (250) 708-0201, www.victoriaharbourferry.com.

Fahrradfahren in Victoria

Victoria verfügt nicht über das umfassende Radwegenetz Vancouvers – dafür sind die vorhandenen Strecken umso schöner. Als Einstieg bietet sich eine Tour vom Inner Harbour aus entgegen dem Uhrzeigersinn an, immer am Wasser entlang. Über Steamship Terminal und Fisherman's Wharf geht es zum Kreuzfahrtterminal Ogden Point und weiter am Beacon Hill Park vorbei zu den Aussichtspunkten Holland Point Park und Clover Park. Von dort gelangt man durch die ruhige Moss Street zum Craigdarroch Castle. Leicht bergab geht es durch die Yates Street zurück zum Hafen (ca. 11 km).

Wer etwas länger unterwegs sein möchte: Zwei ehemalige Bahntrassen sind heute „Multi-use-Trails": Radler, Skater und Fußgänger teilen sich die breite Trasse problemlos. Einfach nach der Johnson Street-Brücke rechts halten. Von da an geht es entlang des Gorge-Waterways über die Selkirk Trestle und in einer grünen Schlucht unter dem Lärm der Stadt hindurch. Kurz nach der Brücke über die Douglas Street trennt sich die Strecke: Links verläuft der Galloping Goose Trail, der 60 km bis nach Sooke führt. Anfangs noch parallel zum Highway, wechselt die Strecke bald in den Wald und führt teils asphaltiert, teils geschottert, durch ruhige Vororte mit sanften Anstiegen und Abfahrten. Bei Km 9 befindet sich ein schöner Umkehrpunkt: das Nest Café in View Royal. Wer sich nach der Brücke dagegen rechts hält, kommt auf den Lochside Regional Trail, der an Seen entlang durch Wohngebiete, Farmland und über stille Feldwege bis zur Swartz Bay Ferry führt. Auch hier gibt es Einkehrmöglichkeiten; zudem gibt es an allen Routen viele Wasser- und Werkzeug-Stationen.

Mehrere Unternehmen vermieten Räder und bieten geführte Touren

Information

Das **Tourism Victoria Visitor Centre,** direkt am Hafen, informiert umfassend und bucht auch Unterkünfte und Ausflüge. Tägl. 9–17 Uhr. 812 Wharf St, ✆ (250) 953-2033, www.tourismvictoria.com.

Hin und weg

Flughafen Der Victoria International Airport liegt 26 km nördl. der Stadt und wurde 2015 zum besten nordamerikanischen Regionalflughafen gewählt. Ankünfte/Abflüge ✆ (250) 953-7500, www.victoriaairport.com.

Vom Flughafen in die Stadt Der **YYJ Airport Shuttle** verbindet alle 40 Min. den Flughafen mit den wichtigen Hotels. Die Busse von **BC Transit** fahren von 6 bis 22 Uhr etwa alle 30 Min. Umsteigen am Busbahnhof McTavish; Fahrzeit ca. 1 Std. **Taxi** in die Innenstadt ca. 80 $. Alle wichtigen **Mietwagenfirmen** sind am Flughafen vertreten.

Wasserflugzeug **Harbour Air** fliegt von Vancouvers International Airport (South Terminal) und von Vancouver Downtown (Coal Harbour) direkt in den Hafen von Victoria. Erhebliche Gepäckbeschränkungen. ✆ (604) 274-1277, www.harbourair.com.

Fähren Wer mit dem Mietwagen oder Wohnmobil unterwegs ist und diesen nach Vancouver Island mitnehmen will, muss eine Fährverbindung nutzen, um auf die Insel zu gelangen. In der Hochsaison und an Wochenenden vorab reservieren!

BC Ferries: Von Tsawwassen (ca. 30 Min. südl. von Vancouver) bis zu 12x tägl. nach Swartz Bay (ca. 40 Min. nördl. von Victoria). Die Überfahrt dauert 90 Min. und ist aufgrund der engen Wasserstraße durch die Gulf Islands reizvoll. ✆ (250) 386-3431, www.bcferries.com.

Black Ball Ferry Line: Vom US-amerikanischen Port Angeles 2 Std. westl. des Flughafen Seattle. 2- bis 4-mal tägl. in 90 Min. direkt in Victorias Inner Harbour. Die „MV Coho", Bj. 1959, verfügt über keine Stabilisatoren, was bei stürmischer See zwar nicht die Sicherheit gefährdet, aber den Mageninhalt der Passagiere. ✆ (250) 386-2202, www.cohoferry.com.

Washington State Ferries verbindet Sidney, ca. 30 km nördl. von Victoria, 1x tägl. mit Anacortes/Washington, zwei Autostunden von

Die „M/V Coho" verbindet Victoria und Port Angeles (USA)

Vancouver bzw. Seattle entfernt. Die dreistündige Überfahrt durch die San Juan Islands ist die zeitraubendste Anfahrt, aber landschaftlich die schönste Route. ✆ (206) 464-6400, www.wsdot.wa.gov/ferries.

Clipper Vacations verbindet mit Katamaranen in knapp 3 Std. 1x bis 3x tägl. die Innenstädte von Seattle und Victoria. Nur für Fußgänger und Radfahrer, kein Pkw-Transport. ✆ (800) 888-2535, www.clippervacations.com.

V2V Vacations will mehr Mini-Kreuzfahrt als Fähre sein. Seit 2017 fährt der Katamaran mit Zwei-Klassen-Bestuhlung 1x tägl. von Vancouver nach Victoria und zurück. Nur für Fußgänger und Radfahrer. Der Aufpreis für die besseren Plätze lohnt aber nicht. ✆ (855) 554-4679, www.v2vvacations.com.

Bus Der **BC Ferries Connector** verbindet Vancouver (Downtown und Flughafen) bis zu 8x tägl. mit Victorias Bus-Terminal in der Innenstadt und bedient auch Haltestellen unterwegs. Der Bus nutzt die Fährverbindung von BC Ferries. Reisezeit etwa 3½ Std. ✆ (604) 428-9474, www.bcfconnector.com.

Nah- und Stadtverkehr, Parken Im Innenstadtbereich rund um den Hafen sind alle wichtigen Sehenswürdigkeiten und viele Hotels und Restaurants leicht zu Fuß erreichbar. Die meisten Hotels entlang der Haupteinfallstraßen bieten kostenfreie Shuttle-Transfers in die Innenstadt.

Bus Zahlreiche Buslinien des **BC Transit** erschließen vom Busbahnhof aus (Douglas St/Belleville St) den Innenstadtbereich, aber auch touristisch wichtige Ziele wie Butchart Gardens und das Fährterminal in Swartz Bay. www.bctransit.com/victoria.

Fährboote Die kleinen Boote von **Victoria Harbour & Ferry Taxi** legen unterhalb des Visitor Centres ab und verbinden den Inner Harbour mit Fisherman's Wharf, der West Bay und verschiedenen Anlegepunkten an der Gorge-Wasserstraße sowie den Hotels in Victoria West. Juli/Aug. 10–21 Uhr, Frühling und Herbst 10–19 Uhr, Winter 10–17 Uhr. ✆ (250) 708-0201, www.victoriaharbourferry.com.

Parken Das Auto sollte man im Hotel lassen, Parkplätze im Zentrum sind rar. In den fünf städtischen Parkhäusern ist die erste Stunde immer kostenlos, dann 2 $/Std. Je nach Lage kostet das ganztägige Parken dort 12–14 $. Meist deutlich teurer sind die privaten Anbieter: Direkt am Inner Harbour werden auf den gelb markierten „Public Parking“-Flächen 3 $ pro Stunde fällig. Es wird überall sehr häufig kontrolliert – Strafzettel werden teuer.

Einkaufen

Bäcker In der Innenstadt gibt es zahlreiche Bäckereien mit angeschlossenen Cafés. **Fol Epi,** 732 Yates St, setzt auf biologischen Anbau und Zutaten aus der Region. **Willie's Café and Bakery** sitzt an einem traditionsreichen Ort: Von 1887 bis zur Schließung 1976 betrieben hier vier Generationen der Familie Wille die älteste Bäckerei Victorias. 1999 wurde die Bäckerei in historischem Ambiente wiedereröffnet und um ein Café ergänzt. 537 Johnson Street, www.willies.ca.

Bücher und Landkarten Bei **Munro's Books** findet man ein riesiges Sortiment an Büchern zu allen Themen und Aspekten rund um B.C., Vancouver Island und Victoria. Land- und Postkarten runden das Sortiment ab. 1108 Government St.

Kunst und Galerien Die **Oak Bay Village Gallery Row,** entlang der Oak Bay Avenue östl. der Foul Bay Road ist Heimat zahlreicher Galerien und Kunsthandwerksläden lokaler, regionaler und internationaler Künstler. **Hill's Native Art Gallery** (1008 Government St) bietet die größte Auswahl an Kunst der First Nations, von Schnitzereien über Schmuck bis hin zu Totems und Masken.

Selbstversorger Supermärkte finden sich vor allem an den Ausfallstraßen. In der Innenstadt hat **Market Stores** zwei Läden: Market on Yates, 903 Yates St, und Market on Millstream, 125 Millstream St, beide bis 23 Uhr. Der **Public Market** bietet Markthallen-Atmosphäre mit frischem Brot, Obst- und Gemüse sowie Fisch, Käse und Produkte von lokalen Bauern und Händlern. Mo–Sa 10–18, So 11–17 Uhr. 1701 Douglas St.

Shopping Mall Das einzige Einkaufszentrum in der Innenstadt ist **The Bay Centre** mit 90 meist exklusiven Shops. Rabatt-Gutscheine an der Information („Guest Services“) für Nicht-Kanadier 1150 Douglas St.

Souvenirs Rund um den Hafen und in der Government St gibt es zahlreiche Souvenirläden. Wer anderes als T-Shirts und Plüschtiere

Vancouver Island bis Haida Gwaii → Karten S. 114 und S. 116/117

mitbringen möchte, findet bei **Cowichan Trading** (1328 Government St) eine große Auswahl an Geschenken, Kunst und Mode, die die überlieferten Motive der First Nations mit modernem Design vereint.

Sport und Freizeit

Adrenalin-Kicks Im Hochseilgarten des **Wild Play Element Park** klettert man selbstständig durch die Baumriesen. Tägl. 10–18 Uhr. Eintritt ab 40 $. 1767 Island Highway, ✆ (250) 590-7529, www.wildplay.com.

Kurz vor Sooke bietet **AdrenaLine** einen Zipline-Kurs: An 8 Drahtseil-Rutschen bis 300 m Länge geht es bis zu 45 m über dem Talboden rasant abwärts. Zipline 89 $, mit Shuttle ab/bis Victoria 109 $. 5128C Sooke Road, Sooke. www.adrenalinezip.com.

Fahrrad- und Mopedverleih Touren- und Rennräder bei mehreren Anbietern, bei CycleBC auch Motorroller.

The Pedaler: Radmiete mit Helm und Schloss. 12 $/Std., ganzer Tag 30 $. Auch geführte Touren. 321 Belleville St, ✆ (778) 265-7433, www.thepedaler.ca.

Cycle Treks: Fahrräder ab 8 $/Std., 40–55 $/Tag. E-Bikes ab 30 $/2 Std. 1000 Wharf St, ✆ (250) 386-3147. www.cycletreks.com.

CycleBC: Fahrrad ab 8 $/Std., 30–45 $/Tag. Scooter (Motorroller) ab 18 $/Std. 685 Humboldt St, ✆ (250) 380-2453, www.cyclebc.ca.

Allgemeine Informationen zum Radfahren: www.gallopinggoosetrail.com, www.victoria.ca/EN/main/community/cycling.html.

Veranstaltungen und Kultur

Die Webseite des Visitor Centre (www.tourismvictoria.com) listet alle Veranstaltungen, Feste, Sportereignisse und Konzerte in und um Victoria auf und verlinkt zu den Veranstaltern.

Kinos Das **Vic Theatre** in der Douglas St bietet kanadisches und internationales Programmkino in klassischer Kinosaal-Atmosphäre mit modernster Technik. Das **Cineplex Odeon** in der Yates Street zeigt Blockbuster, das **IMAX-Kino** im Royal BC Museum bringt Naturerlebnisse aus aller Welt auf die großformatige Leinwand.

Kultur Das **Royal Theatre** von 1913 ist das renommierteste Veranstaltungshaus Vancouver Islands und Heimat für Theater, Oper und Konzerte. Das **McPherson Playhouse** von 1914 ist etwas kleiner, aber beide Häuser bieten nach perfekter Renovierung noch heute eine Theateratmosphäre wie zur Eröffnung. Das **Belfry Theatre** dient kleineren Veranstaltungen. Große Konzerte finden oft auch in der **Alix Goolden Hall** statt, einer umgebauten Kirche mit beeindruckender Architektur und hervorragender Akustik. Ballet Victoria bringt mehrmals jährlich hochklassige Produktionen auf die Insel.

Veranstaltungen & Feste Der **Geburtstag von Queen Victoria** ist offizieller Stadtfeiertag und wird am Montag vor dem 25. Mai mit einer großen Parade gefeiert. Das **International Yacht Race** zieht am letzten Mai-Wochenende Tausende von Segelsportbegeisterten an den Inner Harbour. Musikalische Vielfalt gibt es im Sommer beim **Victoria Jazzfest International** in der letzten Juniwoche und beim **Symphony Splash** am 1. Sonntag im August, wenn das örtliche Symphonieorchester im Inner Harbour spielt. Ein großes Volksfest mit Musik, Tänzen der First Nations und Imbiss-Ständen ist das **Drachenbootfestival** Mitte August. Ende August lockt das **Fringe Theatre Festival** mit über 350 Vorstellungen Freunde des alternativen Theaters in die Stadt. Am 1. Septemberwochenende leitet der **Blues Bash** das Ende des Sommers ein.

Übernachten

→ Karte S. 133

Im Sommer ist die Stadt oft ausgebucht; Reservierung ist unerlässlich. Grundsätzlich sind Übernachtungen am Wochenende am teuersten, auch innerhalb der Saisonzeiten schwanken die Preise stark. Viele der teuren Hotels befinden sich downtown, nur wenige Fußminuten vom Hafen. Günstigere Hotels und Motels liegen entlang der Ausfallstraßen Douglas Street und Blanshard Street; sie bieten oft einen Shuttle in die Innenstadt.

Originell und gratis: Hotel-Shuttle des Hotel Zed

Hotel The Fairmont Empress 20: Das prachtvolle Hotel, ursprünglich für die Canadian Pacific Railway erbaut, ist das stilvollste und traditionsreichste Hotel der Stadt – in einzigartiger Lage am Inner Harbour. Umfangreiche Renovierungen 2016 haben nichts daran geändert, dass die Zimmer eher klein ausfallen. Ab 399 $ für das DZ, eindrucksvoller sind die Deluxe Rooms mit Blick über den Hafen (ab 479 $). Noch exklusiver: Ab 639 $ gibt es die Fairmont-Gold-Zimmer mit eigener Lounge, separatem Check-In, Canapés am Abend und Frühstück. 721 Government St, ✆ (250) 384-8111, www.fairmont.com/empress-victoria.

Abigail's 21: Das Hotel mit nur 23 Zimmern liegt in einer ruhigen Seitenstraße, keine 10 Minuten Fußweg vom Hafen. Außen ein Haus im Tudor-Stil aus den 1930er-Jahren, überzeugt das Hotel im Inneren durch Eleganz, modernen Komfort und sehr persönlichen Service. Nur für erwachsene Gäste; Kinder sind nicht erlaubt. Das dreigängige Frühstück ist sensationell. Zimmer ab 249 $. 806 McClure St, ✆ (250) 388-5363, www.abigailshotel.com.

******* The Oak Bay Beach Hotel:** Das 2012 neu erbaute Hotel steht an einem traditionsreichen Platz im Nobelvorort Oak Bay – bis 2006 stand hier das Vorgängerhaus gleichen Namens aus dem Jahr 1930. Das mehrfach ausgezeichnete Hotel bietet 100 große, moderne, geschmackvoll eingerichtete Zimmer und Suiten, alle mit Balkon oder Terrasse und viele davon mit tollen Ausblicken übers Wasser. Beeindruckend ist der angeschlossene Spa-Bereich mit den großen Hot Tubs direkt am Meer. Zimmer mit zwei Queen-Betten oder einem King Bed ab 247 $, mit Meerblick ab 375 $. Kostenfreier Shuttle ins Zentrum. 1175 Beach Drive, Oak Bay, ✆ (250) 598-4556, www.oakbaybeachhotel.com.

****** Inn at Laurel Point 17:** Auf einer Landzunge westlich des Hafens sehr ruhig und doch zentrumsnah gelegenes Hotel. Die Beton- und Glasfassade ist Geschmackssache, aber das Preis-Leistungs-Verhältnis ist gut: Zimmer im Laurel-Flügel ab 215 $, im Erickson-Flügel – luxuriöser und mit noch besserer Aussicht – ab 305 $. Hallenbad. 680 Montreal St, ✆ (250) 386-8721, www.laurelpoint.com.

Mein Tipp **Zed:** In der Lobby des im California Beach-Style gehaltenen Hauses dominieren Plattenspieler und Schreibmaschinen, im Keller gibt es einen Tischtennisraum und eine Wii-Station. Kostenlose Transfers in die ca. 5 Autominuten entfernte Downtown (So/Mo 9–15.30, Di–Sa bis 22.30 Uhr). Noch besser ist es, selbst mobil zu werden: Das Hotel bietet kostenlose

Vancouver Island bis Haida Gwaii → Karten S. 114 und S. 116/117

Leihfahrräder; sogar Longboards können umsonst genutzt werden: Der Lochside Regional Trail verläuft nur wenige Meter vom Hotel entfernt. Dazu gibt es einen großen Pool mit Wasserrutsche und Hot Tub. Zimmer ab 149 $. Das unabhängig geführte Restaurant im Haus, The Ruby, bietet sehr gutes Frühstück (9–18 $), aber auch Mittag- und Abendessen (12–18 $). 3110 Douglas St, ✆ (250) 388-4345, www.hotelzed.com.

***** James Bay Inn 23:** Das historische Hotel, einst Wohnsitz von Emily Carr, liegt wenige Minuten südlich des Hafens am Beacon Hill Park. Die kleinsten Zimmer sind ab 119 $ zu haben, die Zimmer mit Queen- oder King-Betten im klassischen Stil ab 139 $. Ein Schnäppchen sind die Connecting Rooms: Je zwei Zimmer mit Verbindungstür teilen sich ein Bad (ab 159 $). 270 Government St, ✆ (250) 384-7151, www.jamesbayinn.com.

Guesthouse/B&B Spinnaker's Gastro Brewpub and Guesthouses 2: Victorias erste private Kleinbrauerei (seit 1984) betreibt kein typisches Bed & Breakfast – aber eines, das zum längeren Verweilen einlädt! Bereits die Standardpreise (159–299 $, je nach Zimmer/Suite) schließen neben dem Hot Breakfast auch eine Bier- und Pralinenverkostung ein. Ein Blick auf die Packages lohnt: So gibt es schon für 159 $ Aufpreis das Whale Watching für zwei Personen mit Orca Spirit, inkl. Transfers. Wer das ohnehin vorhat, kann so über 60 $ sparen! Aber auch sonst begeistern die hohen und großzügigen Zimmer im viktorianischen Stil. 308 Catherine St, ✆ (250) 386-2739, www.spinnakers.com.

Gatsby Mansion: Bed and Breakfast nur wenige Schritte vom inneren Hafen entfernt. Die 9 Zimmer im viktorianischen Stil sind geschmackvoll eingerichtet und makellos sauber. Kontinentales Frühstück im Haus oder großes Hot Breakfast Buffet nebenan im Huntingdon Manor Hotel ist inbegriffen. Parken kostenfrei. Fahrradverleih. Ab 139 $. 309 Belleville St, ✆ (250) 381-3456, www.huntingdonmanor.com/gatsby-mansion.

Birds of a Feather Oceanfront: An der Lagune von Esquimalt, 20 Min. westlich von Victoria, liegt dieses deutsch geführte B&B. Die 3 sehr komfortabel ausgestatteten Zimmer mit großzügigen Bädern haben alle Zugang zur gemeinsamen Dachterrasse mit Blicken über die Lagune und das Meer. Kanus und Kajaks stehen den Gästen am hauseigenen Anlegesteg kostenfrei zur Verfügung, ebenso Mountainbikes. Vom Hot Tub am Ufer aus lassen sich je nach Jahreszeit Zugvögel beobachten. Ab 125 $ bei frühzeitiger Buchung. 206 Portsmouth Drive, ✆ (250) 391-8889, www.birdsofafeather.ca.

Apartment Willie's Vacation Rentals 7: Über Willie's Bakery wurden zwei Ferienwohnungen eingerichtet; inzwischen kamen in unmittelbarer Nachbarschaft drei weitere dazu. Die sehr modern und komfortabel eingerichteten Apartments sind zwischen 45 und 70 m² groß, komplett ausgestattet und bieten bis zu 4 Pers. Platz (ein Doppelbett, ein Schlafsofa). Mindestaufenthalt 2 Nächte. 160–180 $/Nacht + 50 $ Endreinigung. 537 Johnson St, ✆ (778) 350-6898, www.williesvacationrentals.com.

MeinTipp Jugendherbergen Ocean Island Inn 6: Dieses bunte und freundliche Hostel ist immer lebhaft und manchmal etwas laut: Die Bar wird abends oft zur Konzertbühne umfunktioniert. Das Hostel liegt in einer nicht so feinen Ecke Victorias, aber nur wenige Minuten vom Zentrum entfernt. Verschiedene Kategorien, von Betten in kleinen Gemeinschaftszimmern (4–6 Betten, ab 29 $) bis zu Zimmern mit Du/WC (ab 101 $). Die kleinen DZ mit Waschbecken (aber Gemeinschaftsdusche und -WC) ab 52 $ bieten ein hervorragendes Preis-Leistungs-Verhältnis und liegen ruhig nach hinten raus. 791 Pandora Ave, ✆ (250) 385-1788, www.oceanisland.com.

Ist das Ocean Island Inn ausgebucht, ist das **Hostelling International Victoria 8**, Schlafsaal ab 26 $, eine gute Alternative 516 Yates St,. ✆ (250) 385-451189, www.hihostels.ca.

Camping Fort Rodd Hill National Historic Site – oTENTik: 15 Autominuten westlich der Stadt wird Glamping – also Camping mit Glamour-Faktor – geboten. Auf dem Gelände stehen fünf fest aufgebaute Zelte für bis zu 6 Personen, mit Betten, Stühlen, Beleuchtung, Heizung und Grillplatz mit Feuerholz. Schlafsack oder Bettzeug sind mitzubringen. Toiletten und Waschbecken (keine Duschen) in separatem Gebäude. 120 $ plus 11 $ Reservierungsgebühr und Parkeintritt. Mitte Mai bis Ende Sept. 603 Fort Rodd Hill Road, ✆ (250) 478-5849, www.pc.gc.ca/eng/lhn-nhs/bc/fortroddhill/activ/activ6.aspx.

Fort Victoria RV Park: 9 km westlich der Stadt; mit 340 Stellplätzen der größte ganzjährig geöffnete RV Park im Großraum Victoria. Stellplatz 45 $. 340 Old Island Highway, ✆ (250) 479-8112, www.fortvictoria.ca.

Übernachten
2 Spinnaker's Guesthouses
6 Ocean Island Inn
7 Willie's Vacation Rentals
8 HI Victoria Hostel
17 Inn at Laurel Point
20 The Fairmont Empress
21 Abigail's Hotel
23 James Bay Inn
Essen & Trinken
1 Moon under Water
2 Spinnaker's Brewpub
3 Swans Hotel and Brewpub
4 John's Place
10 Rebar
12 Nautical Nellies Steak and Seafood House
13 Red Fish, Blue Fish
14 Flying Otter Grill
15 Fishhook
16 Blue Fox Café
18 Strathcona Hotel
19 Vista 18 West Coast Grill & Wine Bar
22 Discovery Coffee
Nachtleben
5 Paparazzi Lounge & Nightclub
9 The Capital Ballroom
11 Upstairs Cabaret
Victoria
200 m
Upper Harbour
Victoria Harbour
China Town
V2V Vacation Catamaran nach Vancouver
Fähre nach Port Angeles
Clipper Vacations Katamaran nach Seattle
Fisherman's Wharf
Orca Spirit, Eagle Wing Tours
Springtide
Bastion Square
Harbour Air
Prince of Whales
Victoria Harbour Ferry
Victoria Bug Zoo
Maritime Museum
Miniature World
Big Bus Victoria, CVS Tours, Gray Line
The Pedaler
Robert Bateman Centre
B.C. Legislative Buildings
Royal BC Museum
Emily Carr House
Beacon Hill Park
Holland Point Park
Kilometerstein "0"
Government Street
Douglas Street
Blanshard St
Quadra Street
Pandora Ave
Johnson Street
Yates Street
Fort Street
Belleville St
Dallas Road
Bay Street
Skinner Street
Esquimalt Road
Johnson St Bridge
Songhees Road
Lochside Regional Trail
Harbour Road
Superior Street
Michigan Street
Toronto Street
Simcoe Street
Niagara St
Menzies Street
Cook Street
Vancouver Street
Southgate Street
Courtney St
Humboldt
Collinson St
Fairfield Road
Pembroke St
Discovery St
Caledonia Avenue
Herald Street
Fisgard Street
Store Street
Broughton St
View Street
Hillside Av
John St
Rock Bay Av
Bridge Street
Turner St
Raynor Av
Tyee Rd
Catherine Street
Alston Street
Mary St
Kimta Road
Ontario Street
Montreal Street
Oswego Street
Kingston Street
Quebec St
Dock St
Pilot St
San Jose Av
Boyd St
Lewis St
Rendall St
Croft St
Medana St
Clarence
South Turner St
St. Andrews St
Rithet St
Battery St
Arbutus Way
Heywood Avenue
Bridge Way
Circle Drive
Beacon Hill Loop
Convent Pl

Gardenside Acres: Zeltcamper finden nördlich von Victoria einen ungewöhnlichen Campground: Der Garten der Harper Family bietet nur drei Stellplätze, WC und heißes Wasser. Optional gibt es ein sehr günstiges Frühstück. Die Butchart Gardens und die Butterfly World sind bequem zu Fuß erreichbar! Stellplatz 35 $; Frühstück 3,50–6 $. 1117 Greig Avenue, Brentwood Bay, ✆ (250) 216-1659, www.gardenside-acres.com.

Goldstream Provincial Park: Zeltcamper und Wohnmobile gleichermaßen finden im Park großzügig und weitläufig gestaltete Stellplätze in einem ruhigen Waldstück, weit abseits des Highways, etwa 25 Min. von der Innenstadt. Waschräume mit Duschen. 152 der 173 Stellplätze können – und sollten unbedingt – zwischen Mai und Anfang Sept. bis zu drei Monate im Voraus reserviert werden. Stellplatz 35 $, Reservierungsgebühr 6 $. Im Vorort Langford der Beschilderung folgen. ✆ (519) 826-6850, www.env.gov.bc.ca./bcparks/explore/parkpgs/goldstream.

Essen & Trinken/Nachtleben

→ Karte S. 133

Auch in Victoria schließen die meisten Restaurants schon um 21 Uhr. Tradition ist der Sunday Brunch – wer nicht reserviert, muss schon mal warten. Die Fußgängerzone am Bastion Square ist die kurze, lebhafte „Partymeile" der Stadt. Hier finden sich viele bei Touristen beliebte Restaurants und Pubs. Die erste Wahl für die Bewohner Victorias dagegen ist vielfach das Restaurantviertel der Fort Street östlich der Douglas Street.

Restaurant Blue Fox Café 16: Die großen Glasfenster geben diesem kleinen, trendigen Restaurant viel Licht, jazzige Sounds prägen die Hintergrundmusik. Beim Frühstücksangebot überwiegen die gesunden Varianten, aber es gibt auch eine große Auswahl an Egg Benedict-Variationen. Mittags bietet die Karte vor allem Burger, Sandwiches, Salate. Mo–Fr 7.30–16, Sa/So 8–15 Uhr. 919 Fort St, ✆ (250) 380-1683, www.thebluefoxcafe.com.

meinTipp **John's Place 4:** Das bodenständige kanadische Restaurant ist seit 30 Jahren eine Institution mit viel lokalem Publikum. Schon zum Frühstück gibt es eine große Auswahl von vegan bis Steak, z. B. die riesige Portion Huevos Rancheros. Dazu gibt es neben dem üblichen Kaffee auch italienische Kaffeespezialitäten. Für Lunch und Dinner ist das mit vielen Fotos und Bildern dekorierte gemütliche Lokal ebenfalls eine gute und günstige Wahl. Tägl. Frühstück, Lunch und Dinner. 723 Pandora Ave, ✆ (250) 389-0711, www.johnsplace.ca.

Rebar 10: Im Herzen des Szeneviertels Bastion Square; seit 2005 bietet das Restaurant fleischlose Küche, d. h. Vegetarisches und Fisch dominieren die Karte, wobei möglichst lokale Produkte von der Insel verwendet werden. Mo–Fr 11.30–21, Sa/So Brunch ab 9.30 Uhr. 50 Bastion Square, ✆ (250) 361-9223, www.rebarmodernfood.com.

Flying Otter Grill 14: Vor allem der Blick über den Hafen machte dieses Restaurant attraktiv; doch seit dem Neubau des Seaplane Terminals sind die Ausblicke ziemlich eingeschränkt. Das Restaurant bietet bodenständige und einfache Küche im West-Coast-Stil mit Sandwichs, Burgern und Seafood, dazu täglich wechselnde Specials je nach Fang. Tägl. Lunch und Dinner. 950 Wharf St, ✆ (250) 414-4220, www.flyingottergrill.com.

Nautical Nellies Steak and Seafood House 12: Direkt oberhalb des Hafens; Küche und Service halten, was die Speisekarte verspricht: exzellente Steaks und eine Vielzahl von Fisch- und Meeresfrüchte-Variationen, u. a. Fusion Sushi, eine Austern-Bar mit zehn verschiedenen Sorten und Hummer aus dem hauseigenen Wasserbecken. Die Weinauswahl mit über 200 Weinen gehört zu den besten Victorias. Tägl. Lunch und Dinner. 1001 Wharf St (Eingang: Broughton St), ✆ (250) 380-2260, www.nauticalnelliesrestaurant.com.

Vista 18 West Coast Grill & Wine Bar 19: Panorama-Restaurant im 18. Stock des Chateau Victoria Hotels mit schönem Blick über den Inner Harbour. Das Restaurant ist für seine guten Grillgerichte bekannt, bietet aber die ganze Palette der pazifischen Küche, also auch asiatische und mexikanische Spezialitäten. Tägl. 6.30–24 Uhr, am Wochenende Brunch ab 9.30, Fr/Sa Livemusik ab 20 Uhr. 740 Burdett Ave, ✆ (250) 382-9258, www.vista18.com.

Restaurant Matisse: Das kleine, feine Restaurant unweit des Inner Harbour serviert beste französische Küche. Bei Preisen ab 25 $ für optisch ansprechende, aber nicht immer sättigende Kreationen ist das 3-Gang-Menü mit passenden Weinen für 78 $ eine gute Wahl. Mi–So ab 17.30 Uhr. Reservierung empfohlen. 512 Yates St, ✆ (250) 480-0883, www.restaurantmatisse.com.

Strathcona Hotel 18: Wer den ganzen Tag auf den Beinen war, muss hier nicht mehr viel laufen: Das Hotel bietet zahlreiche Angebote unter einem Dach bzw. sogar auf dem Dach. „Sticky Wicket" ist ein lebhaftes Restaurant im britischen Pub-Stil; „The Clubhouse" ist tagsüber ruhig, mit zunehmendem Abend aber immer lebhafter. Beide teilen sich eine Speisekarte ohne Besonderheiten. Tägl. Lunch und Dinner. Nach 21 Uhr gibt es noch Sandwichs und Pizza. „Big Bad John's" ist ein Hillbilly-Saloon mit Country & Western-Musik. Wer frische Luft schnappen möchte: Der Rooftop Patio bietet einfache West-Coast-Küche von mexikanischen Snacks bis zu Burgern. „Distrikt", ein gehobener Nachtclub mit VIP-Logen, schließt gegen 2 Uhr als letztes. 919 Douglas St, ✆ (250) 383-7137, www.strathconahotel.com.

Red Fish, Blue Fish 13: Imbiss-Stand am Inner Harbour in der Nähe des Wasserflugzeug-Terminals, direkt auf dem hölzernen Pier mit schönem Ausblick über den Hafen. Bei Fish & Chips, Tacos, Sandwiches und kleinen Grillplatten dreht sich alles nur um den Fisch. Tägl. 11–19 Uhr. 1006 Wharf St, ✆ (250) 298-6877, www.redfish-bluefish.com.

Fishhook 15: Kunal Ghose, der Inhaber von „Red Fish, Blue Fish", hat zusammen mit einem Partner in der Innenstadt einen zweiten Imbiss eröffnet. Schwerpunkt sind hier kanadische Tartine-Sandwiches, die offen belegt werden und die man im Sitzen verzehren oder als „To go" auch mitnehmen kann. Auch hier dominiert fangfrischer Fisch die Auswahl. Tägl. 11–21 Uhr. 805 Fort St.

Brewpub Einige Brewpubs in Victoria bieten neben einer großen Auswahl an Bieren auch exzellente Speisen.

Spinnaker's Brewpub 2: Von Paul Hatfield 1984 gegründet und – noch immer eine hervorragende Adresse: Pub, Delikatessengeschäft und große Terrasse am Wasser. Die Brotzeitplatte (Brewhouse Tasting Plate) mit selbstgebackenem Brot und lokalen Käse- und Wurstspezialitäten ist eine gute Grundlage für die Bierverkostung. Frühstück, Lunch und Dinner. Öffnungszeiten variieren saisonal, im Sommer jedoch meistens 8–23 Uhr. Mit der Victoria Harbour Ferry leicht erreichbar (Anlegestelle Songhees). 308 Catherine St, ✆ (250) 386-2739, www.spinnakers.com.

Swans Hotel and Brewpub 3: Schon optisch ein Leckerbissen: Helles Holz, zahlreiche Gemälde und indianische Schnitzkunst prägen die Atmosphäre des historischen Gebäudes. Die Küche kombiniert asiatische Elemente mit nordamerikanischen Standards und schließt hier erst

Rund um den Bastion Square liegen zahlreiche Restaurants und Bars

Vancouver Island bis Haida Gwaii → Karten S. 114 und S. 116/117

um 23 Uhr. Frühstück., Lunch und Dinner. Fr & Sa ab 21 Uhr Livemusik ohne Eintritt. 506 Pandora Ave, ☏ (250) 361-3310, www.swanshotel.com.

Moon under the Water 1: Der Brewpub ist nach dem Essay von George Orwell benannt, in dem er seinen idealen Pub bechreibt. Im Industrieviertel gelegen, bietet der Pub viele an deutsche Biere angelehnte Brausorten, das Potts Pils Unfiltered ist durchaus trinkbar, und das Creepy Unkle Dunkel muss sich hinter deutschen Dunkelbieren nicht verstecken. Die Speisekarte dagegen bietet nur günstige Appetizer, Sandwiches und Burger, ist also eher etwas für den kleinen Hunger zwischendurch. Mo–Sa 11.30–23, So nur bis 20 Uhr. 350 Bay St, ☏ (250) 380-0706, www.moounderwater.ca.

Café Discovery Coffee 22: Kaffeerösterei, Café und Shop in einem. Das Stammhaus von Discovery Coffee am nördlichen Ende der Downtown ist morgens lebhaft, wenn sich die Pendler einen Kaffee für unterwegs mitnehmen, tagsüber ein Ort zum Verweilen für Kaffee- und Teetrinker. Die Atmosphäre im Hauptraum ist lebendig und bunt, die Lounge nebenan ist ein Hort der Ruhe. Zum Kaffee oder Tee gibt es Gebäck und andere kleine Speisen. Tägl. 6.30–18 Uhr. 664 Discovery St, ☏ (250) 477-2323, www.discoverycoffee.com.

Filialen: 1011 Blanshard St, 281 Menzies St (in James Bay) und 1964 Oak Bay Ave (in Oak Bay).

Nachtclubs The Capital Ballroom 9: Bis Mitternacht erhalten Studenten der örtlichen Unis freien Eintritt – dementsprechend jugendlich geht es zu. Meist nur Do–Sa ab 22 Uhr. 858 Yates St, ☏ (250) 920-9950, www.thecapitalballroom.com.

Paparazzi Lounge & Nightclub 5: Der Treffpunkt vor allem der schwul-lesbischen Szene. Mo–Sa 15–2 Uhr, So nur bis Mitternacht. 642 Johnson St (Eingang: Broad St), ☏ (250) 388-0505, www.paparazzinightclub.com.

Upstairs Cabaret 11: Do–Sa wird vor allem Electro-House und Hiphop aufgelegt, wenn kein Live Act ansteht. Ab 22 Uhr. 15 Bastion Square, ☏ (250) 385-5483, www.upstairscabaret.ca.

Victoria, Hauptstadt des Craft Beers

1859 wurde in Victoria das erste Bier in British Columbia gebraut. Damals gründete William Steinberger die Victoria Brewing Company. Wie überall in Nordamerika dominierten nach dem Zweiten Weltkrieg die großen Brauereikonzerne, und auch auf Vancouver Island schlossen fast alle kleinen Brauereien ihre Tore oder produzierten nur für die drei großen Marken. Ab 1982 änderte sich dies langsam, als in Vancouver die erste Kleinbrauerei die Produktion aufnahm, doch der Durchbruch der edlen Biere gelang erst 1984, als in Victoria „Spinnaker's Brewpub" seine Türen öffnete und die Verkostung direkt vor Ort ermöglichte. Noch im gleichen Jahr nahm die Vancouver Island Brewing Company den Betrieb auf. Heute gibt es alleine rund um Victoria 15 Brauereien und Brewpubs, davon neun in der Innenstadt. Die im Visitor Centre erhältliche Craft Beer Map zeigt Lage und Besonderheiten.

Oak Bay

Der östlich Victorias gelegene Nobelvorort ist vor allem wegen seiner Uferstraße und der Kunstgalerien bekannt. Zahlreiche Strände und kleine Parks laden zum Verweilen ein. Den besten Eindruck erhält man auf dem Beach Drive. Es empfiehlt sich, gegen den Uhrzeigersinn zu fahren: Man ist dann immer auf der Wasserseite und hat rechter Hand den beeindruckenden Ausblick über die Strait of Georgia auf die Berge der Olympic Mountains in Washington.

Vom Null-Meilenstein am südlichen Ende von Victorias Beacon Hill Park fährt man die Dallas Road nach Osten. Am **Clover Point Park,** einer weit ins Wasser ragenden Landzunge, lohnt ein Stopp für einen Strandbummel oder um den Surfern zuzusehen. Vorbei am Ross Bay Cemetery, auf dem Emily Carr und viele andere Victorianer ihre letzte Ruhestätte fanden, führt die Straße in die Foul Bay, dann mitten durch einen Golfplatz und an Villen vorbei zur **Oak Bay Marina.** Hier lohnt ein weiterer Halt, um die Seehunde zu beobachten, die sich oft an den Piers auf der Nordseite zeigen. Fischreste, um die Tiere anzulocken, können im Marina Shop gekauft werden.

Im Haynes Park (Beach Drive/Ecke Beresford Street) laden Picknickbänke und Strandzugang zu einer Pause ein. Über die Oak Bay Avenue kommt man schnell wieder ins Zentrum Victorias zurück. Unterwegs lohnt aber noch ein Bummel: Rund um das Canadian College of Performing Arts in der Oak Bay Avenue finden sich zahlreiche Galerien und Kunsthandwerkläden, die durch den leider nur schlecht beschilderten Oak Bay Arts & Culture Trail miteinander verbunden sind.

Bus: Die Linie 2 verbindet Oak Bay mit dem Busbahnhof in Victoria.

Nördlich von Victoria

Butchart Gardens: Was vor mehr als 100 Jahren als Renaturierungsprojekt begann, ist heute die Hauptattraktion Victorias. Jennie Butchart wollte 1904 den stillgelegten Steinbruch ihres Mannes verschönern und pflanzte Bäume, Sträucher, Blumen und Kräuter, die sie von ihren Reisen mitbrachte. Schon in den 1920er-Jahren kamen jährlich über 50.000 Besucher. Heute sind es Millionen, die einige Stunden im Rosengarten, dem japanischen Garten, dem versunkenen Garten oder dem italienischen Garten verbringen. Über 50 Gärtner hegen und pflegen ganzjährig die Blütenpracht aus 700 Pflanzenarten, darunter alleine 250 verschiedene Rosensorten. Mehrere Restaurants und Cafés laden zur Pause ein. Im Sommer, vor allem an Wochenenden, wird es zwischen 11 und 15 Uhr sehr voll, ganze Busgruppen werden im Minutentakt durch die Anlage geleitet – versuchen Sie, diese Zeiten zu meiden.

Seehund an der Oak Bay Marina

▪ Tägl. ab 9 Uhr, im Sommer bis 22 Uhr, im Frühling bis 17 Uhr, im Herbst und Winter bis 15.30 Uhr. Eintritt je nach Saison 18–33 $. Anfahrt mit BC Transit Buslinie 75. 800 Benvenuto Ave, Brentwood Bay, ✆ (250) 652-5256, www.butchartgardens.com.

Victoria Butterfly Gardens: Wenige hundert Meter von den Butchart Gardens entfernt liegt der tropische Dschungel der Victoria Butterfly Gardens, der Heimat für mehr als 3000 Schmetterlinge aus 250 verschiedenen Arten ist. Auch für Flamingos, Echsen, Schildkröten und viele weitere Tiere – die meisten vom Zoll beschlagnahmt oder von ihren überdrüssigen Haltern abgegeben – finden auf 2000 km² ein artgerechtes Zuhause.

▪ März bis Okt. 10–17, sonst 10–16 Uhr. Letzter Einlass 1 Stunde vor Schließung. Eintritt 17 $. 1461 Benvenuto Ave, Brentwood Bay, ✆ (604) 652-3822, www.butterflygardens.com.

Weingut Church & State: Nur einen Steinwurf von den Schmetterlingsgärten entfernt lädt Vancouver Islands größtes Weingut zur Verkostung ein. Größe und Qualität schließen sich nicht aus: Seit 2009 wurden die Tropfen von Church & States fünfmal als Kanadas bester Rotwein ausgezeichnet. Die meisten Weine stammen zwar aus dem zweiten Betrieb im Okanagan Valley, aber für den exzellenten Pinot Gris werden Trauben von der Insel gekeltert.

▪ Mai bis Okt. tägl. 11–18 Uhr, April Fr–So 11–18 Uhr. 1445 Benvenuto Ave, Brentwood Bay, ☏ (250) 652-2671, www.churchandstatewines.com.

Sidney: Wer mit der Fähre von Vancouver in Swartz Bay ankommt, fährt auf dem Highway an Sidney meist einfach vorüber. Dabei lohnt ein Abstecher durchaus. Wer das Auto beim Visitor Centre abstellt, kann von dort gemütlich durch die fast europäisch anmutende Haupteinkaufsstraße Beacon Avenue in zehn Minuten zum Hafen bummeln. Die meisten Reisenden nehmen sich aber mehr Zeit, denn die Odette Laroche Gallery oder die Peninsula Gallery laden nicht nur Kunstinteressierte zum Stöbern ein. Sidney gilt auch als „Booktown" und so gibt es in der Kleinstadt gleich acht Buchläden und Antiquariate. Am Hafen befinden sich zwei Parks, zahlreiche Restaurants und die kleine Fähre (nur für Fußgänger) zum idyllischen **Naturreservat Sidney Spit.** Das kleine, aber exzellente British Columbia Aviation Museum in der Nähe des Flughafens stellt die Geschichte der Fliegerei in Kanadas westlichster Provinz in elf Themenbereichen sehr informativ dar, von den Anfängen der Buschfliegerei bis zum heutigen Betrieb. Der gut sortierte Museums-Shop lädt zum Stöbern ein.

Fähre zum Sidney Spit: 10–16.30 Uhr, nur in der Hochsaison. 2550 Beacon Avenue (am Pier), ☏ (250) 474-5145, www.alpingegroup.ca.

British Columbia Aviation Museum: Mai bis Sept. tägl. 10–16 Uhr, Okt. bis April tägl. 11–15 Uhr. Eintritt 10 $. 1910 Norseman Road (vor dem Flughafenterminal rechts), ☏ (250) 655-3300, www.bcam.net.

Westlich von Victoria

Victorias westliche Vororte ziehen sich über viele Kilometer hin – es dauert mit dem Auto fast 30 Minuten, bis man die Großstadt hinter sich gelassen hat und Ruhe findet.

Goldstream Provincial Park: Leider wird man den Verkehrslärm nie ganz los, der Highway No. 1 führt mitten durch den Park. Dennoch lohnt ein Besuch der urwüchsigen Landschaft mit ihren Baumriesen und Wasserfällen und der abwechslungsreichen Tier- und Pflanzenwelt. Das Freeman King Visitor Centre bietet Informationen zu den Wanderwegen im Park. Die Auswahl ist groß: von kurzen Spaziergängen auf rollstuhlgerechten Wegen bis hin zum anspruchsvollen Pfad auf den 426 m hohen Mount Finlayson (hin/zurück ca. 90 Minuten), der einen passablen Ausblick über Victoria erlaubt. Einer der schönsten Trails ist der Gold Mine Trail, ein Rundweg von ca. 4 Stunden.

▪ Tägl. geöffnet von Sonnenaufgang bis 23 Uhr. Etwa 24 km von der Downtown Victorias entfernt. Zufahrt direkt vom Highway 1, folgen Sie der Ausschilderung zur „Day Use Area". www.env.gov.bc.ca/bcparks/explore/parkpgs/goldstream.

Ein kürzerer Ausflug führt zu den **Niagara Falls,** die mit einer Fallhöhe von 48 m ähnlich hoch sind wie ihr Namensvetter im Osten Kanadas, wenn auch in der Breite deutlich weniger eindrucksvoll (hin/zurück 45 Minuten). Von Oktober bis Dezember laichen Lachse im Fluss; von Dezember bis Februar sind die verendenden Fische eine willkommene Beute für hunderte von Adlern, die dann den Park aufsuchen.

Fort Rodd Hill und Fisgard Lighthouse: Nur wenige hundert Meter vom Hatley Park liegt Fort Rodd Hill, von 1895 bis 1956 die wichtigste Artilleriestellung zum Schutz des Marinehafens in

Fort Rodd Hill and Fisgard Lighthouse National Historic Site

Esquimalt. Unterhalb davon steht auf einer Landzunge das malerische, oft sturmumtoste Fisgard Lighthouse, dessen Feuer 1860 als erstes an der Westküste in Betrieb ging. In der Fort Rodd Hill and Fisgard Lighthouse National Historic Site kann man die unteririschen Bunkeranlagen besichtigen und lernt anschaulich das Leben der damaligen Soldaten kennen.

▪ März bis Mitte Mai Mi–So, Mitte Mai bis Mitte Okt. tägl. 10–17.30 Uhr. Eintritt mit Audioguide 5 $. Highway 1, Ausfahrt 10, nach ca. 3 km links (Ocean Boulevard), ab da ausgeschildert. 603 Fort Rodd Hill Road, ✆ (250) 478-5849, www.fortroddhill.com.

Hatley Park National Historic Site: Nur wenige hundert Meter von Fort Rodd entfernt liegt diese eindrucksvolle Schloss- und Gartenanlage. Das 1908 im Auftrag von James Dunsmuir, Sohn von John Dunsmuir, im Stil der Zeit Edwards VII. errichtete Schloss diente früher als Unterkunft für die Kadetten der Militärakademie Royal Roads. Heute ist es im Rahmen von Führungen zugänglich. Außen prägt Sandstein von den Nachbarinseln die Fassade; innen dominieren Eiche, Palisander und Teak sowie riesige Kaminanlagen. Sieben der zehn größten Douglasien Vancouver Islands finden sich im Baumbestand des herrlichen Gartens, der durch seine formalen Anlagen beeindruckt: ein japanischer Garten, ein italienischer Garten und ein Rosengarten. Der Besucherandrang hält sich in Grenzen, Pflanzen- und Landschaftsliebhaber finden ausreichend Zeit und Ruhe, die Blumenpracht zu genießen.

▪ Führungen durch die Anlage Ende Mai bis Anfang Sept. tägl. 10.30, 11.45, 13.30, 14.45 Uhr, 19 $., Eintritt 10 $. ✆ (250) 391-2666, www.hatleycastle.com.

Sooke: Das Hafenstädtchen, Ausgangspunkt für Spaziergänge an den nahen Stränden und auf den Wanderwegen im Regenwald, liegt rund eine Stunde westlich von Victoria. Im Zentrum finden sich einige Künstlerateliers und Galerien, aber sonst wenig Sehenswertes. Da lohnt eher ein Abstecher zum Hafen, wo sich an der Marina vom neu erbauten Boardwalk aus oft Seehunde

Vancouver Island bis Haida Gwaii → Karten S. 114 und S. 116/117

Lochside Regional Trail – einer der vielen Radwege vor Ort

beobachten lassen. Das geschützte Hafenbecken ist auch für Anfänger mit dem Kajak oder beim Stand-Up-Paddling (SUP) zu entdecken.

Von Victoria führt der **Galloping Goose Trail** – in beiden Richtungen ideal für einen Fahrradausflug mit Picknick – bis zu den **Sooke Potholes** (10 km nördlich von Sooke). An heißen Tagen bieten die Potholes eine der besten Möglichkeiten auf Vancouver Island für ein erfrischendes Bad im Süßwasser. Der Sooke River hat hier eine Reihe von Felsen tief und rund ausgewaschen, um die herum ein Netz von Wanderwegen und Picknickplätzen geschaffen wurde. Längere Wanderungen sind vor allem im **East Sooke Regional Park** möglich – der 10 km lange Coastal Trail gilt als eine der schönsten Tagestouren auf der Insel.

Kajaks/Fahrräder Die Firma **West Coast Outdoor** vermietet 1er- und 2er-Kajaks für 45 $ bzw. 65 $/2 Std. SUP-Board 20 $ für die 1. Stunde mit Einweisung, dann 10 $/Std. Fahrrad 9 $/Std., 40 $/Tag. 6971 West Coast Road ✆ (250) 664-7794, www.westcoastoutdoor.com.

Wandern Der **Sooke Potholes Park** bietet viele Möglichkeiten. Zufahrt über Sooke River Road. www.discoversooke.com. Coastal Trail: www.hikebiketravel.com/25576/day-hikes-victoria-coastal-trail-east-sooke-park.

Übernachten **Sooke Harbour House Resort Hotel:** Das Hotel, eines der besten der Insel, bietet 28 stilvolle Zimmer. Umfangreiche Renovierungs- und Ausbauarbeiten 2016 brachten neue Annehmlichkeiten mit sich: Der Spa-Bereich wurde vergrößert. Restaurant Do–Mo 17.30–21 Uhr, ein weiteres Restaurant soll folgen. DZ Juli bis Sept. ab 325 $, sonst ab 199 $. 1528 Whiffin Spit Road, Sooke, ✆ (250) 642-3421, www.sookeharbourhouse.com.

****** Prestige Oceanfront Resort:** Schöne Blicke über den Hafen bis zu den Olympic Mountains. Das stilvolle Haus bietet 4-Sterne-Standard zum halben Preis des Sooke Harbour House Resorts. DZ im Sommer ab 157 $, sonst ab 106 $. 6929 West Coast Road, Sooke, ✆ (250) 860-5858, www.prestigehotelsandresorts.com.

Essen und Trinken **Stickleback West Coast Eatery:** Das Restaurant bietet nichts Besonderes – solide West-Coast-Küche mit Sandwiches, Burger, Fisch. Einzigartig ist jedoch die Terrasse am Wasser. Mo/Di 17–20, Mi–So 12–20 Uhr. 5449 Sooke Road, Coopers Cove (5 Min. östl. von Sooke), ✆ (778) 425-4499, www.sticklebackeatery.com.

Von Victoria nach Duncan

Die Region zwischen Victoria und dem 60 Kilometer nördlich gelegenen Duncan ist dicht besiedelt. Gewerbe und Industrie prägen das Bild entlang der Hauptroute. Die Nebenstraßen dagegen ziehen sich durch forst- und landwirtschaftlich geprägtes Gebiet.

Drei Routen führen von Victoria nach Duncan. Die direkteste ist der autobahnähnlich ausgebaute Highway No. 1 über den Malahat-Pass. Die anderen beiden umgehen den Malahat-Pass: Die Ostroute nutzt die entspannte Fährverbindung von Brentwood Bay nach Mill Bay, die wesentlich längere Westroute führt einsam über Port Renfrew und den Lake Cowichan.

Die Hauptroute über den Malahat-Pass

Der Trans-Canada Highway No. 1 führt von Victoria zuerst nach Westen, um sich dann im Goldstream Provincial Park (→ Westlich von Victoria, S. 138) nach Norden zu wenden. Die Schnellstraße gewinnt bald an Höhe. Etwa 35 Autominuten nach Victoria bietet ein Aussichtspunkt mit Felseinschnitt an einem Rastplatz einen schönen Blick auf die tief unten liegende Bucht von Saanich. Noch vor dem Erreichen des Malahat Summit (356 m) biegt links die Straße zum Südende des **Shawnigan Lake** ab. Rund um den See finden sich Wohngebiete, aber auch Wanderwege. Bleibt man auf dem Highway, gelangt man nach Mill Bay, wo die Fähre der Ostroute (→ S. 143) auf die Hauptroute trifft.

Kinsol Trestle: Wer in Mill Bay an der zweiten Ampel links abbiegt (Shawnigan Lake–Mill Bay Road) und der Beschilderung zur Kinsol Trestle folgt,

2011 wieder aufgebaut: die Fachwerkbrücke Kinsol Trestle

Vancouver Island bis Haida Gwaii → Karten S. 114 und S. 116/117

kommt nach ca. 15 Minuten Fahrt am Nordufer des Sees entlang zu einem Parkplatz. Von dort geht es 15 Minuten zu Fuß weiter bis zur Brücke, der Weg ist barrierefrei. Die 1920 erbaute gewaltige Trestle (Holzfachwerkbrücke) ist mit 44 m Höhe und 199 m Länge die größte ihrer Art im gesamten Commonwealth. 1979 fuhr der letzte Zug über die Brücke, die anschließend verfiel. Nach einer aufwendigen Renovierung ist die Kinsol Trestle seit 2011 wieder für die Öffentlichkeit zugänglich. Der über die Brücke führende Multi-Use-Trail für Fußgänger, Radfahrer und Reiter ist Teil des Trans-Canada-Trail-Systems von Neufundland bis an die Westküste Vancouver Islands. Am Nordende der Brücke befinden sich eine große Aussichtsplattform und ein überdachter Picknickplatz. Keine Wertsachen im Auto lassen.

Weingüter im Cowichan Valley: Die höchste jährliche Durchschnittstemperatur in ganz Kanada machte „Quw'utsun'" („das warme Land") – wie die ansässigen First Nations, die Salish, ihre Heimat nennen – zum zweitgrößten Weinbaugebiet Westkanadas nach dem Okanagan Valley. Klima und Boden sind vor allem für Pinot-Trauben geeignet. 1992 begann man mit dem kommerziellen Weinbau; heute liegen zwischen Mill Bay und Duncan links und rechts des Highways mehr als 40 Weinkellereien. Zu beachten ist, dass sich auch die Produzenten von Apfelweinen und anderen Obstweinen als „Winery" bezeichnen. Die meisten kann man besichtigen; einige bieten Restaurants oder Picknickbänke. Auch wer unangemeldet vorbeischaut, wird oft herzlich willkommen geheißen. Die Tastings sind meist kostenfrei oder der Betrag wird beim Kauf angerechnet.

Weingüter und Touren Die regionalen Visitor Centres geben kostenlos den „Vancouver Island Wine and Culinary Guide" heraus, der über die meisten Kellereien und Brauereien informiert.

Unsworth Vineyards: Cherry Point Estate Wines. Weißweine, Rotweine, Dessertweine. Exzellentes Restaurant. Verkostungen 11–17, Mo/Di nur bis 16 Uhr. 840 Cherry Point Road, Cobble Hill, ✆ (250) 929-2292, www.unsworthvineyards.com.

Venturi-Schulze: Vor allem Weißweine, aber auch ein herausragender Balsamico. Verkostungen auch ohne Anmeldung April bis Okt. Mi–So 10–16 Uhr. 4235 Vineyard Road, Cobble Hill, ✆ (250) 743-5630, www.venturischulze.com.

Cherry Point Estate Wines: Weißweine, Rotweine, Dessertweine. Verkostung tägl. 10–17 Uhr, nur nach Voranmeldung. Bistro ab Mai Mi–So 11.30–15 Uhr. 840 Cherry Point Road, Cobble Hill, ✆ (250) 743-1272, www.cherrypointestatewines.com.

MeinTipp **Cheers Cowichan Tours:** Lokal geführte Touren mit Kleinbussen (max. 18 Personen), individuelle Abholung. Nachmittagstour zu drei Kellereien 125 $. Ganztagestour mit Lunch 165 $. ✆ (250) 710-7391, www.cheerscowichan.com.

Cow Bay: Zwischen Felshang und Meer war nicht genug Platz für die übliche Bebauung des Uferstreifens. So stehen fast alle Häuser des Dorfes Cowichan Bay, das die Einheimischen kurz Cow Bay nennen, auf Pfählen im Wasser. Das malerische Ensemble lockt viele Touristen an, vor allem sonntags ist kaum ein Parkplatz im Ort zu bekommen. Die endlose Autokolonne, die sich dann durch die Uferstraße schiebt, lässt keine Urlaubsstimmung aufkommen. Da auch in den Restaurants sonntags ohne Reservierung kaum ein Platz zu haben ist, empfiehlt sich ein Besuch während der Woche. Kunstgalerien und Bioläden laden dann zum entspannten Bummeln in aller Ruhe ein.

Im Gewirr der Pfahlbauten von Cow Bay versteckt sich ein überraschendes Kleinod namens **Cowichan Bay Maritime Centre** and Wooden Boat Society: Mit viel Liebe zum Detail hat dieses ehrenamtlich betriebene Museum zahlreiche Schätze aus dem Zeitalter der Holzboote zusammengetragen, restauriert und ausgestellt. In mehreren Ge-

Hölzerne Schönheiten im Cowichan Bay Maritime Centre

bäuden und an Stegen sind nach Themen geordnet viele Originale und Modelle der Fischerei und der Seefahrt zu besichtigen. Auch mehrtägige Bootsbaukurse werden angeboten. Zudem hat man vom 107 m langen Pier aus den besten Blick auf Cow Bay von der Wasserseite her.

■ Mi–So 9–17 Uhr. Eintritt frei, Spenden erbeten (Empfehlung: 5 $). 1761 Cowichan Bay Road, ✆ (250) 746-4955, www.classicboats.org.

Tennis Für die meisten Tennisspieler wird es ewig ein Traum bleiben, auf dem ehrwürdigen Rasen von Wimbledon aufzuschlagen. Aber der **South Cowichan Lawn Tennis Club** von 1887 ist nach Wimbledon der immerhin zweitälteste Rasenplatz-Club der Welt. Gäste sind nach Anmeldung willkommen! Gastspieler 25 $/2 Std. Mitte Mai bis Mitte Sept. Voranmeldung unter ✆ (250) 746-7282. 2290 Cowichan Bay Road (zwischen Cow Bay und Duncan), www.lawntennis.ca.

Übernachten **Ocean Front Suites at Cowichan Bay:** 56 Suiten mit Wohnraum und 1–2 Schlafzimmern, alle mit Meerblick. Indoor Pool, Hot Tub und Sauna. Ab 209 $. 1681 Cowichan Bay Road (am Ostende des Dorfs), ✆ (250) 715-1000, www.oceanfrontcowichanbay.com.

Essen und Trinken **Cow Café West Coast Grill:** Überwiegend lokale Zutaten, auch Bier und Wein sind lokaler Herkunft. Sandwiches, kreative Salate, Burger und gute Seafood-Auswahl. Tägl. ab 11 Uhr. 1765 Cowichan Bay Road, ✆ (250) 597-4353, www.cowcafe.ca.

Die Ostroute mit der Saanich-Inlet-Fähre

Wer von der Saanich Peninsula kommt – etwa aus Sidney oder von den Butchart Gardens – kann sich den Umweg über Victoria sparen und in Brentwood Bay die Fähre nehmen. Gleiches gilt für alle, die sich den verkehrs- und steigungsreichen Malahat-Pass ersparen wollen, z. B. Radfahrer; die Ostroute ist schöner und deutlich entspannter. BC Ferries verbindet Brentwood Bay in 25 Minuten mit **Mill Bay** auf der gegenüberliegenden Seite der Bucht. Von Mill Bay sind es nur wenige Minuten Fahrzeit ins Cowichan Valley bzw. zum Trans-Canada Highway. Der kleine **Bamberton Provincial Park** ist über die Mill Bay Road erreichbar (von der Fähre

Vancouver Island bis Haida Gwaii → Karten S. 114 und S. 116/117

kommend links abbiegen). Er bietet einen schönen, etwa 200 m langen Sandstrand und Picknickbänke; das Wasser in der Bucht ist im Sommer angenehm warm.

Fähre: BC Ferries quert ca. alle 70 Minuten die Bucht, Mo–Sa 7.30 Uhr (erste Abfahrt Brentwood Bay) bis 18.30 Uhr (letzte Rückfahrt ab Mill Bay). Sonntags erste Abfahrt und letzte Rückfahrt je eine Stunde später. ✆ (250) 386-3431, www.bcferries.com.

Die Westroute über den Marine Circle

Diese gut 200 km lange Tour bedeutet einen erheblichen Umweg gegenüber den beiden anderen Routen. Zwar wurden die 64 km zwischen Port Renfrew und Lake Cowichan vor einigen Jahren asphaltiert, doch aufgrund der kurvigen Straßenführung und vieler Schlaglöcher ist auch ohne Pausen mit mindestens drei Stunden Fahrzeit von Victoria nach Duncan zu rechnen.

Obwohl die Straße hinter Sooke (→ Westlich von Victoria, S. 139) durch die Wälder und in Küstennähe verläuft, sind die Ausblicke aus dem Autofenster eher eintönig. Hier heißt es: aussteigen! Denn die Schönheit der wilden Küste erschließt sich nur dem Wanderer. Leider besteht auf allen Parkplätzen an diesem Abschnitt die Gefahr, dass das Auto aufgebrochen wird: Keine Wertsachen im Auto lassen, und möglichst nicht über Nacht parken!

An der ganzen Strecke bieten sich Optionen für Wanderungen am oder zum Wasser: 20 km hinter Sooke liegt der **French Beach Provincial Park.** Ein kurzer Spaziergang führt vom Parkplatz zum 1600 m langen Strand, von dem aus im Frühjahr und Herbst Grauwale beobachtet werden können. Auch Adler sind hier oft zu sehen. 15 km weiter beginnt der **Juan de Fuca Provincial Park.** Vom China Beach Campground führt ein 1 km langer Weg über Stufen und einen steilen Schotterpfad durch alten Waldbestand in 15 bis 20 Minuten zum Second Beach. Besonders bei Sturm beeindruckt die Brandung an diesem Küstenabschnitt. Die China Beach Day Use Area bietet einen feinen Sandstrand, der zum Picknick und Sandburgenbau einlädt. Am Westende des Strandes findet sich ein kleiner Wasserfall. 40 km weiter, 3 km südwestlich von Port Renfrew, liegt der **Botanical Beach Provincial Park,** der vor allem bei Ebbe einen Besuch lohnt: Dann bilden sich Tide Pools – isolierte Wassertümpel – auf den Felsen und erlauben die Beobachtung der maritimen Flora und Fauna. Gezeitentabellen, sog. Tide Tables, erhalten Sie in den meisten Visitor Centers kostenlos, z. B. in Sooke. Die Straße von Port Renfrew nach Norden ist immer noch eine „Active Logging Road" – es ist jederzeit mit entgegenkommenden Holz-Trucks zu rechnen. Die zahlreichen Kahlschlagstellen unterwegs verdeutlichen, wie intensiv der Wald hier bewirtschaftet wird.

Avatar Grove: Der 2012 unter Schutz gestellte Urwald, 20 Minuten von Port Renfrew, ist mit einem etwa 1 km langen Boardwalk ausgestattet, der die eindrucksvollsten Bäume verbindet, darunter „Big Lonely Doug", die zweithöchste Douglas-Fichte der Provinz. Die Zufahrt ist kompliziert, detaillierte Beschreibung unter www.ancientforestalliance.org.

Lake Cowichan

Nach etwa einer Stunde Fahrt von Port Renfrew wird der Mesachie Lake und kurz danach der Cowichan Lake erreicht; wenige Kilometer weiter liegt das 3000 Einwohner zählende Städtchen Lake Cowichan am Ostende des Sees. Von dort ist es weniger als eine halbe Stunde Autofahrt hinunter nach Duncan.

Kaatza Station Museum: Das direkt hinter dem Visitor Centre im Bahnhof von 1912 gelegene Museum ist der Forstwirtschaft und der Minengeschichte der

West Coast Trail und Juan de Fuca Marine Trail

Port Renfrew ist Ausgangspunkt zweier Fernwanderwege. Der West Coast Trail ist einer der bekanntesten und anspruchsvollsten Trekkingwege in Kanada. Er führt von Port Renfrew über 75 km bis nach Bamfield am Barkley Sound. Seine Existenz verdankt er dem gefährlichen Küstenabschnitt, der auch den Namen „Grabstätte des Pazifiks" trägt. Im Januar 1906 lief der Dampfer Valencia am Pachena Point auf Grund. Das Unglück forderte 136 Menschenleben; alle Rettungsversuche an der unzugänglichen Küste blieben erfolglos. Der daraufhin erbaute Trail sollte bei künftigen Unglücken einen schnelleren Zugang ermöglichen. In den 1950er-Jahren machte ihn moderne Kommunikations- und Rettungstechnik überflüssig; in den 1970er-Jahren wurde er als Teil des Pacific Rim National Park wiederbelebt. Steile Leiterpassagen, tiefe Schlammlöcher, gezeitenabhängiges Waten um Felsen herum, fragile Brücken sowie Mini-Seilbahnen, in denen man sich mit eigener Muskelkraft über reißende Flüsse ziehen muss, machen diesen Weg ebenso anspruchsvoll wie einzigartig. Die meisten Wanderer legen die Strecke in sechs bis acht Tagen zurück. Der gesamte Proviant muss mitgeführt werden. Ein Permit-System stellt sicher, dass pro Tag und Richtung nur eine begrenzte Zahl Wanderer unterwegs ist. Alle derzeit 60 Plätze werden nur nach Voranmeldung vergeben. Für Permits und Übernachtungen ist mit ca. 150 $/Pers. zu rechnen

Solche Leitern sind häufig auf dem West Coast Trail

Der Juan de Fuca Marine Trail bildet die südliche Fortsetzung: Von Port Renfrew's Botanical Beach führt er über 47 km bis zum China Beach Provincial Park. 4–5 Tage sollte man für die Gesamtstrecke rechnen. Dieser Trail bietet unterwegs vier weitere Zugangspunkte und lässt sich so abkürzen, ist aber technisch ähnlich anspruchsvoll.

Alle Trailnutzer sollten sich unbedingt vorab bei Parks Canada informieren: www.pc.gc.ca/eng/pn-np/bc/pacificrim/activ/activ6a.aspx.

Der West Coast Trail Express verbindet Victoria von Mai bis September täglich mit den Trailheads am China Beach, Port Renfrew und Bamfield. 60–100 $ einfach, je nach Strecke, ✆ (250) 477-8700, www.trailbus.com. Wer selbst fährt: Es empfiehlt sich, das nicht benötigte Gepäck vor dem Trail bei der letzten Hotelübernachtung zu deponieren. Auf den Parkplätzen besteht die Gefahr von Autoaufbrüchen.

Region gewidmet. Vor dem Museum ist ein typischer Arbeitszug der Holzindustrie ausgestellt; die Dampflokomotive der Bauart Shay wurde 1927 speziell für die meist steilen, kurvigen und nur provisorisch verlegten Waldbahnen gebaut.

▪ Tägl. 9–16 Uhr, im Winter Sa/So geschlossen. Eintritt 2 $. 125 South Shore Road, ✆ (250) 749-6142, www.cowichanlake.ca/2014/05/kaatza-historical-society.

An heißen Sommertagen lädt der Cowichan River zu einem Wasserspaß ganz besonderer Art ein: Beim *Tubing* lässt man sich auf einem großen Gummischlauch flussabwärts durch die Wald- und Felsenlandschaft treiben. Die *Tubes* werden verliehen, für den Rücktransfer per Bus ist gesorgt. Das Vergnügen dauert zwei bis drei Stunden.

Information **Visitor Centre** im Herzen der Stadt, in einem Blockhaus am Seeufer; im Sommer meist Di–So 11–16 Uhr. ✆ (250) 749-0187, www.lakecowichan.ca.

Tubing Unterhalb von Jake's Restaurant findet man **Cowichan River Tubing**, das „Tubes" vermietet: Ab 20 $ für Schlauch inkl. Shuttlebus. Ab Juli tägl. 10–16 Uhr. 109 South Shore Road, ✆ (250) 510-7433, www.cowichanriver.com.

Übernachten **Away at the lake:** Das mit Liebe zum Detail geführte B&B am Nordufer des Sees bietet 3 kleine DZ zu 100 $ mit schönen Blicken über den See. 287 North Shore Road, ✆ (250) 932-4655, www.awayatthelakebb.com.

Lakeview Park: Der städtische Campingplatz am Südufer des Sees verfügt über 72 Stellplätze für Zeltcamper und Wohnmobilisten. Ein Sandstrand mit abgegrenztem Schwimmbereich, Feuerstellen und Duschen macht den Aufenthalt hier sehr beliebt: unbedingt online reservieren – Radfahrer finden immer ein Plätzchen für ihr Zelt. Ende Mai bis Anfang Sept. 33 $, sonst 23 $. 8815 Lakeview Park Road, Lake Cowichan, ✆ (250) 749-3350, www.town.lakecowichan.bc.ca/camping.shtml.

Essen und Trinken **Jake's at the Lake:** Das bodenständige Restaurant bietet alles für einen schönen Sommerabend: Terrasse nach Westen mit Seeblick, Burger und Steaks, dazu lokales Bier. Tägl. 11–21 Uhr, wobei man ab 19 Uhr oft schon fast alleine is(s)t. 109 South Shore Road, ✆ (250) 932-2221, www.facebook.com/jakesatthelake.

Shaker Mill Restaurant: Berühmt für seine Obstkuchen. Tägl. 8–15 Uhr, Fr/Sa auch abends und manchmal Livemusik. 72 Cowichan Lake Rd, ✆ (250) 749-6350, www.shakermillrestaurant.ca.

Waldbahn-Lokomotive im Kaatza Station Museum

Mehr als 80 Totempfähle stehen in Duncan

Duncan

Duncan, die „Stadt der Totempfähle", ist einen ausgedehnten Aufenthalt wert: Zwei attraktive Museen, zahlreiche Weingüter und eine traumhafte Fahrradtour erwarten den Besucher.

Engagierte Bürger riefen 1886 mehr als 2000 Einwohner des Cowichan Valley für eine ungewöhnliche Aktion zusammen: Sie blockierten bei William Duncan's Farm die Schienen, so dass der Eröffnungszug der „Esquimalt & Nanaimo Railway" zum Halten gezwungen war. Ursprünglich war hier gar kein Halt vorgesehen – jetzt sah sich die E&N zum Bau eines Bahnhofs in „Duncan" gezwungen. Dies führte schnell zum wirtschaftlichen Aufschwung, die Stadt mit ihren heute 5000 Einwohnern wurde Verwaltungs- und Wirtschaftszentrum des Cowichan Valley. Seit den 1980ern rückt Duncan seine ethnischen Minderheiten wieder stärker in den Mittelpunkt und ist heute auch ein Zentrum indigener Kunst und Tradition. Von der einst großen Chinatown hingegen ist nichts geblieben; sie wurde abgerissen, dort steht jetzt das große Gerichtsgebäude.

Sehenswertes

City of Totems: Duncan hat sich selbst diesen Beinamen gegeben, mehr als 80 Totempfähle stehen in der Stadt, die meisten mit Infotafeln versehen. Markierungen auf den Fußwegen verbinden die wichtigsten Totempfähle zu einem Rundgang. Am Bahnhof stehen bereits neun eindrucksvolle Exemplare. Wer von dort die Station Street bis zum Gerichtsgebäude (Law Courts) geht, kann weitere 17 entdecken, darunter vor dem Gericht den Totempfahl mit dem weltweit größten Umfang – aber nur geringer Höhe. Über die Jubilee Street und die Kenneth Street ist man schnell wieder zurück am Bahnhof.

Vancouver Island bis Haida Gwaii → Karten S. 114 und S. 116/117

Cowichan Valley Museum: Im Bahnhofsgebäude befindet sich dieses liebevoll gepflegte kleine Museum. Zahlreiche historische Ausstellungsstücke lassen die Zeit des Bahnbaus, das bäuerliche Leben, die indianische Kultur und die Chinatown wieder lebendig werden.

■ Juni bis Sept. tägl. 10–16, sonst Mi–Fr 11–16, Sa 13–16 Uhr. Eintritt frei, Spenden erbeten. 130 Canada Avenue, ✆ (250) 746-6612, www.cowichanvalleymuseum.bc.ca.

BC Forest Discovery Centre: Das am nördlichen Stadtrand gelegene Museum beleuchtet die Geschichte der Forstwirtschaft in der Provinz. Dabei werden die technische Entwicklung wie auch die gesellschaftlichen Einflüsse auf die Entwicklung der Region dargestellt. Dutzende Lokomotiven, Trucks, Kräne u. v. m. sind auf dem parkartigen Gelände ausgestellt. Eine 2,5 km lange Schmalspur-Waldbahn, z. T mit historischen Fahrzeugen, erschließt – in der Hochsaison an Wochenenden mit Dampfbetrieb – das weitläufige Museums-Areal. Ein Kiosk und eine Picknickzone ergänzen das Angebot.

■ Juni bis Aug. tägl. 10–16.30 Uhr, Mai und Sept. nur Do–Mo, im Rest des Jahres nur an Feiertagen. Eintritt 12–16 $, je nach Saison. 2892 Drinkwater Road, ✆ (250) 715-1113, www.bcforestdiscoverycentre.com.

Praktische Infos

Information Das **Cowichan Regional Visitor Centre** (direkt neben dem BC Forest Discovery Centre) informiert über die gesamte Region rund um Duncan und bucht auch Zimmer und Ausflüge. Sommer tägl. 9–17 Uhr, Frühjahr/Herbst Mo–Sa 9–17 Uhr. 2896 Drinkwater Road, Duncan, ✆ (250) 746-4636, www.duncancc.bc.ca.

Hin und weg **Bus:** Tofino Bus verbindet Duncan 4x tägl. mit Victoria und Nanaimo (beide 1 Std.); ✆ (866) 986-3466, www.tofinobus.com. Cowichan Valley Regional Transit fährt werktags bis zu 7x von Duncan nach Chemainus und Crofton sowie bis zu 13x nach Lake Cowichan; ✆ (250) 746-9899, www.bctransit.com.

Fahrradverleih **Cowichan Cycles:** Das Team gibt umfangreiche Tipps auch für kürzere Touren, z. B. zum Mount Tzouhalem oder auf den Prevost. 95 $ ganzer Tag. Sonntag geschlossen. 2628 Beverly Street, ✆ (250) 748-2453, www.cowichancycles.com.

Übernachten Duncan verfügt über zahlreiche Motels und ist auch im Sommer nur selten ausgebucht.

Duncan Garage: Bäckerei, Café und Buchladen in einem

Best Western Cowichan Valley Inn 1: Schöne Zimmer, Pool, Restaurant. DZ ab 124 $. 6474 Trans-Canada Highway (Nähe BC Forest Discovery Centre), ✆ (250) 746-4636, www.bestwestern.com.

Thunderbird Motor Inn 2: Der Familienbetrieb überzeugt mit sauberen und komfortablen Zimmern; gutes Preis-Leistungs-Verhältnis. Mit Restaurant. DZ ab 118 $. 5849 York Road, ✆ (250) 748-8192, www.thunderbirdmotorinn.ca.

Essen und Trinken Duncan Garage Cafe & Bakery 3: Hinter dem Bahnhof ist in einer ehemaligen Autowerkstatt ein Café mit Bäckerei zuhause, das Frühstück sowie mittags wechselnde vegetarische Gerichte anbietet. Gleich nebenan ist ein Second-Hand-Buchladen, so dass sich Kaffeetrinken und Bücherstöbern gut miteinander verbinden lassen. Mo–Sa 7–18, So 8.30–17 Uhr. 330 Duncan St, ✆ (250) 748-6223, www.facebook.com/DuncanGarageCafeBakery.

Von Duncan nach Parksville und Qualicum Beach

Wenige Kilometer hinter Duncan liegt das kleine Städtchen Chemainus, das sich erfolgreich gegen den wirtschaftlichen Niedergang gestemmt hat und mit seinen berühmten Wandgemälden auf besondere Art Einblicke in die

Mit dem Fahrrad auf dem „Great Trail"

Die landschaftlich schönste Fahrradtour auf Vancouver Island und die zweitschönste ganz Kanadas nach der Kettle Valley Railway (→ Zentrales Okanagan, S. 260) verbindet die beiden Abschnitte des Trans-Canada-Trail westlich von Duncan zu einer ganztägigen Rundtour von 60 bis 85 km. Am Bahnhof nimmt man den Radweg nach Norden, dann am Ortsende links in die Sherman Road. Nach einem zähen Anstieg von 1,1 km wird links der **Cowichan Valley Trail** – die alte Bahntrasse der Esquimalt & Nanaimo Railway – erreicht. Von nun an geht es mit nur noch leichter Steigung auf einem guten Schotterweg durch Wald und Farmland nach Westen. Nach insgesamt 16 km und 230 Höhenmetern Anstieg ist der Scheitelpunkt erklommen, die letzten 13 km nach Lake Cowichan (→ Von Victoria nach Duncan, S. 144) verlaufen eben oder in leichtem Gefälle. Nach etwa zwei Stunden ist über die alte Bahnbrücke – der Weg wird nun schmaler – das Städtchen erreicht. Der See lädt zum Baden ein; das Shaker Mill Restaurant bietet eine gute Einkehrmöglichkeit.

Vom See aus 300 m auf gleicher Strecke zurück, dann rechts in die King George Street und am Kreisverkehr links in die Sahtlam Avenue, wo gleich rechts der Trail beginnt. Nun radelt man auf der einstigen Trasse der Canadian National Railway bergab. Die Strecke ist ruppig und zeigt Schlaglöcher – Vorsicht ist geboten. Die Landschaft wird abwechslungsreicher, zahlreiche Holzfachwerk-Brücken überspannen in luftiger Höhe Bäche und Flüsse; meterhohe Farne wachsen am Wegesrand, und neben Reifenabdrücken finden sich oft auch Spuren von Bären im Matsch. 22 km hinter Lake Cowichan, kurz nach der Holt Creek Trestle, wird die **Glenora Picknick Area** mit WC erreicht. Von hier sind es noch 9 km zurück bis Duncan, das man über ruhige Nebenstraßen (Vaux Road, Glenora Road, Indian Road und Allenby Road) auf meist ebener Strecke erreicht. Unterwegs laden die Zanatta Winery (www.zanatta.ca) und das Glenora Farm Café (www.glenorafarm.org), beide fast direkt am Weg, zur Einkehr.

Wer noch Kraft hat, bleibt von Glenora weitere 13 km auf dem Trail bis zur gewaltigen **Kinsol Trestle** (→ Von Victoria nach Duncan, S. 141), wobei die letzten 6 km in meist offenem Gelände leicht ansteigen. Von der Kinsol Trestle geht es erst auf gleichem Weg 3 km zurück, dann führen Mountain Road, Howie Road und Koksilah Road durch Wald und Wiesen in weiteren 15 km hinab nach Duncan. Auf diesem Abschnitt gibt es keine garantierte Einkehr, doch etwa 1 km nördlich der Kinsol Trestle steht mitten in der Wildnis – an einem heißen Sommertag wie eine Fata Morgana – ein Kühlschrank mit einem sehr, sehr langen Verlängerungskabel, das irgendwo im Busch verschwindet: Ein Privatmann bietet hier, direkt am Trail, gekühlte Getränke an – einfach den Betrag in die Dose einwerfen!

Geschichte der Region gewährt. Bald darauf ist **Nanaimo** erreicht, die zweitgrößte Stadt Vancouver Islands und Verkehrsdrehscheibe. Hier lohnt ein Abstecher zu den drei so ganz unterschiedlichen Inseln vor der Küste. Eine halbe Stunde weiter liegen die Badeorte **Parksville** und **Qualicum Beach.** Die Bettenburgen rund um Kanadas beliebteste Badestrände sind vor allem bei Einheimischen geschätzt und könnten auch irgendwo sonst auf der Welt stehen. Klassisches Kanada-Feeling hingegen findet man im **Rathtrevor Beach Provincial Park.**

Chemainus

Das 3000 Einwohner zählende Städtchen mit seinen Ortsteilen Crofton im Osten und Saltair im Norden liegt an der alten Hauptstraße direkt an der Küste – ein kurzer Abstecher vom vierspurigen Island Highway. Chemainus teilt sich in zwei Hälften: Südlich des Visitor Centre liegt die Downtown mit dem Theater, Geschäften und Restaurants, nördlich – etwa 15 m tiefer gelegen – finden sich die Wohngebiete und der Fähranleger. Am besten parkt man auf dem großen Parkplatz am Visitor Centre neben dem Waterwheel Park.

„The little town that could“: In den 1980er-Jahren stand Chemainus vor dem wirtschaftlichen Niedergang, als das örtliche Sägewerk schloss. Die Bürger wollten jedoch ihre Stadt nicht dem Verfall preisgeben und beschlossen, sie durch Wandgemälde wiederzubeleben und so den Tourismus anzukurbeln – mit Erfolg! Mehr als 40 großflächige Wandmalereien an den Gebäuden der Innenstadt (Murals) machten Chemainus weithin bekannt, die Stadt wurde weltweites Vorbild für ähnliche Projekte. In unterschiedlichen Malstilen, von naiver Malerei bis zu expressionistischen und avantgardistischen Wandgemälden, werden die First Nations, die Frühzeit des Städtchens, die Seefahrt und viele weitere Themen mit lokalem Bezug dargestellt. Markierungen auf den Bürgersteigen verbinden die Murals zu einem rund 60 bis 90 Minuten langen, lohnenswerten Stadtspaziergang. An das örtliche Sägewerk, dessen Schließung am Anfang der Kunstaktion stand, erinnert einzig noch der Garten seines früheren Besitzers: Er beherbergt heute den Nachbau eines Wasserrades von 1862.

Wandgemälde zur Schifffahrtsgeschichte in Chemainus

Vancouver Island bis Haida Gwaii → Karten S. 114 und S. 116/117

Thetis Island und Penelakut Island

Von Chemainus führen Fähren zu den vorgelagerten Inseln Thetis und Penelakut; vom Ortsteil Crofton besteht eine weitere Fährverbindung nach Salt Spring Island (→ S. 84). Das rund 10 km² große Thetis Island mit seinen 350 Einwohnern verfügt über einen kleinen Laden, einige Restaurants und Künstlerstudios. Farmen und Bed & Breakfasts bieten Übernachtungsmöglichkeiten. Vom Fähranleger im Süden der Insel sind es rund 8 km auf wenig befahrenen Straßen bis zur Nordspitze am Pilkey Point – unterwegs schöne Ausblicke über die Strait of Georgia. Das benachbarte Penelakut Island (bis 2010: Kuper Island) ist ein Reservat der Penelakut First Nation ohne Einrichtungen für Besucher; unangemeldete Gäste werden nicht unbedingt gerne gesehen.

Praktische Infos

Information Das **Visitor Centre** hält einen Plan bereit, auf dem die Wandgemälde verzeichnet sind. Sommer Mo–Fr 9–17 Uhr, Frühjahr/Herbst unregelmäßig. 9799 Watherwheel Crescent, ✆ (250) 246-3944, www.visitchemainus.ca.

Thetis Island: Unter www.thetisisland.net kann man ein Infoblatt mit Inselkarte und Adressen herunterladen.

Hin und weg **Die Busse** von Cowichan Valley Regional Transit fahren werktags bis zu 7x von Duncan nach Chemainus, am Wochenende deutlich seltener. ✆ (250) 746-9899, www.bctransit.com.

Fähren nach Thetis Island: BC Ferries verkehrt 7–22 Uhr bis zu 9x tägl., die Überfahrt dauert 30–60 Min., je nachdem, ob direkt oder via Penelakut. ✆ (888) 223-3779, www.bcferries.com.

Übernachten **Best Western Plus Chemainus Inn Valley Inn,** etwas südlich der Stadt. Mit Hallenbad. DZ inkl. großes Frühstück ab 149 $. 9573 Chemainus Road, ✆ (250) 246-4181, www.bestwestern.com.

Essen und Trinken **Dayliner Club Car Café:** 3 km nördl. der Stadt im alten Bahnhof von Saltair. Das nach dem Dayliner-Zug, der bis 2012 Victoria über Chemainus mit Courtenay verband, benannte Bistro-Café bietet Frühstück und Lunch. Tägl. 8.30–15.30 Uhr, jedes zweite Wochenende Fr/Sa auch abends. 10445 Chemainus Road, ✆ (250) 324-3777, www.daylinercafe.com.

Waldbahn-Lokomotive in Chemainus

Odika Café: Eine kulinarische Weltreise mit lokalen Zutaten: New York, Sizilien, Afrika und Asien prägen die Speisekarte im Odika, das mehr Restaurant als Café ist und gute Küche mit legerem Ambiente verbindet. Lunch und Dinner. Di–Do 11–20.30, Fr/Sa bis 21.30 Uhr. 2976 Mill St (Zentrum), ✆ (250) 324-3303, www.odikacafe.com.

Nanaimo und Umgebung

Die zweitgrößte Stadt von Vancouver Island zählt 85.000 Einwohner und ist mit ihren beiden Fährhäfen eine Drehscheibe für den Passagier- und Güterverkehr zwischen Insel und Festland. Nanaimo tut sich schwer, einen Platz auf der touristischen Landkarte Vancouver Islands zu reklamieren. Viele Rentner genießen hier ihren Lebensabend in einem der großen Wohnsilos: Nanaimo verfügt über das mildeste Klima Kanadas. Wer die Stadt auf dem Weg nach Norden auslässt, verpasst nicht viel.

Wer auf dem Trans-Canada Highway bleibt, muss sich im Stop-and-go-Verkehr an zahlreichen Ampeln durch die Innenstadt kämpfen. Wer auf einen Besuch der Stadt verzichten will, nimmt am besten den Inland Island Highway 19, der Nanaimo weiträumig umgeht.

Sehenswertes

Downtown: Die historische Innenstadt umfasst nur wenige Blöcke zwischen dem Einkaufszentrum Port Place (Parkplätze!) im Süden und Comox Road im Norden. Rund um die Kreuzung Front Street/Bastion Street am Hafen liegt der Arts District. In den alten Gebäuden sind einige Galerien und Boutiquen zu entdecken. Überquert man die Schnellstraße, gelangt man zum Old City District mit einer Vielzahl von Geschäften, Restaurants und Cafés.

Nanaimo Museum: Das Museum widmet sich der lokalen Kultur- und Wirtschaftsgeschichte. Das Leben und Arbeiten in einer Kohlemine, im Hafen und in der Forstwirtschaft sowie die Geschichte der Hudson's Bay Company (→ Geschichte, S. 667) rund um Nanaimo prägen die Ausstellungen. Daneben wird aber auch das Schulwesen der 1920er-Jahre dargestellt, und die Hall of Fame ehrt die lokalen Sportgrößen.

▪ Ende Mai bis Anfang Sept. tägl. 10–17 Uhr, sonst So geschlossen. Eintritt 2 $. 100 Museum Way. ✆ (250) 753-1821, www.nanaimomuseum.ca.

Nanaimo Bastion: Der dreistöckige Turm aus dem Jahr 1853 ist der älteste erhaltene hölzerne Befestigungsturm der Hudson's Bay Company und kann besichtigt werden.

▪ Mo–Sa 10–16 Uhr. Spenden erbeten. 98 Front Street.

Newcastle Island Marine Provincial Park: In nur zehn Minuten bringt die Fähre Besucher vom Maffeo Sutton Park auf die vorgelagerte Insel mit ihren zahlreichen Rad- und Wanderwegen. Das kleine Eiland ist Stammesgebiet der Snuneymuxw First Nation und lässt sich zu Fuß in 90 Minuten umrunden. An schönen Wochenenden machen sich Hunderte von Familien zum Picknick auf – dann wird es voll.

Gabriola Island: Die hügelige Insel mit ihren rund 4000 Einwohnern ist von Nanaimo aus leicht per Fähre zu erreichen. Am besten lässt man das Auto in der Stadt stehen, denn Gabriola Island ist nur 14 km lang und 4 km breit und gut mit dem Fahrrad zu entdecken. Zahlreiche Provinzparks mit Wäldern sowie Sand- und Felsküsten laden zum Wandern und Picknicken ein. Im Gabriola Sands Park finden sich die Malaspina Galleries, ungewöhnliche Sandsteinformationen. Im Sandwell Park führt ein kurzer Spaziergang vom Parkplatz in die Lock Bay mit ihrem Sandstrand. Schöne Picknickplätze finden sich im Drumbeg Park. Wer länger

Vancouver Island bis Haida Gwaii → Karten S. 114 und S. 116/117

auf Gabriola bleiben möchte, findet auf der Insel zahlreiche Bed & Breakfasts.

Historical Museum: Das Museum mit den in Stein gearbeiteten Felsbildern informiert über die Geschichte der Besiedlung der Insel und stellt 40 Kopien dieser Felsmalereien aus; es informiert auch darüber, wo auf der Insel man – oft nur bei Ebbe – die Originale sehen kann.

■ Juli/Aug. tägl. 10.30–16 Uhr, Juni/Sept. nur an Wochenenden. Eintritt 3 $. 505 South Road (1200 m vom Fähranleger), ✆ (250) 247-9987, www.gabriolamuseum.org.

Praktische Infos

Information **Tourism Nanaimo,** tägl. 9–17 Uhr. 2450 Northfield Road (Ausfahrt 21 des Highway 19); ✆ (250) 751-1556, www.tourismnanaimo.com.

Auf Gabriola Island: **Gabriola Visitor Centre,** Juli/Aug. tägl. 10–18 Uhr, sonst stark eingeschränkt. 480 North Road (1 km vom Fähranleger), ✆ (250) 247-9332, www.gabriolaisland.org

Hin und weg **Bus:** Tofino Bus verbindet Nanaimo 4x tägl. mit Victoria (2 Std.). ✆ (866) 986-3466, www.tofinobus.com.

Fähren: Zum Festland unterhält BC Ferries zwei Routen: Vom 4 km nördlich gelegenen Departure Bay 8- bis 11x tägl. in 1 Std. 40 Min. zur Horseshoe Bay, 30 Min. nördlich von Vancouver. 15 km südöstlich von Nanaimo liegt Duke Point, von dort 6- bis 8x tägl. in 2 Std. nach Tsawwassen, 30 Min. südlich von Vancouver; ✆ (250) 386-3431, www.bcferries.com.

Fähre nach Gabriola Island: Mit BC Ferries bis zu 14x tägl. 6.15–22.30 Uhr (letzte Rückfahrt). Dauer 20 Min.; ✆ (888) 223-3779, www.bcferries.com.

Parken Für Innenstadt und Hafen: Port Place Shopping Centre oder Maffeo Sutton Park, 150 Comox Road.

Bungee Jumping Die Brücke über den Nanaimo River bot Kanadas erste Möglichkeit zum Bungee Jumping. Auch heute noch ein „Höhepunkt" – es geht mehr als 45 Meter in die Tiefe. Der Betreiber **Wild Play Elements Park** hat noch weitere Adrenalin-Kicks im Angebot – vom Hochseilgarten über Ziplining bis hin zu Riesenschaukeln. Im Sommer tägl. 10–19.30 Uhr (letzter Einlass 18 Uhr). Bungee Jump 130 $, anderes ab 20 $. 35 Nanaimo River Road, ✆ (855) 595-2251, www.wildplay.com.

Fahrradverleih Das Rad ist ideal für einen Kurztrip entlang der Hafenpromenade oder zu den Inseln Gabriola, Newcastle und Protection. **Hub City Cycles** verleiht Räder für 32 $/Tag. Reservierung empfohlen. 12 Lois Lane (2 Min. vom Museum), ✆ (250) 591-2159, www.hubcitycycles.ca.

Übernachten **Coast Bastion Hotel 2:** Der Betonklotz mit 180 Zimmern ist ein architektonischer Schandfleck, beherbergt aber ein sehr

BC Ferries verbindet Nanaimo mit Vancouver auf zwei Fährrouten

gutes Hotel. Direkt am Hafen mit Spa, Fitnesscenter, Restaurant. DZ ab 170 $, mit Meerblick ab 190 $. 11 Bastion St, ✆ (250) 746-4636, www.coasthotels.com.

Buccaneer Inn: Familiär geführtes Hotel an der Zufahrtsstraße zum Departure Bay-Fährterminal mit 14 Zimmern sehr unterschiedlicher Größe und entsprechend unterschiedlichen Preisen. DZ 99–199 $. 1577 Stewart Avenue, ✆ (250) 753-1246, www.buccaneerinn.com.

Nanaimos Motelmeile liegt nördlich der Innenstadt am Island Highway 19A. Auch zur Hochsaison finden sich dort immer noch freie Zimmer. Das **Colonial Motel** und das **Harbourlight Motel** gehören noch zu den besseren Angeboten (DZ ca. 80 $). Die Kettenhotels wie das **Days Inn** südlich der Innenstadt (DZ ab 100 $) begeistern nicht, sind aber okay, wenn in Nanaimo nur eine kurze Zwischenübernachtung ansteht.

Essen und Trinken **Longwood Brew Pub:** Von der Lage in einem Shopping-Komplex sollte man sich nicht abhalten lassen. Der Brew Pub bietet asiatische Küche und West-Coast-Klassiker, vor allem aber selbstgebrautes Bier in allen Variationen. Tägl. 11–24 Uhr. 5775 Turner Road, ✆ (250) 753-2373, www.longwoodbrewpub.com.

The Nest Bistro 1: Frische, lokale Küche, die Zutaten wenn immer möglich aus biologischem Anbau, dazu französische und italienische Elemente sowie Weine aus B.C. Der Ex-Koch zweier Premierminister der Provinz hat mit seinem Bistro zu Recht schon zahlreiche Auszeichnungen gesammelt. Di–Fr 11.30–22, Sa/So erst ab 17 Uhr. Abends Reservierung. 77 Skinner St (2 Min. vom Hafen), ✆ (250) 591-2721, www.thenestbistro.com.

Dinghy Dock Pub: Ein Besuch in Kanadas einzigem schwimmenden Pub (mit Terrasse) erfordert eine kurze Fährfahrt vom Protection Island Ferry Dock an der Front Street nach Protection Island, einer Insel mit 350 Einwohnern. Stündl. 8–22 Uhr, hin/zurück 9 $. Tägl. 11.30–21 Uhr. Protection Island, ✆ (250) 753-2373, www.dinghydockpub.com.

Parksville und Qualicum Beach

Für Kanadier ist die Küste von Parksville und Qualicum Beach eines der begehrtesten Urlaubsziele ihres Landes. Den meisten deutschen Urlaubern sagt die Region dagegen weniger zu. Nur wer ein paar Tage Mallorcagefühl haben möchte, wird bleiben.

Rund um die beiden Orte liegen Hunderte von Hotels, Ferien-Apartments und Timesharing-Objekte; dazu kommen Tausende von Stellplätzen für Wohnmobile in Provincial Parks und auf privaten Campgrounds. Freizeit- und Wasserparks entstanden, Minigolfbahnen und Strandbars für Junggesellenabschiede. Kein Zweifel: die Urlauberhochburg der Insel ist hier. Dazu tragen die familienfreundlichen, weiten Sandstrände ebenso bei wie die Temperaturen. Die Sommer sind sonnig und trocken; das Wasser der Strait of Georgia erwärmt sich auf bis zu 21 Grad – wärmer wird es an Kanadas Küsten nirgends.

Parksville hat kein klassisches Stadtzentrum: Die Geschäfte erstrecken sich vor allem entlang des Highway 19A südlich der Abzweigung des Highway 4A. Wer an dieser Kreuzung parkt, erreicht den Hauptstrand. Wer bis Qualicum Beach auf dem Highway 19A bleibt und erst dort auf den Highway 4 abbiegt, gelangt in ein nettes, revitalisiertes Zentrum mit zahlreichen Einkaufsmöglichkeiten und Restaurants.

Großer, alter Baumbestand sowie ein langer und bei Ebbe sehr breiter Sandstrand machen den nur 3,5 km² kleinen **Rathtrevor Beach Provincial Park,** 3 km südlich von Parksville, überaus beliebt. Fast 200 Stellplätze für Camper und mehr als 500 Pkw-Stellplätze – dennoch finden Tagesbesucher an Sommerwochenenden oft keinen Platz mehr.

Baden am Rathtrevor Beach, Kanadas wärmstem Badestrand

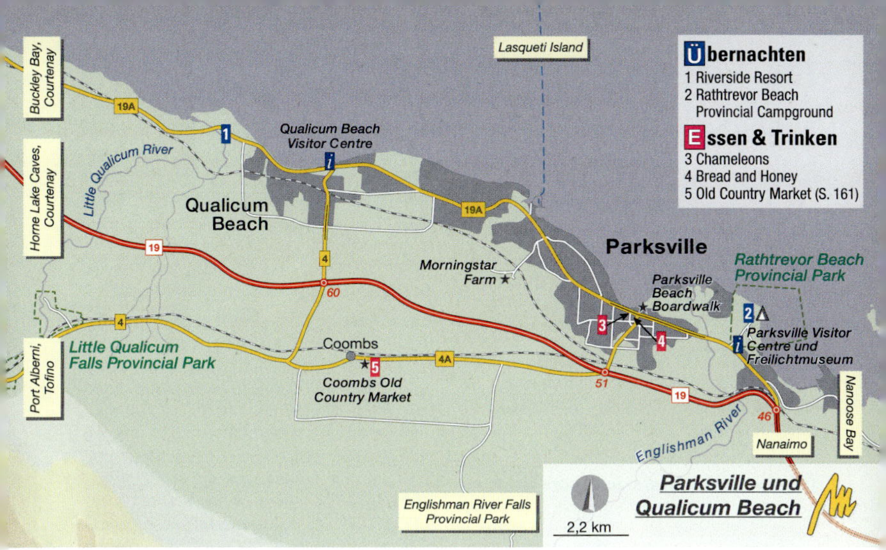

Strand- und Waldspaziergänge auf dem 5,5 km langen Wegenetz und Picknick sind hier die Hauptaktivitäten. Wenn bei aufkommender Flut das Wasser über den flachen, aufgeheizten Sand spült, wärmt es sich ausreichend auf für ein Bad im Pazifik. In Parksville selbst verbindet der **Parksville Beach Boardwalk,** ein 450 m langer Holzsteg am Strand entlang, die Strandeinrichtungen, vom kleinen Vergnügungspark im Westen bis zum Community Park im Osten, dazwischen liegen Beach-Volleyball-Felder, kostenfreie Tennisplätze, ein Skatepark, Picknickflächen, WCs und mehr.

Morning Star Farm: Die Farm hinter dem Morningstar Golfplatz von Parksville ist Ziel eines kulinarischen Abstechers. Auf ihrem Gelände befinden sich die Little Qualicum Cheeseworks, die sich mit ihren preisgekrönten Bries, mit Rohmilchkäse und anderen Sorten der Cheddar-Übermacht in den Supermärkten entgegenstellen. Die benachbarte Mooberry Winery produziert praktischerweise gleich die dazu passenden Fruchtweine aus Cranberries, Stachelbeeren und Brombeeren – fertig ist das Picknick ...

▪ Tägl. 9–17 Uhr. 403 Lowrys Road, Parksville, ✆ (250) 954-2931, www.cheeseworks.ca.

Horne Lake Caves: Mehr als 1000 Höhlen sind auf Vancouver Island zu finden – die größten und eindrucksvollsten sind die Karst- und Kristallhöhlen Horne Lake Caves im gleichnamigen Provinzpark, 26 km nordwestlich von Qualicum Beach (Ausfahrt Horne Lake Road vom Highway 19). Zwei kleinere Höhlen, Lower Cave und Andres Annex, können auf eigene Faust erforscht werden (Taschenlampe nicht vergessen!). Lohnender ist es, sich einer geführten Tour anzuschließen, denn nur so können die großen Höhlen, deren Temperatur ganzjährig bei 8° Celsius liegt, besichtigt werden. Touren werden in unterschiedlichen Schwierigkeitsgraden angeboten – von 60-minütigen Einsteigerführungen mit leichten Kletterpassagen bis hin zu einer 5-stündigen Extremtour, die Kriechen, Rutschen und das Abseilen an einem 20 m hohen unterirdischen Wasserfall erfordert.

▪ Kleine Höhlen: auf eigene Faust, tägl. 10–16.30 Uhr, Juli/Aug. bis 19 Uhr. Große Höhlen: geführte Touren von 1 bis 5 Std., tägl. 10–17 Uhr. Preis 27–169 $, je nach Tour. Reservierungen: ✆ (250) 248-7829, www.hornelake.com.

Praktische Infos

Information In Parksville informiert südlich der Stadt inmitten eines kleinen Freilichtmuseums das **Parksville Visitor Centre.** Mo–Fr 9–17 Uhr. 1275 East Island Highway, ✆(250) 248-3613, www.parksvillechamber.com.

In Qualicum Beach informiert das **Qualicum Beach Visitor Centre** mitten im Ort. Mo–Fr 9–17 Uhr. 2711 Island Highway West, ✆(250) 752-9532, www.qualicum.bc.ca.

Hin und weg **Bus:** Tofino Bus fährt tägl. 3x von Victoria (3 Std.) über Parksville und Qualicum Beach nach Campbell River und zurück. ✆(250) 725-2871, www.tofinobus.com.

Übernachten **Riverside Resort 1:** Motel-Resort mit Campingplatz, Minigolf, Laden und Imbissbude. Diverse Unterkunfts-Optionen rund um einen Pool: Motelzimmer und Campinghütten mit Kühlschrank und Mikrowelle ab 135 $, Apartments für 4 Pers. mit separatem Schlafzimmer und kompletter Küche ab 169 $. Stellplatz für Zelter ab 30 $, für Wohnmobile ab 35 $. 3506 West Island Highway, Qualicum Beach, ✆(250) 752-9544, www.myriverside resort.com.

Rathtrevor Beach Provincial Campground 2: Campen unter uralten Douglasien, dazu das Rauschen der Brandung vom nahen Strand. Einer der wenigen Provincial Campgrounds, die auch über Duschen verfügen. 2013 wurden die Flächen neu eingeschottert und mit Feuerstellen und Tischen ausgestattet. Walk-in Sites (ohne Pkw-Stellplatz, nur für Radfahrer und Wanderer) 22 $, für Pkw und Wohnmobile Stellplatz 33 $. 2 km südl. von Parksville. ✆(250) 474-1336, www.discovercamping.ca.

Baumhaus **Free Spirit Spheres:** „Abhängen" im Urlaub mal ganz anders: Die drei kugelförmigen Baumhäuser hängen im Regenwald und bieten ganzjährig kuschelige Unterkünfte. Die Kugeln sind unterschiedlich groß und verschieden ausgestattet – Bad und WC befinden sich jedoch immer einige Meter entfernt auf dem Erdboden. Kugel ab 175 $. 420 Horne Lake Road (westl. von Qualicum Beach), ✆(250) 757-9445, www.freespiritspheres.com.

Essen und Trinken **Chameleons 3:** Exzellente frische Küche mit stets wechselnder Tageskarte, aber rigide Öffnungszeiten. Di–Sa 11.30–14.30 und 17–19.30 Uhr. 220 W Island Highway, Parksville, ✆(250) 586-5500.

Bread and Honey 4: Frühstück, am Wochenende Brunch, werktags auch Lunch in ungezwungener Atmosphäre. Mi–Sa 8–16, So 8–14 Uhr. 162 Harrison Avenue, Parksville, ✆(250) 586-1021, www.breadandhoneyfoodco.com.

Picknicktische im Rathtrevor Beach Provincial Park

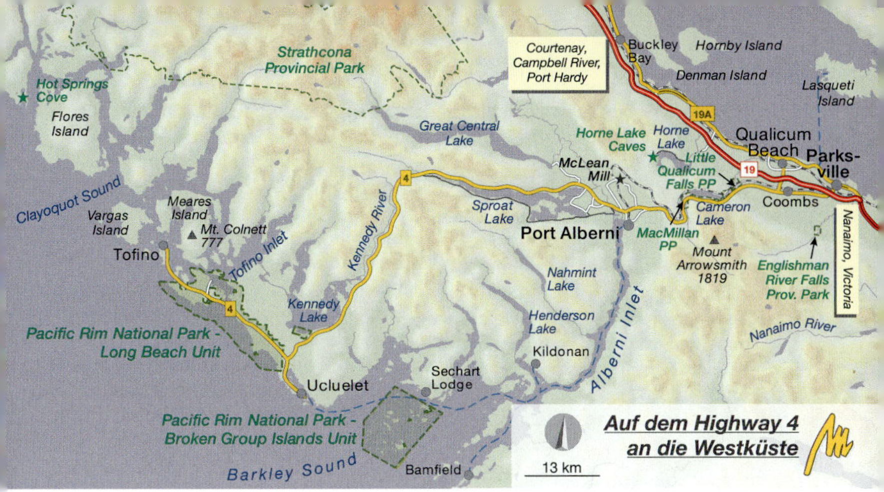

Von Parksville an die Westküste

Von der Ostküste führt der Highway 4 hinauf in die Bergkette der Beaufort Range mit ihren Seen, Wasserfällen und Baumriesen. Port Alberni ist das Tor zur Westküste mit dem Pacific Rim National Park und den Sehnsuchtsorten Ucluelet und Tofino. Dieser Road Trip sollte Teil eines jeden Urlaubs auf Vancouver Island sein.

Unterwegs bieten mehrere Provinzparks Eindrücke wie aus dem Bilderbuch: Hohe Berge, reißende Wasserfälle, Badeseen und mehr als 1000 Jahre alte, 80 m hohe Douglasien prägen die Landschaft auf dieser Strecke. Von **Port Alberni** erschließen historische Frachtschiffe und Fähren den Alberni Inlet: nach **Bamfield,** dem malerischen Küstendorf und nördlichem Ausgangspunkt des West Coast Trails, und zur Sechart Lodge, die mitten in den Broken Group Islands liegt, dem Paddler-Paradies im Pacific-Rim-Nationalpark. Von dort geht es weiter nach **Ucluelet,** das hoch über dem Pazifik liegt und von Port Alberni aus auch mit dem Auto erreichbar ist. Der erst in den 1970er-Jahren fertiggestellte Highway 4 windet sich an Flüssen und Felswänden entlang bis an die langen Sandstrände der Westküste. Die Long Beach Unit des Pacific Rim National Park lockt mit zahlreichen kurzen Wanderwegen durch den Regenwald und zu einsamen Strandabschnitten.

Tofino, das berühmte Outdoor-Paradies an der Westküste, liegt zwar am Ende des Pacific Highway, doch ist das Ende auch ein Anfang. Der Ort ist Ausgangspunkt für viele Aktivitäten auf dem Wasser. Whale Watching und Kajaktouren, Surfen und heiße Quellen sind nur ein Teil des möglichen Urlaubsprogramms am Rande der Wildnis. Radtouren und Wanderungen, aber auch zahlreiche Flightseeing-Touren laden dazu ein, die Region auch zu Lande und aus der Luft zu entdecken.

Der Küstenabschnitt von Tofino bis Ucluelet unterliegt den Einflüssen des Meeres, das Klima ist ausgeglichen. Während im Sommer in Port Alberni Temperaturen bis 40 Grad durchaus normal sind, wird es hier selten wärmer als 25 Grad. Juli und August sind oft durch lang anhaltende Nebelbänke gekennzeichnet – wenige hundert Meter weiter im Landesinneren mag es wolkenlos sein, aber an der Küste dringt die Sonne nicht durch die grauen Schwaden.

Seit mindestens 5000 Jahren ist die Westküste ständig besiedelt. Als Ende des 18. Jahrhunderts die ersten Weißen die Region erreichten und von hier aus die Erschließung der Insel vorantrieben, lebten alleine an der Westküste bis zu 30.000 Angehörige der First Nations verschiedener Stämme. Eingeschleppte Krankheiten und Vertreibungen reduzierten ihre Zahl bis 1938 auf unter 2000. Die verbliebenen Gruppierungen schlossen sich 1979 zum Stamm der Nuu-cha-nuulth („Entlang all der Berge und der gesamten Küste") zusammen. Ab 1860 nahmen Wal- und Robbenfang an der Küste zu. In Bamfield, Ucluelet, Tofino und anderen Orten entstanden Handelsposten – Keimzellen der heutigen Dörfer und Städte. Bis 1959 waren all diese Orte nur auf dem Wasserweg erreichbar; erst vor gut 50 Jahren stellte eine primitive Logging Road zumindest eine Anbindung von Tofino und Ucluelet an die große weite Welt her.

Der Regenwald

Der gemäßigte Regenwald (temperate rainforest) prägt die Westküste Vancouver Islands und die Nordwestküste des Festlands von British Columbia. Um das biologische Gleichgewicht zu erhalten, benötigt dieses fragile Ökosystem gleichmäßig und viel Niederschlag über das ganze Jahr hinweg, kühlgemäßigte Temperaturen, ein ungestörtes Wachstum über Jahrhunderte, damit alte abgestorbene Bäume den jungen Nahrung geben können, sowie eine Vielzahl weiterer Pflanzen wie Farne, Moose und Flechten. Immer wieder wird man vor allem auf vier Baumarten treffen: Die Sitka-Fichte (Sitka Spruce) ist vorwiegend in Küstennähe heimisch, die Douglasien (Douglas Fir) meist mehr im Landesinneren. Beide erreichen Höhen bis zu achtzig Metern. Der Riesenlebensbaum (Western Red Cedar) kann bis über 2000 Jahre alt werden. Vielfach sind auch Western-Hemlock-Tannen zu finden. Am leichtesten zugänglich sind die Baumriesen im MacMillan Provincial Park zwischen Parksville und Port Alberni sowie auf den Rain Forest Trails im Pacific Rim Nationalpark zwischen Ucluelet und Tofino. Der Regenwald auf Vancouver Island ist aber nicht nur Nährboden der vielfältigen Pflanzenwelt, sondern auch Heimat für Schwarzbären, Grauwölfe, Pumas, Roosevelt-Hirsche, Rehe und viele weitere Tierarten.

Die nordöstlich von Tofino gelegene 85 km² große Insel Meares Island war 1984 das Zentrum des Protests gegen die Holzindustrie. Die Provinz hatte MacMillan Bloedel bereits die Genehmigung zum Abholzen weiter Teile der Insel gegeben, was wertvollen Baumbestand vernichtet hätte. In letzter Minute erklärten die Nuu-chahnulth die Insel zum ersten kanadischen Tribal Park (Stammespark) und schufen damit eine rechtlich nach wie vor unklare Situation, die aber immerhin schon über drei Jahrzehnte Aufschub bedeutet.

Wanderweg im Little Qualicum Falls Provincial Park

Über den Alberni Summit

Der nur 50 km lange Abschnitt über den gut 400 m hohen Pass des Alberni Summit bietet zahlreiche Gelegenheiten für Stopps und kann leicht einen halben Tag oder mehr in Anspruch nehmen. Von Parksville führt die Strecke über den Highway 4A ins Dörfchen **Coombs,** das für seinen **Old Country Market 5** (→ Karte S. 157) bekannt ist. Auf dem mit Gras gedeckten Dach weiden Ziegen – eines der meist fotografierten Motive der Insel. Aber auch ohne die Ziegen (die sich bei Hitze oft in ihre Hütte zurückziehen) hat der Country Market einen ganz praktischen Nutzen: Er bietet Lebensmittel-Spezialitäten aus der ganzen Welt. Hinter dem Markt gibt es weitere kulinarische Angebote: einen Obststand, eine große Eisdiele und ein italienisches Restaurant. Um den Country Market herum haben sich in den letzten Jahren Boutiquen, Galerien und andere Läden etabliert.

Hat man sich in Coombs mit Essen und Trinken eingedeckt, bieten zwei Provinzparks gute Gelegenheiten für eine Wanderung und ein Picknick: Der **Englishman River Falls Provincial Park** liegt ein kurzes Stück den Highway 4A zurück und dann 15 Minuten südlich; der **Little Qualicum Falls Provincial Park** wiederum liegt 10 Minuten in Richtung Port Alberni, bereits am Highway 4. Die Wahl fällt schwer, denn beide bieten Flussläufe mit mehrstufigen Wasserfällen sowie schöne Picknickplätze und Rundwanderwege. Zudem verfügen beide auch über einen Campground.

So oder so erreicht man auf dem Highway 4 den **Cameron Lake.** Direkt am Ostufer des Sees liegt eine sehr schöne Picknick- und Badestelle. Das Wasser erreicht in den späten Sommermonaten durchaus Badetemperaturen. Am malerischen Ufer entlang geht es in den **MacMillan Provincial Park,** der nach dem Holzkonzern MacMillan Bloedel benannt ist. Hier führt der Highway mitten durch den „Cathedral

Vancouver Island bis Haida Gwaii → Karten S. 114 und S. 116/117

Grove", den Kathedralen-Hain des Parks. Der Holzkonzern konnte in letzter Minute überzeugt werden, nicht alle Douglasien zu fällen, sondern wenigstens einige stehen zu lassen. Nachdem diesen Baumriesen aber der Schutz der umstehenden Bäume fehlte, wurden etliche Opfer eines Sturms im Januar 1997. Dennoch stehen noch prachtvolle Exemplare mit bis zu neun Metern Stammumfang und 80 m Höhe im kleinen Park, den mächtigsten Baum findet man auf der Südseite. Direkt nach dem Cathedral Grove geht es über den 411 m hohen Pass des Alberni Summit, von den Einheimischen nur „The Bump" (der Buckel) genannt, hinunter nach Port Alberni.

Port Alberni

Die 18.000 Einwohner zählende Stadt ist nach dem katalanischen Kapitän Don Pedro de Alberni benannt, der 1790–92 die nur kurzlebige, einzige spanische Festung in Kanada im nahen Nootka Sound befehligte. Ab 1856 ließ die Hudson's Bay Company einen Pfad von der Ostküste hierher anlegen, so dass sich ab 1860 die ersten Siedler niederließen. Mehrere Sägewerke wurden errichtet, darunter das einzige dampfbetriebene in Kanada, die Mc Lean Mill, heute ein Museum (siehe unten). 1912 erreichte die Eisenbahn den Ort. Holz- und Zellstoffproduktion nahmen zu und führten zu einem wirtschaftlichen Aufschwung, der jedoch 1946 durch ein Erdbeben der Stärke 7,3 und den Tsunami am Karfreitag 1964 Rückschläge erlitt. Heute lebt die aus den Ortsteilen Port und Alberni zusammengewachsene Stadt zunehmend vom Tourismus, obwohl Papierverarbeitung und Hafen die Szenerie noch dominieren.

Der Harbour Quay am Hafen ist das touristische Herz Port Albernis. Vom Uhrenturm aus hat man einen schönen Blick auf den Port Alberni Inlet. Samstagvormittag findet am Hafen der Farmers Market statt; aber auch an anderen Tagen laden Geschäfte und Restaurants zu einem Besuch ein. An der Kings Avenue liegt der alte Bahnhof von Port Alberni, von dem aus im Sommer Dampfzüge zur McLean Mill

McLean Mill: historisches Sägewerk bei Port Alberni

„MV Songhee" am Harbour Quay

fahren. Der Bahnhof beherbergt eine kleine Ausstellung, die jedoch nur an den Betriebstagen der Züge (siehe McLean Mill) geöffnet ist. 200 m südlich des Harbour Quay liegt das kleine Museum des Maritime Discovery Centre (im Sommer tägl. 10–17 Uhr) in dem kleinen Leuchtturm und einem Nebengebäude.

McLean Mill: Das Sägewerk, etwa 15 Autominuten außerhalb der Stadt, schloss 1965, konnte aber in seiner Gesamtheit erhalten werden und wurde 1989 zur „National Historic Site" erklärt. Hier kann man die Atmosphäre eines abgelegenen Holzfällercamps nachempfinden, es sind noch Hunderte von Originalfahrzeugen und Maschinen erhalten. Jeden Sommer wird das dampfbetriebene Sägewerk wieder in Betrieb genommen, und Freiwillige in historischen Kostümen stellen den damaligen Alltags nach. Dann fährt auch vom Hafen aus (3100 Kingsway Avenue) der von einer Dampflok gezogene Port Alberni Steam Train in gut 30 Minuten zum Sägewerk.

▪ Ende Juni bis Anf. Sept. tägl. 10.30–17.15 Uhr. Vorführungen Do–So. Eintritt Mo–Mi 10 $, Do–So 15 $. Dampfzug Do–So 10 Uhr, Do und Sa auch 14 Uhr. Dampfzug + Sägewerk 38 $. 5633 Smith Road, ✆ (855) 866-1376, www.albernisteamtrain.com.

Wasserflugzeuge am Sproat Lake: Der See lieg westlich von Port Alberni am Highway 4. Er ist derzeit noch Heimat der größten Wasserflugzeuge der Welt, der „Martin Mars Flying Tankers" mit 61 m Spannweite (zum Vergleich: Jumbo-Jet B 747 60 m). Einige der im Zweiten Weltkrieg erbauten Tankflugzeuge wurden später zu Löschflugzeugen umgerüstet, die über dem See fliegend 27.000 Liter Löschwasser aufnehmen können. Auf der Martin Mars-Basis an der Bomber Base Road sind derzeit zwei dieser Maschinen stationiert. Eine ist bereits seit 2012 an ein Museum in Florida verkauft, lag 2018 wegen Denkmalschutzauflagen aber immer noch am Sproat Lake. Der andere „Wasserbomber" ist ebenfalls voll flugfähig, aber sein Verbleib ungewiss. Leider können die beiden Flying

Vancouver Island bis Haida Gwaii → Karten S. 114 und S. 116/117

Tanker derzeit nicht besichtigt werden, vielleicht wird dies in Zukunft wieder möglich. Doch auch ein Blick über den Zaun oder von der anderen Seeseite her (vom Fish & Duck Pub in der Faber Road) auf die beiden Giganten der Lüfte lohnt. Der nebenan liegende Sproat Lake Provincial Park bietet nette Picknickplätze am See.

Tagestour mit Lady Rose Marine Service: Eine Tagestour auf dem Wasser, die man nicht vergisst! Die Touren nach Bamfield geben Einblicke in den Betrieb eines Post- und Frachtschiffes – in Bamfield bleibt Zeit für einen Mittagsbummel. Auch für Wanderer auf dem West Coast Trail ist dies die stilvollste Anreise. Die Touren über die zwischen Port Alberni und Ucluelet gelegene Lodge Sechart sind vor allem für Kajakfahrer interessant: Die nahe gelegenen Broken Group Islands sind von der Lodge aus auch für Anfänger nach kurzer Einweisung ohne Risiko erreichbar und bieten traumhaftes Campen in unberührter Natur. Wer bis Ucluelet an Bord bleibt, hat dort Zeit für einen Stadtbummel oder einen Besuch des Aquariums. Autos werden nicht transportiert, Fahrräder hingegen schon. Wer mit dem Rad unterwegs ist, reist ohnehin besser mit dem Schiff nach Ucluelet; der schmale und kurvige Highway 4 westlich Port Albernis ist für Radfahrer absolut nicht empfehlenswert.

▪ Abfahrt stets 8 Uhr. Di, Do, Sa via Kildonan nach Bamfield und zurück. Juni bis Mitte Sept. Mo, Mi, Fr via Sechart nach Ucluelet und zurück. Juli/Aug. So 8 Uhr via Sechart nach Bamfield und zurück. 5435 Argyle St, ✆ (250) 723-8313, www.ladyrosemarine.com.

Sechart Lodge: DZ ab 243 $. Im Juli und Aug. attraktives Package: 349 $ für 2 Pers. bei Anreise am Sonntag (Port Alberni–Sechart) und Abreise am Montag (Sechart–Pause in Ucluelet–Port Alberni). Kanus ab 45 $/Tag, Kajaks ab 50 $/Tag. Campen auf den Broken-Group-Inseln im Pacific Rim National Park: 10 $/Pers.

Praktische Infos

Information **Port Alberni Valley Tourism,** gleich an der Einfahrt in die Stadt. Mo–Fr 9–17 Uhr, im Sommer oft auch Sa/So. 2533 Port Alberni Highway, ✆ (250) 724-6535, www.albernivalleytourism.com.

Löschflugzeug mit ungewisser Zukunft: Flying Tanker

Hin und weg **Bus:** Tofino Bus 3x tägl. von Victoria (4 Std.) über Port Alberni nach Tofino und zurück. ✆(250) 725-2871, www.tofinobus.com.

Übernachten **Somass 2:** 2016 fast komplett renoviert. Auch sonst arbeitet das engagierte Inhaber-Ehepaar des Motels hart daran, sehr guten Service zu leisten. Großer Garten mit Pool, BBQ und kleinem RV-Campground. DZ ab 109 $, Suite ab 129 $, Stellplatz ab 40 $. 5279 River Road, ✆(250) 724-3236, www.somass-motel.ca.

Riverside 5: Von außen ein unscheinbares Motel, innen überzeugen die Zimmer durch eine komplette Küche und liebevolle Details bis hin zur Gummiente für die Badewanne. DZ ab 89 $. 5065 Roger St, ✆(250) 724-9916, www.albernivalleyriversidemotel.com.

Swept Away Inn 6: Der im Hafen vertäute Schlepper „Songhees" von 1944 wurde 2014 in ein Bed & Breakfast umgebaut, bietet aber auch Dinner. Die acht kleinen Kajüten verfügen über ein Waschbecken und teilen sich sechs Gemeinschaftsbäder. DZ ab 189 $. 5505 Argyle St (am Ende des Harbour Quay), ✆(250) 918-8298, www.facebook.com/sweptawayinn.

mein Tipp **Cedar Wood Lodge 1:** Die einzige ****-Unterkunft in Port Alberni. Das herzlich geführte B&B mit 8 Zimmern bietet kontinentales Frühstück und Wäscheservice. DZ 139–159 $. 5895 River Road, ✆(250) 724-6800, www.cedarwood.bc.ca.

Essen und Trinken **Boomerangs Café 3:** Das 2015 eröffnete Restaurant heimste Auszeichnungen ein, zu Recht. Gute australische Spezialitäten – wo sonst bekommt man in Kanada schon einen Emu Burger? Tägl. ab 7 Uhr, Fr/Sa bis 21, sonst bis 20 Uhr. 4833 Johnston Road, ✆(250) 724-5794, www.boomerangscafe.com.

Starboard Grill 7: Direkt am Harbour Quay gelegen, also zahlt man für die Lage kräftig mit; allerdings gibt es auch kaum einen schöneren Ort in Port Alberni als die Terrasse an einem warmen Sommertag. Tägl. 7–21 Uhr. 5440 Argyle St, ✆(778) 421-2826, www.starboardgrill.com.

mein Tipp **Swept Away Inn 6:** An Bord des alten Schleppers MV Songhees wird mehrmals wöchentlich abends französisch-marokkanische Küche als gemeinschaftliches Erlebnis zelebriert. Nur mit Reservierung. Ab 40 $. Harbour Pier. ✆(250) 918-8298, www.facebook.com/sweptawayinn.

Pescadores Bistro 4: Seafood in allen Variationen, aber auch Burger. Tägl. 8–15 Uhr. 5093 Johnston Road, ✆(250) 736-1100, www.pescadores.ca.

Mit dem Schiff in die Wildnis

Die „MV Frances Barkley" wurde 1958 als Fährschiff für norwegische Küstengewässer gebaut und ist heute an Vancouver Islands Westküste zuhause. Sie ist kein klassisches Ausflugsboot für Touristen, sondern ein *working vessel*, ein Arbeitsschiff: Ganzjährig fährt die alte Dame von Port Alberni nach Kildonan und Bamfield, transportiert dabei Post, Fracht, Lebensmittel zu Orten, die auch heute noch nur auf dem Wasserweg erreichbar sind. Im Sommer kommen die Fahrten zur Sechart Lodge und weiter nach Ucluelet hinzu. Immer mehr Reisende genießen es, einen Tag auf dem Wasser zu verbringen – fast immer werden Seelöwen, Delfine, Bären, Adler, Fischotter oder sogar Wale gesichtet. Die steigende Nachfrage führte dazu, dass die „MV Frances Barkley" seit 2018 öfter durch die „MV Alberni Legacy" ersetzt wurde, ein ehemaliges Fährschiff der BC Ferries, das mehr Platz für Fracht und Passagiere bietet, aber auch den gleichen, rauen Charme.

Über das Clayuquot Plateau

Nach Port Alberni führt der Highway 4 auf zunehmend engerer Straße über das Clayuquot Plateau an die Westküste. Nach 90 km, für die man aber eineinhalb Stunden einplanen sollte, ist die Küste beim Visitor Centre des Pacific Rim National Parks fast erreicht. Hier sollte man sich mit aktuellen Informationen über den Nationalpark und die Städte Ucluelet und Tofino versorgen.

Anschließend haben Reisende die Wahl: Linker Hand sind es etwa 8 km nach Ucluelet, rechter Hand geht es durch die Long Beach Unit des Pacific Rim National Park nach Tofino, das etwa 30 km entfernt liegt. Wer die lange Fahrt hierher geschafft hat, sollte sich die Zeit nehmen, beide Städte sowie die dazwischen liegenden Wälder und Strände zu entdecken. Tofino und Ucluelet leben nach „Island time": Eile und Hektik sind hier nicht zu finden.

Ucluelet

Ucluelet (ausgesprochen: Ju-klull-ätt) mit seinen 1600 Einwohnern liegt auf einem 4 km langen Bergrücken am südlichen Ende der Esowista-Halbinsel: Auf der Südwestseite des Städtchens ragt die Felsküste des Pazifiks mit bis zu 50 m hohen Klippen in die Höhe, nur von wenigen Buchten unterbrochen; auf der Nordostseite liegt der Ucluelet Inlet mit seinem geschützten Hafen. Schon die ersten Bewohner der Region wussten diese Lage zu schätzen: Ucluelet bedeutet in der Sprache der Nuu-chah-nulth „sicherer Hafen".

Ucluelet – von Einheimischen meist kurz als Ukee bezeichnet – kennt keine Besuchermassen wie Tofino und ist insgesamt entspannter. Anders als in Tofino finden sich hier nur wenige hochklassige und teure Resorts. Bodenständige Motels und erschwingliche Ferienappartements machen den Großteil der Unterkünfte aus. Die Outdoor-Möglichkeiten sind ähnlich, Whale Watching und Kajakfahren in beiden Orten gut möglich. Für Wanderungen ist Ucluelet interessanter, für Surfer dagegen Tofino.

Wild Pacific Trail: Dieses in den vergangen Jahren entstandene Wegenetz an der felsigen Pazifikküste wird ständig weiter ausgebaut. Karten und weitere Informationen gibt es unter www.wildpacifictrail.com. Derzeit besteht der Trail aus vier Abschnitten:

Lighthouse Loop: Zum Einstieg ist dieser Rundweg ideal (2,6 km, ca. 60 Min.). Fahren Sie bis fast ans Ende der Halbinsel und biegen Sie dann rechts auf die Coast Guard Road ab. Der Parkplatz liegt wenige Meter weiter. Von dort führt der Trail zum **Amphitrite-Leuchtturm** und auf der anderen Seite zurück zum Parkplatz. Moosbedeckte Wälder und felsige Steilküsten wechseln sich ständig ab.

Artist Loops: Die vielleicht schönsten Blicke bieten die Aussichtsplattformen am Westende dieses Abschnittes, am schnellsten vom Zugang an der Peninsula Road erreichbar. Fahren Sie aus dem Ort heraus. 800 m nach der Co-op-Tankstelle beginnen auf der linken Seite die beiden nur sehr schlecht ausgeschilderten Zugangswege. Nach 15 Minuten erreichen Sie die Artist Loops und kurz nacheinander drei Aussichtsplattformen. Geht man den Weg weiter,

Leuchtfeuer am Amphitrite Point, Wild Pacific Trail

erreicht man über die Abschnitte Brown's Beach und Big Beach nach 60 bis 90 Minuten wieder die südlichen Stadtbezirke. Zurück auf gleichem Weg oder über den Sportplatz und den Fuß- und Radweg an der Peninsula Road entlang.

Tierbeobachtung: Zahlreiche Anbieter führen mit kleineren und größeren Booten Ausflüge zu Tierbeobachtungen (Wale und Bären) durch. Anders als in Victoria herrscht hier kein Massenbetrieb, die Boote fahren oft nur einmal am Tag. Unbedingt vorab auf der Webseite informieren und dann per E-Mail oder telefonisch buchen. Adressen siehe unten.

Ucluelet Aquarium: Hier kann man sich an Land mit der Wasserwelt beschäftigen. Das kleine, aber feine Aquarium arbeitet nach dem Catch-and-Release-Prinzip: Im Frühjahr werden Fische und andere Meeresbewohner fürs Aquarium gefangen und im Herbst wieder in die Freiheit entlassen. Das sehr freundliche und engagierte Personal bringt Erwachsenen wie Kindern die Unterwasserwelt auf spannende Art näher, viele Becken laden ausdrücklich zum Anfassen ein. Ein Besuch lohnt – nicht nur an einem Regentag.

■ April bis Nov. 10–17 Uhr. Eintritt 14 $. Main St (Waterfront-Promenade), ✆ (250) 726-2782, www.ucluelataquarium.org.

Praktische Infos

Information Erste Adresse ist das **Pacific Rim Visitor Centre** an der Einmündung des Highway 4 in die Straße von Ucluelet nach Tofino. Es informiert über beide Orte und den Nationalpark und verkauft Eintrittskarten für den Park (→ Pacific Rim National Park, S. 171). Mai bis Sept. tägl. 10–17 Uhr. 2791 Pacific Rim Highway, ✆ (250) 726-4600. Info-Stelle in Ucluelet: **Chamber of Commerce**, Mo–Fr 9–16 Uhr. 1604 Peninsula Road, ✆ (250) 726-4641, www.ucluelet.ca.

Parkeintritt Wer ohne anzuhalten durch den Pacific Rim National Park direkt nach Ucluelet oder Tofino fährt, benötigt kein Permit. Wer im Park stoppt, löst am jeweiligen Parkplatz entweder ein Beach Walk Permit (5 $/Pers., max. 4 Std.) oder schon im Visitor Centre einen Tagespass (8 $/Pers.).

Hin und weg **Flugzeug:** KD Air und Orca Air verbinden Vancouver mehrmals tägl. mit dem Tofino Airport, der etwa auf halbem Wege zwischen Tofino und Ucluelet liegt. Orca Air

Im Ucluelet Aquarium: Meeresleben zum Anfassen

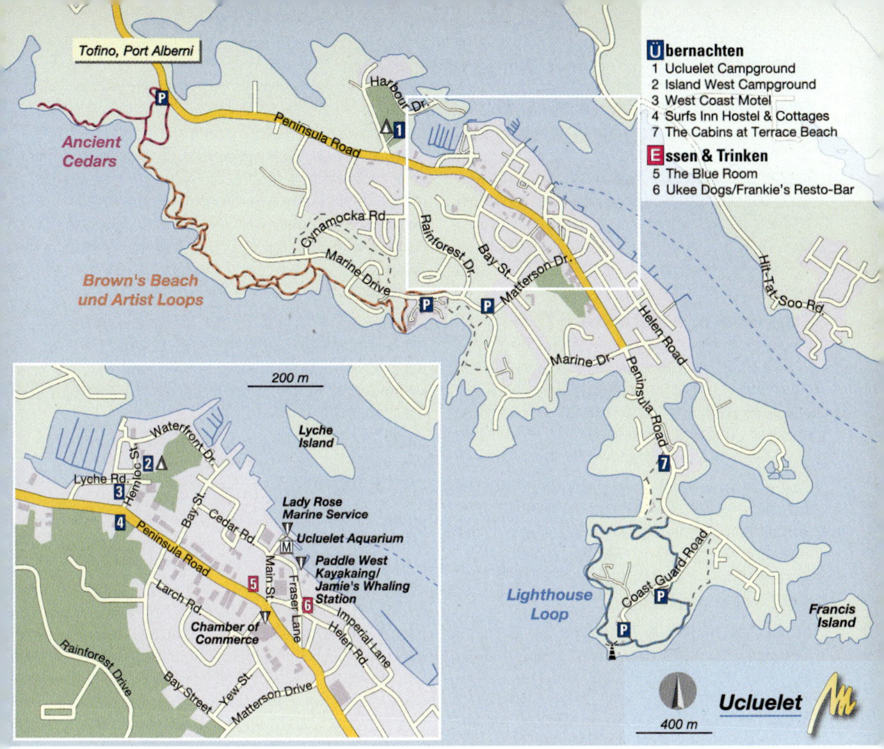

fliegt im Sommer auch 3x pro Woche von Victoria. Ab 195 $ einfach, erhebliche Gepäckbeschränkungen. KD Air ✆ (800) 665-4244, www.kdair.com; Orca Air ✆ (888) 359-6722, www.flyorcaair.com.

Bus: Mit Tofino Bus 2x tägl. von Victoria nach Ucluelet (6 Std.) und weiter nach Tofino (6½ Std.). Nach Reservierung werden auch Fahrräder transportiert. ✆ (250) 725-2871, www.tofinobus.com.

Fahrradverleih Mehrere Vermieter, auch manche Hotels verfügen über Leihräder. Die ersten 9 km von Ucluelet bis zum Visitor Centre sind mit einem Radweg ausgestattet. Parks Canada baut derzeit einen 25 km langen Multi-Use-Trail durch den Park, der ab 2020 den Nationalpark für Radfahrer, Wanderer und Reiter abseits der Straße auf der ganzen Länge von Ucluelet nach Tofino erlebbar machen soll.

Kajak Die geschützten Gewässer des Ucluelet Inlets sind auch für Anfänger ideal. Mehrere Unternehmen bieten Touren unterschiedlicher Länge und Schwierigkeitsgrade an. Bei den genannten Zeiten sind 30 Minuten für das Anziehen der Ausrüstung etc. inklusive.

Paddlewest Kayaking/Jamie's bietet mehrere Touren an: Islands (Hafentour), 2½ Std., 59 $; Rainforest (entlang der Küste), 4 Std., 79 $; Clayoquot (Barkley Sound), 6 Std., z. T. über den offenen Ozean, 115 $. 168 Fraser Lane ✆ (250) 726-8289, ✆ (250) 726-7444, www.paddlewestkayaking.com.

Whale Watching/Bear Watching **Subtidal Adventures:** Whale Watching, April bis Okt. 1- bis 4x tägl. ca. 3 Std., 109 $; Zodiacs und Großboot. Bear Watching, mehrmals wöchentlich bei Ebbe ca. 3 Std., 99 $. 1950 Peninsula Road, ✆ (877) 444-1134, www.subtidaladventures.com.

Jamie's Whaling Station: Whale Watching 2–3 Std., 109 $. Bear Watching ab Mitte Juni 109 $; Zodiacs und Großboot. 168 Fraser Lane, ✆ (250) 726-7444, www.jamies.com.

Archipelago Cruises: Broken Group Islands Wildlife Cruise tägl. außer Freitag 5½ Std., 169/197 $ ohne/mit Lunch. Evening Wildlife Cruise an ausgewählten Tagen um 17 Uhr, 119 $; Großboot. 1950 Peninsula Road, ✆ (250) 726-8289, www.archipelagocruises.com.

Übernachten **West Coast Motel 3:** Das familiär geführte Motel oberhalb des Yachthafens bietet zwei Kategorien, die Zimmer mit Küchenecke und Blick auf den Hafen sind teurer. Pool und Fitness Center im Haus sind kostenfrei und werden auch von Externen genutzt. DZ ab 125 $, mit Küche und Hafenblick ab 159 $. 279 Hemlock St, ✆ (250) 726-7732, www.westcoastmotel.com.

The Cabins at Terrace Beach 7: In traumhafter Lage direkt an einer kleinen Bucht am Pazifik liegen diese großzügig ausgestatteten Holzhäuschen. Mitte Juni bis Mitte Sept. 239–399 $, je nach Lage und Ausstattung, vorher/nachher deutlich günstiger. 1090 Peninsula Road, ✆ (250) 726-2101, www.thecabins.ca.

Outside Inn: 9 km außerhalb. Hier verteilen sich die nur 5 Einheiten auf mehrere Cabins und als Loft in einem großen Holzhaus, z. T. mit Hot Tub. 149–179 $. Mindestaufenthalt 2 Nächte. 2425 Ucluelet Highway, ✆ (250) 726-4655, www.ucmycabins.com.

Surfs Inn Hostel & Cottages 4: Mehrere Optionen: DZ mit Gemeinschaftsbad 70 $, Holzhäuschen mit Du/WC für 2–6 Pers., 149–239 $. Ein Bett in den klassischen Schlafsälen ist auch in der Hochsaison ab 28 $ zu haben. 1874 Peninsula Road, ✆ (250) 726-4426, www.surfsinn.ca.

Camping Ucluelet verfügt über mehrere Campingplätze. Der **Ucluelet Campground 1** liegt in Laufweite zur Stadt am Ortsausgang, 43–48 $; ✆ (250) 726-4355, www.ucluelet campground.com. Noch zentraler liegt der **Island West Campground 2** am Inlet-Hafen, 32–38 $; ✆ (250) 726-4426, www.surfs inn.ca. Beide bieten vor allem Wohnmobilstellplätze. Zeltcamper sind außerhalb deutlich besser aufgehoben, z. B. im **Wya Point Resort,** 35 $. ✆ (250) 726-2625, www.wya point.com.

Essen und Trinken ... sind in Ucluelet nicht die Hauptbeschäftigungen. Die Wirte geben oft nach einer Saison schon wieder auf. Wer Einheimische nach Tipps fragt, kann wenig falsch machen.

Offshore: Am Ortseingang, gutes Seafood-Restaurant. Di–Sa 17–21 Uhr. 2092 Peninsula Road. ✆ (250) 726-2111.

Ukee Dogs und **Frankie's Resto-Bar 6:** Etwas östlich des Zentrums liegen diese beiden kleinen Restaurants direkt nebeneinander am Village Square. Ukee Dogs serviert morgens Frühstück, mittags Suppen und Hot Dogs in allen Variationen. Mo–Fr ca. 9–16 Uhr. ✆ (250) 726-2103. Schließt Ukee's, geht es kurz danach bei Frankie's mit BBQ vom Feinsten weiter. Tägl. 17–21.30 Uhr. 1571 Imperial Road, ✆ (250) 726 2225, www.frankiesrestobar.com.

The Blue Room 5: Im Zentrum, auf Breakfast, Brunch und Burger spezialisiert. Tägl. 7–16 Uhr. 1627D Peninsula Road, ✆ (250) 726-4464.

Im Hafen von Ucluelet

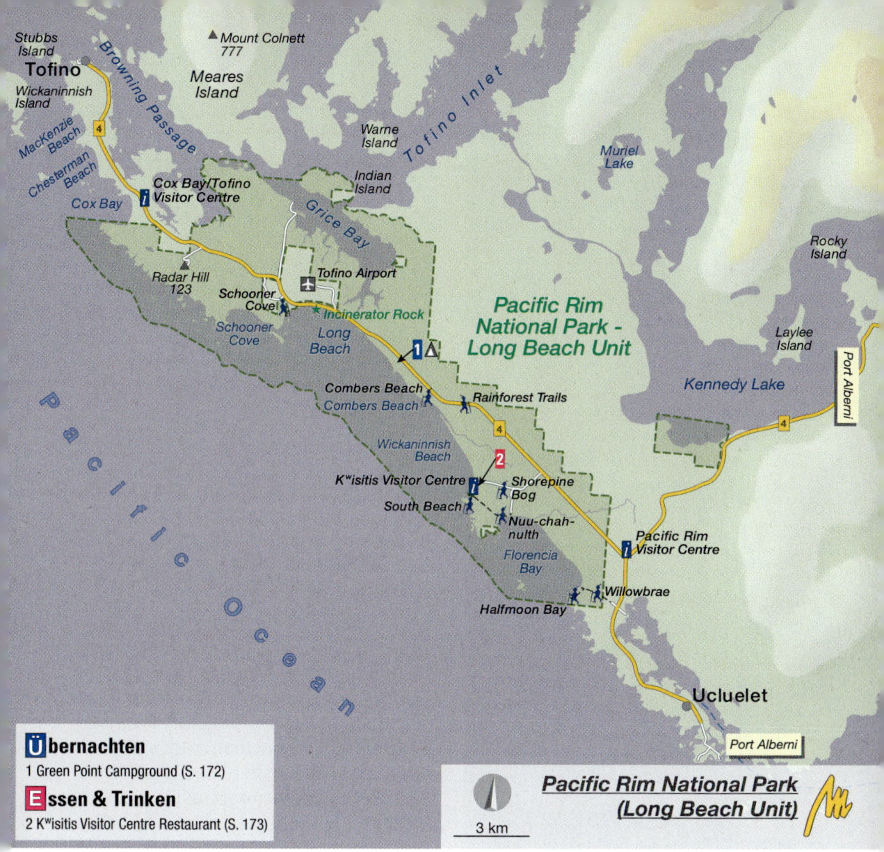

Pacific Rim National Park – Long Beach Unit

Der Pacific Rim National Park liegt an der Grenze zwischen Pazifik und Regenwald und besteht aus drei Teilen: dem West Coast Trail von Port Renfrew nach Bamfield, der Inselgruppe der Broken Group Islands im Barkley-Sund und der Long Beach Unit zwischen Ucluelet und Tofino.

Alle Wanderwege gehen von der einen Straße ab, die von Ucluelet durch den Park hindurch nach Tofino führt – Verfahren ist nicht möglich. Trotzdem sollte man sich zur Orientierung die kostenfreien Pläne aus dem Visitor Centre mitnehmen.

Trails: Mehrere Wanderwege erschließen den gemäßigten Regenwald. Holztreppen und -planken, sog. Boardwalks, erlauben ein tiefes Eindringen in dieses fragile Ökosystem. Informationstafeln erklären anschaulich das Wachsen und Vergehen der Baumriesen. Die beiden jeweils etwa 1 km langen Rainforest Trails in der Mitte des Parks führen tief hinab in Bachtäler und durch feuchte Moos- und Farnwälder. Riesenlebensbäume und Western-Hemlock-Tannen prägen das Bild. Da bei dem Auf und Ab jeweils mehr als 300 Stufen zu erklimmen sind, sollte man je eine Stunde für die beiden doch recht ähnlichen Wege einplanen.

▲ Rainforest Trail

▼ Schooner Cove Trail

Der 1 km lange **Schooner Cove Trail** kombiniert alle Schönheiten des Parks. Wenn Sie nur Zeit für eine einzige Wanderung haben, dann sollte es diese sein. Takten Sie Ihren Besuch möglichst so, dass Sie bei Ebbe am Strand sind (Gezeitentabellen im Visitor Centre). Über 337 Stufen führt der Boardwalk durch kühlen, feuchten Regenwald und durchquert dabei mehrere Bachtäler. Nach 30 bis 40 Minuten ist der Strand erreicht; im letzten Stück muss man oft über angeschwemmte Baumstämme klettern. Zwei kleine Inseln sind rechter Hand trockenen Fußes erreichbar. Auf dem Weg dorthin lohnt ein Blick in die vielen Tide Pools, in denen sich Seeanemonen, Muscheln und andere Tiere gesammelt haben und auf die nächste Flut warten.

Long Beach: Zahlreiche weitere Wege führen an den Strand, der zu ausgedehnten Spaziergängen, aber auch zum Surfen und Kajakfahren einlädt. Am Wickaninnish Beach beginnt der Long Beach, der sich in einer langgezogenen Bucht über 16 km erstreckt. Das **K^{w}isitis Visitor Centre** **2** (→ Karte S. 171) (informiert in anregenden Schautafeln über Flora und Fauna. Im Restaurant (im Sommer tägl. 10–17 Uhr) kann man mit Blick über den Strand speisen. Der nur 800 m lange South Beach Trail beginnt hinter dem Kwisitis Visitor Centre, führt hoch auf eine Klippe und dann in die kleine Bucht des South Beach. Von den Parkplätzen „Long Beach" und „Incinerator Rock" lässt sich das Westende des langen Strandes erkunden. An einem schönen Tag möchte man einfach nur stundenlang hier sitzen, der Brandung lauschen und den Surfern zusehen – oder endlich selbst die erste Surf-Stunde nehmen.

Information Das **Pacific Rim Visitor Centre** an der Einmündung des Highway 4 in die Straße von Ucluelet nach Tofino informiert über beide Orte und den Nationalpark. Auch Verkauf von Eintrittskarten für den Park. Tägl. 10–16.30 Uhr. 2791 Pacific Rim Highway, ✆ (250) 726-4600, www.pacificrimvisitor.ca.

Wellenreiter am Long Beach

Parkeintritt Wer ohne anzuhalten durch den Pacific Rim National Park direkt nach Ucluelet oder Tofino fährt, benötigt kein Permit. Wer im Park stoppt, löst am jeweiligen Parkplatz entweder ein Beach Walk Permit (5 $/Pers., max. 4 Std.) oder im Visitor Centre einen Tagespass (8 $/Pers.).

Camping Die einzige Unterkunft direkt im Park ist der **Green Point Campground** **1** (→ Karte S. 171), zentral am Long Beach gelegen; Stellplatz 23,50–32.30 $. Zusätzlich sind fünf Zelte mit Ausstattung fest aufgebaut (70 $). Unbedingt vorab buchen, unter www.reservation.pc.gc.ca.

Tofino

Traumziel Tofino: Wenige Orte an Kanadas Küste wecken so viele Emotionen, von kaum einem anderen Urlaubsziel auf der Insel haben so viele Menschen schon einmal gehört. Das ehemalige Fischerdorf hat sich längst zum zweitwichtigsten touristischen Ziel nach Victoria entwickelt. Für 1900 Einwohner ist Tofino heute ganzjährig Heimatstadt – im Sommer halten sich mit Saisonkräften, Übernachtungsgästen und Tagesbesuchern aber schon mal 30.000 Menschen gleichzeitig in und um Tofino auf.

Tofino verdankt seinen Namen dem spanischen Kartographen Vicente Tofino de San Miguel, der 1792 Mitglied einer spanischen Expedition in die Region war. Die Stadt liegt am Nordende der Esowista-Halbinsel und verfügt über eine Südwestküste zum Pazifik hin und ein östliches Ufer zum Clayuquot-Sund (ausgesprochen: Kleckwutt) hin, an dem die Hafenanlagen liegen. Mit der Straßenanbindung 1959 wurde Tofino auch Handels- und Verwaltungszentrum für die umliegenden Gemeinden ohne Straßenanschluss. Die Einheimischen sprechen den Namen des Ortes im Übrigen meistens „Táfino" aus, was dem Städtchen auch den Spitznamen „Tough City" (zähe Stadt) einbrachte.

Schon etliche Kilometer vor dem Zentrum liegt Outside Break: Im dichten Wald finden sich Wohnhäuser und erste Hotelanlagen. Ein Café, ein kleiner Supermarkt, eine Imbissbude und zahlreiche Surf-Shops geben einen Vorgeschmack auf die typische Atmosphäre im Surferparadies. Das Zentrum Tofinos ist räumlich überschaubar: Fast das gesamte öffentliche Leben spielt sich entlang der Campbell Street zwischen 1st und 4th Street ab.

Vancouver Island bis Haida Gwaii → Karten S. 114 und S. 116/117

Whale Watching: Die Saison beginnt im März mit dem Gray Whale Festival, wenn Zehntausende von Grauwalen auf ihrer jährlichen Wanderung von Mexiko nach Alaska an Tofino vorbeiziehen. Da mehrere Gruppen den ganzen Sommer über in den nährstoffreichen Gewässern bleiben und auch immer wieder durchziehende Buckel- und Killerwale vor der Küste gesichtet werden, ist Tofino einer der besten Orte für Walbeobachtungen. Die im Adressenteil (→ S. 176) genannten Anbieter haben alle langjährige Erfahrung und Sichtungsraten von über 90 %.

Surfen: Mit Surfen meinen die Kanadier nicht das in Deutschland weit verbreitete Windsurfen, das in Kanada eher wenig Anhänger hat, sondern das Wellenreiten. Zahlreiche Strände bieten ideale Voraussetzungen für diesen Sport, allen voran Chesterman Beach und Long Beach. Fast alle Einheimischen surfen. Wenn die Brandung ideal ist, wird das Bord ins Auto gepackt oder auf einem speziellen Träger seitlich ans Fahrrad geschnallt – und ab zum Strand! Wer selber auf die Wellen möchte, findet zahlreiche Surfschulen und Verleihstationen vor Ort (→ Praktische Infos).

Tofino Botanical Gardens: Die Zufahrt ist mit Schlaglöchern übersät, doch die vorsichtige Anfahrt lohnt sich, denn die kleine Anlage ist mehr als nur ein botanischer Garten, sie bietet gleichzeitig einen Rundgang durch Tofinos Geschichte. So können ein aus einem Baumstamm gehobeltes Kanu, eine Hütte früher Siedler und ein Lachsfischerboot von 1946 besichtigt werden. Verschiedene Skulpturen bringen auch moderne Kunst in die Gärten. Nach dem Rundgang lädt Darwin's Café zum Verweilen in der harmonisch gestalteten Anlage ein.

■ Geöffnet Sonnenauf- bis Sonnenuntergang. Eintritt 12 $. 1084 Pacific Rim Highway, ✆ (250) 1220, www.tbgf.org.

Meares Island: der „Big Tree"

Meares Island: Die Hauptattraktion der nördlich von Tofino gelegenen Insel ist der Big Tree Trail, ein rund 1 km langer Boardwalk zu einem gewaltigen Riesenlebensbaum. Wer nicht per Wassertaxi anfahren will, kommt mit dem Kajak. Auch für Unerfahrene ist die 4-Stunden-Tour leicht zu bewältigen und die Fahrt durch die ruhigen Gewässer des Inlet ein Genuss. Ein empfehlenswertes Angebot macht „Tofino Sea Kayaking" (→ Praktische Infos).

Wassertaxi: Tofino Water Taxi: Die 2-Std.-Tour beginnt mit einer 15-minütigen Bootsfahrt zum Trail, schließt aber keine Erläuterungen mit ein. Tägl., verschiedene Zeiten, 30 $. Zum Startpunkt für den Lone Cone Mountain Trail 49 $. North Sea Pier (am Ende der Main St), ✆ (250) 725-8844, www.tofinowatertaxi.com.

Hot Springs: Verschiedene Airlines bieten einen vierstündigen Ausflug zu den heißen Quellen 40 km nördlich des Städtchens. Nach einem 20-minütigen Flug über die Wildnis des Clayoquot

Sounds landet die Maschine am Ufer der Hot Springs Cove. Ein gemütlicher Spaziergang von etwa 40 Minuten durch den gemäßigten Regenwald führt zu den heißen Quellen, die mit mehr als 40 Grad aus den Felsen sprudeln und sich über eine Serie von Becken ihren Weg zum Meer bahnen. Laut Werbung bleiben zwei Stunden zum Baden und Entspannen, bevor es auf demselben Weg zurückgeht; tatsächlich kann aber in der Hauptsaison bei großem Andrang schon mal die Hälfte der Zeit fürs Warten vergehen, bis endlich ein Platz in einem der Becken frei wird. Das einmalige Erlebnis lohnt dennoch. In Kooperation mit den Walbeobachtungen (→ Praktische Infos) kann man auch eine der beiden Strecken in ca. 90 Minuten mit einem Schiff zurücklegen – eine reizvolle Kombination! Wer länger bleiben möchte: Die „Innchanter“, ein 27 m langes Bed&Breakfast-Schiff, ankert in der Bucht und bietet attraktive Packages – und Besuche in den Hot Springs während der ruhigeren Abendstunden!

▪ Infos zur An- und Abreise, Übernachten usw. → Praktische Infos.

Praktische Infos

Information **Tourism Tofino,** im Sommer tägl. 9–19, sonst tägl. 10–17 Uhr. 1426 Pacific Highway, ☎ (250) 726-4641, www.tourismtofino.com.

Hin und weg **Flugzeug:** KD Air und Orca Air verbinden Vancouver mehrmals tägl. mit dem Tofino Airport, der etwa auf halbem Wege zwischen Tofino und Ucluelet liegt. Orca Air fliegt im Sommer auch 3x pro Woche von Victoria. Erhebliche Gepäckbeschränkungen. KD Air ☎ (800) 665-4244, www.kdair.com. Orca Air ☎ (888) 359-6722, www.flyorcaair.com.

Bus: Mit Tofino Bus 2x tägl. von Victoria über Ucluelet (6 Std.), nach Tofino (6½ Std.). Nach Reservierung werden auch Fahrräder transportiert. ☎ (250) 725-2871, www.tofinobus.com.

Fahrradverleih Mehrere Vermieter, auch manche Hotels verfügen über Leihräder. Vom Tofino Visitor Centre in die Downtown führt ein Radweg parallel zur Straße.

Hot Springs **Flug:** Atleo Air, im Sommer mehrmals tägl., 89 $ einfach. 50 Wingen Lane, ☎ (250) 725-2205, www.atleoair.com. Tofino Air hin/zurück 193 $. 50 First St, ☎ (250) 725-4454, www.tofinoair.ca.

Schiff: Ocean Outfitters, im Sommer 3x tägl. 6 Std. 139 $. 368 Main St, ☎ (250) 725-2866, www.oceanoutfitters.bc.ca. Weitere Anbieter: Jamie's Whaling Station, Bootstour 139 $, Kombi

Outside Break: Café und Radverleih, Burger-Bude und Surfshop

Vancouver Island bis Haida Gwaii → Karten S. 114 und S. 116/117

Boot/Flug 229 $. 606 Campbell St, ✆ (250) 725-3919, www.jamies.com. Tofino Whale Centre, Bootstour 134 $. 411 Campbell St, ✆ (250) 725-2132, www.tofinowhalecentre.com.

B&B: Innchanter, Doppelkabine 350 $ (2. Nacht 310 $) inkl. Dinner und Frühstück. Mai bis Okt. ✆ (250) 670-1149, www.innchanter.com. Anreise mit jedem Anbieter für Hot Springs Touren möglich.

MeinTipp **Kajak Tofino Sea Kayaking:** Verleiher, aber auch Anbieter von Touren, z. B. tägl. zu verschiedenen Zeiten nach Meares Island (84 $) mit sehr erfahrenen und unterhaltsamen Führern. 320 Main St, ✆ (250) 725-4222, www.tofinoseakayaking.com.

Surfen Sepp Bruhwiler's Westside Surf: Die Surfschule des bekannten Profi-Surfers bietet stets neues Material und Know-how. Verleih von Wetsuit und Board ab 30 $/6 Std.; 3-Std.-Schnupperkurs 75 $; Tages-/2-Tage-Kurs 150/175 $, jeweils in Kleingruppen und inkl. Ausrüstung. Im Sommer meistens 8 bis 18 Uhr. 150 4th St, ✆ (250) 725-2404, www.westsidesurf.com.

Surf Sisters: Das seit 2000 aktive Team besteht nur aus Surf-Lehrerinnen, unterrichtet aber auch Männer. 2-Tagekurs 178 $. Ganzjährig. ✆ (250) 725-4456, www.surfsister.com.

Whale Watching Remote Passages: Langjähriger Anbieter. Mehrmals tägl. Touren von 2½ Std. mit Zodiac 99 $, mit großem Boot 109 $. 51 Wharf St, ✆ (250) 725-3330, www.remotepassages.com.

MeinTipp **Jamie's Whaling Station:** Seit 35 Jahren am Markt mit mehr als 1 Mio. Kunden – dennoch gelingt es dem Team nach wie vor, die Begeisterung für die Wale zu teilen und den Urlaubern die Welt der Meeressäuger näherzubringen. Bis zu 3x tägl. 3 Std. im Zodiac oder im größeren Cruiser-Boot 109 $. 606 Campbell St, ✆ (250) 725-3919, www.jamies.com.

Ocean Outfitters: Einziger Anbieter, der klimaneutral operiert. Im Sommer mehrmals tägl., 2½ Std. im Zodiac oder kleinem geschlossenem Boot 109 $. 368 Main St, ✆ (250) 725-2866, www.oceanoutfitters.bc.ca.

Übernachten Wickaninnish Inn 9: Wohl die luxuriöseste und bekannteste Möglichkeit, in Tofino zu übernachten. Auf der Landspitze „The Pointe" zwischen Chesterman Beach und Secret Cove gelegen, bietet das Hotel stilvolle Zimmer mit Ausblick, ein Spa und ein Restaurant der Spitzenklasse. Die meisten Zimmer sind Deluxe Rooms mit Kamin, Hot Tub und eigenem Balkon. DZ ab 400 $. Noch teurer sind die Zimmer im Winter, wenn das Storm Watching seinen Höhepunkt erreicht – die Brandung an der Landzunge ist mit die stärkste in Tofino. Osprey Lane, Chesterman Beach, ✆ (250) 725-3100, www.wickinn.com.

Zahlreiche Unternehmen bieten Touren zur Walbeobachtung an

100 m
Remote Passages
Wharf St.
Tofino Sea Kayaking
Ocean Outfitters
Main Street
West St.
1st Street
2nd Street
3rd Street
4th Street
Campbell St.
Tofino Whale Centre
Sepp Bruhwiler's Westside Surf School
Malon Ln.
Neill Street
Cypre Cres.
Pacific Rim Highway
Elk Road
Jamie's Whaling Station
Gibson Street
Neilson Island
Morpheus Island
Meares Island
Felice Island
Strawberry Island
Riley Island
Calf Island
Arnet Rd.
Surf Sister Surf School
Tonquin Beach
Browning Passage
Industrial Way
Third Beach
Tofino Botanical Gardens
Pazifik
MacKenzie Beach Rd.
Mackenzie Beach
Hellesen Dr.
Outside Break
Cedarwood Pl.
Sharp Rd.
Osprey Ln.
Pacific Rim Hwy
Chesterman Beach
Tourism Tofino, Flughafen, Ucluelet, Port Alberni
350 m
Tofino
Übernachten
1 Whalers on the Point
7 Bella Pacifica Campground
8 Best Western Tin Wis Resort
9 Wickaninnish Inn
10 Jamie's Rainforest Inn
Essen & Trinken
2 The Schooner Restaurant
3 Tuff Beans Coffee House
4 Wolf in the Fog
5 SoBo
6 Red Can Gourmet
9 The Pointe Restaurant

Best Western Tin Wis Resort 8: Von den vielen Resorts bietet dieses direkt am MacKenzie Beach gelegene noch ein halbwegs akzeptables Preis-Leistungs-Verhältnis. Das Haus steht unter indigenem Management. Alle Zimmer mit Meerblick. DZ ab 298 $. 1119 Pacific Rim Highway, ✆ (250) 725-4445, www.bestwestern.com.

Jamie's Rainforest Inn 10: Das Hotel liegt etwas östlich der Stadt, gewährt derzeit noch 20-30% Nachlass auf alle Touren von Jamie's Whaling Station, wurde aber 2019 verkauft und soll ab 2020 neu als „Hotel Zed" an den Markt gehen. Große, naturbelassene Gartenanlage hinter dem Hotel hinunter zum Inlet. DZ ab Mitte Juni 209–249 $ je nach Kategorie, vorher deutlich günstiger. 1258 Pacific Rim Highway, ✆ (250) 725-2323, www.tofinorainforestinn.com.

meinTipp **Whalers on the Point 1:** Viel mehr als nur ein Hostel. Mehrbettzimmer, aber auch private DZ, dazu Sauna, Terrasse mit BBQ, Fahrradverleih im Haus und vieles mehr. Der große Wintergarten mit Kamin bietet den vielleicht besten Ausblick der Stadt und ist Treffpunkt für Reisende allen Alters aus aller Welt. DZ ab 119 $, im Mehrbettzimmer ab 42 $. 81 West St, ✆ (250) 725-3443, www.tofinohostel.com.

Bella Pacifica Campground 7: Der großzügig gestaltete Platz verfügt über 180 Stellflächen unter einem großen Baumbestand. Am teuersten sind die 18 Plätze direkt am Strand und die oberhalb mit Meerblick (54 $), die anderen Plätze kosten 44–52 $. März bis Okt. MacKenzie Beach Road, ✆ (250) 725-3400, www.bellapacifica.com.

Essen und Trinken **The Schooner Restaurant 2:** Das exzellente Restaurant verpflegt seine Gäste seit 1949 und ist mit den Anforderungen mitgewachsen. Frühstück, Lunch und Dinner. Tägl. 9–21 Uhr. 331 Campbell St, ✆ (250) 725-3444, www.schoonerrestaurant.ca.

SoBo 5: Stets frische Zutaten mit vielen Seafood-Variationen. Lunch 11–17 $, Dinner 16–33 $. Tägl. 11.30–21.30 Uhr. 311 Neill St, ✆ (250) 725-2341, www.sobo.ca.

Wolf in the Fog 4: Kleine Karte, da alles fangfrisch zubereitet wird. Lunch und Dinner. Tägl. 10–24 Uhr. 150 Fourth St, ✆ (250) 725-9653, www.wolfinthefog.com.

meinTipp **Red Can Gourmet 6:** Cateringbetrieb mitten im Industrieviertel. Die meisten Gäste bestellen ihr Essen zur Mitnahme an den Strand, die Terrasse und der 2016 eröffnete kleine Gastraum machen aber auch den Verzehr vor Ort zum Genuss. Lunch und Dinner. Mi–So 9–20 Uhr. 700 Industrial Way, ✆ (250) 725-2525, www.redcangourmet.com.

Tuff Beans Coffee House 3: Hervorragende Kaffeeauswahl, gute Frühstückskarte. Mittags Sandwiches und Wraps. Tägl. 7–17 Uhr, Küche schließt schon um 14 Uhr. 151 4th St, ✆ (250) 725-2739, www.tuffbeans.com.

Coffee Shops in Kanada servieren guten Kaffee und Frühstück

Seelöwen auf einem Felsen bei Hornby Island

Zurück an der Ostküste: Von Parksville nach Campbell River

Kleine Inseln vor der Küste und endlose Wälder im Inland prägen diesen Abschnitt der Ostküste. Die Badeorte werden überwiegend von Kanadiern besucht, die Region geizt mit touristischen Höhepunkten. Dennoch lohnt der eine oder andere Stopp auf dem Weg nach Norden.

Der Inland-Highway 19 führt von Parksville aus als vierspurige Schnellstraße in einer halben Stunde in die Region Courtenay. Nach einer weiteren halben Stunde ist Campbell River erreicht. Wer mehr Zeit hat, nimmt den alten Highway 19A, der größtenteils direkt entlang der Küste verläuft und alle Sehenswürdigkeiten der Region erschließt. Die Regionen Comox/Courtenay/Cumberland und Campbell River sind gute Ausgangspunkte für Touren ins Umland. Sie bieten ansonsten aber wenig Sehenswertes – dazu muss man schon auf eine der Inseln übersetzen.

Lasqueti Island

Vom Hafen in Qualicum Beach transportiert eine kleine Fähre Fußgänger und Radler hinüber auf die 74 km² große autofreie Insel. Die gut 400 Einwohner – viele Künstler und Aussteiger – leben zumeist ohne Strom oder erzeugen diesen selbst; auch eine allgemeine Wasserversorgung gibt es nicht. Deutlicher könnte der Gegensatz zum quirligen Qualicum Beach kaum sein. Direkt am Fähranleger liegt ein kleines Hotel mit Pub, das auch den General Store beherbergt. Überwiegend sind die

Vancouver Island bis Haida Gwaii → Karten S. 114 und S. 116/117

Insulaner jedoch Selbstversorger. Wer den Trubel hinter sich lassen möchte, findet Unterkunft – auch in einigen B&B und Ferienwohnungen.

Information Fast alles über die Insel findet sich unter www.lasqueti.ca.

Fähre 3x tägl., außer Di (Ruhetag) und So (nur 2x tägl.). ✆ (250) 927-0431, www.westernpacificmarine.com.

Übernachten/Essen **Lasqueti Island Hotel & Pub:** Das Pub im 8-Zimmer-Hotel direkt am Fähranleger ist der Treffpunkt der Inselbewohner und -besucher. DZ 91–113 $. ✆ (250) 333-8503, www.lasqueti.ca/lasqueti-hotel.

Denman Island und Hornby Island

Wenige Kilometer weiter liegt der nächste Fährhafen: Von Buckley Bay geht es hinüber nach Denman Island, von wo eine weitere Fähre nach Hornby Island führt. Auch wer keinen Abstecher zu den Inseln plant, sollte am Anleger Halt machen: Die frischen Austern aus lokaler Zucht sind exzellent.

Die beiden Inseln profitieren wie die gesamte Region vom milden, sonnenreichen Klima der Strait of Georgia und bieten Provinzparks mit Wäldern und Stränden. Hornby Island ist zudem ein Paradies für Mountainbiker. Beide Inseln haben jeweils etwa 1000 Einwohner und verfügen über Grundversorgungseinrichtungen wie General Store, Tankstelle und Restaurants.

Denman Island: Die 51 km^2 große, langgestreckte Insel weist vier Provinzparks auf. Der 60 ha große Central Park bietet zahlreiche Wanderwege, das Lindsay Dickinson Nature Reserve bewahrt das urwaldähnliche Ökosystem des alten Küstenwaldes. Bei Ebbe kann man an der Nordspitze der Insel die Treppen zum Morning Beach hinabsteigen und trockenen Fußes zur einige hundert Meter entfernten Tree Island hinüberlaufen. Im Süden bieten die Wälder und Küsten des Boyle Point Provincial Park mit dem Leuchtturm auf Chrome Island Gelegenheiten zu Spaziergängen; im Osten lädt der Sandstrand des Fillongley Provincial Park zum Verweilen ein.

Hornby Island: Die Inselhauptstraße führt vom Fähranleger im Westen über den Inselnorden zum Siedlungsschwerpunkt an der Ostküste rund um die Tribune Bay und weiter in den Süden zum Public Dock. Fast die Hälfte der Insel wird vom zentralen **Mount Geoffrey Regional Nature Park** dominiert. Hornby Island genießt weit über Kanada hinaus einen exzellenten Ruf bei Radsportlern: „The Rock", wie Mountainbiker aus aller Welt die Insel nennen, bietet laut Einheimischen einige der schönsten Tracks der Welt. Der für Anfänger geeignete „Bench Trail" bietet fantastische Ausblicke – Fortgeschrittene werden von den Rampen und Sprüngen auf „Dylan's Drop" und den schnellen Abfahrten von „No Horses" begeistert sein.

Information Es gibt keine Visitor Centres, doch beantworten die Einheimischen vor Ort gerne Fragen. Informationen auch unter: www.denmanisland.com und www.hornbyisland.com.

Hin und weg **Fähren:** BC Ferries verbindet je nach Wochentag Buckley Bay 8- bis 13x tägl. mit Denman Island. Nach 11 km Fahrt quer über die Insel besteht Anschluss nach Hornby Island. ✆ (250) 386-3431, www.bcferries.com.

Mountainbiking Die **Hornby Island Mountain Bike Association** bietet umfassende Infos auf ihrer Webseite: www.hibike.ca. Räder und Ausrüstung können im **Hornby Bike Shop** gemietet werden: ✆ (250) 335-0448, www.realhornby.com/shopping/bikeshop.

Übernachten **Sea Breeze Lodge:** Hornby Island. Ideale Lage am Wasser an der Nordküste. Hot Tub, Restaurant. Cabin 400 $ inkl. Vollpension. 5205 Fowler Road, ✆ (250) 335-2321, www.seabreezelodge.com.

Earth Club Factory: Denman Island. B&B, Hostel, Camping. Bistro, Kaffeerösterei und vieles mehr in einem ist dieser Betrieb nicht weit vom Fähranleger. Auch Fahrradverleih. DZ ab 60 $, im Schlafsaal ab 25 $, Camping ab 20 $. Denman Road, ✆ (250) 335-2688, www.earthclubfactory.com.

Essen und Trinken **Seafood Shop:** Buckley Bay. Im UG des Gebäudes am Fähranleger. Tägl. 9–18 Uhr. 6856 Island Highway South, Fanny Bay, ✆ (250) 335-1198, www.fannyboyoysters.com.

Shack N Wagon: Denman Island. Der Imbiss in einem Planwagen auf einer Farm, 5 Fußminuten vom Fährhafen war 2018 der einzige Ort für ein „Abendessen" auf Denman Island. Hot Dogs, Burger, Tacos, Fish & Chips. Fr–Mo 12–19 Uhr. 2830 Piercy Road, ✆ (250) 335-2278.

Thatch Pub: Hornby Island. Der Pub mit Terrasse liegt gleich beim Fähranleger und ist ideal für eine Einkehr nach einem Tag auf dem Bike, bevor es zurück nach Denman geht. Restaurant Do–Fr 16–20, Sa 11.30–20, So 10–20 Uhr. Bar jeweils bis 23 Uhr. 4325 Shingle Spit Road, ✆ (250) 335-2833, www.thatchpub.ca.

Courtenay, Comox, Cumberland

Inmitten der größten landwirtschaftlichen Region der Insel, des Comox Valley, haben die drei so unterschiedlichen Nachbarstädte sowohl als wirtschaftliches Zentrum der mittleren Ostküste Bedeutung als auch ihrer verkehrsstrategischen Lage wegen. Wer auf dem Weg nach Norden nur wenig Zeit hat, verpasst nicht viel, wenn er die Städte auf dem Highway 19 umgeht.

Courtenay: Der Verwaltungssitz der drei Städte zeigt eine vitale Innenstadt und weist noch etliche Gebäude aus den 1920er- und 1930er-Jahren sowie mehr als 200 lokal geführte Geschäfte auf. Das Herz der Downtown liegt an der Kreuzung Cliffe Avenue/5th St. Parkmöglichkeiten bestehen in den umliegenden Nebenstraßen. Viel Blumenschmuck und zahlreiche Restaurants laden zu einem ausgedehnten Stopp und Stadtbummel ein.

Comox: Das kleine Zentrum zwischen Golfklub und Hafen bietet keine Besonderheiten. Comox ist heute Verkehrsdrehscheibe der Region mit einer Fährverbindung zum Festland nach Powell River. Der lokale Flughafen dient hauptsächlich den kanadischen Streitkräften.

Cumberland: Die 1888 von Robert Dunsmuir gegründete Stadt war einst ein wichtiger Ort für die Kohleförderung,

Dornröschenschlaf: in Courtenay halten keine Züge mehr

Vancouver Island bis Haida Gwaii → Karten S. 114 und S. 116/117

verlor aber mit der Schließung der zunehmend unwirtschaftlich gewordenen Minen an Bedeutung und erscheint heute verschlafen und wie aus der Zeit gefallen. Da das historische Stadtbild seit der Schließung der letzten Kohlemine 1966 kaum verändert wurde, lohnt ein Bummel entlang der Hauptstraße Royston Road bzw. Dunsmuir Avenue.

Cumberland Museum: Das Museum liegt auf der Route der „Comox Valley Heritage Experience Tour". Im Keller wird die beklemmende Atmosphäre in einem Kohlebergwerk nachgestellt, und auch die einst große, heute aber verschwundene Chinatown lebt im Museum wieder auf.

▪ Juni bis Mitte Sept. tägl. 10–17 Uhr, sonst nur Mi–So. Eintritt 5 $. 2680 Dunsmuir Avenue, ✆ (250) 336-2445, www.cumberlandmuseum.ca.

Mount Washington: Rund 25 km westlich des Comox Valley liegt der 1590 m hohe Berg mit dem Mount Washington Alpine Resort. Schneesicher bis Anfang April, ist das Gebiet für Urlauber auch in der Vorsaison attraktiv: morgens am Berg Skifahren, nachmittags bei 20 Grad am Strand liegen – hier eher der Normalfall als die Ausnahme. Ab Ende Juni sind die Lifte für Wanderer und Mountainbiker in Betrieb. Von hier aus ist das Forbidden Plateau im Strathcona Provincial Park (→ Von Campbell River an die Westküste, S. 188) erreichbar. Ein ausgedehntes Wegenetz erlaubt kurze Wanderungen, aber auch mehrtägige Touren rund um den Lake Helen McKenzie und den Moat Lake. Der Paradise Meadows Loop ist barrierefrei hergerichtet.

▪ Ausfahrt 130 des Highway 19. Dann 18 km auf dem Strathcona Parkway hinauf ins Gebirge. Resort: ab Mitte Juni Sa/So, Juli bis Sept. tägl. 11–20 Uhr. Café vor Ort. Lifte für Wanderer 20–30 $, für Mountainbiker 49 $, ab 16 Uhr 25 $. ✆ (250) 338-1386, www.mountwashington.ca.

Information **Vancouver Island Visitor Centre,** an der Ausfahrt des Highway 19 Richtung Courtenay am Comox Valley Parkway. Tägl. 9–17 Uhr. Umfangreiche Informationen über die gesamte Insel, nicht nur das Comox Valley. 3607 Small Road, Courtenay. ✆ (250) 400-2882, www.discovercomoxvalley.com.

Hin und weg **Bus:** Mit Tofino Bus 2x tägl. von Victoria (4 Std. 20 Min.) nach Campbell River (1 Std.) und 1x tägl. weiter nach Port

Kaffee & Kunst: in vielen Cafés stellen lokale Künstler aus

Hardy (5 Std.) und zurück. ✆ (250) 725-2871, www.tofinobus.com.

Fähre: BC Ferries verbindet Comox bis zu 5x tägl. mit Powell River an der Sunshine Coast. ✆ (250) 386-3431, www.bcferries.com.

Mountainbiking Cumberland verfügt über ein großes Netzwerk an Mountainbiking Trails: www.cumberland.ca/mountain-biking. **Dodge City Cycles** verleiht Bikes, Helme, Karten etc. 2705 Dunsmuir Avenue, Cumberland, ✆ (250) 336-2200, www.dodgecitycycles.com.

Übernachten ****** Kingfisher Oceanside Resort & Spa 6**: Courtenay, etwas südl. des Orts direkt am Strand. Der große Wellnessbereich und die gepflegte Gartenanlage sind nur einige der Highlights des Resorts. DZ ab 200 $. 4330 Island Highway South, ✆ (250) 338-1323, www.kingfisherspa.com.

Estuary House 3: Courtenay. Das kleine Bed & Breakfast liegt direkt an der Estuary-Bucht. Wer sich tagsüber die Füße müde gelaufen hat, kann für 50 $ eine einstündige Fußmassage buchen. DZ ab 110 $. 2810 Comox Road, ✆ (250) 890-0130, www.estuaryhousecomox.com.

The Riding Fool 5: Cumberland. Eines der besten Hostels der Insel, nicht nur für Mountainbiker. DZ mit Gemeinschaftsbad ab 65 $, Schlafsaal 30 $. Package: Übernachtung plus drei Stunden geführte Mountainbike-Tour ab 106 $. 2705 Dunsmuir Avenue, ✆ (250) 336-8250, www.ridingfool.com.

Essen und Trinken **Locals Restaurant 2**: Courtenay. Der große Kamin und der Holzboden schaffen eine behagliche Atmosphäre. Frische Küche mit wechselnden saisonalen Angeboten. Tägl. 11–21, Sa/So Brunch 10–14 Uhr. Reservierung empfohlen. 1760 Riverside Lane, ✆ (250) 338-6493, www.localscomoxvalley.com.

Common Ground Café 1: Courtenay. Das kleine, fast 100 Jahre alte Gebäude ist werktags ein lebhafter Treffpunkt; die Dekoration besteht aus recyceltem Strandgut. Das Essen ist frisch und herzhaft mit vielen Produkten aus biologischem Anbau. Mo–Do 7–21, Fr 7–15 Uhr. 596 Fifth St, ✆ (250) 897-1111.

Tarbell's Deli & Espresso 4: Cumberland, nicht weit vom Museum. Bunt und geschmackvoll eingerichtet, bietet Tarbell's hervorragende Sandwiches, Suppen, Kaffees und Tees. Die ausgestellten Bilder kann man kaufen. Mo–Sa 8–17 Uhr. 2705 Dunsmuir Avenue, ✆ (250) 225-8863, www.tarbellsdeli.ca.

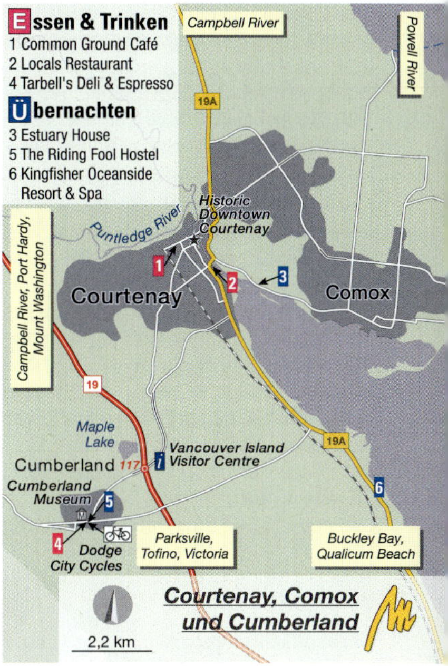

Campbell River

Auf halber Strecke zwischen Victoria und Port Hardy ist die 35.000-Einwohner-Stadt das Versorgungszentrum und Verkehrsknoten: Nach Westen erschließt der Highway 28 die spektakuläre Landschaft des Strathcona Park und des Nootka Sounds an der Westküste. Im Osten liegen die Naturparadiese Quadra Island und Cortes Island in der Strait of Georgia.

Campbell River selbst hat dem Reisenden nur wenig zu bieten, doch bietet sich die Stadt mit ihrer guten Infrastruktur und Unterkünften für einige Nächte als Basislager an, um von hier aus im Rahmen von Tagestouren die Westküste und die Discovery Islands zu erkunden. Beide Nebenrouten lohnen den Abstecher.

Elk Falls Provincial Park: Der Provinzpark (zugänglich 8–21 Uhr) liegt nur

3 km westlich der Stadt am Highway 28. Vom Parkplatz sind es etwa 15 Minuten Fußweg zu der 2015 eröffneten kostenfreien Hängebrücke, der Elk Falls Suspension Bridge, die spektakuläre Ausblicke auf die 25 m hohen Wasserfälle der Elk Falls ermöglicht.

Museum at Campbell River: Wie in vielen lokalen Museen stehen auch hier die indianische Kultur und die frühe Besiedlung durch die Weißen im Vordergrund. Vieles darf man anfassen und ausprobieren – somit ist das Museum kinderfreundlich. Wer ähnliche Museen schon in anderen Städten besucht hat, wird aber nur wenig Neues entdecken. Auf dem Freigelände wachsen viele einheimische Baum- und Pflanzenarten.

▪ Mitte Mai bis Sept. tägl. 10–17 Uhr, Okt. bis Mitte Mai Di–So 12–17 Uhr. Eintritt 8 $. 470 Island Highway, ✆ (250) 287-4103, www.crmuseum.ca.

Tierbeobachtungen: Wer nicht weiter in den Norden der Insel reist, kann auch schon von Campbell River aus Touren zu Walen und Bären unternehmen. Discovery Marine Safaris bietet verschiedene Bootsausflüge ab Campbell River in die Wasser- und Inselwelt der Discovery Islands an.

Whale Watching: Mitte Mai bis Sept., 4 Std. 140 $. **Grizzly Bear Expedition:** Sept. bis Mitte Okt., 7 Std. 400 $. ✆ (250) 287-7008, 760 North Island Highway, www.adventurewhalewatching.com.

Information Das neugestaltete **Visitor Centre** ist im Einkaufszentrum am Hafen zuhause. Mo–Fr 9–17, Sa 10–16 Uhr. 1235 Shoppers Row, ✆ (250) 286-6901, www.campbellriver.travel.

Hin und weg **Flug:** Air Canada und Pacific Coastal Airlines verbinden Campbell River tägl. mehrfach mit Vancouver zu stark schwankenden Preisen. Budget und National bieten Mietwagen am Flughafen.

Bus: Tofino Bus 2x tägl. von Victoria (5 Std. 15 Min.) und 1x tägl. weiter nach Port Hardy, 4 Std. 10 Min.) und zurück. ✆ (250) 725-2871, www.tofinobus.com.

Übernachten ***** Anchor Inn & Suites** **4**: Der Stahl- und Betonkomplex im wuchtigen 80er-Jahre-Design bietet wahrlich keinen schönen Anblick. Drinnen jedoch überzeugt das Haus: Alle 77 Zimmer bieten Meerblick, viele privaten Balkon, Kühlschrank und Mikrowelle. Hallenbad und Hot Tub. DZ ab 130 $. 261 Island Highway, ✆ (250) 286-1131, www.anchorinn.ca.

Heritage River Inn **2**: Direkt am nördlichen Flussufer gelegen, gehört es zu den besten der

Hängebrücke im Elk Falls Provincial Park

zahlreichen Motels in 1und rund um Campbell River. Unterschiedliche Zimmergrößen, teils mit kompletter Küche. Dazu ein akzeptables kostenloses Frühstück. DZ ab 85 $; Suite ab 145 $. 2140 North Island Highway, ✆ (250) 286-6295, www.heritageriverinn.com.

Camping **Elk Falls Provincial Campground 1** (→ Karte S. 189): Provinzpark ca. 2 km westlich von Campbell River mit 122 Stellplätzen, von denen knapp die Hälfte reserviert werden kann. 42 Stellplätze liegen direkt am kleinen Quinsam River. 22 $. Geöffnet Mitte April bis Ende Okt. Highway 29, www.env.gov.bc.ca/bcparks/explore/parkpgs/elk_falls.

Essen und Trinken **Harbour Grill 3**: Elegant, aber dennoch gemütlich und mit einer großen Auswahl an fangfrischem Fisch und Meeresfrüchten, dazu eine gute Weinkarte. Auch Steakliebhaber und Vegetarier finden ein exquisites Angebot. Die tolle Lage muss allerdings teuer bezahlt werden. Mo–Sa 17.30–21 Uhr. Reservierung empfohlen. 1334 Island Highway, ✆ (250) 287-4143, www.harbourgrill.com.

Ideal Café 1: 1943 als Trucker-Restaurant gegründet, gibt es in klassischer Diner-Atmosphäre heute neben den üblichen Burgern auch gesündere Optionen. Tägl. 7–15.30 Uhr. 2296 North Island Highway, ✆ (250) 287-9055.

Dave's Bakery 5: Ein kleiner Lichtblick in einer Stadt mit wenigen kulinarischen Höhepunkten. Die Bäckerei mit einer kleinen Imbissecke bietet nicht nur verschiedene Brotsorten, sondern mittags Sandwiches, Suppen und Salate. Mo–Fr 9–17, Sa bis 16 Uhr. 2190 South Island Highway, ✆ (250) 923-4000, www.davesbakery.ca.

Quadra Island und Cortes Island

Quadra Island und Cortes Island sind die am besten erschlossenen Inseln der Discovery Islands. Mit zusammen gut 3000 Einwohnern haben sie für einen

Das Leuchtfeuer warnt die Schiffe vor der Südspitze Quadra Islands

Kurzurlaub genau die richtige Größe: Ruhig genug, aber mit guten Restaurants, Unterkünften und Einkaufsmöglichkeiten – und vor allem eine faszinierende Natur, zu Land wie zu Wasser.

Aktivurlauber schätzen vor allem die zahlreichen Möglichkeiten auf Quadra Island. Die Straßen mit nur geringem Verkehr sind ideal für Radtouren. Blenkin Park und Morte Lake locken Mountainbiker mit rasanten Abfahrten, die so skurrile Namen wie „Toter Fisch" und „Seidenstrümpfe" tragen. Wanderer finden ein Wegenetz von 200 km. Die miteinander verbundenen Trails rund um Chinese & Beech's Mountains, Morte Lake und Maude Island bieten von kurzen Spaziergängen bis zur Halbtagestour viele Varianten. Im Norden der Insel sind auch mehrtägige Touren durch die Wildnis möglich. Die vorherrschenden Granit- und Basaltfelsen machen die Insel zu einer der besten Kletterregionen Westkanadas – 180 verschiedene Routen aller Schwierigkeitsgrade. Die Jacques-Cousteau-Gesellschaft zählt Quadra Island zu den Top-Tauchrevieren weltweit. Taucher stoßen vor der Küste auf das 1996 versenkte Wrack der HMCS Columbia, die als künstliches Riff dient. Für Kajaktouren bieten sich Heriot Bay und Rebecca Spit an.

Quadra Island: Die Insel, mit 270 km² die größte der Discovery-Inseln, liegt nur 10 Fähr-Minuten von Campbell River entfernt. Die 2700 Einwohner verteilen sich auf drei verstreute Dörfer: **Quathiaski Cove** rund um den Anleger der Fähre nach Campbell River, **Heriot Bay** am Anleger der Fähre nach Cortes Island und **Granite Bay** im Norden der Insel.

Sieben Provinzparks finden sich auf der wald- und seenreichen Insel. Ein Sonnenaufgang auf der schmalen Landzunge des Rebecca Spit Provincial Park und eine Wanderung in der Wald- und Seenlandschaft des Main Lake Parks bieten eindrucksvolle Naturerlebnisse. Der Main Lake und seine Nachbarseen sind im Sommer warm genug zum Baden und verfügen über Picknickbänke und Feuerstellen. Karten und Informationen bekommt man im General Store an der Fähre in Quathiaski Cove.

Nuyumbalees Cultural Center: In der Sprache der örtlichen Kwakwak'wakwa bedeutet *nuyumbalees* „Anfang" und steht hier für den (Neu-)Anfang, als die First Nations 1975 – nach mehr als 80 Jahren der kulturellen Unterdrückung – die Rückgabe ihrer zeremoniellen Gegenstände aus den Museen in Ottawa erreichten. Das Nuyumbalees Cultural Center ist auch eine gute Quelle, um sich über die örtlichen Felsmalereien zu informieren. An der Küste wurden mehr als hundert Zeichnungen gefunden, die vor 2500 bis 3000 Jahren in die Felsen gearbeitet wurden, darunter 44 Abbildungen von spirituellen Figuren. Die meisten sind nur bei Ebbe zugänglich und ohne das Büchlein aus dem Museums-Shop kaum zu finden.

■ Mai bis Mitte Sept. tägl. 10–16 Uhr, im Winter Do–Sa 10–14 Uhr. Eintritt 10 $. 34 Weway Road, Cape Mudge (wenige Minuten südlich des Fähranlegers in Quathiaski Cove), ✆ (250) 285-3733, www.museumatcapemudge.com.

Cortes Island: Die kleinere Insel wird von Heriot Bay (Quadra Island) aus nach einer 40-minütigen Fährfahrt erreicht – die Blicke auf das Küstengebirge während der Fahrt durch den Sutil Channel sind atemberaubend. Cortes Island wird aber nicht nur seiner natürlichen Schönheit wegen aufgesucht, sondern ist zunehmend auch beliebt für Kajaktouren in die entfernter gelegenen, kleineren Inseln des Discovery-Archipels.

Information Auf den Inseln gibt es noch keine Informationsbüros, also übernimmt das **Visitor Centre in Campbell River** (siehe dort) diese Aufgabe. Auf Quadra-Insel ist der General Store am Anleger der beste Anlaufpunkt für Auskünfte und Einkäufe aller Art. Unregelmäßige Öffnungszeiten. 685 Heriot Bay Road, ✆ (250) 285-3222.

Hin und weg Fähren: Mit BC Ferries ca. 16x tägl. von Campbell River nach Quadra (10 Min.). Mo–Fr 6.40 bis 22.45, Sa/So erst ab 7.30 Uhr. Zurück jeweils ca. 25 Min. früher. Die Fähre von 18.15 Uhr ab Campbell River ist die letzte mit Anschluss nach Cortes Island, das ab Heriot Bay Mo–Fr zwischen 9–18.45 Uhr etwa alle zwei Stunden bedient wird. Von Cortes nach Quadra 7.50–17.40 Uhr; Sa/So fährt die Fähre nach Cortes nur nachmittags. ✆ (250) 386-3431, www.bcferries.com.

Aktivurlaub Manches lässt sich spontan vor Ort organisieren, anderes sollte besser vorab geplant werden. Informationen zu allen Aktivitäten, zu den beiden Hauptinseln und den noch weiter außerhalb gelegenen anderen Eilanden des Archipels: www.discoveryislands.ca.

Das Heriot Bay Inn ist Restaurant, Pub und Inseltreff zugleich

Übernachten ****** Gowlland Harbour Resort:** Quadra Island. Atemberaubend an einer kleinen Bucht an der Westküste von Quadra gelegen, überzeugt das Resort durch Ausstattung, Service und die gelungene Einbettung in die Wald- und Felsenlandschaft. Zahlreiche Sportaktivitäten können vor Ort gebucht werden – für mehrtägige Fisch- und Angeltouren gibt es ermäßigte Pakete. Spa und Restaurant lassen keine Wünsche offen. DZ ab 243 $. 823 Gowlland Harbour Road, ✆ (250) 285-3572, www.gowllandharbour.com.

Whiskey Point Resort: Quadra Island. Das 22-Zimmer-Hotel direkt südlich des Fähranlegers bietet mehr als nur typischen Mittelklasse-Standard. Küche in jedem Zimmer sowie Swimmingpool und Hot Tub. DZ ab 160 $, Suite ab 200 $. 725 Quathiaski Road, ✆ (250) 285-2201, www.whiskeypointresort.com.

Heriot Bay Inn: Quadra Island, direkt am kleinen Hafen in Heriot Bay. Das über hundert Jahre alte Hotel verfügt über 10 stilvolle Zimmer unterschiedlicher Größe und Ausstattung, drei rustikale Blockhütten sowie Stellplätze für Camper und Wohnmobile. Restaurant und Pub im Haus bieten gute Küche und an Wochenenden Live-Unterhaltung. DZ ab 120 $, Cabin 270 $, Camping ab 40 $, im Mai und Okt. günstiger. ✆ (250) 285-3322, www.heriotbayinn.com.

Cortes Island Waterfront Cabin: Cortes Island. Robinson Crusoe lässt grüßen: Das urige Blockhaus für Selbstversorger ist geschmackvoll mit viel krummem Holz ausgestattet. Die Lage im Wald und doch direkt am Wasser ist sehr idyllisch. Gesamte Cabin ab 625 $/Woche. Ostseite von Gorge Harbour. ✆ (604) 254-0147, www.cortescabin.com.

Essen und Trinken **Herons Restaurant:** Quadra Island. Das Restaurant im Heriot Bay Inn serviert drinnen und draußen gute West-Coast- und Seafood-Küche. Ein Teil der Speisen ist auch im legeren Pub erhältlich. Tägl. 7–21 Uhr, Dinner im Restaurant nur 17.30–19 Uhr. Heriot Bay, ✆ (250) 285-3322, www.heriotbayinn.com.

Floathouse Restaurant: Cortes Island. Das Restaurant im Yachthafen Gorge Harbour bietet viele frische Gerichte mit Zutaten aus der Region – vom Land und aus dem Wasser. Juli bis Mitte Sept. tägl. 8–10.30, 11–14.30 und 18–21.30, sonst nur Fr–Sa 17–20 Uhr. Gorge Harbour Marina, 1374 Hunt Road, Whaletown, ✆ (250) 935-6433, www.gorgeharbour.com/restaurant.

Coffee & Deli Bar: Cortes Island. Der Shop im kleinen Supermarkt „Cortes Market" ist eine verlässliche Option, aber ohne Chic und Charme. Mo–Sa 8.30–20, So 10–18.30 Uhr. 809 Sutil Point Road, Mansons Landing, ✆ (250) 935-6626.

Café Aroma: Quadra Island. Das Café nicht weit vom Anleger in Quathiaski Cove ist morgens lebhaft, da viele Pendler zum Festland hier vor der Überfahrt frühstücken. Tägl. 7.30–17, mittags 12–14 Uhr wechselnde, kreative und frische Gerichte. 685 Heriot Bay Road, ✆ (250) 285-2404.

Von Campbell River an die Westküste

Nur eine halbe Stunde westlich von Campbell River liegt das Outdoor-Paradies Strathcona Provincial Park zu Füßen der höchsten Berge der Insel. Durch den Park hindurch erreicht man Gold River am Fjord des Nootka Sounds. Von hier führt der spektakuläre „Tree-to-sea-Drive" bis nach Tahsis. Hier endet die Straße – am Rande der Zivilisation.

Etwa 90 Minuten reine Fahrzeit sind es von Campbell River nach Gold River, noch einmal soviel auf der Schotterpiste nach Tahsis. Tankstellen befinden sich einzig in Gold River und Tahsis. Für den Strathcona Provincial Park mit einer kurzen Wanderung und einigen Fotostopps sollte man mindestens einen halben Tag einplanen. Wer bis an die Westküste weiterreist, sollte zwei Übernachtungen oder mehr vorsehen, um von Gold River aus per Schiff oder Flugzeug die Küste zu erkunden – mehr als nur ein Hauch von Abenteuer inbegriffen.

Strathcona Provincial Park

Viele Reisende suchen im Urlaub ein „Zurück zur Natur“. Dem Wunsch kommt der Strathcona Provincial Park in idealer Weise entgegen: Hier drängt sich sogar der Eindruck auf, dass die Natur es ist, die uns zurückhaben will – so verlockend ist das Panorama aus grünen Berghängen mit schneebedeckten Gipfeln und den kristallklaren Wassern der Seen und Flüsse. Der 1911 gegründete Park – mit knapp 2550 km² Fläche etwa so groß wie das Saarland – war der erste Provinzpark British Columbias. Der von den höchsten Bergen dominierte Süden ist nur auf mehrtägigen Wanderungen auf schwierigen Wegen erreichbar.

Am besten erschlossen sind das **Forbidden Plateau,** das nur vom Mt. Washington Ski Resort her erreichbar ist (→ Courtenay, Comox, Cumberland, S. 182), sowie die hier beschriebene Region am **Buttle Lake.** Dort, wo der Highway 28 auf die andere Seeseite des Upper Campbell Lakes wechselt, führt die Westmin Road als kleine, aber gut befahrbare Nebenstraße entlang des Buttle Lake nach Süden. Aussichtspunkte und Picknickplätze säumen das Seeufer. Immer wieder ergeben sich tolle Blicke auf den 2195 m hohen **Golden Hinde,** den höchsten Gipfel der Insel, der meist ganzjährig schneebedeckt ist. An mehreren Wasserfällen

Zahlreiche Wanderwege beginnen am Buttle Lake

wurden Aussichtsplattformen errichtet – eindrucksvolle Fotos sind garantiert: Lupin Falls, Karst Creek und die Lower and Upper Myra Falls (alle an der Westmin Road) sowie Lady Falls (westlich am Highway 28).

Zahllose Wanderwege unterschiedlicher Länge und Schwierigkeitsgrade erschließen die alpine Landschaft des Strathcona Provincial Parks. Rechnen Sie bis Juli in den höheren Lagen mit Schnee! Im Folgenden einige Vorschläge, alle Angaben für Wegzeiten hin und zurück.

Familiengeeignete Spaziergänge: *Wild Ginger:* 600 m, 15 Min. – ursprünglicher Wald und wilder Ingwer.

Lady Falls: 1 km, 20 Min. – kurzer Spaziergang zu einem Aussichtspunkt.

Lower Myra Falls: 1 km, 25 Min. – die Fälle bilden mehrstufige Kaskaden.

Shepherd Creek: 1,5 km, 45 Min. – lichte Wälder und sumpfige Wiesen.

Karst Creek: 2 km, 45 Min. – Kalksteinformationen und ein kleiner Wasserfall.

Die schönsten längeren Touren: *Phillips Ridge:* 12 km, 8 Std., 850 Höhenmeter, einfach – der steile Anstieg führt zum Arnica Lake und bietet eine hervorragende Aussicht auf den Golden Hinde.

Flower Ridge: 12 km, 10 Std., 1250 Höhenmeter, einfach – der Weg über den offenen Kamm bietet spektakuläre Aussichten. Kein Wasser unterwegs!

Die längeren Touren sind wenig begangen und kaum beschildert. Karte und Kompass oder GPS-Navigation sind ebenso Pflicht wie festes Schuhwerk, Wasser, Verpflegung und Kleidung für Wetterumschwünge.

Es gibt keine Verpflegungsmöglichkeiten im Park! Die Strathcona Park Lodge (s. u.) steht nur Übernachtungsgästen offen. Wer einen Aufenthalt im Park plant, muss alle Speisen und Getränke mitbringen. Das Trinkwasser an den Campingplätzen sollte abgekocht oder gefiltert werden.

Information Im Park selbst gibt es kein Informationsbüro. Karten und Infos im **Visitor Centre von Parksville** und unter www.env.gov.bc.ca/bcparks/explore/parkpgs/strath.

Übernachten **Strathcona Park Lodge & Outdoor Education Centre 2**: Die familienorientierte Lodge ist die einzige feste Unterkunft im Park, und das seit 1959. Scott, der Manager, beschreibt den Anspruch der Lodge mit: „Learn a skill and take it home" – egal, ob es um Kanu- und Kajakfahren, Felsklettern oder so exotische Kombinationen wie „Stand-up-Paddling-Yoga" geht. Cottages inkl. Vollpension ab 270 $, Kurse und geführte Ausflüge. Im Sommer Mindestaufenthalt 3 Nächte. ✆ (250) 286-3122, www.strathconaparklodge.com.

Camping Der Park verfügt über zwei Campingplätze: **Buttle Lake 3** mit 85 und **Ralph River 6** mit 75 Stellplätzen für Wohnmobile, Wohnwagen und Zelte. Das Trinkwasser sollte gekocht oder gefiltert werden. Ein Teil der Plätze kann reserviert werden. Stellplatz 20 $. www.env.gov.bc.ca/bcparks/explore/parkpgs/strath.

Gold River

1778 erreichte James Cook als erster Europäer Vancouver Island auf der Suche nach der Nordwestpassage. Er ging auf Nootka Island an Land – einer Gold River vorgelagerten Insel. Doch erst vor etwa 50 Jahren zogen Weiße in größerem Stil in die von den Nuu-chah-nulth seit jeher besiedelte Region, und die Holz- und Papierindustrie hielt Einzug. Vom Ortskern sind es noch einmal knapp 15 km durch das Tal des gleichnamigen Flusses bis zur Küste – dem Ziel fast aller Urlauber, die in diese wenig besiedelte Region gelangen. Der **Nootka Sound** bietet die wohl eindrucksvollste Landschaft der Westküste und lässt sich am besten mit dem Frachtschiff oder dem Wasserflugzeug erkunden.

Mit dem Frachtschiff: Das 1943 erbaute Minensuchboot „MV Uchuck III" befährt schon seit mehr als 50 Jahren die Gewässer an der Westküste Vancouver Islands. Dienstag, Mittwoch und Samstag werden im Rahmen von Tagestouren kleine Orte an der Küste und Lodges mit Post, Lebensmitteln, Ersatzteilen und anderem Lebensnotwendigen versorgt. Auch Kajakfahrer werden in der idyllischen Inselwelt abgesetzt und nach dem Paddelabenteuer wieder aufgenommen. Donnerstags gibt es eine zweitägige Reise mit Übernachtung in Kyuquot – Rückkehr Freitagabend. Die Reise an den Rand der Zivilisation ist mit das Ursprünglichste, was sich auf Vancouver Island erleben lässt.

■ Tagestour: Di ganzjährig, Juli/Aug. auch Mi und Sa, 83–94 $. Zweitagestour März bis Okt. Do und Fr, ab 645 $ inkl. Übernachtung. Am Ende des Highway 28 (13 km südlich von Gold River), ✆ (250) 283-2515, www.getwest.ca.

Die „MV Uchuck III" auf dem Weg an die Westküste

Vancouver Island bis Haida Gwaii → Karten S. 114 und S. 116/117

Mit dem Wasserflugzeug: Die kleine Fluggesellschaft Air Nootka mit ihren beiden Wasserflugzeugen bedient vom Hafen in Gold River aus den ganzen Fjord bis hinaus zu den abgelegenen Dörfern am Pazifik. Dreimal die Woche gibt es einen Flug im Auftrag von Canada Post: Lodges, Holzfällercamps und kleine Siedlungen werden mit der Post versorgt. Angesichts der sonst horrenden Kosten ist das Mitfliegen vergleichsweise günstig (es wird nur der Oneway-Flug zum weitest entfernt liegenden Ort des Tages berechnet) und noch ein echtes Abenteuer!

▪ „Mail Run" Mo, Mi, Fr (außer Feiertage) 12.30 Uhr. Rückkehr zwischen 14.30 und 15.30 Uhr, je nach Aufkommen. Preis ca. 330 $. Vorausbuchung erforderlich. Am Ende des Highway 28 (13 km südlich von Gold River), ✆(250) 283-2255, www.airnootka.com.

Nootka Island Trail: Der 35 km lange Trail windet sich an der Westküste von Nootka Island entlang. Er gilt als noch einsamer und anspruchsvoller als der West Coast Trail weiter im Süden Vancouver Islands. Beschilderung und Unterhaltungszustand lassen zu wünschen übrig, was für die meisten Wanderer erst den Reiz des Trails ausmacht. Aufgrund der schwierigen Wetterbedingungen an der rauen Küste wird die 5-Tages-Tour – alleine oder organisiert – nur im Sommer empfohlen.

▪ Infos bei Air Nootka und MV Uchuck (beide s. o.), die beide auch ideale Zu- und Abbringer sind. **West Coast Wonders** bietet mehrmals jährlich geführte Touren mit Transfers ab Vancouver. 6 Tage ab 1600 $. ✆(604) 636-7116, www.westcoastwonders.ca.

Von Gold River nach Norden: Manche Karten und Navigationssysteme schlagen als Abkürzung nach Norden die Logging Road von Gold River nach Woss vor. Die Straße ist jedoch ohne verstärkte Bereifung und Funkgerät (wegen der Logging Trucks) definitiv nicht zu empfehlen. Es heißt: zurück nach Campbell River.

Information **Gold River Visitor Centre,** direkt am Ortseingang am Highway 28. Juli/Aug. tägl., Mai/Juni nur Sa/So. Unterschiedliche Zeiten. ✆(250) 283-2418. Wenn keiner abhebt: ✆(250) 283-2202 (Handelskammer), www.goldriver.ca.

Übernachten (→ Karte S. 189) Wer in einem der beiden Motels absteigt, wird sich wünschen, er hätte das andere genommen – das aber auch nicht besser ist ... Beide sind halbwegs akzeptabel, richten sich aber vor allem an Arbeiter der Holzindustrie, die oft andere Ansprüche haben als Urlauber.

Wasserflugzeuge erschließen die Wildnis weitab des Straßennetzes

Ridgeview Motor Inn 4: Die 44 Zimmer sind einfach, aber sauber und bieten z. T. schöne Ausblicke aus der Hanglage des Hotels. DZ inkl. kleinem kontinentalen Frühstück ab 90 $. 395 Donner Court, Gold River, ✆ (250) 283-2277, www.ridgeview-inn.com.

Gold River Chalet 5: Das ziemlich abgewohnte Haus liegt zentral, die großen Zimmer sind leicht muffig. Nicht beeindruckend. DZ inkl. kontinentalem Frühstück ab 80 $. 390 Nimpkish Drive, Gold River, ✆ (250) 283-2688, www.goldriverchalet.com.

Essen und Trinken **(→ Karte S. 189)**

Gold River Deli 5: Sandwiches, Pizza, Hühnchen, Ice Cream – alles „to go". 6–13, Sa/So erst ab 9 Uhr. 395 Nimpkish Centre, Gold River, ✆ (250) 283-2554, www.goldriverdeli.com. **The Ridge Roadhouse 4:** Die Karte bietet Burger, Koteletts, Steaks; die Atmosphäre ist halb Pub, halb Restaurant. Tägl. 12 Uhr bis „spät". 397 Donner Court, Gold River, ✆ (250) 283-7533, www.theridgeroadhouse.com.

Tahsis

Für wenige Orte trifft der Spruch „Der Weg ist das Ziel" besser zu als für Tahsis. Der „Tree to Sea Drive" von Gold River nach Tahsis bietet zahlreiche Sehenswürdigkeiten; in Tahsis ist man zwar nicht am Ende der Welt, doch am Ende der Straße angekommen. Ein längerer Aufenthalt lohnt: Tahsis steht für nachhaltigen Tourismus, Erholung und Erlebnisse in der Natur, die ihresgleichen suchen. Der Ort selbst lässt sich gut zu Fuß entdecken, und zwei Wanderwege beginnen direkt im Ort. Gegenüber Gold River verfügt Tahsis eindeutig über die besseren Unterkünfte und Restaurants.

Tree to Sea Drive: Die 64 km lange Route ist zu etwa einem Viertel schon mit fester Fahrbahn ausgestattet, der Rest ist Schotter. Wasserfälle und Aussichtspunkte, Höhlen und Baumriesen, Felsmalereien und Seen machen die Fahrt zu einem Erlebnis. 17 km westlich von Gold River liegen die **Upana Caves.** Über Jahrtausende hat das Wasser hier den Kalkstein ausgewaschen und Höhlen, Durchgänge und Stalagmiten geformt. Etwa 450 m können begangen werden, darunter die Haupthöhle mit einem unterirdischen Fluss. Festes Schuhwerk, warme Kleidung und Taschenlampen sind unabdingbar, Helme werden empfohlen.

An der Ostseite des Tahsis Inlets erreicht man schließlich den Ortseingang von Tahsis. Der Ort liegt langgezogen um das Nordende des Meeresarms herum, die Straße endet auf der Westseite des Inlets am Maquinna Resort. Eine Karte zum Tree to Sea Drive findet sich unter: www.villageoftahsis.com/wp-content/uploads/2016/06/tree-to-sea-drive-map.pdf.

Rundgang durch Tahsis: Ein kurzer Spaziergang zeigt die interessanten Seiten des Dorfs. Oberhalb der Westview Marina führt die Nicolaye Road zur Treppe Cardiac Climb, Heimat der ältesten Häuser des Dorfs aus den 1940er-Jahren und der alten katholischen Kirche St. Joseph. Zurück auf der Hauptstraße (South Maquinna Drive) gelangt man westlich zur Kreuzung mit der Tipperary Road, die zum Tipperary Park mit seinen beeindruckenden Ausblicken führt. Vom Discovery Crescent führt der kurze Ubedam Trail dann hinunter zum Hafen. Das kleine Tahsis Museum (tägl. 9–17 Uhr) gibt einen guten Einblick in die örtliche Geschichte – vom Leben in einer kleinen Gemeinde an der Pazifikküste, einst und jetzt.

Wandern: Zahlreiche kürzere und längere Wanderwege führen in die mystischen, oft nebelverhangenen Küstenwälder oder hinauf auf die Berge mit fantastischen Ausblicken. **West Bay Park,** direkt am Maquinna Resort und eine der wenigen flachen Buchten der Region, ist ein guter Ausgangspunkt für drei- bis vierstündige Touren zur Coral Cave oder zum Lookout. Der Maquinna Trail führt sehr steil auf 450 m Höhe, auf dem Bergkamm mit seiner spektakulären Aussicht geht es dann flacher weiter. Weitere

Vorschläge unter www.villageoftahsis.com/adventures-activities/trails.

Information Das **Tahsis Visitor Information Centre** informiert Juli/Aug tägl. 9–17 Uhr. 107 Rugged Mountain Road, ✆ (250) 934-6425. Sonst gibt Mo–Fr das **Village of Tahsis Municipal Office** Auskünfte: 977 South Maquinna Drive, ✆ (250) 934-6344, www.villageoftahsis.com.

Übernachten **Moutcha Bay Resort:** Das 2011 eröffnete Resort liegt 21 km östlich von Tahsis. Die Palette der Unterkünfte reicht von Zelt- und Wohnmobilstellplätzen über Luxusjurten und Suiten in der Lodge bis hin zu privaten Chalets. Der Luxus in der Wildnis hat seinen Preis: DZ ab 300 $, Chalets ab 400 $, Jurten ab 95 $ bzw. 395 $ (voll ausgestattet), Stellplatz ab 45 $. Tree-to-Sea Road, ✆ (877) 337-5464, www.nootkamarineadventures.com.

Maquinna Resort: Das Resort – nur 12 km vom offenen Pazifik entfernt – wird von Anglern aus aller Welt gut besucht, aber auch Nichtfischern bieten sich eindrucksvolle Sichtungen, z. B. von Grau- und Buckelwalen. DZ ab 125 $, Cabin für 4 Pers. ab 300 $. ✆ (250) 934-6200, Maquinna Drive, www.maquinnaresort.com.

Anchor Guest House: In der Nähe der Marina gelegen; das komplett renovierte Haus bietet aus den Zimmern und von den Balkonen großartige Aussicht. Suite für 4 Pers. ab 150 $, komplettes Haus pro Pers. 60 $ (max. 10 Pers.), Mindestpreis aber 300 $. Mindestaufenthalt 2 Nächte. 1122 Tipperary Park, ✆ (250) 337-5177, www.tahsisanchorguesthouse.com.

Ferienwohnung **West View Marina:** Der Yachthafen vermietet Ferienwohnungen und -häuser für bis zu 12 Pers. Außerdem können Kajaks und Angelausrüstung gemietet und Ausflüge gebucht werden. Ab 200 $/Nacht, ✆ (250) 934-7672, www.westviewmarina.com.

Essen und Trinken **Tahsis Supermarket and Oceanview Restaurant:** Der General Store des Ortes ist Tankstelle, Liquor Store und Bank in einem. Zudem gibt es hier ein kleines Café und ein Restaurant, das kanadische und indische Küche bietet. Frühstück (bis 11 Uhr), Mo–Sa 10–18, So 12–17 Uhr. 115 Alpine View, ✆ (250) 934 6232, www.tahsissupermarket.bravesites.com.

Sallys Grill: „Gutbürgerliche Küche" auf kanadisch: Shrimps-Fettucine, Wraps und Burger. Di–So 11–19 Uhr. 1387 South Maquinna Drive, ✆ (250) 934-7993. Keine Webseite.

Conuma Grill: Das Restaurant im Mutcha Bay Resort – 21 km östlich von Tahsis – bietet das beste Essen westlich von Campbell River. Öffnungszeiten und Menü variieren je nach Saison. Frühstück, Lunch und Dinner. Tree-to-Sea Road, ✆ (877) 337-5464, www.nootkamarineadventures.com.

Tahsis: viel Natur – und noch wenig Tourismus

Der Hafen von Sayward

Von Campbell River nach Port Hardy

Entspannte Erlebnisse in der Natur, ob zu Wasser oder an Land: Dafür ist das nördliche Drittel Vancouver Islands weit über die Grenzen der Provinz hinaus bekannt. Wilde Küsten, unberührte Strände und traumhafte Wälder sowie Bären, Wale und Adler lassen auch fernab der Rocky Mountains das Kanada unserer Jugendträume und Sehnsüchte lebendig werden.

Nördlich von Campbell River führt nur noch der Highway 19 weiter. Erst nach fast 200 km wird mit Port McNeill die nächste Stadt erreicht. Dazwischen liegen mit Sayward, Woss und Telegraph Cove nur drei Siedlungen, die unterschiedlicher nicht sein könnten. Die einzige recht zuverlässig geöffnete Tankstelle zwischen Campbell River und Port McNeill findet man ungefähr auf halbem Weg, in Sayward. Von Port McNeill sind es noch 40 km bis Port Hardy – Ende des Highways.

Sayward und Woss

Sayward: Das Dorf liegt abseits des Highways, die 300 Einwohner leben weit verstreut entlang der 10 km langen Stichstraße, die hinunter zum Sporthafen führt. Der Abstecher lohnt allein schon wegen des Ausblicks am Hafen. Holzwirtschaft und Sportfischen sind heute die Haupterwerbszweige in Sayward. Abgesehen von einer Handvoll Betriebe rund um die Kreuzung mit dem Highway 19 ist hier, um es vorsichtig zu sagen, nicht viel los. Das Cable Cook House – eingehüllt von 2,5 km gebrauchten Stahltrossen aus der Forstwirtschaft – ist ein nettes Fotomotiv. Kulinarisch wird hier derzeit nichts mehr geboten. Nach einem Betreiberwechsel häuften sich die schlechten Kritiken, und so wurde das Restaurant 2017 geschlossen.

Woss: Das 200-Einwohner-Dorf im Inselinneren entstand als Holzfäller-Siedlung und war bis 1960 nur per Schiene erreichbar: Eine Forstwirtschaftsbahn (Logging Railroad) von Beaver Cove transportierte auch die Waldarbeiter. Eine kleine Stichstraße führt vom Highway 19 hinunter zum kleinen Bahnhof von Woss. Hier sind zahlreiche Fahrzeuge aus der Geschichte der Logging Railroad abgestellt, die als letzte nordamerikanische Forst-Eisenbahn 2017 ihren Betrieb einstellte: alte Dampfloks, urige Selbstbau-Triebwagen für den Mannschaftstransport und mehr.

Telegraph Cove

Das pittoreske Pfahldorf an der Ostküste ist eines der bekanntesten Foto- und Postkartenmotive Vancouver Islands und landet regelmäßig in den Top 10 der sehenswertesten kanadischen Dörfer. Einst Endpunkt der Telegrafenleitung an der Nordküste der Insel, wuchs der Ort Anfang des 20. Jahrhunderts zu einem kleinen Zentrum des Fischfangs und der Fischverarbeitung heran. Heute bilden die historischen Holzhäuser und Blockhütten das Telegraph Cove Resort. Gegenüber, auf der anderen Seite der Bucht, ist vor einigen Jahren ein unschöner Hotel-Komplex lieblos in die Landschaft gesetzt worden. Gemeinsam mit einem großen Campingplatz, vor allem für Wohnmobile, dominiert das Konglomerat von modernen Gebäuden nun die Bucht. Ironischerweise hat man von den modernen Bauten den besten Blick auf das historische Fischerdörfchen ...

Die Gebäude der Fischfabrik, in der vor hundert Jahren Lachs in Dosen produziert wurde, dienen heute als Unterkünfte, Shops, Galerie, Museum und Café. Auch wer keinen Ausflug plant, sollte sich etwas Zeit für den Bummel über den malerischen Boardwalk nehmen.

Telegraph Cove wurde in den letzten zwei Jahrzehnten vor allem durch Whale Watching bekannt. Das ortsansässige Unternehmen ist heute größter Anbieter im Inselnorden. Im Mai und Juni liegt der Fokus auf Buckelwalen, Seelöwen und anderen Meeresbewohnern in der Johnstone Strait. Von An-

Heute Hotel, Restaurant & Museum: die Pfahlbauten in Telegraph Cove

fang Juli bis in den Oktober gibt es dann mehrmals täglich drei Stunden dauernde Ausfahrten zu den Killerwalen. Wer mehr Zeit für andere Attraktionen in der Region haben will, ist mit den Halbtagestouren gut bedient – allerdings wird dann auch mal ein Treffen mit den Walen frühzeitig beendet, weil das Boot für die nächste Gruppe zurück sein muss. Entspannter sind da die Touren ab Port McNeill.

Whale Interpretive Centre: Das Zentrum in einer alten Lagerhalle, 2002 von einer Non-Profit-Organisation gegründet, widmet sich der biologischen Forschung und den von Menschen verursachten Bedrohungen der Meeressäuger. Es verfügt über eine eindrucksvolle Sammlung von Killerwal-Skeletten. Das Killer Whale Café und ein kleiner Coffee Shop bieten Verpflegung.

▪ Mai bis Anfang Okt. tägl. 9–17 Uhr, Juli/Aug. oft länger. Eintritt 5 $, Boardwalk kostenlos. ✆ (250) 928-3131, www.killerwhalecentre.org.

Ab Mitte Mai werden Ganztagestouren zu den Grizzlybären im **Knight Inlet** an der Festlandsküste angeboten. Die Hauptsaison mit den besten Chancen auf Bärensichtungen beginnt Mitte Juli, wenn die Grizzlys in den Flussmündungen auf Lachsjagd sind. Allerdings wollen die First Nations ihre traditionellen Siedlungsgebiete besser schützen: Seit 2017 schränken sie Touren in ihre Gewässer stark ein oder belegen sie zunehmend mit hohen Mautgebühren. Preise und Zeiten können sich daher schnell ändern.

Wer dem im Hochsommer immensen Trubel aus dem Weg gehen möchte, kann in Kleingruppen geführte Kajaktouren von zwei Stunden bis acht Tagen in das faszinierende Ökosystem der Region unternehmen. Bei einer mindestens ganztägigen Ausfahrt besteht die Chance auf Begegnungen mit Walen. Die kürzeren und auch familiengeeigneten Touren bieten jedoch ebenfalls zahlreiche Erlebnisse.

Schwertwal in der Johnston Strait

Information Das Haupthaus des **Telegraph Cove Resorts** ist Anlaufpunkt für alle Auskünfte zu Touren, Übernachtungen und Gastronomie. Im Sommer tägl. meist 7–21 Uhr, in der Nebensaison meist kürzer. ✆ (250) 928-3131, www.telegraphcoveresort.com.

Hin und weg Telegraph Cove ist mit öffentlichen Verkehrsmitteln nicht erreichbar.

Grizzlybären Auf dem Boardwalk findet man **Tide Rip Grizzly Adventures.** Touren Mitte Mai bis Sept. tägl. 7 Uhr, Rückkehr 16 Uhr. Reservierung nötig unter www.grizzlycanada.com/bookings. Kleines Boot, max. 12 Pers.; bis Mitte Juli 320 $, danach 370 $. ✆ (250) 339-5320, www.grizzlycanada.com.

Kajaktouren Auf der Ostseite der Bucht liegt die Basis von **North Island Kayak.** Tägl. unterschiedliche Touren von Anfang Juni bis Mitte Sept. 2, 4, 8 Std. ab 63, 95, 140 $, 2 Tage inkl. Verpflegung und Übernachtung ab 575 $. Keine Vorkenntnisse erforderlich. Reservierung notwendig. ✆ (250) 928-3114, www.kayakbc.ca.

Whale Watching Am Ende des Boardwalks unterhält **Stubbs Island Whale Watching** ein Büro. Touren Ende Mai bis Anfang Okt. tägl. 9 und 13 Uhr; Mitte Juli bis Mitte Aug. auch 17.30 Uhr. Walsichtungen meist erst ab Ende Juli. Maximal 46 Pers. pro Schiff. Reservierung empfohlen. 105 $. ✆ (250) 928-3185, www.stubbs-island.com.

Übernachten **Dockside 29 Suites:** Die Suiten des Timesharing- und Hotelkomplexes sind alle unterschiedlich eingerichtet. DZ ab 165 $. ✆ (250) 928-3131, www.telegraphcoveresort.com.

Cabins & Historic Homes: 21 kleine Holzhäuser, drei größere Ferienhäuser und Suiten. Alle sind nach Größe, Ausstattung, Lage und Blick unterschiedlich. Fast alle liegen direkt am

Boardwalk, der nachts aber ruhig ist. DZ ab 140 $, Cabin für 4 Pers. ab 245 $. Gleiche Kontaktdaten wie Dockside 29 Suites.

Camping **The Forest Campground:** Auf einer Anhöhe, 1 km vom Resort entfernt. 120 Stellplätze vornehmlich für Wohnmobile. Stellplatz ab 33 $. Gleiche Kontaktdaten wie Dockside 29 Suites.

Essen und Trinken **Killer Whale Café** und **Old Saltery Pub:** Auch das Café auf dem Boardwalk und der Pub im Haupthaus stehen unter dem Management des Resorts. Beide bieten die gleiche Speisenauswahl. Mitte Mai bis Mitte Okt., wechselnde Zeiten, meist 12–20 Uhr. Abends Reservierung empfohlen. Boardwalk, ✆ (250) 928-3155, www.telegraphcoveresort.com.

Port McNeill

Der auch nach kanadischen Maßstäben noch recht junge Ort – erst 1938 wurde hier das erste Postamt eingerichtet – ist das Tor zum Broughton-Archipel. Die Lage am Übergang der Johnstone Strait zur Queen Charlotte Strait schuf nährstoffreiche Gewässer und war schon seit Urzeiten von den First Nations der Namgis besiedelt. Erst vor gut hundert Jahren wurden die ersten Europäer ansässig. Aus dem Holzfällerlager entwickelte sich das Städtchen, das heute Heimat für etwa 2700 Einwohner ist. Noch immer prägt die Forstwirtschaft die Region: 8 % der gesamten Holzproduktion British Columbias kommen aus Port McNeill. 1979 erfolgte mit der Verlängerung des Highway 19 in den Inselnorden der Anschluss ans Straßennetz. Heute erstreckt sich Port McNeill vom Hafen den Hügel hinauf, ein wirkliches Zentrum gibt es nicht. Die meisten Geschäfte konzentrieren sich in der Region des Hafens am Ende der Campbell Road, der Verbindungsstraße zum Highway.

An Sehenswürdigkeiten ist das Städtchen arm. Skurrilen Ruhm erreichte Port McNeill mit der größten Maserknolle der Welt. Maserknollen – Baumwucherungen, die ein gemasertes Holz ergeben – sind Alltag im Holzfällerleben. Sie entstehen durch Pilzbefall oder andere äußere Einflüsse. 2005 wurde die größte bisher bekannte Maserknolle entdeckt: sechs Meter hoch, dreißig Tonnen schwer. An vielen anderen Orten der Welt hätte man sie am Baum belassen, aber im Holzfällerstädtchen Port McNeill wurde die „Trophäe" natürlich abgesägt und wird

Der Fähr- und Fischereihafen ist das Herz von Port McNeill

nun am westlichen Ende des Broughton Boulevards, auf dem Parkplatz des Baseballfeldes und der Community Hall, ausgestellt.

Für Urlauber hat vor allem das Umland viel zu bieten: Der Hafen ist Ausgangspunkt für Whale-Watching-Touren; Fährverbindungen führen nach Alert Bay und Sointula (siehe jeweils dort). Als Basis ist Port McNeill mit seinen exzellenten Hotels und Restaurants oft die bessere Wahl als Port Hardy, zumal die dortige Fähre in die Inside Passage von hier aus in 30 Minuten erreicht ist.

Touren und Ausflüge: Port McNeill ist wie Telegraph Cove ein idealer Ausgangspunkt für Whale Watching. Die Mackay-Familie, die heute noch Touren anbietet, hatte vor gut 30 Jahren wesentlichen Anteil daran, dass das **Naturschutzgebiet Robson Bight** eingerichtet wurde. Eine Alternative sind Touren mit Mike Willie vom Stamm der Musgamakw Dzawade'enuxw First Nations, Inhaber von Sea Wolf Adventures, der im abgelegen Kingcome Inlet aufwuchs und die lokale Wasser- und Inselwelt wie kein anderer kennt.

Wer Grizzlys beobachten will, dem sei eine Fototour mit dem Freisinger Naturfotografen Rolf Hicker empfohlen, dessen beeindruckende Kanada-Bilder man auch in Büchern und Kalendern findet. Mehr über diese Anbieter im Adressenteil.

Information Direkt am kleinen Hafen: **Port McNeill Harbour Office and Information Center.** Mai bis Sept. tägl. 8–17.30 Uhr, Okt. bis April Mo–Fr 8.30–12 und 13–16.30 Uhr. 1594 Beach Drive, ✆ (250) 956-3881, www.town.portmcneill.bc.ca/tourism.

Hin und weg **Bus:** Tofino Bus fährt 1x tägl. morgens von Port Hardy über Port McNeill nach Victoria (8 Std.), abends fährt der von Victoria kommende Bus über Port McNeill nach Port Hardy (1 Std.); ✆ (250) 725-2871, www.tofinobus.com. BC Transit verkehrt Mo–Fr 5x und Sa 2x tägl. zwischen Port Hardy und Port McNeill; ✆ (250) 956-3151, www.bctransit.com/mount-waddington.

Die größte Maserknolle der Welt

Grizzly-Touren **Sea Wolf Adventures:** Der Inhaber des mehrfach vom kanadischen Fremdenverkehrsamt ausgezeichneten Unternehmens kennt sich aus: Natur- und Tierbeobachtungen in kleinen Gruppen werden mit Erzählungen über die Geschichte und Kultur der First Nations der Küstenregion verbunden. Individuell gestaltete Touren sind möglich, auf Anfrage auch ab Alert Bay oder Telegraph Cove. Juli bis Anfang Okt.: Ganztagestour zu den Grizzlys für 460 $. Juni bis Sept. 4-stündige Wildlife and Cultural Tour für 179 $. North Island Marina, ✆ (250) 902-9653, www.seawolfadventures.ca.

mein Tipp **Rolf Hicker's Individual Photo Tours;** der Freisinger Naturfotograf lebt in Port McNeill und bietet Touren in Kleinstgruppen (max. vier Personen) in die Region an. Etwas teurer als die großen Anbieter, aber deutlich mehr Zeit vor Ort – seine Grizzly Tour ins Knight Inlet z. B. dauert 12 Stunden, bei anderen 9 Stunden. Auch sonst den Preis wert: Sehr individuell, deutlich länger und mit dem unschätzbaren Vorteil, dass er den Gästen vor Ort auch etwas von seinem Wissen als Profi-Fotograf vermittelt. U. a. Tour zu den Grizzlys am Knight Inlet (12 Std.), Wildlife-Tour im Broughton-Archipel (10 Std.) oder West Coast & Cape Scott (10–12 Std.) Die Preise variieren nach Dauer und Gruppengröße. Touren nur mit Reservierung. 1003 Ocean Place, im Vorort Hyde Creek, z. B. ✆ (250) 956-2449, www.theartistspoint.com/photo-tours-vancouver-island.

Whale Watching Täglich nur eine, dafür sehr entspannte Tour bietet **Mackay Whale Watching** an. Es kann auch mal etwas länger dauern, wenn es gegen Schluss hin noch viel zu sehen gibt. Ende Juni bis Anfang Okt. tägl. 10

Der Indian Act: „Lösung des Indianer-Problems"

Aus dem missionarischen Eifer der weißen Siedler, den „unzivilisierten Wilden" die Segnungen Europas zu bringen, erwuchs das wohl dunkelste Kapitel der kanadischen Geschichte. Der 1876 erlassene Indian Act hatte die völlige Assimilierung der indigenen Bevölkerung an die Kultur der Weißen zum Ziel. In den folgenden Jahrzehnten wurden vor allem in Westkanada mehr als 150.000 Kinder aus ihren Familien herausgerissen und in weit entfernten Internaten, sog. Residential Schools, umerzogen: Sprache, Sitten und Gebräuche wurden den Kindern im wahrsten Sinne des Wortes ausgeprügelt – es durfte nur Englisch gesprochen werden.

Duncan Campbell Scott, zwischen 1879 und 1932 im zuständigen Ministerium für die Residential Schools mitverantwortlich, formulierte es deutlich: „Ich will das Indianerproblem loswerden." Neben körperlicher Gewalt war auch sexueller Missbrauch in den teils staatlich, teils kirchlich geführten Einrichtungen an der Tagesordnung. Mindestens 6000 Kinder kamen in den Schulen um, Tausende mehr nahmen sich später das Leben. 1996 schloss die letzte Schule, und erst 2008 entschuldigte sich die amtierende Regierung für das verursachte Leid und begann Entschädigungszahlungen zu leisten.

Aber auch die erwachsene Bevölkerung hatte unter schweren Repressalien zu leiden – vor allem durch das Verbot von Potlatch-Zeremonien. Hierbei werden in ritueller Weise Geschenke verteilt oder ausgetauscht. Eine Ergänzung des Indian Act von 1884 verbot diesen kulturellen Eckpfeiler der First Nations in der Küstenregion, da er der angestrebten Assimilation der Indianer an die weiße Leitkultur im Wege stand. In der Folge gingen die Behörden mit brutaler Härte gegen Potlatches vor, so z. B. 1921 in Alert Bay: Der Namgis-Häuptling Dan Cranmer hielt zu Ehren einer wichtigen Hochzeit eine sechstägige Potlatch-Zeremonie ab. Zur Sicherheit hatte man die Feierlichkeiten auf eine unbewohnte Insel verlegt, doch das Fest blieb nicht unentdeckt: 45 Menschen wurden verhaftet, 22 von ihnen zu teils langjährigen Haftstrafen verurteilt. Ihre Verbrechen: Singen, Tanzen, Geschenke verteilen … Hunderte von traditionellen Masken, Kanus und anderen rituellen Geschenken wurden beschlagnahmt und in den Osten Kanadas abtransportiert. Erst 60 Jahre später gelang es den Namgis, einen Teil der kulturell so wichtigen Gegenstände zurückzuerhalten.

Uhr, Dauer 4–5 Std., max. 48 Pers.; inkl. Lunch an Bord 120 $. Reservierung empfohlen. 1514 Broughton Boulevard (am Hafen), ✆ (250) 956-9865, www.whaletime.com.

Übernachten **Black Bear Resort:** Das 50-Zimmer-Haus ist ein Motel, kein Resort. Aber es ist deutlich neuer als die Konkurrenz, bietet ein kleines Hallenbad und ein kleines kontinentales Frühstück. DZ ab 150 $. 1812 Campbell Way, ✆ (250) 956-4900, www.port-mcneill-accommodation.com.

Haida Way Motor Inn: Gegenüber dem Black Bear Resort. Restaurant im Haus, sonst unauffällig. DZ ab 120 $. 1817 Campbell Way, ✆ (250) 956-3373, www.pmhotels.com.

meinTipp **The Artists Point:** Rolf Hicker (siehe Grizzly-Touren) führt auch ein kleines B&B im Vorort Hyde Creek. Herzlicher Service, ruhige Lage, tolle Ausblicke. Ideales Basislager für die von ihm angebotenen Fototouren. DZ ab 159 $. 1003 Ocean Place. ✆ (250) 956-2449, www.theartistspoint.com.

Camping **Cluxewe Resort:** Der Platz an einem langen Strand 10 km westlich von Port McNeill zieht vor allem Familien an. Getrennte Bereiche für Zeltcamper und Wohnmobile, Stellplatz ab 21 $, zwei voll ausgestattete Cabins ab 140 $. Cluxewe Resort (10 km von Port McNeill Richtung Port Hardy), ✆ (250) 949-0378, www.cluxeweresort.com.

Essen und Trinken Kulinarisch vermag Port McNeill nicht zu überzeugen. Das Fast-Food-Franchise Subway schafft es in fast allen Bewertungsportalen regelmäßig in die Top 3 … Wer darauf keine Lust hat, wird am ehesten bei einer der folgenden Adressen fündig:

Cluxewe Waterfront Bistro: Koch Christopher Pankratz überrascht positiv im Campingplatz-Bistro des Cluxewe Resort (s. o.). Juni bis Sept. Mi–Mo 17–21 Uhr. ✆ (250) 230-1006, www.cluxeweresort.com/bistro.

Northern Lights Restaurant: Im Haida Way Motor Inn (s. o.). Etwas überteuert. Nur Dinner 17–21 Uhr. ✆ (250) 956-3373, www.northernlightsrestaurant.ca.

Tia's Café: Einer der wenigen Orte für ein Frühstück in Port McNeill, nicht weit vom Hafen. Mittags Burger, Sandwiches, Salate und Suppen. Im Sommer tägl. 7–17 Uhr. 1705 Campbell Way, ✆ (250) 956-3373, www.northernlightsrestaurant.ca.

Alert Bay

Die nur 5 km² kleine **Cormorant Island** trägt den Beinamen „Home of the Killer Whale“: Die mit 200 Tieren weltweit größte Gruppe von Orcas ist in den Gewässern rund um die Insel heimisch. Alert Bay wird zu gleichen Teilen von

Weißkopfseeadler gehören hier zum gewohnten Bild

den First Nations der Kwakwaka'wakw und von Weißen bewohnt. Mehrmals täglich setzt die Fähre von Port McNeill aus über. Es lohnt nicht, das Auto mitzunehmen: Alles Interessante auf der Insel lässt sich bequem zu Fuß erreichen. Vom Fähranleger kommend, führt die Uferstraße rechts in den Ort mit einigen Läden, Restaurants und Unterkünften. Wer sich nach links wendet, kommt erst zur Culture Shock Interactive Gallery (s. unten), einem Zentrum der indigenen Kultur, und nach 15 Minuten Fußweg am Strand entlang zum sehr sehenswerten U'Mista Cultural Centre (siehe unten), das ebenfalls den First Nations gewidmet ist.

Wer danach nicht direkt zum Hafen zurück will, geht die Park Street hinauf, an deren Ende der weltweit höchste Totempfahl steht. Gut 53 m ragte er in die Höhe, ein Sturm im Jahre 2007 nahm ihm die Spitze. Die ins Holz gemeißelten Figuren stellen einen Teil der Geschichte der Dorfgemeinschaft dar. Hilfreich zum Verständnis ist eine im Visitor Centre erhältliche Broschüre über Totempfähle. Direkt daneben steht das Langhaus, das heute Zentrum des kulturellen Insellebens ist.

Im südlichen Teil der Insel liegen die **Original Namgis Burial Grounds.** Auf dem indianischen Friedhof stehen zahlreiche Totempfähle und andere Schnitzarbeiten, die lokale Künstler herstellten. Der Friedhof selbst ist heiliger Boden und darf nicht betreten werden, kann aber von außen gut eingesehen werden. Auch hier ist die Broschüre über Totempfähle hilfreich.

U'Mista Cultural Centre: Das Museum informiert anschaulich über die Tradition des Potlatch und zeigt zahlreiche Masken und andere Ausstellungsstücke, die die First Nations erst Jahrzehnte nach der Beschlagnahmung durch die Behörden zurückerhielten. Videos erklären die Tradition des Potlatch sowie die Geschichte seines Verbots und des kulturellen Überlebens. Auch das unmenschliche System der Residential Schools wird mit Videos Überlebender und anderen Dokumenten eindrücklich dargestellt.

■ Juli bis Anfang Sept. tägl. 9–17, sonst Di–Sa 9–17 Uhr. Eintritt 12 $, Juli/Aug. Do–Sa um 13 Uhr traditionelle Tänze. Tanzvorführungen und andere Events kosten oft extra. 1 Front St, ✆ (250) 974-5403, www.umista.ca.

Culture Shock Interactive Gallery: Noch anschaulicher als im U'Mista wird hier die Kultur der First Nations lebendig – durch Mitmachen: Flechten von Zederfasern, ein Lachs-BBQ, den überlieferten Geschichten der Ältesten lauschen oder bei einer Rundfahrt die Insel mit anderen Augen entdecken. Wer sich darauf einlässt, erlebt einen echten „Kulturschock" und taucht ein in die Welt des Namgis-Stammes.

■ Sept. bis Mitte Mai Mi–Sa 12–17 Uhr, Mitte Mai bis Ende Juni Mo–Sa 12–18 Uhr, Juli/Aug. tägl. 9.30–18 Uhr. Mitmach-Programme nur Juli bis Sept., Do–Sa jeweils um 10 und 15 Uhr. 10 Front St., ✆ (250) 974-2484, www.cultureshockgallery.ca.

Information Vom Fähranleger kommend nach rechts: **Alert Bay Visitor Centre.** Unregelmäßig geöffnet, im Sommer oft 11–17 Uhr. 118 Fir St, ✆ (250) 974-5024, www.alertbay.ca.

Hin und weg **Fähre:** BC Ferries verkehrt 8.40–19.40 Uhr bis zu 5x tägl. zwischen Port McNeill und Alert Bay. Überfahrt ca. 50 Minuten. ✆ (250) 386-3431, www.bcferries.com.

Übernachten **Alert Bay Lodge:** Die ehemalige Kirche steht an der Südküste der Insel. Gespeist wird im Chor, das Kirchenschiff ist heute ein großer Gemeinschaftsraum. 3 DZ ab 130 $. Nur Mitte Mai bis Ende Sept. 549 Fir St, ✆ (250) 974-2410, www.alertbaylodge.com.

Das U'Mista Cultural Centre

Seine Boat Inn: Der frühere Kramladen versorgte in den 1940er-Jahren die ganze Nordküste und wurde vor einigen Jahren mit viel Gespür für den Charakter des Gebäudes umfassend renoviert. 9 DZ ab 125 $. 60 Fir St, ✆(877) 334-9465, www.seineboatinn.com.

The Bayside Inn: Etwas abgewohnt, aber sauber, günstig und zentral. Restaurant im Haus. 8 DZ und 1 Hausboot ab 75 $. 81 Fir St, ✆(250) 974-3101, www.baysidealertbay.com.

Essen und Trinken **Pass'n Thyme Inn:** Das Pass'n Thyme bietet auch drei Zimmer, ist aber vor allem für sein lichtdurchflutetes Restaurant mit Ozeanblick bekannt. Seafood, Steaks und Pizza. Di–Sa 11–21 Uhr. 4 Maple St, ✆(250) 974-2670, www.passnthyme.com.

Bayside Grill: im Bayside Inn; große Portionen, kanadisch und indisch. Frühstück, Lunch und Dinner. Tägl. 8–20 Uhr. 81 Fir St, ✆(250) 230-1006, www.baysidealertbay.com.

Duchess' Bannock and Desserts: Hier gibt es Bannock – das indianische Fladenbrot aus Hafer- und Gerstenmehl – zum Mitnehmen, belegt mit allem, was ein Frühstück, Lunch, Dinner oder Dessert ausmacht: vom BBQ-Fleisch bis zu Obst mit Sahne. Große Portionen für unter 10 $. Tägl. 8–20 Uhr. 257 Fir St, ✆(250) 797-4254.

Sointula

Der kleine Ort liegt im Zentrum von **Malcolm Island.** Neben den First Nations sind unter den 600 Einwohnern vor allem Menschen mit finnischen Wurzeln zu finden. 1901 wollten finnische Bergarbeiter die harte Arbeit in den Kohlegruben Nanaimos hinter sich lassen und ruderten hierher, um eine sozialistische Musterkommune zu gründen: Sointula – Ort der Harmonie. Zwar scheiterte das gesellschaftliche Experiment, doch noch heute ist der Gemeinschaftssinn der Bewohner stark ausgeprägt: Der Co-op-Laden ist der älteste der Provinz und täglich geöffnet.

Nach dem Rückgang der Fisch- und Holzverarbeitung dienen heute viele der skandinavischen Holzhütten als Sommerwohnsitz reicher Kanadier und US-Amerikaner. Kein Wunder: Sointula bietet nicht nur fantastische Spazier- und Radwege, vom Strand aus lassen sich auch Robben und Schweinswale beobachten. Im **Bere Point Regional Park** kommen sogar regelmäßig Killerwale zum „Beach Rubbing" an den Strand – ein Naturschauspiel, dessen Auslöser Biologen noch unklar ist.

Die 24 km lange Insel ist ideal für Reisende, die sich ihren Tag selbst gestalten wollen: ein Bummel durch das Städtchen, hier einen Kaffee, dort eine Kunstgalerie, dann mittags zum Hafen für einen Heilbutt-Burger und bei Ebbe noch ein Strandbummel, um das Meeresleben in den Tide Pools zu beobachten.

Bei einem kleinen Spaziergang zeigt sich der Charme Sointulas: Von der Fähre kommend, steht man im Herzen des Städtchens mit dem 100-jährigen Co-op, der Community Hall, der Post, der Bäckerei, dem Hotel und der Tankstelle. Wendet man sich nach links, bummelt man an bunten Holzhäusern vorbei zum drei Blöcke entfernten Museum. Bald darauf ist der historische Hardware Store am Bootshafen erreicht. Letzteren teilen sich Fischerboote und Sportboote. Auf gleichem Wege geht es zurück.

Museum: Die umfangreiche Sammlung auf beengtem Platz im ehemaligen Schulhaus zeigt historische Stücke, Publikationen und Photos aus der über hundertjährigen Geschichte seit der Besiedlung durch die finnischen Sozial-Utopisten. Die Entwicklung des kommerziellen Fischfangs und die damit verbundenen gesellschaftlichen Entwicklungen wie die Gründung von Gewerkschaften und Kooperativen lassen sich hier nacherleben.

■ Ende Mai bis Mitte Sept. tägl. 12–16 Uhr. Eintritt frei, Spenden erbeten. 280 1st St, ✆(250) 973-6683, www.sointulamuseum.ca.

Auf der Insel unterwegs: Die überwiegend flache Insel mit ihren verkehrsarmen Schotterstraßen lädt zu Wanderungen und Radtouren ein: Der

Vancouver Island bis Haida Gwaii → Karten S. 114 und S. 116/117

Malcolm Island

Leuchtturm an der Westspitze Pulteney Point ist ein lohnendes Ziel. Beliebt bei Wanderern ist auch der 5 km lange Beautiful Bay Trail, der sich durch beeindruckenden Regenwald entlang eines Bergkammes windet. Immer wieder führen kleine Seitenpfade zum Wasser hinab. Vom Fähranleger sind es ca. 4 km bis zum Beginn des Trails an der Nordküste. Der Mateoja Heritage Trail dagegen beginnt in der Stadt, an der Ecke 3rd St/8th Avenue, und führt durch eine ehemalige Farm- und Marschlandschaft an Teichen vorbei bis zum Big Lake, dem größten See der Insel – ein interessanter Weg durch das Ökosystem Malcolm Islands. Bänke und Picknicktische laden zur Rast ein – wohl dem, der sich vorher im Co-op Store mit einem Sandwich und Getränken versorgt hat.

Information Direkt am Fähranleger: **Sointula Tourist/Visitor Info Booth,** Mo–Fr 10–17 Uhr. 165 1st St, ✆ (250) 973-2001, www.sointulainfo.ca.

Hin und weg **Fähre:** BC Ferries verkehrt 7.25–18.40 Uhr bis zu 5x tägl. zwischen Port McNeill und Sointula. Überfahrt ca. 30 Minuten. ✆ (250) 386-3431, www.bcferries.com.

Fahrradverleih „A bread and a bike, please" – ein häufiger Satz in der **Upper Crust Bakery,** der Inselbäckerei an der Fähre, die auch kostenlos (!) Fahrräder verleiht. Di–Sa 9.30–16.30, So–Mo 9–14 Uhr. 1701st St, ✆ (250) 973-2034.

Übernachten **The Oceanfront Hotel:** Das frühere Malcolm Island Inn wurde überzeugend renoviert. Einige Zimmer verfügen über bodentiefe Fenster mit Ausblicken übers Wasser. Die Räume sind thematisch dekoriert, so gibt es z. B. den Orca Room und den Eagle Room. 6 Zimmer und Suiten. DZ ab 109 $. 210 1st St, ✆ (250) 230 6722, www.sointulahotel.com.

Sea 4 Miles Cottages: Zwei gut ausgestattete Holzhütten direkt am ruhigen Strand, etwa 2 km östl. der Fähre. Wer hier nicht entspannen kann, kann es nirgendwo. Cottage ab 95 $. 145 Kaleva Road, ✆ (250) 973-6486, www.sointulacottages.com.

Essen und Trinken **Ravintola** und **The Whale's Rub Pub:** Das 2017 eröffnete Ravintola Restaurant ist das einzige Abendrestaurant der Insel. Das Ravintola und der urgemütliche Pub gehören beide zum Oceanfront Hotel (s. o.). Ravintola vorerst nur Fr/Sa 16.30–20 Uhr, der Pub dagegen tägl. ab 12 Uhr (Lunch). ✆ (250) 230-6722, www.sointulahotel.com/whales-rub-pub.

Burger Barn: An der Marina. Burger, Wraps sowie Fish & Chips, auch zum Mitnehmen. Fr–Mo 12–18.30 Uhr. 710 First St, ☎ (250) 973-2022.

Coho Joe: Café und B&B in einem: Oben wird ein Zimmer vermietet, unten gibt es guten Kaffee sowie spätes Frühstück und Lunch – die Fish Tacos sind exzellent. Mi–Sa 10–15, So 10–14 Uhr. 145 First St, ☎ (250) 230-2233.

Port Hardy

Die inoffizielle Hauptstadt des Inselnordens zählt 4000 Einwohner und liegt am Ende des Highways. Viele Reisende wechseln in Port Hardy aufs Wasser: Im Sommer fährt BC Ferries jeden zweiten Tag nach Norden, durch die Inside Passage bis Prince Rupert (→ Die Fährpassagen vor British Columbia, S. 211). War Port Hardy früher für die meisten Reisenden nur notwendiger Zwischenstopp vor der frühen Abfahrt oder nach einer späten Ankunft der Fähre, so bemüht sich die Stadt heute, sich nicht nur als Übernachtungsstopp zu positionieren, sondern auch längere Aufenthalte attraktiv zu machen. Wer sich Zeit nimmt, wird in und vor allem um Port Hardy Landschaft und Tierwelt intensiv erleben können.

Funde in der Bucht **Bear Cove,** wo heute die Fähren nach Norden ablegen, wurden auf 6000 v. Chr. datiert – sie sind die ältesten Beweise für eine Besiedelung Vancouver Islands. 1849 kamen erstmals Europäer in die Region, als die Hudson Bay Company Fort Rupert errichtete, den Standort aber bald wieder aufgab. 1904 folgten die ersten Siedler, die 1925 den Ort an die Westseite der Bucht verlegten. Die drei klassischen Industrien der Insel – Fischen, Holzverarbeitung, Bergbau – bildeten lange das wirtschaftliche Rückgrat der Region.

Port Hardy liegt weit verstreut um die Buchten Hardy Bay, Beaver Cove und Bear Harbour. Der Strand des Storey's Beach gehört zum Naherholungsgebiet der Einheimischen. Besonders bei Ebbe (Gezeitentabelle im Visitor Centre) lohnt der Besuch – er erstreckt sich dann mehrere hundert Meter weit in die Bucht.

Wer sich nicht nur für Natur, sondern auch für Kultur- und Technikgeschichte interessiert, kommt in Port Hardy ebenso auf seine Kosten.

Port Hardy: abwechslungsreiches Ziel im Inselnorden

Vancouver Island bis Haida Gwaii → Karten S. 114 und S. 116/117

Quatse Salmon Stewardship Centre: Zentren für Lachs-Aufzucht gibt es viele auf Vancouver Island – das Quatse SSC ist sicher das informativste und unterhaltsamste. Mit Aquarien und Außenbecken wird der Zyklus der Lachse erklärt und verdeutlicht, welche wichtige Rolle die *hatcheries* (Zuchtstationen) spielen. Besucher erleben den Zug der Lachse von der Geburt über die tausende von Kilometern lange Reise in die Ozeane und zurück anschaulich mit.

▪ Sommer Mi–So 12–17 Uhr. Herbst/Winter/Frühjahr Mo–Fr nach Bedarf. Eintritt 6 $. 8400 Byng Road, ✆ (250) 902-0336, www.thesalmoncentre.com.

Wilderness Seaplanes: Gut erhaltene Exemplare der seit 1937 gebauten Amphibienflugzeuge vom Typ Grumman G-21 Goose sind schon lange der Stolz manches Luftfahrtmuseums – drei von ihnen sind bei Wilderness Seaplanes, einer Tochter von Pacific Coastal Airlines, noch im regelmäßigen Liniendienst unterwegs! Sie lassen sich bei ihren Starts am Flughafen gut fotografieren. Viel lohnenswerter ist es jedoch auf dem „Rivers Inlet Run" mitzufliegen, der je nach Bedarf zahlreiche Siedlungen, Lodges, schwimmende Postämter, Camps und andere Ziele anfliegt. Mehrere Starts und Landungen in den historischen Flugbooten sind ebenso garantiert wie tolle Aufnahmen in der Luft und auf dem Wasser – schließlich hat jeder der bis zu acht Passagiere einen Fensterplatz.

▪ Der Rivers Inlet Run startet So–Fr um 10.30 Uhr. Rückkehr gegen 14 Uhr. Unbedingt reservieren. 300 $. 3675 Byng Road, Port Hardy Airport, ✆ (250) 949-6353, www.wildernessseaplanes.com.

Museum der Port Hardy Heritage Society: Das kleine Museum zeigt eine Sammlung zu den frühen Siedlern mit 8000 Jahre alten Exponaten, Fossilien, Geologie und Naturgeschichte. Auch die jüngere lokale Historie kommt nicht zu kurz mit einem Nachbau einer Siedlerhütte.

▪ Ganzjährig Di–Sa, Öffnungszeiten variieren stark; es empfiehlt sich, vorher anzurufen. Eintritt frei, Spenden erbeten. 7110 Market St, ✆ (250) 949-8143, www.porthardymuseum.com.

Spaziergänge und Wanderungen: Das weitläufige Port Hardy lässt sich über vier miteinander verknüpfte Wege gut zu Fuß erkunden. Südlich des Zentrums beginnt am Hafen der Harbour

Grumman Goose (Wilderness Seaplanes) an einer Fishing Lodge

Müllvorschriften zum Schutz von Bären und Menschen

Front Trail entlang der Hardy Bay mit schönen Blicken bis zur Straßenbrücke des Highway 19 (20 Min. einfach). Hier gabelt sich der Weg: Flussaufwärts gelangt man auf dem Quatse Loop Trail nach weiteren 20 Minuten zur Lachszuchtstation (Quatse SSC, s. o.) und zum Campingplatz. Der Rundweg führt am anderen Flussufer zurück.

Kreuzt man dagegen am Ende des Harbour Front Trail den Quatse River und hält sich dann links, gelangt man über den Estuary Trail in ca. 15 Minuten bis zur Bear Cove Road, auf deren anderen Straßenseite der Fort Rupert Trail beginnt. Dieser schöne, 4 km lange Weg – seit Jahrhunderten ein Handelsweg der lokalen First Nations – führt überwiegend auf Waldboden und Boardwalks an einem kleinen See vorbei quer über die Halbinsel und endet nach einer knappen Stunde am Storey's Beach. Der schöne Strand ist ideal, um die Zeit bis zum nächsten Bus zurück nach Port Hardy zu überbrücken.

Achtung: Rechnen Sie im Spätsommer mit Bären auf dem Quatse Loop Trail und dem Fort Rupert Trail. Eine grobe, aber ausreichende Karte gibt es in der Broschüre „Vancouver Island North", erhältlich in den Visitor Centres der Region.

Information Zuständig ist die Handelskammer: **Port Hardy Chamber of Commerce.** Mai bis Sept. tägl. 9–18 Uhr. 7250 Market St, ✆ (250) 949-7622, www.visitporthardy.com.

Hin und weg **Bus**: Tofino Bus fährt tägl. 1x über Port McNeill, Campbell River, Parksville nach Victoria und zurück (10 Std.); ✆ (250) 725-2871, www.tofinobus.com. BC Transit fährt Mo–Fr 5x, Sa 2x tägl. nach Port McNeill und zurück (1 Std.) Je 3x tägl. verkehrt Mo–Fr ein Bus zwischen Port Hardy und dem Vorort Storey's Beach bzw. Coal Harbour. ✆ (250) 956-3151, www.bctransit.com/mount-waddington.

Fähre: Langstreckenfähren der BC Ferries verbinden Port Hardy mit Prince Rupert (ca. 16 Std.) und Bella Coola (ca. 10 Std.). Je nach Saison nach Prince Rupert. ✆ (250) 386-3431, www.bcferries.com.

Flugzeug: Die Regionalfluggesellschaft Pacific Coastal Airlines fliegt bis zu 3x tägl. mit Jets nach Vancouver und mit Wasserflugzeugen nach Bella Bella. Die angegliederte Wilderness Seaplanes bedient abgelegene Orte an der Küste. ✆ (604) 273-8666, www.pacificcoastal.com.

Vancouver Island bis Haida Gwaii → Karten S. 114 und S. 116/117

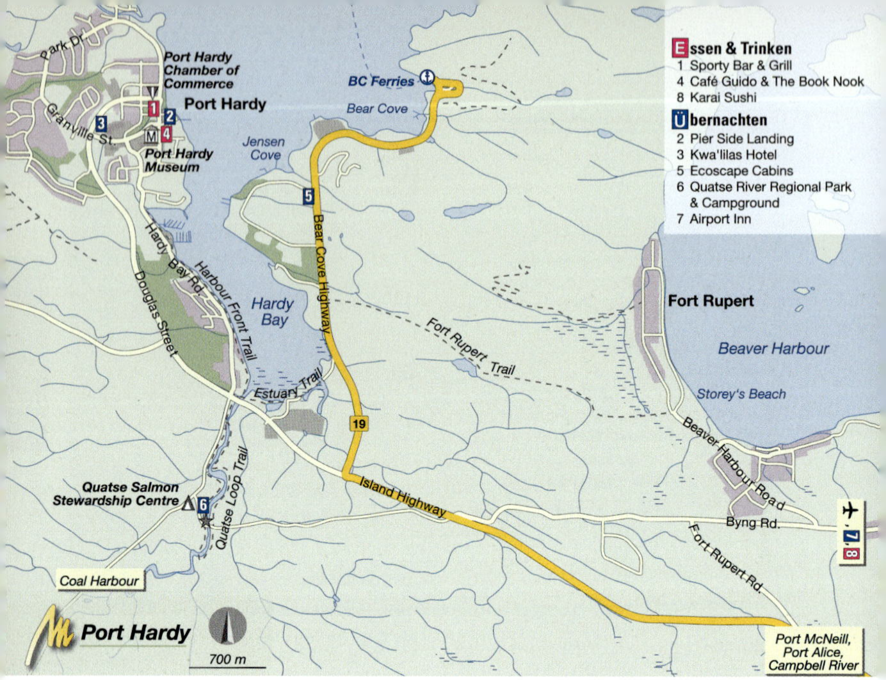

Übernachten Im Sommer trifft jeden 2. Tag die Fähre aus Prince Rupert spät nachts in Port Hardy ein, um am frühen Morgen wieder nach Norden abzulegen. Das führt dazu, dass jede zweite Nacht mit der Fähre Reisende ein Hotelzimmer in Port Hardy benötigen – langfristig vorausbuchen ist sinnvoll!

Kwa'lilas Hotel 3: Port Hardys neueste Unterkunft. Das komplett renovierte Hotel bietet unter dem Management der Kwakiutl First Nations Komfort und auch Aktivitäten wie Ausflüge, Kurse etc. DZ ab 169 $, Packages für 2 Nächte ab 238 $. 9040 Granville St, ✆ (250) 949-8526, www.kwalilashotel.ca.

Pier Side Landing 2: Unter gleichem Management wie das Kwa' Lilas steht das ebenfalls renovierte, aber einfachere Hotel am Hafen mit 55 Zimmern. DZ ab 129 $. 8600 Granville St, ✆ (250) 949-7437, www.piersidelanding.ca.

Airport Inn 7: Eines der besseren der älteren Hotels in der Stadt, kurz vor dem Flughafen. Mit gutem koreanischen Restaurant. 45 Zimmer, DZ ab 129 $. 4030 Byng Road St, ✆ (250) 949-9434, www.porthardyairportinn.com.

Ecoscape Cabins 5: Viel zu schade, um nur als Zwischenübernachtung vor der Fährfahrt genutzt zu werden. Die 7 unterschiedlich ausgestatteten und nach ökologischen Prinzipien gebauten Cabins liegen in einer weiten Naturlandschaft zwischen Stadt und Fähre. Cabin 160–200 $. 6305 Jensen Cove Road, ✆ (250) 949-1216, www.ecoscapecabins.com.

Camping Quatse River Regional Park & Campground 6: Schöne Lage und von den vielen Campgrounds in Port Hardy der mit dem besten Service. Ab August kürzen oft Schwarzbären den Weg zu den Lachsgewässern ab, quer durch den Campingplatz! Zelt 25 $, Wohnmobil ab 30 $. 8400 Byng Road (neben der Lachs-Aufzucht, ✆ (250) 949-2395, www.quatse campground.com.

Essen und Trinken Karai Sushi & Grill 8: Gute japanische und koreanische Küche, aber auch gegrillter Lachs etc. Lunch/Dinner 8–27 $. Mo–Fr 11.30–20.30, Sa–So 16.30–20.30 Uhr, im Sommer Frühstück Mo–Fr 7–10 Uhr. 4030 Byng Road, ✆ (250) 949-7744, www.port hardyinn.com/dining.

Sporty Bar & Grill 1: Frische Speisen in legerer Pub-Atmosphäre, ein guter Ort für einen Burger und ein Bier, aber auch die Clam Chowder ist exzellent. Tägl. 11.30–23.30 Uhr. 8700 Hastings St, ✆ (250) 949-7811, www. sportybar.ca.

Café Guido & The Book Nook 4: Café, Bücher, Kleidung, Geschenke – alles unter einem Dach. Exzellenter Kaffee und kleine Speisen. Mo–Sa 7–18, So 8–17 Uhr. Buchladen und Shop Sa/So teils kürzer. 7135 Market St, ✆ (250) 949-9808, www.cafeguido.com.

Rund um Port Hardy

Der Highway 19 endet in Port Hardy – Vancouver Island aber noch nicht. Westlich von Port Hardy liegen einige kleinere Dörfer, die sich langsam dem Tourismus öffnen, und der sehenswerte **Cape Scott Provincial Park** mit der Mehrtageswanderung auf dem North Coast Trail. Abgesehen von Coal Harbour und Port Alice sind derzeit alle Orte nur über Schotterpisten erreichbar, die mit dem Mietwagen meist weder erlaubt noch sinnvoll sind. Es empfiehlt sich daher, im Visitor Centre von Port Hardy aktuelle Informationen einzuholen, wer geführte Touren ins Umland anbietet. Wer selbst aufbricht, sollte sich unbedingt mit den Regeln zum Befahren der Logging Roads vertraut machen und auf die Begegnungen mit Trucks und Tieren vorbereitet sein. Über alle Communities rund um Port Hardy informiert in umfassender Weise www.vancouverislandnorth.ca.

Cape Scott Provincial Park: Der 220 km² große Provinzpark umfasst die Nordwestspitze Vancouver Islands und einen schmalen Küstenstreifen an der Nordküste. Das Highlight des Parks sind die 115 km Küstenlinie, davon 30 km hier kaum vermutete traumhafte Strände. Im Park gibt es keinerlei Einrichtungen außer Wildnis-Zeltplätzen. Für die oft tief verschlammten Trails sind Gummistiefel unabdingbar, mit Ausnahme des San Josef Bay Trails (5 km, hin/zurück 90 Min.), der überwiegend auf einer alten Schotterstraße verläuft.

Fernwanderer schätzen den **Cape Scott Trail** und den **North Coast Trail.** Ersterer führt vom San Josef Bay Trailhead zum Leuchtturm von Cape Scott (24 km, ca. 9 Std.). Seit 2008 gibt es die extrem anspruchsvolle 43 km lange Route des North Coast Trail entlang der Nordküste bis zur Shushartie Bay. Der nur für konditionsstarke und erfahrene Backpacker geeignete Pfad bietet faszinierende Einblicke in das Ökosystem der Küste mit altem Baumbestand, Hochmooren, Stränden und verschiedensten Felsformationen. Da die Schwierigkeiten des Trails von Ost nach West abnehmen, starten die meisten Wanderer in der Shushartie Bay zu der mindestens fünftägigen Tour.

Information zum Park: www.env.gov.bc.ca/bcparks/explore/parkpgs/cape_scott. Tagestour (8–15 Uhr) 140 $.

San Josef Bay Trail: K'awat'si Tours unterhält einen Shuttle von Port Hardy zum Start des Trails (knapp 2 Std. Fahrzeit): ✆ (250) 230-3574, www.kawatsitours.ca.

Häufige Besucher am Highway: Schwarzbären

Vancouver Island bis Haida Gwaii → Karten S. 114 und S. 116/117

North Coast Trail: Anreise zur Shushartie Bay ab Port Hardy per Wassertaxi oder Flugzeug. Zum westlichen Endpunkt fährt ein Shuttle. Nur Juni bis Aug. empfohlen. Infos unter www.capescottpark.com und www.capescottwatertaxi.ca.

Coal Harbour: Das kleine Dorf – früher Kohlenmine, Militärbasis und Walfanghafen – ist heute vor allem Ausgangspunkt für Angler und Kajakfahrer; die geschützten, fischreichen Gewässer sind für beides ideal. Wale, Delfine, Robben und Seeotter sind regelmäßige Gäste in der Stephens Bay. Im kleinen Museum ist der mit sechs Metern weltweit längste Kieferknochen eines Blauwals ausgestellt. Mit dem Wassertaxi ist man schnell in **Quatsino** auf der anderen Seite der Bucht, mit der kleinen anglikanischen Kirche St. Olaf von 1897 und zahlreichen Fishing Lodges.

Holberg: Einst die weltweit größte schwimmende Siedlung für Holzarbeiter, lebt der Weiler 50 km westlich von Port Hardy hauptsächlich vom North Coast Trail: Nach einer Woche in der Wildnis wird hier wieder die Zivilisation erreicht, und viele Wanderer hängen ihre kaputten Stiefel an den Shoe Tree am Kains Lake. Hundert Jahre älter ist dagegen Ronning's Garden. Der Siedler Bernt Ronning trotzte 1910 dem Regenwald einen exotischen Garten ab, in dem er mitgebrachte Gewächse aus aller Welt pflanzte: Bambusstauden, Rhododendren, Japanischer Ahorn und vieles mehr. Eine kleine Gruppe Ehrenamtlicher hegt und pflegt den Garten.

Winter Harbour: Eine halbe Stunde hinter Holberg liegt das ruhige Dorf an der Westküste. Vor allem Hochsee-Angler und Ornithologen besuchen die Region. Der weiße Sandstrand der Grant Bay und die wildere Hecht Bay sind ideal zum Strandbummel. Eine schöne Wanderung mit Ausblicken bietet hier der Botel Park Trail.

Port Alice: Zwischen Port Hardy und Port McNeill zweigt vom Highway 19 eine seit kurzem asphaltierte Straße nach Port Alice ab. Dort verläuft als barrierefreier Weg ein 3 km langer Seawalk am Neroutsos Inlet entlang. Der Alice Lake Loop erschließt Karst- und Kalksteinformationen, in denen Flüsse versickern und andernorts wieder zu Tage treten.

Seymour Inlet/Nakwakto Rapids: Der Meeresarm an der Festlandsküste gegenüber Port Hardy ist durch zahlreiche kleinere Nebenarme und Inseln gekennzeichnet. Die Nakwakto Rapids im Slingsby Channel gelten als schnellste Hochseeströmung der Welt: Beim Wechsel von Ebbe und Flut schießt das Wasser mit bis zu 30 km/h durch den Engpass.

▪ K'awat'si Tours bietet etwa 10 Touren pro Monat von Port Hardy aus, abhängig von den Gezeiten. 4 Std.-Tour 195 $. ✆ (250) 230-3574, www.kawatsitours.ca.

Information Informationen holt man am besten in Port Hardy ein (siehe dort).

Hin und weg **Bus:** BC Transit fährt Mo–Fr 3x tägl. von Port Hardy nach Coal Harbour. (25 Min.). ✆ (250) 956-3151, www.bctransit.com/mount-waddington.

Übernachten **Inlet Haven:** Port Alice. Die beiden Gästezimmer des B&B teilen sich Küche, Wohnzimmer und eine große Terrasse – viel Platz. DZ ab 95 $. Mitte Juni bis Mitte Sept. 2 Nächte Mindestaufenthalt. 1036 Matsqui St, ✆ (250) 284-3216, www.inlethaven.com.

Winter Harbour Cottages: Winter Harbour. Die fünf unterschiedlichen, aber alle komfortabel ausgestatteten Hütten werden vor allem von Anglern gern genutzt. Cottage für vier ab 250 $. 260 Irving St, ✆ (250) 650-5182, www.winterharbourcottages.com.

Essen und Trinken **Scarlet Ibis Pub and Restaurant:** Holberg. Beliebt bei North-Coast-Trail-Hikern – es wird oft laut ... Gerichte ab 12 $. Tägl. 12–21 Uhr. 32 Hardy Way, ✆ (250) 288-3386.

Calm Waters Café: Port Alice. Das Café im Gebäude der Royal Canadian Legion bietet Frühstück und Sandwiches, vor allem zum Mitnehmen. Tägl. 8–11.30 Uhr. 821 Marine Drive, ✆ (250) 284-3256.

Die „Northern Adventure" verbindet Port Hardy und Prince Rupert

Die Fährpassagen vor British Columbia

Der beeindruckende 1800 Kilometer lange Seeweg, der vom US-Bundesstaat Washington entlang der Küste British Columbias bis hinauf nach Skagway in Alaska führt, wird als „Inside Passage" bezeichnet. Wer die pazifische Inselwelt an der kanadischen Küste erkunden will, kann von Port Hardy per Fährschiff zu einer Art Minikreuzfahrt starten.

Zwei Routen sind möglich, beide verlaufen in den geschützten Gewässern zwischen Festland und vorgelagerten Inseln mit hohen Bergen und endlosen Wäldern – ein Höhepunkt so mancher Kanada-Reise. Oft sieht man Wale in den nährstoffreichen Gewässern oder auch Bären am Ufer. Die mit 280 Seemeilen (ca. 517 km) längere Variante führt nach Norden zum Städtchen Prince Rupert und firmiert wie der Seeweg selbst unter der Bezeichnung **Inside Passage.** Die etwas kürzere Variante führt über 222 Seemeilen (412 km) nach Bella Coola, das am Ende eines fjordähnlichen, fast 180 km langen Meeresarmes liegt. Vermarktet wird diese Strecke unter dem Label **Discovery Coast Passage.**

Bedient werden beide Routen von BC Ferries. Im Hochsommer werden sie tagsüber befahren, was tolle Ausblicke erlaubt. Je nach Fahrplan werden auch kleine Gemeinden an der Fährstrecke angelaufen. Von Prince Rupert und Bella Coola aus wird jeweils wieder das überregionale Straßennetz erreicht, so dass sich unter Einbeziehung der Fährpassagen abwechslungsreiche Rundreisen zusammenstellen lassen.

Beide Routen führen durch den **Great Bear Rainforest.** Das letzte große intakte Ökosystem der Westküste ist seit 2014 zu 85 % Landschaftsschutzgebiet. Das 32.000 km² große Gebiet umfasst praktisch alle Inseln nördlich von Vancouver Island bis zur Grenze mit Alaska. Es ist die Heimat der

Geisterbären, aber auch mehrerer nach alten Traditionen lebenden Stämmen der First Nations, u. a. der Heiltsuk und der Kitasoo-Xai'xais.

Die interessanten Punkte, aber auch Walsichtungen werden von der Brücke aus angesagt. Leuchttürme am Scarlett Point, auf Pine Island und Egg Island sichern die Schifffahrt auf der vielbefahrenen Route. 90 Minuten nach Abfahrt von Port Hardy wird der **Queen Charlotte Sound** durchquert – einer von nur zwei Abschnitten, die über den offenen Ozean führen. Nach drei Stunden fährt man an **Addenbroke Island** vorbei; der Mord am dortigen Leuchtturmwärter im Jahr 1928 ist bis heute nicht aufgeklärt. Eine halbe Stunde später wird die ehemalige Fischfabrik in **Namu** passiert – heute ein Resort für Angler.

In Namu trennen sich die Fährrouten: Die Inside Passage führt weiter nach Norden nach Prince Rupert, die Discovery Coast Passage nach Nordosten Rchtung Bella Coola.

> Für beide Routen gilt: **Unbedingt reservieren,** auch ohne Pkw. ✆ (250) 386-3431, www.bcferries.com.

Stationen der Inside Passage

Bella Bella, fünf Stunden nördlich von Port Hardy, ist die einzige größere Siedlung an der Route und lebt vom Fischfang und der Holzindustrie. Dennoch legen hier nicht alle Fähren an. Etwa 90 Minuten nach Bella Bella erfolgt die Passage durch den **Milbanke Sound** – die zweite Fahrt über offenes Gewässer. Bald danach liegt am **Leuchtturm von Boat Bluff** bereits die Hälfte der Route hinter der Crew und den Gästen. Auch in **Klemtu** laufen nicht alle Fähren ein. Das nur von First Nations bewohnte Dorf ist wie Hartley Bay, weiter nördlich, ein guter Ausgangspunkt für Touren zu den weißen Geisterbären im **Great Bear Rainforest** (→ S. 217).

Nach 10 Stunden wird **Princess Royal Island** an Backbord passiert. Der Canoona River führt im Spätsommer viele Lachse, mit etwas Glück sind dann auch Bären an der Mündung zu sehen. Direkt danach folgt die verfallene **Fischfabrik von Butedale,** in der

Flugboot-Denkmal in McLoughlin Bay bei Bella Bella

Buckelwal im North Bentinck Arm

einst bis zu 400 Menschen arbeiteten. Vier Stunden vor Ankunft in Prince Rupert kommt **Hartley Bay** in Sicht, eines der letzten „Boardwalk Villages“: Holzstege stellen die Verbindungswege zwischen den einzelnen Häusern her.

Das Schiff fährt nun durch den **Grenville Channel,** den wohl spektakulärsten Abschnitt der Inside Passage, bevor spätabends der **Frachthafen Ridley** und dann **Prince Rupert** erreicht wird. Der Fährhafen wird von BC Ferries (nach Port Hardy und Haida Gwaii) sowie dem Alaska Marine Highway (Fähren nach Südost-Alaska) gemeinsam genutzt.

▪ Mitte Juni bis Mitte Sept. verlässt die „Northern Expedition“ der BC Ferries jeden zweiten Tag Port Hardy um 7.30 Uhr und trifft in Prince Rupert um 23.30 Uhr ein. Am nächsten Tag geht es zur gleichen Zeit wieder nach Süden.

Stationen der Discovery Coast Passage

Ab Namu führt die Route durch den **Burke Channel** südöstlich von King Island vorbei. Nordwestlich der mit gut 800 km² siebtgrößten Insel British Columbias verläuft der **Dean Channel:** Außerhalb der Hochsaison muss von Port Hardy auf dem Weg nach Bella Coola in Bella Bella umgesteigen werden und die Route führt dann durch diese Wasserstraße. Der fjordähnliche **North Bentinck Arm** wird zunehmend enger, und nach knapp zehn Stunden kommt an Backbord die **Tallheo Cannery,** eine ehemalge Fischfabrik, die heute als Museum und B&B dient, in Sicht. Wenige Minuten später ist am Ende des Meeresarmes der Fährhafen von **Bella Coola** erreicht.

▪ Die neue Fähre „Northern Sea Wolf“ kann 150 Passagiere und 35 Autos aufnehmen und bedient die Route von Juni bis September tagsüber, 10- bis 12x im Monat. Abfahrt in Port Hardy um 7.30 Uhr mit Ankunft in Bella Coola gegen 17.30 Uhr. Am nächsten Tag mit den gleichen Fahrzeiten in der Gegenrichtung zurück.

Bella Coola und das Bella Coola Valley

Das Bella Coola Valley führt von Bella Coola über den kleinen Nachbarort **Hagensborg** etwa 70 km weit nach Osten, bevor der steile Anstieg zum **Heckman Pass** und **Tweedsmuir Provincial Park** beginnt. Zu traumhaften Wanderungen und Bootsfahrten kommen im Spätsommer noch Lachse und Grizzly-Beobachtungen hinzu. Nicht wenige halten „The Valley“ für die schönste, vielfältigste und authentischste Region der Provinz. Zudem ist das Tal seit 2019 wieder deutlich besser per Fähre erreichbar, das ermöglicht schöne Rundtouren.

Alexander MacKenzie – einmal durch den amerikanischen Kontinent

Der 1764 auf den schottischen Hebriden geborene Entdecker brach 1789 von Fort Chipewyan (im heutigen äußersten Nordosten Albertas gelegen) zu seiner ersten großen Expedition im kanadischen Westen auf. Er suchte die Nordwestpassage – fand aber den später nach ihm benannten Mackenzie River. 1792 begann die zweite Expedition. Sein Marsch nach Westen führte ihn zum Fraser River und durchs Chilcotin ins heutige Bella Coola Valley: Als erster Mensch hatte er den gesamten Kontinent nördlich von Mexiko durchquert. Am westlichsten Punkt seiner Reise kann man im heutigen Sir Alexander Mackenzie Provincial Park noch immer die von ihm in den Fels gemeißelte Inschrift lesen: „Alex MacKenzie from Canada, by land, 22nd July 1793“. Auf seinen Spuren – und denen der First Nations, die diese Handelsroute schon lange vor ihm nutzten – kann man heute die 450 km von Quesnel bis nach Bella Coola auf dem Mackenzie Heritage Trail wandern.

Vom Fährhafen Bella Coolas sind es noch einmal etwa 3 km zur Stadt, die im Schwemmland der Mündung des Bella Coola Rivers liegt. Hauptachse der Stadt mit ihren 2000 Einwohnern ist die Mackenzie Street, wo neben dem Visitor Centre ein Hotel und einige Geschäfte liegen.

Das vom Fährhafen aus gesehen direkt am Ortseingang gelegene kleine **Bella Coola Valley Museum** (Di–Sa 9–12, 13–17 Uhr) informiert über die lokale Geschichte vom ersten Kontakt mit den Europäern bis in die 1950er-Jahre. Auf der Nordseite des Meeresarms und nur per Boot erreichbar (20 $ hin/zurück) scheint in der ehemaligen Fischkonservenfabrik **Tallheo Cannery** die Zeit stehen geblieben zu sein: Im General Store stehen heute noch Waren in den Regalen, die man bei der Schließung 1948 einfach hatte liegen lassen. Neben den alten Gebäuden kann man sich auf Wanderwege begeben und – im August – von Lachsen überquellende Bäche entdecken.

Einfach erreichbar sind die **Clayton Falls** (2 km vom Fährterminal nach Westen, die ersten 1800 m kann man auch auf einer rauen Piste fahren) sowie, östlich des Orts, das **Snooka Trail System** (zwischen 5 und 10 km, in der längsten Variante 500 Höhenmeter zu einem schönen Aussichtspunkt). Zum Teil sind Fahrzeuge mit Allradantrieb und hoher Bodenfreiheit erforderlich, um zu den Trailheads zu kommen.

Tierbeobachtungen/Touren

Je nach Jahreszeit braucht es nicht mal eine organisierte Tour, um die Tierwelt zu erleben. In der **Clayton Falls Recreation Area** beim Museum sieht man oft Seehunde, Adler und Fischreiher. Am Assanany Creek bei **Firvale** und in Firvale selbst lohnt ein Blick zu den Bergflanken, wo sich oft Bergziegen aufhalten. Im Frühjahr trifft man in den Hochregionen des Parks auf Bären, bevor diese im Sommer in die tieferen Täler wandern. Im Juli und August sind die Bäche voller Lachse, ab September auch voller Grizzlys. In **Belarko,** 30 Minuten östlich von Hagensborg im Provinzpark, wurde eine Beobachtungsplattform eingerichtet.

Mehrere Anbieter offerieren unterschiedliche Touren auf dem fjordähnlichen Meeresarm, teils mit dem Schwerpunkt auf Meeresbewohnern, teils auf den Grizzlys oder auf den heißen Quellen der **Eucott Hot Springs.** Alle fahren nur individuell nach Bedarf, wobei man sich auch bestehenden Reservierungen anschließen kann, um die Kosten zu senken. Anbieter → „Touren".

Östlich von Bella Coola

Steile Bergflanken säumen das schmale Tal – meist ist nur Platz für den Fluss, die Straße und ein paar Häuser links und rechts. So geht Bella Coola nach etwa 10 km fast unmerklich in den Nachbarort **Hagensborg** über. Dieser verdankt seinen Namen norwegischen Farmern, die hier nach 1894 siedelten. Der Weiler hat nur 250 Einwohner, aber den größten Supermarkt und schönsten Campground des Tales. Die Straße führt weiter nach Osten; zahlreiche Wandermöglichkeiten bieten sich im Tal und auf den angrenzenden Bergen.

Etwa 40 km östlich Bella Coolas liegt die **Tweedsmuir Park Lodge,** wo sich der Atnarko River mit dem Talchako zum Bella Coola River vereinigt. Die Lodge ist Ausgangspunkt vieler Touren in die reizvolle Umgebung, vor allem für Bärenbeobachtungen. Weitere 20 km sind es zum einfachen **Atnarko River Campground.** Hier endet der Asphalt, und der raue, steile und spektakuläre Anstieg zum Heckman Pass beginnt.

Information **Bella Coola Valley Tourism:** Mo–Sa 10–18 Uhr. Hier erhält man kostenfrei den Bella Coola Valley Trail Guide mit ausführlichen Beschreibungen und topographischen Karten. Auch Beratung angesichts der Fülle von Touren. 450 MacKenzie Street, ✆ (250) 799-5202, www.bellacoola.ca.

Hin und weg **Flugzeug:** Vom Bella Coola Airport in Hagensborg fliegt Pacific Coastal 1–2x tägl. nach Vancouver. ✆ (604) 273-8666, www.pacificcoastal.com. Am Flughafen bietet Bella Coola Vehicle Rentals zuverlässige Mietwagen zu fairen Preisen. ✆ (250) 982-2146.

Fähre: Mit BC Ferries im Sommer 10- bis 12x im Monat von Port Hardy tagsüber nach Bella Coola und am nächsten Tag zurück. Unbedingt reservieren, auch ohne Pkw. Etwa 1x wöchentl.

Das Bella Coola Valley Museum in Bella Coola

Vancouver Island bis Haida Gwaii → Karten S. 114 und S. 116/117

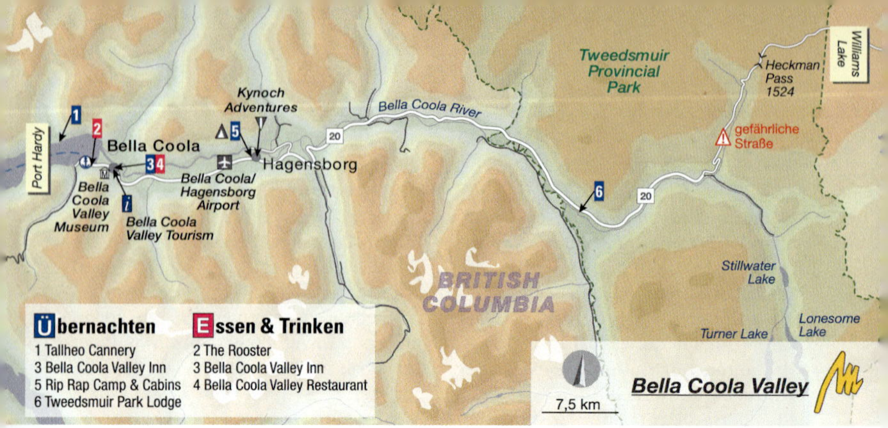

fährt das Schiff von Bella Coola über Shearwater und Bella Bella nach Ocean Falls (Nachtstopp) und am nächsten Tag zurück. ✆ (250) 386-3431, www.bcferries.com.

Sportausrüstung **Glacier Creek Outfitting** vermietet Campingausrüstung, Bikes, Kajaks, Kanus. 3951 Hammer Road, Hagensborg, ✆ (778) 267-0427, www.glaciercreek outfitting.com.

Touren **Kynoch Adventures** ist der erfahrenste Anbieter von Öko-Touren und Bärenbeobachtung in der Region. Mit einem großen Schlauchboot treibt man langsam den Atnarko River hinunter und hält überall, wo es etwas zu sehen gibt. Juli bis Mitte Aug. Eco RaftingTours 3–4 Std. ab 90 $, dann bis Okt. Bear Tours ab 160 $. 1896 Chilcotin Highway, ✆ (250) 398-0390, www.kynochadventuretours.com.

Mehrere Anbieter organisieren Touren von 3 Stunden bis zu mehreren Tagen, auch auf dem Segelboot, meist mit Bear Watching. Informationen bei Bella Coola Valley Tourism (s. o.).

Übernachten **Tweedsmuir Park Lodge 6**: Luxuriöse Unterkünfte, viele Aktivitäten und Touren, exzellentes Restaurant. Lodge von 1929 mit Hot Tub und eigener Grizzly Viewing Platform. Mountainbikes, Bogenschießen, Heli-Hiking, Rafting, Reiten, Grizzly-Touren. Nur im Juni als „Room only“ buchbar, DZ ab 495 $. Juli bis Okt. nur Packages ab 1590 $/Pers. für 2 Nächte. Am Highway 20, 60 km östl. von Bella Coola. ✆ (604) 995-4994, www.tweedsmuirpark lodge.com.

Bella Coola Valley Inn 3: Das zentral gelegene Hotel bietet 20 komfortable Zimmer und auch das beste Restaurant am Ort. DZ inkl. kleinem kontinentalen Frühstück ab 115 $. 441 Mackenzie Street, Bella Coola, ✆ (250) 799-5316, www.bellacoolavalleyinn.com.

Tallheo Cannery 1: Auf der Nordseite des Meeresarmes, nur per Boot erreichbar. Das Guesthouse und B&B aus den 1920ern bietet 12 im historischen Stil gehaltene Zimmer, die sich Etagenbäder teilen. Dazu gibt es einen Campingplatz. DZ 150 $, Zeltstellplatz 35 $, jeweils inkl. Bootstransfer hin/zurück. Bella Coola. ✆ (604) 992-1424, www.bellacoolacannery.com.

MeinTipp **Rip Rap Camp & Cabins 5**: Der liebevoll familiengeführte Campground bietet grandiose Ausblicke auf Fluss und Berge, schöne Cabins sowie gepflegte Stellplätze und einen BBQ-Bereich. Cabin mit/ohne Du/WC ab 125/75 $, Stellplatz 20–28 $. Mai bis Okt. Highway 20, Hagensborg. ✆ (250) 982-2752, www.riprapcamp.com.

Essen und Trinken **Bella Coola Valley Inn 3**: Das Restaurant im größten Hotel wurde komplett renoviert, die Küche ist nach wie vor exzellent. Neben kanadischen Gerichten ausgezeichnete koreanische und japanische Speisen. Tägl. 11.230–20 Uhr. 441 Mackenzie Street, Bella Coola, ✆ (250) 799-5316, www.bellacoola valleyinn.com.

MeinTipp **The Rooster 2**: Der rot-weiße Food Truck steht meistens am Hafen und bietet neben Lachs- und Fleisch-Burgern auch wechselnde Tagesgerichte, meist karibische Küche. Lunch und Dinner. Tägl. 11–19 Uhr, aber nicht immer ist Verlass darauf.

Bella Coola Valley Restaurant 4: Das Restaurant im Co-op bietet eine gute Auswahl an Klassikern. Burger, Sandwiches, Pasta, Pizza, dazu einige Hauptgerichte. Frühstück, Lunch und Dinner. Tägl. 7–19 Uhr. 450 MacKenzie Street, Bella Coola, ✆ (250) 799-0045, www.bellacoolarestaurant.com.

„Geisterbär" auf Gribbell Island

Vancouver Island bis Haida Gwaii → Karten S. 114 und S. 116/117

Great Bear Rainforest

Klemtu und **Hartley Bay** liegen im Herzen des Great Bear Rainforest und sind bekannt als Ausgangspunkt für die Beobachtung der „Geisterbären": Etwa 150 bis 200 Schwarzbären der Region weisen aufgrund einer Genmutation ein helles, fast weißes Fell auf. Den rund um Klemtu ansässigen Kitasoo/Xaixais und den Gitga'at aus Hartley Bay sind die Tiere heilig: Ihrer Kultur zufolge sollen sie uns Menschen mahnen, dass weiße Zeiten (= die nächste Eiszeit) jederzeit wieder über uns kommen können – mögen wir das milde Klima also schätzen und nutzen. Zudem tragen Geisterbären die Seelen Verstorbener in sich. Organisierte Mehrtagesreisen gibt es ab Klemtu und Hartley Bay. In beiden Fällen gilt: Die Chancen, einen der seltenen Bären zu sehen, sind nicht hoch – am besten im September und Oktober – aber zahlreiche Grizzlys, „normale" Schwarzbären und Wale entschädigen für das nicht billige Abenteuer.

Bear Watching im Regenwald **Tim Irvin Spirit Bear Tours:** Der Naturforscher und Fotograf Tim Irvin führt gemeinsam mit dem Gitga'at-Guide Marven Robinson jedes Jahr im Sept. und Okt. 5- und 7-tägige Touren. Übernachtet wird in einfachen Guest Houses in Hartley Bay. Die Reisen mit 4 bzw. 6 Übernachtungen kosten 3910 $ bzw. 5865 $ ab Hartley Bay. Hinzu kommen noch mal etwa 800 $ für den Flug von/nach Vancouver, zwei erforderliche Zwischenübernachtungen und die Fähre von Prince Rupert nach Hartley Bay. ✆ (613) 915-8083, www.timirvin.com/spirit-bear-tours.

Mein Tipp **Spirit Bear Lodge,** in Klemtu: Das engagierte, kompetente und freundliche Team der Lodge tut alles, um den Gästen einmalige Erlebnisse zu ermöglichen. Paket mit 3, 4, 5, 6 Übernachtungen im DZ je nach Saison ab 2950, 3585, 4215, 4840 $ inkl. An-/Rückreise mit Flug und Wassertaxi ab/bis Vancouver. Juni bis Anfang Okt. ✆ (250) 339-5644, www.spiritbear.com.

Prince Rupert

Wer per Fähre durch die Inside Passage nach Prince Rupert gereist ist, trifft meist spätabends in dem Städtchen ein. Viele Reisende setzen ihre Fahrt am nächsten Morgen fort: Mit den Fähren nach Alaska und zu den Haida Gwaii-Inseln oder mit dem Auto auf dem Yellowhead Highway nach Osten.

An der Seaplane Base, dem Hafen für Wasserflugzeuge

Doch die lebendige Hafenstadt mit Galerien, Museen und dem malerischen Cow-Bay-Viertel verströmt internationales Flair und lohnt durchaus einen mehrtägigen Aufenthalt.

Die Umgebung lädt zu Ausflügen ein, je nach Jahreszeit zeigen sich Wale und Bären. Die Lachsvorkommen der Region versorgten über Jahrtausende die hier siedelnden Tsimshian First Nations, ab 1880 dann auch die *canneries*, die Fischkonservenfabriken der europäischen Unternehmer. Charles Melville Hays, Präsident der transkontinentalen Grand Trunk Railroad, richtete hier 1914 den Endbahnhof der Strecke ein. Er wollte Prince Rupert zu einem großen Hafen- und Touristenort ausbauen, doch ging der Eisenbahn-Magnat mit der „Titanic" unter – und seine Träume mit ihm. Erst hundert Jahre später erfüllten sich viele seiner Ideen: Das neue Kreuzfahrt-Terminal und der südlich der Stadt gelegene Containerhafen – der größte der gesamten amerikanischen Westküste – sorgten für einen wirtschaftlichen Boom.

Der Highway 16 führt vom Fährhafen nach Norden in die etwa 4 km entfernte Innenstadt. Biegt man am Marketplace Park links ab, gelangt man zum sehenswerten Museum und zum historischen Cow-Bay-Viertel; nach rechts führt der Yellowhead Highway aus der Stadt hinaus Richtung Osten.

In der Downtown lohnt ein Bummel entlang der 3rd Avenue zum Rathaus mit Totempfählen und Denkmälern. Auch die zahlreichen Parks der Stadt, z. B. der Waterfront Park, sind einen Spaziergang wert.

In und rund um Prince Rupert

Cow Bay: Im historischen Viertel entlang der Cow Bay Road finden sich Visitor Centre, Shops, Restaurants und B&B. Etwas oberhalb hat sich die neue Northcoast Brewing Company angesiedelt, die im Wheelhouse Brewing Pub einen netten Ausschank betreibt. Das Kreuzfahrtterminal ist auch Ausgangspunkt für kürzere Ausflüge per Schiff. Ein Bummel lohnt tagsüber wie auch abends.

Museum of Northern British Columbia: Das im Stil eines Langhauses der Nordwestküste erbaute Museum präsentiert in der Main Gallery Ausstellungsstücke der First-Nation-Kulturen aus den Bereichen Transport und Haushalt. Eindrucksvoll sind die Treasures Gallery mit den spirituellen und zeremoniellen Kleidungsstücken sowie die Ruth Harvey Art Gallery mit indigener Kunst. Die Monumental Gallery zeigt Wechselausstellungen. Neben dem Museum liegt der Carving Shed, in dem man von Juni bis August Künstlern oft bei der Arbeit zusehen kann. Am Waterfront Park, zehn Fußminuten entfernt, befindet sich eine Außenstelle des Museums, das **Kwinitsa Railway Museum.** Die kleine Bahnstation zeigt Arbeit und Leben der Eisenbahner im frühen 20. Jahrhundert.

▪ Juni bis Sept. tägl. 9–17, sonst Di–Sa 9–17 Uhr. Eintritt 6 $. 100 First Avenue West, ✆ (250) 624-3207, www.museumofnorthernbc.com.

North Pacific Cannery in Port Edward: Die weitgehend im Originalzustand erhaltene Fischkonservenfabrik ist ein eindrucksvolles Zeugnis der frühen Tage der Fischindustrie in der Region. Führungen bringen die Geschichte und Architektur der Cannery und der „Company Town" mit Laden und Unterkünften für die Arbeiter nahe; im „Mess House" speist man wie damals.

▪ Mai/Juni Di–So 10–17 Uhr, Juli bis Sept. tägl. 10–17 Uhr. Eintritt 12 $. Führungen 11, 13, 15 Uhr. 1889 Skeena Drive, Port Edward, ✆ (250) 628-3538, www.northpacificcannery.ca. Port Edward liegt 12 km außerhalb von Prince Rupert. BC Transit fährt Mo–Fr 7x und Sa 6x von der Downtown direkt dorthin.

Khutzeymateen Provincial Park: British Columbias einziger Provinzpark, der explizit den Schutz von Grizzlys zum Ziel hat, ist nur auf meist mehrtägigen Flug- oder Bootstouren erreichbar; doch die einmaligen Eindrücke lohnen den Aufwand. Der Park im Mündungsgebiet des Khutzeymateen Rivers beeindruckt mit Bergen, die auf mehr als 2000 m aufragen.

▪ Anbieter → „Touren". Die Parkverwaltung informiert über weitere lizenzierte Anbieter: www.env.gov.bc.ca/bcparks/explore/parkpgs/khutzeymateen.

Wandern: Der sehr gepflegte **Butze Rapids Trail** (5 km, 90 Min., 50 Höhenmeter) beginnt 5 km östlich der Stadt („Butze"-Haltestelle der Buslinie nach Port Edward) und führt durch schönen Wald zu den Gezeitenstromschnellen der Fern-Passage: Am eindrucksvollsten

Das Museum of Northern British Columbia

Vancouver Island bis Haida Gwaii → Karten S. 114 und S. 116/117

sind die ihre Richtung wechselnden Wellen zum Zeitpunkt zwischen Ebbe und Flut. 200 m südlicher, ebenfalls am Highway 16, nimmt der **Tall Trees Trail** seinen Ausgang. Der anspruchsvolle Weg (hin/zurück 6 km, 2 Std., 500 Höhenmeter) erklimmt den Mount Oldfield von der Ostseite bis zu einem schönen Aussichtspunkt auf mehr als 500 m Höhe.

Information **Prince Rupert Visitor Information:** Tägl. 9–18 Uhr. 215 Cow Bay Road, ✆ (250) 624-5637, www.visitprincerupert.com.

Hin und weg **Bahn:** 3x wöchentl. pro Richtung Züge zwischen Prince George und Prince Rupert. Mo/Do/Sa westwärts, Mi/Fr/So ostwärts. Gesamtfahrzeit 12 Std. Der Bahnhof befindet sich im Terminal der BC Ferries. www.viarail.ca.

Bus: BC Bus verbindet Prince Rupert 2x wöchentl. mit Prince George (12 Std.), Änderungen sind zu erwarten. ✆ (844) 564-7494, www.bcbus.ca.

Fähre: Nach Vancouver Island mit „Northern Expedition" der BC Ferries Mitte Juni bis Mitte Sept. jeden 2. Tag Abfahrt um 7.30 Uhr nach Port Hardy, am Folgetag geht es zur gleichen Zeit wieder zurück. Im Winter nur 1x die Woche. Unbedingt reservieren, auch ohne Pkw. Nach Skidegate auf den Haida-Gwaii-Inseln verkehrt die „Northern Adventure" 2- bis 5x/Woche, meist tagsüber auf dem Weg zu den Inseln und nachts zurück (7–9 Std.). ✆ (250) 386-3431, www.bcferries.com. Terminal im VIARail-Bahnhof am Hafen. Nach Alaska mit Alaska Ferries im Sommer 2x/Woche, im Herbst/Frühjahr 1x/Woche Prince Rupert – Ketchikan – Wrangell – Petersburg – Juneau mit Anschluss nach Sitka, Haines und Skagway. Abfahrt und Ankunft in Prince Rupert oft mitten in der Nacht. ✆ (800) 642-0066, www.ferryalaska.com.

Im Hafenviertel Cow Bay

Touren **Adventure Tours** organisiert von Mitte Mai bis Ende Juli Touren mit einem großen Katamaran bis kurz vor den Khutzeymateen Park. Ab Ende Juli bis Mitte Sept. gibt es Touren zur Walbeobachtung in den Gewässern rund um Prince Rupert. Grizzlys 7 Std., 265 $, Wale 4 Std., 135 $. Beides nicht täglich. 215 Cow Bay Road, ✆ (250) 624-3151, www.adventuretours.net.

Übernachten In den Nächten, in denen die Fähre von/nach Port Hardy im Hafen liegt, ist die Nachfrage am größten. Dann muss vorab reserviert werden.

****** Crest 7**: der Platzhirsch. Das etablierte Hotel überzeugt mit stilvoller Eleganz, Restaurant, Lounge, Café, Hot Tub, großen Zimmern und Ausblicken. DZ ab 189 $. 222 1st Avenue, ✆ (250) 624-6771, www.cresthotel.bc.ca.

***** First Avenue Executive Suites 10**: Die modernen und stilvollen Suiten bieten viel Platz und komplette Küchen. Suite 159 $, Loft 169 $. 931 1st Avenue, ✆ (250) 624-3237, www.faes.ca.

Eagle Bluff Lighthouse 2: B&B in einem Altbau direkt am Hafen von Cow Bay. 7 geschmackvoll eingerichtete Zimmer, teils mit traumhaften Ausblicken. Frühstück schon ab 5 Uhr – ideal für die Fähre. DZ ab 135 $. 201 Cow Bay Road, ✆ (250) 627-4955, www.eaglebluff.ca.

Mein Tipp **Black Rooster Guesthouse 9**: Die Zimmer und Apartments in den bunten Altbauten überzeugen durch Komfort und sind nur wenige Minuten von der Innenstadt entfernt. DZ ohne/mit Bad ab 75/90 $, Apt. mit Küche ab 145 $. 501 6th Avenue, ✆ (250) 627-5337, www.blackrooster.ca.

Cow Bay Pioneer Guesthouse 8: Das bunte und ansprechende Oberklasse-Hostel liegt ideal im Cow-Bay-Viertel. DZ ohne/mit Bad

ab 72/90 $, Schlafsaal ab 29 $. 167 3rd Avenue East, ✆(250) 624-2334, www.pioneerprince rupert.com.

Camping Prince Rupert RV Campground 11: Der große Platz zwischen Stadt und Hafen ist alternativlos in Prince Rupert, da zu allen Fährzeiten geöffnet. In Fährnächten sehr unruhig. Stellplatz 21–47 $. 1750 Park Avenue, ✆(250) 627-1000, www.princerupertrv.com.

Essen und Trinken Breaker's Pub 3: In einem umgebauten Lagerhaus mit Terrasse direkt am Wasser und einer Karte mit viel Seafood – zahlreiche Platten zum Teilen. Mo–Mi 11.30–24, Do–Sa 11.30–1, So 12–23 Uhr. 117 George Hills Way, ✆(250) 624-5990, www.breakerspub.com.

Fukasaku of Prince Rupert 4: Sushi aus biologischem Anbau bzw. nachhaltigem Fischfang, auch komplette Gerichte. Di–Sa 12–14, 17–20.30 Uhr. 215 Cow Bay Road, ✆(250) 627-7874, www.fukasaku.ca.

Cow Bay Café 1: Das kleine Bistro mit schöner Terrasse direkt am Wasser bietet rustikale italienische Küche vom Land. Mo–Sa 11.30–14, 17–21, So 13–20 Uhr. 205 Cow Bay Road, ✆(250) 627-1212, www.cowbaycafe.com.

Cowpuccino's Coffee House 5: In dem leicht skurrilen Coffee Shop bekommt man nicht nur Kaffee, sondern morgens auch Frühstück und tagsüber Sandwiches. Mo–Fr 7–21, Sa/So 7–18 Uhr. 25 Cow Bay Road, ✆(250) 627-1395.

Wheelhouse Brewing 6: Die urige lokale Brauerei schenkt ihr eigenes, exzellentes Bier aus. Da ist es zu verschmerzen, dass es nichts zu essen gibt. Do/Fr 16–23, Fr/Sa 14–23 Uhr. 217 1st Avenue East, ✆(250) 624-2739, www.wheelhousebrewing.com.

Traditionelles Haida-Kanu im Kay Llnagaay Haida Heritage Centre

Die Haida-Gwaii-Inseln

Die mythischen Inseln am Rande des Kontinents sind eine Welt für sich: Hier findet man weder Massentourismus noch Fast-Food-Läden, dafür eine grandiose Natur, eine lange Geschichte und tief verwurzelte Traditionen, die sich zu einem beeindruckenden Gesamterlebnis verbinden.

Die renommierte National Geographic Society hat die Inseln 2014 zu einem der Top 20 sehenswerten Ziele des Erdballs gekürt und den im Süden gelegenen **Gwaii Haanas National Park** zum Nationalpark Nr. 1 in ganz Nordamerika. Noch verlieren sich nur wenige Urlauber auf den etwa 150 Inseln, die auf einem unterirdischen Bergkamm zwischen 50 und 150 km vor der Küste liegen, doch es werden mehr: Die Fähre von Prince Rupert und tägliche Nonstop-Flüge von Vancouver machen die früher als Queen Charlotte Islands bekannte Inselgruppe leicht erreichbar.

Die Kultur der Haida First Nation ist einer der beiden Hauptgründe, die Region zu besuchen: Das ausgezeichnete **Haida Heritage Centre in Skidegate** ist diesbezüglich die erste Adresse. Der zweite Grund ist die Natur: Sandstrände wie im **Naikoon Provincial Park,** teils über 100 km lang, bilden die Grenze zwischen den Wellen des Pazifiks und dem Regenwald, in dem die größten Schwarzbären der Erde leben. Die Inselwelt ist ein Paradies für Segler und Paddler, das überschaubare und nur sehr wenig befahrene Straßennetz ideal für Radfahrer. Traumhaft gelegene Campingplätze oder kleine Strandhütten mit Holzofen und Solardusche wie im Naikoon Park sind typisch für die Inseln – große Hotelanlagen fehlen.

Die zwei Hauptinseln sind **Graham Island** im Norden und **Moresby Island** im Süden, getrennt durch den schmalen Skidegate Channel und verbunden durch eine Fähre zwischen Skidegate und Alliford Bay. Nur auf diesen beiden Inseln gibt es auch ein Straßennetz. Dieses ist überschaubar: etwa 140 km auf Graham Island, 20 km auf Moresby Island. Die unzugängliche Westküste schützt die erschlossene Ostküste vor Regen; hier fällt nicht mehr Niederschlag als in Vancouver.

Im **Gwaii-Haanas-Nationalpark** befinden sich ehemalige Dörfer und Kultstätten, jahrzehntealte Totempfähle und eine heiße Quelle, die sich nach einem Erdbeben langsam regeneriert. Der Park nimmt die südlichen zwei

Die Haida – Hochkultur am Rand des Kontinents

Schon vor 13.000 Jahren siedelten die Haida auf diesen Inseln. Sie ruderten bis nach Alaska und zu den Inseln im Süden, trieben Handel mit anderen Stämmen bis hinunter nach Kalifornien, entwickelten ausgeprägte soziale Strukturen, führten aber auch Kriege und versklavten ihre Gefangenen. Die enge genetische Verwandtschaft mit den Koryak aus Kamtschatka und sehr ähnliche Mythologien lassen Forscher annehmen, dass die Haida die ersten Siedler des amerikanischen Kontinents waren. Zum Zeitpunkt des ersten Kontakts mit den Spaniern 1774 und mit James Cook 1778 lebten etwa 30.000 Haida auf dem Archipel. Als die Entdeckungsfahrten der Europäer zunahmen, kaperten die Haida zwischen 1794 und 1851 fast jedes Schiff, das in ihre Hände gelangte, und töteten oder versklavten die Crew. Doch fünfzig Jahre später hatten die Pocken 90 % von ihnen das Leben gekostet; andere zogen aufs Festland. Um 1900 lebten nur noch 350 Haida auf den Inseln, vor allem in Old Masset und Skidegate – viele kleinere Dörfer im heutigen Nationalpark im Süden von Moresby Island wurden aufgegeben. Heute stellen die Haida etwa die Hälfte der 4500 Bewohner auf der Inselgruppe.

Der Nahrungsreichtum des Pazifiks ließ den Haida viel Zeit für Handel und Kultur – die Kunst der Haida gilt heute als eine der ausgeprägtesten des ganzen Kontinents. Bill Reid, einer der bekanntesten Haida-Künstler, gestaltete das Motiv für die alte kanadische 20-$-Banknote, die bis 2011 im Einsatz war. Viele seiner Werke finden sich in Vancouver, z. B. im Völkerkunde-Museum oder am Flughafen. In jüngster Zeit sind die Haida treibende Kraft hinter regionalen Umweltschutzbemühungen: Auf großen Teilen der Insel ist der Holzschlag nun verboten; neue Lizenzen werden nicht mehr vergeben. Auch gegen die umstrittene Pipeline des Ölkonzerns Enbridge durch den Great Bear Rainforest machen die Haida gemeinsam mit sechs anderen Stämmen Front – mit teils beachtlichen Erfolgen.

Vancouver Island bis Haida Gwaii → Karten S. 114 und S. 116/117

Der Pavillon am Seawalk von Queen Charlotte

Drittel von Moresby Island ein und ist nur mit organisierten Touren, meist von Sandspit aus, erreichbar. Im Nordosten von Graham Island dominiert der **Naikoon Provincial Park,** der sowohl im Süden als auch im Norden mit dem Auto erreicht werden kann.

Information **Queen Charlotte Visitor Centre**, in Queen Charlotte, auf Graham Island: Mai bis Sept. Mo–Sa 9–19, So 12–19 Uhr. 3220 Wharf Way, Queen Charlotte, ✆ (250) 559-8316, www.queencharlottevisitorcentre.com.

In Masset und im Flughafen Sandspit gibt es kleinere Visitor Centres, die meist nur bei Ankunft der Flüge geöffnet sind.

Hin und weg **Flugzeug:** Pacific Coastal Airlines fliegt 10x/Woche von Vancouver nach Masset. ✆ (604) 273-8666, www.pacificcoastal.com. National Car Rental stellt Mietwagen am Airport zu. Air Canada fliegt 2x tägl. von Vancouver nach Sandspit. www.aircanada.ca. Hier bietet Budget Mietwagen an.

Fähre: Von Prince Rupert nach Skidegate verkehrt die „Northern Adventure" der BC Ferries 2- bis 6x/Woche, meist tagsüber auf dem Weg zu den Inseln und nachts zurück (7–9 Std.). Zwischen Skidegate und Alliford Bay gibt es täglich 8–10 Überfahrten, ca. 7–17.30 Uhr. ✆ (250) 386-3431, www.bcferries.com.

Auto-/Camperverleih **Gracie's** in Queen Charlotte verleiht einen Pkw für 40 $/Tag + 18 ct/km – ideal, um die Insel und ihre Campgrounds zu entdecken.

Einkaufen **Bücher:** Das Visitor Centre in Queen Charlotte ist die beste Quelle für Bücher über die Inseln und den Nationalpark. **Indigene Kunst:** Große Auswahl bieten in Skidegate die Gift Shops im Heritage Centre und der Longhouse Gift Shop. **Supermarkt:** Die beste Auswahl hat der Co-op in Skidegate am Highway 16. Hier kann man auch tanken.

Fahrrad/Kajak/Surfboard **Green Coast,** Queen Charlotte City: Fahrrad 50 $/Tag, Kajak ab 65 $/Tag. ✆ (250) 637-1093, www.gckayaking.com. **North Beach Surf Shop,** Masset: Fahrrad 30 $/24 Std., Surfboard und Ausrüstung ab 70 $/24 Std. ✆ (250) 626-7873, www.northbeachsurfshop.com.

Haida-Kultur all inclusive Wer über das nötige Budget verfügt, kann die Haida-Kultur in zwei Lodges kennenlernen, bei denen alle Ausflüge, Verpflegung usw. enthalten sind. **Haida House at Tllaal 10:** Bis 2017 die beste Unterkunft der Inseln. Schlafen, Essen, Erzählungen, Führungen verbinden sich zu einem ganzheitlichen Erlebnis der Haida-Kultur. 3 Nächte ab 3755 $. 2087 Beitush Road, Tlell, ✆ (855) 557-4600, www.haidahouse.com.

Ocean House at Stads K'uns Gawga 22: Seit 2018 bietet die schwimmende Lodge an der Westküste unter gleichem Management wie das Haida House ein All-inclusive-Programm. 3 Nächte ab 4410 $ inkl. Flug ab Vancouver und Heli-Transfer. Adresse wie Haida House (s. o.).

Graham Island – der Süden

Im Süden liegen direkt am Skidegate Channel die Orte Skidegate mit dem Fähranleger und Queen Charlotte, 6 km weiter westlich. Von Skidegate verläuft die hier immer noch als Highway 16 bezeichnete Straße über die kleinen Gemeinden Tlell und Port Clements nach Norden.

Queen Charlotte: Der mit 950 Einwohnern größte Ort der Insel zieht sich über mehrere Kilometer am Nordufer des Skidegate Channels entlang. Der Seawalk vom Visitor Centre zur Bücherei mit Ausblick auf die beschaulichen Hafenanlagen lädt zum Bummeln ein.

Kay Llnagaay Haida Heritage Centre: Zwischen Queen Charlotte und Skidegate liegt das 2007 eröffnete Kulturzentrum der Haida am Strand. Den größten Teil der Fläche nimmt das Haida Gwaii Museum ein, dessen Besuch lohnt – insbesondere wenn man an einer der unregelmäßig stattfindenden Führungen teilnehmen kann. Weitere Bereiche umfassen das Kanuhaus, das quasi die Verkehrsgeschichte der Haida darstellt, sowie das Carving House, in dem oft Künstler an Totempfählen oder Kanus arbeiten. Das exzellente Kay Bistro bietet Speisen und Getränke, der gut sortierte Gift Shop Literatur, Kunst und Schmuck. Außer dem Museum sind alle Bereiche kostenfrei zugänglich.

▪ Juni bis Aug. tägl. 10–18 Uhr, Sept. bis Mai Di–Sa 10–18 Uhr. Museum 16 $. 2 Second Beach Road, ✆ (250) 559-5643, www.haidagwaiimuseum.ca, www.haidaheritagecentre.com.

Skidegate, Spirit Lake Trail, Balance Rock: Das Haida-Dorf mit 720 Einwohnern ist für seine Künstler bekannt; der Longhouse Gift Shop führt eine Auswahl. Der Spirit Lake Trail gilt als schönster Wanderweg im Süden der Insel. Er beginnt gegenüber dem Recreation Centre am Highway 16 und ist

Museum und Kulturzentrum: das Kay Llnagaay Haida Heritage Center

Vancouver Island bis Haida Gwaii → Karten S. 114 und S. 116/117

Lohnender Spaziergang: der Spirit Lake Trail in Skidegate

ein Rundweg mit diversen Optionen (1½–2½ Std., 50 Höhenmeter). Auf der Fahrt nach Norden lohnt der eiszeitliche **Balance Rock,** der perfekt auf kleiner Fläche balanciert – zu Fuß ist der Fels erreichbar vom ersten Parkplatz nach dem nördlichen Ortsende von Skidegate.

Tlell und Naikoon Provincial Park: In Tlell haben vor mehr als hundert Jahren Rancher der Natur Farmland abgetrotzt – ein unerwartetes Bild auf den Inseln. Ein Abstecher in die Wiggins Road lohnt: Hier finden sich mehrere Galerien und Geschäfte für Souvenirs und Kunst. Am nördlichen Ortsende ereicht man eine von zwei Zufahrten zum Naikoon Provincial Park. Die 5 km lange Strandwanderung zum Wrack der „Pesuta" (hin/zurück 4 Std.) ist eine lohnende Tour.

Port Clements: Das abseits der Straße gelegene Dorf lebt vor allem von der Forstwirtschaft. An der Dorfstraße liegt rechts ein kleines Museum, links die Kirche, in deren Garten eine Fichte mit goldenen Nadeln heranwächst – ein Ableger eines wesentlich größeren Baumes, der von den Haida verehrt, aber 1997 von einem Forstarbeiter gefällt wurde. Seine Tat, die er als „politisches Statement" bezeichnete, entsetzte die Haida. Folgt man der Dorfstraße, gelangt man zum Sunset Park, wo ein Aussichtsturm Blicke über den Masset Inlet erlaubt – im Frühjahr und Herbst Zwischenstopp für Zugvögel.

Übernachten Gracie's Place 15, Queen Charlotte: Das gemütliche kleine Hotel mit plüschiger Einrichtung verfügt über 4 Zimmer und ein Apartment. DZ ab 80 $, mit Küche ab 90 $. Apt. mit 2 DZ ab 150 $. 3113 Oceanview Drive, Queen Charlotte, ✆ (250) 559-4262, www.graciesplace.ca.

Jag's Beanstalk 12, Queen Charlotte: Direkt über dem Bistro liegen 4 schöne, komplett ausgestattete Apartments. DZ ab 110 $. 3113 Oceanview Drive, Skidegate, ✆ (250) 559-4262, www.jagsbeanstalk.com.

Camping Haydn Turner Campground 17, Queen Charlotte: Der 2016 neu hergerichtete kommunale Platz am Westende der Stadt ist einfach, aber mit sehr schönen Stellflächen. Stellplatz 15–20 $, 2 der 8 Plätze sind reservierbar. Cemetary Road, Queen Charlotte, ✆ (250) 559-4423, www.rvwithme.com.

Misty Meadows Campground 11, zwischen Tlell River und Pazifik. 30 schöne Stellplätze, Stellplatz 18 $. Geöffnet Juni bis Sept. Die Zufahrt zweigt südl. der Tlell River Bridge ab. www.env.gov.bc.ca/bcparks/explore/parkpgs/naikoon.

Prince Rupert
Langara Island
Old Masset
Masset Airport
Masset
Tow Hill
Graham Island
Masset Sound
Naikoon Provincial Park
Hecate Strait
Ian Lake
Masset Inlet
Port Clements
Juskatla
Wrack der Pesuta
Tlell
Yakoun River
Balance Rock
Kay Llnagaay Haida Heritage Centre
Skide-gate
Queen Charlotte City
Sandspit
Alliford Bay
Haida Gwaii Islands
Skidegate Channel
Skidegate Lake
Chaatl Island
Mosquito Lake
Moresby Camp
Hibben Island
Louise Island
K'uuna Llnagaay (Skedans)
Sewell Inlet
Moresby Island
Talunkwan Island
Lyell Island
Gandll Kin Gwaa.yaay (Hot Springs Island)
Ramsay Island
Pacific Ocean
Gwaii Haanas National Park and Haida Heritage Site
Burnaby Island
S'Gang Gwaay (Ninstints)
Kunghit Island
15 km
Haida-Gwaii-Inseln
Essen & Trinken (S. 228/229 & 231)
1 Green Gaia
2 Bud's Bar & Grill
3 Charters
6 Moon Over Naikoon
12 Jag's Beanstalk
13 J&T Restaurant
14 Queen B's
16 Sapporo
20 The Sandspit Inn Restaurant
21 Airport Café
Übernachten (S. 224–226 & 229/230)
4 Masset Oceanview Hotel
5 Copper Beech House
7 Alaska View Lodge
8 Beach Cabins
9 Agate Beach Campground
10 Haida House at Tllaal
11 Misty Meadows Campground
12 Jag's Beanstalk
15 Gracie's Place
17 Haydn Turner Campground
18 501 RV Tent Park
19 Bayview Garden
20 The Sandspit Inn
22 The Ocean House at Stads K'uns Gawga

Essen und Trinken **Sapporo 16**, Queen Charlotte: Exzellentes Sushi, auch einige „Komplettgerichte". Freundlicher, aber etwas langsamer Service – it's island time ... Mo–Fr 11.30–20.30, Sa 12–20.30 Uhr. Oceanview Drive, Queen Charlotte, ✆ (250) 559-8855.

J&T Restaurant 13, Queen Charlotte: Das J&T verströmt Kantinenatmosphäre, ist aber – abgesehen vom Sapporo – das beste der Restaurants im Süden von Graham Island. Burger, Pizza, Chinesisches. Tägl. 11–20.30 Uhr. Wharf Way, Queen Charlotte, ✆ (250) 559-4204.

Jag's Beanstalk 12, Skidegate: Das moderne Bistro bietet den besten Kaffee der Insel, schönes Frühstück, vielfältige Lunchoptionen und frische Frucht-Smoothies. Mo–Fr 7.30–16, Sa 9–16 Uhr. 100 Highway 16, Skidegate, ✆ (250) 559-8826, www.jagsbeanstalk.com.

Queen B's 14, Queen Charlotte: Hippie-Atmosphäre mit bio-vegan-lokalen Speisen. Auch kleine Auswahl zum Frühstück. Mo–Fr 8–17, Sa 9–16 Uhr. 3201 Wharf Way, Queen Charlotte City, ✆ (250) 559-4463.

Graham Island – der Norden

Das 1909 von Weißen gegründete Masset ist das Zentrum des Inselnordens, in dem etwa 2000 Menschen leben. Old Masset, 2 km westlich, ist die überwiegend von Haida bewohnte indigene Gemeinde. Die Straße führt weiter in den Naikoon Provincial Park und endet am Tow Hill, einem lohnenden Ausflugsziel mit traumhaften Stränden, Wanderwegen und Ausblicken bis Alaska.

Masset: Das nach der Meeresstraße benannte Dixon Entrance Maritime Museum (Juni bis Aug. tägl. 13–17 Uhr, sonst Sa/So 12–14 Uhr) ist einzige Attraktion des Versorgungszentrums mit Tankstelle und Supermarkt. Es stellt die Seefahrtsgeschichte der Region in den Mittelpunkt.

Old Masset: In der Haida-Siedlung leben mehrere Künstler, die ihre Arbeiten verkaufen. Das Gin Kuyaas Studio (55 Raven Avenue) führt eine Auswahl von Arbeiten. Ansonsten darf man hier keine Galerien oder Läden erwarten: Meist steht nur ein Schild im Vorgarten und weist auf das Angebot hin.

Naikoon Provincial Park: Der große Park ist ein Traum für Strandliebhaber und Wanderer. Eine sehr gut befahrbare Kiespiste führt bis zu einem Parkplatz am Tow Hill. Unterwegs kann man an mehreren Stellen halten und durch den Wald direkt zum kilometerlangen einsamen Strand, dem North Beach, gelangen. Kurz vor Tow Hill liegt ein Campground direkt am Strand. Am Tow Hill selbst sollte man parken und das 2013 eingerichtete Boardwalk-System erwandern (2 km, Rundweg,

Sonnenuntergang am Strand im Naikoon Provincial Park

ca. 1 Std.), das den Parkplatz mit dem Strand und zwei Aussichtsplattformen auf dem Berg verbindet – an klaren Tagen sieht man von dort bis nach Alaska. Am Strand gibt es ein *blowhole* zu sehen: Bei Flut drücken die Wellen von unten durch eine Felsspalte, so dass sich Fontänen bilden. Von hier kann man quer über die Halbinsel durch eine grandiose Waldlandschaft wandern und erreicht den East Beach mit einer kleinen Schutzhütte (einfach 10 km, ca. 2½ Std., kaum Höhenmeter). Kombiniert man den Weg mit der Wanderung am East Beach entlang nach Norden zur Landzunge Rose Spit und von dort am Traumstrand entlang zurück, so wird eine Tour von 2 bis 3 Tagen daraus. Aufgrund der vorherrschenden Winde aus Südost ist auch der Weg von Tlell zum Tow Hill (78 km) – mit Sonne und Wind meist im Rücken – eine beliebte Fernwanderung.

▪ www.env.gov.bc.ca/bcparks/explore/parkpgs/naikoon listet alle Informationen zu den Wanderwegen, Campings und erforderlichen Permits.

Übernachten Masset Oceanview Hotel: **4** Das Haus im Zentrum von Masset bietet 18 Zimmer mit Blick über den Hafen. DZ inkl. Frühstück 140 $. 1970 Harrison, Masset, ✆ (250) 626-3388, www.massethotel.ca.

Alaska View Lodge 7: Das stilvolle B&B am North Beach verfügt über 6 Zimmer und einen großen Gemeinschaftsbereich. DZ ab 185 $. Tow Hill Road, ✆ (604) 232-5532, www.alaskaviewlodge.ca.

Copper Beech House 5: Die Bestsellerautorin Susan Musgrave betreibt ein exzellentes B&B in Masset, mit viel Kunst, Büchern und Historischem. DZ ab 180 $. 1590 Delkatla Road, Masset, ✆ (250) 626-5441, www.copperbeechhouse.com.

meinTipp **Beach Cabins 8:** Urlaub (fast) wie Robinson Crusoe. Die kleinen, urgemütlichen Cabins in den Dünen verfügen über Kerzenlicht, Holzöfen, Gasherd und Holzterrassen sowie Außendusche und Plumpsklo. Drei benachbarte Anbieter, alle Cabins bieten viel Privatsphäre. Cabin ab 110 $. **North Beach Cabins,** ✆ (250) 626-7126, www.northbeachcabins.com. **Rapid Richie's,** ✆ (250) 626-5472, www.beachcabins.com. **All the beach you can eat,** www.allthebeachyoucaneat.com.

„Moon over Naikoon": Bäckerei im Bus

Zufahrt zu allen drei Anbietern etwa 6,5 km nach der Parkgrenze entlang der Tow Hill Road.

Camping Naikoon Provincial Park Agate Beach Campground 9: 39 schöne Stellplätze direkt am Strand. Stellplatz 18 $. Juni bis Sept. nicht reservierbar. Etwa 14 km von der Parkgrenze. wwww.env.gov.bc.ca/bcparks/explore/parkpgs/naikoon.

Essen und Trinken Bud's Bar & Grill 2: Diner mit typisch kanadischer Küche und dem Hang, alles zu frittieren, was sonst zu viel Arbeit macht. Große Portionen und günstig, mit dem behäbigsten Service der Insel. Mo–Sa 8–20 Uhr. 1675 Main Street, Masset, ✆ (250) 626-5426.

meinTipp **Charters 3:** Fine Dining am Rande der Welt. Exzellente Küche, perfekter Service, entspannte Atmosphäre, gute Weinkarte, internationale Gäste. Reservieren! Mi–So 17–21 Uhr. 1650 Delkatla Road, Masset, ✆ (250) 626-3377.

meinTipp **Moon Over Naikoon 6:** Die Bäckerei in einem alten Schulbus bietet Muffins und Zimtschnecken zum Frühstück, mittags Salate, Suppen und Pizza oder Sandwiches. Direkt vor der mit Hinweisschild gekennzeichneten Parkgrenze des Naikoon Provincial Park rechts, etwas versteckt. Im Sommer tägl. 10–18 Uhr. ✆ (250) 626-7737.

Green Gaia 1: Das genaue Gegenteil zu Bud's – das Lebensmittelgeschäft bietet Brunch und Lunch, aber fast nur vegetarisch und vegan. Suppen, Salate, Burritos. Di–Sa 10–17 Uhr. 1684 Orr Street, Masset.

Moresby Island

Auf Moresby Island mit seinen nur 300 Einwohnern ist man stets nur einen Schritt von der Wildnis entfernt. Der Regenwald scheint größer, dichter, unzugänglicher. In alten Holzfäller-Camps rosten vergessene Dampflokomotiven vor sich hin, und der Dover Trail führt mitten hinein in diesen verwunschenen Wald, wo jeden Moment ein Schwarzbär um die Ecke kommen kann. Andernorts mögen „Blackies" von 150–200 kg gewaltig sein, doch auf Moresby Island erreichen sie mit 300 kg schon mal gut das doppelte Gewicht und aufgerichtet 2,40 Meter. Doch das ist nur ein Vorgeschmack auf die mythische Welt des Gwaii-Haanas-Nationalparks, der das südliche Drittel der Inselgruppe einnimmt.

Sandspit: Der einzige Ort auf der Insel ist vor allem Ausgangspunkt für Touren in den Gwaii-Haanas-Nationalpark. Rund um den Hafen liegen ein Supermarkt und einige Unterkünfte sowie Unternehmen, die Touren in den Park anbieten. Auf dem Weg vom Fähranleger in Alliford Bay nach Sandspit erstreckt sich nach 6 km linker Hand Onward Point. Ein 20-minütiger Spaziergang führt zu der kleinen Landspitze, von der sich vor allem in Frühjahr und Herbst Wale beobachten lassen. Direkt am Ortseingang von Sandspit kreuzt die Straße einen kleinen Bach. Hier führt der **Dover Trail** (hin/zurück 5 km, 2 Std., 100 Höhenmeter) durch ein Bachtal und dann einige Felsen hinauf durch den Regenwald – eine traumhafte Tour.

Farne am Dover Trail

Mosquito Lake und Gillatt Arm: Südwestlich von Sandspit liegen einige Wildnis-Campgrounds am Mosquito Lake und am Gillatt Arm. Von Letzterem erreicht man über den Aero Camp Trail die Überreste der früheren Logging Railroad, wo alte Dampflokomotiven im Wald langsam von der Vegetation überwuchert werden. Die Zufahrt verläuft etwa 50 km über aktive Logging Roads – unbedingt vorab im Visitor Centre in Sandspit am Airport (✆ (250) 637-536) oder im Holzfäller-Camp in **Alliford Bay** Erkundigungen einholen: Auch an Wochenenden kann jederzeit ein massiver Logging Truck um die Kurve kommen!

Übernachten Sandspit Inn 20: Das 20-Zimmer-Hotel mit Restaurant liegt direkt am Flughafen – Fluglärm gibt es aber nicht. Sowohl für Selbstversorger mit großer Küche und Speisesaal, als auch für Gäste, die es sich im Restaurant oder an der Bar gut gehen lassen wollen. DZ ab 105 $. 2 Airport Road, ✆ (250) 637-5377, www.sandspitinn.com.

Bayview Garden 19: Das sehr gepflegte B&B/Hostel direkt an der Bucht verfügt über 5 Zimmer, die sich 2 Bäder teilen. DZ mit Frühstück 90 $, Bett ohne Frühstück 27 $. 401 Beach Road, ✆ (250) 637-5749, www.bayviewgarden.ca.

Camping 501 RV Tent Park 18: Der nur 8 Plätze umfassende Campground bietet seine Duschen zwischen 9 und 21 Uhr auch Externen an. Stellplatz 18–28 $. Mitte Mai bis Anfang Sept. 501 Beach Road, ✆ (250) 637-5473, www.501-rv-tent-park.business.site.

Der hölzerne Lachs ist Sandspits Wahrzeichen

Essen und Trinken **Sandspit Inn 20**: Das Hotel-Restaurant (s. o.) hat eine umfangreiche Karte, viele Speisen gibt es auch im Pub. Tägl. 11.30–21 Uhr. Adresse s. o. Zudem gibt es ein gelegentlich geöffnetes **Café im Airport 21** sowie ein paar Mini-Restaurants, die aus Privathaushalten heraus geführt werden und mal kommen, mal gehen. Hier lohnt ein Besuch im Visitor Centre im Airport – auch wenn dieses nicht besetzt ist, liegen entsprechende Infos aus.

Gwaii-Haanas-Nationalpark

Keine Straße, kein Zivilisationslärm, kein Handyempfang. Stattdessen hängen Farne von den Bäumen, und Moose wuchern auf uralten Totempfählen tief in den Wäldern. Wasserarme und Buchten, Strände und Gezeitenbecken formen ein Labyrinth aus mehr als hundert Inseln, in dem Watchmen genannte Haida ihre heiligen Stätten aus 12.500 Jahren menschlicher Siedlungsgeschichte bewahren – und die damit verbundenen, von Generation zu Generation überlieferten Mythen.

So ist mancher Besucher am Ende einer Tour in den Park von den Erzählungen der Watchmen ähnlich beeindruckt wie von **S'Gang Gwaay,** dem UNESCO-Welterbe mit den beeindruckenden Totempfählen, oder anderen kulturell und spirituell wichtigen Orten wie **K'uuna.** Hierzu zählt seit 2017 auch wieder **Gandll Kin Gwaay.yaay** („Insel der heißen Quelle"). Das große Erdbeben vom 27. Oktober 2012 mit einer Stärke von 7,8 hatte sein Epizentrum direkt unter Moresby Island und führte dazu, dass die vier heißen Quellen versiegten. 2016 entdeckten Wissenschaftler dann ganz in der Nähe eine neue Quelle. Das 54° C heiße mineralhaltige Wasser wird nun in drei Becken geleitet, das Badehaus wurde dorthin versetzt.

Wer nicht gerade eine eigene Yacht zur Verfügung hat, wird sich schwertun, individuell in den Park zu gelangen: Zu groß ist die Entfernung von Sandspit. Professionelle Anbieter sind hier die bessere Wahl, zumal sie diese sensible Region – es ist Kanadas erster Park, der sich vom Meeresboden bis zu

Vancouver Island bis Haida Gwaii → Karten S. 114 und S. 116/117

den Berggipfeln erstreckt – auf nachhaltige Art bereisen. Mit kleinen Schiffen, oft auch per Segel, geht es in den Park, wo man an den schönsten Stellen aufs Kajak umsteigt. Die Anbieter berücksichtigen in der Regel den Fahrplan der Fähre zwischen Graham Island und Moresby Island. So ist man mit der ersten Fähre morgens rechtzeitig da bzw. erreicht nach der Tour noch die letzte Fähre. Man kann also jeweils auch auf Graham Island übernachten.

▪ Die offizielle Park-Webseite www.pc.gc.ca/en/pn-np/bc/gwaiihaanas informiert über alle wichtigen Punkte, auch über den für alle Besucher vorgeschriebenen Einführungsvortrag. Sie listet zudem alle für Touren im Park lizenzierte Anbieter auf.

Touren in den Nationalpark **Haida Style Expeditions:** Die von der Haida First Nation geführte Firma veranstaltet nur eintägige Touren in den Park zu verschiedenen Zielen. Tagestour je nach Ziel und Länge ab 275 $. Kein Büro, nur Telefon: ✆ (250) 637-1151, www.haidastyle.com.

Moresby Explorers: Mit Zodiac-Booten geht es auf Touren von 1 bis 4 Tagen in den Park, wobei bei Mehrtagestouren auf einem Hausboot übernachtet wird. Die Ein-Tages-Touren führen nach K'uuna, die 2- und 4-Tagestouren tiefer in den Park. Tagsüber gibt es einen Mix aus Kultur, Wandern und Tierbeobachtung. 1, 2, 4 Tage ca. 230, 660, 1550 $. 365 Beach Road, Sandspit, ✆ (250) 637-2215, www.moresbyexplorers.com.

Green Coast Kayaking: Jo Hager führt seit 2000 Touren in den Park. Es wird gepaddelt und gezeltet, bei der Zubereitung der Mahlzeiten wird geholfen, die Route richtet sich nach den Interessen der Gruppe. Das alles macht das Erlebnis noch intensiver – und günstiger. 8-Tage-Touren ab 2200 $. 3302 Oceanview Drive, Queen Charlotte, ✆ (250) 637-1991, www.gckayaking.com.

Atlas Ocean Tours: Maximal 6 Personen plus Käpt'n sind an Bord des Trawlers „MV Atlas", der komfortable Übernachtungen bietet und tagsüber als „Mutterschiff" für Kajakausflüge fungiert. Wohl das beste Preis-Leistungs-Verhältnis, 7-Tage-Touren ab 3600 $. Tlell, ✆ (250) 557-8514, www.atlasoceantours.com.

Bluewater Adventures: Mit einer großen Segelyacht werden lange Fahrten in den Nationalpark unternommen, vor Ort wird dann meist auf Kajaks gewechselt – nachhaltiger geht es nicht. Luxuriös an Bord und entsprechend teuer. 9-Tage-Touren ab 5985 $. 252 East First Street, Vancouver, ✆ (604) 980-3800, www.bluewateradventures.ca.

Alte Totempfähle in K'uuna, Gwaii Haanas National Park

Totempfahl im Kay Llnagaay
Haida Heritage Centre

British Columbia Landesinneres

Große Seen und mächtige Flüsse durchziehen die Provinz, das milde Klima erlaubt ausgedehnten Weinbau im Okanagan Valley; der Norden dagegen ist fast unberührt. Die vier Nationalparks in den westlichen Rocky Mountains gehören zu den Highlights jeder Kanada-Reise.

- Mit 944.735 km² ist BC zweieinhalbmal so groß wie Deutschland.
- 60 % der Landesfläche sind Wald.
- Die 4,6 Mio. Einwohner leben v. a. in den Ballungsräumen an der Küste.
- Im Landesinneren gibt es nur drei größere Städte: Kelowna, Kamloops und Prince George.
- Kelowna ist der wärmste Ort ganz Kanadas, durchschnittlich 26-mal im Jahr herrschen hier über 30 Grad.

British Columbia ist sicher die abwechslungsreichste Provinz im kanadischen Westen: eine großartige Bergkulisse in den westlichen Rocky Mountains, Roadtrips in rauer Landschaft auf dem Alaska Highway und dem Cassiar Highway im Norden und das liebliche Kontrastprogramm im Süden mit Obst- und Weinbau am Okanagan.

Was anschauen?

Der Süden: Der Highway 3 zieht sich von Vancouver bis zum Crowsnest Pass an der Grenze zu Alberta durch den touristisch wenig besuchten Teil der Provinz. Dabei lohnt sich die Route über das Weinbaugebiet im **Okanagan Valley** – mit einem Abstecher zu Kanadas **einziger Wüste** bei Osoyoos – und zu den verträumten Städtchen **Nelson** und **Fernie.** Die Inlandsseen sowie traumhafte Rad- und Wanderwege sorgen für viel Bewegung. Die schöne Passage über den Kootenay Lake gilt als **längste kostenlose Fährfahrt der Erde.** → S. 316

Das Zentralplateau: Der schnellste Weg von Vancouver zu den Rocky Mountains führt über Highway 5 und Trans-Canada-Highway nach Nordosten, doch sollte man den Umweg über **Whistler** und **Lillooet** oder die Fahrt auf dem landschaftlich reizvollen **Trans-Canada-Highway** durch den Fraser Canyon vorziehen. Kamloops ist ein idealer Übernachtungsstopp auf der Route. Biegt man hier ab, erreicht man bei Clearwater den **Wells Gray Provincial Park** – einen der schönsten der Provinz. → S. 236

Die Nationalparks: Erst ab Anfang Juli ist die beeindruckende Bergstraße des **Mount Revelstoke National Parks** zu den blühenden alpinen Bergwiesen be-

fahrbar. Der **Glacier National Park** bietet schöne Wanderwege, steht aber im Schatten des **Yoho National Parks,** der mit dem Lake O'Hara, den Takakkaw Falls und dem Emerald Lake gleich drei Top-Ziele aufweist. Der Umweg über Radium Hot Springs und den **Kootenay National Park** nach Alberta schont das Reisebudget und macht Wanderer so richtig glücklich. **→ S. 291**

Der Yellowhead Highway: Der Highway 16 teilt die Provinz in eine Süd- und eine Nordhälfte. Er erreicht bei Jasper die höchste Stelle British Columbias: Der 3954 Meter hohe **Mount Robson** und der umgebende Provinzpark bieten neben dem atemberaubenden **Berg Lake Trail** zahlreiche weitere Wanderwege. Prince George ist Verkehrsdrehscheibe, lohnt aber keinen längeren Aufenthalt auf dem Weg nach Westen, zum Pazifik. **→ S. 349**

Cariboo und Chilcotin: Auf dem direkten Weg von Vancouver ins fast 1.000 km entfernt liegende Prince George fährt man durch die wenig spektakuläre Farmlandschaft des Chilcotin. Reizvoll wird es hier erst bei den Abstechern nach Osten in die **Cariboo Mountains** mit der Westernstadt Barkerville oder nach Westen auf dem einsamen Highway 20 zum **Tweedsmuir Provincial Park** und an die Küste bei Bella Coola. **→ S. 337**

Der Norden: Vom Highway 16 biegt kurz vor der Pazifikküste der **Cassiar Highway** ab. Die einsamste Route in BC führt über fast 1000 km bis nach Watson Lake im Yukon. Höhepunkt ist der Abstecher nach Stewart und Hyder/ Alaska: zwei große Gletscher, eine Menge Bären und verträumte Provinzatmosphäre. Die zweite große Route in den Norden, der **Alaska Highway,** nimmt in Dawson Creek seinen Ausgang. Von Edmonton, Jasper oder Prince George gelangt man in dieses Provinzstädtchen. Der schönste Abschnitt des Highways in British Columbia ist der zwischen Fort Nelson und dem **Liard Hot Springs Provincial Park.** **→ S. 356**

Was sonst noch?

Badesachen gehören ins Gepäck! Sei es für den langen Stadtstrand von Kelowna oder die **zahlreichen Thermalbäder** in den Rocky Mountains und den westlichen Vorgebirgen. Zu den schönsten zählen Liard River, Ainsworth, Halcyon und Harrison.

Wein-Ratgeber: Rund um Kelowna bieten mehr als 80 Weingüter Führungen und Flaschen zum Verkauf an. Vorsicht – bei 0,5 Promille ist Schluss!

Was muss geplant werden?

An den langen Wochenenden um den 1.7. und 1.8. muss vorab reserviert werden – ansonsten aber findet sich fast immer noch ein freies Zimmer: Die Region ist ideal für alle, die spontan und flexibel die Route ändern möchten.

Whittier, Anchorage, Alaska
Alaska
Whitehorse
Alaska
Ross River, Faro
Yakutat
Carcross
YUKON
Teslin Lake
Watson Lake
Skagway
Haines
Atlin Lake
Alaska Highway
Glacier Bay National Park
Juneau
Rocky
Dease Lake
SÜDOST-ALASKA
Telegraph Creek
Cassiar Highway
Coast
Sitka
Petersburg
BRITISH COLUMBIA
Wrangell
Pacific Ocean
Prince of Wales Island
Hyder
Stewart
Ketchikan
Kitwanga
Cassiar Highway, Stewart und Hyder, S. 359
Prince Rupert
Smithers
Terrace
Babine Lake
Masset
Graham Island
Kitimat
Yellowhead
Queen Charlotte City
Haida Gwaii Islands
Nechako Reservoir
Moresby Island
Inside Passage
Klemtu
Mount
Gwaii Haanas National Park and Haida Heritage Site
Bella Coola
Bella Coola Valley, S. 216
Port Hardy
Port McNeill
Vancouver Island
Campbell River
Strathcona Provincial Park
Courtenay
Tofino
Port Alberni
Pacific Rim National Park
0 50 100 150 200 km
1 : 8 000 000
1
2
3
4
7
16
19
37
97

Nahanni National Park
Liard River
Yellowknife
Great Slave Lake
NORTHWEST TERRITORIES
Kakisa Lake
Hay River
Trout Lake
Tathlina Lake
Fort Liard
Buffalo Lake
Fort Smith
Bistcho Lake
Hay River
Wood Buffalo National Park
Lake Athabasca
Fort Nelson
Lake Claire
High Level
Alaska Highway
ALBERTA
Peace River
Athabasca River
Fort McMurray
Williston Lake
Fort St. John
Peace River
Dawson Creek
Grande Prairie
Lesser Slave Lake
Slave Lake
Stuart Lake
Prince George
Whitecourt
Yellowhead Highway
Edmonton
Saskatoon
Grande Cache
Fraser River
Yellowhead Hw.
Hinton
Quesnel
Barkerville
Jasper
Jasper National Park
Wells Gray Provincial Park
Mount Robson Prov. Park
Fraser River
Red Deer
Wells Gray Corridor und Clearwater, S. 283
Williams Lake
Kinbasket Lake
Banff National Park
Saskatoon
100 Mile House
Clear-water
Mt. Revelstoke und Glacier, S. 293
Yoho Nat. Park, S. 301
Medicine Hat, Regina
Yoho
Banff
Calgary
Routen von Vancouver in Richtung Rockies, S. 238
Mt. Revelstoke
Revelstoke
Glacier
Cache Creek
Kamloops
Kootenay
Medicine Hat
Vernon
Arrow Lake
Kootenay Nat. Park, S. 307
Whistler
Merritt
Lethbridge
Powell River
Okanagan Lake
Kootenay Lake
Cranbrook
Squamish
Kelowna
Nelson
Vancouver
Penticton
Castlegar
Waterton Lakes
Great Falls
Hope
Nanaimo
Osoyoos
MONTANA
Victoria
Zentrales und südliches Okanagan, S. 255
WASHINGTON
Columbia Mountains und South Central B.C., S. 276/277
Seattle
Spokane
Coeur d'Alene
Kalispell
Great Falls

Von Vancouver Richtung Rocky Mountains

Das lebendige Vancouver und die Küste im Westen, die wilden Rocky Mountains im Osten – viele Kanadareisende verbinden beide Regionen auf einer Reise. Doch auch auf den Routen zwischen diesen beiden Höhepunkten finden sich zahlreiche Ziele, die einen Aufenthalt lohnen, zumal das Klima im Sommer meist trocken und sehr warm ist.

Wer die direkteren und schnelleren Routen durchs Innere von British Columbia wählt, kann im Fraser Canyon spektakuläre Ausblicke genießen – auch von der Seilbahn aus. Das bei deutschen Reisenden noch wenig bekannte Kelowna am Okanagan Lake lohnt einen Abstecher schon wegen der zahlreichen Weingüter, der Badestrände und der lebendigen Downtown, aber auch wegen des Fahrrad- und Fußwegs durch den Myra Canyon. Penticton und Osoyoos (mit Kanadas einziger Wüste!) im Süden des Okanagan bieten eindrucksvolle Erlebnisse für alle, die bereit sind, sich darauf einzulassen, dass Kanada nicht nur aus Wäldern besteht. Und Kamloops ist mehr als nur ein Übernachtungsstopp auf der Durchreise.

Routen von Vancouver in Richtung Rockies

(→ Karte links)

Fünf Hauptrouten führen von Vancouver Richtung Rocky Mountains. Alle fünf treffen in Sicamous östlich von Kamloops wieder aufeinander. Im Folgenden wird als Entscheidungshilfe eine kurze Beschreibung der fünf Routen gegeben. Aufgeführt ist jeweils die Entfernung und reine Fahrzeit zwischen Vancouver und Sicamous.

1. Sea-to-Sky-Highway (560 km, ca. 7½ Std.): Der Highway 99 führt über Squamish, Whistler und Lillooet nach Cache Creek und trifft dort auf den Highway 1 – die landschaftlich schönste, aber auch langsamste Route. Vor allem zwischen Vancouver und Whistler finden sich zahlreiche Höhepunkte, so dass man sich für diesen Abschnitt mindestens drei Tage Zeit nehmen sollte, am besten mit zwei Übernachtungen in Whistler.

2. Highway 1/Trans-Canada Highway (570 km, ca. 6½ Std.): Bis Hope geht es eher eintönig durch die Vororte und Pendlerstädte Vancouvers. Ab Hope führt die Route spektakulär durch den Canyon des Fraser River, dann durch das Tal des Thompson River bis Cache Creek. So eindrucksvoll die Landschaft auch ist: Außer der Seilbahn im Hell's Canyon und Kamloops gibt es nichts, was einen längeren Aufenthalt lohnen würde.

3. Highway 5 (535 km, ca. 5½ Std.): Der Coquihalla Highway folgt bis Hope dem Highway 1, kürzt dann aber durch die Berge über Merritt nach Kamloops ab. Diese Strecke ist ideal, wenn man die Distanz zwischen Vancouver und den Rockies möglichst schnell überbrücken will.

4. Highway 5 und Highway 97C (560 km, ca. 6¼ Std.): Wer von der Route 3 in Merritt rechts auf den BC Connector abbiegt, erreicht den Okanagan Lake mit seinen Weinbergen und Kelowna – gegenüber Kamloops das deutlich interessantere Zwischenziel. Idealerweise ist Kelowna Etappenziel für mindestens eine Nacht.

5. Highways 3 und Highway 97 (650 km, ca. 7¾ Std.): Die verkehrsarme Route folgt ebenfalls bis Hope dem Highway 1, führt dann durch den Manning-Provinzpark und den Süden des Okanagan Valley, bevor sie bei Kelowna wieder die Route 4 erreicht. Ideal für Reisende, die es gemütlich angehen wollen. Zwei bis drei Übernachtungen unterwegs sind sinnvoll, wenn man die lohnenden Ziele im Okanagan Valley entdecken möchte.

Die Routen 1 bis 3 bieten ab Kamloops auch die Möglichkeit, über den Highway 5 nach Norden auf den Yellowhead Highway zu gelangen und die Rocky Mountains bei Jasper zu erreichen. Wer bei der Route 5 in Osoyoos nicht auf den Highway 97 abbiegt, sondern auf dem Highway 3 bleibt, durchquert entlang der Grenze zu den USA zahlreiche Bergketten in nur dünn besiedelter Landschaft und erreicht am Crowsnest Pass die Rocky Mountains. Für diese Variante sollte man mindestens zwei Übernachtungen vor den Rockies einplanen, z. B. in Osoyoos und Nelson.

Zwischen dem Küstengebirge und den Bergketten der Rocky Mountains liegt das zentrale Hochland British Columbias. Im Westen durchschneidet der Fraser River – der längste Fluss der Provinz – auf seinem Weg zum Pazifik die Region. Zahlreiche lange und schmale Seen erstrecken sich im Hochland, darunter die touristisch wichtigen, der Okanagan Lake und der Kootenay Lake.

Im Westen dominiert das niederschlagreiche Klima der Küste; in der Folge finden sich hier dichte Wälder. Nach Osten hin macht der gemäßigte Küstenregenwald dann zunehmend Platz für Hemlocktannen und Lärchen, die weniger Wasser benötigen, bis auch diese weichen müssen. Im trockenen Klima wechseln sich Büsche und Sträucher mit dem Fels mühsam abgerungenen Agrarflächen ab

Im zentralen Hochland werden im Sommer nicht selten Temperaturen über 40 C erreicht. Im Weinanbaugebiet des Okanagan Valley fallen im Jahr nur etwa 250 mm Niederschlag. In Osoyoos halbiert sich der Wert noch einmal und macht die Region zur einzigen Wüste Kanadas.

Bis in die 1840er-Jahre nutzte die Hudson's Bay Company (→ Geschichte, S. 667) ihr Monopol für den Handel mit den Ureinwohnern. Eine größere Besiedelung bewirkte erst der Goldrausch im Fraser Canyon (1858) und im Cariboo (1861/62). Jetzt strömten Zehntausende in die Region. Um die Massen US-amerikanischer Goldsucher besser zu kontrollieren, wurde 1862 die Cariboo Wagon Road errichtet. Auch die ersten Bahnstrecken folgten dem Lauf der Flusstäler: Kamloops entwickelte sich aus einem Bahnknotenpunkt. Mit der Weltwirtschaftskrise der 1930er-Jahre und der zunehmenden Industrialisierung an der Westküste nach dem Zweiten Weltkrieg verlor das zentrale Hochplateau an Bedeutung – nur noch 5 % der Einwohner British Columbias leben heute in der Region.

Highway 99 nach Cache Creek

Der Sea-to-Sky-Highway trägt seinen Namen zu Recht. Von der Hafenstadt Vancouver windet er sich zunächst entlang der Felswände im Howe Sound über Squamish bis ins lebenslustige Whistler (→ „Nördlich von Vancouver“, S. 76). Ganz anders geht's jetzt weiter: Um Pemberton und Lillooet dominiert noch der Wilde Westen.

Der Highway 99, wie der Sea-to-Sky-Highway bei den Kartografen heißt, führt von der Metropole Vancouver in die „One-Horse-Town“ Cache Creek. Etliche Provinzparks, Wasserfälle und gewaltige Bergmassive bilden die landschaftlichen Höhepunkte dieser abwechslungsreichen Route nach Nordosten.

Pemberton

Nur eine halbe Stunde Fahrt ist es vom mondänen Whistler ins verschlafene Pemberton. Hinter Whistler nimmt der Verkehr auf dem Highway 99 schlagartig ab, die Landschaft aber bleibt eindrucksvoll. Das 2000-Seelen-Nest Pemberton bietet nur wenig Sehenswertes, die örtliche Hotellerie und Gastronomie dienen vor allem als Überlauf, wenn Whistler zu voll oder zu teuer ist. Anders als in der Retortenstadt Whistler ist hier noch allerorten der Pioniergeist zu spüren. Der Pemberton General Store in der Prospect Street verkauft seit 60 Jahren Western- und Arbeitskleidung, Werkzeuge und Musikinstrumente – alles nach dem Motto „Wenn wir es nicht haben, brauchen Sie es nicht!" Im benachbarten, rührigen Pemberton Museum gibt es einen Handzettel für den „Heritage Walk" – einen Rundgang mit interessanten Anekdoten zu den ältesten Gebäuden Pembertons.

5 km südlich des Orts stürzt der Green River im Nairn Falls Provincial Park mehrere Stufen über insgesamt 60 m hinab und bildet so die **Nairn Falls.** Der kleine Park erstreckt sich beiderseits des Flussufers. Ein Wanderweg führt vom Parkplatz zu Aussichtspunkten unter- und oberhalb der Wasserfälle; der Weg hin und zurück dauert rund eine Stunde. Der Campground im Park verfügt über 94 Stellplätze, von denen 60 vorab reserviert werden können. Von dort führen weitere Wanderwege u. a. nach Pemberton und zum One Mile Lake.

Praktische Infos

Information An der Kreuzung Highway 99/ Portage Road gibt **Tourism Pemberton** detaillierte Auskünfte zum gesamt Distrikt bis hin nach Lillooet. Anfang Mai bis Ende Sept. 9–17 Uhr. ✆ (604) 894-6175, www.tourismpemberton.bc.com

Hin und weg **Bus:** Für Pendler gedacht, aber auch für Tagesbesuche ideal: BC Transit fährt tägl. um 7 und 8.20 Uhr von Pemberton nach Whistler, zurück um 16.45 und 18.05 Uhr. ✆ (604) 894-6135, www.bctransit.com/pemberton-valley.

Übernachten **Pemberton Valley Lodge:** Die beste Unterkunft der Region bietet Pool, Hot Tub, Fitness-Studio, Leihräder sowie Küchenzeilen in den Studios und Suiten. DZ ab 184 $. 1490 Sea-to-Sky-Highway, ✆ (604) 894-2000, www.pembertonvalleylodge.com.

***** Pemberton Gateway Village Suites Hotel:** Das in pseudo-historischem Stil gestaltete Hotel bietet Suiten mit einem oder zwei separaten Schlafzimmern, für zusätzliche Gäste Sofabetten im Wohnraum. Die Preise sind gut, der Service weniger. Suite für bis zu 4/6 Pers. ab 149/179 $. 7330 Arbutus Street, ✆ (604) 894-8888, www.pembertongatewayvillagesuites.com.

Lillooet River Lodge: Das mächtige Blockhaus-B&B liegt ruhig außerhalb Pembertons am Fluss. Zu den 3 großen Gästezimmern mit Dachschräge gehört eine eigene Lounge. DZ ab 129 $. 1428 Pemberton Farm Road, ✆ (604) 966-8246, www.lillooetriverlodge.com.

Essen und Trinken **Mile One Eating House:** Wie eine Oase in der Wüste – die junge Chefköchin Erin Kerr überrascht mit exzellenter Küche, die man hier nicht erwartet hätte.

Reitstall in Pemberton

British Columbia | Landesinnere → Karte S. 236/237

Mi–So 11–21 Uhr. 7330 Arbutus Street, Lunch ✆ (604) 384-3842, www.mileoneeatinghouse.com.

The Pony: Rustikale Westernatmosphäre mit großer Tageskarte, hier kommt vieles frisch auf den Tisch. Vor- und nachher bietet die Bar des Pony eine große Auswahl an guten Drinks. Tägl. 11–24 Uhr. 1392 Pemberton Portage Road, ✆ (604) 894-5700, www.thepony.ca.

Mount Currie Coffee Company: Breakfast Burrito, Paninis mit Schinken und Ei, Müsli, Muffins und mittags Sandwiches: Hier stellt man sich das Essen selbst zusammen und genießt dazu einen guten Kaffee oder Tee. Frühstück und Lunch. Mo–Sa 6.30–18, So 7–18 Uhr. 7331 Arbutus Street, ✆ (604) 894-3388, www.mountcurriecoffee.com.

Von Pemberton nach Lillooet

Die erst in den 1970er-Jahren asphaltierte Straße schlängelt sich zwischen Pemberton und Lillooet über 100 km durch eine menschenleere Landschaft – es gibt nicht mal eine Tankstelle. Kurz hinter Pemberton bieten die Provinzparks Joffre Lakes und Duffey Lake Gelegenheit zum Wandern und Campen in der Wildnis. Die Straße erklimmt danach einen fast 1400 m hohen Pass – hier kann es bis zu 10 Grad kälter sein als unten im Tal. Dann windet sich der Highway 99 in engen Kurven wieder ins Tal hinunter: Die Route ist oft einfach in die steile Felswand gesprengt und bietet spektakuläre Blicke in den Canyon. 6 km vor Lillooet gibt es zwei Parkplätze oberhalb bzw. direkt am Seton Lake, der von felsigen Steilwänden eingerahmt ist.

Lillooet

Der Goldrausch von 1858 führte zur Gründung von Lillooet, denn hier traf die Harrison-Lake-Kanuroute auf den befahrbaren Oberlauf des Fraser River. Zu Boomzeiten lebten in Lillooet 20.000

Kaoham – den Zug nehmen

Eine der ungewöhnlichsten Eisenbahnen der Welt verkehrt von Seton nach Lillooet: Als die Provinz British Columbia ihre defizitäre Bahngesellschaft 2003 an die Canadian National Railway (CN) verkaufte, übersah CN, dass die Streckenlizenz zum Personenverkehr zwischen Seton und Lillooet verpflichtet – Seton ist sonst nur per Allradantrieb über einen Bergpass erreichbar. So befährt nun ein nur 20-sitziger Triebwagen mit einem noch kleineren Anhänger täglich die Strecke im Auftrag der CN.

Nur freitags gibt es zwei Fahrten: die einzige Möglichkeit, die sehenswerte Strecke am Steilufer des Seton Lake als Tagestour zu gestalten. Abfahrt in Lillooet ist um 10.30 Uhr, eine Stunde später ist Seton erreicht, und dreißig Minuten später geht es wieder zurück. Nirgendwo sonst in Nordamerika gibt es ein solches Eisenbahnerlebnis für einen so kleinen Preis: Die Hin- und Rückfahrt entlang des Seton Lake kostet ganze 10 $! Vorrang haben Einheimische; telefonische Reservierung mindestens drei Tage vorab ist Pflicht: ✆ (250) 259-8300. Anrufen, Nachricht hinterlassen und auf Rückruf hoffen. Übrigens: *Kaoham* bedeutet in der Sprache der Tsal'álh First Nation aus Seton „den Zug nehmen" …

Die historische Hängebrücke über den Bridge River

Menschen – damals mehr als in jeder anderen Stadt nördlich San Franciscos und westlich von Chicago! Heute ist es nicht einmal mehr ein Zehntel, wobei die indigenen St'at'imc die Bevölkerungsmehrheit stellen. In Lillooet finden sich die ältesten Zeugnisse indianischer Besiedlung in ganz Nordamerika, schließlich ist der Bridge River seit Urzeiten ein Lachs-Fluss. Trotz des Goldrausches und der Old Cariboo Road nach Norden währte der Boom in Lillooet nicht lang. Schon wenige Jahre später umging die neugebaute Cariboo Wagon Road den Ort auf einer kürzeren Route zu den Goldfeldern von Barkerville. Höchsttemperaturen von über 40 Grad sind von Mai bis August nicht ungewöhnlich.

Die eindrucksvolle Hängebrücke **Old Bridge** von 1913 am nördlichen Ortsende steht seit 2003 nur noch Fußgängern und Radfahrern offen, Autofahrer überqueren den Fraser River weiter südlich auf einer neuen Brücke.

Das kleine örtliche Museum (Di–Sa 10–16 Uhr) befindet sich zusammen mit dem Visitor Centre in der ehemaligen anglikanischen Kirche, mitten im Ort. Es wirkt wie eine konzeptionslos gestapelte Anhäufung alter Haushaltsgegenstände, doch das engagierte Team haucht den Erinnerungsstücken mit Erzählungen und Erklärungen wieder Leben ein.

Praktische Infos

Information Das **Visitor Information Centre** befindet sich in der ehemaligen anglikanischen Kirche. Di–Sa 10–16 Uhr. 790 Main Street, ✆ (250) 256-4308, www.lillooetbc.ca.

Übernachten **Reynolds Hotel**: Das altehrwürdige Reynolds bietet teilmodernisierte Zimmer – unter modernen Flachbild-TV stehen Schreibtische aus dem Eröffnungsjahr 1941 ... Alles sauber und gepflegt. Kleiner Getränke- und Snackshop. Das hoteleigene Cookhouse Restaurant ist dagegen kaum zu empfehlen: zu viel Fettig-Frittiertes. DZ ab 129 $. 1237 Main Street, ✆ (250) 256-4202, www.reynoldshotel.com.

Sturgeon Bay: Etwas außerhalb, oberhalb des Fraser River. Das kleine B&B bietet eine Suite mit 2 Schlafzimmern sowie ein Studio mit Küche, jeweils ab 125 $. 130 Haylmore Place, ✆ (250) 256-7792, www.sturgeonbaybb.com.

British Columbia | Landesinnere → Karte S. 236/237

Essen und Trinken **Dina's Place**: Kulinarisch hat Lillooet wenig zu bieten. Da ist dieses Familienrestaurant mit griechischer, italienischer und kanadischer Küche schon fast ein Lichtblick. Mo–Do 11.30–14.30 und 16.30–20, Fr/Sa bis 21 Uhr. 690 Main Street, ✆ (250) 256-4264, www.dinasplacerestaurant.ca.

Fort Berens: Das Weingut nicht weit von Lillooet bietet kleine, aber feine Mittagsküche in einem Bistrozelt. Im Sommer tägl. 12–16 Uhr. Unbedingt reservieren. 1881 Highway 99 North, ✆ (250) 256-7788, www.fortberens.ca.

A & W: Eine Fastfood-Burgerkette als Frühstücksempfehlung? Tatsächlich gab es 2018 keine akzeptable Alternative in Lillooet. Klassisches Frühstück mit Toast, Speck, Ei und Hash Browns, dazu Omelettes, Muffins etc. Tägl. 6–20, Fr bis 21 Uhr. 165 Main Street (am Nordende der Stadt), ✆ (250) 256-7789, www.web.aw.ca.

Von Lillooet nach Cache Creek

Eine gute Stunde dauert die Fahrt entlang teils bewaldeter, teils kahler Bergflanken von Lillooet nach Cache Creek. Ein Stopp lohnt auf halber Strecke im **Marble Canyon Provincial Park** mit den beiden kleinen Seen Crown Lake und Turquoise Lake. Der Park ist vor allem bei Anglern beliebt, doch beeindrucken die hier dominierenden weißen Kalksteinformationen auch, wenn man sein Abendessen nicht selbst fischen will. Neben einer Day-Use Area (bis 23 Uhr) gibt es auch einen Campground mit 30 Stellplätzen.

Trans-Canada Highway

Von Vancouver Island bis Neufundland – der „TCH" durchzieht, offiziell als Highway 1, Kanada von West nach Ost. Von Vancouver geht es durch das Delta des Fraser River. Ab Hope folgt die Route dem tief eingeschnittenen Fraser River Canyon, wechselt dann auf das zentrale Hochplateau und windet sich an zahlreichen Seen entlang bis nach Sicamous und von dort weiter in die Rockies.

Abbotsford, Chilliwack und Harrison – Orte, von denen nur wenige Kanadareisende schon einmal gehört haben, die sich einem auf der Fahrt nach Osten aber unweigerlich in den Weg stellen. Doch gibt es hier nichts, was einen längeren Aufenthalt lohnt.

Ganz anders ab Hope: Tief eingeschnittene Canyons mit rauschenden Flüssen und fichtengesäumten Steilufern beeindrucken. Kurz vor Spences Bridge weitet sich der Blick wieder: Trockenes, offenes Land, aber auch viele Stauseen prägen das Hochplateau bis nach Sicamous.

Kamloops – die einzige größere Stadt zwischen Vancouver und den Rocky Mountains – gehört zwar nicht gerade zu den touristischen Topzielen, punktet aber als günstiges und gut gelegenes Übernachtungsziel.

Hope

Von den letzten Ausläufern der fruchtbaren Ebene im Fraser Valley sind es nur wenige Kilometer bis zum Hochgebirge mit Felsen, Wäldern und Schluchten rund um Hope. Filmfans mag die eine oder andere Perspektive bekannt vorkommen: 1981 wurde im Ort und auf den umliegenden Bergen „Rambo" gedreht; aber auch für zahlreiche andere Filme gab die Region die Kulisse ab.

Hauptattraktion des kleinen Städtchens sind die Othello-Tunnels; auch als Übernachtungsort auf der Durchreise ist Hope eine Option. Fast alle Hotels und Restaurants liegen entweder entlang des Highway 1 in Nord-Süd-Richtung oder am Old Hope Princeton Way in Ost-West-Richtung.

Von Mission nach Hope – die gemütliche Alternative

Dem Trans-Canada Highway gegenüber verläuft am nördlichen Ufer des Fraser River der Highway 7 – erreichbar von Langley aus über die Golden-Ears-Brücke nach Maple Ridge oder von Abbotsford über den Highway 11 nach Mission. Wer auf dem Highway 7 nach Osten fährt, gelangt schnell ins Grüne, und spätestens hinter Mission ist die Metropole vergessen: Die schmale Straße windet sich durch grünes Farmland, passiert windschiefe Pubs und pittoreske General Stores wie den in Dewdney, gleich nach der Brücke über den Nicomen Slough. Hinter Harrison Mills lohnt ein Abstecher zur Kilby Farm (Juli/Aug. Do–Mo 11–16 Uhr), die zeigt, wie hart die Landwirtschaft hier in den 1920er-Jahren war. Kurz vor Agassiz geht es links ab nach Harrison Hot Springs am Südufer des Harrison Lake. Was sich nach verlockendem Spa in traumhafter Gebirgskulisse anhört, enttäuscht aber: Die heißen Quellen sind nur über ein Hotel oder ein hässliches Hallenbad zugänglich, das seine besten Zeiten längst hinter sich hat. Beim Blick auf den aufgeschütteten Strand und die Menschenmassen wird klar: Harrison ist Vancouvers „Badewanne" – an Wochenenden und in den langen Sommerferien strömen Tausende Städter an den Strand und in die Bars der Uferpromenade. Kanada-Idylle findet sich hier ebenso wenig wie am Wannsee … Die letzten Kilometer des Highway 7 von Agassiz bis Hope verlaufen wieder ruhig durch Wald und oft direkt am Ufer des Fraser River entlang.

Othello-Tunnels: Die 1980 stillgelegte Kettle Valley Railway verband die Kootenay Rockies mit der Küste. Der spektakuläre Abschnitt durch den Coquihalla Canyon ist heute ein Rad- und Wanderweg: Auf kurzer Strecke durchquert die Trasse vier Tunnels und kreuzt zweimal den reißenden Fluss. Damals eine ingenieurtechnische Meisterleistung – heute ein beeindruckender Spaziergang (hin/zurück etwa eine Stunde). Nach dem letzten Tunnel führt ein Weg flussabwärts weiter nach Hope oder als Rundweg über einen Bergsattel zurück zum Parkplatz.

■ Die Tunnels sind nur im Sommer – meist ab Ende Mai – zugänglich. Zufahrt zum Parkplatz am besten über die Ausfahrt 183 des Highway 5, 10 km östlich von Hope.

Wandern und Fahrradfahren: Rund um Hope gibt es eine Vielzahl von Wander- und Radwegen, darunter den 74 km langen HBC Heritage Trail, der einem alten Handelsweg der Hudson's Bay Company folgt. Der schwere Trail durch teils unwegsames Gelände erfordert auch das Durchqueren von Flüssen. Kürzere und leichtere Wege für Wanderer und Mountainbiker findet man unter www.hopebc.ca und hopemountain.org.

Praktische Infos

Information **Hope Visitor Info Centre:** Tägl. 9–17 Uhr. 9198 Water Avenue, ✆ (604) 869-2021, www.hopebc.ca.

Hin und weg Über Fernbusverbindungen gab es bei Redaktionsschluss (April 2019) keine verlässlichen Angaben, nachdem der bisherige

British Columbia | Landesinnere → Karte S. 236/237

Betreiber Greyhound Bus seine Linien in Westkanada Ende 2018 eingestellt hatte (→ S. 698).

Übernachten 20 Motels gibt's in Hope, alle eher zweckmäßig als elegant. Gehobenere Unterkünfte findet man im 24 km entfernten Harrison Hot Springs.

Colonial 900: Etwas in die Jahre gekommen, aber sauber und engagiert geführt. DZ ab 105 $. 900 Old Hope Princeton Way, ✆ (604) 869-5223, www.colonial900motel.com.

Hope City Centre: Die Zimmer des zentral gelegenen Familienbetriebes wurden vor einigen Jahren komplett renoviert. Discount-Voucher für ein nahegelegenes Frühstücks-Restaurant. DZ ab 80 $. 455 Wallace Street, ✆ (604) 869-5500, www.hopecitycentremotel.com.

****** Evergreen:** Neben dem „High Hopes B&B" ist das Evergreen Hopes einzige 4-Sterne-Unterkunft. Drei Suiten, Hot Breakfast. DZ ab 139 $. 1208 Ryder Street, ✆ (604) 869-9918, www.evergreen-bb.com.

Essen und Trinken **Home Restaurant:** „Futtern wie bei Muttern" ist, locker übersetzt, das Motto dieser kleinen Kette mit 5 Restaurants entlang des Highway 1, wo man sich tatsächlich schnell zuhause fühlt. Auch vegetarische Gerichte. Tägl. 6–22 Uhr. 665 Old Hope Princeton Way, ✆ (604) 869-5558, www.homerestaurants.ca.

Blue Moose Coffee House: Das kleine Café bietet den ganzen Tag Muffins, Kaffees, Suppen und Sandwiches. Auch vegetarisch und vegan. Tägl. 7–21 Uhr. 322 Wallace Street, ✆ (604) 869-0729, www.bluemoose.coffee.

Von Hope nach Cache Creek

Vom Hochlandplateau kommend, grub sich der Fraser River tief in die Berge der Coast Mountains ein und schuf den Fraser Canyon, der auf der Fahrt nach Norden bei Yale erreicht wird. Südlich von Boston Bar steigen links und rechts der Stromschnellen die Wände des Canyons mehr als tausend Meter in die Höhe. Seit 1971 ist einer der Engpässe durch die Luftseilbahn Hell's Gate Airtram erschlossen. Sie überwindet einen Höhenunterschied von 157 m zwischen der „Bergstation" am Parkplatz und der Talstation auf der anderen Seite des Flusses, direkt am Fraser River. Der Eintritt beinhaltet auch den Zugang zu Aussichtsplatt-

Am Fraser River zwischen Lytton und Cache Creek

formen, einer Hängebrücke und einem Lachs-Infozentrum.

▪ Mitte April bis Mitte Okt. tägl. 10–16 Uhr, Juni bis Aug. bis 17 Uhr. Eintritt 24 $ für ein Tagesticket = Saisonpass. Rabattcoupon (2 $) auf der Webseite. 43111 Trans-Canada Highway (ca. 10 km südlich von Boston Bar), ✆ (604) 867-9277, www.hellsgateairtram.com.

In Lytton, rund 90 Minuten Fahrzeit nördlich von Hope, hat man von der Brücke einen beeindruckenden Blick auf das Zusammenfließen des klaren, blauen Thompson River mit dem lehmigschlammigen Fraser River. Der beschauliche Ort ist auch Ausgangspunkt für Raftingtouren auf den beiden Flüssen.

Der Highway 1 folgt nun dem Lauf des Thompson Rivers und erreicht bei Cache Creek, von Lytton eine Stunde Autofahrt entfernt, das zentrale Hochplateau. In der eindrucksvollen Landschaft finden sich zahlreiche reizvolle Fotostellen und kleine Siedlungen.

Information **Lytton Visitor Information Centre:** Mo–Fr 10–16 Uhr. 400 Fraser Street, ✆ (250) 455-2523, www.lyttonchamber.com/visitor-information.

Rafting Auskünfte beim Visitor Center oder beim Kumsheen Rafting Resort (s. u.), das auch Tagestouren (ab 189 $) und Mehrtagestouren (ab 399 $) anbietet.

Übernachten **Kumsheen Rafting Resort:** Kanadas führendes Rafting Resort bietet einfache Unterkünfte sowie Ein- und Mehrtages-Pakete. Pool, Spa und Restaurant (nur für Resortgäste) bieten nach einem Tag auf dem Fluss Erholung und Entspannung. Stellplatz für Zelt und Wohnmobil ab 40 $, Tipis und Zeltplanen-Cabins ab 134 $. 1345 Highway 1 (6 km nordöstlich von Lytton), ✆ (250) 455-2296, www.kumsheen.com.

Essen und Trinken **Lyl' Towne Deli & Sandwich Shop:** Verkauf der wichtigsten Lebensmittel und frische Sandwiches. Wer sich seine Verpflegung nicht mitgebracht hat, hat nur die Wahl, sich hier zu versorgen oder es bleiben zu lassen … Tägl. 6–18 Uhr. 437 Main St, Lytton, ✆ (250) 455-0050.

Cache Creek

Das kleine Dorf ist ein Verkehrsknoten, an dem wichtige Straßen aus allen Himmelsrichtungen zusammentreffen. Dementsprechend weist der Ort einige Ketten-Motels und Fastfood-Restaurants auf.

Cache Creek selbst ist weder schön noch reizvoll, als Übernachtungs-Stopp aber allemal eine bessere Option als alle anderen Orte zwischen Hope und Kamloops.

Historic Hat Creek Ranch: Der Abstecher lohnt sich. In der Farm kann man die Zeit des Goldrausches 1860 hautnah nacherleben. Man schlendert durch die staubigen Straßen, besucht das Roadhouse und fährt mit einem Planwagen zu den Tipis der Shuswap Nation am Fluss. Natürlich kann man auch Goldwaschen und das Bogenschießen ausprobieren. Zur Infrastruktur der Ranch gehören ein Restaurant und ein Campingplatz.

▪ Mai bis Sept. tägl. 9–17 Uhr. Eintritt 14 $. Kreuzung Highway 99/Highway 97 (ca. 12 km nördlich des Orts), ☏ (250) 457-9722, www.historichatcreek.ca.

Praktische Infos

Information Das große **Cache Creek Visitor Centre** ist eine gute Informationsquelle für alle Ziele im Umkreis. Tägl. 9–17 Uhr. 1270 Stage Road, ☏ (250) 457-7661.

Übernachten ****** Bear's Claw Lodge:** Die Lodge erfüllt nicht alle Erwartungen, ist aber die beste Wahl in Cache Creek. Rustikale Einrichtung, gutes Restaurant, gute Sauberkeit. DZ ab 100 $. 1492 Highway 97 North, ☏ (250) 457-9705.

Bonaparte Inn: Empfehlenswertes Motel mit Außenpool, Hot Tub und Sauna. Die 24 Zimmer verfügen über Kühlschrank und Mikrowelle oder Küchenzeile und eine Terrasse. DZ ab 99 $. 1395 Cariboo Highway, ☏ (250) 457-9693, www.bonaparteinn.ca.

Sunset: Ebenfalls ein empfehlenswertes und deutlich eines der besseren unter den vielen Motels in Cache Creek. 2016 komplett renoviert. DZ inkl. Continental Breakfast ab 89 $. 1197 Collins Road, ☏ (250) 457-9300, www.sunsethotel.ca.

Hat Creek Ranch: Familien und Reisende ohne Anspruch an Komfort genießen hier Western-Feeling. Zeltstellplatz 20 $, Wohnmobil 25 $, Goldsucher-Zelte und Indianer-Tipis, jeweils ohne Einrichtung 45 $, Planwagen mit Stockbetten 65 $, Cabin mit Du/WC 85 $. Kreuzung Highway 97/Highway 99 (ca. 12 km nördlich von Cache Creek), ☏ (250) 457-9722, www.historicalhatcreek.ca.

Essen und Trinken **Heartland Restaurant:** Das passable Familienrestaurant ist eine ordentliche, aber etwas teure Wahl für alle, die unterwegs mehr wollen als nur Fast Food. Dinner: Steaks, griechische und italienische Küche. Tägl. 7–22 Uhr. 987 Trans-Canada Highway, ☏ (250) 457-9330.

Hungry Herbie's Drive-In: Der legendäre Burger-Bräter, am Wochenende Ziel von Motorradfahrern und Oldtimer-Korsos, bietet herzhaftes Fastfood wie Fish & Chips und Fried Chicken, aber auch Veggie-Burger, Sandwiches und Poutine. Tägl. 8–22 Uhr. 1301 Cariboo Highway, ☏ (250) 457-6644.

Horsting's Farm Market: Der Familienbetrieb ist Marktstand, Bäckerei und Café in einem. Frischer geht's kaum. Herrliche Terrasse im Grünen. Frühstück und Lunch. Im Sommer tägl. 8–20 Uhr. 2540 Highway 97 North (2 km nördlich von Cache Creek), ☏ (250) 457-6546, www.horstingsfarm.com.

Von Cache Creek nach Kamloops

In Cache Creek biegt der Highway 1 nach Osten ab und folgt dem nun weiten Tal des Thompson River flussaufwärts. Außer einigen künstlich bewässerten Feldern dominieren hier, in einer der heißesten und trockensten Regionen Kanadas, braunes, rotes und beiges Felsgestein. Der einzige Provinzpark unterwegs, am Juniper Beach, dient dem Schutz von Feigenkakteen, Wüstenbeifuß und natürlich Wacholder und weist nur einen einzigen kleinen Campground auf. Später windet sich die Straße hoch und führt am Südufer des Kamloops Lake entlang weiter; unterwegs erlauben mehrere Aussichtspunkte einen schönen Blick über die karge Landschaft. Nach ungefähr einer Stunde Fahrzeit mündet der Highway 5 – der direktere Weg von Hope her – in den Trans-Canada Highway, der sich nun in großen Windungen hinunter nach Kamloops zieht.

Blick auf Kamloops von den Bergen südlich der Stadt

Kamloops

Inmitten von Seen und Flusstälern, Pappel- und Kiefernwäldern, Grasland und Felsformationen liegt Kamloops mit seinen 114.000 Einwohnern. Aber so groß die Auswahl auch ist: Wer von der Küste kommt und zu den Rockies will (oder umgekehrt), wird die Erlebnisse rund um Kamloops oft als zweitklassig empfinden, reichen sie doch nicht an das heran, was der Pazifik oder die Rocky Mountains bieten. Als Übernachtungsstopp ist die Stadt mit ihren günstigen Hotels jedoch eine gute Option. An der im weiten Bogen in die Downtown hinabführenden Columbia Street liegen viele Motels und Restaurants. Östlich davon findet man parallel zum Highway 1 zahlreiche weitere Unterkünfte.

Riverside Park: Von der Victoria Street, der Geschäfts- und Restaurantstraße im Stadtzentrum, sind es nur zwei Blöcke hinunter zum Thompson River mit dem Riverside Park, den die Stadt selbst als „Herz von Kamloops" bezeichnet. Der Fluss mit seinem Sandstrand lädt an heißen Sommertagen zu einem erfrischenden Bad ein. Wer nicht nass werden will, macht einen Spaziergang durch den Rosengarten mit mehr als 350 Rosensträuchern. Im Juli und August gibt es jeden Abend um 19 Uhr Livemusik. Dann stehen bereits ab 16 Uhr mindestens vier verschiedene Food Trucks bereit – die kulinarischen Einkäufe kann man auf den Grasflächen und im Picknickbereich verzehren. Ein Wasserpark und ein Spielplatz sowie zahlreiche Skulpturen im Park machen den Riverside Park auch für Familien und Kunstinteressierte attraktiv.

Kamloops Heritage Railway: An manchen Sommerabenden bietet die Kamloops Heritage Railway mit „The Spirit of Kamloops", einer beeindruckenden Dampflokomotive aus dem Jahr 1912, und historischen Wagen eine einstündige Eisenbahnfahrt an. Zu den Höhepunkten zählt die Überquerung des breiten Thompson Rivers – oft gibt es auch „Raubüberfälle" mit Stunt Show.

▪ Im Juli/Aug. meist am Do und Fr (19 oder 19.30 Uhr) sowie Sa (12 Uhr). Fahrpreis ab 25 $ inkl. Drink/Snack. Station Plaza, 510 Lorne Street (im Hinterhof), ✆ (250) 374-2141, www.kamrail.com.

British Columbia Wildlife Park: Im kleinen Zoo von Kamloops sind u. a. drei Schwarzbären, zwei Grizzlys und ein Exemplar der sehr seltenen Kermodebären zu finden, die alle als Waisenkinder in den Park kamen. Neben Wölfen, Pumas und Luchsen sind auch Tiere aus Regionen außerhalb Nordamerikas hier daheim. Eine Fahrt mit der kleinen Parkeisenbahn gibt einen guten Überblick, bevor man sich auf den Spaziergang macht.

▪ März/April tägl. 9.30–16 Uhr, Mai bis Anfang Okt. 9.30–17 Uhr; im Rest des Jahres nur Sa/So 9.30–16 Uhr. Eintritt 16 $. 9077 Dallas Drive, ✆ (250) 573-3242, www.bcwildlife.org.

 → Karte S. 236/237

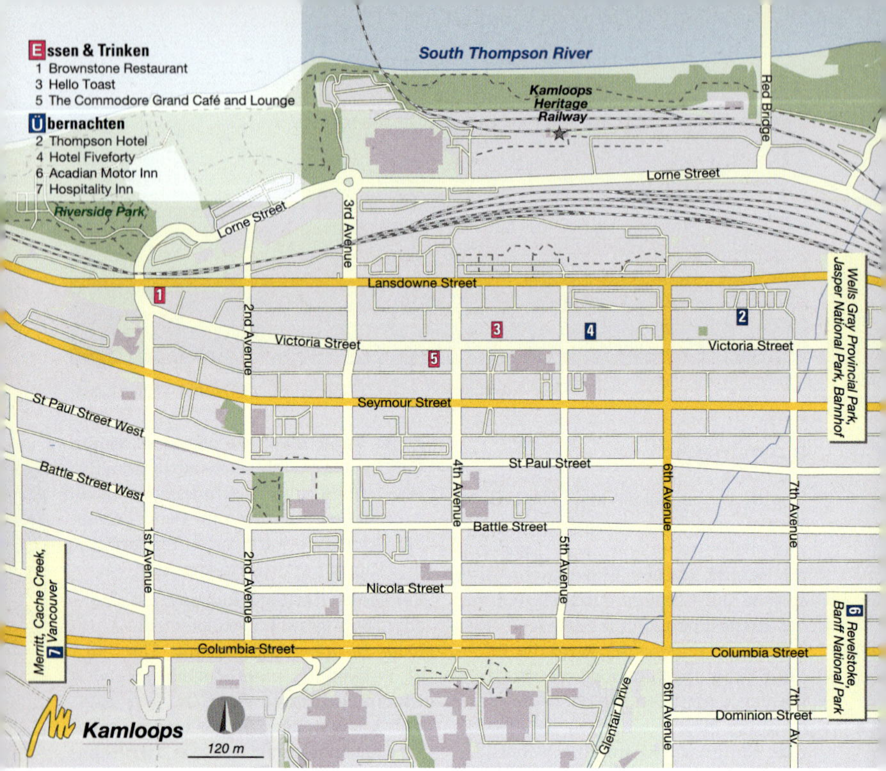

Lac Du Bois Grasslands: Das Naturschutzgebiet nördlich der Stadt schützt und bewahrt die anfälligen Ökosysteme der Graswiesen und Wälder im Thompson Basin. Weite Blicke über die natürliche Wiesenlandschaft, aber auch Klippen und Canyons prägen die Landschaft. Das Gebiet ist in zahlreiche kleine und kleinste Flächen mit unterschiedlichem Schutzstatus aufgegliedert – einige dürfen gar nicht betreten, andere wiederum betreten, aber nicht befahren werden. Der Mara Trail und der Cinnamon Ridge Trail sind schöne Rundwege von jeweils ungefähr einer Stunde Dauer.

Kenna Cartwright Park: Der größte städtische Park in British Columbia weist Wanderwege unterschiedlicher Schwierigkeitsgrade auf. Die meisten führen durch offenes Land, mit Wüstenbeifuß bewachsen, oder zu den Felsformationen der Hoodoos. Der Ponderosa Trail ist einer der schönsten.

Praktische Infos

Information **Tourism Kamloops** gibt u. a. auch Auskunft über alle Parks der Umgebung und deren Angebote für Wanderer und Radler. Mo–Fr 8.30–19, Sa/So 9–17 Uhr. 1290 Trans-Canada Highway West (bei der Ausfahrt 368), ✆ (250) 374-3377, www.tourismkamloops.com

Hin und weg **Flugzeug:** Air Canada (Vancouver, Calgary) und Westjet (Calgary) verbinden Kamloops mehrmals tägl. mit den nächstgelegenen internationalen Flughäfen. Am Kamloops Regional Airport sind die Mietwagenfirmen Budget, Enterprise und National vertreten. www.kamloopsairport.com.

Bahn: Kanadas Starzug „The Canadian" stoppt auf seiner Fahrt von Toronto über Jasper nach Vancouver 3-mal pro Woche in Kamloops. Fahrzeit nach Vancouver und Jasper je ca. 10 Std. www.viarail.ca.

Bus: Über Fernbusverbindungen gab es bei Redaktionsschluss (April 2019) noch keine verlässlichen Angaben, nachdem der bisherige Betreiber Greyhound Bus seine Linien in Westkanada Ende 2018 eingestellt hatte (→ S. 698).

Übernachten Als größte Stadt zwischen Vancouver und Calgary weist Kamloops über 40 Hotels und Motels auf, darunter zahlreiche Häuser großer Ketten – nicht die schlechteste Wahl, wenn man nur für eine Nacht ein Zimmer braucht.

Hotel Fiveforty 4: Kamloops erste Adresse. Das in die Jahre gekommene Hotel wurde kürzlich komplett renoviert. Dachterrassen-Pool, Hot Tub, Fitness Center. Gutes Restaurant „Blue Dining" im Hotel. DZ ab 135 $. 540 Victoria Street, ✆ (250) 372-2281, www.hotel540.ca.

Thompson Hotel 2: Das zentral gelegene Hotel bietet zwei Restaurants, Hallenbad und Hot Tub. Erhebliche Rabatte bei Buchung von mindestens 7 Tagen und im Voraus. DZ inkl. Hot Breakfast ab 105 $. 650 Victoria Street, ✆ (250) 374-1999, www.thompsonhotel.ca.

Acadian Motor Inn 6: Eines der akzeptableren der zahlreichen abgewohnten Motels. Im hauseigenen Frühstücksrestaurant scheint die Zeit stehengeblieben zu sein: 60er-Jahre pur. DZ ab 59 $. 1390 Columbia St East, ✆ (250) 374-5591, www.acadianinnkamloops.net.

Hospitality Inn 7: Ausblick über Kamloops und Pool. Auch wenn die Klimaanlagen laut oder kaputt sind, die Zimmer abgewohnt sind, die Rezeption langsam ist: klar über dem Durchschnitt der Motels in Kamloops. DZ ab 59 $. 500 West Columbia Street, ✆ (250) 374-4164, www.hospitalityinnkamloops.com.

Essen und Trinken **The Commodore 5:** Wohl die größte kulinarische Spannweite in Kamloops: Europäisches, Nordamerikanisches, Asiatisches und Fusion aus dem Nahen Osten. Dazu gute Drinks, gute Stimmung. Mo–Sa 11–2 Uhr. 369 Victoria Street, ✆ (250) 851-3100, www.commodorekamloops.com.

Brownstone Restaurant 1: Das gemütliche Nachbarschaftsrestaurant serviert frische Küche in warmer und leicht eleganter Atmosphäre. Nur Dinner, tägl. 17–21 Uhr. 118 Victoria Street, ✆ (250) 851-9939, www.brownstone-restaurant.com.

Hello Toast 3: Oft bildet sich eine Schlange vor dem Wohlfühlrestaurant. Große Auswahl – auch vegetarisch und vegan. Einige Tische auf dem Bürgersteig. Tägl. 7.30–15 Uhr. 428 Victoria St, ✆ (250) 372-9322.

Victoria Street, Kamloops „Downtown"

Von Kamloops nach Sicamous

Die Straße führt den Thompson River hinauf, passiert den Little Shuswap Lake, überquert einen Bergsattel und erreicht Salmon Arm am Südende des langgezogenen und verzweigten Shuswap Lake. Im Laufe der Fahrt verdrängen Wälder und fruchtbares Farmland die bis dahin vorherrschende trockene Vegetation. Bis Salmon Arm sind es knapp 1½ Stunden Fahrzeit, nach einer weiteren halben Stunde ist Sicamous erreicht.

Salmon Arm: Die mit 18.000 Einwohnern größte Stadt am Shuswap Lake ist ein wichtiges regionales Versorgungszentrum. Der weit in den See ragende Pier, die Salmon Arm Wharf, bietet eine schöne Möglichkeit, sich nach längerer Fahrt die Beine zu vertreten, oder man schlendert durch De Mille's Farm Market am westlichen Ortseingang: Hier gibt es täglich von 8 Uhr früh bis Sonnenuntergang frisches Obst und Gemüse, und auf Kinder wartet ein Streichelzoo.

Sicamous

Der bei Kanadiern beliebte Ferienort mit 3000 Einwohnern liegt auf halber Strecke zwischen Vancouver und Calgary.

Seine Lage an den Ufern des Eagle River und der Seen Shuswap und Mara prädestiniert den Ort für Aktivitäten auf dem Wasser.

Sicamous gilt als Kanadas Hausboot-Hauptstadt. Mehrere Unternehmen vermieten Unterkünfte auf dem See, die oft schwimmenden Festungen gleichen: 20 m lang, auf drei Ebenen Platz für bis zu 20 Gäste, Hot Tub und BBQ-Station – für viele Kanadier ein Traumurlaub. Europäer haben meist andere Wünsche, als ihre Ferien für 600 $ pro Nacht auf einer schwimmenden Luxusunterkunft zu verbringen, zumal in der Hochsaison ein Mindestaufenthalt von drei Tagen gilt.

- Vermieter von Hausbooten sind bluewater houseboats.ca, waterwayhouseboats.com und summerwavehouseboats.ca.

Highway 5: über Merritt

Seit den 1980er-Jahren litt der Highway 1 unter dem steigenden Verkehrsaufkommen, ein Ausbau der Straße im engen Fraser Canyon war aber nicht möglich. So baute man den Coquihalla Highway über die Berge – heute die kürzeste und schnellste Route von Vancouver nach Kamloops.

7 km östlich von Hope zweigt vom Highway 3 der Highway 5 (Coquihalla Highway) nach Norden ab. Er verläuft entlang des Coquihalla River und steigt bis zum Coquihalla Pass auf 1244 m Höhe an. Zwischen Herbst und Frühjahr ist in den höheren Lagen immer mit Wetterumschwüngen und plötzlichem Schneefall zu rechnen. Bald ist das Städtchen Merritt erreicht, wo der Highway 97C, der „Okanagan Connector", nach Kelowna abzweigt und die Verbindung in die Weinbauregion herstellt. Bleibt man auf dem Highway 5, ist man von Merritt nach einer Stunde Fahrzeit in Kamloops.

Merritt

Das 7000-Einwohner-Städtchen lebt von der Landwirtschaft. Um das touristische Potential besser zu erschließen, hat man sich den Beinamen „Country Music Capital of Canada" gegeben. Nicht an Country Music interessierte Reisende werden Merritt nur wenig abgewinnen können und die Stadt im wahrsten Sinne des Wortes links liegen lassen – was einfach ist: Der Highway 5 führt außerhalb vorbei, das Zentrum liegt einige Kilometer westlich.

Canadian Country Music Hall of Fame und Merritt Walk of Stars: Seit 2012 ist Merritt und nicht mehr Toronto Sitz der Ruhmeshalle der kanadischen Countrymusik. Hier werden Hank Snow, Gordon Lightfoot, Buffy Sainte-Marie und andere Ikonen der Szene nördlich des 49. Breitengrads gefeiert. In den Straßen der Stadt haben sich viele Stars der Musik – ähnlich wie in Hollywood – mit Hand- und Fußabdrücken im Zement der Bürgersteige verewigt. Auch Murals (Wandmalereien) zeigen Countrygrößen.

■ Juni bis Sept. Di–Sa 10–16 Uhr. Derzeit (provisorisches Gebäude) Eintritt noch frei. Sonntags 16–18 Uhr Cowboy-Gottesdienst – auch für Besucher ohne Pferd. 2025 Quilchena Street, ✆ (250) 315-5508, www.ccmhalloffame.com.

Praktische Infos

Information **BC Visitor Information** an der Kreuzung der Highways 5 und 97. Mai bis Okt. tägl. mindestens 9–17 Uhr, ✆ (250 315-1342. **Merritt Visitor Centre:** Kleiner Kiosk im historischen Baillie House, mit Picknicktischen im Garten. Unregelmäßig geöffnet. 2250 Voght Street, ✆ (250) 378-0349, www.bailliehouse.com.

Übernachten Hier gibt Merritt nicht viel her – abgesehen von einigen großen Ketten wie Best Western, Comfort Inn Quality Inn, Ramada, Super 8 und Travelodge mit Häusern im **- oder ***-Bereich.

Essen und Trinken Rund um die Voght Street/Highway 97C gibt es mehrere passable Restaurants.

Mongos: Mongolische Küche. Mo–Fr 11–20, Sa 16.30–20 Uhr. 2084 Garcia Street, ✆ (250) 378-1574.

Kekuli Café: Gerichte mit dem indianischen Fladenbrot Bannock. Tägl. 7.30–7.30 Uhr. 2051 Voght Street, ✆ (250) 378-3588.

Bramble's Bakery: Frühstück und Sandwiches. Mo–Fr 7–17.30, Sa 8.30–16 Uhr. 2151 Quilchena Avenue, ✆ (250) 378-6655.

Nicola Lake bei Merritt am einsamen Highway 5A

British Columbia | Landesinnere → Karte S. 236/237

Zentrales Okanagan

In Merritt steht man vor der Wahl: über den Highway 5 und Kamloops nach Sicamous oder einen Abstecher ins Okanagan Valley einbauen? Wer sich für die zweite Variante entscheidet, entdeckt eine faszinierende Region Westkanadas, die so gar nicht den Klischees entspricht: endlose Weinberge, gepflegte Sandstrände und Sommertemperaturen von 40 Grad und mehr.

Erst steigt der Highway 97C stark an, überquert dann eine Bergkette und trifft bei Peachland auf den Okanagan Lake. Dieser ist mit 350 km^2 etwa ein Viertel kleiner als der Bodensee, aber mit 135 km gut doppelt so lang. Das Westufer wird von Weinbergen dominiert; über eine Brücke führt der Highway nach Kelowna ans Ostufer. Mindestens eine, besser zwei Übernachtungen sollte man hier einplanen, um die Stadt mit ihren zahlreichen Sehenswürdigkeiten zu entdecken. Wer im Rahmen von Tagestouren auch noch das südliche Okanagan besuchen will, bezieht besser für drei oder vier Nächte Unterkunft. Vernon – der nächsten größeren Stadt – fehlt der Charme anderer Städte im Okanagan. Über den Highway 97A erreicht man schließlich in Sicamous wieder den Trans-Canada Highway.

Okanagan – Napa Valley des Nordens

„Weine von wo? Okanagan?“ Noch heute ist das die typische Antwort vieler Weinhändler in Deutschland. Dass in Kanada exzellente Qualitätsweine gekeltert werden, können sich nicht nur die meisten Urlauber kaum vorstellen, auch bei Profis sind Weine aus dem Okanagan oft unbekannt. Dabei sind die Voraussetzungen ideal: Das Okanagan Valley weist ein ähnlich heißes und sonniges Klima auf wie das bekannte Napa Valley in den USA – im Sommer scheint die Sonne hier sogar eine Stunde länger als in Kalifornien. Der riesige Okanagan Lake ist zudem ein Glücksfall für den Weinbau: Im Sommer sorgt er für nächtliche Abkühlung, im Herbst und Winter dagegen fungiert er als Wärmespeicher. Obwohl erst seit gut 20 Jahren Spitzenweine in der Region hergestellt werden, haben schon viele Winzer mit ihren Pinot Gris und Chardonnays, mit Shiraz und Merlots internationale Auszeichnungen errungen. Wird man also demnächst mehr kanadische Weine in europäischen Supermarktregalen sehen? Wohl kaum. So gut die Qualität auch ist: Herstellungspreis, Steuern und der lange Transportweg verhindern, dass die Weine in Europa konkurrenzfähig sind. Wer vor Ort seinen Lieblingswein gefunden hat, sollte daher seine Freigepäckgrenzen kennen …

West Kelowna

Das am Okanagan Lake gelegene West Kelowna – von vielen Einheimischen „Westbank“ genannt und oft auch unter diesem Namen auf Karten verzeichnet – ist politisch eine selbstständige Kommune, faktisch aber ein Pendler- und Industrievorort von Kelowna. Östlich des Stadtkerns erstreckt sich das Weinanbaugebiet bis hinunter zum Okanagan Lake. Von Süden kommend, fährt man daher am besten gleich bei der ersten Ausfahrt rechts ab und folgt der Gellatly Road South hinunter zum Seeufer, wo man links abbiegt. Die Gellatly Road und ihre Verlängerung, die Boucherie Road, führen mitten durch das Weinanbaugebiet. Nach ca. 13 km erreicht man dann wieder den Highway und nach weiteren zwei Kilometern die Brücke über den See, hinüber nach Kelowna.

Weingüter: Prunkvoll und pompös thront Mission Hill über dem See. Blickfang ist der 12-stöckige Glockenturm. Auch wer weder Wein kaufen noch verkosten will, sollte einen Blick ins Weingut werfen: Die Architektur ist eindrucksvoll. Mission Hill gewann 1994 für seinen Chardonnay als erstes Weingut des Okanagan einen Preis bei der International Wine and Spirit Competition.

▪ Im Sommer tägl. 10–19.30, sonst 11–17 Uhr. Portfolio Tastings mit edlen Weinen mehrmals tägl., 20–30 $. Diverse Touren von 45–90 Minuten. Reservieren! 1730 Mission Hill Road, ✆ (250) 768-7611, www.missionhillwinery.com.

Gemeinsam mit Mission Hill und anderen Betrieben gehört Quail's Gate Estate Winery zu den Weingütern des Westside Wine Trails am Westufer des Okanagan Lake. Die Weine des Familienbetriebs in dritter Generation wurden vielfach international ausgezeichnet. Heute lohnt ein Stopp vor allem wegen der kreativen Tastings im preisgekrönten Old Vine Restaurant, wo

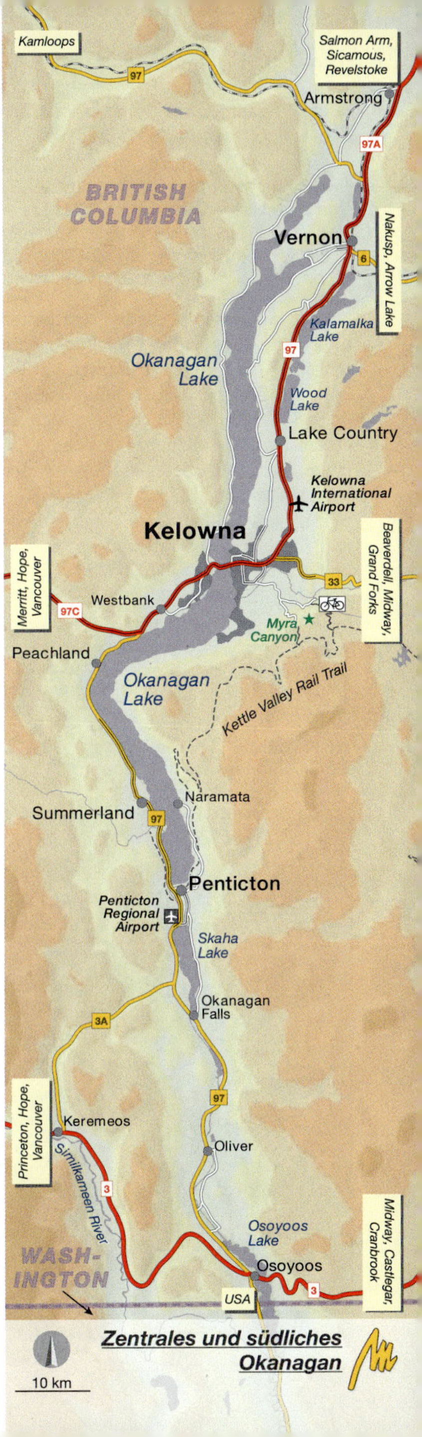

auch Sonderveranstaltungen stattfinden, z. B. „Dinner im Weinberg".

▪ Mai bis Sept. tägl. 10–19, sonst 10–18 Uhr. Tastings: Zwei Weine kostenfrei, drei weitere 5 $. Chocolate & Wine Tasting 25 $. Seated Tasting mit Snacks ab 35 $. Drei Touren von 60–90 Minuten. Reservieren! 3303 Boucherie Road, ✆ (250) 769-4451, www.quailsgate.com.

Wer mehrere Weingüter entdecken und dies bedenkenlos genießen möchte, sollte das Auto stehenlassen und an einer geführten Tour teilnehmen – doch Vorsicht: Oft findet man sich an einem Junggesellenabschied oder in einem Bus mit 40 anderen Reisenden wieder und bekommt nur Massenabfertigung mit Billigweinen. Empfehlenswerte Anbieter → Wein-Touren.

Praktische Infos

Information **Okanagan Connector Visitor Centre,** am Highway von Merritt kommend, kurz vor West Kelowna; tägl. 10–17 Uhr. 3960 Highway 97C, ✆ (250) 767-6679, www.route97.net.

Wein-Touren Folgende Anbieter arbeiten seriös: **Okanagan Wine Country Tours:** mehrere Kleingruppen-Touren mit Mercedes, Sprinter-Bussen und Limousinen. 4–7½ Std., teilweise inkl. Lunch oder Dinner, 99–169 $. ✆ (250) 868-9463, www.okwinetours.com. **Noble Adventures:** 5 individuelle Touren, von denen zwei schon ab 2 Pers. durchgeführt werden – persönlicher geht's nicht. 5–6 Std., ohne Lunch, 119–139 $. ✆ (250) 253-8379, www.nobleadventures.net

Weinstöcke im Okanagan Valley

Übernachten Der überwiegende Teil der Hotels in der Region liegt in Kelowna, auf der Ostseite des Sees. Doch auch in West Kelowna finden sich zahlreiche gute Unterkünfte.

The Cove Lakeside Resort: Resort mit großem Spa-Bereich, in ruhiger Lage, direkt am Wasser. Restaurant, Fitness Centre und zwei Außenpools. DZ ab 149 $. 4205 Gellatly Road, ✆ (250) 707-1800, www.covelakeside.com.

A Le Chateau du Lac: Nur eines von mehreren exzellenten Bed and Breakfasts im Wine Country der Westside. 5 Zimmer, prachtvoller Blick über den See, ein kleiner Pool und Hot Tub. Mission Hill und Quail's Gate sind bequem zu Fuß erreichbar. DZ ab 231 $. 1138 Gregory Road, ✆ (250) 808-2931.

Camping **Bear Creek Provincial Park Campground:** Der wunderschön direkt am See gelegene Platz ist für einen Provinzpark überdurchschnittlich ausgestattet (Duschen, kleiner Laden). Alle 122 Stellplätze können (und müssen!) reserviert werden. Stellplatz 35 $. Westside Road (9 km vom Highway 97), ✆ (250) 548-0076, www.campokanagan.com.

Essen und Trinken **19 Okanagan Grill & Bar:** Das für alle Gäste offene Restaurant auf dem Gelände des Two Eagle Golf Course bietet feinste Küche in gehobener, aber entspannter Atmosphäre. Frühstück, Lunch und Dinner. Tägl. 9–22 Uhr. 3509 Carrington Road, ✆ (250) 768-3133, www.dine19.com.

L'Oven Farm Fresh Food: Die Bäckerei mit Restaurant in der Buckerfields Plaza Mall überzeugt durch lokale Zutaten aus biologischem Anbau. Mittags Burger, Pizza, Tacos und Panini – auch glutenfrei und vegan. Mo und Mi/Do 9–15, Fr–So 9–20 Uhr. 2565 Main Street, ✆ (778) 754-7070, www.sphere.bc.ca/loven/index.html.

Cherry Pit Restaurant & Catering: Der beste Lieferservice der Westside bietet seine Speisen auch im eigenen Restaurant an: All-day Breakfast, Lunch – und dazu eine schöne Terrasse für die vielen warmen Tage. Tägl. 6–15 Uhr, am Wochenende sehr voll. 2565 Highway 97, ✆ (250) 768-2666, www.cherrypit.ca.

Ogopogo – Nessies kleine Schwester

Jeder große See braucht sein Seeungeheuer – der Okanagan Lake macht da keine Ausnahme: Hier treibt das Ogopogo sein Unwesen. Ähnlich wie am Loch Ness wird das Monster als 12 bis 15 Meter lange Seeschlange im Stile eines Basilosaurus beschrieben und wurde seit 1926 regelmäßig gesichtet – alle Fotos sind jedoch unscharf ...

Schon die örtlichen First Nations sollen das Tier gekannt haben, lange vor Ankunft der ersten weißen Siedler. Dass die Ureinwohner darauf bestehen, bei dem Seegeist handele es sich nicht um ein körperliches, sondern um ein spirituelles Wesen, tut dem Hype keinen Abbruch: Fast jeder Tourist lässt sich vor der Ogopogo-Skulptur im Kerry Park von Kelowna fotografieren.

The Terrace: Das halboffene Restaurant im Weingut Mission Hill gilt als eines der besten Weingut-Restaurants der Welt. Lunch und Dinner. Tägl. 12–19 Uhr. Reservieren! 1730 Mission Hill Road, ✆ (250) 768-6467, www.missionhillwinery.com/restaurant.aspx.

Kelowna

Der Name der Stadt bedeutet in der Sprache des Stammes der Okanagan „Grizzlybär“. Ein solcher wurde jedoch im Großraum Kelowna mit seinen fast 200.000 Einwohnern schon länger nicht mehr gesichtet. Stattdessen dominieren Obst- und zunehmend auch Weinanbau in der klimatisch begünstigten Gegend mit ihren trockenen, heißen Sommern. In der Innenstadt ist die Bernard Avenue, die vom Strand Richtung Osten führt, mit ihren Restaurants und Geschäften für Urlauber interessant. In den Nebenstraßen gibt es ausreichend Parkplätze an der Straße und auch privat betriebene Parkflächen. Von hier aus sind alle Sehenswürdigkeiten der Innenstadt bequem zu Fuß erreichbar.

Stadtparks: Der kleine Kasugai Japanese Garden hinter der City Hall (Rathaus) ist ein Ort der Ruhe und Entspannung. Von Gärtnern aus Kelownas Partnerstadt Kasugai 1987 geschaffen, weist er zahlreiche traditionelle japanische Elemente auf, z. B. kleine Wasserfälle und einen Koi-Teich.

An warmen Sommerabenden bummelt halb Kelowna vom City Park zum Rotary Marsh Park am Seeufer entlang, zumal die nahegelegene Bernard Avenue mit vielen Restaurants und Eiscafés einlädt. Der große und lebhafte City Park mit seinem langen Strand erstreckt sich von der Brücke bis zum Yachthafen. Nördlich schließen sich der kleine Kerry Park (aufgrund seiner Integration ins städtische Leben 2015 zu Kanadas bestem City Park gewählt), der Stuart Park sowie der ruhigere Waterfront Park an, letzterer auf künstlich aufgeschüttetem Gelände mit Strand. Nach dem Waterfront Park folgt ein weiterer kurzer Strandabschnitt und dann der Rotary Marsh Park, ein besonders bei Ornithologen beliebtes Mündungsgebiet eines kleinen Baches.

Museen: Die Stadt betreibt gleich vier kleine Museen, die alle keinen Eintritt verlangen, aber für Spenden danken. Das Okanagan Heritage Museum widmet sich der Natur- und Siedlungsgeschichte der Region: Ein Blockhaus und ein Geschäft aus der Chinatown

British Columbia | Landesinnere → Karte S. 236/237

veranschaulichen die damaligen Lebensbedingungen.

An derselben Adresse findet man die Central Okanagan Sports Hall of Fame, die an die herausragenden Sportler der Region und ihre Erfolge erinnert.

Im Okanagan Wine and Orchard Museum erhält man einen Einblick in die Entwicklung des Weinbaus und der Obstgärten der Region. Das Museum liegt im Laurel Packing House, einst größter Umschlagsort für das Obst, das von hier aus nach ganz Kanada versandt wurde.

Nicht weit davon steht das Okanagan Military Museum, das die Kriegsteilnehmer der Region ehrt. Kanada war zwar seit seiner Gründung 1867 nie Auslöser von kriegerischen Auseinandersetzungen, wurde aber als Mitglied des Commonwealth stets in alle britischen Kriegshandlungen – vom Burenkrieg in Südafrika bis hin zu den Kriegen im Irak – mit hineingezogen.

Heritage Museum und **Sports Hall of Fame:** Mo–Sa 10–17 Uhr, 470 Queensway Avenue. **Wine and Orchard Museum:** Di–Sa 10–17, So 11–16 Uhr, 1304 Ellis Street. **Military Museum:** Di–Sa 10–17 Uhr, 1424 Ellis Street. ✆ (250) 763-2417, www.kelownamuseums.ca.

Bernard Avenue, Herz der Downtown

Praktische Infos

Information **Tourism Kelowna,** in der Downtown am Highway 97; im Sommer tägl. 9–18 Uhr. 544 Harvey Street, ✆ (250) 861-1515, www.tourismkelowna.com.

Hin und weg **Flugzeug:** Der Kelowna International Airport 15 km nördlich der Stadt ist u. a. von Vancouver, Victoria und Calgary nonstop erreichbar. Private Shuttle, Taxis und eine sporadische Busverbindung stellen die Verbindung in die City her. ✆ (250) 807-4300, https://ylw.kelowna.ca.

Bus: Über Fernbusverbindungen gab es bei Redaktionsschluss (April 2019) noch keine verlässlichen Angaben, nachdem der bisherige Betreiber Greyhound Bus seine Linien in Westkanada Ende 2018 eingestellt hatte (→ S. 698).

Bootsausflüge Fahrten auf dem Okanagan Lake mit **Kelowna Cruises:** Um 12.30 und 14 Uhr 90-minütige Touren 25 $ (mit Lunch 35 $), abends um 17.30 oder 18 Uhr eine 2-stündige Dinnercruise für 60 $ inkl. großem Buffet. 238 Queensway Avenue, ✆ (778) 753-5888, www.kelownacruises.com.

Einkaufen **Orchard Park Shopping Centre** ist die größte Shopping Mall zwischen Vancouver und Calgary. Sa–Di 10–18, Mi–Fr 10–21 Uhr. 2271 Harvey Avenue.

Fahrradverleih/Radtouren **Myra Canyon Bike Rentals.** Fahrrad 1/2 Tag oder Abend 39 $. Myra-Canyon-Tour 90 $, Tour nach Penticton 150 $. ✆ (250) 878-8763, www.myracanyonrental.com.

Galerien **Kelowna Art Gallery:** Historische und zeitgenössische kanadische Kunst mit wechselnden Werkschauen. Eintritt 5 $ (Do gratis). Di/Mi und Fr/Sa 10–17, Do 10–21, So 13–16 Uhr. 1315 Water Street, ✆ (250) 762-2226, www.kelownaartgallery.com.

Hambleton Galleries: Käufliche zeitgenössische Kunst aus Kanada, u. a. Zeichnungen von Leonhard Cohen (!). Auch Ausstellungen. Eintritt frei. Di–Sa 10–17 Uhr. 1290 Ellis Street, ✆ (250) 860-2498, www.hambletongalleries.com.

Stadtrundgänge Die Stadtverwaltung bietet zweistündige Führungen, die auf sehr lebendige Art die Geschichte des Obst- und Weinbaus, der Kunst und Kultur in Kelowna vermitteln. Juli/Aug. Do–Sa 10 Uhr. Kostenlos. Treffpunkt beim Laurel Packinghouse (Ellis Street/Cawston Avenue). ✆ (250) 469-8967, www.kelowna.ca.

Wein-Touren Seriöse Anbieter: **Experience Wine Tours,** verschiedene Touren in Mercedes-Kleinbussen, alle inklusive Picknicklunch. 5–8 Std. 139–175 $. Kein Büro – nur online oder unter ✆ (250) 300-4436, www.experiencewinetours.ca.

MeinTipp **Vintage Vine Tours,** exklusive Touren mit einem roten 1956er Cadillac Sedan de Ville! Stilvoller und individueller geht es nicht; und die Tour ist kaum teurer als die in größeren Gruppen. Touren 10–14 und 15–19 Uhr für 300 $/2 Pers. inkl. Lunch und Wein, jede weitere Pers. 125 $. Kein Büro – nur online oder ✆(250) 864-8676, www.vintagewinetours.ca.

Monashee Adventure Tours, zwei verschiedene Radtouren zu Weingütern, die ersten und letzten Kilometer mit einem Shuttlebus. 3–4 Std. inkl. Hotelabholung und Shuttle 120–200 $. Kein Büro – nur online oder ✆(250) 878-3587, www.monasheeadventuretours.com.

Übernachten ****** Grand Okanagan Resort (Delta by Marriott) 2:** Das Hotel und der zugehörige „Royal Private Residence Club" kombinieren die Bestlage am See mit gehobenem Hotelstandard. Sehr gutes Hotelrestaurant, Pool, Spa. DZ ab 264 $, Villas mit Kamin und Whirlpool-Wanne im Club-Bereich ab 391 $. 1301 Water St, ✆(250) 763-4500, www.marriott.com.

***** The Royal Anne Hotel 4:** Das klassische Boutique-Hotel in sehr guter Lage bietet 64 große Zimmer. DZ ab 209 $. 348 Bernard Avenue, ✆(250) 763-2277, www.royalannehotel.com.

Hotel Zed Kelowna 8: Das peppige und urige Haus liegt mitten im Zentrum des Abend- und Nachtlebens – es kann vor allem am Wochenende auch mal laut werden. Der kostenlose Fahrradverleih, die bunt renovierten Zimmer und die drei Dachterrassen machen das aber mehr als wett! DZ ab 189. $ 1627 Abbott Street, ✆(250) 763-7771, www.hotelzed.com/kelowna.

Beyond the Vineyards: B&B in einem ruhigen Vorort einige Autominuten südlich des Zentrums. Die beiden Suiten sind hochmodern und komfortabel ausgestattet; sie teilen sich Wohnzimmer, Kinozimmer, den Salzwasserpool und einen Hot Tub. DZ ab 165 $ – Mindestaufenthalt 2 Nächte. 672 Elm Road, ✆(250) 878-6748, www.beyondthevineyards.ca.

Samesun Kelowna 9: Das 100-Betten-Hostel in guter, aber etwas lauter Lage am Highway hat einen großen Außenbereich mit Terrasse, BBQ und Hot Tub. DZ Du/WC ab 138 $, DZ mit Gemeinschaftsbad ab 126 $, Bett im Schlafsaal ab 39 $; jeweils inkl. Frühstück. 245 Harvey Avenue, ✆(2501) 763-9814, www.samesun.com/backpackers-hostels/kelowna.

Essen und Trinken **Waterfront Wines – Restaurant & Bar 1:** Seit 2010 jedes Jahr zum besten Restaurant des Okanagan gewählt; zwar liegt das „Waterfront" nicht direkt am Wasser, begeistert aber mit Bio-Speisen für Gourmets und einer exzellenten Wein- und Käseauswahl. Tägl. 17–22 Uhr. 1180 Sunset Drive, ✆(250) 979-1222, www.waterfrontrestaurant.ca.

Naked Café 6: Das beste rein vegane Restaurant im Okanagan mit umfangreicher Karte für den ganzen Tag. Frühstück, Lunch und Dinner. Tägl. 9–21 Uhr. 571 Lawrence Avenue, ✆(778) 484-5640, www.nakedcafekelowna.com.

Mein Tipp **The Curious Café 3:** Das moderne und gemütliche Restaurant mit offener Küche bietet großartiges Essen (auch vegetarisch), viele Craft-Biere und Sitzoptionen an der Bar, im Café oder im Dining Room. Frühstück, Lunch und Dinner. So–Do 9–22, Fr/Sa 9–23 Uhr. 1423 Ellis St, ✆(778) 484-0490, www.thecurious.ca.

Krafty Kitchen 7: Das Team experimentiert gerne, bringt dabei aber nur frischeste regionale Zutaten auf den Tisch. Legendär ist das vielgängige Überraschungsmenü „Chef's Table" für 55 $. Natürlich kann auch ganz normal bestellt werden. Mo–Do 12–22, Fr 12–24, Sa 10.30–24, So 10.30–22 Uhr. 509 Bernard Avenue, ✆(250) 868-7228, www.kraftykitchen.ca.

The Grateful Fed 5: Drei- bis viermal die Woche gibt es Livemusik im „Fed". Was wie eine typische dunkle Musikkneipe wirkt, bietet auf den zweiten Blick eine erstaunlich kreative, umfangreiche Speisekarte, u. a. mit Falafel, Schnitzel und ungewöhnlichen Sandwiches. Mo 8–14, Di–Sa 8–1, So 9–14 Uhr. 509 Bernard Avenue, ✆(250) 979-1222, www.thegratefulfed.ca.

Rund um Kelowna

Myra Canyon: Noch vor den Weingütern ist er Kelownas Attraktion Nummer eins! Der spektakuläre Radweg auf der Trasse der ehemaligen Kettle Valley Railway führt entlang des Myra Canyon über zwei Stahlbrücken, 16 Trestles (Holzfachwerkbrücken) und durch zwei Tunnels. Auf der 12 km langen Strecke gibt es praktisch keine Steigungen, dafür aber jede Menge grandiose und stets wechselnde Panoramen. Auch für weniger geübte Radler ist die Strecke gut zu bewältigen, die Vier-Stunden-Miete eines Rads reicht für den Hin- und Rückweg. Wer die Schotterpiste zum Parkplatz meiden

Radeln auf stillgelegter Bahntrasse: Myra Canyon

will (für Wohnmobile über 24 Fuß nicht geeignet), kann sich in Kelowna abholen lassen.

Noch faszinierender ist es, die Tour in die Weinberge von Naramata und nach Penticton fortzusetzen: Die Route führt kontinuierlich mit 1–2 % Gefälle bergab und bietet unterwegs eine Einkehrmöglichkeit. Der Rücktransfer ist zu einem vernünftigen Preis sichergestellt. Die gesamte, 86 km lange Strecke gilt zu Recht als schönster Fahrradweg Kanadas.

▪ Myra Forest Service Road, 24 km südöstlich der Innenstadt (Zufahrt über KLO Road und McCulloch Road). Infos und Karten unter www.myra-trestles.com/trail-information.

Weingüter: Dutzende von Weingütern liegen nördlich und südlich der Stadt. Fast alle können besichtigt werden, bieten Verkostungen und Führungen an und verfügen über einen Shop und oft auch ein kleines Restaurant. Viele haben sich in regionalen Vermarktungsverbünden zusammengeschlossen. Neben dem Westside Wine Trail sind dies die Kelowna Fab Five südöstlich der Stadt, die Weingüter des Lake Country's Scenic Sip, die Weingüter an der Lakeshore Wine Route südlich der Stadt sowie die Betriebe in der Innenstadt, die Downtown Grapes & Grains. Seriöse Anbieter von Touren → Kelowna, S. 259.

▪ Details zu allen Weingütern erfährt man aus der Broschüre „Kelowna Wine Trails", die im Visitor Centre und bei vielen Weingütern kostenfrei erhältlich ist.

Architektonisch am auffälligsten ist die Summerhill Pyramid Winery im Süden der Stadt. Der Weinkeller in Form der Cheops-Pyramide orientiert sich an den Sternen, um harmonische Weine zu kreieren …

▪ Verkostungen tägl. 9–21 Uhr, Pyramid Experience Tour im Sommer um 12, 14, 16, 18 Uhr. Beides kostenfrei. Verkostungen (90 Min.) 11, 13, 15 Uhr für 25 $. 4870 Chute Lake Road, ✆ (250) 764-8000, www.summerhill.bc.ca.

Okanagan Lavender Herb Farm: Nicht nur Wein, auch Lavendel und Kräuter gedeihen in dem milden Klima ausgezeichnet. Die Lavendelfarm südöstlich der Stadt ist vor allem von Ende Mai bis Ende Juli, wenn die Felder blühen, einen Streifzug wert. Im Shop der Farm können die vor Ort hergestellten Cremes, Öle und Sprays erworben werden. Wer hier einkauft, hat kostenlosen Eintritt in die Farm.

▪ Mai/Juni und Sept. 10–17 Uhr, Juli/Aug. 10–18 Uhr, Okt. bis Dez. 11–17 Uhr. Eintritt 10 $. Führung (nur vormittags) 15 $. 4380 Takla Road, ✆ (250) 764-7795, www.okanaganlavender.com.

Im Weingut Arrowleaf

Von Kelowna nach Vernon

Eine knappe Stunde dauert die Fahrt zwischen den beiden Städten auf dem Highway 97. Wer es an einem schönen Sommertag gemütlicher angehen will, kann von Kelowna über die Glenmore Road und am Seeufer über Okanagan Centre Road, Carrs Landing Road und Commonage Road nach Vernon fahren: Das sind nur 30 Minuten mehr, aber vor allem morgens bietet die Route schöne Blicke über den See.

Entlang der Route liegen zahlreiche **Weingüter,** die einen Besuch lohnen: Vormittags locken die Arrowleaf Cellars (1574 Camp Road, tägl. 10–18 Uhr) mit einem traumhaften Blick über den See, der sich mit den exzellenten Antipasti- und Snacktellern von den Picknicktischen auf der grünen Wiese genießen lässt. Intrigue Wines (2291 Goldie Road, tägl. 10–18 Uhr) gehört zu den vielen jungen Weingütern und keltert

Die Kettle Valley Railway

Die 1915 fertiggestellte Kettle Valley Railway führte einst über 455 km von Midway bis Hope und wand sich dabei über zahlreiche Gebirgsketten. Der Beschluss zum Bau fiel in den 1890er-Jahren: Aufgrund von Silberfunden in der Region waren Tausende US-amerikanischer Prospectors in die Region gekommen und machten diese faktisch zu einem Teil der USA – der Bahnbau diente vor allem der politischen Machtkontrolle. Wirtschaftlich war die aufwendige Route nicht erfolgreich und wurde daher abschnittsweise ab 1961 stillgelegt. Gemeinsam mit dem Columbia & Western Trail von Castlegar bis Midland ist die Trasse heute Bestandteil des „Great Trail", der Kanada von Ost nach West als Multi-Use Trail für Wanderer und Radfahrer durchquert. Dass heute wieder Radfahrer und Wanderer den spektakulären Abschnitt im Myra Canyon genießen können, war vor fünfzehn Jahren kaum vorstellbar: Bei Waldbränden 2003 wurden die meisten Brücken komplett zerstört. Der spendenfinanzierte Wiederaufbau konnte erst 2008 abgeschlossen werden.

einen ausgezeichneten Pinot Gris. Die Gray Monk Estate Winery ist British Columbias ältestes Weingut in Familienhand (1055 Camp Road, tägl. 9–21 Uhr, Touren stündl. 11–16 Uhr): Die Terrasse des Grapevine Restaurants ist sicher einer der schönsten – wenn auch teuersten – Orte für ein Abendessen im Lake Country.

Vernon

Die Stadt am Nordende des Okanagan Lake mit ihren 40.000 Einwohnern lebt überwiegend von der Forstwirtschaft und einem Armee-Ausbildungszentrum. Ihr fehlt der Charme und die Attraktivität Kelownas. Der Strand am Kin Beach, 3 km südwestlich der Stadt, ist nicht besonders schön – Kelowna und Penticton haben klar die attraktiveren Strände.

Der Polson Park im Zentrum ist ein überraschend schöner Stadtgarten. Neben vielen Sportmöglichkeiten dominieren Ruhebereiche wie der Japanische Garten, der Rosengarten und der Bereich um die chinesische Pagode. Das kleine Wissenschaftsmuseum Okanagan Science Centre im Park kann mit seinen Pendants in den Großstädten nicht mithalten, ist aber bei Regen nicht die schlechteste Möglichkeit, einen Tag in Vernon zu verbringen: viele interaktive Exponate, wechselnde Events und Sonderausstellungen.

Davison Orchards Country Village: Die über 80 Jahre alte Obstfarm 3 km westlich von Vernon bietet Obst- und Gemüsestände, das Deep Dish Café mit frischen Obstkuchen, geführte Touren durch die Farm, einen großen Spielplatz und Streichelzoo sowie eine Sammlung alter Traktoren. Ein Besuch lohnt vor allem ab Juli, wenn zahlreiche Obstsorten frisch gepflückt (oder als Saft frisch gepresst) im Angebot sind.

▪ Mai bis Okt. tägl., Juli/Aug. 8–18 Uhr, sonst etwas kürzer. 3111 Davison Road, ✆ (250) 549-2366, www.davisonorchards.ca.

Praktische Infos

Information **Tourism Vernon,** im Sommer tägl. 9–18, sonst Mo–Fr 10–17 Uhr. 3004 39th Avenue, ✆ (250) 542-1415, www.tourismvernon.com.

Hin und weg Über Fernbusverbindungen gab es bei Redaktionsschluss (April 2019) keine verlässlichen Angaben, nachdem der bisherige Betreiber Greyhound Bus seine Linien in Westkanada Ende 2018 eingestellt hatte (→ S. 698).

Übernachten ****** Sparkling Hill Resort & Spa:** Elegantes Wellness-Resort mit über 3700 m² großem Spa-Bereich; für die ultimative Erholung sorgen Packages, die Weingüter und Dinner beinhalten. Luxuriöse Zimmer. DZ inkl. Hot Breakfast und Spa ab 370 $. 888 Sparkling Place (ca. 5 km südwestlich von Vernon), ✆ (250) 275-1556, www.sparklinghill.com.

Silver Star Motel: Ein einfaches, aber sauberes und gepflegtes Motel im Herzen Vernons. DZ ab 89 $. 3700 32th Street, ✆ (250) 545-0501, www.silverstarmotel.com.

Lakeshore Paradise: B&B direkt am Sandstrand des Okanagan Lake. Suite mit Schlaf- und Wohnzimmer. DZ ab 170 $. 2664 Lakeshore Road, ✆ (250) 938-2166, www.lakeshoreparadise.ca.

Früher Bank, heute Restaurant ...

Essen und Trinken **Intermezzo Restaurant and Wine Cellar:** Steak Oscar, marokkanisches Lamm, Heilbutt karibisch – die Karte des eleganten Restaurants mit gehobener Küche birgt feinste Überraschungen, auch vegetarisch und glutenfrei. Dazu über 100 Weine zur Auswahl. Mo–Fr 17–22, Sa/So 16–22 Uhr. Reservieren! 3206 34th Avenue, ✆(250) 542-3853, www.intermezzowinecellar.com.

Cattlemen's Club Restaurant: Fleisch! Das rustikale Restaurant auf der historischen O'Keefe Ranch ist nichts für Vegetarier: Steaks, Prime Ribs & Co dominieren. Mo/Di 11–15, Mi/Do 11–20, Fr/Sa 11–20.30, So 10–20 Uhr. 9380 Highway 97 North, ✆(250) 542-2178, www.cattlemensclub.ca.

Lunch matters ... Breakfast too! Das unter Denkmalschutz stehende Gebäude mit seinen Holztischen und Ziegelmauern bietet einen schönen Rahmen für die großen und günstigen Portionen – die Qualität ist aber nur Durchschnitt. Mo–Fr 7–14 Uhr. 2908 32th Street, ✆(250) 542-3814.

Von Vernon in Richtung Sicamous

Eine Stunde dauert die Fahrt auf dem Highway 97A von Vernon bis Sicamous. Auf halber Strecke sieht man rechter Hand die Felsklippen der Enderby Cliffs im gleichnamigen Provinzpark. Vom Parkplatz führt ein 7 km langer Pfad zu den 700 m höher gelegenen Klippen – 3–4 Stunden sollte man für Hin- und Rückweg einplanen. Schon nach nur 2 km Wegstrecke erreicht man jedoch den ersten Aussichtspunkt, ca. 200 m über dem Tal (eine Stunde hin/zurück). Der kleine Mara Lake Provincial Park am Südende des Mara Lake, kurz vor Sicamous, ist kaum mehr als ein 150 m langer Strandabschnitt und eine Bootsrampe.

Südliches Okanagan

Die längste, facettenreichste Route durch British Columbia von West nach Ost: Von den steilen Bergen bei Hope durch grüne Wälder führt der Highway 3 nach Osoyoos, zu Kanadas einziger Wüste. Penticton und Oliver liegen dann schon in den Weinbergen des Okanagan.

Weitere Höhepunkte dieser Streckenführung sind der E. C. Manning Park mit vielen Freizeitaktivitäten und spektakulären Ausblicken, die Obstmetropole Keremeos und Summerland, wo eine Fahrt mit der Kettle Valley Railway lohnt.

Von Hope zum E. C. Manning Provincial Park

Eine gute Viertelstunde hinter Hope ragt ein kahler Felshang am Highway empor – Relikt einer großen Felslawine, der **Hope Slide.** In den frühen Morgenstunden des 9. Januar 1965 hatten einige kleinere Erdrutsche den Highway 3 blockiert und mehrere Autos aufgehalten. Kurz darauf lösten sich 47 Millionen Kubikmeter Felsgestein aus bis zu 2000 m Höhe, rasten die Bergflanke hinunter, begruben die Autos und einen See, walzten auf der gegenüberliegenden Seite den Hang hinauf und verschütteten das Tal vollkommen. Umgerechnet 18 Stockwerke unter dem heutigen Highway liegen immer noch die sterblichen Überreste von Verschütteten, die nie geborgen werden konnten. Informationstafeln an einem Parkplatz veranschaulichen die ungeheure Wucht der Naturkatastrophe.

E. C. Manning Provincial Park

Von ihrer schöneren Seite zeigt sich die Natur dagegen im E. C. Manning Provincial Park – an Wochenenden und in den Ferien ein Naherholungsgebiet für halb Vancouver, in der Nebensaison ein großartiger und oft einsamer Provinzpark mit Bergen, Wäldern und Seen wie aus dem Bilderbuch. Mit über 700 km² Fläche ist er fast so groß wie der Stadtstaat Hamburg. Zahlreiche Wandermöglichkeiten vom kurzen Spaziergang bis hin zu sechstägigen Treks durch die Wildnis machen ihn zu einem der beliebtesten Parks in der gesamten Provinz. Einige der Wege sind auch für Mountainbikes zugelassen.

Im Herzen des Parks, am Manning Park Resort, zweigt die Blackwall Road nach Norden ab. Steil und in Serpentinen den Berg hinaufführend, gewinnt die Straße auf acht Kilometern 500 Meter Höhe. Vom Parkplatz am Cascade Lookout bieten sich erste Ausblicke. Noch eindrucksvoller ist der **Dry Ridge Trail,** der hier seinen Ausgangspunkt hat (ca. 3 km hin/zurück, 60–90 Min.). Vom Parkplatz aus führt die Straße noch ein Stück den Berg hinauf, Richtung Blackwall Peak. Das Netz der kurzen Wege vom Ende der Straße erschließt einige schöne Bergwiesen.

Vom Manning Park Resort in westliche Richtung führt die Gibson Pass Road zum langgezogenen **Lightning Lake,** der mit seinen Nebenarmen über eine große Day-Use-Area und den größten Campground im Park verfügt. Der schöne und meist ebene Lightning Lake Loop (9 km, ca. 2½ Std.) umrundet den See, kann aber auch über die Rainbow Bridge abgekürzt werden. In der Dämmerung kann man oft Biber sehen. Am See werden Ruderboote, Kanus, Kajaks und SUP-Boards vermietet.

Praktische Infos

Information **Manning Park Visitor Centre,** am Highway 3, 1 km östlich der Park Lodge: Mitte Juni bis Mitte Sept. tägl. 9–18 Uhr. ✆ (604) 668-5922, www.env.gov.bc.ca/bcparks/explore/parkpgs/ecmanning.

Bootsverleih Am Lightning Lake, tägl. 9–18 Uhr. Ruderboote und Kajaks für 1, 2, 4, 8 Std. 22, 32, 42, 75 $, Kanus für 5 Pers. für 1, 2, 4, 8 Std. 32, 42, 52, 100 $. summer.manningpark.com/paddleboard-canoe-boat-rentals.

Übernachten ***** Manning Park Resort:** Das Resort bietet komfortable Unterkünfte mitten im Park an. DZ ab 109 $, Cabin mit 2/3 Schlafzimmern ab 209/264 $, großzügige Chalets ab 304 $. ✆ (604) 668-5922, www.manningpark.com.

Camping Die 350 Stellplätze auf den vier **Campgrounds Coldspring, Hampton, Lightning** und **Mule Deer** sind im Sommer meist ausgebucht – reservieren ist dringend zu empfehlen. Stellplatz 35 $. www.env.gov.bc.ca/bcparks/explore/parkpgs/ecmanning.

Im E.C. Manning Provincial Park

Essen und Trinken **Pinewoods Dining Room:** Das Restaurant im Manning Park Resort verpflegt auch Nicht-Hotel-Gäste. West-Coast-Küche mit großen Portionen. Sonntags Brunch. Tägl. 8–21, Fr/Sa bis 22 Uhr. ✆ (604) 668-5933, www.manningpark.com.

Princeton

Die Region rund um das 3000-Einwohner-Städtchen wurde schon vor 7500 Jahren durch die First Nations vom Stamm der Similkameen besiedelt. Sie behaupteten ihren Platz in der Gesellschaft und Princeton ist heute für sie immer noch ein wichtiges kulturelles Zentrum. Die Stadt lebt vor allem von Holzverarbeitung und Landwirtschaft, bietet aber auch einige Motels, vor allem für Gäste, die im Manning Provinzpark keine Unterkunft mehr gefunden haben. In 15 Minuten ist man die Hauptstraße einmal auf und ab gebummelt – das lohnt sich, denn hier erlebt man noch authentisches Kleinstadtflair in der kanadischen Provinz.

Princeton & District Museum: Das rührige Museum gehört zu den besseren der unzähligen Kleinstadtmuseen in der Provinz. Eine Trapperkabine zeigt das entbehrungsreiche Leben der frühen Siedler, der „Glowing Rock Room" bringt besondere Steine und Minerale der Region zur Geltung. Auch die Darstellung der frühen Minenstandorte – heute Ghost Towns – kommt nicht zu kurz.

▪ Juli/Aug. tägl. 10–18 Uhr, sonst Fr–So 12–16 Uhr. Eintritt frei, Spenden erbeten. 167 Vermillion Avenue, ✆ (250) 295-7588, www.princeton museum.org.

Praktische Infos

Information **Princeton Visitor Centre,** im Sommer Mo–Sa 9–17 Uhr. 169 Bridge Street✆ (250) 295-0235, www.princeton.ca/discover-princeton.

Übernachten **The Villager Inn:** Das etwas in die Jahre gekommene Motel ist sauber, gepflegt und bietet einen Pool und kostenloses, kleines Frühstück. DZ ab 99 $, mit Kitchenette ab 109 $. 244 4th Street, ✆ (250) 295-6996, www.villageinnprinceton.ca.

Riverside Cabins: Die 1934 (!) für die allerersten Autotouristen erbauten Holzhütten direkt am Tulameen River wurden renoviert, behielten aber ihren authentischen, rustikalen Stil. Cabin mit Du/WC ab 55 $. 307 Thomas Avenue, ✆ (250) 295-6232, www.riverside cabins.ca.

Essen und Trinken **The Cowboy Coffee:** Im Farmland beginnt der Tag früh: Ab halb fünf gibt es gute Kaffees, raue Sprüche der Bedienung und ein passables Frühstück. Mittags Sandwiches. Abends wechselnde Gerichte. Di–Sa 4.30–20, So/Mo 4.30–15 Uhr. 255 Vermillion Avenue, ✆ (250) 295-3431, www.cowboycoffee-princeton.ca.

Livinit Plus: Das Fitnessstudio mit Restaurant bietet – nicht überraschend – gesunde und ausgewogene Gerichte mit einem Schwerpunkt auf der Tex-Mex-Küche. Tägl. 11–20 Uhr. 110 Bromley Place, ✆ (250) 295-6262, www.livinit similkameen.com.

Von Princeton nach Osoyoos

Auf dem Highway 3 sind es etwa 75 Minuten reine Fahrzeit von Princeton durch das reizvolle Tal des Similkameen Rivers nach Osoyoos. Alternativ windet sich am anderen Flussufer der ehemalige Highway, heute als Old Hedley Road bezeichnet, deutlich gemächlicher durch die abwechslungsreiche Landschaft mit Wäldern, Felsen und Ackerland. Keremeos ist dann das Tor zum Okanagan Valley, ab hier dominieren Obst- und Weinbau das Bild.

Keremeos

Die selbsternannte „Fruit Stand Capital of the World" wird ihrem Ruf gerecht: Im Sommer säumen Dutzende von oft knallbunten Verkaufsständen den Highway 3. Pfirsiche, Kirschen und Äpfel herrschen vor, aber auch andere Obst- und Gemüsesorten sind farmfrisch zu haben. Keremeos ist Ausgangspunkt für Touren zu zwei abgelegenen Provinzparks:

Keremeos ist British Columbias Zentrum für Obst und Gemüse

Der Keremeos Columns Park wurde rund um hexagonale Basaltsäulen erschaffen – eine Formation ähnlich der des Giant's Causeway in Nordirland. Der Cathedral Provincial Park bietet Hochgebirge, Seen und Wälder. Die wirklich lohnenden Ausblicke sind aber in beiden Fällen nur nach langen Fußmärschen erreichbar – eine Vorabinformation im Visitor Centre ist sinnvoll.

Viel leichter zugänglich ist dagegen das attraktive **Freilichtmuseum Grist Mill & Gardens** (Juni bis Aug. tägl. 9–17 Uhr, Mai/Sept. 11–16 Uhr), das rund um eine Mühle von 1877 mit Wasserrad errichtet wurde. In der gepflegten Gartenanlage finden im Sommer öfter Konzerte statt.

Praktische Infos

Information **Keremeos Visitor Centre,** Ende Mai bis Anfang Sept. tägl. 9–17 Uhr. 417 7th Avenue, ✆ (250) 499-5225, www.similkameenvalley.com.

Übernachten **Tree To Me:** B&B mit 6 Suiten mitten in der Obstfarm nördlich der Stadt, mit schönen Blicken auf die Berge oder auf die Obstplantagen und Lavendelfelder. Suite ab 125 $. 1217 Highway 3A, ✆ (250) 499-9271, www.treetome.ca/bed-breakfast.

Essen und Trinken **Branding Iron Bar & Grill:** Neben der typischen Auswahl an Sandwiches und Burgern gibt es im lebhaften Restaurant auch Schnitzel und Tex-Mex-Cuisine. Mo–Sa 9–22, So 9–20 Uhr. 603 7th Avenue, ✆ (250) 499-2646.

Osoyoos

Erst mit der Fertigstellung der Bahnstrecke 1946 wuchs das schläfrige Nest zu einem regionalen Zentrum mit heute 5000 Einwohnern heran. Auf nur 275 m Höhe über dem Meeresspiegel gelegen, ist Osoyoos durch heiße und trockene Sommer geprägt. Die wüstenähnliche Osoyoos Desert – der nördlichste Ausläufer der Sonora Desert in den USA – ist ebenso Folge dieses Klimas wie der 24 Grad warme Osoyoos Lake, Kanadas wärmster Badesee. Die Stadt ist daher ganzjährig interessant.

Desert Centre: Die Desert Centre Society schützt das einmalige Ökosystem in der nur 100 ha großen Wüstenzone 3 km nördlich von Osoyoos. Vom

British Columbia | Landesinnere → Karte S. 236/237

Desert Centre aus kann man auf eigene Faust oder im Rahmen einer geführten Tour (empfohlen!) Kanadas einzige heiße Wüste erkunden. Auf einem 1,5 km langen erhöhten Boardwalk und Lehrpfad geht man über die Wüste hinweg – das dient nicht nur dem Schutz des Ökosystems, sondern auch dem der Besucher, denn hier gibt es Klapperschlangen! Faszinierend sind auch die wöchentlichen Nachttouren. Ein Infozentrum und ein Pflanzengarten runden das Erlebnis eines Besuches ab.

▪ Mitte Mai bis Mitte Sept. tägl. 9.30–16.30 Uhr, Touren um 10, 12, 14, Do auch 19.30 Uhr. Ende April bis Mitte Mai und Mitte Sept. bis Anfang Okt. tägl. 10–14 Uhr, Audioguide (auch Deutsch). Eintritt inkl. Führung 7 $. 14580 146th Avenue, ✆ (250) 495-2470, www.desert.org.

Nk'Mip Desert and Heritage Centre

Nk'Mip: Das erste von First Nations betriebene Weingut Nordamerikas liegt am Ostufer des Osoyoos Lake. Die NK'Mip-Weinkellerei kann besichtigt, die Weine können verkostet werden. Bei der Vineyard & Cellar Tour stehen Weinberg und Kelterei im Fokus, die Perfect Union Tour dagegen widmet sich der Kombination von Wein und Käse.

Das neue **Nk'Mip Desert and Heritage Centre** wurde architektonisch meisterhaft direkt in den Berg gebaut. Hier steht das Erleben und Entdecken der Wüste auf dem Pogramm, aber eher unterhaltsam als wissenschaftlich. Zugleich lernt man die Kultur und Geschichte der First Nations kennen, z. B. bei geführten Wanderungen oder Vorführungen. Zwei Hotels, mehrere Restaurants, Souvenirshops und ein Campingplatz am See ergänzen das Angebot.

Weinkellerei: Juli bis Sept. 9–20 Uhr, April bis Juni und Okt. 10–18, sonst 10–17 Uhr. 1400 Rancher Creek Road, ✆ (250) 495-2985, www.nkmipcellars.com. **Cultural Centre:** Tägl. 9.30–16.30 Uhr. Eintritt 14 $. 1000 Rancher Creek Road, ✆ (250) 495-7901, www.nkmipdesert.com.

Osoyoos Desert Model Railroad: Mit 400 m2 Fläche ist Nordamerikas größte Modellbahnanlage einen Besuch wert – nicht nur wegen der an heißen Tagen willkommenen Klimaanlage. Im Verhältnis 1:87 verkleinert, finden sich auf der Anlage mit ihrem 2 km langen Gleisnetz viele europäische Szenen. Wichtiger als eine authentische Gestaltung des Eisenbahnbetriebs war den Erbauern, eine Fülle unterschiedlicher Szenerien zu zeigen. Kinder und Erwachsene haben gleichermaßen ihren Spaß an den unzähligen Details: 26.000 Figuren wurden handbemalt und ins Geschehen platziert.

▪ Mo–Sa 10–17 Uhr. Eintritt 8 $. 1161 115th Street (im Gewerbegebiet nördlich des Orts), ✆ (250) 495-6842, www.osoyoosrailroad.com.

Praktische Infos

Information Nicht nur über Osoyoos, sondern über ganz British Columbia, da viele Gäste aus den USA einreisen, informiert das **BC Visitor Centre:** Tägl. 9–18 Uhr. 9912 Highway 3, an der Kreuzung mit Highway 97, ✆ (250) 495 5410, www.hellobc.com.

Übernachten ******(*) Spirit Ridge at Nk'Mip Resort:** Das 4½-Sterne-Hotel bietet zwei große Pools und ein Spa für die Gäste der mindestens 55 m² großen Suiten. Suite ab 199 $. 1200 Rancher Creek Road, ✆ (250) 495-5445, www.spiritridge.ca.

****** Watermark Beach Resort:** Das Hotel punktet mit Salzwasserpool, 2 Hot Tubs, Dampfbad und Fitness-Center. Die schönen Suiten verfügen über komplett ausgestattete Küchen. Suite ab 269 $. 15 Park Place, ✆ (250) 495-5500, www.watermarkbeachresort.com.

***** Lakeview:** Das familiengeführte Motel mit Pool etwas außerhalb des Zentrums verfügt über Standard-Zimmer, Familiensuiten und Zimmer mit Küchenzeile. Wie bei allen der einfacheren Unterkünfte in Osoyoos sind die (notwendigen) Klimaanlagen ziemlich laut. DZ ab 99 $. 6002 89th Street, ✆ (250) 495-7641, www.osoyooslakeview.ca.

Essen und Trinken **Wildfire Grill:** Seit über 15 Jahren eine verlässliche Adresse für gutes Essen mit indischen und griechischen Akzenten. Die schattige Hinterhofterrasse und der freundliche, schnelle Service machen auch heiße Sommerabende erträglich. Tägl. 11–14.30 und 17–21 Uhr. 8526 Main Street, ✆ (250) 495-2215, www.wildfiregrillosoyoos.com.

Jojo's Café: Die Kaffeebar bietet eine überschaubare, aber leckere Frühstücksauswahl und gute Sandwiches zum Lunch, auch vegane Optionen. Tägl. 7–16 Uhr. 8316 Main Street, ✆ (250)495-6652, www.jojoscafe.ca.

Good Karma Kitchen: Exzellente Auswahl schon zum Frühstück – die großen Portionen halten bis abends vor. Frühstück, Lunch und Dinner. Mi–Fr 7–19, Sa–Mo 7–17 Uhr. 8515 Main Street, ✆ (250) 495-2116.

Von Osoyoos nach Penticton

Am Rande der kleinen Osoyoos Desert führt der Highway 97 nach Norden. Der Osoyoos Lake geht hier in einen kleinen Bewässerungskanal über, der den Osoyoos Lake mit dem Skaha Lake verbindet. Wer rechts abbiegt, kann auf der alten Straße am Ostufer, der Black Sage Road, gemütlich nach Norden fahren. Auf beiden Seiten des Kanals finden sich zusammen mehr als zwei Dutzend **Weingüter,** die meisten laden zu einer Besichtigung und Verkostung ein, einige betreiben auch kleine Restaurants. Hier herrscht kein Massenbetrieb wie in den großen Weingütern in und um Kelowna. Auch im Sommer ist man hier oft der einzige Gast und bekommt seine Fragen ausführlich beantwortet.

Oliver: Die einst als Altersruhesitz für Veteranen des Ersten Weltkriegs gedachte „Wine Capital of Canada" verfügt in der Tat über mehr Weinkellereien im Umland als Kelowna. Das **Heritage Museum** (im Sommer Di–Sa 10–16 Uhr) erzählt die entbehrungsreiche Geschichte der Siedler, die den trockenen Boden für den Wein- und Obstanbau urbar machten.

Nördlich von Oliver wechselt der Highway die Talseite. Am **Lake Vaseux** weist ein Hinweisschild den Weg zum Wildlife Centre. Hier führt ein Boardwalk weit ins Schilf hinein. Im Frühjahr und Herbst ist dies ein Treffpunkt für Ornithologen – im Sommer nur für diverse Mückenarten.

Okanagan Falls: Die namensgebenden Wasserfälle des Badeortes sind längst gezähmt: Ein Staudamm am Westende des Orts hat die Fälle zu Stromschnellen reduziert. Dennoch lohnt ein Stopp: Die Gemeinde hat einige Strandabschnitte am Skaha Lake für die öffentliche Nutzung geschützt, so z. B. im Kenyon Park und im Christie Memorial Provincial Park. Auf der stillgelegten Bahntrasse zwischen Penticton und Okanagan Lake verläuft heute der Kettle Valley Trail, der vor allem von Radfahrern gern genutzt wird: 20 fast ebene Kilometer, beschaulich, immer direkt am Seeufer.

British Columbia | Landesinnere → Karte S. 236/237

In Okanagan Falls wechselt der Highway erneut die Seite und führt nun am westlichen Ufer des **Skaha Lake** über den Weiler **Kaleden** bis nach Penticton.

Penticton

In der Sprache der Syilx First Nation bedeutet der ursprüngliche, für die ersten Siedler kaum aussprechbare Name *Snpintktn* „Ort, an dem Menschen das ganze Jahr leben und an dem Wasser vorbeifließt". In der Tat: Als wäre die Lage an einem See mit Sandstrand nicht schon Glück genug, wurde Penticton von der Natur doppelt verwöhnt: Die Stadt liegt zwischen dem **Okanagan Lake** und dem **Skaha Lake** und verfügt so über gleich zwei Seen und zwei Strände.

Das milde Klima macht Penticton ganzjährig attraktiv. Hinzu kommen Sehenswürdigkeiten wie der Schaufelraddampfer „SS Sicamous", das beschauliche Weindörfchen Naramata, der Kettle Valley Railway Trail und rund **70 Weingüter** – alle in weniger als 20 Minuten Fahrt erreichbar. Fahrrad-, Wander- und Kletterrouten sowie zahlreiche Möglichkeiten für Wassersport auf und zwischen den Seen ergänzen das Angebot. Da die Stadt mit ihren 32.000 Einwohnern eine komplette Infrastruktur aufweist, aber nicht so überlaufen und teuer ist wie Kelowna, bietet sie sich auch als „Basislager" für Tagestouren ins Wine Country an.

Penticton erstreckt sich über fast 7 km vom Lake Okanagan mit der Downtown im Norden bis hin zum Skaha Lake im Süden. Der Highway 97 umgeht heute das Zentrum, dessen wuchtige Betonarchitektur der 1970er- und 80er-Jahre am Strand das Attribut „schön" wirklich nicht verdient. Ideal sind Penticton und die umgebende Region per Rad zu entdecken: Zahlreiche Fahrradwege und gleich drei Routen des Kettle Valley Railway Trail erschließen das Umland perfekt in alle Himmelsrichtungen.

SS Sicamous: Der größte erhaltene Schaufelraddampfer Kanadas befuhr von 1914 bis 1936 den Okanagan Lake in ganzer Länge. Das luxuriöse Dampfschiff transportierte Passagiere, Post

Museumsschiff „SS Sicamous" am Strand von Penticton

Weinberge in Naramata am Ostufer des Okanagan Lake

und Fracht vor allem in jene Städte, die damals weder über die Schiene noch über die Straße erreichbar waren. Seit 1951 liegt das Schiff in Penticton und kann täglich besichtigt werden – falls es nicht gerade von einer Hochzeitsgesellschaft in Beschlag genommen ist, was vor allem samstags oft der Fall ist.

▪ Im Sommer tägl. 10–17.30 Uhr, sonst nur Sa/So 10–16 Uhr. Eintritt 6 $. 1099 Lakeshore Drive (am Westende des Strandes), ✆ (250) 492-0403, www.sssicamous.ca.

Naramata: Das kleine Dorf am Ostufer des Sees ist durch die umgebenden Weinberge geprägt. Wer bis ins Ortszentrum vordringt, taucht in eine dörfliche Idylle ein: Die Glocken der kleinen Kirche schlagen noch zur vollen Stunde, der unsortierte General Store im Schatten großer Ulmen ist sozialer Treffpunkt und die kleinen Kunsthandwerksläden laden zum Bummeln ein. Am See ist der Wharf Park mit seinem Pier ein idealer Ort, um mit einem Glas Wein in der Hand die Beine über den Steg baumeln zu lassen und den Sonnenuntergang zu genießen – auch wenn Alkoholkonsum in der Öffentlichkeit natürlich auch hier verboten ist. Aber im Wine Country drückt man da schon mal ein Auge zu …

Skaha Bluffs Provincial Park: Der Park liegt südlich von Penticton, auf der Ostseite des Skaha Lake. Zufahrt über die Lakeside Road und Smythe Road. Die Felsen hier gelten als Kletterrevier der Weltklasse, aber auch Wanderer und Mountainbiker finden hier Trails aller Schwierigkeitsgrade. An Wochenenden ist der Parkplatz oft bis auf den letzten Platz belegt – frühe Anreise lohnt.

▪ Detaillierte Informationen: www.env.gov.bc.ca/bcparks/explore/parkpgs/skahaBluffs.

Fahrradtouren: Penticton und das Umland sind ein Paradies für Radfahrer – vor allem dank der zahlreichen Trassen auf der stillgelegten Kettle Valley Railway. Diese abseits der Straßen verlaufenden Routen mit geringen Steigungen machen das Radeln zum puren Genuss. An der Ostseite des Sees führt der Trail ins Weindorf Naramata (s. o.) und dann in Serpentinen den Hang hinauf zur Chute Lake Lodge.

 → Karte S. 236/237

Nach Süden führt die Trasse am Skaha Lake entlang nach Okanagan Falls und im Nordwesten bis nach Summerland. Dazu kommen zahlreiche Mountain Bike Trails in den umliegenden Bergen.

■ Kettle Valley Rail Trail mit Karten: www.bikepenticton.com. Mountain Bike Trails: www.bikeokanagan.com, www.sweetsingletrack.ca.

Praktische Infos

Information **Penticton and Wine Country Visitor Centre** tägl. 9–17 Uhr. 553 Vees Drive, ✆ (250) 276-2170, www.visitpenticton.com.

Hin und weg **Flugzeug:** Air Canada fliegt 4x tägl. nach Vancouver, Westjet 1x tägl. nach Calgary. Am Penticton Regional Airport findet man die Autovermieter Budget und National. ✆ (250) 770-4422, www.cyyf.ca.

Bus: Über Fernbusverbindungen gab es bei Redaktionsschluss (April 2019) noch keine verlässlichen Angaben, nachdem der bisherige Betreiber Greyhound Bus seine Linien in Westkanada Ende 2018 eingestellt hatte (→ S. 698).

Fahrradverleih/Radtouren **Freedom the Bike Shop:** Mo–Sa 9.30–17.30 Uhr. MTB/Trekkingbike halber/ganzer Tag 30/45 $, Rennrad/E-Bike Tag 75/80 $. 533 Main Street, ✆ (250) 493-0686, www.freedombikeshop.com.

Hoodoo Adventures (s u.) bietet eine geführte Tour im Myra Canyon für 155 $ inkl. Shuttle (nur Shuttle 80 $) sowie einen Shuttleservice zum Chute Lake für 45 $.

Wein-Touren **Sunshine and Wine Tours:** 4 regionale Touren zu den Weingütern rund um Naramata, Okanagan Falls, Oliver oder Summerland. Tour inkl. Hotelabholung 85 $, ohne Lunch und Tasting Fees. Kein Büro, nur ✆ (250) 462-0942, www.sunshineandwinetours.com.

Connoisseur Wine Tours: 7 Touren im Programm, darunter eine Deluxe Tour. Touren von 5–7 Std., 85–110 $, Deluxe Tour 200 $, jeweils inkl. kleiner Snackbox. Kein Büro, nur ✆ (250) 486-1897, www.connoisseurwinetours.com.

Hoodoo Adventures: Weintouren für Radler, Tour mit Wine Tasting 169 $. 131 Ellis Street, ✆ (250) 492-3888, www.hoodooadventures.ca.

Übernachten **Penticton Lakeside Resort** **2**: Der Betonkoloss von 1982 in bester Strandlage hat zahlreiche Umbauten hinter sich; 2017 wurden 70 Zimmer angebaut. Wassersportzentrum, Fitness-Studio. DZ ab 236 $. Lakeshore Drive, ✆ (250) 493-8221, www.pentictonlakesideresort.com.

Naramata Heritage Inn, in Naramata: Bietet seit 1908 Erholung mit seinem Spa und 12 Zimmern mit freistehenden Badewannen und Balkonen. Das dazugehörige „Ambrosia" ist Naramatas stilvollstes Restaurant. DZ inkl. Frühstück ab 199 $. Naramata, ✆ (778) 514-5444, www.naramatainn.com.

***** Waterfront Inn** **6**: Am Rande des Skaha Parks liegt das Hotel vom See nur durch eine kleine Grünanlage getrennt. Hot Tub und Terrasse. DZ ab 127 $. 3688 Parkview Street, ✆ (250) 492-8228, www.waterfrontinn.net.

**** Empire 5**: Das saubere Motel verfügt über einen Pool mit kleinem Garten und BBQ-Bereich. Nur 250 m vom öffentlichen Strand entfernt. Einige Zimmer mit Kitchenette. DZ ab 109 $. 3495 Skaha Lake Road, ✆ (250) 493-2323, www.empiremotel.bc.ca.

Cormier Studio 3: Das moderne und luxuriöse B&B liegt in ruhiger Hanglage, dennoch sind See und Main Street in wenigen Minuten zu Fuß erreichbar. Die drei Studios haben komplett ausgestattete Küchen. Suite ab 169 $ zuzüglich Frühstück (15 $/Pers.). 495 Vancouver Street, ✆ (250) 493-3273, www.cormierstudio.com.

Essen und Trinken **Salty's Beach House 4**: Das beste der vielen Restaurants in der ersten Strandreihe. Direkt gegenüber der SS Sicamous gibt es gute Cocktails und gutes Essen. Tägl. 11–22 Uhr. 1000 Lakeshore Drive, ✆ (250) 493-5001, www.saltysbeachhouse.com.

The Vanilla Pod Restaurant: 1 km außerhalb, im Weingut Poplar Grove. Das Gourmet-Restaurant verarbeitet lokale Zutaten zu leckeren, aber eher kleinen Portionen. Auch mittags Reservierung empfohlen. Tägl. 11.30–22 Uhr. 425 Middle Bench Road, ✆ (250) 493-3463, www.thevanillapod.ca.

The Prague Café 1: Europäisches Frühstück mit Croissant und gekochtem Ei. Zum Lunch Sandwiches; ganztags Apfelstrudel und Marmorkuchen – eine schöne Abwechslung im kanadischen Frühstücks-Einerlei. Tägl. 8–16 Uhr. 250 Marina Way, ✆ (778) 476-0440, www.thepraguecafepenticton.vistaprintdigital.com.

Von Penticton in Richtung West Kelowna

Mal mehr, mal weniger direkt am Okanagan Lake entlang zieht sich der Highway 97 von Penticton über Summerland und Peachland, bis er kurz vor West Kelowna auf den Okanagan Connector Highway trifft. Auch hier finden sich unzählige Weinkellereien entlang der Straße, vor allem zwischen Summerland und Peachland. Die beiden Ortschaften selbst sind vom Stadtbild her nichts Besonderes und lohnen keinen längeren Stopp – wohl aber einige Ziele im Umland wie die Kettle Valley Railway oder die überraschend schönen Summerland Ornamental Gardens. Am See liegen mehrere kleine Provinzparks, z. T. mit Campingplätzen, Bademöglichkeiten und Picknick-Bereichen.

Summerland Ornamental Gardens: Der kleine botanische Garten besteht seit mehr als 100 Jahren. Ein Spaziergang durch die grünen und schattigen Landschaften ist an heißen Sommertagen wohltuend für Herz und Augen. 1916

In den Summerland Ornamental Gardens

geschaffen, um neuen Siedlern an das trockene Klima angepasste Zierblumen zu vermitteln, ist die parkähnliche Anlage längst eine eigene Attraktion. Heute kann man durch verschiedene Gartenbereiche schlendern, Blicke auf den See und die Berge genießen und sich an einem kleinen, zeitweise geöffneten Kiosk Erfrischungen kaufen.

▪ Frühling/Herbst 8–18 Uhr, Sommer 8–20 Uhr. Eintritt frei, empfohlene Spende 5 $. 4200 Highway 97 (2 km südlich von Summerland). Der Garten liegt 2 km hinter dem Agricultural Research Centre. ✆ (250) 494-6385, www.summerlandgardens.org.

Kettle Valley Steam Railway: Auf einem 16 km langen Reststück der einstigen Kettle Valley Railway betreiben Enthusiasten einen Museumsbahnverkehr: Die große Dampflok von 1912 hat keine Probleme, den historischen Zug gemütlich über die steigungsreiche Strecke zu ziehen. Obstgärten und Weinberge säumen die Trasse; Höhepunkt der 90-minütigen und oft ausverkauften Tour ist der Stopp auf der Trout Creek Bridge, 70 m über dem Tal. Nicht nur für Eisenbahnfans ein authentisches und lohnendes Erlebnis.

▪ Ende Mai bis Anfang Okt. Sa–Mo 10.30 und 13.30 Uhr, Juli/Aug. auch Do/Fr. 25 $. Online-Reservierung empfohlen. 18404 Bathville Road (6 km westlich von Summerland), ✆ (250) 494-8422, www.kettlevalleyrail.org.com.

Peachland Art Gallery und Museum: Mitten im entspannten Städtchen Peachland ist diese kleine Kunstgalerie in der ehemaligen Schule zuhause, die sie sich mit der Handelskammer und einer Jugendorganisation teilt – und mit 2000 geschützten Fledermäusen auf dem Dachboden. Das engagierte Team führt zahlreiche Wechselausstellungen durch, meist mit zeitgenössischen kanadischen Künstlern.

▪ Tägl. 8–18 Uhr. Eintritt frei. 5684 Beach Avenue, ✆ (250) 767-7422, www.peachlandarts.ca.

Peachland Museum: Nur ein paar Schritte von der Art Gallery entfernt, ist im Erdgeschoss der ungewöhnlichen, achteckigen ehemaligen Kirche ein kleines, aber feines Museum untergebracht – im Obergeschoss findet sich eine Modellbahnanlage der Kettle Valley Railway.

▪ Tägl. 10–18 Uhr. Eintritt frei, Spenden erbeten. 5890 Beach Avenue, ✆ (250) 767-3441, www.peachlandhistory.ca.

Zipzone Peachland: Sechs von Kanadas höchsten und längsten Ziplines sind hier zu finden – bis zu 117 m über dem Waldboden. Außerdem kann man von einem 25 m hohen Turm springen – Adrenalinkicks sind garantiert.

▪ Tägl. 9.30–17 Uhr. 2, 4, 6 Ziplines 71, 91, 111 $, Sprung 49 $. Unbedingt reservieren. 8 km westlich von Peachland, Zufahrt über die Princeton Road. ✆ (855) 947-9663, www.zipzone.ca.

Praktische Infos

Information **Summerland Visitor Centre:** Tägl. 9–17 Uhr. 15600 Highway 98, ✆ (250) 494-2686, www.tourismsummerland.com.

Peachland Visitor Centre: Tägl. 10–18 Uhr. 5684 Beach Avenue, ✆ (250) 767-2455, www.destinationpeachland.com.

Übernachten **Summerland Waterfront Resort,** in Summerland: Das gehobene Hotel am See bietet einen kleinen Privatstrand und Pool. Die Suiten verfügen über Kamin und Küche. DZ ab 159 $. 13011 Lakeshore Drive, ✆ (250) 494-8180, www.summerlandresorthotel.com.

Okanagan Oasis, in Peachland: Das luxuriöse B&B mit Pool, Hot Tub und schönem Garten lässt keine Wünsche offen. Geschmackvolle Zimmer mit Seeblick; Gourmet-Frühstück. DZ ab 195 $. 5807 Atkinson Crescent, ✆ (250) 767-2141, www.okanaganoasis.com.

Essen und Trinken **Gasthaus,** in Peachland: Wem zwischendurch mal der Sinn nach deutschem Bier, Schnitzel oder Nürnberger Rostbratwürsten steht, ist hier richtig. Frühstück, Lunch und Dinner. Tägl. 11–22 Uhr. 5790 Beach Avenue, ✆ (250) 767-6625, www.gasthaus.ca.

Just Delicious Japanese Bistro, in Summerland: Seit Jahren sammelt das Bistro Bestnoten in Summerlands Gastronomie. Neben Sushi gibt es Teriyaki-, Sashimi- und Tempura-Gerichte, aber auch japanische Pizza. Sushi ab 1,50 $, Hauptgänge max. 23 $. Mo–Sa 11.45–20, So 17–20 Uhr. 9917 Main Street, ✆ (250) 494-4692, www.justdeliciousbistro.com.

Mit der Dampflok an der Trout Creek Bridge

Kinbasket Lake
Kinbasket Lake
Columbia River
Yoho National Park
Rogers Pass 1327
Golden
Beaver River
Glacier National Park
Lake Revelstoke
Mount Revelstoke National Park
Canyon Hot Springs
Shuswap Lake
Revelstoke
Three Valley Gap
Salmon Arm, Kamloops
Sicamous
Columbia Mountains
Pacific Standard Time
Shelter Bay
Galena Bay
Trout Lake
Vernon, Kelowna
Mabel Lake
Upper Arrow Lake
Duncan Lake
Sugar Lake
Nakusp Hot Springs
Meadow Creek
Nakusp
Lumby
Cherryville
Vernon
Kootenay Lake
Whatshan Lake
New Denver
Sandon
Silverton
Kaslo
Slocan Lake
Needles
Fauquier
Slocan
Ainsworth Hot Springs
Riondel
Kootenay Bay
Kelowna
Kettle River
Lower Arrow Lake
Balfour
Gray Creek
BRITISH COLUMBIA
Slocan River
Kootenay Lake
Nelson
Kootenay River
Beaverdell
Castlegar
Granby River
Salmo
Columbia River
Christina Lake
Greenwood
Rossland
Trail
Mid-way
Grand Forks
Osoyoos, Vancouver
WASHINGTON
Spokane
Spokane
Spokane
IDAHO

Jasper National Park
Lake Louise
Banff National Park
Bow River
Castle Junction
Lake Minnewanka
Rocky Mountain House
Red Deer, Edmonton
Airdrie
Cochrane
Bow River
Banff
Canmore
Calgary
Medicine Hat
Spray Lakes Reservoir
Kananaskis Village
Kootenay National Park
Spillimacheen
Columbia River
ALBERTA
Okotoks
Lethbridge
Sheep River
Longview
Radium Hot Springs
Invermere
Windermere Lake
Kootenay River
Fairmont Hot Springs
Columbia Lake
Canal Flats
Mountain Standard Time
Elkford
Elk River
Oldman River
BRITISH COLUMBIA
Sparwood
Alberta Visitor Centre
Coleman
Frank
Crowsnest Pass
Lethbridge
Kimberley
Fort Steele
Bull River
Cranbrook
Fernie
Elk River
Elko
Lake Koocanusa
Kalispell
Creston
Moyie River
Coeur d'Alene
MONTANA
16 km
Columbia Mountains und South Central B.C.

Helmcken Falls im Wells Gray Provincial Park

Die Columbia Mountains

Auf der Fahrt vom Kamloops und Kelowna nach Osten erheben sich gewaltige schneebedeckte Gipfel über grünen Wäldern – Postkartenmotive lösen sich fast im Minutentakt ab. Doch es sind noch nicht die Rockies, sondern „nur“ die Bergketten der Columbia Mountains, die aber auch zahlreiche attraktive Ziele aufweisen.

Von Kamloops führt der Highway 5 entlang des Thompson River nach Norden, wo er auf den Yellowhead Highway trifft. Die großen Provinzparks Wells Gray und Mount Robson sind die Hauptziele unterwegs. Mit ihren ausgedehnten Wäldern und attraktiven Wasserfällen ziehen sie vor allem Wanderer und Mountainbiker an.

Auf dem Trans-Canada Highway von Kamloops nach Osten bieten die Nationalparks Mount Revelstoke und Glacier viele Möglichkeiten, die Tier- und Pflanzenwelt in gleich mehreren Ökosystemen zu erleben. Revelstoke lädt mit überraschenden Museen und Ausflugsoptionen ein – genug, um hier gleich zwei Nächte zu verbringen.

Abseits der üblichen Urlauberrouten verläuft dagegen der Highway 95, der von Golden aus den Kootenay-Nationalpark und auch den berühmten Banff Nationalpark (→ S. 454) erschließt. Wanderer finden entlang dieser Strecke mehr kurze Touren als auf der Route durch den Yoho-Nationalpark.

Die Columbia Mountains erreichen eine Höhe von bis zu 3500 m und werden vom Columbia River in die westlichen (Monashee Mountains) und die östlichen Gebirgszüge (Selkirk Mountains) geteilt. Von den Rocky Mountains trennt sie der Rocky Mountain Trench, ein meist 25 bis 30 km breiter Graben, in den an einigen Stellen das Grundwasser bis in über 2000 m Tiefe sickert, sich erhitzt und durch Spaltenrisse wieder an die Oberfläche gepresst wird – was Reisenden den Genuss zahlreicher Thermalbäder beschert.

Die Pässe im Yoho National Park und im Kootenay National Park, die in den Banff Nationalpark führen, liegen jeweils rund 1650 m über dem Meeresspiegel – selbst im Hochsommer sind hier plötzliche Schneestürme nicht unbekannt. Gleiches gilt auch für den nur 1330 m hohen Rogers Pass im Glacier National Park. Noch bis in die 1950er-Jahre hinein gab es keine für Pkw befahrbare Straße durch die Rocky Mountains – Reisende mussten einen Umweg durch die USA auf sich nehmen.

Auf kleinem Raum bietet die Region eine große ökologische Vielfalt: Vom feuchten Inland-Regenwald bis hin zu hochalpiner Landschaft ist alles dabei – im Mount Revelstoke-Nationalpark sogar auf kleinem Gebiet. Die Tierwelt wird wieder vielfältiger, weil mit gezielten Aufzucht- und Umsiedlungsprogrammen ausgestorbene Arten wieder angesiedelt werden, so das Karibu in der Region Revelstoke. Ansonsten finden sich so ziemlich alle Vertreter der typischen kanadischen Landsäuger.

Von Kamloops zum Yellowhead Highway

Durch grüne Wälder geht es durch das Tal des schnell fließenden Thompson River flussaufwärts nach Norden. Dreieinhalb Stunden Fahrt sind es von Kamloops bis Tête Jaune Cache und von dort noch einmal eineinhalb nach Jasper.

Hat man erst einmal die weit ausgedehnte Stadt Kamloops hinter sich gelassen, geht es auf gut ausgebauter Straße am Ostufer des Thompson River nach Norden. Der Southern Yellowhead Highway verläuft anfangs durch eher kahle Trockenlandschaft, die noch vom ariden Klima des zentralen Hochplateaus geprägt ist. Bei Barrière wechselt die Straße aufs westliche Ufer des Flusses, und die Landschaft wird zunehmend grüner. Nach 90 abwechslungsarmen Minuten ist Clearwater erreicht, das ein idealer Zwischenstopp oder „Basislager" für eine oder mehrere Tagestouren in den Wells Gray Provincial Park ist.

Clearwater

Das Städtchen mit seinen 2200 Einwohnern lebt von der Forstwirtschaft und zunehmend auch vom Tourismus. Im Zentrum wurde ein großer Kreisverkehr gebaut: Hier geht die Clearwater Valley Road nach Norden ab. Rund um den Kreisverkehr finden sich fast alle touristischen Einrichtungen des Orts, inklusive des Visitor Centres. Dieses vermittelt auch alle Touren ohne Aufschlag.

Neben dem Wells Gray Provincial Park gibt es weitere Optionen im Umland: Mehr als 50 fischreiche Seen liegen weniger als eine Stunde entfernt; auf dem Clearwater River werden Raftingtouren angeboten. Für Sportfischer bieten Fishing Resorts alles aus einer Hand: Unterkunft, Verpflegung, Boote für die umliegenden Flüsse und Seen, in denen es von Regenbogenforellen nur so wimmelt.

Praktische Infos

→ Karte S. 283

Information **Clearwater Visitor Centre,** Mitte Mai bis Mitte Okt. tägl. 9–18 Uhr. Am Kreisverkehr, 416 Eden Road, ✆ (250) 674-3334, www.wellsgraypark.info.

Hin und weg **Bahn:** Der „Canadian" fährt zwei- bis dreimal pro Woche westwärts nach Kamloops/Vancouver bzw. ostwärts nach Jasper. www.viarail.ca, www.crd.de.

Fahrradverleih **Single Track Adventures:** 1. und 2. Stunde je 10 $, jede weitere Std. 5 $, Tag 45 $. Geöffnet Mitte Mai bis Mitte Okt. 440 Eden Road, ✆ (250) 674-3307, www.liquidlifestyles.ca/mountain-biking.

Kanuverleih **Clearwater Lake Tours:** Kanu oder Kajak 60 $/Tag. Clearwater Valley Road, ✆ (250) 674-2121, www.clearwaterlaketours.com.

Rafting Die Touren, meist auf dem Clearwater River, finden teils innerhalb, teils außerhalb des Wells Gray-Parks statt.

Interior Whitewater Expeditions: u. a. „Take it Easy", tägl. 9 und 13 Uhr, 3 Std. 96 $, oder „Born to be Wild", tägl. 10 und 14 Uhr, 3 Std. 109 $. 73 Old North Thompson Highway, ✆ (250) 674-3727, www.interiorwhitewater.com.

Riverside Adventures: u. a. „Lava Canyon", tägl. 9.30 und 14 Uhr, 3 Std. 99 $, oder „Scenic Float", tägl. 16.30 Uhr, 3 Std. 82 $. 73 Old North Thompson Highway, ✆ (250) 674-0001, www.wellsgrayrafting.ca.

Sportfischen **Silent Sport Guided Fly Fishing:** Ein- oder mehrtägige geführte Angelausflüge. 98 Old North Thompson Highway, ✆ (250) 674-2557.

Kompakt-Angebote (Unterkunft, Verpflegung, Boote) bieten die **Fishing Resorts Moose Camp** und **Star Lake** (ab 2019) (beide s. u.).

Übernachten **Wells Gray Inn 7:** Die 34 Zimmer bieten z. T. Blick auf den Dutch Lake. Neben Hot Tub, Sauna und Solarium auch Liquor Store, Restaurant und Sportsbar. DZ ab 148 $. 228 Southern Yellowhead Highway, ✆ (250) 674-2214, www.wellsgrayinn.ca.

Jasper Way Inn 6: Am Dutch Lake, dem warmen Badesee von Clearwater. DZ ab 90 $, Seeseite ab 95 $, mit Kitchenette ab 115 $. 429 Murtle Crescent, ✆ (250) 674-3345, www.jasperwayinn.com.

Ace Western Motel 4: Das beste Motel in und um Clearwater. Das neue Management hat Service und Sauberkeit auf hohes Niveau gebracht. DZ ab 129 $. 429 Murtle Crescent, ✆ (250) 674-2266, www.acewesternmotel.com.

Cabin Creek 5: Schöne Lage, die komplett ausgestatteten kleinen Blockhäuser liegen im Wald. Billard, Dart, exzellentes Frühstück. DZ ab 225 $, in der Hochsaison Mindestaufenthalt 2 Nächte. 41 Lakeview Road, ✆ (250) 674-6464.

Alpine Meadows Resort: Wildnis mit Kanu und Komfort: Völlig abgeschiedenes Resort am Hallamore Lake mit Chalets, Suiten und Stellplatz für Wohnmobile. Hot Tub, Kanu inklusive, Restaurant, Sportraum. Suite ab 225 $, Stellplatz 45 $. 3400 Dunn Lake Road (25 km südlich

Visitor Centre in Clearwater, dem Tor zum Wells Gray Provincial Park

v. Clearwater), ✆ (250) 587-6368, www.alpinemeadowsresort.ca.

Moose Camp Fishing Resort: Vergleichbares Angebot 33 km westlich von Clearwater, am Rioux Lake. ✆ (250) 674-3275, www.moosecampfishingresort.com.

Star Lake Fishing Resort: Idyllische Cabins am See. Mindestaufenthalt 5 Nächte. Cabin 115–145 $, Motorboot ab 60 $/Tag, Packages für 5 Nächte ab 1100 $. 10 km westlich von Clearwater an der Camp 2 Road. ✆ (250) 674-8494, www.starlakefishingresort.com.

Essen und Trinken **Painted Turtle Restaurant 3**, direkt am Dutch Lake: Terrasse mit schönem Blick über den See. Richtig nett – es sei denn, es fällt gerade eine Busgruppe ein ... Tägl. 8–21 Uhr. 361 Dutch Lake Road, ✆ (250) 674-3560, www.ptr.dutchlake.com.

Hop „N" Hog Tap & Smokehouse 1: Alles, was man räuchern kann, wird unter europäischen und afrikanischen Einflüssen im „Smokehouse" in ein leckeres Dinner verwandelt – dazu verschiedene Fassbiere. Tägl. 17–21.30 Uhr. 424 Clearwater Valley Road, ✆ (250) 674-3654, www.canadiansmokehouse.com.

Strawberry Moose Snackery 2: Für zwischendurch: Die Espressobar neben dem Visitor Centre bietet neben gutem Kaffee auch Snacks und Sandwiches. Mo–Fr 5–16, Sa 8–16 Uhr. 415 Eden Road, ✆ (250) 674-2123.

Wells Gray Provincial Park

Die zahlreichen Wasserfälle, großen Seen und ausgedehnten Wälder machen den viertgrößten Provinzpark in British Columbia für Wanderer, Wassersportler und Mountainbiker gleichermaßen attraktiv. Zudem liegen am Rande des Parks einige historische Farmen, die sich heute meist als Guest Ranches oder B&B am touristischen Bedarf ausrichten.

Der Park erstreckt sich von 500 m auf über 2500 m Höhe; in den Tälern sind Misch- und Nadelwald vorherrschend, auf den Bergen dagegen subalpine Tundra. Das Braithwaite Icefield in der Mitte des Parks ist sogar vergletschert. Nur der als Wells Gray-Korridor bekannte südliche Bereich des Parks, den man von Clearwater per Straße nach Norden erreicht, ist leicht zugänglich. In diesem Abschnitt, zwischen Clearwater und dem 65 km entfernten Clearwater Lake, liegt ein Großteil der landschaftlich reizvollen Ziele im Park. Für die nördlichen Regionen des Parks ist man auf Hilfe von Outdoor-Firmen angewiesen, die per Helikopter, Wasserflugzeug oder ATV auch andere Gebiete erschließen.

Von Clearwater sind es rund 37 km bis zum Parkeingang. Direkt danach zweigt links die kurze, aber steile Green Mountain Road ab. Am Ende der Straße steht ein Aussichtsturm, der weite Blicke über den Foot Lake bietet. Bei Kilometer 42 liegen die eindrucksvollen **Dawson Falls** des Myrtle River, 5 km weiter zweigt nach links die Zufahrt zu den **Helmcken Falls** ab, den bekanntesten Fällen im Park, die spätnachmittags in der Sonne ein aufregendes Bild abgeben. Im weiteren Verlauf säumen zahlreiche Picknickplätze die Park Road, die schließlich am **Clearwater Lake** endet, wo mehrere Campingplätze angelegt wurden. Ab hier geht es nur zu Fuß oder mit dem Boot weiter.

▪ Die Parkverwaltung stellt Karten und Beschreibungen online zur Verfügung, z. T. auch auf Deutsch: www.env.gov.bc.ca/bcparks/explore/parkpgs/wells_gry.

Wandern/Mountainbiking: Das Wegenetz umfasst mehrere hundert Kilometer. Nicht alle Wege sind gut instandgehalten, es empfiehlt sich daher, aktuelle Tipps im Visitor Centre von Clearwater einzuholen, bevor man loszieht. Einige Trails teilen sich Wanderer auch mit Pferden oder Mountainbikern. Zu den schönsten Wegen zählen das große Wegenetz am Flat Iron Trailhead (Mitnutzung durch Reiter), der Rundweg am Placid Lake (5 km, 1 Std.), der Helmcken Falls Rim Trail (4 km einfach, 2 Std. hin/zurück) und die Wege am Pyramid Mountain (6–16 km einfach).

British Columbia | Landesinnere → Karte S. 236/237

Auch für Mountainbiker, die naturbelassene Trails lieben, ist der Park ein ideales Gebiet. Hier geht es im wahrsten Sinne des Wortes über Stock und Stein: Wurzeln und Felsen sind die größten Hindernisse. Neben anspruchsvollen Ganztagestouren wie Candle Creek oder Majerus Falls gibt es auch leichtere Routen wie auf der Raft River Forest Road, der Spahats Valley Road und der Clearwater River Road. Geführte MTB-Touren im Park werden angeboten (→ „Touren"); man kann sich aber ohne Probleme auch selbst auf den Weg machen.

Bootstouren/kombinierte Touren: Auf dem Clearwater Lake lassen sich Ausflüge unterschiedlicher Länge machen. Neben einer Kurz-Rundfahrt ist auch ein kombinierter Kanu- und Wander-Ausflug möglich, oder eine Ganztagestour mit Boot, Kanu und Wanderung – vielleicht auch noch mit einem Packpferd dazu ... (Anbieter s. u.).

Praktische Infos

Information in Clearwater (siehe dort).

Touren **Wandern:** Discover Wells Gray. Geführte Wanderungen, 4, 6, 8 Std. für 75–135 $. Kein Büro, nur ✆ (250) 674-2561, www.discoverwellsgray.com.

Mountainbiking: Single Track Adventures. Geführte Touren, 2½, 4, 7 Std. für 52, 85, 124 $. 440 Eden Road, Clearwater, ✆ (250) 674-3307, www.liquidlifestyles.ca/mountain-biking.

Bootstouren/kombinierte Touren: BC Backcountry Adventures – seit mehr als 30 Jahren die erste Adresse für mehrtägige Touren im Park, sowohl mit dem Kanu als auch per Pferd. Einstündige Seerundfahrt mit Lunch tägl. 11 und 13 Uhr, 60 $. Kanu-Touren, inkl. 2, 3, 8 Nächte mit Zelt und Verpflegung für 325, 450, 1195 $. Packtouren per Pferd inkl. 2/3 Nächte 495/695 $. 5565 Clearwater Valley Road, Clearwater, ✆ (250) 674-2792, www.bcbackcountryadventures.com.

Clearwater Lake Tours, direkt am Clearwater Lake, Day Use Area. Seerundfahrt mit Lunch, tägl. 11 und 13 Uhr, 1 Std. 60 $. Kanu-Wander-Kombi individuell ab 99 $. Ganztagestour tägl. 10.30–17 Uhr, 155 $. Reservierungen tägl. 8–20 Uhr. ✆ (250) 674-2121, www.clearwaterlaketours.com.

Übernachten Mehrere Guest Ranches liegen kurz vor dem Park, so die beiden nachgenannten. Vom Miterleben des Arbeitsalltags auf einer Farm bis zu längeren Ausritten ist hier für alle etwas dabei. Im Park selbst gibt es keinerlei Verpflegungsmöglichkeiten!

Wells Gray Guest Ranch 11: Die Ranch bietet stilvolles Ambiente mit einem Saloon, Blockhütten und attraktiven Programmen auch für Nicht-Reiter, z. B. Kanutouren. Einfach/Standard Cabins ohne/mit Du/WC ab 60/120 $, Mindestaufenthalt 2 Nächte. 5565 Clearwater Valley Road, ✆ (250) 674-2792, www.wellsgrayranch.com.

Helmcken Falls Lodge 10: 33 Zimmer und 20 Stellplätze für Zelte und Wohnmobile. Bietet Ausritte an und kooperiert mit einem Outdoor-Aktivitäten-Anbieter. Standard Rooms/ Blockhaus ab 199/215 $, Camping 28–36 $. 6664 Clearwater Valley Road. ✆ (250) 674-3657, www.helmckenfalls.com.

Clearwater Lake Cabins 8: Auf dem Campingplatz am Clearwater Lake stehen zwei einfache Cabins mit einem Queen Size Bed. Bettzeug ist mitzubringen, kein Strom, kein Wasser. 53 $. Buchbar nur über www.discovercamping.ca.

Die **Campingplätze** am **Clearwater Lake 8** (s. o.), **Mahood Lake** (via Clearwater) und **Falls Creek 9** sind Mitte Mai bis Ende Sept. geöffnet und bieten Frontcountry Camping, das heißt Zufahrt ist mit Pkw und Wohnmobilen möglich. Stellplatz 22 $. Reservieren! Buchbar nur über www.discovercamping.ca.

Wilderness Camping: An den vier Seen Azure, Clearwater, Mahood und Murtle gibt es zahlreiche Wilderness Sites, die nur per Kanu erreichbar sind. 5 $/Nacht. Anmeldung über das BC Parks Registration System erforderlich. Nur über www.env.gov.bc.ca/bcparks/registration.

Von Clearwater zum Yellowhead Highway

Erst nach Osten, dann wieder nach Norden windet sich der Highway durch das zunehmend engere Tal des Thompson River. Nach einer guten Stunde ist Blue River erreicht. Das Nest ist Ausgangspunkt für Touren in die Murtle-Lake-Region des Wells Gray Provincial Park, aber vor allem für **Bärenbeobachtungen,** die das touristische Highlight der Region sind.

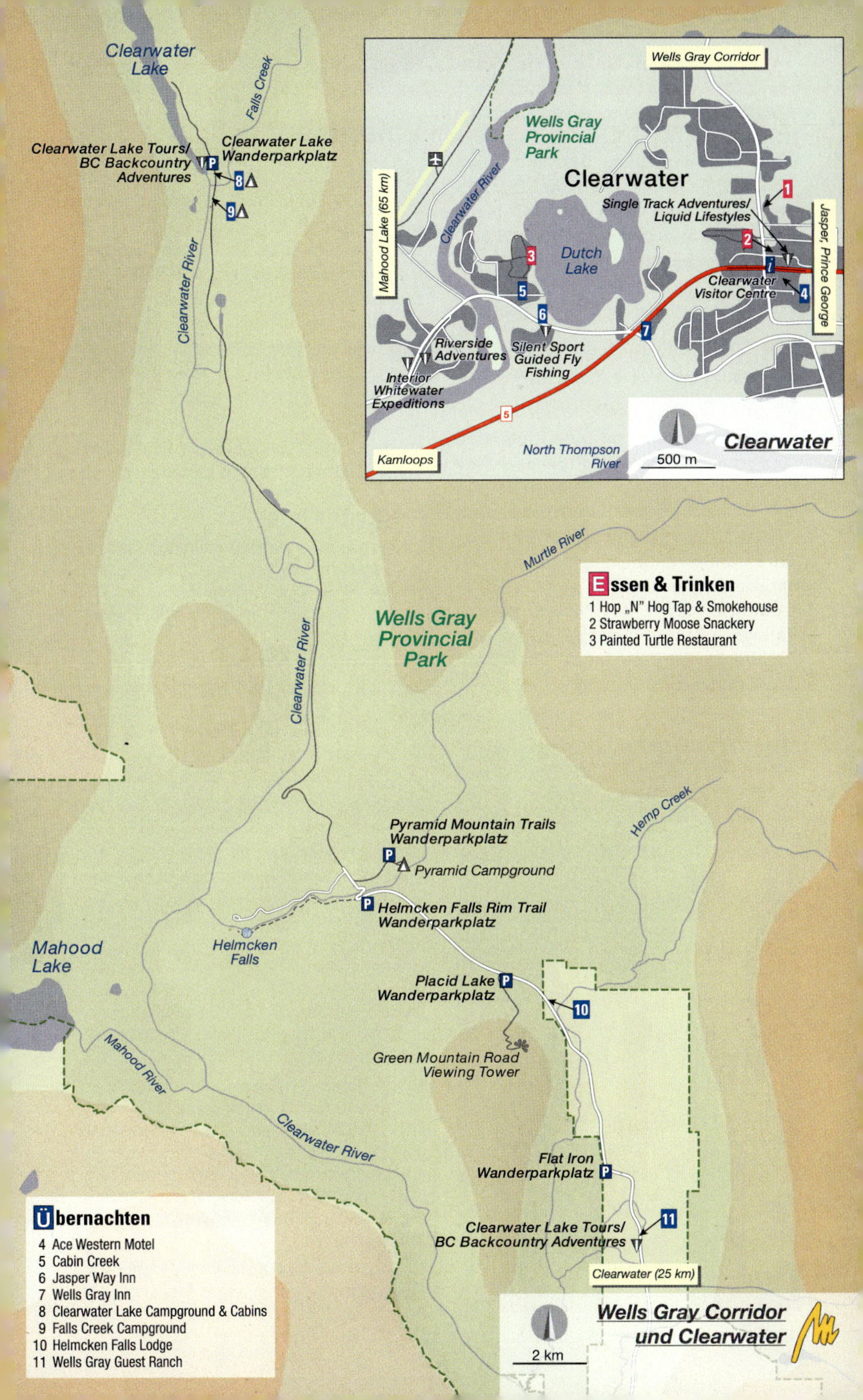

Clearwater Lake
Falls Creek
Clearwater Lake Tours/ BC Backcountry Adventures
Clearwater Lake Wanderparkplatz
8
9
Clearwater River
Wells Gray Corridor
Wells Gray Provincial Park
Clearwater
Mahood Lake (65 km)
Clearwater River
1
Single Track Adventures/ Liquid Lifestyles
Jasper, Prince George
2
3
Dutch Lake
5
Clearwater Visitor Centre
4
6
7
Riverside Adventures
Silent Sport Guided Fly Fishing
Interior Whitewater Expeditions
5
Kamloops
North Thompson River
500 m
Clearwater
Murtle River
Essen & Trinken
1 Hop „N" Hog Tap & Smokehouse
2 Strawberry Moose Snackery
3 Painted Turtle Restaurant
Wells Gray Provincial Park
Clearwater River
Hemp Creek
Pyramid Mountain Trails Wanderparkplatz
Pyramid Campground
Helmcken Falls Rim Trail Wanderparkplatz
Helmcken Falls
Mahood Lake
Placid Lake Wanderparkplatz
10
Green Mountain Road Viewing Tower
Mahood River
Clearwater River
Flat Iron Wanderparkplatz
11
Clearwater Lake Tours/ BC Backcountry Adventures
Clearwater (25 km)
Übernachten
4 Ace Western Motel
5 Cabin Creek
6 Jasper Way Inn
7 Wells Gray Inn
8 Clearwater Lake Campground & Cabins
9 Falls Creek Campground
10 Helmcken Falls Lodge
11 Wells Gray Guest Ranch
2 km
Wells Gray Corridor und Clearwater

Aufgrund der großen Grizzly-Population und des fischreichen Flusses ist es recht wahrscheinlich, dass die Bären sich zeigen, wenn auch nicht garantiert. Die „Blue River Safaris" bietet hier schon in dritter Generation Boots- und Jeeptouren an.

▪ Blue River Safaris: Mai bis Anfang Okt. tägl. 9–17 Uhr, keine Reservierung nötig. Boot oder Jeep 1 Std. 90 $, Boot und Jeep 2 Std. 170 $. 6080 Mud Lake Forest Service Road (Zufahrt 1 km nördlich von Blue River), ✆ (250) 673-2309, www.riversafari.com.

30 km nördlich von Blue River sind im **Pyramid Creek Falls Provincial Park** die eindrucksvollen Wasserfälle auf der Ostseite des Flusses zwar gut sichtbar – vom Highway auf der Westseite aber nicht zugänglich. Der nächste nennenswerte Ort ist Valemount, Hauptort des Mount Robson Valleys. Kurz danach stößt der Highway 5 in Tête Jaune Cache auf den Yellowhead Highway.

Little Hells Gate Regional Park

Valemount

Mit 1000 Einwohnern ist der Ort ein regionales Zentrum – im Umkreis von 100 km gibt es keine größere Siedlung. Doch so sehr man sich auch bemüht, Rafting und Wandern, Reiten und Mountainbiking zu vermarkten: Die Nachbarn im Wells Gray Provincial Park und im Jasper National Park haben in jeder Beziehung weit mehr zu bieten. So dient Valemount vor allem als „Überlauf", wenn in Jasper alles ausgebucht ist: Hier oder in Tête Jaune Cache übernachtet man günstiger.

Praktische Infos

Information **Valemount Visitor Centre, im Zentrum:** Mai/Juni und Okt. 10–16 Uhr, Juli/Aug. 9–20.30 Uhr, Sept. 9–17 Uhr. 785 Cranberry Lake Road, ✆ (250) 566-9893, www.visitvalemount.ca.

Übernachten ***** Best Western Plus:** Das beste Hotel der Stadt. Hallenbad, Hot Tub, Zimmer mit Kühlschrank und Mikrowelle. DZ ab 144 $. 1950 Highway 5 South, ✆ (250) 566-0086, www.bestwestern.com.

Yellowhead: Das beste unter den einfachen und günstigen Motels. 18 Zimmer, Restaurants in fußläufiger Nähe. DZ ab 89 $. 1475 5th Avenue, ✆ (250) 566-4411, www.yellowheadmotel.com.

Summit River Lodge & Campsites: Wer zwischen Clearwater und dem Mount Robson Provincial Park noch mal pausieren will, findet ruhige Lodges abseits des Highways. Die schönste ist diese – am Summit River, mit Blick auf den Albreda Gletscher. Rustikale Blockhausatmosphäre. DZ ab 149 $, Stellplatz 25–30 $. 19345 Highway 5, Albreda (20 km südlich von Valemount), ✆ (250) 566-9933.

Essen und Trinken **Abernathy's – McLennan Car & Truck Stop:** Valemounts beste Frühstücksoption (All day Breakfast), aber auch mittags und abends gibt es schnellen Service und Trucker-Portionen. Tägl. 6–21 Uhr. 3505 McLennan Road (4 km nördlich der Stadt), ✆ (250) 566-9199, www.mclennancartruckstop.com.

Caribou Grill: Steaks, Ribs, Pasta, vegetarisch, vegan – hier findet jeder etwas Passendes. Nur Dinner. Tägl. 16.30–22 Uhr. 1002 5th Avenue, ✆ (250) 566-8244, www.cariibougrill.com.

Roundhouse-Lokschuppen im Resort Three Valley Gap

Highway 1 von Sicamous zum Yoho-Nationalpark

Es ist der klassische Road Trip schlechthin: vom Zentralplateau auf dem Trans-Canada Highway in die Rocky Mountains. Schluchten und Pässe, Wälder und Flüsse, Wandermöglichkeiten und Aussichtspunkte prägen die Route östlich von Sicamous (S. 251), die in gleich drei Nationalparks führt.

Hinter Sicamous verändert sich die Landschaft: Zunehmend säumen wieder Nadelbäume die Straße, die sich das enge Tal mit dem Eagle River und der transkontinentalen Eisenbahnroute teilt. Als erster Abstecher bietet sich die **Malakwa Suspension Bridge** an: Die Hängebrücke aus den 1940er-Jahren überspannt den Eagle River – meist ein Fotomotiv und oft auch eine Gelegenheit zu einer kleinen Wanderung.

An der **Craigellachie Historical Site** wurde am 7. November 1885 der letzte Schwellennagel eingeschlagen: Die Eisenbahnstrecke quer durch den kanadischen Kontinent war vollendet. Heute erinnern Gedenksteine und Schautafeln an das historische Ereignis, und ein riesiges Foto erinnert an die damalige Zeremonie. An einem kurzen Gleisstück darf man selbst den Schwellenhammer schwingen.

Das private **Crazy Creek Resort** direkt am Highway bietet neben Übernachtungsmöglichkeiten auch kostenpflichtige Attraktionen: ein Open-Air-Thermalbad und eine Hängebrücke mit Terrasse und kurzen Wanderwegen, die direkt vor einen kleinen Wasserfall gebaut wurde.

Der Märchenwald **Enchanted Forest Sky Trek Adventure Park,** 32 km westlich von Revelstoke, begeistert vor allem Familien. Auf einem Rundweg

British Columbia | Landesinnere → Karte S. 236/237

The Craigellachie Kid

Auf dem offiziellen Foto der Zeremonie fällt ein Junge auf, der direkt hinter Lord Strathcona steht und ihm über die Schulter schaut, als dieser den finalen Schwellennagel einschlägt. Wer ist der Junge – und wie konnte er an so prominenter Stelle an der Zeremonie teilnehmen?

Edward Mallandaine war 17, als er sich als Freiwilliger zu den kanadischen Truppen meldete, um 1885 bei der Niederschlagung des Aufstands von Louis Riel in den Nordwest-Territorien teilzunehmen. Er kam zu spät – hörte aber unterwegs vom Bau der Eisenbahn und bekam dort einen Job als Kurier: Der kleingewachsene junge Mann transportierte wichtige Nachrichten und Dokumente zu Bauleitern und Ingenieuren und kam so zum Spitznamen „Kid". Als er erfuhr, dass am nächsten Tag der letzte Nagel eingeschlagen werden sollte, fuhr er auf einem offenen Wagen des nächsten Bauzugs durch die eisige Novembernacht nach Craigellachie. Dort konnte er sich dann, da ihn einige Verantwortliche erkannten, bis in die zweite Reihe vordrängeln – und machte so Geschichte.

Mit dem gleichen Ehrgeiz ging er seinen weiteren Lebensweg an: Er kaufte sich 1889 fruchtbaren Grund und Boden in der Nähe des heutigen Creston, baute die Stadt mit auf, wurde ein erfolgreicher Obstbauer, heiratete die erste Lehrerin im Ort und starb nach einem erfüllten Leben 1949 im hohen Alter von 82 Jahren.

durch alten Waldbestand stößt man auf das größte Baumhaus in British Columbia und auf viele, vor allem amerikanische Märchen- und Zeichentrickfiguren. Im Eintritt eingeschlossen ist ein Boardwalk Trail durch ein Wald- und Wiesengelände sowie eine ungeführte Ruder-Tour durch die Feuchtgebiete. Nebenan wartet der ebenfalls familienorientierte Adventure Park mit Hochseilgarten, Seilrutschen und Kletterwand.

Three Valley Gap, ein Resort im Familienbesitz, liegt unübersehbar direkt am Highway. Die „Ghost Town", eine Vision des Gründers, ist nur halb fertiggestellt und wirkt vor allem mit den alten Autos und im Lokschuppen ungepflegt. Sie bietet aber interessante Einblicke in das Leben zur Siedlerzeit: Wer keine der klassischen Ghost Towns (Barkerville, Fort Steele) auf dem Reiseplan stehen hat, sollte hier einen Zwischenstopp machen.

Praktische Infos

Übernachten Crazy Creek Resort: 7 komplett ausgestattete Suiten für 2–6 Pers. und ein Restaurant. Suite inkl. Eintritt in die Hot Pools ab 189 $, Stellplatz für Zelte und Wohnmobile 27–44 $. 6162 Trans-Canada Highway, ✆ (250) 836-4097, www.crazycreekresort.com.

Three Valley Lake Chateau: Das 200-Zimmer-Hotel wird oft von Busgruppen genutzt, ist aber aufgrund der Lage und des Preises eine gute Alternative zu den Hotels in Revelstoke. Mit Restaurant. DZ ab 142 $. 8903 Trans-Canada Highway, ✆ (250) 837-2109, www.3valley.com.

Noah's Ark Resort: Das schöne, am Wald gelegene Gelände auf halber Strecke zwischen Sicamous und Revelstoke bietet klassische Campingmöglichkeiten für Zelte und Wohnmobile, einfache Cabins (Schlafsack mitbringen, kein Wasser) und einen kleinen Laden mit Snacks. Stellplatz ab 28 $, Cabin ab 70 $. Mai bis Sept. Direkt am Trans-Canada Highway. ✆ (250) 837-7499, www.rvcampingrevelstoke.com.

Revelstoke

Die Lage am Columbia River, zwischen Selkirk und Monashee Mountains, macht Revelstoke sommers wie winters zu einem begehrten Ziel für Urlauber. Unmittelbar zu Füßen des Mount Revelstoke Nationalpark gelegen, ist die Stadt mit ihren 7000 Einwohnern natürlich Ausgangspunkt für diesen und auch für den benachbarten Glacier-Nationalpark. Zudem sind der mächtige Staudamm und das Eisenbahnmuseum ein Grund, nicht auf dem Highway am Ort vorbeizufahren, sondern sich einige Stunden oder einen ganzen Tag für die Stadt zu nehmen. Revelstoke bietet die größte Auswahl an Hotels und Restaurants zwischen Kamloops und Golden. Das Herz des Städtchens befindet sich rund um die Kreuzung 1st Street/Mackenzie Avenue.

Revelstoke Museum: Das im Zentrum gelegene Museum dokumentiert auf zwei Stockwerken die Stadtgeschichte, in der Ausstellung „Land of Thundering Snow" kann man vieles über Lawinen erfahren. Nach dem Besuch bietet sich der schöne Heritage Garden für ein kleines Picknick an.

■ Mo–Fr 10–17, Sa 11–17 Uhr. Juli/Aug. oft länger und auch am Sonntag. Eintritt 5 $. 315 First Street West, ✆ (250) 837-3067, www.revelstokemuseum.ca.

Revelstoke Railway Museum: Ebenfalls zentral, aber auf der anderen Seite der Bahngleise liegt dieses Museum, das sich der Geschichte der transkontinentalen Eisenbahn widmet. Neben der 170 Tonnen schweren Dampflok 5468, die bis 1954 auf der Strecke unterwegs war, sind weitere Loks und Wagen in einer Halle und im Freigelände aufgestellt. Ein Diesellok-Simulator, eine Modellbahn, weitere Ausstellungstücke

Im Zentrum von Revelstoke

British Columbia | Landesinnere → Karte S. 236/237

Canadian Pacific Railway – die transkontinentale Eisenbahn

Die Geschichte der Eisenbahn vom Atlantik zum Pazifik ist voller Skandale, Bestechungen und Pleiten. Politiker, die British Columbia stärker an das Dominion of Canada binden wollten, trafen auf Bauunternehmen, die auf das schnelle Geld aus waren. Bahngesellschaften, die ihren Verbündeten in den USA in die Hände spielen wollten, mussten sich mit Ingenieuren auseinandersetzen, die andere Streckenführungen durch die unzugänglichen Rocky Mountains planten. Doch am härtesten traf es die Arbeiter – von Osten her meist europäische Einwanderer, von Westen her chinesische Kulis. Sie schufteten 16 Stunden für einen Tageslohn von eineinhalb Dollar, der schnell im Company Store fürs Essen ausgegeben war. Hunderte ließen beim Sprengen von Dynamit in den Felswänden oder bei Wintertemperaturen unter -40° C ihr Leben. Die Überlebenden hatten 1885 nach vier Jahren harter Arbeit nicht einmal genug Geld, um ihre Rückreise nach China zu bezahlen. 2006 sprach die kanadische Regierung gegenüber China eine formale Entschuldigung für die unwürdige Behandlung der Arbeiter aus.

Als 1886 der Betrieb aufgenommen wurde, führte die Route durch unbewohnte Wildnis. Um zahlungskräftige Reisende anzulocken, setzte die Canadian Pacific Railway schon damals auf luxuriöse Hotels in attraktiver Lage, z. B. das Banff Springs Hotel, und holte so Urlauber in die Rocky Mountains. Nach zahlreichen Streckenverbesserungen, bei denen steile und lawinenanfällige Abschnitte durch Tunnel ersetzt wurden, bildet die Route noch heute das Rückgrat für den Transport zwischen West- und Ostkanada. Reisezüge sieht man jedoch eher selten – nur ein- bis zweimal pro Woche und Richtung verkehrt der Luxuszug „Rocky Mountaineer". Güterzüge jedoch sieht man oft: Sie transportieren meist Autos aus Asien nach Osten und Weizen aus der Prärie nach Westen.

und ein Gift Shop komplettieren das nicht nur für Eisenbahnfans interessante Museum.

▪ Mai bis Sept. tägl. 9–17 Uhr. Eintritt 10 $. 719 Track Street West, ✆ (250) 837-6060, www.railwaymuseum.com.

Revelstoke Dam – ein Muss! 5 km nördlich des Orts staut eine gewaltige Betonmauer, 175 m hoch und 457 m breit, den Columbia River, den mächtigsten Fluss im pazifischen Nordwesten. Die derzeit fünf Turbinen mit zusammen 2,5 MW Leistung erzeugen Strom für eine Million Haushalte; die Wasserkraft erzeugt mehr als 90 % der Energie in der Provinz. Man kann auf eigene Faust oder im Rahmen einer sehr informativen Tour mit einem Fahrstuhl zur Krone des Staudammes hinauffahren.

MeinTipp Mitte Mai bis Anfang Sept., tägl. 10–16 Uhr. Eintritt 6 $ inkl. Tour. Touren tägl. um 10.30, 11.30, 13.30, 14.30 Uhr. Highway 23 North, ✆ (250) 814-6697, www.bchydro.com/Revelstoke.

B.C. Interior Forestry Museum & Forest Discovery Centre: Kurz vor dem Damm liegt linkerhand dieses ehrenamtlich geführte Museum, das einen Überblick über die Forstwirtschaft der Provinz vermittelt. Auch wer dem Abholzen der Wälder skeptisch gegenübersteht, kann sich hier sehr gut in die Schuhe der Forstarbeiter versetzen und erfährt mehr über den Zyklus des Waldes, über Fäll- und Wiederaufforstungstechniken sowie Schädlinge. Neben alten Fahr- und Werkzeugen geht man das Thema Wald hier auch ganz pragmatisch an: Brennholz für den Campingplatz und Insektenspray für entspannte Waldspaziergänge gibt es nirgendwo günstiger …

▪ Ende Mai bis Anfang Sept. Di–Sa 11–17 Uhr, Juli/Aug. Fr 18–20 Uhr Lagerfeuer und Geschichten, Sa 14 Uhr Vorführungen. Eintritt frei, Spende 5 $. Highway 23 North, ✆ (250) 837-8078, www.bcforestrymuseum.ca.

Wandern/Mountainbiken: Für kurze Spaziergänge ist der Greenbelt am Illecillewaet River ideal. Der Sutherland Falls Trail am Blanket Creek führt nach 5–10 Minuten zu einem schönen Wasserfall. Fordernder sind die **Begbie Falls and Creek Trails** (Parkplatz am Highway 23 südlich der Stadt).

Blick vom Revelstoke Dam auf den Columbia River

British Columbia | Landesinnere → Karte S. 236/237

Durch einen Wald geht es zu einem schönen Wasserfall (hin/zurück rund 2 Std.). Für erfahrene Wanderer lohnt der Aufstieg auf den Mount Begbie mit spektakulärem Ausblick. Je nach Jahreszeit müssen Gletscherfelder gekreuzt werden; eine Erkundigung vorab über die aktuelle Beschaffenheit des Trails ist unerlässlich. Das Visitor Centre informiert über wetterbedingte Einschränkungen und vermittelt auch Führer.

Auch für Mountainbiker sind die umliegenden Berge ein Paradies. Für Anfänger geeignet sind die 2 und 5 km langen Rundkurse Soren Sorensen. Anspruchsvoller sind Mount McPherson, Boulder Mountain und Revelstokes Freerider Playground. Frisby Ridge XC gilt als Weltklasse-Trail.

▪ Das Visitor Centre hält eine detaillierte Mountain Bike Trail Map bereit. Zusätzliche Infos unter www.bikerevelstoke.org.

Praktische Infos

Information **Tourism Revelstoke:** Mo–Fr 8.30–16.30, Sa/So 9–16 Uhr. 301 Victoria Road West, ✆(250) 837-5345, www.seerevelstoke.com. Im gleichen Haus ist auch **Parks Canada Revelstoke** zu finden, zuständig für die Nationalparks Mount Revelstoke und Glacier: Mo–Fr 8–12 und 13–16.30 Uhr. ✆(250) 837-7500, www.pc.gc.ca.

Hin und weg Über Fernbusverbindungen gab es bei Redaktionsschluss (April 2019) noch keine verlässlichen Angaben, nachdem der bisherige Betreiber Greyhound Bus seine Linien in Westkanada Ende 2018 eingestellt hatte (→ S. 698).

Fahrradverleih **Skookum Cycle & Ski.** Halber/ganzer Tag 25–60 $/40–80 $. 116 Mackenzie Avenue, ✆(250) 814-0090, www.skookumrevelstoke.com.

Galerie Die ehrenamtlich geführte **Revelstoke Art Gallery** – eine kleine Community Gallery – zeigt wechselnde Ausstellungen meist regionaler Künstler. Di–Sa 12–16 Uhr. Eintritt frei, Spende erbeten. 320 Wilson Avenue, ✆(250) 814-0261, www.revelstokevisualarts.com.

Mountainbike-Touren Geführte Halb- und Ganztagestouren organisiert **Wandering Wheels** (59–199 $). Kein Büro, nur ✆(250) 814-7609, www.wanderingwheels.ca.

Übernachten **The Explorers Society 4:** Das Boutique-Hotel hat in den 9 opulent ausgestatteten Zimmern die alten Backsteinmauern und Holzbalken der Fabrik von 1911 belassen. Hot Tub, Sauna, exzellentes Restaurant, Bar. Kosmopoliten und andere Weltenbummler fühlen sich hier wohl. DZ ab 229 $. 111 1st Street West, ✆(250) 814-2565, www.explorers-society.com.

Glacier House: Das einige Kilometer nördlich gelegene Resort bietet Hotelzimmer und Blockhütten für 2–12 Personen. Restaurant, Hallenbad, Hot Tub, Sauna. DZ ab 129 $. 1870 Glacier Lane. ✆(250) 837-9594, www.glacierhouse.com.

MeinTipp **The Cube Hotel 3:** Halb Hotel, halb Hostel – Revelstokes Version einer Budget-Unterkunft: Das 2015 erbaute Haus bietet Zimmer mit WC, aber ohne Dusche; die ist auf dem Gang. Ausreichendes kontinentales Frühstück in Selbstbedienung, dafür sehr günstig. DZ ab 72 $. 311 Campbell Avenue. ✆(250) 837-4086, www.cubehotel.ca.

Essen und Trinken **Woolsey Creek Bistro 1:** Das wahrscheinlich beste Essen der Stadt gibt es in diesem ruhigen und legeren Bistro. Lokale Bio-Zutaten, internationale Rezepte. Dinner 19–39 $. Tägl. 17–23 Uhr. 604 2nd Street West, ✆(250) 837-5500, www.woolseycreekbistro.ca.

The Village Idiot Bar and Grill 6: Die Après-Ski-Bar ist eine Institution und auch im Sommer lohnend. Restaurant und Bar. Exzellentes Essen, auch vegetarisch, vegan, glutenfrei. Preisgekrönte Pizzen. Am Wochenende oft Livemusik. Tägl. 11.30–24 Uhr. 306 MacKenzie Avenue, ✆(250) 837-6240, www.thevillageidiot.ca.

Craft Bierhaus 7: Zu den mehr als 20 Craft-Bieren vom Fass aus B.C. und den Nordwest-USA gibt es in dem entspannt-lässigen Bierhaus moderne, frische Küche mit lokalen Zutaten, auch vegetarisch und glutenfrei. Tägl. 12–2 Uhr. 107 2nd Street East, ✆(250) 805-1754.

The Modern Bakeshop & Café 5: Frühstück und Lunch mit großer Brot- und Kuchenauswahl. Mo–Sa 7–17 Uhr. 212 MacKenzie Avenue, ✆(250) 837-6886, www.themodernbakeshopandcafe.com.

Mountain Meals **2**: Der Coffee Shop bietet auch Frühstück und Lunch, z. B. sehr gute Breakfast Burritos oder mittags Auflauf. Frühstück und Lunch. Tägl. 8–18 Uhr. 311 1st Street West, ✆ (250) 837-3565.

Mount Revelstoke National Park

Der nur 260 km² kleine Nationalpark ist im Südwesten und ganz im Osten für Besucher zugänglich und wird vor allem von Wanderern genutzt, denn der 25 km lange Meadows in the Sky Parkway, der von 500 m auf gut 1800 m Höhe am Balsam Lake führt, erschließt hier das Hochgebirge. Die Straße durchquert dabei unterschiedliche Vegetationszonen, vom dichten Regenwald bis zu alpinen Wiesen und Gipfeln. Im Osten des Parks, entlang des Highways, liegen zwei weitere Wanderwege. Knapp außerhalb der Grenzen des Parks laden die Canyon Hot Springs zu einem heißen Bad ein.

▪ Der Park ist eintrittspflichtig (Day Pass 7.80 $/Pers./Tag). Es gibt keine per Pkw erreichbaren Campingplätze, nur Backcountry Camping im Hinterland (Permit erforderlich). Verpflegung muss man von Revelstoke aus mitnehmen – im Park gibt es nichts.

Meadows in the Sky Parkway: Auf dem Weg nach oben passiert der Parkway sieben „Viewpoints“ mit unterschiedlichen Ausblicken auf Revelstoke und den Columbia River. Auf 1800 m Höhe muss man in den Shuttle-Bus umsteigen oder die letzten Meter zum Gipfel wandern (1 km, 100 Höhenmeter, 30 Min. einfach). In der Summit Area gibt es drei Aussichtsplattformen, die schönste auf einem Turm, der früher dem schnellen Erkennen von Waldbränden diente. Im August erblühen die Alpenblumen und verwandeln die Bergwiesen in ein Farbenmeer. 18 Spaziergänge und Wanderwege bis 10 km Länge erschließen den Park in allen Höhenregionen. Beliebt sind der Nels Nelsen Ski Jump Trail (1 km, 30 Min.), der zu einer historischen Skisprungschanze führt, sowie die Touren zu den hochalpinen Seen Miller Lake und Eva Lake, die nur geringe Steigungen aufweisen (jeweils ca. 200 Höhenmeter, hin/zurück 4–6 Std.).

Zufahrt vom Trans-Canada Highway nördlich von Revelstoke. Die Fahrt bis ganz oben ist meist erst ab Anfang Juli möglich. Detaillierte Wanderinfos bei Einfahrt in den Park.

Giant Cedars Trail

Giant Cedars und Skunk Cabbage: Im Osten des Parks, gut 30 km von Revelstoke entfernt, liegen zwei Parkplätze, die kurze Wanderwege erschließen: Der Skunk Cabbage Trail (1,2 km Rundweg, 30 Min.) führt durch ein seltenes Feuchtgebiet, in dem riesige Stinkkohlpflanzen wachsen. Der Giant Cedars Trail (500 m Rundweg, 20 Min.) erschließt den am weitesten von der Küste entfernt liegenden Hain gewaltiger Riesenlebensbäume. Das feuchte Klima des Regenwaldes lässt die Bäume hier langsam, aber stetig gedeihen – die ältesten standen schon hier, als Christopher Columbus seine Segel setzte.

Canyon Hot Springs: Nur 4 km außerhalb der Grenzen des Parks, am Trans-Canada Highway zum Glacier-Nationalpark, sprudelt eine der vielen heißen Quellen am Westrand der Rocky Mountains. Das idyllisch gelegene und gepflegte Resort bietet einen Besuch der mineralhaltigen Hot Pools auch für Tagesgäste an (siehe unten).

Praktische Infos

Information **Parks Canada Revelstoke** www.pc.gc.ca/revelstoke (→ Revelstoke, S. 290).

Hot Pools **Canyon Hot Springs:** Der Besuch der Pools im gleichnamigen Resort (siehe unten) steht auch Durchreisenden und Tagesgästen offen. Mai/Juni und Sept. 9–20 Uhr, Juli/Aug. 9–21 Uhr. Eintritt 12,50 $.

Übernachten **Canyon Hot Springs Resort 5:** Stellplatz 35–55 $, Cabin mit Bad 135–325 $, ohne Bad 95 $. 7050 Trans-Canada Highway (33 km von Revelstoke in Richtung Golden), ☎ (250) 837-2420, www.canyonhotsprings.com.

Glacier National Park

Der Nationalpark mit seinen bis zu 3400 m hohen Gipfeln ist ein Paradies für Wanderer. Anders als beim Mount Revelstoke National Park muss man sich hier aber die Höhenmeter zu Fuß erarbeiten. Der Lohn der Mühe ist oft ein Panorama, das jeden Alpenort nei-

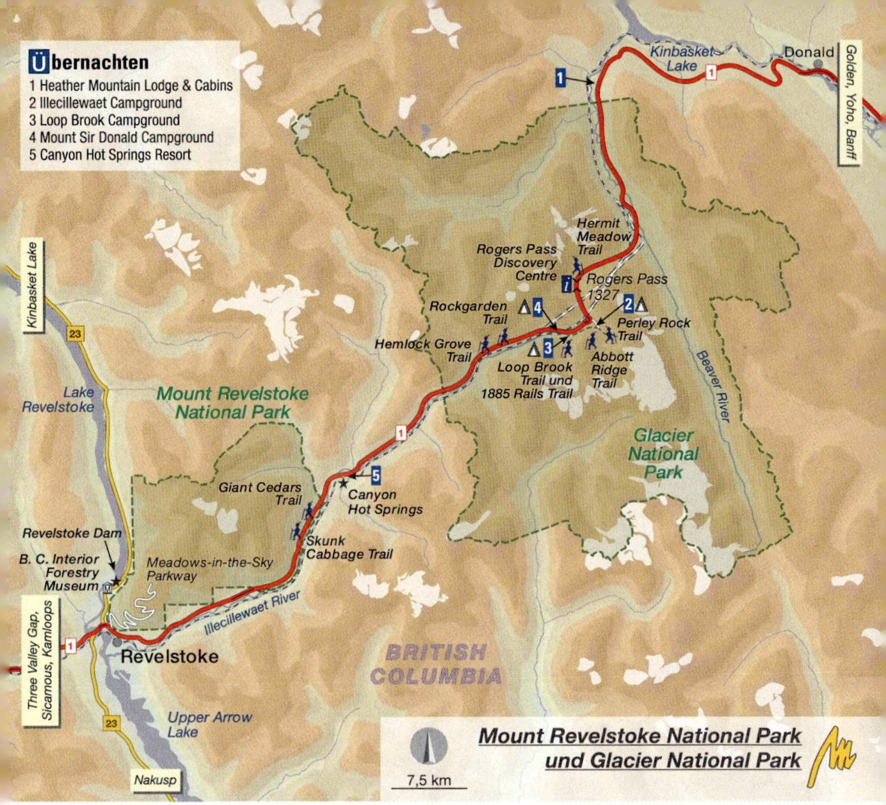

disch machen könnte. Für erfahrene Bergsteiger bieten sich technische Besteigungen und Eisfeld-Traversen mit Blick auf Gletscher, Wasserfälle und tiefe Felsschluchten. Doch auch der durchschnittliche Wanderer kommt bei zahlreichen kurzen und mittleren Touren auf seine Kosten.

In der Mitte des Parks und auf halber Strecke zwischen Revelstoke und Golden liegt der Rogers Pass. Hier verläuft die Zeitzonengrenze: Westlich gilt die Pacific Time, östlich die Mountain Daylight Time, die der von Calgary entspricht. Auf der Passhöhe unterhält Parks Canada das Museum und Besucherzentrum Rogers Pass Discovery Centre – ein Stopp und Besuch ist fast ein Muss auf der Route.

Die einfacheren Wege im Park gehen meist von Wanderparkplätzen entlang des Highways aus; an der Zufahrt in den Park bekommt man eine Übersichtskarte mit detaillierten Infos. Der Park ist eintrittspflichtig (Day Pass 7.80 $/Pers./Tag).

- Es gibt keine Hotels oder vergleichbare Unterkünfte im Park. Ein Café liegt in der Nähe des Rogers Pass Centre und hat nur zeitweise geöffnet – im Sommer meist 10–16 Uhr.

Rogers Pass Discovery Centre: Das jahrelang geschlossene, nach einem Komplettumbau aber wiedereröffnete Centre wurde vom Explore Magazine 2017 zum besten Nationalpark-Museum Kanadas gewählt. Ein Kino zeigt historische Filme; im Museum stehen die regionale Tierwelt, die Geschichte des Bahnbaus und die häufigen Lawinen im Vordergrund. Letztere sind auch der Grund für die Kanonen beim Centre: Noch heute werden im

Frühjahr regelmäßig Schneefelder kontrolliert gesprengt.

■ Mai bis Mitte Nov. mindestens 9–17 Uhr, Mitte Juni bis Mitte Sept. 8–19 Uhr. Eintritt 7.80 $. Das Centre ist Teil der Rogers Pass National Historic Site, die Nationalpark-Gebühr schließt den Zugang zum Discovery Centre mit ein.

Wanderungen: Der einsame Park bietet von 15-minütigen Spaziergängen bis zu viertägigen Fernwanderungen 20 attraktive Optionen. Am bequemsten sind die kurzen Rundwege Hemlock Grove (den man sich schenken kann, wenn man den Giant Cedars Trail im Revelstoke Park absolviert hat) und

Die Dreitausender der Selkirk Mountains thronen über Rogers Pass

Rock Garden, ein schöner Felslehrpfad, der an den Ruinen der Glacier House Lodge vorbeiführt. Die Wege Loop Brook Trail (2 km, hin/zurück 45 Min.) und 1885 (7 km, hin/zurück 2 Std.) folgen dem alten Gleisbett der Canadian Pacific Railway – inzwischen ist die Bahnstrecke neu trassiert. Von den längeren Trails ist der Anstieg zur Hermit Meadow als Halbtagestour zu machen, belohnt aber dennoch mit großartigen Ausblicken. Als Ganztagestouren bieten sich vor allem Perley Rock und Abbott Ridge an. Perley Rock führt in Serpentinen hinauf zum Illecillewaet-Gletscher, der Abbott Ridge Trail endet an einer Klippe, die Ausblicke in schwindelerregende Tiefen ermöglicht. Bei beiden Touren sind über 1000 Höhenmeter zu erklimmen, doch die Blicke über die Berglandschaft sind es wert.

Praktische Infos → Karte S. 293

Information Im **Rogers Pass Discovery Centre** nur mündliche Auskünfte. Permits für Backcountry Camping erhält man in Revelstoke bei **Parks Canada Revelstoke** (→ S. 290). www.pc.gc.ca/glacier.

Übernachten **Heather Mountain Lodge & Cabins 1:** Die rustikal-schicke Lodge bietet bodenständigen Luxus in den Bergen und liegt nur gut 1 km vom nördlichen Parkeingang entfernt. Restaurant. DZ ab 199 $, Cabin ab 325 $. 5400 Trans-Canada Highway, ✆ (250) 344-7490, www.heathermountainlodge.com.

Berghütten: Der Alpine Club of Canada bietet Matratzenlager in vier einfachen Hütten an. ✆ (403) 678-3200, www.pc.gc.ca/en/pn-np/bc/glacier/visit/loger-stay/cabines-cabins.

Camping Parks Canada betreibt drei **Campgrounds** westlich von Rogers Pass: **Illecillewaet 2** und **Loop Brook 3** (Wasser, WC) und **Mount Sir Donald 4** (keine Einrichtungen). Stellplatz je 21,50 $. www.pc.gc.ca/en/pn-np/bc/glacier/visit/loger-stay/camping.

Golden

Vom Rogers Pass windet sich die Straße hinunter in das Tal des Rocky Mountain Trench. Auf dem Weg nach Golden wird der Burges James Gadsden Provincial Park passiert: Vor allem im Frühjahr und Herbst können hier seltene Zugvögel beobachtet werden. Es gibt allerdings außer einem Parkstreifen am Straßenrand keine Wege oder Einrichtungen. Vom Park sind es noch 11 km bis Golden.

Golden

Das Städtchen Golden – am Zusammenfluss von Kicking Horse River und Columbia River und zu Füßen der Dreitausender in den Bergketten der Rockies und der Selkirk Mountains – ist aufregend schön gelegen. Zudem befinden sich gleich sechs Nationalparks in unmittelbarer Nähe.

Kaum war die Canadian Pacific Railway 1886 eröffnet, unterbrachen hier viele Bahnreisende ihre Fahrt in den Westen, um die schöne Bergwelt zu erkunden. Da immer mehr Menschen die umliegenden Gipfel bezwingen wollten, es aber an erfahrenen Einheimischen fehlte, kam die CPR schon Ende des 19. Jahrhunderts auf den Gedanken, Schweizer Bergführer nach Kanada zu holen: Eduard Feuz und Christian Haesler waren die ersten in einer langen Reihe von 35 erfahrenen Guides aus der Schweiz, die den Urlaubern die Schönheit der Berge auf sichere Art und Weise nahebrachten: Es gab in all den Jahrzehnten nicht einen Toten zu beklagen.

Heute lebt Golden mit seinen knapp 4000 Einwohnern nach wie vor von der Holzindustrie und dem Tourismus (im Sommer wie im Winter) und verfügt über nette Restaurants, Bars und Cafés sowie eine lebendige Kulturszene. Hier kann man durchaus für einige Tage bleiben.

Seit 2001 ist die **Kicking Horse Pedestrian Bridge** – die größte freistehende Holzbalkenbrücke Kanadas – das neue Wahrzeichen der Stadt. Sie überspannt den Fluss auf einer Breite von 46 Metern. Die Downtown liegt im Dreieck Kicking Horse River/10th Avenue/7th Street.

Golden Museum: Das Museum widmet sich eher ungewöhnlichen Aspekten der Stadtgeschichte: dem Entdecker David Thompson, den Schweizer Bergführern, den Schaufelraddampfern auf dem Columbia River und der Sikh-Gemeinde.

▪ Mo–Fr 10–17 Uhr. Eintritt 5 $. 11th Avenue S, ✆ (250) 344-5169, www.goldenbcmuseum.com.

Rund um Golden

Am westlichen Ende der Stadt zweigt die Ottoson Road vom Trans-Canada Highway ab und führt in das Edelweiss Village mit seinen Schweizer Berghäusern. Noch heute leben viele Nachfahren der ersten Schweizer Bergführer hier; die Häuser sind in Privatbesitz und können nicht besichtigt werden. Die meisten Bergwanderer zieht es in die umliegenden Nationalparks, doch auch stadtnah gibt es einige schöne Trails, z. B. das 7 km lange Wegenetz des Rotary Trails und seiner Nebenwege, die Spaziergänge an den beiden Flüssen erlauben.

Kicking Horse Mountain Resort: Im westlich des Orts gelegenen Ski-Resort wird auch im Sommer viel geboten: Im Grizzly Bear Refuge wurde ein verwaister Grizzly in einem naturnahen Gehege großgezogen. Der mittlerweile ausgewachsene Bär kann in seinem Lebensraum beobachtet werden und beeindruckt durch seine Persönlichkeit, Agilität und Intelligenz. Auf einer geführten Rangertour kann man dem Grizzly sogar ganz nahe kommen.

Mountainbiker und Wanderer können mit Sessellift oder Gondelbahn auf die Gipfel fahren und dann auf Trails unterschiedlicher Schwierigkeitsgrade zu Tal rasen (der Bike Park zählt zu den Top 10 weltweit) oder auf attraktiven Wegen über Bergkämme den Ausblick genießen! Auf den geführten Touren über Klettersteige und eine Seilbrücke bekommen auch Bergwanderer ihren Adrenalinkick.

▪ Mitte Juni bis Mitte Sept. Grizzly Bear Refuge: Touren 10, 11, 12, 14, 15, 16 Uhr, 30 $. Rangertour 9 und 16 Uhr, 63 $; jeweils inkl. Catamount-Sessellift. Mountainbike-Tagespass 40–53 $, Seilbrücke und Klettersteige 40–169 $. 1500 Kicking Horse Trail, ✆ (866) 754-5425, www.kickinghorseresort.com.

Rafting/Paddeln: Der Kicking Horse River ist einer der schwierigsten Wildwasser-Flüsse Kanadas, ideal, um ihn an einem heißen Sommertag unter professioneller Führung zu befahren – Abkühlung ist garantiert. Entspannter geht es in den Auen des Columbia River südlich der Stadt zu (Anbieter s. u.).

Fallschirmspringen/Paragliding: Die faszinierende Bergwelt bietet sich geradezu an, aus der Luft entdeckt zu werden – falls man sich traut, während eines Tandem-Fallschirmsprungs die Augen aufzumachen. Mehr Zeit in der Luft verbringt man mit Huckepack-Paragliding (Angebote s. u.).

Praktische Infos

Information **Golden Visitor Centre:** Tägl. 10–18 Uhr. 1000 Trans-Canada-Highway, ✆ (250) 439-7290, www.tourismgolden.com.

Hin und weg Über Fernbusverbindungen gab es bei Redaktionsschluss (April 2019) noch keine verlässlichen Angaben, nachdem der bisherige Betreiber Greyhound Bus seine Linien in

Westkanada Ende 2018 eingestellt hatte (→ S. 698).

Fahrradverleih **Higher Ground Sports,** ab 55 $/Tag. 501 9th Avenue, ✆ (250) 344-7980, www.highergroundsports.rezdy.com.

Fallschirmspringen/Paragliding Mehr Zeit in der Luft verbringt man mit Golden Tandem Paragliding: Wie der Name schon sagt, geht es hier huckepack zum Gleitschirmfliegen. Ähnliches bietet Peter von Parapete Tandems.

Extreme Yeti Adventures, Fallschirm-Tandemsprung ab 299 $. Golden Airport, Fisher Road, ✆ (250) 272-9384, www.skydiveextremeyeti.com. **Golden Tandem Paragliding,** Paraglide-Tandemsprung ab 175 $. 872 McBeath Road, ✆ (250) 344-3214, www.altitudeadventures.ca.

Galerie Die **Art Gallery of Golden** im Kulturzentrum Kicking Horse Culture zeigt Wechselausstellungen, oft Werkschauen von Künstlern, die sich mit der Bergwelt befassen. Mo–Sa 10.30–17.30 Uhr, Juli/Aug. auch So 11–16 Uhr. Eintritt frei. 516 9th Avenue, ✆ (250) 344-6186, www.kickinghorseculture.ca.

Markt Im neugestalteten schönen Fußgängerbereich finden mittwochs der **Farmers Market** und von 19 bis 21 Uhr **Konzerte** statt.

Paddeln/Rafting **Columbia Wetlands Adventure,** Kanus, Kajaks, Tretboote ab 25 $/Std., Touren ab 70 $. 2629 Highway 95, Parson (25 km südlich von Golden), ✆ (250) 348-2235, www.wetlandsadventures.com. **Glacier Raft Company,** seit 35 Jahren im Geschäft. Touren ab 45 $. 1509 Lafontaine Road, ✆ (877) 344-7238, www.glacierraft.com. **Alpine Rafting,** Halb- und Ganztagestouren ab 35 $. 101 Golden Donald Upper Road, ✆ (888) 599-5299, www.alpinerafting.com. **Hydra River Guides,** 4 verschiedene Touren ab 55 $. 2936 Kicking Horse Road, ✆ (800) 644-8888, www.hydrarafting.com.

Übernachten Im Juli und August steigen die Preise oft bis auf das Doppelte. Die vielen Motels und **-Ketten-Hotels sind keine Alternative, da sie meist abgewohnt und ungepflegt sind.

Kicking Horse Lodging: Das führende Ski-Resort bietet im Sommer Unterkunft und attraktive Packages in 2 Lodges und Ferienapartments. Restaurants, Sauna, Hot Tub. DZ ab 159 $. 1549 Kicking Horse Trail, ✆ (877) 754-5486, www.kickinghorselodging.com.

****** Canyon Ridge Lodge:** Die kleine Lodge in einem Wohngebiet überzeugt mit Komfort in den nur 3 Zimmern. Große Guest Lounge, Garten mit Hot Tub. DZ ab 130 $, 2 Nächte Mindestaufenthalt. 1392 Pine Drive, ✆ (250) 344-9876, www.canyonridgelodge.com.

***** Prestige Inn:** Die kleine kanadische Kette bietet typischen Drei-Sterne-Standard. Gutes Restaurant, Hallenbad, Hot Tub, Fitnessbereich. DZ ab 126 $. 1049 Trans-Canada Highway, ✆ (250) 344-7990, www.prestigehotelsandresorts.com.

Auberge Kicking Horse: Das geschmackvoll eingerichtete B&B bietet 3 Zimmer mit jeweils eigenem Bad. Hot Tub im Garten. DZ ab 130 $. 1306 Selkirk Drive, ✆ (250) 344-3997, www.aubergekickinghorse.com.

Dreamcatcher: Halb Lodge, halb Hostel, ideale Lage. Gemütlicher Gemeinschaftsbereich mit Kamin und großer Küche. DZ mit Du/WC ab 90 $, Übernachtung im Schlafsaal 35 $. 5298 9th Avenue North, ✆ (250) 439-1090, www.dreamcatcherhostel.com.

Camping **Golden Municipal Campground:** Städtischer Platz in der Nähe der Downtown am Kicking Horse River. Duschen, Waschsalon, Picknickhütte. Stellplatz ab 35 $. 1411 9th Street North, ✆ (866) 538-6625, www.goldenmunicipalcampground.com.

Essen und Trinken **Whitetooth Mountain Bistro:** Das zentral gelegene elegante Bistro hat schon einige Auszeichnungen erhalten, u. a. für die exzellente Weinkarte. Das Essen ist sehr gut, aber nicht günstig. Frühstück, Lunch und Dinner. Tägl. 9–22 Uhr. 427 9th Avenue North, ✆ (250) 344-5120, www.whitetoothbistro.com.

Legendz Diner: Gehobenes Fast Food in einem klassischen Diner im Stil der 50er-Jahre. Kulinarisch nichts Besonderes, die Atmosphäre schon. Tägl. 7–22 Uhr. 1421 Highway 1, Frontage Road, ✆ (250) 344-5059.

MeinTipp **Big Bend Café:** Das gemütliche Café bietet über 60 Variationen für Frühstück und Lunch. Die Huevos Rancheros sind exzellent! Tägl. 7.30–14 Uhr. 528 9th Avenue North, ✆ (250) 344-6111, www.bigbendcafe.ca.

MeinTipp **Bacchus Books and Café:** Im 1. Stock des Buchladens findet sich dieses kleine Café mit stets wechselnder Tageskarte. Während man auf die Zubereitung wartet, kann man in gebrauchten Büchern stöbern. Frühstück und Lunch. Tägl. 9–17.30 Uhr. 409 9th Avenue North, ✆ (250) 344-5600, www.bacchusbooks.ca.

British Columbia | Landesinnere → Karte S. 236/237

Yoho-Nationalpark

In der Sprache der Cree First Nation drückt „Yoho!" Ehrfurcht und Bewunderung aus – ein passender Name für diesen Park mit 28 Dreitausendern, zahlreichen Wasserfällen und steilen Felswänden, der nur wenige Kilometer östlich von Golden liegt. Ein 400 km langes und vielfältiges Netz von Wanderwegen, aber auch einige mit dem Auto befahrbare Nebenstraßen machen den Park zu einem Ziel für Reisende aus aller Welt. Höhepunkte im Park sind die Seen **Lake O'Hara** und **Emerald Lake,** die **Takakkaw Falls** – Kanadas dritthöchste Wasserfälle – sowie die fossilen Funde in der Nähe des Mount Field. Das raue Bergklima lässt die Temperaturen auch im Sommer kaum über 20 Grad klettern.

Schon mit dem Bau der transkontinentalen Eisenbahn erkannte man das touristische Potential der Region und stellte sie 1886 unter Schutz. 1902 entstand die Emerald Lodge, 1924 die Lake O'Hara Lodge. Flora und Fauna unterscheiden sich kaum von den umgebenden Parks: An den tiefsten Stellen findet sich noch Regenwald, dann folgen Engelmann-Fichten und Felsengebirgstannen, rund um den Lake O'Hara auch subalpine Bergwiesen. Hirsche, Schneeziegen und Dickhornschafe sieht man häufig; rund um den Lake O'Hara werden aufgrund der hohen Grizzly-Population im Sommer oft Wanderwege gesperrt. Seit 1984 ist der Park gemeinsam mit den angrenzenden Nationalparks Weltnaturerbe.

Der Trans-Canada-Highway führt quer durch den Park. Auf halber Strecke liegt Field, mit seinen 220 Einwohnern die einzige Siedlung im Park. Vier Nebenstraßen – Wapta Road, Emerald Road, Yoho Valley Road und Lake O'Hara Road – erschließen die abgelegeneren Regionen des Parks. Lodges, einige B&B, ein Hostel und fünf Campgrounds bieten Unterkunft im Park (→ Praktische Infos, S. 300).

Wapta Road: Ein leichter Wanderweg führt zu den 30 m hohen, 150 m breiten Wapta Falls des Kicking Horse River (4,6 km hin/zurück, 1½ Std., 100 Höhenmeter). Gegenüber der Zufahrtsstraße in der Nähe des Westeingangs des Parks am Highway 1 beginnt der Mount Hunter Trail, gewöhnlich der erste schneefreie Trail ins Hochgebirge (ab Mitte/Ende Juni; 13 km hin/zurück, 7 Std., 800 Höhenmeter). Der Weg führt zu zwei Waldbrand-Beobachtungstürmen mit weitem Ausblick.

Emerald Lake Road: Erster Stopp ist die Natural Bridge, wo sich der Bach unter Felsen hindurchgegraben hat, so dass eine Felsbrücke bestehen blieb. Hauptziel sind der Emerald Lake und die an seinem Ufer erbaute Lodge. Der im Sommer türkis schimmernde See – der größte im Park – kann auf einem 5,2 km langen Wanderweg, der aber oft erst ab Mitte/Ende Juni schnee- und eisfrei ist, in zwei Stunden umrundet werden. Längere Touren führen über den Yoho Pass ins Yoho Valley oder über den Burgess Pass nach Field. Letzterer Weg lässt sich mit dem Tally-ho Trail und dem Weg am Emerald River entlang zu einem fordernden ganztägigen Rundkurs erweitern (ca. 28 km, 8 Std., 800 Höhenmeter).

Field: Das kleine Dorf ist Sitz des Besucherzentrums, das sich Nationalparkverwaltung und Travel Alberta teilen. Hier erfährt man alles zu möglichen wetter- oder bärenbedingten Wegsperrungen und erhält Backcountry Camping Permits. Gegenüber liegt eine Tankstelle mit kleinem Laden. Auf der anderen Seite des Flusses und der Bahngleise liegt der Ort mit einem Café und einem Bistro.

Yoho Valley Road: Die meist nur von Ende Juni bis Anfang Oktober offene Straße ist nur für Pkw und Pickups geeignet. Entlang des Yoho River

Die Natural Bridge an der Emerald Lake Road

gelangt man nach gut 13 km zum Parkplatz an den Takakkaw Falls, wo zahlreiche Wanderwege ihren Anfang nehmen. Die Fälle selbst sind in 15 Minuten erreicht. Sie stürzen in mehreren Stufen 384 m in die Tiefe, die größte Distanz in freiem Fall beträgt 254 m. Am Ende der Straße liegt das Whiskey Jack Hostel; hier beginnt auch der erst 1987 geschaffene, 5 km lange spektakuläre Iceline Trail, der mit Blick auf den nur wenig oberhalb verlaufenden Emerald Glacier ins Little Yoho Valley führt. Dort und an den Laughing Falls gibt es Backcountry-Campgrounds, um die Runde (22 km, 8 Std., 600 Höhenmeter) zu einer Mehrtageswanderung auszudehnen.

Spiral Tunnels: Nordöstlich von Field verläuft heute der Highway auf der ursprünglichen Bahnstrecke. Da deren steiler Verlauf immer wieder zu Unfällen führte, wurde die Streckenführung Anfang des 20. Jahrhunderts durch eine wesentlich flachere Route ersetzt. Um in dem engen Tal dennoch die notwendige Höhe zu gewinnen, wurden zwei Kehrtunnel erbaut. Vom Lower Viewpoint auf der Westseite des Highways kann man bis zu 30 Mal pro Tag beobachten, wie die Lokomotiven eine Ebene höher aus dem Tunnel kommen und über das Ende des Zugs hinwegfahren, der auf der unteren Ebene noch nicht vollständig im Tunnel verschwunden ist.

Lake O'Hara Road: Wanderer finden am Lake O'Hara eine magische Welt aus hängenden Tälern, türkisen Seen, steilen Felsen und – im August – subalpinen Blumenwiesen, all dies verbunden durch ein exzellentes Wegesystem. Doch die schönste Region im Park bekommt man nur mit langfristiger Planung oder viel Geld zu sehen: Die 11 km lange Lake O'Hara Road darf weder mit Autos noch mit dem Fahrrad benutzt werden. Nur zwei Busse täglich fahren vom Parkplatz zum See. Die Plätze müssen reserviert werden, sind aber so rasant schnell ausverkauft (s. u.), dass man sich besser gleich zu Fuß auf den Weg begibt. Der schöne Lake O'Hara Campground hat nur 30 Plätze; jedes Datum kann exakt drei Monate vorab reserviert werden – auch diese Plätze sind meist sehr schnell ausgebucht; immerhin ist in Verbindung mit einer erfolgreichen Camping-Reservierung ein Busplatz garantiert. Wer bei der Reservierung nicht erfolgreich ist und nicht zu Fuß gehen will, muss viel Geld für die Lodge hinlegen – hier ist der private Transfer inklusive. Hat man all diese Hindernisse überwunden, kann es losgehen: Der 12 km lange Lake O'Hara Alpine Circuit (8 Std., 800 Höhenmeter) verbindet Teile des 80 km langen Wegenetzes rund um den See und ist einer der schönsten und spektakulärsten Wege der Rockies. Trittsicherheit erforderlich.

Busshuttle: Mitte April, an einem vorher bekanntgegebenen Stichtag zu festgelegter Uhrzeit, werden Buchungen für den Sommer angenommen. In der Regel sind alle Busplätze für den gesamten Sommer in wenigen Minuten ausverkauft! www.reservation.pc.gc.ca.

Praktische Infos

Information In Field, am Trans-Canada-Highway: **Parks Canada,** Juni bis Sept. 8.30–19 Uhr, Okt. bis Mai 9–16.30 Uhr. Hier erhält man u. a. Backcountry Camping Permits. Im Gebäude befindet sich auch ein Infozentrum für Alberta. ✆ (250) 343-6783.

Kanu Zu stolzen Preisen vermietet **Emerald Sports & Gifts** am Emerald Lake (s. u.) Kanus; der See ist ab Mitte Juni meist befahrbar. Kanu 70 $/Std. ✆ (250) 343-6000, www.khsc.ca/emerald-sports.

Rangertour Die Ranger von Parks Canada führen Wanderer zu den über 500 Millionen Jahre alten Fossilienfunden im Burgess-Shale-Schiefer am Mount Field und Mount Burgess. Es muss vorab reserviert werden: www.reservation.pc.gc.ca.

Übernachten Lake O'Hara Lodge 11: Die historische Lodge am See nutzt ihr Monopol aus. Bustransfer, alle Mahlzeiten und Afternoon Tea sind inklusive. Trotz der heftigen Preise muss man langfristig buchen. DZ ab 685 $, Cabin ab 970 $. ✆ (250) 343-6418, www.lakeohara.com.

Emerald Lake Lodge 3: Die auf einer Halbinsel gelegene Lodge bietet bis zu 200 Gästen in unterschiedlichen Zimmerkategorien Platz. Sauna, Hot Tub, Restaurant. Alle Zimmer mit Kamin. DZ ab 409 $. 1 Emerald Lake Road, ✆ (250) 343-6321, www.crmr.com/emerald.

Der Frühling kommt spät: Emerald Lake im Mai

Cathedral Mountain Lodge 5: Die neue Lodge mit schönen Ausblicken bietet 31 Zimmer und 23 luxuriöse Blockhütten. DZ ab 299 $, Cabin ab 349 $. 1 Yoho Valley Road, ✆ (250) 343-6442, www.cathedralmountainlodge.com.

Canadian Rockies Inn 7: Die kleine Lodge bietet Zimmer unterschiedlicher Ausstattung, aber sonst nichts Besonderes. DZ ab 287 $. 308 Stephen Avenue, Field, ✆ (250) 343-6046, www.fieldcanadianrockiesinn.com.

Truffle Pigs Bistro & Lodge 9: Die ehemalige Kicking Horse Lodge bietet ein heimeliges Ambiente und eine ideale Lage mitten im Park. Alle Zimmer mit Kühlschrank und Mikrowelle. DZ ab 189 $. 100 Center Street, Field, ✆ (250) 343-6303, www.trufflepigs.com.

Whiskey Jack Hostel 2: An den Takakkaw Falls liegt dieses kleine, saubere und einfache Hostel. Bett im Schlafsaal ab 29 $. Reservierung nur über www.hihostels.com.

Camping Campground am Lake O'Hara 10: 9.80 $/Pers., Bus 14.70 $/Pers. Reservierung obligatorisch. www.pc.gc.ca/en/pn-np/bc/yoho.

Von den anderen **Campingplätzen** im Park verfügt einzig der **Kicking Horse Campground 4** (88 Stellplätze, 27.40 $) über Duschen, **Monarch 6** (44 Pl., 17.60 $) und **Hoodoo Creek 12** (30 Pl., 15.70 $) sind Alternativen – alle drei sind per Auto direkt vom Highway aus anfahrbar. Die 35 Plätze an den **Takakkaw Falls 1** sind nur für Wanderer mit Zelt (Walk-In, 17.60 $). Einige Plätze sind schon ab Anfang Mai und bis Anfang Okt. geöffnet. Derzeit keine Reservierung möglich – im Sommer daher morgens als erstes den Stellplatz sichern und erst dann zur Wanderung aufbrechen.

Essen und Trinken Cilantro/Café Burgess 3: Die Restaurants in der Emerald Lodge (Cilantro und Burgess Dining Room) sind auch für Nicht-Logierende offen. Zudem verkauft ein Kiosk im Haus Kaffee und Sandwiches. Restaurants tägl. 11–14 und 17.30–20 Uhr. 1 Emerald Lake Road, ✆ (250) 343-6321.

Truffle Pigs Bistro & Lodge 9: Das aus dem General Store hervorgegangene Bistro überzeugt mit kreativer internationaler Küche. Bistro tägl. 7–10, 11–16 und 17–21 Uhr, Bar tägl. 11–21 Uhr. Adresse s. o., unter gleichnamiger Lodge.

The Siding Café 8: Seit 17 Jahren die erste Wahl in Field – trotz der abgelegenen Lage mit vielen frischen Zutaten. Salate, Suppen, Panini, Burger. 318 Stephen Avenue, Field. Tägl. 11–18 Uhr. 318 Stephen Avenue, Field, ✆ (250) 343-6002, www.thesidingcafe.ca.

Von Golden nach Cranbrook

Der Highway 95 von der Stadt Golden nach Süden ist eine Alternative für Sparfüchse und alle, denen die Hauptroute des Trans-Canada Highway zu überlaufen ist. Hier gibt es kaum Höhepunkte, dafür beschauliche Ruhe, Thermalquellen und zwei sehr unterschiedliche historische Städtchen.

Highway im Sinclair Canyon

Der Highway folgt erst dem Columbia River, dann dessen Nebenfluss Kootenai River aufwärts. Die meist schnurgerade Straße ist gut geeignet, um schnell von den Nationalparks der Rockies in den Südosten der Provinz zu gelangen, hat aber insgesamt wenig zu bieten. Einziges – und eher skurriles – Fotomotiv unterwegs ist das größte hölzerne Paddel der Welt in Parson, etwa 30 km südlich von Golden. Das mehr als 18 m lange Paddel wäre für einen 24 m großen Menschen passend.

Lohnend ist die Route vor allem aus finanziellen Gründen: Man übernachtet in Radium Hot Springs deutlich günstiger als in Golden oder gar in Lake Louise oder Banff. Statt nach einem Tag auf den Wanderwegen des Yoho-Nationalparks nach Alberta weiterzufahren, ist man über Golden in 90

Minuten in Radium Hot Springs, wo man es sich in den heißen Quellen noch bis spätabends gutgehen lassen kann.

Am Highway liegt mit der Thermalquelle in Fairmont noch ein zweiter Badeort. Kurz vor Cranbrook hat man dann die Wahl: Die westliche Route macht einen Schwenk über Kimberley, das sich in den 1980er-Jahren ein pseudo-bayerisches Image verpasste, um Urlauber anzuziehen. Die östliche Route führt nach Fort Steele, dem wohl authentischsten Museumsdorf der Provinz. Kurz danach ist Cranbrook erreicht, Zentrum des Südostens der Provinz.

Radium Hot Springs

Trotz der Lage am Rand des Kootenay-Nationalparks ist nach wie vor die Holzindustrie die wichtigste Einnahmequelle der 800 Einwohner. Doch in jüngster Zeit haben sich auch Unterkünfte und Restaurants in dem kleinen Städtchen angesiedelt – vor allem Timesharing-Objekte sind in dem trocken-warmen Klima begehrt, das auch viele Deutsche und Österreicher angelockt hat.

Die namensgebenden heißen Quellen liegen knapp östlich des Orts, schon im Nationalpark. Auf dem Weg dorthin passiert man die einzige wirkliche Attraktion von Radium Hot Springs: Der exzentrische Ziegenzüchter und Künstler Rolf Heer ist „Woodcarver", er bearbeitet Baumstümpfe und andere Holzreste mit Kettensäge und Holzmeißel. Sein Atelier ohne feste Öffnungszeiten liegt an der Madsen Road, am Abzweig vom Highway 93.

Praktische Infos

→ Karte S. 307

Information **Radium Hot Springs Visitor Centre:** Tägl. 9–17 Uhr; auch detaillierte Infos zum Kootenay Nationalpark. 7556 Main Street East, ✆ (250) 347-9331, www.radiumhotsprings.com.

Übernachten **Inn on Canyon 11:** Das Boutique-Hotel im viktorianischen Landhausstil bietet 14 Zimmer mit schlichter Eleganz und Klimaanlage. DZ inkl. großem Selbstbedienungsfrühstück ab 142 $. 7557 Canyon Avenue, ✆ (250) 347-9392, www.village-country-inn-ca.book.direct/en-gb.

Rocky Mountain Springs Lodge 4: Lodge auf einer Anhöhe über der Stadt mit schönen Blicken auf den Sonnenuntergang. Die geschmackvollen Zimmer und das Hot Breakfast lassen einen über die altersschwachen Klimaanlagen hinwegsehen und -hören. DZ ab 139 $. 5067 Madsen Road, ✆ (250) 347-9546, www.milliondollarview.ca.

Crescent Motel 5: Am Highway 93 zwischen Ortszentrum und Nationalpark liegen zahlreiche Motels, fast alle empfehlenswert. Das beste von ihnen ist das Crescent. Alle Zimmer mit Kühlschrank und Mikrowelle, inklusive Poolpass zu den Hot Springs. DZ ab 109 $, Cabin mit 2 Schlafzimmern ab 159 $. 5008 Highway 93, ✆ (250) 347-9570, www.crescentmotel.ca.

Essen und Trinken Ethnische Küche in Kanada mal anders – wer sich nach mitteleuropäischem Essen sehnt, wird hier fündig: **The Old Salzburg 7** serviert Wiener Schnitzel, im **Citadella 4** gibt es Gulasch und anderes Ungarisches und etwas außerhalb liegt das **Black Forest Steak & Schnitzel House.** Warum nicht?

Horsethief Creek Pub & Eatery 9: Kommt dem selbstgesteckten Anspruch, das beste Restaurant der Stadt zu sein, recht nahe – zumindest für alles, was über den Grill wandert. Mittags ruhig, abends sehr lebhaft. Tägl. 11.30–24, Do–Sa bis 1 Uhr. 7538 Main Street East, ✆ (250) 347-6400, www.horsethiefpub.ca.

Helna's Stube 10: Das beste unter den alpenländischen Restaurants. Kärntner Kasnudeln, Jägerschnitzel, Rindsroulade. Mi–So 17–22 Uhr. 7547 Main Street West, ✆ (250) 347-0047, www.helnas.com.

Big Horn Café 8: Der Coffeeshop bietet nicht nur Kaffeespezialitäten zum Aufwachen, sondern auch ein Frühstück zum selbst zusammenstellen, mit Bagels, Burritos und Muffins. Mittags Suppen und Sandwiches. Tägl. 6–16.30 Uhr. 7527 Main Street West, ✆ (250) 347-6547, www.bighorn.cafe.

Kootenay-Nationalpark

Er liegt nicht an der Hauptachse des Trans-Canada Highway oder des Icefield Parkways wie die anderen

Nationalparks und steht deswegen oft in deren Schatten. Zu Unrecht, denn er bietet eine Fülle von sehr abwechslungsreichen kurzen Wanderungen durch verschiedene Ökosysteme. Wer es schätzt, dass ihm auf dem Wanderweg zwei Menschen entgegenkommen und nicht zweihundert, wird den am wenigsten besuchten Nationalpark der Rocky Mountains genießen können.

Der Redstreak Restoration Interpretive Trail führt vom Redstreak Campground durch das offene Grasland und erschließt ein Gelände, in dem gezielt kleine Brände gelegt wurden, um das Ökosystem im Gleichgewicht zu halten. Neben Blicken auf das Columbia Valley sieht man auf dem Rundweg (1 km, 20 Min.) oft Bighorn-Schafe.

Dramatischer als am **Sinclair Canyon** kann die Zufahrt in einen Nationalpark kaum sein. Über Zehntausende von Jahren hat sich der Fluss hier seinen Weg durch die Felsen gegraben. Der neben der Straße verlaufende Fußweg erlaubt eindrucksvolle Blicke in den Canyon und auf seine steil aufragenden Felswände. Wanderwege auf beiden Seiten des Tales ermöglichen einen Blick von oben. Die leicht radioaktiven **Radium Hot Springs** waren schon den First Nations bekannt. Die Quelle wird seit 1922 durch den Nationalpark gemanagt. Neben einem heißen (37–40°) und einem kalten Becken, direkt an der Felswand, gibt es auch ein Day Spa, das umfangreiche Behandlungen und Massagen anbietet (→ Praktische Infos, S. 306).

Im Marble Canyon

Ab den heißen Quellen steigt die Straße steil an und erreicht den Kootenay Valley Viewpoint mit weiten Blicken nach Osten auf die Kootenay Range und den im Tal verlaufenden Kootenay River. Erst 84 km nördlich von Radium wartet die nächste Attraktion, die **Paint Pots.** Ein kurzer, fast ebener Weg (2 km hin/zurück, ca. 45 Min.) führt zu den ockerfarbenen Tümpeln, die für die First Nations über viele Jahrhunderte eine wichtige Rolle bei Zeremonien und beim Handel spielten. Der Weg ist auch einer der Zugangspunkte zum Backcountry-Gebiet am Rockwall Pass und Washmawapta-Eisfeld.

Wer nur für einen einzigen Spaziergang im Park Zeit hat, sollte den **Marble Canyon** wählen. Türkises Gletscherwasser hat sich hier einen Weg durch die Kalkstein-Felsen gebahnt. Mehrere Wanderwege führen erst in, dann oberhalb der engen Schlucht entlang, die immer wieder mittels Brücken überquert wird. Es bieten sich etliche schöne Blicke auf die Wasserfälle und den kleinen Bach.

▪ Der Tagespass für den Park kostet 9.80 $ pro Person.

Wandern: Neben den kurzen Spaziergängen an den Paint Pots und im Marble Canyon gibt es noch zwei

Ausblick vom Wanderweg zu den Paint Pots

Dutzend weitere ausgewiesene Touren im Kootenay Nationalpark.

Der beliebte Rundweg Juniper/Sinclair Loop (6 km, 2 Std., 250 Höhenmeter) verbindet den Ort Radium Hot Springs, den Campingplatz, die heißen Quellen und den Sinclair Canyon; er verläuft sowohl oberhalb des Canyons als auch tief in ihm.

Einer der schönsten Wege in der Vorsaison führt leicht abwärts zum ruhigen Cobb Lake, in dem sich Berge und Bäume spiegeln (5,5 km hin/zurück, ca. 2 Std.). Im Mai und Juni blühen hier viele Wildblumen.

Die beliebteste Halbtagestour des Parks führt über den Vermillion River und dann durch eine 1968 von Waldbränden erfasste Bergflanke (8,5 km hin/zurück, 3 Std., 400 Höhenmeter). Zwischen den noch jungen, neuen Bäumen sind vielfach Wildblumen zu sehen. Nach Überquerung eines Kammes geht es leicht abwärts zu einer kleinen Brücke über einen Bach. Die nächsten 2 km sind ein Traum für Fotografen: Wildblumen, Felswände und das Panorama des Stanley Glacier. Ein Hinweisschild auf einem Felsvorsprung markiert das Ende des offiziellen Trails.

Die wohl schönste Tagestour im Park ist der Kindersley Sinclair Loop vom bewaldeten Talboden zu kahlen Gipfelgraten. Die Rundtour (18 km, 7 Std., 1100 Höhenmeter) ist erst ab Ende Juni machbar, wenn der Kindersley Pass schneefrei ist. Trotz des Anstiegs von fast 900 m auf den ersten 8 km – erst in einem Bachbett, dann in Serpentinen die Flanke hinauf – lässt sich der Weg gut gehen; er ist einer der am besten ausgebauten im Park. Mitte Juni bis Mitte Juli wandert man ab der Lookout Ridge durch ein Meer von Wildblumen. Vom Kindersley Summit führt der Weg über das Lawinenbecken am Sinclair Creek steil hinab zum Parkway, dann noch 1300 m entlang der Straße zurück zum Startpunkt.

Die spektakulärste Landschaft mit steilen Felswänden, alpinen Hochwiesen und Hochgebirgspässen erschließt sich nur dem Mehrtageswanderer: Touren von 38 bis 55 km Länge und zwei bis vier Tagen Dauer führen ins Rockwall-Gebiet im Nordwesten des Parks. Hierfür sind neben Kondition (knapp 3000 Höhenmeter) auch Permits der Parkverwaltung für das Backcountry Camping sowie ein Shuttle Service erforderlich, da Start- und Zielpunkt weit auseinanderliegen. Parks Canada bietet detaillierte Informationen und nimmt auch Backcountry-Reservierungen vor.

Praktische Infos

Information **Parks Canada:** Tägl. 9–17 Uhr. Infos zu Wanderungen, Camping, Permits für Backcountry Camping etc. 7556 Main Street East, Radium Hot Springs, ✆ (250) 347-9331, www.pc.gc.ca/en/pn-np/bc/kootenay.

Spa 3 km östlich des Ortes befinden sich die namensgebenden **Radium Hot Springs:** tägl., im Sommer 9–23 Uhr, im Winter oft kürzer. Eintritt einmalig/Tagespass 6/9 $. ✆ (250) 347-9485, www.hotsprings.ca/radium-hot-springs.

Übernachten **Kootenay Park Lodge 2:** Für Nicht-Camper die einzige Unterkunft im Park. Wunderschöne Holz-Cabins, z. T. mit Mikrowelle oder Küchenzeile. Cabin mit Du/WC, inkl. kontinentalem Frühstück ab 150 $. Mitten im Park, an der Vermillion Crossing, ✆ (250) 434-9648, www.kootenayparklodge.com.

Camping **Redstreak Campground 6:** Der größte Campground im Park ist fußläufig sowohl mit dem Ort als auch mit dem Thermalbad gut verbunden. 232 Stellplätze, 27–38 $. Die „oTENTiks" – eine Wortkreuzung aus „Zelt (tent)" und „authentisch" – bieten Camping mit etwas mehr Komfort: Die 42 m^2 großen Zelte haben Betten und Platz für bis zu 6 Pers. – allerdings sind Du/WC in Sanitärgebäuden außerhalb und auch den Schlafsack muss man mitbringen. Zelt 120 $. ✆ (877) 737-3783, www.reservation.pc.gc.ca.

Die beiden **Campgrounds McLeod Meadows 3** (27 km vom südlichen Parkeingang) und **Marble Canyon 1** (6 km vom nördlichen) bieten 61 bzw. 80 Stellplätze und können nicht reserviert werden: First Come, first serve, wie es hier heißt … Stellplatz 22 $.

Essen und Trinken **Kootenay Park Lodge 2:** Die Lodge (s. o.) zeigt sich auch externen Besuchern gegenüber gastfreundlich. Kontinentales Frühstück tägl. 8–10 Uhr, Dinner tägl. 17–20 Uhr. Kleiner Laden mit Snacks, Getränken und Souvenirs (10–17 Uhr).

Park in Fairmont Hot Springs

Von Radium Hot Springs nach Süden

Südlich von Radium Hot Springs verläuft der Highway auf dem östlichen Hochufer des Columbia River, teils mit Blicken über Fluss und Tal, aber ohne Höhepunkte. Nur zehn Minuten Fahrzeit sind es bis zur Abzweigung nach **Invermere,** dem größten Ort des Columbia Valley zwischen Golden im Norden und Cranbrook im Süden. Der Ort liegt am Westufer des Lake Windermere, ist aufgrund des milden Klimas die Heimat vieler Rentner und verfügt über zahlreiche Golfplätze.

Der Ferienort **Fairmont Hot Springs** lässt europäische Reisende oft ratlos zurück. Er verströmt den Charme der Kanaren im Winter: Restaurants, Golfplätze, Modeboutiquen und Minigolf-Anlagen gruppieren sich um leerstehende Immobilien-Objekte; die Generation 70+ prägt das Ortsbild. Das Resort selbst bietet Time-Sharing-Zimmer und Wohnmobil-Stellplätze. So schön die Gartenanlage auch gestaltet ist: Der Pool könnte überall stehen und das Gefühl, nah an den Rocky Mountains zu sein, will sich so gar nicht einstellen.

Der Highway wird im weiteren Verlauf im Osten von der Hughes Range und im Westen von der Purcell Range begleitet und führt durch eine von Landwirtschaft und Industrie geprägte Region – die Zellstofffabrik in Skookumchuck riecht man schon lange vorher. Dann ist die East-Kootenay-Region erreicht.

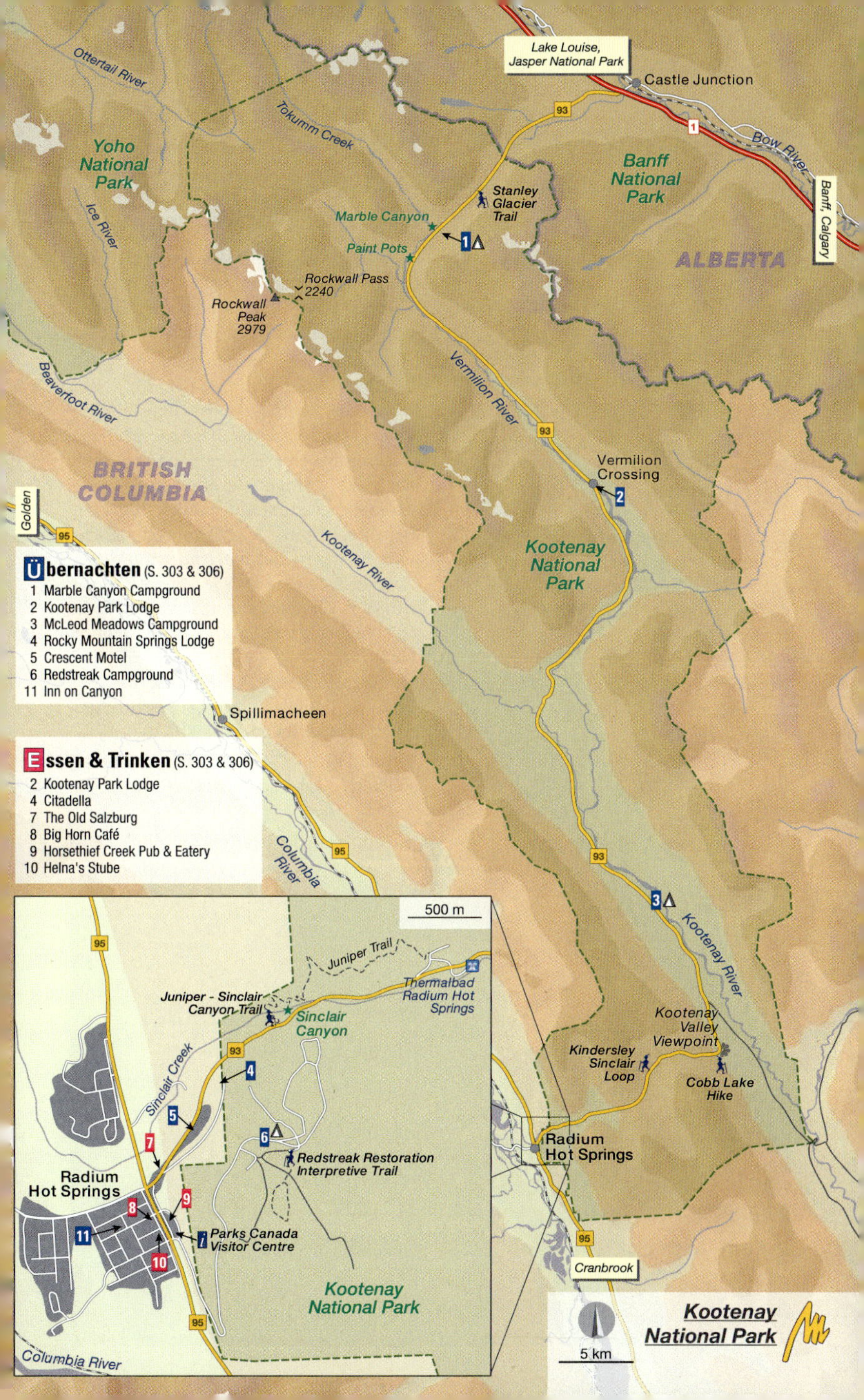
Lake Louise, Jasper National Park
Castle Junction
93
1
Bow River
Banff, Calgary
Ottertail River
Tokumm Creek
Yoho National Park
Banff National Park
Stanley Glacier Trail
Marble Canyon
Ice River
Paint Pots
ALBERTA
Rockwall Pass 2240
Rockwall Peak 2979
Vermilion River
Beaverfoot River
Vermilion Crossing
BRITISH COLUMBIA
Golden
95
Kootenay River
Kootenay National Park
Übernachten (S. 303 & 306)
1 Marble Canyon Campground
2 Kootenay Park Lodge
3 McLeod Meadows Campground
4 Rocky Mountain Springs Lodge
5 Crescent Motel
6 Redstreak Campground
11 Inn on Canyon
Spillimacheen
Essen & Trinken (S. 303 & 306)
2 Kootenay Park Lodge
4 Citadella
7 The Old Salzburg
8 Big Horn Café
9 Horsethief Creek Pub & Eatery
10 Helna's Stube
Columbia River
500 m
Juniper Trail
Thermalbad Radium Hot Springs
Juniper - Sinclair Canyon Trail
Sinclair Canyon
Sinclair Creek
Redstreak Restoration Interpretive Trail
Radium Hot Springs
Parks Canada Visitor Centre
Kootenay National Park
Columbia River
Kootenay River
Kootenay Valley Viewpoint
Kindersley Sinclair Loop
Cobb Lake Hike
Radium Hot Springs
Cranbrook
5 km
Kootenay National Park

East-Kootenay-Region

Neben Kimberley, Cranbrook und Fernie ist es vor allem die Heritage Town Fort Steele, ein Museumsdorf, das einen Abstecher lohnt.

Fernie ist für Mountainbiker und Stadtbummler gleichermaßen attraktiv – ein noch weitgehend unbekanntes, aber sehr lohnendes Ziel in den Rockies. Der Weg dorthin führt über Kimberley mit seinem „bayerischen Erbe“ und Cranbrook, das schmucklose Versorgungszentrum der Region.

Kimberley

1891 wurden hier große Blei-Zink-Vorkommen entdeckt und abgebaut. Ende der 1960er-Jahre zeichnete sich ab, dass die Bestände in absehbarer Zukunft erschöpft sein würden. So entschloss man sich, die Lage in den Bergen zu nutzen und den Ort in ein bayerisches Dorf umzugestalten: Die Innenstadt wurde zur Fußgängerzone „The Platzl“, die größte Kuckucksuhr der Welt wurde aufgestellt und die Häuser wurden mit Lüftlmalerei verziert; die Restaurants stellten auf Schweinshaxe, Bedienung im Dirndl und Blasmusikbeschallung um.

Das Konzept funktionierte anfangs, lief sich aber zunehmend tot. Also wurde das Zentrum erneut umgestaltet; heute säumen nette Straßencafés und Restaurants die Fußgängerzone, eine der ganz wenigen in einer westkanadischen Kleinstadt. Das Bavarian Schnitzel House macht zwar noch immer einen auf Oktoberfest, wirkt dabei aber eher wie ein ironischer Fingerzeig auf die Vergangenheit der Stadt. Die wechselvolle Stadtgeschichte lässt sich in dem kleinen **Kimberley Heritage Museum** (Di–Sa 9–16.30 Uhr) über der Bibliothek, im Herzen der Stadt, nacherleben.

Kimberley Underground Mining Railway: Als 2001 die letzte Mine

Kimberley besitzt eine der wenigen Fußgängerzonen Westkanadas

schloss, nutzte man auch diese Chance und machte die Geschichte des Bergbaus im doppelten Sinne des Wortes erfahrbar: Neben einem Infozentrum gibt es ausgedehnte Fahrten mit der historischen Minenbahn. Die Führer sind sämtlich ehemalige Bergleute und erzählen vom Leben unter Tage. Die Mine ist heute ein Besuchermagnet im Sommer – genau wie das Kimberley Alpine Resort im Winter: Dieses wurde auf den Abraumhalden der Bergbauindustrie erbaut.

■ Ende Mai bis Anfang Sept. Mo–Sa 11–17, So 10–17 Uhr. Touren tägl. 11, 13, 15 Uhr, 1 Std. 45 Min. 25 $. 111 Gerry Sorensen Way, ☏ (250) 427-7365, www.kumr.ca.

Praktische Infos

Information **Tourism Kimberley:** Mo–Sa 10–17 Uhr, Juli/Aug. auch sonntags. 270 Kimberley Avenue, ☏ (778) 481-1891, www.tourismkimberley.com.

Übernachten ***** Chateau Kimberley:** Ruhig, nur zwei Minuten zu Fuß zum „Platzl". 21 Zimmer. Im Hotel befindet sich auch die „Kimberley Art Gallery". DZ inkl. Frühstück ab 110 $. 78 Howard Street, ☏ (250) 427-1500, www.chateaukimberleyhotel.com.

***** Polaris Lodge:** Die Skilodge im Alpine Resort bietet im Sommer günstige Tarife. DZ ab 99 $. 301 North Star Boulevard, ☏ (250) 427-5175, www.polarislodge.com.

Essen und Trinken **Pedal & Tap:** Drinnen wie draußen gemütlich, kreative Küche mit vielen Salaten, exzellente Wildschwein-Bulette. Mo/Di 11.30–21, Mi–Sa 11.30–22 Uhr. 215 Spokane Street, ☏ (250) 427-3325, www.pedalandtap.com.

Our Place: Ja, so wünscht man sich sein Stamm-Restaurant. Große und schmackhafte Frühstückskarte, Lunch das Übliche, aber günstig. Tägl. 8–14 Uhr. 290 Spokane Street, ☏ (250) 427-3739.

Cranbrook

Eine Schönheit ist sie nicht, die größte Stadt im Südosten der Provinz: Auf 7 km zieht sich der Highway von Südwesten nach Nordosten schnurgerade durch die Stadt – eine Ansammlung von Autohändlern, Fast Food Outlets und Discountern. Die weite Ebene erlaubte es Cranbrook, sich nach Belieben auszudehnen. Im kleinen Zentrum stehen noch einige ältere Gebäude; Atmosphäre mag jedoch auch hier nicht aufkommen.

Drei Gründe gibt es dann aber doch, Cranbrook auf die Reiseroute zu setzen: Das ausgezeichnete Canadian Museum of Rail Travel mit einem ungewöhnlichen konzeptionellen Ansatz sowie die außerhalb liegende Heritage Town Fort Steele lohnen einen Besuch. Zum anderen bietet die 20.000-Einwohner-Stadt eine Auswahl an Unterkünften zu vernünftigen Preisen.

Canadian Museum of Rail Travel/ Cranbrook Museum: Eine neue Leitung hat 2016 frischen Wind ins Museum gebracht. Hauptattraktion ist noch immer das Canadian Museum of Rail Travel. Anders als in den meisten Eisenbahnmuseen wird man aber hier nicht mit den Stahlkolossen alleine gelassen: Es gibt Führungen durch mehrere komplette, jeweils für eine Epoche typische Züge mit Sitz-, Schlaf- und Speisewagen. So werden die teils über hundert Jahre alten Wagen in den historischen Kontext gestellt. Die Modelleisenbahn im Keller soll ebenfalls wieder betriebsbereit gemacht werden und das Cranbrook Museum unter dem gleichen Dach ist auch einen Abstecher wert.

■ Tägl. 10–17 Uhr. Cranbrook Museum und Modelleisenbahn 5 $. Museum of Rail Travel, je nach Zug zusätzlich 5–16 $. 57 Van Horme Street South, ☏ (250) 489-3918, www.cranbrookhistorycentre.com.

Heritage Town Fort Steele: Erst Gold im Jahr 1865, dann Silber, Blei und Kohle in den 1890ern – Fort Steele begann wie viele Städte. Als die Eisenbahn 1905 nach Cranbrook und nicht nach Fort Steele geführt wurde, versank das Städtchen im Dornröschenschlaf, wurde aber schon früh unter Denkmalschutz gestellt. Heute eine der authentischsten historischen Städte der

British Columbia | Landesinnere → Karte S. 236/237

Provinz, bietet die Siedlung Besuchern ein ganzheitliches Geschichtserlebnis: In den alten Gebäuden erläutern „Interpreters" den Besuchern die Arbeits- und Lebensweisen vor 120 Jahren. Im Theater finden Vorträge und Shows statt, per Kutsche geht es durchs Dorf, und im „Wasa Hotel Museum" gibt es interessante Einblicke. Die Eisenbahn hat Fort Steele letztlich doch noch erreicht: Ein Dampfzug verkehrt mehrmals täglich auf dem Gelände.

▪ Tägl. 10–16 Uhr, Juli/Aug. bis 17 Uhr. Mai/Juni (die meisten Shops offen) 12 $, Juli/Aug. 17 $ (alles geöffnet), sonst 15 $. Dampfzug (nur Juli/Aug.) 12 $, Theater 10 $, Kutsche 5 $. Highway 95 (15 Min. nördlich von Cranbrook), ✆ (250) 417-6000, www.fortsteele.ca.

Praktische Infos

Information **Cranbrook Visitor Centre,** an der südwestlichen Zufahrt zur Stadt: Mo–Sa 10–17 Uhr. 620 Van Horne Street South, ✆ (250) 489-5261, www.cranbrooktourism.com.

Hin und weg **Flugzeug:** Der Canadian Rockies International Airport liegt auf halber Strecke zwischen Cranbrook und Kimberley. Tägl. nach Calgary mit Air Canada, nach Vancouver mit Pacific Coastal Airlines und Air Canada Express. www.flyyxc.com. Mietwagen von Budget und Enterprise.

Über **Fernbusverbindungen** gab es bei Redaktionsschluss (April 2019) noch keine verlässlichen Angaben, nachdem der bisherige Betreiber Greyhound Bus seine Linien in Westkanada Ende 2018 eingestellt hatte (→ S. 698).

Übernachten ***** Elizabeth Lake Lodge 6:** Das Motel liegt tatsächlich an einem kleinen vermoosten Tümpel im Süden der Stadt. Boxspringbetten und warme Farben sorgen fürs Wohlgefühl. DZ 127 $, Suite mit Kitchenette ab 140 $. 590 Van Horne St South, ✆ (250) 426-6114, www.elizabethlakelodge.com.

Almo Court Motel 4: Das einwandfrei geführte Motel bietet kleine Zimmer mit Klimaanlage, Mikrowelle und Kühlschrank. DZ ab 72 $. 3162nd Street South, ✆ (250) 426-2915, www.almocourtmotelcranbrook.site.

MeinTipp ****** Prestige Rocky Mountain Resort 5:** Das Hotel bietet neben guten, klassischen Zimmern auch 4 Themen-Suiten mit besonderem Design sowie die Übernachtung in zwei historischen, stilvoll und luxuriös ausgestatteten Eisenbahnwagen! Pool, Hot Tub, Restaurant. DZ ab 161 $, Themen-Suite ab 280 $, Railcar Designer Suite ab 323 $. 209 Van Horne Street South, ✆ (250) 417-0444, www.prestigehotelsandresorts.com.

Historischer Dampfzug in Fort Steele

Essen und Trinken **Allegra 1:** Für das gemütliche, gehobene mediterrane Restaurant mit Showküche empfiehlt sich eine Reservierung; auf Bestellung kann man Essen auch mitnehmen. Nur Dinner. Mi–So 17–21 Uhr. 1225 B Cranbrook Street North, ✆ (250) 426-8812, www.allegrarestaurant.com.

The Heid Out & Fisher Peak Brewing Company 3: Der Brew Pub bietet nicht nur verschiedene Craft-Biere, sondern auch eine Speisenauswahl, die weit über die üblichen Pub-Gerichte hinausragt. Mo–Mi 11.30–22, Do 11.30–23, Fr/Sa 11.30–24, So 15–21 Uhr. 821 Baker Street, ✆ (250) 426-7922, www.theheidout.ca.

True Root Café 2: „Fresh, fun, local" ist hier das Motto – Frühstück und Lunch von gesund bis deftig; auch bio, vegan, glutenfrei. Mo–Fr 6.30–15, Sa/So 7–15 Uhr. 1019 Cranbrook Street North, ✆ (778) 517-5720, www.truerootcafe.com.

Fernie

Man erreicht Fernie auf dem Crowsnest Highway: von Cranbrook über den Kootenay River zum Weiler Elko – früher ein wichtiger Eisenbahnknoten – von hier das Tal des Elk River hinauf.

Kohleabbau schuf und prägte die Stadt in der Crown-of-the-Continent-Region: Die Bergwelt an der Schnittstelle von British Columbia, Alberta und Montana ist eines der wildesten, vielfältigsten und intaktesten Ökosysteme der gemäßigten Klimazonen weltweit. So verwundert nicht, dass sich Fernie in den letzten Jahrzehnten zunehmend nicht mehr dem Inneren der Berge, sondern deren schönen Außenseiten zuwendet: Ski-Tourismus im Winter, Wandern und Mountainbiken im Sommer machen die 5000-Einwohner-Stadt für Aktivurlauber attraktiv. Auch sonst ist Fernie einen Besuch wert: Nach Großfeuern 1904 und 1908 wurde die Stadt in Ziegelbauweise wieder aufgebaut, was der Downtown ein einzigartiges, architektonisch geschlossenes Erscheinungsbild verleiht.

Hauptachse ist die 2nd Avenue auf dem kurzen Stück zwischen 3rd Street und 7th Street. Hier und am Highway 3 befinden sich die meisten Restaurants der Stadt, am Highway auch viele Hotels. Das Fernie Alpine Resort liegt einige Kilometer südlich der Stadt und bietet weitere Unterkünfte und Restaurants.

Stadtbummel: Das Fernie Museum ist ein guter Startpunkt, zumal man sich hier vorab mit der Stadtgeschichte vertraut machen kann. Unweit davon befindet sich Beanpod Artisan Chocolate, halb Schokoladengeschäft, halb lebendiges Museum: Hier kann man zusehen, wie mit über hundert Jahre alten Maschinen Kakao zu Schokolade verarbeitet wird. Nächster Stopp ist die Fernie Heritage Library, das ehemalige Post- und Zollgebäude mit seinen sechs Meter hohen, lichtdurchfluteten Räumen. Das Court House (Gerichtsgebäude) von 1911 im Chateau-Stil gilt als eines der eindrucksvollsten Gebäude der Provinz aus der Vorkriegszeit – der Granit wurde aus Vancouver herangeschafft. Die Town Hall (Rathaus) von 1905 hat das Feuer von 1908 überstanden; hier findet sich heute der

Fernie Alpine Resort: ein Mountainbike-Mekka im Sommer

Miners Walk mit Skulpturen und Infotafeln. Der umliegende Garten ist ideal für eine Pause oder ein Picknick. The Arts Station im ehemaligen Bahnhof ist das kulturelle Zentrum der Stadt, u. a. mit einer Kunstgalerie und einem Studio, in dem Keramik, Webarbeiten und anderes Kunsthandwerk ausgestellt sind.

Fernie Museum: Tägl. 10–17.30 Uhr. Eintritt 5 $. 491 2nd Avenue, ✆ (250) 423-7016, www.ferniemuseum.com.

Wandern: Viele Kilometer Wanderwege liegen in den umliegenden Bergen, z. B. im Mount Fernie Provincial Park. Vom gemütlichen Spaziergang zu den Fairy Creek Falls (beginnt am Visitor Centre von Tourism Fernie am Highway, 4 km hin/zurück, 120 Höhenmeter, 1 Std.), bis hin zur langen Tagestour auf Heiko's Trail über Bergpässe, Grate und hochalpine Wiesen (20 km, 900 Höhenmeter, 8–12 Std.) findet jeder den passenden Trail.

Von Ende Juni bis Anfang September kann man auch die Sessellifte des Alpine Resorts nutzen. Der Elk Chair verkehrt täglich, doch der nur am Wochenende betriebene Timber Chair bietet die schöneren Wanderwege ab der Bergstation und großartige Ausblicke.

▪ Bei Tourism Fernie erhält man kostenfrei die exzellente Fernie Trail Map mit Kurzbeschreibungen der Wege.

Mountainbiking/Downhill Biking: Das nach Whistler zweitgrößte durch Lifte erschlossene Wegenetz Westkanadas bietet auf seinen 38 Trails Anfängern wie Experten alle Möglichkeiten: Weite, fließende Trails für Unerfahrene, Steilwände und technische Single Trails für die Profis. Wer sein eigenes Mountainbike dabei hat, sollte sich unbedingt beraten lassen – auf den grünen Pisten mag das noch gehen, aber die anspruchsvolleren Trails erfordern ein Freeride/Downhill-Bike. Dieses und eine Schutzausrüstung kann man vor Ort mieten. Wer sich nicht sicher fühlt, kann Schnupper- und Tageskurse buchen, um die atemberaubenden Abfahrten sicher zu genießen (s.u.).

Praktische Infos

Information Mit gleich zwei Büros ist **Tourism Fernie** vertreten: 491 2nd Avenue (im Museum), tägl. 10–17.30 Uhr, ✆ (250) 423-7016. 102 Commerce Road (am Highway 3, nördlich der Stadt), Mo–Fr 9.30–16.30 Uhr. ✆ (250) 423-2037, www.tourismfernie.com.

Hin und weg Über Fernbusverbindungen gab es bei Redaktionsschluss (April 2019) noch keine verlässlichen Angaben, nachdem der bisherige Betreiber Greyhound Bus seine Linien in Westkanada Ende 2018 eingestellt hatte (→ S. 698).

Markt Juli/Aug. sonntags 10–14 Uhr **Farmers Market** im Rotary Park. ✆ (250) 423-7016.

Mountainbiking **Fernie Alpine Resort** bietet ein Rundum-Paket. Ende Juni bis Anfang Sept. tägl. 10.30–16.30 Uhr. Liftpass 53 $/Tag, Tagespaket mit Rad, Schutzausrüstung und Lift 180 $. 3-Stunden-Kurs inkl. Rad und Liftpass ab 159 $. Fr/Sa 13.30 Uhr gibt es die exzellente dreistündige „Peak to Park to Pint"-Tour, die von der Bergstation in den Provinzpark und dann nach Fernie zu einem Abschlussbier führt (60 $). Im Fernie Alpine Resort, 7 km südlich der Stadt, ✆ (250) 423-4655, www.skifernie.com.

Übernachten ****** Lizard Creek Lodge:** Die schon etwas ältere Lodge liegt mitten im Alpine Resort, ideal für Aktivurlauber. Restaurant, Pool, 3 Hot Tubs, alle Zimmer mit Küchenzeile. DZ ab 159 $. 5346 Highline Drive. ✆ (250) 423-2057, www.lizardcreek.com.

***** Island Lake Lodge:** Schöne Lodge für gehobene Ansprüche, in einem Felskessel in einem Seitental. Spa, mehrere Hot Tubs, drei Restaurants. Zimmer ohne TV. DZ ab 120 $. Cedar Valley Road, ✆ (250) 423-3700, www.islandlakecatskiing.com.

***** Powder Mountain Lodge 1:** Die Ski-Lodge am Highway, aber in guter Lage zur Downtown bietet im Sommer günstige Zimmer. Pool, Hot Tub. DZ ab 99 $. 892 Highway 3, ✆ (250) 423-4492, www.powdermountainlodge.com.

Raging Elk Hostel 2: Das saubere, gut ausgestattete Haus ist bei Aktivurlaubern beliebt. DZ mit Du/WC ab 69 $, Bett im Schlafsaal ab 27 $ – jeweils inkl. Pfannkuchen zum Frühstück. 892 6th Avenue, ✆ (250) 423-6811, www.ragingelk.com.

Essen und Trinken Die Skilodges bedienen den Standardgeschmack mit klassischen Frühstücks-, Lunch- und Dinner-Angeboten. Die ethnischen Restaurants sind bei Einheimischen beliebt, darunter Yamagoya Sushi, Mountain Tandoor und Curry Bowl.

The Bridge Bistro 3: Das moderne Bistro am Flussufer bietet nur wenig Auswahl, das Essen aber ist lecker, und es geht fix. Mo–Fr 11–21, Sa/So 9–21 Uhr. 301 Highway 3, ✆ (250) 423-3002, www.thebridgebistro.com.

The Brickhouse Bar & Grill 6: Hier gehen Essen und Nightlife fast nahtlos ineinander über. Gutes „Pub Food", klassische Hauptgerichte gibt es nicht. Tägl. 11.30–24 Uhr. 401 2nd Avenue, ✆ (250) 423-0009, www.thebrickhousefernie.com.

Nevados 4: Statt großer Hauptgerichte gibt es hier lateinamerikanische Tapas von Quinoa-Salat und Tacos über argentinisches BBQ und kleine Steaks bis hin zu bunten Desserts. Dinner-Tapas ab 5 $. Tägl. 17–22 Uhr. 531 2nd Avenue, ✆ (250) 423-5566, www.nevados.ca.

Big Bang Bagels 5: Die typisch nordamerikanischen Bagels gibt es hier in allen Variationen, auch mit zahlreichen Belägen zum Frühstück. Dazu Kaffee – nett, wenn man einen der wenigen Stühle ergattern kann. Tägl. 7–17 Uhr. 502 2nd Avenue, ✆ (250) 423-7778, www.bigbangbagels.com.

Von Fernie nach Alberta

Nur noch eine halbe Stunde ist es von Fernie über den Crowsnest Highway bis zur Grenze nach Alberta. Der einzige nennenswerte Ort unterwegs ist **Sparwood,** das über eine im wahrsten Sinne des Wortes große Sehenswürdigkeit verfügt: Am Visitor Centre steht der Terex 33-19 Titan, bis 1998 der größte Kipplaster der Welt. Der im Tagebau eingesetzte Truck ist 6,90 m hoch, 7,80 m breit und 20,35 m lang. Bei einem Eigengewicht von 231 t erlaubt der Motor mit 169 l Hubraum noch einmal 320 t Zuladung ... Das einst bei Kaiser Steel in Sparwood eingesetzte Fahrzeug blieb ein Einzelstück und ist seit 1993 als technisches Denkmal aufgestellt. Bald darauf ist der 1356 m hohe Crowsnest Pass erreicht, der südlichste Übergang der kanadischen Rocky Mountains.

Die „Red Chairs“ von Parks Canada stehen an den schönsten Orten aller Nationalparks – im Yoho-Nationalpark an den Takakkaw Falls

South Central B.C.

Im Süden, weit entfernt von Pazifik und Rocky Mountains, zeigt die Provinz ihre unbekannten Seiten. Fjordartige Seen verlaufen zwischen aufragenden Gebirgsketten; dazwischen liegen malerische Siedlungen, deren Bild noch so intakt ist wie vor hundert Jahren.

Die Boundary-Region ist auch heute noch stark in Richtung USA ausgerichtet – die nächstgelegene Großstadt ist nicht etwa Vancouver oder Calgary, sondern Spokane. Rund um Creston prägt der Obstanbau die Landschaft. Der bergige Highway 3 stellt sicher, dass auch Landschaftsliebhaber nie zu kurz kommen. Die meisten Städte liegen an diesem Highway, der die Lebensader der Region ist, oder an der Nebenroute 3A über Nelson.

Die Region ist vor allem von den in Nord-Süd-Richtung verlaufenden Bergketten geprägt. In den dazwischen liegenden Tälern finden sich Seen, teils natürlichen Ursprungs, teils aufgestaut. Oft sind es nur Fähren, die die Verbindung vom einen zum anderen Ufer herstellen, doch anders als an der Pazifikküste wird hier der Geldbeutel geschont: Alle Fähren gelten als Teil der Highways und sind somit kostenfrei.

Wer nur die Landschaft und die Atmosphäre der alten Orte genießen will, kann dies in zwei Tagen gut tun, idealerweise mit einer Zwischenübernachtung in Nelson. Mountainbiker werden in Rossland zwei Nächte einplanen, um sich einen ganzen Tag auf den faszinierenden Trails zu gönnen.

Lachse und Forellen bevölkern Seen und Flüsse, Bären und Rehe Berge und Täler. In den tiefen Wäldern leben Pumas, in den lichteren Felslandschaften Kojoten. Ansonsten hängen Vegetation und Tierwelt meist auch von den sehr unterschiedlichen Niederschlagsmengen ab: In Nelson und Rossland regnet es mit je etwa 900 mm Niederschlag pro Jahr deutlich mehr als in Mitteleuropa. Die Temperaturen hingegen sind höchst unterschiedlich: Tageshöchstwerte von über 30 Grad im Sommer sind in Nelson normal, ebenso wie Nachtfrost im höher gelegenen Rossland. In den höheren Lagen finden sich Hemlock-Tannen und Douglas-Fichten, in den Flusstälern auch Birken und Espen.

Die Nähe zu den USA und der Bergbau prägten die Entwicklung der Region, die durch die Kettle Valley Railway erst spät erschlossen wurde. Viele, die es während des Goldfiebers nicht ins Cariboo-Gebiet schafften, besiedelten die Gegend an der Grenze zu den USA. Sie waren hier gesuchte Arbeiter, als Ende des 19. Jahrhunderts der Abbau von Silber, Blei, Zink und anderen wertvollen Erzen begann. Jahrzehntelang waren Bergbau und Holzwirtschaft nicht nur die wichtigsten, sondern in vielen Dörfern die einzigen Einnahmequellen. Während Vancouver und andere Städte entlang der 1885 fertiggestellten, transkontinentalen Bahnstrecke ein rasantes Wachstum hinlegten, war man in der Boundary-Region noch 30 Jahre später auf die Postkutsche angewiesen. Erst 1915 wurde die Kettle Valley Railway nach Hope und Vancouver fertiggestellt – zu spät für den Süden: Die industrielle Entwicklung fand längst woanders statt.

Die Karte zu diesem Teil British Columbias finden Sie auf S. 276/277.

Museum im alten Bahnhof der Kettle Valley Railway

Die Boundary-Region

Bergpässe und einsame Städtchen, alte Saloons und General Stores, Wälder und Seen – die Boundary-Region im Süden der Provinz ist reich an Sehenswertem, wenn auch arm an Spektakulärem.

Von Osoyoos kommend, gewinnt der Crowsnest Highway in wenigen Kilometern fast tausend Meter an Höhe. In der dritten Haarnadelkurve bietet der Rastplatz am Anarchist Mountain Lookout noch einmal einen Ausblick hinunter ins Okanagan Valley, dann steigt die Straße in weiteren Serpentinen bis zum Pass auf 1233 m Höhe an und durchquert eine von Viehzucht und Ackerbau geprägte Landschaft. Nach 35 km passiert man den Johnstone Creek Provincial Park. Fichten und Lärchen spenden den Stellplätzen des kleinen Campgrounds Schatten; auf einem kurzen Loop Trail kann man sich die Beine vertreten. Anschließend führt die Straße hinunter an den Kettle River, nach Midway in der Boundary-Region.

Midway

Seinen Namen verdankt das Städtchen seiner Lage auf halbem Wege zwischen Rocky Mountain317s und Pazifik. 1865 erreichte ein 1,20 m breiter Karrenweg die Region und stellte die Verbindung von der Küste zu den Goldfunden in den Kootenay Rockies her. 1894 entstand die Stadt, in der zeitweise gleich vier Bahngesellschaften um den lukrativen Erzverkehr der Region konkurrierten. Doch der Boom ebbte schnell ab; aus 6000 Einwohnern wurden 600 – so viele sind es heute noch. Im alten Bahnhof, einst Ausgangspunkt der Kettle Valley Railway, dokumentiert das Kettle River Museum die Geschichte der Bahn und der Stadt.

Information Das **Kettle River Museum** nimmt die Aufgaben eines Visitor Centre wahr: Juli/Aug. tägl. 10–16 Uhr, Mai/Juni und Sept. So–Do 10–15 Uhr; u. a. Informationen über die heute zum Radweg umgebaute Bahnstrecke. 904 Crowsnest Highway, ✆ (250) 449-2614.

Fahrradverleih/Radtouren Auf der Ex-Bahnstrecke sind Tages- und Mehrtagestouren möglich. Anbieter und Verleih von Rädern (→ Kelowna, S. 258).

Übernachten **Midway:** Das historische Hotel mit Pub in zentraler Lage überrascht mit renovierten, komfortablen Räumen (Du/WC allerdings auf Etage) und gutem Essen im Pub (Mi–So 12–21 Uhr). DZ ab 100 $. 607 5th Avenue, ✆ (250) 449-2655.

Essen und Trinken **Mile „0" Diner:** Das Familienrestaurant serviert bodenständige Küche. Tägl. 6–20 Uhr. 622 Palmerston Avenue, ✆ (250) 449-2789.

Greenwood

Nach Midway nähert sich der Highway der Grenze zu den USA bis auf 250 Meter, wendet sich dann aber nach Nordosten und erreicht Greenwood. Mit nur 700 Einwohnern ist Greenwood heute Kanadas kleinste Stadt – das sah 1897 ganz anders aus, als dem Ort das Stadtrecht verliehen wurde. Während des Bergbaubooms strategisch in der Mitte zwischen zahlreichen Arbeiter-Camps erbaut, gab es hier einst 16 Hotels, 15 General Stores und drei Banken für mehr als 7000 Einwohner. Nach dem Ende des Booms sank die Zahl bis auf 200 im Jahr 1942. Dann quartierte die kanadische Regierung 1200 Kanadier mit japanischen Wurzeln in den leerstehenden Gebäuden ein: Aus Angst vor Spionage oder Sabotage stand jeder mit japanischen Vorfahren unter Generalverdacht. Obwohl viele Häuser nach Ende der Bergbau-Epoche ab- und woanders wieder aufgebaut wurden, finden sich noch zahlreiche historische Gebäude in der Stadt.

Museum: Hier wird die Stadtgeschichte auf engagierte Art zugänglich gemacht; nach Voranmeldung gibt es auch Führungen im historischen Gerichtsgebäude und im ehemaligen Gefängnis. Für einen Stadtspaziergang hält das Museum den Führer „Greenwood Heritage Walk" (mit einem Ortsplan) bereit, der 31 historische Gebäude verzeichnet – vom pompösen Post Office bis zu einem der ältesten Pubs in British Columbia.

▪ Mai und Sept./Okt tägl. 10–16 Uhr, Juni bis Aug. tägl. 9–17 Uhr. Eintritt frei, Spenden erbeten. 214 South Copper, ✆ (250) 445-6355, www.greenwoodmuseum.com.

Praktische Infos

Information Das **Museum** nimmt auch die Aufgaben eines Visitor Centre wahr. Adresse und Öffnungszeiten s. oben.

Übernachten Derzeit wird keines der historischen Gebäude als Hotel genutzt. Von den drei Motels am Nordende der Stadt (alle je nach Saison 70–100 $) ist das **Boundary Creek** noch das beste, es verfügt auch über einen Parkplatz für Wohnmobile. Nachts wird es jedoch überall sehr laut: bremsende und beschleunigende Trucks!

Essen und Trinken **The Mineshaft Restaurant:** Das moderne Lokal in zentraler Lage trat 2018 die Nachfolge des 2017 geschlossenen Pacific Grill an und muss sich noch bewähren. Frühstück, Lunch und Dinner Mo–Mi 8–20, Do–Sa 8–21, So 10–19 Uhr. 298 South Copper, ✆ (250) 445-2298.

Grand Forks und Christina Lake

Abraumhalden, Landwirtschaft und Industrie prägen die gut 40 km lange Strecke von Greenwood über den Phoenix Mountain Summit bis Grand Forks. Die Stadt selbst lohnt keinen Aufenthalt – im Gegensatz zum 22 km östlich von ihr gelegenen Christina Lake mit dem gleichnamigen Provinzpark. Der See gilt als einer der wärmsten Kanadas; Strandurlauber genießen einen 350 m langen Sandstrand mit Picknickbereich. Was sich nett anhört, entpuppt sich an Wochenenden und in den Sommerferien allerdings als eine

Christina Lake

Mischung aus Rimini und Ballermann: Bis zu 5000 Einwohner aus dem Umland nutzen den See als Naherholungsgebiet, so dass kein Quadratmeter Strand unbelegt bleibt.

Nach dem See steigt die Straße erneut an, diesmal zum Bonanza-Pass. Dahinter liegt der kleine Nancy Greene Provincial Park. Ein gemütlicher, einfacher Schotterweg führt in einer Stunde einmal um den gleichnamigen See (5 km). Zehn Stellplätze auf dem kleinen Campground machen den Park auch zu einem Übernachtungsstopp. Wer Rossland besuchen will, kann hier rechts auf den Highway 3B abbiegen und erreicht das Bergstädtchen über einen weiteren Pass. Geradeaus führt der Highway 3 nach Castlegar. Auch von dort gelangt man in das 600 m höher gelegene Rossland, in diesem Fall über die Stadt Trail am Columbia River.

West und Central Kootenay

Stärker von den Bergen geprägt als die Boundary-Region und mit wechselvoller Geschichte bieten die Städte und Landschaften im West und Central Kootenay viele kleine und sehenswerte Ecken.

Die Stempel sind schnell aufgedrückt: Rossland ist das Mountainbike- und Ski-Paradies, Trail die dreckige Industriestadt, Castlegar das von den Duchoborzen (s. u.) geprägte Kulturzentrum der Region. Doch so schwarzweiß lässt sich die Region nicht klassifizieren – es gibt manch Überraschendes zu entdecken.

Castlegar

Schon die Sinixt First Nations siedelten an der Mündung des Kootenay Rivers in den Columbia River. Wie in vielen anderen Orten im Süden waren auch hier Bergbau und Holzwirtschaft lange prägend, dazu kam der Obstanbau. In jüngster Zeit sind das Selkirk College – British Columbias erste Hochschule im ländlichen Raum – und der regionale Flughafen Motoren für die weitere Entwicklung: Castlegar mit seinen 9000 Einwohnern gehört derzeit zu den zehn am schnellsten wachsenden Städten Kanadas. Neben vielen Outdoor-Optionen im Umland machen zwei Museen und der Sculpture Walk die Stadt der Duchoborzen auch für Geschichts- und Kunstinteressierte zu einem interessanten Stopp.

Doukhobor Discovery Centre: Das lohnende Museumsdorf bringt die Geschichte und Religion der Duchoborzen in 20 verschiedenen Gebäuden nahe. Interaktive und audio-visuelle Elemente stellen Kutschen, Obstanbau, Weberei, Schmiede und andere Bereiche

British Columbia | Landesinnere → Karte S. 236/237

vor; in einem Dorfladen kann man Lebensmittel kaufen und ein Bistro soll nach Umbau demnächst wieder traditionelle Küche servieren.

▪ Mai bis Sept. Mo–Sa 10–17 Uhr. Eintritt 10 $. 112 Heritage Way, ☏ (250) 365-5327, www.doukhobor-museum.org.

CPR Station Museum: Der Schwerpunkt des Museums, das in einem der am besten erhaltenen Bahnhofsgebäude Westkanadas untergebracht ist, ist im Obergeschoss zu finden: In der Wohnung des Bahnhofsvorstehers wird vermittelt, wie man in den 1920er-Jahren lebte.

Die Duchoborzen – Geisteskämpfer am Columbia River

Die Mitglieder dieser christlich-orthodoxen Religionsgemeinschaft waren in Russland Diskriminierung und Deportationen ausgesetzt, viele flohen zuerst nach Saskatchewan in die kanadische Prärie, die ihrer georgischen Heimat ähnlich war. Peter V. Verigin, Führer eines gemäßigten Flügels, kaufte ab 1908 große Parzellen Land – erst bei Grand Forks, dann rund um Castlegar. Mehr als 8000 Duchoborzen siedelten schließlich hier und bauten in dem milden Klima Obstbäume an. Sie wurden geachtete Mitglieder der Gemeinde ... nun ja, nicht alle: Peter Verigin kam 1924 bei einem Bombenanschlag in einem Zug bei Castlegar ums Leben. Die Umstände sind bis heute ungeklärt: Ging es um Machtkämpfe in der Gemeinschaft, oder war Eifersucht im Spiel? Verigin war – ohne seine Ehefrau – in Begleitung einer jungen Dame ...

Bis heute wird gemutmaßt, dass die kanadische Regierung involviert gewesen sein könnte, die mit den nicht anpassungswilligen Duchoborzen so ihre Probleme hatte. Denn die lehnten das staatliche Schulwesen ab und kooperierten auch sonst nicht mit den Behörden. Als Letztere Verigins Sohn Peter P, der 1926 die Nachfolge seines Vaters angetreten hatte, in die Sowjetunion deportieren lassen wollten, protestierten die Duchoborzen auf ihre Weise: mit Nackt-Demos und Brandstiftungen. Seit 1932 wird daher öffentliche Nacktheit in Kanada mit bis zu drei Jahren Gefängnis bestraft.

1952 kam Premier W.A.C. Bennett in British Columbia an die Macht und ließ 174 Kinder der Duchoborzen zwangsweise in Internate stecken. Nun gab es für den radikalen Flügel der Religionsgemeinschaft kein Halten mehr: Innerhalb weniger Jahre wurden mehr als tausend Anschläge verübt, auf alles was modern und gegen ihre Überzeugung war: Mähdrescher und Eisenbahnbrücken, Kraftwerke und Gerichtsgebäude wurden gleich reihenweise in die Luft gesprengt. Bei der Volkszählung 2011 bekannten sich in British Columbia noch knapp 2000 Personen zum Glauben der Duchoborzen. Sie leben jedoch nicht mehr in Kommunen, und auch die Sprengstoffanschläge sind stark rückläufig ...

Brilliant Bridge: Hängebrücke über den Kootenay River

Der kleine Museumsladen verkauft lokales Kunsthandwerk. Jedes Frühjahr werden in der Stadt 25 bis 30 sehr unterschiedliche Skulpturen verschiedener Künstler aufgestellt. Zum einen können alle käuflich erworben werden, zum anderen wählt die Öffentlichkeit per Stimmzettel den Gewinner des Publikumspreises des Castlegar Sculpture Walk aus. Eine Karte mit den Standorten der Skulpturen gibt es im Visitor Centre.

■ April bis Juni und Okt. Di–Sa 10–17 Uhr, Juli bis Sept. tägl. 10–17 Uhr; Sa 9–13 Uhr kleiner Farmers Market. Eintritt frei, Spenden erbeten. 400 13th Avenue, ✆ (250) 365-6440, www.stationmuseum.ca.

Zuckerberg Island: Die kleine Insel liegt gegenüber der Mündung des Kootenay in den Columbia. Der Este Alexander Zuckerberg hatte hier eine Kapelle im russischen Landkirchenstil erbaut. Nach seinem Tod 1961 verfiel das Kirchlein, bis die Stadt das Gelände 1981 kaufte und mit Hilfe des örtlichen Rotary Clubs in einen schönen Park verwandelte. Das Problem des Zugangs zur Insel wurde nach der Fertigstellung pragmatisch gelöst: Ein Pionierbataillon der kanadischen Armee errichtete im Rahmen einer Übung eine 140 m lange Hängebrücke – und beließ sie anschließend gleich an Ort und Stelle, statt sie mühsam wieder abzubauen …

Brilliant Bridge National Historic Site und **Verigin Memorial Park:** Die 1913 von der Gemeinschaft der Duchoborzen erbaute Hängebrücke über den Kootenay River wurde 1966 durch eine neue Brücke in ihrer Nachbarschaft ersetzt. Mit Mühe konnte damals ein Abriss ihrer Vorgängerin verhindert werden. Heute steht die alte Brücke unter Denkmalschutz und darf von Fußgängern und Radfahrern genutzt werden. Zufahrt von der Robson Access Road auf der Nordseite des Columbia River, dann über die Makayev Road in die Brilliant Road.

Oberhalb der Brücke liegt, halb Landschaftsgarten, halb Duchoborzen-Friedhof, der **Verigin Memorial Park** (Mo–Sa 10–17 Uhr), in dem vier Generationen der Verigin-Familie ihre letzte Ruhe fanden. Besucher genießen vor allem die großartigen Blicke vom Park aus. Zufahrt von der Robson Access Road auf der Nordseite des Columbia River, dann Terrace Road.

British Columbia | Landesinnere → Karte S. 236/237

Wandern: Auf der Nordseite des Columbia River verläuft der kurze Waldie Island Trail (Parken an der Eisenbahnbrücke); oft sieht man hier Wasservögel, Biber oder Otter. Ein Dutzend weitere Wanderwege werden vom Verein „Friends of Trails" unterhalten. Der steile Brilliant Overlook Trail (hin/zurück 6 km, 2 Std., 350 Höhenmeter) erlaubt schöne Ausblicke auf das Tal; der Rundweg Mel de Anna (5 km, 1 Std., 20 Höhenmeter) führt um die Champion-Teiche herum und bietet Blicke ins Tal des Columbia. Der fast ebene Rundweg im Pass Creek Regional Park bietet auf nur 1,5 km Länge die größte Vielfalt an Bäumen in ganz British Columbia an einem Ort.

▪ Informationen und Karten unter www.friendsoftrails.org.

Fahrradfahren: Castlegar und seine Umgebung sind ein Traum für Touren-Radfahrer. Hauptattraktion sind die beiden „Rails-to-Trails"-Routen, bei denen ehemalige Eisenbahnstrecken zu Radwegen wurden: Streckenführung weit ab von der Straße, nur geringe Steigungen, Genussradeln durch Wälder und an Seen und Flüssen entlang. Der Columbia and Western Rail Trail führt von Castlegar nach Westen, am Südufer des Lower Arrow Lake entlang, dann durch alte Tunnel nach Süden zum Christina Lake, von dort über Grand Forks bis nach Midway (gut 160 km), wo Anschluss an den Kettle Valley Rail Trail besteht.

Natürlich muss man nicht so weit radeln: Beliebt sind auch Tagestouren ab Paulson, wo Anschluss ans Straßennetz besteht; von hier geht es 60 km bergab zurück nach Castlegar. Dank eines Shuttles von Castlegar nach Paulson (→ Praktische Infos) kann man das Auto in Castlegar stehen lassen. Bei Redaktionsschluss noch nicht ganz fertiggestellt war der Abschnitt des Trans-Canada Trails zwischen Castlegar und Nelson – einige Teile sind nur für Wanderer geeignet, andere bereits befahrbar.

▪ Columbia and Western Trail: www.columbiaandwestern.ca. Castlegar–Nelson: www.trailsbc.ca/tct/west-kootenay/castlegar.

CPR Station Museum

Praktische Infos

Information **Visitor Centre:** Tägl. 9–17 Uhr. 1995 6th Avenue, ✆ (250) 365-6313, www.castlegar.com.

Hin und weg **Flugzeug:** Vom West Kootenay Regional Airport fliegt Air Canada Express je 1x tägl. nach Vancouver und Calgary. www.aircanada.com. Mietwagen am Airport.

Über **Fernbusverbindungen** gab es bei Redaktionsschluss (April 2019) noch keine verlässlichen Angaben, nachdem der bisherige Betreiber Greyhound Bus seine Linien in Westkanada Ende 2018 eingestellt hatte (→ S. 698).

Fahrrad-Shuttle von Castlegar nach Paulson: Kootenay Mountain Biking bringt Radler zum Start nach Paulsen; von dort geht's 60 km bergab nach Castlegar zurück. Ab 25 $/Pers. ✆ (250) 362-0080, www.kootenaymountainbiking.com.

Galerie Die **Kootenay Gallery of Art** gehört zu den ursprünglich 28 im Jahre 1970 geschaffenen Kulturzentren der Regierung, die damit Kunst in die ländlichen Regionen bringen wollte. Wechselnde Ausstellungen zeitgenössischer Kunst der Region. Jan. bis Nov. Di–Sa 10–17 Uhr, im Dez. auch So. Eintritt frei, Spenden erbeten. 120 Heritage Way, ✆ (250) 365-3337, www.kootenaygallery.ca.

Übernachten **Fireside Inn** **4**: Castlegars bestes Motel. Zimmer mit Mikrowelle und

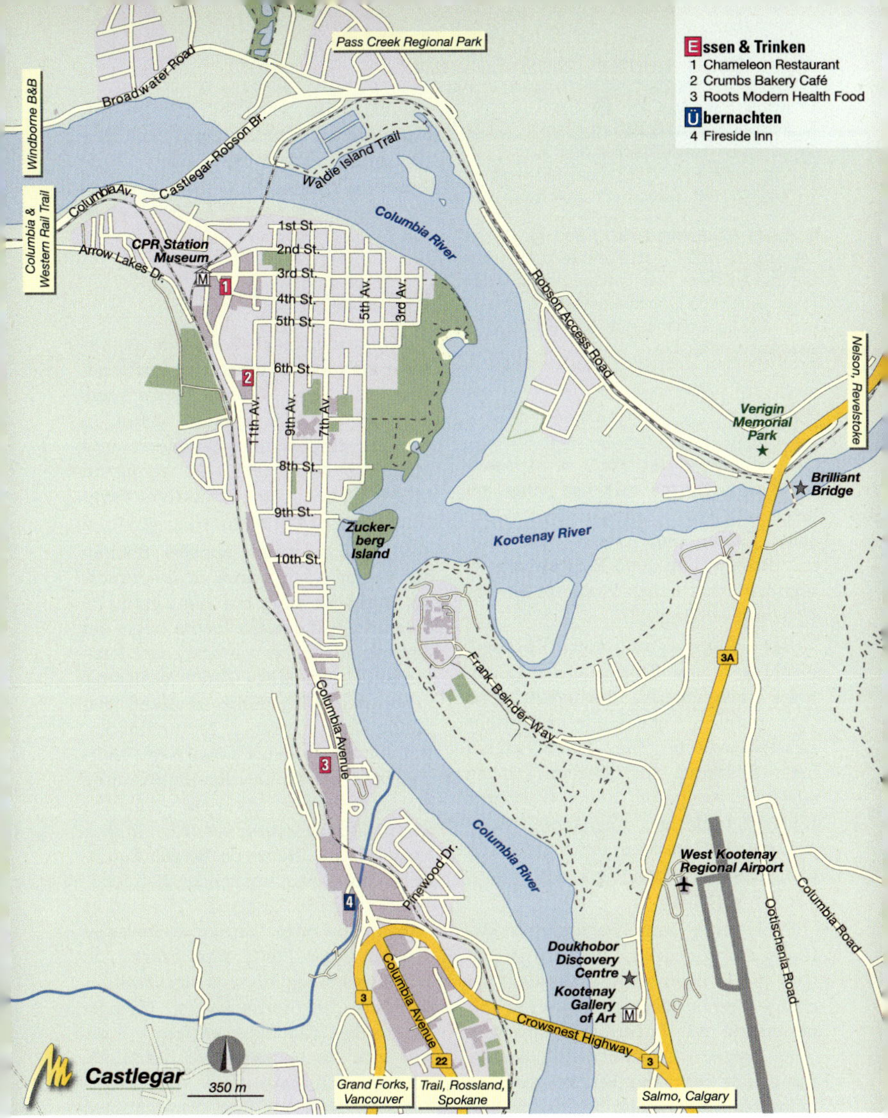

Kühlschrank, gutes kontinentales Frühstück. DZ ab 99 $. 1810 8th Avenue, ✆ (250) 365-2128, www.firesideinn.ca.

Windborne: Luxuriöses B&B 10 Min. außerhalb. 3 Zimmer, traumhafte Gartenanlage. Entspannung pur in einer der besten Unterkünfte in der Region West-Kootenay. DZ ab 129 $. 3900 Broadwater Road, ✆ (250) 365-6697, www.windbornebb.ca.

Eine größere Auswahl an Hotels bieten Rossland und Nelson, beide rund 25 km entfernt.

Essen und Trinken Chameleon Restaurant 1: Hier gibt es authentisch-russische Küche zu entdecken. Neben Blini und Borschtsch finden sich aber auch Bratwurst und Schnitzel auf der Karte. Tägl. 11.30–14 und 16.30–20.30 Uhr. 330 Columbia Avenue, ✆ (250) 365-4981, www.chameleonhotel.com/restaurant.

Crumbs Bakery Café 2: Bagel, Brezeln, Muffins etc. zum Frühstück; Panini, Salate, Suppen zum Lunch. Lecker und alles frisch. Mo–Sa 7–17 Uhr. 635D Columbia Avenue, ✆ (250) 365-6561, www.crumbsbakerycafe.com.

Roots Modern Health Food 3: Fleisch, vegetarisch, vegan – alles leichte Küche, stets aus biologischem und lokalem Anbau. Frühstück, Lunch und Dinner. Mo–Fr 8–19, Sa 8–17 Uhr. 1502 Columbia Avenue, ✆ (778) 460-3663, www.kootsroots.ca.

Trail

Die Silhouette der Stadt wird dominiert vom Hüttenwerk der Minengesellschaft Teck-Cominco: 1800 Menschen finden hier Arbeit – die Stadt mit ihren knapp 8000 Einwohnern ist vom wirtschaftlichen Wohlergehen des Konzerns abhängig.

Der Highway 22 von Castlegar macht kurz vor Erreichen der Downtown einen scharfen Rechtsknick und führt durch die ehemalige italienische Arbeitersiedlung The Gulch hinauf nach Rossland. Im „Graben" finden sich noch einige der historischen und für Trail typischen überdachten Treppen, die die Unterstadt der Arbeiter mit den höherliegenden besseren Wohnvierteln verbinden.

Fährt man beim Rechtsknick des Highways geradeaus weiter, gelangt man in die Downtown: Links liegt der riesige Industriekomplex, rechts die Innenstadt mit Supermarkt und weiteren guten Einkaufsmöglichkeiten. Die Straße führt zur Brücke über den Columbia River zu den Stadtteilen East Trail, Glenmerry und Waneta.

Für Urlauber hat Trail wenig zu bieten. Immerhin: Die Metallhütte – das weltgrößte Blei-Zink-Hüttenwerk – kann besichtigt werden: Montags bis freitags gibt es um 10 Uhr eine kostenfreie Führung (ca. 2 Std.), die auch Laien die komplexen Abläufe nahebringt und dabei die umweltschädlichen Aspekte nicht ausklammert. 2018 eröffnete das Riverfront Centre mit einem neuen Stadtmuseum, dem Visitor Centre und der Bibliothek.

Riverfront Centre: Mo, Fr 10–17, Di–Do 10–20, Sa 10–16 Uhr. Eintritt frei. 1505 Bay Avenue, ✆ (250) 364-0821, www.trail.ca.

Rossland

Tief in den Monashee Mountains, auf mehr als 1000 m Höhe, liegt Rossland, Kanadas „No. 1 Outdoor Town", wie das Fachmagazin „Explore" meint. In der Tat finden hier Wanderer und Mountainbiker mehr als genügend Möglichkeiten, die attraktive Berglandschaft zu genießen.

Wie bei so vielen anderen Städten der Region auch waren es Goldfunde, die Rossland 1897 auf die Landkarte brachten. Auf den Goldboom folgte der Bergbau und in den letzten drei Jahrzehnten verstärkt der Tourismus. Schon seit 1993 führt Rossland den inoffiziellen Titel „Mountainbike-Hauptstadt Kanadas", nachdem Weltmeisterin Cindy Devine ihr Training hierher verlegte. Bis heute hat aus gutem Grunde kein anderer Ort widersprochen. Ein Netz von Wegen durchzieht die beeindruckende Berglandschaft rund um Rossland. Teils sind es Minenpfade oder Trassen stillgelegter Grubenbahnen, teils alte Wege von Whiskyschmugglern aus der Prohibitionszeit (die Grenze zu den USA ist nur wenige Kilometer entfernt) – sie alle sind heute attraktive Trails für Mountainbiker aus aller Welt. Highlight ist der von der International Mountain Bicycling Association (IMBA) in die höchste Kategorie „Epic Trail" eingestufte, 35 km lange Seven Summit Trail, der einer spektakulären Linie über Bergrücken und Grate folgt. Ausreichend Erfahrung für diesen Trail ist unabdingbar.

Rossland Museum & Discovery Centre: Das 2017 umgebaute Museum lässt die Siedler- und Minengeschichte wieder

Columbia Avenue, Rosslands Hauptstraße

aufleben. Szenen aus einem General Store und einer Arbeiterwohnung sind nachgestellt; im Außenbereich sind etliche Artefakte aus der Bergbauzeit zu sehen. Dem alten Post Office und der Teck-Cominco-Hütte in Trail wird ebenso Raum gegeben wie der lokalen Geschichte des Skilaufs und den Anfängen des Mountainbiking.

■ Mitte Mai bis Juni Di–So 10–17 Uhr, Juli/Aug. tägl. 10–18 Uhr, Sept. bis Mitte Mai Mi–Sa 12–17 Uhr. Einstündige Führung mit Goldwaschen: Juni 12, 14 Uhr, Juli/Aug. 11, 13, 15 Uhr. Eintritt 10 $. 1100 Highway 3B, ✆ (250) 362-7722, www.rosslandmuseum.ca.

Mountainbike-Trails: Rossland verfügt über sieben „grüne" Trails der einfachsten Schwierigkeitsstufe, doch die Mehrzahl der Trails wird in die blaue Kategorie, „intermediate" eingestuft – hier finden sich 20 Trails von bis zu 3,5 km Länge. Einige bieten entspanntes Cruising mit leichtem Auf und Ab, andere steile Anstiege mit schnellen Abfahrten. Hinzu kommen vier Trails der Kategorie „very difficult" und drei „Expert Trails" – alle mit steilen, technischen Passagen.

Guides können individuell gebucht werden, so lernt man die schönsten Trails kennen, die zu den eigenen Fähigkeiten passen. Idealerweise sind geführte Touren mit einem Shuttle verbunden, der Abfahrten ermöglicht, ohne kräftezehrende Anstiege mitmachen zu müssen. Anbieter → Praktische Infos.

■ Die exzellente Karte „Trails of the Rossland Range" gibt einen guten Überblick und ist sowohl bei Tourism Rossland als auch in allen Outdoor-Läden zu haben.

Praktische Infos

Information **Tourism Rossland:** Mitte Mai bis Juni Di–So 10–17 Uhr, Juli/Aug. tägl. 10–18 Uhr, Sept. bis Mitte Mai Mi–Sa 12–17 Uhr. 1100 Highway 3B, ✆ (250) 362-7722, www.tourismrossland.com.

Hin und weg Wer nicht mit dem eigenen Fahrzeug kommt, fliegt am besten nach Castlegar, von dort aus Shuttledienste.

Galerie Die bekannte Acryl-Malerin Stephanie Gauvin lebt in Rossland und verkauft ihre Kunst in ihrem Studio, der **Gauvin Gallery.** Die meist mit kräftigen Farben gestalteten Motive zeigen vorrangig Landschaften. Mi–Sa 12.30–17.30 Uhr. 2070 Washington St, ✆ (250) 251-8159, www.artiststephaniegauvin.com.

British Columbia | Landesinnere → Karte S. 236/237

Mountainbike-Touren Ausrüstung und geführte Touren bei **Revolution Cycles** Hier erhält man MTB und ATB/Downhill-Bikes zur Miete, ebenso die erforderliche Ausrüstung und Expertentipps für alle Trails. Bikes ab 50 $/Tag. 1990 Columbia Avenue, ☏ (250) 362-5688, www.revolutioncycles.ca.

Kootenay Mountain Biking bietet geführte Touren und Shuttle-Service an. Shuttle ab 25 $; Guides für individuelle Touren und Lessons 2 Std/2 Pers 200 $. 2118 Columbia Avenue, ☏ (250) 362-0080, www.kootenaymountainbiking.com.

Übernachten ****** Prestige Mountain Resort:** Rosslands beste Unterkunft, direkt an der (nachts ruhigen) Hauptstraße. Das Resort bietet Restaurant, Sauna, Hot Tub, Fahrradraum. DZ ab 180 $. 1919 Columbia Avenue, ☏ (250) 362-7375, www.prestigehotelsandresorts.com.

Ram's Head Inn: Die schon etwas in die Jahre gekommene Lodge im Skigebiet am Red Mountain bietet Zimmer unterschiedlichster Ausstattung, eine Sauna und einen Hot Tub. DZ ab 128 $. 4465 Red Mountain Road, ☏ (250) 362-9577, www.ramsheadinn.ca.

The Flying Steamshovel Inn: Die modernen Zimmer in dem historischen Gebäude lassen nichts zu wünschen übrig, wenn man sich nicht daran stört, dass es im Pub darunter oft bis Mitternacht hoch hergeht. DZ ab 105 $. 2003 2nd Avenue, ☏ (250) 362-7323, www.theflyingsteamshovel.com.

Rossland Motel: Das einfache, aber saubere Motel 2 km westlich der Stadt bietet günstige Übernachtungen, mehr aber auch nicht. DZ ab 89 $, mit Kitchenette ab 99 $. 721 Highway 22, ☏ (250) 362-7218, www.stayandplayrossland.com.

Essen und Trinken **Clansey's Café:** Morgens und mittags liegt der Fokus auf dem guten Essen, abends sind es die Cocktails, die Clansey's so beliebt machen. Wenige, aber abwechslungsreiche Gerichte. Tägl. 7.30–24 Uhr. 2042 Columbia Avenue, ☏ (250) 362-5273, www.clanseys.ca.

Alpine Grind Coffeehouse: Der moderne, gemütliche Coffeeshop bietet morgens Frittata, Bagels und Müsli an; mittags stehen Panini, Salate und Suppen auf der Karte. Mo–Fr 7–17, Sa/So 8–16 Uhr. 2104 Columbia Avenue, ☏ (250) 362-2280, www.alpinegrindcoffee.com.

MeinTipp **Idgie's:** Ausgezeichnete, mediterran angehauchte Küche in legerer Atmosphäre. Große Vorspeisenauswahl, umfangreiche Tageskarte. Nur Dinner. Tägl. 17–21.30 Uhr. Reservieren! 1999 2nd Avenue, ☏ (250) 362-0078, www.idgiesrestaurant.com.

Von Castlegar oder Trail nach Creston

Eine gute halbe Stunde Fahrzeit ist es von Castlegar oder von Trail nach **Salmo.** Die „Sehenswürdigkeiten" des Städtchens: In der Motel Avenue steht neben dem Sal-Crest Motel ein hohler Baumstamm, in dem 1977 ein Telefon installiert wurde. Der noch intakte Bereich des Stammes weist 465 Jahresringe auf – laut Einwohnern die älteste Telefonzelle der Welt ... Biegt man auf den Highway 6 nach Norden ab, sieht man am Ortsausgang den größten Penny der Welt. Die 2,40 m hohe Skulptur der kanadischen 1-Cent-Münze erinnert daran, dass von Salmo aus eine landesweite Initiative ihren Anfang nahm: Bürger sollten ihre gehorteten 1-Cent-Münzen spenden, um den Schuldenberg der Regierung abzubauen. Ob die Kosten des Riesen-Pennies den Wert der gesammelten Münzen überstiegen, ist unbekannt ...

Der Highway 3 zwischen Salmo und Creston wurde erst in den 1960er-Jahren angelegt, um den großen Umweg über Nelson und die Kootenay-Lake-Fähre zu vermeiden. Die Route führt meist bergauf durch waldreiches Gebiet und erreicht schließlich den 1774 m hohen Kootenay Pass, Kanadas zweithöchsten ganzjährig befahrbaren Highway-Pass. Wer noch höher hinaus will: Von der Passhöhe zweigt der Ripple Ridge Hiking Trail ab (7 km, 370 Höhenmeter, 4 Std. hin/zurück). Schon nach 600 m Metern verlässt man den Wald und hat schöne Ausblicke; an klaren Tagen sieht man vom Grat am Ende des Pfades aus die Gipfel in Idaho.

Creston

Die Kleinstadt entstand im Flutgebiet des Kootenay Rivers, der nährstoffreiche Flussboden macht die intensive Landwirtschaft erst möglich. Größter Arbeitgeber der 5000-Einwohner-Stadt ist jedoch die Columbia Brewery, die seit 1959 „Kokanee"-Bier braut. Außer der Brauerei und zwei Weingütern gibt es nur wenig zu sehen – die Stadt wirbt vor allem mit ihrer verschlafenen Kleinstadt-Atmosphäre. In der Tat gehen hier die Uhren anders: Creston und die Gebiete weiter östlich richten sich im Prinzip nach Albertas Mountain Time. Doch Creston hat keine Sommerzeit, so dass für Reisende hier im Sommer die Vancouver-Zeit (Pacific Standard-Time) gilt.

Columbia Brewery: Sie liegt im Süden des Orts und ist vom Highway 3 aus am einfachsten über die 16th Avenue zu erreichen. Der wachsende Markt der Craft-Biere nimmt den etablierten Brauern Marktanteile ab. Wer hier eine Führung mitmacht, erfährt daher nicht nur viel über das Bierbrauen, sondern auch über Merchandising und Marketing.

▪ Führungen: Mitte Mai bis Juni und Sept./Okt. Mo–Fr 9.30, 11, 13, 14.30 Uhr. Juli/Aug. Mo–Sa 9.30, 11, 13, 14, 15 Uhr. Keine Sandalen! 5 $, zwei Ausweise mitführen, z. B. Pass und Führerschein, sonst keine Bierprobe. 1220 Erickson Street, ✆ (250) 428-1238, www.columbiabrewery.ca.

Wein: Das kleine Weingut Baillie Grohman (Mitte Mai bis Mitte Sept. tägl. 11–17 Uhr) hat für seinen Chardonnay und seinen Gewürztraminer schon zahlreiche Auszeichnungen gewonnen.

Wynnwood Cellars (Mitte Mai bis Mitte Okt. tägl. 11–18 Uhr), in schöner Lage am Duck Lake 10 Minuten nördlich der Stadt, bewirbt seine Tropfen – darunter einen sehr passablen Pinot Noir – als „First Shore" (erste Küste): In der Tat verlief hier vor vielen Millionen Jahren die ursprüngliche Westküste Nordamerikas.

Slocan Valley

Kurz vor Castlegar mündet der Slocan River in den Kootenay River. Folgt man dem Slocan flussaufwärts, erreicht man in Slocan den Slocan Lake, an dessen Ufer auch die kleinen Siedlungen Silverton und New Denver liegen. Über einen Bergrücken erreicht man dann Nakusp am Ostufer des Kootenay River, der hier zum Arrow Lake aufgestaut ist. Nördlich von Nakusp kann man bei Galena Bay die Fähre über den See nehmen und kommt so nach Revelstoke (→ Highway 1 von Sicamous nach Yoho, S. 287) – inkl. Fähre muss man für die 250 km von Castlegar bis Revelstoke mit vier Stunden Fahrzeit rechnen.

Interessanter ist die alternative Route von Castlegar über Nelson und Kaslo an den Slocan Lake; dort trifft sie in New Denver die obige Route. Diese Strecke ist etwa 60 km bzw. eine Stunde Fahrzeit länger, aber wesentlich lohnender, denn sowohl Nelson als auch Kaslo sind einen Aufenthalt wert.

Von Castlegar direkt nach New Denver: Der Highway 3A verlässt Castlegar Richtung Nordosten, auf der Nordseite des Kootenay Rivers. In Playmor Junction führt dann der Highway 6 nach

Slocan Lake

Westen, Richtung Slocan. Im engen Tal ist nur Platz für kleine Dörfer, die oft nur aus einer Tankstelle und ein paar Häusern bestehen. Gelegentlich finden sich Cafés, wie das Mama Sita's in Winlaw, ungewöhnliche Läden wie das Schokoladengeschäft Cameo House Chocolates (ebenfalls in Winlaw) oder die Kootenay Country Craft Destillerie ein paar Kilometer weiter, in Perry Siding. Kleine Bed and Breakfasts liegen abgeschieden im Wald oder in den Dörfern, z. B. das Blue Moon B&B in Slocan.

In Slocan kann man in dem kleinen Slocan Village Market die Vorräte auffüllen oder sich im örtlichen Coffee Shop, der „Fullabean Espresso Bar" gegenüber der Tankstelle, einen Kaffee gönnen. Die Straße führt nun am Slocan Lake entlang; die nächste Ortschaft ist der Weiler Silverton. Das Village Office und die kleine Galerie sind meistens Di–Do 10–16 Uhr geöffnet. Kurz danach ist das kaum lebendigere New Denver erreicht. Ironischerweise hat der Ort seinen Namen von Denver, Colorado – 1897 war man sich sicher, dass New Denver irgendwann mal viel größer sein würde als das Original …

Slocan Valley Rail Trail

Wandern/Fahrradfahren: Im landschaftlich schönsten Flusstal der Region verläuft der Slocan Valley Rail Trail, ein Rad- und Wanderweg auf einer ehemaligen Bahntrasse. Es sind etwa 50 km von Playmor Junction bis Slocan. Der Weg führt meist am Ufer entlang durch zahlreiche Parks, an Badestränden und Vogelschutzgebieten vorbei. Kleine Wegweiser am Trail weisen auf Cafés oder andere lohnende Einrichtungen hin: Es sind immer nur ein paar hundert Meter zur Hauptstraße. Infos und Karten unter www.slocanvalleyrailtrail.ca.

Rafting/Kajak: Auf den Flüssen Slocan und Kootenay sowie auf dem Slocan Lake werden harte oder sanfte Raftingtouren angeboten, aber auch Kajaktrips sind möglich, bei denen man schnell und kraftsparend vorwärtskommt. Oder man baut eine Kajaktour in die Wanderung ein …

Endless Aventure hat ein breites Angebot, auch Kurse nur für Frauen. April bis Okt. tägl. 10–16 Uhr. 1286 Highway 6, Crescent Valley, ✆ (250) 359-8181, www.endlessadventure.ca.

Nelson

Eine Innenstadt voll herrlicher Backstein-Romantik und Palästen aus Granit, ein erstklassiges Kunst- und Geschichtsmuseum, schöne Parks – und das alles verbunden durch eine historische Straßenbahnlinie: Das ist Nelson! Die Stadt in den Selkirk Mountains, am Westende des Kootenay Lake, gilt als „Königin" der Städte in British

Vom Gyro Park sieht man auf Nelson

Columbia. Sie prunkt mit einer Vielzahl historischer Gebäude aus der Zeit eines regionalen Silberbooms.

Seit 1867 hielten sich Goldsucher in der Region auf; als dann 1886 am nahegelegenen Toad Mountain Silber gefunden wurde, wuchs die Stadt schnell. In den nächsten 20 Jahren wurden die hastig gezimmerten Holzhäuser durch opulente Gebäude aus Stein ersetzt, und die Stadt bekam mehrere Straßenbahnen, ein Warenhaus der Hudson's Bay Company und zahlreiche edle Hotels. Jahrzehnte später, zu den Zeiten des Vietnamkriegs, flohen zahlreiche liberale junge Männer mit guter Bildung aus den USA hierher, um dem Wehrdienst zu entgehen. Noch heute prägt eine sehr weltoffene Haltung die Stadt und ihre etwa 10.000 Einwohner.

Als Anfang der 1980er-Jahre das Sägewerk schließen musste, investierte Nelson in die Hauptstraße, die Baker Street: Alles, was sich hier an hässlichen Blechfassaden angehäuft hatte, wurde abgerissen, und die Gebäude wurden wieder in den viktorianischen Stil zurückversetzt. Heute ist die Baker Street, an der sich etwa die Hälfte aller historisch wertvollen Gebäude der Stadt befindet, die größte Attraktion für Urlauber. Hinzu kommen die historische Straßenbahn und das Touchstones Museum.

Das Heritage-Tour-Faltblatt der Stadt (im Visitor Centre erhältlich) listet 63 historische Gebäude auf. Die Adventure Tour verbindet die schönsten Aussichtspunkte und Parks miteinander, auch unter Einbindung des Great Northern Rail Trail (s. u.). Beide Touren sind sowohl zu Fuß als auch mit dem Fahrrad zu machen. Doch auch wer einfach nur so durch die Baker Street und ihre Nebenstraßen bummelt, wird die Atmosphäre genießen. Vom Gyro Park aus, unterhalb des Hospitals, hat man den besten Blick auf die Stadt; der Lakeside Park (am Ostende) und der Cottonwood Falls Park (im Westen) laden zu kurzen Spaziergängen im Grünen ein.

Nelson Electric Railway: Am Seeufer fährt im Halbstundentakt der original erhaltene Straßenbahnwagen Nr. 23 im Sommer täglich vom Lakeside Park zum Hall Street Loop. Auf halber Strecke liegt die Remise, die besichtigt werden kann.

▪ Abfahrt Hall Street Loop (beim Prestige Resort) 11.10–16.10 Uhr, von Lakeside (unterhalb der Brücke) jeweils 20 Min. später. Remise tägl. 12–15 Uhr. Tageskarte 3 $. www.nelsonstreetcar.org.

Touchstones Nelson Museum of Art and History: Das 2017 nach einem Umbau mit völlig neuem Konzept wiedereröffnete Museum begeistert mit wechselnden Ausstellungen, von denen meist mehrere parallel laufen: zeitgenössische Kunst und Pop-Art, Architektur und Design, Geschichte der Menschheit und Naturgeschichte, bildende Kunst und Kunsthandwerk. Regionale, nationale und internationale Künstler finden hier eine Plattform.

▪ Mo–Sa 10–17, So 10–16, Do bis 20 Uhr. Eintritt 8 $ (Do 17–20 Uhr frei), Spende erbeten. 602 Vernon Street, ✆ (250) 352-9813, www.touchstonesnelson.ca.

Fahrradfahren: Der 42 km lange Great Northern Rail Trail erstreckt sich von Nelson nach Süden bis Salmo. Die ersten Kilometer bieten die schönsten Eindrücke. Mountainbiker finden in Nelson einen richtig guten Bikepark, wer sein Rennrad ausfahren möchte, hat auf den recht verkehrsarmen Landstraßen mit breitem Seitenstreifen dazu Gelegenheit.

Art déco und Motor Art

▪ Detaillierte Infos unter www.trailsbc.ca/tct/west-kootenay/spur-salmo.

Praktische Infos

Information **Nelson Chamber of Commerce.** Mo–Fr 8.30–17, Sa/So 10–17 Uhr. 91 Baker Street, ✆ (250) 352-3433, www.discovernelson.com.

Hin und weg **Flugzeug:** Der nächstgelegene Airport mit Linienflügen ist in Castlegar, siehe dort.

Über **Fernbusverbindungen** gab es bei Redaktionsschluss (April 2019) noch keine verlässlichen Angaben, nachdem der bisherige Betreiber Greyhound Bus seine Linien in Westkanada Ende 2018 eingestellt hatte (→ S. 698)

Fahrradverleih **Gerick Cycle & Ski:** Je nach Typ 40–80 $/Tag. 702 Baker Street, ✆ (250) 354-4622, www.gericks.com. **Sacred Ride:** Je nach Typ 45–100 $/Tag. 213B Baker Street, ✆ (250) 354-3831, www.sacredride.ca.

Übernachten **Hume Hotel & Spa 2:** Im stilvollen Gebäude von 1898, schon selbst eine Sehenswürdigkeit, wurden 2017 die letzten noch ausstehenden der insgesamt 45 Zimmer geschmackvoll renoviert. DZ inkl. warmes Frühstück ab 140 $. 422 Vernon Street, ✆ (250),352-5331, www.humehotel.com.

meinTipp **The Adventure Hotel 1:** Außen Art Deco, innen peppiges Design und Zimmer in drei Kategorien, nur die teuerste gewährt Sauna- und Terrassen-Zugang. DZ ohne/mit Du/WC ab 80/114 $. 616 Vernon Street, ✆ (250) 352-7211, www.adventurehotel.ca.

Dancing Bear Inn 4: Das Edel-Hostel ist sauber und gemütlich. Zudem ist die Lage super – was will man mehr? DZ ohne Du/WC ab 53 $, Übernachtung im Schlafsaal ab 26 $. 171 Baker Street, ✆ (250) 352-7573, www.-dancingbearinn.com.

Camping **The Whistle Stop Campground:** Nelsons bester Platz liegt einige Kilometer außerhalb, dafür direkt am See. Stellplatz ab 36 $. 2309 Bealby Point Road, ✆ (250) 585-0860.

Essen und Trinken Der Konkurrenzkampf in Nelson wirkt sich positiv auf die Qualität aus. Mehr als zwei Dutzend Restaurants bekommen

auf allen wichtigen Plattformen sehr gute Noten, u. a. die folgenden:

Louie's Steakhouse & Lounge 1: Pilz-Trüffel-Risotto oder Garnelen in Pernod? Schon bei der Vorspeise beginnt die Qual der Wahl im besten, aber legeren Restaurant der Stadt. Tägl. 17–24 Uhr. 616 Vernon Street, ✆ (250) 352-5570, www.adventurehotel.ca.

The General Store Restaurant 2: Große Auswahl, sehr vielfältig, auch vegan, glutenfrei etc. Für Deutsche ist ein Kotelett in Apfel-Bourbon-Sauce erst einmal ungewohnt, anschließend fragt man nach dem Rezept … Mo–Fr 6.30–21.30, Sa/So 7–21.30 Uhr. 422 Vernon Street. ✆ (250) 352-5331, www.humehotel.com.

meinTipp **Full Circle Café 3**: Das nette Eck-Café serviert kleine bis große Frühstücke und Lunches. Für jeden Appetit ist hier etwas dabei, auch Ungewöhnliches. Mo–Sa 6.30–14.30, So 7–14 Uhr. 402 Baker Street, ✆ (250) 354-4458.

Kootenay Lake

Ein 130 km langer Fjord mit blauem Wasser und grünen Bäumen vor grauem Felsgestein. Dazu ein paar historische Städtchen, teils lebendig, teils Geisterstädte, sowie eine gemütliche Fähre und heiße Quellen zum Entspannen: Wer den Kootenay Lake das erste Mal erlebt, staunt über die Vielfalt der Region.

Der mehr als 400 km² große See wurde ab den 1950er-Jahren aufgestaut, um Energie zu gewinnen und Überschwemmungen am Unterlauf des Columbia River zu verhindern. Die Staumauer, der Corra Linn Dam, liegt westlich von Nelson am Westarm des Sees. Der Großteil des Kootenay Lake jedoch verläuft in Nord-Süd-Richtung und erstreckt sich über mehr als 130 km Länge von Cooper Creek bis fast nach Creston. Durch das Anstauen wirkt der See optisch wie ein Fjord. Die touristischen Höhepunkte sind Nelson und Kaslo.

Der dreiarmige See verfügt an jedem Arm nur über eine Straße auf einer Uferseite – die andere ist nicht erschlossen. Am Südarm verläuft die holprige, von Creston kommende Straße auf der Ostseite des Sees, an kleinen Siedlungen vorbei, bis zu der Halbinsel an der Kootenay Bay. Die Verbindung über den See stellt eine Fähre her – die 35-minütige Überfahrt gilt als längste kostenlose Fährfahrt der Welt und ist wegen der Landschaft reizvoll. Auf der Westseite des Sees führt der Highway 31 über die heißen Quellen von Ainsworth und das an Geschichte so reiche Kaslo weiter nach Norden; der Highway 3A führt am Westarm entlang nach Nelson.

Der Westarm: Über die lokal nur „Big Orange Bridge" genannte Stahlfachwerkbrücke erreicht man von Nelson die Nordseite des Westarms. Eine gute halbe Stunde fährt man von dort zum Fährterminal in Balfour. An diesem Streckenabschnitt finden sich einige günstige, aber höchstens durchschnittliche Motels. Am Five Mile Beach bietet sich eine Bademöglichkeit mit Sandstrand. Noch schöner, aber meist auch voller ist der kurz darauf folgende Kokanee Creek Provincial Park. Am Harrop Point stellt eine kleine Kabelfähre die Verbindung zum Südufer her. Der kleine Ort Procter mit einer Bäckerei und einem General Store ist vor allem von Arbeitern der hier ansässigen Forstbetriebe bewohnt und lohnt keinen Abstecher.

Der Südarm: Die kurvige und steigungsreiche Straße verbindet den Fährhafen Kootenay Bay auf der Ostseite des Sees mit Creston. Für die 80 km sollte man mindestens 80 Min. Fahrzeit einplanen.

Wandern kann man schön an der Pilot Bay. Setzt man mit der Fähre nach Balfour über, sieht man den historischen Leuchtturm von Pilot Bay bereits von der Fähre aus. Vom Anleger nimmt man die erste Straße nach rechts, die Pilot Bay Road. Nach 3,8 km erreicht man den Pilot Bay Provincial Park. Eine schöne, einfache Wanderung führt zur Halbinsel Sawmill Point (1,4 km, Backcountry Camping) und weiter zu Boomer's Landing (3 km einfach). Fährt man am Provincial Park vorbei, gelangt man nach weiteren 1,2 km zu einem weiteren Parkplatz. Von hier führt ein kurzer Weg (hin/zurück 600 m, 30 Höhenmeter) zum Leuchtturm mit schönen Ausblicken.

Riondel, das beschauliche Dorf nördlich der Fähre, ist heute vor allem Alterswohnsitz vieler ehemaliger Minenarbeiter. Wer vor der Fährüberfahrt noch Zeit hat, macht hier einen Abstecher zum „Circle of Friends" (Mai/Juni und Sept. Sa/So 10–16 Uhr, Juli/Aug. tägl.) – Geschäft für Kunsthandwerk und Coffee Shop in einem. In Crawford Bay finden sich Campgrounds, B&B, Chalets und ein Motel sowie ein Restaurant, ein Café und ein Supermarkt. Vier Kunsthandwerker haben sich zusammengeschlossen und verkaufen Ungewöhnliches: handgefertigte Besen, gewebte Schals, Geschmiedetes aus Kupfer und Glaskunst sowie einzigartige Töpferwaren.

In **Gray Creek,** ein paar Kilometer hinter Crawford Bay, liegt einer der ältesten durchgehend betriebenen Läden der Kootenay-Region: Im 1913 eröffneten **Gray Creek General Store,** direkt am Highway, kann man Obst und Öfen, Brot und Bücher, Gummistiefel und Gemüse kaufen. Ein Blick hinein lohnt: Irgendetwas aus dem reichhaltigen Sortiment braucht man immer ...

Der Nordarm: Die 37 km von der Fähre in Balfour nach Kaslo lassen sich in einer halben Stunde bewältigen, die Straße ist gut. Oft bieten sich schöne Blicke über den See.

Schon die Ktunaxa First Nation kannte die Quellen des heutigen **Ainsworth Hot Springs Resort** und nannte sie „Nupika wu'u" – heiliges Wasser. Sie managen heute die Heilquelle (Eintritt 12,50 $) und das dazugehörige Resort. Neben einem Außenpool (35° C) gibt es eine einzigartige Wasserhöhle mit drei Gängen (42° C). Rund um die Quellen entstand ein Resort mit zahlreichen Übernachtungsmöglichkeiten (s. u.). Dennoch hält sich der Andrang meist in Grenzen.

Die oberhalb der Hot Springs gelegenen **Selkirk Mountains** sind durch unterirdisch verlaufende Gletscherwasserströme zerlöchert wie ein Schweizer Käse. Die zweistündige Familientour in Kanadas erstem unterirdischem Provinz Park ist noch halbwegs harmlos – ansonsten wird hier wird gerutscht, geklettert, gekrochen, gerobbt: Die Abenteuertouren erfordern vollen Einsatz! Anbieter s. u.

Praktische Infos

Information Die lokalen Visitor Centres in Nelson, Creston und Kaslo sind die besten Info-Quellen, siehe jeweils dort. Zudem informiert die Handelskammer unter www.kootenaylake.bc.ca. Auf der Fähre erhält man Broschüren für das jeweils andere Ufer.

Hin und weg **Fähre:** Täglich Abfahrten der Kootenay Lake Ferry vom Westufer (Balfour) 6.30–21.40 Uhr, vom Ostufer (Kootenay Bay) 7.10–22.20 Uhr, etwa alle 90 Min. Ende Juni bis Mitte Sept. verstärkt eine zweite Fähre den Fahrplan, ungefähr auf einen 45-Minuten-Takt. www.balfourcanada.ca/the-area/ferry-schedule.

Höhlentouren Touren in den Selkirk Mountains bei **Cody Cave Tours.** Mai bis Okt. täglich, nur mit Reservierung. Familientour 45 $, Explorer Tour (5 Std.) 120 $, Adventure Tour (7 Std.) 150 $. Die notwendige Ausrüstung – Schutzanzug und Helm – wird zur Verfügung gestellt. Kein Büro, nur ✆ (250) 359-2283, www.codycavetours.com.

Übernachten **Ainsworth Hot Springs Resort:** Direkt an den heißen Quellen, die im Preis eingeschlossen sind; Hotelgäste haben bereits um 8 Uhr Zutritt, zwei Stunden vor den Tagesbesuchern. DZ ab 159 $, mit Seeblick ab 179 $. 3609 Balfour-Kaslo-Galena Highway, ✆ (250) 229-4212, www.ainsworthhotsprings.com.

****** Kootenay Lakeview Spa Resort:** Das Resort mit nur 20 Zimmern ist für seine Spa-Anwendungen bekannt und wird auch bei Golfern geschätzt. DZ ab 139 $. 1285 Queens Bay Road (nördlich der Fähre in Balfour), ✆ (250) 229 4141, www.kootenaylakeviewresort.com.

The Mermaid Lodge & Motel: Die erst kürzlich renovierten Motelzimmer mit Küchenzeile sind etwas teurer als die „historical" Standardzimmer ohne. Nur 30 m zu den Hot Springs. DZ ohne/mit Kitchenette ab 98/118 $. 3622 North Street, Ainsworth Hot Springs, ✆ (250) 229-4969, www.themermaidlodge-motel.com.

Kokanee Chalets RV Park and Campground: Cabins und Hotelzimmer; bewaldeter Campingplatz für Zelte und Wohnmobile. Laden, Hot Tub, BBQ- und Grill-Stationen. Camping 24–41 $, Cabin für 6 Pers. ab 149 $, DZ ab 87 $. 15981 BC-3A, Crawford Bay, ✆ (250) 227-9292, www.kokaneechalets.com.

Kokanee Creek Provincial Park: Der große und gut ausgestattete **Campground** liegt direkt an einem Sandstrand am Westarm des Kootenay Lake, zwischen Nelson und Balfour. Strand, Duschen, Picknickbereich, Spielplatz, kurze Wanderwege. 171 Stellplätze 32–39 $. ✆ (250) 825-4212, www.kootenayswparks.com/parks/kokanee-creek.

Essen und Trinken **Cabin Restaurant:** Das Terrassen-Restaurant in schöner Lage am Fähranleger hat nach einem Pächterwechsel mächtig zugelegt: „Farm-to-table" ist die Maxime. Mi–Sa 11–21, So 10–21 Uhr. 16898 BC-3A, Kootenay Bay. ✆ (250) 777-2315, www.kootenaycabin.com.

Black Salt Café: Die beiden Profi-Köche servieren abends Speisen im Tapas-Stil: Ein Kleingericht nach dem anderen kommt frisch aus der Küche; sehr entspannt. Di–So 10–21 Uhr.

British Columbia | Landesinnere → Karte S. 236/237

18072 BC-3A, Crawford Bay, ✆ (250) 227-9596, www.blacksaltcafe.net.

Rund um Balfour Ferry: **Lang's Marina and Snack Bar** (tägl. 8–19 Uhr) direkt am Anleger bietet alles, was man braucht: Sandwiches, aber auch warme Speisen, dazu Getränke. Etwas oberhalb liegt die **Old World Bakery & Deli;** hier bekommt man den besten Kaffee am Anleger und dazu leckere Zimtschnecken.

Kaslo

Eine historische Innenstadt, ein alter Schaufelraddampfer sowie die Lage am See und in den Bergen zugleich machen Kaslo zu einem lohnenden Ziel. Ein Sägewerk führte 1889 zur Gründung der Stadt, die mit dem einige Jahre später folgenden Silberboom an Bedeutung gewann. Heute sind es vor allem der Dampfer „SS Moyie" und die alten Holzbauten, die den Charme des Städtchens ausmachen, darunter auch das Rathaus, eines von nur noch zwei hölzernen Verwaltungsgebäuden in ganz Kanada.

SS Moyie: Der älteste erhaltene Schaufelraddampfer der Welt befuhr den Kootenay Lake von 1898 bis 1957. Das 50 m lange Schiff liegt seit 1958 in Kaslo vor Anker. Eine Broschüre (auch auf Deutsch) leitet Besucher auf einem Rundgang durch das Schiff sowie durch weitere Ausstellungsbereiche an Land.

■ Ende Mai bis Anfang Okt. tägl. 10–18 Uhr (letzter Einlass 17 Uhr). Eintritt 12 $. 324 Front Street, ✆ (250) 353-2525, www.klhs.bc.ca.

Japanese Canadian Museum: Ein paar hundert Meter weiter steht das prächtige Langham Building. Es dient Kaslo als Kultur- und Ausstellungszentrum und beherbergt das Japanese Canadian Museum, das sich den Schicksalen der 1100 Kanadier mit japanischen Wurzeln widmet, die nach dem Angriff auf Pearl Harbor in Kaslo zwangsinterniert wurden.

■ Di–So 10–16 Uhr. Eintritt frei, Spenden erbeten. A Avenue/5th Street. ✆ (250) 353-2661, www.langham.ca.

Kootenay Star Museum: Das Museum hält die Erinnerung an die Bergbaugeschichte der Region wach – Hunderte von privat zusammengetragenen Ausstellungsstücken. Ungewöhnlich ist der Ausstellungsort: Das „Museum" befindet sich im Keller von Teresa's Café ...

■ Im Sommer tägl. 7–17 Uhr. Eintritt frei, Spenden (oder Verzehr im Café) erbeten. 402 Front Street. ✆ (250) 353-2115.

Praktische Infos

Information Das Team der **SS Moyie** übernimmt auch die Aufgaben des Visitor Centres; Infos auch unter www.visitkaslo.com.

Kajak/Kanu/SUP Das **Kaslo Kayaking & Adventure Centre** vermietet das nötige Material: SUP/Kajak/Kanu ab 45 $/halber Tag. Kajaktouren auf dem See, schön ist die 2-stündige Sunset Tour: Sunset/halber Tag/ganzer Tag 69 $, 149 $, 209 $. 315 A Avenue, ✆ (250) 353-1925, www.kaslokayaking.com.

Mountainbiking **Kaslo Bike Tours** vermietet Räder, auch E-Bikes für 40–65 $/Tag und organisiert individuelle Touren mit unterschiedlichen Schwierigkeitsgraden, ab 99 $ inkl. Shuttlebus, wo erforderlich. Kein Büro, nur ✆ (250) 353-8097, www.kaslobiketours.com.

Übernachten **Kaslo Hotel:** Historisches Ambiente und moderner Luxus vereinen sich in dem 2009 komplett umgebauten Hotel von 1898. DZ ab 120 $, mit Seeblick ab 170 $. 430 Front Street, ✆ (250) 353-7714, www.kaslohotel.com.

mein Tipp **Beach Gables:** Der mit Liebe zum Detail renovierte Altbau bietet 3 in unterschiedlichen Stilen eingerichtete Zimmer mit Seeblick. DZ ab 115 $. Im Sommer an Wochenenden Mindestaufenthalt 2 Nächte. 243 Front Street, ✆ (250) 353-2111, www.beachgables.ca.

Kaslo Motel: Gut und günstig. Das gepflegte Motel liegt nur drei Minuten zu Fuß von der Main Street. 17 Zimmer, davon 5 als Einzel-Cabins in älteren Gebäuden sowie acht moderne Motelzimmer. DZ ab 62 $. 330 D Avenue, ✆ (250) 353-2431, www.kaslomotel.ca.

Essen und Trinken Für eine kleine Stadt bietet Kaslo eine große Auswahl – bis 20 Uhr, dann ist alles dicht.

The Treehouse Restaurant: Nicht in einem Baumhaus, sondern in einem Gebäude von

Museumsschiff „SS Moyie" am Kootenay Lake

1894. Die beiden älteren Damen bieten eine riesige Auswahl, morgens wie mittags. Tägl. 6.30–15, Fr bis 19 Uhr. 419 Front Street, ✆ (250) 353-2955, www.kaslotreehouse.com.

Taqueria el Corazon: Beste mexikanische Küche direkt am See, übersichtliches Menü: nur Nachos, Tacos und Tortillas, die man sich einzeln zusammenstellt; pro Stück 4–7 $. Do/Fr 15–20, Sa/So 12–20 Uhr. 344 Front Street, ✆ (250) 353-3440, www.taqueriaelcorazon.com.

Bluebelle Bistro & Beanery: Das Café mit Schwerpunkt auf lokaler Bio-Küche bietet eine heimelige Atmosphäre. Tägl. 9–20 Uhr. 347 Front Street. ✆ (250) 353-7361, www.bluebellebistro.com.

Von Kaslo nach Nakusp

Der Highway 31A verlässt Kaslo nach Westen und steigt durch waldreiches Gebiet stetig an, zum Teil mit schönen Blicken nach Süden, zum Kokanee Glacier Park. Vorbei an den malerischen Seen Bear Lake und Fish Lake erreicht man nach 37 km den Abzweig nach **Sandon.** Die fast verlassene Minenstadt, in der einst zehntausend Menschen lebten, gilt als eine der wenigen authentischen Geisterstädte in der Provinz und ist das Herz der als **Valley of the Ghosts** bekannten Region. Ihre Besonderheit: Die Hauptstraße war ein Bachbett, über das man Holzplanken legte. Mehrfach musste man die Straße nach Fluten wieder aufbauen, doch 1955 riss eine Überschwemmung fast alle Balken mit sich und türmte sie in wilden Haufen in der Main Street übereinander – wo sie noch heute liegen, denn nach dieser Katastrophe wurde die Stadt fast vollständig aufgegeben.

Heute stößt der Besucher in Sandon auf so skurrile Einrichtungen wie das Powerhouse – das älteste noch in Betrieb befindliche Wasserkraftwerk der Region – oder die Brill Bus Collection, Kanadas größte Sammlung an Oberleitungsbussen der Firma Brill. Eindrucksvoll ist auch die als Denkmal aufgestellte Dampflok Nr.6947: Die 120 Tonnen schwere Lok war von den 1920er-Jahren bis nach dem Zweiten Weltkrieg im Einsatz.

Powerhouse und Brill Bus Collection: Ende Mai bis Anfang Okt. tägl. 10–17 Uhr. Eintritt frei, Spenden erbeten. Weitere Informationen über Sandon unter www.sandonbc.ca.

Im Gebirge zwischen Kaslo und Silverton

Zurück auf dem Highway 31A geht es hinab nach New Denver – selbst nicht mehr weit vom Status einer Ghost Town entfernt. Erst entlang des Slocan Lake, dann wieder ansteigend, führt die Route zum Summit Lake mit den Liftanlagen eines Skigebiets. Direkt danach findet sich am Summit Lake Provincial Park eine Rastmöglichkeit. Kurz vor Nakusp kommt dann wieder Farmland ins Bild.

Nakusp

Wer Nelson und Kaslo gesehen hat, wird von Nakusp (das die Einheimischen auf der zweiten Silbe betonen, Nä-kásp) enttäuscht sein. Die Stadt hatte, touristisch gesehen, schlichtweg Pech: Dort, wo heute der massive Betonwall am Seeufer verläuft, erstreckte sich früher die Downtown noch weit in den heutigen Arrow Lake hinein. Als dieser 1968 aufgestaut wurde, musste sich die Stadt höher auf das Ufer zurückziehen. Historische Gebäude, Uferpassagen und Strände wurden geflutet. Wer weiterfährt, verpasst nichts.

Nakusp Hot Springs: Die heißen Quellen sind die Hauptattraktion von Nakusp – genauer gesagt: Nakusp wirbt mit ihnen, denn das Thermalbad liegt weit außerhalb in den Bergen. Gerade das macht es aber attraktiv für Menschen, die Ruhe und Entspannung suchen: Hier, am Ende des Kuskanax Valley, kommt niemand zufällig vorbei. So gibt es für Übernachtungswillige Chalets und einen Campground. Das Thermalbad selbst besteht nur aus einem großen Außenbecken, das 2015 mit einem neuen Kassen- und Umkleidegebäude ergänzt wurde, das auch ein Café beherbergt.

▪ Tägl. 9.30–21.30 Uhr. Eintritt 11 $, Tagespass 17 $. 8500 Hot Springs Road, ☏ (250) 265-4528, www.nakusphotsprings.com.

Von Nakusp nach Revelstoke

Ohne große Höhepunkte führt der Highway 23 von Nakusp ins gut 100 km entfernte Revelstoke am Trans-Canada Highway. Kurz nach

Nakusp liegt ein weiteres Thermalbad an der Straße, **Halcyon Hot Springs** (tägl. 8–22 Uhr). Auch dieses bietet Unterkunft, ist aber deutlich teurer als z. B. Ainsworth oder Nakusp, ohne sich sonst groß zu unterscheiden. Auf etwa halber Strecke zwischen Nakusp und Revelstoke verkehrt die kostenfreie **Upper Arrow Lake Ferry** von Galena Bay auf der Ostseite des Sees nach Shelter Bay an der Westküste. Auf halber Strecke zwischen der Fähre und Revelstoke liegt der **Blanket Creek Provincial Park** auf dem Gelände einer aufgelassenen Farm: Die ehemalige Viehtränke ist jetzt ein vor allem bei Familien geschätzter, flacher Badetümpel. Zudem gibt es hier, 15 Minuten südlich von Revelstoke, 104 Stellplätze für Camper (Revelstoke → S. 287).

▪ **Upper Arrow Ferry Lake** im Stundentakt von Galena nach Shelter Bay 5.30–0.30 Uhr, in umgekehrte Richtung 5–24 Uhr. Kostenlos.

Cariboo-Chilcotin-Region

Goldgräber-Romantik in den Ghost Towns der Cariboo Mountains, Cowboy-Glück auf dem Rücken der Pferde in den Guest Ranches des Chilcotins und schließlich Bären und Fjorde in den Coast Mountains: Die dünn besiedelte, weitläufige Region hat Urlaubern auf Entdeckungsreise vor allem Natur und Geschichte zu bieten.

Der Highway 97 von Cache Creek im Süden nach Prince George im Norden erschließt auf seinen 440 km nur zwei wichtige Städte, Fort William und Quesnel. Das Gebiet entlang und östlich dieses Korridors wird als „Cariboo" bezeichnet. Die namensgebenden Cariboo Mountains ziehen sich vom Wells Gray Provincial Park im Süden bis zum bei Kanuten beliebten Bowron Lakes Park im Norden. Im Cariboo trifft der Reisende auf alte Bergbaustädtchen aus den Zeiten des Goldrausches wie Barkerville, Likely und Horsefly.

Der Highway 20 – die einzige Straße, die Cariboo mit der Küste verbindet – nimmt seinen Ausgang in Williams Lake und überquert ein nur leicht hügeliges Hochplateau mit viel Landwirtschaft, „Chilcotin" genannt. Hier trifft man auf zahlreiche Guest Ranches, die meist neben Ausritten auch Kanus für eine Paddeltour über den lokalen See oder andere Aktivitäten anbieten – kleine Paradiese, in denen man gerne mal ein paar Tage zur Ruhe kommt.

In seinem weiteren Verlauf erreicht der Highway 20 den großartigen, touristisch kaum erschlossenen Tweedsmuir Provincial Park, um dann vom 1524 m hohen Heckman Pass in den Coast Mountains über eine teils wagemutig in die Felswand geschlagene Schotterpiste im Bella Coola River Valley fast schon wieder Meereshöhe zu erreichen – 450 km westlich von Williams Lake. Hagensborg und Bella Coola, die beiden Gemeinden „at the end of the road", bieten Naturerlebnisse zu Lande und zu Wasser – und eine Fährverbindung nach Port Hardy auf Vancouver Island, die seit 2019 endlich wieder einen sinnvollen Fahrplan und ausreichend Kapazität aufweist.

Die Berge im Osten sind waldreich, während das Chilcotin-Plateau zu weiten Teilen landwirtschaftlich genutzt wird. Im Westen, an der Küste, geht der eher spärliche Nadelwald des Hochplateaus am Heckman Pass schnell in die bekannten Baumriesen des gemäßigten Regenwaldes über. Sommerliche Höchsttemperaturen von über 20 Grad

British Columbia | Landesinnere → Karte S. 236/237

Harper Lake am Highway 20 zwischen Williams Lake und Bella Coola

sind in allen drei Teilregionen üblich. Die Coast-Region ist zwar regenreich, doch die Lage weit hinten im langgezogenen Meeresarm schützt Bella Coola vor allzu intensiven Niederschlägen. Ein Urlaub in der Region Cariboo Chilcotin Coast kann also wunderschön sein, wenn man sich auf die großen Distanzen und weiten Horizonte einlässt.

Geschichte: Schon lange vor Ankunft der Europäer handelten die Küsten- mit den Inlandstämmen: Lachs und das Öl des Kerzenfisches Eulachon gelangten von der Küste ins Landesinnere, Obsidian und Felle nahmen die andere Richtung. Die Besiedlung durch Weiße erfolgte dann in drei Wellen: Den Goldsuchern folgten die Eisenbahn und die Viehzüchter. 1856 wurde am Fraser River Gold entdeckt, das löste den Cariboo-Goldrausch aus. Drei Jahre später fand Billy Barker Gold am Stouts Gulch im heutigen Barkerville. Die innerhalb von zwei Jahren erbaute 650 km lange Cariboo Wagon Road von Hope nach Barkerville galt damals als achtes Weltwunder. Heute folgen die Highways 1 (bis Lytton) und 97 (von dort bis Quesnel) weitgehend der alten Route. Ab den 1880er-Jahren wurden viele Goldsucher von Großunternehmen verdrängt, die die Claims maschinell ausbeuteten. Mancher nun arbeitslose Goldsucher erkannte das Potential der Region und sattelte um – zum Vieh- und Pferdezüchter. Die ersten Viehherden wurden schon 1859 von Oregon aus nach Norden getrieben, schließlich mussten die Goldsucher versorgt werden. Doch erst als die Pacific Great Eastern Railway von Vancouver aus das Cariboo Country erreichte (1919 bis Williams Lake, 1921 bis Quesnel), lohnte die Viehzucht auch wirtschaftlich, da man für den Abtransport der Tiere nach Süden nun die Bahn nutzen konnte. 1952 wurde die Linie bis Prince George und 1971 schließlich bis Fort Nelson verlängert. Die landschaftlich äußerst reizvolle Strecke wird derzeit nur vom Luxuszug „Rocky Mountaineer“ befahren. In der Zeit nach dem Zweiten Weltkrieg bis heute haben sich weder die Wirtschaftsschwerpunkte noch die Städte groß verändert. Nur die Straßen sind besser geworden …

Praktische Infos

Information Visitor Centres gibt es entlang des Highway 97 in 100 Mile House, Williams Lake und Quesnel, in Wells (kurz vor Barkerville) sowie am Ende des Highway 20, in Bella Coola.

Hin und weg **Flugzeug:** Pacific Coastal Airlines verbindet Vancouver mehrmals wöchentlich mit Williams Lake, Anahim Lake, Bella Coola, Bella Bella, Klemtu und Ocean Falls, teils mit Umsteigen. ✆ (604) 273-8666, www.pacificcoastal.com. Central Mountain Air fliegt von Vancouver nach Quesnel und Williams Lake. ✆ (888) 865-8585, www.flycma.com.

Über **Fernbusverbindungen** gab es bei Redaktionsschluss (April 2019) noch keine verlässlichen Angaben, nachdem der bisherige Betreiber Greyhound Bus seine Linien in Westkanada Ende 2018 eingestellt hatte (→ S. 698).

Cariboo-Region

Verschlafene Kleinstädtchen wie Clinton und Wells, Goldrausch-Idylle in Barkerville und die schöne Natur der Bowron Lakes stehen auf der Habenseite der Cariboo-Region. Sie ist im Westen vom Übergang zu der rollenden Hügellandschaft des Chilcotin geprägt, im Osten von den bis zu 3500 Meter hohen Gipfeln der Cariboo Range.

Ein negativer Aspekt des Cariboo muss aber auch genannt werden: Die Landschaft entlang des Highway 97 ist oft eintönig und man sieht viel Kahlschlag, vor allem rund um Quesnel.

Der Highway 97, auch Cariboo Highway genannt, zweigt in Cache Creek vom Trans-Canada Highway ab und führt auf 450 km Länge über 100 Mile House, Williams Lake und Quesnel nach Prince George. Er ist die einzige Nord-Süd-Verbindung in der Cariboo-Chilcotin-Coast-Region. Bis 2021 soll der Cariboo Highway durchgehend vierspurig ausgebaut werden – mit Bauarbeiten ist im Sommer also stets zu rechnen.

Von Cache Creek nach Williams Lake

Die gesamte Region wurde 2017 Opfer wochenlanger Waldbrände, die es bis in die Hauptsendezeit der deutschen Nachrichten schafften. Cache Creek und Williams Lake waren zeitweise komplett evakuiert. Dennoch gibt es für Reisende keinen Grund, die Region zu meiden: Insgesamt war trotz der verheerenden Feuer nur 0,5 % des Baumbestandes der Provinz betroffen. An der einen oder anderen Stelle kann man erkennen, wie die Brände gewütet haben, doch ist es keinesfalls so, dass man nur durch schwarz verkohlte Landschaft fährt.

Gut 30 Minuten sind es von Cache Creek nach **Clinton.** Unübersehbar ist das Clinton Emporium (Mai bis Okt. Mo–Sa 9–18, So 10–17 Uhr), ein riesiger Antiquitätenladen mit Flohmarkt.

Im weiteren Verlauf führt der Highway durch eine halbtrockene Wald- und Heidelandschaft zum nächsten Weiler, **70 Mile House.** Die Bezeichnung (wie auch die der weiteren Orte mit Meilenangaben) ist auf die Old Cariboo Road zurückzuführen, die in Lillooet ihren Ausgangspunkt hatte. Etwa alle zehn Meilen wurden Postkutschen-Stationen angelegt. Heute besteht 70 Mile House aus kaum mehr als einem General Store, einer Tankstelle und einigen Motels. Nicht viel anders sieht es in **93 Mile House** aus, wo der Highway 24 nach Osten abzweigt. Dieser erschließt die Seelandschaft rund um Bridge Lake, bevor er auf den Highway 5 trifft.

100 Mile House mit seinen 2000 Einwohnern ist das regionale Versorgungszentrum mit Supermärkten, Restaurants und Hotels. Die Gegend ist zunehmend bei Sportfischern und Quad-Fahrern beliebt. Wer sich hier die Beine vertreten will: Gegenüber vom Visitor Centre geht es durch die 4th Street zum netten Centennial Park. Ein zehnminütiger Spaziergang führt zu den kleinen Bridge Creek Falls.

Acht Meilen (13 Kilometer) nördlich der Stadt liegt die **108 Mile House Heritage Site** – der schönste Rastplatz am Cariboo Highway. Die 13 historischen Gebäude des ehemaligen Roadhouse am 108 Mile Lake können besichtigt werden. Der Shop verkauft Snacks, Getränke und Kunst; nebenan lädt ein kleines Restaurant zu Tisch.

British Columbia | Landesinnere → Karte S. 236/237

Durch zunehmend trockenere Landschaft führt der Highway weiter nach **Lac La Hache** mit dem gleichnamigen Provinzpark. Dieser besteht praktisch nur aus einem großen Campingplatz mit 80 Stellplätzen und einer „Day Use Area", die oft von Sportfischern genutzt wird. In der Region finden sich zahlreiche Guest Ranches, darunter die bekannte Ten-ee-ah Lodge.

Kurz hinter dem kleinen Ort **150 Mile House** – 15 Minuten vor Williams Lake – zweigt die Likely Road nach Osten ab, die sich nach etwa 2 km gabelt: Rechts geht es nach Horsefly, links nach Likely, der Gold Rush Town, und Quesnel Forks, einer Ghost Town.

Horsefly trägt seinen Namen – „Pferdebremse" – nicht zu Unrecht, denn im Sommer scheinen die Biester überall zu sein. Touristen verirren sich selten hierher, meist sind es Jäger und Angler, die an einem der vielen Seen ihre Zelte aufschlagen. **Likely** ist eine der wenigen originalen Goldrausch-Städte im Cariboo, doch von beschränktem Reiz: Der industrielle Tagebau hat die umgebenden Flächen in eine Mondlandschaft verwandelt. Hauptziel für Tagesbesucher ist daher die kleine Ghost Town in **Quesnel Forks,** die allerdings nur aus halb oder ganz verfallenen Holz-Cabins besteht. Hier findet man auch einen Campground, weitere Unterkünfte gibt es in Likely.

Praktische Infos

Information Das **South Cariboo Visitor Centre** in 100 Mile House ist nicht zu übersehen: Vor dem Gebäude steht ein 12 m hohes Paar Langlaufski. Tägl. 8.30–16.30 Uhr. 155 Wrangler Way, ✆ (250) 395-5353, www.southcaribootourism.ca.

Übernachten **Ten-ee-ah Lodge,** 30 Min. nördlich von Lac La Hache: Das einzige Anwesen am Spout Lake ist eher ein Resort als eine Ranch. Hier ist „aktives Erholen" das Motto: Reiten, Kanufahren, Wandern, Fischen und Rundflüge. Restaurant, Bar. HP ab 205 $/Person, Camping ab 95 $/Pers., jeweils inkl. Kanu. Lac La Hache, ✆ (250) 434-9745, www.ten-ee-ah.bc.ca.

MeinTipp **Round-Up,** in Clinton: Motel, sehr freundliches Personal, Welcome-Drink, gepflegte Zimmer, gute Preise. DZ ab 69 $. 1214 Kelly Lake Road, Clinton, ✆ (250) 459-2226, www.round-up-motel.com.

Frisches Obst aus lokalem Anbau am Highway 97

Imperial, in 100 Mile House: Im Ort übernachten vor allem Durchreisende, die meisten Häuser sind nachlässig geführt. Eine noch akzeptable Ausnahme ist dieses klassische Motel. DZ ab 69 $. 240 Cariboo Highway, 100 Mile House, ✆ (250) 395-2471, www.imperialmotel.sfobc.com.

Essen und Trinken **Old School's Bar and Grill,** in Clinton: „Old School" bezieht sich auf höfliche Motorradfahrer alter Schule, aber auch Nicht-Biker sind herzlich willkommen zu Frühstück, Burgern und Sandwiches. Tägl. 7–24 Uhr. 1619 Cariboo Highway, Clinton, ✆ (250) 459-2346, www.oldschoolsbarandgrill.com.

MeinTipp **The Firehouse Diner,** in 100 Mile House: Klassische gegrillte Burger, Sandwiches, Fish & Chips, Pasta, Schnitzel. Tipp: Evil Elk Burger. Di–Sa 11–20 Uhr. 231 Birch Avenue South, 100 Mile House, ✆ (778) 482-5511, www.firehousediner.ca.

Williams Lake

Nach dem First-Nation-Häuptling Will-Yum benannt und am gleichnamigen See gelegen, gilt die Stadt als Hauptstadt der Forstwirtschaft in British Columbia und ist zudem für die „Williams Lake Stampede" bekannt, eines der größten Rodeos im Westen, das jährlich am Wochenende um den Canada Day (1. Juli) stattfindet – dann ist in weitem Umkreis ohne Reservierung kein Bett mehr zu bekommen.

Die Stadt mit gut 10.000 Einwohnern ist vor allem ein regionales Versorgungszentrum und ein Verkehrsknoten, doch versucht man, sich verstärkt auch dem Tourismus zuzuwenden. Zehn Autostunden nördlich von Vancouver ist Williams Lake ein logischer Ort für Übernachtungen auf dem Weg nach Alaska; doch sonst gibt es kaum einen Grund, hier zu stoppen.

Museum of The Cariboo Chilcotin: Das einst in der Stadt gelegene Museum, das vor allem die Geschichte der Ranches und Rodeos erzählt, zog Ende 2017 um und liegt nun verkehrsgünstiger östlich des Zentrums. Auf der größeren Fläche findet sich neben der Cowboy Hall of Fame auch wieder die Stadtgeschichte – inklusive der erschreckenden Zahnarztpraxis aus den 1930er-Jahren …

■ Mitte Juni bis Aug. Mo–Sa 9–16 Uhr, Sept. bis Mitte Juni Di–Sa 11–16 Uhr. Eintritt 5 $. 1660 Broadway Avenue South, ✆ (250) 392-7404, www.cowboy-museum.com.

Scout Island besteht aus zwei Inseln, die mit einem kleinen Damm am Westende des Williams Lake mit dem Festland verbunden sind. Das Naturschutzgebiet ist Lebensraum für eine Vielzahl von Vogelarten, über die man im Sommer im Informationszentrum des Nature House mehr erfährt. 2,5 km Wanderwege bieten Entspannung – aber dem konstanten Lärm der Logging Trucks, die den Straßenverkehr der Stadt prägen, kann man auch hier nicht entgehen.

■ Nature House Juni bis Aug. tägl. 11–16 Uhr, Sept./Okt. Sa/So 11–16 Uhr. 1305A Borland Road, ✆ (250) 398-8532, www.scoutislandnaturecentre.ca.

Wandern/Fahrradfahren: Wer dem Straßenverkehr den Rücken kehren möchte, begibt sich am besten auf den 11 km langen River Valley Trail. Der Trail für Wanderer, Radfahrer und Reiter verbindet die Stadt mit dem einige Kilometer westlich verlaufenden Fraser River, der sich hier tief in das Plateau eingeschnitten hat. Detaillierte Infos zum Trail erhält man bei Tourism Williams Lake (s. u.).

Praktische Infos

Information **Tourism Williams Lake:** Tägl. 9–18 Uhr. 1660 South Broadway. ✆ (250) 392-5025, www.tourismwilliamslake.com.

Übernachten Keine der Unterkünfte vermag zu begeistern. Die Ketten Best Western, Coast und Ramada bieten verlässlichen Durchschnitt, von den Motels ist nur eines eine Erwähnung wert.

Best Western: 2012 eröffnet, Mikrowelle, Kühlschrank. DZ inkl. Frühstück ab 124 $. 1850 Broadway Avenue South. ✆ (778) 412-9000, www.bestwestern.com.

British Columbia | Landesinnere → Karte S. 236/237

Brücke über den Fraser River am Highway 20 bei Williams Lake

Valleyview: Das Motel bietet Mikrowelle und Kühlschrank in jedem Zimmer. Sauber, freundlicher Service. DZ mit Seeblick ab 69 $. 1523 Highway 97 South, ✆ (250) 392-4655.

Essen und Trinken **Mr Mike's Steakhouse:** Nur die Steakhouse-Kette bietet abends eine gute Auswahl und akzeptable Öffnungszeiten. Mo–Mi 11–23, Do–Sa 11–24, So 11–22 Uhr. 299 Oliver Street, ✆ (778) 412-9800, www.mrmikes.ca.

New World Café: Große Frühstücks- und Lunchauswahl, auch glutenfrei, vegetarisch. Zum Lunch auch Pasta, Quiche, Hühnchen. Mo–Fr 8–17, Sa 9.30–17 Uhr. 72 Oliver Street, ✆ (778) 412-5282, www.newworldcoffee.ca.

Quesnel

Über den Cariboo Highway am Ostufer des Fraser River ist man von Williams Lake in 80 Minuten in Quesnel. Gemütlicher ist die Fahrt auf dem alten Highway am Westufer, der West Fraser Road. Lohnende Stopps gibt es aber so oder so nicht.

Quesnel, das Zentrum des Cariboo-Goldrausches von 1859 bis 1865, entwickelte sich später durch seine Lage an der Cariboo Wagon Road und am Fraser River zu einem Verkehrsknoten. Von 1862 bis 1921 befuhren Schaufelraddampfer den Fluss bis Quesnel; dann erreichte die Eisenbahn die Stadt. Das Billy Barker Casino ist baulich einem der klassischen „Sternwheeler" nachempfunden und erinnert so an die Geschichte der Flussschifffahrt.

Touristisch lohnt die Stadt mit 10.000 Einwohnern keinen längeren Aufenthalt; aber wer hier ohnehin übernachten oder speisen möchte, sollte einen kurzen Abstecher zur **Fraser River Footbridge** machen. Die 1928 erbaute Brücke über den Fraser River löste die Fähre von 1911 ab und musste ihrerseits den Verkehr 1971 an die neue Moffat Bridge abgeben. Heute ist die längste holzgedeckte Fußgängerbrücke der Welt Teil des River Trail Systems, eines Wegenetzes an den Flussufern.

Das **Quesnel & District Museum** setzt Schwerpunkte bei den First Nations, die Ausstellung „Footprints in Stone" stellt einzelne Lebensgeschichten dar. Seltene Artefakte der chinesischen Kulis aus der Goldgräberzeit sind ebenso zu finden wie Szenen des Pionierlebens. Auf dem Rückweg kann man im schönen Park neben dem Visitor Centre picknicken.

Am nördlichen Stadtausgang dominiert die Forstindustrie mit großen Fabriken. Biegt man rechts in den Hilltop Drive ab, erreicht man einen gut 15 m hohen Beobachtungsturm, von dem aus man einen Überblick über die holzverarbeitende Industrie hat. Ein paar Hundert Meter weiter steht an der Abzweigung nach Barkerville die zweitgrößte Goldwaschpfanne der Welt – Nome in Alaska macht Quesnel den Titel für dieses Fotomotiv streitig.

Praktische Infos

Information **Quesnel Visitor Centre:** Tägl. 9–18 Uhr. 703 Carson Avenue, ✆ (250) 992-8716, www.tourismquesnel.com.

Übernachten ****** Billy Barker Casino Hotel:** Spielcasino und Hotel in einem, dazu zentral gelegen. Café und Lounge. 36 Zimmer, 4 Suiten. DZ ab 104 $. 308 McLean Street, ✆ (250) 992-5533, www.billybarkercasino.com.

The Willow Inn: Das saubere Motel am nördlichen Rand der Downtown bietet Zimmer unterschiedlicher Größe und Ausstattung. DZ ab 57 $, mit Kitchenette ab 79 $. 856 Front Street, ✆ (250) 992-8888, www.willowinnmotel.yolasite.com.

Essen und Trinken **Occidental:** Das Restaurant mit Musikclub bietet kanadische und internationale Küche – Steak Sandwich, Thailändisch-Kurzgebratenes, Fajitas. Mo–Do 11–22, Fr/Sa 11–2 Uhr. 228 Front Street, ✆ (250) 992-5814, www.occidentalquesnel.com.

Bliss – The ultimate Grill: Neben dem üblichen Burger-Sandwich-Einerlei gibt es hier auch Pizza und indische Küche. Frühstück, Lunch und Dinner. Mo–Fr 9–19, Sa 10–19 Uhr. 462 Anderson Drive, ✆ (250) 992-7066, www.blissquesnel.com.

Barkerville und Umgebung

Im Jahr 1862 stießen hart schuftende Männer im Bachbett in 16 m Tiefe auf Gold – auf sehr viel Gold. Bis heute wurde nirgendwo in der Welt mehr des Edelmetalls aus einem Flussbett gewonnen als in Barkerville, dem Hauptort des Cariboo-Goldrausches. Heute ist Barkerville eher ein Themenpark als eine historische Stadt: Die wieder aufgebauten Gebäude bieten Unterkunft und Verpflegung; zwei Dutzend *interpreter* schlüpfen in historische Rollen und Kostüme, und es gibt täglich ein umfangreiches Veranstaltungsprogramm.

Der Ort liegt rund 80 km östlich von Quesnel am Ende des gutbefahrbaren Highway 26. Auf dem Weg dorthin kommt man am historischen **Cottonwood Roadhouse** von 1864 vorbei. Bis 1951 wurde es ununterbrochen von der Familie Boyd betrieben – heute sind Haupthaus und die umliegenden Farmgebäude im Besitz der Provinz und können besichtigt werden.

Cottonwood Roadhouse

Wells: Im ehemaligen Minenstädtchen kurz vor Barkerville finden sich Restaurants und Unterkünfte. Im historischen Ortsteil aus den 1930er-Jahren (Upper Wells) lohnt ein Bummel durch die Straße mit den bunten Holzhäusern und dem alten Kino.

Barkerville: 125 Gebäude, darunter ein Theater (heute mit Live-Programm) wurden restauriert. In der Bäckerei und Süßwarenhandlung kann man Kleinigkeiten kaufen, in einem Saloon und zwei Restaurants auch Mahlzeiten genießen. Nötig ist das, denn das Programm mit über 30 Vorführungen, Erzählungen und anderem füllt den Tag schnell aus. Umfangreiche Infos, auch in Deutsch, helfen, den Überblick zu bewahren und den Tag (oder zwei Tage) sinnvoll zu gestalten. Wer noch nicht genug gelaufen ist: Zwischen Barkerville und Richfield ist ein 1,5 km langer Abschnitt der originalen Cariboo Wagon Road als Wanderweg erhalten.

▪ Mitte Mai bis Ende Sept. 8–20 Uhr. Eintritt 14,50 $, das Ticket gilt für 2 Tage. Packages mit allen Extras ab 39 $. ✆ (888) 994-3332, www.barkerville.ca.

Bowron Lake Provincial Park: Der schöne Provinzpark – 25 km von Wells und über eine Schotterstraße erreichbar – ist vor allem für seinen Canoe Circuit bekannt. Die sechs- bis zehntägige Rundtour über zahlreiche Seen und Flüsse mit einigen *portage* genannten Tragepassagen gilt als eine der zehn schönsten Paddelrouten der Welt. Doch auch ein- bis dreitägige Touren auf den westlichen Seen des Parks erschließen schon die Schönheit der Cariboo Mountains.

Am Bowron Lake selbst befinden sich ein General Store und verschiedene Unterkünfte. Das Visitor Centre in Wells und die Parkverwaltung informieren über Anbieter von Mietkanus und geführten Touren.

▪ Übernachtungen im Backcountry müssen zwingend reserviert werden, für den Sommer schon im Januar! www.env.gov.bc.ca/bcparks/explore/parkpgs/bowron_lk.

Praktische Infos

Information **Wells Visitor Centre and Museum:** Anfang Mai bis Anfang Sept. unregelmäßig geöffnet, mindestens aber Di–Sa 11–16 Uhr. Pooley Street, Wells, ✆ (250) 994-2323, www.wells.ca.

Historisches Barkerville

Übernachten Die Heritage Town (Barkerville) betreibt einen Campingplatz mit 152 Stellplätzen sowie ein Hotel und zwei B&B, die sich in alten Gebäuden in der Stadt selbst befinden – historischer geht es nicht!

St. George Hotel: 7 Zimmer, meist mit Etagendusche/WC. DZ ab 120 $. ✆ (250) 994-2345, www.stgeorgehotel.bc.ca.

Kelly & King House: B&B, zwei Häuser mit je 3 Zimmern. DZ ab 98 $. ✆ (250) 994-0004, www.kellyhouse.ca. **Camping:** 23–30 $. ✆ (250) 994-3332, www.barkerville.ca.

The Wells Hotel, in Wells: Das jüngst renovierte 1930er-Jahre-Hotel im Landhausstil verfügt über einen Pub, Kamin und Zimmer mit Holzböden. DZ ab 95 $. Uptown Wells, ✆ (250) 994-3427, www.wellshotel.com.

Cottonwood House Historic Site: Man kann hier in einfachen Holz-Cabins übernachten oder zelten. Jeweils Gemeinschaftsdusche/WC. Camping 15–25 $, Cabin 35 $. 4460 Barkerville Highway (26 km östlich von Quesnel). ✆ (250) 992-2071, www.cottonwoodhouse.ca

Essen und Trinken In Barkerville: Meist zwischen 9.30 und 17 Uhr haben der Saloon im **House Hotel,** das chinesische Restaurant **Lung Duck Tong** und das **Wake-Up Jake Restaurant** geöffnet. Passable Qualität, eher hohe Preise. www.barkerville.ca.

The Bear's Paw Café, in Wells: Das gemütliche Restaurant gilt als eines der besten im Norden von B.C. Im Sommer tägl. zu Lunch- und Dinnerzeiten geöffnet, oft Livemusik. 12415 Barkerville Highway, ✆ (250) 994-3538, www.thebearspaw.ca.

Von Quesnel in Richtung Prince George

Kurz hinter Quesnel durchquert der Highway 97 den Ten Mile Lake Provincial Park. Neben guten Bademöglichkeiten wird gerne der 2 km lange Nature Trail auf einer stillgelegten Bahntrasse zu einem Biberteich genutzt. 104 Stellplätze machen den Park zu einer guten Übernachtungsalternative zu Quesnel. Im weiteren Verlauf führt der Cariboo Highway durch Farmland und Wald sowie an Sägewerken und Zellstofffabriken vorbei. Nur selten ist der Fraser River vom am Ostufer verlaufenden Highway aus zu sehen. Nach etwa 90 Minuten Fahrt ist Prince George (→ Der Norden British Columbias, S. 351) erreicht, die größte Stadt in der Nordhälfte der Provinz.

Chilcotin-Region

Der Chilcotin ist das Land der Guest Ranches – nirgendwo sonst in British Columbia finden sich so viele Möglichkeiten, Reiterurlaub in einsamen Landschaften zu genießen, oft kombiniert mit Kanufahren, Mountainbiking oder anderen Aktivitäten in der Natur.

Nur eine Straße durchquert den Chilcotin, der Highway 20 von Williams Lake bis Bella Coola (→ S. 213), das lange nur auf dem Seeweg vom Pazifik aus erreichbar war. Während der östliche Teil des Chilcotin viel Viehzucht aufweist und demzufolge Wiesen und Weiden die Landschaft dominieren, ist die Region rund um Nimpo Lake und Anahim Lake durch die zum Teil seit Jahrzehnten bestehenden Guest Ranches geprägt.

Von Williams Lake in Richtung Bella Coola

Fast eine Tagesreise ist es von Williams Lake an die Küste. Es sind zwar nur 450 km, doch der **Chilcotin-Bella Coola Highway** ist teils in schlechten Zustand. Westlich von Anahim Lake bis ins „Valley" hinunter sind 60 km nach wie vor nur als Schotterpiste ausgeführt.

Wildpferde im Tweedsmuir Provincial Park am Highway 20

Von Williams Lake führt der Highway erst hinauf zu einem Bergrücken, dann steil hinunter ins Tal des Fraser River, der auf einer Brücke überquert wird. Am Westufer steigt die Straße erneut an und erreicht das Chilcotin-Plateau. Kurz vor Riske Creek zweigt südlich die Chilcotin South Forest Service Road ab, auf der man nach 22 km den **Farwell Canyon** mit seinen beeindruckenden Kalkstein-Formationen erreicht.

Im weiteren Verlauf des Chilcotin-Bella-Coola-Highways gibt es unterwegs das eine oder andere Fotomotiv an idyllischen Seen, aber keine Sehenswürdigkeiten zu entdecken. Abgesehen von den einsam gelegenen Guest Ranches gibt es nur einige wenige B&B an der Strecke.

In **Anahim Lake** mit seinen 82 Einwohnern, aber mit 1000 Menschen im Einzugsgebiet, gibt es einen Flugplatz und zwei Tankstellen, eine davon mit einem kleinen Laden. **Nimpo Lake** hat ebenfalls einen General Store.

Westlich davon liegt der **South Tweedsmuir Provincial Park.** Vom Parkplatz am Heckman Pass aus führen Rainbow Range Trail, Crystal Lake Trail und Octopus Lake Trail weit ins Hinterland des Parks zu Seen, Bergen und Backcountry Campgrounds. Um die eindrucksvollen **Hunlen Falls** zu sehen, muss man mit einem Allradfahrzeug 12 km vom Highway zurücklegen, dann sind noch einmal 12 km Wanderung mit fast 1000 Höhenmetern Anstieg erforderlich. Von den Fällen aus gibt es weitere Wege in see- und flussreiche Seitentäler und auch hier Wilderness Campgrounds.

▪ Detaillierte und aktuelle Informationen zum South Tweedsmuir Park unter www.env.gov.bc.ca/bcparks/explore/parkpgs/tweeds_s.

Vom **Heckman Pass** aus geht es den **Bella Coola Hill** hinab. Die von den Einheimischen „Freedom Road" genannte waghalsige Felsenpiste entstand 1952/53. Da die Provinzregierung den Bau einer Straße in das nur auf dem Seeweg erreichbare Bella Coola für unmöglich hielt, schritten die Einheimischen selbst zur Tat und bauten … eben diese Straße! Die Piste wurde zwar inzwischen an einigen Stellen entschärft, ist aber auch heute noch für größere Wohnmobile nicht geeignet und bei Nässe nicht ungefährlich. Innerhalb weniger Kilometer führt sie von den alpinen Hochwiesen am Heck-

man Pass fast 1500 m in die Tiefe, ins Bella Coola Valley mit seinen Küsten-Regenwäldern (→ S. 213).

Praktische Infos

Information Die nächste Informationsstelle ist in Williams Lake (siehe dort), wo auch die Broschüre „101 Things to do along Highway 20" erhältlich ist, die alles auflistet, was man vors Auge bekommt.

Hin und weg **Flugzeug:** Anahim Lake Airport. Pacific Coastal fliegt 1- bis 2x tägl. von Vancouver nach Anahim Lake, teils via Bella Coola. ✆ (604) 273-8666, www.pacificcoastal.com. Bella Coola Vehicle Rentals bietet am Flughafen zuverlässige Mietwagen und faire Preise. ✆ (250) 982-2146.

Übernachten **Clearwater Lake Lodge:** Am Südufer des Clearwater Lake liegt dieses Anwesen mit Unterkünften im Lodge-Haupthaus, rustikalen Cabins und einem luxuriösen Chalet. Auch hier: Reiten, Paddeln, Fischen, Fliegen. DZ mit Vollpension ab 175 $/Pers. 19579 Chilcotin Highway 20, Kleena Kleene, ✆ (250) 476-1150, www.clearwaterlakelodge.com.

MeinTipp **Terra Nostra Guest Ranch:** Die Ranch unter Schweizer Leitung bietet Blockhütten-Atmosphäre in der Bergwelt am Clearwater Lake mit vollem Programm: Reiten, Kanu, Kajak, Mountainbiking, Wandern, Flüge. DZ inkl. Essen, Rad, Kanu ab 147 $/Pers. Mindestaufenthalt 2 Nächte, günstige Familienpakete. 19585 Highway 20, Kleena Kleene, ✆ (250) 476-1248, www.terranostra-guestranch.com.

Atnarko Lodge: Die drei Zimmer der Lodge am Charlotte Lake sind im Schweizer Berghüttenstil gehalten. Hier geht es einfacher zu und nicht alle Leistungen sind inklusive, dafür ist es günstig. DZ ab 130 $, Mindestaufenthalt 2 Nächte. Engadin Road, Nimpo Lake, ✆ (250) 742-3742, www.atnarko.ca.

Essen und Trinken **Nimpo Bakery & Café:** Die Bäckerei in Nimpo Lake betreibt auch ein Café mit kleiner Speisenauswahl. Mo–Fr 7–15 Uhr. 21103 Chilcotin Highway 20, Nimpo Lake, ✆ (250) 742-3484.

Guest Ranches – mehr als nur Cowboy-Romantik

Die abgeschiedenen Gebiete im Cariboo und Chilcotin sind ideal für den Betrieb einer Guest Ranch. Mit einem echten, klassischen Ranchbetrieb hat das aber nur noch in seltenen Fällen zu tun. Meist liegt der Fokus auf geführten Ausritten, Kanufahrten, Wanderungen und sogar Rundflügen. Dazu gibt es komfortable Unterkünfte und Vollpension in Familienatmosphäre – so sind z. B. große Gemeinschaftstische im rancheigenen Restaurant üblich. Guest Ranches sind ein Ziel für sich und eignen sich nicht, um nur mal eben eine Zwischenübernachtung einzulegen. Oft werden zwei Nächte Mindestaufenthalt erwartet, was sinnvoll ist, um die breite Palette an Aktivitäten zu genießen oder auch einmal einen halben Tag zu entspannen.

British Columbia | Landesinnere → Karte S. 236/237

Der Norden British Columbias

Alaska, Cassiar, Yellowhead: Die Namen der drei Highways stehen für drei lange Road Trips in der Nordhälfte der Provinz. Doch die absoluten Höhepunkte des Nordens sind die mythischen Haida Gwaii Islands, Stewart und Hyder im extremen Westen sowie die Bergmassive im Nordosten.

Weniger als 5 % der Einwohner British Columbias leben in der Nordhälfte der Provinz, hier herrscht die Natur. Prince George ist die inoffizielle Hauptstadt der Region; Dawson Creek und Fort St. John in der Peace-River-Region im Nordosten sowie Prince Rupert im Westen sind die drei anderen Städte, die diese Bezeichnung auch verdienen.

Landschaftlich fehlt der Region meist die Dramatik der Rocky Mountains, der wilden Pazifikküste oder des Fraser Canyons. Die schönsten Abschnitte sind die ersten und die letzten je 100 km des Yellowhead Highway in British Columbia, rund um Mount Robson und Prince Rupert, der Alaska Highway zwischen Fort Nelson und Watson Lake sowie der vom Cassiar abzweigende Highway 37A nach Hyder und Stewart. Ziemlich wenig für so viel Straße, oder anders gesagt: Man muss schon Spaß daran haben, über viele Stunden gleichförmige Etappen durch die menschenleere Einsamkeit zu fahren. Ist das nicht der Fall, sollte man prüfen, ob es nicht sinnvoller ist, bestimmte Ziele direkt anzufliegen, statt sie in eine Rundreise von etlichen tausend Kilometern einzubinden.

Im Nordosten dominieren die Ausläufer der Rocky Mountains, die an nur drei Punkten von einer Straße durchquert werden: Am Yellowhead Pass (1131 m) westlich von Jasper, im Verlauf des Highway 97 am Pine Pass (933 m) bei Chetwynd sowie durch den Alaska Highway am Summit Pass (1267 m) westlich von Fort Nelson.

Im Westen grenzt die Provinz in weiten Teilen an Südost-Alaska und ist von den USA durch das hohe Küstengebirge abgeschirmt. Nur in Prince Rupert und Stewart/Hyder führt die Straße bis zum Pazifik.

Das Straßennetz der Nordhälfte der Provinz ist überschaubar: Der Yellowhead Highway von Winnipeg bis nach Haida Gwaii verläuft auf fast 1200 km quer durch die Provinz; der Alaska Highway und der Cassiar Highway streben nach Norden und treffen bei Watson Lake im Yukon Territory aufeinander. Ansonsten gibt es nur ein paar Stichstraßen und viele Forest Roads, die in den tiefen Wäldern im Nichts enden.

Entlang der Highways dominiert die Wildnis – Bären, Bisons oder Elche am Straßenrand sind nicht ungewöhnlich. Doch sind in den Wäldern vor allem Reh und Hirsch, Waschbär und Stachelschwein heimisch. Im Peace River Valley rund um Chetwynd, Dawson Creek und Fort St. John hat sich der Mensch gegen die Natur durchgesetzt: Es ist die fruchtbarste Ackerbauregion der Provinz, und so taucht sie auf touristischen Landkarten kaum auf, zumal in der Gegend auch Öl gefördert wird. Ansonsten, vom gemäßigten Regenwald bei Prince Rupert zu den trockenen Engelmann-Fichten in Landesinneren: Nadelbäume, soweit man schaut.

Mehr als 10.000 Jahre lang zogen die First Nations durch dieses Land, wie bei Fort St. John gefundene Steinwerkzeuge belegen. Heute ist die Kultur der indigenen Völker vor allem auf den Haida Gwaii Islands noch bzw. wieder sehr lebendig. Die Besiedlung durch die ersten Europäer war, wie so oft, von der Suche nach Ressourcen getrieben. Auch heute noch sind Forstwirtschaft und Bergbau die wichtigsten Wirtschaftszweige im Norden. 1914 wurde die nördliche transkontinentale Eisenbahnstrecke (Winnipeg – Jasper – Prince Rupert) fertiggestellt. Wesentlich länger dauerte der Straßenbau: Der Alaska Highway wurde erst nach dem Angriff auf Pearl Harbor begonnen, der Yellowhead Highway erst 1970 fertiggestellt, und der Cassiar Highway ist erst seit wenigen Jahren durchgehend asphaltiert.

Yellowhead Highway

1170 km sind es von der Grenze zu Alberta bis nach Masset auf den Haida-Gwaii-Inseln. Die Höhepunkte der als Highway 16 bezeichneten Straße liegen ganz im Osten mit dem Mount Robson Provincial Park und ganz im Westen mit den Haida-Gwaii-Inseln.

Prince George bietet sich als logistisches Zwischenziel auf der Route an. Die Stadt ist ein Verkehrsknoten: Der in Nord-Süd-Richtung verlaufende Highway 97 kreuzt hier den Yellowhead Highway. Von Prince George ist es mit jeweils 800 km Entfernung eine gute Tagesreise nach Vancouver, Prince Rupert oder Fort Nelson am Alaska Highway.

Mount Robson Provincial Park

An den bekannten Jasper National Park in Alberta schließt sich westlich des Hauptkammes der Rocky Mountains der ebenso eindrucksvolle Mount Robson Provincial Park in British Columbia an.

Am Skeena River zwischen Terrace und Prince Rupert

Der 1913 gegründete Park ist der zweitälteste der Provinz und seit 1990 Weltnaturerbe. Die schroffe Gipfelwelt der Rocky Mountains wird vom Mount Robson dominiert, mit 3954 m der höchste kanadische Gipfel in den Rocky Mountains. In den Tälern sind Rehe, Hirsche, Elche und Schwarzbären daheim, in den höheren Lagen Grizzlys, Karibus, Bergschafe und -ziegen. Von teils überlaufenen Wanderwegen und Campingplätzen bis hin zu Trekkingtouren in hochalpine Täler, in die kaum je ein Mensch seinen Fuß gesetzt hat, bietet der 2250 km² große Park zahlreiche Möglichkeiten zur Urlaubsgestaltung.

Kurze Wanderungen: 4 km östlich der Kreuzung von Yellowhead Highway und Highway 5 liegt der Parkplatz für den nur 300 m langen Trail zu den Rearguard Falls. Schöner noch ist der 500 m lange Pfad zu den Overlander Falls, der 14 km weiter östlich beginnt, nur 1,6 km westlich des Park Visitor Centres. Am Stellplatz 39 des Robson Meadows Campground am Park Visitor Centre startet der wenig bekannte Fraser River Nature Walk, der sich 2 km am Fraser River entlang zieht und duftende Wiesen und Wälder durchquert. Der kurze Lookout Trail (hin/zurück 2 km, ca. 30 Min.) beginnt am Ostende des Parkplatzes des Visitor Centres. Er steigt leicht an und bietet von einem Hügel schöne Blicke auf die umgebende Landschaft. Ein Nebenweg führt zu den Overlander Falls.

Roosevelt-Hirsch am Straßenrand

Berg Lake Trail: Dieser Name allein bringt die Augen Eingeweihter zum Leuchten! Der 22 km lange Trail mit 725 Höhenmetern gilt als einer der Top 3 in den Rocky Mountains und sollte auf drei Tage verteilt werden: je einen für Hin- und Rückweg und einen, um die fantastische Landschaft im Valley of a Thousand Falls zu genießen, wo der Berg Glacier direkt in den Berg Lake kalbt.

Obligatorische Reservierung: An einem bestimmten Stichtag, jedes Jahr im Januar, werden die Reservierungsmöglichkeiten auf www.discovercamping.ca freigeschaltet. Alle verfügbaren Plätze am Berg Lake sind dann innerhalb weniger Stunden vergriffen. Ohne Reservierung darf man nicht auf den Trail. Wer kein Permit ergattern kann: Der Mount Fitzwilliams Trail (14 km bis zu einem hochalpinen Tal) ist ähnlich schön.

Weiterreise: Hat man den Mount Robson Provincial Park hinter sich gelassen, finden sich im weiteren Verlauf des Highway 16 nach Westen dann nur noch zwei lohnende Stopps. In **McBride** gibt es im Bahnhof ein nettes Café mit einem Kunsthandwerkshop (s. u.), und 113 km östlich von Prince George liegt der **Ancient Forest:** 800 km von der Küste entfernt, wuchs hier der am weitesten im Landesinneren liegende Regenwald mit heute viele Jahrhunderte alten Baumriesen heran (hin/zurück 4–6 km, 60–90 Min., bis zu 100 Höhenmeter).

Praktische Infos

Information Visitor Centre (16 km östlich der Kreuzung Highway 16/Highway 5, von der Terrasse aus Blick auf Mount Robson): Mitte Mai bis Mitte Juni tägl. 8–17 Uhr, Mitte Juni bis Anfang Sept. tägl. 8–19 Uhr, Sept. 8–17 Uhr, bis Mitte Okt. 9–16 Uhr. Informiert umfassend über Wege und deren Zustand, Reservierungen für den Campingplatz sowie Permits für Backcountry Camping im Hinterland des Parks. BC Highway 16, ✆ (250) 566-

4038, www.env.gov.bc.ca/bcparks/explore/parkpgs/mt_robson.

Touristische Informationen auch im Bahnhofsbistro „Beanery 2" in McBride, 10–16 Uhr (Adresse s. u.).

Übernachten Im Park nur Camping, außerhalb ostwärts in Jasper; westwärts liegen zwischen dem Park und Tête Jaune Cache einige Lodges.

Bell Mountain Motel, in McBride: Von den sechs Optionen im Ort die beste – sauber, gepflegt, ruhig gelegen. Alle Zimmer mit Kitchenette, DZ ab 79 $. 815 Bridge Road, McBride, ✆ (250) 569-0312, www.bellmountainmotel.com.

Mount Robson Lodge, in Valemount, 5 km westlich des Parks: Rustikale Cabins mit Blick auf den Fraser River sowie Camping. Cabin ab 129 $, Camping 28 $. Valemount, ✆ (250) 566-4821, www.mountrobsonlodge.com.

Camping 125 Stellplätze stehen in **Robson Meadows,** 19 Stellplätze in **Robson River** bereit, jeweils 28 $. Keine Duschen hat der **Lucerne Campground,** dort 36 Stellplätze für 22 $. Alle Plätze sind reservierbar: www.discovercamping.ca.

Essen und Trinken **Beanery 2 Bistro,** im Bahnhof von McBride: Nettes Café mit großer Tageskarte. Mo–Fr 6–17, Sa/So 9–17 Uhr. 1000 1st Avenue, ✆ (250) 569-0133.

Wanderweg im Ancient Forest

Prince George

Ein Museum, eine beeindruckende Galerie, passable Kneipen und Restaurants, günstige Hotels: Fast jeder, der in „Northern B.C." Urlaub macht, wird auf seiner Reise ein- oder mehrmals durch die 80.000-Einwohner-Stadt kommen, die aufgrund ihrer Lage an den beiden großen Fernstraßen als Tor zum Norden gilt. Touristisch hat sie wenig zu bieten, ist aber ein idealer Übernachtungsstopp.

Das kommerzielle Herz der Stadt mit Restaurants und Geschäften schlägt in den zehn Blöcken zwischen Yellowhead im Westen und Queensway im Osten, jeweils zwischen der 3rd Avenue und 5th Avenue. An heißen Tagen ist die herrliche, schattige Garten- und Blumenanlage des Connaught Hill Park ein entspannender Rückzugsort. Die Lage, hoch auf einem Hügel mitten in der Stadt, erlaubt schöne Rundumblicke. Die Zufahrt erfolgt von Nordosten her, vom Queensway kommend.

Central BC Railway & Forestry Museum: Der Forstwirtschaft und der Eisenbahn verdankt Prince George seinen Aufschwung, diesen Wirtschaftszweigen widmet sich das von einem ehrenamtlichen Team mit viel Engagement geführte Museum. Es dokumentiert, wie Holz und Bahn der Stadt ihren Stempel aufgedrückt haben. Die zahlreichen Exponate im großen Außenbereich machen den Besuch zu einem lohnenden Erlebnis.

■ Ende Mai bis Anfang Sept. tägl. 10–17, sonst Mi–So 11–16 Uhr. Eintritt 8 $. 850 River Road, ✆ (250) 563-7351, www.pgrfm.bc.ca.

Two Rivers Gallery: Große Kunst in der Provinz. Die eindrucksvolle Kunstgalerie verfügt über eine beachtliche Sammlung zeitgenössischer Malerei, die in einer permanenten Ausstellung gezeigt wird. Die häufigen Sonderausstellungen widmen sich dagegen allen Facetten der bildenden Künste.

■ Mo–Mi und Fr/Sa 10–17, Do 10–21, So 12–17 Uhr. Eintritt 7,50 $. 725 Canada Games Way, ✆ (250) 614-7800, www.tworiversgallery.ca.

Praktische Infos

Information **Tourism Prince George,** im Bahnhof: Okt. bis Mitte Mai Mo–Fr 8.30–16.30 Uhr; Mitte Mai bis Anfang Sept. Di, Mi, Fr 8–19, Mo, Do, Sa 7–19, So 10–18 Uhr; Sept. Mo–Sa 8–18 Uhr. 1300 First Avenue, ✆ (250) 562-3700, www.tourismpg.com.

Hin und weg **Flugzeug:** Neben den großen Airlines ist Central Mountain Air (www.flycma.com) am Prince George Airport die wichtigste Fluggesellschaft. ✆ (250) 963-2400, www.pgairport.ca.

Der Airporter Shuttle Service bedient die meisten Flüge zur Fahrt von und nach Downtown. ✆ (250) 563-2220, www.pgairportshuttle.ca.

Bahn: Prince George ist Übernachtungsstopp für die Züge zwischen Jasper und Prince Rupert. Aus beiden Richtungen treffen die Züge Mi/Fr/So abends in Prince George ein und fahren am nächsten Morgen zu ihren jeweiligen Zielen weiter (Jasper 8 Std., Prince Rupert 12 Std.). www.viarail.ca.

Bus: Busse von BC Bus North verbinden Prince George je 2x wöchentl. mit Prince Rupert (12 Std.), Valemount (4 Std.), Dawson Creek (7 Std.) und Fort St. John (9 Std.). ✆ (844) 564-7494, www.bcbus.ca. Über weitere Fernbusverbindungen gab es bei Redaktionsschluss (April 2019) noch keine verlässlichen Angaben, nachdem der bisherige Betreiber Greyhound Bus seine Linien in Westkanada Ende 2018 eingestellt hatte (→ S. 698).

Fahrradverleih **Tourism Prince George** (→ Information) verleiht kostenlos Fahrräder!

Übernachten Auslastung und Preise der Innenstadthotels sind mittwochs, freitags und sonntags höher, da dann beide Züge der kanadischen Eisenbahn VIA Rail Zwischenübernachtungen in der Stadt einlegen.

Prestige Treasure Cove 6: Das beste der zahlreichen Kettenhotels, 5 Autominuten von der Innenstadt. DZ ab 155 $. 2005 BC-97, ✆ (250) 614-9111, www.prestigehotelsandresorts.com.

Central BC Railway & Forestry Museum

***** Bon Voyage Inn:** 10 Minuten vor den Toren der Stadt liegt dieses Motel mit großem Restaurant und Tankstelle in einer Mall. Alle Zimmer mit Kitchenette. DZ ab 99 $. 4222 Highway 16 West, ✆ (250) 964-2333, www.bonvoyageinn.ca.

Econo Lodge City Centre Inn 5: Eines der besseren Motels; 10 Min. zu Fuß vom Zentrum. Hallenbad. DZ ab 69 $. 910 Victoria Street, ✆ (250) 563-1267, www.rivieraprincegeorge.com.

Essen und Trinken North 54 Restaurant & Bar 2: Das beste Restaurant der Stadt, nach Renovierung noch teurer geworden. Lunch Di–Fr 11.30–14 Uhr, Dinner Di/Mi 17–21, Do–Sa 17–22 Uhr. 1493 3rd Avenue, ✆ (250) 564-5400, www.north54.ca.

Northern Lights Estate Winery 1: Trauben reifen hier oben im Norden nicht mehr, aber was dieses Weingut an Fruchtweinen produziert, kann sich sehen und schmecken lassen, vor allem im Bistro, das leichte Speisen dazu anbietet. So–Do 11–18, Fr/Sa 11–20 Uhr. 745 PG Pulpmill Road, ✆ (250) 564-1112, www.northernlightswinery.ca.

Nancy O's 3: In gemütlicher Pub-Atmosphäre kommt weit mehr als übliches Pub-Food auf den Tisch. Kreative Bio-Küche, lokale Zutaten. Oft Livemusik. Mo–Fr 11–23, Sa 10–1, So 10–15 Uhr. 1261 3rd Avenue, ✆ (250) 562-8066, www.nancyos.ca.

MeinTipp **Sassafras Savouries 4:** Der größte Cateringservice der Stadt betreibt auch ein exzellentes eigenes Restaurant. Große Auswahl. Mo–Fr 7–16 Uhr. 693 Brunswick Street. ✆ (250) 563-9941, www.sassafrassavouries.com.

Von Prince George in Richtung Prince Rupert

Acht Stunden westlich von Prince George liegt Prince Rupert (→ S. 217) am Pazifik. Erst im letzten Drittel, ab Smithers, weicht die eintönige Landschaft mit ihren vielen forstwirtschaftlichen Betrieben schönen Blicken auf die Berge und den Skeena River. Wer die gut 700 km nicht in einem Rutsch durchfahren möchte, findet nachfolgend Anregungen für Zwischenstopps; sie reichen aber meist nicht an die von Natur und Mensch geschaffenen Attraktionen in anderen Teilen der Provinz heran.

Vanderhoof: Der Ort im Nechako Valley gilt als geographischer Mittelpunkt der Provinz British Columbia und war die erste Farmsiedlung von Europäern in der Provinz. Am Westrand der Stadt liegt ein kleines Museumsdorf mit Café und Visitor Centre.

Fort St. James: Ein 67 km langer Abstecher nach Norden führt von Vanderhoof in die von Simon Fraser 1806 gegründete Siedlung Fort St. James, eine der ältesten der Provinz. Der restaurierte Handelsposten der Fort St. James Historic Site weist viele originale Holz-Gebäude auf und ist heute im Stil eines Pelzhändler-Forts des Jahres 1896 gestaltet. Es gibt Führungen, ein Café und einen Gift Shop vor Ort (Juni bis Mitte Sept., tägl. 9–17 Uhr).

Fort Fraser: Auch Fort Fraser, 37 km westlich von Vanderhoof, wurde 1806 gegründet. 1914 wurde hier der letzte Schwellennagel (Last Spike) der Eisenbahn von Winnipeg nach Prince Rupert eingeschlagen.

Fraser Lake: Die östlichste Gemeinde des Lake Districts ist für ihren Mouse Mountain Trail bekannt (einfach 4 km), der direkt im Ort im Mouse Mountain Park beginnt. Der Gipfel bietet schöne Ausblicke über den Ort und den See.

Burns Lake: Die Stadt im Herzen des Lake District bietet im Burns Lake Mountain Bike Park zahlreiche schöne Single Trails, überwiegend mit geringer Schwierigkeit. Die Lakes District Circle Tour ist eine schöne Autoroute mit Blicken auf die Gipfel des Tweedsmuir Provincial Park und mehrere Seen. Die Tour schließt eine kostenfreie Überfahrt mit der Fähre über den Francois Lake ein.

Houston: Im Steelhead Park (= Regenbogenforellenpark) von Houston steht die mit 18 m größte freistehende Angel der Welt. Nach dem obligatorischen Selfie kann man im Morice River selbst die Angel auswerfen oder das kleine Museum besuchen.

Smithers: Der Ort zu Füßen des Hudson Bay Mountain ist im Sommer vor allem bei Bergwanderern und Bergsteigern beliebt. Ein Sessellift bringt Wanderer in 1600 m Höhe, von dort sind es 2 km zum Crater Lake. Noch schneller sind die Wasserfälle Twin Falls und Glacier Gulch erreicht: Sie liegen nur 15 Autominuten nordwestlich der Innenstadt. Eine raue Zwei-Stunden-Kraxelei vom Talende der Fälle in die Höhe bringt trittsichere Bergwanderer an den Fuß des Gletschers. Der enge **Moricetown Canyon** liegt direkt am Highway, 34 km nördlich von Smithers. Ab Ende Juli (meist ab dem dritten Juli-Wochenende) kann man den Angehörigen der Wet'suwet'en beim Lachsfischen auf traditionelle Art zusehen.

The Hazeltons: So werden die drei Gemeinden New Hazelton, South Hazelton (beide am Highway 16) und Hazelton (einige Kilometer entfernt) zusammenfassend bezeichnet. Ein Abstecher nach Hazelton lohnt zweifach. Die Hagwilget Canyon Bridge über den Bulkley River bietet schöne Ausblicke auf den Fluss. Ein Parkplatz mit Aussichtspunkt liegt 150 m westlich der Brücke. Fährt man in den Ort hinunter (hier befindet sich die einzige Tankstelle der Hazeltons!), kommt man zum Ksan Historical Village and Museum (tägl.

Lachsfischen im Moricetown Canyon

10–17 Uhr). Die Gitxsan bewahren und pflegen hier das kulturelle Erbe ihres Stammes. Das Museumsdorf ist traditionell zum Fluss hin ausgerichtet; im ersten Gebäude befindet sich das Museum, in den anderen werden Totempfähle geschnitzt und das historische Leben nachgestellt. Der Eintritt zum Gelände schließt das Museum mit ein, auf einer geführten Tour erschließt sich dem Außenstehenden noch wesentlich mehr.

Terrace und Umgebung: In Kitwanga zweigt der Cassiar Highway nach Norden ab (→ S. 356). Die Streckenführung des Highway 16 im engen Tal des Skeena River wird ab hier zunehmend reizvoll.

In Terrace ist das George Little House eines der wenigen gepflegten alten Gebäude der Stadt. Es beherbergt heute das Visitor Centre, den Bahnhof und einen kleinen Souvenir Shop. Ansonsten hat das regionale Versorgungszentrum Reisenden wenig zu bieten.

Im Ort zweigt auch der Highway nach Kitimat ab. Die Industriestadt entstand erst in den 1950er-Jahren: Ein riesiges Wasserkraftwerk erzeugt den Strom für eine der größten Aluminiumhütten der Welt. Bald nach Terrace ist das Delta des Skeena Rivers erreicht – die Fahrt am Nordufer des Flusses entlang ist reizvoll; immer wieder sind Rastplätze und Provinzparks mit Day Use Area angelegt. Bei Flut trägt der Pazifik Salzwasser weit ins Landesinnere, bei Ebbe spült der Fluss es wieder hinaus und schafft so ein einzigartiges Ökosystem. Kurz vor **Prince Rupert** (→ S. 217) überquert der Highway einen Bergrücken und einen kleinen Meeresarm und erreicht die Stadt auf Kaien Island.

Praktische Infos

Information Zwischen Prince George und Prince Rupert informieren zwei Stellen: **Burns Lake Visitor Centre,** Mo–Fr 8–17, Sa 8.30–16, So 10–16 Uhr; 540 Highway 16, ✆ (250) 692-3773, www.visitburnslake.ca. **Smithers Visitor Centre,** Mo–Fr 9–17 Uhr, in der Hochsaison auch Sa/So; 1411 Court Street, ✆ (250) 847-5072, www.tourismsmithers.com.

Hin und weg **Bahn:** 3x pro Woche verkehrt ein Zug von Prince George nach Prince Rupert,

3x pro Woche in umgekehrter Richtung; fast alle erwähnten Orte werden bedient. Mo/Do/Sa westwärts, Mi/Fr/So ostwärts. Gesamtfahrzeit 12 Std. www.viarail.ca.

Bus: Die Fernbusse von BC Bus North verbinden Prince George 2x wöchentl. mit Prince Rupert (12 Std.). ✆ (844) 564-7494, www.bcbus.ca.

Übernachten **Key-oh Lodge,** in Burns Lake: Die 2017 eröffnete Lodge bietet verschiedene Zimmer und eine Frühstücksbar. DZ ab 139 $. 770 BC-16, Burns Lake, ✆ (250) 692-7797, www.keyohlodge.com.

***** Stork Nest Inn,** in Smithers: Das gepflegte Hotel im Chalet-Stil liegt zentral. DZ inkl. warmem Frühstück ab 120 $. 1485 Main Street, Smithers, ✆ (250) 847-3831, www.storknestinn.com.

Bulkley Valley Motel, in New Hazelton: Das wohl beste der einfachen Motels am Highway. Saubere Zimmer mit moderner Einrichtung und Kühlschrank. DZ ab 85 $. 4444 BC-16, New Hazelton, ✆ (250) 842-6617, www.bvmotel.ca.

Essen und Trinken **The Cabin Restaurant and General Store,** in Vanderhoof: Kleine, sehr feine Karte mit teils ungewöhnlichen Gerichten wie Hühnchen mit Granatapfel. Di–So 11–20 Uhr. 56345 Beaumont Road, Vanderhoof, ✆ (250) 441-0020.

Roadhouse, in Smithers: Internationale Küche in klassischer Roadhouse-Wohlfühl-Atmosphäre. Mo 17–22, Di–Sa 12–22 Uhr. 3711 Alfred Avenue, Smithers, ✆ (250) 847-2101, www.roadhouse-smithers.com.

Zelda's Travel Mug Cafè, in New Hazelton: Vom Breakfast Bagel bis zu den Salaten und dem Pulled Pork Panini – alles frisch. Di–Fr 7–17, Sa 10–17, So 10–15 Uhr. 44290 10th Avenue, ✆ (250) 842-5444.

Cassiar Highway, Stewart und Hyder

720 Kilometer Einsamkeit sind es von Kitwanga am Highway 16 bis zur Grenze zum Yukon. Die Straße windet sich durch die Coast Mountains mit nur wenigen Dörfern.

Absolutes Highlight ist jedoch nicht der Highway selbst, sondern die Nebenstraße hinunter nach Stewart und Hyder: Auf dem „Gletscher Highway" 37A von Meziadin Junction an die Küste sieht man zwei große Gletscher aus der Nähe und erlebt zwei urtümliche, aber auf ihre jeweilige Art ganz eigene Küstendörfer in British Columbia und Alaska: Es lohnt sich, in Stewart oder Hyder mindestens eine Übernachtung einzulegen.

Cassiar Highway

An der **Tankstelle bei Kitwanga** zweigt der Cassiar Highway als Highway 37 North nach Norden ab und überquert den Skeena River auf der erst 1979 erbauten Brücke. Am Nordufer liegt Gitwangak, das für seine Totempfähle bekannte Dorf der örtlichen Gitxsan. Nach 4 km kommt man links abbiegend ins eigentliche Dorf **Kitwanga,** wo der Besuch des Gitwangak Battle Hill lohnt. Auf dem 80 m breiten künstlichen Hügel legten die Gitxsan ein durch Palisaden geschütztes Fort mit fünf Langhäusern und 1000 Vorratsgruben an. Im 18. und 19. Jahrhundert kam es hier immer wieder zu Belagerungen und Schlachten gegen die feindlichen Haida und Tsimshian.

Der Highway folgt nun dem Kitwanga River flussaufwärts, mit den Bergen der Kisipox Range im Osten und der Nass Range im Westen. Nach 21 km zweigt eine kurze Zufahrtsstraße nach **Gitanyow** ab, dem früheren Kitwancool. Das Dorf ist für die Vielfalt seiner zahlreichen Totempfähle auch überregional bekannt; ein kleines Museum befindet sich vor Ort.

Für die nächsten fast 400 km ist dies die letzte Siedlung an oder nahe der Hauptroute des Highway 37. Bei Kilometer 76 liegt Cranberry Junction; hier zweigt die Nass Forest Service Road nach Terrace ab, an der auch das **Nisga'a Lavafeld** liegt: Offiziell handelt es sich um den „Anhluut'ukwsim Laxmihl Angwinga'asanskwhl Nisga'a Provincial Park". Der Park ist der erste, der von BC Parks und einer First Nation, hier den Nisga'a, gemeinsam betrieben wird. Er schützt u. a. ein vulkanisches Lavafeld mit Lavaseen, Blocklava und Schlackenkegeln. Das Betreten ist nur im Rahmen geführter Touren erlaubt.

▪ Information: Nisga'a Visitor Centre, Juli/Aug. Di–So 10–17, sonst Sa/So 10–17 Uhr. Bietet auch eine Tour für 40 $ an. Nass Forest Service Raod, ✆ (250) 633-2733, www.env.gov.bc.ca/bcparks/explore/parkpgs/nisgaa.

Nach Cranberry Junction führt der Highway 37 hinab in das Tal des Nass Rivers und wird von nun an von einer Hochspannungsleitung begleitet, die das Bild der einsamen Wildnis optisch ziemlich trübt. Das kleine **Meziadin Lake** bei Kilometer 139 verfügt über einen General Store mit Tankstelle, Restaurant und Motel.

Kurz darauf überquert der Highway den 40 m tiefer gelegenen **Nass River** auf einer langen Brücke. 100 m nördlich der Nass River Bridge führt links eine nur für kleine Fahrzeuge geeignete Forststraße nach Westen. Nach etwa 1 km kann man parken, ein Schotterweg führt hinunter zum Fluss. Hier steht die Meziadin Fish Ladder, eine Fischtreppe, die den Lachsen hilft, die Victoria Falls zu umgehen. Im Spätsommer sieht man nicht nur Lachse, sondern auch Bären und Adler.

Ebenfalls oft einen Ausblick auf laichende Lachse bietet ab Mitte Juli bis Ende August die auf dem Highway 37 bald folgende Brücke über den Südarm des Hanna Creek.

Bei Kilometer 156 ist **Meziadin Junction** erreicht. Der Ort besteht nur aus einer kleinen Tankstelle und Raststätte. Links führt der Glacier Highway (s. u.) nach Stewart und Hyder, rechts

Totempfähle in Gitanyow

geht es auf dem Cassiar Highway weiter nach Dease Lake.

Ab Meziadin Junction wird es noch einsamer. Nach der Überquerung des Hanna Creek North – auch hier gibt es Lachse und Bären – folgt der Highway bald dem Bell-Irving River. Nach der Überquerung des Flusses bei Kilometer 249 steht man bald vor der **Bell II Lodge,** die beste Option für eine Zwischenübernachtung (→ S. 359).

Auf einer schönen Strecke in einem engen Bachtal erreicht man die niedrige Wasserscheide zum Einzugsgebiet des Stikine River. Bei Kilometer 289 eröffnet der **Echo Lake** nette Blicke über die Coast Mountains.

Nach und nach ändert sich nun die Vegetation: Sie geht vom gemäßigten Regenwald in die boreale Zone mit Schwarz- und Weißfichten über. Bei KM 358 führt vom Parkplatz im Kinaskan Lake Provincial Park ein kurzer Spaziergang zum **Natadesleen Lake.** Ansonsten sind fast alle Provinzparks an der Route unzugänglich und dienen mehr dem Schutz der Natur als dem

Spaß der Reisenden. Der verlockend bezeichnete Iskut Hot Springs Provincial Park bietet zwar aus dem Fels tröpfelnde Heißwasserquellen, doch gibt es keine Bademöglichkeit.

Ab KM 391 findet man einige Tank- und Rastmöglichkeiten. Am **Tatogga Lake Resort** (→ S. 359) gibt es Tankstelle, Restaurant, Motel und Campingplatz; die 12 km weiter angesiedelte Red Goat Lodge ist Motel und Hostel. In **Iskut** (KM 406) und der Mountain Lodge kann man tanken, speisen, übernachten und einkaufen. Ein Aussichtspunkt 17 km nördlich von Iskut bietet einen schönen Ausblick auf den inaktiven Vulkan Mount Edziza.

Nach der Querung des Stikine River beginnt der Anstieg zum höchsten Pass des Highways, dem 1241 m hohen Gnat Pass. Kurz vor Dease Lake wird auf einer unscheinbaren Kuppe die Wasserscheide zwischen Pazifischem und Arktischem Ozean gekreuzt. **Dease Lake,** mit 300 Einwohnern die größte Ortschaft unterwegs, bietet alle Services. Hier führt die 112 km lange Telegraph Creek Road zum gleichnamigen Ort hinunter.

Telegraph Creek war im Goldrausch die Endstation für Flussdampfer, die von Alaska aus den Stikine River hinauffuhren. Der Ort hat seinen Namen von zwei Telegrafenleitungen, für die das Material über den Fluss angeliefert wurde. Die Schotterpiste führt zum Teil entlang des Grand Canyon of the Stikine River – einem so wilden und gefährlichen Flussabschnitt, dass bis heute mehr Menschen auf dem Mond standen, als hier den Stikine hinuntergefahren sind. Der Ort selbst hat wenig zu bieten, aber es können Touren mit Wasserflugzeug oder Helikopter in den Canyon gebucht werden. Die nur auf den ersten 5 km asphaltierte Straße weist im weiteren Verlauf hinunter ins Tal des Stikine River enge Kurven und erhebliches Gefälle auf!

Kirche in Telegraph Creek

Nach Dease Lake verläuft der Highway 37 erst am gleichnamigen See entlang, in dessen Zuflüssen auch heute noch nach Gold geschürft wird, und dann im Tal des **Dease River,** im Sommer ein Paradies für Angler.

Ab KM 600 dominiert aktiver und früherer Bergbau das Bild. **Jade City** ist Umschlagplatz für Jade-Blöcke aus der weit entfernten Princess-Mine. Die Stadt **Cassiar,** die dem Highway einst ihren Namen gab, ist nicht mehr zugänglich: Seit der Schließung der Asbestmine 1992 ist das Betreten aus gutem Grunde verboten. Reste von Minenausrüstung verweisen auf das einst wichtige Goldgräbernest Centreville: Hier wurde 1877 der mit 2,4 kg schwerste Nugget der Provinz gefunden, er wäre heute etwa 80.000 Euro wert.

Auf den letzten 100 km zur Grenze mit dem Yukon führt der Highway durch eine seen- und flussreiche Landschaft. 5 km nach der Grenze zum Yukon ist der Alaska Highway erreicht; es sind noch 22 km nach Osten bis Watson Lake, der drittgrößten Stadt im Yukon Territory.

Praktische Infos

Information Die Visitor Centres in Terrace, Prince Rupert und Watson Lake (Yukon) informieren über Straßenzustand, Unterkünfte und alles andere Wissenswerte.

Übernachten Tatogga Lake Resort 3, in Tatogga: Die Zimmer sind nicht die saubersten, aber es ist die beste Option zwischen Bell II und Dease Lake. Größtes Restaurant am ganzen Highway, kleines Museum, Rundflüge. Motel-DZ ab 79 $, Cabin mit/ohne Strom 60/50 $, jeweils mit Gemeinschafts-Du/WC. Camping 25 $. Highway 37 Tatogga, ✆ (250) 234-3526, www.tatogga.ca.

MeinTipp **Bell 2 Lodge 4**, in Bell II: Purer Luxus mit rustikalem Blockhaus-Touch in den Deluxe Rooms; etwas einfacher sind die Crew- und Standard Rooms. Hot Tub. DZ ab 175 $,

Deluxe 220 $, Camping 25–39 $. 249 BC 37, Bell II, ✆ (250) 275-4770, www.bell2lodge.com.

Arctic Divide 2, in Dease Lake: Ein Familienbetrieb in schönem Blockhausstil bietet Lodge- und Motelzimmer, teils mit Küchenzeile. DZ ab 110 $, mit Küche ab 122 $. 6904 Highway 37 North, Dease Lake, ✆ (250) 771-3119, www.arcticdivide.ca.

Northway Motor Inn 1, in Dease Lake: Das Motel bietet 44 Zimmer, die von innen einen deutlich besseren Eindruck machen als der Bau von außen. DZ ab 115 $, mit Küche ab 135 $. 158 Boulder Street, Dease Lake, ✆ (250) 771-5341, www.northwaymotorinn.com.

Essen und Trinken **Tatogga Lake Resort 3**, in Tatogga: Das historische Roadhouse in einem Blockhaus bietet ganztags Frühstück sowie die übliche Buschküche. Tägl. 7–24 Uhr. Adresse s. o.

MeinTipp **Bell 2 Lodge 4**, in Bell II: Frische Zutaten, freundlicher Service, klasse Essen – in jeder Beziehung mehr als hier draußen sonst geboten wird. Restaurant tägl. 7–20 Uhr, Coffee Shop bis 22 Uhr. Adresse s. o.

Northway Country Kitchen 1, in Dease Lake: So ziemlich das einzig zuverlässig geöffnete Restaurant im Ort. Zu denken gibt, dass es im Hotel Northway Inn liegt, die Rezeption aber beim Einchecken dringend die vom Hotel angebotenen Tiefkühlgerichte empfiehlt, die man sich in der Mikrowelle im Zimmer zubereiten kann … Tägl. 7–21 Uhr. 158 Boulder Street, Dease Lake, ✆ (250) 771-4114.

Glacier Highway

Gletscher, Berge, Bären und zwei Dörfer am Rande des Kontinents – das bietet die Glacier Highway genannte Straße mit der Nummer 37A. Der Abstecher ist mehr als nur lohnend: Die 64 km von Meziadin Junction bis Stewart und die anschließende Schotterpiste der Salmon Glacier Road sind landschaftlich die eindrucksvollste Strecke im Westen der Provinz. Mit Mühe lässt sich all das in einen 5- bis 6-stündigen Abstecher packen; wesentlich sinnvoller ist aber eine Zwischenübernachtung in Stewart oder Hyder.

Die vergleichsweise kurze Strecke weist zahlreiche Besonderheiten auf.

Blühende hochalpine Wiesen am Salmon Glacier

Da ist zum einen der eindrucksvolle **Bear Glacier,** 25 km von Meziadin Junction; hier hängen mächtige Eismassen oberhalb des Sees. Die traumhafte Straßenführung im anschließenden Flusstal begeistert ebenso: Es geht durch eine schmale Schlucht mit einem Wasserfall zum schön gelegenen **Clements Lake.**

Stewart

Der Ort beeindruckt mit seiner Lage am Tor zum Portland Canal. Die Mitte des viertlängsten Fjords der Erde bildet die Grenze zwischen Alaska und British Columbia. Ein schöner Boardwalk erschließt das Mündungsgebiet des Bear Rivers, und die Hauptstraße verströmt historischen Charme. Kein Wunder: Bis zur Wirtschaftskrise 1929 war Stewart Heimat für 10.000 Menschen, von denen viele Arbeit in den Bergwerken, bei der Eisenbahn und im Hafen fanden. Heute leben noch 500 im Ort, und es gibt noch zwei aktive Bergwerke, die zum Teil auch die Hafenanlagen nutzen – Stewart ist Kanadas nördlichster eisfreier Hafen. Doch davon bekommt man in dem beschaulichen Ort nichts mit. Das **Stewart Historical Museum** (Mai bis August 10–16 Uhr) informiert in einer sehenswerten Ausstellung über die wechselvolle und interessante Stadtgeschichte.

Toaster Museum: Ein einzigartiges Museum – im Toastworks Café sind hunderte von historischen Toastern ausgestellt. Am besten genießt man hier ein gutes Frühstück und schaut sich nebenher die Geräte an.

▪ Mo–Sa 7–14 Uhr. Eintritt frei, Verzehr wird gerne gesehen. 313 5th Avenue.

Wandern: Zahlreiche Wanderwege führen durch das Tal des Bear River und von dort hinauf in die Berge. Eine beliebte kürzere Wanderung ist Barney's Gulch Trail. Der Weg folgt der historischen Bahntrasse und klettert dann zu einer Sluice Box, einem künstlich

angelegten Graben, um Gold zu waschen. Am Ende des Weges öffnet sich ein großartiger Ausblick auf Stewart und den Portland Canal.

Vom Visitor Centre führt der Boardwalk, ein Holzsteg, weit hinaus in die Feuchtwiesen im Mündungsgebiet des Bear River. Hier kann man oft Wasservögel beobachten. Ein schöner Spaziergang von 15–30 Minuten.

Praktische Infos

→ Karte S. 359

Information **Stewart Visitor Centre:** 2. Maihälfte und Sept. Mo–Fr 10–16 Uhr; Juni Mo–Fr 9–17, Sa/So 10–15 Uhr; Juli/Aug. tägl. 9–17 Uhr. Informationen auch über Hyder, das kein eigenes Visitor Centre besitzt, sowie eine exzellente Broschüre „Glacier Highway – Self-guided Auto Tour". 222 5th Avenue, ✆ (250) 636-9224, www.districtofstewart.com.

Hin und weg **Seaport Limousines:** Der Kurierdienst befördert auf Anfrage auch Reisende nach Terrace. Mo–Fr Abfahrt in Stewart um 11.30 Uhr, Rückfahrt um 16 Uhr ab Terrace. ✆ (250) 636-2622.

Übernachten **Ripley Creek Inn 5:** Das Sammelsurium verschiedener Gebäude bietet eine Vielzahl von Optionen in der Main Lodge und in benachbarten Häusern. DZ ab 115 $. Frühstücksgutschein von 5 $ für das Toastworks Café (s. u.). 306 5th Avenue, ✆ (250) 636-2344, www.ripleycreekinn.com.

Ridgeline 6: B&B in einem historischen Gebäude mit vielen Antiquitäten. DZ ab 120 $. 317 6th Avenue, ✆ (403) 350-5336.

Camping **Rainey Creek RV and Campground 7:** 98 wunderschön gelegene Stellplätze, saubere Sanitäreinrichtungen. Stellplatz 15–30 $. 8th Avenue, ✆ (250) 636-2537.

Essen und Trinken **Silverado Café and Pizza Parlour 8:** Burger, Sandwiches, Pizzen und zahlreiche Hauptgerichte. Lunch/Dinner 11–29 $. Di–Sa 16–22 Uhr. 309 5th Avenue, ✆ (250) 636-2727.

Mein Tipp **Temptations Bakery 9:** Seit wohl 30 Jahren nicht mehr renoviert, aber das geht in Ordnung, da alle Aufmerksamkeit des Teams der exzellenten Hausmannskost gilt. Tägl. 6–14 Uhr. 307 5th Avenue.

Toastworks 10: Das Toastermuseum (s. o.) bietet auch eine gute Speisenauswahl in heimeliger Atmosphäre. Mo–Sa 7–14 Uhr. 313 5th Avenue.

Hyder

Alaskas östlichste Siedlung ist auf dem Landweg nur aus Stewart, Kanada zu erreichen. Auch Hyder war einst eine

Historische Atmosphäre in Stewart, Grenzstadt zu Alaska

Hyder: willkommen in Alaska

große Bergwerksstadt – heute leben hier noch hundert Menschen. Verfahren kann man sich kaum: 150 m nach der Grenze gibt es die einzig nennenswerte Kreuzung im Ort: Rechts zweigt die Salmon Glacier Road ab, geradeaus geht es zu den wenigen Häusern des Ortes, links zum Fähranleger, den heute auch die Wasserflugzeuge aus Ketchikan nutzen. Die Hauptziele der meisten Reisenden sind die Bärenbeobachtungsplattform (Fish Creek Wildlife Observation Site) am Fish Creek – bis hierhin ist die Straße asphaltiert – und der nur über die anschließende Schotterpiste erreichbare Salmon Glacier (Tipp: Hier müssen Sie notgedrungen mal vergessen, was Ihr Vermieter zum Befahren von nicht asphaltierten Wegen sagt ...).

Fish Creek Wildlife Observation Site: Von der großen Beobachtungsplattform aus lassen sich von Mitte Juli bis Anfang September mit etwas Glück Grizzlys und Schwarzbären beim Lachsfischen aus nächster Nähe beobachten. Die besten Chancen hat man in der Dämmerung. In der Hochsaison sind schon mal 150 Besucher gleichzeitig da – von Einsamkeit keine Spur.

▪ Tägl. 6–22 Uhr. Eintritt 5 US-$/Tag oder 10 US-$/3 Tage. Salmon Glacier Road (6 km nach der Grenze), www.fs.usda.gov/detail/r10/specialplaces/?cid=fsbdev2_038787.

Weiter geht's, den Berg hinauf, ohne Grenzkontrolle zurück auf kanadisches Territorium. Schon die 37 km lange Fahrt hinauf zum **Salmon Glacier** bietet immer wieder wechselnde Eindrücke. Die steile, kurvige Straße zwingt zum Langsamfahren, so lässt sich die einmalige Landschaft genießen. Der Blick vom letzten der vielen Aussichtspunkte auf den Gletscher ist atemberaubend: Ein 180-Grad-Panoramablick auf die mächtige Eis-Landschaft breitet sich vor den Besuchern aus. Rechts liegt der große Gletschersee mit verkeilten Eismassen, links fließt der mächtige Salmon Glacier in weiten Wellen Richtung Tal, geradeaus ergibt sich ein ungestörter Blick auf das gewaltige Hauptfeld des Gletschers, eingerahmt von schneebedeckten Bergen. Hat man sich sattgesehen, sollte man ein paar Schritte den Hang hinauf

British Columbia | Landesinnere → Karte S. 236/237

tun – ein im Sommer in allen Farben explodierendes Blumenmeer bildet einzigartige Kontraste zum Gletscher und dem oft azurblauen Himmel.

Praktische Infos

→ Karte S. 359

Information Die nächste Informationsstelle ist in Stewart, siehe dort.

Ein- und Ausreise Die tägl. von 7 bis 24 Uhr kanadischer Zeit geöffnete Grenze ist nur mit kanadischen Beamten besetzt. Ausnahmsweise ist es den USA hier egal, wer einreist, zumal es außer der Straße von Stewart nur noch die Schotterpiste zum Salmon Glacier gibt – und der liegt ohnehin schon wieder auf kanadischem Territorium. Die Kanadier wiederum kontrollieren nur bei der Rückreise nach Kanada, verstehen da aber keinen Spaß: Wer bei einem Tagesausflug zum Gletscher den Pass im Hotelsafe gelassen hat, kriegt Probleme.

Hin und weg **Wasserflugzeug:** Taquan Air, Ketchikans führende Wasserflugzeug-Airline, fliegt 1- bis 3x/Woche morgens von Ketchikan nach Hyder und zurück. ✆ (907) 225-8800, www.taquanair.com.

Übernachten Die Optionen in Hyder sind weder vielfältig noch besonders empfehlenswert – Stewart ist meistens die bessere Wahl.

Sealaska Inn 11: Das einfache, schon etwas in die Jahre gekommene Sealaska bietet Standard Rooms und „Newer rooms“ – die aber auch schon so lange betrieben werden, dass dafür kein Aufpreis mehr verlangt wird ... Zudem gibt es zwei Campgrounds – einen nur für Zelte, einen für Wohnmobile. DZ ab 64 US-$, mit Kitchenette ab 79 US-$. Stellplatz 18–34 US-$. Am Ortsausgang Richtung Gletscher. ✆ (250) 636-2486, www.sealaskainn.com.

Essen und Trinken Auch hier gilt: Wenig Optionen, Stewart ist meist die bessere Wahl.

The Bus 12: Der alte Schulbus bietet frischen Fisch und Seafood je nach Fang des Tages. Im Prinzip tägl. 12–20 Uhr geöffnet – wurde nicht genug gefangen, bleibt der Bus aber auch mal zu. Etwas versteckt in der 6th Street, ✆ (250) 636-9011.

Weite Landschaft am Alaska Highway bei Fort Nelson

Alaska Highway und der Nordosten

Der Alaska Highway ist neben der Route 66 wohl die berühmteste Straße Amerikas. Einst als Militärverbindung gebaut, ist die durchgehend asphaltierte Route in ihrem mittleren Abschnitt vor allem wegen der oft grandiosen Landschaft und der vielfältigen Tierwelt sehenswert.

Der Alaska Highway führt von Dawson Creek in British Columbia nach Delta Junction in Alaska und stellt seit 1942 eine Landverbindung zwischen British Columbia, dem Yukon und Zentralalaska her. Die knapp 2200 km lange Strecke verläuft zu 80 % in Kanada und hieß deswegen früher auch ALCAN (Alaska–

Canada), heute hat sich die Bezeichnung Alaska Highway durchgesetzt.

Der offizielle Startpunkt in Dawson Creek liegt im Peace River Valley, einer flachen, alles andere als spektakulären Landschaft. Von Prince George über den Highway 97 nach Dawson Creek sind es ca. 400 km, die Zufahrtsroute hat wenig zu bieten. Auch das erste Stück des Alaska Highway, von Dawson Creek bis Fort Nelson, gibt eher wenig her. Wenn die Euphorie, den einzigartigen Alaska Highway endlich einmal selbst zu befahren, nachzulassen droht, ist man aber meist schon in Fort Nelson, wo einer der schönsten Abschnitte des Highways beginnt.

Von Prince George nach Dawson Creek

Der 1952 fertiggestellte Highway 97 verbindet Prince George über 404 km mit Dawson Creek am Kilometerstein „0" des Alaska Highway. Nach gut 40 km lohnt ein erster Stopp am **Huble Homestead:** Die Farm und das angeschlossene Roadhouse sind die ältesten erhaltenen Gebäude der Region und können im Sommer besichtigt werden. Auf dem weitläufigen Gelände befinden sich ein Wohnhaus, ein General Store, ein Hufschmied, ein First Nations Fish Camp, Cabins und Scheunen.

In **Bear Lake,** 40 km weiter, bietet der gleichnamige Provinzpark einen schönen Sandstrand (Insektenspray nicht vergessen!) und 65 Stellplätze auf dem nahen Campingplatz.

Nach weiteren 70 km gelangt man ins kleine **McLeod Lake.** Ein Gedenkstein erinnert daran, dass es die erste kanadische Siedlung westlich der Rockies war und die am längsten durchgängig bewohnte in ganz British Columbia.

Nach der Parsnip River Bridge folgt Mackenzie Junction, wo eine Nebenstrecke ins 30 km entfernte **Mackenzie** abzweigt. Die Stadt feiert sich aufgrund zweier eher fraglicher Superlative: Der Williston Lake ist der größte Stausee der Provinz mit heftigen negativen Auswirkungen auf die regionale Umwelt. Und der größte *tree crusher* der Welt am Ortseingang wird wohl auch nur Beschäftigte der Forstwirtschaft und Technikfreaks begeistern – den Abstecher kann man sich also sparen.

Der Highway 97 steigt nun zum Hauptkamm der Rocky Mountains an; nach 40 km ist **Pine Pass,** der höchste Punkt des Highways, mit schönen Ausblicken erreicht. Gleich danach bietet der **Azouzetta Lake** schon das nächste Fotomotiv.

Der Highway verläuft danach durch das Kohlerevier British Columbias nach Chetwynd – die Vorkommen gelten als die größten der Welt. In der Nähe des Highways liegt die Quintette Mine an der Tumbler Ridge, einst der weltgrößte Tagebau. Die Produktion ruht zwar seit 2000, kann aber bei entsprechender Nachfrage nach hochwertiger Kohle für die Stahlproduktion wieder aufgenommen werden.

Chetwynd mit seinen 9000 Einwohnern gilt als eine der lebenswertesten Kleinstädte der Provinz. Dies liegt vor allem an den hohen Einnahmen aus dem Bergbau, der gewaltigen Erdgasindustrie vor Ort und der Forstwirtschaft – alles Gelder, die in Schulen, Spielplätze und Kulturprojekte fließen. Alle diese Industrien benötigen Fachkräfte, teilweise auch nur für einzelne Projekte, und so sind die Unterkünfte in Chetwynd teuer und fast ständig ausgebucht. Wer hier übernachten will, sollte also langfristig reservieren. Reisenden hat die Stadt vor allem Holzskulpturen zu bieten: Die zehn schönsten, mit Kettensägen bearbeiteten Baumstämme des jährlichen Wettbewerbs stehen stets vor dem Visitor Centre und werden im Folgejahr in der Stadt verteilt, so dass man diese „Chainsaw Carvings" überall sieht.

 → Karte S. 236/237

Nach Chetwynd hat man die Wahl, ob man durch eher eintöniges Farmland nach **Dawson Creek** (s. u.) zum Startpunkt des Alaska Highway fahren will oder lieber ein paar Kilometer spart, indem man nach Norden ins Tal des Peace River abbiegt und erst westlich von Fort St. John in den Alaska Highway „einsteigt". Landschaftlich ist die zweite Route, „Hudson's Hope Loop" genannt, etwas schöner, zumal sie auch zum W.A.C.-Bennett-Staudamm führt.

W.A.C.-Bennett-Staudamm: Das 2017 eröffnete neue Visitor Centre zeigt hier eine informative Ausstellung: „Our Story, our voice" ist ein Versuch von BC Hydro, dem führenden Energieversorger der Provinz, in angemessener Form an den Verlust des traditionellen Landes der Kwadacha zu erinnern, die 1968 mehr als ruppig aufgefordert wurden, das Tal zu räumen, als man anfing, es zu fluten. Informativ sind auch die knapp einstündigen unterirdischen Busfahrten im Damm (stündlich 10.30–15.30 Uhr, 6 $).

▪ Visitor Centre: Ende Mai bis Anfang Sept. tägl. 10–17 Uhr.

Dawson Creek

In der 11.000-Einwohner-Stadt dreht sich alles um den Alaska Highway: Ein eigenes Museum, ein erhaltenes Straßenstück des ursprünglichen Highways mit der eindrucksvollen **Kiskatinaw Bridge** und natürlich der Wegweiser und Gedenkstein mit „Mile 0" sind die Hauptziele in und um Dawson Creek. Die kompakte Innenstadt sowie das nahe Visitor Centre mit einer ungewöhnlichen Galerie machen den Ort aber auch für Nicht-Highway-Fans zu einem netten Zwischenstopp – auf jeden Fall netter als Fort St. John.

Im Herzen der Stadt befindet sich ein großer Kreisverkehr; idealerweise stellt man sein Fahrzeug gleich hier auf dem großen Parkplatz ab, der offiziell als Northern Alberta Railway Park bezeichnet wird. Zu allen interessanten Punkten der Stadt sind es von hier maximal 150 m zu Fuß. Die meisten Hotels und Restaurants dagegen liegen nicht im Stadtzentrum, sondern entlang des Highway 2 nach Süden oder entlang des Alaska Highway nach Nordwesten.

Northern Alberta Railway Park: Im früheren Bahnhof aus dem Jahr 1931 ist das Visitor Centre untergebracht – ein guter Startpunkt, um Dawson Creek zu entdecken. Ebenso ist hier ein kleines Museum zur Stadtgeschichte beheimatet. Am Ostende des Parkplatzes am Kreisverkehr steht das neue Hinweisschild, das den Beginn des Alaska Highway markiert. In dem großen ehemaligen Getreidesilo ist heute die Dawson Creek Art Gallery untergebracht, die Ausstellungen regionaler und nationaler Künstler zeigt. Die architektonisch eindrucksvolle Umgestaltung des Getreidespeichers im Innern hat mehrere Auszeichnungen erhalten.

Alaska Highway House: Das Museum erzählt auf spannende und informative Art alles über den Bau des Alaska Highway – vor allem die Geschichte der 30.000 Männer und Frauen, Soldaten und Zivilisten, die ihn in nur neun Monaten fertigstellten. Das Museum vermittelt anschaulich, welche Strapazen in Schlamm und Eis zu überwinden waren und wirft auch einen Blick darauf, wie sich das Leben der Bewohner der Stadt seit der Eröffnung des Highways veränderte. Direkt vor dem Haus steht mitten auf der Kreuzung ein zweiter Gedenkstein, der alte „Mile 0"-Wegweiser: 1943 hatte der Highway offiziell hier seinen Ausgangspunkt – sicherheitshalber fotografiert man besser beide ...

▪ Mitte Juni bis Aug. tägl. 10–17 Uhr, sonst Mo–Fr 10–17 Uhr. Eintritt frei, Spenden erbeten. 10201 10th Street, ✆ (250) 782-4714.

Walter Wright Pioneer Village: Das historische Dorf mit 18 Gebäuden stellt die erste Hälfte des 20. Jahrhunderts in den Mittelpunkt, vom Beginn der Besie-

Alaska Highway House an der „Mile 0" des Alaska Highways

delung Dawson Creeks bis hin zum Bau des Alaska Highways.

▪ Tägl. 8–19 Uhr. Eintritt frei. 1901 Alaska Highway, ✆ (250) 782-7144, www.mile0park.ca.

Praktische Infos

Information **Tourism Dawson Creek:** Mitte Mai bis Anfang Sept. tägl. 8–17.30 Uhr, Sept./Okt. Di–Sa 10–16.30 Uhr, sonst Mo–Fr 10–16.30 Uhr. 900 Alaska Avenue, ✆ (250) 782-9595, www.tourismdawsoncreek.com.

Hin und weg **Flugzeug:** Der kleine Airport wird nur von Central Mountain Air aus Prince George (www.flycma.com) und Integra Air (www.integraair.com) aus Calgary bedient. National Car Rental hat einen Mietwagenschalter am Airport.

Bus: BC Bus 2x pro Woche von/nach Prince George (8½ Std.) und 1x pro Woche nach Fort Nelson (7 Std.), Änderungen sind zu erwarten ✆ (844) 564-7494, www.bcbus.ca.

Übernachten Dawson Creek ist fest in der Hand von Kettenhotels, von denen aber nur das Holiday Inn und das Stonebridge überzeugen.

Holiday Inn Express: Modern und komfortabel, mit Sauna, Fitness Centre und großem Frühstück. DZ ab 186 $. 12217 4th Street, ✆ (250) 782-7700, www.ihg.com.

Stonebridge: Das etwas außerhalb liegende neue Hotel punktet mit Pool, Hot Tub und einem großen, warmen Frühstück. DZ ab 149 $. 500 Highway 2. ✆ (250) 782-6226, www.stonebridgehotel.ca.

The George Dawson Inn: Das beste individuell geführte Hotel der Stadt ist außen und innen schon etwas älter, aber sehr gepflegt. Es bietet neun verschiedene Zimmertypen, darunter (Achtung!) auch zwei Raucher-Kategorien. DZ ab 119 $. 11705 8th Street, ✆ (250) 782-9151, www.georgedawsoninn.bc.ca.

Camping **Mile 0 Campsite:** In einem parkartigen Gelände direkt beim Walter Wright Pioneer Village liegt der beste Campground der Stadt. Stellplatz 18–34 $. 1901 Alaska Avenue, ✆ (250) 782-2590, www.mile0park.ca.

Essen und Trinken **Stuie's Diner:** Der klassische, chromblitzende Diner im 50er-Jahre-Stil bietet eine lebhaft-freundliche Atmosphäre. Mo–Fr 8–20, Sa 10–20 Uhr. 10516 8th Street, ✆ (250) 782-3463.

Fixx Urban Grill: Umfangreiche Vorspeisenkarte, nordamerikanische Küche mit asiatischen und mexikanischen Elementen. Tägl. 11–23, Fr/Sa bis 24 Uhr. 512 BC2 2, ✆ (250) 782-300, www.fixxurbangrill.com.

Hug a Mug: Der Coffee Shop bietet auch Kleinigkeiten zum Frühstück sowie Suppen, Salate und eine Sandwich-Bar zum Lunch. Eine feste Speisekarte gibt es nicht, die Angebote wechseln täglich. Mo–Sa 7.30–16 Uhr. 1012 102nd Avenue, ✆ (250) 782-6659, www.hugamug.ca.

British Columbia | Landesinnere → Karte S. 236/237

Der Alaska Highway gestern und heute

Der Angriff der japanischen Luftwaffe auf Pearl Harbor im Dezember 1941 machte die Verwundbarkeit der isolierten US-Gebiete Hawaii und Alaska deutlich. Kurz darauf ordnete US-Präsident Roosevelt den Bau des Alaska Highway an. Der Vertrag zwischen Kanada und den USA sah vor, dass die Kanadier das Baumaterial stellten und den Amerikanern ein Durchfahrtsrecht gewährten; die US-Army hatte den Bau durchzuführen. Die Streckenführung orientierte sich an Flugpisten, die man für die Northwest Staging Route angelegt hatte, über die 1941 und 1942 fast 3000 Flugzeuge nach Fairbanks und von dort weiter in die Sowjetunion geflogen wurden, um die Russen im Kampf gegen Japan und Deutschland zu stärken.

Mehr als 10.000 Soldaten arbeiteten unter härtesten Bedingungen. Nicht nur Kälte und Schlamm machten ihnen zu schaffen – der Bau begann in Whitehorse bei minus 40° C – auch die Logistik erwies sich als schwierig: Baumaschinen, Kraftstoffe und Verpflegung mussten herbeigeschafft werden, und dies in vielfach unbekanntes, nie kartographiertes Terrain. Im Juni 1942 besetzten die Japaner Attu und Kiska, zwei zu Alaska gehörende Aleuten-Inseln – ein zusätzlicher Ansporn für die Bautrupps, die im September 1942 am Contact Creek, 67 km östlich von Watson Lake, aufeinandertrafen und die letzte Lücke schlossen. Am 20. November 1942 erfolgte die Eröffnung des Alaska Highways, der vorerst dem Militär vorbehalten blieb. 1948 wurde der Highway auch für die zivile Nutzung freigegeben.

Heute ist die Strecke 70 km kürzer als damals, weil der Highway fast überall neu trassiert, ausgebaut und asphaltiert wurde. Fahrtechnisch stellt er keine Herausforderung mehr dar, doch optisch bleibt seine Geschichte präsent: Unterwegs sieht man mehr oder weniger gut erhaltene Militärfahrzeuge, die teils gepflegt werden, teils im Wald vor sich hinrotten: Der Rücktransport in die Zivilisation wäre teurer gewesen als der Restwert der bei den Bauarbeiten arg strapazierten Fahrzeuge und Geräte. Heute sind es die Museen in Dawson Creek (Alaska Highway House) und Whitehorse (Yukon Transportation Museum) sowie die alten Abschnitte, z. B. an der Kiskatinaw Bridge und am Soldiers Summit im Yukon, die am besten einen Eindruck des ursprünglichen Alaska Highways vermitteln.

Auch wenn der Highway seit 1992 offiziell komplett asphaltiert ist, sorgen extreme klimatische Bedingungen immer mal wieder für große Schlaglöcher, die wegen der abgeschiedenen Lage selten sofort repariert werden können. Die enge und teils unübersichtliche Streckenführung, vor allem zwischen Fort Nelson und Watson Lake, macht ein Überholen oft unmöglich und fordert die volle Aufmerksamkeit; bei Unfällen oder Pannen kann es Stunden dauern, bis Hilfe kommt. Wer ausreichend Sprit, Essen und Getränke dabei hat und mit angepasster Geschwindigkeit unterwegs ist, wird die einmalige Route entspannt genießen können.

Von Dawson Creek nach Fort Nelson

Die 75 km nach Fort St. John wären in einer Stunde zurückzulegen, doch die Kiskatinaw Bridge lohnt einen Abstecher. Im weiteren Verlauf überquert der Alaska Highway dann bei Taylor den Peace River: Die dort 1960 fertiggestellte Brücke ist die längste Flussquerung im Verlauf des Alaska Highways. Die weiteren 375 km von Fort St. John nach Fort Nelson verlaufen wenig aufregend durch land- und forstwirtschaftlich genutztes Gebiet.

Kiskatinaw Bridge: Die Überwindung des Kiskatinaw River war nur eine der vielen Schwierigkeiten, die das Pionierkorps der US-Army zu meistern hatte. Gelöst wurde sie durch eine knapp 60 m lange Brücke, die in einer engen Kurve angelegt wurde, um die Steigungen auf beiden Seiten so gering wie möglich zu halten. 1978 wurde eine Umgehung gebaut, da die Brücke dem zunehmenden Lkw-Verkehr nicht mehr gewachsen war. So ist sie heute die einzige (für Fahrzeuge bis 14 t) noch befahrbare Originalbrücke des Alaska Highway und zudem die längste gekrümmte Holzbrücke der Welt. Der kleine Umweg durch den Park lohnt, weil man so auch ein Stück der Originalroute des Highways befährt. Der heutige Alaska Highway wurde ansonsten fast überall neu trassiert und hat mit der ursprünglichen Streckenführung nicht mehr viel gemeinsam.

▪ 28 km nach Dawson Creek vom Alaska Highway rechts in den Kiskatinaw Provincial Park abbiegen. Die Straße führt später wieder auf den Highway zurück.

Fort St. John: Die Stadt hat eine lange und abwechslungsreiche Geschichte. Vor der nicht zugänglichen Charlie Lake Cave, 7 km nördlich der Stadt, fanden Archäologen 12.500 Jahre alte Artefakte, die frühesten Belege einer Besiedelung British Columbias. In der

Kiskatinaw Bridge

Nähe wurde 1794 der Handelsposten Rocky Mountain House angelegt – auch er der erste in der heutigen Provinz. Sechsmal wechselten Fort und Städtchen die Lage, um sich den Verkehrswegen der Pferde, Schiffe und Eisenbahn anzupassen. 1928 wurde die Stadt an den heutigen Standort verlegt. Das ging recht einfach, denn bis weit nach dem 2. Weltkrieg lebten keine 1000 Menschen in Fort St. John. Nach Öl- und Gasfunden änderte sich das jedoch schnell: Heute zählt die Stadt etwa 20.000 Einwohner und ist Sitz der Öl- und Gas-Kommission der Provinz. Neben der Ausbeutung der Bodenschätze sind Forst- und Landwirtschaft wichtige Erwerbszweige. Die Einnahmen der Stadt und die Einkommen ihrer Bewohner liegen durch die ertragsstarken Industrien weit über dem Durchschnitt der Provinz. So gibt es eine gute Infrastruktur und umfassende Kulturangebote. Touristisch Sehenswertes gibt es allerdings nicht außer dem kleinen Museum (Mo–Sa 9–17 Uhr). Wer jedoch von Norden, aus der Wildnis, kommt und wieder eine richtige Stadt sehen will: Das Zentrum liegt an der Kreuzung 100th Street/100th Avenue.

Clark Lake Road Bridge: Der Ort Muskwa, kurz vor Fort Nelson, ist das regionale Zentrum der Holzindustrie. Die Abfuhr der Produkte erfolgt überwiegend per Bahn, die dazu den Fort

British Columbia | Landesinnere → Karte S. 236/237

Nelson River queren muss. Das tut sie ein paar Kilometer östlich, auf einer der wenigen noch erhaltenen kombinierten Schienen- und Straßenbrücken der Provinz. Die Fahrt über die alte Brücke ist ein Abenteuer, auch wenn gerade kein Zug in der Nähe ist.

■ In Muskwa rechts in die Clark Lake Road abbiegen, es sind 3,5 km bis zur Brücke.

Fort Nelson

1805 wurde das erste Fort gegründet, das aber nach Hochwasserschäden mehrmals verlegt wurde: Die jetzige Stadt ist die schon fünfte Siedlung gleichen Namens. Erst 1936 begann die regelmäßige Postzustellung in den Ort. Während des Baus des Alaska Highway waren hier 2000 Soldaten untergebracht, nach dem Krieg fiel der Weiler wieder in Vergessenheit. Bis weit in die 1950er-Jahre gab es weder eine zentrale Strom- noch Wasserversorgung, kein Telefon, keine Ärzte. Erst mit dem zunehmenden Verkehr auf dem Highway entwickelte sich die Stadt.

Fort Nelson ist die letzte größere Siedlung in der Peace River Region, danach beginnt die Wildnis. Fort Nelson bietet sich als Übernachtungsstopp an, denn bis Watson Lake, der nächsten erwähnenswerten Siedlung am Alaska Highway, sind es gut 500 km.

Fort Nelson Heritage Museum: Das Museum verfügt gleich über mehrere interessante Sammlungen. Der „Transportation"-Bereich zeigt alte Fahrzeuge sowohl aus dem Alltag wie auch aus der Bauphase des Highways. Im Hauptgebäude haben Bürger der Stadt alles zusammengetragen, was sie heute als vorzeigbar erachten: von einer Mineraliensammlung über einen ausgestopften Albino-Elch bis hin zu alten Werkzeugen.

■ Mitte Mai bis Anfang Sept. tägl. 10–19 Uhr. Eintritt 5 $. 5553 Alaska Highway, ✆ (250) 774-3536, www.fortnelsonmuseum.ca.

Fort Nelson Demonstration Forest: Das wieder aufgeforstete Mischwaldgebiet am westlichen Stadtrand weist fünf Hauptwanderwege zwischen 1,3 und 4,7 km Länge auf, alle überwiegend eben, die sich zu mehreren Rundwanderungen kombinieren lassen. Ein Teich, schöne Boardwalk-Passagen durch Feuchtwiesen und zahlreiche Picknicktische machen das parkähnliche Gelände zu einem idealen Zwischenstopp, um sich bei langen Autofahrten die Beine zu vertreten.

Praktische Infos

Information **Fort Nelson Visitor Information Centre:** Ende Mai bis Anfang Sept. tägl. 7.30–19.30, sonst Mo–Fr 8.30–16.30 Uhr. Das exzellente Büro bietet umfassende Informationen über die Region und weit hinein in den Yukon und die Northwest Territories. Es gibt den sehr guten, kostenfreien Wanderführer „Hiking & Motorized Trail Guide" heraus, der 30 Trails mit Beschreibungen und Karten auflistet. 5500 Alaska Highway, ✆ (250) 774-6400, www.tourismnorthernrockies.ca.

Hin und weg **Flugzeug:** Der kleine Airport wird nur von Central Mountain Air aus Prince George (www.flycma.com) angeflogen. Mietwagen am Airport: National Car.

Bus: BC Bus fährt 1x/Woche von/nach Dawson Creek (7 Std.), Änderungen sind zu erwarten ✆ (844) 564-7494, www.bcbus.ca.

Übernachten **Woodlands Inn & Suites:** Fort Nelsons beste Unterkunft, lokal geführt. Fitness Centre, Restaurant. Einige Zimmer haben ohne Aufpreis Mikrowelle und Kühlschrank. DZ ab 100 $. 3995 50th Avenue South, ✆ (250) 774-6669, www.woodlandsinn.ca.

Sunrise Inn & Suites: Die modernen und sehr gepflegten 16 Zimmer dieses kleinen Motels haben z. T. eine Kitchenette. DZ ab 89 $. 5207 50th Avenue South, ✆ (250) 774-7747.

Camping **Triple G Hideaway:** Der Wohnmobil-Park und Zeltplatz ist empfehlenswert, das Restaurant nicht. Stellplatz 18–38 $. 5651 50th Avenue (am westlich Ende der Stadt), ✆ (250) 774-2340, www.tripleghideaway.com.

Essen und Trinken Neben Fast-Food-Outlets, Hotelrestaurants und Pizza-Ketten bleiben zwei Alternativen:

Dan's Neighbourhood Pub: Der abends lebhafte Pub bietet neben einer guten Auswahl an Getränken auch die üblichen Pub-Speisen. Frühstück, Lunch und Dinner. 4204 50th Avenue North, ✆ (250) 774-3929.

Gourmet Girl: Das 2017 eröffnete Café serviert morgens Muffins, Bagel etc. zum Frühstück, mittags Paninis, Wraps, Suppen und Salate. Mo–Fr 7–17, Sa 9–16 Uhr. 5415 51st Avenue West, ✆ (250) 774-9362.

Von Fort Nelson nach Watson Lake

Drei tolle Provinzparks, die Überquerung der Rocky Mountains mit dem höchsten Pass des Highways, eine faszinierende Tierwelt links und rechts der Straße und dann noch das authentischste Thermalbad Kanadas: Die gut 500 km von Fort Nelson bis Watson Lake gelten zusammen mit dem Kluane-Nationalpark als das schönste Streckenstück des Alaska Highway.

Schon auf den ersten Kilometern hinter Nelson kann man in der Dämmerung im Mai und Juni oft Bären am Straßenrand sehen, sie ernähren sich um diese Jahreszeit von den frischen Gräsern, die hier am Straßenrand dichter wachsen als im tiefen Wald. Die Trasse ist extra breit freigeschnitten, um überraschende Begegnungen zu vermeiden. In den Steamboat Mountains steigt der Highway an und erreicht am Steamboat Summit (1067 m) einen schönen Aussichtspunkt. 138 km nach der Abfahrt von Fort Nelson wird die Ostgrenze des Stone Mountain Provincial Park überquert.

Stone Mountain Provincial Park: Der Park umfasst die spektakuläre Region um den Summit Pass, den mit 1295 m höchsten Pass des Alaska Highway. Er ist für seine plötzlichen Wetterwechsel bekannt – auch im Hochsommer können hier Nebel und Schneefall die Sicht- und Straßenverhältnisse stark beeinträchtigen. Im Frühsommer sieht man morgens und abends oft Steinschafe, die das Salz von der Straße lecken oder in den steilen Hängen herumklettern. Auch Karibus werden im Park immer mal wieder gesichtet. Der Summit Ridge Trail ist der am häufigsten begangene Trail des Parks, er endet an einem schönen Aussichtspunkt (hin/zurück 4,5 km, 3 Std., 400 Höhenmeter). Im Frühsommer wachsen Wildblumen, ab August kann man sich an den Blaubeeren gütlich tun.

Der Flower Springs Trail führt zu alpinen Seen und Blumenwiesen sowie zu zwei kleineren Wasserfällen (hin/zurück 14 km, ca. 5 Std., 300 Höhenmeter).

Das Macdonald Creek Valley bietet Gelegenheit zu Mehrtagestouren von 35 bis 70 km. Nach dem Park windet sich der Highway hinunter in das Tal des Toad Rivers, bevor der Muncho Lake Provincial Park erreicht wird:

Muncho Lake Provincial Park: Schon kurz nach Einfahrt in den Park von Osten her liegt am Folded Mountain der erste Aussichtspunkt; 37 km nach der Parkgrenze lohnt ein Stopp am Sawtooth Mountains Viewpoint. Am nördlichen Ende des Sees liegt dann schließlich noch der Muncho Lake Viewpoint, der ein klassisches kanadisches Postkarten-Panorama bietet. Etwa auf halber Höhe des Muncho Lakes bietet die Sheep Flats Wildlife Viewing Area Gelegenheit zur Beobachtung der lokalen Steinschafe

Junger Grizzly am Alaska Highway

(Stone Sheep), die oft mit den hier nicht vorkommenden Dickhornschafen (Bighorn Sheep) verwechselt werden.

Im nördlichen Parkbereich, 14,5 km vom Nordende des Sees, lohnt – vor allem am frühen Morgen – der fünf- bis zehnminütige Spaziergang auf dem Mineral Licks Trail: Dann sieht man oft am Steilufer Steinschafe, Karibus oder Hirsche, die am salzhaltigen Gestein des Steilhanges zum Fluss lecken. Auch auf den letzten Kilometern im Park ist stets mit Steinschafen oder Bären an der Straße zu rechnen. Der Park bietet mehrere Wandermöglichkeiten, oft mit geringem Schwierigkeitsgrad auf alten Abschnitten des Alaska Highway.

▪ Tourism Northern Rockies gibt den sehr guten Wanderführer „Hiking & Motorized Trail Guide" kostenfrei heraus, der gut 30 Trails mit Beschreibungen und Karten auflistet.

Zwischen dem Muncho Lake und dem Liard River Hot Springs Provincial Park ist mit Bisons am Straßenrand zu rechnen – ihnen gewährt man besser die Vorfahrt. Auf diesem Abschnitt liegt auch die mächtige, 350 m lange Brücke über den Lower Liard River. Es ist die einzige Hängebrücke im Verlauf des Alaska Highway.

Liard River Hot Springs Provincial Park: Der Provinzpark wurde geschaffen, um Kanadas zweitergiebigste Thermalquelle zu schützen, die von Soldaten entdeckt wurde, als sie am Alaska Highway arbeiteten. Die zwischen 42° und 52°C heißen Quellen schaffen ein besonderes Mikroklima, in dem 14 verschiedene Orchideenarten gedeihen. Ursprünglich konnte in zwei Becken gebadet werden; das obere Becken, der sogenannte Beta-Pool, ist seit 2013 geschlossen, um die Vegetation zu schützen und die zu häufig aufgetretenen Begegnungen zwischen Badenden und Bären zu vermeiden. Am Alpha-Pool gibt es Umkleidekabinen und Sitzbänke. Der Pool selbst ist weitgehend naturbelassen und zu jeder Jahreszeit ein Erlebnis. Der Weg dorthin führt über einen 500 m langen Boardwalk. Jederzeit muss man auch hier mit Bären oder Elchen rechnen, die durch die reiche Vegetation angelockt werden.

▪ Tägl. 6–22 Uhr. Eintritt 5 $, in bar vor Ort zu zahlen. Direkt am Alaska Highway, ✆ (250) 776-7000, www.env.gov.bc.ca/bcparks/explore/parkpgs/liard_rv_hs.

Liard River Hot Springs

Weiter in Richtung Watson Lake: Vom Liard River Hotsprings Park sind es noch gut 200 km bis Watson Lake (→ S. 498). Auf den ersten 90 km sind häufig Bisons am Straßenrand zu sehen – in der Regel einzelne Bullen oder Mütter mit ihren Jungtieren. Diese haben sich an vorbeifahrende Autos gewöhnt, reagieren aber bei Annäherung oft aggressiv, daher gilt: Das Auto nicht verlassen! Der weitere Verlauf der Route nach Watson Lake ist schön, aber nicht mehr spektakulär. Mehrere Lodges liegen an der Straße, einige sind geschlossen, andere noch aktiv. Je besser die Straße ausgebaut wurde, desto weniger gab es für die kleinen Lodges an Reifenwechseln und kleinen Reparaturen zu erledigen. Waren in den 1960ern und 1970ern Tagesleistungen von 200 km meist die obere Grenze, so fahren Trucker heute oftmals von Fort Nelson nach Whitehorse ohne Halt durch.

Praktische Infos

Information Die nächsten Informationsbüros liegen in Fort Nelson und Watson Lake. Am

Muncho Lake im gleichnamigen Provincial Park

Parkplatz der Liard Hot Springs ist im Sommer stundenweise ein mobiles Infozentrum geöffnet.

Touren **Liard Tours** arbeitet mit der Northern Rockies Lodge (s. u.) im Park zusammen und bietet individuelle Rundflüge an sowie Packages, die neben drei Übernachtungen auch einen Tagesflug in den Nahanni-Nationalpark sowie einen Tag zum Paddeln, Angeln und Entspannen auf dem Muncho Lake einschließen. Package mit drei Nächten und Flügen ab 1000 $. ✆ (250) 776-3481, www.liardtours.com.

Übernachten **Northern Rockies Lodge:** Die neueste und beste Lodge am Alaska Highway bietet komfortable Unterkunft in Zimmern und Cabins für 2–6 Pers. direkt am schönen Muncho Lake. Restaurant, Lounge, Sauna. DZ ab 129 $, Cabin ab 149 $, Wohnmobil/Zelt-Stellplatz ab 40 $. Mile 462 Alaska Highway, Muncho Lake, ✆ (250) 776-3481, www.northernrockieslodge.com.

Tetsa River Lodge: Die zwischen Stone Mountain und Muncho Lake gelegene Lodge aus den Anfangsjahren des Highways ist für ihre Zimtschnecken bekannt. Fünf rustikale Cabins mit Gemeinschafts-Duschen und -WC vermitteln sehr schön klassische Alaska-Highway-Atmosphäre. Cabin ab 65 $, Wohnmobil/Zelt-Stellplatz 30 $. Mile 375 Alaska Highway (kurz vor dem Stone Mountain Park), ✆ (250) 774-1005, www.tetsariver.com.

Camping **Stone Mountain Provincial Park:** Am Summit Lake liegt ein Campground mit 28 Stellplätzen, der von Mai bis Mitte Sept. geöffnet ist. Stellplatz 20 $. ✆ (250) 776-7000, www.env.gov.bc.ca/bcparks/explore/parkpgs/stone_mt.

Muncho Lake Provincial Park: Der Park hat zwei Campingplätze mit je 15 Stellplätzen: **Strawberry Flats** am Südende des Muncho Lake und **MacDonald** an der Mitte des Ostufers. Beide haben einen kleinen Strand. Reservierung nicht möglich. Stellplatz 20 $. ✆ (250) 776-7000. http://www.env.gov.bc.ca/bcparks/explore/parkpgs/muncho_lk.

Liard River Hot Springs Provincial Park: 53 Stellplätze stehen ganzjährig zur Verfügung, von denen 21 von Mai bis Sept. über www.discovercamping.ca reserviert werden können; die anderen 32 werden nach dem Prinzip „first come first serve" vergeben und sind im Sommer meist schon gegen 10 Uhr morgens belegt. Stellplatz 26 $. ✆ (250) 776-7000, http://www.env.gov.bc.ca/bcparks/explore/parkpgs/liard_rv_hs.

Essen und Trinken Unterwegs gibt es zahlreiche kleine Lodges, Tankstellen und Restaurants, wo man Rast machen kann und fast nie enttäuscht wird: Einfache Hausmannskost zu fairen Preisen ist fast überall zu finden – besondere kulinarische Erlebnisse sucht man allerdings vergebens.

Steckbrief British Columbia

Geographie: Auf einer Fläche von 945.000 km^2 – doppelt so groß wie Deutschland, Österreich und die Schweiz zusammen – leben nur etwa 4,5 Mio. Menschen, davon jeder zweite im größten Wirtschaftsraum der Provinz, der Metropolregion Vancouver. Hauptstadt ist jedoch Victoria auf Vancouver Island. Im Süden grenzt British Columbia an die US-Bundesstaaten Washington, Idaho und Montana, wobei – abgesehen von den Inseln – der 49. Breitengrad die Grenzlinie zu den USA bildet. Im Osten liegt die Provinz Alberta, und weit im Norden verläuft entlang des 60. Breitengrads die Grenze zu Alaska, zum Yukon und zu den Northwest Territories. Die zerklüftete, oft fjordartige Küstenlinie im Westen British Columbias ist rund 7000 km lang. Dem Festland vorgelagert liegen mehr als 5000 Inseln im Pazifik, von denen Vancouver Island und die Gulf Islands im Süden sowie die Haida-Gwaii-Inseln im Norden am meisten Touristen anziehen.

Klima: Innerhalb der riesigen Provinz sind die klimatischen Verhältnisse sehr unterschiedlich. Der Norden ist vom arktischen Klima mit schneereichen Wintern geprägt, doch die kurzen Sommer sind warm und trocken. Die Kuroshio-Strömung des Pazifiks sorgt im Südwesten rund um Vancouver Island für ein warmgemäßigtes Klima: Sommertemperaturen von deutlich über 20 Grad sind die Regel, Temperaturen über 30 Grad im Süden nicht ungewöhnlich. Dabei sind die Westküste Vancouver Islands und die Nordwestküste des Festlandes oft dem Regen ausgesetzt – von den hartgesottenen Einheimischen gerne auch als *Liquid Sunshine* bezeichnet. Das zentrale Hochland wiederum liegt im Wind- und Regenschatten der Küstengebirge, so dass in der Weinbauregion Okanagan Valley die Temperaturen im Sommer auf bis zu 40 Grad steigen und nur etwa 250 mm Regen pro Jahr fallen.

Flora und Fauna: British Columbia ist für seine ausgedehnten Wälder bekannt. Die meisten sind allerdings durch Wiederaufforstung abgeholzter Bestände entstanden, nur 2 % der Waldfläche sind noch Urwald. An der Küste dominiert der gemäßigte Regenwald mit Kanadas höchsten Bäumen, in den trockeneren Rocky Mountains sind angepasste Nadelbäume heimisch. Am Waldrand blühen das Fireweed (Schmalblättriges Weidenröschen), sowie Arnika und Lilien, manchmal auch Azaleen.

Geschichte: Während der letzten Eiszeit blieben nur Teile der Küste und der vorgelagerten Inseln eisfrei. So reichen die ersten Spuren menschlicher Besiedlung knapp 13.000 Jahre zurück. Heute rechnen sich rund 170.000 Bewohner British Columbias einem der ca. 200 Stämme der First Nations zu – gerade einmal 3 % der Bevölkerung der Provinz.

James Cook segelte 1778 auf der Suche nach der sagenhaften Nordwestpassage in den Nootka-Sund auf Vancouver Island und baute von dort aus den Pelzhandel mit China auf. 1793 erreichte Alexander Mackenzie als erster Europäer die Küste von Osten her. John Finlay, ein Mitglied seiner Expedition, gründete 1794 die erste dauerhafte europäische Siedlung in British Columbia, Fort St. John im heutigen Nordosten der Provinz. Auf der Suche nach neuen Handelsrouten erforschte Simon Fraser 1808 das Landesinnere entlang des später nach ihm benannten Stroms, und David Thompson bereiste 1811 den Columbia River.

Mit der zunehmenden Expansion der USA nach Westen und Norden kam es im 19. Jahrhundert immer häufiger zu Konflikten bei Gebietsansprüchen, so dass die Briten 1843 Fort Victoria auf Vancouver Island gründeten und 1858 den Festlandteil zur Kronkolonie British Columbia erklärten. 1866 fusionierten Insel und Festlandteil zu British Columbia, das schließlich mit Victoria als Hauptstadt 1871 als sechste Provinz der 1867 gegründeten kanadischen Konföderation beitrat. Der kanadische Bundesstaat verpflichtete sich im Gegenzug zur Übernahme der Schulden der Provinz und versprach den Bau einer Bahnlinie an die Westküste innerhalb von zehn Jahren –dieses Meisterwerk der Ingenieurskunst durch das sehr schwierige Gelände wurde jedoch erst 1887 fertig.

In der Folge nahm vor allem Vancouver, Endstation der transkontinentalen Bahnstrecke, einen raschen Aufschwung. Fischerei und Forstwirtschaft, Bergbau und Eisenindustrie prägten bis zur Weltwirtschaftskrise 1929 das Wirtschaftswachstum. 1941 führte der Ausbruch des Kriegs im Pazifik zu einem weiteren Aufschwung, der sich in der Nachkriegszeit fortsetzte und bis heute anhält. Bei der letzten Parlamentswahl im Mai 2017 verlor die BC Liberal Party nach 16 Jahren die absolute Mehrheit und Premierministerin Christy Clark trat zurück. Die Grüne Partei unterstützt die Minderheitsregierung der Neuen Demokraten unter John Horgan, der seit Juli 2017 im Amt ist.

Offizielle Symbole: Der weiß blühende Hartriegel *(Pacific Dogwood)* ist die offizielle Provinzpflanze von British Columbia; der Blauhäher *(Stellers Jay)* ist der Provinzvogel, zu dem sich seit 2006 der Kermodebär *(Spirit Bear)* als Wappen-Säugetier gesellt hat. Der Riesenlebensbaum *(Western Red Cedar)* ist der Symbolbaum der Provinz.

Alberta

Die mächtigen Rocky Mountains mit den grandiosen Nationalparks Banff und Jasper sind nach wie vor das wichtigste Ziel. Die Prärie-Provinz begeistert zudem mit Cowboy-Romantik, den abwechslungsreichen Städten Calgary und Edmonton sowie mit zahlreichen Fossilienfundstätten – Alberta ist Dinosaurier-Land!

- Die Hälfte der 4 Mio. Einwohner lebt in der Hauptstadt Edmonton oder in Calgary.
- Kanadas erster Nationalpark wurde 1885 in Banff geschaffen.
- Mit 1,5 Mio. Besuchern ist die Calgary Stampede die größte Freiluft-Ausstellung der Welt.

Die Rocky Mountains sind für viele der Inbegriff von Kanada; daneben punkten Calgary und Edmonton mit prächtigen neuen Museen und relaxter Atmosphäre. Immer öfter werden das **Dinosaur Country** wegen seiner fossilen Funde und der Süden mit seiner Prärie und voller indigener Kultur angesteuert. Auf dem **Boomtown Trail** scheint die Zeit oft schon vor Jahrzehnten stehengeblieben zu sein, und der dünn besiedelte Norden ermöglicht die Begegnung von Mensch und Natur in großer Einsamkeit.

Was anschauen?

Banff National Park & Jasper National Park: Die beiden Parks bieten zahllose Postkarten-Panoramen – türkisblaue Seen, blendendweiße Gletscher und immergrüne Wälder an schroffen Bergflanken. In Jasper ziehen das **Maligne Valley** mit dem Maligne Lake sowie die Region um den **Mount Edith Cavell** die Naturfreunde an. Die Seen und Wege rund um **Jasper** laden zu einem Spaziergang ein, vor allem Pyramid Lake, Patricia Lake und Lac Beauvert. Im Banff Nationalpark sollte man schon frühmorgens am **Lake Louise** und am **Moraine Lake** sein – sonst wird es voll. **Banff** selbst besitzt ausgezeichnete Museen, darunter die Cave&Basin Site und das Whyte Museum. Wanderer entdecken den Johnston Canyon und viele stadtnahe Wege. Eine Woche sollte man für beide Parks und den sie verbindenden Icefields Parkway mit dem großen **Columbia Icefield** und den Wasserfällen Athabasca und Sunwapta mindestens vorsehen. → **S. 438**

Waterton Lakes Nationalpark: Trotz der Waldbrände 2017 begeistert der Park an der Grenze zu den USA. Noch herrscht auf dem See und seinen Wan-

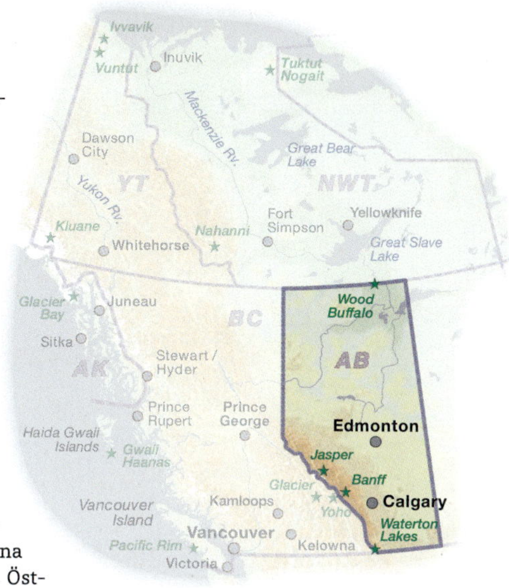

derwegen deutlich weniger Andrang als in Banff oder Jasper. → S. 480

Calgary und Edmonton: Je zwei Tage dürfen es schon sein. In Calgary empfiehlt sich das exzellente neue Museum der kanadischen Musik und der Abstecher zum **Calgary Heritage Park** sowie zu den Olympiastätten von 1988. In Albertas Hauptstadt Edmonton begeistert das 2018 fertiggestellte **Royal Alberta Museum,** auch der Kontrast zwischen Downtown und quirligem Szeneviertel Strathcona macht Edmonton erlebenswert. Östlich der Stadt kann man im **Elk Island National Park** Bisons begegnen und in die Geschichte ukrainischer Einwanderer eintauchen. Die **West Edmonton Mall,** einst weltgrößter Shopping- und Vergnügungstempel, ist noch immer einen Besuch wert und das nicht nur an Regentagen. → S. 379 und S. 414

Albertas Süden: Ein gewaltiger Bergrutsch, die spannende Geschichte des Bergbaus, Kultstätten der Ureinwohner und die Berg- und Prärie-Landschaft zwischen Crowsnest Pass und Cypress Hills – es gibt viel zu sehen abseits der touristischen Hauptrouten. → S. 394

Der Osten: Der **Dinosaur Provincial Park** und das Tyrrell Museum in Drumheller ziehen geologisch Interessierte aus der ganzen Welt an. Viel ruhiger, aber ungleich skurriler geht es auf dem **Boomtown Trail** zu, wo verschlafene Landstädtchen mit kuriosen Attraktionen, die trotzdem irgendwie sympathisch sind, um Besucher werben. → S. 407

Der Norden: Spektakuläres ist hier Mangelware – einsame Landschaften gibt es dafür im Überfluss rund um Nordamerikas tiefsten See, den **Great Slave Lake.** → S. 431

Was unternehmen?

In den Rockies werden viele Touren angeboten: Mit dem Schnee-Bus auf den Gletscher, mit dem Schiff auf dem Maligne Lake und mit der Seilbahn auf die Gipfel. Europäische Reisende sind oft vom Preis-Leistungs-Verhältnis enttäuscht. **Mein Tipp:** rein in die Wanderstiefel und auf den einsamen Bergpfaden die Massen hinter sich lassen.

Was sonst noch?

Wer selber mal ein paar Tage in die Rolle eines Cowboys schlüpfen möchte: In Alberta finden sich zahlreiche **Guest Ranches,** die Besuchern das Reiten, zum Teil aber auch die Mitarbeit im Ranchbetrieb ermöglichen.

Was muss geplant werden?

Die **Calgary Stampede** findet an zehn Tagen vom ersten Freitag bis zum zweiten Sonntag im Juli statt. Tickets gibt es noch einige Wochen davor – die Unterkünfte aber sind Monate vorher weg und das zu sehr hohen Preisen.

NORTHWEST TERRITORIES
Hay River, Yellowknife
Hay River
Fort Smith
0 50 100 150 200 km
1 : 7 000 000
BRITISH COLUMBIA
Bistcho Lake
Hay River
Wood Buffalo National Park
Slave River
Lake Athabasca
Fort Chipewyan
SASKATCHEWAN
Peace River
Lake Claire
High Level
Fort Vermilion
Peace River
ALBERTA
Fort McMurray
Manning
Fort Nelson, Yukon, Alaska
Churchill Lake
Peace River
Peter Pond Lake
Fort St. John
Grimshaw
Utikuma Lake
Athabasca River
Peace River
Fairview
Dawson Creek
High Prairie
Lesser Slave Lake
Slave Lake
Primrose Lake
Prince George
Grande Prairie
Athabasca
Lac la Biche
Cold Lake
Prince Albert
Fort Assiniboine
Whitecourt
Grande Cache
Athabasca River
Elk Island NP
Lloydminster
Prince George, Prince Rupert
Edson
Edmonton
Saskatoon
Hinton
Camrose
Wainwright
Wetaskiwin
Rocky Mountains
Jasper
Rocky Mountain House
Stettler
Jasper National Park
Nordegg
Red Deer
Olds
Hanna
Saskatoon
Drumheller
Oyen
Banff National Park
Glacier NP
Yoho NP
Lake Louise
Banff
Kananaskis
Calgary
Dinosaur Provincial Park
Mt. Revelstoke NP
Canmore
Kootenay NP
Bow River
Brooks
Vancouver
Okotoks
High River
Medicine Hat
Salmon Arm
Nanton
Kamloops
Upper Arrow Lake
Regina
Vancouver
Okanagan Lake
Vernon
Lethbridge
Head-Smashed-In Buffalo Jump
Cypress Hills Interprovincial Park
Kootenay Lake
Kelowna
Crowsnest Pass
Fort Macleod
Writing-on-Stone Provincial Park
Nelson
Cranbrook
Waterton Lakes NP
Cardston
Milk River
Provinz Alberta
Vancouver
Coutts
IDAHO
MONTANA
Great Falls
US 2

Calgary

Albertas größte Stadt vollzieht seit Jahrzehnten einen erfolgreichen Spagat zwischen Cowboy-Tradition und Öl-Boom. Sie steht zu ihren Wurzeln, aber auch zu ihrer Zukunft. Die zeitgemäß umgebauten und erweiterten Anlagen der Olympischen Winterspiele 1988 zählen heute genauso zu den Attraktionen der Stadt wie die historischen Forts und Parks.

Calgary wuchs vor allem in den letzten Jahrzehnten rasant. Heute leben etwa 1,2 Millionen Menschen in Kanadas drittgrößter Stadt, in der Energie, Finanzen, Film und Fernsehen sowie Transport und Logistik die wichtigsten Wirtschaftszweige sind. Die Lage, nur gut 80 km von den Rocky Mountains entfernt, macht die Stadt und ihren Flughafen aber auch für den Tourismus immer wichtiger.

Zwischen Mai und September klettert das Thermometer an Spitzentagen schon mal über die 30-Grad-Marke. Zwar sind Mai bis August die regenreichsten Monate, doch fällt der Niederschlag dann oft nur kurz, aber heftig in Form von Gewittern. Insgesamt weist Calgary im Schnitt 2.400 Stunden Sonnenschein pro Jahr auf – keine andere der 100 größten Städte Kanadas erreicht diesen Wert.

Stadtgeschichte

Verschiedene Stämme und Untergruppen der Blackfoot siedelten schon seit 11.000 Jahren am Zusammenfluss von Bow River und Elbow River, als die Northwest Mounted Police 1875 das Fort Calgary errichtete, um den Whisky-Schmuggel aus den USA zu unterbinden. Mit der Ankunft der Eisenbahn 1883 entwickelten sich Handel und Landwirtschaft. Die Bundesregierung verpachtete Flächen im Umland zu Spottpreisen, und so dauerte es nicht lange, bis die Region das Zentrum der kanadischen Viehzucht wurde. Vier Farmer veranstalteten 1912 eine landwirtschaftliche Ausstellung – die erste Calgary Stampede.

Öl hatte man in Alberta schon 1902 gefunden, doch erst mit den größeren Förderstätten, die ab 1947 erschlossen wurden, setzte bescheidenes Wachstum ein. Nach dem Öl-Embargo von 1973 stiegen Preis und Nachfrage rasant an. Calgary erlebte einen Ölboom, und die Zahl der Einwohner, die 1971 noch bei 400.000 lag, überschritt bereits im Jahr 2007 die Millionengrenze.

Alberta → Karte S. 378

Stadtbild und Orientierung

Mit 826 km² ist das Stadtgebiet größer als das des Stadtstaates Hamburg, die meisten Vororte dehnen sich auf den Hochufern des Bow River bis weit ins Umland aus. Die Innenstadt liegt dagegen vergleichsweise kompakt im Tal des Bow River südlich des Flusses und erstreckt sich von Fort Calgary im Osten bis zur Downtown Westend an der 14th Street.

Fort Calgary

Fast alles Sehenswerte liegt in der kompakten Innenstadt, genauer gesagt auf der Landzunge, die durch den Bow River und Prince's Island im Norden und den kleineren Elbow River im Südosten gebildet wird. Der Trans-Canada Highway verläuft nördlich der Innenstadt als 16th Avenue. Alle Straßen in West-Ost-Richtung heißen „Avenue", die von Nord nach Süd verlaufenden „Street" oder als Schnellstraße auch „Trail". Die beste Zufahrt in die Downtown ist die Centre Street. Die verläuft zwar längst nicht mehr zentral – dafür ist die Stadt zu weit nach Westen gewachsen. Doch die Kreuzung der Centre Street mit der Riverfront Avenue, direkt am Bow River, bildet noch immer den Nullpunkt des städtischen Straßenschemas: Alle Straßen, die nördlich der Riverfront Avenue und westlich der Centre Street liegen, tragen den Zusatz NW für Northwest, die im Nordosten NE usw. So liegt also fast die gesamte Innenstadt im südwestlichen der vier Quadranten.

Haupteinkaufsmeile ist die **8th Avenue,** auch Stephen Avenue genannt, die in den fünf Blöcken zwischen 4th Street SW (Südwest) und 1st Street SE (Südost) von 6 bis 18 Uhr nur für Fußgänger freigegeben ist. Offiziell darf hier auch geradelt werden, aber mit dem Rad ist hier tagsüber kein Durchkommen. Parallel zur Stephen Avenue verläuft eine Straße nördlich, in der 7th Avenue, der „Caltrain", Calgarys Straßenbahn. Innerhalb der Downtown ist die Benutzung kostenlos.

Calgary Stampede – „The Greatest Outdoor Show on Earth"

Die Calgary Stampede ist heute die größte Freiluftausstellung der Welt und auch die größte Rodeoshow des Planeten: Mehr als 1,5 Mio. Besucher strömen in den zehn Julitagen in die Stadt, die längst ganzjährig den Beinamen „Stampede City" trägt. Auch außerhalb des Festivalgeländes tragen die Einheimischen dann Cowboyhut und Stiefel, feiern mit Pfannkuchen-Frühstücken und anderen Veranstaltungen.

Auftakt ist die große Parade am 1. Freitag im Juli, die einem Karnevalsumzug ähnelt: 150 Themenwagen, viele Musikkapellen und natürlich Hunderte von Pferden ziehen auf einer festen Route durch die Stadt. In den Folgetagen findet das Rodeo in sechs Disziplinen statt, nach den Vorausscheidungen geht es am zweiten Wochenende in die Finals. Ergänzt wird das Programm durch Konzerte und Shows, Planwagenrennen, einen Jahrmarkt mit vielen Fahrgeschäften sowie ein Landwirtschaftsfest. Fast alle Veranstaltungen finden auf dem Festgelände rund um den Saddledome im Südosten der Downtown statt.

Tickets für die Veranstaltungen sollte man unbedingt vorausbuchen (www.calgarystampede.com). Der Zutritt zum Festivalgelände kostet 18 $; für die Rodeos beginnen die Preise bei 39 $ und für die Abendshows bei 49 $. Das Problem sind Hotelbetten: Mittelklassehotels in der Innenstadt sind dann kaum unter 400 $/Nacht zu haben; auch Stellplätze für Camper und Wohnmobilisten müssen langfristig gebucht werden.

Trotz Ölkrise (seit 2002) und Immobilienkrise (seit 2009) entstanden in den letzten Jahren zahlreiche Bürotürme in der Innenstadt, die die Skyline Calgarys stark veränderten. Am eindrucksvollsten ist der kurvenförmig angeordnete Bau **The Bow,** heute Calgarys höchstes Gebäude, öffentlich nicht zugänglich.

Nordwestlich der Innenstadt, am Nordufer des Bow River, liegt das Viertel Hillhurst, südlich der Downtown Beltline. Neben der Downtown sind dies die einzigen beiden Stadtviertel, die noch einen Besuch lohnen, vor allem Beltline mit seinem Nachtleben rund um die Bars und Clubs der 17th Avenue. Fast alle anderen Viertel bieten nur Grundversorgung und sind wenig reizvoll.

Downtown

Die Hochhaus-Schluchten der Innenstadt sind Heimat von Museen und Shoppingzentren, West-Kanadas höchstem Aussichtsturm sowie Parks und Restaurants. Um den eisigen Wintertemperaturen zu trotzen, hat man ein 16 km langes System überdachter Verbindungsgänge gebaut, so dass man stets klimatisiert von einem Gebäude zum nächsten wechseln kann. Da diese Übergänge meist etwa 15 Fuß (knapp 4,60 m) über der Erde angelegt wurden, heißt das Wegenetz „+15 Skywalk".

Die Dominanz der zahlreichen Bürotürme wird durch die Parkanlagen am Bow River etwas ausgeglichen; zudem liegt 15 km südlich der Downtown der **Fish Creek Provincial Park** als Naherholungsgebiet. Die relativ kompakte Innenstadt lässt sich ganz gut zu Fuß entdecken. Gegen eine Entdeckungstour mit dem Auto sprechen neben den Parkgebühren auch viele Einbahnstraßen. Wer genug gelaufen ist, findet zwei Optionen zum Entspannen. Die Devonian Gardens, eine Oase in Form eines kleinen botanischen Gartens, wurden in das oberste Stockwerk des CORE Einkaufszentrums hineingebaut (Eintritt frei). Der **Prince's Island Park,** ein 20 ha großer Freizeit- und Erholungspark liegt auf einer Insel im Bow River, die über mehrere Brücken mit der Downtown verbunden ist. Zur Lunchzeit scheint die halbe Innenstadt hier Sonne und Frischluft tanken zu wollen. In den Seen haben sich Kanadagänse und Stockenten angesiedelt.

Calgary Tower: Seit einem halben Jahrhundert bietet der 191 m hohe und 11.000 t schwere Stahlbetonkoloss einen Blick von oben auf Calgary – allerdings ist er längst nicht mehr das höchste Gebäude der Stadt. Dennoch lohnt die Auffahrt für die Ausblicke bis hin zu den Rocky Mountains und dem olympischen Gelände sowie für den Nervenkitzel, über einen Glasboden zu laufen. Hinweistafeln und alte Fotos an den Wänden erlauben einen Vergleich von damals und heute; ein Audioguide erzählt interessante Hintergrundstories. Ein Stockwerk unter dem Aus-

Blick vom Enmax Park auf den Saddledome

sichtsdeck liegt das Drehrestaurant „Sky 360", es braucht 45 Minuten für eine Runde. Mit dem Bestellen eines Hauptganges sind Auffahrt und Zugang zum Aussichtsdeck kostenfrei.

▪ Juni bis Aug. 9–22, sonst 9–21 Uhr. Eintritt 18 $. 101 9th Avenue SW, ✆ (403) 266-7171, www.calgarytower.com.

Studio Bell – National Music Centre: Schon architektonisch ist das Museum beeindruckend, vor allem von innen: ein einziger offener Raum über fünf Ebenen, dazu Treppenhäuser und Bühnen, die Ein- und Weitblicke erlauben. Das Museum erzählt die Geschichte der Musik in Canada, von den Anfängen der Inuit und First Nations über europäische Einflüsse bis hin zu den Weltstars des 20. und 21. Jahrhunderts wie Céline Dion, Alanis Morrissette, Shania Twain sowie Leonard Cohen, Neil Young und, ja, auch Justin Bieber. Konzeptionell ist das Studio Bell mehr Musikfestival als Museum, es begeistert, reißt mit, lädt zum Zuhören und Mitmachen ein. Neben täglich drei kostenfreien Führungen (Tipp: bequemes Schuhwerk) wird auch sonst viel Programm geboten, z. B. eine Vorführung des Kimball Theatre Organ. einer an eine Jahrmarktorgel erinnernden, aber technisch viel komplexeren historischen Kino-Orgel.

▪ Mi–So 10–17 Uhr, Juli auch Mo/Di. Führungen um 11 und 14, Sa/So auch 12.30 Uhr. Theatre-Organ-Vorführung 15, Sa/So auch 12 Uhr. Eintritt 18 $. 850 4th Street SE, ✆ (403) 543-5115, www.studiobell.ca.

Glenbow Museum: Das Museum für Kulturgeschichte und Völkerkunde verfügt über eine Million Exponate, von denen die bedeutendsten auf 8600 m² Ausstellungsfläche in 20 Abteilungen gezeigt werden. Die wichtigsten Räume zeigen das Leben der Bewohner Albertas etwa seit dem Jahr 1800. Bei den Kunstwerken stammt der Großteil der rund 28.000 Stücke aus dem Nordwesten Amerikas, vor allem Landschaftsmalerei vom 19. bis 21. Jahrhundert sowie Kunst der First Nations und der Inuit.

▪ Di–Sa 9–17, So 12–17 Uhr. Eintritt 16 $. 130 9th Avenue SE, ✆ (403) 268-4100, www.glenbow.org.

Fort Calgary: Das Fort übernimmt die Rolle des stadtgeschichtlichen Museums. In den rekonstruierten Bauten von 1875 kann man heute die Aktivitäten der Northwest Mountain Police nacherleben, man besucht Räume, die den ersten Bahnhof zeigen oder den Arbeitsplatz eines Schriftsetzers der Tageszeitung Calgary Herald.

▪ Tägl. 9–17 Uhr. Eintritt 12 $. 750 9th Avenue SE., ✆ (403) 290-1875, www.fortcalgary.com.

Auf der anderen Seite des Elbow River liegen das **Hunt House** – der unscheinbare Schuppen der Hudson's Bay Company ist Calgarys ältestes Gebäude am Originalstandort – und das **Deane House,** früher Wohnhaus des Fort-Kommandanten, heute ein Edelrestaurant. Läuft man am östlichen Ufer des Elbow River flussaufwärts, gelangt man nach wenigen Minuten zum **ENMAX Park.** Der Aufstieg lohnt, ergibt sich doch ein eindrucksvolles Panorama des Stadions Saddledome vor der Skyline der Stadt.

Beltline und Hillhurst

Das südlich an die Downtown angrenzende Beltline ist eines der am dichtesten besiedelten Viertel Calgarys. Mehrstöckige „Altbauten" mit Restaurants und Bars entlang der 17th Avenue machen Beltline zum Zentrum von Calgarys Nachtleben. Bei Sportveranstaltungen wird es voll; die 17th Avenue dient dann als Fanmeile.

Lougheed House: Der prächtige Sandsteinbau von 1891 war der Wohn- und Amtssitz des Senators John Lougheed und seiner Familie in Beltline bis 1938. Die schönen Gartenanlagen sind frei zugänglich; kostenpflichtig ist die Besichtigung des opulent ausge-

Alberta → Karte S. 378

statteten Hauses im Rahmen einer Audio-Führung.

▪ Mi–Fr 11–16, Sa/So 10–16 Uhr. Eintritt 8,50 $. 707 13th Avenue SW, ☏ (403) 244-6333, www.lougheedhouse.com.

Hillhurst und das benachbarte Kensington erleben derzeit eine Revitalisierung: Zahlreiche neue Restaurants und Läden locken immer mehr Besucher an. Die Kensington Road bietet mit den Nord-Süd-Straßen 10th und 14th Avenue ein „U", in dessen Bereich sich das Leben abspielt. An der 6th Avenue NW kann man die beiden Schenkel des U durch die Parks Hillhurst Sunnyside und Riley zu einem gut 2 km langen Rundweg verbinden und so entspannt durch Hillhurst bummeln.

Die Außenbezirke

Zahlreiche Attraktionen liegen am Stadtrand und sind nur mühsam mit öffentlichen Verkehrsmitteln zu erreichen. Hier ist das Auto die bessere Wahl.

Heritage Park Historical Village: Der historische Freizeitpark sieht sich selbst als „Kanadas größtes lebendiges Geschichtsmuseum", und das beschreibt den Park schon ganz gut. Über 200 alte Gebäude und Attraktionen aus der ganzen Provinz wurden hier auf einer Fläche von 100 Fußballfeldern zusammengetragen. Der Heritage Town Square, zwischen Parkplatz und Eingang, ist frei zugänglich, bietet Shops und Cafés sowie das sehr sehenswerte Gasoline Alley Museum, das alte Autos und Zapfsäulen zeigt.

Im Park selbst gibt es ein Pelzhandels-Fort und ein Indianerdorf aus den 1860er-Jahren, eine kleine Siedlung aus den 1880er-Jahren sowie ein historisches Dorf der Zeit um 1900 zu entdecken. Ein Dampfzug verbindet die verschiedenen Örtlichkeiten; mit einem Schaufelraddampfer kann man auf einem kleinen See fahren. Ein klassischer Jahrmarkt mit Karussell und Riesenrad findet sich ebenso wie Restaurants. „Interpreters" in historischen Kostümen lassen die alten Zeiten wieder lebendig werden. Der recht heftige Preis ist gerechtfertigt, denn Zug, Dampfer, Jahrmarkt etc. sind inklusive.

▪ Tägl. Ende Mai bis Anfang Sept., dann Sa/So bis Anfang Okt. Wechselnde Zeiten, meistens jedoch mindestens 9.30–17 Uhr. Eintritt 26,50 $. 1900 Heritage Drive SW, ☏ (403) 268-8500, www.heritagepark.ca.

Canada Olympic Park: Die olympischen Sportstätten von 1988 werden heute vielfältig genutzt. Im Außenbereich werden Aktiv-Optionen angeboten, z. B. Ziplines, per Sessellift erreichbare Mountainbike-Pisten, eine Sommerrodelbahn oder die Mitfahrt in einem Bob durch die Original-Olympia-Bobbahn, im Sommer auf Rädern, im Winter auf Kufen. Hauptattraktion im Innenbereich ist die Hall of Fame, die Ruhmeshalle des kanadischen Sports, wo man die Erfolge von 600 kanadischen Sportler(inne)n noch einmal in Film und Bild nacherleben kann. Viel interessanter ist für Sportbegeisterte jedoch das Gebäude gegenüber. Wendet man sich am Eingang nach rechts, steht man mitten im Trainingszentrum der kanadischen Wintersportler: Während man noch staunt, wer da alles so im komplett verglasten Kraftraum schwitzt, wird man höflich zur Seite gebeten, weil gerade der Bob-Vierer den Start an der kurzen Testrampe simulieren will. Auch die Cafeteria ist öffentlich zugänglich.

▪ Hall of Fame: Mi–So 10–17 Uhr. Eintritt frei. 88 Canada Olympic Road (am Trans-Canada Highway), ☏ (403) 776-1040, www.sportshall.ca.

The Hangar – Flight Museum: Das Luftfahrtmuseum am Südende des Flughafens zeigt eine umfangreiche Sammlung restaurierter ziviler und militärischer Flugzeuge, darunter auch Prototypen und Einzelstücke. Das engagierte Personal – meist Piloten im Ruhestand – erzählt gerne.

▪ Tägl. 10–16 Uhr. Eintritt 15 $. 4629 McCall Way NE, ☏ (403) 250-3752, www.thehangarmuseum.ca.

Sehenswert und riesig: der Heritage Park

Calgary Zoo: Wer auf seiner Reise durch Kanada noch nicht genug Tiere gesehen hat, kann dies vor Abflug noch nachholen – so nah kommt man den Tieren in der Natur ohnehin nicht. Grizzlys und Schwarzbären, Karibu und Bisons, Bergziegen und Wölfe, Biber und Berglöwen – alles, was die kanadische Wildnis ausmacht, ist hier fotogen abzulichten.

▪ Tägl. 9–18 Uhr, letzter Einlass 17 Uhr. Eintritt 35 $. 210 St. George's Drive NE, ✆ (403) 232-9300, www.calgaryzoo.com.

Calaway Park: Westkanadas größter Vergnügungspark ist auf Familien ausgerichtet und bietet mehr als 30 Fahrgeschäfte für jeden Geschmack, dazu Spiel-Arkaden, 3D-Kino, Shows und Fast Food.

▪ Ende Mai bis Anfang Sept. tägl. 10–19 Uhr, dann Sa/So bis Anfang Okt. Eintritt 40 $. 245033 Range Road 33 (30 Min. westlich der Stadt), ✆ (403) 240-3822, www.calawaypark.com.

Basis-Infos

Information Am Flughafen Calgary gibt es eine Zweigstelle von **Travel Alberta:** tägl. 6–23 Uhr Auskünfte zur Provinz und zu Calgary. Das **Calgary Visitor Centre** liegt in der Downtown: Mo–Fr 9–17 Uhr. Hier ist der Service im persönlichen Gespräch eher mager: Man verweist auf die Webseite, den mobilen Kiosk und das Telefonteam. 238 11th Avenue SE, ✆ (800) 661-1678 und (403) 263-8510, www.visitcalgary.com.

Flughafen Der Calgary International Airport nordöstlich der Innenstadt ist für seine meist langen Warteschlangen vor der Security berüchtigt: Seien Sie bei einem Rückflug von Calgary nach Europa möglichst drei Stunden vor Abflug am Airport. Ankünfte/Abflüge unter www.yyc.com.

Vom Flughafen in die Stadt Fast alle Hotels der gehobenen Kategorien bieten eigene Airport Shuttle an. **Calgary Allied Airport Shuttle** fährt halbstündlich als Sammeltaxi vom Airport in die City und zurück. ✆ (403) 299-9555., www.airportshuttlecalgary.ca.

Calgary Transit betreibt den **Expressbus der Route 300** vom Airport in die Innenstadt, die mit einem Rundkurs abgedeckt wird. Der Fahrpreis von 10 $ ist zugleich Tagespass für Straßenbahn und Bus. www.calgarytransit.com.

Taxis vom Flughafen zur Innenstadt ca. 45 $.

Bus Über Fernbusverbindungen gab es bei Redaktionsschluss (April 2019) noch keine verlässlichen Angaben, nachdem der bisherige Betreiber Greyhound Bus seine Linien in Westkanada Ende 2018 eingestellt hatte (→ S. 698).

Öffentlicher Nahverkehr **Calgary Transit** (CT) betreibt den öffentlichen Nahverkehr im Großraum Calgary mit der Straßenbahn Caltrain und Buslinien. An den Fahrkartenautomaten des Caltrain kann man bar oder mit Kreditkarten bezahlen, in den Bussen nur bar in Münzen. Geld abgezählt bereithalten; Busfahrer wechseln nicht! Umsteigen ist innerhalb 90 Min. möglich, mit Tagespass oder einem Transfer vom Busfahrer. Tickets sind an vielen Verkaufsstellen und Kiosken zu erwerben. Zwischen den Stationen Downtown West/Kerby und City Hall ist der Caltrain kostenfrei.

Parken Selbst in Randbereichen der Innenstadt kommt man nicht unter 5 $ die Stunde bzw. 20 $/Tag weg. Wer direkt in die Shopping Malls der Stephen Avenue möchte, wird mit 12 $/Std. bzw. 40 $/Tag heftig zur Kasse gebeten.

Einkaufen und Adressen

Alkohol In Alberta gibt es Alkohol nur im Restaurant oder im Liquor Store – bei beiden gibt es große Unterschiede zwischen den Anbietern, was Auswahl und Service betrifft. **Vine Arts** (1310 1st Street SW, 3045 Main St) setzt bei Wein und Bier auf Qualität und Auswahl; **Metrovino** (722 11th Avenue SW) bietet Alkoholika in allen Preisklassen an, von Fusel bis Oberklasse.

Bäcker Die meisten Bäckereien bieten nur ein begrenztes Sortiment, dazu aber Gebäck, Kuchen, Kaffee und anderes. **Al Forno Bakery & Café** (222 7th Street) ist mehr Café als Bäckerei, hat aber eine gute Brotauswahl. In der **European Bakery & Deli** findet man am ehesten Brot heimischer Qualität. 515 17th Avenue Southwest.

Bücher & Landkarten **Shelf Life Books:** Seltene Titel, Erstausgaben und hochwertige Literatur. 1302 4th Street SW. **Pages – Books on Kensington:** Lokaler Vollsortimenter. Neue und gebrauchte Bücher, auch aus unabhängigen Verlagen. 1135 Kensington Road, Hillhurst. **Daily Globe News Shop:** Im Herzen

Fußgängerzone Stephen Avenue

von Beltline. 4000 verschiedene Zeitungen, Illustrierte und Magazine aller Fachrichtungen. 1013 17th Avenue. **Maptown:** Reiseführer und Landkarten, Schwerpunkt auf topographischen Karten für die Rockies. 400 5th Avenue SW.

Cowboy-Outfit Echte Cowboy-Stiefel, -Hüte etc. bekommt man beim Platzhirschen **Lammle's Western Wear & Tack,** 211 8th Avenue SW. Am McLeod Trail Richtung Süden liegen die **Alberta Boot Company** (50 50th Street SE) und die **Stampede Boot Company** (auch Bekleidung, 5327 2nd Street SW).

Designer Outlets 231 Läden findet man im **Cross Iron Mills Centre,** 15 km nördlich der Innenstadt am Highway 2 Richtung Edmonton.

Einkaufen für Selbstversorger Der **Sunterra Market,** 855 2nd Street SW, ist ein Delikatessen-Tempel mit viel frischer Bioware, Verköstigungen und Events. Die nationale Kette **Safeway** nennt ihren Supermarkt in 813 11th Avenue SW „Downtown", aber das stimmt schon nicht mehr so ganz. Im Eau Claire Centre ist der Mini-Supermarkt **Island Foods** ansässig, wo man das Nötigste bekommt.

Fahrrad- und Bootsverleih **Eau Claire Rapid Rent** hat seine Verleihstation im Eau Claire Center, direkt am Radwegsystem des Bow River. Räder ab 10 $/Std., 40 $/24 Std. Vermietet auch Rollschuhe sowie Schlauchboote für den Fluss. 200 Barclay Parade SW ✆ (403) 444-5845.

Galerien Die **Gainsborough Galleries** stellen Werke aller zeitgenössischen kanadischen Maler von Clayton Anderson bis Peter Wyse aus, 44th Avenue SW. Vor allem moderne Kunst und die der First Nations zeigt die **Esker Foundation** in wechselnden Ausstellungen (1011 9th Avenue SW). Indigene Kunst- und Schmuckobjekte, Öl- und Acrylgemälde, Skulpturen und Töpferkunst haben die **Webster Galleries** (812 11th Avenue) im Angebot.

Geldwechsel Büros von **Western Union** befinden sich downtown in 1818 Centre St und 813 11th Avenue SW. Jeweils bis 21 Uhr geöffnet. Der dort angebotene Wechselkurs Euro/Can. $ ist aber schlechter als der Kurs der Banken und auch teurer als das Abheben mit Maestro-Karte oder Kreditkarte am Geldautomaten

Kaufhäuser Die **Hudson's Bay Company** (200 8th Avenue SW) bietet Kleidung, Geschenkartikel, Schmuck und Ausrüstung. **Holt Renfrew** (CORE Shopping Centre, 510 8th Avenue SW) verkauft Mode von Armani bis Louis Vuitton.

Outdoor-Artikel Im **MEC** findet man alles, was man fürs Wandern, Kochen oder Zelten in den Rockies benötigt. 830 10th Avenue SW.

Shopping Malls Im Zentrum liegt das **CORE Shopping Centre** mit 160 Geschäften, Restaurants und schönem überdachten Garten (324 6th Avenue SW) Das größte Einkaufszentrum der Region ist das **CF Chinook Centre** (6455 Macleod Trail), 15 Minuten südlich der Innenstadt, mit 250 Geschäften und Restaurants.

Alberta → Karte S. 378

Kultur und Aktivitäten

Die Webseite des Visitor Centres listet alle Festivals, Veranstaltungen, Sportereignisse und große Konzerte in Calgary auf: www.visitcalgary.com.

Ausflüge Bei **Aspen Crossing** dreht sich alles um die Eisenbahn. Ausflugsfahrten durch die Prärie Albertas, samstags meist als kulinarische Themenfahrten. An anderen Tagen lockt das Diefenbaker Restaurant in einem historischen Speisewagen von 1887. Übernachten kann man in Cabooses, den typischen Güterzugbegleitwagen, oder auf einem Campingplatz. Zugfahrten Sa/So, in der Hochsaison auch Mi und Fr. Mossleigh (90 km südöstlich von Calgary am Highway 24), ✆ (403) 534-2129, www.aspencrossing.com.

Kultur **Theatre Calgary** ist das führende Ensemble der Stadt. Neben klassischen Theater- und Musical-Produktionen feierte hier 2017 auch „Blow Wind, High Water" eine umjubelte Premiere. Das Stück befasst sich mit den gewaltigen Fluten, die die Stadt 2013 heimsuchten. Das **Calgary Philharmonic Orchestra** wird vom Bürgermeister schon mal als „unsere Hausband" bezeichnet und spielt neben Klassik auch Begleitband für internationale Künstler, wenn diese in die Stadt kommen. Ungewöhnlich ist das Konzept des **Lunchbox Theatre:** Es spielt kurze Stücke in der Innenstadt – und zwar zur Mittagspause. **Alberta Theatre Projects** legt den Schwerpunkt auf Stücke kanadischer Autoren; **Decidedly Jazz** bietet zeitgenössischen Tanz, das **Alberta Ballet** dagegen klassisches Ballett. Im Juli und August ist bei fast allen Sommerpause, doch Juni und September bieten eine gute Auswahl bei den darstellenden Künsten und der klassischen Musik. Das altehrwürdige **Palace Theatre** ist Ort vieler Liveauftritte kleinerer und größerer Bands, wenn sie in der Stadt gastieren.

Outdoor-Aktivitäten Im Außenbereich des Canada Olympic Park hält **Winsport** Ende Mai bis Anfang Sept. ein weitgefächertes Programm bereit, u. a. Bobfahrt auf der originalen Olympia-Bahn (im Sommer auf Rädern), Ziplining, Mountainbiking. 88 Canada Olympic Road (am Trans-Canada Highway), ✆ (403) 247-5452, www.winsport.ca.

Stadtrundfahrten & Touren **Calgary Walks** bietet neben geführten Stadtrundgängen auch Rundfahrten per Bus durch Calgary an: 2 Std. Stadtrundgang 28 $. Die 3-stündige „Xploring Calgary Tour" (62 $) deckt vor allem das moderne Zentrum ab. Bei der etwa 4½-stündigen „Calgary City Tour" (67 $) verbringt man 2 bis 3 Std. im Heritage Park. Kein Büro, unterschiedliche Treffpunkte. ✆ (855) 620-6520, www.calgarywbtours.com.

Nomad organisiert im Sommer geführte Thementouren per Fahrrad: freitags eine Bike & Coffee-Tour (59 $), samstags eine Brauereitour (59 $). 803 64th Avenue SE. ✆ (587) 585-6531, www.nomadgearrentals.com.

Calgary Food Tours lädt zu kulinarischen Entdeckungsreisen ein, z. B. auf dem Farmers Market oder zum Lunch in sechs verschiedenen Restaurants an der 17th Avenue SW. 2-3 Std., 55–115 $. Kein Büro, nur Telefon. ✆ (844) 535-5239, www.calgaryfoodtours.com.

Veranstaltungen & Feste Den ganzen Sommer über löst ein Festival das andere ab. Am bekanntesten ist natürlich die **Calgary Stampede** (10 Tage in der ersten Julihälfte). Musikfans kommen Ende Juli/Anfang August beim **Folk Music Festival** und dem sich direkt anschließenden **Blues Festival** auf ihre Kosten. Wenn Ende August die Abende kürzer werden, erleuchtet das **Feuerwerkfestival Globalfest** den Nachthimmel über der Stadt.

Wandern Schöne Wanderungen hat die Stadt nicht zu bieten, doch der **Fish Creek Park** ist immerhin West-Kanadas größter Stadtpark und die Passagen entlang des **Bow River** sind vor allem außerhalb der Stadt auch ganz nett für Radtouren oder längere Spaziergänge.

Übernachten

→ Karten S. 381 und 390/391

In der Innenstadt ist die gehobene Hotellerie stark präsent. Günstiger wird es vor allem entlang des Trans-Canada Highway, wo sich zahlreiche Hotels und Motels angesiedelt haben. Gleich ein Dutzend Ketten-Unterkünfte liegt im Bereich der 24th Street NW – die Lage ist verkehrsgünstig, denn mit dem Caltrain kommt man schnell in die Stadt.

Hotel **Hotel Arts** **23**, Beltline: Das Boutique-Hotel der Luxusklasse an der Grenze von Beltline zur Downtown bietet 185 Designer-Zimmer, Pool, kostenlose Leihräder, Bar, Bistro und viel Kunst im ganzen Haus. DZ ab 279 $, Suite ab 393 $. 119 12th Avenue Southwest, ✆ (403) 266-4611, www.hotelarts.ca.

Fairmont Palliser Hotel **19**, Downtown: Die Opulenz der 1920er-Jahre findet man in Lounge und Restaurant, zeitlose Eleganz in den Zimmern des Traditionshotels. DZ ab 238 $. 133 9th Avenue SW. ✆ (403) 262-1234, www.fairmont.com/palliser-calgary.

****** Le Germain Hotel** **18**, Downtown: Calgarys bestes Hotel bietet 143 elegante Zimmer in fünf Kategorien, großzügig und mit moderner Technik ausgestattet. Fitness Center, Spa, Restaurant. DZ ab 209 $. 899 Centre Street SW, ✆ (877) 362-8990, www.legermainhotels.com.

Hotel Arts Kensington **12**, Hillhurst: Das Boutique-Hotel im englischen Landhaus-Stil gehört zur Vereinigung Relais & Chateaux und bietet Luxus pur. DZ ab 197 $, inkl. 20 $ Gutschein für das Oxbow Restaurant im Haus. 1126 Memorial Drive NW, ✆ (403) 228-4442, www.hotelartskensington.com.

MeinTipp ***** International Hotel** **13**, Downtown: Komplett renovierte Suiten ab 50 m² aufwärts bietet das etablierte Hotel im Herzen der Downtown. DZ ab 179 $ inkl. großes Frühstück. 220 4th Avenue SW, ✆ (403) 265-9600, www.internationalhotel.ca.

Aloft Calgary University **4**: Design, Stil, Technologie und Komfort vereinen sich zu einem Gesamtkonzept in diesem modernen Hotel an der Uni. Spa, Pool Billard, Bar. Perfekte Lage am Caltrain in die Innenstadt. DZ ab 149 $ inkl. Frühstück. 2359 Banff Trail NW. ✆ (403) 289-1973, www.aloftcalgaryuniversity.com.

****** Applause Hotel** **1**: Modernes Haus 5 Autominuten vom Flughafen, der Zimmerpreis schließt die gefüllte Minibar (Softdrinks) ein. 2

Prince's Island Park

Alberta → Karte S. 378

Hot Tubs auf dem Dach mit Ausblick. DZ ab 149 $. 20 Aero Crescent NE, ☏ (855) 425-4783, www.applausehotel.ca.

****** Hotel Elan 25**, Beltline: Das moderne Hotel punktet mit stilvoll-großzügigen Zimmern, bester Ausstattung und perfekter Lage zur Partymeile und zur Downtown. DZ ab 139 $, Suite ab 210 $ inkl. kontinentales Frühstück. 1122 16th Avenue SW, ☏ (403) 229-2040, www.hotelelan.ca.

Motel Centro Motel 3: Das günstige Motel im Nordwesten der Stadt gehört zu den besseren der traditionellen Motels. 24-Std.-Service. DZ ab 102 $ inkl. kleines Frühstück und Telefonate USA/Canada. 4540 16th Avenue NW, ☏ (403) 288-6658, www.centromotel.com.

Stetson Village Inn 7: Das Motel mit Pub & Café bietet einfache, saubere Zimmer mit Kühlschrank. DZ ab 89 $. 10002 Macleod Trail SE, ☏ (403) 271-3210, www.stetsonvillageinn.ca.

B&B Shangarry 8: Irische Gastfreundlichkeit und gehobene Ausstattung zeichnen das B&B in einem ruhigen südlichen Vorort aus. DZ 135 $, Mindestaufenthalt 2 Nächte. 432 Wilderness Drive SE, ☏ (403) 271-5704, www.shangarry.com.

River Wynde Executive 10, Hillhurst/Kensington: In einer ruhigen Nebenstraße, aber nur wenige Minuten vom Shoppingareal Kensington und der Downtown. 4 geschmackvolle Zimmer, aber nur Gemeinschaftsbäder. Großes Frühstück. DZ ab 110 $. 220 10A Street NW, ☏ (403) 270-8448, www.riverwynde.ca.

Jugendherberge HI Calgary 16, Downtown: Spartanische Jugendherberge war gestern – heute gibt es moderne DZ mit Du/WC im 2017 komplett renovierten Haus. Der beste Deal in der Downtown. DZ mit Du/WC ab 105 $, Übernachtung im Schlafsaal ab 33 $. 520 7th Avenue SE, ☏ (403) 269-8239, www.hihostels.ca.

Wicked Hostel 26, Beltline: Von diesem skurrilen Hostel aus ist man schnell in der 17th Avenue, am Saddledome und in der Innenstadt. DZ mit Gemeinschaftsbad ab 90 $, Übernachtung im Schlafsaal ab 33 $ pro Person inkl. Frühstück, Wäscheservice und internationale Telefonate! 1505 Macleod Trail SE, ☏ (403) 265-8777, www.wickedhostel.com.

Apartments Premiere Suites: Apartments an 29 Standorten in Calgary, fast alle in der Innenstadt. Die Essential Suites bieten Bett, Küche, Wohnzimmer, Bad, die Executive Suites dagegen wahren Luxus. Essential ab 115 $, Executive ab 130 $. Meist sind mehrere Tage Mindestaufenthalt Bedingung. Zentrale: 220 12th Avenue SE. ☏ (403) 265-9600, www.premieresuites.com.

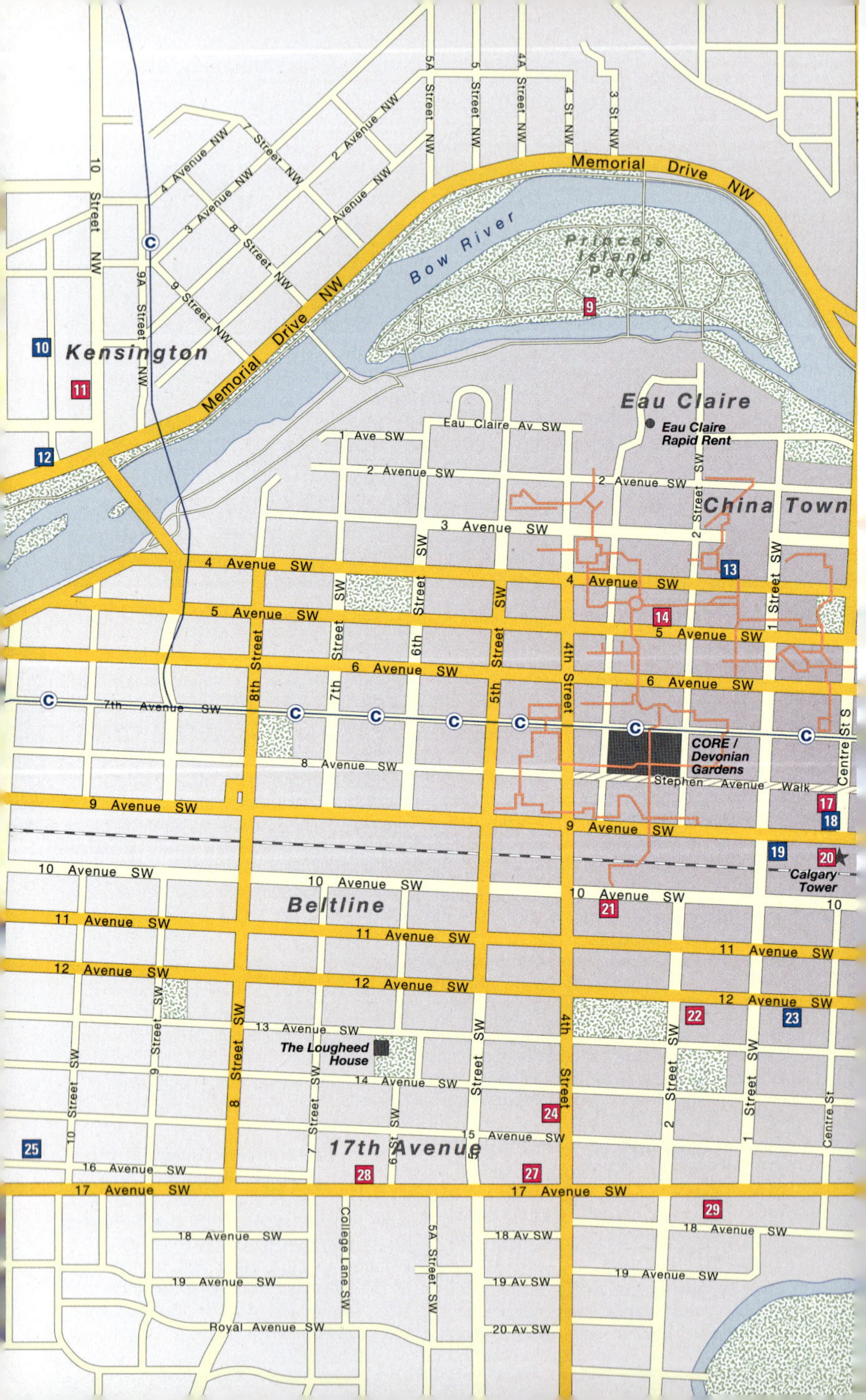
Memorial Drive NW
Bow River
Prince's Island Park
Kensington
Eau Claire
Eau Claire Rapid Rent
China Town
CORE / Devonian Gardens
Stephen Avenue Walk
Calgary Tower
Beltline
The Lougheed House
17th Avenue
4 Avenue NW
3 Avenue NW
2 Avenue NW
1 Avenue NW
7 Street NW
8 Street NW
9 Street NW
10 Street NW
9A Street NW
5A Street NW
5 Street NW
4A Street NW
4 St NW
3 St NW
Eau Claire Av SW
1 Ave SW
2 Avenue SW
3 Avenue SW
4 Avenue SW
5 Avenue SW
6 Avenue SW
7th Avenue SW
8 Avenue SW
9 Avenue SW
10 Avenue SW
11 Avenue SW
12 Avenue SW
13 Avenue SW
14 Avenue SW
15 Avenue SW
16 Avenue SW
17 Avenue SW
18 Avenue SW
18 Av SW
19 Avenue SW
19 Av SW
20 Av SW
Royal Avenue SW
8th Street
7th Street
6th Street
5th Street
4th Street
2 Street SW
1 Street SW
Centre St S
Centre St
10 Street SW
9 Street SW
8 Street SW
7 Street SW
6 St SW
5th Street SW
College Lane SW
5A Street SW
9
10
11
12
13
14
17
18
19
20
21
22
23
24
25
27
28
29

Übernachten (S. 388/389)
10 River Wynde Executive
12 Hotel Arts Kensington
13 International Hotel
16 HI Calgary
18 Le Germain Hotel
19 Fairmont Palliser Hotel
23 Hotel Arts
25 Hotel Elan
26 Wicked Hostel
Essen & Trinken (S. 392)
9 River Café
11 Vero Bistro Moderne
12 Oxbow
14 OEB Breakfast Co.
15 Sidewalk Citizen Bakery
17 Saltlik
20 Sky 360
21 Craft Beer Market
22 Native Tongues Taqueria
24 Red's on 4th
27 The Living Room
28 Market
29 Mill Street Brewpub
+15 Skywalk
C-Train
Bridgeland
Saint Patrick's Island
Glenbow Museum
Studio Bell - National Music Centre
Fort Calgary
Hunt House
Deane House
Inglewood
Elbow River
Calgary Stampede
Saddledome
Enmax Park
Memorial Drive NE
Edmonton Trail NE
Centre Street N
Macleod Trail SE
Riverfront Avenue SE
McDougall Road NE
Meredith Road NE
Marsh Rd
Olympic Way SE
Stampede Trail SE
Bellevue Avenue SE
Maggie Street SE
Salisbury Street SE
Ramsay Street SE
155 m
Calgary Downtown

Essen & Trinken

→ Karten S. 381 und 390/391

Qualität und Preise sind meist höher als im Rest der Provinz. Fast überall gibt es eine gute Auswahl an veganen, vegetarischen und glutenfreien Speisen. Fr/Sa wird es in vielen Restaurants schwierig, ohne Reservierung einen Platz zu bekommen!

Downtown **River Café 9**: Das idyllisch unter Bäumen auf Prince's Island gelegene Edel-Bistro ist ein herrlich entspannter Gourmet-Tempel mit sehr guter Küche. Regelmäßig unter den Top 100 Restaurants in Kanada. Lunch und Dinner. Tägl. 11–22, Sa/So schon ab 10 Uhr. Abends reservieren! 25 Prince's Island, ☏ (403) 261-7670, www.river-cafe.com.

Saltlik 17: Alberta steht für Viehzucht; das Saltlik steht für die Steak-Restaurants der Stadt – besser geht kaum. Mo–Fr 11–23, Sa 17–23, So 17–22 Uhr. 101 8th Avenue SW, ☏ (403) 537-1160, www.saltlik.com.

Native Tongues Taqueria 22: In der Tradition mexikanischer Garküchen gibt es hier kleine Portionen, um ständig was Neues zu probieren, aber auch klassische Hauptgerichte. Tägl. 11.30–23, Fr/Sa bis 1 Uhr. 235 12th Avenue SW, ☏ (403) 263-6444, www.nativetongues.ca.

Sky 360 20: Das Drehrestaurant des Calgary Tower punktet vor allem mit der phantastischen Aussicht über die Stadt bis zu den Rocky Mountains. Reservierung erforderlich. Lunch, Brunch und Dinner. Mo–Sa 11–14 und 17–22 Uhr. 101 9th Avenue SW, ☏ (403) 532-7966, www.sky360.ca.

meinTipp **Craft Beer Market 21**: Kanadas größte Auswahl an Bieren vom Fass trifft hier auf eine lebhaft-freundliche Atmosphäre und eine passable Speisekarte. Lunch und Dinner. Mo–Mi 11–1, Do/Fr 11–2, Sa 10–2, So 10–24 Uhr. 345 10th Avenue SW, ☏ (403) 514-2337, www.craftbeermarket.ca.

Sidewalk Citizen Bakery 15: Exzellente Bäckerei mit Sitzplätzen. Auch viele mediterrane Speisen wie Shakshuka. Oft lange Schlange, aber es lohnt sich. Tägl. 8–17 Uhr. 618 Confluence Way SE, ☏ (403) 457-2245, www.sidewalkcitizenbakery.com.

meinTipp **OEB Breakfast Co. 14**: Ausgerechnet in einer langweiligen Büropassage residiert das peppigste Frühstücksrestaurant der Stadt. Viele lokale Zutaten aus biologischem Anbau nach dem Farm-to-table-Prinzip. Mo–Fr 6.30–14, Sa/So 8–14.45 Uhr. 222 5th Avenue SW, ☏ (403) 457-2245, www.eatoeb.com.

Beltline **Market 28**: Calgarys Restaurant des Jahres 2015 überzeugt noch immer mit exzellenter kanadischer Küche, alles frisch: Die Bison-Rippchen sind großartig. Tägl. 11.30–23, Do–Sa bis 1 Uhr. 718 17th Avenue, ☏ (403) 474-4414, www.marketcalgary.ca.

The Living Room 27: Es dominiert modern interpretierte Standardküche mit lokalen Zutaten – die meisten der Platten sind zum Teilen gedacht. Mo–Fr 11.30–14, So–Do 16–22, Fr/Sa 16–24 Uhr. 514 17th Avenue, ☏ (403) 228-9830, www.livingroomrestaurant.ca.

Mill Street Brewpub 29: Der moderne, dennoch heimelige Brewpub hat ständig ein Dutzend verschiedener Biere im Ausschank, dazu gibt es Pub Food der gehobenen Art: Hirsch-Chili, St. Louis Ribs, Gouda-Piroggen. . Mo–Do 11–24, Fr 11–2, Sa 10–2, So 10–22 Uhr. 219 17th Avenue SW, ☏ (403) 454-6871, www.millstreetbrewery.com.

Red's on 4th 24: Das klassische Familienrestaurant bietet All-Day Breakfast, Salate und Burger in netter Fabrikoptik. Frühstück und Lunch. Tägl. 7–16 Uhr. 1415 4th Street SW, ☏ (403) 266-3448, www.redsdiner.com.

Hillhurst **Oxbow 12**: Das Restaurant im Arts Kensington bringt frische Gourmet-Küche ins Kensington-Viertel, und das zu noch vernünftigen Preisen. Frühstück, Lunch und Dinner. Mo–Fr 7–10 und 11–22, Sa/So 8–13 und 13.30–22 Uhr. 1126 Memorial Drive NW, ☏ (403) 670-7387, www.kensingtonriversideinn.com/dining-en.html.

Vero Bistro Moderne 11: Italienische und französische Küche, modern interpretiert. Wunderbar anzusehen, hervorragend im Geschmack – aber nicht zum Sattwerden. Di–So 11–14 und 17–22 Uhr (Di Überraschungs-Menü für 39 $), Sa/So Brunch 10–14 Uhr. 209 10th St NW, ☏ (403) 283-8988, www.verobistro.ca.

Außerhalb **Himalayan 6**: Nepalesische Küche vom Feinsten zu fairen Preisen gibt es im Westen der Stadt in diesem kürzlich renovierten Restaurant. Di–So 17–21, Fr/Sa bis 22 Uhr. 3218 17th Avenue SW, ☏ (403) 984-3384, www.himalayancuisine.ca.

NOtaBLE 2: Das Nachbarschafts-Restaurant im Nordwesten setzt auf biologische Zutaten und große Vielfalt. Di–Sa 11.30–22,

Fr/Sa bis 23, So 11–21 Uhr. 4611 Bowness Road NW. ✆ (403) 288-4372, www.notablethe restaurant.com.

Eat-a-Pita 5: Das Restaurant bringt seit 1992 ost-mediterrane Küche nach Alberta. Der Schwerpunkt liegt im Lieferdienst, doch sitzt man auch im Restaurant halbwegs angenehm. Lunch und Dinner. Mo–Fr 11–19.30, Sa/So 12–19.30 Uhr. 4602 17th Avenue SE, ✆ (403) 273-3113, www.eat-a-pita.com.

Alberta – Oil Country

Ölfeld Leduc No.1

Das erste Öl fand man schon 1914 im Turner Valley südlich von Calgary. Zeitweise war die Region der größte Öl- und Gasproduzent des gesamten britischen Empire. 1947, 1948 und 1956 wurden dann die großen Ölvorkommen bei Leduc, Redwater und Pembina entdeckt und erschlossen. Auf dem Höhepunkt der Produktion, 1991, lieferte Alberta mehr als 80 % des in Kanada verbrauchten Rohöls. Rund um Pincher Creek und Medicine Hat stieß man bei Bohrungen auf Erdgas; auch hier stellt die Provinz heute vier Fünftel der Versorgung des Landes sicher. Den jüngsten Boom lösten die Öl- und Teersande im Tal des Athabasca River aus, nördlich von Fort McMurray im Nordosten der Provinz. Die Vorkommen hier sind weltweit die zweitgrößten nach den saudi-arabischen. Die Förderung erfordert Verfahren, die von Umweltschützern kritisch gesehen werden, da sehr viel CO_2 und verschmutztes Abwasser produziert werden. Doch das aus dem Sand gepresste Öl stellt die Hälfte der nationalen Versorgung sicher.

Ein geplantes Pipeline-Projekt von Fort McMurray durch Alberta und British Columbia, vor allem durch das Schutzgebiet des Great Bear Rainforest, erhitzt seit Jahren die Gemüter: Umweltschützer befürchten einen ähnlichen Tankerunfall wie 1989 mit der Exxon Valdez in Alaska. 2016 entschied das oberste kanadische Gericht, dass die Einwände der First Nations an der Pazifikküste im Genehmigungsverfahren nicht ausreichend berücksichtigt worden waren und ordnete an, den gesamten Planungsprozess wieder aufzurollen. Da sich auch die anderen Provinzen gegen Pipelines nach Norden an die Hudson Bay oder nach Osten an den Atlantik gewehrt hatten, bleibt nur der Weg nach Süden. Hier hatte Barack Obama jahrelang die Zustimmung verweigert, doch eine der ersten Amtshandlungen von Donald Trump war die Aufhebung dieser Entscheidung: Ein Bau durch die gesamten USA bis an den Golf von Mexiko ist nun die wahrscheinlichste Option.

Alberta → Karte S. 378

Südliches Alberta

Karge Felsenlandschaften, rollende Hügel und weite Prärie prägen den Süden der Provinz. Doch die wahren Schätze mussten erst ausgegraben werden: Der Dinosaur Provincial Park gehört mittlerweile zum UNESCO-Weltnaturerbe, der Head-Smashed-In Buffalo Jump zum Weltkulturerbe.

Der Dinosaurier-Park gibt eindrucksvoll Zeugnis der regionalen Naturgeschichte. In der Oberkreidezeit vor etwa 90 bis 66 Mio. Jahren, kurz vor der Entstehung der Rockies, bildete das heutige Alberta den Westrand des nordamerikanischen Kontinents. Das tropische Klima schuf ein Paradies für zahlreiche Dinosaurierarten; die sedimentreichen Flüsse boten ideale Voraussetzungen, um Dino-Knochen in Fossilien zu verwandeln. Dies veranlasste einige Wissenschaftler zu der These, dass fast alle Saurier-Fossilien Albertas von nichtschwimmenden Sauriern stammen. Todesursache: Beim Versuch, einen Fluss zu durchqueren, ertrunken ... Alberta zählt zu den weltweit größten Fundstätten von Fossilien, was auch der Wasser- und Windeinwirkung zuzuschreiben ist: Das Gebiet ist durch Erosion tief zerfurcht.

In anderen Provinzparks wie **Cypress Hills** oder **Writing-on-Stone** ziehen vor allem die Landschaft und die vielfältigen Öko-Systeme Besucher an. Unterwegs sorgen Städte wie **Medicine Hat** und **Lethbridge** für attraktive Zwischenstopps auf der Fahrt durch den Süden der Provinz.

Südlich des Trans-Canada Highway dominieren Landwirtschaft und Weide-

Milk River im Writing-on-stone Provincial Park

land, im Südosten wird es hügelig: Hier liegt der höchste Gipfel zwischen Labrador und den Rocky Mountains. Nördlich des Trans-Canada Highway wird die Landschaft trockener und der Red Deer River hat sich in den für Farmzwecke unbrauchbaren **Badlands** sein Bett in Canyons hineingegraben, die man eher in Arizona als in Alberta vermuten würde. Die landschaftliche Vielfalt hat schon manche Filmcrew aus Hollywood angezogen. Im Sommer werden auch schon mal 35 Grad und mehr erreicht – und Schatten gibt es kaum.

Dinosaur Country (Badlands)

Der weltgrößte Dinosaurier, ein exzellentes Dino-Museum und der Dinosaur Provincial Park geben der Region ihren Namen – doch Canyons und Hoodoos sowie eine alte Mine und eine Hängebrücke bieten Lohnendes nicht nur für Fossilien-Fans.

Die **Badlands** sind ihrer einzigartigen Natur wegen sehenswert: Hoodoos – turmartige Felsgebilde aus Sedimentgestein – und Canyons prägen die Landschaft. Im Herz der Badlands östlich von Calgary liegt das Städtchen **Drumheller,** von Calgary aus in 90 Minuten zu erreichen, in dessen Nachbarschaft das paläontologische **Royal Tyrrell Museum** einen Besuch wert ist. Viele der Funde im Museum stammen aus dem gut 150 km entfernten Dinosaur Provincial Park mit seinem einzigartigen Öko-System.

Drumheller und Umgebung

Die 8000-Einwohner-Stadt Drumheller lebte einst vom Kohlebergbau, heute sind Erdöl und Gas die wichtigen Ressourcen. Das Städtchen ist aber auch das touristische Zentrum des Dinosaur Country. Zahlreiche Highways treffen sich hier. Von Calgary kommend, führt der schnellste Weg über den Highway 9 in die Stadt. Beim Visitor Centre steht **The World's largest Dinosaur:** Der 25 m hohe T-Rex ist viermal größer als das Original. 106 Treppenstufen sind zu erklimmen, um einen Blick aus dem geöffneten Maul auf die Stadt werfen zu können. Das Kuscheltier mit dem gütigen Blick soll übrigens ein Weibchen sein ...

Überquert man beim weltgrößten Dinosaurier die Brücke über den Red Deer River und biegt links ab, führt der Highway 838 als North Dinosaur Trail zum Royal Tyrrell Museum, zum Horsethief Canyon und zur Bleriot-Fähre. Biegt man stattdessen am Ortseingang rechts ab, gelangt man in südöstlicher Richtung am Fluss entlang zur Hängebrücke in Rosedale, den größten Hoodoos und zur stillgelegten Atlas-Kohlemine.

Trekcetera Museum: Das kleine Museum stellt über 300 originale Kostüme der TV-Serie „Raumschiff Enterprise" und der späteren Kinofilme aus. Hinzu kommen Requisiten aus Filmen wie „Harry Potter", „Men in Black", „Superman" etc.

▪ Juni bis Aug. tägl. 10–18 Uhr, Mai, Sept. Di–Sa 10–17 Uhr. Eintritt 14 $. 802 Highway 9 South, ✆ (403) 823-6339. www.trekcetera.com.

Royal Tyrrell Museum: 1884 entdeckte Joseph Tyrrell die ersten Fossilien im Tal des Red Deer River. Das nach ihm benannte Museum ist das einzige in Kanada, das sich ausschließlich der Paläontologie widmet. Eine der weltgrößten Sammlungen von Dinosaurierskeletten ist ausgestellt; dazu kommen Filme, Vorträge und wissenschaftliche Programme zu Ausgrabungen, Hintergrundausstellungen zur erdgeschichtlichen Entwicklung und zur wissenschaftlichen Bearbeitung der 2013 durch die Fluten in Süd-Alberta freigelegten neuen Fundstätten etc. – Interessierte können hier leicht einen ganzen Tag verbringen. Das Museum wird 2019 einen weiteren Flügel eröffnen. Geführte 60- bis 90-minütige Wanderungen wie „Dinosite" und „Seven Wonders of the Badlands" schlagen die Brücke zwischen 60 Mio. Jahre alten Fossilien und der heutigen Landschaft. Der kurze Badlands Trail ist frei zugänglich und erlaubt Einblicke in die Geologie der Steinformationen.

▪ Mitte Mai bis August tägl. 9–21 Uhr, Sept. bis Mitte Mai Di–So 10–17 Uhr. Eintritt 19/27 $ für 1 bzw. 2 Tage. 6 km nordwestlich von Drumheller am Highway 838, ✆ (403) 823-7707, www.tyrrellmuseum.com.

Horsethief Canyon: Der Canyon liegt 20 km weiter entlang des Highway 838 am Ostufer des Red Deer River. Er erlaubt einen Einblick in die verschiedenen Gesteinsschichten, die sich hier im Laufe von Jahrmillionen formten. Der Highway verläuft auf einer fast ebenen Hochfläche, auf der im Frühsommer die Rapsfelder leuchtendgelb blühen – der Kontrast zum trockenen Canyon könnte kaum größer sein. Unmarkierte, aber meist recht gut gepflegte Wanderwege führen in die Tiefe des Canyons. Folgt man dem Highway noch einige Kilometer weiter, kommt man zur kleinen Bleriot-Kabel-Fähre, die Autofahrer wieder auf die Westseite des Flusses befördert.

Star Mine Suspension Bridge: Fährt man von Drumheller nach Südosten, erreicht man in Rosedale die 1931 erbaute, 117 m lange Hängebrücke über den Red Deer River. Sie diente einst dem Zugang zur Star-Kohlemine, ist heute aber nur noch für Fußgänger

Begehbar: der Tyrannosaurus Rex in Drumheller

Alberta → Karte S. 378

zugänglich: Die Brücke erschließt die rauen Hügel der Badlands, ein beliebtes Wandergebiet.

Hoodoos: Wenige Fahrminuten weiter erreicht man die Hoodoos. Die Millionen Jahre alten Steinformationen entstanden durch Erosion. Die Sandsteinsäulen sind zwischen 5 und 7 Meter hoch und stehen auf festerem Schiefergestein. Ein kurzer Wanderweg auf Treppen und Holzplanken führt durch das sensible Gebiet.

Atlas Coal Mine: Die eindrucksvolle Mine in East Coulee (am Highway 10, 24 km von Drumheller) bietet heute verschiedene Touren für Besucher an, bei denen nicht nur die Technik des Kohleabbaus im Vordergrund steht, sondern auch die sozialen Lebensumstände. Die „Tipple Tour" zeigt die letzte erhaltene Grubenwagenkippe Kanadas, bei der „Tunnel Tour" geht es mit Helm und Grubenlampe tief in die Stollen. Die „Unmentionables Tour" setzt sich mit Alkoholismus, Verbrechen und Prostitution rund um die Grube auseinander.

▪ 1. Maihälfte und Sept. bis Anfang Okt. 9.45–17 Uhr, Mitte Mai bis Mitte Juni 9.45–18 Uhr, Mitte Juni bis Aug. 9.45–19.30 Uhr. Eintritt 10 $. Touren 20–25 $ inkl. Eintritt, Tagespass (alle Touren) 40 $. 110 Century Drive, East Coulee, ✆ (403) 822-2200, www.atlascoalmine.ab.ca.

Praktische Infos

Information **Drumheller Visitor Information Centre:** Tägl. 10–17.30 Uhr. Hier bekommt man auch Karten und Tipps für Wanderungen. 60 1st Avenue, ✆ (403) 823-1331, www.traveldrumheller.com.

Hin und weg **Bus:** Das Busunternehmen ASB aus Saskatchewan verbindet Drumheller je 1x tägl. mit Calgary und Saskatoon. ✆ (306) 968-0088, www.alsaskbus.ca.

Übernachten **Heartwood Inn & Spa:** Die 8 sehr unterschiedlichen Gästezimmer in diesem Landhaus bieten teils Kamin, teils Jacuzzi-Bäder, teils BBQ. DZ ab 136 $. 320 Railway Avenue East, ✆ (403) 823-6495. www.innsatheartwood.com.

Canalta Jurassic: Das moderne Hotel der kleinen kanadischen Kette bietet gut ausgestattete, großzügige Zimmer, Dampfbad und Hot Tub. DZ ab 135 $ inkl. Frühstück. 1103 Highway 9, ✆ (855) 933-1933, www.canaltahotels.com.

Badlands Motel: Das schnörkellose Motel verfügt in jedem der sauberen Zimmer über Air Condition, Kühlschrank und Mikrowelle, teilweise auch Kitchenette. 10 % Rabatt im Restaurant WHIFS nebenan. DZ ab 79 $. 801 North Dinosaur Trail, ✆ (403) 823-5155, www.badlandsmoteldrumheller.site.

Camping In Rosedale, knapp 10 km südöstlich von Drumheller, gibt es zwei passable, privat geführte Campgrounds: **Pinters Campground** und **Bridges Campground.** Auch bei den Hoodoos gibt es einen privaten Campingplatz, das **Hoodoo RV Resort.**

Essen & Trinken **Sublime Food & Wine:** Der kleine Familienbetrieb serviert leichte und exzellente Küche mit möglichst vielen lokalen Zutaten: Mittags bodenständig, abends gehobene Speisen in legerem Ambiente. Di–Sa 11–14 und 17–21 Uhr. 109 Centre Street, ✆ (403) 823-2344, www.sublimefoodandwine.com.

Bistro Bernie & The Boys: Nach 18 Jahren war die Renovierung im Herbst 2017 überfällig – jetzt glänzt nicht nur die kreative Küche, sondern auch das Selbstbedienungs-Fastfood-Restaurant. Burger & Sandwichs in allen Variationen. Di–So 11–20.30 Uhr. 305 4th Street West, ✆ (403) 823-3318, www.bernieandtheboys.com.

WHIFS: Dinosaurier-Motive an den Blockhaus-Wänden, eine LGB-Eisenbahn über den Köpfen – dennoch ist das WHIFS vor allem für seine umfassende Frühstücksauswahl und das tägliche 3-Gänge-Lunch-Special für 11 $ bekannt. Gut und günstig! Tägl. 6–14 Uhr. 801 North Dinosaur Trail, ✆ (403) 823-7595.

Dinosaur Provincial Park

Der Provinzpark etwa 250 km östlich von Calgary und rund 160 km südöstlich von Drumheller liegt in den Badlands beiderseits des Red Deer Rivers und schützt Erdschichten, die sich als reiche Fundstellen für Dinosaurier-Fossilien erwiesen haben. Die meisten Knochen stammen aus der späten Kreidezeit, vor etwa 75 Millionen Jahren, als die Region nicht nur die Westküste Nordamerikas bildete, sondern auch ein subtropisches Klima aufwies.

Der 73 km² große Park ist nicht nur wegen der Fossilien UNESCO-Welterbe, sondern auch wegen seines einzigartigen Öko-Systems, das sich von der umgebenden Prärie abhebt: Hier leben Antilopen und Kojoten, Kanadagänse und Klapperschlangen; Mitte Juni blühen die Kakteen.

Der Park ist nur über den Highway 876 erreichbar. Das Visitor Centre des Parks informiert mit zahlreichen Ausstellungsstücken über die fossile

Badlands im Dinosaur Provincial Park

Geschichte der Region. Zudem werden Filme gezeigt und Tickets für die saisonal unterschiedlichen Touren durch den Park verkauft.

An den meisten Tagen werden die **Explorer's Bus Tour** (1½ Std., 4 Stopps, bei denen man den Bus verlässt) sowie die 2½-stündige Wanderung **Centrosaurus Quarry Hike** durchgeführt. An manchen Tagen wird auch eine 3½-stündige Wanderung angeboten, der **Dinosaur Preserve Walk.**

Auf eigene Faust ist der Park auf einem 3 km langen Rundweg auch mit dem Auto zu „erfahren". Von diesem zweigen fünf kurze Interpretive Trails ab, die das Ökosystem erlebbar machen. Trails und Entfernungen (jeweils hin/zurück): Der Prairie Trail (300 m, 15 Min.) führt in das Grasland der umgebenden Prärielandschaft; der Coulee Viewpoint Trail (900 m, 45 Min.) erschließt nach einem Anstieg einen schönen Aussichtspunkt. Der Badlands Trail (1,3 km, 45 Min.) und der Trail of the Fossil Hunters (1,8 km, 45 Min.) führen durch die Badlands, Letztere zu einer alten Grabungsstätte. Der Cottonwood Flats Trail (1,4 km, 1 Std.) endet bei einem Pappelwald am Fluss.

Ein Campingplatz sowie ein Laden mit Restaurant ermöglichen auch einen mehrtägigen Aufenthalt.

Praktische Infos

Information/Touren **Visitor Centre,** an der Parkzufahrt: Ende Mai bis Anfang Sept. So–Do 9–17, Fr/Sa 9–19, sonst Mo–Fr 9–16 Uhr, April/Mai und Sept. auch Sa/So 10–17 Uhr. Für den Besuch der Ausstellung wird ein Eintritt von 6 $ verlangt; für die Explorer's Bus Tour 17 $; für geführte Wanderungen 24 $. ✆ (403) 378-4342, www.albertaparks.ca/parks/south/dinosaur, www.dinosaurpark.ca.

Übernachten **Dinosaur Provincial Park Campground:** 124 Stellplätze. Ein kleiner Laden, ein Restaurant, Duschen, Laundromat etc. gestalten den Aufenthalt angenehm. Der Campground bietet auch 7 Zelt-Cabins mit Betten (inkl. Bettwäsche, ohne Handtücher), Strom und Kühlschrank. Du/WC im zentralen Sanitärgebäude. Stellplätze 29–36 $. Cabins 105–130 $. ✆ (877) 537-2757, Reservierung unter www.reserve.albertaparks.ca.

Essen & Trinken **Cretaceous Café:** Der einzige Restaurationsbetrieb im Park bietet Standardauswahl zu noch vertretbaren Preisen und nutzt sein Monopol nicht zu sehr aus. Mitte Mai bis Ende Juni und Sept. tägl. 9–18 Uhr, Ende Juni bis Aug. 8.30–20 Uhr.

Alberta → Karte S. 378

Southern Badlands und die Prärie

Beschauliche Provinzparks, lebendige Städte – das etwas andere Alberta wartet im Südosten der Provinz auf Besucher. Internationale Gäste sind noch selten, ebenso künstliche Touristenattraktionen. Die abwechslungsreiche Landschaft ist gar nicht so flach, wie sie auf den ersten Kilometern nach Calgary wirkt.

Höhepunkt ist das UNESCO-Weltkulturerbe **Head-Smashed-In Buffalo Jump,** eine Kulturstätte der Ureinwohner der Prärie. Die Städte der Region könnten unterschiedlicher kaum sein: **Lethbridge** ist schon fast Großstadt und lebendiges, dienstleistungsgeprägtes Mittelzentrum. Im kleinen **Fort Macleod** dagegen scheint die Zeit stehengeblieben zu sein. **Medicine Hat** wiederum ist auf halbem Wege dazwischen: Das Städtchen am Trans-Canada Highway hat in den letzten Jahren touristisch Boden gutgemacht. Auch Abstecher zu den großen Provinzparks der Region – **Cypress Hills** und **Writing-on-Stone** – lassen sich von Medicine Hat bzw. Lethbridge aus problemlos bewerkstelligen, da sie jeweils nur eine gute Autostunde entfernt liegen.

Medicine Hat

Die Stadt drei Autostunden südöstlich von Calgary bietet viel Kultur und ist das Tor zum nahegelegenen **Cypress Hills Park,** der den Titel „Interprovincial Park" trägt, da er sich über die Grenze zu Saskatchewan hinweg erstreckt. Optisches Wahrzeichen von Medicine Hat ist das 65 m hohe Tipi „Samis", das 1988 zu den Olympischen Winterspielen geschaffen wurde, um den indigenen Stämmen der Region Respekt zu zollen. Es steht direkt am Highway 1 und ist über die Ausfahrt Southridge Drive erreichbar.

Die 60.000-Einwohner-Stadt wurde 1883 gegründet, nachdem man hier auf gewaltige Erdgasvorkommen stieß; noch heute stellen Gaslampen die Beleuchtung der städtischen Straßen sicher. Den Namen hat die Stadt von den lokalen Blackfoot First Nations, deren Medizinmänner auffällige Adlerfedern an ihrem Hut trugen.

Riverside Veterans Memorial Park

Medicine Hat liegt beiderseits des Saskatchewan Rivers; die Downtown, das kommerzielle Zentrum der Stadt, befindet sich auf der Südseite des Flusses. Man erreicht sie am besten, indem man vom Trans-Canada Highway auf den Highway 41A abbiegt, der in der Innenstadt dann zur 3rd Street wird. Folgt man dem Highway 41 A weiter, unter den Bahngleisen hindurch, gelangt man nach etwa 3 km zum historischen Medalta-Distrikt.

Esplanade Arts & Heritage Centre: Kunstgalerie, Museum und Theater in einem – hier schlägt das kulturelle Herz der Stadt. Die Galerie deckt in Wechselausstellungen das gesamte Spektrum von romantisierender amerikanischer Landschaftsmalerei des 19. Jahrhunderts bis hin zu modernen Installationen wie mit Neonröhren beleuchteten Büffelschädeln ab. Das engagiert geführte Stadtmuseum, das seit 70 Jahren besteht, hat eine umfangreiche Sammlung an Exponaten zur Verfügung und kann so zusätzlich zur permanenten Ausstellung auch immer wieder wechselnde Sonderschauen anbieten.

Schräg gegenüber des Esplanade Centre steht das architektonisch beeindruckende alte Gerichtsgebäude der Stadt. Folgt man der 1st Street weiter, erreicht man den **Riverside Veterans Memorial Park,** in dem eine gewaltige dieselelektrische Lokomotive der Canadian Pacific Railroad an die einstige Bedeutung der Stadt als Eisenbahnknoten erinnert.

■ Mo–Fr 9–17, Sa 12–17 Uhr, Juni bis Aug. auch So 12–17 Uhr. Eintritt 7 $. 401 First Street SE, ✆ (250) 502-8580, www.esplanade.ca.

Medalta/Historic Clay District: Der Abbau von Sand und Lehm hat hier schon vor 100 Jahren eine Industriekultur für Töpferwaren hervorgebracht. Das billige lokale Erdgas sorgte in den Brennöfen für die notwendigen gleichmäßig hohen Temperaturen und ermöglichte so die wirtschaftliche Herstellung von Keramikprodukten. Heute sind die verbliebenen Gebäude architekturgeschichtlich reizvoll und beherbergen ein Museum sowie Studios, in denen Kunsthandwerker ihre Produkte herstellen und verkaufen

▪ Fr–Mi 10–17, Do bis 20 Uhr. Eintritt 12 $. 713 Medalta Avenue Southeast, ✆ (403) 504-4653, www.medalta.org.

Praktische Infos

Information Tourism Medicine Hat: Mo–Sa 9–16.30 Uhr. 330 Gehring Road SE, ✆ (403) 527-6422, www.tourismmedicinehat.com.

Hin und weg Über Fernbusverbindungen gab es bei Redaktionsschluss (April 2019) noch keine verlässlichen Angaben, nachdem der bisherige Betreiber Greyhound Bus seine Linien in Westkanada Ende 2018 eingestellt hatte (→ S. 698).

Übernachten ** Home Inn Express: Das moderne Hotel ist die beste Wahl unter den Hotels und Motels am Trans-Canada Highway. 24-Std.-Coffee Shop. DZ ab 92 $. inkl. großes Frühstück. 20 Strachan Court SE, ✆ (403) 527-1749, www.homeinnexpressmh.ca.

Satellite Motel: Besser geht's nicht in der Kategorie „Alte Motels für eine Nacht" – sauber, sehr freundlicher Service, Zimmer 2016 renoviert. DZ ab 75 $ inkl. kontinentales Frühstück. 1705 Bomford Crescent SW, ✆ (403) 526-5951, www.satellitemotel.ca.

Essen & Trinken Inspire Café: Das Café der gleichnamigen Kunstgalerie bietet mo derne Küche inmitten von Bildern der nebenan aktiven Künstler. Frühstück, Lunch und Dinner, freitags ab 19 Uhr Livemusik. Mo/Di und Sa 9–17, Mi/Do 9–20, Fr 9–22 Uhr. 675 2nd Street SE, ✆ (403) 548-2233, www.inspireart.ca.

Skinny's Smoke House: Feines BBQ, auch zum Mitnehmen – Pulled Pork, gegrillte Rinderbrust, Spare Ribs. Abgerechnet wird meist nach Gewicht. Lunch und Dinner. Mi–So 11–19.30 Uhr. 44 3rd Street NE, ✆ (403) 525-7675, www.skinnyssmokehouse.ca.

Esplanade Arts & Heritage Centre

Cypress Hills Interprovincial Park

Die erdgeschichtlich als Erosions-Hochplateau klassifizierten Hügel des Parks bieten schöne Ausblicke – kein Wunder: Im Park liegt der höchste Punkt zwischen den Rocky Mountains und der östlichsten kanadischen Provinz, Neufundland und Labrador. Ein See mit Strand und angenehmen Wassertemperaturen ist das „Naherholungsgebiet" für das eine Stunde nordwestlich gelegene Medicine Hat. Ein Restaurant, ein Laden und Campingplätze direkt am See erlauben auch längere Aufenthalte. Das Dörfchen **Elkwater** liegt mitten im

Park und bietet weitere Unterkünfte und Restaurants.

Highlights des Parks ist ein mehr als 50 km umfassendes Wegenetz für Wanderer und Radfahrer, das ein intensives Naturerlebnis erlaubt, ohne dass auf den Wegen Gedränge herrscht. Die meisten Wege beginnen in Elkwater und führen nach Süden auf das Hochplateau oder nach Osten, Richtung Reesor Lake.

Zwei Autotouren erschließen den gut 400 km² großen Park; beide beginnen in Elkwater auf der Alberta-Seite und sind über lange Passagen Schotterpisten. Die 50 km lange **West Driving Route** führt zum Horseshoe Canyon Viewpoint sowie zum Head-of-the-Mountain, der mit 1466 m höchsten Erhebung im Park. Über die malerische St. Margaret's Church führt der Weg wieder zurück nach Elkwater. Die **East Driving Route** führt zum Reesor Viewpoint und Reesor Lake sowie in den Ostteil des Parks, von wo aus auch eine raue Piste weiter nach Fort Walsh führt.

Fort Walsh: Der Anlass für den Bau des Forts war ein trauriger: Alkoholisierte Büffeljäger aus den USA schlachteten hier im Juni 1873 aus purem Übermut ein ganzes Dorf der Assiniboine First Nation ab. Dieses Massaker trug, neben anderen Entwicklungen, zur Gründung der North-West Mounted Police bei. Das schon in Saskatchewan liegende Fort Walsh wird heute durch Parks Canada verwaltet. Im Fort wird das Leben in den 1880er-Jahren nachgestellt.

▪ Ende Mai bis Juni und Sept. Di–Sa 9.30–17 Uhr, Juli/Aug. tägl. 9.30–17 Uhr. Eintritt 10 $. ✆ (306) 662-2645, www.pc.gc.ca/enlhn-nhs/sk/walsh.

Praktische Infos

Information Cypress Hills Visitor Centre in Elkwater, am See: Mi–So 10–17 Uhr. ✆ (403) 893-3833, www.cypresshills.com.

Fahrradverleih Fort Walsh im Cypress Hills Park vermietet Fahrräder zur Erkundung des Parks.

Übernachten ** Elkwater Lake Lodge & Resort:** Die Lodge bietet komfortable Suiten mit Küchenzeile. Hallenbad, Hot Tub, Restaurant. Suite ab 150 $. 401 4th Street, Elkwater, ✆ (403) 893-3811, www.elkwaterlakelodge.com.

8 Campingplätze im Park stehen zur Verfügung. Stellplatz je nach Ausstattung 21–50 $. In der Hochsaison von Ende Juni bis Anfang Sept. können die meisten reserviert werden – für 12 $ Gebühr. ✆ (877) 537-2757. www.reserve.albertaparks.ca.

Essen & Trinken Camp Cookhouse: Das einfache Restaurant neben dem General Store in Elkwater überrascht mit kreativer Küche und lokalen, frischen Zutaten. Do–Sa 11–20, So 9–19 Uhr. 44 Lakeview Drive, Elkwater, ✆ (403) 893-3930, www.campcookhouseandgeneralstore.com.

Lethbridge

In der heute so friedlichen Landschaft um Lethbridge ging es Ende der 1860er-Jahre reichlich wild zu. US-amerikanische Händler schmuggelten Whiskey und Waffen über die Grenzen nach Kanada und verkauften beides an die lokalen First Nations – noch 1870 fand eine letzte große Schlacht zwischen Cree und Blackfoot statt. Erst danach gelang es der North West Mounted Police, zwischen den Stämmen Frieden zu stiften und dann auch den Alkoholschmuggel einzudämmen.

Das tägliche Leben der heute eher ruhigen 90.000 Einwohner-Stadt hat sich zum Großteil in die Shopping Malls an den Ausfallstraßen verlagert; die City ist wenig attraktiv fürs Auge, bietet aber einige Sehenswürdigkeiten. Das eigentliche Zentrum liegt südlich des kleinen Parks Galt Gardens in der 3rd und 4th Avenue South.

Galt Museum: Das große stadt- und kulturgeschichtliche Museum zeigt zusätzlich zu dem, was man in einem Stadtmuseum erwarten darf, immer wieder interessante Sonderausstellungen, auch mit einem inhaltlich weiteren Radius. So waren z. B. 2018 Werkschauen kanadischer Bildhauerinnen zu sehen

Lethbridge-Viadukt

sowie eine Sonderausstellung zu den Anfängen der kanadischen Luftfahrt.

▪ Ganzjährig Mo–Mi, Fr/Sa 10–17, Do 10–21, So 13–17 Uhr. Eintritt 6 $. 502 1st Street South, ☏ (403) 320-3954, www.galtmuseum.com.

Interpretive Centre Fort Whoop-Up: Das vom Galt-Museum geführte historische Fort erzählt die Geschichte der Region von den 1860er bis 1890er-Jahren. Blackfoot und Cree, US-Amerikaner und Kanadier, Métis und Briten waren die Akteure im Spannungsfeld zwischen Macht und Politik, Handel und Schmuggel. Das Fort liegt im Indian Battle Park neben dem Galt Museum. Optisch dominiert der Lethbridge-Viadukt das Erscheinungsbild des Parks: Der 1624 Meter lange und bis zu 96 Meter hohe Gerüstpfeilerviadukt ist der weltweit längste seiner Art.

▪ Nur Juni bis Sept., sonst Zeiten wie Galt Museum. Eintritt 10 $, inkl. Planwagenfahrt. 200 Indian Battle Park Road, ☏ (403) 320-3777, www.fort.galtmuseum.com.

Nikka Yuko Japanese Garden: Der 1967 zu Kanadas Hundertjahrfeier erbaute Garten wurde von einem angesehenen Garten-Designer aus Osaka gestaltet und gilt als einer der schönsten Kanadas. Teehaus, Brücken, Glockenturm und Tore wurden in Kyoto in traditioneller Technik handgefertigt. Den besten Einblick in die japanische Gartenbaukunst bekommt man im Rahmen einer Führung.

▪ Mitte Mai bis Anfang Okt. tägl. 10–17.30 Uhr (letzter Einlass). Eintritt 11 $. Führung 30–45 Min. tägl. 13 und 15 Uhr. Mayor Magrath Drive South, ☏ (403) 328-3511. www.nikkayuko.com.

Praktische Infos

Information **Chinook Country Tourist Association:** Mo–Fr 9–17, Sa/So 10–18 Uhr. 2805 Scenic Drive South, ☏ (403) 320-1222, www.exploresouthwestalberta.ca.

Hin und weg Über Fernbusverbindungen gab es bei Redaktionsschluss (April 2019) noch keine verlässlichen Angaben, nachdem der bisherige Betreiber Greyhound Bus seine Linien in Westkanada Ende 2018 eingestellt hatte (→ S. 698).

Übernachten Für eine Stadt dieser Größe hat Lethbridge wenig Unterkünfte mit Charakter, es bleiben fast nur unpersönliche Kettenhotels oder heruntergekommene Motels.

***** Best Western Plus Service Inn & Suites:** Haus im typischen Best-Western-Design. Hallenbad, Fitness Centre, Hot Breakfast. DZ ab 140 $. 209 41st Street South, ✆ (403) 329-6844, www.bestwestern.com.

University of Lethbridge Lux Hotel: Die komfortablen Quartiere für Gastdozenten der Universität können von Mai bis August auch von anderen Gästen genutzt werden, das Blakiston House verwandelt sich dann in das „Lux Hotel". Alle Zimmer mit Küche und kompletter Ausstattung. Auch Apartments mit mehreren Schlafzimmern. DZ ab 105 $. 4401 University Drive, ✆ (403) 329-2111, www.uleth.ca/conference/hotel.

Essen & Trinken **Plum:** Das Plum wird seinem hohen Anspruch gerecht. Das Steak kommt exakt wie bestellt, auch die Weinkarte stellt zufrieden. Hier sitzt man gerne noch nach dem Essen zusammen und wird nicht schon früh rausgebeten wie sonst so oft. Mo–Sa 11.30–24 Uhr. 330 6th Street, ✆ (403) 394-1200, www.uncorkplum.com.

Taps Grill: Die örtliche Brauerei betreibt nebenan einen eigenen Brewpub, in dem ständig ein Dutzend verschiedene Biere im Ausschank sind. Typisch für Alberta ist das stark fleischlastige Menü, es gibt aber auch gute Salate. Tägl. 11.30–22, Mi/Do bis 23, Fr/Sa bis 24 Uhr. 4085 2nd Avenue South, ✆ (403) 394-2337, www.couleebrew.co.

The Penny Coffee House: Die Kaffee- und Sandwich-Auswahl ist groß in diesem Coffee Shop mit seiner lebendigen Atmosphäre. Die Frühstücksauswahl ist okay. Zum Lunch trifft sich hier die halbe Stadt. Mo–Fr 7.30–20.30, Sa 7.30–17, So 9–17 Uhr. 331 5th Street, ✆ (403) 320-5282, www.pennycoffeehouse.com.

Writing-on-Stone Provincial Park

Schon seit 3500 Jahren siedelten die Ureinwohner in dieser Region: Die Landschaft gab ihnen Nahrung und Wasser sowie Schutz in den Sandsteinhöhlen der Felsen, denen nach der Überlieferung übernatürliche Kräfte anhaften. Nur ein kleiner Bereich des 130 km südöstlich von Lethbridge gelegenen Parks ist zugänglich. Der Rest steht als archäologische Ausgrabungsstätte unter Schutz, kann aber im Rahmen geführter Touren besichtigt werden. Eine kurze Straße führt zum Tor des geschützten Bereichs. Hier finden sich zwei Aussichtspunkte, Davis Coulee und Police Coulee. Coulee bezeichnet im Englischen einen erkalteten Lavastrom. Ein Wanderweg, der Hoodoo Trail (2,2 km einfach), führt am Ufer des Milk River entlang vom Campingplatz zu den Hoodoo-Gesteinsformationen, einigen Felszeichnungen und zu den beiden Aussichtspunkten.

Touren: Das Visitor Centre informiert nicht nur über den Park und die Wanderwege, sondern nimmt auch Buchungen für den Campingplatz und für kostenfreie Touren durch den Park vor. In der Hochsaison empfiehlt es sich, früh einzutreffen oder vorab online zu buchen. Je nach Saison und Wochentag werden eine oder mehrere Führungen angeboten, meist etwa eine Stunde lang.

Praktische Infos

Information **Writing-on-Stone Visitor Centre,** im Park: Mitte Mai bis Juni und Sept. So–Do 9.30–16.30, Fr/Sa 9–19 Uhr. Juli/Aug. auch Do bis 19 Uhr. Buchung für den Campingplatz. Die angebotenen Touren (Mai bis Aug.) sind kostenfrei, Reservierung 5 $. (403) 647-2364, www.albertaparks.ca/parks/south/writing-on-stone.

Übernachten Im Park befindet sich ein ganzjährig geöffneter **Campingplatz.** 64 Stellplätze, Duschen nur Juni bis Aug. Stellplatz 26–33 $. Reservierung bei der Information (s. o.).

Essen & Trinken Im Park gibt es keine Lebensmittel zu kaufen. Die letzte Möglichkeit besteht in Milk River am Highway 4, dort findet man einen kleinen Supermarkt, einen Hotel-Pub und ein chinesisches Restaurant.

Fort Macleod

In dem kleinen Präriestädtchen scheint die Zeit stillzustehen. Von der Gründung des ersten Forts der Northwest Mounted Police im südlichen Alberta 1875 bis zum regionalen Eisenbahn-

Klippe im Welterbe Head-Smashed-In Buffalo Jump

Alberta → Karte S. 378

knoten 1912 entwickelte sich die Stadt rasant, doch dann übernahm zunehmend Lethbridge, 50 km weiter östlich, die Funktion des Mittelzentrums und Fort Macleod wurde ein Opfer der Rezession. Investitionen in neue Gebäude unterblieben fast gänzlich, und so wurde das historische Zentrum der 3000-Einwohner-Stadt schon in den 1980er-Jahren zu Albertas erster „Provincial Historic Area". Der Highway 3 führt in Ost-West-Richtung durch Fort Macleod, in Richtung Osten durch die 23rd Street, in Richtung Westen durch die 25th Street. Dazwischen liegt die Main Street (alias 24th Street). An oder zwischen den drei Straßen befinden sich die historischen Gebäude, die wenigen Sehenswürdigkeiten der Stadt sowie die Hotels und Restaurants.

Fort Macleod ist auch Ausgangspunkt für einen Besuch des **Head-Smashed-In Buffalo Jump.** Diese kulturgeschichtlich wichtige und interessant aufbereitete Jagdstätte der „Plains People" – der indigenen Bewohner der Prärieebenen – lohnt den dreistündigen Abstecher.

Fort Museum: Im 1957 nachgebauten Fort wird die Geschichte der Northwest Mounted Police und der First Nations der Region bewahrt. Neben nachgestellten Szenen und dem Dokumentarfilm „The Great March" sind die Pferde und *Mounties* die Hauptattraktion des Forts: Im Juli und August gibt es täglich vier Paraden.

■ Mai Mo–Fr 9–17 Uhr, Juni tägl. 9–17 Uhr, Juli/Aug. tägl. 9–18 Uhr, Sept. Mi–So 10–16 Uhr. Eintritt 12 $, Parade zusätzlich 6 $. 219 25th Street, ✆ (403) 553-4703, www.nwmpmuseum.com.

Empress Theatre: Das Haus ist seit seiner Eröffnung 1912 ununterbrochen im Betrieb. Der stilvolle Bau lässt die Glanzzeiten des Theaters und Kinos lebendig werden. Noch heute finden regelmäßig Veranstaltungen, Konzerte, Theaterproduktionen und Filmvorführungen statt. Wer keine Zeit hat, eine Abendveranstaltung zu genießen, kann während der Vorverkaufszeiten für ein paar freundliche Worte einen Blick in den prächtigen Saal werfen

■ Vorverkauf Mo–Fr 11–16 Uhr. 235 Main Street, ✆ (403) 553-4404, www.macleodempress.com.

Praktische Infos

Übernachten Ein B&B etwas außerhalb sowie ein halbes Dutzend einfache Motels in der Downtown von Fort Macleod bilden das gesamte Übernachtungsangebot der Stadt.

Sunset Motel: Einfaches Motel an der Westzufahrt der Stadt. Neben normalen Zimmern gibt es auch Apartments mit Kitchenette und 2 oder 3 Schlafzimmern. DZ ab 79 $. 104 Highway 3 West, ✆ (403) 553-4448, www.sunset-motel.ca.

Granum's Prairie Oasis: Das kleine B&B bietet ein Zimmer mit Jacuzzi-Wanne und Privatgarten. DZ ab 79 $. 207 Dufferin Street, Granum (25 km nördlich der Stadt am Highway 2), ✆ (403) 687-2850, www.granums prairieoasis.com.

Essen & Trinken **Macleod's Restaurant & Lounge:** Das alteingesessene Restaurant serviert Pizza, Pasta, Wraps, Salate. Besonderes darf man nicht erwarten. Tägl. 11–22, Do–Sa bis 23 Uhr. 271 23rd Street, ✆ (403) 553-8841.

Igloo Restaurant: Das kleine Restaurant bietet neben seinem Schwerpunkt (Eiscreme und Milch-Shakes) auch Seafood und Burger an. Tägl. 11–19, Mi/Do bis 20, Fr/Sa bis 21 Uhr. 569 24th Street, ✆ (403) 553-4227, www.igloo-restaurant.business.site.

meinTipp **Café Orange:** Das urig eingerichtete, gemütliche Bistro in der Hauptstraße überzeugt mit freundlichem und schnellem Service und teils ungewöhnlichen Speisen. Tipp: Italienische Hochzeitssuppe. Frühstück und Lunch. Mo–Fr 8–17, Sa 9–17 Uhr. 257 24th Street, ✆ (403) 308-3905.

Head-Smashed-In Buffalo Jump World Heritage Site

Schon vor fast 6000 Jahren nutzten die Ureinwohner der Region diesen Felsen zur Büffeljagd. Ein tiefes Verständnis der Topographie und des Verhaltens der Büffel war notwendig, um unter den Tieren eine Panik auslösen zu können und sie von ihren Weidegründen durch einen menschlichen Tunnel zu dem Felsvorsprung zu treiben, wo sie in die Tiefe stürzten. Seit 1981 ist der den First Nations heilige Ort ein UNESCO-Weltkulturerbe; seit 1987 steht hier ein exzellentes Besucherzentrum und informiert in bemerkenswerter Weise über die First Nations der Region.

Der Ort hat seinen Namen von einem Jungen, der neugierig die Jagd aus der Nähe beobachten wollte und sich unter den Felsvorsprung stellte. Die ungewöhnlich gute Jagd des Tages führte dazu, dass er zwischen Fels und immer mehr toten Büffeln eingequetscht wurde. Man fand ihn später mit eingedrücktem Schädel: Das Gewicht der Büffel über ihm war zu gewaltig.

Das in den Berghang gebaute Visitor Centre fügt sich sehr harmonisch in die Landschaft ein. Idealerweise beginnt man den Besuch mit dem 15-minütigen Film, der eine historische Büffeljagd nachstellt. Mit dem Aufzug gelangt man dann zum **Upper Trail** – von dort sind es 200 Meter zu Fuß zu einem Aussichtspunkt, von dem aus man die Felsklippe gut einsehen und die Jagd nachvollziehen kann. Zurück im Besucherzentrum, geht man auf sechs Ebenen von oben nach unten durch Ausstellungen, die erst die Flora und Fauna der Prärie vorstellen, dann Kultur und Lebensumstände der First Nations der Prärie sowie die Büffeljagd und zum Schluss die ersten Kontakte mit den Europäern in der Region schildern. Der 1,4 km lange Lower Trail, für den man etwa 45 Minuten einplanen sollte, führt am Fuß des **Buffalo Jump** entlang und erläutert das Öko-System, die Zerlegung der Tiere an Ort und Stelle sowie die archäologischen Fundstätten. Eine Cafeteria und ein Souvenirshop mit Kunsthandwerk der First Nations ergänzen das Angebot.

▪ Mitte Mai bis Anfang Sept. tägl. 9–17, sonst tägl. 10–17 Uhr. Eintritt 15 $. Highway 785 (18 km westlich von Fort Macleod), ✆ (403) 553-2731, www.head-smashed-in.com.

Central Alberta – die Parklands

Zentral-Alberta zwischen Calgary im Süden und Edmonton im Norden wird auch als Parklands bezeichnet. Der Highway 2 verbindet die beiden größten Städte der Provinz auf schnellstem Weg. Landstraßen links und rechts binden kleinere Städte an. Die schönsten von ihnen erschließt der Boomtown Trail.

Alberta → Karte S. 378

Der Begriff „Parklands" wird vor allem in Abgrenzung zu den trockeneren Gebieten der „Badlands" und „Grasslands" im Süden und Südosten der Provinz sowie der borealen Tundra-Landschaft in Nord-Alberta verwendet. Eine Parklandschaft darf man aber nicht erwarten: Landwirtschaft und Ölförderung dominieren die Szenerie, zudem finden sich viel Agrarindustrie und petrochemische Betriebe. Das klassische Postkarten-Kanada sucht man hier vergebens. Das nur scheinbar flache Land – Calgary liegt fast 400 m Meter höher als Edmonton – ist von zahlreichen Farmstraßen und kleineren Highways mehr oder weniger in einem nach Ost-West und Nord-Süd ausgerichteten Schachbrettmuster durchzogen.

Zwei Hauptrouten bieten sich Reisenden an: Der **Highway 2** verbindet als Autobahn Calgary, Red Deer und Edmonton. Ohne Halt ist man von Calgary in drei Stunden in Edmonton, doch den einen oder anderen lohnenden Stopp gibt es schon unterwegs. Etwa fünf bis sechs Stunden reine Fahrzeit sollte man für den **Boomtown Trail** ansetzen, der zahlreiche kleine Landstädtchen verbindet. Um das eine oder andere Museum zu besuchen oder sich in ein Café an der Main Street zu setzen und Kleinstadt-Atmosphäre zu genießen, sollten Sie aber zumindest einen langen Tag oder besser zwei für diese Route einplanen.

Touristisch ist die Region auch noch auf andere Art und Weise bedeutsam: Manche Farmen werden hier als Guest Ranches betrieben. Einfach mal Cowboy sein im Urlaub? Hier ist das möglich. Je nach Ranch und Können der Gäste werden Ausritte von einer halben Stunde bis zu mehreren Tagen angeboten.

In den Parklands fällt mehr Niederschlag als in den Badlands und Grasslands, aber noch nicht genug für die Landwirtschaft, die meist auf künstliche Bewässerung angewiesen ist.

Espen, Pappeln, Weiden und Büsche bilden Teil der natürlichen „Woodlands". Die Vogelwelt ist hier noch vielfältig: Kanadagänse, Eulen, Falken, Spatzen. Bei den Landsäugern überraschen die *pronghorns* – genetisch mit Giraffe und Okapi verwandt, ähneln die Tiere im Aussehen Antilopen und besetzen auch eine vergleichbare ökologische Nische im Grasland. Sie werden daher oft als Antilope bezeichnet. Rehe sind häufig zu finden, Bisons vor allem im Nordosten.

Geschichte: Die Region wurde zwischen 1890 und dem Ersten Weltkrieg von neu eingewanderten Siedlern erschlossen, wobei die Besiedelung sich von Süden nach Norden entwickelte. Die meisten Dörfer zeichneten sich durch einen starken Zusammenhalt aus, weil die Farmer alle aus einem Land kamen oder einer Glaubensrichtung angehörten. Ortsnamen wie Bergen,

Falun, Kirriemuir und Warburg hört man das norwegische, schwedische, schottische und deutsche Erbe an. Nach dem Zweiten Weltkrieg war es dann vor allem der Öl- und Erdgasboom, der Einwohnerzahl und Wirtschaftsleistung der Region schnell wachsen ließ; hier wurden die Bodenschätze nicht nur gefördert, sondern auch an Ort und Stelle in Raffinerien weiterverarbeitet.

Heute ist das Herz der Provinz vor allem eine moderne Industrieregion, doch dazwischen finden sich noch verträumte Kleinstädte und der eine oder andere idyllische Provinzpark.

Auf dem Highway 2 in Richtung Edmonton

Felder und Farmen dominieren die Landschaft entlang der Autobahn zwischen den beiden größten Städten der Provinz. Ein lohenswerter Abstecher vom Highway 2 führt nach Wetaskiwin mit seinen Museen.

Discovery Wildlife Park in Innisfail

Der Tierpark kooperiert eng mit dem Zoo von Calgary und nimmt sich verwaister Wildtiere an, die sonst keine Überlebenschancen hätten. Man bemüht sich hier um eine vernünftige Balance: Einerseits sollen die Tiere präsentiert werden, andererseits soll Verständnis für ihre natürliche Lebensart geweckt werden. Vorträge über Bären und Wölfe, Löwen, Jaguare und Waschbären gehören ebenso zum Programm wie Vorführungen. Oft kann man auch Zusatzprogramme buchen, um einen tieferen Blick hinter die Kulissen zu gewinnen.

▪ Mai bis Anfang Okt. tägl. 10–19 Uhr. Eintritt 19 $. 5400 42nd Avenue, Innisfail (110 km nördlich von Calgary), ✆ (403) 227-3211, www.discoverywildlifepark.com.

Red Deer

Mit etwas über 100.000 Einwohnern ist Red Deer nach Calgary und Edmonton die drittgrößte Stadt Albertas. Sie liegt am namengebenden Red Deer River und lebt in erster Linie vom Erdöl und der petrochemischen Industrie.

Museum & Art Gallery: Das Museum zeigt den Aufstieg von Red Deer, während des Öl- und Erdgas-Booms die am schnellsten wachsende Stadt Kanadas. Die Art Gallery zeigt regelmäßig wechselnde Ausstellungen meist zeitgenössischer Kunst.

▪ Mo–Fr 10–16.30, Sa/So 12–16.30 Uhr. Eintritt frei, empfohlene Spende 5 $. 4525 47A Avenue, Red Deer, ✆ (403) 309-8405, www.reddeermuseum.com.

Discovery Canyon Park: Der kleine Park im Nordosten der Stadt bietet an heißen Sommertagen Abwechslung: Man kann sich auf aufgeblasenen Gummischläuchen einen kleinen künstlichen Fluss hinuntertreiben lassen. Kiosk mit Snacks, Imbiss und Getränken.

▪ Ende Mai bis Anfang Sept. tägl. 9–21 Uhr, wetterabhängig. Schlauchmiete 5 $. 3800 River Bend Drive, Red Deer, ✆ (403) 343-6341, www.discoverycanyonpark.ca.

Übernachten **Black Knight Inn,** in Red Deer. Wer nicht in eines der Ketten-Hotels will, für den ist das Black Knight die beste Wahl in Red Deer. Die Zimmer sind sauber, wenngleich die Bäder veraltet sind. Hallenbad, Hot Tub, Restaurant. DZ ab 135 $. 2929 50th Avenue, Red Deer, ✆ (403) 343-6666, www.blackknightinn.ca.

Red Lodge Guest Ranch, in Bowden (ca. 60 km südwestlich von Red Deer). Die Ranch ist in vierter Generation im Familienbesitz und verfügt über 16 einfache Holzhütten (Gemeinschafts-Waschräume, Bettzeug ist mitzubringen!) und ein Restaurant. Neben geführten Ausritten kann man im Rahmen eines „Working Ranch"-Aufenthalts mitarbeiten. Cabin ab 50 $. Working Ranch Vacations 175 $/Tag. Range Road 22, Bowden , ✆ (403) 224-3082, www.redlodgeoutfitters.com.

Essen & Trinken **Boulevard,** in Red Deer. Das unabhängige Restaurant im Holiday Inn bietet Küche und Service der besseren Art. Frühstück, Lunch und Dinner, angenehme Öffnungszeiten. Tägl. 6.30–24 Uhr. 33 Petrolia Drive, Red Deer, ✆ (403) 314-2583, www.boulevardrestaurant.ca.

One Eleven Grill, in Red Deer. Gutes Essen, das seinen Preis wert ist. Für einen abendlichen Besuch darf man auch schon mal die gepflegtere Garderobe aus dem Koffer holen. Tägl. 11.30–23.30 Uhr. 5301 43rd Street, ✆ (403) 347-2111, www.oneelevengrill.com.

Alberta → Karte S. 378

Wetaskiwin

Schon zu Zeiten der Postkutsche war Wetaskiwin ein wichtiger Stopp zwischen Calgary und Edmonton. Heute ist die 13.000-Einwohner-Stadt vor allem eine exzellente Museumsstadt. Glanzlicht ist das großartige Reynolds-Alberta Museum, das sich „die Seele der Maschine" zum Thema genommen hat. Dazu gibt es noch drei weitere Museen, die durchaus ebenfalls einen Besuch wert sind. Das Reynolds Museum und die Ruhmeshalle der kanadischen Luftfahrt liegen 2 km westlich der Stadt, das Wetaskiwin Museum findet man im Zentrum. 20 km südöstlich liegt mitten in der Prärie das Eisenbahnmuseum.

Reynolds-Alberta Museum: Das 1992 gegründete Industriemuseum der Provinz erzählt die Geschichte der technischen Entwicklung in Alberta. Es baut auf dem Lebenswerk von Stan Reynolds auf, einem Bürger von Wetaskiwin, der 1955 den Grundstein für die Sammlung legte. Im Museum wird die Verdrängung der Kutsche durchs Automobil, die der kleinen Dorfschmiede durch die Fließbänder der Fabriken und der Ersatz der menschlichen Arbeit im Ackerbau durch Traktoren, Mähdrescher und Co. nachgezeichnet. Top-Exponate der umfangreichen Ausstellung sind eine „Douglas DC-3" von 1943, ein 1929er „Duesenberg Phaeton Royale" sowie der weltälteste Eimerseilbagger. In der Hochsaison kann man sich mit alten Autos über das Gelände fahren lassen oder gegen Aufpreis eine Tour durch die sonst unzugänglichen Lagerhallen machen. Ebenfalls gegen Aufpreis gibt es Rundflüge in historischen Doppeldeckern. Im großen Museumsladen findet jeder sein persönliches Souvenir.

■ Ende Mai bis Anfang Sept. tägl. 10–17, sonst Di–So 10–17 Uhr. Eintritt 13 $. Mit Reservierung: Warehouse Tour 25 $, Rundflüge ab 139 $. Highway 13 (2 km westlich von Wetaskiwin), ✆ (780) 312-2065, www.reynoldsmuseum.ca.

Canada's Aviation Hall Of Fame: Direkt neben dem Reynolds Museum befindet sich in einem früheren Hangar die Ruhmes- und Gedenkhalle der kanadischen Luftfahrt. „Liberaliter viam monstrabant" (Selbstlos zeigten sie uns den Weg) ist das Motto, unter dem an die Pioniere der kanadischen Fliegerei erinnert wird, die mit Mut und Abenteuerlust die riesigen Weiten des Landes erschlossen. Natürlich sind in der Ausstellung auch zahlreiche Flugzeuge zu sehen. Über das übliche nordamerikanische Heldengedenk- und Verehrungspathos hinaus erfährt man viel über die frühen Jahrzehnte der Luftfahrt im hohen Norden des Kontinents.

■ Öffnungszeiten und Lage wie Reynolds-Museum. Eintritt 13 $. ✆ (780) 312-2084. www.cahf.ca.

Wetaskiwin and District Heritage Museum: Das dreigeschossige Museum bietet einen breiten Überblick über die Entwicklung Zentral-Albertas. Von den Tipis der Cree über eine Kolonie der Hutterer bis hin zu den Farmern der Neuzeit wird ein inhaltlicher Bogen gespannt. Nicht im Museum, aber thematisch passend: Sechs Blöcke westlich, an der Kreuzung der 50th Avenue/Highway 2A, steht Kanadas ältester Wasserturm.

■ Mai bis Nov. Di–Sa 10–17 Uhr, Dez. bis April Di–Fr 10–17 Uhr. Eintritt frei, Spende erbeten. 5007 50th Avenue, ✆ (780) 352-0027, www.wetaskiwinmuseum.com.

Alberta Central Railway Museum: Mitten in der Prärie vermittelt dieses Museum anschaulich und lebendig die Bedeutung der Eisenbahn für die wirtschaftliche Entwicklung der Provinz. In einem historischen Dieseltriebwagen oder in einem Speise- und Schlafwagen von 1926 kann man auf einem kleinen Rundkurs eine Bahnreise in längst vergangenen Zeiten nacherleben und sich anschließend im Speisewagen stilvoll verpflegen lassen.

■ Ende Mai bis Anfang Sept. Mi–So 10–16 Uhr. Eintritt 5 $, Zugfahrten 13.30 und 15 Uhr, 4 $.

Range Road 234 (von Wetaskiwin erst 6,5 km auf Rd 613 nach Osten, dann 9 km auf Range Rd nach Süden). ✆ (780) 352-2257, www.abcentralrailway.com.

Information **Visitor Information Centre:** Mo–Fr 10–15 Uhr. 4910 55A Street, ✆ (780) 361-4417, www.wetaskiwin.ca.

Übernachten/Essen ***** Best Western Wayside Inn:** Das Hotel verfügt über ein Fitness Centre und zwei Restaurants, von denen das O'Brians in gemütlich entspannter Atmosphäre die größte Auswahl der Stadt bietet. DZ ab 117 $. 4103 56th Street. ✆ (780) 312-7300, ✆ (780) 312-7300, www.bestwesternwayside.ca/restaurants.html.

Super 8 Wetaskiwin: Etwas abgewohnt, aber sauber. Kleines Hallenbad mit Wasserrutsche. DZ ab 110 $ inkl. bescheidenes kontinentales Frühstück. 3820 56th Street, ✆ (780) 361-3808, www.wyndhamhotels.com.

Huckleberry's Café: Das legere Restaurant hat sich auf hochwertige Steaks in lockerer Umgebung spezialisiert – Cowboy-Stiefel und -Hüte sind ausdrücklich willkommen. Mo–Sa 11–21, So 11–20 Uhr. 3840 56th Street, ✆ (780) 352-3111, www.huckleberryscafe.com.

Alberta → Karte S. 378

Im Dry Island Buffalo Jump Provincial Park

Auf dem Boomtown Trail von Calgary nach Edmonton

Seinen Namen verdankt der Trail der sog. Boomtown-Architektur. Kurz zusammengefasst heißt das: einfache Gebäude mit aufwendigen, um nicht zu sagen: protzigen Fassaden.

Echte Höhepunkte darf man auf dem Boomtown Trail nicht erwarten – authentisches Landleben in der Abgeschiedenheit der Provinz aber schon. Eine offizielle Ausschilderung oder Route des Boomtown Trail gibt es nicht. Die abwechslungsreichste Streckenführung beginnt in Calgary und führt über den Highway 1 nach Osten, dann über den Highway 21 nach Norden (wer in Drumheller startet, gelangt von dort über den Highway 56 nach Norden).

Trochu

Wer skurrile Attraktionen sammelt und Freude an Superlativen hat, sollte in dem 1100-Seelen-Örtchen einen

Fotostopp einlegen: Beim dortigen Golf & Country Club ragt das „größte Golf-Tee der Welt" stolze 12 m in die Höhe. Zur Erklärung für Nicht-Eingeweihte: Ein „Tee" ist eine Abschlaghilfe beim Golfspiel.

Dry Island Buffalo Jump Provincial Park

Kurz hinter Trochu geht es auf dem Highway 585 rechts ab zum Provinzpark, der zwei Zeltplätze und mehrere Wanderwege bietet. Das heutige Parkgelände war einst Jagdgebiet der Plains-Cree, die bei ihren Beutezügen die Technik des Büffelsprungs anwendeten: Die Bisons wurden auf Felsabhänge zugetrieben und stürzten von dort in den Tod.

Lange vor den Bisons lebten und starben auf dem Gelände noch weit größere (und wehrhaftere) Tiere: Dinosaurier. Bei Grabungen konnten fossile Reste riesiger Fleischfresser freigelegt werden. Ihr wissenschaftlicher Gattungsname lautet in Anlehnung an die Provinz „Albertosaurus".

Delburne

Zurück auf dem Highway 21 Richtung Norden, lohnt ein Stopp beim alten Bahnhof von Delburne. Dort ist ein Museum eingerichtet, wobei vor allem die Umgestaltung des Wasserturms überrascht: Auf vier Ebenen werden dort Ausstellungen gezeigt.

▪ Tägl. 10–16 Uhr.

Rochon Sands Provincial Park

Von Delburne orientiert man sich nach Osten Richtung Highway 12, der geradewegs nach Stettler führt. Wer will,

Getreidespeicher in Big Valley

kann sich aber zunächst im General Store des Weilers **Erskine** seinen Picknickkorb auffüllen, um einen kurzen Abstecher nach Norden zum nahe gelegenen Rochon Sands Provincial Park am **Buffalo Lake** einzulegen. Dieser bietet einen Sandstrand, der ideal ist für einen Lunch am See mit Erfrischung: Das Wasser des Buffalo Lake hat Badetemperatur.

Stettler

„The Heart of Alberta" ist Stettlers Spitzname – eine wohlmeinende Bezeichnung für das unscheinbare Städtchen in der tiefsten Provinz. Gut 100 km östlich von Red Deer und fast 200 km südlich der Provinzhauptstadt Edmonton gelegen, herrscht in Stettler noch tiefstes bäuerliches Landleben vor. Sehenswert ist das Stettler Town & Country Museum, das als eines der größten und wichtigsten Pionierdörfer in Alberta gilt und den Besuchern das Leben vor hundert Jahren vermittelt. Bahnhof, Kirche, Schulhaus, Bauernhof, Gerichtsgebäude – es ist fast alles da, was eine Provinzstadt damals ausmachte.

▪ Mai bis Anfang Sept. tägl. 10–17.30 Uhr. Eintritt 5 $. 6502 44th Avenue, ✆ (403) 742-4534, www.stettlermuseum.com.

Für ein authentisches Reiseerlebnis aus dem frühen 20. Jahrhundert sorgen die von einer historischen Lokomotive gezogenen Wagen der **Alberta Prairie Railway.** An den meisten Fahrtagen schließt die sechsstündige Tour ins Umland ein großes Essen und Getränke unterwegs mit ein und oft auch einen „Zugüberfall". Ein nicht günstiger, aber entspannender Zeitvertreib, wenn der Zug mit dem typischen „klackadiklack, klackadiklack" über die ungeschweißten Schienen durch die weite Landschaft bummelt.

▪ Ganzjährig, meist am Wochenende. Termine und Preise online. Fahrten 40–165 $. 4611 47th Avenue, ✆ (403) 742-2811. www.absteamtrain.com.

Information **Stettler Regional Board of Trade & Visitor Information Centre:** Mo–Fr 8.30–17, Sa 10–16 Uhr. 6606 50th Avenue, ✆ (403) 742-3181, www.stettlerboardoftrade.com.

Übernachten **Ramada Hotel:** Das austauschbare, wenig charmante Ramada ist die beste Option in der Stadt. Großzügige, saubere, ruhige Zimmer. Hallenbad, Hot Tub. DZ ab 120 $. inkl. kontinentales Frühstück. 6711 49th Avenue, ✆ (403) 742-6555, www.wyndhamhotels.com.

Phoenix House B&B: Die 3 stilvoll eingerichteten Zimmer und der große Wohnraum mit Wintergarten sorgen für einen guten Aufenthalt, das große Frühstück für einen guten Start in den Tag. DZ ab 100 $. 5914 50A Avenue, ✆ (403) 742-3602, www.phoenixhousebb.ca.

Essen & Trinken **Anaiah's Family Restaurant:** Wer die örtlichen Fast-Food-Läden umgehen möchte, landet zwangsläufig hier. Neben kanadischer auch philippinische Küche! Frühstück, Lunch und Dinner. Mo–Sa 7–21, So 8–16 Uhr. 5728 47th Avenue, ✆ (403) 742-5223, www.anaiahsfamilyrestaurant.wordpress.com.

Donalda

Von Stettler folgt man zuerst dem Highway 56 nach Norden, biegt dann rechts auf den Highway 53 nach Donalda ab, um einem weiteren skurrilen Museum einen Besuch abzustatten: Das Donalda & District Museum zeigt historische Exponate zur Region und zur Geschichte der Métis – aber auch 900 Lampen vom 17. Jahrhundert bis 1960. Natürlich darf die mit 12 Metern Höhe „größte Lampe der Welt" vor dem Museum nicht fehlen – ein abgrundtief hässliches Teil …

▪ Ende Mai bis Anfang Sept. tägl. 10–17, sonst Do/Fr 10–17 Uhr.

Camrose

In dem Örtchen steht Albertas ältestes Theater, das **Bailey Theatre.** Der kleine Bahnhof aus dem Jahr 1911 kann besichtigt werden; das Café (im Sommer Di–Sa) ist ideal für eine Pause. Der restaurierte Getreidespeicher bietet an Tagen mit blauem Himmel klassische Alberta-Fotomotive.

Alberta → Karte S. 378

Edmonton

Das Flusstal des North Saskatchewan River zieht sich als grünes Band mitten durch die Provinzhauptstadt: Nördlich davon liegt die Neustadt mit ihren Museen, Galerien und dem Parlament, südlich das quirlige Altstadtviertel Strathcona mit Läden und Restaurants. Eine historische Straßenbahn verbindet die beiden Stadtviertel.

Die in der Zeit vor dem Ersten Weltkrieg in hoher Zahl zugewanderten Europäer prägen noch heute die Bevölkerungsstruktur: Bei der Volkszählung 2006 gaben zwei Drittel der „Edmontonians" englische, schottische, deutsche, irische, ukrainische und polnische Wurzeln an. Mit den Vororten der Capital Region sind es gut 1,3 Millionen, die hier wohnen – Nordamerikas nördlichste Metropolregion. Die Provinzhauptstadt selbst kommt auf 930.000 Einwohner. Und doch steht Edmonton meist im Schatten des per Flug aus Europa besser erreichbaren Calgary – zu Unrecht.

Das Viertel **Strathcona** mit seinem historischen Flair steht der 17th Avenue in Calgary in nichts nach, und das neue **Royal Alberta Museum** ist wohl das schönste und bedeutendste der ganzen Provinz. An klassischen Sehenswürdigkeiten herrscht in der Innenstadt Mangelware; außerhalb der Downtown sind die West Edmonton Mall und das Fort Edmonton lohnende Ziele, und der Elk Islands Nationalpark liegt praktisch vor der Haustür.

Alberta Legislature Building

Stadtgeschichte

1795 errichtete die Hudson's Bay Company das Fort Edmonton auf der Nordseite des Flusses als Pelzhandelsposten, doch in den nächsten knapp hundert Jahren verlief die Entwicklung hier sehr beschaulich. Noch 1892, ein Jahr, nachdem die erste Eisenbahnlinie von Calgary her das Südufer des Flusses in Strathcona erreicht hatte, lebten gerade mal 700 Menschen in Edmonton. Doch wie im Süden der Provinz auch zogen die fruchtbaren Böden und die niedrigen Landpreise Siedler aus aller Welt an. Weitere Bahnlinien erreichten Strathcona und zu Beginn des Ersten Weltkriegs hatte Edmonton bereits 72.000 Einwohner. Die Rolle als Verkehrsdrehscheibe setzte sich auch nach dem Krieg fort: 1929 wurde der noch heute bestehende Edmonton City Centre Airport eröffnet, Kanadas erster offizieller Flughafen. Von hier aus wurde der Norden des Landes erschlossen. Auch im 21. Jahrhundert ist der Flughafen noch ein wichtiger Umschlagplatz für die industrielle Gold- und Diamantensuche im Yukon und den Northwest Territories. Im Zweiten Weltkrieg war die Stadt Ausgangspunkt für die Bautrupps des Alaska Highway und später für die zahlreichen Betriebe auf den Ölfeldern der Provinz. Öl und Gas tragen auch heute noch zu fast zwei Dritteln zur Wirtschaftsleistung der Region bei. Der

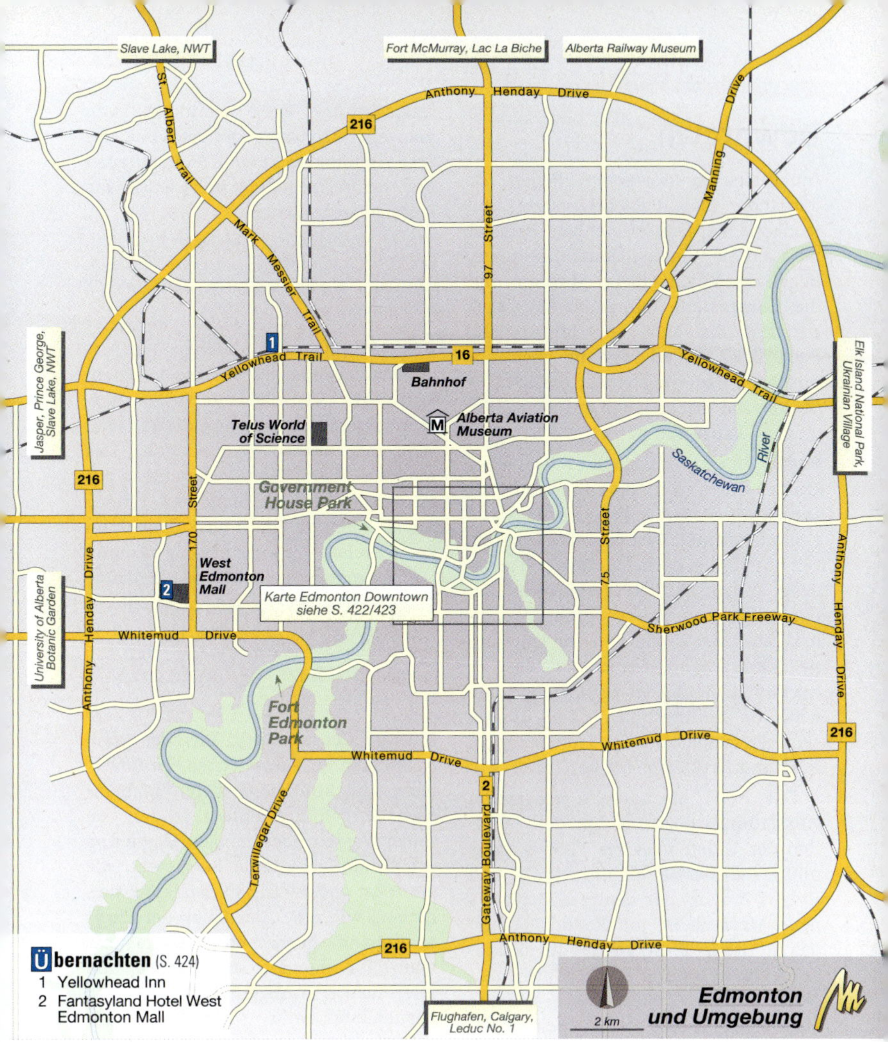

Öl-Boom der 1970er-Jahre führte zum Bau der West Edmonton Mall – einst die größte Einkaufs-Passage der Erde.

Stadtbild und Orientierung

Die Downtown liegt nördlich des Flusses. Hauptachse ist die 101st Avenue in Ost-West-Richtung, die in der Innenstadt Jasper Avenue heißt. In Strathcona endeten früher die Eisenbahnlinien, die meist von Süden die Stadt erreichten; das alte Bahnareal ist aber längst Wohnblöcken gewichen. Das Herz des Viertels schlägt heute entlang der 82nd Avenue und der 104th Street zwischen 80th und 83rd Avenue. Ähnlich wie in Calgary ist auch in Edmonton das Straßennetz in die Bereiche Nordwest, Nordost, Südwest und Südost unterteilt. Doch liegt der Nullpunkt weit im Südosten der Stadt, jenseits der Ringautobahn, so dass alle Straßen in der Downtown und in Strathcona den Zusatz NW tragen.

Downtown

Innerhalb der Downtown liegen die lohnenden Ziele dicht beieinander und sind gut zu Fuß erreichbar. Beginnt man am Sir Winston Churchill Square, liegen das Royal Alberta Museum und die Kunstgalerie nur einen Steinwurf entfernt. Ein Café und mittags die Foodtrucks stellen hier die gastronomische Versorgung sicher, zahlreiche Stühle und Tische laden auf dem Platz zu einer Pause ein.

Royal Alberta Museum: Nach einer Umbauphase (die elbphilharmonische Dimensionen erreichte) ist das Haus endlich eröffnet. Zwar war das Gebäude seit 2015 fertig, doch dauerte der Umzug ewig. Zudem war der Energieverbrauch der Architektur untergeordnet worden, und so musste die Provinzregierung zähneknirschend eingestehen, dass es die Klimatisierung der 421.000 Exponate war, die dafür sorgte, dass Alberta seine Emissionsziele für Treibhausgase 2017 und 2018 krachend verfehlte.

Das RAM beeindruckt mit einem Ausstellungsspektrum von den Fossilien der Urzeit über die First Nations und ersten Siedler bis hin zur Öl- und Erdgas-Provinz der heutigen Zeit. Das neue Museum ist mit knapp 8000 m^2 das größte in Westkanada; die zusätzliche Fläche kommt den Hauptthemen Natur- und Besiedelungsgeschichte ebenso zugute wie einer neuen Fläche für Wechselausstellungen.

■ Mitte Mai bis Anfang Sept. tägl. 10–18, Do/Fr bis 20 Uhr, sonst tägl. 10–17, Do bis 20 Uhr. Letzter Mo im Monat geschlossen. Eintritt 19 $ (1 Tag) bzw. 27 $ (2 Tage). 9810 103A Avenue, ✆ (825) 468-6000, www.royalalbertamuseum.ca.

Art Gallery of Alberta: Dem hohen eigenen Anspruch, „das Verständnis der Welt durch die bildenden Künste zu transformieren", wird die Kunstgalerie nur selten gerecht: Ihre Ausstellungen lassen auch Kunstinteressierte oft eher ratlos zurück. Doch zumindest kann man sich an dem grandiosen Bau des Star-Architekten Randall Stout erfreuen und im Terrace Café im 3. Stock die Aussicht genießen.

■ Di–Mi 11–20, Do/Fr 11–17, Sa/So 10–17 Uhr. Eintritt 13 $, Di/Mi ab 17 Uhr Eintritt frei. 2 Sir Winston Churchill Square, ✆ (780) 425-5379, www.youraga.ca.

Alberta Legislature Building: Das Parlamentsgebäude der Provinz aus dem Jahr 1912 ist schon äußerlich eine architektonische Augenweide; das setzt sich im Inneren nahtlos fort. Das moderne Visitor Centre bietet einen gut ausgestatteten Gift Shop und schöne Blicke über den Fluss. Im Rahmen von kostenfreien, 45-minütigen Touren erfährt man mehr über das Gebäude und die Arbeitsweise des Parlaments.

■ Juni bis Aug. tägl. 10–17, sonst Mo–Fr 10–17 und Sa/So 12–17 Uhr. Eintritt frei. 10800 97th Avenue, ✆ (780) 427-7362, www.assembly.ab.ca/visitor/tours_info.html.

Muttart Conservatory: Die vier Glaspyramiden im Tal zwischen der Downtown und Strathcona zieren so manches Werbefoto der Stadt. In drei von ihnen werden trockene, gemäßigte und tropische Ökosysteme dargestellt; die vierte ist eher skurrilen Sonderausstellungen, wie z. B. „Der Fluch der Chrysanthemen" gewidmet. Aber das hat man alles woanders schon größer und interessanter aufbereitet gesehen; ein Besuch lohnt kaum.

■ Tägl. 10–17, Do bis 21 Uhr. Eintritt 6,50 $. 9626 96A Street, ✆ (780) 496-8755, www.edmonton.ca/attractions_events/muttart-conservatory.aspx.

Wer abends in der Downtown unterwegs ist, wird zwangsläufig auf das **Neon Sign Museum** treffen. Werbeschilder und bunte Schautafeln aus Neonröhren, die heute fast nur noch in alten Filmen zu finden sind, werden hier aufbewahrt. Doch statt die Reklameröhren in einem klassischen Museum wegzusperren, wurden die 19 schönsten von ihnen restauriert und an

Muttart Conservatory

Alberta → Karte S. 378

der Ostseite des Telus Buildings sowie an der Südseite des Mercer-Warenhauses (104th Street/104th Avenue) an Gebäudewänden montiert – ganz wie früher.

High Level Bridge Streetcar: Die schönste Möglichkeit von Downtown nach Strathcona zu gelangen – oder umgekehrt – ist die historische Straßenbahn, die den Fluss auf der High Level Bridge überquert, einer der höchsten Bahnbrücken des Landes. Neun betriebsfähige Straßenbahnen, teils über 100 Jahre alt, verbinden die beiden Stadtteile. Im Sommer kann man samstags im Abstellschuppen in Strathcona die historischen Fahrzeuge besichtigen, die nicht nur aus Edmonton, sondern auch aus anderen Landesteilen sowie aus Melbourne und Osaka stammen.

▪ Mitte Mai bis Anfang Sept. tägl., danach bis Anfang Okt. Sa/So. Ab Strathcona 11–15.40 Uhr alle 40 Min., ab Downtown jeweils 20 Min. später. Fahrpreis hin/zurück 6 $, Unterbrechungen möglich. Downtown 100th Avenue (zwischen 109th und 110th Street), Strathcona 103rd Street/84th Avenue. ✆ (780) 437-7721, www.edmonton-radial-railway.ab.ca.

Strathcona

Hier lohnt zu jeder Tageszeit ein Bummel durch die 82nd Avenue: Morgens und nachmittags laden zahlreiche Buch-, Musik- und Modeläden zum Shoppen ein; zum Frühstück und Lunch bieten Straßencafés und Restaurants große Auswahl. Abends finden sich hier die vielfältigsten Restaurants, Bars und Clubs der Stadt – oft mit Livemusik.

Rutherford House: Die Residenz von Albertas erstem Premierminister, Alexander Rutherford, wurde 1911 fertiggestellt. Heute kann der restaurierte und im Stile der damaligen Zeit möblierte Landsitz im Rahmen von Führungen besichtigt werden. Wer im hauseigenen Restaurant Vintage Fork speist, erhält 50% Rabatt auf die Führungen.

▪ Mitte Mai bis Anfang Sept. tägl. 10–17, sonst Di–So 12–17 Uhr. Eintritt 7 $. 11153 Saskatchewan Drive NW, ✆ (780) 427-3995, www.rutherfordhousephs.ca.

Die Außenbezirke

West Edmonton Mall: Nordamerikas größter Shoppingkomplex bietet 800 Geschäfte, Restaurants und Dienstleistungen auf knapp 500.000 m², das entspricht fast hundert Fußballfeldern. An Spitzentagen reichen selbst die 30.000 Parkplätze kaum aus, denn neben Einkaufen stehen hier Freizeiterlebnisse hoch im Kurs: Der World Waterpark ist Nordamerikas größtes Hallenbad, mit Dutzenden Wasserrutschen und einer Bungee-Jumping-Plattform.

Galaxyland ist der größte überdachte Freizeitpark der Welt, der „Mindbender" dort gilt als längste Achterbahn in einem geschlossenen Raum. Zahlreiche weitere Achterbahnen, Karussells und andere Fahrgeschäfte ergänzen den Park.

Der Deep Sea Adventure Lake ist Heimat für den originalgetreuen Nachbau von Columbus' „Santa Maria" und für vier Seelöwen, die in dem Salzwasserbecken leben.

Im unterirdischen Aquarium Sea Life Caverns schwimmen Haie, Schildkröten und andere Meeresbewohner. Ein Eishockeyfeld, genannt Ice Palace, bietet auch im Hochsommer Gelegenheit zum Schlittschuhlaufen, und natürlich fehlen auch die üblichen sonstigen Freizeiteinrichtungen nicht: Zwei Kinozentren, zwei Minigolf-Anlagen, ein Bowling-Center, zwei Konzertbühnen und ein Ballsaal ergänzen das Angebot.

▪ Mo 11–19, Di–Sa 10–21, So 11–18 Uhr. Separater Eintritt für die jeweiligen Attraktionen oder „MultiPlayPass" für 99 $, der 2 Tage lang für fast alles gültig ist. 8882 170th Street NW, ✆ (780) 444-5321. www.wem.ca.

Fort Edmonton Park: „Kanadas größtes lebendes Geschichtsmuseum" – so der inoffizielle Titel – führt Besucher zurück zu einem Fort der Hudson's Bay Company aus dem Jahr 1845 sowie zu Straßenszenen der Jahre 1885, 1905 und 1920. Ein Jahrmarkt mit Fahrgeschäften aus den 1920er-Jahren sorgt für Abwechslung; ein Dampfzug und eine Straßenbahn erschließen das weitläufige Gelände. Mitarbeiter in historischen Kostümen schlüpfen in verschiedene Rollen und machen den Blick auf die Vergangenheit zu einer sehr lebendigen Sache. Die Gratwanderung zwischen Museum und Freizeitpark gelingt hier besser als in Calgary, dessen Heritage Park bereits stark Richtung Kommerz tendiert.

▪ Ende Mai bis Ende Juni Mo–Fr 10–16, Sa/So 10–18 Uhr, Ende Juni bis Anfang Sept. tägl. 10–17 Uhr. Eintritt 26 $. 7000 143rd Street, ✆ (780) 496-8787, www.fortedmontonpark.ca.

Alberta Aviation Museum: Das Museum für Albertas Luftfahrtgeschichte ist in einem Weltkriegs-Hangar des City-Flughafens beheimatet. Zu den in historischen Szenen ausgestellten Flugzeugen gehören eine über hundert Jahre alte Curtiss Stinson, eine Vickers Viking aus den Zeiten der Buschflieger und zahlreiche weitere, teils sehr seltene Maschinen. Die Flugzeuge werden stets in den Kontext der Zeit und ihrer Piloten gestellt; so erfährt man viel über die Buschflug-Pioniere des Nordens wie Wop May und Max Ward. Das engagierte Personal erklärt gerne, lebendig und kompetent.

▪ Mai bis Okt. tägl. 9.30–17.30 Uhr, im Winter kürzer. Eintritt 12 $. 11410 Kingsway Street, ✆ (780) 451-1175, www.albertaaviationmuseum.com.

Telus World of Science: Das Wissenschaftsmuseum zum Anfassen wird vor allem von Familien und Schulklassen gerne besucht, die hier Naturwissenschaften in verständlicher Weise vermittelt bekommen. Es wirft einen Blick auf die Gegenwart und Zukunft der Wissenschaft und verfügt, wie andere Telus-Museen auch, über ein Imax-Kino. Das Museum wird seit 2018 weiter ausgebaut.

▪ Tägl. 9–17, Fr/Sa bis 20 Uhr. Eintritt 36 $, Sonderausstellungen kosten extra. 11211 142nd Street NW, ✆ (780) 451-3344, www.telusworldofscienceedmonton.ca.

Wasserflugzeug am Luftfahrtmuseum

Basis-Infos

Information Edmonton Welcome Centre: Mai bis Mitte Sept. Mo–Fr 9–17, sonst Mo–Fr 13–16.30 Uhr. West Shaw Building, 9797 Jasper Avenue, ✆ (780) 401-7696, www.explore edmonton.com.

Flughafen/Flüge 30 km südlich der Stadt liegt der **Edmonton International Airport.** www.flyeia.com. KLM fliegt tägl. von Amsterdam nach Edmonton, Icelandair bis zu 4x/Woche von Reykjavik/Keflavik. Anschlüsse von vielen Flughäfen in Deutschland, Österreich und der Schweiz machen die Stadt so mit einmaligem Umsteigen erreichbar.

Vom Flughafen in die Stadt **Hotel-Shuttle-Busse** gibt es nur zu den Flughafen-Hotels im Umland.

Sky Shuttle fährt stets zur vollen Stunde als Sammeltaxi vom Airport in die City. Vorausbuchung ist Pflicht! ✆ (780) 465-8515, www.edmontonskyshuttle.com.

Edmonton Transit (ETS) betreibt den Expressbus 747, der den Flughafen in 25 Minuten mit der Straßenbahn-Endstation Century Park im Südwesten der Stadt verbindet – stündlich, zur Rush Hour halbstündlich. www.takeets.com.

Taxis vom Flughafen in die Innenstadt kosten ca. 55 $. ✆ (780)989-7099.

Bahn VIA Rail: Der Starzug „The Canadian" verbindet 2- bis 3x/Wo. Edmonton westwärts mit Jasper, Kamloops und Vancouver, ostwärts mit Saskatoon, Winnipeg und Toronto. www.viarail.ca.

Bus Über Fernbusverbindungen gab es bei Redaktionsschluss (April 2019) noch keine verlässlichen Angaben, nachdem der bisherige Betreiber Greyhound Bus seine Linien in Westkanada Ende 2018 eingestellt hatte (→ S. 698).

SunDog Tours: Tägl. von Jasper nach Edmonton Airport (5½ Std.) und zurück. Reservierung erforderlich. ✆ (888) 786-3641, www.sundog tours.ca.

Nah-/Stadtverkehr, Parken Edmonton Transit System: Das als Light Rail Transit bezeichnete Straßenbahnnetz besteht derzeit nur aus einer Diagonallinie, die die Stadt von Nordosten nach Südwesten durchquert (Capital Line), mit einer kurzen Stichstrecke Richtung Norden (Metro Line). Weitere Linien sind im Bau. Zusätzlich durchzieht ein Netz von Buslinien die Stadt. Geld abgezählt bereithalten – Busfahrer wechseln nicht; Automaten haben nicht immer Wechselgeld! Einzelfahrt 3,25 $, Tageskarte 9,75 $. www.takeets.com.

Selbst einige Minuten Fußweg von der Downtown entfernt sind **Parktarife** von 5 $/Std. bzw. 18–25 $/Tag üblich. Wer in der Jasper Avenue parken möchte, wird mit 8 $/Std. zur Kasse gebeten – da lohnt der Umstieg auf die Light Rail oder das Fahrrad. An den öffentlichen Straßen wurden Parkuhren durch EPark abgelöst: Wer parken will, muss nach der Zonennummer Ausschau halten und diese sowie das Kennzeichen an zentralen Automaten eingeben und vorab bezahlen.

Einkaufen

Antiquitäten Auf 2500 m² bieten mehr als 130 Verkäufer in der **Old Strathcona Mall** Westkanadas größte Auswahl an alten Möbeln, Designerstücken, Schmuck, Kleidung und anderen Antiquitäten. 10323 78th Avenue. ✆ (780) 433-0398, www.oldstrathconamall.com.

Bäcker Die **Boulangerie Bonjour** am Ostrand von Strathcona ist eine gute Wahl für europäisches Brot (8608 99th Street, nur Mi–Sa). In der Downtown lohnt ein Abstecher zur **Italian Bakery** (10646 97th St.).

Bücher, Landkarten **Audrey's Books** ist der älteste unabhängige Buchladen der Stadt; 10702 Jasper Avenue. **The Edmonton Book Store** hat mit 80.000 Titeln die umfassendste Auswahl an gebrauchten Büchern; 10533 82nd Avenue.

Outdoor-Artikel Ausrüstung, Verpflegung, Zubehör bei **MEC,** 11904 104th Avenue, ✆ (780) 488-6614. www.mec.ca.

Selbstversorger **Evoolution,** 10130 104th Street, bietet vieles vom Feinsten, aber nicht gerade günstig. Preiswerter wird es nebenan: In **Earth's General Sto**re findet man alles, was man tagsüber so braucht. Am **Sir Winston Churchill Square** stehen mittags stets ein halbes Dutzend Food Trucks mit großer Auswahl. In Strathcona finden sich zahlreiche Discounter und Bio-Food-Läden in der 82nd Avenue um die 102nd, 103rd und 109th Street.

Shopping Malls Im Zentrum liegt das **Edmonton City Centre** mit Geschäften, Kinos und Restaurants (102nd Avenue/102nd Street). Neben der **West Edmonton Mall** (8882 170th Street) mit ihren über 800 Geschäften ist **South Edmonton Common** ein weiterer großer Shopping-Distrikt mit Outlet Stores und Restaurants (10180 111th Street).

Sport, Kultur, Aktivitäten

Fahrradverleih Leihräder bekommt man bei **River Valley Adventure** (9735 Grierson Hill), ab 13/25/60 $ für 1/2/8Std.

Galerien In der 124th Street, dem sog. **Art District,** liegen neun Galerien jeweils nur wenige Minuten Fußweg voneinander entfernt. Die **Front Gallery** (12323 104th Avenue) stellt vor allem Künstler aus Edmonton und dem Umland aus, während man in der **Bearclaw Gallery** Kunst der First Nations und der Inuit findet (10403 124st Street). Die **Burgera Matheson Gallery** (10345 124th Street) zeigt von Landschaftsmalerei über Stillleben bis zur abstrakten Kunst ein weites Spektrum der Malerei. In der **Lando Gallery** (10310 124th Street) und der **West End Gallery** (10337 124th Street) sind Skulpturen, Kunsthandwerk, Malerei ausgestellt. Oft herausfordernde moderne Kunst zeigen die Galerien **Douglas Udell** (10332 124th Street) und **Peter Robertson** (12323 104th Avenue).

Konzert, Musical, Ballett Das **Edmonton Symphony Orchestra** (www.edmontonsymphony.com) gilt als eines der besten in Kanada. **Theatre Network** (www.theatrenetwork.ca) spielt im Roxy on Gateway sehr moderne und unkonventionelle Stücke – Applaus und Buhrufe halten sich fast immer die Waage. Im gleichen Haus spielt das **Edmonton Actors Theatre** (www.edmontonactorstheatre.com) ähnlich kontroverse Stücke. Musicals und große Bühnenshows kann man im **Citadel Theatre** (www.citadeltheatre.com) erleben. Sofern Rock-Konzerte nicht als Open Air oder im Rogers Place-Stadion veranstaltet werden, kommt meist die Bühne des **Northern Jubilee Auditorium** zum Einsatz (www.jubileeauditorium.com). Ballett und andere klassische Produktionen finden oft im 720-sitzigen, aber dennoch intimen **Horowitz Theatre** der Universität statt; www.su.alberta.ca/business/horowitz.

Parks und Grünanlagen Das River Valley genannte Tal des North Saskatchewan River bietet 160 km Fahrrad- und Wanderwege. Die schönsten Blicke hat man vom Government House Park und dem Louise McKinney Riverfront Park, beide auf der Nordseite des Flusses. Auf der Südseite bietet der Kinsmen Park/Walterdale Park ein Freibad und Picknickbereiche.

Stadtrundfahrt im Bus **Big E Tours:** Zwei Touren à 90 Minuten im 24-Sitzer erschließen die Stadt: „Best of Big E" gibt einen Überblick

Nachbau von Christoper Columbus' „Santa Maria" in der West Edmonton Mall

Alberta → Karte S. 378

über die Downtown, Strathcona, das Universitätsgelände und die West Edmonton Mall heute, während „Roots and Ressources" den Schwerpunkt auf die Entwicklung der Stadt in den letzten hundert Jahren legt Fahrten tägl., Zeiten variieren. Je 26 $. 9626 96A Street, ✆ (780) 702-1199, www.edmonton.tours.

Tour mit Fahrrad/Segway **River Valley Adventure:** Tour ab 60 $. 9735 Grierson Hill, ✆ (780) 995-7347, www.rivervalleyadventure.com.

Tour zu Fuß **Downtown Business Association/Core Crew:** Die Vereinigung der Geschäftsleute der Downtown bietet kostenlose Führungen durch die City mit unterschiedlichen Schwerpunkten an z. B. Geschichte, Architektur oder Kunst im öffentlichen Raum. Juni bis Aug. Mo–Fr zu unterschiedlichen Zeiten; wechselnde Startpunkte ✆ (780) 424-4085, www.edmontondowntown.com.

Tour kulinarisch **Edmonton Food Tours** zeigt in der 104th Street (samstags) oder downtown (einzelne Tage) die kulinarischen Seiten der Stadt. Touren 99–115 $/3 Std. ✆ (844) 535-5239, www.edmontonfoodtours.com.

Veranstaltungen/Feste Die Webseite www.exploreedmonton.com listet alle Sportereignisse, Festivals, großen Konzerte und Veranstaltungen in der Stadt.

Mitte Juni bis Mitte Juli findet das **Freewill Shakespeare Festival** statt, jedes Jahr mit zwei Produktionen. Das Open-Air-Theater ist einer klassischen Bühne zu Zeiten William Shakespeares nachgebaut. Ende Juni/Anfang Juli wird die Stadt bunt: Beim **Works Art & Design Festival,** Amerikas größtem Festival dieser Art, verbinden sich Performances, Straßentheater, Pflastermalerei und andere Künste mit Musik und Kulinarik zu einem Gesamtereignis für alle Sinne. Musikfans kommen beim **Edmonton Jazz Festival** (letzte Juniwoche) und beim **Folk Music Festival** am 2. August-Wochenende im Gallagher Park auf ihre Kosten. Letzteres bietet keltischen Folk und Gospel, Bluegrass & Blues. Folk und World Beat – hier ist für jeden etwas dabei. Die zweite Julihälfte gehört den **K-Days** und dem **Taste of Edmonton:** Bei den K-Days wird der Karneval in die wärmere Jahreszeit verlegt: Umzüge. Live-Shows, ein Jahrmarkt und nächtliche Feuerwerke prägen die ausgelassene Woche. „Taste of Edmonton", Kanadas größtes Food Festival, bietet 60 teilnehmende Restaurants, zahlreiche Food Trucks, Kochkurse und jeden Abend Livemusik. Wohl das bekannteste Festival der Stadt ist das **Fringe Festival** in der 2. Augusthälfte (etwa 10 Tage, in Old Strathcona): 1600 Künstler führen hier über 1200 innovative und moderne Theater-Performances auf.

104 Avenue NW
103A Avenue NW
103 Avenue NW
102 Avenue NW
Jasper Avenue NW
100 Avenue NW
Victoria Park Road NW
99 Avenue NW
97 Avenue NW
120 Street NW
119 Street NW
118 Street NW
117 Street NW
116 Street NW
115 Street NW
114 Street NW
113 Street NW
112 Street NW
111 Street NW
110 Street NW
109 Street NW
108 Street NW
107 Street NW
106 Street NW
105 Street NW
104 Street NW
Neon Sign Museum
High Level Bridge Streetcar Downtown
Downtown
Victoria Park
River Valley Road NW
Alberta Legislature Building
Saskatchewan River
High Level Bridge
Walterdale Bridge
Saskatchewan Drive NW
Rutherford House
Kinsmen Park/ Walterdale Park
Queen Elizabeth
Walterdale Hill NW
89 Avenue NW
88 Avenue NW
87 Avenue NW
86 Avenue NW
85 Avenue NW
84 Avenue NW
83 Avenue NW
81 Avenue NW
Whyte Avenue NW
Strathcona
Übernachten (S. 424)
4 Crash Hotel
8 Union Bank Inn
9 Fairmont Hotel Macdonald
11 Varscona Hotel on Whyte
15 Metterra Hotel on Whyte
17 HI Edmonton Strathcona
Essen & Trinken (S. 424/425)
3 Zinc
5 Elm Café
6 Blue Plate Diner
7 Craft Beer Market
9 The Harvest Room
10 High Level Diner
12 El Cortez
13 Ampersand 27
14 Continental Treat Fine Bistro
16 Situation Beer
Light Rail Transit (LRT)
High Level Bridge Streetcar

Royal Alberta Museum
104 Avenue NW
97 Street NW
102A Avenue NW
102 Avenue NW
103 Avenue NW
Sir Winston Churchill Square
Art Gallery of Alberta
99 Street NW
101 Street NW
103 Street NW
100 Street NW
Edmonton Welcome Centre
Jasper Avenue NW
Rowland Road NW
102 Av NW
90 Street NW
101A Av NW
92 Street NW
93 St NW
101 Av NW
94 St NW
100 Av NW
Cameron Avenue NW
Louise McKinney Riverfront Park
Grierson Hill NW
River Valley Adventure
Avenue NW
McDougall Hill Road
Low Level Bridge
98 Avenue NW
96A Street NW
96 Street NW
93 St NW
92 St NW
97 Avenue NW
Bellamy Hill NW
Rossdale Road NW
James McDonald Bridge
99A St NW
Muttart Conservatory, Big E Tours
Cloverdale Hill NW
Strathearn Dr NW
Connors Road NW
Rossdale Rd NW
101 Street NW
100A Street NW
100 Street NW
95 Avenue NW
95 Ave NW
94 Avenue NW
Scona Road NW
98A St NW
Saskatchewan River
93 Avenue NW
92 Av NW
91 Av NW
95 Street NW
93 Street NW
92 Street NW
94 Street NW
90 Avenue NW
Saskatchewan Drive NW
89 Avenue NW
Park Road NW
88 Avenue NW
87 Avenue NW
86 Avenue NW
High Level Bridge Streetcar Strathcona
85 Avenue NW
99 Street NW
98 Street NW
97 Street NW
84 Avenue NW
Calgary Trail
Gateway Blvd NW
102 Street NW
83 Avenue NW
Whyte Avenue NW
81 Avenue NW
185 m
Edmonton Downtown

Übernachten

→ Karten S. 415 und 422/423

Hotels **Fairmont Hotel Macdonald 9**, Downtown. Das elegante und traditionsreiche Haus von 1915 ist noch immer erste Wahl in Edmonton. Stilvolle Zimmer und Suiten, teils mit Flussblick. Spa, Massagen, Sauna, Pool, Hot Tub. Exzellentes Restaurant. DZ ab 265 $. 10065 100th Street, ✆ (780) 424-5181. www.fairmont.com.

Union Bank Inn 8, Downtown. Das edle und luxuriöse Boutique Hotel mit 40 Zimmern in perfekter Lage überzeugt mit vielen Extras wie Frühstück à la carte, tägl. Käseplatte und Wein, Kamin im Zimmer. DZ ab 209 $. 10053 Jasper Avenue, ✆ (780) 423-3600, www.unionbankinn.com.

Fantasyland Hotel West Edmonton Mall 2, im Westen der Stadt. Direkt in der Mall gelegen, setzt das Hotel das Konzept des Shopping- und Freizeit-Tempels fort: Skurrile Themenzimmer wie Igloo Suite, Hollywood Suite und Trucker Suite bieten ein ziemlich anderes Schlaf-Erlebnis. DZ ab 178 $, Suiten ab 228 $. 17700 87th Avenue. ✆ (780) 737-3783, www.flh.ca.

****** Metterra Hotel on Whyte 15**, in Strathcona. Das elegante Hotel Metterra im Herzen Strathconas bietet kostenfrei Parkplätze, Fahrräder und Weinproben. DZ ab 180 $ inkl. Frühstück. 10454 82nd Avenue, ✆ (780) 465-8150, www.metterra.com.

Varscona Hotel on Whyte 11, in Strathcona. Unter dem gleichen Management wie das Metterra, ist aber etwas günstiger. Weinproben kostenfrei. DZ inkl. Frühstück ab 170 $. 8208 106th Street, ✆ (780) 434-6111, www.varscona.com.

Crash Hotel 4, Downtown. „Live. Love. Crash." Das Hotel neben der Rogers Arena richtet sich an Nachtschwärmer, die spontan ein Zimmer suchen. Die Bar und der Liquor Store im Haus helfen mit, die Stimmung anzuheizen. Doch nur um den Rausch auszuschlafen, ist das Crash zu schade. Wen der Partylärm nicht stört (Tipp: obere Stockwerke verlangen!), der ist mitten im Nachtleben. Modernistische Zimmer aller Kategorien und ein gutes Restaurant. DZ ohne/mit Du/WC ab 100/115 $. 10266 103rd Street, ✆ (780) 719-3807, www.crashhotel.com.

Yellowhead Inn 1, im Nordwesten der Stadt. Hier trifft man mehr Trucker als Touristen, vor der Tür stehen LKW statt Limousinen. Einfach und laut (vorne Highway, hinten Bahnstrecke), aber authentisch und günstig. DZ ab 82 $, renovierte Zimmer ab 87 $. 15004 Yellowhead Trail, ✆ (780) 447-2400, www.yellowheadinn.com.

Jugendherberge **HI Edmonton 17**, in Strathcona. Das Hostel in guter Lage bietet Gemeinschaftszimmer, aber auch renovierte Doppelzimmer. DZ mit/ohne Du/WC ab 82/72 $, Übernachtung im Schlafsaal ab 32 $. 10647 81st Avenue, ✆ (778) 328-2220, www.hihostels.ca/en/destinations/alberta/hi-edmonton.

Essen & Trinken/Nachtleben

→ Karte S. 415 und 422/423

Downtown **Blue Plate Diner 6**: Das minimalistisch, aber in warmen Farben und mit viel Kunst eingerichtete Restaurant im Warehouse District bietet frische lokale Küche mit vielen vegetarischen und veganen Optionen. Mo–Do 7.30–21, Fr 7.30–22, Sa 9–22, So 9–21 Uhr. 10145 104th Street, ✆ (780) 429-0740, www.blueplatediner.ca.

The Harvest Room 9: Das Restaurant im Fairmont Hotel bietet eine exzellente Küche und Blicke über den Fluss. Wohl das beste Frühstück der Stadt. Mo–Fr 6.30–11, Sa/So 7.30–12.30 und tägl. 17.30–21 Uhr. 10065 100th Street, ✆ (780) 424-5181, www.fairmont.com/macdonald-edmonton/dining/harvestroom.

Zinc 3: Frische lokale Produkte in minimalistischer Eleganz. Die saisonal wechselnde Karte orientiert sich oft an den Ausstellungen der Art Gallery, in der das Restaurant liegt. Di–So 11–14.30, Di/Mi 17–21, Do–Sa 17–22 Uhr. 2 Sir Winston Churchill Square, ✆ (780) 392-2501, www.zincrestaurant.ca.

Craft Beer Market 7: CBM betreibt inzwischen Filialen in allen großen Städten Kanadas und bietet jeweils die größte Auswahl an gezapften Bieren. Hinzu kommt eine gute Speisekarte. Mo–Do 11–24, Fr 11–2, Sa 10–2, So 10–23 Uhr. 10013 101A Avenue, ✆ (780) 424-2337, www.craftbeermarket.ca/edmonton.

Elm Café 5: Im Oliver District, am Rand der Downtown, bietet das Kleinstcafé auf weniger als 20 m² stets wechselnde Speisen und exzellente Kaffees und Tees. Mo–Fr 7.30–16, Sa 8–16, So 9–15 Uhr. 10140 117th Street, ✆ (780) 756-3356, www.elmcafe.ca.

Sir Winston Churchill Square

Strathcona High Level Diner 10: Das Familienrestaurant an der High Level-Brücke serviert klassisches Frühstück, danach wird's international: Räucherlachs-Quesadilla und Hummus-Salat, Ural-Burger, Thai Curry und irischer Shepherds Pie ... Mo–Mi 7.30–21, Do/Fr 7.30–22, Sa 8.30–22, So 8.30–21 Uhr. 10912 88th Avenue, ✆ (780) 433-0993, www.highleveldiner.com.

Ampersand 27 13: Leidenschaftlich bodenständig die Küche, sehr engagiert der Service. Was Starkoch Fan Zhang aus Toronto hier exerziert, ist kompromisslos: Klassische Gerichte neu interpretiert, alle (ausnahmslos lokalen) Lieferanten werden namentlich genannt. Große Auswahl an Cocktails. Tägl. 11–15 und 16–22, Sa/So zum Brunch ab 10 Uhr. 10612 82nd Avenue, ✆ (780) 757-2727, www.ampersand27.com.

Continental Treat Fine Bistro 14: Das auf glutenfreie Speisen spezialisierte Restaurant bietet mittel- und osteuropäische Gerichte mit kanadischen Akzenten. So findet sich neben Schnitzel und Gulasch auch doppelt geräucherter Wildlachs auf der Karte. Tägl. 11–22 Uhr. 10560 82nd Avenue, ✆ (780) 433-7432, www.ctfinebistro.com.

El Cortez 12: Mittags und am frühen Abend mexikanisches Restaurant, verwandelt sich der Laden später zunehmend in eine der angesagtesten Bars der Stadt. Tacos, Quesadillas und Enchiladas zum Teilen, in meist kleinen Portionen. Mo–Do 16–23, Fr–Sa 11–24, So 11–22 Uhr. 8230 Gateway Boulevard, ✆ (780) 760-0200, www.elcortezcantina.com.

Strathcona: Situation Beer 16: Halb Micro Brewery, halb Pub – und immer was los. Neben exzellenten Bieren (ein „Flight" zum Ausprobieren mit vier verschiedenen kleinen Bieren kostet 10 $) gibt es auch typische Pub-Speisen wie Salate, Pizza, Burger. Mo/Di 11–23, Mi/Do 11–24, Fr 11–1, Sa 10–1, So 10–23 Uhr. 10308 81st Avenue, ✆ (780) 705-1377, www.situationbeer.com.

Nachtleben Livemusik in Club-Atmosphäre bieten **The Starlite Room** (10030 102nd Street, www.starliteroom.ca), **Mercury Room** (10575 114th Street) und **Bohemia** (10217 97th Street, www.artmuzak.ca). Die **Yardbird Suite** (11 Tommy Banks Way, www.yardbirdsuite.com) ist Heimat der Modern-Jazz-Szene. Die **Evolution Wonder Lounge** (10220 103rd Street, www.yourgaybar.ca) und **Woodys Video Bar** (11723 Jasper Avenue) sind die führenden Clubs für Schwule und Lesben. Wenn andere Klubs schließen, geht es im **Y Afterhours** erst los: Freitag-/Samstagnacht von 1–8 Uhr (10028 102nd Street, www.yafterhours.com).

Rund um Edmonton

Rund um Edmonton liegen zahlreiche Attraktionen, die sich zu einer Tagestour verbinden lassen. Im Osten der Stadt liegen der Elk Islands National Park mit seinen Bisons sowie das ukrainische Museumsdorf. Auf dem Hin- oder Rückweg bietet sich an Wochenenden ein Abstecher zu einem Eisenbahnmuseum an. Im Süden Edmontons liegen die Ölfundstätte Leduc No. 1 und ein botanischer Garten.

Elk Island National Park: Der nur knapp 200 km² große Nationalpark eine gute halbe Autostunde östlich von Edmonton (über den Highway 16) weist die größte Dichte von Bisons pro Quadratkilometer auf. Theoretisch sollte man die Büffel daher oft entlang der Parkstraßen antreffen, vor allem in der Brunftzeit Ende Juli/Anfang August oder in den Dämmerstunden. In der Praxis dagegen kann man auch mal zwei Tage fast pausenlos durch den Park kurven und bekommt kein einziges der massigen Tiere zu Gesicht ... Wer auf Nummer sicher gehen will, bucht eine der mehrmals pro Monat stattfindenden zweistündigen Touren hinter die Kulissen der Forschungs- und Zuchtstation. An der Zufahrtsstraße liegt das Visitor Info Centre, das Besucher informiert, wo die besten Chancen bestehen, Bisons zu begegnen. Hier kann man auch Stellplätze auf dem schönen Campground am Astotin Lake buchen. Elf Wanderwege von 300 m bis 16 km Länge erschließen das Hinterland des Parks sowie den Wilderness Campground am Oster Lake. Am Astotin Lake liegt auch der Elk Island Golfplatz – das Clubhaus dient als Café und Eisdiele auch für Nichtgolfer.

Visitor Info Centre: Tägl. 9–17 Uhr, der Park selbst kann 24 Std. befahren werden. Eintritt in den Park 8 $. Tour „Bison Eye View" 20 $. Reservierung von Stellplätzen, Wanderkarte mit Wegbeschreibung. ✆ (780) 922-5790, www.pc.gc.ca/en/pn-np/ab/elkisland.com.

Orthodoxe Kirche im Ukrainian Cultural Heritage Village

Der Botanische Garten der University of Alberta

Alberta → Karte S. 378

Ukrainian Cultural Heritage Village: Das Erbe der ukrainischen Einwanderer, die vor allem von 1892 bis 1930 in die Provinz kamen, wird hier auf lebendige Art und Weise bewahrt, auch über die ukrainische Kultur hinaus: Im Bahnhof erfährt man, wie früher Informationen per Morse-Code übermittelt wurden, in der Kirche lernt man den orthodoxen Glauben kennen. Auf Kutschfahrten (Do–So) wird Wissen über Ackerbau und Viehzucht vermittelt. Ein Restaurant und ein Gift Shop (beide nur in der Hochsaison) bieten Souvenirs, Borschtsch und Piroggen. Bei schönem Wetter ergeben sich eindrucksvolle Fotomotive.

■ Ende Mai bis Anfang Sept. 10–17 Uhr. Eintritt 15 $. Direkt am Highway 16 E, ✆ (780) 662-3640, www.ukrainianvillage.ca.

Alberta Railway Museum: Die 75 historischen Lokomotiven und Waggons sind in Kanadas drittgrößtem Eisenbahnmuseum in historischen „Kompositionen" zusammengestellt, so dass man ein Gefühl dafür bekommt, wie Personenzüge, Güterzüge und Hilfszüge damals gebildet wurden. Auch mehrere historische Gebäude konnten erhalten werden. An Feiertagswochenenden stündlich Zugbetrieb.

■ Ende Mai bis Anfang Sept. Sa/So 10–17 Uhr. Eintritt 10 $. 241215 34th Street NW (15 km nordöstlich der Downtown), ✆ (403) 472-6229. www.albertrarailwaymuseum.com.

University of Alberta Botanic Garden: Der knapp 100 ha große Garten, früher als Devonian Botanical Gardens bekannt, liegt 20 Minuten südwestlich von Edmonton. Die gepflegten japanischen, Obst-, Gemüse- und Kräutergärten sowie die umfangreichen Pflanzensammlungen sind durch ein schönes Wegesystem miteinander verbunden; ein Tropenhaus ist Heimat für exotische Schmetterlinge. Wem das Gelände zu weitläufig ist: Es werden 45-minütige Touren mit einem kleinen Zug angeboten. Auch das Café und der Gift Shop lohnen den Besuch.

■ Mai tägl. 10–17 Uhr, Juni bis Anfang Sept. 10–18, Do bis 20.30 Uhr. Eintritt 16 $. Highway 60 (5 km nördlich von Devon), ✆ (780) 451-3344, www.botanicgarden.ualberta.ca.

Leduc No. 1: 133 Bohrungen hatte Imperial Oil getätigt – 133-mal ohne Erfolg. Doch an einem Februarmorgen des Jahres 1947 brachen sich im verschlafenen Nest Leduc Öl und Gas die Bahn ans Tageslicht. Leduc No. 1, das reichste bis dahin entdeckte Ölfeld, änderte die Geschichte Albertas auf einen Schlag. Heute kann man historische Ölfördertürme besichtigen und anhand von Schautafeln und Ausstellungsstücken mehr über die Ölgeschichte der Provinz erfahren.

▪ Ende Mai bis Aug. Mo–Sa. 9–17 Uhr. Dez./Jan. geschlossen, sonst Mo–Fr 9–17 Uhr. Eintritt 12 $. 50399 Highway 60 South, Devon, ✆ (866) 987-4323, www.leducnumber1.com.

Die Foothills

Die Foothills, das Vorgebirge – die meisten Reisenden durchqueren die Region nur, um zum eigentlichen Ziel, den Rocky Mountains, zu gelangen. Doch Hinton, Rocky Mountain House und Nordegg sind nicht ohne Reize.

Von Edmonton führt der Highway 16, der Yellowhead Highway, in etwa vier Autostunden in den Jasper National Park. Da im Nationalpark neue Unterkünfte nur noch sehr eingeschränkt entstehen dürfen, hat sich in Hinton, der letzten Stadt vor dem Park, ein großes Hotelangebot entwickelt; in der Hochsaison sind dennoch auch hier alle Betten meist ausgebucht. Anders am Highway 11, der von Red Deer über Rocky Mountain House und Nordegg ins Herz der Rockies führt und nicht weit vom Columbia Icefield auf den Icefields Parkway trifft. Er ist landschaftlich eine der schönsten Routen Kanadas und gilt noch als Geheimtipp; die touristische Infrastruktur ist nicht annähernd so ausgebaut wie an den anderen Zufahrtsstraßen in die Nationalparks Jasper und Banff.

Hinton

Das Städtchen mit 10.000 Einwohnern am Fuß der Rocky Mountains ist ein günstiger Übernachtungsort auf Reisen in den Jasper National Park: Es sind nur 80 km bis Jasper, und die Hotelpreise liegen hier meist etwa 50 % niedriger als im Park. Von Edmonton aus ist

Beaver Boardwalk

Hinton in drei Stunden über den Yellowhead Highway Nr. 16, der von Nordost nach Südwest durch das gesamte Städtchen verläuft, gut erreichbar. Fast alle Hotels und Restaurants befinden sich links und rechts des Highways an den parallel verlaufenden Nebenstraßen. Das 2017 eröffnete kleine **Northern Rockies Museum of Culture and Heritage** (Di–Sa 9–17 Uhr) im ehemaligen Bahnhof überrascht durch die Vielfalt an Exponaten zur lokalen Geschichte, vor allem aber durch die enthusiastischen Mitarbeiter, die den Besuchern eben diese Geschichte lebendig näherbringen. Zweites lohnendes Ziel im Ort ist der **Beaver Boardwalk.** Der gut 1 km lange Wanderweg beginnt an der Collinge Road, Ecke Sutherland Avenue und führt auf Holzplanken zum Maxwell Lake und durch die angrenzenden Wälder. Schon seit Generationen bauen Biber Dämme im See. Sie lassen sich vor allem in der Dämmerung gut beobachten.

Praktische Infos

Information **Travel Alberta Visitor Information Centre:** Tägl. 9–17 Uhr. 309 Gregg Avenue, ✆ (780) 865-2777, www.hintonchamber.com.

Übernachten **** Twin Pine Inn & Suites:** Das renovierte Hotel bietet helle Zimmer, teils mit Küchenzeile. Lounge mit Restaurant. DZ ab 80 $. 595 Gregg Avenue, ✆ (780) 865-2281 www.twinpineinnandsuites.com.

Flying Dog: Nachhaltig geführtes Bed & Breakfast mit 3 Zimmern, schönes Frühstück. Sehr freundliche, hilfsbereite Gastgeber. DZ ohne/mit Du/WC 95/105 $. 240 Woodley Drive, ✆ (780) 865-4148, www.flyingdogbb.com.

Jasper East Cabins: Nur 5 Autominuten vom Nationalpark liegen die modernen Cabins für Selbstversorger mit 1 bis 3 Zimmern. Komplette Küche, kleiner Supermarkt, 3 Minuten Fahrt zum nächsten Restaurant. Cabin ab 149 $. 49321 Highway 16, ✆ (780) 865-1952. www.jaspereastcaboins.com.

Hinton/Jasper KOA: Der Campingplatz überzeugt mit üblichem KOA-Standard und guter Lage, nur 10 Minuten vom Nationalpark. Cabins mit/ohne Bad ab 136/79 $, Stellplatz 34–43 $. Geöffnet Mitte Mai bis Sept. 50409B Highway 16 (südwestlich von Hinton), ✆ (780) 865-5061, www.koa.com/campgrounds/hinton.

Essen & Trinken **The Old Grind:** Das bodenständige und lebhafte Café bietet Mahlzeiten und Getränke zum Verzehr oder zum Mitnehmen. Hier essen viele Einheimische und Pendler, die im Park arbeiten. Frühstück und Lunch. Mo–Sa 8–18, So 11–17 Uhr. 175 Pembina Avenue, ✆ (780) 865-1934, www.theoldgrind.ca.

meinTipp **Folding Mountain Brewing:** Die lokale Brauerei serviert auch leichte Bistro-Küche, z. B. Tacos und Bruschetta. Tipp: Brotzeitteller (Charcuterie Board), dazu eines der hauseigenen Biere. Di–So 12–21, Fr/Sa bis 22 Uhr. 49321 Highway 16 (kurz vor dem Nationalpark), ✆ (780) 817-6287, www.foldingmountain.com.

Rocky Mountain House

Das 6000-Einwohner-Städtchen liegt trotz des Namens nicht in der berühmten Bergkette und hat nur wenig zu bieten. Doch ist der Werbeslogan der Stadt „Where adventure begins" durchaus zutreffend, denn hinter der Stadt beginnen die Foothills, das Vorgebirge der Rockies.

Rocky Mountain House National Historic Site: Im David Thompson Country, zu dem Rocky Mountain House und Nordegg gehören – benannt nach dem großen kanadischen Entdecker, der von hier 1810 aufbrach, um einen Weg zum Pazifik zu suchen – richteten 1799 die konkurrierenden Handelsgesellschaften Hudson's Bay Company und Northwest Company beide einen Handelsposten ein. Die alten Forts stehen schon lange nicht mehr, doch kann man in der Rocky Mountain House National Historic Site durch ihre Überreste streifen, sich mit der Kultur der Métis vertraut machen und selbst Bannock-Brot backen. Wanderwege führen zu einer Bisonherde, und übernachten kann man in traditionellen Tipis oder Trapper-Zelten.

■ Anfang Mai bis Anfang Sept. tägl. 10–17 Uhr. Eintritt 4 $. Stellplatz 16 $, Übernachtung im Trapper-Zelt/Tipi 59 $. Highway 11A (6 km westlich von Rocky Mountain House, ✆ (403) 845-2412, www.pc.gc.ca/en/lhn-nhs/ab/rockymountain.

Praktische Infos

Information **Visitor Information Centre,** im Museum: Ende Mai bis Aug. Mo–Fr 9–18, Sa/So 10–18, sonst Mo–Fr 9–17 Uhr. Highway 11, ✆ (403) 845-5450, www.rockymtnhouse.com.

Übernachten **The Prairie Creek Inn:** Im exklusiven Luxus-Boutique-Hotel in der Wildnis schafft es jeder, vom Alltag abzuschalten. Dabei helfen das exzellente Restaurant und das Aktivitäten-Programm: In der Hollywoodschaukel dem Plätschern des Baches lauschen oder mit einem Glas Wein ein schönes Buch am Kamin

Alberta → Karte S. 378

lesen, wenn man vom Sternegucken zurück ist. 10 Suiten ab 195 $, 5 Cottages ab 355 $. Site 12, RR2 (17 km südlich von Rocky Mountain House), ✆ (403) 844-2672. www.theprairiecreekinn.com.

***** Walking Eagle Inn and Lodge:** Großzügige Zimmer, zum Teil mit Küchenzeile, zeichnen das makellos saubere Hotel aus. DZ ab 120 $ inkl. Hot Breakfast. 4819 45th Street, ✆ (403) 845-2804, www.walkingeagle.net.

Alpine Motel: Die 2016 renovierten Zimmer bieten das beste Preis-Leistungs-Verhältnis der Region. 27 Zimmer, 7 davon mit Küchenzeile. DZ ab 79 $, mit Küche ab 89 $. 4435 47th Avenue, ✆ (403) 845-3325, www.rockyalpinemotel.com.

Essen & Trinken **Nick & Leslies Family Restaurant:** Typischer als hier geht es nicht, wenn man ein authentisches kanadisches Family Restaurant sucht. Bodenständig ohne Überraschungen. Tägl. 7–21 Uhr. 4520 45th Street, ✆ (403) 845-4488.

Copper Creek Café: In dem Coffeeshop mit nur wenigen Tischen gibt es Muffins, Zimtschnecken, Quiches und Oatmeal zum Frühstück, Sandwichs und Suppen zum Lunch in sympathisch-lebhafter Atmosphäre. Mo–Fr 8–17, Sa 9–16 Uhr. 5115 Main Street ✆ (403) 844-4401, www.coppercreekcafe.ca.

Fo4rty Ei8ht: Seit 2016 bietet das „48" Essen, Cocktails und Spaß – mehr „Nachtleben" gibt es im Städtchen nicht. Lunch und Dinner. Tägl. 11–2 Uhr. 4504 48th Avenue, ✆ (403) 871-1777.

Nordegg

Der schon auf 1400 Meter Höhe gelegene Weiler liegt eindrucksvoll am Ostrand der Rocky Mountains. Das 1907 vom Deutschen Martin Cohn entdeckte Kohlevorkommen bildete jahrzehntelang die wirtschaftliche Grundlage der Region.

Nordegg Heritage Centre and Brazeau Collieries Historic Mine Site: Die 1955 stillgelegten Kohlegruben wurden 2002 unter Denkmalschutz gestellt und können im Rahmen von geführten Touren besichtigt werden. Die Schächte sind aus Sicherheitsgründen nicht mehr zugänglich. Trotzdem erfährt man viel über die Arbeit unter Tage und das schwere Grubenunglück von 1941.

▪ Ende Mai bis Aug. Do–Di 10–17 Uhr. Touren im Mai und Juni Sa/So 10 und 14 Uhr, im Juli/Aug. Do–Di 10 und 14 Uhr. Eintritt frei, Tour 11 $. 4002 Stuart Street, ✆ (403) 845-4444, www.unlockthepast.ca.

Wanderung: 55 km hinter Nordegg und 10 km vor dem Banff-Nationalpark beginnt an einem Wanderparkplatz (blaue Hinweisschilder beachten) die attraktive Tour zu den beeindruckenden **Siffleur Falls**. Man geht den ausgetretenen Pfad zum Nordarm des Saskatchewan River, überquert diesen auf der Hängebrücke und folgt dem Boardwalk, der das sensible Gelände schützt. Am Ende des Boardwalks folgen ein Stück Schotterstraße, die Brücke über den Siffleur River und dann eine Passage auf einem Wanderweg. Nach insgesamt 4 km (ca. 2 Std. hin/zurück) ist der Aussichtspunkt für die Wasserfälle erreicht.

Praktische Infos

Übernachten **Nordegg Lodge Hotel:** Der Name trügt – es ist ein Motel, keine Lodge. Der Werbespruch „Where the past is always present" stimmt für das Mobiliar aber auf jeden Fall ... Dennoch: Sauber und meist freundlich – besser wird es nicht in Nordegg. DZ ab 120 $. 2 Stuart Street, ✆ (403) 721-3757, www.nordegglodge.com.

Aurum Lodge: Die mehrfach ausgezeichnete Öko-Lodge am Abraham Lake, 45 km westlich von Nordegg am Highway 11, bietet sich aufgrund ihrer Nähe zum Banff National Park als komfortables Basislager für Tagestouren in die Berge an. DZ ab 209 $ inkl. großes Frühstück. ✆ (403) 721-2117, www.aurumlodge.com.

Essen & Trinken **Miner's Café:** Die Bergleute sind Geschichte – das Café im Museum aber ist modern und freundlich. Berühmt für seine Kuchen, gibt es auch Suppen, Salate, Quiches. Ende Mai bis Aug. Do–Di 10–17, Mi 10–15 Uhr. 3 Stuart Street, ✆ (403) 721-2277.

Albertas Norden

Die Schönheit des Nordens der Provinz erschließt sich erst auf den zweiten Blick: Beeindruckende Landschaften fehlen hier ebenso wie interessante Städte und größere Attraktionen. Der Deh Cho Trail von Edmonton bis an die Grenze der Northwest Territories bietet auf 750 km Strecke dennoch überraschend viel Abwechslung.

Drei Routen erschließen den Norden von Alberta. Die meistbefahrene Strecke ist der Highway 43, der von Edmonton nordwestlich nach Grande Prairie führt, von wo aus sich Reiseoptionen sowohl nach Norden in die Northwest Territories wie auch nach Westen, nach British Columbia, eröffnen.

Alternativ führt der Highway 2 von Edmonton nach Norden zum Lesser Slave Lake und von hier über die wohl einsamste Straße der Provinz – den Bicentennial Highway – ebenfalls in die Northwest Territories.

Die dritte Fernstraße, der Highway 63, verläuft weiter östlich ebenfalls in nördlicher Richtung nach Fort McMurray, dem eher selten besuchten Öl- und Erdgaszentrum der Provinz.

Die hügelige Landschaft, weitgehend geprägt vom Peace River und vom Athabasca River, weist im Süden vor allem Espen und andere Laubbäume auf; rund um den Lesser Slave Lake finden sich noch ausgedehnte Nadelwaldbestände, die nach Norden hin in Taiga- und Tundralandschaften mit Moosen und ausgedehnten Torfgebieten übergehen.

Die Region wird zunehmend kühler, je weiter man nach Norden gelangt. In der Peace-River-Region rund um Grande Prairie steigt das Thermometer selbst im Hochsommer nie über 25° C, üblich sind Höchstwerte um 17° C. Wie in ganz Alberta fällt auch hier im Sommer bis zu dreimal so viel Niederschlag wie im Winter.

Die Region wurde von den Weißen erst Ende des 18. Jahrhunderts erreicht: In Dunvegan, im Nordwesten der Provinz, errichtete die North West Company 1795 ein Fort mit Pelzhandelsposten. Nachdem die natürlichen Besitzer der Pelze ausgerottet waren, wurde es wieder ruhig. Die Siedlerwelle Anfang des 20. Jahrhunderts erreichte nur den Süden der Region, erst der Ölboom nach dem Zweiten Weltkrieg ließ Städte wie Grande Prairie und Fort McMurray schnell wachsen.

Alberta → Karte S. 378

Von Edmonton nach Grande Prairie

Knapp fünf Stunden Autofahrt sind es von Edmonton ins Herz der Peace-River-Region. Stopps lohnen in Fort Assiniboine und in Whitecourt, knapp 200 km hinter Edmonton. Von Edmonton kann man direkt auf dem Highway 43 nach Whitecourt fahren, oder man beginnt auf dem Highway 2 nach Norden und biegt in Westlock nach Westen auf den Highway 33 ab, um auf dem Umweg **Fort Assiniboine** zu besichtigen: Das größte Planwagen-Rad und die größte Spitzhacke der Welt weisen den Weg zum Museum (Juni tägl. 13–17 Uhr, Juli/Aug. tägl. 11–17 Uhr) in diesem Weiler mit reicher Geschichte.

Einst standen hier das zweitälteste Fort Albertas und ein Posten der Hudson's Bay Company; später war der Ort Station auf der Route zu den Goldfeldern des Klondike. Die wechselvolle Geschichte der Region wird im originalgetreu nachgebauten Handelsposten dargestellt.

In **Whitecourt** ist das Forest Interpretive Centre (Mitte Juni bis Anfang Sept. Mo–Fr 8.30–18, Sa/So 11–18, sonst Mo–Fr 8.30–16.30 Uhr) zentraler Anlaufpunkt. Das Informationszentrum beleuchtet die Rolle der Forstwirtschaft für die Entwicklung des Ortes. Ein 800 m langer Lehrpfad führt durch den angrenzenden Wald, drei ältere Gebäude können besichtigt werden.

Südlich von Whitecourt liegt der geologisch interessante **Hard Luck Canyon**, den der Hard Luck Creek in den Sandstein gegraben hat. Er ist nur auf Schotterpiste erreichbar: von Whitecourt 7 km auf der West Mountain Road nach Süden, dann 14 km auf der Range Road 125 erst nach Westen, dann nach Süden bis zum Parkplatz. Von hier führen Wanderwege zu einer Brücke über einen kleinen Wasserfall und hinunter in den Canyon.

Grande Prairie

Die größte Stadt im Nordwesten Albertas ist keine Schönheit und – obwohl die Stadt sich sehr um Urlauber bemüht – auch kein günstiger Übernachtungsstopp: Die einkommensstarke Ölindustrie diktiert hier die Preise. Immerhin liegen hier dank der Lage im Ölgebiet die Spritpreise meist etwa 15 % unter denen in Dawson Creek und 30 % unter denen in Fort Nelson.

Das Dinosaurier-Museum rechtfertigt einen ausgedehnten Stopp, wenn man ohnehin auf dem Weg in die Northwest Territories oder zum Alaska Highway in Grande Prairie vorbeikommt. Das Geschäftszentrum liegt rund um die Kreuzung 100th Street/100th Avenue.

Philip J. Currie Dinosaur Museum: Das noch recht neue Großmuseum (2017 eröffnet) lohnt einen Besuch. Auf fast 4000 m² entdeckt der Besucher spektakuläre Ausstellungsstücke, kann 65 Mio. Jahre alte Knochen anfassen, durch urzeitliche tropische Ökosysteme wandern und sich anschließend im Dine-O-Saur Restaurant verköstigen lassen, bevor im Rahmen einer Außentour sich an den Fundstätten das Gesehene vertiefen lässt. Interessante Filme und interaktive Labore machen den Besuch auch für Kinder interessant.

▪ Juni bis Sept. tägl. 10–18, Di–Fr bis 20, sonst Di–So 10–18 Uhr. Eintritt 14 $. Touren Juli/Aug. Sa/So 5–10 $. Highway 43 (19 km westlich von Grande Prairie), ✆ (587) 771-0662, www.dinomuseum.ca.

South Peace Centennial Museum: Das Museum am Highway 43, ca. 40 km westlich von Grande Prairie (2 km hinter Beaverlodge), zeigt Albertas größte Sammlung von betriebsfähigen Dampfmaschinen. An Wochenenden kann man Dampfwalzen und ähnliche Fahrzeuge im Einsatz erleben.

▪ Mitte Mai bis Ende Aug. tägl. 10–18 Uhr

Praktische Infos

Information **Visitor Information Centre:** Mo–Fr 8.30–16.30, Sa/So 10–16.30 Uhr. Auf der Webseite gibt es Discounts für örtliche Restaurants und Geschäfte. 11330 106th Street, ✆ (780) 539-7688, www.gptourism.ca.

Hin und weg Über Fernbusverbindungen gab es bei Redaktionsschluss (April 2019) noch keine verlässlichen Angaben, nachdem der bisherige Betreiber Greyhound Bus seine Linien in Westkanada Ende 2018 eingestellt hatte (→ S. 698).

Stadtrundfahrt Der **Rotary Club** sponsert eine kostenfreie abendliche Stadtrundfahrt inklusive einiger Geschenkartikel der örtlichen Unternehmen. Start beim Visitor Information Centre. Juni bis Aug. Di–Do um 18.30 Uhr. 10 Min. vorher da sein, keine Reservierung erforderlich. ✆ (780) 539-7688.

Übernachten **Podollan Inn & Spa:** Das Haus der privat geführten Mini-Kette verfügt über ein großes Spa, das regelmäßig zu Kanadas Besten gewählt wird. Auch das Steak-Restaurant Jax überzeugt. DZ ab 134 $. 10612 99th Avenue, ✆ (780) 830-2000, www.podollanhotels.com.

A River Road: Ruhig gelegenes B&B ein paar Kilometer südlich der Stadt. 4 Zimmer unterschiedlicher Ausstattung. Nur für Erwachsene. DZ ab 135 $. 705051 Range Road 62, ✆ (780) 538-1204, www.ariverroad.com.

Essen & Trinken **Better than Fred's:** Die Bar schafft das Kunststück, zu den besten kleinen Konzertbühnen Kanadas zu gehören und obendrein regelmäßig zu einem der Top-BBQ-Restaurants Albertas gewählt zu werden. Exzellentes Essen, mehrmals wöchentlich Livemusik. Tägl. 11–1, Fr/Sa bis 2 Uhr. 9903 101st Street, ✆ (780) 532-4450, www.betterthanfreds.ca.

The Office: Das gehobene Restaurant im Pomeroy Hotel ist anders als die Zimmer in den Stockwerken darüber seinen Preis wert. Die Atmosphäre hat zwar mehr Kantinencharakter, doch das Essen ist großartig. Viele Specials. Tägl. 6–22, Fr/Sa bis 23 Uhr. 11633 100th Street, ✆ (780) 832-2441, www.pomeroyhotel.com.

Alberta → Karte S. 378

Deh Cho Route von Grande Prairie nach Norden

Der Süden der Region, bis Manning, ist überwiegend noch Farmland. Zwar sind die Sommer kühl und kurz, doch bei 17 Stunden Sonnenschein pro Tag gedeihen im Norden Albertas bestimmte Getreide- und Gemüsesorten hervorragend. Weiter nördlich davon, vor allem ab High Level, wird es zunehmend einsamer.

Dunvegan

Nicht mal eine Autostunde nördlich von Grande Prairie liegt das kleine Dorf Dunvegan, wo der Highway 2 auf Albertas längster Hängebrücke den Peace River quert. Der **Dunvegan Provincial Park** am Nordufer des Peace River bietet schöne Wanderungen am Hochufer des Flusses, aber auch Mountainbike-Trails in den lichten Pappelwäldern. Hauptziel im Park ist der historische Pelzhandelsposten: Kirche, Pfarrhaus und Lagerhaus können im Sommer besichtigt werden. Ein idyllisch am Fluss gelegener Campground bietet sich für Übernachtungen an.

Grimshaw

In Grimshaw, 167 km nördlich von Grande Prairie, findet sich der

Brücke über den Peace River

Meilenstein „0" der Deh Cho Travel Connection, einer Kooperation der Fremdenverkehrsorganisationen Albertas, British Columbias und der Northwest Territories, die gemeinsam den 1800 km langen Rundweg vermarkten. Im Ort liegt das unregelmäßig geöffnete **Antique Truck Museum Grimshaw,** das Lkws aus den 1930er- bis 1950er-Jahren ausstellt.

Peace River

Im weiteren Verlauf erreicht man die von Provinzparks umgebene, beschauliche Kleinstadt Peace River, die mit ihren 6000 Einwohnern in abwechslungsreicher Landschaft am gleichnamigen Fluss liegt. Dieser hat sich hier fast 300 m tief in das umgebende Gelände eingeschnitten, das von Farmland, Wäldern, Bächen und Seen geprägt ist. Der Zusammenfluss von Peace River und Smoky River bietet besonders schöne Motive. Im **Stadtmuseum** (Mo–Sa 10–17 Uhr) erfährt man mehr über „Twelve Foot Davis", den Goldschürfer, der auf einem nur 3,60 m breiten Claim ein Vermögen aus der Erde grub. Zudem gibt es Wechselausstellungen.

Manning

„The Land of the Mighty Moose" – das Land des mächtigen Elchs – ist das Motto der Region rund um Manning. Das ist mehr als nur ein Mythos, denn in der Tat sind Elche rund um das erst nach dem Zweiten Weltkrieg gegründete Dorf in großer Zahl heimisch. Das **Pioneer Museum** (Mitte Mai bis Mitte Sept. tägl. 13–18 Uhr, Juli/Aug. ab 10 Uhr) informiert mit einigen historischen Cabins über die Geschichte Mannings. Zwei Provinzparks bieten gute Übernachtungsoptionen.

An der südlichen Zufahrt in den Ort **High Level** liegt das **Mackenzie Crossroads Museum & Visitor Centre.** Das Museum informiert über die Geschichte der nördlichsten Siedlung am Mackenzie Highway, im Gift Shop kann man regionale Souvenirs erwerben. High Level ist heute vor allem Versorgungsstopp: Hotels, Restaurants und Tankstellen prägen das Bild; schließlich sind es von hier noch immer gut 300 km bis Hay River in den Northwest Territories.

Information In Peace River: **Peace River Tourist Information Centre,** Mitte Mai bis Anfang Sept. tägl. 10–18 Uhr, sonst Mo–Fr 8.30–17 Uhr. 9309 100th Street (im alten Bahnhof der NAR), ✆ (780) 624-4166, www.peaceriverchamber.com.

In High Level: **Mackenzie Crossroads Museum & Visitor Centre,** Ende Mai bis Anfang Sept. Mo–Fr 9–20, Sa/So 10–20 Uhr. Das engagierte Team hat Informationen zu allen Orten in allen Fahrtrichtungen parat. 10803 96th Street, ✆ (780) 926-4811, www.highlevel.ca.

Übernachten **Third Mission Heritage Suites,** in Peace River: Das ehemalige Missionshaus der Augustiner im Herzen der Stadt ist heute ein Boutique-Hotel mit 8 großzügigen Suiten (Küche, Wohnbereich, 2 DZ). Suite ab 135 $. 10002 98th Street, ✆ (780) 624-3883, www.thirdmission.ca.

Best Western Plus Mirage Hotel & Resort, in High Level: Nicht eine, sondern zwei Klassen besser als die abgewohnten Motels und anderen Franchise-Hotels in High Level. Das neueste Haus der Stadt bietet große Zimmer und ein Hallenbad mit Hot Tub. DZ inkl. Hot Breakfast ab 140 $. 9616 Highway 58, ✆ (780) 821-1000, www.bestwestern.com.

Camping Die nahe bei Manning gelegenen **Provinzparks Twin Lakes** (49 Stellplätze, 25 $) und **Notikewin** (18 Stellplätze, 23 $) bieten unbetreute Campingplätze in schöner Landschaft, in der vor allem Wanderer und Angler auf ihre Kosten kommen. Östlich bzw. westlich von Manning. www.albertaparks.ca.

Essen & Trinken **Alexander's Restaurant,** in Peace River: Wer keine Lust auf Fastfood oder asiatische Küche hat, kommt hier um das Hotelrestaurant des Sawridge Inn nicht herum. Tägl. 6–14 und 17–22 Uhr. 9510 100th Street, ✆ (780) 624-3621. www.sawridge.com/our-hotels/peace-river/dining-and-entertainment.

In **High Level** bleibt nur die Wahl zwischen dem durchschnittlichen Restaurant im Best Western Hotel oder der Frage, welche Fastfood-Kette es sein soll: Die beiden Chinesen im Ort bieten lauwarme Zähigkeiten, sonst gibt es hier nichts.

Auf dem Bicentennial Highway bei Slave Lake

Über den Bicentennial Highway nach Norden

Die schnellste Route von Edmonton nach Norden folgt den Highways 2 und 44 bis Slave Lake, dann dem Bicentennial Highway über Fort Vermillion nach High Level. Gegenüber der Streckenführung über Grande Prairie spart man sich anderthalb bis zwei Stunden reine Fahrzeit. Ob der Zeitgewinn lohnt, muss jeder selbst entscheiden: Außer dem Städtchen Slave Lake mit seinem reizvollen Provinzpark gibt es auf den kompletten 740 km nichts, was einen Stopp rechtfertigen würde.

Der Highway 2 führt von Edmonton über das Städtchen **Athabasca** an den Slave Lake – doch Athabasca hat nichts Lohnenswertes zu bieten, so dass man auch in Clyde links auf den Highway 44 abbiegen kann; so spart man noch mal eine halbe Stunde.

Slave Lake

Der **Lesser Slave Lake** ist in deutschen Atlanten immer noch mit der missverständlichen Bezeichnung „Kleiner Sklavensee" zu finden, doch Slave steht hier nicht für Sklaven, sondern für die First Nations vom Stamm der Slavey. Slave Lake, mit 7000 Einwohnern die einzige größere Siedlung am See, wurde von der Natur schwer gebeutelt: In den 1930er-Jahren riss eine Flut fast den gesamten, damals Sawridge genannten Ort am Abfluss des Slave Lake hinfort, und im Mai 2011 zerstörte eine verheerende Feuersbrunst die Stadt. Beide Male wurde sie wieder aufgebaut, aber bauliche Relikte aus der Pelzhandelszeit Anfang des 19. Jahrhunderts finden sich natürlich nicht mehr.

Heute ist der See mit dem **Slave Lake Provincial Park** auch ein Naherholungsgebiet für die Metropolregion Edmonton – am Wochenende wird es voll, vor allem am reizvollen **Devonshire Beach** am Südende des Parks. Der 1,5 km lange Sandstrand ist Teil eines 1500 Jahre alten Dünenkomplexes.

Durch den gesamten Park zieht sich ein 23 km langer Wanderweg meist direkt am Strand entlang, der Teil des kanadischen Great Trail ist (früher: Trans Canada Trail).

Im Frühjahr ist der Park ein Paradies für Ornithologen, die im **Boreal Centre for Bird Conservacy** (Mitte Mai bis Anfang Sept. Mo–Fr 8.30–16.30, Sa/So 10–17, sonst Mo–Fr 10–16 Uhr) mehr erfahren können.

Eine Stichstraße führt hinauf zum Marten Mountain, dessen Aussichtspunkt schöne Blicke über den See bietet. Der **Lily Lake Trail** führt von dort durch die überraschend abwechslungsreiche Landschaft im Hinterland des Sees (6 km hin/zurück, ca. 2 Std., 300 Höhenmeter). Vier weitere, kurze Wege zwischen 500 m und 2 km, ein Hostel und mehrere Campgrounds – der Park kann für einen Zwischenstopp mit Übernachtung in Erwägung gezogen werden.

Im weiteren Verlauf nach Norden führt der kürzlich durchgehend asphaltierte Alberta Highway 88 durch fast menschenleeres Land, nur ein paar Holzfällerlager liegen unterwegs – die Versorgung mit Benzin und Nahrung ist mehr als unsicher: Man sollte in Slave Lake oder – von Norden kommend – in Fort Vermillion den Tank und die Vorräte auffüllen.

Abstecher nach Fort McMurray – eine Tour für Entdecker

Die 60.000 Einwohner-Stadt Fort McMurray liegt viereinhalb Autostunden nördlich von Edmonton, kurz vor dem Ende eines Highways – und dann führt nur dieselbe Straße wieder zurück in die anderen Regionen Albertas. Nicht nur deswegen hat die Stadt schlechte Karten, wenn es gilt, Urlauber anzulocken: Albertas Ölförderzentrum ist seit langem wegen der ökologisch umstrittenen Förderung des Öls aus den Sandvorkommen der Region in der Kritik – riesige Abraumbecken mit giftigen Rückständen der Förderung prägen die Landschaft. Zur weiteren Verdüsterung des Bilds trugen die gewaltigen Waldbrände im Sommer 2016 bei: Die ganze Stadt musste evakuiert werden, und es dauerte Monate, bis Strom, Wasser, Abwasser und andere Infrastruktur wiederhergestellt waren. Alles keine guten Voraussetzungen für den klassischen Tourismus.

Doch wer wirklich verstehen will, wie die von Öl und Gas abhängige Provinz wirtschaftlich tickt, kommt um einen Besuch kaum herum. Das **Oil Sands Discovery Centre** bietet einen umfassenden, wenn auch parteiischen Überblick über Vorkommen, Fördertechniken und Weiterverarbeitung. Die **Giants of Mining** nördlich der Stadt sind gewaltige, stumme Zeugen früherer Fördertechniken mit riesigen Eimerkettenbaggern und anderen Großgeräten. Und trotz der Umweltbelastung finden sich rund um die Stadt immer noch zahlreiche Seen, die sich als Ziele für Angler anbieten. Wenn man dann noch auf dem Weg dorthin dem historischen Trapperstädtchen **Lac La Biche** einen Besuch abstattet, kann der Abstecher nach Fort McMurray durchaus eine Option sein.

Fort Vermillion am Peace River

Alberta → Karte S. 378

Fort Vermillion

Die 1788 gegründete, zweitälteste Gemeinde Albertas hat der Route zu ihrem Beinamen „Bicentennial Highway" verholfen, denn im Eröffnungsjahr 1988 feierte der Ort sein 200-jähriges Bestehen. Ebenso wie im weiter östlich, am Lake Athabasca gelegenen Fort Chipewyan wurde hier 1788 ein Pelzhandelsposten eingerichtet, es waren die ersten europäischen Siedlungen auf dem Gebiet der heutigen Provinz Alberta. Vor den Weißen lebten Dunneza, Dene und Cree schon seit Tausenden von Jahren in der Region. Fort Vermillion, das nach den zinnoberroten Felsformationen am Peace River benannt ist, wurde erst 1974 dank einer Brücke über den Fluss ganzjährig erreichbar; 1988 folgte der Highway von Slave Lake hierher.

Eine Tankstelle, eine Pension, ein Lebensmittelgeschäft, ein paar alte Gebäude in einer National Historic Site – das war es auch schon in Fort Vermillion. Das Dorf nimmt einen unrühmlichen Spitzenplatz in der Gruppe der Siedlungen ein, in denen nichts, aber auch gar nichts los ist. Vor einiger Zeit tauchte der Ort sogar auf der offiziellen Liste der Geisterstädte der Provinz auf – bis die Einwohner dies einige Jahre später bemerkten und protestierten …

Information Am östlichen Ortsende von Slave Lake findet man das ganzjährig zu wechselnden Zeiten geöffnete **Slave Lake Region Visitor Information Centre.** 12 Poplar Lane, ✆ (780) 849-4611, www.slavelakeregion.ca.

Übernachten **Holiday Inn Express & Suites,** in Slave Lake. Das Kettenhotel ist die beste Wahl im Ort. Fitness Centre. Hot Breakfast (Selbstbedienung). DZ ab 119 $. 1551 Main Street SE, ✆ (780) 849-4819. www.ihg.com.

Camping **Martin River Campground:** Der schönste Campingplatz im Slave Lake Provincial Park bietet 110 Stellplätze mit Feuerstellen und Duschen. Stellplatz 26–33 $. 28 km nördlich von Slave Lake. ✆ (877) 537-2757, www.albertaparks.ca.

Essen & Trinken **Toniroz Grill & Restaurant,** in Slave Lake: Kulinarisch hat die Stadt wenig zu bieten. Der alteingesessene Chinese ist da noch die beste Wahl. Mo–Fr 11–21, Sa/So 12–21 Uhr. 201 2nd Avenue SW, ✆ (780) 849-4020.

FIX – Coffee Bar & Bakery, in Slave Lake: Alles wird frisch vor Ort gebacken und zusammengestellt – morgens Backwaren, mittags vor allem Suppen und Sandwichs. Frühstück und Lunch. Mo–Fr 6–20 Uhr. 321 Main Street NW. ✆ (780) 843-0465, www.fixcoffee.net.

Spirit Island im Maligne Lake

Die Rocky Mountains

Türkise Seen leuchten inmitten grüner Wälder, blendendweiße Gletscher bilden den Abschluss dramatischer Berge, zu deren Füßen streifen Bären und Hirsche durch die einsame Natur: So kitschig dieses Bild ist, so erstaunlich wahr ist es immer noch – all dies lässt sich auch heute bei einem Urlaub in den Rocky Mountains erleben und entdecken.

Die atemberaubende Schönheit der einsamen Bergseen und steilen Felswände der Rockies genießt man am besten, wenn nicht viel los ist. Bei Sonnenaufgang am Lake Louise um 6 Uhr morgens grüßen sich die Handvoll Unbekannter gegenseitig freundlich, sprechen fast ehrfürchtig im Flüsterton und weisen einander auf diesen Vogel oder jene Blume hin. Keine zwei Stunden später spucken Reisebusse im 2-Minuten-Takt jeweils ein halbes Hundert Touristen aus aller Herren Länder aus, und die Ellbogenkämpfe (ja, bei einigen asiatischen Nationen ist das wörtlich zu verstehen) um die besten Fotostandorte beginnen. Da lohnt es, frühmorgens unterwegs zu sein oder in der Nebensaison.

Im Norden liegt der **Jasper National Park** mit dem Bergsee Lake Maligne und den Athabasca Falls – ein Paradies für Wanderer, Radfahrer und Reiter: Hunderte Kilometer von Trails stehen bereit, aber auch Kanuten kommen auf den vielen Seen auf ihre Kosten. Zum Abschluss des Tages bieten die wohl schönsten heißen Quellen der Rockies Entspannung für die müden Knochen.

Südlich an den Jasper Park schließt sich der **Banff National Park** mit den drei bekannten Postkarten-Seen Peyto Lake, Lake Louise und Moraine Lake an; Wanderer und Radfahrer kommen auch hier zu eindrucksvollen Urlaubs-Erlebnissen, vor allem entlang des Bow Valley Parkways. Verbunden werden beide Parks durch den **Icefields Parkway.** Die gut 200 km lange Route erschließt ein halbes Dutzend von der Straße aus sichtbare Gletscher, von denen das Columbia Icefield der größte und eindrucksvollste ist.

Südlich an den Banff-Nationalpark schließen sich sechs Provinzparks an: Rund um Canmore und Kananaskis ist die Bergwelt immer noch sehr lohnend – der Andrang aber ist geringer und die Preise sind niedriger. Ganz im Süden Albertas ist der **Waterton Lakes National Park** ein noch eher unbekanntes, aber sehenswertes Reiseziel – auch wegen der wohl schönsten Lodge in einem Nationalpark und wegen Albertas faszinierendstem Wanderweg, der auch nach den verheerenden Bränden Ende 2017 im Park nichts von seinem Reiz verloren hat.

Neue Hotelbauten sind in den drei Nationalparks baurechtlich inzwischen kaum noch möglich, so dass der Blick auf die Berge fällt und nicht auf Bettenburgen aus Beton. Die Kehrseite der Medaille: Jedes Jahr strömen mehr Urlauber in die Parks, da aber die Kapazität nicht mitwächst, sind selbst bei langfristiger Buchung Zwei-Sterne-Hotels in der Hochsaison nur selten unter 250 $ zu bekommen, kurzfristig wird schon mal das Doppelte verlangt. Hier hilft nur der Umstieg aufs Wohnmobil oder Zelt: Zwar sind in der Hochsaison auch die Campgrounds Monate im Voraus komplett ausgebucht, doch stimmt hier meist noch das Preis-Leistungs-Verhältnis.

Geologisch sind die Rocky Mountains „junges Gestein“: Das östlich liegende Hochplateau Albertas bildete einst den Westrand des nordamerikanischen Kontinents, bis sich vor 80 bis 55 Millionen Jahren die Bergkette durch Druck aus der Tiefe auffaltete. In Kanada bildet das Gebirge eine wichtige Wasserscheide: Nach Westen abfließende Flüsse münden in den Pazifik, die Gewässer auf der Ostseite fließen letztendlich in die Hudson Bay oder in den Arktischen Ozean.

Der in Alberta liegende Abschnitt der Rockies zeigt – vor allem in den Parks – eine eindrucksvolle Vielfalt an Flora und Fauna. Bis zu acht verschiedene Ökosysteme prägen die Gebirgswelt in Alberta. Während in den Tälern Fichten und Western-Hemlock-Tannen Lebensraum für Hirsche und Rehe sowie Bären und Elche bilden, wird meist auf 2000 m Höhe die Baumgrenze erreicht. Die darüber liegenden Krummhölzer, Büsche und Gräser, aber auch mineralhaltige Gesteinsschichten schaffen die Lebensgrundlage für Bergziegen und Bighorn-Schafe. In den Höhenlagen finden sich oft ausgedehnte Alpenwiesen, die von Mitte Juli bis Mitte August in bunter Blumenpracht erblühen.

Die meisten Orte liegen auf über 1000 m Höhe, das wirkt sich auch auf die Temperaturen aus. In Banff und Jasper werden oft nur im Juli und August Tageshöchstwerte von mehr als 20 Grad erreicht. Im Jahresmittel fällt ein Drittel weniger Niederschlag als in Mitteleuropa, die Bergkette hält den meisten Regen ab; Juni bis September sind die feuchtesten Monate.

Geschichte: Schon seit acht Jahrtausenden lebten First Nations der Kootenay und der Dunneza in den Vorgebirgen, jedoch meist nur saisonal: Im Sommer boten die fischreichen Flüsse und die Beeren in den Wäldern Nahrung, im Herbst und Winter wurden Bisons auf der Prärie gejagt. 1793 war Sir Alexander MacKenzie der erste Europäer, der die Rockies durchquerte; gut zehn Jahre später nahm die Lewis and Clark Expedition (1804–1806) die erste wissenschaftliche Untersuchung des Gebirges vor. Erst 1885, mit der Fertigstellung der transkontinentalen Eisenbahn, entstanden Banff und Lake Louise, ab 1911 mit der zweiten Bahnlinie auch Jasper. Alle drei Orte wurden von Anfang an als Urlaubsresorts in der spektakulären Bergwelt geplant; sie sind auch heute noch die einzigen nennenswerten Siedlungen in den beiden wichtigsten Nationalparks Albertas.

Alberta → Karte S. 378

Radfahrer auf einer der Nebenstraßen im Jasper National Park

Jasper National Park

Der grandiose Icefields Parkway und der idyllische Lake Maligne, das mondäne Jasper und das einsame Hinterland – es gibt gute Gründe für einen Besuch im Jasper-Nationalpark. Schon durch die Windschutzscheibe bietet sich manch atemberaubender Blick; wer sich die Berge in Wanderstiefeln auf steilen Pfaden erarbeitet, wird noch reicher belohnt.

Der knapp 11.000 km^2 große Park wurde 1907 als Forest Park gegründet und 1930 zum Nationalpark ernannt. Der größte der kanadischen Nationalparks in den Rocky Mountains wurde zusammen mit seinen westlichen und südlichen Nachbarn 1984 zum UNESCO-Weltnaturerbe erklärt. Heute ist der Park vor allem ein Paradies für Wanderer und Radfahrer: Von kurzen Spaziergängen bis zu einwöchigen Wildnistreks im Hinterland bieten sich Hunderte von Optionen.

Der Park gliedert sich in fünf wichtige Regionen; diese finden sich so auch in den örtlichen Publikationen und auf den Wegweisern der Parkverwaltung wieder, so dass sie hier übernommen wurden. **Jasper City und die direkte Umgebung** mit den Seen Pyramid Lake, Lake Edith und Lake Annette bilden nicht nur eine großartige Region im Herzen des Parks, sondern die Seen sind von der Stadt aus auch leicht zu Fuß oder per Rad erreichbar. Durch das **Maligne Valley** führt eine der schönsten Straßen des Nationalparks zum malerisch gelegenen Maligne Lake, der zu Bootstouren einlädt. Die Region um den **Mount Edith Cavell** ist bei Bergwanderern beliebt, weil die Zufahrtsstraße schon etliche Höhenmeter erklimmt und so den Aufstieg auf die umliegenden Gipfel und Pässe abkürzt. **Jasper East and Miette** deckt den Highway 16 östlich der Stadt ab – hier sind Tierbeobachtungen wahrscheinlicher als an jedem anderen Ort im Park; auch die Miette Road, die hinauf in die Berge zu den heißen Quellen führt, lohnt den Abstecher. Der **Icefields Parkway** schließlich bildet die fünfte Region: Er führt an gletscherbedeckten Berghängen vorbei nach Süden zum Banff-Nationalpark.

▪ Organisierte Touren im Jasper National Park (→ Jasper, S. 444). Parkeintritt 10 $ pro Person und Tag.

Wandern

Unzählige Wanderwege erschließen den Nationalpark; die schönste Zeit für Touren ist von Juli bis September. Von ebenen Wegen rund um die stadtnahen Seen Jaspers bis hin zu mehrtägigen Touren wie dem atemberaubenden **Skyline Trail** reicht die Auswahl – da findet jeder die passende Tour. Alle wichtigen Wege sind im jeweiligen Unterkapitel beschrieben, es lohnt aber, sich im Visitor Center die kostenlose Wanderkarte „Day Hiking Guide" zu besorgen. Im Verbund mit der meist sehr guten Ausschilderung vor Ort ist diese Karte völlig ausreichend. Auch geführt lassen sich viele der umliegenden Gipfel entdecken. Anbieter → „Jasper und Umgebung", S. 444.

Mountainbiking

Die Nationalpark-Verwaltung gibt die kostenfreie Faltkarte „Mountain Biking Guide" heraus. Über 20 einfache bis schwere Routen sind beschrieben und auf ausreichend detaillierten Karten verzeichnet. Kleiner Wermutstropfen: Die meisten Trails teilt man sich mit Wanderern und Reitern. Eine der schönsten einfachen Routen ist der 4 km lange **Bighorn Trail,** der als Trail Nr. 13 markiert ist und mit wenigen Höhenwechseln von der Stadt zu den Seen Lake Annette und Edith Lake führt. Der 8 km lange **Trail Nr. 7** führt schon etwas anspruchsvoller durch hügeliges Terrain, stets abwechslungsreich mit einfachen und etwas schwierigeren Passagen. Für erfahrene Mountainbiker ist der **Valley of the Five Lakes Loop** der Höhepunkt des Parks (24 km, 300 Höhenmeter). Man befährt den auch von Wanderern viel genutzten Trail am besten frühmorgens oder spätabends. Die größte Auswahl an Routen bietet der kleine **Höhenzug Pyramid Bench,** der Pyramid Lake und Patricia Lake von Jasper trennt. Wem es hier zu voll ist, der nimmt die alte **Pyramid Fire Road** zum Palisades Lookout (5 km, 200 Höhenmeter) und genießt von dort die Aussicht. Im Spätsommer sind einzelne Trails wegen Bären oder auch Hirschen in der Brunft geschlossen.

Das Visitor Centre gibt auch den „Road Biking Guide" heraus. Allerdings stehen Rennradlern praktisch nur die Seitenstreifen der Highways zur Verfügung. Es mag verlockend erscheinen, den Icefields Parkway vom Sattel aus zu erleben, das Panorama ist großartig. Aber bis zu 5000 Fahrzeuge pro Tag, die sich im Sommer oft zu endlosen Kolonnen verbinden, nehmen einem allen Spaß an der Tour.

Jasper und Umgebung

Die 4000-Einwohner-Stadt liegt auf 1060 m Metern Höhe an der Mündung des Miette River in den Athabasca River. Nicht ganz so überlaufen wie das mondänere Banff, sieht man dem Ort dennoch deutlich an, dass er das kommerzielle Herz des Nationalparks ist: Hotels und Restaurants, Tourenanbieter, Sportausrüster und Souvenirshops prägen das Bild von Jasper. Im Sommer wie im Winter sind die umliegenden Gipfel und Seen Ziel für Wanderer, Radfahrer, Reiter und Skifahrer. Nach intensiver sportlicher Betätigung bieten abends dann zahlreiche gute Restaurants kulinarische Freuden, und anschließend findet man in Jasper als einer der wenigen kanadischen Kleinstädte fast so etwas wie ein Nachtleben.

Der Highway 16 verläuft mittlerweile als Umgehungsstraße südlich der Stadt, so dass auf der am Bahnhof vorbeiführenden Hauptstraße Connaught Drive nur noch selten Stop-and-Go herrscht. Hier und in den Parallelstraßen Gelkie Street und Patricia Street finden sich die meisten Hotels, Restaurants und touristischen Geschäfte.

Jasper Yellowhead Museum & Archives: Der Hauptbereich des kleinen Museums

Alberta → Karte S. 378

widmet sich der Stadtgeschichte, vom Pelzhandel über die Eisenbahn bis hin zum heutigen Tourismus. Die kleineren Showcase & Alcove Galleries zeigen thematisch zusammenhängende, künstlerische oder historisch bedeutende Exponate in mehrmals jährlich wechselnden Ausstellungen.

▪ Juni bis Sept. tägl. 10–17, sonst Do–So 10–17 Uhr. Eintritt 7 $. 400 Bonhomme Street, ✆ (780) 852-3013, www.jaspermuseum.org.

Jasper Planetarium: Die südlichen Teile des Nationalparks sind eines der größten kanadischen „Dark Sky Preserves“, wo sich ohne störenden Lichteinfall der eindrucksvolle Nachthimmel beobachten lässt. Das kleine Planetarium in der Marmot Lodge mit seiner 40-minütigen Show, die von innen auf ein Kuppelzelt projiziert wird, gibt eine gute Einführung.

▪ Mai bis Mitte Sept. tägl. 19.45 und 20.45 Uhr, Mitte Sept. bis Okt. 19.45 Uhr. Eintritt 29 $. 86 Connaught Drive, ✆ (780) 931-3275, www.jasperplanetarium.com.

The Den Wildlife Museum: Mehr eine Sammlung von Jagdtrophäen als ein Museum findet sich im Keller des Whistler's Inn: Über 100 ausgestopfte, für den Park typische Tiere kann man hier von Nahem bestaunen. Grizzly, Karibu, Puma und andere Parkbewohner haben hier ungewollt ihre letzte Ruhe gefunden.

▪ Tägl. 9–21.30 Uhr. Eintritt 3 $. 105 Miette Avenue, ✆ (780) 852-3361, www.whistlersinn.com/amenities/museum.

Jasper Skytram: Die Fahrt mit Kanadas längster und höchster Seilbahn bringt Reisende in ein Paradies auf 2277 Meter Höhe. Von der Bergstation führt der 1200 Meter lange Summit Trail noch einmal 200 Höhenmeter hinauf zum Gipfel des Whistlers Mountain, mit atemberaubenden Ausblicken auf sechs Bergketten, Seen, Flüsse und das Bergstädtchen Jasper. Zusätzliche Wanderwege führen weiter ins Hinterland und hinunter ins Tal. Das Summit Restaurant bietet Lunch und in der Hochsaison auch Dinner.

▪ Ende März bis Mitte Mai 10–17 Uhr, Mitte Mai bis Mitte Juni 9–20 Uhr, Mitte Juni bis Anfang Sept. 8–21 Uhr, Sept./Okt. 10–17 Uhr. Berg- und Talfahrt 47 $. Talstation 8 km südwestlich der Stadt. ✆ (780) 852-3093, www.jasperskytram.com.

Rund um Patricia Lake und Pyramid Lake: Pyramid Island, die per Steg erreichbare kleine Insel im Pyramid Lake, ist eines der beliebtesten Ziele in der Nähe Jaspers'. Wenn die Insel nicht gerade für eine Hochzeit vermietet ist, ergeben sich Postkarten-Panoramen bei den Blicken zur und von der Insel. Auf dem Weg dorthin wird der Patricia Lake passiert. Südlich schließen sich die Seen Riley, Mina, Cabin und Marjorie an, die mit einem dichten Netz von Wanderwegen (5 bis 9 km) untereinander verbunden sind und so kürzere oder längere Rundtouren erlauben. Gleiches gilt für den Cottonwood Creek Loop östlich des Pyramid Lake: Auch hier sind zahlreiche Rundtouren möglich.

Rund um Lake Edith und Lake Annette: Die beiden Seen liegen östlich der Zufahrtsstraße von Jasper zur Fairmont Park Lodge. Hier spannt sich ebenfalls ein dichtes Netz von teils reinen Wanderwegen, teils Multi-Use-Trails, die auch für Reiter und Radfahrer freigegeben sind, um die Seen und darüber hinaus. Der Lake Annette Loop (2,5 km um den See herum) ist kaum mehr als ein Spaziergang, der auf der straßenlosen Uferseite des Athabasca River verlaufende Overlander Trail (16 km einfach, ca. 6 Std. hin/zurück) dagegen eine bekannte Tagestour im Park.

Old Fort Point und Five Lakes: Vom Fort sind kaum noch Spuren übrig, der Ausblick vom 130 m über dem Fluss liegenden Felsklotz beeindruckt aber noch immer. Der Weg kann entlang einer Bergflanke bis zu den Five Lakes und darüber hinaus ausgedehnt werden.

Der Old Fort Point Loop (4 km, 2 Std. hin/zurück, 130 Höhenmeter) ist ein teilweise steiler, rutschiger Pfad, festes Schuhwerk ist unerlässlich. Wer nur die Five Lakes kennenlernen möchte – alle unterschiedlich tief und daher in unterschiedlichen Türkistönen gefärbt – hat vom Parkplatz am Icefields Parkway verschiedene Routenoptionen. Der Five Lakes Loop ist ein 4,5 km langer Rundweg vom Parkplatz um die Seen 2 bis 4, weitere 3,5 km sind es für die Schleife um den First Lake.

Praktische Infos

Information Die ehemalige Villa des ersten Superintendenten des Parks beherbergt heute das **Jasper Park Information Centre,** in dem sowohl das städtische Info-Center von **Tourism Jasper** als auch das von **Parks Canada** informieren: Im Sommer tägl. 8–20 Uhr, sonst 9–17 Uhr. Unbedingt als Erstes ansteuern! Es gibt eine Fülle an kostenlosen Rad- und Wanderkarten, Tipps und Informationen. 500 Connaught Drive (schräg gegenüber vom Bahnhof), ✆ (780) 852-6236, www.jasper.travel, www.pc.gc.ca/en/pn-np/ab/jasper.

Bahn **VIA Rail:** Der Starzug „The Canadian" fährt 2- bis 3x/Woche von Toronto über Edmonton nach Jasper und weiter nach Kamloops und Vancouver (und zurück). 3x/Woche fährt der „Skeena" (der offiziell nicht mehr so heißt, aber dennoch so genannt wird) von Jasper nach Prince George und mit einer Zwischenübernachtung weiter nach Prince Rupert und zurück. www.viarail.ca, www.crd.de.

Bus **SunDog Tours** fährt täglich von Jasper nach Edmonton Airport (5½ Std.) und zurück und führt auch eine One-Way-Tagestour von Jasper nach Lake Louise und Banff mit ausgiebigen Pausen und Fotostopps durch. ✆ (888) 786-3641, www.sundogtours.ca. Über weitere Fernbusverbindungen gab es bei Redaktionsschluss (April 2019) noch keine verlässlichen Angaben, nachdem der bisherige Betreiber Greyhound Bus seine Linien in Westkanada Ende 2018 eingestellt hatte (→ S. 698).

Fahrradverleih **Vicious Cycle**, einfache Räder für 1, 3, 24 Std. ab 8, 16, 32 $. 630 Connaught Drive, ✆ (780) 852-1111, www.viciouscanada.com.

Kanu/Kajak Am Bootshaus der **Fairmont Jasper Park Lodge** (→ Übernachten) am Lac Beauvert kann man Kanus, Kajaks und Paddle Boards mieten. Doppel-Kajak, Kanu 1 Std. 50 $, 2 Std. 60 $. Die am Ufer des Patricia Lake gelegenen **Patricia Lake Bungalows** (→ Übernachten) vermieten Kanus und Kajaks auch an Nicht-Hotelgäste.

Auch eine Art zu reisen ...

Kleidung und Ausrüstung **Wild Mountain,** Kleidung, Schuhe, Zelte, Schlafsäcke etc. 610 Patricia Street.

Jasper Source for Sports, Camping-Ausrüstung zum Kauf und zur Miete, Kleidung, Schuhe, Zubehör. 406 Patricia Street.

Rafting **Maligne Rafting** veranstaltet einfache und schwere Rafting-Touren auf den Flüssen Athabasca, Sunwapta und Fraser. 3½–5 Std. 88–99 $. 632 Connaught Drive, ✆ (780) 852-3331, www.raftjasper.com.

Reiten Die zahlreichen Pfade durch die Wälder rund um Jasper sind auch vom Pferderücken aus zu erleben.

Jasper Park Stables, der Reitstall der Fairmont Jasper Park Lodge, führt Ausritte rund um Lake Edith und Lake Annette durch. 1 Std. 47 $, 2 Std. 95 $. 1 Old Lodge Road, ✆ (780) 883-506, www.rideinjasper.com

Die **Jasper Riding Stables** liegen an der Straße zum Pyramid Lake und bieten Ausritte von 1 bis 3 Stunden an. Die einstündigen Touren sind jeweils auch für Anfänger geeignet. Ausritte von 1, 2, 3 Std. 52, 95, 135 $. Pyramid Lake Road (4 km von Jasper), ✆ (780) 852-7433, www.jasperstables.com.

Touren **Canadian Skyline Adventures** bietet Waldspaziergänge, geführte Halb- und Ganztags-Wanderungen, anspruchsvolle Bergtouren und Heli-Hiking an, bei denen man viel über Flora und Fauna, Geologie und Geschichte erfährt. Spaziergänge von 2–8 Std. 55–155 $, Halb-/Ganztagestouren 89/99–149 $, Heli-Hiking ab 449 $. Kein Büro, nur Telefon und Website: ✆ (780) 883-0465, www.canadianskylineadventures.com.

Brewster betreibt die Schifffahrt auf dem Maligne Lake, den Glacier Skywalk und die Touren mit dem Gletscherbus am Columbia Icefield. Wer vorab ein Kombi-Ticket für alle drei Attraktionen online bucht, spart. Wer ohne eigenes Auto unterwegs ist, kann mit der 4-Std.-Tour Jasper und die Maligne-Lake-Region kennenlernen (66 $) und den Ausflug optional um eine 90-minütige Bootstour auf dem See ergänzen (zusammen 133 $). Eine siebenstündige Tour von Jasper zum Columbia Icefield und zurück ist ebenfalls im Angebot (206 $ inkl. Glacier Adventure und Skywalk). Kein Büro, nur Telefon: ✆ (888) 285-0376, www.banffjaspercollection.com.

Pyramid Island im Pyramid Lake ist über eine Holzbrücke erreichbar

Sundog bietet nichtmotorisierten Gästen Shuttle-Dienste an, z. B. zum Mount Edith Cavell (65 $) und zur Jasper Skytram (50 $). Als längere Touren stehen ebenfalls der Ausflug zum Maligne Lake auf dem Programm sowie Tagestouren entlang des Icefield Parkways oder als Zug-Bus-Kombi entlang des Yellowhead Highways. 414 Connaught Drive. ✆ (780) 852-4056. www.sundogtours.com.

Maligne Adventures fährt zum gleichnamigen See, mit Wanderung (69 $) oder Bootstour (132 $). Zusätzlich gibt es eine dreistündige abendliche Wildlife Tour (65 $) sowie zwei Rafting-Touren (130 bzw. 148 $). 632 Connaught Drive, ✆ (844) 808-7177, www.maligneadventures.com.

Übernachten **Fairmont Jasper Park Lodge 2:** Das 1922 am Lake Beauvert errichtete exklusive Resort wurde wiederholt um- und ausgebaut und ist heute die Top-Unterkunft der Stadt. Die wunderschönen Chalets der weitläufigen Anlage bieten luxuriöse Zimmer und exklusive Suiten. Außenpool, Luxus-Spa. Golfplatz, exzellentes Restaurant, Reitstall und Fahrradverleih. Doch liegen die Preise unverschämt hoch. DZ ab 749 $, DZ Deluxe ab 899 $. 1 Old Lodge Road, ✆ (780) 852-3301, www.fairmont.com/jasper.

Alpine Village 14: 2 km südlich der Stadt, direkt am Athabasca River. Die 48 Blockhütten und Chalets wurden zwischen 1941 und 2012 erbaut und sind alle stilvoll und gemütlich eingerichtet, aber in unterschiedlich komfortabler Ausstattung, z. T. auch mit Küche. Hot Tub, kleiner Laden. Cabins 220–510 $ je nach Ausstattung. Highway 93A, ✆ (780) 852-3285, www.alpinevillagejasper.com.

Bear Hill Lodge 3: Ruhig, aber doch fußläufig zur Innenstadt liegt diese Lodge mit einer Vielzahl sehr unterschiedlicher Zimmer, Suiten und Cabins von schlicht bis luxuriös, für 2–7 Pers., zum Teil mit Kamin. Sauna und BBQ. Ab 249 $, in der Hochsaison Mindestaufenthalt 2 Nächte. 100 Bonhomme Street, ✆ (780) 852-3209, www.bearhilllodge.com.

Patricia Lake Bungalows 1: Lodge am schönen See mit Suiten, Cottages und Blockhäusern, dazu Hot Tub, Kanus und viele Sportangebote. Suite ab 215 $, Cottage ab 238 $, Blockhaus ab 255 $. Patricia Lake, ✆ (780) 852-3209, www.patricialakebungalows.com.

Austrian Haven 13: Das urgemütliche und leicht kitschig-verspielte B&B unter österreichischer Führung mit einer kleineren und einer größeren Suite liegt zentral und bietet kontinentales Frühstück. Suite für 2/4 Pers. 195/229 $. 812 Patricia Street, ✆ (780) 852-4259, www.austrianhaven.ca.

Becker's Chalets 17: Chalets für bis zu 8 Pers. und auch einige Motel-ähnliche Zimmer

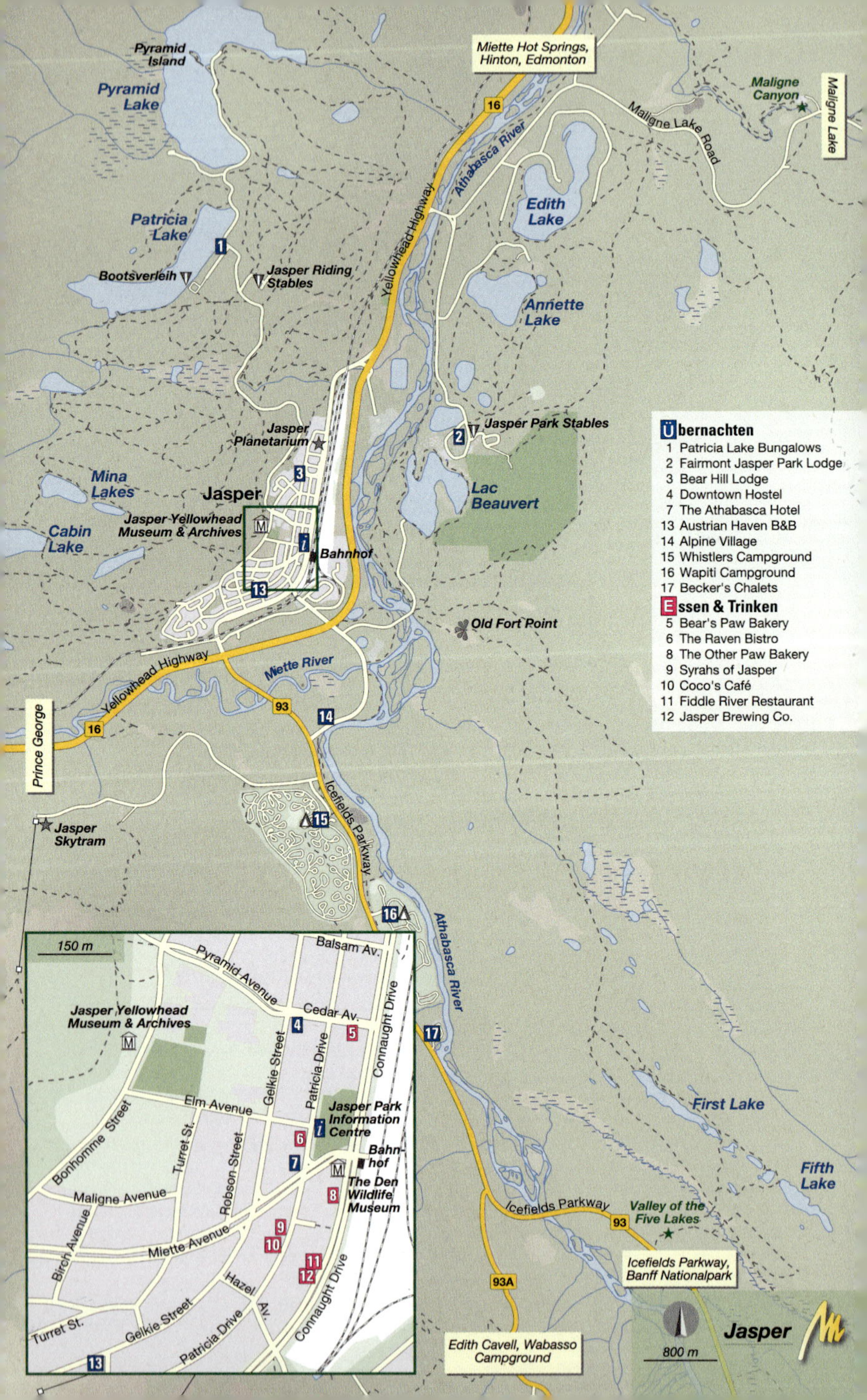

Übernachten
1 Patricia Lake Bungalows
2 Fairmont Jasper Park Lodge
3 Bear Hill Lodge
4 Downtown Hostel
7 The Athabasca Hotel
13 Austrian Haven B&B
14 Alpine Village
15 Whistlers Campground
16 Wapiti Campground
17 Becker's Chalets
Essen & Trinken
5 Bear's Paw Bakery
6 The Raven Bistro
8 The Other Paw Bakery
9 Syrahs of Jasper
10 Coco's Café
11 Fiddle River Restaurant
12 Jasper Brewing Co.
Miette Hot Springs, Hinton, Edmonton
Pyramid Island
Pyramid Lake
Maligne Canyon
Maligne Lake
Maligne Lake Road
Athabasca River
Yellowhead Highway
Edith Lake
Patricia Lake
Bootsverleih
Jasper Riding Stables
Annette Lake
Jasper Park Stables
Jasper Planetarium
Lac Beauvert
Mina Lakes
Jasper
Jasper-Yellowhead Museum & Archives
Cabin Lake
Bahnhof
Old Fort Point
Miette River
Prince George
Icefields Parkway
Jasper Skytram
First Lake
Fifth Lake
Valley of the Five Lakes
Icefields Parkway, Banff Nationalpark
Edith Cavell, Wabasso Campground
800 m
Jasper
150 m
Balsam Av.
Pyramid Avenue
Cedar Av.
Connaught Drive
Jasper Yellowhead Museum & Archives
Geikie Street
Patricia Drive
Elm Avenue
Jasper Park Information Centre
Bonhomme Street
Turret St.
Robson Street
Bahn-hof
The Den Wildlife Museum
Maligne Avenue
Miette Avenue
Birch Avenue
Hazel Av.
Geikie Street
Patricia Drive

etwas südlich der Stadt, in mehreren ein- bis dreistöckigen Gebäuden. Unterschiedliche Ausstattungen von schlicht bis Luxus. DZ ab 150 $, Cabin 160–480 $, je nach Ausstattung. Icefields Parkway, ☎ (780) 852-3779, www.beckers chalets.com.

MeinTipp **The Athabasca Hotel 7**: Die kleinen, aber gepflegten Queen-Bed-Zimmer ohne Bad (moderne Gemeinschaftsbäder) sind geradezu ein Schnäppchen in dem zentral gelegenen Hotel, dessen Service etwas nachlässig ist. DZ ohne/mit Bad ab 139/199 $. 510 Patricia Street, ☎ (780) 852-3386, www.athabascahotel.com.

Downtown Hostel 4: Moderne und geschmackvolle Doppel- und Mehrbettzimmer mit und ohne Bad, stilvoll und mit viel Holz. Die jüngste Renovierung hat Küche, Lounge und Wäscheraum auf Top-Standard gebracht. Leih-Fahrräder und Carsharing-Programm! Die DZ mit Bad bieten das wohl beste Preis-Leistungs-Verhältnis in Jasper. DZ ohne/mit Bad ab 125/150 $, Mehrbettzimmer ab 40 $/Pers., in der Hochsaison Mindestaufenthalt 2 Nächte. 400 Patricia Street, ☎ (780) 852-2000, www.jasperdowntownhostel.ca.

Camping Der Jasper National Park verfügt über zehn mit dem Auto erreichbare Campgrounds. Die beiden in Stadtnähe liegen etwa 3 km südlich von Jasper. Sowohl der **Whistlers Campground 15** (781 Stellplätze, 27–38 $, 2019 geschlossen; ab 2020 wieder in Betrieb) als auch der **Wapiti Campground 16** (364 Plätze, 27–32 $) verfügen über Duschen. Einige Kilometer weiter liegt der **Wabasso Campground 5** (→ Karte S. 443) (231 Stellplätze, 22–27 $, keine Duschen), der vor allem als Überlauf dient. Für alle Plätze gilt: Reservierung empfohlen. ☎ (877) 737-3783, www.reservation.pc.gc.ca, www.pc.gc.ca/en/pn-np/ab/jasper.

Essen & Trinken **Fiddle River Restaurant 11**: Fisch, Wild und Rind aus Alberta, für Auge und Magen perfekt zubereitet, das alles auch noch in freundlicher Atmosphäre. Nur Dinner. Tägl. 17–21 Uhr. Reservieren! 620 Connaught Drive, ☎ (780) 852-3032, www.fiddle riverrestaurant.com.

MeinTipp **Syrahs of Jasper 9**: Das kleine Gourmet-Restaurant mit nur 15 Tischen bringt Kulinarisches vom Feinsten auf den Teller und zeigt eine beeindruckende Weinkarte. Das Menü mit abgestimmten kanadischen Themen wie Wild und Seafood begeistert – aber lassen Sie noch etwas Luft für die umwerfenden Desserts. Nur Dinner (Minimum 2 Gänge). Tägl. ab 17.30 Uhr, letzte Bestellungen 20.45 Uhr. Unbedingt reservieren. 606 Patricia Street, ☎ (780) 852-4559, www.syrahsofjasper.com.

The Raven Bistro 6: Das inhabergeführte kleine Bistro überzeugt durch ein für Jasper sehr gutes Preis-Leistungs-Verhältnis. Tägl. 11.30–22 Uhr. 504 Patricia Street, ☎ (780) 852-5151, www.theravenbistro.com.

Jasper Brewing Co. 12: Die Kleinbrauerei mit Pub bietet eine überraschend große Auswahl, nicht nur die klassischen Burger und Sandwichs. Für Nachtschwärmer gibt es selbst nach 23 Uhr noch einige Gerichte. Bei den Bieren dominieren IPAs und Ales. Tägl. 11–2 Uhr. 624 Connaught Drive, ☎ (780) 852-4111, www.jasperbrewingco.ca.

Coco's Café 10: Das kleine, spartanisch eingerichtete Café überrascht mit einer vielfältigen Auswahl vegetarischer und veganer Speisen zu Frühstück und Lunch. Tägl. 6–17 Uhr. 608 Patricia Street, ☎ (780) 852-4550, www.cocoscafe.ca.

Bear's Paw Bakery 5: Die Bäckerei ist mit ihrem Angebot an Backwaren, Salaten und Sandwichs fest in der Community verankert. Tägl. 6–18 Uhr. 4 Pyramid Lake Road, ☎ (780) 852-2253, www.bearspawbakery.com.

The Other Paw Bakery Café 8: Der zweite Standort der Bear's Paw Bakery mit demselben Angebot. Tägl. 7–18 Uhr. 610 Connaught Drive, ☎ (780) 852-2253, www.bears pawbakery.com.

Maligne Valley

Die 48 km lange Route von Jasper zum Maligne Lake gilt als die zweitschönste Route im Park nach dem Icefields Parkway. Sie führt zuerst zum Maligne Canyon, dem tiefsten Canyon der Rockies, der zahlreiche kurze und längere Wanderwege aufweist. Am langsam verlandenden Medicin Lake kann man sehen, wie schnell die Natur sich nach dem Waldbrand von 2015 wieder erholt. Nach etwa einer Stunde Fahrt ist das Ziel der Tour erreicht: der Maligne Lake.

Alberta → Karte S. 378

Maligne Canyon

Der teils nur 2 m breite, aber 50 m tiefe Canyon, den der Maligne River in den Sandstein gegraben hat, ist eine der Top-Attraktionen des Parks und die tiefste Klamm der Rocky Mountains. Es gibt drei Zugangsmöglichkeiten, alle von der Maligne Road aus: Am unteren Ende, an der Mündung in den Athabasca, liegt die Sixth Bridge. Eine weitere Stichstraße führt kurz danach zur Fifth Bridge und schließlich führt die Maligne Road zum oberen Endpunkt des Canyons an der First Bridge. Zwischen First und Fifth Bridge verlaufen Wege auf beiden Seiten des Canyons, so dass man auf den Brücken 2 bis 4 immer wieder die Uferseite wechseln kann. Der vielleicht schönste Abschnitt, zumindest aber nicht so überlaufen wie die anderen Wege, ist der zwischen fünfter und sechster Brücke. Am oberen Ende des Canyons stößt man auf ein gutes Restaurant.

Maligne Lake

Der knapp 20 km² große Gletschersee erwärmt sich auch im Sommer nicht über 4° C. Nachmittags nimmt der Besucherandrang ab, und auch die Fotomotive stehen besser im Licht. Wem die sommerlichen Menschenmengen zu viel werden (im Minutentakt treffen hier gut gefüllte Reisebusse ein), der kann ihnen auf zahlreichen Wanderwegen schnell entfliehen. Das Maligne Lake View Restaurant stellt die Verpflegung vor Ort sicher und schlägt sich angesichts des Massenbetriebs recht wacker.

Wer den See selbst entdecken möchte, kann sich im historischen Bootshaus zu horrenden Preisen ein Kanu oder Boot mieten. Die meisten Reisenden entdecken den See aber auf den 90-minütigen Schiffstouren der „Maligne Lake Cruise". Sie führen stündlich zur kleinen Insel **Spirit Island,** einem der meistfotografierten Motive der Rocky Mountains. Wer mehr Zeit vor Ort verbringen will, muss die zweistündige Premium-Tour machen. Engagierte Fotografen buchen die **Through-the-Lens-Tour.** Bei allen Touren gibt es einen kurzen oder längeren Aufenthalt an einem kleinen Pier mit Aussicht auf Spirit Island.

Wandern

Der **Mary Schäffer Loop** (3,2 km, 60–90 Minuten, kaum Höhenmeter) führt am Bootshaus vorbei, erst am Ufer des Maligne Lake entlang zu einem Aussichtspunkt und dann durch den Wald zurück. Weitere einfache Wege sind der 3 km lange **Moose Lake Loop** und der Weg zu den Seen Lorraine Lake und Mona Lake (5 km hin/zurück), die jeweils nur wenige Steigungen aufweisen. Ganz anders zur Sache geht es beim **Bald Hills Trail** (10,5 km hin/zurück, 4–6 Std., 500 Höhenmeter) und beim **Opal Hills Loop** (8,2 km, 4–6 Std., 500 Höhenmeter), die beide alpine Heide- und Blumenlandschaften erschließen.

meinTipp **Maligne Canyon:** vom oberen Ende bis zur Fifth Bridge 1,5–1,9 km, je nach Uferseite, 100 Höhenmeter. Fifth Bridge bis Sixth Bridge 1,6 km einfach, 30 Höhenmeter. Parkplatz bis Fifth bzw. Sixth Bridge und zurück ca. 1 bzw. 2 Std.

Wander-Highlight: Mehr als die halbe Strecke des **Skyline Trail** verläuft oberhalb der Baumgrenze über Firste, Grate und Pässe zu hochalpinen Wiesen und atemberaubenden Weitblicken – eine der faszinierendsten Fernwanderungen Kanadas. Sechs Wilderness Campgrounds erlauben es, die 44 km lange Wanderung in Etappen aufzuteilen und in zwei bis vier Tagen zu absolvieren, je nachdem, ob man noch den einen oder anderen Abstecher auf unmarkierten Wegen zu den Gipfeln links und rechts des Weges unternehmen will.

meinTipp Für den Skyline Trail ist ein Permit-System geplant, um zu verhindern, dass der Trail überlaufen wird. Derzeit fungiert die Campground-Kapazität als Begrenzung: Die Stellplätze müssen Monate im Voraus gebucht werden. Wetterbedingt ist der Weg meist erst ab Mitte Juli eisfrei. Idealerweise geht man ihn von Süd (Startpunkt auf 1680 m) nach Nord (Endpunkt auf 1160 m). Maligne Adventures bietet einen Wander-Shuttle zu beiden Ausgangspunkten. Einfach 30 $. ✆ (844) 808-7177, www.maligneadventures.com, www.hikejasper.com, Hiking-the-Jasper-Skyline-Trail.html.

Praktische Infos

→ Karte S. 443

Bootsverleih Im historischen **Bootshaus**. Kanu, Kajak, Ruderboot 60 $/Std., 160 $/Tag; 2er-Kajak/Ruderboot 75 $/Std., 225 $/Tag. ✆ (780) 852-3370, www.banffjaspercollection.com/canadian-rockies/jasper/activities/maligne-lake-boat-rentals.

Schiffstouren Mit **Maligne Lake Cruise** Juni bis Anfang Okt. tägl. 10–15 Uhr, in der Hochsaison auch 16 und 17 Uhr. Classic Cruise 71 $ (online vorab), 79 $ (vor Ort), Premium-Tour nur bis Sept. 103 $. Foto-Tour Di, Do, So 16.30 Uhr, 155 $. ✆ (888) 269-0524, www.banffjaspercollection.com/attractions-sightseeing.

Essen & Trinken **Maligne Canyon Wilderness Kitchen 4:** Restaurant direkt am oberen Ende der Schlucht, bei der First Bridge. Hier gibt es komplette Mahlzeiten (stets wechselnde Karte) und einen schönen Ausblick. Ende Juni bis Anfang Sept. 8–19, sonst 8–16 Uhr. Maligne Lake Road, Maligne Canyon, ✆ (780) 852-3583, www.banffjaspercollection.com/dining/maligne-canyon-wilderness-kitchen.

Mount Edith Cavell

Die Region im Westen des Parks rund um den Mount Edith Cavell zeigt eine beeindruckende Hochgebirgslandschaft mit Gletschern und Granitgipfeln. Sowohl die kurze Wanderung zu den Cavell Meadows als auch die Ein-Wochen-Tour ins **Tonquin Valley** zählen zu den schönsten Wanderungen des Jasper National Park. Die Zufahrtsstraße vom Highway 93A zum Wanderparkplatz ist chronisch überlastet, vor allem der Parkplatz selbst am Ende der Cavell Road ist trotz des Ausbaus 2018 meist ab 10 Uhr überfüllt. Nur ein kurzer Spaziergang ist es vom Parkplatz über den **Path of the Glacier** zum Aussichtspunkt auf den Cavell Gletscher (1,5 km hin/zurück, 1 Std., 70 Höhenmeter). Künstliche Dämme verhindern Flutwellen, die sich regelmäßig bei Abbruch eines Teils des Gletschers ereignen: Wenn die Eismassen in den darunter liegenden See krachten, lösten sie oft Überschwemmungen

Alberta → Karte S. 378

auf dem Parkplatz aus. Die Tour kann ab Mitte Juli zu den hochalpinen Wiesen der **Cavell Meadows** verlängert werden (Rundwege von 6 bis 7 km, 3–5 Std., 500 Höhenmeter).

Fünf bis sieben Tage sollte man dagegen schon einplanen für das Backpacker-Paradies der Rockies: Der Anblick der mehr als hoch aufragenden Felsentürme **The Ramparts** (3000 m) oberhalb des Amethyst Lake ist atemberaubend. Die Kehrseite der Medaille: In der kurzen Saison zwischen Mitte Juli und Ende August trifft man hier wesentlich mehr Wanderer, Reiter und Moskitos als einem lieb ist – von Einsamkeit keine Spur. Die Campingplätze muss man auch hier lange vorab reservieren. Dennoch ist das Tonquin Valley eines der großen Highlights des Parks. Die Tour (44 km, 950 Höhenmeter) beginnt am Edith Cavell Parkplatz, am Ende der Marmot Basin Road. Es gibt keinen Shuttle: Entweder man verfügt über zwei Autos oder ist auf Taxis oder Anreise per Anhalter angewiesen.

Jasper East und Miette Road

Der knapp 60 km lange Abschnitt zwischen Jasper und der nordöstlichen Parkgrenze bietet entlang des Talbot Lake und des Jasper Lake in der Abend-Dämmerung die besten Möglichkeiten für Tierbeobachtungen. Am Straßenrand grasende Roosevelt- oder Wapitihirsche sind kein ungewöhnlicher Anblick. Dominiert wird die Szenerie durch den Felsklotz **Roche Miette,** der kurz vor dem Abzweig der Miette Road über dem Yellowhead Highway thront. Am Ende der Miette Road finden sich Wandermöglichkeiten und das wohl am schönsten gelegene Thermalbad der kanadischen Rocky Mountains.

Miette Hot Springs: Die mit 54° C heißeste Quelle der kanadischen Rockies wird auf angenehme 40° C gekühlt und in zwei große Außenbecken geleitet. Zur Erfrischung stehen auch zwei kleinere Becken mit etwa 20° C zur Verfügung. Der Blick aus den am Hang liegenden Becken auf die umgebende Bergwelt ist grandios. Das kleine **Fiddle Valley Cafe** **3** (→ Karte S. 443) bietet Suppen, Paninis, Wraps und Getränke und kann sowohl vom Pool her als auch vom Außenbereich betreten werden. Handtücher und sogar Badekleidung werden vor Ort verliehen.

▪ Mitte Juni bis Aug. tägl. 8.30–22.30 Uhr, Anfang Mai bis Mitte Juni und Sept. bis Anfang Okt. 10.30–21 Uhr. Eintritt 7 $, Tageskarte 10 $. Am Ende der Miette Road, ✆ (780) 866-3939, www.hotsprings.ca.

Zwei Touren bieten sich vom Parkplatz Miette Hot Springs an. Der kurze, fast ebene Pfad **Source of the Springs** (1200 m hin/zurück, 40 Min., 75 Höhenmeter) führt in einem Nebental hinter dem Thermalbad zur Quelle. Deutlich ist der schwefelhaltige Geruch zu spüren; der Schwefel wird deshalb vor Einfüllen des Thermalwassers in

Mount Athabasca, Mount Andromeda, ...

die Badebecken weitgehend herausgefiltert. **Sulphur Skyline** (8 km hin/zurück, 4–6 Std., 700 Höhenmeter) ist ein Weg für Gipfelstürmer. Wer den anspruchsvollen Pfad erklimmt, genießt spektakuläre Ausblicke auf das Fiddle River Valley, den Utopia Mountain und die Ashlar-Bergkette.

Übernachten/Essen (→ Karte S. 443)
Miette Hot Springs Resort 2: Das 1938 erbaute Resort direkt bei den Hot Springs bietet rustikale, gemütliche Unterbringung in Motelzimmern und Chalets. Alles Notwendige ist da, z. T. mit Küchenzeile, aber kein TV, kein Handyempfang. DZ ab 109 $, Cabin ab 197 $. Restaurant. ✆ (780) 866-3750, www.mhresort.com.

Pocahontas Campground 1: Camping an der Abzweigung der Miette Road vom Highway 16. 140 Stellplätze, 22 $. Reservierung dringend empfohlen. ✆ (877) 737-3783, www.reservation.pc.gc.ca., www.pc.gc.ca/en/pn-np/ab/jasper.

Icefields Parkway (Jasper National Park)

Die 233 km durch das Herz der Nationalparks Jasper und Banff machen den Parkway zu einer der Traumstraßen der Welt. Gletscher, Aussichtspunkte, Wasserfälle, Picknickspots und Wanderwege fordern immer wieder zu Pausen auf. Einen ganzen Tag sollte man sich daher schon Zeit nehmen von Jasper bis Lake Louise (→ Banff National Park, S. 457) oder umgekehrt. Südlich von Jasper existiert für etwa 60 km noch der „alte“ Highway 93A, der parallel zum neuen Highway 93 verläuft. Nur über den 93A ist die Edith Cavell Road erreichbar. Bei den Athabasca Falls treffen die Highways wieder aufeinander und verlaufen dann gemeinsam nach Süden bis Lake Louise. Die offizielle Parkbroschüre, die man beim Kauf des Parkpasses erhält, listet gut 50 lohnenswerte Punkte entlang der Straße auf. Die wichtigsten (in Klammern ist im Folgenden immer die Kilometer-Entfernung von Jasper bzw. Lake Louise angegeben):

Von Jasper zu den Sunwapta Falls

Kurz hinter Jasper (KM 9/224) liegt die Zufahrt zum **Valley of the Five Lakes,** einem der vielen schönen Wanderge-

Alberta → Karte S. 378

... Snow Dome, Mount Kitchener und das Columbia Icefield

biete rund um Jasper. Bei KM 25/208 wird die erste kleine Passhöhe überquert, der Athabasca-Pass mit netten Ausblicken. Kurz danach sind die **Athabasca Falls** erreicht (KM 30/203). Die Fälle beeindrucken weniger durch ihre Höhe von 23 m, sondern vielmehr durch die Kraft, mit der der Fluss im Schnitt mehr als 1000 Badewannenfüllungen Wasser pro Sekunde durch die schmale Öffnung presst. Eine Brücke über den Fluss unterhalb der Fälle verbindet beide Ufer für Betrachtungen von allen Seiten. Bei KM 37/196 lohnt ein Blick in die Berge hinauf: Oft lassen sich hier Bergziegen entdecken. Die **Sunwapta Falls** (KM 54/179) sind über eine kurze Stichstraße gut erreichbar. Die 18 m hohen Fälle werden ihrem indigenen Namen, der „wildes Wasser" bedeutet, durchaus gerecht. Ein 2 km langer Wanderweg führt zu den kleineren unteren Fällen.

Athabasca Falls

Von den Sunwapta Falls zum Icefield Discovery Centre

Der **Stutfield-Gletscher** (KM 94/139) ist das erste von zahlreichen Eisfeldern, die die nun folgende Landschaft prägen. Oberhalb der kleinen **Tangle Falls** (KM 96/137) halten sich oft Bighorn-Schafe auf. Kurz danach wird die Aussichtsplattform **Glacier Skywalk** passiert. Hier darf nicht gehalten werden: Der Skywalk ist nur per Shuttle-Bus vom Icefield Centre (s. u.) erreichbar, das bei KM 103/130 erreicht wird. Gegenüber liegt das mächtige Columbia Icefield.

Columbia Icefield Discovery Centre

Wer in der Hochsaison zur Tagesmitte eintrifft, braucht Glück, um einen Parkplatz zu finden, und anschließend starke Nerven angesichts der Massen, die oft stundenlang auf eine der beiden Touren warten, die hier die Hauptattraktion darstellen. Die Snocoach-Busse fahren Touristen auf den Gletscher und tragen so zu dessen noch schnellerem Rückgang bei. Gemeinsam mit dem Skywalk wird dies nur im Paket als „Glacier Adventure" verkauft. Der **Skywalk** ist eine 6 km entfernte Aussichtsplattform mit Glasboden über dem Abgrund, die aber nur einen unbefriedigenden Blick aus weiter Ferne auf den Gletscher erlaubt – eine Touristenfalle. Wer es dennoch machen möchte: unbedingt vorab reservieren.

5 km weiter ist dann am Sunwapta Pass der Übergang vom Jasper zum Banff-Nationalpark erreicht. Zum südlichen Abschnitt des Icefields Parkway → Banff National Park, S. 454.

Touren ab Icefield Centre Tägl. Mitte April bis Mitte Mai 10.30–15.30 Uhr, Mitte Mai bis Mitte Sept. 10–17 Uhr, Mitte Sept. bis Mitte

Kanadas Nationalparks: Von Banff bis Qausuittuq

1883 zeigten Führer der Stoney First Nation Bahnarbeitern die heißen Quellen des heutigen Banff. Den Männern war sofort klar, wie bedeutend die Thermalwasser für die angestrebte touristische Entwicklung der Region sein könnten; sie waren sich aber nicht einig, wie diese Entdeckung am besten zu verwerten sei. Premierminister John A. Macdonald enthob sie dieses Problems und stellte die Region unter staatlichen Schutz: Er gründete 1885 das 26 km² große Banff Hot Springs Reserve und erweiterte es zwei Jahre später zusammen mit Lake Louise zum 674 km² großen **Rocky Mountains Park,** Kanadas erstem Nationalpark. 83 Jahre bevor Deutschland seinen ersten Nationalpark einrichtete, wurde hier die Grundlage für ein landesweites Netz von Schutzgebieten in Kanadas 39 ökologischen Zonen geschaffen.

Heute sind die Kanadier stolz auf ihre Nationalparks und deren natürliche Schätze, die einen wesentlichen Teil der Identität ihrer Nation ausmachen und um die viele Länder Kanada beneiden. Für Parks Canada ist die Arbeit nicht einfach: Es gilt, das ökologische Gleichgewicht in den Nationalparks zu bewahren und die Kultur der First Nations zu achten, gleichzeitig aber all dies Reisenden aus aller Welt zugänglich zu machen. Seit einigen Jahren stehen an den schönsten Orten aller Nationalparks zwei rote Stühle. Wer auf seinen Wanderungen diese Stühle erreicht, sich niederlässt und staunend still die Aussicht genießt, weiß: Dies ist einer der schönsten Flecken dieses Landes.

In der Parkverwaltung geht man auf dem verantwortungsvollen Weg weiter: Der 2017 eröffnete **Qausuittuq National Park** in der kanadischen Arktis ist bereits der 47. Nationalpark des Landes. Er wird nicht der letzte sein – schon gibt es Pläne für einen Nationalpark im südlichen Okanagan ...

Alberta → Karte S. 378

Okt. 10–15.30 Uhr. Glacier Adventure (Snocoach und Skywalk) 99 $ (online vorab), 109 $ (vor Ort). Glacier Skywalk (nur Skywalk) 31 $ (online vorab), 34 $ (vor Ort). ✆ (403) 762-6700, www.banffjaspercollection.com/attractions/glacier-adventure.

Praktische Infos

→ Karte S. 443

Übernachten/Essen **Sunwapta Falls Rocky Mountain Lodge 6:** Die historische Lodge auf halber Strecke zwischen Jasper und dem Columbia Icefield liegt in Fußentfernung zu den Sunwapta-Wasserfällen. Restaurant (s. u.), Bar. Zimmer: hell, klein, teils mit Kamin und Küchenzeile. DZ ab 188 $. Highway 93, ✆ (780) 852-4852, www.sunwapta.com.

The Restaurant at Sunwapta Falls 6: Das Restaurant in der Sunwapta Lodge überzeugt mit gehobener Küche, die den Schwerpunkt auf Gerichte und Zutaten aus Alberta legt. Frühstück, Lunch und Dinner. Highway 93, ✆ (888) 828-5777, www.sunwapta.com/restaurant.html.

Banff National Park

Kanadas ältester Nationalpark bietet alles, was die Rocky Mountains für Reisende so attraktiv macht: 1600 km Wander- und Radwege erschließen eine faszinierende Bergwelt. In den beiden Siedlungen im Park – Banff und Lake Louise – ergänzen Museen, heiße Quellen, eindrucksvolle Bauten und sogar so etwas wie ein Nachtleben das stark nachgefragte Angebot.

Der südliche Abschnitt des Icefield Parkway führt von der Parkgrenze am Jasper National Park bis nach **Lake Louise.** Über den autobahnartig ausgebauten Trans-Canada Highway ist man von dort in gut 30 Minuten in **Banff.** Viel schöner ist jedoch der idyllisch verlaufende alte Highway 1A, der unter dem Namen **Bow Valley Parkway** weitere Ziele erschließt. Zahlreiche Nebenstrecken im Park führen zu Wäldern und Seen, von denen Lake Louise, Moraine Lake und Peyto Lake wohl die bekanntesten Fotomotive bieten. Doch auch der Lake Minnewanka Loop, die Mount Norquay Road und die Sunshine Road haben ihre Reize. Museen und Galerien sowie viele Geschäfte lassen auch Regentage nicht langweilig werden.

Der Banff National Park bildet seit 1984 mit den benachbarten Parks im Norden und Westen ein UNESCO-Weltnaturerbe. Leider ist er oft überlaufen: An den langen Wochenenden im Juli und August geht ohne Reservierung nichts – im Umkreis von mehreren hundert Kilometern ist dann alles ausgebucht. Auch sonst gilt von Mitte Juni bis Ende August: Vorab reservieren, egal ob Lodge, B&B oder Campingplatz! Wer keine Lust hat auf Schlangestehen an Aussichtspunkten wie z. B. am Peyto Lake oder in Lake Louise, sollte frühmorgens oder nach 17 Uhr eintreffen oder gleich in der reizvollen Nebensaison reisen oder im Park auf die weniger nachgefragten, aber immer noch sehr attraktiven Ziele ausweichen.

■ Parkeintritt 10 $ pro Person und Tag. Organisierte Touren im Banff National Park (→ Banff, S. 470).

Wandern/Fahrradfahren im Banff-Nationalpark: In den tiefer gelegenen Regionen sind die Wanderwege bereits ab Ende Mai zugänglich, im Hochgebirge erst ab Mitte Juli. In den Visitor Centres gibt es zahlreiche Führer mit Karte zum Day Hiking rund um Banff, Lake Louise oder am Icefields Parkway. Zudem gibt die Nationalpark-Verwaltung zwei kostenfreie Karten und Führer für Radfahrer heraus. Die jeweils schönsten Routen und Wege sind in den einzelnen Kapiteln beschrieben.

Icefields Parkway (Banff National Park)

Das 233 km lange Bindeglied zwischen den beiden Nationalparks Banff und Jasper führt von Jasper nach Lake Louise und gilt als eine der schönsten Straßen der Welt. Zum nördlichen Abschnitt des Icefields Parkways → Jasper National Park, S. 451.

■ In Klammern ist im Folgenden immer die Kilometer-Entfernung von Lake Louise bzw. Jasper angegeben.

Von Lake Louise nach Saskatchewan River Crossing

Nur wenige Minuten sind es von Lake Louise zum Picknickplatz am **Herbert**

Postkarten-Panorama am Peyto Lake

Lake (KM 6/227). Auch der **Hector Lake** (KM 19/214) ist einen Fotostopp wert, bevor man die ersten Highlights der Parkstraße erreicht: den schönen **Bow Lake** (KM 37/196) und den benachbarten **Crowfoot Glacier.** 3 km weiter türmt sich der **Bow Glacier** mit den gleichnamigen Wasserfällen hoch über der Straße auf. Die Num-Ti-Jah Lodge (s. u.) profitiert von der einmaligen Aussicht. Die Straße steigt nun an, hinauf zum **Bow Summit** (KM 43/190), dem mit 2070 m höchsten Punkt des Parkways. Hier zweigt die Zufahrt zum Parkplatz am **Peyto Lake** ab. Nach einem kurzen Spaziergang ist die Aussichtsplattform erreicht, die einen atemberaubenden Blick auf den türkisblauen Bergsee ermöglicht. Von hier geht es hinunter zur Saskatchewan River Crossing, wo der Highway 11 nach Osten abzweigt. Er führt über Nordegg und Rocky Mountain House nach Red Deer, etwa auf halber Strecke zwischen Calgary und Edmonton. Der Ort **Saskatchewan River Crossing** (KM 80/153) besteht nur aus dem Motelkomplex The Crossing (s. u.) mit General Store und Restaurant.

Von Saskatchewan River Crossing zum Sunwapta Pass

16 km nördlich der Crossing ist ein Aussichtspunkt am **Sunset Pass** (KM 96/137) erreicht. Der Rastplatz am **Coleman Creek** (KM 102/131) ist einer der schönsten Picknickplätze an der Route. Zwei kleinere Wasserfälle, der **Weeping Wall** (KM 109/124) und die **Bridal Veil Falls** (KM 120/117), sind fotogen und von der Straße aus sichtbar. Die Straße verläuft hier erst auf der Süd-, dann auf der Ostseite des Bergrückens Parker Ridge und gewinnt nun schnell an Höhe. Vor einer engen U-Kurve ergibt sich ein schönes Fotomotiv auf das Bergmassiv. Der 2035 m hohe **Sunwapta Pass** (KM 108/125) ist der zweithöchste Punkt des Icefield Parkways und bildet die Grenze zwischen den beiden Nationalparks.

Wandern

Von der Parker Ridge knapp südlich des Icefield Centres führt ein Weg über Serpentinen hinauf zu einem Punkt, der dramatische Ausblicke auf den **Saskatchewan-Gletscher** bietet (5,5 km hin/zurück, 2½ Std., 250 Höhenmeter). Auch am **Peyto Lake** kann man den Massen entfliehen: Ein Waldlehrpfad führt höher hinauf und erreicht eine alte *fire road*, die zu einem Beobachtungsturm für Waldbrände führt (6 km hin/zurück, 2½ Std. 245 Höhenmeter). Murmeltiere sind ständige Begleiter auf diesem Weg. Vom **Wilcox Pass,** 3 km südlich des Icefield Centre, nimmt man schon einige Höhenmeter mit auf den Weg, so dass man schnell über die Baumgrenze gelangt und auf den Hochwiesen der von den Gletschern geformten Landschaft steht – manchmal auch in Gesellschaft von Bighorn-Schafen (8 km hin/zurück, 3–3½ Std., 335 Höhenmeter). Anstrengender ist die Tour zum **Helen Lake,** die 33 km nördlich von Lake Louise gegenüber dem Crowfoot-Glacier-Aussichtspunkt beginnt (12 km hin/zurück, 4–5 Std., 450 Höhenmeter). Lohn der Strapaze: ein atemberaubender See in einem alpinen Hochgebirgstal mit großartigen Ausblicken. 1 km nördlich von Saskatchewan River Crossing beginnt der lange, aber einfache Weg zum **Glacier Lake.** Schon früh in der Saison schneefrei, führt er durch hügeliges Waldterrain zu einem schönen Gletschersee mit gewaltigen Bergen im Hintergrund (18 km hin/zurück, 6–7 Std., je 200 Höhenmeter in Auf- und Abstieg). Am Nordufer des Bow Lake verläuft der anfangs sehr ebene Weg zu den **Bow Glacier Falls** (9 km hin/zurück, 2–3 Std., 160 Höhenmeter). Erst am Ende führen Stufen in die Höhe und über den Canyon.

Praktische Infos

Übernachten/Essen **Simpson's Num-Ti-Jah Lodge 4**: Die Lodge geht bis ins Jahr 1923 zurück und wurde mehrfach ausgebaut. Heute dominiert Wildnis-Eleganz: kein TV, kein Telefon, dafür exzellente Betten und ein gutes Restaurant, der Elkhorn Dining Room (Frühstück und Abendessen; abends reservieren). DZ ab 285 $, mit Seeblick ab 325 $. Icefields Parkway (40 km nördlich von Lake Louise, am Bow Glacier), ✆ (403) 522-2167, www.num-ti-jah.com.

The Crossing 2: Die Lodge in der Nähe der Parkgrenze vom Jasper zum Banff National Park ist nichts Besonderes, aber sie erlaubt, die Fahrt über den Icefields Parkway zu unterbrechen und schöne Teilstücke am späten Nachmittag oder frühen Morgen relativ ungestört zu erleben, bevor die zahllosen Busse aus Banff oder Jasper hier eintreffen. 63 Zimmer im Motel-Stil. Restaurant, Pub und Café, General Store, Tankstelle. DZ ab 219 $. Highway 93, ✆ (403) 761-7006, www.thecrossingresort.com.

meinTipp **Skoki Lodge 6**: 11 km von der Lake Louise Ski Area entfernt, der Wanderweg zur Lodge führt durch Wälder und Blumenwiesen. Ist man erst einmal da, kann man Tagestouren in die fünf angrenzenden Täler unternehmen. Die 1930 erbaute, 2004 komplett renovierte Lodge hat nichts von ihrem rustikalen Charme verloren. Keine Duschen, nur Warmwasser. Übernachtung inkl. Vollpension ab 195 $/Pers. 2 Nächte Mindestaufenthalt. ✆ (403) 522-1347, www.skoki.com.

Camping Am Highway liegen die **Campgrounds Mosquito Creek 5** und **Rampart Creek 1** (32 bzw. 50 Stellplätze, 18 $, Juni bis Mitte Okt.) sowie **Waterfowl Lakes 3** (116 Stellplätze, 22 $, Ende Juni bis Anfang Sept.). ✆ (877) 737-3783, www.pc.gc.ca/en/pn-np/ab/banff/activ/camping.

Lake Louise und Umgebung

In den Hotels und Lodges des Ortes ließe es sich herrlich entspannen – doch zieht es die meisten Gäste zu Fuß, auf dem Rad oder im Kanu hinaus in die atemberaubende Natur, die die Landschaft rund um Lake Louise prägt. Einige der schönsten Wanderungen der Rocky Mountains beginnen hier, aber auch Mountainbiker finden zahlreiche lohnende Routen.

Das Dorf mit gut 1000 Einwohnern wird von Banff aus verwaltet und besteht aus drei Ortsteilen. Im Tal, nahe der Autobahn, liegt Lake Louise Village. In der dortigen Samson Mall findet man alles, was man für ein, zwei Tage braucht: Verleih von Fahrrädern und Sportausrüstung, Supermarkt, Buchladen. Nordöstlich liegt das Skigebiet **Lake Louise Ski Area,** dessen „Summer Gondola" in den Sommermonaten Wanderer in luftige Höhen bringt. Im Westen des Dorfes führen Straßen hinauf zum Ortsteil Upper Lake Louise mit den beiden bekanntesten Seen der Rocky Mountains, dem **Lake Louise** und dem **Moraine Lake,** die nichts von ihrer Faszination verloren haben – wenn man denn überhaupt bis dorthin gelangt.

Lake Louise

Alberta → Karte S. 378

Für beide Seen gilt von Mitte Juni bis Ende August: sehr früh am Morgen da sein. Am Lake Louise steht man meist ab 9 Uhr in einem kilometerlangen Parkplatzsuchstau; die enge Straße zum Moraine Lake ist oft ab 9.30 Uhr komplett gesperrt – man wartet stundenlang. Wer im Hochsommer aber schon um 7 Uhr am Lake Louise ist, erreicht auch noch rechtzeitig den Moraine Lake; beide Seen liegen frühmorgens bis vormittags im besten Licht. Der Lake Louise ist auch gut vom Lake Louise Village aus per Mountainbike auf der Trasse der ehemaligen Straßenbahn erreichbar – eine der schönsten Arten, dem Stau zu entgehen.

Lake Louise (See)

Der nicht mal einen Quadratkilometer große See verdankt seine smaragdgrüne Farbe wie so viele Bergseen den Felspartikeln, die mit dem Schmelzwasser der Gletscher in den See gespült wurden. Er ist nach Prinzessin Louise, der vierten Tochter von Queen Victoria benannt. Vom Ufer am Parkplatz hat man schon einen beeindruckenden Blick auf den Victoria-Gletscher am Ende des Sees. Links führt ein kurzer Weg am Bootshaus, wo man Ruderboote mieten kann, vorbei und noch etwa 1 km am See entlang. Rechts gelangt man zum **Chateau Lake Louise** – eines der „Grand Railway Hotels“, die die Canadian Pacific Railway an den schönsten Orten Westkanadas erbaute, um Urlauber anzulocken. Der älteste Flügel des Hotels stammt von 1913, der jüngste Anbau von 2004. Auf der Nordseite des Sees führen Wege am See entlang, sowie den Hang hinauf zum Mirror Lake und Agnes Lake. Bootsverleih → Praktische Infos, S. 460.

Moraine Lake

Der gerade mal 50 ha große See liegt auf 1885 m Höhe im **Valley of the Ten Peaks.** Diese zehn Gipfel schaffen eine einmalige und unverwechselbare Sil-

Moraine Lake

houette. Steigt man den kurzen **Rockpile Trail** empor, steht man etwa 25 Meter über dem See und hat ein Postkarten-Panorama vor Augen, das nicht nur viele Kanada-Reiseführer ziert, sondern auch schon auf früheren kanadischen 20-$-Geldscheinen zu sehen war. Bootsverleih → Praktische Infos, S. 460.

Wandern

Dutzende von Wanderwegen finden sich rund um das Dörfchen, die Wahl fällt schwer. Die fünf vielleicht schönsten Routen: Auf dem **Trail zum Lake Agnes Teahouse** findet man zwar keine Einsamkeit – es ist einer der meist begangenen Wege der Rocky Mountains – aber ein lohnendes Ziel: Die historische Berghütte am Wasserfall lädt zur Pause bei Tee und Kuchen. Der Ausgangspunkt des Weges (7 km hin/zurück, 2½–3 Std., 400 Höhenmeter) liegt beim Chateau Lake Louise. Hier beginnt auch der Weg **Plain of the six glaciers** (11 km hin/zurück, 4 Std., 370 Höhenmeter): Erst am Nordufer des Sees entlang, dann ansteigend, erreicht man das weite Panorama, das man vom Ostufer des Sees nicht erahnen konnte: Victoria-Gletscher, Mount Whyte, Mount Lefroye breiten sich vor dem Betrachter aus. Das Plain of Six Glaciers Teahouse, eine weitere Berghütte, lädt zur Rast ein. Steigt man von Lake Louise auf der anderen Seeseite hinauf Richtung Saddleback Pass, wird es anspruchsvoller. Vier Stunden sollte man bis zum Pass und zurück einplanen. Die Strecke ist zwar nur knapp 4 km lang (einfach), aber man muss 600 Höhenmeter in Kauf nehmen. Lohn der Anstrengung: großartige Blicke auf den 3543 m hohen Mount Temple und in das zu seinen Füßen liegende Paradise Valley. Hängt man zwei Stunden und 400 Höhenmeter dran, so steht man auf dem Gipfel des Mount Fairview in 2744 m Höhe, rund 1000 m über dem Lake Louise.

Entspannter geht es am **Moraine Lake** zu, schon der 1500 m lange Weg am Ostufer des Sees entlang (45 Min. hin/zurück, eben) bietet im Morgenlicht spektakuläre Blicke auf die Felsformation des Turms zu Babel und seiner Nebengipfel. Besonders im Herbst lohnt die Wanderung vom Moraine Lake hinauf ins **Larch Valley** und zum Sentinel Pass: Die Lärchen verfärben sich im September golden. Zudem bekommt man im Anstieg zum Sentinel Pass, der 750 m höher liegt als der Moraine Lake, einen schönen Eindruck vom Hinterland des Parks – vor allem beim Blick vom Pass hinunter ins Paradise Valley. Für die nur 12 km (hin/zurück) lange Strecke muss man aufgrund des teils etwas schwierigen und steilen Weges 4–5 Stunden Gehzeit rechnen.

Nur 3 km nordöstlich des Dorfs befindet sich im Skigebiet die Talstation der **Lake Louise Summer Gondola.** Der Vierer-Sessellift bringt Wanderer auf 2088 m Höhe in die Bergwelt. Dort warten ein Restaurant, ein Natur-Informationszentrum und zwei Wanderwege: Der knapp 2 km lange Rundweg zum **Kicking Horse Pass Viewpoint** gewinnt etwa 100 Höhenmeter im Anstieg, beim **Pika Trail** (2,5 km hin/zurück) sind es etwa 200 Höhenmeter. Letzterer kann noch mal um 500 Wege- und 150 Höhenmeter bis zum **Ptarmigan Valley Viewpoint** verlängert werden. Ein Abstieg ins Tal ist nicht möglich: Das gesamte Gebiet unterhalb der Bergstation ist Wildnisschutzgebiet. Dafür sieht man beim „Überfliegen" aus dem Sessellift schon mal einen Grizzly. Die Preise für die kurze Gondelfahrt sind unverschämt, aber es gibt attraktive Frühstücks- und Lunch-Packages (→ Praktische Infos, S. 460).

Fahrradfahren/ Mountainbiking

Auch hier bieten sich viele unterschiedliche Möglichkeiten. Mit dem

Alberta → Karte S. 378

Rennrad bleibt nur das Straßennetz: Der 233 km lange Icefields Parkway hat zwar einen breiten Seitenstreifen, ist aber oft so stark befahren, dass es wenig Spaß macht. Besser ist da der Bow Valley Parkway: Da für Pkw Tempo 60 gilt, geht es hier nie hektisch zu. Wer sein Trekkingrad dabeihat, kann eine Vielzahl von Forststraßen befahren. Der Parkplatz am Kilometerstein 3,6 der Lake Louise Road ist Ausgangspunkt für die Route zur Great Divide: 11 km Fahrspaß ohne große Steigungen. Zum Ausgangspunkt kommt man auch über den Weg Nr. 5, die „Tramline". 4,5 km und 200 Höhenmeter, aber sehr moderate Steigungen sind es auf der ehemaligen Bahntrasse vom Dorf zum See. Im Dorf selbst ist der 7 km lange Bow River Loop der Favorit der „Locals" – die gemütliche Rundtour beiderseits des Bow River ohne nennenswerte Anstiege oder Abfahrten ist eine entspannte, 20- bis 30-minütige Früh- oder Abendtour.

Wer sein **Mountainbike** dabeihat, kann den Trail zur Great Divide mit dem parallel verlaufenden, aber technisch anspruchsvolleren Ross Lake Trail zu einem Rundkurs kombinieren. Nur im Frühsommer machbar ist der härteste Trail im Park: Die Moraine Lake Highline verläuft parallel zur Straße an den See, aber weit oberhalb in den Bergen. Der sehr anspruchsvolle Single Track mit vielen Wurzeln und Steinen ist ab Mitte des Sommers geschlossen – wenn die Buffalo Berries reif sind, gehört der Weg den Grizzlys. Lohn des Anstiegs auf der 9 km langen Route sind der Moraine Lake und die Abfahrt auf der Straße zurück nach Lake Louise.

Die von Parks Canada herausgegebene Broschüre „Biking – The Lake Louise Area" informiert über diese und zahlreiche weitere Wege für Radler; sie ist kostenfrei im Visitor Centre erhältlich.

Praktische Infos

Information **Lake Louise Visitor Centre:** Jan. bis April 9–16.30 Uhr, Mai und Okt. bis Dez. 9–17 Uhr, Juni bis Sept. 8.30–19 Uhr. Samson Mall, ✆ (403) 762-8421, www.banfflakelouise.com.

Hin und weg **Bus: SunDog Tours** bietet eine One-Way-Tagestour von Lake Louise nach Jasper mit ausgiebigen Pausen und Fotostopps. ✆ (888) 786-3641, www.sundogtours.ca. Über Fernbusverbindungen gab es bei Redaktionsschluss (April 2019) noch keine verlässlichen Angaben, nachdem der bisherige Betreiber Greyhound Bus seine Linien in Westkanada Ende 2018 eingestellt hatte (→ S. 698).

Parks Canada Shuttle: Die Parkbusse verbinden Banff und Lake Louise stündlich in der Hochsaison sowie alle 15 Min. den Overflow-Parkplatz südlich von Lake Louise mit dem Dorf und dem See Lake Louise (Mitte Mai bis Anfang Sept.) bzw. Moraine Lake (Mitte Sept. bis Mitte Okt.). www.pc.gc.ca/banff-transit.

Sessellift: Die „Summer Gondola" ist von Juni bis Sept. in Betrieb. Berg- und Talfahrt 36 $, inkl. Frühstück 40 $, inkl. Gourmet Lunch 55 $. Ab 16.30 Uhr nur 22 $. Talstation 3 km nordöstlich des Dorfs. ✆ (403) 522-3555, www.lakelouisegondola.com.

Bootsverleih/Bootstouren Das **Fairmont Hotel Chateau Lake Louise** hat hier das Monopol. Die Kanus für bis zu drei Personen schlagen mit 105 $ bzw. 115 $ (halbe/ganze Stunde) zu Buche. Hotelgäste sparen 40 $. Der Kanuverleih schließt um 18 Uhr, doch Hotelgäste können exklusiv von 18 bis 19 Uhr noch eine weitere Stunde den dann ruhigeren See genießen. Bootshaus am See. ✆ (403) 522-1601, www.fairmont.com/lake-louise/promotions/canoeing. Am Moraine Lake unterhält die **Moraine Lodge** einen Kanuverleih. 75 $/Std. ✆ (403) 522-3733, www.morainelake.com.

Fahrrad- & Ausrüstungsverleih **Wilson Mountain Sports,** Samson Mall, Lake Louise, tägl. 8–19 Uhr. Mountainbike oder Trekking-Rad 15 $/Std., 39 $/Tag. E-Bike 30 $/Std., 69 $/Tag. Auch Berg- und Campingsausrüstung wird vermietet. ✆ (403) 522-3636, www.wmsll.com

Fahrradtouren Geführte Touren organisiert **Banff Cycle,** 100 Owl Street, ✆ (403) 985-4848, www.banffcycle.com.

Übernachten **Fairmont Chateau Lake Louise 7:** Exklusiver Luxus und (gegen

Aufpreis) traumhafte Ausblicke. Ein Haus mit großer Geschichte – aber preislich weit jenseits von Gut und Böse. DZ ab 949 $, mit Seeblick ab 1049 $. Frühstück 30 $ extra, und auch Parken kostet extra ... ✆ (403) 522-3511. www.fairmont.com/lake-louise.

Moraine Lake Lodge 8: Die bessere Wahl, wenn es um hohen Standard am Traumsee geht. Blockhütten, Lodge Rooms und Queen Rooms. Inklusive Frühstücksbuffet, Kanus, Afternoon Tea und geführter Wanderung. DZ ab 439 $. Nur Juni bis Sept. Moraine Lake, ✆ (403) 522-3733. www.morainelake.com.

Lake Louise Inn 2: Die Lodge besteht aus 5 verbundenen Bereichen mit 9 Unterkunftskategorien. Die günstigsten Zimmer liegen im 3. Stock, ohne Fahrstuhl. Hallenbad und Hot Tub. DZ ab 169 $ inkl. Hot Breakfast Buffet. 210 Village Road. ✆ (403) 522-3791, www.lakelouiseinn.com.

Hostel HI Lake Louise Alpine Centre 3: Schon etwas älter, aber immer noch eine gute Wahl. Bill Peyto's Restaurant liegt im Hostel und bietet alle Mahlzeiten. DZ mit/ohne Du/WC ab 215/142 $, Übernachtung im Mehrbettzimmer ab 46 $/Pers. 203 Village Road, ✆ (403) 522-2201, www.hihostels.ca/en/destinations/alberta/hi-lake-louise.com.

Camping Für Camper bietet Parks Canada knapp 400 Stellplätze, davon 189 im **Lake Louise Trailer Campground 6** für Wohnmobile (32 $, ganzjährig) und 206 im **Lake Louise Tent CG 5** (27 $, Juni bis Sept.). ✆ (877) 737-3783, www.pc.gc.ca/en/pn-np/ab/banff/activ/camping.

Essen & Trinken **Lake Louise Railway Station & Restaurant 1:** Im historischen Ambiente des Bahnhofs wird exzellente Küche geboten, während draußen die Züge vorbeifahren. Neben dem Restaurant steht der Luxus-Speisewagen „Delamere“ von 1928, der aber in der Regel nur für Hochzeiten und Gruppen zum Einsatz kommt. Tägl. 11.30–16 und 17–21.30 Uhr. 200 Sentinel Road, ✆ (403) 522-2600, www.lakelouisestation.com.

Bill Peyto's Café 3: Das gemütliche Restaurant im Blockhaus-Stil bietet eine gute Auswahl zu günstigen Preisen. Hauptgerichte: kanadisch, griechisch, italienisch. Frühstück, Lunch und Dinner. Im Sommer tägl. 7–22, sonst 7.30–21.30 Uhr. 203 Village Road, ✆ (403) 522-2200, www.hihostels.ca/en/about/hostels/bill-peytos-cafe.

Trailhead Café 4: Coffee to go und einen Snack auf die Hand, bevor es auf den Wanderweg geht – das ist das Motto in dem kleinen Café, das an Sommermorgen sehr lebhaft sein kann. Es gibt auch einige wenige Sitzplätze. Frühstück und Lunch tägl. 7–18 Uhr. 101 Lake Louise Drive, Samson Mall, ✆ (403) 522-2006.

Bow Valley Parkway

Der Parkway stellt den ursprünglichen Straßenverlauf zwischen Lake Louise und dem etwa 57 km entfernten Banff dar. Meist nur mit Tempo 60 befahrbar, mäandert er zwischen Wald, Fluss und Felsen gemütlich das Tal des Bow River hinab. Die Straße erschließt Aussichtspunkte, historische Stätten, Wanderparkplätze und Unterkünfte. Sie ist bei Autofahrern und Radlern gleichermaßen beliebt, vor allem in der Dämmerung hat man gute Chancen, Hirsche oder auch mal einen Bären zu sehen. Es gibt drei Zufahrten zum Bow Valley Parkway: im Westen bei Lake Louise, in der Mitte bei Castle Junction, wo der Highway 93A die Verbindung zur Autobahn und weiter in den Kootenay National Park sicherstellt, und im Osten, wo der Parkway kurz vor Banff in die Autobahn mündet.

An rund 30 Punkten entlang des Parkways stehen Schautafeln, die mit Wegweisern angekündigt werden. Parks Canada erläutert hier das Ökosystem mit seiner einzigartigen Flora und Fauna, weist aber auch auf historisch wichtige Stätten hin. Wer sich die Zeit nimmt, immer wieder anzuhalten, um sich zu informieren oder einfach nur die Aussicht zu genießen, sollte vier bis fünf Stunden für den Bow Valley Parkway einplanen. Macht man noch die Wanderung in den spektakulären Johnston Canyon, wird leicht eine Tagestour daraus.

Morant's Curve

Nicholas Morant war der offizielle Fotograf der Canadian Pacific Railway und machte an einer Biegung 4 km nach dem Abzweig der Straße zum Skiresort so viele Aufnahmen, dass die Kurve schließlich Morant's Curve getauft wurde. Der traumhafte Blick mit der Eisenbahnstrecke vor dem Bow River und dem Mount Temple ist so spektakulär, dass er jahrzehntelang den kanadischen 10-$-Schein zierte. Für Fotos ist die Zeit bis zehn Uhr morgens am besten geeignet.

Castle Mountain mit Castle Lookout

17 km weiter thront das mächtige Felsmassiv tatsächlich wie ein Schloss oberhalb des Bow River. Schon der Blick hinauf ist beeindruckend. Noch schöner wird es von oben: Der Castle Lookout Trail (7,5 km hin/zurück, 3–4 Std., 520 Höhenmeter) führt auf meist leicht begehbarem Weg zum Ort eines ehemaligen Waldbrand-Beobachtungsturms. Der Turm ist längst Geschichte, geblieben sind die atemberaubenden Blicke von seinem ehemaligen Standort.

Johnston Canyon

Die schöne und abwechslungsreiche Route durch die enge Schlucht ist die wohl beliebteste Wanderung der Rocky Mountains – in der Hochsaison sind täglich mehrere Tausend Wanderer unterwegs. Wer den Massen entgehen will, muss sich am frühen Morgen oder spätabends auf den Weg machen; der Wanderparkplatz (24 km vor Banff) neben der Johnston Canyon Lodge ist in der Hochsaison oft schon vor zehn Uhr überfüllt. Der Pfad führt auf weiten Teilen durch die Klamm, die der Johnston Creek gegraben hat. Über Brücken und durch Felsentunnel erreicht der Steig zwei Wasserfälle. Es sind 1,1 km

Güterzug der Canadian Pacific Railway in der Morant's Curve

vom Ausgangspunkt bis zu den Lower Falls (45 Min. hin/zurück, 50 Höhenmeter), 2,7 km bis zu den Upper Falls (2 Std. hin/zurück, 220 Höhenmeter). Die Tour lässt sich zu den Inkpots verlängern – diese Teiche werden von unterirdischen Quellen gespeist, deren hohere Mineralgehalt das Wasser türkis, dunkelblau und grün verfärbt, daher der Name „Tintenfässer“ (5,8 km einfach von der Lodge, ca. 3–4 Std., ca. 300 Höhenmeter).

Praktische Infos

→ Karte S. 456

Übernachten/Essen **Castle Mountain Chalets 8:** Die schönen Chalets auf halber Strecke zwischen Lake Louise und Banff bieten Platz für 2–8 Gäste. Hot Tub, Restaurant, kleiner General Store. Chalet ab 188 $. Junction Highway 93S/Highway 1A. ✆ (403) 762-3868, www.castlemountain.com.

mein Tipp **Johnston Canyon Resort 10:** 42 gemütliche, aber betagte Cabins in acht Kategorien. Ein Café, ein Restaurant und eine Eisdiele versorgen nicht nur Hotelgäste, sondern auch die Wanderer im Johnston Canyon mit Frühstück, Lunch und Dinner. Cabin ab 205 $. Nur Mai bis Mitte Okt. Highway 1A. ✆ (403) 762-2971, www.johnstoncanyon.com.

Camping Parks Canada betreibt am Bow Valley Parkway drei **Campgrounds:** am **Protection Mountain 7** (72 Stellplätze, nur August), am **Castle Mountain 9** (43 Plätze, Ende Mai bis Mitte Sept.) – beide nicht reservierbar, 22 $ – und am **Johnston Canyon 11** (132 Plätze, Ende Mai bis Ende Sept., reservierbar, 27 $). ✆ (877) 737-3783, www.pc.gc.ca/en/pn-np/ab/banff/activ/camping.

Banff und Umgebung

St. Moritz, Kitzbühel, Banff. Im Sommer wie im Winter ist Banff das mondänste und teuerste Resortstädtchen Kanadas – aber auch das attraktivste! Der gerne als „Mountain Mekka“ bezeichnete Ort mit nur 8000 Einwohnern und der vierfachen Menge an Touristenbetten liegt inmitten eines Bergparadieses mit schroffen Gipfeln, leuchtenden Seen und sattgrünen Wäldern. Auf Hauptstraßen und Parkplätzen herrscht in der Hauptsaison regelmäßig Stau, doch über 1000 km Wanderwege und mehrere Seilbahnen verteilen die Menschenmassen zügig in die atemberaubende Natur: Es sind stets nur fünf Minuten Fußweg von der

„Kreditkarten-Zone" bis zur „Bear Spray-Zone" ...

Beim Bau der transkontinentalen Eisenbahn stießen Arbeiter 1883 auf die heißen Quellen in der grandiosen Berglandschaft. Grund genug für die Canadian Pacific Railway hier ein fünfstöckiges Blockhütten-Hotel zu erbauen, das später durch den noch heute bestehenden schlossartigen Gebäudekomplex des Banff Springs Hotel ersetzt wurde. Das Hotel und die heißen Quellen sind immer noch wichtige Attraktionen in der Stadt, doch haben ihnen Wandern und Radfahren in der Umgebung längst den Rang abgelaufen.

Orientierung: Die Downtown nördlich des Bow River mit ihren Museen und Galerien ist über zwei Zufahrten vom Trans-Canada Highway aus erreichbar. Südlich des Flusses liegen die Hot Springs, die Seilbahn, das Banff Springs Hotel und der Aussichtspunkt für die Bow Falls. Östlich der Downtown erhebt sich der Tunnel Mountain, dessen Gipfel 300 Meter über der Stadt aufragt. Der an seiner Flanke verlaufende Tunnel Mountain Drive erschließt Aussichtspunkte mit Blick auf das Banff Springs Hotel sowie die großen Campingplätze von Parks Canada. Mount Norquay, nördlich der Autobahn, ist eines der Skigebiete in Banff und im Sommer interessant aufgrund der Aussicht, des Sessellifts und des Klettersteigs. Auf dem Weg dorthin liegen die Vermilion Lakes.

Whyte Museum of the Canadian Rockies: Das tief in der indigenen und „weißen" Kultur der Rocky Mountains verwurzelte Museum macht die von der grandiosen Landschaft beeinflusste Kunst der letzten 130 Jahre in verschiedenen Wechselausstellungen zugänglich. Das Spektrum reicht von der romantisierenden Landschaftsmalerei des 19. Jahrhunderts bis hin zu modernen indigenen Designs für Skateboards und Tattoos. Nicht nur an Regentagen einen Besuch wert!

■ Tägl. 10–17 Uhr. Eintritt 10 $. 111 Bear Street, ✆ (403) 762-2291, www.whyte.org.

Banff Park Museum: Westkanadas ältestes naturgeschichtliches Museum ist in einem 1903 erbauten Blockhaus beheimatet. Auch wenn manche der noch

Der Mount Rundle, Banffs Hausberg, über dem Bow River

Quellbecken in der Cave and Basin National Historical Site

Alberta → Karte S. 378

in viktorianischer Zeit ausgestopften Bisons, Bären und anderen Tiere des Parks schon ein paar Haare verloren haben, sind die mehr als 5000 Ausstellungsstücke immer noch sehenswert.

▪ Mitte Mai bis Mitte Okt. tägl. 10–18, sonst Sa/So 11–17 Uhr. Eintritt 4 $. 91 Banff Avenue, ✆ (403) 762-1558, www.pc.gc.ca/en/lhn-nhs/ab/banff.

Canadian Ski Museum West: Banffs Beitrag zur Entwicklung des Skisports wird auf ungewöhnliche Art und Weise Tribut gezollt. Im Einkaufszentrum Cascade sind an zahlreichen Stellen alte Skier und weitere Relikte aus den Pionierzeiten des Wintersports in den Geschäften ausgestellt.

▪ Mo–Do 10–20, Fr/Sa 10–21, So 10–19 Uhr. 317 Banff Avenue, www.cascadeshops.com.

Cave and Basin National Historic Site: Mit der Quelle südlich des Bow River fing 1883 alles an. Erst entstand hier ein großes Thermalbad, später dann die neue Anlage an den Upper Hot Springs. Die Cave and Basin Site wurde geschlossen und verfiel, wobei sich seltene Schnecken im heißen Wasser ansiedelten. 2016 schaffte Parks Canada das Kunststück, dem Naturschutz Rechnung zu tragen und gleichzeitig die renovierte Anlage wieder zum Besuch (wenn auch nicht zum Bad) freizugeben. In der Wandelhalle entstand eine Ausstellung, die die Geschichte der kanadischen Nationalparks feiert – es könnte keinen passenderen Ort geben. Am besten lässt sich das Gelände im Rahmen der kostenfreien Touren entdecken; die „Laternen-Tour" lässt dabei die Atmosphäre von 1883 wieder lebendig werden. Und zum Abschluss des Besuchs: Im Galletly Building gibt es ein nettes kleines Café.

▪ Mitte Mai bis Mitte Okt. tägl. 9–17, sonst Mi–So 11–17 Uhr. Eintritt 4 $. 311 Cave Avenue, ✆ (403) 762-1566, www.pc.gc.ca/en/lhn-nhs/ab/caveandbasin.

Buffalo Nations Luxton Museum: Das auf dem Weg zur Cave and Basin Site gelegene Museum bewahrt und vermittelt das kulturelle Erbe der First Nations der Region. Es führt den Besucher in die Zeit der großen Büffelherden und der Ankunft der ersten Siedler, die eine an Tänzen, Gesängen, Legenden und Zeremonien reiche Kultur vorfanden. Es schlägt aber auch mit zeitgenössischer indigener Kunst eine Brücke in die Gegenwart. Im Eintrittspreis inbegriffen sind Führungen durch Stammesälteste der Stoney sowie Tee und Kaffee.

▪ Mai bis Sept. 10–19 Uhr, Okt. bis April 11–17 Uhr. Eintritt 10 $. 1 Birch Avenue, ✆ (403) 762-2388, www.buffalonationsluxtonmuseum.com.

Banff Springs Hotel: Es sollte einst als eines von mehreren Railway Hotels die ersten Urlauber in die Wildnis locken. 1886 wurde das Hotel, noch aus Holz, nach Plänen aus Toronto vor Ort zusammengebaut, aber versehentlich verkehrt herum: Aus den Zimmern blickte man direkt auf den Fels ... Die Erweiterung von 1911 und die zusätzlichen Flügel, die 1926–1928 erbaut wurden, gaben dem Hotel das heutige Aussehen. Im Scottish Baronial Style erbaut, thront es über den Bow Falls mit schönen Ausblicken auf den Mount Rundle. Auch wenn Sie sich den Aufenthalt in einem der 764 Gästezimmer nicht leisten wollen, sollten Sie das Hotel besuchen und die britische Atmosphäre z. B. beim Rocky Mountain Afternoon Tea genießen. Hier wünschen Sie sich, Sie hätten den Anzug doch noch in den Koffer gepackt ...

▪ Afternoon Tea tägl. 12–16 Uhr mit Tees, Sandwichs und Scones, 49 $. 405 Spray Avenue, ✆ (403) 762-2211, www.fairmont.com/banff-springs/dining/afternoontea.

Bow Falls: Die kleinen Wasserfälle unterhalb des Banff Springs Hotel sind vom Stadtzentrum zu Fuß durch den Wald und am Fluss entlang in 20 Minuten erreichbar. Sie ziehen – wie alles in Banff – die Menschen in Scharen an. 1953 zeigte sich hier auch Marilyn Monroe: Die Floßszene aus „River of no return" wurde an den Bow Falls gedreht.

Banff Gondola: Die Bergstation der Seilbahn wurde 2016 vergrößert – mehr Restaurants, mehr Souvenirshops auf 2281 m Höhe. So überrascht es nicht, dass man die Preise für die achtminütige Fahrt um 25 % erhöhte. Dafür ist jetzt ein „multisensorisches" Kino im Preis inklusive ... Wem das alles zu künstlich ist, der kann auf einem Holzbohlenweg bequem zum **Sanson's Peak** gelangen – oder auf einer etwas anspruchsvolleren Route den nur 170 Meter höher gelegenen Gipfel des **Sulphur Mountain** ersteigen. Auch zu Fuß ist die Bergstation erreichbar. Der 5,5 km lange Weg steigt 700 Meter an und ist in 2 bis 3 Stunden zu machen. Unterwegs gibt es außer Touristen in Flip-Flops nichts zu sehen. Die zahlreichen Serpentinen verlaufen ausschließlich im Wald – Ausblicke gibt es erst oben.

▪ Mitte Mai bis Anfang Sept. tägl. 8–21.30 Uhr. 1. Maihälfte und Sept. 8–20.30, sonst Mo–Di 10–16.30, Mi–So 10–20.30 Uhr. Berg & Tal 56 $. Einfache Fahrt 30 $. 100 Mountain Avenue, ✆ (403) 762-7475, www.banffjaspercollection.com.

Banff Upper Hot Springs: Das Badehaus in der Nähe der Talstation wurde 1996 wieder in den optischen Zustand des Eröffnungsjahres 1932 versetzt. Die kleine Anlage mit dem stilvollen Außenbecken ist oft überfüllt. Am schönsten ist es in der letzten Stunde, wenn sich die Nacht über das Becken legt und man mit Reisenden aus aller Welt ein Schwätzchen hält: Man kommt sich unweigerlich so nahe, dass man einem Dialog kaum aus dem Weg gehen kann, ohne unhöflich zu sein.

▪ Mitte Mai bis Mitte Okt. tägl. 9–23, sonst So–Do 10–22 und Fr/Sa 10–23 Uhr. Eintritt 7 $. 1 Mountain Avenue, ✆ (403) 762-1515, www.hotsprings.ca/banff-upper-hot-springs.

Tunnel Mountain: Am nördlichen Ufer des Bow River verläuft die Buffalo Street, die am sog. Surprise Corner (kleiner Parkplatz) einen scharfen Knick nach Norden macht und zur Tunnel Mountain Road wird. Von hier aus ergeben sich schöne Blicke auf die Bow Falls und auf das Banff Springs Hotel. An einem weiteren kleinen Parkplatz oberhalb des Banff Centre hat

Banff Springs Hotel – Wahrzeichen der Stadt

man erneut schöne Blicke, diesmal über die Stadt. Das kleine Veranstaltungszentrum am Berghang wird für Kongresse, Konzerte, das herbstliche Banff Mountain Film Festival und andere, oft international hochrangige Veranstaltungen genutzt. Im Centre befindet sich die Walter Phillips Gallery (Mi–So 12.30–17 Uhr), in der wechselnde Kunstausstellungen gezeigt werden.

Von dort führt ein Wanderweg zum gut 250 Meter höher gelegenen Gipfel des Tunnel Mountain. Bleibt man auf der Tunnel Mountain Road, liegt gegenüber dem Campground Tunnel Mountain Village II ein weiterer Parkplatz, Ausgangspunkt des Hoodoos Trail sowohl nach Westen zurück zum Surprise Corner (3 km einfach, 1 Std., 60 Höhenmeter) als auch nach Osten zu den skurrilen Gesteinsformationen der **Hoodoos** (1,5 km einfach, 30 Min., 60 Höhenmeter).

Mount Norquay und Vermilion Lakes

Fährt man von Banff nach Norden, Richtung Mount Norquay, liegt kurz vor der Autobahn linker Hand der Ausgangspunkt für den 2 km langen, ebenen **Fenland Trail** (30–45 Min.). Der schöne Spazierweg führt durch alten Waldbestand und Marschland – unterwegs erklärende Hinweistafeln und Ruhebänke. Kurz danach und ebenfalls noch vor der Autobahn zweigt links der Vermilion Lakes Drive ab. Vom Ufer der beiden Seen aus ergeben sich vor allem bei Sonnenauf- und -untergang spektakuläre Blicke auf den Mount Rundle. Holen Sie die Klappstühle aus dem Camper, eine warme Decke dazu, und genießen Sie einfach nur die sich wandelnden Farben des Himmels.

Folgt man der Mount Norquay Road über den Highway hinweg, sind es noch sieben steile Kilometer zur Mount Norquay Lodge und der Talstation des Sessellifts. In der siebten Haarnadelkurve, der letzten vor der Lodge, liegt der **Banff View Point:** Über eine große Alpenwiese hinweg hat man freien Blick auf den Mount Rundle und Banff. Oben angekommen, kann man in den historischen Sessellift (Juni bis Okt. 9–18 Uhr) umsteigen, der Bergwanderer auf 2100 m hinaufbringt. Das Cliffhouse Bistro verströmt noch den Charme der 1950er-Jahre, aber das Speisenangebot ist erfrischend modern. Hauptattraktion hier oben ist jedoch der vor einigen Jahren eingerichtete Klettersteig, der einen italienischen Namen trägt: **Via Ferrata.** Mit passender Ausrüstung und unter Anleitung erfahrener Bergführer können auch Anfänger die Leitern, Brücken und Seilpassagen meistern und atemberaubende Ausblicke genießen.

Wandern rund um Banff

Die wichtigsten und schönsten Trails sind im Folgenden kurz beschrieben. Weitere Vorschläge finden sich in der im Visitor Centre kostenlos erhältlichen Broschüre „Day Hikes in the Banff Area".

Wer von der grandiosen Landschaft nicht genug bekommen kann, wird auch noch den **Boom Lake Trail** begehen wollen: Von der Boom Lake Picnic Area am Highway 93S führt die leichte Wanderung auf nur sanft ansteigendem Weg 5 km durch einen malerischen Waldabschnitt bis zu dem von schneebedeckten Gipfeln gesäumten Bergsee (3–4 Std., 175 Höhenmeter).

Kein Bergsee liegt dichter an Banff-Stadt als der **Bourgeau Lake.** Doch die knapp 800 Höhenmeter machen aus der (hin/zurück) 17 km langen Tour eine Tageswanderung; Ausgangspunkt ist ein Parkplatz am Trans-Canada Highway, 13 km westlich von Banff. Es lohnt sich, denn das Panorama des Sees in dem ehemaligen Gletschertal ist beeindruckend; große Felsen laden zur Mittagspause ein.

Eher gemütlich ist der **Tunnel Campground Loop:** Die 7 km lange Rundwanderung um das riesige Camping-platz-Gelände ist mit 90 Minuten und nur wenigen Anstiegen ein netter Abendspaziergang. Der Trail ist von einem halben Dutzend Zugangspunkten erreichbar und bleibt immer in Sichtweite der Campgrounds.

Fahrradfahren rund um Banff

Eher mager ist das Angebot für Radfahrer in der Broschüre „Biking Trails in the Banff Area". Anders als im Jasper National Park sind viele der Wege zu steil oder nur für Wanderer zugelassen. Das **Rennrad** kann kaum genutzt werden, außer auf dem Bow Valley Parkway oder den weniger befahrenen kurzen Nebenstrecken zum Lake Minnewanka und ins Sunshine Valley.

Mit dem **Trekkingrad** lässt sich der gut 11 km lange Rundkurs vom Banff Springs Hotel das Spray River Valley hinauf (nur 65 Höhenmeter) und auf der anderen Flussseite wieder hinunter zu den Bow Falls genießen. Schön ist auch die Tour an der Cave and Basin Site vorbei: Der 4 km lange Weg zum Sundance Canyon kann bis zur Sunshine Valley Road verlängert werden.

Mountainbiker werden den Weg 11 vom Surprise Corner zu den Hoodoos schätzen (4 km), der mit dem Weg 13, dem 10 km langen Tunnel Bench Loop, zu einem Rundkurs zurück in die Stadt kombiniert werden kann. Beide haben nur moderate Anstiege und Abfahrten von je ca. 100 Höhenmetern. Wesentlich anspruchsvoller ist der Cascade Trail vom Upper-Bankhead-Parkplatz an der Lake Minnewanka Road: Auf einer alten Fire Road geht es auf (650 Höhenmeter Anstieg) und ab (500 Höhenmeter Abfahrt), bis nach 15 km der Stoney Creek erreicht ist. Der mittelschwere Spray River/Goat Creek Trail (19 km) und der technische, sehr schwierige Rundle Riverside Trail (14 km plus Zu- und Abfahrt) verbinden Banff und Canmore und können zu einem Rundkurs kombiniert werden. Wem der Rundle Riverside zu schwierig ist, der kann auch auf dem asphaltierten Legacy Trail von Canmore nach Banff zurückkehren. Dieser vielgelobte Weg ist allerdings nichts anderes als ein Radweg, der direkt neben der Autobahn verläuft ...

Praktische Infos

Information **Banff Visitor Centre:** Jan. bis April und Okt. bis Dez. 9–17 Uhr, Mai bis Sept. 8–20 Uhr. 224 Banff Avenue, ✆ (403) 762-8421, www.banfflakelouise.com.

Zusätzlich **kleiner Infokiosk** im Bahnhof, tägl. 9–17 Uhr. Beide Stellen informieren über Banff und Lake Louise wie auch über alle Aspekte des Nationalparks. Parks Canada gibt zwei Dutzend Broschüren heraus, u. a. zahlreiche Führer und Karten für Fahrradfahrer und Wanderer.

Hin und weg **Bus:** Banff Airporter verbindet bis zu 10x tägl. den Flughafen von Calgary mit allen wichtigen Hotels in Banff; ✆ (403) 762-3330, www.banffairporter.com.

SunDog Tours hat eine One-Way-Tagestour nach Jasper mit ausgiebigen Pausen und Fotostopps im Programm; ✆ (888) 786-3641, www.sundogtours.ca. Parks Canada Shuttles verbinden Banff und Lake Louise stündlich in der Hochsaison, www.pc.gc.ca/banff-transit. Über Fernbusverbindungen gab es bei Redaktionsschluss (April 2019) noch keine verlässlichen Angaben, nachdem der bisherige Betreiber Greyhound Bus seine Linien in Westkanada Ende 2018 eingestellt hatte (→ S. 698).

Nahverkehr: Fünf Buslinien von Roam Transit verbinden alle 30–60 Min. das Stadtzentrum mit den Upper Hot Springs (Linie 1), den Tunnel Mountain Campgrounds (Linie 2), Canmore (Linie 3), der Cave and Basin National Historic Site (Linie 4) und dem Lake Minnewanka (Linie 6). ✆ (403) 762-0606, www.roamtransit.com.

Festivals Jährlich im Oktober und November findet das renommierte **Banff Mountain Film Festival** mit internationalen Outdoor-Filmen statt. Veranstaltungsort ist das Banff Centre in der St. Julien Road.

Galerien Die **Canada House Gallery** zeigt zeitgenössische Malerei, Skulpturen und Schmuck von mehr als 70 kanadischen Künstlern und verschickt zuverlässig in alle Welt. 201 Bear Street, www.canadahoause.com.

Ein ähnliches Angebot findet sich bei **Willock & Sax,** 210 Bear Street, www.willockandsaxgallery.com.

Sehr exklusiv wird es in den **Mountain Galleries** im Fairmont Banff Springs Hotel. Von zeitgenössischer Malerei bis hin zu Schnitzereien der Inuit findet sich hier so ziemlich alles. 405 Spray Avenue, www.mountaingalleries.com.

Sportausrüstungs-Verleih **Snowtips-Bactrax** vermietet Fahrräder (10–16 $/Std., 35–60 $/Tag), Camping- und Bergausrüstung; tägl. 8–20 Uhr. 225 Bear Street, ✆ (403) 762-8177, www.snowtips-bactrax.com. **Banff Cycle**

Alberta → Karte S. 378

An der Banff Avenue finden sich Hotels, Restaurants und Geschäfte

vermietet modernste Trekkingräder, Rennräder, E-Bikes ab 50, 89 und 100 $ pro Tag; tägl. 9–18 Uhr. 100 Owl Street, ☏ (403) 985-4848. www.banffcycle.com. **Banff Canoe Club,** Mitte Juni bis Anf. Sept. tägl. 9–21 Uhr, Mitte Mai bis Mitte Juni sowie Anf. Sept. bis Mitte Okt. 10–18 Uhr. Kanu und Kajak 36 $/Std., 20 $ ab 2. Std. Ecke Bow Avenue/Wolf Street, ☏ (403) 762-5005, www.banffcanoeclub.com.

Touren im Banff National Park **Pursuit** betreibt die Seilbahn in Banff sowie die Schifffahrt auf dem Lake Minnewanka; beide Leistungen können in einem Package kombiniert werden, das auch um Leistungen im Jasper National Park ergänzt werden kann: Schifffahrt auf dem Maligne Lake, Glacier Skywalk und die Touren mit dem Gletscherbus am Columbia Icefield. Weitere Angebote: Stadtrundfahrt inkl. Seilbahn (4½ Std., 128 $), optional plus Schifffahrt auf dem Lake Minnewanka (161 $). Die Tagestour Mountain Lakes & Waterfalls (9½ Std., 169 $) deckt Banff, Lake Louise und Teile des Yoho-Nationalparks ab. In der 10-Stunden-Tour zum Icefield Centre (250 $) sind eine Fahrt mit dem Gletschermobil und der Aussichtspunkt Glacier Skywalk inbegriffen. 100 Gopher Street. ☏ (888) 285-0376, www.banffjaspercollection.com /canadian-rockies.

Mit Sitz beim Visitor Centre Banff ist **Discover Banff Tours** Veranstalter oder Vermittler von so ziemlich allen Ausflügen in und um Banff. 20 Touren sind im Angebot, die man unterschiedlich kombinieren kann. Neben klassischen Bustouren mit Erklärung – z. B. durch Banff, nach Lake Louise und Moraine Lake oder in die Bergwelt bis hin zu den Takakkaw Falls im Yoho National Park – gibt es auch Aktiv-Kombinationen wie den „Raft, Ride and Dinner Deal" (9 Std., 199 $), der eine Raftingtour mit einem Ausritt und einem Cowboy-Abendessen kombiniert. Wer sich nicht mit 40 anderen in einen Bus setzen möchte, kann die Packages für Individualreisende nutzen. 215 Banff Avenue, ☏ (403) 760-5007, www.banfftours.com.

Snowtips-Bactrax fährt tägl. um 10 und 13 Uhr mit dem Rad durch Banff. Die zweistündigen historischen Stadtrundfahrten sind für jedermann geeignet. 59 $ (mit Leihrad), 49 $ (mit eigenem Rad). 225 Bear Street, ☏ (403) 762-8177, www.snowtips-bactrax.com.

Banff Canoe Club: Der Club organisiert Paddeltouren in Voyageurs-Großkanus (54 $) und bietet ebenfalls Kombinationen an. Bow Avenue/Wolf Street, ☏ (403) 762-5005, www.banffcanoeclub.com.

Übernachten **Fairmont Banff Springs Hotel 15:** Geschichtsträchtiges Großhotel mit knapp 800 Zimmern in 13 Kategorien, 10 Restaurants und einem Edel-Spa, das schon ziemlich alle internationalen Preise für Hotel-Spas gewonnen hat. Kleines DZ ab 499 $, mit Aussicht ab 559 $, Frühstück 30 $ extra, Parken 25 $. 405 Spray Avenue, ☏ (403) 762-2211, www.fairmont.com/banff-springs.

Banff Lodging Company: Die lokale Kooperative ist im Besitz der Mitarbeiter und betreibt 9 Hotels und 7 Restaurants in Banff. Stadtbus-Tickets, Rabattcoupons und mehr sind inklusive. Die Palette reicht von den ******-Hotels Fox 7** und **Moose 9** (DZ ab 329 $ bzw. 369 $), Letzteres mit zwei Dachpools, Wellness- und Fitnessbereich, bis zum abgewohnten **Bumpers Inn 4** (DZ ab 199 $). 229 Bear Street, ☏ (403) 760-7580, www.bestofbanff.com.

****** Buffalo Mountain Lodge 6:** Mitten im Wald und doch nur eine Viertelstunde zu Fuß von der Downtown. Zimmer mit Kamin. Restaurant, Hot Tub. DZ ab 269 $. 700 Tunnel Mountain Road, ☏ (403) 410-7417, www.crmr.com.

Banff Boutique Inn – Pension Tannenhof 14: Trotz des Namens erwartet die Gäste hier kein Kuckucksuhren-Design, im Gegenteil, das stilvoll-moderne Boutiquehotel punktet mit schnörkelloser Eleganz, Parkettböden, großen Zimmern und exzellentem Frühstück. DZ ab 229 $. 121 Cave Avenue, ☏ (403) 762-4636, www.banffboutiqueinn.com.

Bow View Lodge 10: Hier überzeugen nur Preis und Stadtlage. Die kleinen Zimmer sind veraltet, kaum ein Raum hat Flussblick, WiFi kostet extra. DZ ab 149 $. 228 Bow Avenue, ☏ (403) 762-2261, www.bowview.com.

meinTipp **Hostel HI Banff Centre 5:** Das Hostel im Lodge-Stil liegt 20 Minuten zu Fuß oberhalb der Stadt am Tunnel Mountain. Neben Mehrbettzimmern gibt es auch schöne Cabins und DZ mit Du/WC. Restaurant und Bar. Bus-Pass inkl. DZ mit/ohne Du/WC ab 178/158 $, Cabin mit Du/WC ab 190 $, Übernachtung im Mehrbettzimmer ab 49 $. 801 Hidden Ridge Way, ☏ (403) 762-4123, www.hihostels.ca/en/destinations/alberta/hi-banff.

Camping Am Tunnel Mountain stehen drei große Campgrounds zur Verfügung: **Tunnel Mountain I 1** (618 Stellplätze) ist vorrangig für Zeltcamper, **Tunnel Mountain II 3** für Wohnmobile und **Tunnel Mountain Trailer 2** für Wohnwagengespanne. Stellplätze 27–

38 $. TM II bietet auch 21 oTENTik-Großzelte für 120 $. ✆ (877) 737-3783, www.pc.gc.ca/en/pn-np/ab/banff/activ/camping.

Essen & Trinken **Fairmont Banff Springs Hotel:** Gleich 3 der 10 Restaurants im Banff Springs Hotel zählen zu den besten der Stadt: Das **1888 Chophouse** **15** (Di–Sa 18–21 Uhr, www.1888chophouse.com) serviert feinste Steaks. Das **Waldhaus** **15** (tägl. 18–21 Uhr, www.fairmont.com/banff-springs) bringt deutsch Inspiriertes auf den Tisch, und das **Samurai** **15** Sushi und komplette Hauptgänge (Do–Mo 18–21 Uhr, www.fairmont.com/banff-springs). 405 Spray Road. Für alle empfehlen sich Reservierungen: ✆ (403) 762-6860.

Block Kitchen & Bar 13: Das Tapas-Restaurant mit Cocktailbar bringt World Cuisine nach Banff, teils mediterran, teils asiatisch inspiriert. Lecker! Tägl. 11.30–22 Uhr. 201 Banff Avenue, ✆ (403) 985-2887, www.banffblock.com.

MeinTipp **Tooloulou's 12**: Das kleine Bistro mit nur 50 Sitzplätzen wird lokal geführt, hat sich aber auf Louisiana-Küche spezialisiert. Dennoch gibt es hier auch eine riesige Auswahl an klassischen Gerichten. Frühstück bis 14 Uhr, Lunch und Dinner. Mo–Fr 8–21.30, Sa/So 7.30–21.30 Uhr. 204 Caribou Street, ✆ (403) 762-2633, www.tooloulous.ca.

Wild Bill's Legendary Saloon 11: Der Saloon im 1. Stock ist in der Tat legendär – abends oft Livemusik, die Stimmung schwankt je nach Band von brav bis ungezügelt. Die Küche liefert die üblichen Appetizer-Snacks wie Nachos und Chicken Wings, die Bar Bier und Cocktails. Tägl. 11–2 Uhr. 201 Banff Avenue, ✆ (403) 762-0333, www.wildbillsbanff.com.

Whitebark Café 8: Das moderne Café bietet eine Vielzahl von Kaffee- und Tee-Spezialitäten, dazu Muffins und Müsli zum Frühstück, Suppen und Sandwichs zum Lunch. Ständig wechselnde Karte, angemessene Preise. Tägl. 6.30–18 Uhr. 401 Banff Avenue, ✆ (403) 760-7298, www.whitebarkcafe.com.

Nachtclubs Entlang der Banff Avenue liegen die drei Nightclubs **Dancing Sasquatch** (120 Banff Avenue), **Hoodoo Lounge** (137 Banff Avenue) und **The Devil's Gap Bar** (306 Caribou Street). Alle öffnen gegen 21 Uhr, in der Nebensaison jedoch nur am Wochenende.

Lake Minnewanka und Two Jack Lake

Der Lake Minnewanka, vor allem aber der benachbarte Two Jack Lake bieten kanadische Bilderbuch-Idylle zum Ausspannen, Wandern, Boot fahren. Der Lake Minnewanka Scenic Drive beginnt an der östlichen Autobahnausfahrt von Banff. Die Straße gabelt sich schon bald: Links geht es direkt zum See, rechts mit dem Umweg über den Two Jack Lake, an dessen Ufer ein schöner Picknickbereich liegt.

Die **Banff Lake Cruise** auf dem Lake Minnewanka ist eine nette Abwechslung, bietet aber für den hohen Preis keine besonderen Ausblicke. Individueller, aber kaum preiswerter wird es, wenn man den See mit dem gemieteten Motor- oder Tretboot auf eigene Faust erkundet. Natürlich kommt man nicht so weit hinaus wie mit der offiziellen Lake Cruise Tour, aber die Perspektiven sind schon wenige hundert Meter vom Ufer grandios – und die Ruhe ebenso ... Doch auch an ruhigen Tagen sorgen die Fallwinde von den Bergen für Turbulenzen, dann kann es stürmisch werden auf dem See.

Praktische Infos

Bootsausflüge Mitte Mai bis Mitte Okt. tägl. 4–13 Abfahrten zwischen 10 und 18 Uhr. 62 $ für die einstündige Rundfahrt, 89 $ für 1½ Std. Bei Online-Buchung vorab je 10 % günstiger. Lake Minnewanka Pier, ✆ (866) 606-6700, www.banffjaspercollection.com/attractions/banff-lake-cruise.

Motor-/Tretboot-Verleih Mitte Mai bis Mitte Okt. Motorboote 85 $ für die erste und 43 $ für jede weitere Stunde, Zweier-Kajaks 75 $ für die erste, 30 $ für jede weitere Stunde. Ebenfalls am Lake Minnewanka Pier. ✆ (888) 597-4352, www.banffjaspercollection.com/attractions/banff-lake-cruise.

Camping **Two Jack Lake Campground:** Der von Parks Canada betriebene Platz bietet 64 Stellplätze, davon 23 als Walk-In, d. h. es muss etwas abseits geparkt werden. Einige Stellplätze liegen direkt am See. Duschen. Stellplatz 27 $. Weiterhin gibt es 10 oTENTik-Großzelte für 120 $. Geöffnet Mitte Juni bis Anfang Okt. Two Jack Lake, www.pc.gc.ca/en/pn-np/ab/banff/activ/camping/twojack2; www.reservation.pc.gc.ca.

Two Jack Main Campground: Der deutlich größere Haupt-Campground hat 380 Stellplätze für 22 $. Zusätzlich gibt es weitere 32 „equipped sites" (Zelte, die mit Schlafsäcken etc. ausgestattet sind) für 70 $. – so spart man sich den Transport eigener Zelte. Geöffnet Mitte Juni bis Anfang Okt. www.parkscanada.gc.ca/banff-equpped; www.reservation.pc.gc.ca.

Bootsverleih am Lake Minnewanka

Sunshine Meadows

Die Wanderwege auf den Sunshine Meadows, westlich von Banff an der Grenze zu British Columbia, sind noch so etwas wie ein Geheimtipp, da sie praktisch nur per Seilbahn oder mit einem kostenpflichtigen Shuttlebus erreicht werden können. Die Route von Banff zum **Sunshine Village** führt erst über die Autobahn, dann über eine Nebenstraße hinauf ins Hochtal. Hier sieht man oft Bighorn-Schafe, die im Sommer nach Resten des winterlichen Streusalzes suchen. Im Sunshine Village angekommen, heißt es, auf die Seilbahn oder den Shuttlebus umsteigen, um hinauf zu den hochalpinen Bergwiesen der Sunshine Meadows zu gelangen.

Von Banff und vom Parkplatz im Sunshine Village fährt im Sommer Montag bis Donnerstag der Shuttlebus eine ansonsten gesperrte Forststraße hinauf zum **Sunshine Meadows Trail Centre** auf 2200 m Höhe, knapp oberhalb der Baumgrenze. Freitag bis Sonntag ist meist die Seilbahn in Betrieb. Im Trail Centre bekommt man detaillierte Infos, Speisen und Getränke. Von der Bergstation führt ein 12 km langes Wegenetz zu vier Aussichtspunkten und drei Bergseen; es kann an verschiedenen Punkten zu kürzeren oder längeren Rundtouren kombiniert werden. Der **Rock Isle Lake,** in dessen Mitte eine felsige, baumbestandene Insel liegt, ist eines der bekanntesten Motive im Hinterland des Nationalparks. Noch höher geht es vom Trail Centre mit dem Sessellift hinauf: Die Bergstation am Mount Standish liegt auf 2400 m Höhe.

Bergfahrten Sunshine Village – Trail Centre: Mitte Juni bis Mitte Okt. stündl. 9–16 Uhr, im Juli/Aug. ab 8 Uhr und halbstündlich. Mo–Do 35 $ mit Bus, Fr–So 42 $ mit Seilbahn. **Banff – Sunshine Village – Trail Centre:** Abfahrt in Banff um 8.15 und 8.30 Uhr, zurück 14.30 und 17.30 Uhr. 55 $. **Trail Centre – Mount Standish:** Sessellift 13 $. ✆ (403) 762-7889, www.sunshinemeadowsbanff.com.

Bergpanorama am Highway 520 westlich von Claresholm

Provinzparks in den Rocky Mountains

Südlich des Banff-Nationalparks liegen zahlreiche Provinzparks, die sich am Hauptkamm der Rocky Mountains entlangziehen. Ihnen fehlt die Großartigkeit des Gebirges weiter nördlich – aber es fehlen auch die Menschenmassen, so dass die Provinzparks Bow Valley, Spray Valley und Peter Lougheed vor allem eine Alternative für Angler, Camper und Ruhesuchende sind.

Canmore, nur gut 20 Minuten von Banff, ist das Herz der Region, steht aber meist im Schatten der „großen Schwester“. Hier leben viele Beschäftigte aus Banff, die täglich zur Arbeit in das Resortstädtchen pendeln, wo die Mieten unbezahlbar sind. Eine schöne Schnuppertour durch alle hier beschriebenen Provinzparks ist der etwa dreistündige **Kananaskis Wildlife Drive.** Von Canmore geht es über Kananaskis Village auf dem Highway 40 nach Süden in den Peter Lougheed Park. Der Smith-Dorrien/Spray Trail, offiziell Highway 742, führt dann an der Mount Engadine Lodge (Teepause!) wieder zurück nach Canmore. Vor allem am frühen Abend sind Elche, die den Weg kreuzen, fast schon mehr Regel als Ausnahme.

Canmore

Gäbe es Banff, Lake Louise und Jasper nicht, wären Canmore und sein „Stadtteil“ **Kananaskis** Höhepunkt vieler Kanadareisen: Traumhafte Bergwelt, lebendige Stadtkultur, Heimat von Bergsportlern und Olympioniken. Doch es gibt sie nun mal, die schönen Nachbarn, und so fahren die meisten Urlauber an Canmore vorbei und steuern die Top-Ziele in den Rockies an. In der Tat ist Canmore als Stadt nicht so attraktiv wie Banff, sind die

Berge, Wälder und Seen der Provinzparks nicht so atemberaubend wie so manche Szenerie in den Nationalparks von Jasper und Banff. Bis 1979 lebte die 12.000-Einwohner-Stadt vor allem von der Kohleindustrie, ergriff aber nach der Schließung der letzten Mine die Chance, sich für die Olympischen Winterspiele 1988 in Position zu bringen: Hier fanden die nordischen Wettbewerbe im Skilanglauf und Biathlon statt.

Heute gibt es vor allem zwei Gründe, in Canmore Station zu machen: Die Natur ist nicht überlaufen, und das Preis-Leistungs-Verhältnis in Hotels und Restaurants ist besser als in den Nationalparks. Authentische kanadische Provinz jedoch findet man auch hier nicht mehr: Baulich wirkt Canmore längst wie eine billige Kopie von Banff. Das Herz der Stadt liegt zwischen Bow River im Westen und den Bahngleisen im Osten; 8th und 10th Street sind die kommerziellen Achsen von Canmore.

Rat's Nest Cave: Sie ist mit über 4 km Länge das größte Höhlensystem der kanadischen Rockies. Die teils enge und nasse Höhle erfordert Kriechen, Robben und Abseilen. Ewas Fitness ist schon erforderlich; Schutzanzug und Helm werden vor Ort (→ Praktische Infos, s. u.) gestellt. Neben Abenteuertouren unterschiedlicher Schwierigkeitsgrade finden hier Konzerte, Selbstfindungs-Seminare und Teambuilding-Events statt.

Canmore Museum and Geoscience Centre Museum: Das kleine, informative Museum stellt neben der Geschichte der Stadt und ihrer Kohleminen die Geowissenschaften ins Zentrum seiner Ausstellungen. Zudem finden wechselnde Sonderausstellungen statt.

▪ Mai bis Sept. Mo/Di 12–16.30, Mi–So 10–16.30 Uhr, Okt. bis April Mo–Fr 12–16.30, Sa/So 11–16.30 Uhr. Eintritt 7 $. 902B 7th Avenue, ✆ (403) 678-2462, www.canmoremuseum.com.

Grassi Lake Trail: Für eine familientaugliche Wanderung ist dieser Trail die erste Wahl. Der Weg beginnt 2 km westlich des Nordic Centre am Highway 742 und windet sich um einen Wasserfall, bevor er zwei kleine, türkisfarbene Seen erreicht. Der knapp 2 km lange Trail bietet zwei Optionen, um die 250 Höhenmeter zu überwinden: die steile Route am Wasserfall vorbei oder eine weniger steile, die direkt zu den Seen führt.

Praktische Infos

Information **Canmore Visitor Information Centre:** Tägl. 9–17 Uhr. 2801 Bow Valley Trail. ✆ (403) 678-5277, www.tourismcanmore.com.

Hin und weg **Bus:** Roam Transit fährt stündlich von Banff nach Canmore und zurück; ✆ (403) 762-0606, www.roamtransit.com. Über Fernbusverbindungen gab es bei Redaktionsschluss (April 2019) noch keine verlässlichen Angaben, nachdem der bisherige Betreiber Greyhound Bus seine Linien in Westkanada Ende 2018 eingestellt hatte (→ S. 698).

Fahrradverleih, geführte Touren Das **Canmore Nordic Centre** verleiht Fahrräder und hält neben Infos und Karten auch ein Bären-Spray bereit, so dass man auf eigene Faust die Bergwelt auf zwei Rädern entdecken kann. Auch wer seine Fahrtechnik verbessern oder mit einem Führer unterwegs sein will, wird hier fündig. Fahrrad ab 36 $/2 Std., 55 $/Tag. Technik-Kurs und geführte Touren individuell nach Reservierung. 1½ Std. 90 $ für die erste, 45 $ für jede weitere Person. 1988 Olympic Way, ✆ (403) 678-2400, www.canmorenordiccentre.ca.

Helikopterflüge **Alpine Helicopters** bietet Rundflüge von 12, 25 und 30 Min. für 124, 199, 249 $ an. Eindrucksvolle Blicke auf die Three Sisters oder den Mount Assiniboine sind nur der Anfang – richtig eindrucksvoll wird es, wenn der Pilot zur Landung auf dem Pass ansetzt und man zu einer 3-stündigen geführten Wanderung im Hochgebirge aufbricht. Man braucht aber starke Nerven für den Flug und für das Bewusstsein, dass der eigene Spaß Hunderten von Wanderern die Stille der Berge vermiest ... Ab 549 $. 91 Bow Valley Trail, ✆ (403) 678-4802, www.alpinehelicopters.com.

Touren Das Team von **Canmore Cave Tours** bietet ganzjährig Touren in die Höhle Rat's Nest Cave an. Reservierung erforderlich. Explorer Tour 4½ Std. 130 $. Adventure Tour

Alberta → Karte S. 378

mit 18 m Abseilen, 6½ Std. 165 $. 129 Bow Meadows Crescent, Unit 202, ☏ (877) 317-1178, www.canmorecavetours.com.

Yamnuska bietet zahlreiche **geführte** Wanderungen, auch Mehrtagestouren, in den Rocky Mountains an. Auch halb- und ganztägige Kletterkurse sind im Angebot der erfahrenen Bergsteiger-Truppe. Summit Centre, 50 Lincoln Park, ☏ (403) 678-4164, www.canadianrockieshiking.com.

Übernachten **Paintbox Lodge:** Das Boutique Hotel der kanadischen Langläuferin Sara Renner und des Alpin-Skirennläufers Thomas Grandi bietet drei große und zwei kleine Gästezimmer mit großem Frühstück. Kostenlose Fahrräder. DZ ab 210 $, Mindestaufenthalt 2 Nächte. 629 10th Street, ☏ (403) 609-0482, www.paintboxlodge.com.

***** Lodges at Canmore:** Drei Lodges mit unterschiedlichen Zimmergrößen gruppieren sich um einen Innenhof mit ganzjährig beheiztem Pool und mehreren Hot Tubs. DZ ab 179 $. 107 Montane Road, ☏ (866) 678-9350, www.lodgesofcanmore.ca.

Rocky Mountain Ski Lodge: Die ältere und einfache, aber gepflegte und günstige Lodge verfügt über Hot Tub und Sauna. Einige Zimmer mit Küchenzeile. DZ ab 99 $, mit Küche ab 119 $. 1711 Bow Valley Trail, ☏ (403) 678-5445, www.rockyski.ca.

Essen & Trinken **The Trough:** Ganze neun Tische stehen in dem intimen Restaurant mit gehobener Küche und exzellenter Weinauswahl. Di–So 17.30–21 Uhr. Reservieren. 725 9th Street, ☏ (403) 678-2820, www.thetrough.ca.

Crazyweed Kitchen: Hier kommt man direkt vom Berg, in Wanderstiefeln oder mit dem Mountainbike-Helm noch auf dem Kopf und genießt in sehr entspannter Atmosphäre kreative Küche und die gute Laune des Teams und der anderen Gäste. Di–So 11.30–22 Uhr. 1600 Railway Avenue, ☏ (403) 609-2530, www.crazyweed.ca.

Summit Café: „Good coffee & All-Day-Breakfast" ist das Motto des kleinen Cafés am Hang nördlich von Canmore. Dazu gibt es Bergblicke von der Terrasse. Frühstück und Lunch. Tägl. 6.30–13.30 Uhr. 1001 Cougar Creek Drive, ☏ (403) 609-2120, www.the-summit-cafe.com.

Café in Canmore

Bow Valley Provincial Park

Der Park besteht aus mehreren Teilen, die rechts und links des Trans-Canada Highway vor allem die Bergwelt rund um Canmore abdecken. Besondere Höhepunkte sind hier nicht zu entdecken. Der Park mit seinen zahlreichen Campingplätzen dient vor allem als Überlauf für den Banff-Nationalpark, wenn dort wieder mal alle Kapazitäten erschöpft sind.

Übernachten Fünf **Campingplätze** stehen Urlaubern mit Pkw oder Wohnmobil zur Verfügung, die anderen sind Reitern oder Gruppen vorbehalten. **Bow Valley** (173 Stellplätze, Mai bis Anfang Okt., 26–40 $) und **Lac des Arcs** (28 Plätze, Mai bis Anfang Sept., 26 $) gelten als die schönsten und können reserviert werden. ☏ (877) 537-2757, www.reservealbertaparks.ca.

Spray Valley Provincial Park

Der recht seltsam geformte Park wurde erst im Jahr 2000 eingerichtet. Er deckt alle Flächen ab, die in der Region nicht schon früher als Schutzgebiete eingerichtet wurden. Er grenzt im Westen an den Banff National Park, im Süden an den Peter Lougheed Park und im Norden ans Bow Valley Wildland. Der Ort Kananaskis Village ist nicht Teil des Parks, wird von ihm aber umschlossen. Er besteht einzig aus einigen Ski-Lodges, die im Sommer nur zum Teil geöffnet sind.

Der Park dient vor allem als Wildniskorridor für Tiere, die zwischen den großen Nationalparks Banff und Glacier (USA) hin und her ziehen. Viel Infrastruktur ist nicht vorhanden: ein paar primitive Campingplätze und die Engadine Lodge, von der aus man einige kürzere Wanderungen unternehmen kann. Anders als im Banff National Park begegnet man hier selten anderen Wanderern; Elche, Wölfe, Bären hingegen bekommt man vergleichsweise oft zu sehen. Vergessen Sie nicht, auf den Wegen – insbesondere im Wald – viel Lärm zu machen!

Praktische Infos

Reiten Die **Boundary-Ranch** liegt zwar knapp außerhalb der Parkgrenze, doch viele ihrer Ausritte führen in den Park. Ausritte von 1 Std. (46 $) bis ganztags (163 $), auch kombiniert mit einer Rafting Tour. 5 km südl. von Kananaskis Village, ✆ (403) 591-7171, www.boundaryranch.com.

Übernachten/Essen **Delta Hotels by Marriott Kananaskis Lodge:** Das gehobene Berg-Resort verfügt über sechs Restaurants, Hallenbad, Hot Tubs und ein Spa, ist aber im Sommer meist nur schwach belegt. DZ ab 288 $. 1 Centennial Drive, Kananaskis Village, ✆ (403) 591-7711, www.marriott.com.

Mount Engadine Lodge: Das komfortable Resort liegt versteckt in der Wildnis und gilt noch als Geheimtipp. Kürzlich renoviert, ist die einzige feste Unterkunft im Park ein Musterbeispiel für nachhaltigen Tourismus. Die Lodge lädt auch Nicht-Gäste nachmittags zur Tea Time ein. DZ inkl. Vollpension ab 525 $. 1 Mount Shark Road (Highway 742, an der Grenze vom Spray Valley zum Peter Lougheed Provincial Park), ✆ (403) 678-4080, www.mountengadine.com.

Peter Lougheed Provincial Park

Der erst 1977 gegründete und nach dem langjährigen Premier Albertas benannte Provinzpark ist 304 km² groß und damit einer der größten der Provinz. Vor allem Camper und Angler schätzen die Ruhe des Parks, dessen Herz sich rund um die beiden großen Seen, Upper und Lower Kananaskis Lake, erstreckt. Der auch Kananaskis Trail oder Bighorn Trail genannte Highway 40 verläuft von Nord nach Süd durch den Park und erschließt Campingplätze und Wanderwege.

Wandern: Nach einem eher kurzen, scharfen Anstieg, bei dem man den Großteil der insgesamt erforderlichen 300 Höhenmeter überwindet, führt der Chester Lake Hike fast eben durch Wald und Wiesen zum smaragdgrünen **Chester Lake.** Vier Stunden sollte man für den 11 km langen Hin- und Rückweg schon einplanen.

▪ Ausgangspunkt: Parkplatz, von der Abzweigung Highway 40/Highway 742 in der Nähe des Lower Kananaskis Trail 22,4 km nach Westen.

Der kleine **Elbow Lake** ist bei Mountainbikern, Reitern und Anglern beliebt, bietet aber auch Wanderern schöne Ausblicke. An kaum einem anderen Ort in den Rocky Mountains erreicht man eine vergleichbare Szenerie nach so kurzer Wegstrecke. Der Trail führt vom Parkplatz kontinuierlich steil den Berg hinauf (200 Höhenmeter), bis man nach ca. 1,5 km und 45 Minuten den See erreicht. Eine Stunde muss man rechnen, um ihn auf fast ebener Wegstrecke zu umrunden.

▪ Ausgangspunkt: Parkplatz am Highway 40, 61,8 km südlich des Abzweigs vom Highway 1. Der Weg beginnt zwischen den beiden Parkbereichen und führt nach rechts einen Schotterweg hinauf.

Praktische Infos

Information **Peter Lougheed Visitor Information Centre:** Juni bis Aug. tägl. 9.30–16.30 Uhr. Kananaskis Lakes Trail, ✆ (403) 591-6322, www.albertaparks.ca/peter-lougheed.

Camping **Campingplätze Elkwood** und **Lower Lake:** Die beiden Frontcountry-Campgrounds sind die schönsten von 6 Plätzen im Park. Sie liegen am bzw. in der Nähe des Lower Kananaskis Lake, den vor allem Angler sehr schätzen. Stellplatz 23–34 $. ✆ (403) 678-0760, www.albertaparks.ca/parks/kananaskis/peter-lougheed-pp.

Alberta → Karte S. 378

Vom Crowsnest Pass in Richtung Fort Macleod

Der von British Columbia kommende Highway 3 überquert am Crowsnest Pass die Rocky Mountains und führt durch die geschichtsreiche Region nach Osten, Richtung Lethbridge und Waterton Lakes National Park und dann nach Fort Macleod (S. 404).

Schon 1898 wurde eine über den Pass führende transkontinentale Bahntrasse errichtet. Die Straße über den 1358 m hohen Pass wurde 1917 als Karrenpfad gebaut und 1932 zum Highway No. 3 hochgestuft. Sie führt an Dörfern wie Blairmore und Coleman vorbei, die nur noch ein, zwei Jahre vom Status einer Geisterstadt entfernt sind. Der Ort Frank hat das schon hinter sich – durch einen gewaltigen Erdrutsch wurden Teile des Dorfes 1903 ausgelöscht.

Die heutige **Gemeinde Crowsnest Pass** besteht aus fünf Teilorten, von West nach Ost sind dies Coleman, Blairmore, Frank, Hillcrest und Bellevue. Der neue Highway 3 umgeht die

Begraben unter 82 Millionen Tonnen Kalkstein

Um 4.10 Uhr am Morgen des 29. April 1903 löste sich vom Gipfel des **Turtle Mountain** die gewaltigste Felslawine der jüngeren kanadischen Geschichte. In weniger als 100 Sekunden rasten die Felsmassen zu Tal und zum Teil noch weit den Gegenhang hinauf. Als sich der Staub gelegt hatte, waren drei Quadratkilometer Talboden bis zu 30 Meter hoch mit Gestein und Geröll bedeckt. Die meisten Häuser von Frank lagen außerhalb der Schneise der Zerstörung, doch 90 Einwohner am östlichen Ortsrand waren sofort tot, nur 23 Verschüttete konnten lebend geborgen werden. Alexander Leitch, seine Frau und seine vier Söhne wurden vom äußersten Rand des Bergrutsches erfasst und getötet – die drei Töchter im Nebenzimmer blieben unversehrt. Bis heute ist unklar, was den Felsrutsch auslöste: Frühe seismographische Messungen hunderte Kilometer entfernt verzeichneten große Ausschläge genau zum Zeitpunkt des Bergrutsches. Doch bis heute konnte nicht geklärt werden, ob diese Messwerte durch ein Erdbeben verursacht wurden, das dann den Felsrutsch auslöste, oder ob die Steinlawine selbst die Messgeräte zum Ausschlag brachte. Lange wurde auch spekuliert, ob die Durchlöcherung mit Bergbaustollen zum Felsrutsch beigetragen haben könnte. Heute sind sich die Geologen einig, dass es die Instabilität des Berges war, die die Steinlawine auslöste. Keine gute Nachricht: Dies könne am verbliebenen Felsmassiv jederzeit wieder geschehen, sagen Experten. Halten Sie sich hier also besser nicht zu lange auf ...

Unter dem Crowsnest Pass bei Coleman

Alberta → Karte S. 378

verschlafenen Ortszentren. Der alte Highway dagegen schlängelt sich teils als Schotterpiste durch das Tal. Diese Strecke ist als **Crowsnest Pass Heritage Driving Route** ausgeschildert.

Coleman: Die Innenstadt wurde 2002 unter Denkmalschutz gestellt, keine andere Minenstadt in Kanada ist so gut erhalten. Das sehenswerte **Crowsnest Museum** informiert über Kohlebergbau und Alkoholschmuggel sowie die kriegswichtige Produktion in den beiden Weltkriegen.

▪ Juni bis Aug. tägl. 9–17 Uhr, Sept. bis Mai Mo–Sa 9–17 Uhr. Eintritt 10 $. 7701 18th Avenue, ✆ (403) 563-5434, www.crowsnestmuseum.ca, www.crowsnestheritage.ca.

Blaimore: Hier wurde seit 1909 Kohle abgebaut. Heute führt die Hauptstraße, die 20th Avenue, an Fassaden vorbei, die nur deswegen historisch authentisch sind, weil Geld und Interesse fehlten, sie zu modernisieren. Rund um das alte Kino Orpheum Theatre ergeben sich schöne Fotomotive. Das Kino selbst ist übrigens mit modernisierter Technik noch heute in Betrieb.

Frank: Hier ist das Slide Interpretive Centre unbedingt einen Abstecher wert. Mit Filmen und Displays werden Ursachen und Folgen des Bergrutsches von 1903 sowie das Leben in Frank zu dieser Zeit spannend und informativ beleuchtet.

▪ Juli/Aug. tägl. 9–18, sonst tägl. 10–17 Uhr. Eintritt 13 $. Highway 3 (am Ostrand von Frank), ✆ (403) 562-7388, www.history.alberta.ca/frankslide.

Für einen Dollar extra erhält man die Broschüre „Frank Slide Trail“: Der 1,5 km lange Weg führt vom Visitor Centre hinunter in die Gesteinszone und auf der anderen Seite wieder hoch zum Infozentrum. Der Weg ist zwar kostenfrei zugänglich, doch erst mit einem Besuch im Centre und den Erläuterungen der Broschüre werden Verlauf und Macht der Felslawine wirklich nachvollziehbar.

Hillcrest: Das Städtchen machte 1914 Schlagzeilen. Am 19. Juni dieses Jahres ereignete sich eine Explosion, die 189 der in der Tiefe des Berges arbeitenden 235 Männer tötete. Im Dorfkern stehen noch das Haus des Managers, historische Geschäfte und die Apotheke.

Bellevue: Auch hier sorgte eine Kohlemine für Schlagzeilen. Im Dezember

1910 kamen 31 Menschen bei einer Explosion ums Leben. Heute kann man auf sichere Art und Weise die Mine besichtigen und mehr über die harte Arbeit unter Tage erfahren. Hierzu steigt man fast hundert Meter hinab.

▪ Mitte Mai bis Anfang Sept. tägl. mehrere einstündige Touren zwischen 10 und 18 Uhr. Eintritt 20 $. 2531 213th Street, ✆ (403) 564-4700, www.bellevuemine.com.

In dem von der Provinz betriebenen Museumsgelände der **Leitch Collieries** erfährt man vieles über den Kohlebergbau der Region, auch warum diese Mine – eine der fortschrittlichsten und größten am Crowsnest Pass – scheiterte.

▪ Mitte Mai bis Anfang Sept. tägl. 10–17 Uhr. Eintritt frei, Spenden erbeten. Highway 3 (östlich von Bellevue), ✆ (403) 564-4211, www.history.alberta.ca/leitch.

In **Pincher Station,** 56 km östlich des Crowsnest Passes, zweigt der Highway 6 nach Süden ab, Richtung Waterton Lakes National Park. Nach Osten ist auf dem Highway 3 bald **Fort Macleod** (→ S. Southern Badlands und die Prärie, S. 404) erreicht.

Praktische Infos

Information **Travel Alberta Visitor Centre:** Tägl. 10–18 Uhr. Direkt am Crowsnest Pass, ✆ (800) 252-3782, www.crowsnestpass.com/tourism.

Übernachten **Paddock Inn Motel,** in Coleman: Der kleine Familienbetrieb hat nach Übernahme dem Motel erst mal neue Betten und einen neuen Anstrich verpasst. Weitere Renovierungen des sauberen und gepflegten Motels sind geplant. DZ ab 89 $. 8322 20th Avenue, Coleman, ✆ (403) 753-2408, www.paddockinn.ca.

meinTipp **Country Encounters Hospitality,** in Coleman: Die Gästezimmer und Suiten sind mit historischen Möbeln und z. T. auch alten Badewannen ausgestattet. Mit oder ohne Abendessen möglich. Die Inhaber sind Köche, man kann sich auch mit einer eigenen Preisvorstellung überraschen lassen („Koch' mal bitte was für 25 $ ...") oder selbst mitkochen und dabei noch etwas lernen. Das Dinner steht auch Nicht-Hotelgästen offen. DZ ab 100 $. 7701 17th Av., Coleman, ✆ (403) 563-5299, www.countryencounters.com.

Essen & Trinken **Chris' Restaurant,** Coleman: Seit 1975 hält sich das kleine Restaurant mit den großen Portionen. Klassische kanadische kalorienreiche Küche. Frühstück, Lunch, Di–Sa auch Dinner. Di–Sa 8–20.45, So 8–15.45 Uhr. 7802 17th Av., Coleman, ✆ (403) 563-3093.

Side Trax Diner, in Blairmore: Das kleine klassische Diner-Restaurant bietet eine passable Auswahl, auch über Burger und Fritten hinaus. Lunch und Dinner. Mo–Sa 10–19 Uhr. 11366 20th Av., Blairmore, ✆ (403) 562-8228, www.sidetraxdiner.ca.

Crowsnest Café and Fly Shop, in Blairmore: Café und Laden für Angelzubehör in einem – typisch für die Provinz Alberta. Untypisch für diesen Landstrich sind die Bio- und Fair-Trade-Produkte. Nicht nur Bagel und Burritos machen den Aufenthalt angenehm, sondern auch die Gemälde, Fotos und Töpferwaren örtlicher Künstler. Frühstück und Lunch. Mitte Juni bis Anfang Okt. tägl. 8–17, sonst Mi–So 8–17 Uhr. 8301 20th Av., Blairmore, ✆ (403) 563-8510, www.crowsnestcafeandflyshop.ca.

Waterton Lakes National Park

Bären und Bisons, eine Park Lodge wie aus einem Fantasyfilm, der einsamste Grenzübergang von Kanada in die USA und ein Wanderweg, der einem Hindernisparcours gleicht: Das alles macht den kleinen, feinen Waterton Lakes National Park aus.

Oder, wie man leider sagen muss, es machte den Park aus, bis zum Herbst 2017. Dann vernichtete der Waldbrand „Kenow" mehr als 38.000 ha Wald, 40 % des Parks wurden ein Opfer der Flammen. Der Baumbestand entlang des Akamina Parkway und des Red Rock Parkway ist überwiegend vernichtet, beide Straßen sind derzeit nur abschnittsweise befahrbar. Das Seeufer des Waterton Lake wurde nur im Nordwesten verwüstet, so dass der Schiffsverkehr 2018 wieder aufgenommen wurde. Weite Teile des Städtchens Waterton Townsite konnten vor den Bränden geschützt werden. Inwieweit aber Straßen und Wanderwege im Westteil des Parks 2019 wieder geöffnet werden, war bei Redaktionsschluss nicht absehbar. Erfahrungsgemäß dauert es zwei bis drei Jahre, bis die Mittel zur Räumung von Wegen und für den Wiederaufbau von Campingplätzen etc. freigegeben sind. Und selbst wenn: In den betroffenen Gebieten wird es Jahre dauern, bis die Vegetation nachwächst – ein Vergnügen sind Wanderungen dort auf absehbare Zeit wohl eher nicht. Die betroffenen Abschnitte des Parks werden daher hier nur kurz beschrieben. Auch alle anderen Informationen stehen unter Vorbehalt – wegen Bauarbeiten ist mit **zeitweisen Schließungen bis 2020** zu rechnen.

Der Grund, die Region als vierten kanadischen Nationalpark zu schützen: Nirgendwo sonst in den Rocky Mountains treffen so viele Vegetationszonen auf so kleinem Raum aufeinander. Duftende immergrüne Wälder, windiges Grasland, schroffe Felsen und ein tiefer See finden sich hier am Übergang vom feuchten pazifischen Nordwesten zur trockenen Prärie. Der nur 505 km² große Park liegt ganz im Süden der Provinz und grenzt an den größeren Glacier National Park in Montana/USA, mit dem zusammen er seit 1932 den **International Peace Park** bildet. Das Straßennetz ist überschaubar und mehr als drei Dutzend Wanderwege kommen in dem 1895 gegründeten Park nicht zusammen. Doch was dem Park gegenüber jenen von Banff und Jasper an Quantität fehlt, macht Waterton in der Qualität wett: **Carthew-Alderson** und **Crypt Lake** sind zwei der

„MV International" und Prince of Wales Hotel

schönsten und abwechslungsreichsten Wanderwege ganz Kanadas – zumindest Letzterer liegt ganz außerhalb der Waldbrandzone, ersterer nur zum Teil. Das Prince of Wales Hotel entging den Bränden und schafft seit 1927 den Spagat, den rustikalen Charme einer Schweizer Berghütte mit dem historischen Stil schottischer Schlösser zu verbinden.

Auch im Waterton Lakes National Park sind im Sommer die Unterkünfte oft ausgebucht, aber es fehlen die großen Reisebusse, die in den nördlicheren Parks die Aussichtspunkte im Minutentakt anfahren. In Waterton sind Individualreisende und Naturliebhaber noch unter sich, nur 500.000 Besucher pro Jahr kommen hierher. Die Hauptsaison liegt zwischen Juni und August, denn im Mai schneit es noch und im September schon wieder. Die drei für Urlauber zugänglichen Hauptgebiete sind der Waterton Lake sowie die Regionen rechts und links der beiden Erschließungsstraßen ins Hinterland, des Akamina Parkway und des Red Rock Parkway.

Anfahrt: Von Calgary (Highway 2) und vom Crowsnest Pass (Highway 3) reist man am besten über Pincher Creek und den Highway Nr. 6 zum Park; vom Südosten der Provinz (Lethbridge) gelangt man über den Highway 5 via Cardston hierher – die schönste Route, denn man hat während der Anfahrt einen eindrucksvollen Blick auf die Rocky Mountains. Der Eintritt in den Park beträgt 8 $ pro Person und Tag.

Alberta → Karte S. 378

Vom Parkeingang zur Waterton Townsite: Noch vor dem offiziellen Parkeingang liegt am Highway 6 Bison Paddock, ein großes Freigehege, in dem 20 Prärie-Bisons beheimatet sind. Mit geländegängigen Fahrzeugen kann man auf einem kurzen Rundkurs durch das Gehege fahren; sonst bleibt nur der Blick von einer Anhöhe auf die weite, gewellte Prärielandschaft.

Am Waterton River trifft man auf den Highway 5, der nach einigen Kilometern zur offiziellen Parkeinfahrt führt. Von hier bis zur Waterton Townsite verläuft ein Rad- und Fußweg neben der Straße. 7 km nach dem Parkeingang kommt links das Prince of Wales Hotel ins Bild, das einsam auf einem weiten Felsvorsprung thront. Gegenüber der Zufahrtsstraße zum Hotel liegt das durch die Brände beschädigte alte Visitor Centre (das provisorische Centre findet sich jetzt im Dorf selbst), bei dem der kurze Weg zum Bear's Hump (hin/zurück 3 km, 1 Std., 200 Höhenmeter) beginnt; von oben hat man einen schönen Blick über den See. 2 km weiter ist dann das Dorf Waterton Townsite erreicht.

Waterton Townsite

Dem Ort fehlt der mondäne Chic von Banff oder Jasper. Eine „Veränderungssperre" sorgt dafür, dass es hier noch so aussieht wie in den 1980er-Jahren – Neubauten sind nicht zugelassen. Oft ziehen Rehe durch die ausgedehnten Grünanlagen. Die kleine Tankstelle mit Fahrradverleih an der Mountview Road, Ecke Waterton Avenue ist so etwas wie das Herz der kleinen Gemeinde. Nördlich davon liegen die Marina, die Ranger Station und ein größerer Parkplatz, östlich das größte Hotel des Ortes, das Bayshore Inn. Entlang der Waterton Avenue und der parallelen Wind Flower Avenue liegen die anderen Hotels und Restaurants. Ein Bummel entlang der Waterton Avenue ist nett; für den Rückweg bietet sich der am Wasser verlaufende Townsite Loop an. Besondere Sehenswürdigkeiten weist der Ort nicht auf. Hauptattraktion sind die **Cameron Falls.** Der zentral im Ort von Ost nach West verlaufende Cameron Falls Drive führt direkt zu dem kleinen Wasserfall. Ein kurzer, ansteigender Weg erlaubt einen seitlichen Blick auf die Fälle.

Prince of Wales Hotel: Für das berühmte Postkartenmotiv biegt man am Driftwood Beach, noch vor dem Visitor Centre, rechts Richtung Park Warden Office ab, dann gleich wieder rechts den Berg hinauf bis zum kleinen Bauhof des Parks. Hier führt ein kaum zu verfehlender Trampelpfad von etwa 150 m zu einem idealen Aussichtspunkt über Lodge und See.

Zurück auf der Park Road, zweigt 300 m weiter dann die Zufahrtsstraße zur Lodge ab. Ein Abstecher zum High Afternoon Tea (13–17 Uhr) oder zum Abendessen im Restaurant mit seinen überraschend vernünftigen Preisen lohnt ebenso wie die Fahrt in Kanadas zweitältestem Aufzug, um den Blick von oben in die gewaltige Halle zu genießen.

Praktische Infos

Information **Visitor Centre** am Abzweig zum Prince of Wales Hotel: tägl. 8–19 Uhr. Das Centre wird bis 2020 durch einen Neubau ersetzt (2019 provisorisch in der Townsite). Detaillierte Informationen und Karten zum Park. Highway 5, ✆ (403)859-5133, www.pc.gc.ca/en/pn-np/ab/waterton.

Hin und weg Mit öffentlichen Verkehrsmitteln ist der Park nicht zu erreichen.

Fahrradverleih **Pat's Gas & Cycle Rental:** Miete für 30/60 Min.: Mountainbike 10/15 $, Tandem 15/25 $. vierrädriges Familienrad „Surrey Bike" 20/30 $. 224 Mountview Road, ✆ (403) 859-2266, www.patswaterton.com.

Übernachten **Prince of Wales Hotel 1:** Die 1927 erbaute, traumhaft schön gelegene Lodge mit 68 Zimmern ist von Ende Mai bis Anfang Sept. in Betrieb. Als Value Rooms bezeichnete Mansardenzimmer unterm Dach (ohne Fahrstuhl) ab 189 $, sonst ab 249 $.

✆ (403) 859-2231, www.glacierparkinc.com/loging/prince-of-wales-hotel.

Northland Lodge 5: Die historische Privatresidenz des Investors und Erbauers des Prince of Wales Hotels ist heute eine Pension mit 9 Zimmern, die in gewöhnungsbedürftigen Farben eingerichtet sind. DZ ab 149 $. 408 Evergreen Avenue, ✆ (403) 859-2353, www.northlandlodgecanada.com.

Bear Mountain Motel 2: Das einfache, zweckmäßige Motel ist eine der günstigsten Unterkünfte im Park und ideal für alle, die keine Ansprüche stellen. DZ ab 115 $. 208 Mountview Road, ✆ (403) 859-2366, www.bearmountainmotel.com.

Camping Im Park befinden sich drei sog. **Frontcountry Campgrounds,** die mit dem Auto angefahren werden können. **Waterton Townsite 6** am Südrand des Städtchens hat 238 Stellplätze, verfügt als einziger über Duschen (23–38 $, Anfang Mai bis Mitte Okt.) und kann im Gegensatz zum **Crandell Mountain Campground 7** mit 129 Stellplätzen (22 $, Mitte Mai bis Anfang Sept., Wiederinbetriebnahme für 2019 geplant) und dem **Belly River Campground 8** (24 Stellplätze, 16 $, Mitte Mai bis Anfang Sept.) auch reserviert werden.

Essen & Trinken **Royal Stewart Dining Room 1:** Der elegante Speisesaal im Prince of Wales Hotel beeindruckt durch seine verzierten Holzsäulen und die stilvollen Kronleuchter. Hat man sich sattgesehen, stellt man fest, dass auch die Speisenauswahl ähnlich opulent, aber noch bezahlbar ist. Frühstück, Lunch und Dinner. Tägl. 7.30–21 Uhr. ✆ (403) 859-2231, www.glacierparkinc.com/loging/prince-of-wales-hotel.

Zum's Eatery and Mercantile 4: Karierte Tischdecken im Landhausstil drinnen, schöne Terrasse draußen, dazu die Standards: Ribs, Chicken Alfredo, Burger, Quesadillas und Schnitzel. Juli/Aug. tägl. 8–21.30, sonst bis 20.30 Uhr. 116 Waterton Avenue, ✆ (403) 859-2388, www.zums.ca.

Wieners of Waterton 3: Der Hot-Dog-Laden (ja, „Wiener" bezieht sich auf die Würstchen) ist eine Institution in Waterton. Hot Dogs in allen geschmacklichen Varianten lassen die Gäste staunen, was man aus den Würstchen so alles machen kann. Im Sommer tägl. 7–21 Uhr. Wind Flower Avenue, ✆ (403) 339-1079, www.wienersofwaterton.com.

Waterton Lake

Der 11,5 km² große See teilt sich in den Upper und den Middle Waterton Lake; die beiden Teile sind durch die „Bosporus" genannte Engstelle am Prince of Wales Hotel getrennt. Der größere Upper Lake verläuft über den 49. Breitengrad hinweg und erstreckt sich so bis in den US-amerikanischen Glacier National Park hinein.

Kreuzfahrten: Die 1927 erbaute „MV International" und ein weiteres Schiff führen gut zweistündige Kreuzfahrten auf dem fjordähnlichen See durch und stoppen bei Tiersichtungen für Fotos. Ziel der Fahrt ist Goat Haunt/USA am Südzipfel des mit 149 m tiefsten Sees der Rocky Mountains, wo das Boot etwa 30 Minuten pausiert. Nur wenige Wanderer steigen hier aus, um weiter nach Süden in den Glacier National Park zu gelangen oder über die 11 km lange Route am Westufer zurück nach Waterton zu wandern. Wer gleich zurückfährt, braucht keinen Pass mitzuführen.

■ Abfahrt: Waterton Marina. Mai tägl. 10 und 13 Uhr, Juni/Sept. 10, 13 und 16 Uhr, Juli/Aug. 10, 13, 16 und 19 Uhr. Fahrt 49 $. ✆ (403) 859-2362, www.watertoncruise.com.

Crypt Lake Trail: Einer der aufregendsten und schönsten Wanderwege Kanadas, ja vielleicht sogar der Welt (sagt „National Geographic"). Per Wassertaxi geht es von der Waterton Marina hinüber auf die Ostseite des Sees zum Ausgangspunkt der 17 km (hin/zurück) langen Route. Durch Bergwald wandernd, passiert man den Abzweig zu den Wasserfällen der Hell Roaring Falls. Ab hier gewinnt der Weg stetig an Höhe, führt an den Twin Falls und einem Geröllfeld vorbei und steigt dann in Serpentinen weiter an. Durch felsenübersätes Gelände gelangt man an eine fest in der Bergwand verankerte Leiter und steigt hinauf zum nächsten Adrenalinkick: Jetzt gilt es, sich durch einen fast 20 m langen, natürlichen Tunnel, teils nur einen Meter breit und einen Meter hoch, zu zwängen. Der Tunnelausgang führt beinahe ins Nichts: An einem Seil hangelnd, gelangt man auf schmalem Tritt um eine Felsnase herum. Danach sind es nur noch Minuten zum schönen, stillen **Crypt Lake.** Die Pause sollte aber nicht zu lange ausfallen: Mit 6 Stunden muss man für Hin- und Rückweg (je 700 Höhenmeter) rechnen, und der Bootsfahrplan lässt wenig Luft.

■ Juli bis Anfang Sept. Waterton Marina ab 8.30, 9 und 10 Uhr, Crypt Landing ab 16 und 17.30 Uhr. Wassertaxi hin/zurück 25 $. ✆ (403) 859-2362, www.watertoncruise.com.

Andere Wanderwege: Der 13 km lange Lakeshore Trail verläuft am Westufer des Sees von Goat Haunt zur Waterton Townsite. Der Weg weist nur leichte Steigungen auf und bietet immer wieder schöne Ausblicke auf den See.

Fährt man mit dem Auto auf dem Highway 6 Richtung US-Grenze, liegt gleich hinter dem Abzweig vom Highway 5 der Maskinonge Lake. Von hier sind es auf dem Wishborne Lake Trail etwa 14 km einfach bis zur Crypt Landing. Die erste Hälfte der Strecke ist noch mit dem Mountainbike machbar, danach geht es nur zu Fuß am Ufer des Middle Lake weiter und nach Überquerung eines Bergrückens am Bosporus dann am Ufer des Upper Lake entlang. So könnte man die Tour zum Crypt Lake auch als 2-Tages-Wanderung gestalten; allerdings gibt es unterwegs keine offiziellen Backcountry Campgrounds.

Hinweis: Der Waterton Lake liegt zum Teil in den USA. Für Wanderungen ab und nach Goat Haunt/USA (nicht für den Kurzbesuch im Rahmen der Cruise!) ist ein gültiger Reisepass erforderlich. Bürger anderer Länder als USA und Kanada benötigen zusätzlich ein I-94-Zertifikat, das man nur beim Grenzübertritt an einem Straßen-Grenzübergang (nicht in Goat Haunt) erhält – also erst irgendwo mit dem Auto über die Grenze, dann im späteren Reiseverlauf die Bootsfahrt und Wanderung machen.

Akamina Parkway

Die 16 km lange, erst 2017 komplett erneuerte Straße führt von der Waterton Townsite zum malerischen Cameron Lake. Unterwegs liegen Picknickstellen und Wanderparkplätze. Neben einigen kürzeren Wegen sind vor allem folgende Trails bekannt:

Der **Carthew-Alderson Trail** führt vom Cameron Lake in die Bergkette zwischen dem Cameron und dem Waterton Lake. Der Trail hat seinen Namen von den beiden mehr als 2600 m aufragenden Hauptgipfeln Mount Carthew und Mount Alderson, zwischen denen der Weg an drei Bergseen vorbeiführt (18 km, 6–8 Std. einfach, 650 Höhenmeter, Shuttle erforderlich).

Vom Akamina Parkway aus steigt der **Tamarack Trail** fast bis zur Wasserscheide an der Grenze zu British Columbia an und folgt dieser bis zum South Kootenay Pass. Die Tour galt als eine der schönsten 2-Tages-Wanderungen; bis man den Red Rock Parkway erreicht, sind mindestens 32 km mit gut 1000 Höhenmetern zu bewältigen.

Leider ist das gesamte Gebiet durch die Waldbrände schwer in Mitleidenschaft gezogen und 2018 komplett gesperrt – einige Regionen sind aber seit April 2019 wieder zugänglich gemacht worden. Bevor man einen Abstecher in diese Region des Parks plant, sollte man sich unbedingt auf der Parkwebseite über den aktuellen Stand informieren.

Red Rock Parkway

Auch hier gilt das schon für den Akamina Parkway Gesagte: Informieren Sie sich, ob der Parkway wieder befahrbar ist, und wenn ja, welche Wanderwege wieder freigegeben wurden!

Höhepunkte der Region waren das Grasland unterhalb des Bellevue Hill, wo häufig Grizzlys zu beobachten waren, sowie der Red Rock Canyon ganz am Ende der Straße, der in der Tat aus leuchtend rotem Sandstein geformt wurde. Die etwa 26 km lange 2-Tages-Runde vom Red Rock Canyon rund um den Anderson Peak mit dem schönen Backcountry Campground an den Twin Lakes war ein weiteres Highlight des Parks. Große Bereiche entlang dieses Trails blieben vom Feuer verschont und so könnte er zu einer der schönsten Mehrtageswanderungen im Waterton Lakes Nationalpark werden, wenn die Straße wieder freigegeben ist.

Red Rock Canyon

Alberta → Karte S. 378

Steckbrief Alberta

Geografie: Mit 662.000 km² ist Alberta zwar fast doppelt so groß wie Deutschland. Allerdings leben nur rund 4,1 Millionen Menschen in der Provinz, gut die Hälfte davon in den Ballungsräumen Calgary und Edmonton. Die Grenzen Albertas entstanden überwiegend am Reißbrett: Nach Süden ist es der 49. Breitengrad, der die Grenze zum US-amerikanischen Bundesstaat Montana bildet, im Osten der 110. Längengrad, der die Grenze zur kanadischen Nachbarprovinz Saskatchewan markiert. Im Norden trennt der 60. Breitengrad Alberta von den Northwest Territories, im Westen bildet der 120. Längengrad – von Norden kommend – die Grenze zu British Columbia, bis er die kontinentale Wasserscheide erreicht. Ab dann folgt die Provinzgrenze dem Hauptkamm der Rocky Mountains.

Klima: Das kontinentale Klima sorgt für starke Temperaturunterschiede zwischen Sommer und Winter. Spitzenwerte von 32 °C in den Bergen und 40 °C im Südosten sind möglich, meist liegen die Tageshöchstwerte im Sommer jedoch etwa 10 °C darunter. Der Regenschatten der Rocky Mountains sorgt für trockenes Klima: Die Niederschläge im Süden liegen im Jahresmittel nur bei der Hälfte der Werte in Mitteleuropa, im Norden ist es kaum mehr. Der Süden und Südosten der Provinz sind für häufige, schwere Gewitter bekannt, die im Sommer meist nachmittags auftreten.

Flora und Fauna: Die Südhälfte der Provinz ist Farmland und in hohem Maße auf künstliche Bewässerung angewiesen; der natürliche Niederschlag alleine reicht nicht aus. Dort, wo noch natürlicher Bewuchs besteht, sind dies vor allem Präriegras, Sonnenblumen, Salbei und Sonnenhut. Im Parkland zwischen Calgary und Edmonton finden sich Espen, Pappeln und Weiden. In den Rocky Mountains dominieren Drehkiefern und Hemlocktannen, im Norden der Provinz die boreale Taiga-Landschaft mit Schwarz- und Weißfichten.

Die Tierwelt der Öko-Systeme der Provinz ist vielfältig. In den Bergen und Wäldern leben Grizzlys und Schwarzbären, aber auch kleinere Raubtiere, wie Wölfe, Pumas, Luchse und Kojoten. Pflanzenfresser wie Elche, Hirsche und Rehe sind in den Wäldern der gesamten Provinz heimisch; Bergziegen und Bighorn-Schafe nur in den Höhenlagen der Rockies. Die Prärie-Regionen im Süden waren einst Heimat der Bisons, aber nur eine kleine Herde lebt heute noch im Waterton-Lakes-Nationalpark. Im sonnigen und heißen Südosten kommt sogar die Prärie-Klapperschlange vor, während im kühlen, feuchten Norden viele Wasservögel anzutreffen sind.

Geschichte: Bei Ankunft der Weißen Ende des 17. Jahrhunderts lebten vor allem die Büffel jagenden Blackfoot und Prärie-Cree im Süden, während im Norden die Wald-Cree und Chipewyan sich von Fischen und Fallenstellen ernährten. 1670 übertrug die britische Krone das Nutzungsrecht für eine Fläche von fast vier Millionen Quadratkilometern rund um die Hudson Bay und westlich davon an die Hudson's Bay Company unter ihrem ersten Gouverneur, Ruprecht von der Pfalz. Zu dieser Privatkolonie mit Namen Rupert's Land zählte auch die heutige Südhälfte Albertas. Die Region rund um die Flüsse im Norden der heutigen Provinz, die alle in den Arktischen Ozean fließen, fiel nicht unter diese Regelung und wurde ab 1731 von den Franzosen besetzt, die die konkurrierende North West Company (NWC) aufbauten. Der extreme Süden der heutigen Provinz gehörte einst als Teil des Louisiana-Territoriums abwechselnd den Spaniern und Franzosen und wurde 1803 an die USA verkauft. Erst der Vertrag von 1818, der den 49. Breitengrad als Grenze festsetze, machte die Region britisch. 1821 zwangen die Briten die HBC und NWP zur Fusion, da die Rivalitäten der beiden Unternehmen dem Handel schadeten. So erhielt die Hudson's Bay Company bis 1870 ein Handelsmonopol auf einer riesigen Fläche, die auch das heutige Alberta einschloss; dann kaufte die 1867 neu geformte kanadische Regierung der HBC *Rupert's Land* ab und nannte es Northwest Territories.

Bevölkerung und Gesellschaft: Die britisch geprägte kanadische Zentralregierung bemühte sich anfangs vor allem um Engländer, Iren, Schotten und Waliser, warb dann aber auch in den USA und Europa, von wo bis 1914 vor allem Deutsche, Ukrainer und Skandinavier nach Alberta auswanderten. Um den Zusammenhalt unter den Neusiedlern zu fördern, bildete man Dorfgemeinschaften aus Angehörigen eines Landes und einer Sprache. Während des Öl-Booms kamen Kanadier aus dem Osten des Landes nach Alberta. Als die Wirtschaft immer noch Nachfrage nach billigen Arbeitskräften hatte, ließ man zwischen 2001 und 2006 Zehntausende Inder, Pakistani und Chinesen ins Land – fast ein Drittel der städtischen Bevölkerung gehört heute einer der „sichtbaren Minderheiten" an.

Offizielle Symbole: Die Wildrose ist die Wappenblume der Provinz, die sich daher selbst auch oft „Wild Rose Country" nennt. Die Lodgepole Pine (Dreh- oder Küstenkiefer) ist der Provinzbaum. Albertas Symbolvogel ist der Virginia-Uhu, hier *Great Horned Owl* genannt; das offizielle Säugetier der Provinz ist das Bighorn-Schaf.

Norden Yukon und Northwest Territories

„Gold am Klondike!" – 1897 brachte dies Tausende in den hohen Norden. Heute ist es die Geschichte dieser Goldsucher, die die Reisenden anlockt und fast mehr noch die unvergleichliche Natur. Oft kann man schon im Spätsommer Polarlichter sehen. Und dann die große Freiheit auf den endlosen Road Trips durch die Einsamkeit ...

- Mit 482.443 km² ist der Yukon (YT) so groß wie Deutschland, die Schweiz und Österreich zusammen – hat aber nur etwa die Einwohnerzahl des Fürstentums Liechtenstein (37.000).
- Mehr als doppelt so groß – aber noch spärlicher besiedelt sind die Northwest Territories (NWT) mit Kanadas größten und tiefsten Seen.

Whitehorse ist wichtigstes Ziel im Yukon und Ausgangspunkt für die Northwest Territories sowie Alaska. Hier und in Dawson City wird die Geschichte des Goldrausches lebendig. Die Tagestour in den Nahanni National Park mit seinem großartigen Canyon und den gewaltigen Virginia Falls ist unvergleichlich und lohnt die nicht ganz einfache Anreise. Mit Yellowknife und dem Wood Buffalo National Park gibt es weitere gute Gründe für einen Besuch im hohen Norden.

Was anschauen?

Whitehorse (YT): Am Yukon River liegen der Schaufelraddampfer „SS Klondike", der historische Bahnhof, das MacBride Museum, das Kwanlin Dün Cultural Centre und ein kleines Freilichtmuseum, verbunden durch eine Straßenbahn. In der kompakten Innenstadt steht die Old Log Church, oberhalb das Beringia Centre, das die Besiedlung Nordamerikas anschaulich darstellt. Außerhalb liegen weitere Ziele wie der **Miles Canyon,** Kanadas längste Lachstreppe, die **heißen Quellen von Takhini** und das **Yukon Wildlife Preserve.** Die Stadt ist Ausgangspunkt für **Kanutouren auf dem Yukon** (auch für Ungeübte) von einem halben Tag bis zwei Wochen. → S. 503

Dawson City (YT): Allein das Stadtmuseum ist eines der spannendsten in ganz Westkanada. **Parks Canada** ermöglicht die Besichtigung zahlreicher historischer Gebäude – Postamt, Bank, Saloon, Opernhaus – aus den Zeiten des Goldrausches. Jack London und Robert Service, die beiden großen Literaten des Yukon, sind vor Ort stets präsent. Südöstlich der Stadt liegen die Goldfelder mit der gewaltigen Schürfanlage **Dredge No. 4.** Hier darf jeder

selbst sein Glück versuchen und Gold waschen. Abends gibt es viel Unterhaltung in den Saloons und traumhafte Blicke vom Hausberg **Midnight Dome.** → **S. 523**

Haines Junction (YT): Am Abzweig Alaska Highway/ Haines Road gelegen, ist das unscheinbare Dorf der Ausgangspunkt für Touren in den **Kluane National Park** und auf die Haines Road. Die Gletscher des **Kluane Icefield** sieht man am besten bei einem Rundflug von hier aus. → **S. 511**

Yellowknife, Hauptstadt der NWT: Die malerische Old Town, das grandiose Prince of Wales Northern Heritage Centre und das Parlament sind die Hauptziele. **Ingraham Trail** und der **Great Slave Lake** bieten eine Fülle von Ausflugsoptionen. → **S. 563**

Nahanni National Park Preserve (NWT): 1978 als eine der allerersten 12 Welterbestätten der UNESCO ausgezeichnet, birgt der Park einige der eindrucksvollsten Naturschönheiten des ganzen Kontinents. Der Flug dorthin ist nicht billig – und jeden Dollar wert. → **S. 575**

Wood Buffalo National Park: Neben Bisons gibt's auch geologisch einzigartige Salz-Marschen zu sehen. → **S. 557**

Wie anreisen?

Wer per Kfz aus dem Süden anreist, verliert Zeit. Whitehorse und Yellowknife sind per Flug erreichbar, Mietwagen und Wohnmobile gibt es vor Ort.

Was sonst noch?

Der Weg ist das Ziel – Motto für viele Road Trips im Norden. Der **Alaska Highway** bietet vor allem westlich von Whitehorse spektakuläre Landschaft. Die raue Schotterpiste des **Dempster Highways** (Minimum hin & zurück eine Woche) führt durch Taiga und Tundra bis an Kanadas arktische Küste: Tombstone Territorial Park, Inuvik und Tuktoyaktuk lohnen ausgiebige Stopps; Reifenpannen sind eher Regel als Ausnahme auf dieser großartigen Route. Die **Waterfalls Route** verbindet wichtige Regionen der NWT und ist mit ihren Wasserfällen selbst ein interessantes Ziel im Norden. Kurz, aber wunderschön: Die **Haines Road** von Haines Junction hinunter nach Haines in Alaska.

Wo essen?

Nur Whitehorse, Dawson, Yellowknife und Inuvik bieten eine attraktive Auswahl an Restaurants und Supermärkten – ansonsten dominiert einfallslose Fastfood-Kost – falls es in kleinen Dörfern überhaupt ein Restaurant gibt.

Was muss geplant werden?

Fahrzeuge, Ausflüge und Hotelzimmer sollte man langfristig buchen – auf den vielen **Campgrounds** beider Territories findet sich dagegen auch im Hochsommer stets ein freies Plätzchen.

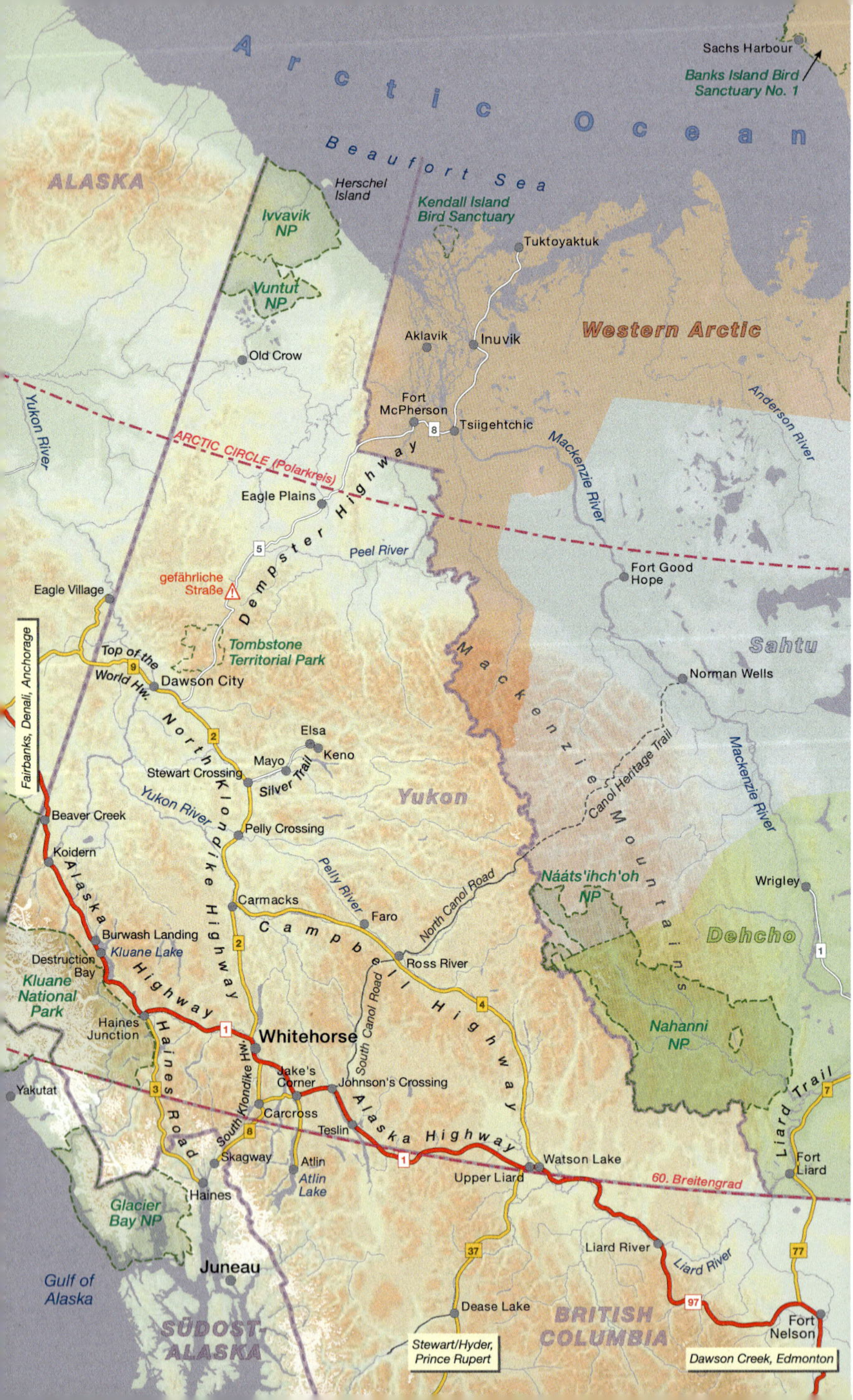
Arctic Ocean
Beaufort Sea
Sachs Harbour
Banks Island Bird Sanctuary No. 1
ALASKA
Herschel Island
Kendall Island Bird Sanctuary
Ivvavik NP
Vuntut NP
Tuktoyaktuk
Western Arctic
Aklavik
Inuvik
Old Crow
Fort McPherson
Tsiigehtchic
Anderson River
Yukon River
ARCTIC CIRCLE (Polarkreis)
Mackenzie River
Dempster Highway
Eagle Plains
Peel River
Fort Good Hope
gefährliche Straße
Eagle Village
Tombstone Territorial Park
Sahtu
Top of the World Hw.
Dawson City
Norman Wells
Fairbanks, Denali, Anchorage
Mackenzie Mountains
Elsa
Keno
Mayo
Stewart Crossing
Silver Trail
North Klondike Highway
Canol Heritage Trail
Yukon
Yukon River
Beaver Creek
Pelly Crossing
Pelly River
Koidern
North Canol Road
Nááts'ihch'oh NP
Wrigley
Carmacks
Faro
Alaska Highway
Campbell Highway
Burwash Landing
Kluane Lake
Dehcho
Destruction Bay
Ross River
Kluane National Park
South Canol Road
Haines Junction
Haines Road
Whitehorse
Nahanni NP
South Klondike Hw.
Jake's Corner
Johnson's Crossing
Yakutat
Carcross
Teslin
Liard Trail
Skagway
Atlin
Atlin Lake
Watson Lake
Upper Liard
Fort Liard
Haines
60. Breitengrad
Glacier Bay NP
Liard River
Juneau
Gulf of Alaska
Dease Lake
BRITISH COLUMBIA
SÜDOST-ALASKA
Fort Nelson
Stewart/Hyder, Prince Rupert
Dawson Creek, Edmonton

0 50 100 150 200 km
1 : 8 500 000
Banks Island
Aulavik National Park
N
Ulukhaktok
Victoria Island
Amundsen Gulf
Cambridge Bay
Queen Maud Gulf
Tuktut Nogait NP
Coronation Gulf
Umingmaktok
Kugluktuk
NUNAVUT
ARCTIC CIRCLE (Polarkreis)
Coppermine River
Great Bear Lake
Thelon Wildlife Sanctuary
Hottah Lake
Thelon River
NORTHWEST TERRITORIES
Keller Lake
North Slave
Artillery Lake
Lac La Martre
Behchokò (Rae-Edzo)
Ingraham Trail
Yellowknife
3
Mackenzie Bison Sanctuary
Fort Simpson
Jean Marie River
Mackenzie Hw.
Fort Providence
Great Slave Lake
South Slave
Check-point
Fort Resolution
1
6
Kakisa
Hay River
Slave River
Enterprise
Trout Lake
Tathlina Lake
60. Breitengrad
5
Fort Smith
Buffalo Lake
Wood Buffalo National Park
Lake Athabasca
Bistcho Lake
Hay River
ALBERTA
SASKATCHEWAN
Fort Chipewyan
35
Peace River
Lake Claire
High Level
Edmonton
Der Norden

Yukon Territory

Der Klondike-Goldrausch schuf den Mythos des Yukon; seine Geschichte ist heute noch zwischen Chilkoot Pass und Dawson City an vielen Orten nachzuerleben. Die Reisenden im 21. Jahrhundert kommen aber auch wegen der unberührten Landschaften und der ungezähmten Tierwelt – und für faszinierende Road Trips auf dem Alaska und dem Dempster Highway.

Wer das Auto abstellt und sich per Kanu, auf dem Rad oder zu Fuß auf den Weg macht – an der arktischen Küste entlang oder zu den Gletschern des Kluane-Nationalparks – wird selbst ein Teil der faszinierenden Natur im Yukon. Abends geht der Blick dann hoch hinauf über die oft namenlosen Berge zum meist sternenklaren Himmel, an dem schon ab Mitte August Nordlichter zu sehen sind.

Das Yukon Territory verfügt über einige der eindrücklichsten Landschaften Westkanadas. Der Tourismus-Slogan des Yukon, „Larger than life", trifft ziemlich genau das Gefühl, das einen überkommt, wenn sich die gewaltige Weite vor den Augen ausbreitet. Doch wer in **Whitehorse** landet, merkt davon erst mal wenig: Die Hauptstadt ist eine Oase der Zivilisation mitten im wilden Territorium. Mit seinen 482.000 km² Fläche ist der Yukon so groß wie Deutschland, Österreich, die Schweiz und Liechtenstein zusammen, hat aber nur 37.000 Einwohner – so viele wie Liechtenstein. Davon wiederum leben etwa zwei Drittel in Whitehorse. Der Rest des Yukon ist vielfach unberührte Naturlandschaft.

Whitehorse ist das quirlige Herz des Territoriums: Festivals und Veranstaltungen ergänzen im Sommer das ohnehin große Spektrum an Kultur und Kunst. Das Beringia-Landbrücken-Museum, das Yukon Transportation Museum und der Schaufelraddampfer „SS Klondike" erlauben es, die kurze Geschichte anschaulich nachzuerleben. Dazu kommen eine kreative Gastro-Szene und Outdoor-Möglichkeiten direkt vor der Haustür, vor allem im Kanu und auf dem Rad.

Die beiden großen Fernstraßen des Landes treffen in Whitehorse aufeinander. Der legendäre Alaska Highway ist so gut ausgebaut, dass er fahrtechnisch keine Herausforderung mehr darstellt; das tut seiner Attraktivität aber keinen Abbruch. Bei **Watson Lake** mit seinem berühmten Schilderwald erreicht der Highway den Südosten des Yukon Territory und führt durch grandiose, vielfältige Landschaften nach **Whitehorse** und weiter zum **Kluane-Nationalpark** im Westen des Yukon. Von Skagway im Süden stellen der Klondike Highway und die White-Pass-Schmalspurbahn den Anschluss aus Südost-Alaska her. Hinter Whitehorse führt der Highway weiter bis ins legendäre **Dawson City,** das zur Zeit des Goldrausches die größte Stadt nördlich von San Francisco und westlich von Chicago war. Heute wird diese Epoche in der idyllischen Kleinstadt bei jedem Schritt wieder lebendig, wobei auch zwei große Schriftsteller den Mythos des Goldrausches in die Welt trugen: Jack London und Robert Service.

In Dawson City ist nur die Zivilisation zu Ende, nicht aber die Straße: Der Top of the World Highway windet sich nach Westen, über Bergkämme und in beachtliche Höhen, um schließlich Alaskas wilden Nordosten zu erreichen. Wer von

Robert Service und Jack London – die Literaten des Yukon

Dem Schriftsteller London (1876–1916) und dem Dichter Service (1874–1958), „Barde des Yukon" genannt, kann man im Territorium nicht entgehen: Überall im Yukon wird auf ihr Leben und ihr Wirken hingewiesen.

Robert Service wuchs in Schottland auf, absolvierte eine Banklehre und ging mit 21 Jahren nach Amerika. Er schlug sich mit Gelegenheitsjobs durch, schrieb Gedichte und arbeitete ab 1903 erneut in einer Bank, der Canadian Bank of Commerce, die ihn 1904 nach Whitehorse entsandte. Inspiriert von den Geschichten, die er hörte, schrieb er zwei seiner berühmtesten Gedichte, „The Shooting of Dan McGrew" und „The Cremation of Sam McGee", denen weitere folgten. Sein erster Gedichtband „Songs of a Sourdough" wurde 1907 ein Erfolg weit über den Yukon hinaus; selbst in New York und London stieß das Buch auf große Nachfrage.

Erst 1908 setzte Service erstmals selbst einen Fuß in das Gebiet des Klondike – da war der Goldrausch schon zehn Jahre vorbei. Aber Service brachte die Geschichten, die er von Alteingesessenen hörte, zu Papier und füllte damit einen zweiten, dann einen dritten Gedichtband. Diese verkauften sich ebenfalls gut, obwohl sie nicht als ernsthafte seriöse Literatur galten, zumal Ausdrucksweise und Wortwahl des Dichters manchmal recht derb waren.

Der zwei Jahre jüngere Jack London wuchs in San Francisco in einer Arbeiterfamilie auf. Die schwierigen wirtschaftlichen Verhältnisse zwangen ihn zu harter körperlicher Arbeit in schlechtbezahlten Jobs. Als blinder Passagier auf Güterzügen kam er in den amerikanischen Osten, als Matrose bis nach Japan, bevor ein Freund ihm die Studiengebühren fürs College finanzierte, wo er mit dem Schreiben begann.

Anders als Service war London beim Goldrausch von Anfang an dabei: Er brach im Juli 1897 nach Norden auf und litt im Winter 1897/98 wie viele an-dere unter Skorbut und anderen Krankheiten. London schaffte es nach Dawson, doch hatte er weiter mit erheblichen gesundheitlichen Problemen zu kämpfen. Er kehrte daher 1898 nach Oakland zurück, wo er damit begann, seine Erlebnisse in Kurzgeschichten zu verarbeiten. Um 1900 senkten neue Technologien die Druckkosten für Bücher erheblich, die niedrigeren Verkaufspreise schoben die Nachfrage an. Hiervon profitierte auch London, der im Schreiben nun zunehmend seine Chance sah, zu Wohlstand zu gelangen. Mit „Call of the wild" 1903 gelang ihm schließlich der Schritt in die finanzielle Unabhängigkeit; „White Fang" – auf Deutsch unter dem Titel „Wolfsblut" erschienen – folgte 1906.

Robert Service und Jack London haben mit ihren Büchern erheblich dazu beigetragen, den Mythos des Yukon und des Klondike-Goldrausches in die Welt hinauszutragen.

Dawson weiter nach Norden zieht, erlebt die zerklüfteten Felswände des Tombstone Territorial Park, bevor der reifenfressende Dempster Highway – das letzte wahre Abenteuer auf Nordamerikas Straßen – sich bis weit über den Polarkreis hinaus nach Norden zieht.

Andere Erlebnisse bieten die South Canol Road und die weiteren Straßen im Südosten des Yukon: Minenstädtchen wechseln mit wald- und flussreichen Tälern. Das Einzige, was hier schwerfällt, ist die Entscheidung, wo man das Zelt aufschlägt und seine Angel ins Wasser hängt.

Geografie und Geologie: Der Yukon wird im Südwesten von den Bergen des Kluane National Park (seit 1979 UNESCO-Weltnaturerbe) dominiert; der 5959 m hohe Mount Logan ist Kanadas höchster Gipfel. Die unregelmäßige Ostgrenze zu den Northwest Territories wird durch die Wasserscheide zwischen dem Mackenzie River in den NWT und dem Wassereinzugsgebiet des Yukon River gebildet. Letzteres weist im Süden zahlreiche Seen auf, bevor sich der mächtige Fluss nach Norden und schließlich nach Nordwesten, in Richtung Beringsee wendet. Im Kluane-Nationalpark und im benachbarten Wrangell-St. Elias-Nationalpark (Alaska) liegt das größte nichtpolare Gletscherfeld der Erde, das mit den kommenden und gehenden Eiszeiten der Erde wächst und schrumpft. Ganz anders die Landschaft im Ivvavik-Nationalpark im hohen Norden, wo sich Kanadas ältester Fluss, der Firth River, durch 700 Millionen Jahre alte Gesteinsschichten gegraben hat, oder im seenreichen Vuntut-Nationalpark.

Klima: Anders als die meisten Regionen im Nordwesten verzeichnet der Yukon seine Rekordtemperaturen nicht im Juli oder August, sondern im Mai und Juni. Tageshöchstwerte von 30 Grad und mehr sind dann nicht selten. Doch auch im Juli erreicht Whitehorse im Schnitt noch 21 Grad, Dawson City sogar 23 Grad. Mit nur 270 mm Niederschlag im Jahr fällt in Whitehorse nicht mal die Hälfte der Menge, die in Hamburg niedergeht – doch die Augustwerte beider Städte sind ziemlich gleich, denn dies ist im Yukon der niederschlagsreichste Monat.

Flora und Fauna: Die subarktische und alpine Vegetation ist durch den taigaähnlichen Boreal Forest geprägt, der 57 % des Yukon bedeckt. Der Bewuchs wird von anpassungsfähigen Schwarz- und Weißfichten dominiert, die aber aufgrund der kurzen Vegetationsphase im Sommer oft verkümmern. Mehr als 200 verschiedene Wildblumen lassen den Yukon im kurzen Sommer und Frühherbst in bunter Farbenpracht erblühen.

Elche und Karibus, Bären und Bisons, Wölfe und Schafe sind Teil der reichen Tierwelt, die Besucher hier antreffen. Tausende von Zugvögeln, vor allem Schwäne, Gänse und Enten, halten sich im Sommer auf; dauerhaft heimisch sind Adler und Schneehühner, Falken und Eulen.

Geschichte: Rund um das heutige Old Crow fanden Wissenschaftler Tierknochen, die von Menschen bearbeitet und als Werkzeuge eingesetzt wurden. Sie werden auf ein Alter von 25.000 bis 40.000 Jahren geschätzt und sind vielleicht die ältesten Belege einer Besiedelung Nordamerikas. Das ist zwar unter Wissenschaftlern noch umstritten, aber durchaus möglich, denn die nördliche Region des Yukon blieb als Teil der Landbrücke Beringia eisfrei. Damals lebten neben den heutigen Spezies auch Steppenwisente, Löwen, Mammuts, zwei Meter lange Riesenbiber und andere heute ausgestorbene Gattungen im Norden des Kontinents.

Anfang des 19. Jahrhunderts, als erstmals Pelzsucher über die Flüsse Mackenzie, Porcupine und Bell in den Yukon gelangten, lebten zwischen 5000 und 8000 Angehörige der indigenen Stämme in der Region. Den Pelzsuchern

Abends am Alaska Highway zwischen Watson Lake und Whitehorse

folgten bald die ersten Missionare. Noch überwogen temporäre Siedlungen, auch geprägt von zunehmenden politischen Spannungen. Die USA schickten Leutnant Frederick Schwatka über den Chilkoot Pass und den Yukon River hinunter, was die kanadische Seite alarmierte. 1894 wurden Truppen der Northwest Mounted Police in die Region geschickt, die die kanadischen Ansprüche absichern, aber auch den zunehmenden Alkoholhandel reglementieren sollten.

Nach ersten kleineren Goldfunden nördlich des heutigen Dawson City in den 1880er-Jahren drang 1897 die Nachricht von großen Vorkommen am Klondike River an die Außenwelt und löste den wohl spektakulärsten Goldrausch der Geschichte aus: Zehntausende zogen in den Yukon auf der Suche nach dem Edelmetall. Die allermeisten kamen zu spät, und viele wanderten 1899 nach Nome in Alaska weiter, zum nächsten Goldrausch. Andere blieben und suchten ihr Glück weiter im Yukon. 1901 lebten 27.000 Menschen im Territory; diese Zahl wurde erst 1991 wieder erreicht.

Als Folge des Goldrausches und der zunehmenden Bedeutung des Yukon hatte die Zentralregierung das Territorium 1898 von den Northwest Territories abgespalten. Doch der Boom war rasch vorbei; in den 1920er- bis 1940er-Jahren lebten weniger als 5000 Menschen im Yukon. Industriell arbeitende Großunternehmen kauften vielen kleinen Goldsuchern die Schürfrechte ab und gruben mit Schwimmbaggern die Landschaft unter Einsatz von nur wenigen Mitarbeitern um; noch heute sind diese *dredge* genannten riesigen Maschinen mancherorts zu finden.

Der Bau des Alaska Highway während des Zweiten Weltkriegs band den Yukon an das nationale kanadische Straßennetz an. Weitere Straßenbauten in den 1950er- und 1960er-Jahren wie jener des Klondike Highway machten die Flussdampfer überflüssig. Hinzu kam der zunehmende zivile Luftverkehr, der oft die im Krieg angelegten Flugfelder weiter nutzte. Der Bergbau und das Minengeschäft gingen in diesen Jahren immer weiter zurück, und so war (und ist heute noch) das Territorium auf Finanzhilfe aus Ottawa angewiesen. Nach und nach erhielt es jedoch in bestimmten Bereichen politische Selbstständigkeit. Seit 2003 der Yukon Act verabschiedet wurde, hat der Yukon fast die gleichen Rechte wie die kanadischen Provinzen. Seit November 2016 führt Sandy Silver von der Liberalen Partei die Geschäfte der Yukon-Regierung als Premierminister.

Offizielle Symbole: Yukons Symbole sind das pink bis violett blühende Fireweed (schmalblättriges Weideröschen) und die subalpine Fichte. In der Luft verkörpert der Rabe den Yukon.

Reisen im Yukon

Reisezeit: Die Saison ist extrem kurz und dauert nur von Mitte Juni bis Anfang September, wenn der erste Schnee fällt und viele Attraktionen schließen. Die Hotelkapazitäten richten sich aber an der Nachfrage von Herbst bis Frühjahr aus, wenn nur Geschäftsreisende unterwegs sind. Im Ergebnis wird daher im Sommer die Hotelkapazität vielerorts knapp, z. B. in Whitehorse, Dawson und Watson Lake – reservieren ist notwendig.

Reiserouten: Wer den Yukon auf vier Rädern (oder auf zwei) entdecken will, hat nur wenige, aber großartige Straßen zur Auswahl. Drei Rundtouren bieten sich an, die alle Whitehorse berücksichtigen:

– Wer von Whitehorse nach Westen den Alaska Highway befährt, erlebt die klassischen Highlights und grandiose Natur am Kluane-Nationalpark und die raue Piste des Top of the World Highway, bevor die Goldrausch-Stadt Dawson City erreicht wird. Entlang des Flusses zurück nach Whitehorse (1500 km, mindestens 5 Tage).

– Die „Golden Circle Tour" von Whitehorse führt über Haines Junction durch hohe Berge hinunter nach Haines in Alaska und von dort mit der Fähre nach Skagway, dem neben Dawson City authentischsten Städtchen des Klondike-Goldrausches. Über den White Pass zurück nach Whitehorse (600 km, mindestens 5 Tage, auch als Fahrradtour beliebt).

– Der ultimative Yukon Road Trip verläuft auf der Route Whitehorse –

(The) Yukon (Territory) und andere Begriffe im Norden

Besucher des Yukons werden auf verschiedene Bezeichnungen für das Gebiet treffen: Das 1898 gegründete Yukon Territory heißt seit 2003 offiziell nur noch Yukon, bleibt aber weiter ein Territorium und untersteht damit, anders als die Provinzen, in vielen wesentlichen Fragen der Zentralregierung in Ottawa. Die alte Bezeichnung Yukon Territory hält sich aber selbst bei Behörden wie der kanadischen Post hartnäckig: Im Postverkehr gilt immer noch YT als Abkürzung. Umgangssprachlich spielt das aber keine Rolle, denn die meisten Einwohner sagen ohnehin nur „The Yukon". Um Missverständnisse zu vermeiden, wird für den Fluss Yukon fast immer der Zusatz „River" benutzt. Eindeutiger sind die Bewohner des Yukon da bei anderen Dingen: „Outside" bezeichnet alle Orte außerhalb des Yukon Territory. „Cheechakos" sind Neuankömmlinge im Yukon; erst wenn sie einen der 40 Grad kalten Winter durchgestanden haben, dürfen sie sich „Sourdoughs" nennen, also Sauerteigler: Brot war für die Goldsucher der früheren Zeiten lebenswichtig. Da es aber keine Hefe gab, musste man seinen Sauerteig frostgeschützt am Körper aufbewahren. Wem das gelang, der hatte nicht nur den Winter überlebt, sondern auch an Wertschätzung durch die Alteingesessenen gewonnen.

Carcross – Alaska Highway – Watson Lake – Campbell Highway – Ross River – South Canol Road – Whitehorse. Hier steht das Naturerlebnis im Vordergrund. Es gibt wenig zu besichtigen, aber umso mehr zu sehen. Diese Route ist ideal für alle, die lieber in der Wildnis parken als in der Innenstadt (1200 km, mindestens 6 Tage).

Straßen: Trotz sehr engagierter Bemühungen sind sie im Yukon nicht immer in gutem Zustand. Die langen winterlichen Frostperioden setzen dem Straßenbelag mehr zu, als sich in den kurzen Sommermonaten reparieren lässt. Oft werden Löcher provisorisch verfüllt, und der nächste entgegenkommende Truck schleudert Steinbrocken in die Gegend. Fahren Sie daher bei Begegnungen mit Lkws äußerst rechts. Bevor Sie längere Touren auf Schotterpisten machen (Highways Dempster, Canol oder Top of the World), prüfen Sie, ob Ihre Mietbedingungen das zulassen, ob Sie ein Reserverad an Bord haben – und ob Sie wissen, wie dieses zu montieren ist. Auf dem Dempster Highway werden Sie es mit hoher Wahrscheinlichkeit brauchen. Fahren Sie auf allen Straßen immer mit Licht, bei Tag und Nacht – das ist Vorschrift im Yukon!

Informationen: In allen regionalen Visitor Centres erhält man Informationen über den gesamten Yukon. Die Informationsmaterialien sind exzellent und umfassend. Selbst zu kleinsten Dörfern wie Teslin oder Old Crow gibt es eine „Heritage Walking Tour", dazu auch Sonderbroschüren für Special-Interest-Zielgruppen, z. B. ein Heftchen zum „Yukon Railway Heritage", das Relikte aus der Eisenbahnzeit des Yukons vorstellt.

Information Der Yukon informiert online unter www.travelyukon.de. Im Yukon gibt es sechs Visitor Centres, an den Hauptzufahrten zum Yukon in Watson Lake, Carcross, Haines Junction und Beaver Creek sowie in den Städten Whitehorse und Dawson City. Alle sind vom 1. Mai bis 30. Sept. tägl. 8–20 Uhr geöffnet, das in Whitehorse sogar ganzjährig, und informieren über den gesamten Yukon. www.tc.gov,yk.ca/vic.html.

Hin und weg **Flugzeug:** Condor fliegt im Sommer jeden Sonntag nonstop von Frankfurt nach Whitehorse. Täglich verbindet Air Canada Vancouver mit Whitehorse. Saisonal gibt es auch Flüge von Air Canada und Westjet von Fairbanks, Calgary und Edmonton. Innerhalb des Yukon fliegt Air North von Whitehorse über Dawson City nach Old Crow und Inuvik.

Fernbusse: Langstrecken-Busse verbinden Whitehorse mit Fairbanks, Dawson City und Skagway.

Fahrradfahren Der geringe Verkehr und die landschaftliche Schönheit machen den Yukon zu einem idealen Ziel für Radurlauber, wobei die langen Distanzen Ausdauer und Planung erfordern. Die beliebteste Route ist der 600 km lange Golden Circle, von Whitehorse über den Alaska Highway nach Haines Junction und weiter über die Haines Road nach Haines/Alaska. Von dort mit der Fähre nach Skagway; mit dem Zug hinauf, über den White Pass nach Fraser oder Carcross und zurück nach Whitehorse. Leihräder gibt es in Whitehorse, Haines und Skagway.

Übernachten Die Saison ist kurz, daher sind die Preise hoch und viele Unterkünfte oft ausgebucht. Im Juli und August sollte man Hotels, Motels und Lodges unbedingt im Voraus buchen. Private Stellplätze für Wohnmobile und Campgrounds sind ebenfalls im Sommer oft ausgebucht, vor allem an den langen Wochenenden rund um den Canada Day am 1. Juli und am ersten August-Wochenende. Fast immer finden sich aber freie Stellplätze auf den mehr als 60 Yukon Government Campgrounds. Diese einfachen Campingplätze kosten durchgängig nur 12 $ und bieten dafür meist eine schöne Landschaft, eine Wasserversorgung und eine Küchenhütte.

Essen & Trinken In den fünf größeren Siedlungen Whitehorse, Dawson City, Watson Lake, Carcross und Haines Junction sowie entlang des Alaska Highways ist die Versorgung gut: Es finden sich überall Restaurants und Supermärkte bzw. am Highway Lodges mit Restaurant. An den anderen Highways und in den kleinen Dörfern gibt es oft nur wenig oder keine Auswahl: Da ist Selbstversorgung angesagt. Abgesehen von wenigen Ausnahmen in Whitehorse und Dawson darf man große kulinarische Genüsse im Yukon nicht erwarten – wird aber dennoch oftmals positiv überrascht.

Norden | Yukon Territory → Karte S. 490/491

Alaska Highway

Vom 2237 km langen Alaska Highway liegen gut 800 km im Yukon. Für viele Reisende ist dies der eindrücklichste Abschnitt der Traumstraße. Von Watson Lake mit seinem Schilderwald über Whitehorse mit seinen Attraktionen bis hin zum Kluane-Nationalpark Natur und Abwechslung vom Feinsten, wenn auch weit verstreut.

Watson Lake ist für Reisende das Tor zum Yukon. Egal, ob man den Alaska Highway hinaufgekommen ist oder die weiter westliche Route über den Cassiar Highway (→ S. 356) genommen hat – bei Watson Lake treffen beide Routen aufeinander, lassen dann aber zwei Optionen für die Weiterreise: Den Alaska Highway oder den seltener befahrenen Robert Campbell Highway, der eine Abkürzung zu den Goldfeldern am Klondike ist.

Bleibt man auf dem Alaska Highway, sollte das kleine **Teslin** der nächste größere Halt auf der Route sein. In Johnson's Crossing und Jake's Corner bieten sich zwei Abstecher an, bevor **Whitehorse** erreicht wird. Die Stadt verfügt über gute Übernachtungsmöglichkeiten in fast allen Kategorien. Drei Nächte Aufenthalt sollten es schon sein, um sich den zahlreichen Museen und Sehenswürdigkeiten zu widmen, bevor es weiter nach Westen geht. **Haines Junction,** zwei Stunden entfernt, punktet nicht nur mit Kultur und der Lage am **Kluane-Nationalpark,** sondern auch mit der besten Bäckerei des Yukons. Die sich anschließende Landschaft des UNESCO-Welterbes ist schon vom Auto aus überwältigend, doch hier lohnt auch der Blick von oben auf die Eiswelt der Gletscher: In Haines Junction gibt es Flightseeing-Anbieter, die das möglich machen. Zurück auf der Straße, bleibt die Landschaft eindrucksvoll – links die Berge, rechts Seen und Flüsse – bis zur Grenze nach Alaska.

Junges Karibu am Alaska Highway

Watson Lake

Der Ort hat nur 800 Einwohner, ein Viertel davon First Nations. Doch er zieht sich über fast 10 km am Alaska Highway entlang – man hat ja Platz im Yukon. Die Kreuzung mit dem Abzweig zum Robert Campbell Highway kann als Zentrum bezeichnet werden; hier findet sich auch der berühmte Schilderwald (Signpost Forest).

Direkt daneben liegt das exzellente Visitor Centre: Da viele Reisende den Alaska Highway oder den Cassiar Highway hinaufgekommen sind, ist Watson Lake für sie das Tor zum Yukon. Dementsprechend informiert das Zentrum auch über den kompletten Yu-

Signpost Forest – der Schilderwald von Watson Lake

Norden | Yukon Territory → Karte S. 490/491

kon. Zudem erläutert eine audio-visuelle Präsentation die Geschichte des Alaska Highway. Vor dem Centre steht eine Nachbildung des ersten Wegweisers.

Signpost Forest: Der Gefreite Carl Lindley bekam 1942 während der Bauarbeiten für den Alaska Highway den Auftrag, einen beschädigten Wegweiser zu reparieren. Heimwehkrank wie er war, fügte er ein Schild hinzu, das die Entfernung zu seinem Heimatort Danville in Illinois angab. Andere Soldaten folgten seinem Beispiel; dann war der Lauf der Dinge nicht mehr aufzuhalten. Mit mehr als 70.000 Wegweisern und Ortsschildern – viele davon aus Deutschland, Österreich und der Schweiz – ist der Signpost Forest heute eine der größten Attraktionen am Alaska Highway. Weitere Schilder dürfen angebracht werden.

Northern Lights Centre: Das Kino befindet sich gleich gegenüber dem Schilderwald. Bereits ab Mitte August stehen in Watson Lake die Chancen gut, nachts Nordlichter zu sehen. Wer vorher kommt, kann sie hier in einem Film entdecken. Um den audiovisuellen Genuss zu steigern, ist das 100-sitzige Kino mit einer 360-Grad-Kuppel und einem SciDome HD-System ausgestattet; das ist zwar schon über 20 Jahre alte Technik, sorgt aber dennoch für ein eindrucksvolles Erlebnis.

▪ Tägl. 13, 14, 15, 18.30, 19.30, 20.30 Uhr. Eintritt 11 $. ✆ (867) 536-7827, www.northern lights centre.ca.

Watson Lake Airport: Der kleine Flugplatz schrieb große Luftfahrtgeschichte. Grant McConachie baute die Piste in den 1930er-Jahren und formte später aus seiner Yukon Southern Air die Canadian Pacific Airlines. Im Zweiten Weltkrieg war der Flugplatz eine Etappe der Northwest Staging Route, über die die Amerikaner die Sowjetunion mit Flugzeugen belieferten. Heute liegt der Flugplatz ruhig da, einzig eine Vielzahl historischer Fotos und weiterer Dokumente im Terminal erinnern an seine frühere Bedeutung. Der Hangar ist eines der letzten noch original erhaltenen Gebäude des Flughafens.

▪ Terminal tagsüber geöffnet. 812 Adela Trail (13 km nordwestlich der Stadt, erreichbar über den Robert Campbell Highway).

Praktische Infos

Information Das **Visitors Interpretive Center** informiert umfassend über den ganzen Yukon: Mitte Mai bis Mitte Sept. tägl. 8–20 Uhr. Kreuzung Alaska Highway/Robert Campbell Highway. ✆ (867) 536-7479, www.watsonlake.ca.

Hin und weg **Bus:** Die Liard First Nation fährt Mo, Mi, Fr von Watson Lake nach Whitehorse. Nähere Infos im Visitor Center.

Übernachten Watson Lake ist im Umkreis von mehr als 400 km die größte Siedlung und damit ein Übernachtungsort für viele Reisende. Die großen und prominent positionierten Häuser wie das Big Horn Hotel und das Andrea's nehmen 130 $ und mehr pro Nacht, sind den Preis aber nicht wert: keine Air-Condition, extrem schlechtes WiFi, nicht sauber.

A nice motel: Das kleine Motel überzeugt mit 10 gepflegten und sauberen Zimmern. Es sticht die Nachbarn Big Horn und Andrea's in diesen Punkten aus, aber der Preis ist unverschämt. DZ ab 159 $. 705 Frank Trail, ✆ (867) 536-7222, www.anicemotel.com.

Mein Tipp **Airforce Lodge:** Die Luftwaffen-Unterkunft aus dem Zweiten Weltkrieg wurde 1961 nicht mehr benötigt, am Flughafen zerlegt, in die Stadt geschleppt und am Alaska Highway wieder aufgebaut. Die heute unter engagierter und freundlicher deutscher Führung stehende Lodge bietet die traditionsreichste Übernachtungsmöglichkeit in Watson Lake. DZ (nur mit Gemeinschaftsbad) 95 $. ✆ (867) 536-2890, www.airforcelodge.com.

Watson Lake Government Campground: Der Campground mit 40 Stellplätzen liegt einige Kilometer westlich von Watson Lake am gleichnamigen See. Stellplatz 12 $. www.env.gov.yk.ca

Essen & Trinken **Kathy's Country Kitchen:** Das rustikale kleine Restaurant ist empfehlenswert: Standardkarte, relativ schnell, sauber, große Portionen. Mo–Do 6–21.30, Fr/Sa 6–22, So 9–22 Uhr. 805 Frank Trail, ✆ (867) 536-2400.

Von Watson Lake nach Whitehorse

Irgendwo auf den 440 km von Watson Lake nach Whitehorse sind im Sommer immer Bauarbeiten. Westlich von Watson Lake wird auf einer der typischen Stahlbrücken der Liard River überquert. Am anderen Ufer liegt die Liard River Lodge mit ihren vier Motelzimmern, die preislich aber auch jenseits der 130 $ zu Buche schlagen und somit keine echte Alternative zu Watson Lake sind.

10 km weiter zweigt der Cassiar Highway nach Süden ab. Anschließend geht es durch viel Wald weiter nach Westen. Beim Kilometerstein 1120 wird eine unspektakuläre Hügellinie überquert: Die kontinentale Wasserscheide ist erreicht! Das Wasser der Flüsse öst-

Traditionelle Kanus im Tlingit Heritage Centre

lich von hier fließt über den Mackenzie River in den arktischen Ozean; alle Bäche und Flüsse westlich münden in den Yukon-Fluss und damit letztendlich in die zum Pazifik zählende Beringsee.

Nächster Ort ist das kleine **Teslin,** das mit gleich zwei Sehenswürdigkeiten aufwartet:

George Johnston Museum: Das couragiert und professionell geführte Privatmuseum stellt 1100 Sammlungsstücke des Tlingit-Trappers, Pelzhändlers und Fotografen George Johnston aus, die die Geschichte der Region mit dem Bau des Alaska Highways und des Flugplatzes illustrieren. Auch sein Chevrolet-Taxi von 1928 ist ausgestellt. Für dieses ließ er damals extra 6 km Straße herrichten, da es das erste Fahrzeug in Teslin war. Zur Kultur der Tlingit in der Region finden sich zahlreiche Exponate; der kleine Gift Shop ist im Stil eines General Store aus den 1950er-Jahren eingerichtet. Zudem werden historische Filme in einem kleinen Kino gezeigt und der schöne Garten bietet Tische und Bänke für ein Picknick.

▪ Juni bis August tägl. 9–18 Uhr. Eintritt 5 $. Km 1294/Mile 804 Alaska Highway, ✆ (867) 390-2550, www.gjmuseum.yk.net.

Tlingit Heritage Centre: Das 5 km westlich von Teslin 2001 eröffnete Kulturzentrum der lokalen Inland-Tlingit begrüßt Reisende mit fünf mächtigen Clan-Pfählen, die die Unterstämme Rabe, Frosch, Wolf, Biber und Adler repräsentieren. Innen erwarten den Besucher eine Galerie mit moderner und klassischer Tlingit-Kunst und Gebrauchsgegenständen sowie ein kleiner Verkaufsstand.

▪ Juni bis August tägl. 9–17 Uhr. Eintritt 5 $. ✆ (867) 390-2532, www.ttc-teslin.com.

Von Teslin sind es rund 50 km bis **Johnson's Crossing,** einem Ort, der praktisch nur aus einer kleinen Lodge besteht. Hier zweigt die South Canol Road (→ Weitere Routen im Yukon, S. 531) nach Norden ab. Die Schotterpiste erschließt eine ursprüngliche Naturlandschaft mit Wald, Flüssen, Schluchten und einigen Campingplätzen. Kurz darauf grüßt das „Ortsschild" von **Jake's Corner** – auch nur eine Kreuzung.

Südwärts führt der Highway 8, eine Abkürzung Richtung Carcross und Skagway, wenn man nicht vorhat, Whitehorse zu besuchen. Vom Highway 8 zweigt sodann gleich wieder der Highway 7 ab, die Atlin Road, die in das vor allem bei Auswanderern aus Deutschland und der Schweiz beliebte Dörfchen Atlin (s. u.) am gleichnamigen See führt. Bleibt man auf dem Alaska Highway, ist es von Jake's Corner aus weniger als eine Stunde bis Whitehorse.

Praktische Infos

Übernachten/Essen **Yukon Motel & Restaurant:** In dieser typischen Roadside Lodge bekommt man ein Zimmer ab 95 $ bzw. einen Stellplatz fürs Wohnmobil ab 30 $ – und von 7 bis 21 Uhr auch etwas zu essen. Km 1244 Alaska Highway, Teslin, ✆ (867) 390-2443, www.yukonmotel.com.

Johnson's Crossing Lodge: Die historische Lodge wurde 2014 komplett renoviert. Kein Restaurant, aber kleiner Laden mit frischen Farmprodukten. DZ ab 76 $, auch Stellplätze für Wohnmobile und Zeltcamper. Mile 836 Alaska Highway (an der Brücke über den Teslin River), ✆ (867) 390-2607, www.johnsons crossinglodge.com.

White Mountain Inn: Das kleine Resort am Little Atlin Lake bietet großzügige und gemütliche Gästezimmer. Auch Kanuverleih. DZ ohne/mit Du/WC ab 85 $/150 $ KM 6 Atlin Road, ✆ (867) 335-6782, www.whitemountaininn.ca.

Atlin

Der Ort liegt in British Columbia, ist aber auf der Straße nur vom Yukon her erreichbar. 2017 hat der Yukon seinen Teil der Atlin Road ausgebaut, während in British Columbia größere Abschnitte noch sehr kurvig, hügelig und mit Schlaglöchern übersät sind. Gut anderthalb Stunden sollte man von Jake's Corner nach Atlin schon einplanen;

unterwegs lockern oft schöne Blicke auf den rechts der Straße liegenden Atlin Lake das Bild auf.

Atlin boomte 1899 und hatte damals knapp 5000 Einwohner – fast alle von ihnen waren Goldsucher, die sich aus Enttäuschung, in Dawson nicht mehr zum Zuge gekommen zu sein, hierher wandten und zum Teil erfolgreich schürften. Bis heute wuschen industrielle Großanlagen Gold im Wert von 23 Mio. $ aus dem Gestein der Region. Touristisch war Atlin schon in den 1920er-Jahren ein wichtiges, weil exotisches Ziel: „The Switzerland of the North" – von schneebedeckten Gipfeln umgeben und dank der White Pass Railroad, zwei Schaufelraddampfern und der kurzen Taku Tram Railway für damalige Verhältnisse relativ einfach erreichbar.

Heute ist Atlin ein verträumtes Dorf von knapp 500 Einwohnern und Ausgangspunkt für Touren auf dem See und in den umgebenden Bergen. Aber auch Atlin selbst ist reizvoll, zumal sich in den zahlreichen erhaltenen historischen Gebäuden viele Künstler, Handwerker und Bio-Bauern niedergelassen haben. Handyempfang gibt es nicht, Radio und Fernsehen nur sehr eingeschränkt.

Ein guter Startpunkt für einen Rundgang ist das mitten im Ort im alten Schulhaus von 1902 untergebrachte **Atlin Museum** (Mitte Juni bis Anfang Sept. Mo–Fr 10–16 Uhr, oft auch Sa/So). Im Garten wurden zahlreiche Relikte aus der frühen Goldgräberzeit, inklusive eines Dampfbaggers, zusammengetragen.

In der Second Street und der Pearl Avenue stehen die meisten historischen Gebäude Atlins. Das **Globe Theatre,** ein Kino aus dem Jahr 1917, wurde mustergültig restauriert und zeigt an einigen Abenden im Sommer wieder Filme. Im früheren Gerichtsgebäude befindet sich heute die **Atlin Courthouse Gallery.** Die Gebäude am Ufer des Atlin Lake werden von der „MV Tarahne" (nur bei Führungen durch das Museum zu besichtigen) überragt, einem Schiff aus den goldenen 20er-Jahren. Einst beförderte es Gäste über den See und begeisterte diese mit der luxuriösen Inneneinrichtung. Die wirtschaftliche Depression machte dem jedoch bereits 1936 ein

▲ Straßenzug mit Kino in Atlin
▼ „MV Tarahne"
▼▼ Atlin Museumsgelände

Ende. Daneben liegt die „MV Atlinto", Baujahr 1914, die als kleines Ausflugs- und Schleppboot ein halbes Jahrhundert auf dem See unterwegs war.

Wer die Umgebung des Ortes erkunden will, findet im nahe gelegenen **Llewellyn Glacier** einen der attraktivsten Gletscher der Region. Allerdings wird er in der Regel nur in Form mehrtägiger Expeditionen begangen; es gibt aber Anbieter, die diesen Gletscher und weitere sehr abgelegene Ziele im Yukon im Rahmen von Flugsafaris anfliegen.

Einer der schönsten Blicke auf die Bergwelt der Region kostet kein Geld, nur Schweiß: Ein 3 km langer Wanderweg führt auf den **Monarch Mountain** (ca. 4 Std., hin/zurück, 800 Höhenmeter). Unterwegs und vom Gipfel bieten sich zahlreiche schöne Ausblicke. Der Ausgangspunkt liegt an einem Parkplatz, knapp 4 km südlich von Atlin.

Praktische Infos

Information **Visitor Centre,** im Museum, ✆ (250) 651-7522. Neben der seit 2012 nicht mehr gepflegten Webseite www.atlinvisitors.net gibt es zwei private Webseiten mit den nötigsten Informationen: www.atlinbc.com, www.discoveratlin.com.

Übernachten **Glacier View Cabins:** Drei Blockhäuser in der Wildnis mit schönem Ausblick auf den Gletscher. Kanus und Kajaks können vor Ort gemietet werden. Cottage ab 79 $ (Gemeinschaftsbad) bzw. ab 119 $ (eig. Bad). Warm Bay Road (12 km südlich von Atlin), ✆ (250) 651-7691, www.glacierviewcabins.ca.

MeinTipp **Sojourner's Loft:** Sicher das kleinste, urigste, detailverliebteste Hostel des Nordwestens. 3 kleine Cabins mit unterschiedlichem Komfort, Außendusche und Küchenhütte. 25–80 $/Nacht. Geöffnet Juni bis Sept. Am Ortseingang erste Straße rechts, dann erstes Haus links. ✆ (250) 651-0009, www.atlincottagesandteas.com.

Essen & Trinken **Pine Tree Services:** Die Tankstelle betreibt auch ein recht rustikales Full Service Restaurant mit amerikanischer Küche und etwas Thai Food. Im Sommer tägl. 7–21 Uhr. Discovery Road/3rd Street, Atlin, ✆ (250) 651-0093.

Whitehorse

Die Stadt am Yukon River ist das touristische, wirtschaftliche, kulturelle und verkehrstechnische Zentrum des Yukon Territory. Wer den Yukon bereist, wird auf seiner Tour in der Regel mindestens einmal, oft sogar mehrmals durch die Hauptstadt kommen, in der gut zwei Drittel aller Einwohner des Territorys daheim sind.

Höhepunkte eines Besuchs sind neben den zahlreichen und vielfältigen Museen auch historische Relikte wie der Schaufelraddampfer „SS Klondike", die Copperbelt-Mine oder die ersten Blockhausbauten in der Stadt. Landschaftliche Höhepunkte in der Umgebung wie der **Miles Canyon** mit seinen Wegen für Wanderer und Mountainbiker sowie die heißen **Quellen in Takhini** sind weitere Gründe für einen Aufenthalt von zwei oder drei Nächten in Whitehorse, das als einziger Ort im Yukon zudem auch kulinarisch viel zu bieten hat.

Zwei Zufahrten führen vom Alaska Highway hinunter in die Stadt, im Süden der Robert Service Way, im Norden der Two Mile Hill. Dazwischen liegen auf dem Hochplateau der Flughafen sowie die beiden Museen zur Bering-Landbrücke und zur Verkehrsgeschichte des Yukon. Die zwei Blöcke nördlich und südlich der Main Street, zwischen der Front Street am Yukon und der Fifth Avenue, sind das kommerzielle Herz der Stadt. Hier kann man sich bequem zu Fuß bewegen. Die weiter außerhalb gelegenen Ziele sind dagegen besser mit dem eigenen Auto, mit der Trolley-Straßenbahn oder mit dem Bus erreichbar.

MacBride Museum: Hier wird die Geschichte des Yukon lebendig erzählt, von den First Nations über die furchtlosen Mounties bis hin zum Goldrausch und dem frühen 20. Jahrhundert. Im beliebtesten Museum des Yukon, das von MSN zu Kanadas am meisten

Norden | Yukon Territory → Karte S. 490/491

unterschätzten Museum gewählt wurde, geben ausgestopfte Tiere, von einem Grizzly bis zu einem Albino-Elch, eine Trapper-Cabin, Vorführungen, z. B. zum Goldwaschen, und zahlreiche interessante Ausstellungsstücke einen guten Überblick über die Natur und das Leben im Yukon. Das etwas in die Jahre gekommene Gebäude wurde 2018 durch einen Neubau ergänzt, der zahlreiche neue Ausstellungs-Schwerpunkte ermöglicht.

■ Mitte Juni bis August Mo–Mi 9.30–21, Do–So 9.30–17 Uhr. Rest des Jahres Di–Sa 10–16 Uhr. Eintritt 10 $. 1124 Front Street, ✆ (867) 667-2709, www.macbridemuseum.com.

Old Log Church: Die Kathedrale im Blockhaus-Stil aus dem Jahr 1900 ist ein Schmuckstück der Innenstadt und dient heute als Museum der Missions-Geschichte im Yukon. Man sollte unbedingt eine der sehr informativen Führungen mitmachen: Geschichten wie die des Reverend Isaac Stringer, der sich in der Wildnis verirrte und nur überlebte, weil er seine Lederstiefel kochte und verzehrte, gehören einfach dazu.

■ Mai bis August Mo–Sa 10–17, So 12–16 Uhr. Touren Mo–Sa 11, 14.30 und 16 Uhr. Eintritt 6 $. 303 Elliott Street, ✆ (867) 668-2555, www.oldlogchurchmuseum.ca.

Wer anschließend noch mehr Blockhaus-Romantik will: Nur 150 Meter weiter, in der Lambert Street 208, steht der erste Log Skyscraper, der erste Blockhaus-„Wolkenkratzer" der Welt. Der dreistöckige Bau von 1947 war nur eines von zahlreichen Gebäuden, die im Boom nach dem Zweiten Weltkrieg in Whitehorse entstanden.

Steamship Klondike: Der 1937 gebaute *sternwheeler* (Schaufelraddampfer mit Heckantrieb) steht am Ufer des Yukon River am südlichen Rand der Innenstadt. Das 64 m lange Schiff war das größte auf der so wichtigen Route von Whitehorse nach Dawson. Es konnte 75 Passagiere und 270 t Fracht befördern, verbrauchte dabei 7 m^3 Holz pro Stunde. 1950 wurde es durch die neue Straße überflüssig. Nebenan betreibt die Nationalparkverwaltung heute ein Infozelt, das einen Film über die Flussschifffahrt auf dem Yukon River zeigt. Das komplett und originalgetreu restaurierte Schiff kann anschließend besichtigt werden.

■ Ende Mai bis Anfang Sept. tägl. 9.30–17 Uhr. Eintritt frei. 10 Robert Service Way, ✆ (867) 667-4511, www.pc.gc.ca/en/lhn-nhs/yt/ssklondike.

Die gesamte Passage entlang des Flusses, vom Robert Service Campground im Süden bis zum Walmart im Norden, wurde in den vergangenen Jahren neu gestaltet und lässt sich ideal zu Fuß oder mit dem Rad entdecken. Besonders schön ist das Stück von der „SS Klondike" durch den Rotary Park (schöner Ort für ein Picknick!) zum Bahnhof und von dort weiter am Kwanlin Dün Centre vorbei zum Shipyards Park, in dem mehrere historische Gebäude aus dem Yukon zusammengetragen und wieder aufgebaut wurden.

Kwanlin Dün Cultural Centre: Das Kulturzentrum im Norden der Stadt ist ein zentraler Treffpunkt der Kwanlin Dün First Nations. Besucher erfahren anhand von Kleidungsstücken, Werkzeugen und rituellen Ausstellungsstücken mehr über die Geschichte und Kultur des Stammes. Oft sind Künstler anwesend, die Kunsthandwerk und Gebrauchsgegenstände auf traditionelle Art anfertigen. Tagsüber gibt es Führungen; abends finden oft Veranstaltungen statt, die fast immer auch für Nicht-Stammesmitglieder offen sind. Wenngleich das Zentrum auch dem Wiederfinden der eigenen kulturellen Wurzeln dient, so ist eines der erklärten Hauptziele der Betreiber, die eigene Kultur mit anderen First Nations und Besuchern von außerhalb zu teilen!

■ Mo–Fr 9–18, Do bis 21, Sa/So 10–16 Uhr. Eintritt frei. 1171 1st Avenue, ✆ (867) 456-5322, www.kwanlindunculturalcentre.com.

Whitehorse Waterfront Trolley: Die Straßenbahn pendelt zwischen Bahn-

Museums-Schaufelraddampfer „SS Klondike"

hof und Market. Auf dem kurzen Reststück der ehemaligen White-Pass-Bahnlinie nach Skagway verkehrt eine aus Portugal importierte Straßenbahn, die 2017 wegen technischer Probleme vorübergehend stillgelegt wurde, aber 2018 – jetzt unter der Regie des MacBride Museums – ihren Betrieb auf einer Teilstrecke wieder aufgenommen hat. Halb Touristenattraktion, halb öffentliches Verkehrsmittel, verbindet sie die „SS Klondike" im Süden der Stadt mit dem Shipyard.

▪ Ende Mai bis Anfang Sept. tägl. 12–16 Uhr. Stündlich Abfahrten, 1 $ einfach. ✆ (867) 667-6198, www.macbridemuseum.com.

Yukon Beringia Interpretive Centre: Thema des Museums in der Nähe des Flughafens ist die Bering-Landbrücke, über die während der letzten Eiszeit ganz Amerika von Asien her besiedelt wurde. Die Erdgeschichte, die Tiere des Eiszeitalters und die Geschichte der ersten Menschen des Kontinents werden in Filmen und Nachbildungen, durch Exponate und Dioramen anschaulich dargestellt. Highlight ist die Nachbildung der Bluefish Cave, in der 24.000 Jahre alte Zeugnisse einer frühen Besiedelung gefunden wurden. Auch den Künstlern, die die längst ausgestorbenen Mammuts und Säbelzahntiger auf ihren Gemälden wieder auferstehen lassen, ist ein kleiner Bereich gewidmet.

▪ Mai bis Sept. tägl. 9–18, sonst nur So/Mo 12–17 Uhr. Halbstündige Führungen um 11.15 und 14.45 Uhr. Eintritt 6 $ inkl. Führung. Alaska Highway, ✆ (867) 667-8855. www.beringia.com.

Yukon Transportation Museum: Ebenfalls in der Nähe des Flughafens und nicht zu übersehen – an der Zufahrt steht eine „aufgespießte" DC-3, die größte Wetterfahne der Welt. Die Pioniertage des Chilkoot Trail, der Bau der White-Pass-Schmalspurbahn, die ersten Buschflieger und Schaufelraddampfer und der Bau des Alaska Highways: Das Museum zeigt eindrücklich alle Facetten der Verkehrsgeschichte im Yukon, und das mit Originalen oder Nachbauten in Originalgröße. Natürlich fehlen auch Exponate zu Hundeschlittengespannen nicht; zudem ist eine historische Straße in Whitehorse nachgebildet.

▪ Mai bis August tägl. 10–18 Uhr, Führung 11.30 Uhr. Sept. bis April So/Mo 12–17 Uhr. Eintritt 10 $. 30 Electra Crescent, ✆ (867) 668-4792, www.goytm.ca.

Yukon Brewing/Two Brewers Destillery: Wer nach all den Museumsbesuchen Durst bekommen hat, ist hier gut aufgehoben. Die örtliche Brauerei brennt auch Whisky und hat 2016 die ersten Abfüllungen eines passablen Single Malt verkauft. Wer einen Blick hinter die Kulissen der Kleinbrauerei und Brennerei werfen will, kann sich einer der Führungen anschließen. Reservierung empfohlen.

▪ Mo–Sa 10–20, So 11–18 Uhr. Führungen Ende Mai bis Anfang Sept. 12, 14 und 16 Uhr, sonst Mo–Sa 14 Uhr. Führung mit Verkostung 10 $. 102 Copper Road, ✆ (867) 668-4183, www.twobrewerswhisky.com.

Praktische Infos

Information **Travel Yukon:** Im Sommer tägl. 8–20 Uhr. Alle Informationen über Whitehorse und den gesamten Yukon. Zudem gibt es einen kostenfreien Drei-Tages-Park-Pass für die städtischen Parkplätze. 100 Hanson Street, ✆ (800) 661-0494, www.travelyukon.com.

Hin und weg **Fernbus:** Mit Husky Bus Mai bis Sept. 3x/Woche nach Dawson City (8 Std.). ✆ (867) 993-3821, www.klondikeexperience.com. Mit Alaska/Yukon Trails Ende Mai bis Mitte Sept. 3x/Woche über Dawson (Übernachtung) nach Fairbanks (2 Tage). ✆ (907) 479-2277, www.alaskashuttle.ca. Mit Yukon Alaska Tourist Tours Ende Mai bis Anfang Sept. 1x tägl. über Carcross und Fraser nach Skagway. In Fraser meist Anschluss an White Pass-Schmalspurbahn (→ S. 633). ✆ (867) 668-5944, www.yatt.ca.

Innerstädtisch Die Stadtbusse von Whitehorse Transit verbinden werktags die Vororte mit der Innenstadt. Linie 3: Stündlich Downtown–Airport/Museen. ✆ (867) 668-8396, www.whitehorse.ca.

Einkaufen **Bücher:** Mac's Fireweed Books. Große Auswahl an Büchern, Karten etc., 203 Main Street, ✆ (867) 667-2615. www.macsbooks.ca. **Farmers Market:** Do 15–20 Uhr im Shipyards Park. www.fireweedmarket.ca. **Lebensmittel:** Supermärkte findet man im Gewerbegebiet nördlich der Downtown. Am südlichen Rand der Innenstadt liegt die Riverside Grocery, 201 Lowe Street. **Souvenirs:** Midnight Sun Emporium führt eine gute Auswahl an lokaler Kunst, Süßwaren und Souvenirs. 205c Main Street, ✆ (867) 668-4350, www.midnightsunemporium.com.

Fahrradverleih **Cadence Cycle:** Ab 35 $/Tag. E-Bikes ab 45 $/Tag. 508 Wood Street, ✆ (867) 633-5600, www.cadencecycle.squarespace.com.

Festival Während der **Waterfront Cultural Night** (jeden Do, von Juni bis August) gibt es BBQ und Musik im MacBride Museum, After-Dinner Tea und Bannock (Fladenbrot) im Kwanlin Dün Centre.

Galerien **Arts Underground** vereint gleich drei Ausstellungsbereiche unter einem Dach: Die Galerien Focus, Edge und Hougen Heritage zeigen wechselnde Ausstellungen unter dem Oberbegriff Visual Art. Im benachbarten Shop kann man kleine und große Kunst käuflich erwerben. Di–Fr 10–17, Sa 11–17 Uhr. 305 Main Street, ✆ (867) 667-4080, www.artsunderground.ca.

Die Künstler von **Yukon Artists@Work** unterhalten eine Galerie in der Innenstadt und verkaufen dort ihre Werke. Ein Teil der Künstler arbeitet auch vor Ort und lässt sich bei der Arbeit zusehen. Di–Sa 11–18, So 11–16 Uhr. 4129 4th Avenue, ✆ (867) 393-4848, www.yaaw.com.

Kanutouren Der Yukon River eignet sich hervorragend für Touren. Anfänger genießen die schönen Passagen bis zum Lake Laberge. **Kanoe People** ist seit 40 Jahren die beste Adresse hierfür. Halbtagestouren ab 150 $, Tagestouren ab 225 $. 1147 Front Street, ✆ (867) 668-4899, www.kanoepeople.com.

Auch **Ruby Range Adventure,** ein Anbieter unter deutscher Leitung, ist ein absoluter Spezialist für längere Touren auf dem Yukon River und seinen Nebenflüssen. Viele dieser Touren sind auch für unerfahrene Kanuten machbar, wenn sie über eine gute Grundkondition verfügen. Mehrtagestouren ab 1495 $. 208 Strickland Street, ✆ (867) 667-2209, www.rubyrange.com.

Yukonwide Tours bietet eine Kanutour durch den Miles Canyon an: 2½ Std. 125 $. 102 Lambert Street (gegenüber Travel Yukon), ✆ (867) 393-2111, www.yukonwide.com.

Wandertouren Ein großes Angebot findet sich ebenfalls bei **Yukonwide Tours** (s. o.), u. a. ein Helikopterflug zum Grey Mountain mit anschließender Wanderung. 4 Std., 275 $.

Übernachten ****** The Edge on the River 10:** Die 33 Zimmer des ehemaligen Edgewater Hotel wurden 2017 für 2,2 Mio. $ komplett renoviert. Acht Kategorien, die neue Dachterrasse und die zentrale, aber ruhige Lage am alten Bahnhof machen das Hotel zur

Übernachten
1 Walmart
2 Yukon Inn
3 Elite Hotel
4 Westmark Hotel
9 Historical Guest House
10 The Edge on the River
12 Best Western Gold Rush
13 Coast High Country Inn
14 SKKY Hotel
15 Beez Kneez Bakpakers
16 Robert Service Campground
Essen & Trinken
2 Boiler Room Bar
5 Klondike Rib & Salmon
6 Baked Café and Bakery
7 Burnt Toast Café
8 Antoinette's Restaurant
11 Dirty Northern Pub
13 The Deck
Yukon Brewing
Range Rd.
Industrial Road
Yukon River
Haines Junction, Dawson City, Copperbelt Railway, Takhini
Two Mile Hill Road
Whitehorse Waterfront Trolley
Chilkoot Way
Quartz Road
Aussichtspunkt
1/2
Ogilvie
Street
4th Avenue
2nd Avenue
Kwanlin Dün Cultural Centre
Alaska Highway
Black Street
1st Avenue
Kanoe People
Strickland St.
8th Avenue
Cadence Cycle
Wood Street
MacBride Museum
Bahnhof/ Yukon Alaska Tourist Tours
Main Street
Log Skyscraper
Old Log Church
Travel Yukon
Lambert St.
Hospital Road
Hawkins St.
2nd Av.
Whitehorse Waterfront Trolley
5th Av.
4th Avenue
Whitehorse International Airport
SS Klondike Riverboat
Yukon Transportation Museum
Yukon Beringia Interpretive Centre
Watson Lake, Skagway
Strickland St.
Jarvis Street
MacBride Museum
1st Avenue
Wood Street
Cadence Cycle
Steele Street
4th Avenue
5th Avenue
Bahnhof/ Yukon Alaska Tourist Tours
Wickstrom Road
2nd Avenue
Main Street
Yukon River
Elliott Street
6th Avenue
Old Log Church
Log Skyscraper
3rd Avenue
Travel Yukon
Lambert Street
Hanson St.
120 m
Robert Service Way
Yukon River
Whitehorse Fishway, Alaska Highway, Miles Canyon
Whitehorse
250 m

ersten Wahl in der Stadt. DZ ab 239 $. 101 Main Street, ✆ (867) 667-2572, www.edgewaterhotelwhitehorse.com.

****** Northern Lights Resort & Spa:** Die Lodge mit Fitnessraum, Sauna, Outdoor Hot Tub und Spa-Leistungen bietet vier kleine Chalets mit Küchenzeile und Du/WC. 185 $ inkl. Frühstück. 1178 Gentian Lane (24 km südlich der Stadt), ✆ (867) 393-3780, www.northernlightsyukon.com.

***** SKKY Hotel 14:** Das moderne Hotel in der Nähe des Flughafens bietet als einziges in Whitehorse Air Condition. Schöne Zimmer, sehr guter Service, eigenes Restaurant im Haus. DZ ab 170 $. 91622 Alaska Highway, ✆ (867) 456-2400, www.skkyhotel.com.

Coast High Country Inn 13: Zweckmäßig und nüchtern ist das Hotel der kanadischen Kette – aber auch zusammen mit dem „The Edge" das beste Haus in der Innenstadt. DZ ab 150 $ inkl. Frühstück. 4051 4th Avenue, ✆ (867) 667-4471, www.coasthotels.com.

Elite Hotel 3: Das frühere 202 Motor Inn steht unter neuem Management, aber außer für etwas Farbe und neue Bettdecken hat das Geld nicht gereicht. Der Service ist weiterhin sehr freundlich, aber inkompetent und das Housekeeping verliert meist den Kampf gegen den Staub. So spricht vor allem der Preis für das Hotel. DZ ab 109 $. Jervis Street, ✆ (867) 668-4567, www.elitehotel.ca.

Historical Guest House 9: Das 1907 erbaute Haus bietet 3 Gästezimmer, die sich einen großen Wohnbereich und eine Küche teilen. Gute Lage zur Innenstadt. DZ ab 115 $ inkl. Sela-Service-Frühstück. 5128 5th Avenue, ✆ (867) 668-3907, www.historicalguesthouse.com.

Beez Kneez Bakpakers 15: Das großartige Team macht dieses charmante Hostel zu einem „Home away from home" in bester Weltreisen-Tradition. Bett im Schlafsaal 35 $, eigenes Zimmer oder Cabin 70 $, Sanitärbereich gemeinschaftlich. 408 Hoge Street, ✆ (867) 456-2333, www.bzkneez.com.

Robert Service Campground 16: Einer der schönsten Zeltplätze des Yukon, nur für Zeltcamper, keine Wohnmobile. Die 70 Stellplätze liegen ruhig im Grünen. Saubere Sanitärbereiche und eine Coffee Bar mit Snacks sowie ein kleiner Laden bieten alles, was das Camperherz begehrt. Stellplatz 20 $. Mitte Mai bis Ende Sept. 120 Robert Service Way (ca. 2 km südlich der Stadt), ✆ (867) 668-3721, www.robertservicecampground.com

Wohnmobilisten können nach wie vor bei **Walmart 1** eine Nacht kostenlos auf dem Parkplatz verbringen. Komfortabler sind die zahlreichen RV Parks rund um Whitehorse – nachstehend die besten.

Pioneer RV Park: Stellplatz 18–35 $. 91091 Alaska Highway, ✆ (867) 668-5944, www.pioneer-rv-park.com.

Caribou RV Park: Stellplatz 25–42 $. Km 1403 Alaska Highway, ✆ (867) 668-2961, www.caribou-rv-park.com.

HI Country RV Park: Von allen der am besten gelegene Platz. Stellplatz 25–43 $. 91374 Alaska Highway, ✆ (867) 667-7445, www.hicountryrv.com.

Essen & Trinken / Nachtleben **Antoinette's Restaurant 8:** Der einzige Tag im Kanada-Urlaub, an dem man von der Karibik träumt: Chefköchin Antoinette aus Tobago zaubert Heilbutt-Curry, Rippchen mit Guave auf Rösti und andere Fusion-Gerichte auf den Teller. Farben, Musik und Aromen machen den Besuch zum Erlebnis für alle Sinne. Nur Dinner. Mo–Sa 16.30–21 Uhr. 4121 4th Avenue, ✆ (867) 668-3505, www.antoinettesrestaurant.com.

MeinTipp **Klondike Rib & Salmon 5:** Vor dem kleinen Restaurant in den beiden ältesten Gebäuden der Stadt bilden sich oft lange Schlangen, obwohl es zieht wie Hechtsuppe und bei Regen aufs Essen tropft. Das Warten lohnt, denn zur authentischen Pionieratmosphäre gibt es Räucherfleisch, Wild, Seefisch sowie selbstgemachte Backwaren und Desserts. Tägl. 11–15.30 und 16–21 Uhr. 2116 2nd Avenue, ✆ (867) 667-7554, www.klondikerib.com.

The Deck 13: Auch wer Hotel-Restaurants sonst meidet, hier lohnt es. Auf einer der größten Terrassen der Stadt kann man Bar Food vom Feinsten zu guten Bieren genießen. Tägl. 11.30–1 Uhr. 4051 4th Avenue, ✆ (867) 667-4471, www.coasthotels.com.

MeinTipp **Baked Café and Bakery 6:** Großartige Auswahl, immer viel los, dennoch flotter und freundlicher Service. Man stellt sich das Essen aus kleinen Gerichten selbst zusammen, große Tageskarte. Frühstück und Lunch. Mo–Fr 7–19, Sa 8–18, So 9–17 Uhr. 100 Main Street, ✆ (867) 633-6291.

Burnt Toast Café 7: Der Name schreckt Eingeweihte nicht ab. Die Kobe Beef Burger überzeugen ebenso wie die kreativen Salate und der Fisch aus der Arktis. Internationale Küche bestimmt die Speisekarte, helles Holz und dunkles Leder dominieren die Einrichtung. Mo und Mi–Fr 8–21, Di 8–16, Sa/So 9.30–21 Uhr. 2112 2nd Avenue, ✆ (867) 393-2605, www.burnttoastcafe.ca.

Nachtleben **Boiler Room Bar 2:** Hier kesselt es vor allem Di und Do ab 21 Uhr, wenn örtliche Musiker und zufällige Gäste bei der Open Mic Night loslegen. Fr und Sa steht dagegen Karaoke auf dem Programm. Di–Sa 16–2 Uhr. 4220 4th Avenue (im Hotel **Yukon Inn 2**).

Dirty Northern Pub 11: Mehrmals pro Woche Livemusik, aber jeden Abend Holzofen-Pizza – und der Pub ist keineswegs dreckig. Tägl. 15–24, Fr/Sa bis 2 Uhr. 103 Main Street.

Auch im **Best Western Gold Rush 12** (meist Do) und im **Westmark Hotel 4** (meist Fr) gibt es öfter Livemusik; das Publikum besteht aber fast nur aus Kreuzfahrtgästen.

Rund um Whitehorse

Miles Canyon: Das im 20. Jahrhundert gebaute Wasserkraftwerk hat den Canyon östlich der Stadt entschärft, der einst vielen Goldsuchern auf der Fahrt den Yukon hinab zum Verhängnis wurde. Heute ist hier die eindrucksvolle Hängebrücke (erbaut 1922) über den Yukon River zu sehen; auf zahlreichen Wanderwegen und Mountainbike Trails lässt sich das Gebiet südlich wie auch nördlich des Flusses erkunden. Die Yukon Conservation Society, eine Naturschutz-Vereinigung, bietet Mitte Juni bis Mitte August kostenlose zweistündige Führungen durch die Natur an (Di–Sa 10 und 14 Uhr, www.yukonconservation.org).

Whitehorse Fishway: Die Lachsaufzuchtstation mit Kanadas längster Lachsleiter liegt auf dem Weg zum Miles Canyon und ist zu Fuß angenehm über den Millennium Trail (s. u. „Wanderungen“) zu erreichen. Im Vordergrund stehen hier die Bemühungen zum Erhalt des Lachbestandes, denn das große Kraftwerk hat den Zug der Lachse unterbunden. Heute kann man durch eine Glaswand den Fischen zusehen und ihren Zug stromaufwärts auf der 366 Meter langen Fischleiter verfolgen.
■ Juni bis Aug. tägl. 9–17 Uhr. Eintritt frei, 3 $ Spende erbeten. Nisutlin Drive, ✆ (867) 633-5965, www.yukonenergy.ca/media/site_documents/847_German-Fishladder_web.pdf.

Norden | Yukon Territory → Karte S. 490/491

Miles Canyon

Auf dem Alaska Highway bei Haines Junction

MacBride Copperbelt Railway/Mining Museum: Das Museum ist seit 2018 eine Außenstelle des MacBride Museums und informiert über die Schürf- und Minengeschichte der Region. Die Mine im Nordwesten der Stadt lag an einer riesigen Kupferader, die sich zwischen Cowley Creek und Porter Creek über fast 30 km Länge parallel zum Alaska Highway hinzog. Die Besucher werden auf eine Bahnfahrt durch den Taigawald und die Relikte des Kupferbergbaus mitgenommen.

■ Mitte Mai bis August 10–15 Uhr. Eintritt 5 $. Mile 919.28 Alaska Highway, nördlich der Stadt, ✆ (867) 667-6198, www.macbridemuseum.com.

Yukon Wildlife Preserve: Das knapp 3 km² große Schutzgebiet ist Heimat für 13 Spezies, darunter Elche, Bisons, Moschusochsen und Karibus. Ein 5 km langer Rundweg erlaubt die Beobachtung der Tiere in ihrer natürlichen Umgebung: Hier sind die Menschen hinter Gittern … Alternativ kann man eine 90-minütige Bustour durchs Gelände unternehmen. Das Zentrum wurde mehrfach für seine Bemühungen um die Erhaltung und Erforschung bedrohter Tierarten ausgezeichnet.

■ Mai bis Sept. 9.30–18 Uhr, sonst kürzer bzw. nur an Wochenenden. Eintritt 15 $ (Rundweg) bzw. 22 $ (Bus). Bus 10, 12, 14, 16 Uhr. Takhini Hot Springs Road (25 km von Whitehorse), ✆ (867) 456-7400, www.yukonwildlife.ca.

Takhini Hot Springs: Ein idealer Ort zum Entspannen! Die Mineralquelle nördlich der Stadt füllt schon seit mehr als hundert Jahren zwei große Becken mit 42° bzw. 36° warmem Wasser. Die Umgebung der Becken ist zwar eher städtisches Freibad als Wildnis, dennoch macht es Spaß, sich nach einem aktiven Tag hier zu erholen.

■ Juli bis Aug. 8–23 Uhr, Mai, Juni, Sept. 10–22 Uhr. Eintritt 12 $. Mile 6 Takhini Hot Springs Road (28 km von Whitehorse), ✆ (867) 456-8000, www.takhinihotpools.com.

Wanderungen/Fahrradfahren: Whitehorse verfügt über ein mehr als 700 km langes Wegenetz. Auch wenn ein Teil davon vor allem der Verbindung von Stadtteilen dient, bleibt noch mehr als genug Auswahl in der Wildnis rund um Whitehorse. Der Millennium Trail (4,5 km, asphaltiert, 1 Std.) ist ein Rundweg von der SS Klondike zur Rotary Centennial Footbridge und auf der anderen Flussseite zurück.

Wem das zu kurz ist, der kann die Strecke bis zur Fußbrücke im Miles Canyon verlängern (15 km hin/zurück, 3½ Std.), oder man spart sich das asphaltierte stadtnahe Teilstück und geht nur den Yukon River Loop Trail genannten Rundweg über die Miles-Canyon-Hängebrücke und die Rotary-Brücke (10 km, 2½ Std.). Die Trails rund um Mount McIntyre und Grey Mountain sind vor allem bei Mountainbikern beliebt; das Wegenetz der Southern Lakes wird mehr von Wanderern geschätzt.

Touren/Ausflüge: Wer nicht die Zeit für einen größeren Abstecher nach Südost-Alaska hat, sollte zumindest eine Tagestour nach Skagway unternehmen und dabei auch die spektakuläre Fahrt mit der „White Pass & Yukon Route Railroad" entlang der steilen Felswände mitmachen. Diese Tour lässt sich von Whitehorse komplett mit Zug und Bus absolvieren oder man fährt mit dem Auto bis Fraser, steigt dort in den Zug und nimmt den Zug oder Bus zurück bis Fraser.

▪ Mehrere Unternehmen teilen sich den Markt für weitere Halb-, Ganz- und Mehrtagestouren im Yukon. Anbieter siehe Basis-Infos.

Haines Junction und Kluane-Nationalpark

Von Whitehorse aus führt der Alaska Highway nach Westen. War der südlichere Teil des Alaska Highway noch von dichtem Wald geprägt, dominiert nun eine weite, teils an Taiga, teils an Tundra erinnernde Hügellandschaft. Die Straße führt über ein Hochplateau und verläuft dabei oft für mehrere Kilometer schnurgerade. Beim Historic Milepost 996 führt ein kurzer Fußweg zur Historic Canyon Creek Bridge, einer der Originalbrücken des Highways. Kurz vor Haines Junction, das 160 km und knapp zwei Stunden Fahrzeit von Whitehorse entfernt liegt, ändert sich die Szenerie und zeigt eine eindrucksvolle Landschaft: Bei der Abfahrt vom Hochplateau wird das Bergpanorama der knapp 3000 m hohen Kluane Range im Kluane-Nationalpark sichtbar.

Haines Junction entstand erst mit dem Bau des Alaska Highway und des Haines Cutoff (der heutigen Haines Road), der die Verbindung nach Alaska darstellt. Der Ort hat keine Sehenswürdigkeiten zu bieten, ist aber Ausgangspunkt für Touren in den Kluane-Nationalpark. Dies und die Lage am Alaska Highway führten hier zu einigen Hotels und Tankstellen.

Der 1976 gegründete Kluane-Nationalpark ist mit einer Fläche von 22.016 km² Teil eines ausgedehnten Öko-Systems, zu dem auch die benachbarten Nationalparks Wrangell-St. Elias und Glacier Bay in Alaska sowie der kanadische Tatsenshini-Alsek Provincial Park gehören. Gemeinsam bilden die vier Parks ein UNESCO-Weltnaturerbe, das mit 98.000 km² größer ist als Österreich. 82 Prozent des Parks sind von Eis bedeckt; nicht einmal im Himalaya, nur an den Polen findet man auf unserem Planeten ein so großes zusammenhängendes Gletschersystem. Einer der Felsgipfel ist der Mount Logan, mit 5959 Metern Kanadas höchster Berg. Weite Teile des Parks sind unzugänglich und sollen es zum Schutze der Natur auch bleiben.

Da Ku Cultural Centre: Das Kulturzentrum der in der Region lebenden First Nations, untergebracht im neuen Komplex der Infozentren am nördlichen Ortsausgang, lohnt einen Besuch. Die First Nations der Stämme Champagne und Aishihik zeigen ein außergewöhnliches künstlerisches Talent. Aus dem Spektrum ihrer Schaffenskunst können im Shop des Zentrums viele Einzelstücke erworben werden.

▪ Eintritt frei. ✆ (867) 634-4200, www.cafn.ca/da-ku-cultural-centre.

Rundflüge: Ein Flug über den Nationalpark ist eine der schönsten Möglichkeiten, die kaum zugänglichen Regionen zu entdecken. Die Kluane Range, die man vom Highway aus sieht, reicht „nur" bis auf knapp 3000 m – die zahl-

Norden | Yukon Territory → Karte S. 490/491

reichen Fünftausender liegen oft über 100 km entfernt weit im Inneren des Parks. Anbieter siehe Basis-Infos.

Wanderungen: Obwohl der Nationalpark nur auf seiner Ostseite zugänglich ist, gibt es 22 Routen zwischen 30 Minuten und 10 Tagen, die diese Region erschließen. Von Haines Junction selbst aus führt nur der wahlweise ein- oder zweistündige Dezadeash River Loop (3,5 oder 5,5 km) am gleichnamigen Fluss entlang (Beginn an der Brücke am südlichen Ortsausgang). Alle anderen Wege beginnen am Alaska Highway oder am Haines Highway und werden dort beschrieben.

Praktische Infos

Information **Haines Junction Visitor Centre:** Mai bis Sept. tägl. 8–20 Uhr. 1 Allen Place, ✆ (867) 634-2345, www.tc.gov.yk.ca/vic.html. Der „Recreation Guide" der Nationalpark-Verwaltung mit Kurzbeschreibungen ist im Visitor Centre kostenfrei erhältlich.

Kluane National Park and Reserve Centre: Mitte Mai bis Anfang Juni und Sept., tägl. 9–17 Uhr, Anfang Juni bis Anfang Sept. tägl. 9–19 Uhr. Detaillierte Informationen zu Wanderungen, Touren und Camping im Park. Hier kann man auch anhand von Modellen und Filmen (empfehlenswert: „Living Land", 25 Min.) die gewaltigen Ausmaße des Parks erahnen. 1 Allen Place, www.pc.gc.ca/en/pn-np/yt/kluane.

Rundflüge **Kluane Glacier Air Tours** organisiert Flüge unterschiedlicher Länge mit 6- und 8-sitzigen Flugzeugen über den Park. Fünf Optionen von 1 Std. für 250 $ bis 2 Std. für 480 $. 40 Lodestar Lane, Haines Junction Airport (ca. 5 km nördlich des Ortes), ✆ (867) 634-2916, www.kluaneglacierairtours.com.

Kluane Helicopters: Helikopterflüge ab 350 $/40 Min. Der Flug mit Kluane Helicopters erlaubt nach Absprache und gegen Aufpreis auch Landungen im Park. 1 Airport Road, Haines Junction Airport (ca. 5 km nördl. des Orts), ✆ (867) 634-2224, www.kluanehelicopters.ca.

Übernachten Innerhalb des **Kluane-Nationalparks** ist nur am Kathleen Lake ein Campingplatz eingerichtet (Mitte Mai bis Mitte Sept.). 39 Plätze, keine Duschen, 16 $. Zusätzlich gibt es Wilderness Campgrounds, für die ein Overnight Permit benötigt wird, das im Visitor Centre erhältlich ist.

Parkside Inn: Die neueste Unterkunft in Haines Junction bietet Drei-Sterne-Plus-Komfort. Alle Zimmer mit Kitchenette und Frühstück im Kühlschrank. DZ 145 $. 137 Haines Highway, ✆ (867) 634-2900. www.parksidekluaneyukon.com.

Raven Hotel: Boutique-Hotel mit 12 schönen und hochwertig ausgestatteten Zimmern und großem Frühstücksbüffet. Old Alaska Highway. DZ ab 129 $. ✆ (867) 634-2500. www.ravenhotelyukon.ca

Stardust Motel: Einfach, aber perfekt gepflegt und sauber präsentiert sich das Motel unter deutschsprachiger Leitung. Es ist klar die beste der zahlreichen günstigeren Unterkünfte in Haines Junction. 1015 Alaska Highway. DZ ab 90 $. ✆ (867) 634-2591. www.stardustmotelyukon.com

Wanderer's Inn: Das kleine moderne Backpacker Hostel bietet auch Zeltplattformen im Garten. 191 Backe Street. Zeltplatz 25 $, Bett im Schlafsaal 40 $, DZ 95 $ – alle mit Gemeinschafts-Sanitärbereichen. Bettzeug 5 $/Pers. ✆ (867) 634-5321. www.wanderersinn.ca

Essen & Trinken **Mile 1016 Pub:** Der 2016 eröffnete Pub serviert typisches Barfood. Nachos, Chicken Wings, Burger & Co prägen die übersichtliche Speisekarte. Trotzdem die beste Option in Haines Junction nach 19 Uhr. Tägl. 12–2 Uhr. 1 Haines Highway, ✆ (867) 634-2093.

MeinTipp **Village Bakery and Deli:** In einer Nebenstraße liegt die beste Bäckerei des Yukon. Morgens Quiches, Gebäck, Wraps; mittags Paninis, Sandwiches, Pizza; abends Lasagne, Spanakopita. Freitags Lachs-BBQ und Livemusik! Tägl. 8–19 Uhr. 116 Auriol Street, ✆ (867) 634-2867, www.villagebakeryyukon.com.

Haines Road

Die Schotterpiste des Haines Cutoff („Haines Abkürzung") wurde im Zweiten Weltkrieg erbaut, um im Falle einer japanischen Invasion Truppen vom Seehafen Haines schnell nach Alaska bringen zu können. Die Route folgt uralten Pfaden der First Nations. Erst 1942/43 wurde die Strecke notdürftig befahrbar gemacht. Danach dauerte es weitere Jahrzehnte, bis die Straße eine Asphaltdecke erhielt und nun auch im Winter offengehalten wird. Heute ist die Route, die am Ostrand des Kluane-Nationalparks über mehrere Pässe ins

Tal des Chilkat River führt, eine der landschaftlich großartigsten Straßen nicht nur im Yukon, sondern im ganzen amerikanischen Nordwesten. Viele Aussichtspunkte laden zu Fotostopps ein, und mehrere Wanderwege erschließen die Natur entlang der Straße. Der Nordteil liegt im Regenschatten der Nationalparks und ist meist sonnenverwöhnt; an den baumlosen Passhöhen kann es aber auch im Sommer frostig werden und jenseits der Staatsgrenze, in Alaska, auch mal regnerisch.

Verfahren kann man sich nicht, denn nur die Haines Road ist asphaltiert; alle Nebenstraßen sind geschottert. Unterwegs gibt es keinerlei Einrichtungen – tanken und sich mit Lebensmitteln für den Tag eindecken muss man schon in Haines Junction bzw. in Haines. Zu beachten sind auch die Öffnungszeiten des Grenzübergangs: 8–24 Uhr Yukon Time bzw. 7–23 Uhr Alaska-Zeit.

Aussichtspunkte und Wanderungen: In den Yukon Visitor Centres erhält man die informative Faltkarte „Haines Road" mit vielen Tipps und Informationen, markierten Fotostellen und Wanderwegen. An zahlreichen Abschnitten der Straße zeigen sich grandiose Panoramen; als Faustregel gilt: Je größer der Parkplatz, desto lohnender das Motiv. Nicht verpassen sollte man den Abstecher zum Boardwalk am **Kathleen Lake** (Day-Use Area) sowie die hochalpinen Landschaften rund um die beiden Pässe **Chilkat Pass** und **Three Guardsmen Pass.**

Wanderer finden hier viele schöne Trails: Südlich von Haines Junction führt der **Auriol Loop** (15 km, 4–6 Std., 400 Höhenmeter) in die Waldlandschaft zu Füßen des Quill Peak. Vom Kathleen Lake aus steigt der King's Throne Trail etwa 550 m an und erreicht einen schönen Aussichtspunkt (10 km hin/zurück, 4–6 Std.). Die 85 km lange Rundtour **Cottonwood**

Norden | Yukon Territory → Karte S. 490/491

Vom Niedergang der Highway-Romantik

Als nach dem Krieg die zivile Nutzung der Straße von Haines Junction nach Tok/Alaska freigegeben wurde, entstanden etliche Siedlungen entlang der Route: Der schlechte Straßenzustand erlaubte noch bis in die 1970er-Jahre oft nur 100 bis 200 km Tagesleistung, daher wurden Werkstätten, Motels und Restaurants benötigt.

Heute hat der Highway längst seinen Schrecken verloren und mancher Autofahrer bewältigt die 333 km von Haines Junction zur Grenze in weniger als vier Stunden. So können Mechaniker und Motelbesitzer nur zusehen, wie der Verkehr an ihnen vorbeirauscht. Weniger als 300 Menschen leben noch entlang dieses Abschnitts des Highways, und der Reisende wird mehr verfallene Serviceeinrichtungen erleben als noch in Betrieb befindliche. Wer verhindern möchte, dass auch noch die letzten alteingesessenen Betriebe ihre Türen für immer schließen und der Charakter dieser „Mother Road" endgültig verlorengeht, der isst, tankt, schläft in Destruction Bay oder Burwash Landing, am Koidern Creek oder in Beaver Creek, auch wenn das Preis-Leistungs-Verhältnis nicht unbedingt besser ist als in Haines Junction oder Tok/Alaska – dafür ist es ein authentisches Erlebnis.

Trail durch mehrere Täler im Hinterland nimmt ebenfalls hier ihren Ausgang; vier bis sechs Tage sollten erfahrene Wanderer für den Wilderness Trek veranschlagen. Nur ein Spaziergang ist dagegen der 800 m lange Rock Glacier Trail, der 44 km südlich von Haines Junction beginnt und zu einem schönen Ausblick über den Dezadeash Lake führt (ca. 30 Min. hin/zurück, 90 Höhenmeter). Einer der seltener begangenen Wege verbindet die Haines Road südlich des Dezadeash Lake mit dem 4 km entfernten St. Elias Lake (3 Std. hin/zurück, 120 Höhenmeter).

Yukon Government Campground: Am Dezadeash Lake (KM 198) und an den Million Dollar Falls (KM 159) hat der Yukon zwei einfache Campingplätze eingerichtet. 12 $.

Vom Kluane-Nationalpark Richtung Grenze

Von Haines Junction führt der Alaska Highway Richtung Nordwesten nach Alaska. 20 km nach Haines Junction ist der **Bear Creek Summit** erreicht, mit 1004 m der höchste Punkt des Highways zwischen Whitehorse und Fairbanks. 25 km weiter folgt der nur einen Meter niedrigere **Boutillier Summit.** Linker Hand erheben sich die Berge der Kluane Range, zur Rechten liegen Seen und weite Täler. Dieser Teil des Highways wurde zuletzt fertiggestellt: Am Soldier's Summit trafen sich am 20. November 1942 die Bautrupps aus Nord und Süd.

Silver City: Die größte Geisterstadt des Yukon liegt gut 3 km nördlich des Highways entlang einer Schotterstraße, die 800 m westlich des Parkplatzes am Kluane Lake Viewpoint abzweigt (Km 1636, keine Beschilderung). Der kurze Gold- und Silber-Boom Anfang des 20. Jahrhunderts war schnell vorbei. 1952 kaufte ein Privatmann aus Fairbanks das ganze brachliegende Gelände, doch der geplante historische Themenpark kam bis heute nicht zustande. Das Gelände ist immer noch in Privatbesitz, aber frei zugänglich. Das Betreten für Fotos wurde 2018 toleriert. Nicht viel mehr Leben herrscht an der kleinen Flugpiste von Silver City – man sollte vorab reserviert haben, wenn man hier zu einem Rundflug über die Gletscherwelt des Naturparks starten möchte (→ Praktische Infos, S. 516).

Das kleine **Thachäl Dhäl Visitor Centre** (Ende Mai bis Anfang Sept. tägl. 9–16 Uhr) liegt am Nordufer der weiten Mündung des Slim's River (Ä'äy Chù).

Am Kluane Lake

Flug über den Kaskawulsh-Gletscher

Die Aussichtsplattform hier ist ideal, um Dall-Schafe an den Felswänden zu beobachten. Zudem ist das Centre Ausgangspunkt von drei Wanderungen. Der Weg das Sheep-Creek-Tal hinauf (10 km hin/zurück, 4–5 Std., 430 Höhenmeter) bietet schöne Blicke auf den Slim River; fordernder ist die Ganztages-Tour zum Bullion Plateau (24 km hin/zurück, 7–9 Std., 900 Höhenmeter), doch wird man im Spätsommer mit alpinen Blumenwiesen und großartigen Blicken auf das Flusstal und die Red Castle Ridge belohnt. Eine Mehrtagestour führt durch das Flusstal bis fast zum Kaskawulsh Gletscher (45 km hin/zurück, 2–4 Tage, 100 Höhenmeter).

Nicht ausgeschildert ist der lohnende Stopp am **Soldiers Summit.** Von Süden kommend ist es gleich der erste Parkplatz nach dem Damm über die Mündung des Slim River. Vom Parkplatz aus steigt man in 20 Minuten zu dem Ort auf, wo 1942 der Highway vollendet wurde. Schöne Ausblicke über den Kluane Lake gibt es gratis dazu. Noch eindrucksvoller wird es jedoch, wenn man an der ersten Gabelung im Aufstieg nicht links auf den gepflegten Weg zur Gedenktafel abbiegt, sondern nach rechts: Da steht man plötzlich auf einem Originalstück der Straße und versteht schlagartig, was das Militär damals unter einem Highway verstand: Die aufgetürmten Felsbrocken hoch über dem See waren höchstens im Schritttempo befahrbar.

Destruction Bay: Das 43-Einwohner-Dorf besteht fast nur aus dem Talbot Arm Motel mit Tankstelle, Werkstatt, Restaurant und General Store sowie dem RV Park Cottonwood – ein guter Ort für eine Mahlzeit oder eine Übernachtung, wenn man zwischen Haines Junction und Tok pausieren möchte.

Burwash Landing: Der schon 1904 gegründete Ort hat 90, meist indigene Einwohner. Neben dem skurrilen Fotomotiv der größten Goldwaschpfanne der Welt (nicht zu übersehen) gibt es das **Kluane Museum of Natural History** (Mitte Mai bis Mitte Sept. tägl. 9–18.30 Uhr) – Yukons einziges Museum nur für Naturgeschichte. Das privat geführte Museum hat sich von einer lokalen Attraktion zu einem richtigen Museum entwickelt, mit Schwerpunkten auf der naturgeschichtlichen Entwicklung der Region und den lokalen First Nations vom Stamm der Southern Tutchone. Wer tiefer in die Geschichte und Lebensweise dieser First Nations eintauchen möchte, kann dies auf der anderen Seeseite tun, bei James Allen und seiner Familie im Shakat Tun Summer Camp (→ Praktische Infos, S. 516).

Gegenüber liegt die historische katholische Kirche, am Seeufer der General Store von 1946. Der 3 km nördlich gelegene Burwash Airport bietet eine

Quonset-Wellblech-Kirche „Our Lady of Grace" in Beaver Creek

weitere Möglichkeit – die letzte am Highway –, Flüge zu den Gletschern des Kluane-Nationalparks unternehmen (→ Praktische Infos, s. u.). Gut 50 km weiter, bei KM 1755, ergibt sich bei den Icefield Ranges der einzige Blick vom Alaska Highway auf den **Mount Logan,** Kanadas höchsten Gipfel.

Beaver Creek: Das Hundert-Seelen-Dorf kurz vor der Grenze zu Alaska verfügt mit der Kirche der Lady of Grace Mission über eine der letzten Quonset-Kirchen (unseren Nissenhütten vergleichbar, halbrunde Wellblechbauten) – ein schönes Fotomotiv. Einige kleine Statuen stehen westlich der „How Far West Plaza", die den Mittelpunkt des Ortes bildet. Sie erinnern daran, dass Beaver Creek der westlichste Ort Kanadas ist. Kurz hinter dem Ort liegt der Grenzposten, dann grüßt ein Schild „Welcome to Alaska".

Praktische Infos

Information Thachäl Dhäl Visitor Centre: Ende Mai bis Anfang Sept. tägl. 9–16 Uhr. Eine Autostunde von Haines Junction im Ä'äy Chù (Slim River) Valley. www.travelyukon.com.

In **Beaver Creek** betreibt die Regierung des Yukon ein größeres **Infozentrum,** das aus Alaska kommende Reisende über den Yukon informieren soll. Ende Mai bis Anfang Sept. tägl. 8–20 Uhr.

First Nations Shakat Tun: Nur zwei Cabins gibt es in diesem kleinen Sommerlager der Familie Allen vom Stamm der Southern Tutchone. Wer zwei oder mehr Nächte bleibt, erlebt authentisches Leben in der Wildnis des Yukon: Fischen, Tierbeobachtung und vor allem Geschichten der Vorfahren. Transfer vom Parkplatz unweit von Silver City. Nur mit Reservierung. ✆ (867) 332-4604, www.shakattun adventures.com.

Rundflug Icefield Discovery Tours bietet Rundflüge über die Gletscherwelt des Kluane-Nationalparks an. Die Lage in Silver City ist ideal, denn es sind nur sieben Flugminuten zum Kaskawalsh Glacier, und Mount Logan wird schon mit dem einstündigen Flug erreicht. Bei der 90-Minuten-Tour ist die Landung auf einem Gletscher inklusive. Wem das nicht reicht: Man kann auch mehrere Tage im „Icefield Discovery Camp" verbringen. Neben Vorträgen über Aufbau und Funktion von Gletschern lernt man Wandern und Klettern im Eis. 1, 1½ und 2 Std. für 250/325/400 $. Flug und 3 Nächte im Icefield Discovery Camp mit Verpflegung und Programm 1250 $. Silver City Airstrip

(Abzweig vom Highway 3 km westlich des Parkplatzes am Kluane Lake Viewpoint), ✆ (867) 841-4204, www.icefielddiscovery.com.

Rocking Star Adventures: Flüge 30–120 Minuten für 160–480 $. 3202 Airport Road, Burwash Landing, ✆ (867) 841-4322, www.rockingstar.ca.

Übernachten **Talbot Arm Motel** in Destruction Bay: Die 2016 renovierten Zimmer und eine bodenständige Küche machen das Motel zum besten Übernachtungs-Stopp der Region. WiFi nur mit geringer Bandbreite, aber Handyempfang. DZ ab 110 $. Destruction Bay, ✆ (867) 841-4461, www.talbotarm.com.

Discovery Yukon Lodgings in Koidern: Teile der alten Highway Lodge wurden renoviert und modernisiert; zusammen mit den historischen Militärfahrzeugen, die die Besitzer sammeln, gibt dies der Lodge ein rustikales Flair. Cabins und Hotelzimmer mit Du/WC 140 $, Zelthütten 35 $, Wohnmobil-/Zeltstellplätze 20–45 $/20 $. KM 1818 Alaska Highway (50 km von der Grenze), ✆ (867) 862-7408, www.discoveryyukon.com.

Buckshot Betty's in Beaver Creek: Die einzig zumutbare Unterkunft in Beaver Creek, dem letzten Ort vor der Grenze zu Alaska. Das passable Restaurant verfügt über Motelzimmer mit Kühlschrank und Mikrowelle. DZ ab 104 $. Beaver Creek, ✆ (867) 862-7111, www.buckshotbettys.ca.

Essen & Trinken Kulinarische Offenbarungen darf man nicht erwarten. Die in Betrieb befindlichen Lodges stellen eine Basisversorgung für ihre Gäste und Durchreisende dar – mehr nicht.

Talbot Arm Motel: Die größte Auswahl, das passabelste Essen und ein freundlicher Service – besser wird es nicht auf den 500 km zwischen Haines Junction und Tok. Tägl. 7–22 Uhr. Adresse s. o.

Discovery Yukon Lodgings: Hier werden nur Hausgäste verköstigt. Frühstück und Dinner. Adresse s. o.

Buckshot Betty's: Klassische amerikanische Küche: Eier, Burger, Pasta, Pizza. Tägl. 6–23 Uhr. Adresse s. o.

Norden | Yukon Territory → Karte S. 490/491

North to Alaska – oder zurück in den Yukon?

Natürlich endet der Alaska Highway nicht an der Grenze – aber dieser Reiseführer. Von Beaver Creek zur nächsten Siedlung in Alaska, Tok, sind es 180 km, die sich in gut zwei Stunden zurücklegen ließen, wären da nicht die Grenzkontrollen der USA. Je nach Saison, Tageszeit (der Übergang ist 24 Std. täglich geöffnet) und Laune der Grenzer hat der Autor schon Wartezeiten zwischen fünf Minuten und fünf Stunden erlebt. In Tok ist seit der Schließung des Westmark Hotel 2014 das Übernachtungsangebot äußerst knapp – vorab reservieren ist ein Muss. Von Tok sind es dann noch einmal etwa fünf bis sechs Stunden Fahrzeit zu den großen Highlights Alaskas: Denali National Park, Anchorage oder Valdez am Prince William Sound.

Lohnender ist es da, schon kurz vor Tok rechts abzubiegen und über den Top of the World Highway in den Yukon zurückzukehren, genauer: nach Dawson City. Von dort führt der Klondike Highway dann zurück nach Whitehorse. Von den Unterkünften in Koidern oder Beaver Creek sind es etwa 500 km oder acht Stunden Fahrzeit bis Dawson City. Da es außer der grandiosen Landschaft wenig gibt, das einen Stopp lohnen würde, ist dieser Trip an einem langen Tag gut machbar. Wer in Tok übernachten möchte, sollte für die 300 km von dort nach Dawson immer noch sechs Stunden veranschlagen.

Hochplateau am White Pass

Klondike Highway

Der Highway folgt dem Klondike-Goldrausch von 1897/98: Vom Pazifik in Skagway/Alaska windet sich die Straße hinauf zum White Pass und dann meist entlang des Yukon River über Whitehorse bis nach Dawson City.

Die beiden Endpunkte des Highways – und das dazwischen liegende Whitehorse – sind die Höhepunkte der Route, die sonst mehr durch ihre Landschaft und faszinierende Geschichte als durch Sehenswürdigkeiten überzeugt. Eine Ausnahme bildet Carcross, das in den letzten Jahren viel und erfolgreich in den Tourismus investierte und einen mehrstündigen Aufenthalt lohnt.

Von Skagway nach Carcross

Von Skagway (→ S. 629) verlaufen Straße und White Pass Railroad zunächst parallel das Tal des Skagway River hinauf, zum auf 873 m hoch gelegenen White Pass. Hier ändert sich die Landschaft schlagartig. Dominierte bisher der hohe und dichte Baumbestand des gemäßigten Regenwaldes, öffnet sich nun der Blick auf ein weites Hochplateau mit blauen Seen, umringt von auch im Sommer schneebedeckten Gipfeln und nur wenigen, verkrüppelten Hemlock-Fichten, die dem harten Winterklima in der Höhe standhalten.

Bald ist **Fraser** erreicht. Der Ort besteht nur aus der Grenzkontrollstelle (7–23 Uhr Alaska-Zeit, 8–24 Uhr Yukon-Zeit) und dem Bahnhof der White Pass Railway. Hier steigen vor allem Busgruppen um und Radfahrer, die sich mit der Bahnfahrt den Anstieg von Skagway aus ersparen. Ab hier verliert die Straße an Höhe und wird linker Hand von dichtem Wald gesäumt, während zur Rechten die Ufer des Tushi Lake und des Nares Lake liegen – nur zwei der vielen Gewässer in der Southern Lakes genannten Region. Nach wenigen Minuten ist der 60. Breiten-

Letztes Relikt der Goldgräberzeit: Kirche am Lake Bennett

grad erreicht, der die Südgrenze des Yukon bildet; bis hierhin ging die Fahrt ein kurzes Stück durch den letzten, nordwestlichsten Zipfel von British Columbia. Im weiteren Verlauf bieten sich immer wieder schöne Fotomotive, bis nach etwa 90 Minuten Fahrzeit Carcross erreicht ist.

Die einzige „Sehenswürdigkeit" unterwegs ist die **Yukon Suspension Bridge,** eine vor einigen Jahren gebaute Fußgänger-Hängebrücke, die den Tushi River in knapp 20 Metern Höhe überspannt. Sie dient vor allem als Ziel für Kreuzfahrtgäste, die einen Tagesausflug von Skagway aus machen und daheim erzählen wollen, dass sie auch in Kanada waren ... Mit unverschämten 18 $ Eintritt ist die kleine Brücke mit dem großen Souvenirshop mehr Nepp als nett.

Carcross

Die First Nations der Inland-Tlingit und Tagish waren hier heimisch; sie lebten von der Jagd auf Karibus, die im Herbst über die enge Landbrücke zwischen Lake Bennett und Tagish Lake zogen. Mit dem Klondike-Goldrausch blühte die Region auf; die Lage an zwei großen Seen machte den Ort zu einem Verkehrsknoten für die Schifffahrt.

Heute hat das Dorf mit seinen 300 Einwohnern überraschend viel zu bieten: Neben zahlreichen historischen Gebäuden gibt es Ausflugsmöglichkeiten mit der White Pass Railroad und mit Mountainbikes. Dazu kommen eine Außenstelle des MacBride-Museums von Whitehorse, die kleinste Wüste der Welt und viel indigene Kunst und Kultur. Seit einigen Jahren greift der **Culture Gold Rush** und bringt die jungen Generationen dazu, die Traditionen, Kunst und Kultur ihrer Vorfahren wiederzubeleben – kaum anderswo spürt man dies so wie hier.

Historische Gebäude: Mehr als 30 historische Gebäude säumen die Straßen von Carcross, vor allem in der Bennett Street, der Uferstraße am Bennett Lake, und im Waterfront Drive auf der Südseite des Nares River, der über eine Fußgängerbrücke erreichbar ist. Seit 2006 ist der Bahnhof von 1910 wieder in Betrieb, mehrmals wöchentlich fahren Züge nach Skagway. Gegenüber liegt das Caribou Hotel, von 1918 bis 1972 Heimat des Papageis Polly, der Gäste mit Opernarien und Flüchen unterhielt und dazu Whisky trank ... Das Hotel will nach Renovierung frühestens 2020 wieder den Betrieb aufnehmen. Direkt daneben steht der **Matthew Watson General Store.** Die originale Inneneinrichtung ist noch vorhanden, doch werden heute statt Schürfwerkzeugen Souvenirs verkauft – und Eiscreme. In der Bennett Street und im Waterfront Drive stehen noch viele Holzhütten der ersten Siedler und auch die kleine anglikanische Kirche St. Saviours am Dorfeingang lohnt einen Blick. Kein Gebäude im klassischen Sinn sind die Überbleibsel des Schaufelraddampfers „SS Tutshi" am Ufer des Nares River. Das 1990 schwer brandgeschädigte Schiff erhielt einen neuen Rahmen aus Holzbalken, der die ursprünglichen Dimensionen verdeutlicht.

Carcross Commons: In den letzten Jahren entstand eine Vielzahl von Gebäuden in Carcross. Treibende Kraft dahinter sind die Tlingit und Tagish, die sich verloren gegangene Traditionen und Kultur wieder erarbeiten. In 20 Läden werden Kunsthandwerk, Schmuck und Souvenirs angeboten, nicht nur von indigenen Künstlern, aber immer mit lokalem Bezug. Hinzu kommen ein Café und ein Restaurant.

■ Tägl. 9–16 Uhr. Eintritt frei. Im Ortszentrum. www.destinationcarcross.ca.

Am Ufer des Nares River steht das **Carving Centre.** In dem Gebäude bringt der renommierte Holzkünstler Keith Wolfe Smarch dem Nachwuchs die traditionellen Techniken der Holzbearbeitung nahe, von kleinen Gegenständen über Masken bis hin zum Totempfahl. Besucher sind stets willkommen.

Als Gemeinschaftsprojekt der Tagish, des MacBride Museums und der Nationalparkverwaltung entstand **Skookum Jim's House,** das mit seiner Ausstellung die Geschichte des Goldrausches erzählt. Das hat man andernorts auch schon gesehen, doch Skookum Jim stammte hier aus der Region, und er war nun einmal der erste, der im Klondike Gold fand.

White Pass & Yukon Route Railroad: Seit 2006 ist die Strecke von Fraser bis Carcross wieder in Betrieb. Fünfmal pro Woche kann man von hier mit dem Zug nach Skagway fahren und nach einer Übernachtung dort am nächsten Tag wieder mit dem Zug oder mit dem Bus zurück. Wer nur die Atmosphäre genießen will: Dienstag bis Sonntag ist zwischen 12 und 13 Uhr Betrieb am Bahnhof.

Carcross Desert: Das nur 2,6 km² große versandete Gebiet wird oft als kleinste Wüste der Welt bezeichnet. Wissenschaftlich korrekt ist das nicht, denn das Klima ist zu feucht für eine echte Wüste: Der Sand stammt aus der letzten Eiszeit, als Gletscher auf ihrem Weg Felsen zu kleinsten Sandpartikeln zerrieben. Nach dem Austrocknen der Seen blieb der Sand, den der Wind dann zu Dünen formte.

■ 2 km nördlich von Carcross am Klondike Highway, Eintritt frei.

Mountainbiking: Der Hausberg von Carcross, **Montana Mountain,** genießt Weltruf unter Mountainbikern: Dem Mountain Hero Trail wurde vom Weltverband IMBA die höchste Auszeichnung „Epic Trail" verliehen. Ein Teil des 65 km langen Netzes von Single Trails ist auch für Wanderer zugänglich.

Praktische Infos

Information **Visitor Information Centre** im Carcross Commons Commercial Village: Mai bis Sept. tägl. 8–20 Uhr. ☏ (867) 821-4431, www.destinationcarcross.ca.

Service-Center der Nationalparkverwaltung Parks Canada: Hier erhält man Camping Permits für die Bennett-Region. Carcross Commons, im Obergeschoss von Skookum Jim's House. Mai bis Sept. tägl. 10–16 Uhr. ☏ (867) 821-4431. www.destinationcarcross.ca.

Hin und weg **Bus:** Mit Yukon Alaska Tourist Tours Ende Mai bis Anfang Sept. 1x tägl. (18.30 Uhr) nach Whitehorse, 1x tägl. (10 Uhr) über Fraser nach Skagway. ☏ (867) 668-5944. www.yatt.ca.

White Pass & Yukon Route Railroad: Di–Do und Sa/So 13 Uhr nach Skagway. Rückfahrt: Skagway Di–Fr und So um 7.30 Uhr. ✆ (800) 343-7373, www.wpyr.com.

Fahrradverleih Icycle Sport aus Whitehorse verleiht Bikes und Ausrüstung. 45–85 $/Tag. Carcross Commons, ✆ (867) 633-2308, www.icyclesport.com.

Übernachten * Spirit Lake Wilderness Resort:** 10 km nördlich von Carcross liegt dieses kleine Resort mit Zimmern, Cabins, Stellplätzen. DZ ab 99 $, Cabins und Cottages ohne Du/WC ab 65/75 $, Wohnmobil/Zelt ab 25 $. Mile 72,3 South Klondike Highway, ✆ (867) 821-4337, www.spiritlakeyukon.com.

Caribou Hotel: Seit Jahren eine Baustelle, will das historische Hotel bald als Boutique-Hotel mit 11 Zimmern, 4 Cabins, Restaurant und Saloon wieder öffnen. Das Konzept überzeugt, und so lohnt ein Blick auf die Webseite für die Reiseplanung. www.caribouhotel.ca.

Essen & Trinken Bistro on Bennett: Das kleine Bistro serviert klassisches Frühstück, Burger, Suppen, Fish & Chips. Häufig wechselnde Tageskarte. Tägl. 8–20 Uhr. Carcross Commons, ✆ (867) 821-3002.

Caribou Crossing Café: Das Café in den Carcross Commons steht unter deutscher Leitung und backt Brot nach deutschem Rezept – das tut gut, zwischendurch. Auch vegane und glutenfreie Speisen. Frühstück und Lunch. Tägl. 9–18 Uhr. Carcross Commons, ✆ (867) 333-0535.

Von Carcross nach Dawson City

Von der Carcross Desert (s. o.) sind es 10 km den South Klondike Highway entlang bis zu einem Aussichtspunkt: Die Straße verläuft hier zwischen Spirit Lake (Ostseite) und Emerald Lake (Westseite). Letzterer erhält durch den Gletschersand eine türkise Farbe und ist einer der meistfotografierten Seen des Yukon. Von hier sind es ca. 40 km, bis der Klondike Highway auf den Alaska Highway trifft und bis Whitehorse (→ Alaska Highway, S. 503) gemeinsam mit diesem verläuft. 12 km nach der Hauptstadt des Yukon trennen sich die beiden Highways wieder; der

Denkmallok „The Duchess" ▲
Carcross Commons ▼
General Store in Carcross ▼▼
Zug der White Pass & Yukon Route Railroad ▼▼▼

Emerald Lake zwischen Carcross und Whitehorse

Klondike Highway biegt in Richtung Norden nach Dawson City ab.

Wer sich auf dem Nordabschnitt des Klondike Highway nach Dawson auf grandiose Landschaften freut, wird enttäuscht sein – oder dankbar, dass man mal einen Tag Zeit bekommt, die bisher gesammelten Sinneseindrücke zu verarbeiten. Jedenfalls gehören die 540 km von Whitehorse bis Dawson nicht zu den landschaftlichen Höhepunkten des Yukon: Man fährt endlos durch Wälder mit nur wenigen schönen Ausblicken auf den Yukon River, der meist weitab der Straße verläuft.

Wer nur Dawson City selbst zum Ziel hat und weder Keno City besuchen noch auf dem Dempster oder Top of the World Highway weiterfahren will, sollte ernsthaft überlegen, von Whitehorse nach Dawson zu fliegen – damit spart man fast zwei Tage hin und zurück ein. Alternativ kann man auch anderen das Fahren überlassen und den Bus nehmen. Mit den angebotenen Ausflügen, Leihrädern und zu Fuß ist man in Dawson dann jedenfalls ausreichend mobil.

Nach dem Abzweig vom Alaska Highway sind es 20 bzw. 55 km bis zu den Seen Lake Laberge bzw. Fox Lake, beide mit einem schönen Campground. Nach 130 km gelangt man von einem kleinen Parkplatz schnell zu den fotogenen Überresten des Montague Roadhouse östlich der Straße – einer von einst 52 Übernachtungs- und Verpflegungsstopps auf der Postkutschenroute von Whitehorse nach Dawson. Noch einmal 33 km sind es von hier bis Carmacks.

Carmacks: Der Ort an einer Schleife des Yukon River wurde nach George Carmack benannt, der 1896 den ersten großen Goldfund am Klondike machte. Heute ist Carmacks Versorgungszentrum für die umliegenden Kohle-, Kupfer- und Goldminen. Das Hotel Carmacks und der benachbarte General Store, das Tatchun Centre, bilden den Kern des Ortes. Nebenan steht die ehemalige Telegraphen-Station, eine Holzhütte aus dem Jahr 1915, die heute als Visitor Centre dient. Auf dem 1,5 km langen Boardwalk am Flussufer ergeben sich einige schöne Ausblicke. Das kleine **Tagé Cho Hudän Interpretive Centre** (tägl. 9–18 Uhr) widmet sich der Geschichte der Tutchone. Am nördlichen Ende des Orts zweigt rechts der

Robert Campbell Highway (→ Weitere Routen im Yukon, S. 537) ab, der bis nach Watson Lake führt.

Five Fingers Recreation Site: Der Klondike Highway führt von Carmacks nordwärts weiter und erreicht bald die Five Fingers Rapids. Schon von oben hat man einen guten Blick auf die Stromschnellen und die im Fluss aufragenden Felsnadeln – einst ein gefährliches Hindernis für die Schifffahrt auf dem Fluss. Der 1 km lange Spazierweg am Ufer führt dichter an die Felsen heran und ist eine gute Gelegenheit, sich die Beine zu vertreten. Am Schluss warten 219 Stufen, um wieder zum Parkplatz zu gelangen.

Fort Selkirk: Bis Minto Landing (auch: Minto Resorts) verläuft der Highway nun parallel zum Yukon River. Von Carmacks und von hier ist Fort Selkirk im Rahmen von Tagestouren erreichbar. Der ehemalige Handelsposten liegt etwa 40 km flussabwärts, am Zusammenfluss von Pelly River und Yukon River. Seit über 11.000 Jahren von den Ureinwohnern besiedelt, errichtete Robert Campbell 1848 im Auftrag der Hudson's Bay Company hier die erste permanente „weiße" Siedlung im Yukon-Gebiet. Von den Tlingit zerstört, wurde sie wieder aufgebaut und war bis in die Mitte des 20. Jahrhunderts eine wichtige Niederlassung für den lokalen Handel, wurde aber aufgegeben, als der Highway gebaut wurde.

Pelly Crossing: Auf etwa halber Strecke zwischen Whitehorse und Dawson liegt Pelly Crossing, benannt nach der längst durch eine Brücke ersetzten Fähre über den Pelly River. Die 300 überwiegenden indigenen Einwohner gehören zum Stamm der Selkirk First Nation. Auch hier sind die nötigsten Einrichtungen vorhanden: Hotel, Restaurant, Laden, Tankstelle. Das **Big Jonathan House** (Mitte Mai bis Mitte Sept. Mo–Fr 9–19 Uhr) neben dem Grocery Store beherbergt das Kulturzentrum der Selkirk First Nation. Sie stellen hier Kunsthandwerk aus, das zum Teil auch gekauft werden kann.

Der nächste Ort, das 70 km entfernte **Stewart Crossing,** ist nicht mehr als eine Tankstelle. Hier zweigt der Silver Trail (→ Weitere Routen im Yukon, S. 535) nach Keno ab. 20 Minuten weiter auf dem Klondike Highway bietet die historische **Moose Creek Lodge** ein gutes Restaurant (Mitte Mai bis Mitte Sept. tägl. 8–19 Uhr), einige nette Fotomotive und überteuerte Übernachtungen. Ab hier lichtet sich der Wald und die Bäume erreichen nur noch geringere Höhen. 40 km vor Dawson City zweigt der Dempster Highway (→ Weitere Routen im Yukon, S. 533) nach Norden ab. Bleibt man auf dem Klondike Highway, passiert man den kleinen Flughafen von Dawson City. Auf den letzten Meilen wird deutlich, dass es sich um eine Goldgräberstadt handelt: Links und rechts der Straße türmen sich Abraumhalden, die einer Mondlandschaft ähneln. Im Laufe der letzten 120 Jahre wurde hier jeder Meter mindestens einmal umgepflügt, oft mehrfach.

Dawson City

Die Stadt verdankt ihre Gründung dem großen Goldrausch von 1897/98 und zehrt noch heute von diesem Mythos. Die Minen am Bonanza Creek und Eldorado Creek, die vielen historischen Gebäude, die Blockhütten von Jack London und Robert Service, die Flussdampfer und die Schwimmbagger prägen das Bild von Dawson City. Doch die Stadt am Yukon mit ihren 1400 Einwohnern, meist nur Dawson genannt, ist auch Endziel von Kanutouren auf dem Fluss, Startpunkt für den Dempster Highway und den Top of the World Highway, Outdoor-Paradies, Kulturstadt und nicht zuletzt Heimat der Tr'ondëk Hwëch'in First Nations. Diese nutzten die Region schon als Fisch-Camp im Sommer, lange bevor die ersten Weißen hier eintrafen.

Norden | Yukon Territory → Karte S. 490/491

Kleine Klondike-Gold-Geschichte

Die Anfänge: Schon in den 1890er-Jahren waren Goldschürfer in der Region unterwegs, vor allem am Forty-Mile River, flussabwärts von Dawson. Aufgrund eines Tipps machten sich die Neuankömmlinge George Carmack, seine Ehefrau Kate vom Stamm der Tagish und deren Verwandte Skookum Jim Mason und Tagish Charlie am Rabbit Creek, dem späteren Bonanza Creek, auf die Suche. Sie wurden am 16. August 1896 fündig – noch heute ist der Discovery Day jährlicher Feiertag in Dawson. Schnell zog es die wenigen weiteren Goldsucher der Region auch dorthin. Aufgrund des langen und harten Winters im nördlichen Yukon gelangte die Kunde erst im Sommer 1897 an die Außenwelt – und löste den bekanntesten Goldrausch der Geschichte aus.

Der Klondike-Goldrausch: Mehr als Hunderttausend brachen auf, von denen viele unterwegs aufgaben. Im Spätfrühling 1898, nach dem Aufbrechen des Eises auf dem Yukon River, erreichten noch Zehntausende Dawson City und überrannten die Stadt, getrieben vom Traum nach dem großen Glück. Doch die lukrativen Claims am Klondike, südöstlich der Stadt, waren längst vergeben und ausgeschöpft. Die Stadt muss auf Neuankömmlinge erschreckend gewirkt haben. Die wenigen erfolgreichen Goldsucher verprassten ihre neuen Vermögen oft in einer einzigen Nacht in den Saloons, Bars und Bordellen, die Dawson damals prägten. Daneben entstanden Hardware Stores und Lebensmittelgeschäfte, wo jene, die zu spät kamen, ihre überflüssige Ausrüstung und den Proviant teuer an weitere Neuankömmlinge verkauften – die noch gar nicht wussten, dass auch für sie nichts mehr zu holen sein würde. Neben den Goldfeldern ist es vor allem die Stadt an sich, die heute die Besucher anzieht. Mit den ungepflasterten Straßen und den hölzernen Bürgersteigen vor alten Saloons und Hotels wirkt Dawson wie aus der Zeit gefallen; es braucht nicht viel Fantasie, sich in den Sommer 1898 zu versetzen. Doch nur noch im Spielcasino von Diamond Tooth Gertie zieht Dawson den Besuchern das Geld ohne Gegenleistung aus den Taschen …

Nach dem Goldrausch: Nach dem Höhepunkt des Goldrausches zogen viele 1899 und 1900 weiter nach Nome an Alaskas Westküste; in Dawson blieben die zurück, die bereit waren, mit langwieriger harter Arbeit dem Gestein seine Schätze abzutrotzen. Sie holten ihre Familien nach und begannen den wirtschaftlicheren industriellen Abbau. 1953 musste Dawson City dann den Sitz der Territorialverwaltung an Whitehorse abtreten, das durch seine Lage am Alaska Highway aufblühte. Seitdem fällt Dawson Anfang September in eine Art Winterschlaf. Erst im folgenden Juni erwacht der Tourismus wieder, und im Sommer finden zahlreiche Festivals statt – das größte ist das Dawson City Music Festival Ende Juli. In weniger als drei Monaten muss das Geld für ein Jahr verdient werden, und so ist hier fast alles viel teurer als im Süden.

Dawson Historical Complex: Palace Grand Theatre ▲ Dawson City Museum ▼

Dawson City Museum: Das Museum bietet all das, was man an diesem spannenden Ort von einem Museum für Stadtgeschichte erwarten darf – und viel mehr: Über den Tag verteilt gibt es zahlreiche interaktive Programmangebote, geschulte Mitarbeiter schlüpfen in historische Rollen und lassen den Goldrausch wieder aufleben. Mehrmals täglich wird der preisgekrönte Film „City of Gold" gezeigt, Goldgräberausrüstung wird erläutert und im Einsatz gezeigt. Auch die eindrucksvolle Sammlung an Lokomotiven der Minenbahnen wird fachkundig kommentiert.

■ Ende Mai bis Anfang Sept. tägl. 10–18 Uhr, im September Di–Fr 10–14 Uhr. Eintritt 9 $. 595 Fifth Avenue, ✆ (867) 993-5291, www.dawsonmuseum.ca.

Dawson Historical Complex: Hat man sich im Museum einen Überblick verschafft, lohnt eine Tour durch das historische Dawson: 25 Gebäude in der Innenstadt werden von der Nationalparkverwaltung unterhalten – ein nie endender Kampf gegen den Permafrost, der die Häuser immer wieder nahe an den Einsturz bringt. Besichtigt werden können sie nur im Rahmen verschiedener Führungen durch Parks-Canada-Personal. Auf den meist einstündigen, spannenden und humorvollen Stadtrundgängen gelangt man so in historische Banken, Saloons, ins Postamt und in das Palace Grand Theatre. Auch das Blockhaus, in dem der Dichter Robert Service während seiner Zeit in Dawson wohnte, und die Commissioner's Residence, der Amtssitz des Ministerpräsidenten des Yukon Territory bis 1953, werden von Parks Canada verwaltet und können im Rahmen von Führungen besucht werden.

■ Mitte Mai bis Mitte Sept. tägl. 8–20 Uhr. 1, 3, 5 oder alle Touren 6.30/13.70/22/30.90 $. Anmeldung für alle Touren bei Parks Canada (→ Praktische Infos, S. 526).

Jack London Museum: Das am Stadtrand im Grünen gelegene Museum widmet sich dem Leben und Werk Jack Londons. Der Schriftsteller verbrachte 1897/98 ein Jahr im Yukon, war aber als Goldsucher nicht erfolgreich, so dass er sich auf das Studieren von Charakteren und Sammeln von Geschichten konzentrierte, die er später in seiner Heimatstadt Oakland zu Papier brachte. Auf dem Gelände steht eine kleine Cabin, die mit einem Teil der originalen Baumstämme seiner damaligen Hütte erbaut wurde – aus der anderen Hälfte der Balken entstand eine ähnliche Hütte in Oakland.

■ Mitte Mai bis Ende August tägl. 11–18 Uhr. Führungen 12 und 15 Uhr. 1. Maihälfte und Sept. tägl. 11–17 Uhr, Führung 15 Uhr. Eintritt inkl. Führung 5 $. 600 Firth Street, ☏ (867) 993-5575, www.jacklondonmuseum.ca.

Firefighter Museum: Auch Dawsons viertes Museum lohnt eine Stippvisite: Das rührige Feuerwehrmuseum verwahrt einzigartige historische Löschfahrzeuge und Dampftraktoren, darunter Dampfpumpenwagen von 1897 und 1899.

■ Mai bis Sept. Mo–Fr 11–17, Sa 12–17 Uhr. Eintritt frei, Spende erbeten. 1336 Front Street, ☏ (867) 993-7407, www.dawsonfirefightermuseum.com.

Dänojà Zho Cultural Centre: Am Yukon River liegt das Kulturzentrum der Tr'ondëk Hwëch'in, deren Name „Flussvolk" bedeutet: Der Yukon und sein Fischreichtum haben den Lebensrhythmus der hiesigen First Nations über Jahrtausende geprägt. Wie in anderen Zentren der First Nations erfährt man auch hier viel über Leben, Traditionen und Kultur der ersten Bewohner der Region. Spannend ist die Hammerstone Gallery, wo Künstler der Tr'ondëk zeigen, wie sie den historischen Goldrausch aus ihrer Perspektive verarbeiten. Im Sommer gibt es geführte Spaziergänge am Fluss, bei denen man die enge Wechselbeziehung zwischen den First Nations und dem Yukon verstehen lernt. Der Gift Shop ist außergewöhnlich gut sortiert.

■ Mitte Mai bis Anfang Sept. Mo–Sa 10–17 Uhr. Eintritt 7 $. 1342 Front Street (gegenüber dem Visitor Centre), ☏ (867) 993-7100, www.trondekheritage.com.

Steamship Keno: Ganz in der Nähe des Kulturzentrums der First Nations liegt der 1922 erbaute Schaufelraddampfer am Ufer. Er wurde 1951 außer Dienst gestellt, als der Highway Dawson erreichte. Erst in Whitehorse aufbewahrt, wurde er als Museumsschiff für Dawson City 1960 noch einmal angeheizt und fuhr aus eigener Kraft den Yukon hinab zu seinem heutigen Ruheplatz. Beeindruckend ist, dass das Schiff mit seinen drei Decks nur 91 Zentimeter Tiefgang hat.

■ Mitte Mai bis Anfang Sept. tägl. 12–16 Uhr. Eintritt 6.30 $. 1025 Front Street, ☏ (867) 993-7200, www.pc.gc.ca/en/lhn-nhs/yt/klondike/activ/ssk.

Wandern: Eine stadtnahe Wanderung ist der 9th Avenue Trail. Dawson hat nur acht Avenues – der Weg verläuft dort im Wald, wo man eine neunte Straße gebaut hätte. Vom Southend Trailhead in der Craig Street bis zum Northend Trailhead am Yukon sind es etwa 45 Minuten. Dazwischen liegen sechs weitere Zugänge zum Wanderweg. Parks Canada bietet täglich (um 9 und 19.30 Uhr) eine naturkundliche Wanderung mit Gedichten von Robert Service an.

Praktische Infos

Information Gleich drei Stellen versorgen den Besucher mit Informationen: **Dawson City Visitor Info Centre:** Mitte Mai bis Mitte Sept. tägl. 8–20 Uhr. Front Street/King Street, ☏ (867) 993-5566, www.dawsoncity.ca.

Parks Canada: Öffnungszeiten und Adresse wie **Dawson City Visitor Info Centre,** ☏ (867) 993-7200, www.pc.gc.ca/en/lhn-nhs/yt/klondike/activ/dawson.

Die **Northwest Territories** unterhalten gegenüber ein Zentrum, das über die NWT und den Dempster Highway informiert. Tägl. 9–19 Uhr. 1123 Front Street, ☏ (867) 993-6167.

Hin und weg **Flugzeug:** Air North bedient Whitehorse meist 2x tägl. im Sommer sowie Inuvik (NWT) via Old Crow 1x tägl. ☏ (800) 661-0407, www.flyairnorth.com. Husky Bus fährt die 15 km zwischen Stadt und Dawson City Airport von und zu allen Flügen nach Voranmeldung für 16 $.

Fernbusse: Husky Bus, Mai bis Sept. 3x/Woche nach/von Whitehorse (8 Std.). ☏ (867) 993-3821, www.klondikeexperience.com. Alaska/Yukon Trails, Ende Mai bis Mitte Sept. 3x/Woche Whitehorse – Dawson (Übernachtung) – Fairbanks (2 Tage).

Top of the World Hw., Alaska, 1
2
2
Übernachten
1 Yukon River Campground
2 Dawson City River Hostel
3 Goldrush Campground
4 Klondike Kate's Cabins
10 The Bunkhouse
11 Triple J Hotel
14 Aurora Inn
15 5th Avenue B&B
Essen & Trinken
4 Klondike Kate's
5 River West Bistro
6 The Drunken Goat Taverna
7 Sourtoe Cocktail Club
8 Westminster Hotel
9 Diamond Tooth Gertie's
12 Bombay Peggy's Pub
13 Alchemy Cafe
14 Restaurant at the Aurora Inn
Yukon River
Front Street
Judge Street
George Street
Edward Street
3rd Avenue
2nd Avenue
9th Avenue Trail
Firefighter Museum
Albert Street
Duke Street
5th Avenue
4th Avenue
6th Avenue
Dänojà Zho Cultural Centre
NWT und Dempster Hw. Info Centre
Parks Canada Visitor Info Centre
Fishwheel Charters
Klondike Spirit
SS Keno
Palace Grand Theatre
3
4
York Street
King Street
Queen Street
7th Avenue
Goldbottom Mine Tours
5
Husky Bus
6
7
8
9
10
11
12
13
14
15
Princess Street
Harper Street
Church Street
Commissioner's Residence
8th Avenue
Mary Mcleod Road
Dawson City Museum
Mission Str.
Hanson Str.
Robert Service Cabin
Firth Str.
Jack London Museum
Turner Street
Grant Str.
Dugas Street
North Klondike Hw., Whitehorse
100 m
Dawson City

Einkaufen **Antiquitäten und Outdoor-Ausrüstung:** Dawson Trading Post, Front Street. **Lebensmittel:** Dawson City General Store, Front Street; Bonanza Market, Second Avenue/Princess Street. **Souvenirs:** Maximilian's Gold Rush Emporium, Front Street; The Raven's Nook, Second Ave/Queen St. **Kunstdrucke & Schmuck:** Dancing Moose, Front Street.

Fahrradverleih **Husky Bus:** 954 Second Avenue. Juni bis August meist 8–20 Uhr vor Ort, sonst tel. erreichbar. 39 $/Tag. Adresse s. u. Auch das **Dawson City River Hostel** (Adresse s. u.) bietet Leihräder an.

Festival **Dawson City Music Festival:** 3 Tage Ende Juli, Schwerpunkt Folk und Rock. Programm unter www.dcmf.ca

Flightseeing **Great River Air** bietet mehrere Flightseeing-Touren an, vom 20-minütigen Überflug von Stadt und Fluss bis zum einstündigen Flug über den Tombstone Territorial Park. Täglich nach Bedarf. Preise auf Anfrage, je nach Anzahl der Personen. ✆ (867) 993-4359, www.greatriverair.com.

Organisierte Touren Die Stadtrundfahrt „City and Gold Fields Tour" von **Husky Bus** hält, was sie verspricht und besucht alle wichtigen Stätten. Pluspunkt: Der Eintritt in das Stadtmuseum und Jack London Cabin sind im Preis inklusive. Ebenfalls im Angebot ist eine Tagestour in den Tombstone Territorial Park mit seinen eindrucksvollen Felsgipfeln. Juni bis Aug. meist 8–20 Uhr vor Ort, sonst telefonisch erreichbar. Stadtrundfahrt tägl. 8.30 Uhr, 3 Std., 29 $, Tombstone Park tägl. 9.30 Uhr, 7½ Std., 129 $ inkl. Lunch. 954 Second Avenue, ✆ (867) 993-3821, www.klondikeexperience.com.

Touren auf dem Yukon River kann man an Bord der **Klondike Spirit** unternehmen. Der 2007 in historischem Stil erbaute „Paddlewheeler" nimmt bis zu 50 Passagiere auf seine 90-minütigen Touren mit. Abfahrten zweistündlich 8–18 Uhr, 50 $. Tickets im Triple J Hotel (s. u.), www.klondikespirit.com.

Persönlicher geht es bei **Fishwheel Charter** zu: Tr'ondëk-Captain Tommy Taylor zeigt Gästen „seinen" Fluss, u. a. das Dorf Moosehide, in dem viele Einwohner noch nach den alten Sitten leben, und Fort Reliance. Touren Mo–Fr 13 und 15 Uhr, 75 $. Tickets im Goldrush Campground (s. u., „Übernachten"). ✆ (867) 993-6237, www.fishwheelcharterservices.yolasite.com.

Übernachten **Klondike Kate's Cabins 4:** Im rustikalen Dawson wird's nicht komfortabler als hier. 15 Blockhütten, innen modern und gemütlich ausgebaut, außen eigene Veranda. Cabins 140–200 $. 1102 Third Avenue, ✆ (867) 993-6527, www.klondikekates.ca.

***** Aurora Inn 14:** Das 1998 im historischen Stil erbaute Boutique-Hotel mit 20 Zimmern punktet mit dezentem Komfort und im Preis inbegriffenen Flughafen-Transfers. DZ ab 149 $. 5th Avenue, ✆ (867) 993-6860. www.aurorainn.ca.

Triple J Hotel 11: Der 2013 eröffnete Anbau mit 29 Zimmern macht das Triple J zu Dawsons „neuestem" Hotel. Die schon bestehenden 10 Zimmer und 22 Cabins wurden anschließend renoviert, so dass man die Wahl hat zwischen Hotelzimmer und Blockhütte. DZ im Altbau ab 149 $, im Annex ab 169 $, Cabin ab 189 $. 5th Avenue/Queen Street ✆ (867) 993-5323, www.triplejhotel.com.

5th Avenue 15: Das etablierte B & B bietet Ein-, Zwei- und Drei-Bett-Zimmer mit Etagendusche/WC oder eigenem Bad/WC. DZ ab 105 $. 5th Avenue (zwischen Harper und Church Street), ✆ (867) 993-5941, www.5thavebandb.com.

The Bunkhouse 10: Die Zimmer mit Etagendusche/WC sind Dawsons bestes Schnäppchen. Sehr freundliches und engagiertes Team. DZ mit Du/WC ab 149 $, ohne ab 85 $. Second Avenue, Ecke Princess Street, ✆ (867) 993-6164, www.dawsoncitybunkhouse.com.

Dawson City River Hostel 2: Das mit Herz und Leidenschaft geführte Hostel liegt auf der anderen Seite des Yukon River, nur 200 m vom Fähranleger (Fähre verkehrt 24 Std. tägl. und ist kostenlos). Neben verschiedenen Unterkünften (alle mit gemeinschaftlichem Sanitärbereich) werden Fahrräder und Kanus verliehen und Touren organisiert. Bett im Schlafsaal 22 $/Pers., DZ 48 $ pro Zimmer. Zeltplatz 14 $. ✆ (867) 993-6823, www.yukonhostels.com.

Zwei RV-Parks liegen etwa 2 km außerhalb. Der einzige Campingplatz in der Stadt selbst ist der **Goldrush Campground 3**, Stellplatz 27–49 $. 1207 5th Avenue. ✆ (867) 993-5247. www.goldrushcampground.com.

Auf der anderen Flussseite, 300 m nördl. vom Fähranleger, gibt es einen großen, schön gelegenen **Yukon River Campground 1**. Stellplatz 12 $.

Essen & Trinken **Restaurant im Aurora Inn 14:** Eher versteckt liegt Dawsons kulinarisches Highlight. Das Hotel-Restaurant steht auch Nicht-Hotelgästen offen und überzeugt mit Ribs, Lachs, Steaks und Surf & Turf – aber auch Schnitzel stehen auf der Karte. Tägl. nur abends. 5th Avenue/Harper Street, ☏ (867) 993-6860, www.aurorainn.ca.

Klondike Kate's 4: Oft lange Schlangen, aber es lohnt. Nordamerikanische Küche mit frischen Zutaten, z. B. Kräutern und Gemüse aus dem Yukon. Tägl. ab Uhr, So auch Brunch 8–15 Uhr. 1102 Third Avenue, ☏ (867) 993-6527, www.klondikekates.ca.

The Drunken Goat Taverna 6: Das beste griechische Restaurant im Umkreis von 500 km, aber eben auch das einzige ... Das beliebteste Restaurant in Dawson mag im Yukon etwas Besonderes sein, für Mitteleuropäer ist es nur ein recht teurer Durchschnitts-Grieche. Tägl. ab 16 Uhr. 950 Second Avenue, ☏ (867) 993-5868.

River West Bistro 5: Das Essen ist gut und günstig, aber die Portionen sind klein. Die Ausblicke von Terrasse und Balkon sind schön, aber der Service langsam. Man kann halt nicht alles haben ... Frühstück und Lunch. Tägl. geöffnet, abends geschlossen. 990 Front Street, ☏ (867) 993-6339.

Alchemy Cafe 13: Der esoterisch angehauchte Coffee Shop bietet auch kleine Backwaren und mittags Sandwichs. Frühstück, Lunch, Snacks. Mi–So 9.30–16 Uhr. 878 Third Avenue, ☏ (867) 993-3831, www.alchemycafe.ca.

Nachtleben **Westminster Hotel 8:** In der rauen und rustikalen Tavern des Hotels aus dem Jahr 1898 treffen sich vor allem Einheimische und Saisonkräfte. Jeden Freitag ab 18 Uhr Livemusik bei bester Stimmung und gutem Bier. Etwas gepflegter geht es in der Lounge nebenan zu. Auch hier freitags, meist ab 23 Uhr, Livemusik. Tavern tägl. ab 9 Uhr, Lounge bis 2 Uhr. 975 Third Avenue, ☏ (867) 993-5339.

Bombay Peggy's Pub 12: In dem ehemaligen Bordell gibt es lokale Biere, gute Scotch Whiskys und exzellente Martinis. Samstags Livemusik. Tägl. bis 1 Uhr, Lounge bis 2 Uhr. Second Avenue/Princess Street, ☏ (867) 993-6969, www.bombaypeggys.com.

Diamond Tooth Gertie's 9: Das Spielcasino mit Tanzshow ist eine Institution in Dawson. Black Jack, Poker, Roulette, einarmige Banditen. Cancan-Shows, die im Verlauf des Abends immer freizügiger werden. Zutritt ab 19 Jahren. Shows 12 $. Mitte Mai bis Mitte Sept. tägl. 19–2 Uhr, in der Hochsaison teils schon ab 14 Uhr; Shows tägl. 20.30, 22, 24 Uhr. 1001 Fourth Avenue, ☏ (867) 993-5525, www.dawsoncity.ca/diamond-tooth-gerties.

Sourtoe Cocktail Club 7: Der Legende nach amputierte Otto Linken seinem Bruder in den 1920er-Jahren den großen Zeh, nachdem dieser erfroren war und bewahrte ihn in Alkohol auf (den Zeh, nicht den Bruder). Jahrzehnte später wurde der eingelegte Zeh wiederentdeckt und der Sourtoe Club gegründet. Der Zeh wird in einem Schnapsglas versenkt, das dann geleert werden muss, ohne ihn zu verschlucken. Das klappt nicht immer – man ist jetzt schon beim elften Zeh (alle gespendet). Sourdough Joe's Saloon, jeden Abend. Front Street, ☏ (867) 993-5346.

Rund um Dawson

Klondike Goldfields: Die alteingesessene Millar-Familie schürft noch immer auf ihrem Claim am Hunker Creek, in der Goldbottom Mine. Besucher können im Rahmen einer geführten Tour erfahren, wie die Arbeit der Goldsucher im 21. Jahrhundert abläuft, vom Abstecken eines Claims über das Auswaschen bis hin zum Verkauf. Nach dieser Tour sieht man die Goldgräber-Romantik mit etwas anderen Augen.

1913 nahm die Dredge No. 4 den Betrieb auf – der größte Holzrumpf-Schaufelbagger Nordamerikas. In seinen besten Zeiten holte er an einem einzigen Tag 800 Feinunzen Gold aus dem Boden, das entspricht heute einem Wert von etwa 900.000 Euro! 1959 wurde der acht Stockwerke hohe Bagger, der die Fläche von sechs Handballfeldern bedeckt, stillgelegt. Dredge No. 4 kann heute im Rahmen von Führungen besichtigt werden.

Claim 33 im Herzen der Klondike-Goldfelder ist halb Museum für alte Fahrzeuge und Ausrüstung, halb Goldgräber-Camp. Hier findet garantiert jeder beim Schürfen und anschließenden Auswaschen Gold, wenn auch nicht unbedingt im Wert des gezahlten Eintrittspreises ... Dennoch ein Spaß, insbesondere für Familien und Gruppen. Der Discovery Claim Trail ist ein Rundweg von etwas mehr als 1 km Länge, der genau auf dem Claim verläuft, der

Norden | Yukon Territory → Karte S. 490/491

Dredge No. 4: industrielles Goldschürfen am Klondike

im August 1896 als erster eingetragen wurde und den Goldrausch auslöste. Der Claim selbst ist heute zum öffentlichen Schürfen freigegeben; vielleicht müssen Sie nur tiefer graben als alle anderen vor Ihnen ...

Goldbottom Mine: Touren Mitte Mai bis Anfang Sept. tägl. 8.15 und 13.15 Uhr. 60 $. Wer selbst mit dem Auto zur Mine fährt, spart 10 $. Tickets: Front Street, neben dem Trading Post. Mine: KM 15, Hunker Creek Road. ✆ (867) 993-5023, www.goldbottom.com.

Dredge No. 4: Touren Mitte Mai bis Anfang Sept. stündl. 10–16 Uhr. 20 $. KM 15, Bonanza Creek Road, ✆ (867) 993-5023, www.goldbottom.com.

Claim 33: Mitte Mai bis Mitte Sept. tägl. 10–17 Uhr. Eintritt 15 $. KM 10, Bonanza Road, ✆ (867) 993-5263, www.claim33.vpweb.ca.com.

Midnight Dome: Der Gipfel von Dawsons Hausberg, gut 500 Meter über dem Fluss, bietet prächtige Ausblicke über die Stadt, den Yukon River und die Ogilvie Mountain Range in der Ferne. Insbesondere zum Sonnenuntergang ist der Berg ein begehrtes Ziel. Wer die Tour nicht mit dem Auto oder Bus machen möchte: Mehrere Wanderwege führen auf den Gipfel, der bekannteste beginnt am nördlichen Ende der Third Avenue neben dem kleinen Friedhof. Für die 4 km lange Wegstrecke bis zum Gipfel sollte man mit rund 90 Minuten rechnen.

▪ Mit Auto oder Fahrrad: Auf halber Strecke zwischen Stadt und Klondike River zweigt die Dome Road ab. 8 km zum Gipfel. www.dawsoncity.ca/attraction/midnight-dome. Husky Bus unterhält einen Shuttle zum Dome (19 und 20.30 Uhr). ✆ (867) 993-3821.

Wandern/Fahrradfahren: 1899 wurde die Ridge Road als erste von der Regierung gebaute Straße im Yukon Territory eröffnet, um die Minen am Dominion Creek und Sulphur Creek zu erschließen. Schon 1902 jedoch wurde die Straße, die auf weiten Abschnitten auf dem Kamm der Berge verläuft, aufgegeben, da neue Routen in den Tälern des Bonanza Creek und Hunter Creek den Bedürfnissen des Verkehrs besser gerecht wurden. 1996 wurden 33 km des alten Weges wieder benutzbar gemacht, nun unter dem Namen **Ridge Road Heritage Trail** – Teil des „Great Trail“, der durch Kanada verläuft. Unterwegs finden sich vielerorts Relikte aus der Goldgräberzeit sowie zwei einfache Campingplätze. Infobroschüre und Karte sind im Visitor Centre erhältlich.

Weitere Routen im Yukon

Der Yukon macht die Wildnis mit dem Auto erfahrbar: Der Top of the World Highway führt über die Berge nach Alaska, der Dempster Highway als letzter großer Road Trip bis an den arktischen Ozean. Die Suche nach wertvollen Mineralien wird auf dem Silver Trail erlebbar; Campbell Highway und South Canol Road erschließen die Pelly Mountains.

So verlockend diese Sehnsuchtsrouten auch sind: Ohne Vorbereitung sollte man sie nicht angehen. Alle genannten Straßen sind zwar „government maintained", werden also von den örtlichen Straßenbauämtern soweit wie möglich instandgehalten. Sie sind aber meist geschottert und oft nicht für große Wohnmobile geeignet. Erkundigen Sie sich vorher bei Ihrer Mietwagenfirma, ob Sie die Routen befahren dürfen, ohne den Versicherungsschutz zu verlieren: Reifenschäden und Steinschlag in der Windschutzscheibe sind z. B. auf dem Dempster Highway eher die Regel als eine Ausnahme.

Alle Routen führen in die Wildnis – rechnen Sie stets mit Hindernissen, aber nie mit Hilfe! Auch Mutter Natur macht schon mal einen Strich durch die Rechnung. So war im Juli 2016 die Fähre bei Fort McPherson am Dempster Highway außer Betrieb: Sechs Tage lang kam niemand über den Peel River. So etwas kann Reisepläne ziemlich durcheinanderbringen. Wer sich der Herausforderungen bewusst ist und sich gut vorbereitet hat, wird den Yukon von seiner einsamsten, aber wilden und wunderschönen Seite kennenlernen.

Chicken – Alaskas Hühnernest

Der einzige Ort zwischen Dawson und dem Alaska Highway ist das alaskanische Chicken. Ursprünglich sollte der Ort „Ptarmigan" heißen – die englische Bezeichnung für das in der Region heimische Schneehuhn. Doch da keiner der frühen Siedler in der Lage war, das Wort zu buchstabieren, heißt der Ort seitdem … eben Chicken! Nur 23 Einwohner leben hier, und die meisten auch nur im Sommer. Dennoch gibt es eine Downtown Chicken: Die drei Holzbuden in Westernmanier beherbergen ein Café, einen Saloon, eine Tankstelle und einen Souvenirladen. Nur einen Steinwurf entfernt steht Pedro – ein großer Schwimmbagger, der aus Minenzeiten übrigblieb. Ein paar Hundert Meter weiter die Straße entlang kommt man zur **Town of Chicken,** hier ist die Konkurrenz daheim: die andere Tankstelle und der andere Souvenirshop des Ortes … Wer ob all der vielen Möglichkeiten in diesem Hühner-Nest mehr Zeit für die Besichtigung braucht, findet in der Town auch Hotelzimmer und einen Wohnmobil-Park.

Der Herbst kommt früh: Top of the World Highway im August

Top of the World Highway

Der Highway hat sich seinen Namen wahrlich verdient: Die Streckenführung verläuft teilweise oberhalb der Baumgrenze mit grandiosen Aussichten zu beiden Seiten. Nach dem Passieren der Grenze zwischen dem Yukon und Alaska erreicht man die kleine, aber fotogene Siedlung Chicken, bevor die Straße – nun als Taylor Highway – hinunter führt nach Tetlin Junction am Alaska Highway. Von dort kann man weiter nach Westen reisen oder kehrt über Beaver Streek auf dem Alaska Highway zurück in den Yukon; von Tetlin Junction bis zur Grenze bei Beaver Creek sind es ca. 160 km.

Straßenzustand: Es gibt zwischen Dawson und Chicken/Alaska keinerlei Tank- oder Verpflegungsmöglichkeiten. Auf kanadischer Seite ist die Straße weitgehend versiegelt, doch gibt es immer wieder geschotterte Zwischenstücke. In beiden Fällen muss man stets auf Schlaglöcher achten. In Alaska waren 2018 nur die ersten 16 km nach der Grenze geteert, danach begann ein Schotterstück bis Chicken. Ab da geht es auf passabler, aber kurviger Route weiter. Die Grenze ist nur von 9–21 Uhr Yukon Time bzw. 8–20 Uhr Alaska Time geöffnet. Die Strecke ist im Winter gesperrt: Die Grenzposten schließen meist schon Mitte September, wenn der erste Schnee fällt. Die Strafen für illegalen Grenzübertritt sind hoch! Das Visitor Centre in Dawson hat stets die aktuellen Infos zu Straßenzustand und Grenze.

Die Route: Offiziell ist sie noch Teil des Klondike Highway und daher auch kostenlos: Die George-Black-Fähre über den Yukon River in Dawson City steht am Beginn der Fahrt auf dem Top of the World Highway. Dieser Beginn kann sich in der Hochsaison auch mal verzögern: Es kann bis zu drei Stunden Wartezeit geben. Auf der anderen Seite angekommen, steigt der meist kurz TOTW genannte Highway auf 14 km Strecke bis zu einem Parkplatz an. Von dort führt ein kurzer Weg führt zu einer Aussichtsplattform mit Blick über den Yukon River. Im weiteren Verlauf der Straße ergeben sich immer wieder schöne Motive – es lohnt, sich Zeit zu lassen. Nach 105 km findet sich ein weite-

Straßenbelag des Dempster Highways bei Eagle Plains

rer Parkplatz, wo eine Steinmarkierung den mit 1376 Metern höchsten Punkt der Route kennzeichnet. 1200 m danach ist die Grenze erreicht. Außer den Einreiseformalitäten gibt es hier – nichts!

Dempster Highway

„The Dempster…" Spricht man mit Reisenden, die ihn schon gefahren sind, schwingt immer Respekt und Sehnsucht zugleich mit. Einige nennen ihn den letzten großen Road Trip Nord-Amerikas, andere ein reifenmordendes Biest. Für manche bringt er Abenteurer aus der ganzen Welt in nie gekannter Kameradschaft zusammen, für wieder andere ist die Fahrt vor allem eine Reise zu sich selbst. Das ist kein Widerspruch: Der Dempster ist all dies und noch viel mehr – vor allem aber eine der schönsten Panoramastraßen der Welt.

Unter 12 bis 14 Stunden ist die Route auch bei bestem Wetter kaum machbar. Wer nicht nur im Auto sitzen will, sollte daher mindestens fünf, besser sechs Tage für die Reise einplanen: zwei Tage für den Hinweg, je einen in Inuvik und Tuktoyaktuk und einen bis zwei Tage für den Rückweg.

Karge Natur am Polarkreis? Ganz im Gegenteil: Der Dempster durchquert gleich mehrere Vegetationszonen; 1000 der im Yukon überhaupt vorkommenden 1300 Pflanzenarten finden sich hier direkt am Highway, von Taigawäldern bis zu Tundrawiesen ist alles dabei. Dazu gibt es Chancen, Elche oder Karibus zu sichten, vor allem aber begeistert die spektakuläre alpine Tundra mit immer wieder neuen Ausblicken. Der Dempster ist ideal für alle, die möglichst viele Eindrücke der Natur am Polarkreis aufnehmen wollen.

Geschichte: Benannt ist der Highway nach Sergeant W. J. D. Dempster der Northwest Mounted Police, der im eisigen Winter 1910/11 in der Region wochenlang nach einer verschollenen Patrouille suchte.

Der Highway folgt zu großen Teilen einer alten Hundeschlittenroute der Royal Canadian Mounted Police. Erst 1958 beschloss die Regierung den Bau einer befestigten Straße. Kurz zuvor waren im Delta des Mackenzie River große Öl- und Gasvorkommen entdeckt worden; die Stadt Inuvik war gerade im Aufbau. Bis 1961 hatte man nur 115 km der Schotterpiste fertiggestellt. Die

Baukosten stiegen, es gab Unstimmigkeiten zwischen Whitehorse und Ottawa, und der Bau ruhte. Erst als 1968 die USA in der benachbarten Prudhoe Bay ebenfalls auf Öl stießen, griff man das Projekt wieder auf, denn es galt, in der Beaufort-See die eigenen Gebietsansprüche abzusichern. Dennoch dauerte es bis zum August 1979, bis der 736 km lange „Yukon Highway 5" eröffnet werden konnte. Auf seinem Weg nach Norden durchquert er zwei Bergketten – die Richardson Mountains und die Ogilvie-Bergkette –, kreuzt den Polarkreis und führt mit Hilfe von zwei Fähren über den Peel River und den Mackenzie River.

Straßenzustand: Die Strecke wird als einzige kanadische Route jenseits des Polarkreises ganzjährig offen gehalten. Die meist eineinhalbspurige Schotterstraße ist in gutem Zustand. Die auf langen Abschnitten zulässige Höchstgeschwindigkeit von 90 km/h kann oft ausgefahren werden – aber nur bei hoher Wachsamkeit: Es drohen immer wieder Schlaglöcher, wechselnder Straßenbelag oder rutschige Straße nach Regen. Vor allem den scharfkantigen Schiefer vertragen die Reifen oft nicht. Fragt man die Einheimischen, heißt es: „Nehmen Sie zwei vollwertige Ersatzreifen mit und einen großen Wagenheber und machen Sie sich damit vertraut, Sie werden es brauchen." Das mag übertrieben klingen, aber wer zwei Tage auf Pannenhilfe gewartet hat, wird anders darüber denken. Das andere große Thema ist Steinschlag: Halten Sie Abstand zu vorausfahrenden Fahrzeugen, und halten Sie ganz rechts am äußersten Straßenrand, wenn Ihnen ein Truck oder ein großes Wohnmobil entgegenkommt.

Zwischen Dawson City und dem knapp 400 km entfernten Eagle Plains gibt es keine Tankstelle. Eagle Plains bietet ein Hotel, ein Restaurant, eine Tankstelle und natürlich einen Reifenreparatur-Service. Benzin und Diesel gibt es auch in Fort McPherson; Inuvik bietet alle Dienstleistungen.

Von Dawson City zum Polarkreis

Der Dempster Highway beginnt rund 40 km östlich von Dawson City. Die ersten 8 km sind noch mit einer guten Befestigung versehen, dann folgt Schotterpiste durch Nadelwald. Nach 22 km öffnet sich der Blick auf die **Ogilvie Mountains** linker Hand.

Tombstone Territorial Park: Mit seinen schroffen, dunklen Felsnadeln ist er der erste Höhepunkt auf dem Highway. Der 2200 km² große Park schützt die überraschend vielfältige Flora und Fauna der Region ebenso wie die traditionellen Stammesgebiete der Tr'ondëk Hwëch'in.

Bei KM 58 liegt der Startpunkt für den **Grizzly Creek Trail.** Der beliebte Weg führt zum Mount Monolith Lookout (ca. 6 km hin/zurück, 3–4 Std., 400 Höhenmeter). Von dort aus führen weitere Wege ins Hinterland zum Grizzly Lake, Divide Lake und Talus Lake. Kurz darauf ist das **Tombstone Interpretive Centre** erreicht, das geführte Wanderungen und zahlreiche Service anbietet (→ Information, S. 535). Neben dem Centre gibt es den kurzen Beaver Pond Interpretive Trail. Ein weiterer Weg führt zu einem Campground, Startpunkt des North Klondike Trail (3 km hin/zurück, 1–2 Std.).

Danach steigt der Highway an und erreicht bei KM 74 den **Tombstone Range Viewpoint** mit weiten Blicken auf die westlich gelegene Bergkette. Noch ein paar Kilometer bergauf, und man steht auf dem **North Fork Pass Summit** (1400 m), der Wasserscheide zwischen den Wassersystemen des Yukon River, der in den Pazifik fließt, und des Mackenzie River, der in den arktischen Ozean mündet. Nach einer weiteren Stunde Fahrt wird bei KM 153 der 1060 Meter hohe **Windy Pass Summit** überquert, der den Übergang in die Northern Ogilvie Mountains bildet. Ab hier nordwärts war die Region bei der letzten Eiszeit nicht von Gletschern bedeckt, sondern immer eisfrei. Die Berge sind zum Teil mit „Tors" genannten Felsnadeln bestückt, immer wieder ergeben sich weite Panoramablicke, so z. B. bei KM 259 an der Ogilvie Ridge. Bei KM 369 ist das **Eagle Plains Hotel** erreicht – Stopp, egal, ob man übernachten, tanken, essen oder Reparaturen vornehmen lassen möchte.

Bei KM 406 kreuzt der Dempster Highway den **Polarkreis** – von Anfang Juni bis Mitte Juli verschwindet die Sonne hier nicht mehr vom Horizont, weiter nördlich für einen noch längeren Zeitraum. Dazu gibt es ganzjährig atemberaubende Blicke über die weite arktische Tundra. Bei KM 465 wird auf 915 m Höhe erneut die kontinentale Wasserscheide zwischen den Flüssen Yukon und Mackenzie überwunden. Gleichzeitig bilden die Richardson Mountains hier die Grenze zwischen dem Yukon Territory und den Northwest Territories. Auch wenn Zeit „hier oben" keine große Bedeutung hat: Nicht nur das Territory wechselt, sondern auch die Zeitzone. Wer von Süden kommt, muss seine Uhr eine Stunde vorstellen, Reisende von Norden stellen ihre Uhr eine Stunde zurück. Weiterer Verlauf des Dempster Highway (→ Northwest Territories, S. 545).

Information **Tombstone Interpretive Centre** im Territorial Park. Juni bis Mitte Sept. tägl. 9–17 Uhr. Geführte Wanderungen, Vorträge, Doku-Ausstellung. Verkauf von Karten, Camping- und Backcountry-Permits sowie Verleih von bärensicheren Kanistern zur Aufbewahrung von Lebensmitteln. KM 71 Dempster Highway, ✆ (867) 993-7714, www.env.gov.yk.ca/camping-parks/tombstonepark.php.

Übernachten/Essen **Eagle Plains Hotel:** Die einzige Unterkunft weit und breit – alternativlos und zweckmäßig, schlechtes Preis-Leistungs-Verhältnis. Die Zimmer hellhörig und 1996 zuletzt renoviert, die Duschen für Camper alles andere als sauber, die Speisekarte einfallslos. DZ ab 110 $; Stellplatz für Wohnmobil/Zelt ab 30 $. Restaurant täglich mindestens 8–19 Uhr. KM 369 Dempster Highway, ✆ (867) 993-2453, www.eagleplainshotel.ca.

Yukon Territorial Campgrounds: Drei vom Yukon Territory betriebene einfache Campgrounds liegen am Dempster Highway. Tombstone Mountain (KM 72, 36 Stellplätze), Engineer Creek (KM 193, 11 Stellplätze) und Rock River (KM 446, 18 Stellplätze). Alle bieten geschützte Kochhütten, aber nur am Tombstone Mountain gibt es auch Wasser. Stellplatz jeweils 12 $. www.yukonparks.ca.

Silver Trail

In **Stewart Crossing** (354 km von Whitehorse, 179 km von Dawson City) beginnt der Silver Trail, der dem Klondike-Gebiet in nichts nachsteht, was eine reiche und schillernde Minen- und Bergbaugeschichte anbetrifft. An der Abzweigung vom Klondike Highway findet sich ein Information Centre zum Silver Trail. Die 110 km lange Straße ist bis Mayo asphaltiert, der restliche Abschnitt bis Keno City ist geschottert, aber meist in gutem Zustand. Tankstellen gibt es nur in Stewart Crossing und in Mayo, nicht aber in Keno City. 10 km nach der Abzweigung vom Klondike Highway führt eine kurze Stichstraße zu einem Parkplatz. Von dort steigt der Devil's Elbow Trail steil nach oben zu einem kleinen Aussichtspunkt mit schönen Blicken über den Stewart River. Nach 50 km erreicht die Straße eine Kreuzung: Links führt der Silver Trail weiter nach Keno City, gegenüber liegt die Tankstelle, rechts geht es nach Mayo hinein.

Mayo

Das kompakte Dorf mit knapp 500 Einwohnern liegt an einer Biegung des Stewart River. Es ist nach Alfred Mayo benannt, der schon lange vor dem Goldrausch hier nach Gold schürfte und später einen Handelsposten betrieb. Am Ufer liegt der kleine Galena Park mit Aussichtsplattform. Im denkmalgeschützten **Binet House** befinden

Norden | Yukon Territory → Karte S. 490/491

sich ein Museum, das Visitor Centre und ein kleiner Laden. Das Museum legt den Schwerpunkt auf die regionale Geologie, den Permafrostboden und die Bergbaugeschichte der Region. Hier erhält man die Broschüre „Mayo Walking Tour", die andere historisch wichtige Gebäude des Dorfes beschreibt. Mehrere kürzere, aber reizvolle Trails verlaufen entlang des Stewart Rivers und im Hinterland, z. B. der Prince-of-Wales-Trail und die Wege zum Mount Haldene oder Five Mile Lake.

Information **Visitor Information Centre** im Binet House: Ende Mai bis Mitte Sept. tägl. 9–18 Uhr. 304 Second Avenue. ✆ (867) 996-2926. www.villageofmayo.ca/about-mayo.

Museum Ende Mai bis Mitte Sept. Mo–Fr 9–18, Sa/So 9–20 Uhr. Eintritt frei, Spende erbeten. 304 Second Avenue, ✆ (867) 996-2317, www.villageofmayo.ca/binet-house-museum.

Übernachten **North Star Motel 1989:** Gepflegter Familienbetrieb zentral im Ort. Alle Zimmer mit Küchenzeile. DZ 120 $, 207 Fourth Avenue, ✆ (867) 996-2231. www.northstarmotel.business.site.

Bedrock Motel & RV Park: Die Einrichtungen für Wohnmobilisten sind in Ordnung, die Motelzimmer nicht empfehlenswert. DZ ab 110 $, Wohnmobil-Stellplatz ab 25 $. Silver Trail (Richtung Keno City), ✆ (867) 996-2990, www.bedrockmotel.com.

Five Mile Lake Yukon Government Campground: Schön gelegener, einfacher Campingplatz an einem See. Picknicktische, 20 Stellplätze, Wasser. Stellplatz 12 $. 7 km nördlich von Mayo Richtung Keno City. www.yukonparks.ca.

Essen & Trinken Die Imbisse in Mayo halten oft nur einen kurzen Sommer durch. 2018 war Mike Mancinis Zweigstelle seiner Keno City Snack Bar die einzige Option. Di–Sa 9–21 Uhr. Am Westende der Fourth Avenue, ✆ (867) 383-2511.

Keno City

Von Mayo sind es 45 km auf guter Schotterpiste bis **Elsa**, wo noch aktiv abgeschürft wird. Die Mine, in der Silber, Blei und Zink abgebaut werden, ist in Privatbesitz und kann nicht besichtigt werden. Noch einmal 14 km sind es von hier nach Keno City.

Der Beiname „City" wirkt angesichts von nur 20 Einwohnern übertrieben, doch die „Stadt" hat sich nach Schließung der letzten Mine 1989 auf den Tourismus konzentriert und bietet ein vollwertiges Hotel und ein überraschend gutes Museum.

Keno City Mining Museum: Das Museum informiert umfassend über die wechselvolle und spannende Geschichte des Bergbaus in der Region. Besonders die vielen Fotos der frühen Jahre veranschaulichen eindrucksvoll die Geschichte des Ortes und seiner Bewohner. Daneben sind alte Fahrzeuge, Werkzeuge und Gerätschaften ausgestellt.

▪ Ende Mai bis Mitte Sept. tägl. 10–18 Uhr. Eintritt 5 $. Main Street, ✆ (867) 995-3103, www.yukonmuseums.ca/museum/keno/keno.html.

Das benachbarte **Alpine Interpretive Centre** (gleiche Öffnungszeiten wie das Museum) widmet sich der naturgeschichtlichen Betrachtung der Region und gibt die interessante Broschüre „Viewing Wildlife on Keno Hill" heraus.

Das Wegenetz der alten Minenpfade bietet vielfältige Möglichkeiten für Wandern und Mountainbiken. Eine beliebte Autotour (nicht für Wohnmobile geeignet) ist die 10 km lange Fahrt auf der Signpost Road hinauf zum Keno Hill. Auf dem Gipfel gibt es einen Wegweiser, der die Entfernung zu Zielen in aller Welt angibt. Viel eindrucksvoller ist aber der Ausblick vom Gipfel – immerhin ist man hier auf 1849 m Höhe. Bevor Sie auf die Signpost Road aufbrechen: Fragen Sie Einheimische nach den Straßenverhältnissen!

Information Auskünfte geben sowohl das **Museum** wie auch das **Alpine Interpretive Centre,** s. o.

Übernachten **Keno City Hotel:** Das Gebäude aus den 1920er-Jahren war eine abbruchreife Ruine, als die Martel-Brüder es 2006 kauften und von Grund auf renovierten. Schöne, wenn auch kleine Zimmer und viel historisches Flair. In der Bar geht es abends oft hoch her. DZ ab 105 $, nur mit Etagendusche/WC. Geöffnet Mitte Mai bis Ende Okt. Lot 46, ☎ (867) 995-2717, www.kenocityhotel.com.

Silvermoon Bunkhouse: 2013 eröffnetes Haus mit 6 Zimmern, die sich Waschräume und eine Küche teilen. DZ 125 $. Duncan Creek Road, ☎ (867) 995-2425, www.silvermoonbunkhouse.com.

Keno City Campground: Schöner Campground am Rand des Städtchens, zwei Blocks vom Museum. Der vom Keno Community Club betriebene Campground bietet 12 Stellplätze. Frischwasser und Feuerholz vor Ort. Stellplatz ab 10 $. ☎ (867) 995-3103.

Essen & Trinken **Keno City Snackbar:** Mike Mancini hat das Pizzabacken von seinen italienischen Eltern gelernt – eindeutig die beste Pizza North of 60°. Neben Pizzas auch Snacks. Unregelmäßig geöffnet. ☎ (867) 996-2511.

Keno City Sourdough Cafe: Gegenüber dem Keno City Hotel liegt das historische Roadhouse, das in weiten Teilen bis 1901 zurückreicht. Eines der ältesten Gebäude des Yukon und das älteste Roadhouse, das noch in Betrieb ist – wobei „Betrieb" relativ ist: Das Gebäude wird weiter renoviert; das Obergeschoss soll Gästezimmer erhalten. 2018 nur unregelmäßig geöffnet. ☎ (867) 995-2709.

Robert Campbell Highway

Knapp 600 km durch die menschenleere Landschaft nördlich der Pelly Mountains – das ist der Robert Campbell Highway **von Watson Lake nach Carmacks.** Benannt ist er nach dem aus Schottland stammenden Trapper, Pelzhändler und Entdecker Robert Campbell, der ab den 1830er-Jahren als erster Europäer im Auftrag der Hudson's Bay Company in den heutigen Yukon vordrang und u. a. Fort Selkirk (→ Von Carcross nach Dawson City, S. 523) gründete. Die erst 1968 fertiggestellte Straße folgt weitgehend den von ihm initiierten Handelsrouten. Der Highway ist vor allem für diejenigen ideal, die die Ruhe der Natur beim Angeln, Kanufahren oder Wandern genießen wollen; hier trifft man noch nicht auf Busgruppen. Ein halbes Dutzend Yukon Government Campgrounds liegt an den schönsten Abschnitten der Straße. Dazu locken die schneebedeckten Gipfel rund um Faro zu Wandertouren.

Mit Ross River und Faro liegen nur zwei kleinere Ortschaften entlang des Campbell Highways; nur dort gibt es Tankstellen und andere Service-Einrichtungen. Die Straße ist die ersten 100 km von Watson Lake bis zum Abzweig der Nahanni Range Road mit einer Teerdecke versehen, ebenso auf den letzten 220 km von Ross River bis Carmacks. Es verbleiben aber immer noch 255 km Schotterpiste zwischen der Nahanni Range Road und Ross River.

Von Watson Lake wendet sich der Highway nordwärts am Flughafen vorbei und steigt nach 10 km hinauf zu einem stark bewaldeten Hochplateau am Frances River. 81 km von Watson Lake entfernt führt eine kleine Straße hinunter zum **Simpson Lake,** der nicht nur gute Angelmöglichkeiten bietet (Forellen, Äschen, Hechte), sondern auch einen seichten Badestrand. Der Yukon Government Campground macht den schönen See auch zu einem Übernachtungsstopp. Nach 108 km wird der Abzweig der Tungsten Road erreicht. Die Straße führt zu einer privaten Mine. Der zweite schöne Campingplatz liegt am **Frances Lake,** 172 km von Watson Lake. Einige der 24 Stellplätze liegen direkt am See. Auch hier bieten sich Boots- und Angeltouren an. Im weiteren Verlauf zweigen einige private Minenstraßen ab: Noch immer werden in der Region hochwertige Metalle und Sulfide abgebaut. 233 km nach Watson Lake ist der schöne **Finlayson Lake Viewpoint** erreicht, der auch über einen Picknickbereich verfügt. Noch einmal 120 km sind es bis zum Abzweig der South Canol Road. Kurz danach biegt der Highway 6 nach Norden und man gelangt nach Ross River.

Norden | Yukon Territory → Karte S. 490/491

Ross River

Die First Nations vom Stamm der Dena nutzen den Platz am Zusammenfluss von Ross River und Pelly River schon lange als Ort für Sommercamps. Bis nach dem Zweiten Weltkrieg dominierte der Pelzhandel, doch mit dem Preisverfall in den 1950er-Jahren schlossen die meisten Handelsposten in der Region – nur Ross River blieb übrig. Lag der Siedlungsschwerpunkt einst auf der Nordseite des Pelly River, die nach wie vor nur über eine altersschwache Fähre zu erreichen ist, zogen seit den 1960er-Jahren immer mehr der 400 überwiegend indigenen Einwohner auf die Südseite. Der Supermarkt, die Bank, die Tankstelle und die Autowerkstatt liegen mitten im Ort. Die Straße endet am Pelly River am Fähranleger. Die Fähre ist im Sommer täglich von 8–12 und 13–17 Uhr in Betrieb. Östlich davon gibt es als Alternative eine Fußgängerbrücke, mit gut 180 m die längste Hängebrücke im Yukon Territory, die 2013 wegen Baufälligkeit gesperrt wurde. Seit Juni 2018 kann die Brücke nach umfangreichen Reparaturen wieder von Fußgängern genutzt werden.

Wildpferde bei Ross River

Graceland II: Der skurrile Gilbert Nelles kandidiert regelmäßig unter dem Namen Elvis Presley bei den Regionalwahlen. Sein Zuhause hat er im Stile seines Idols der Graceland-Villa in Memphis, Tennessee, nachempfunden – es kann besichtigt werden.

■ Im Sommer Mo–Sa 9–17, So 10–16 Uhr. Eintritt 5 $. Raven Road (wenige Meter südlich des Supermarkts), ✆ (867) 969-2733.

Zurück auf dem nun asphaltierten Campbell Highway sind es nur 1700 m zum fotogenen **Lapie River Canyon.** Der dortige Lapie Canyon Campground ist nicht nur die nächstgelegene Übernachtungsmöglichkeit für Ross River, sondern auch Ausgangspunkt eines kurzen Wanderwegs in den Canyon. 50 km weiter zweigt die Zufahrtstraße nach Faro ab. Sie führt am Johnson Lake vorbei, wo sich der schöne Yukon Government Campground befindet.

Faro

Das Bergbaustädtchen entstand erst 1969, nachdem signifikante Vorkommen von Blei und Zinkerz in den umgebenden Bergen entdeckt worden waren. Die Minengesellschaft CAMC begann mit dem Abbau im Tagebau, um den herum eine Bergarbeitersiedlung entstand. Das Erz wurde mit Trucks nach Whitehorse gebracht, dort auf Güterwagen der White-Pass-Schmalspurbahn umgeladen und nach Skagway zur Verschiffung befördert. Als 1982 weltweit die Metallpreise fielen, wurde die Mine stillgelegt – ein Schock für den Yukon, sorgte doch die Mine alleine für 40 % des Bruttosozialprodukts des Territoriums. Nachfolgegesellschaften versuchten, den Betrieb wieder aufzunehmen, scheiterten aber. Seit 1998 steht die Produktion still, nun wohl endgültig.

Die noch 400 Einwohner des Ortes haben sich in den letzten Jahren verstärkt dem Tourismus zugewandt, denn die in weiten Teilen noch intakte Bergwelt birgt einen großen Tierreichtum: Eine Gruppe der seltenen Fannin-Bergschafe ist in der Nähe von Faro beheimatet. Fährt man die Blind Creek Road 5,5 km hinauf, gelangt man zu einer Beobachtungsplattform, 2 km weiter liegt das **Mount Mye Sheep Centre,** eine kleine Hütte mit Informations-Displays, aus der man die Schafe beobachten kann, die gerne die mineralhaltigen Felsen am gegenüberliegenden Hang aufsuchen.

Vorab lohnt in Faro ein Abstecher zum **Campbell Region Interpretive Centre.** Weit mehr als nur ein Visitor Centre, findet sich in dem eindrucksvollen Gebäude doch eine umfassende Ausstellung zu Geschichte, Geologie, Flora und Fauna der Region.

Information **Campbell Region Interpretive Centre (CRIC):** Mitte Mai bis Mitte Sept. tägl. 8–18 Uhr. Tipps zu den Aktivitäten in der Stadt, kleine Spaziergänge, z. B. zu den Van Gorder Falls mit einer kleinen Aussichtsplattform oder zum Arboretum. Campbell Street, ✆ (867) 994-2728, www.faro.ca.

Übernachten/Essen **Faro Studio Hotel:** Faros einziges Hotel. Alle Zimmer sind Studios mit Küchenzeile. Im Hotel befindet sich auch das einzige Restaurant Faros. DZ ab 140 $. Restaurant tägl. 8–21 Uhr. Dawson Drive, ✆ (867) 994-3003, www.farostudiohotel.ca.

Far-O-Way-Guesthouse: Das größte der drei B & B in Faro. 6 Zimmer teilen sich 4 Bäder. DZ ab 90 $. 524 Maynard Crescent, ✆ (867) 994-2210, www.far-o-way.com.

John Connolly Municipal Campground: Der städtische Campingplatz mitten in der Stadt bietet Duschen und einen Laundromat. Zelt-Stellplatz ab 10 $, Wohnmobil ab 18 $. Anmeldung im CRIC (siehe oben).

Zurück auf dem Highway Richtung Westen verläuft die Straße am Nordufer des fjordartigen **Little Salmon Lake.** Zwei schöne Government Campgrounds, Drury Creek Campground und Little Salmon Lake Campground, liegen 54 km bzw. 87 km nach der Abzweigung nach Faro. Noch einmal gut 54 km weiter kommt man zum Abzweig der Frenchman Lake Road, an der drei weitere Campingplätze liegen. Bleibt man auf dem Campbell Highway, ergibt sich vom Parkplatz am Eagles Nest Bluff, 27 km vor Carmacks, ein schöner Ausblick auf den Yukon River. 20 Minuten später mündet der Robert Campbell Highway bei Carmacks in den Klondike Highway.

Canol Road

Es geht immer noch etwas wilder, noch etwas einsamer im Yukon: Die Canol Road ist das beste Beispiel dafür. Der Südabschnitt vom Alaska Highway bis zum Campbell Highway bei **Ross River** ist ein Paradies für Camper, Kanuten und Angler. Das nördliche Teilstück führt in die menschenleere Region an der Grenze zu den Northwest Territories. Vor allem die North Canol Road erfordert viel Planung und Vorbereitung.

South Canol Road: Auch hier die üblichen Warnungen vorab: Die kurvige und steile Schotterpiste wird nur notdürftig instandgehalten. Sie ist für Wohnmobile nicht geeignet; alle anderen Fahrzeuge sollten sie bei Sturm oder nach starkem Regen meiden. Unterwegs gibt es keinerlei Tankstellen oder andere Serviceeinrichtungen. Selbst bei optimalen Straßenverhältnissen sind die 220 km **von Johnson's Crossing am Alaska Highway bis nach Ross River** nicht unter vier Stunden zu schaffen.

Aber durchfahren ist ja auch gar nicht das Ziel. Zahlreiche Seen laden zum Angeln (Quiet Lake) oder zu Bootstouren (Rose Lake, Lapie Lake) ein. Die teils alpin anmutende Landschaft und die spektakuläre Straßenführung in der **Big Salmon Range** auf über 1200 m Höhe machen schon die gemütliche Fahrt zum Abenteuer fürs Auge. Einige alte Holzbrücken sind nur einspurig ausgelegt. Wer dann noch an

Norden | Yukon Territory → Karte S. 490/491

den Campgrounds Quiet Lake South oder Quiet Lake North sein Zelt aufschlägt, wird sein ganz persönliches Stück Freiheit im Yukon finden. Ähnlich wie am Alaska Highway stößt man am Straßenrand oft auf alte Militärfahrzeuge, die nach den Bauarbeiten aufgegeben wurden.

North Canol Road: Am nördlichen Ortsausgang von Ross River beginnt die North Canol Road mit der Überquerung des Pelly River auf einer in die Jahre gekommenen Kabelfähre (Mitte Mai bis Mitte Sept. tägl. 8–12 und 13–17 Uhr). Was dann kommt, erfordert gründliche Vorbereitung. Die von 1942–44 erbaute Straße führte einst weiter in die Northwest Territories, wird aber schon seit 1946 nicht mehr unterhalten, und es gibt nördlich des Pelly River keinerlei Infrastruktur. Landschaftlich ist die 232 km lange Strecke nicht annähernd so reizvoll wie die South Canol Road. Ein Allradfahrzeug mit erhöhter Bodenfreiheit ist Pflicht für diese extrem raue Piste. Vor allem Jäger und Extrem-Mountainbiker nutzen die Straße, die unter idealen Umständen bis zur Grenze mit den Northwest Territories am Macmillan Pass befahren werden kann. Meist ist die North Canol Road aufgrund von Auswaschungen nach Regenfällen aber schon weit vorher nicht mehr passierbar.

Der Norden des Yukon

Yukons Norden jenseits des Polarkreises bietet einmalige Naturerlebnisse, die sich jedes Jahr aber nur einer Handvoll von Menschen erschließen. Doch wer Zeit hat und Mühen auf sich nimmt – und auch über das nötige Budget verfügt, wird mit unberührter Natur und bleibenden Eindrücken belohnt.

Im Norden steht der Schutz der Pflanzen- und Tierwelt sowie der indigenen Kultur im Vordergrund. Die einzige Siedlung ist **Old Crow**; nur hierher verkehren Linienflüge. Die abgelegenen National- und Territory-Parks sind nur per Flugzeugcharter und mit einheimischen Führern zugänglich, die beiden an Alaska grenzenden **National Parks Ivvavik** an der Beaufort-See und **Vuntut** südlich des Ivvavik Park zudem nur in kontingentierten Kleingruppen. **Herschel Island** ist eine Insel in der Beaufort-See, der **Ni'iinlii Njik Park** liegt im Landesinneren, westlich des Dempster Highways.

Praktische Infos

Information Alle Parks erfordern eine langfristige Planung, spontane Besuche sind aufgrund der umfangreichen Logistik nicht möglich.

Über die Nationalparks informiert **Parks Canada** online (www.pc.gc.ca) sowie mit den Büros in Dawson City und Inuvik (→ Northwest Territories, S. 546).

Über die Territorial Parks informiert das **Yukon Territory** online (www.env.gov.yk.ca).

Hin und weg **Flugzeug:** Air North bedient Old Crow mehrmals pro Woche von Dawson City und von Inuvik aus. ✆ (800) 661-0407. www.flyairnorth.com. Alle Parks sind nur von Inuvik oder Old Crow per Flugzeugcharter erreichbar.

Übernachten/Essen Nur in Old Crow gibt es einige wenige Unterkünfte. In keinem der vier Parks gibt es Infrastruktur. Zelte und Verpflegung müssen individuell eingeflogen werden. Im Ivvavik National Park betreibt Parks Canada im Sommer ein kleines Zeltcamp, das aber nur im Rahmen organisierter Touren gebucht werden kann.

Old Crow

Das Dorf der Vuntut Gwitchin mit seinen etwa 250 Einwohnern lebt im Wesentlichen noch immer von der Jagd auf Karibus und anderen Formen der Bedarfswirtschaft. Es gibt einige Privatunterkünfte. Alle Unterkünfte, Ausflüge und Touren (z. B. in den nahen Vuntut National Park) müssen langfristig im Voraus organisiert werden. Das Herz von Old Crow ist das **John Tizya Centre,** das Kulturzentrum und Infozentrum für Touren in die Region ist.

Landung im Ivvavik National Park

Die Parks in Yukons Norden

Ivvavik National Park: Am besten von Inuvik (→ Northwest Territories, S. 546) aus erreichbar. Er ist der erste kanadische Nationalpark, der im Zusammenwirken von Staat und First Nations entstand. Ivvavik bedeutet auf Deutsch „Ort der Geburt und der Aufzucht der Jungen"; der Park umfasst die Gebiete, in denen traditionell die Porcupine-Karibuherde ihre Jungtiere zur Welt bringt und großzieht. Kanutouren auf dem Firth River und Touren von Parks Canada sind die einzige Möglichkeit, den Park zu entdecken. Der Komfort hält hier langsam Einzug: Im Basislager gibt es Vollverpflegung, Zelte und seit 2016 sogar eine Solardusche.

Information **Parks Canada,** Inuvik (siehe dort). Allgemeine Infos unter ✆ (867) 777-8800, www.parkscanada.gc.ca/ivvavik.

Touren **Parks Canada:** www.pc.gc.ca/en/pn-np/yt/ivvavik/activ/camp18. **Tundra North Tours:** www.tundranorth tours.com. **SK Touristik:** www.sktouristik. de/Reisen/Natur-aktiv/Experience-an-Arctic-Oasis-Ivvavik-National-Park.html.

Vuntut National Park: Am besten von Old Crow aus erreichbar. Der etwas südlicher gelegene Park bietet totale Einsamkeit für erfahrene Outdoor-Urlauber. Es gibt kein Wegenetz und keine Einrichtungen. Beliebt sind Kanutouren auf dem Old Crow River sowie im Frühjahr und im Herbst die Beobachtung der Porcupine-Karibuherde.

▪ Information: Parks Canada, ✆ (867) 667-3910, www.pc,gc.ca/en/pn-np/yt/vuntut.

Herschel Island: Die 112 km² große Insel in der Beaufort-See liegt dichter an Alaska (70 km) als an der nächsten kanadischen Siedlung (Inuvik, 150 km). Noch Anfang des 20. Jahrhunderts wohnten hier über 1000 Menschen, die nach dem Zweiten Weltkrieg gemäß den damaligen politischen Leitlinien nach Inuvik oder Aklavik umgesiedelt wurden – oft gegen ihren Willen. Seit 1987 leben nur die Ranger des **Qikiqtaruq Territorial Parks,** der die gesamte Insel umfasst, auf Herschel Island. Die ehemaligen Häuser der Bewohner und eine frühere Walfangstation beherbergen heute ein Museum. Die Insel ist für die im kurzen Sommer blühende Tundra-Landschaft bekannt und kann im Rahmen der Touren von Parks Canada in den Ivvavik National Park besucht werden oder als Tagestour ab Inuvik (Northwest Territories).

Ni'iinlii Njik Territorial Park: Der weiter südlich im Landesinneren gelegene Park umfasst traditionelle Stammesgebiete der Vuntut Gwich'in First Nation. Er ist vor allem für seine hohe Dichte an Grizzlybären während der Lachswanderung im Herbst bekannt. Von Ende September bis Anfang November können geführte Touren gebucht werden.

▪ Information: www.vgfn.ca.

Moschusochsen im Aulavik National Park auf Banks Island

Die Northwest Territories

Hoch im kanadischen Norden überrascht den Reisenden eine grandiose Vielfalt an Landschaften und Städten, an Flora und Fauna. Seen sind groß wie Meere, Highways verlieren sich am Horizont – dazu ein Nationalpark wie eine Kreuzung zwischen Grand Canyon und Niagarafällen und herzliche Menschen, wohin man auch kommt.

Die Schönheit des Landes erschließt sich weder schnell noch direkt. Die Northwest Territories, meist NWT abgekürzt, sind mit 1.346.000 km² Gesamtfläche (davon 1.183.000 km² Landfläche) mehr als dreimal so groß wie Deutschland, verfügen aber nur über zwei größere Städte mit überregionalen Flughäfen: Yellowknife und Inuvik. Über Ottawa, Edmonton und Whitehorse ist man mit Umsteigen in vertretbarer Zeit im hohen Norden. Mit dem Auto erreicht man von Edmonton aus in einem Tag den Great Slave Lake bzw. vom Alaska Highway aus Fort Simpson, das Tor zum Nahanni National Park.

Die Territories bestehen aus fünf Verwaltungsregionen, deren Namen in den meisten touristischen Publikationen vor Ort auftauchen und deshalb auch hier verwendet werden.

Ganz im Nordwesten begrüßt die **Western Arctic Region** im Mündungsgebiet des Mackenzie Rivers ihre Besucher mit warmen Sommertemperaturen oft jenseits der 25 Grad. Inuvik, die drittgrößte Stadt der Northwest Territories, ist auf dem Landweg nur über den legendären Dempster Highway vom Yukon Territory aus erreichbar. Draußen, in der wilden westarktischen See, liegt Banks Island mit dem Aulavik National Park.

Die Wald- und Salzlandschaft der **South Slave Region** im Südosten ist die Heimat wilder Bisons; reißende Flüsse und Wasserfälle prägen das Landschaftsbild. Der Great Slave Lake – fünfzigmal größer als der Bodensee – erreicht im Sommer Badetemperatur.

Am Nordufer des Great Slave Lake, bereits in der **North Slave Region,** liegt Yellowknife, die lebendigste und dynamischste Stadt im Norden Kanadas und Hauptstadt der NWT, die mit 20.000 Einwohnern die Hälfte der Bevölkerung der Territories stellt.

Im Herzen der NWT findet sich die wilde **Sahtu Region,** deren Hauptort Norman Wells im Sommer nur per Flugzeug erreichbar ist. Im Südwesten schließlich liegt die **Dehcho Region** – mit ihren schneebedeckten Gipfeln, tiefen Canyons und spektakulären Flüssen, Seen und Wasserfällen eine der wildesten und großartigsten Landschaften Nordamerikas.

Geografie und Geologie: Im Westen des Landes liegen die Berge der Mackenzie Range, eines Ausläufers der Rocky Mountains. Das östlich der Berge liegende, flachere Gebiet war noch in der letzten Eiszeit von Gletschern bedeckt. Der Great Bear Lake ist mit mehr als 31.000 km2 Fläche der größte vollständig in Kanada liegende See. Der Great Slave Lake mit gut 27.000 km2 Fläche ist kaum kleiner und mit 614 m Tiefe der tiefste See Nordamerikas; östlich von ihm erstreckt sich eine flache, weglose und undurchdringliche Landschaft aus Tausenden von kleinen Seen und Tümpeln.

Klima: Der subpolare Süden rund um Yellowknife und Inuvik erreicht im Juli im Schnitt Tageshöchstwerte von 21 Grad – ähnlich wie Hamburg. An der arktischen Küste ist es meist etwa 10 Grad kälter. Auch südlich des Polarkreises, z. B. in Yellowknife, wird es im Juni und Juli nachts nie richtig dunkel.

Flora und Fauna: Der Westen und Süden der NWT sind durch boreale Taigawälder geprägt; hier wachsen vor allem Schwarzfichten. Der arktische Norden liegt jenseits der Waldgrenze; auf dem Tundraboden gedeihen nur bodennahe Pflanzen. Reisende werden die sieben großen Karibuherden mit einer halben Million Tieren vom Highway aus nicht zu Gesicht bekommen, da ihre Siedlungs- und Zuggebiete weit entfernt vom Straßennetz liegen. Gleiches gilt für die etwa 50.000 unter Schutz stehenden Moschusochsen auf Banks Island im arktischen Meer. Präsenter sind da die Wood Buffalo genannten Bisons, die man im gleichnamigen Nationalpark und auch auf dem Highway nach Yellowknife regelmäßig antrifft. Bären finden kaum ausreichend Beute, dafür bevölkern 26.000 Elche, 15.000 Wölfe und mindestens 10.000 Vielfraße die Wälder der NWT.

Geschichte: Erste Spuren der Besiedlung der Küstenregion reichen mehr als 7000 Jahre zurück. Die Chipewyan und die Cree handelten mit den Pelzen von Bisam, Marder, Nerz und Luchs, die Inuit mit denen der Polarfüchse. Die ersten Europäer drangen 1713 von Osten her zum Great Slave Lake vor, der nach den dort lebenden First Nations vom Stamm der Slavey benannt ist. Ab Mitte des 18. Jahrhunderts konkurrierten zahlreiche Handelsgesellschaften in der Region, vor allem die North West Company der Franzosen und die Hudson's Bay Company der Briten. 1821 wurden beide zwangsvereinigt und hielten bis 1870 eine Monopolstellung in weiten Gebieten. Immer wieder wurden Forts gegründet, verlegt, neu aufgebaut; erst ab 1850 deckten sich die Handelsposten meist mit den heutigen Siedlungen. 1870 verkaufte die Hudson's Bay Company ihre Gebiete an Kanada. Die Northwest Territories umfassten damals den flächenmäßig größten Teil Kanadas, doch in den nächsten fünf Jahrzehnten wurden immer weitere Teile aus den NWT herausgelöst: Der Yukon und Teile Albertas und Manitobas wurden selbstständig, die Grenzen von Ontario

Norden | Northwest Territories → Karte S. 490/491

und Quebec nach Norden verschoben. Erst von 1925 bis 1999 blieben die Grenzen konstant, dann wurde der Osten der NWT unter der Bezeichnung „Nunavut" abgetrennt, um den Inuit ein eigenes Territorium und damit eine bessere Repräsentanz zu geben und um die internationalen Rechtsansprüche auf die Arktis zu manifestieren.

Heute gehören etwa 36 % der Bewohner der NWT der Bevölkerungsgruppe der First Nations an, 11 % sind Inuit oder Inuvialuit (die Inuit der westlichen Arktis), 8 % Métis (Nachfahren europäischer Pelzhändler und indianischer Frauen). Der Rest bezeichnet sich als Kanadier oder hat klar definierte europäische Wurzeln.

Offizielle Symbole: Der Silberwurz ist die offizielle Blume und die Tamarack-Lärche der Baum des Territoriums. In der Tierwelt repräsentiert der Gerfalke die NWT.

Praktische Infos

Information Die Visitor Centres sind die beste Informationsquelle. Unterwegs sind vor allem die Publikationen „Road and Campground Guide" (ein detaillierter Führer für alle Straßen) und „Explorer's Map" (Landkarte) hilfreich. www.spectacularnwt.de.

Verleih von Wohnmobilen Der Camper-Vermieter Fraserway, der über zahlreiche Veranstalter sowie Reisebüros buchbar ist, bietet attraktive Einwegmieten für Camper zwischen Whitehorse und Yellowknife. www.fraserway.com.

Übernachten/Camping Für Hotels gilt: Die Saison ist kurz, die Preise sind hoch, vorab buchen ist empfehlenswert. Positiv überraschen die NWT mit vorbildlichen Campingplätzen zu fairen Preisen. 16 NWT Campgrounds liegen in Territorial Parks, alle an landschaftlich reizvollen Orten mit großzügigen Stellflächen, die viel Privatsphäre bieten. Im Gegensatz zu den Parks anderer Provinzen sind hier fast alle Campgrounds sogar mit kostenfreien Duschen ausgestattet und fast immer makellos sauber. Preise für Zeltcamper zwischen 15–22,50 $, für Wohnmobile zwischen 22,50–32 $ (nur Barzahlung, keine Kreditkarten).

Essen und Trinken In Yellowknife gibt es über 30 Restaurants, auch in Inuvik, Hay River oder Fort Smith findet man mehrere Lokale. In vielen Dörfern dagegen gibt es oft nur wenig oder keine Auswahl, so dass Selbstversorgung angesagt ist – eine gute Gelegenheit, den frisch gefangenen Fisch auf dem Campingplatz auf den Grill zu legen.

Northwest Territories oder Welcome to Bob!

Als sich 1996 abzeichnete, dass die Inuit einen Teil der NWT als eigenes Territorium bekommen und dieses „Nunavut" („Unser Land") nennen würden, suchten auch die NWT nach einem neuen, griffigeren Namen. Es war nicht einfach, die Interessen von sehr unterschiedlichen Kulturen zusammenzubringen; dennoch startete man einen Namenswettbewerb in der Bevölkerung. Als eine studentische Initiative aus Jux den Vorschlag „Bob" einreichte und diese Idee viral wurde, lief der Wettbewerb aus dem Ruder: Bei der Vorauswahl holte „Bob" die zweitmeisten Stimmen, woraufhin das Projekt abgebrochen wurde. 2002 wurde das Thema noch einmal, allerdings eher halbherzig vom damaligen Premier Stephen Kakfwi aufgegriffen; seitdem hat man nichts mehr davon gehört. Das wundert nicht, denn seit 2011 ist Bob (!) McLeod Premierminister ...

Western Arctic Region

Die Mitternachtssonne, die Kultur der Inuvialuit, Belugawale und Rentiere, die einzigartige Landschaftsform der Pingos: Es gibt viele Gründe, in die Western Arctic Region zu reisen.

Fünf Siedlungen umfasst die Region. Das Zentrum ist **Inuvik** mit seiner Iglukirche, dem Western Arctic Regional Centre und dem wichtigsten Flughafen. Die Stadt bietet eine gute Auswahl an Unterkünften, Restaurants und Einkaufsmöglichkeiten. Südwestlich davon liegen **Fort McPherson** und **Tsiigehtchic** am Dempster Highway sowie **Aklavik** im Mackenzie-Delta. Am arktischen Ozean liegt **Tuktoyaktuk,** das bisher nur im Winter auf der Straße erreichbar: Eine Ice Road wurde jeden Winter neu auf dem gefrorenen Boden und den Flüssen angelegt. Erst im November 2017 wurde eine permanente, klassische Straße zur Arktis fertiggestellt, die das Straßennetz der Region um noch einmal etwa 140 km verlängert. Auf der Fahrt nach Tuktoyaktuk prägen Erdhügel, die sog. Pingos, das Bild.

Dempster Highway

Der vom Yukon in die NWT führende Dempster Highway ermöglicht den letzten großen Road Trip in Nordamerika – seit 2018 sogar mit Verlängerung bis zum arktischen Ozean. Nach wie vor ist die Strecke nur geschottert – Reifenschäden und Steinschlag sind eher die Regel als die Ausnahme.

Am 915 m hohen Wright Pass verlässt der „Dempster" den Yukon und setzt sich in den NWT fort. Auf den ersten 50 km Strecke verliert er gut 850 Meter an Höhe, bis er das Becken des Peel River erreicht. Bei der Fahrt durch enge Täler und am Tetlit Gwinjik Territorial Viewpoint ergeben sich schöne Fotomotive. Von diesem Aussichtspunkt aus führt ein kurzer Fußweg zu einem weiteren Viewpoint mit Blick auf die Richardson Mountains, das Peel River Valley, das Mackenzie River Delta und Fort McPherson.

Kurz danach ist die **Peel River Crossing** erreicht. Die Kabelfähre „Abraham Francis" befördert von Ende Mai/Anfang Juni bis Mitte/Ende Oktober täglich von 9 Uhr bis 1 Uhr morgens Fahrzeuge und Personen kostenfrei über den Peel River. Bei extremem Hoch- oder Niedrigwasser kann die Fähre jedoch nicht verkehren. So stand sie z. B. im Juli 2016 für sechs Tage still. Vom anderen Ufer sind es noch 10 km bis zum Nitainlaii Territorial Park Visitor Centre. Hier erhält man Informationen über die Kultur und den Alltag der Gwich'in. Zudem befinden sich hier ein Campingplatz und Einrichtungen für Tagesgäste (Day-Use Area).

Fort McPherson: Das von Mitgliedern der Gwich'in First Nation bewohnte Dorf mit seinen knapp 800 Einwohnern ist nach Murdoch McPherson benannt, der ab 1840 in der Region Handelsposten für die Hudson's Bay Company aufbaute. Zwei Tankstellen und zwei Lebensmittelgeschäfte sowie ein kleines Hotel stellen die Grundversorgung für

Briefmarke des Mackenzie Rivers

Norden | Northwest Territories → Karte S. 490/491

Reisende sicher. In der kleinen Chief-Julius-Schule sind einige historische Fotos und Artefakte ausgestellt. Auf dem Friedhof neben der Kirche finden sich auch die Gräber der „Lost Patrol", der vier Männer der Northwest Mounted Police, die sich im Winter 1910/11 auf dem Weg von Fort McPherson nach Dawson City verirrten und in der Wildnis umkamen – nur 45 km von Fort McPherson entfernt.

Weiterreise Richtung Inuvik: Eine Viertelstunde nach Fort McPherson ändert sich die Landschaft. Nach mehreren hundert Kilometern nördlich der Waldgrenze bieten die tiefere und geschützte Lage im Mackenzie-Delta und der nährstoffreiche Flussschlamm im warmen Tal wieder eine ausreichende Grundlage für größere Bäume. Die Fahrt führt durch Wälder und an Seen vorbei, bis 57 km hinter Fort McPherson die Querung des Mackenzie River ansteht. Die kostenlose Fähre verkehrt täglich von Juni bis Oktober von 8.15 bis 23.15 Uhr. Sie fährt bei Bedarf einen Dreieckskurs: nicht nur nach Norden über den Mackenzie River, sondern auch nach Osten über den Arctic Red River, der hier in den Mackenzie mündet. Auf der Ostseite des Nebenflusses liegt **Tsiigehtchic**, ein Dorf der Gwich'in, das einen kleinen Laden aufweist.

54 km weiter lohnt ein Stopp am **Titheqechii Vitail Lookout:** Ein zehnminütiger Fußweg führt zu einer Aussichtsplattform mit Blicken über den Campbell Lake, den man knapp darauf erreicht. Der Gwich'in Territorial Campground bietet 29 Stellplätze, zudem liegen zwei Areale für Tagesgäste am See. Schnell kommt der Flughafen von Inuvik in Sicht; ab hier ist die Straße bis in die Stadt hinein asphaltiert.

Praktische Infos

Information **Nitainlaai Territorial Park Visitor Centre:** Juni bis Anfang Sept. tägl. 9–17 Uhr. Dempster Highway östlich des Peel River, ✆ (867) 777-7237, www.fortmcpherson.ca.

Einkaufen Die Fabrik **Fort McPherson Tent and Canvas** genießt auch überregional einen guten Ruf. Hier werden Zelte und Tipis, aber auch robuste Reisetaschen aus Zeltleinwand gefertigt, die man direkt ab Fabrik günstig erwerben kann. Anmeldung sinnvoll. Fort McPherson, ✆ (867) 952-2179, www.fortmcphersontent.com.

Übernachten/Essen **Peel River Inn:** Das von einer Kooperative betriebene Hotel bietet acht ordentliche, aber teure Zimmer. DZ 199 $. Tetlit Gwich'in Road, ✆ (867) 952-2417, www.peelriverinn.com.

Es gibt zwei sehr einfache B&B im Ort: **Shaanutee's B&B,** ✆ (867) 952-2939, und **Jijuu's B&B.** Beide ab 129 $. ✆ (867) 952-2139.

Das Café des ehemaligen Radiomoderators und Mitglieds des Ältestenrats Neil Colin war 2018 geschlossen. An den Supermärkten und Tankstellen sollte man Informationen erhalten, ob es inzwischen wieder ein Restaurant im Dorf gibt.

Inuvik

Der Nordwesten der NWT ist auf dem Landweg nur aus dem Yukon über den spektakulären Dempster Highway erreichbar. Die Stadt im Mündungsgebiet des Mackenzie Rivers und ihr Umland bieten viel Sehenswertes.

Inuvik – die Einheimischen betonen den Namen der Stadt auf der zweiten Silbe – bedeutet „Ort der Menschen". Die kurze, wechselvolle Geschichte der größten nordamerikanischen Gemeinde jenseits des Polarkreises beginnt 1955: Als „New Aklavik" sollte die Siedlung am Ostufer des Mackenzie Rivers die am Westufer gelegene Gemeinde Aklavik ersetzen, denn diese wurde oft überschwemmt und bot keinen Raum für Wachstum. Erst ab 1959 zogen erste Inuvialuit (die Inuit oder Eskimos der westlichen Arktis), Dene und Métis in die nun Inuvik genannte Gemeinde. Bis 1990 sorgten die kanadischen Streitkräfte, die hier eine Marinebasis unterhielten, und die petrochemische Industrie für Arbeitsplätze

Utilidors: Abwasserleitungen in der Mitternachtssonne ...

und Wachstum. Doch die Marine schloss ihren Standort mit dem Ende des Kalten Krieges, und auch die Ölindustrie litt unter Problemen: International niedrige Preise, vor allem aber lokaler Widerstand gegen umweltfeindliche Fördermethoden führten zu einem massiven Verlust an Arbeitsplätzen. Heute wendet sich Inuvik zunehmend dem Tourismus zu. Daneben gehen die Einwohner ihren traditionellen Jagdgewohnheiten nach: Das Mackenzie-Delta weist eine der größten Populationen von Bisamratten auf. Auffällig im Ortsbild sind die *utilidors*, oberirdisch verlaufende Rohrleitungen, die fast alle Häuser der Stadt verbinden. Sie bringen Frischwasser und entsorgen Abwasser, denn der Permafrostboden lässt keine anderen Möglichkeiten zu.

Inuvik liegt gut 200 km nördlich des Polarkreises, auf einem Felsplateau am Ufer des östlichsten Seitenarmes des Mackenzie Rivers. Von Ende Mai bis Ende Juli fällt die Sonne hier nicht unter den Horizont. Tageshöchstwerte von 30 Grad im Juli sind normal, da es nachts nicht abkühlt – wie auch, wenn es keine Nacht gibt?

Western Arctic Regional Visitors Centre: Das Besucherzentrum am Ostende der Hauptstraße ist weit mehr als eine Anlaufstelle für Informationen. Natürlich erfährt man hier alles über Sehenswertes, Unterkünfte und Ausflüge. Doch zusätzlich gibt es eine große Ausstellung, die sehr spannend über die westliche Arktis informiert: Naturhistorisches und Kulturgeschichtliches finden ebenso breiten Raum wie das heutige Leben der Menschen. Permafrost, Pingos, Parks zum Schutz der Natur – alles wird erklärt; ausgestopfte Karibus und Moschusochsen geben Einblicke in die regionale Tierwelt. Wem all dies noch nicht reicht, dem steht eine Fülle von historischen und aktuellen Filmen für eine individuelle Vorführung zur Auswahl.

■ Juni bis Mitte Sept. tägl. 9–19 Uhr. Eintritt frei. 284 Mackenzie Road, ✆ (867) 777-7237.

Igloo Church: Die als Projekt der jungen Gemeinde von 1956 bis 1958 erbaute katholische Kirche Our Lady of Victory hat tatsächlich die Form eines Iglus. Innen sind Stationen des Kreuzwegs zu sehen, die von der renommierten Inuvialuit-Künstlerin Mona Thrasher

Norden | Northwest Territories → Karte S. 490/491

Igloo Church „Our Lady of Victory"

gestaltet wurden. Eine geführte Besichtigung ist im Anschluss an die Gottesdienste möglich.

■ Besichtigungen Mo, Mi, Fr, Sa 18.30 Uhr, So 12 Uhr und nach Vereinbarung. Eintritt frei, Spenden erbeten. 180 Mackenzie Road, ✆ (867) 777-2236, www.olvinuvik.com.

Town Hall: Nicht jede Stadt freut sich so über ihre Gäste wie Inuvik: Bei der Stadtverwaltung erhalten Besucher kostenfrei die offizielle Anstecknadel der Stadt und ein Zertifikat, das bescheinigt, dass sie den 60. Breitengrad überquert haben.

■ Mo–Fr 9–12 und 13–17 Uhr. 2 Firth Street, ✆ (867) 777-8600, www.inuvik.ca.

Inuvik Greenhouse: Die ehemalige Eishockeyhalle etwas oberhalb der Town Hall wurde zu einem riesigen Gewächshaus umgestaltet. Die Einwohner Inuviks können hier Flächen mieten und auf ein paar Quadratmetern Gemüse, Salat oder Blumen anbauen. Während der offiziellen Öffnungszeiten kann man auf Anfrage einen Blick hineinwerfen, darüber hinaus gibt es eine sehr informative einstündige Tour. Viele Einwohner verkaufen ihr selbstgezogenes Obst und Gemüse auf dem Arctic Market im Jim Koe Park.

■ Greenhouse: Mo–Sa 9–17 Uhr, Tour um 17.30 Uhr (5 $). Breynat Street/Gwich'in Road, ✆ (867) 777-7855, www.inuvikgreenhouse.com. Arctic Market: Mitte Juni bis Mitte Sept. jeden Sa 11–14 Uhr.

Ingamo Hall: der Blickfang am Westende der Hauptstraße. 850 Baumstämme wurden 1977 von Fort Simpson den Mackenzie River hinuntergeflößt und in Inuvik zum größten Blockhaus nördlich des Polarkreises zusammengesetzt. Im heutigen „Friendship Centre" finden zahlreiche Kulturveranstaltungen statt.

Kleine Wanderungen: Hinter dem Visitor Centre wurde um einen kleinen See herum ein Demonstration Forest angelegt, Schautafeln informieren hier über die „Boreal Forest" genannte Taiga. In der Verlängerung der Bompas Street führen weitere kurze Wege über den Inuvik Viewpoint (von dem aus man aber 2018 nichts sah, weil zugewachsen) zum **Hidden Lake** (etwa 1 Std. hin/zurück) sowie vom Inuvik Waterfront Park ein Stück den Fluss entlang. Vom Duck Lake Park

(Duck Lake Street) aus kann man auf dem **Jimmy Adams Peace Trail** einen schönen Spaziergang um den Boot Lake herum unternehmen (etwa 60–90 Min.). Der Weg führt teils über Boardwalks, um Pflanzen zu schützen, teils über steilere Passagen und Brücken zu mehreren Aussichtspunkten. In der Dämmerung ist mit Bären zu rechnen! Der Stadtplan aus dem Inuvik Guide reicht aus, dennoch empfiehlt es sich, aktuelle Informationen im Visitor Centre zu erfragen.

White Huskies: Die Schlittenhunde-Zucht am Rande der Stadt kann täglich am Morgen besucht werden. Acht Huskies werden vor ein ATV (All Terrain Vehicle, ein kleines geländetaugliches Allradfahrzeug) gespannt und bekommen eine Stunde Auslauf. Bis zu drei Personen finden neben und hinter dem Fahrer Platz.

▪ Im Sommer tägl. 8.30–9.30 Uhr. 45 $. Anmeldung vor Ort um 8 Uhr oder telefonisch am Vorabend. Arctic Chalet, 25 Carn Street, ✆ (867) 777-3535 www.arcticchalet.com.

Praktische Infos

Information **Western Arctic Regional Centre:** Juni bis Mitte Sept. tägl. 9–19 Uhr. 284 Mackenzie Road, ✆ (867) 777-7237, www.trulyarctic.ca und www.inuvik.ca.

Parks Canada: Mo–Fr 8.30–12/13–16.30 Uhr. Infozentrum für die entlegenen Nationalparks. 81 Kingmingya Road, ✆ (867) 777-8800, www.pc.gc.ca.

Hin und weg **Flugzeug:** Air North (www.flyairnorth.com) fliegt von/nach Vancouver, Calgary, Edmonton, Ottawa, Whitehorse, Dawson City. First Air (www.firstair.ca) fliegt von/nach Edmonton, Whitehorse. Canadian North (www.canadiannorth.com) fliegt von/nach Edmonton. Alle drei Airlines fliegen auch von/nach Yellowknife. Flüge zu anderen Zielen in den NWT werden von Aklak Air (www.aklakair.ca) angeboten. Taxi vom Flughafen in die Stadt ca. 30 $.

Einkaufen **North Mart 7:** Auf der oberen Ebene der größte Supermarkt der Stadt mit heißer Theke und Fast-Food-Countern von Pizza Hut und KFC, unten das Warenhaus, in dem man sich die neuesten Schneemobile anschauen kann. 160 Mackenzie Road, ✆ (867) 777-2582, www.northmart.ca.

Bären in Inuvik

An einem Tag im Juli 2016 konnte man in Inuvik sieben Bären gleichzeitig an einem Ort sehen – und zwar auf der Müllkippe der Stadt. Das war weder Teil eines offiziellen Tourismusprogramms noch ungefährlich! Wenn Sie als Bärenfan die Gelegenheit nicht auslassen wollen oder können, auch in den NWT Fotos von Meister Petz zu machen, erkundigen Sie sich vorab im Visitor Centre oder vor Ort (die frei zugängliche Müllkippe ist zeitweise personell besetzt). Steigen Sie keinesfalls aus dem Auto – es ist ziemlich wahrscheinlich, dass Sie besser riechen als der Müll und ein Bär sich Ihnen zuwendet! Zudem ziehen die Bären nachts auch in die Stadt, vor allem ins Ostende und suchen hier nach Essbarem. Die zuständige Regierungsbehörde informiert auf der Facebook-Seite InuvikBears aktuell über die Aktivitäten der örtlichen Grizzlys. Kreuzen Sie gerne nachts durch die Straßen – aber sehen Sie sich um, bevor Sie aussteigen!

▪ High Road. Die Straße zweigt einige Hundert Meter südlich vom Nova Inn von der Airport Road ab und führt am Roads-End-Golfplatz vorbei zur Müllhalde (Solid Waste Disposal Facility).

Midtown Market 6: In dem kleinen Laden, der rund um die Uhr geöffnet ist, gibt es stets Snacks, gekühlte Getränke – auch Bier – sowie die wichtigsten Lebensmittel. 114 Mackenzie Road, ✆ (867) 777-3100.

Inuvialuit Cultural Resource Centre: Das Kulturzentrum will die Kultur der Inuvialuit bewahren, unterstützen und vermarkten. Der zugehörige Shop verkauft im Auftrag der Künstler Schmuck und Kunsthandwerk; der Erlös geht direkt an die Künstler. 107 Mackenzie Road, www.irc.inuvialuit.com.

Originals: Auch hier findet man eine große Auswahl an indigenem Schmuck aus Speckstein oder Walknochen, dazu Drucke. 2 Berger Street, ✆ (867) 777-2433.

Mietwagen **Driving Force** aus Whitehorse ist sowohl am Flughafen wie auch in der Stadt vertreten. Buchung u. a. über www.sunnycars.de mit vollem Versicherungsschutz (empfohlen!) oder direkt, mit Selbstbeteiligung bei Schäden. ✆ (867) 888-0389, www.drivingforce.ca.

Delta Auto Rentals ist der lokale Anbieter. ✆ (867) 777-3535.

Touren Bisher prägten Touren nach Tuktoyaktuk das lokale Angebot an Ausflügen. Für 600–700 $ wurden vier- bis siebenstündige Touren in den Ort am arktischen Meer angeboten. Mit der Eröffnung der Ganzjahresstraße nach Tuktoyaktuk beginnt sich das Geschäft zu ändern: Einige Anbieter planen Kleinbustouren für Individualreisende, Großgruppen werden wohl weiterhin direkt nach Tuktoyaktuk fliegen, der Flugplatz dort kann eine Boeing B-737 abfertigen. Ein Blick auf die Webseiten der Anbieter wird zeigen, wie sich das Angebot entwickelt.

Arctic Chalet: Der Betreiber einer Lodge und von „White Huskies" führt Ein- und Mehrtagestouren nach Tuktoyaktuk durch. 5-Std.-Tour mit Flug nach Aklavik und per Boot zurück über das Mackenzie-Delta ab 585 $. Dempster-Highway-Tagestour per Kleinbus bis Polarkreis und zurück ab 385 $. Herschel Island mehrmals pro Saison als Tagestour ab 585 $. 25 Carn Street, ✆ (867) 777-3535, www.arcticchalet.com.

Tundra North Tours: 4 Std. per Boot im Mackenzie-Delta ab 325 $ p.P. 10–12-Stunden-Tour mit dem Boot den Mackenzie hinunter bis Tuktoyaktuk, abends dann per Flug zurück ab 585 $. 185 Mackenzie Road. ✆ (867) 993-3323, www.tundranorthtours.com.

Übernachten Alle drei Hotels bieten moderne Zimmer mit TV, High-Speed Internet, Kühlschrank und Kaffeemaschine. Sie unterscheiden sich vor allem in der Lage: Das Mackenzie liegt zentral, das Nova Inn am Stadtrand, aber nur 15 Fußminuten vom Mackenzie Hotel.

Mackenzie Hotel 8: 97 Zimmer, größtes Hotel der Stadt. Mit Restaurant und Lounge das gesellschaftliche Zentrum von Inuvik. Alle Zimmer mit Mikrowelle. DZ ab 199 $. 185 Mackenzie Road, ✆ (867) 777-2861, www.mackenziehotel.com.

Capital Suites 9: 82 Zimmer, alle mit Mikrowelle. Fitness-Center im Hotel. DZ ab 184 $. 198 Mackenzie Road, ✆ (867) 678-6300, www.capitalsuites.ca/inuvik.

Nova Inn 10: 42 Zimmer; keine Mikrowelle, aber kostenfreies Continental Breakfast. DZ ab 159 $. 300 Mackenzie Road, ✆ (866) 374-6682, www.novahotels.ca/nova-inn-inuvik.

Alestine's Restaurant

André's Place 1: Das einzige B&B In Inuvik hat noch mehr zu bieten: Jeden Mi und Fr gibt es ein exklusives Vier-Gang-Dinner für max. 12 Pers. für 75 $ – reservieren! DZ ab 199 $. 55 Wolverine Road, ✆ (867) 777-3177.

Camping Zwei schöne Territorial **Campgrounds** mit Duschen: **Happy Valley Park 2,** zentral in der Stadt, aber dennoch ruhig. **Jak Campground,** einige Kilometer außerhalb im Grünen, an der einzigen Straße zwischen Stadt und Flughafen. Je 19 Stellplätze mit Strom und 8 ohne. Ab 22,50 $. www.nwtparks.ca.

Essen und Trinken **Mackenzie Grill and Shivers Lounge 8:** Im „Grill" des Mackenzie Hotels gibt es Frühstück und Lunch; abends übernimmt die Shivers Lounge (Sonntag geschlossen), halb Sportsbar, halb Restaurant mit Steaks & Burger. 185 Mackenzie Road, ✆ (867) 777-2861, www.mackenziehotel.com.

The Roost 5: Amerikanische, chinesische und italienische Küche – alles kein Problem für das vielseitige Team. Die übliche Vorsicht bei „Universaltalenten" unter den Köchen ist zwar auch hier angebracht, aber vom Chop Suey bis zum New York Steak schmeckte alles. Vorne Theke für Abholer, hinten Restaurant. Tägl. 11–24 Uhr. 106 Mackenzie Road, ✆ (867) 777-2861, www.mackenziehotel.com.

MeinTipp **Alestine's 4:** In einem alten Schulbus wird gekocht, auf der Dachterrasse serviert: Alestine's hat frischen Wind in die eher langweilige Gastroszene Inuviks gebracht. Karibu-Chili, Tacos mit Weißfischen aus der Arktis und gegrillter Lachs sind häufig auf der wechselnden Karte mit vielen frischen Zutaten zu finden. Mo–Fr 12–14 und 17–20, Sa/So 16–30 Uhr. 48 Franklin Road, ✆ (867) 777-3702.

Café Gallery 3: Inuviks einzige Espressomaschine sorgt in dem leicht verfallen wirkenden Café für den besten Kaffee der kanadischen Arktis. Zudem gibt es tägliche Specials wie Pasta oder Pizza. Mo 8–17, Di–Fr 8–21, Sa 10–21 Uhr. 90 Mackenzie Road, ✆ (867) 777-2888.

The Road to Tuk – die Straße an Kanadas dritte Küste

Über 400 Arbeiter arbeiteten fünf Jahre daran, eine Fahrbahn auf einem mehrere Meter dicken Schotterbett durch die Arktis zu verlegen. Die im November 2017 eröffnete, 140 km lange Straße kostete mehr als 300 Millionen Dollar – aber was zählt, ist die ingenieurtechnische Meisterleistung. Bei Wintertemperaturen, die oft wochenlang unter minus 30 Grad lagen, wurde Kanadas dritte Küste an das Straßennetz angebunden: vom Atlantik zum Pazifik zum Arktischen Ozean …

Kanadas früherer Premier Harper hatte die teure Straße genehmigt, um die Ölreserven in der Region besser zu erschließen. Das bei Umweltschützern sehr kritisch gesehene Ölprojekt wurde unter dem seit 2015 amtierenden Premier Trudeau dann wieder gekippt. So bietet die Straße zwar neue Möglichkeiten für den Tourismus, seit 2018 reisen erstmals auch Urlauber über den Dempster Highway und Inuvik bis nach **Tuktoyaktuk.** Doch ist der Tourismus hier oben nur knapp drei Monate im Jahr relevant; das wird nicht ausreichen, um mehrere Hundert Arbeitsplätze vor Ort zu ersetzen, die nach Abschluss der Bauarbeiten und der Streichung der Ölprojekte wegfallen. So wird derzeit ein Erdgasprojekt in der Beaufort Sea geprüft. Zudem befürchten die Bewohner im bisher recht abgeschiedenen Tuktoyaktuk, dass Alkohol und andere Drogen nun leichter in ihr Dorf gelangen. Andererseits müssen im Sommer frische Lebensmittel nicht mehr eingeflogen werden, was die Preise senken wird: 2017 kostete ein frisches Ei noch zwei Dollar …

Tuktoyaktuk

Von Inuvik nach Tuktoyaktuk wird die Landschaft flacher und ist zunehmend von zahlreichen kleinen Seen durchsetzt. Kurz vor Tuktoyaktuk sind dann die ersten Erdhügel – Pingos genannt (s. u.) – erkennbar, die für die Region kennzeichnend sind.

Tuktoyaktuk, oft einfach zu „Tuk" abgekürzt, liegt auf einer zerklüfteten Halbinsel, rund um sechs Seen herum ist es gebaut, direkt an der Küste des arktischen Ozeans. Der Ortsname bedeutet „Sieht aus wie ein Karibu", weil sich hier einst ein Karibu in einem Fluss in einen Stein verwandelt haben soll, der dem Tier sehr ähnlich sah. Das Dorf, das früher „Port Brabant" hieß, war die erste Gemeinde Kanadas, die 1950 ihren indigenen Namen zurückerhielt.

In der ersten Hälfte des 20. Jahrhunderts zogen mehrere Inuvialuit-Familien aus dem Umland hierher, da hier die Lebens- und Jagdbedingungen besser waren. 1937 folgte ein Handelsposten der Hudson's Bay Company. In den 1970er-Jahren löste Tuktoyaktuk dann Inuvik als Basislager für Öl- und Erdgasbohrungen ab. Heute leben die 1000 Einwohner ganzjährig von der – rückläufigen – Ölindustrie. Im Sommer kommen Tourismus, im Winter die Jagd als Einnahmequellen hinzu.

Tuktoyaktuk am arktischen Ozean

Die sehenswerten Gebäude und der Schoner „Our Lady of Lourdes" (s. u.) liegen alle am Nordende des Dorfs. Auch nach Öffnung der neuen Ganzjahresstraße von Inuvik waren diese 2018 nur für organisierte Touren geöffnet. Dies wird sich möglicherweise ändern, wenn über die neue Straße mehr Individualreisende den Weg hierher finden. Aber auch ohne Tour kann man die Sehenswürdigkeiten von außen besichtigen und einen Schritt in den arktischen Ozean wagen, dessen Wassertemperatur auch im Sommer nur maximal 3° C erreicht.

Ice House: Der größte Erd-Kühlschrank der Welt steht in der Beaufort Road; das Tunnelsystem liegt tief im Permafrostboden. Jede Familie des Dorfes besitzt ein großes Abteil, um die winterliche Jagdbeute auch über den Sommer hin gekühlt aufzubewahren. Ganzjährig herrschen hier konstant minus 15 Grad. Der Eiskeller war lange eine Sehenswürdigkeit für Besucher; doch der Klimawandel hat nun auch hier zugeschlagen: Die Erdschichten tauen von Jahr zu Jahr mehr ab, so dass teilweise Einsturzgefahr besteht. Aus Haftungs- und Versicherungsgründen hat die Gemeinde daher seit 2017 das Betreten für externe Besucher untersagt.

Erdhäuser: Noch bis ins 20. Jahrhundert hinein waren die gut isolierten Erdhäuser die bevorzugten Unterkünfte in der Region, mit Ankunft der Missionare wurden sie aber zunehmend verdrängt. In der Nähe des Ice House stehen zwei klassische Exemplare dieser Behausungen der Inuvialuit (www.inuvialuitsodhouse.ca). Es handelt sich allerdings um Nachbauten, aber unter Wahrung des traditionellen Stils.

Our Lady of Lourdes: Der in den 1930er-Jahren von Papst Pius XI. gestiftete Schoner transportierte jahrzehntelang Lebensmittel, Medikamente und Schulkinder zu Missionen und entlegenen Dörfern der westlichen Arktis. Seit 1982 hat er seinen Ruheplatz neben der katholischen Mission in Tuktoyaktuk gefunden. Derzeit kann das Schiff nur von außen besichtigt werden.

Pingo Canadian Landmark: Kanadas einzige „National Landmark" schützt auf 16 km² acht für das Mackenzie-Delta typische Pingos zwischen 5 und 49 Metern Höhe, darunter den Ibyuk, den zweithöchsten Pingo der Erde. Insgesamt finden sich in der Region mehr als 1300 dieser Erdhügel, die sich bilden, wenn eine sog. Eislinse im Inneren über dem Permafrostboden anwächst und das Erdreich über sich anhebt.

▪ Tägl. 9–16.30 Uhr. 5 km südwestl. von Tuktoyaktuk, ☏ (867) 777-8800, www.pc.gc.ca/en/lhn-nhs/nt/pingo.

Praktische Infos

Information Bislang gibt es (spärliche) Informationen nur online unter www.tuktoyaktuk.ca.

Hin und weg **Aklak Air:** Bis zu 3x/tägl. von Inuvik nach Tuktoyaktuk und zurück. ☏ (867) 777-3777, www.aklakair.ca.

Touren Mehrere kleine Anbieter bieten Touren durch Tuktoyaktuk und zu den Pingos an, aber auch zu einem traditionellen Eskimo-Camp nördlich der Stadt. Noch verfügt keiner über eine Webseite; Informationen gibt es meist nur telefonisch. **Pokiak Guiding and Outfitting** bietet Führungen durch Tuk und auch Begegnungen mit Einheimischen. ✆ (867) 977-2170; **Arctic Nature Tours:** ✆ (867) 777-3555; www.arcticnaturetours.com; **Arctic Ocean Tuk Tours:** ✆ (867) 977-2406; **Arctic Tour Company:** ✆ (867) 977-2230; **Beaufort Sea Adventures:** ✆ (867) 977-2355.

Übernachten/Essen Noch hat sich die Infrastruktur nicht auf eine größere Zahl von Individualtouristen eingestellt. Die beste Quelle für aktuelle Informationen zu möglichen neuen Unterkünften oder Restaurants sind die Webseite von NWT Tourism oder die Stadtverwaltung: ✆ (867) 977-2286.

End of the road Inn: Motel mit 8 Zimmern, kleiner Lebensmittelladen und seit 2018 das einzige Restaurant des Dorfs. DZ ab 190 $. Restaurant Mi–So etwa 15–23 Uhr. 314 Beaufort Drive, ✆ (867) 977-2044.

Tuktu B&B: Maureen Pokiak von Pokiak Guiding betreibt auch das kleine B&B für max. 5 Gäste. Ab 200 $. ✆ (867) 678-5116.

Hunter's B&B: Die Suite mit 2 Schlafzimmern und einer voll ausgestatteten Küche bietet Platz für 4 Personen. Suite ab 250 $. Mangilaluk Loop, ✆ (867) 446-4305.

Smitty's Bed and Breakfast: Das 2011 erbaute B&B bietet 4 DZ, die sich zwei Bäder teilen. DZ ab 190 $. 608 Kitti Road, ✆ (867) 977-2777.

Arktische Küste und Inseln

Tuktuk Nogait National Park: Der über 18.000 km² große, 1989 gegründete Park entstand in engem Zusammenspiel zwischen der Nationalparkverwaltung und der indigenen Bevölkerung, deren angestammte Subsistenz-Jagdrechte gewahrt wurden. Der Park ist Heimat einer Karibuherde und weist bergiges Terrain auf: Die drei Hauptflüsse des Parks – Hornaday, Roscoe und Brock – sind bei Kanuten beliebt. Parks Canada baut derzeit ein kleines Basislager am Uyarsivik Lake, um den Park für Besucher etwas besser zugänglich zu machen.

▪ Anreise nur per Charterflug aus Inuvik. Tourenplanung: Parks Canada, Mo–Fr 8.30–12 und 13–16.30 Uhr. 81 Kingmingya Road, Inuvik, ✆ (867) 777-8800, www.pc.gc.ca.

Mehrere Inseln und Nationalparks liegen vor der arktischen Küste. Fast alle sind nur im Rahmen teurer organisierter Touren zu besuchen, bieten dafür aber eindrückliche Naturerlebnisse am Rande der Welt.

Banks Island: Einzige Siedlung auf der Insel ist **Sachs Harbour** – mit seinen 120 Einwohnern der nördlichste Ort der NWT. Ornithologen schätzen die Vielfalt in den beiden Vogelschutzgebieten; Kanuten reizt eine Tour auf dem Thomsen River, dem nördlichsten Fluss der Erde. Vom Wasser aus bekommt man hier Moschusochsen und Grizzlys zu sehen.

▪ Anreise per Linienflug 3x/Woche von Inuvik. ✆ (867) 777-3777, www.aklakair.ca. Touren: Banks Island Tundra Tours, ✆ (867) 690-4009.

Aulavik National Park: Über die Hälfte aller Moschusochsen der Welt leben in diesem Park, der die natürlichen Lebensräume der etwa 50.000 Tiere schützt. Hier findet man echte arktische Wildnis ohne jegliche Infrastruktur: keine Einrichtungen, keine Wege, kein Handyempfang.

▪ Anreise nur per Charterflug von Inuvik oder Sachs Harbour. Tourenplanung: Parks Canada, Mo–Fr 8.30–12 und 13–16.30 Uhr. 81 Kingmingya Road, Inuvik, ✆ (867) 777-8800, www.pc.gc.ca.

Ulukhaktok: Die Gemeinde mit ihren 400 Einwohnern liegt auf **Victoria Island**, Kanadas zweitgrößter Insel, die teils zu den NWT, teils zu Nunavut gehört. Wer nicht gerade eine Partie Golf auf dem nördlichsten Golfplatz der Welt spielen will, kann sich den Flug hierher sparen.

▪ Anreise per Linienflug 3x/Woche von Inuvik. ✆ (867) 777-3777, www.aklakair.ca.

South Slave Region

Südlich des Great Slave Lake breitet sich eine vielfältige Landschaft aus: Im Westen haben sich Flüsse mit gewaltigen Wasserfällen ihren Weg durch Wälder und Felsen gebahnt, im Osten prägen Salzfelder und Taigawald die Region des Wood-Buffalo-Nationalparks.

Der riesige Great Slave Lake ist der tiefste See Nordamerikas und das geologische Erbe eines Inlandmeeres, das Gletscher während der letzten Eiszeit aus dem Gestein spülten. Direkt am Ufer liegt **Hay River.** Die auch als „Drehscheibe des Nordens" bekannte Stadt ist nach einem langen Tag auf der Straße von Alberta hinauf in die NWT ein guter Übernachtungsstopp – und am nächsten Morgen ein praktischer Ausgangspunkt für Ausflüge auf der Waterfalls-Route oder für Angeltouren: Der Great Slave Lake ist für seinen Fischreichtum bekannt; vor allem Hechte, Äschen und Forellen in Rekordgröße gehen Anglern an den Haken.

Der 60. Breitengrad trennt die Northwest Territories und Alberta

Von Alberta nach Hay River

Am 60. Breitengrad, der Grenze zwischen Alberta und den NWT, begrüßt ein freundliches Team im Visitor Centre die Reisenden. Es gibt umfangreiches Informationsmaterial, ein Zertifikat, dass man den 60. Breitengrad überschritten hat, sowie kostenfrei Kaffee, Tee, Wasser und nette Gespräche – eine schöne Einstimmung auf die Northwest Territories. Wer spät eintrifft, kann direkt nebenan campen.

Von hier bis Hay River sind es nur 90 Minuten mit dem Auto, doch unterwegs warten die ersten Wasserfälle: 72 km nach der Grenze liegt der **Twin Falls Gorge Territorial Park.** Der vom mitgeführten Sand gelb gefärbte Hay River stürzt an den **Alexandra Falls** 32 Meter in die Tiefe. Zwei Aussichtsplattformen erlauben eine optimale Sicht, zusätzlich wurde ein Picknick-Bereich eingerichtet. Nur gut 2 km weiter flussabwärts hat der Hay River nichts von seiner Kraft verloren: Über drei große Felsstufen ergießt er sich hier in die Tiefe. Das Panorama der **Louise Falls** ist schon vom Hochufer aus beeindruckend; wer dann die 138 Stufen der Wendeltreppe hinabgestiegen ist, bekommt die Kraft des Wassers hautnah zu spüren.

Beide Fälle sind durch einen schönen Wanderweg am Hochufer miteinander verbunden.

Enterprise: Nur 109 Einwohner hat der Ort, aber doch alles, was man dringend braucht. Lisa's Place an der Ortsausfahrt Richtung Yellowknife fungiert als Tankstelle, Mini-Motel und Take-out-Restaurant. Ab hier sind es auf dem Highway 2 noch 30 Minuten bis Hay River.

Information **60th Parallel Visitor Centre,** an der Grenze Alberta/NWT: Mitte Mai bis Mitte Sept. tägl. 8.30–20.30 Uhr.

Übernachten In Enterprise bietet das **Mini-Hotel Lisa's Place** ein Dach über dem Kopf: ✆ 867) 984-3711.

Camping Der **Campground des 60th Parallel Territorial Park** (7 Stellplätze, 22,50 $) liegt direkt beim Visitor Centre, der **Louise Falls Campground** (28 Stellplätze, 22,50–28 $) bei den gleichnamigen Wasserfällen. www.nwtparks.ca.

Hay River und Umgebung

Die zweitgrößte Stadt der NWT ist Versorgungszentrum und Ausgangsort vor allem für Angeltouren, weist aber auch einige schöne Ecken auf. Ab 1892 siedelten die Dene First Nation am Ostufer des Hay River, mit dem kommerziellen Fischfang und dem Straßenanschluss setzte nach dem Zweiten Weltkrieg die Besiedelung auch des Westufers ein. Als 1963 die Ufergebiete überflutet wurden, zogen viele Einwohner einige Kilometer flussaufwärts, so dass sich Hay River heute über 11 km an beiden Seiten der Flussmündung erstreckt.

Biegt man bei der Tourist Information rechts ab und die nächste wieder links, gelangt man auf den Woodland Drive. Auf den nächsten 300 Metern finden sich hier fast alle Supermärkte, Restaurants und Geschäfte der Stadt. Bleibt man dagegen auf dem Highway 2, überquert dieser schließlich den westlichen Arm des Hay River, führt am Airport vorbei und kreuzt die Bahngleise. Fährt man an der nächsten Kreuzung geradeaus, gelangt man zur Fisherman's Wharf; linker Hand erreicht man über die 104th Avenue den Lakeshore Drive, der Zugang zum Sandstrand am See bietet.

Fisherman's Wharf: Halb pittoresk, halb verfallen ist der historische Fischerhafen. Wenn nicht gerade der samstägliche Farmer's Market abgehalten wird, ist hier nichts los. Die Bahngleise, die nördlichsten ganz Kanadas, werden schon seit Jahren nicht mehr genutzt. Schräg gegenüber steht der ehemalige Handelsposten der Hudson's Bay Company, der heute das Hay River Museum beherbergt (Mo–Sa 10–17, So 12–17 Uhr).

Einige hundert Meter weiter lädt der feine Sandstrand des **Hay River Territorial Park – Great Slave Lake Beach** auf Vale Island (an der Fisherman's Wharf links, dann fünfte Straße rechts) an den gar nicht so seltenen warmen Sommertagen zum Baden und Picknick ein.

Hay River Reserve: Von der Fisherman's Wharf aus kann man die Kirche sehen – doch auf der Straße sind es 22 km zur Old Town im Hay River Reserve der Dene First Nation auf der Ostseite des Flusses. Die Kirche und die katholische Missionsstation aus dem 19. Jahrhundert stehen unter Denkmalschutz. Im Dene Cultural Institute verkauft ein kleiner Laden Kunsthandwerk und Schmuck (Mo–Fr 13–16 Uhr). ▪ Zufahrt über Highway 5 Richtung Fort Smith, nach der Überquerung des Flusses links ab.

Praktische Infos

Information **Hay River Tourist Information:** Ende Mai bis Anfang Sept. tägl. 9–21 Uhr. Hay River Highway/McBryan Drive, ✆ (867) 874-3180, www.hayriver.com.

Hin und weg **Flugzeug:** First Air fliegt tägl. von/nach Yellowknife. ✆ (800) 267-1247, www.firstair.ca.

Bus: Bei Redaktionsschluss (Frühjahr 2019) war noch nicht klar, ob die Fernbusverbindung von Hay River über Fort Providence nach Yellowknife weiter besteht. Anbieter war zuletzt Frontier Coachlines, ✆ (867) 874-2566.

Angel/Kanutouren Die beiden größten Anbieter für Ein- und Mehrtagestouren auf den Seen und Flüssen der Region sind **2 Seasons Adventures**, ✆ (867) 875-7112, www.2seasonsadventures.com und **Canoe North**, ✆ (867) 874-4242, www.canoenorth.ca).

Markt Von Mitte Juni bis Mitte Sept. findet an der Fisherman's Wharf samstags 10–14 Uhr der **Farmer's Market** statt.

Mietwagen Budget Car Rental unterhält einen Schalter am Flughafen.

Übernachten **Hay River Suites:** Die Suiten verfügen über separate Wohn- und Schlafzimmer sowie Küchenzeile. Suite 165 $. 942 Mackenzie Highway (am Ortseingang), ✆ (867) 874-2332, www.hayriversuites.com.

Ptarmigan Inn: Hay Rivers führendes Hotel hat 42 Zimmer, ein Restaurant, einen Pub und ein Fitness Centre. DZ ab 161 $. 10 J.Gagnier Street, ✆ (867) 874-6781, www.ptarmiganinn.com.

Camping Hay River Territorial Park: Direkt am See auf Vale Island. 62 Stellplätze mit Duschen ab 22,50 $. Kein Telefon; www.nwtparks.ca.

Essen und Trinken Keys Dining Room/ Doghouse Sports Bar: Das Restaurant im Ptarmigan Inn bietet Hay Rivers beste Küche in entspannter Atmosphäre. Seafood, Steaks, Burger, italienisch, asiatisch. Die meisten Gerichte gibt es auch nebenan im Doghouse Pub. Mo–Fr 6.30–21, Sa 7.30–21, So 8–20 Uhr. Im Ptarmigan Inn (s. o.)

Back Eddy Lounge & Restaurant: Steak und Seafood mit einer Gewürzmischung, die inzwischen international exportiert wird. Getrennter Bereich für Familien (dort kein Alkohol). Mo–Sa 11–21 Uhr. 6 Courtoreille Street, ✆ (867) 874-6680, www.backeddys.com.

She takes the cake Café: Hier stellt man sich Frühstück aus der typisch kanadischen Auswahl von Zimtschnecken, Bagels und Muffins selbst zusammen. Mittags Specials, Suppen, Sandwichs. Frühstück und Lunch. Mo–Fr 8.30–16, Sa 12–16 Uhr. 2-4 Courtoreille Street, ✆ (867) 874-3330.

Wood Buffalo National Park und Umgebung

Im Ostteil der South Slave Region liegt der Wood Buffalo National Park, der mehr zu bieten hat als nur Bisons. Fort Resolution bietet Einblicke in das Leben in der ältesten Siedlung der ganzen NWT, Fort Smith zieht Outdoor- und Naturliebhaber an.

Von Hay River führt der Highway 5 ostwärts und gabelt sich nach einer Stunde: Nach Nordosten sind es auf dem Highway 6 noch einmal zwei Stunden nach **Fort Resolution,** südöstlich führt der Highway 5 in den Wood Buffalo National Park und weiter nach **Fort Smith,** das von Hay River aus nach insgesamt rund dreieinhalb Stunden erreicht ist.

Der Wood Buffalo Park, Kanadas größter Nationalpark, bedeckt eine Fläche von fast 45.000 km², ist also größer als die Schweiz. Überwiegend liegt er in Alberta, nur zum kleineren Teil in den NWT. Doch ist die Zufahrt in den Park nur von den Northwest Territories aus möglich, und auch Fort Smith, fast am Ende der Straße, liegt noch in den NWT.

Der 1922 gegründete Nationalpark hatte ursprünglich vor allem den Schutz der Bisons zum Ziel, weist aber auch in vielen anderen Bereichen der Geologie, Tier- und Pflanzenwelt Besonderheiten auf: Mit dem Peace-Athabasca-Delta liegt eines der größten Süßwasser-Deltas der Erde im Park; die Salzmarschen und Karstlöcher bei Fort Smith sind so oder in ähnlicher Form nirgends sonst in Kanada zu finden. 2013 wurde der Park zudem zu Kanadas größtem Dark-Sky-Schutzgebiet

Wood Buffalos haben Vorfahrt. Immer.

erklärt. Der Verzicht auf Lichtverschmutzung soll sowohl die großen Populationen von Fledermäusen, Nachtfalken und Eulen im Park schützen als auch Besuchern ein ungestörtes Erleben der Polarlichter ermöglichen. Der Park ist zudem eines von weltweit nur zwei Brutgebieten der seltenen Schreikraniche. Auch Biber genießen die Abgeschiedenheit in weiten Teilen des Parks: 2014 wurde der bisher längste Biberdamm der Erde entdeckt; an dem 850 m langen Damm müssen viele Generationen gebaut haben.

Auf dem Weg nach Fort Smith: Kurz nach Einfahrt in den Park liegt das **Angus Sinkhole,** eines der größten Erdlöcher. Der 100 m breite und 60 m tiefe Erdkrater entstand nach dem Einsturz einer unterirdischen Höhle. Schon auf den nächsten Kilometern hat man gute Chancen, Bisons zu sehen. Meist sind es männliche Tiere, die vor allem nachmittags in der Sonne an der Straße liegen und verdauen, während Mütter und Kälber den Schutz des Waldes vorziehen.

Am Parkplatz am Nyarling River verschwindet der Fluss im unterirdischen Karstgestein, um erst 26 km weiter wieder aufzutauchen. Der Wetlands-Parkplatz ermöglicht einen Blick in Feuchtgebiete, in denen auch der Schreikranich nistet.

Der **Salt Plains Lookout,** der über eine 13 km lange Nebenstraße erreicht wird, ist ein Aussichtspunkt über der 370 km^2 großen Salzebene im Park. Ein 500 m langer Weg führt hinunter in die Salzmarsch und erlaubt einen Blick auf die Salzquellen und angepasste Vegetation. Hier zweigt auch die 57 km lange, raue Parson's Lake Road ab (nicht für Wohnmobile oder Wohnanhänger geeignet). Der **Parson's**

Büffel oder Bison – und warum Holz?

Mal werden sie als „Buffalo", mal als „Bison" bezeichnet – beides ist korrekt. Die bis zu 900 kg schweren Tiere der Familie der Bovidae sind genetisch eng mit den europäischen Wisenten verwandt und nur sehr entfernt mit anderen Büffeln – dem asiatischen Wasserbüffel und dem afrikanischen Büffel. Doch gehen beide Begriffe auf den Ochsen zurück, sowohl Bison (aus dem Griechischen) als auch Buffalo (abgeleitet vom französischen „bœuf"); zudem wurde der Begriff Buffalo schon 1635 in Amerika nachgewiesen, Bison aber erst 1774. So kann man bedenkenlos beide Begriffe benutzen. Und Wood meint hier nicht Holz, sondern Gehölz. Im Gegensatz zu den kleineren Plains Buffalos, den Bisons der weiten Prärie, leben die Wood Buffalos bevorzugt in den lichten Wäldern des Nordens.

Wie andere Bisons auch war der Wood Buffalo Anfang des 20. Jahrhunderts durch Jäger so gut wie ausgerottet. Doch 1957 entdeckte man im nordöstlichen Alberta eine Herde mit 200 Tieren. Durch besondere Schutzmaßnahmen hat sich der Bestand dieser Gruppe erholt; insgesamt leben sogar wieder fast 5000 Tiere im Wood Buffalo National Park. Erste Gruppen wurden bereits nach Alaska und Sibirien ausgewildert, wo die Wood Buffalos früher ebenfalls heimisch waren.

Salt Plains – im kurzen Herbst ein Farbenmeer

Tower Viewpoint bietet Ausblicke über typisches Bison-Gebiet.

Im Park gibt es drei Campingplätze; nur der am Pine Lake ist per Auto erreichbar. Zu den beiden anderen, zwei Backcountry Campgrounds im Peace-Athabasca-Delta, gelangt man nur mit dem Kanu; Reservierung über Parks Canada in Fort Smith (siehe unten).

■ Eine Übersichtskarte des Parks mit zusätzlichen Informationen erhält man in allen Visitor Centres der NWT.

Fort Smith

Mit der Lage am Slave River, zwischen dem Felsgestein des Canadian Shield im Osten und dem Kalkgestein und den Karsthöhlen im Westen, war Fort Smith immer schon ein wichtiger Zwischenstopp für Händler, Jäger und Entdecker. Fast ein Jahrhundert lang das Verwaltungszentrum für die gesamten Northwest Territories, konzentriert sich das heute eher verschlafen wirkende Städtchen mit seinen 2400 Einwohnern vor allem auf den Tourismus rund um den nahegelegenen Nationalpark. Einige Rad- und Wanderwege beginnen direkt in der Stadt.

Nur im Winter kann man auch von Süden her, von Fort Chipewyan/Alberta, auf einer Eisstraße nach Fort Smith gelangen.

Northern Life Museum & Cultural Centre: Das Museum für die Kulturgeschichte der traditionellen Siedlungen der First Nations und die ersten weißen Siedlungen im Norden genießt einen guten Ruf. Von der rekonstruierten Trapperhütte über ein Birkenrinden-Kanu bis hin zu einem nachgebildeten Handelsposten wird alles in anschaulicher Weise präsentiert. Im Außengelände kann man u. a. einen alten Flussschlepper besichtigen; Höhepunkt dort ist aber die Rekonstruktion eines klassischen Tipi-Dorfs der Chipewyan.

■ Juni bis Aug. Mo–Fr 10–17, Sa 13–17, sonst Mo–Fr 10-12 und 13–17 Uhr. Eintritt frei. 110 King Street, ✆ (867) 872-2859, www.nlmcc.ca.

Fort Smith Mission Territorial Park: Der im Herzen der Stadt gelegene Park ist alles, was von der einst 151 ha großen katholischen Missionsstation übrigblieb. Dennoch lohnt die Self-guided Tour, da man auf den Schautafeln viel über die Geschichte und die damaligen Lebensumstände erfährt.

Stromschnellen und Trans Canada Trail: Der Trans Canada Trail ist Fort Smiths Beitrag zur Idee des Wegenetzes, das das ganze Land umfassen soll. Er beginnt am Trans Canada Park im Zentrum der Stadt, erstreckt sich fast 30 km bis nach Fitzgerald und ist für Mountainbiker und Wanderer gleichermaßen gut geeignet. Er führt an den vier großen Stromschnellen entlang: Die **Rapids of the Drowned** liegen direkt gegenüber der Stadt und sind vom Trans Canada Trail Park gut einsehbar, die Mountain Portage, Pelican und

Cassette Rapids liegen weiter flussaufwärts. Nicht nur vom Ufer aus sind sie eindrucksvoll, die Fahrt auf dem Fluss gilt als eine der schönsten Wildwassertouren Kanadas. Das Visitor Centre informiert über lokale Anbieter, die einen solchen Trip organisieren.

Für Autofahrer: Von der Straße nach Fitzgerald führen Stichstraßen zu den vier Stromschnellen; am eindrucksvollsten sind die Pelican Rapids, auch wenn man hier höchstens im April oder Mai mal Pelikane sieht.

Information **Visitor Centre Parks Canada Fort Smith:** Juni bis Aug. tägl. 9–18, sonst Mo–Fr 9–12 und 13–17 Uhr. Informationen über die Stadt und den Nationalpark, über geführte Touren und Camping. Ausstellung und Filme über den Park. 149 McDougal Road, ✆ (867) 872-7960, www.fortsmith.ca/visitors und www.pc.gc.ca/en/pn-np/nt/woodbuffalo.

Hin und weg **Flugzeug:** Die in Fort Smith beheimatete Northwestern Air fliegt bis zu 6x/Woche nach Edmonton, Hay River und Yellowknife. ✆ (867) 872-2216, www.nwal.ca.

Bus: Ob die von Frontier Coachlines, ✆ (867) 874-2566, 2018 „vorübergehend eingestellte“

Verbindung nach Hay River wieder auflebt, war bei Redaktionsschluss (Mai 2019) noch nicht klar.

Übernachten **Pelican Rapids Inn & Suites 3:** Das 42-Zimmer-Hotel verfügt über ein Restaurant und eine Lounge. DZ ab 163 $. 152 McDougal Road, ✆ (867) 872-2789, www.pelicanrapidsinn.com.

Wood Buffalo Inn 2: Das zentral gelegene, gepflegte Motel ist ein Familienbetrieb und bietet komplett ausgestattete Suiten. DZ ab 159 $. 123 Simpson Street, ✆ (867) 872-3222, www.woodbuffaloinn.com.

Camping Dicht an der Stadt liegt der **Queen Elizabeth Territorial Park 1**, zwischen Fort Smith und dem Airport. Stellplatz ab 22,50 $. nwtparks.ca.

Essen und Trinken **Anna's Home Cooking 4:** Das kleine Familienrestaurant mit angeschlossenem Yoga-Studio und großer Terrasse bietet herzhaftes Frühstück, mittags frische Salate, Suppen und Panini und abends Burger und Barbecue. Mo–Fr 8–20 Uhr. 338 Calder Avenue, ✆ (867) 872-2582.

Pelican Boardroom Restaurant 3: Das Hotel-Restaurant bietet Erwartbares, dies aber schnell und freundlich. Mo–Fr 7.30–21.30, Sa/So 9–21.30 Uhr. Adresse s. o.

Von Fort Smith nach Carlson's Landing: Der **Pine Lake** ist aufgrund seines Sandstrandes und warmen Wassers bei Schwimmern, Kanuten und Picknickfans gleichermaßen beliebt. Fährt man weiter, erreicht man schließlich Peace Point und in Carlson's Landing dann das Ende der Straße. Beide Orte sind beliebte Zugänge zum Peace River, um Boote ins Wasser zu lassen und auf dem Fluss zu paddeln. Wer nicht vorhat, ins Kanu umzusteigen, kann sich die Weiterfahrt über Pine Lake hinaus sparen, da es hier nicht viel zu sehen gibt.

Wanderungen: Der Salt River, 20 Minuten südlich von Fort Smith, ist Startpunkt für fünf Spaziergänge/Wanderungen zwischen 800 m und 9 km Länge, die die besonderen geologischen Formationen der Region wie Salzbäche, Karstgestein, glaziale Erosion usw. anschaulich nahebringen. Am Pine Lake bietet der Lakeside Trail (6,4 km) eine gemütliche Uferwanderung.

Fort Resolution

Ab 1796 siedelten Cree-Métis an diesem Ort, was Fort Resolution zur ältesten durchgehend bewohnten Siedlung der NWT macht. Die 500 meist indigenen Einwohner vom Stamm der Dene leben nach wie vor überwiegend vom Fischfang und der Jagd.

Im Community Council Office erhält man eine Broschüre für einen Rundgang durchs Dorf, in dem viele Häuser aus Pine Point stehen, einer Stadt auf halbem Weg von Hay River, die nach der Schließung der Blei- und Zinkmine 1988 aufgegeben wurde.

Übernachten **Beaulieu Motel:** Vier Zimmer, zwei davon mit Küchenzeile. Ab 120 $. Nach der Schule erste Querstraße rechts. ✆ (867) 394-4161.

Little Buffalo River Crossing Territorial Park: Der kleine Campground bietet 20 Stellplätze am Ufer des Flusses. Stellplatz 22,50 $. Highway 6 (23 km von Fort Resolution), www.nwtparks.ca.

Von Enterprise nach Fort Providence

Die Route nach Westen ist die Fortsetzung der Waterfalls-Route von Alberta in die NWT. Auch hier liegen mehrere eindrucksvolle Wasserfälle an der Straße. Höhepunkte sind die eindrucksvolle Deh-Cho-Brücke und die Bisons im Fort Providence Bison Sanctuary.

Es sind 37 km von Enterprise (→ Von Alberta nach High River, S. 555) bis zum ersten lohnenswerten Stopp am **McNallie Creek.** Ein kurzer Weg führt vom Picknickplatz hinunter zu den 17 m hohen Fällen des gar nicht so kleinen Baches. Zehn Minuten weiter der nächste Fotostopp: Vom **Slave River Lowlands Overview** kann man die flachen Ebenen entlang des Ufers des Great Slave Lake sehen. An klaren Tagen reicht der Blick bis ins 50 km entfernte Hay River.

Norden | Northwest Territories → Karte S. 490/491

32 km westlich zweigt die Zufahrtsstraße zu den **Lady Evelyn Falls** ab, die man nach 7 km erreicht und die sich wie ein perfekt geformter Vorhang über eine Kalksteinstufe ergießen. Der Kakisa River ist vergleichsweise warm; unterhalb der Fälle gibt es zahlreiche durch Felsen geschützte Bereiche, die zum Bad einladen. Wer seine Angel (und die Angellizenz!) mitbringt, hat gute Chancen, das Abendessen um Äsche, Barsch oder Hecht zu bereichern.

Bleibt man für fünf weitere Kilometer auf der Straße, erreicht man das kleine Dorf **Kakisa** am gleichnamigen See, das von etwa 40 Mitgliedern des Dene-Stamms bewohnt wird. Ein kleiner Laden verkauft zweitweise Snacks und Benzin und bietet auch einige Motelzimmer.

Zurück auf dem Highway, erreicht man den **Kakisa River Territorial Park** mit einem Picknickplatz sowie kurz danach die Abzweigung nach Yellowknife. Der Mackenzie River wird auf der 1045 m langen Deh-Cho-Brücke überquert, die seit 2012 Yellowknife ganzjährig mit der Southern Slave Region und Alberta verbindet. Bis dahin verkehrte hier im Sommer eine Fähre, im Winter gab es eine Eisstraße über den gefrorenen Fluss; im Frühjahr und im Herbst war die Verbindung jeweils für Wochen unterbrochen.

McNallie Creek Falls

Einige Kilometer nach der Deh-Cho-Brücke zweigt die Straße in das kleine Dorf **Fort Providence** ab. Die knapp 800 Einwohner gehören überwiegend der Dene First Nation an. Der 1861 als katholische Mission gegründete Ort hat keine klassischen Sehenswürdigkeiten, doch kann man sich gut an der ruhigen Uferstraße entlang die Beine vertreten und die schöne weiß-blaue Kirche von außen bewundern.

Praktische Infos

Hin und weg **Bus:** Bei Redaktionsschluss (Frühjahr 2019) war noch nicht klar, ob die Verbindung von Fort Providence nach Yellowknife und zurück weiter besteht. Anbieter war zuletzt Frontier Coachlines, ✆ (867) 874-2566.

Übernachten/Essen **Captain's Cabins:** Drei 2013 erbaute Holzhütten und drei Hotelzimmer. Nur Gemeinschaftsbäder, aber Wohnzimmer, Küche, BBQ können mitgenutzt werden. DZ ab 85 $, Cabin ab 120 $. Mackenzie Highway (knapp 1 km vor der Deh-Cho-Brücke), ✆ (250) 483-5866, www.nwtra.ca/captains-cabins-and-bridge-less-lodging.html

Snowshoe Inn: Familienbetrieb seit 1965. 35-Zimmer-Hotel mit Restaurant und Shop für örtliches Kunsthandwerk. Essen: Buffalo Burger plus erwartbares Einerlei wie Sandwiches, Burger und Chicken Wings. DZ ab 152 $. 1 Mackenzie Drive, Fort Providence, ✆ (867) 699-3511, www.snowshoeinn.ca.

Camping **Lady Evelyn Falls Territorial Park:** 23 Stellplätze, ab 22,50 $. 2 Min. Fußweg von den gleichnamigen Fällen entfernt. www.nwtparks.ca.

Fort Providence Territorial Park: 21 Stellplätze in einem Birkenwäldchen, viele direkt am Fluss, 22,50 $. Die Zufahrt liegt zwischen dem Highway und Fort Providence. www.nwtparks.ca.

Big River Service Center: Tankstelle, Restaurant, Fast Food-Counter und Mini-Markt in einem. Klingt gut, ist es aber nicht. Das Essen überzeugt nicht und die nicht ausgeschilderte Mini-Tankstelle von Cherdon hundert Meter links daneben ist meist 15 bis 20 Cent/Liter (!) günstiger. Immerhin gibt es kostenfreies WLAN. Am Highway 3, nördlich der Deh-Cho-Brücke, 5 km vor Fort Providence. ✆ (867) 872-4301.

North Slave Region

Die riesige Region Northern Slave hält für Reisende zwei Höhepunkte bereit: Yellowknife, die Hauptstadt der NWT, bietet zahlreiche lohnende Sehenswürdigkeiten – und gute Küche. Der Ingraham Trail gibt einen kleinen, aber schönen Einblick in das weite Hinterland der Region.

Mit einer Ost-West-Ausdehnung von etwa 1000 km – und etwa 500 km von Süd nach Nord – werden die meisten Reisenden nur einen kleinen Ausschnitt der Region entdecken können, denn das Straßennetz besteht praktisch nur aus dem Yellowknife Highway 3, der von der Deh-Cho-Brücke in die Hauptstadt führt, und einigen Nebenstraßen. Verpassen muss man dennoch nichts: Zum einen ist Yellowknife die wichtigste und abwechslungsreichste Destination in den NWT, zum anderen ist die Stadt auch Ausgangspunkt für Touren mit Wasserflugzeug, Motorboot oder Kanu auf dem Great Slave Lake und weiteren Gewässern, so dass man bei Interesse von hier aus in die gesamte Region aufbrechen kann. Das lohnt durchaus, denn das einzigartige Ökosystem im East Arm des Great Slave Lake soll demnächst als **Thaidene Néné National Park Reserve** dauerhaft unter Schutz gestellt werden; im nordöstlichen Teil der Region, an der Grenze zu Nunavut, sind im **Thelon Wildlife Sanctuary** Moschusochsen heimisch.

Highway 3 nach Yellowknife

Von Fort Providence verläuft der Highway 3 für etwa 115 km am **Mackenzie Bison Sanctuary** entlang, einem Schutzgebiet für die nördlichsten kanadischen Bisons. Oft sieht man die mächtigen Tiere in der Mittagshitze am Straßenrand vor sich hin dösen.

Nach dem Bison-Schutzgebiet sind es noch 200 km bis Yellowknife. Die teils gewaltigen Schlaglöcher in der Straße lassen nicht mehr als Tempo 90 zu, so dass die Fahrt gut zwei Stunden dauert – Warnschilder sollte man ernst nehmen. Optisch gibt die Route wenig her; meist verläuft die Straße kilometerlang schnurgerade und topfeben durch den gleichförmigen Taiga-Mischwald. Der kleine Chan Lake Territorial Park und 100 km weiter der North Arm Territorial Park sind gute Optionen für ein Picknick. Im weiteren Verlauf passiert man die Dene-Dörfer **Edzo** und **Rae,** die zusammen die Gemeinde Behchoko bilden, aber für Reisende außer zwei Tankstellen, zwei Motels und einem kleinen Restaurant wenig zu bieten haben. Natürlich könnte man auch hier übernachten, doch in weniger als einer Stunde ist Yellowknife erreicht, das sich deutlich besser als Tagesziel eignet und günstiger ist.

Yellowknife und Umgebung

Die Hauptstadt der NWT überrascht mit einer großen historischen, kulturellen und landschaftlichen Vielfalt. Wasser und Natur sind nie fern und die Architektur wurde oft ideal daran angepasst.

Knapp 20.000 Menschen leben heute in Yellowknife, das 1967 Hauptstadt der NWT wurde und seinen Namen den Yellowknives Dene verdankt, die mit Werkzeugen aus Kupferablagerungen handelten. Goldfunde in der Region im Jahr 1934 hatten den Bau der Stadt zur

Blick von „The Rock“ auf die Neustadt

Folge. Eines der ersten Gebäude war das Wildcat Café, das noch heute besteht. Als die Vorkommen um 1980 herum erschöpft waren, entstanden vor allem in der Territorialverwaltung neue Arbeitsplätze, denn die NWT erreichten zunehmend Unabhängigkeit von Ottawa und nahmen ihr Schicksal mehr und mehr in eigene Hände. Als 1991 Diamanten in der Region gefunden wurden, erlebte der Bergbau einen erneuten Aufschwung. Heute kann man im **Diamond Centre** alles über die wertvollen Steine erfahren, ein Minenmuseum ist im Aufbau. Recht neu ist auch das Parlamentsgebäude, nebenan liegt das eindrucksvolle **Northern Heritage Centre** – beide werden gerne besucht.

In der felsigen „Altstadt“ und der Ragged Ass Road spürt man den Pioniergeist von damals, im **Prince of Wales Northern Heritage Centre** die kulturellen Wurzeln der Region und im Parlamentsgebäude die Dynamik von heute. Eine Vielzahl von Denkmälern, der Art Walk und die vielfältige Küche der Stadt schlagen dabei stets die Brücke von den Pioniertagen ins 21. Jahrhundert. Ein Aufenthalt von drei Nächten empfiehlt sich, um die lebendige Hauptstadt und ihr Umland in allen Facetten zu entdecken – vom Strandbummel bis zum Symphoniekonzert, vom Campground bis zum Hochhaus, von der Imbissbude bis zum Nobelrestaurant. Da in der Hauptstadt das ganze Jahr über Besucher von außerhalb kommen, sind die meisten Attraktionen und Unterkünfte ganzjährig geöffnet.

Yellowknife gilt als jener Ort in der Welt, wo sich die Nordlichter – hier Aurora genannt – am häufigsten und kräftigsten zeigen. Zehntausende von Besuchern kommen im Winter hierher, um dieses Phänomen zu bestaunen. Mit etwas Glück kann man die Nordlichter schon ab Mitte August sehen. Das Visitor Centre hält den aktuellen „Aurora Forecast“ parat.

Orientierung: Vom Highway 3 kommend, erreicht man die Stadt über die 48th Street, die vom Felsplateau hinunter in die Innenstadt führt. Hier stößt die Straße auf die Franklin Street, Yellowknifes Hauptachse, die von den Wohngebieten im Südwesten über die moderne Innenstadt nach Nordosten in den alten Bereich von Yellowknife führt: erst durch das kreative Viertel der Stadt mit Galerien, Läden für

Kunsthandwerk und der neuen Brauerei, dann zur „Altstadt“ auf einer bergigen Halbinsel, die von den Einheimischen „The Rock“ genannt wird. Von hier geht es via Brücke weiter auf die vorgelagerte Insel Latham Island. Auch dort finden sich noch interessante Geschäfte und drei schöne Aussichtspunkte, von denen aus sich Yellowknifes größte Attraktion bewundern lässt: die Nordlichter.

Prince of Wales Northern Heritage Centre: Hier wird anschaulich und umfassend über die Geschichte des kanadischen Nordens informiert. Schwerpunkte widmen sich den indigenen Siedlern (mit nachgestellten Szenen des Alltagslebens), der Verkehrsgeschichte (von Schlitten und Schneeschuhen bis zu einem der ersten Buschflugzeuge) und dem Abbau von Edelmetallen. Indigener Kunst in Form von Skulpturen und Gemälden wird ebenso Raum gegeben wie der umfangreichen Flora und Fauna: Karibu, Moschusochse und selbst Belugawal können in Lebensgröße bestaunt werden. Dazu gibt es wechselnde Sonderausstellungen, einen Shop und ein Museumscafé – man kann hier leicht mehr als einen halben Tag verbringen.

▪ Fr–Mi 10.30–17, Do 10.30–21 Uhr. Eintritt frei! Kostenfreie Führungen auf Anfrage. 4750 48th Street, ✆ (867) 767-9347, www.pwnhc.ca.

Legislative Assembly: Das architektonisch eindrucksvolle Parlamentsgebäude der NWT zeigt einen einzigartigen Baustil, und einzigartig ist auch die Politik, die hier gemacht wird: Das Konsensusprinzip der Regierung der NWT spiegelt die jahrtausendealte Kultur der First Nations und der Inuvialuit wieder. Mehr erfährt man auf der interessanten einstündigen Führung.

▪ Mo–Fr 7–18, Sa/So 10–18 Uhr. Kostenfreie Führungen Juni bis Aug. Mo–Sa 10.30, 13.30, 15.30 Uhr, So 13.30 Uhr, im Rest des Jahres Mo–Fr 10.30 Uhr. 4570 48th Street, ✆ (867) 767-9130, www.assembly.gov.nt.ca.com.

NWT Diamond Centre: Als Besucher des „Diamantenzentrums“ reist man interaktiv durch die Geheimnisse der Edelsteine – von deren Entstehung bis zum Abbau. Man bekommt Diamanten im Rohzustand zu sehen, dann in geschliffenem und schließlich in poliertem Zustand. Eine kleine Ausstellung zeigt Schmuck, dessen Bearbeitung den besonderen Charakter der Steine aus Kanadas Norden wiedergibt. Bei all dem vergisst man schnell, dass man hier nicht in einem Infozentrum steht, sondern in einem Juweliergeschäft – bei ausreichender Deckung der Kreditkarte kann man sich ein Erinnerungsstück gleich mitnehmen!

▪ Mo–Sa 10–17 Uhr. Eintritt frei. 5105 49th Street, ✆ (867) 920-7108, www.nwtdiamondcentre.com.

Old Town und Willow Flats: „The Rock“ versetzt Besucher in die 1930er-Jahre zurück. Der gewaltige Felsen dominiert die Halbinsel, auf der einst die Stadt ihren Anfang nahm. Hier stehen noch zahlreiche Blockhäuser, teils gekonnt in die schrägen Felsen hineingebaut, darunter auch die Restaurants Wildcat Café und Bullock's Bistro. Vom Gipfel des Felsens hat man einen schönen Ausblick auf Alt- und Neustadt. Früher standen hier die Frischwassertanks der Stadt, heute erinnert das Bush Pilots Memorial an die mutigen Entdecker der 1920er- und 1930er-Jahre. Ein passender Ort, denn zahlreiche Fluggesellschaften haben ihren Sitz auf der Halbinsel oder auf Latham Island; ständig starten oder landen Wasserflugzeuge.

Der flache und niedrig liegende Teil der Stadt zwischen The Rock und der Neustadt heißt Willow Flats und ist das kreative Viertel Yellowknifes. Steht man vor der neuen Brauerei, liegen linker Hand die Galerien Midnight Sun und Down to Earth. Geht man geradeaus in die Hamilton Road und biegt die zweite rechts ab, steht man in der Ragged Ass Road, von ihren Bewohnern

Norden | Northwest Territories → Karte S. 490/491

Historische Flugzeuge der Buffalo Airways

1970 so genannt, weil die schlechte Goldsaison die meisten der hier ansässigen Schürfer in den finanziellen Ruin trieb. Heute stehen hier und in Nebenstraßen die ungewöhnlichsten, oft malerischen Häuser der Stadt.

Bristol Monument und Buffalo Airways: Kommt man von Süden in die Stadt, grüßt über dem Schild „Welcome to Yellowknife" ein blau-oranges Frachtflugzeug vom Typ Bristol die Besucher. Eine Treppe führt hinauf zur Maschine und zu einem Picknickplatz.

Einige hundert Meter westlich davon haben in der Bristol Avenue zahlreiche kleinere Fluggesellschaften ihren Sitz, darunter auch die legendäre Buffalo Airways. Die noch immer mit Maschinen vom Typ DC-3 („Rosinenbomber") aus der Zeit des Zweiten Weltkriegs operierende Fluggesellschaft wurde durch die Fernseh-Doku „Ice Pilots" auch in Europa bekannt. Die früher täglichen Passagierflüge nach Hay River sind derzeit jedoch ausgesetzt. Ein paar Tage Voranmeldung per E-Mail (info.buffaloairwear@gmail.com) und eine Spende für die Kaffeekasse reichen, um eine private Tour zum Hangar und dem Vorfeld zu bekommen (täglich außer montags), wo man zahlreiche ausgemusterte oder noch in Betrieb befindliche Maschinen fotografieren kann.

Fred Henne Territorial Park: Der am Long Lake gelegene Park verfügt über eine große Day-Use Area. Der Sandstrand am lauwarmen See lockt unerschrockene Schwimmer. Währenddessen können die an Land Gebliebenen in einer der Küchenhütten das Essen zubereiten und dann an einem der vielen Picknicktische servieren – sobald man den Nachwuchs von dem großen Spielplatz wegbekommen konnte.

Giant Mine: 7 km nördlich der Stadt befand sich einst der größte Gold-Tagebau der Region. Die NWT Mining Heritage Society hat im frei zugänglichen Außenbereich zahlreiche Schautafeln aufgestellt, die informativ an die Minengeschichte der Stadt erinnern. Mittelfristig ist der Bau eines Museums geplant.

Praktische Infos

Information **Northern Frontier Visitors Association:** Tägl. 10.30–17 Uhr. Großer Shop, Aurora-Simulator und Artist Corner, in der monatlich wechselnd lokale Künstler arbeiten und ihre Werke verkaufen. Kostenfreie Broschüre „Old Town Heritage Walking". 4897 52nd Street, ✆ (867) 873-4262, www.visityellowknife.com.

Hin und weg **Flugzeug:** Zahlreiche Gesellschaften fliegen den stadtnahen Airport an. Calgary: Air Canada, Westjet; Edmonton: Air Canada, Canadian North, First Air, Westjet; Ottawa: Air North; Vancouver: Westjet; Whitehorse:

Air North; Destinationen innerhalb der NWT: Aklak Air. ✆ (867) 767-9091, www.dot.gov.nt.ca/Airports/Yellowknife. Taxi in die Stadt: City Cab, 15–25 $, ✆ (867) 873-4444.

Bus: Ob Frontier Coachlines, ✆ (867) 874-2566, die Route von Hay River nach Yellowknife und zurück weiter betreibt, war bei Redaktionsschluss (Frühjahr 2019) noch nicht klar. Yellowknife Transit fährt Mo–Sa 7–19 Uhr 3 Linien; Route C stündl. City – Old Town und zurück. ✆ (867) 920-5600, www.yellowknife.ca/transit.

Einkaufen **Lebensmittel:** Trevor's, 250 Old Airport Road; Glen's, 4910 50th Avenue. **Bücher:** The Yellowknife Book Cellar, 4921 49th Street. **Bier:** NWT Brewing Co., 3905 Franklin Avenue. **Glaskunst:** Old Town Glassworks, 3510 McDonald Drive. **Indigene Kunst:** Northern Images, 4801 Franklin Avenue. **Sport & Outdoors:** Weaver & Devore, 3601 Weaver Drive.

Fahrradverleih Die **Northern Frontier Visitors Association** (→ Information) stellt kostenfrei Leihräder zur Verfügung.

Old Town Bikeworks repariert Schrotträder und verkauft oder vermietet diese dann. 3510 McDonald Drive, ✆ (867) 669-7654.

Flightseeing **YK Open Water Charters** fliegt Sightseeing-Touren über die Stadt und zum spektakulären East Arm des Great Slave Lake. 30 Min.-Rundflug für bis zu 3 Pers. 310 $, Great Slave Lake East Arm Tour für bis zu 3 Pers. 1200 $. 5 Lessard Drive, ✆ (867) 446-1313, www.ykopenwatercharters.com.

Lodges mit Packages Am Ufer des Great Slave Lake und an weiteren Seen im Umland bieten zahlreiche abgelegene Fishing Lodges verschiedene Packages an, die Flug, Verpflegung und tägliche Bootstouren zum Sportfischen oder auch Fototouren beinhalten. Bekannte Anbieter der mehrtägigen Touren sind:

Peterson's Point Lake Lodge: Juli bis Sept. 6 Tage Fischen ab 3995 $, 8 Tage Fototour ab 5597 $. ✆ (867) 920-4654, www.petersonspointlake.com.

Hearne Lake Lodge: Juli bis Sept. 7 Tage Fischen ab 3450 $. ✆ (866) 729-7453, www.hearnelakelodge.com.

Markt Juni bis Sept. Di 17.15–19.15 Uhr **Farmers' Market** an der Somba K'e Civic Plaza.

Mietwagen Budget, Hertz und National unterhalten Büros am Flughafen.

Touren/Ausflüge **North Star Adventures,** ein First-Nations-Unternehmen, bietet zahlreiche Touren zu Land und zu Wasser rund um Yellowknife an, darunter zwei Bootstouren auf dem See (1 und 3 Std. 59/99 $), eine Aboriginal Culture-Tour (2 Std. 129 $) und einen Ausflug zum Hechtangeln (3 Std. 99 $). 100 50th Street. ✆ (867) 669-2900, www.northstaradventures.ca.

Norden | Northwest Territories → Karte S. 490/491

Camping im Fred Henne Territorial Park

B Dene, ebenfalls von Dene-Aboriginals geführt, kombiniert Stadtrundfahrt und einen Besuch in einem Dene Camp. 4-Std.-Tour ab 120 $. Kein Büro, nur ✆ (867) 444-0451, www.bdene.com.

Great Slave Adventures fährt mehrmals täglich zu mehrstündigen Chartertouren für Sportfischer hinaus. Touren 4–5 Std. ab 175 $. 137 Haener Drive, ✆ (867) 445-2226, www.greatslavefishing.ca.

YK Outdoor Adventures schließt bei seiner Tour neben der Stadtrundfahrt per Boot auch ein Fisch-Dinner am Ufer mit ein. Lake & Dinner Cruise ab 125 $. 3603 Franklin Avenue, Old Town, ✆ (867) 873-5800, www.yellowknifeoutdooradventures.com.

Übernachten **Chateau Nova Yellowknife 5:** Das 2016 eröffnete Hotel der in Nordkanada verbreiteten Kette überzeugt mit modernem Komfort, liegt aber einige hundert Meter vom Zentrum entfernt. Restaurant, Lounge, Fitness Centre, Sauna. DZ ab 209 $. 4571 48th Street, ✆ (867) 766-6682, www.novahotels.ca.

Explorer Hotel 6: Außen ein Betonklotz, innen Yellowknifes größtes und bestes Hotel. 187 Zimmer, zentrale Lage. Restaurant, Lounge-Bar und Fitness Centre. DZ ab 183 $. 4825 49th Avenue, ✆ (867) 873-3531, www.explorerhotel.ca.

Stanton Suites Hotel 10: Das zwischen Airport und Krankenhaus gelegene Hotel verfügt über normale Zimmer sowie Suiten mit voll ausgestatteter Küche. Einfacher Standard mit sehr dünnen Wänden, keine Klimaanlage. Supermarkt vor der Tür. DZ ab 159 $. 476 Range Lake Road, ✆ (867) 873-6686, www.stantonsuiteshotel.com.

Das Wildcat Café in der Old Town

The Floating B&B 7: Nicht praktisch, aber herrlich: Drei kleine Apartments in zwei Hausbooten in der Yellowknife Bay. An- und Abreise per Motorboot, danach legt man die paar hundert Meter zum Ufer mit dem Kanu zurück – falls man überhaupt aus dem Kanu wieder raus will, denn auch vom Wasser her lässt sich die Stadt gut entdecken. DZ 200 $, Mindestaufenthalt 2 Nächte. ✆ (867) 444-8464. www.thefloatingbnb.com.

Bayside Bed and Breakfast 1: Das B&B in der Old Town bietet Komfort und schöne Ausblicke. Frühstück gibt's im Dancing Moose Café, das ebenfalls von den Eigentümern betrieben wird. DZ ab 110/150 $ ohne/mit Du/WC. 3505 McDonald Drive, Old Town, ✆(867) 669-8844, www.baysidenorth.com.

Camping **Fred Henne Territorial Campground:** Wunderschön am Long Lake gelegen, 137 Stellplätze. Auf dem Gelände beginnt der 4 km lange Prospector Trail (Booklet beim Check-in). Stellplätze 15–32,50 $. Highway 3 (3 km vom Zentrum),✆ (867) 920-2472, www.nwtparks.ca.

Essen & Trinken Mehr als 30 Restaurants: Nachdem der kanadische Norden kulinarisch wenig Höhepunkte bietet, gibt es hier alles, was Herz und Magen begehren. Zumindest, wenn man Fleisch und Fisch liebt. Für Vegetarier ist die Auswahl geringer – hier kommen nur das Wildcat Café, das Fat Fox Café und das Zebahesha in Frage.

Bullock's Bistro 3: Der Fokus liegt auf Seafood in diesem exzentrischen und leicht skurrilen Blockhaus in der Old Town, mittags viel Eintopf und Fish & Chips, abends Saibling und Äsche, aber auch Rentier und Bison. Es ist voll, laut und teuer, die Bedienung ist rüde und langsam – trotzdem will jeder hin. Di–Sa 12–21, So/Mo 16–21 Uhr. 3534 Weaver Drive, ✆ (867) 873-3474.

MeinTipp **Wildcat Café 2:** Das gemütliche Blockhaus in der Old Town bietet eine kleine, aber feine Auswahl. Mal steht Caribbean Dhalpuri Roti auf der Karte, mal Bison Burrito, mal frischer Fisch. Mo–Fr 11.30–22, Sa/So 10.30–21 Uhr. 3904 Wiley Road, ✆ (867) 873-4004, www.wildcatcafe.ca.

The Woodyard Brewhouse & Eatery 4: Das Restaurant in der Micro Brewery ist vor allem abends sehr beliebt – reservieren oder

warten ... Kreative Pubkarte mit vielen Gerichten zum Teilen und natürlich Craft Beer von nebenan. Mo–Do 11.30–24, Fr 11.30–1, Sa 10.30–1 Uhr. 3905 50th Avenue, ✆ (867) 873-2337, www.nwtbrewingco.com.

Elke's Table 8: Der Name sagt es schon, hier gibt es deutsche Küche – und Mediterranes. Schnitzel, Gyros, frischer Fisch sind perfekt, und spätestens bei Dresdner Quarkkäulchen zum Nachtisch kriegen auch hartgesottene Globetrotter Heimweh. Mo–Fr 11.30–21, Sa 12–21 Uhr. 4911 47th Street, ✆ (867) 873-3489, www.elkestable.com.

Zehabesha 9: Traditionelle äthiopische Küche? Hier? Jawohl – und vom Feinsten. Curries, Wraps und Eintopf; mit Fleisch, vegetarisch und vegan. Mo–Sa 11–21 Uhr. 5030 50th Street, ✆ (867) 873-6400, www.zehabesha-yellowknife.business.site.

Dancing Moose Café 1: Große Frühstückskarte, mittags Burger, Sandwichs, Suppen – auch vegetarisch. Di–Sa 8–15, So 10–14 Uhr. 3505 McDonald Drive, Old Town, ✆ (867) 445-5003, www.dancingmoosecafe.ca.

Ingraham Trail

Der 70 km lange Ingraham Trail windet sich über die präkambrische Felslandschaft mit vielen Kurven und einem ständigen Auf und Ab. Seen, Campingplätze und Picknickplätze säumen die Straße, die bis zur Cameron River Falls Day Use Area asphaltiert ist; ab da bis zum Ende der Straße an den Tibbitt Lakes ist der Trail geschottert. Die Campingplätze hier bieten werktags eine ruhigere Alternative zum Fred Henne Campground in Yellowknife, am Wochenende verbringen viele Familien aus Yellowknife ihre Zeit hier. Auch landschaftlich ist der Abstecher reizvoll, da es mehrere Wanderwege gibt. So sollte man mindestens einen halben Tag einplanen, besser mehr. Auf der kurzen Strecke wurden immerhin neun Territorial Parks eingerichtet – überall dort, wo ein Stopp lohnt:

KM 7,7 – Yellowknife River Territorial Park Day Use Area: Ideal zum Fischen oder für ein Picknick am Flussufer Abenteuerlustige können den Fluss aufwärts zu einigen Seen oder abwärts zum Great Slave Lake paddeln.

KM 19,7 – Prosperous Lake Territorial Park: Er besteht im Wesentlichen aus einer Bootsrampe in den See, der klein wirkt, sich um eine Biegung herum aber noch deutlich weiter fortsetzt.

KM 24 – Madeline Lake Territorial Park: Er wird ebenfalls gern von Kanuten und Anglern genutzt, um Boote zu Wasser zu lassen, verfügt aber auch über einige Picknicktische mit schöner Aussicht.

KM 26,4 – Pontoon Lake Territorial Park: Der schönste Park, um einen Sommertag lang zu entspannen. Die Blicke von der kleinen, in den See ragenden Halbinsel sind reizvoll, die von der Sonne erwärmten Felsen laden zum Sonnenbaden ein, mehrere kurze Wege erlauben es, das Umfeld zu erkunden.

KM 28 – Prelude Lake Territorial Park: Der größte Park am Ingraham Trail verfügt über einen Sandstrand und wird oft von Schwimmern, Kanuten und Surfern genutzt. Ein kurzer Panorama Trail und der längere Interpretive Trail machen den Park auch für Wanderer interessant. Hier liegt zudem auch einer der beiden Campingplätze am Trail.

KM 44 – Powder Point Territorial Park: Er dient als Zugang zum im Hinterland liegenden Hidden Lake Territorial Park, der bei Paddlern beliebt ist und zwei Backcountry-Campgrounds aufweist (Permit vorab am Fred Henne Park in Yellowknife kaufen). Auch hier gibt es einen Picknickbereich.

KM 45,8 – Cameron River Falls Park: Hier geht es zum Wasserfall, der bereits im Hidden Lake Territorial Park liegt. Vom Parkplatz aus führt ein abwechslungsreicher Weg (2 km, 40 Min. hin/zurück) über Felsen und durch Täler zu einem Aussichtspunkt mit Blick über die **Cameron Falls.** Man kann die Tour das Flussufer hinauf bis zu einer kleinen Brücke über den Fluss fortsetzen.

KM 54,5 – Cameron River Crossing Territorial Park: Er eignet sich ebenfalls gut für ein paar entspannte Stunden: Ein Sandstrand am Flussufer und ein Picknickplatz bieten dafür ideale Voraussetzungen. Zudem sind es nur einige hundert Meter zum **Ramparts-Wasserfall.**

KM 59 – Reid Lake Territorial Park: Hier kommen vor allem Wassersportler auf ihre Kosten: Schwimmen und Kanufahren, Angeln und Tierbeobachtungen sind die Hauptbeschäftigungen am Reid Lake. Im Park liegt der zweite Campingplatz am Ingraham Trail. Wanderer finden mehrere kürzere und längere Möglichkeiten, um die Region zu Fuß zu erkunden.

KM 69,2 – Tibbitt Lake: Hier endet im Sommer die Straße. Es gibt keine Einrichtungen – außer den Hinweisschildern, dass hier im Winter die Ice Road über den See beginnt.

Praktische Infos

Kanu & Kajak Hidden Lake, Lower Cameron River und Yellowknife River können je nach Wasserstand von erfahrenen Paddlern im Rahmen von Tagestrips befahren werden. Die Northern Frontier Visitors Association (→ Yellowknife/Information, S. 566) hält Informationen zur Befahrbarkeit und zu Vermietern bereit.

Camping **Prelude Lake Territorial Park** (KM 28): 64 Stellplätze. **Reid Lake Territorial Park** (KM 59): 76 Stellplätze. Bei beiden Stellplatz 15–22,50 $. www.nwtparks.ca.

Sahtu Region

Gewaltige Flüsse, Kanadas größter See sowie die Bergketten der Mackenzie Range und der Franklins prägen die Sahtu Region, das Herz der Northwest Territories. Die größten Forellen der Welt locken Sportfischer; die ungezähmte Bergwelt stellt Extremwanderer und Mountainbiker vor einzigartige Herausforderungen.

Die meisten Reisenden, die die NWT besuchen, werden nicht unbedingt in die Sahtu Region gelangen – zu abgelegen ist die grandiose Naturwelt auf halbem Wege zwischen dem Great Slave Lake und der westlichen Arktis. In Norman Wells, dem Verwaltungszentrum der Region, lebt etwa ein Drittel der insgesamt nur 2500 Bewohner Sahtus. Der Ort ist nur im Winter über eine viele hundert Kilometer lange Ice Road von Fort Simpson her auf dem Landweg erreichbar. Im Sommer ist man auf Flüge angewiesen – das funktioniert gut.

Norman Wells

Die größte der fünf Siedlungen in Sahtu liegt ideal für gleich mehrere Outdoor-Abenteuer: Der mächtige Mackenzie fließt vom Great Slave Lake an Norman Wells vorbei durch die gesamten NWT, um schließlich bei Tuktoyaktuk in den arktischen Ozean zu münden. Der Fluss, der sich mal reißend durch Felsengen zwängt, mal breit und mäandernd durch flaches Land zieht, so dass das gegenüberliegende Ufer nicht mehr erkennbar ist, lädt zu Kanutouren ein; acht weitere Flüsse der Region sind ebenfalls befahrbar. Wanderer und Mountainbiker können sich an der **North Canol Road** versuchen: Die 355 km lange raue Piste wurde im Zweiten Weltkrieg gebaut, um eine Verbindung vom Alaska Highway zu den Ölvorkommen bei Norman Wells zu schaffen, aber schon 1946 wieder stillgelegt. Unterwegs gibt es außer grandioser Berglandschaft nichts. Alle Vorräte für die Strecke müssen mitgeführt werden, ebenso Zelt, Ersatzteile und was man sonst noch braucht. Die Sahtu Region ist vor allem ein Paradies für Menschen, die die Wildnis und Unberührtheit der Natur erleben wollen und sich darauf optimal vorbereitet haben.

Praktische Infos

Information **Norman Wells Historical Centre:** Mo–Fr 10–17.30, Sa 10–16 Uhr, Juni bis Aug. auch So 12–16 Uhr. Museum und Infozentrum in einem. 23 Mackenzie Drive, ✆ (867) 587-2415, www.normanwellsmuseum.com.

Hin und weg **Flugzeug:** Norman Wells wird fast täglich aus Edmonton, Yellowknife und Inuvik angeflogen. Von hier geht es per Buschflugzeug weiter zu den anderen Gemeinden oder zum Ausgangspunkt der Outdoor-Tour.

Touren **Canoe North Lodge:** Die Spezialisten für Kanu-Abenteuer befahren jedes Jahr verschiedene Flüsse im Norden, meist auch den Keele River in den Mackenzie Mountains. 9 Beaver Lane, ✆ (867) 587-4440, www.canoenorthadventures.com.

Touch the Arctic Tours: Unternehmen aus Yellowknife, das auch Touren ab Norman Wells organisiert. ✆ (867) 446-8828, www.touchthearctictours.com.

Plummer's Arctic Lodges: Der Anbieter sitzt zwar in Winnipeg/Manitoba, bietet aber zahlreiche Touren für Angler und Paddler am Great Bear Lake, Coppermine River und weiteren Flüssen an. ✆ (204) 774-5775, www.plummerslodges.com.

Übernachten/Essen **Heritage Hotel:** Im historischen Hotel befindet sich auch das beste Restaurant der Stadt. DZ ab 189 $. 27 Mackenzie Drive, ✆ (867) 587-5000, www.heritagehotelnwt.com.

Norden | Northwest Territories → Karte S. 490/491

Dehcho Region

An der Grenze zu British Columbia und dem Yukon liegt Dehcho, die landschaftlich spektakulärste Region der Northwest Territories. Ein Flug in den Nahanni-Nationalpark mit seinen grandiosen Canyons, Wasserfällen und Berggipfeln bietet das wohl großartigste Naturerlebnis des an Superlativen wahrlich nicht armen Kanada.

Doch nicht nur vom Himmel aus begeistert die Region. Wer mit dem Auto von Osten oder Süden her nach Fort Simpson kommt, erlebt Wasserfälle und den mächtigen Mackenzie River und wird oftmals auf Bisons, Elche oder Schwarzbären treffen. Einige der Territorial Parks verfügen über schöne Wanderwege. Die beiden einzigen größeren Siedlungen, **Fort Simpson** und **Fort Liard,** sind voller Geschichte, von den indigenen Kulturen bis hin zu den ersten Handelsposten der Trapper, Jäger und Pelzhändler.

Von der Deh-Cho-Brücke nach Fort Simpson

Der Highway 1 wird hier seinem Beinamen **Waterfalls Route** gerecht. Meist durch Wald verläuft die Straße oft lange geradeaus, Abwechslung bringen die zahlreichen Flüsse. Der mächtigste von ihnen ist der Mackenzie River, der der Region auch ihren Namen gab: „Deh Cho" bedeutet großer Fluss in der Sprache der Athabasken.

Coral Falls

Südlich der Deh-Cho-Brücke wird der Highway 1 westwärts ausgebaut; 2017 wurden die ersten 40 km asphaltiert. Dann ist die Straße geschottert, aber das verdichtete Material lässt sich angenehm und flott befahren. Nach längerer Trockenheit sind es nur die vom sehr spärlichen Gegenverkehr aufgewirbelten Staubfahnen, die die Sicht beeinträchtigen und zum Reduzieren der Geschwindigkeit zwingen.

Die ersten 90 km verlaufen eher ereignislos, doch dann geht es Schlag auf Schlag: Der fotogene **Bouvier Creek** lohnt einen Stopp und bei Niedrigwasser auch einen Blick ins Bachbett, denn oft werden im Frühjahr Steine aus den Bergen zu Tal geschwemmt, in denen fossile Abdrücke zu finden sind. Am **Wallace Creek,** 12 km weiter, kann man sich auf einem etwa viertelstündigen Waldspaziergang zu einem kleinen Wasserfall entlang der Westseite des Baches die Beine vertreten. 32 km weiter zweigt die Winterstraße nach **Sambaa K'e** ab, das auf älteren Karten noch als Trout Lake verzeichnet ist. Die kleine Dene-Gemeinde mit ihren knapp 100 Einwohnern führt ihren traditionellen Lebensstil weitgehend fort und ist im Sommer nur per Flugzeug erreichbar.

Sambaa Deh Falls Territorial Park: Die Zufahrt zum Park biegt kurz vor der Brücke über den Trout River ab. Der Park bietet gute Wandermöglichkeiten und fotogene Motive sowie einen schönen Campground. Den besten Blick auf die Fälle hat man von der Straßenbrücke aus nach Norden. Wer einen Spaziergang machen will, erreicht flussaufwärts nach etwa einem Kilometer den anderen Wasserfall des Parks, die **Coral Falls.** Dort findet man als schönen Aussichtspunkt einen Felsen, den jede europäische Behörde aus Sicherheitsgründen längst gegen unbefugtes Betreten geschützt hätte – hier bekommt man dagegen nur ein „Watch your step!“ mit auf den Weg ... Wandert man von der Westseite der Brücke auf einem kleinen Weg nach Norden, gelangt man in den Trout River Canyon.

Jean Marie River: Zurück auf dem Highway, gelangt man nach 50 km zum Abzweig in das kleine Dene-Dorf mit nur gut 60 Einwohnern, das direkt am Mackenzie River liegt. Die Bewohner sind Besuchern gegenüber freundlich und aufgeschlossen. Im Stammesbüro (braunes Haus gegenüber dem Spielplatz) erfährt man alles über das Dorf und kann auch Touren auf dem Fluss buchen oder einheimisches Kunsthandwerk kaufen, für das Jean Marie River bekannt ist. Für Reisende interessant ist der zweitweise geöffnete Laden der Stammes-Kooperative mit Tankstelle und vielleicht das kleine B&B.

Weiterreise: Noch 20 km weiter, dann hat die Rumpelei ein Ende, die Straße ist wieder geteert. In **Checkpoint,** das nur aus einem kleinen Bed & Breakfast besteht, zweigt der Liard Trail nach links Richtung British Columbia ab.

Bleibt man auf dem Highway 1, so ist nach 43 km die **Liard-River-Fähre** (etwa Mitte Mai bis Mitte Okt. tägl. 8–23.30 Uhr, kostenfrei) erreicht, die über den hier schon mächtigen Fluss pendelt. Für die einen ist sie nur ein Transportmittel, für die anderen eine Attraktion für sich. Feste Anleger gibt es nicht an den Ufern – die würden vom Eisgang ohnehin immer wieder zerstört. So wartet man auf ein Winkzeichen aus der angekommenen Fähre und fährt den Sandabhang hinunter zur kleinen Lafferty (max. 8 Autos oder 2 Trucks), die dann schnell zum Spielball des reißenden Flusses wird. Auf der Gegenseite heißt es: Gas geben und mit Schwung die Böschung hinauf. Oben gibt es eine Möglichkeit für einen Fotostopp; in wenigen Minuten ist man in Fort Simpson.

Fähre über den Liard River

Praktische Infos

Übernachten Checkpoint B&B: Das gemütliche und familiäre B&B im Landhausstil liegt verkehrsgünstig, dennoch ruhig. Nach Voranmeldung auch Abendessen. 8 Zimmer. DZ ab 179 $. Checkpoint, ✆ (867) 695-2953.

Lucy's B&B: Unterbringung in einem typisch nordamerikanischen „Trailer“. Bad-Mitbenutzung. Auf Wunsch kann man sich abends bekochen lassen. DZ ab 100 $. Jean Marie River, ✆ (867) 809-2031.

Camping Sambaa Deh Falls Territorial Park Campground: 20 Stellplätze, weit verstreut und tief im Wald gelegen. Es gibt nur eine Straße zum Campground; man kann sich nicht verfahren. 22,50 $. www.nwtparks.ca.

Fort Simpson

Die älteste Siedlung in der Dehcho Region geht auf das Jahr 1804 zurück, als die North West Co. an der Mündung des Liard River in den Mackenzie River ihr Fort of the Forks erbaute. 1822 folgte die Hudson's Bay Company, danach Missionare. Im 20. Jahrhundert wurde der Ort Transportzentrum, und noch heute stellt die Schifffahrt auf dem

Mackenzie River einen wichtigen Wirtschaftszweig dar.

Die Gemeinde bewirbt sich selbst als „Gateway to the Nahanni National Park". Auch wenn die lokale Dene-Kultur oder ein Kanutrip auf dem Mackenzie für manch einen reizvoll sind, kommt der Großteil der Besucher jedoch wegen des einzigartigen Nationalparks. In Fort Simpson gibt es mehrere Unterkünfte, zwei Lebensmittelläden und zwei Tankstellen (Diesel nur Mo–Fr!) sowie einige weitere Geschäfte.

Das Rathaus in der 100th Street ist Ausgangspunkt eines Rundgangs von 1 bis 1½ Std. Schräg gegenüber führt die 93rd Avenue an einem Waldstück entlang nach Nordosten zum **Mackenzie River.** Hat man den gewaltigen Fluss erreicht – hier etwa 1,2 km breit! – liegen rechter Hand die Papal Grounds, wo Johannes Paul II. 1987 eine Messe las. Heute finden sich hier das Baseball-Feld und verschiedene Denkmäler für die Besiedlung durch die Dene. Links steht das **McPherson House** von 1936, eines der ältesten Häuser der Stadt, am Rande des ehemaligen Hudson's-Bay-Geländes, auf dem noch ein alter windschiefer Schuppen steht.

Flussabwärts am Ufer entlangspazierend, ergeben sich immer wieder schöne Ausblicke auf den Mackenzie River, darauf verkehrende Frachtschiffe oder startende und landende Wasserflugzeuge. Am Krankenhaus und am Public Dock vorbei erreicht man schließlich **Albert Faille's Cabin** (eine Querstraße nach dem Antoine Drive). Die Hütte des bekannten Goldschürfers gilt als ältestes Gebäude der Stadt.

Zurück geht es über den Antoine Drive; an der Einmündung der 105th Avenue steht eine fotogene alte Scheune. An der 101st Avenue hat man rechts einen schönen Blick auf den kleinen Flugplatz der Stadt und kann den Flugbetrieb beobachten, bevor man links über die 101st Avenue zur Hauptstraße (100th Street) gelangt. Diese rechts hinuntergehen, und man trifft auf die Community Library, in der auch die kleine **OSC Gallery** Platz gefunden hat: Hier wird traditionelle und zeitgenössische Kunst der Dehcho ausgestellt. Auf der 100th Street zurück bis zum Rathaus, und dann vielleicht in der Ice Breaker Lounge gegenüber entspannen.

Touren in den Nahanni National Park: Die Touren starten am Island Airport, der kleinen Piste in der Stadt, oder am Public Dock (Wasserflugzeuge). Details → Nahanni National Park, S. 575.

Abstecher nach Wrigley: Bleibt man kurz vor Fort Simpson auf dem Highway 1 und lässt die Stadt rechts liegen, wird die Straße für die nächsten 220 km zur „Gravel Road" – drei Stunden Schüttelei sollte man einkalkulieren, um die kleine Dene-Gemeinde Wrigley mit ihren 170 Einwohnern zu besuchen. Die Straße erlaubt immer wieder Blicke auf den Mackenzie River. Höhepunkt der Tour ist nach 80 km die Flussüberquerung mit der kleinen Johnny Berens Ferry (Ende Mai bis Mitte Okt. tägl. 9–11 und 14–20 Uhr, kostenfrei). Wrigley liegt malerisch auf einem Hochufer, verfügt aber außer einer Tankstelle und einem kleinen Laden über keine Einrichtungen für Reisende.

Praktische Infos

Information **Village of Fort Simpson:** Mai bis Sept. Mo–Fr 9–20, Sa/So 12–20 Uhr. Rathaus und Museum in einem. Historische Fotos und Schautafeln; in einem kleinen Kino kann man sich diverse Filme mit regionalem Bezug vorführen lassen. Hier ist auch die Broschüre „Historical Walking Tour" erhältlich. 100th Street. ✆ (867) 695-3182 oder -2253, www.fortsimpson.com.

Parks Canada: Mitte Juni bis Anfang Sept. tägl. 8–12 und 13–17, sonst Mo–Fr 8.30–12 und 13–17 Uhr. 10002 100th Street, ✆ (867) 695-7750, www.pc.gc.ca/en/pn-np/nt/nahanni/index.

Hin und weg **Flugzeug:** First Air und Air Tindi je 6x/Woche von Yellowknife nach Fort Simpson. Wer mit Simpson Air zum Nahanni Park fliegt, sollte seine Flüge von Yellowknife nach Fort Simpson über Simpson Air buchen – 50 % Ermäßigung! www.firstair.ca, www.airtindi.com.

Übernachten Die beiden größeren Hotels in Fort Simpson – Nahanni Inn und Maroda Hotel – stehen unter gleichem Management, kosten ab 179 $ die Nacht und sind das Geld nicht wert.

Deh Cho Suites: Die beste Unterkunft in Fort Simpson. Halb B&B (Kontinentales Frühstück inkl.), halb Boutiquehotel. Modern, komfortabel. DZ ab 195 $. 10509 Antoine Drive, ✆ (867) 695-2309, www.dehchosuites.com.

Janor Guest House: Gepflegtes Gästehaus mit großen Wohnzimmern und zwei Gemeinschaftsküchen. DZ ab 170 $, mit geteiltem Bad ab 150 $. 10003 99B Avenue, ✆ (867) 695-2077, www.janor.ca.

Willows Inn: Mini-Motel mit 6 Zimmern unter gleichem Management wie das Janor Guest House. DZ ab 170 $, mit geteiltem Bad ab 150 $. 10301 99th Street, ✆ (867) 695-2077, www.janor.ca.

Camping **Fort Simpson Territorial Park Campground:** Im Süden des Orts. 20 Stellplätze, ab 22,50 $. www.nwtparks.ca.

Essen und Trinken **Pandaville:** Klar die bessere Wahl im Vergleich zum nachstehenden Nahanni Inn, auch aufgrund der Öffnungszeiten fürs Abendessen. Gute chinesische Küche, aber auch Sandwichs, Steaks und Burger. Tägl. 11–21 Uhr. 9410 100th Street, ✆ (867) 695-3080.

Nahanni Inn: Der Coffee Shop ist die einzige Option in Fort Simpson für ein komplettes Breakfast, im Restaurant gibt es Lunch und Dinner, die nicht begeistern. Coffee Shop Mo–Fr 7–17, Sa 8–17, So 9–17 Uhr. Dining Room Mo 17–19, Di–Fr 11.30–13 und 17–19 Uhr. 10001 Marc Andre Avenue, ✆ (867) 695-2201, www.nahanni-inn.com.

Ice Breaker Lounge: Die einzige Bar der Stadt; überraschend gut. Außenterrasse. Di–Sa 17–2 Uhr. 9405 100th Street, ✆ (867) 695-2999.

Nahanni National Park Reserve

Schroffe Bergnadeln und tiefe Canyons, ein gigantischer Wasserfall und ein reißender Fluss, zwei Ökosysteme und eine faszinierende Tierwelt: Das alles bietet dieses Schutzgebiet. Die überwältigenden Eindrücke beim Anblick der atemberaubenden Landschaft aus Felsen und Wasser lassen sich nicht mit trockenen Zahlen vermitteln; dennoch seien hier die wichtigsten Fakten genannt: Mit gut 30.000 km^2 Fläche ist der Park nur unwesentlich kleiner als Nordrhein-Westfalen; in den zahlreichen Canyons hat sich der South Nahanni River bis zu 1200 m in die Tiefe gegraben. Der größte Wasserfall, **Virginia Falls,** stürzt sich 92 m in die Tiefe und das auf einer Breite von 240 m. Selbst der Bürgermeister von Niagara Falls stand einst sprachlos am Rand der Fälle. Der South Nahanni schüttet immerhin etwa 1000 m^3 Wasser pro Sekunde in die Tiefe; das entspricht der Füllmenge von etwa 7000 Badewannen.

1970 befuhr der kanadische Premierminister Pierre Trudeau (Vater des heutigen Premiers Justin Trudeau) den South Nahanni River im Kanu – damals wie heute eine eher untypische Freizeitbeschäftigung für Spitzenpolitiker. Diese Reise trug mit dazu bei, dass die Regierung das Gebiet zum National Park Reserve ernannte. Vom Schutz her ist der Park einem „echten" Nationalpark gleichgestellt; dass dies hier formal noch nicht erfolgt ist, hängt mit Verhandlungen zwischen Parks Canada und lokal ansässigen Dene und Métis zusammen. Scheinbar selbstverständlich ist es angesichts all der Superlative, dass der Park auch UNESCO-Weltnaturerbe ist. Eher unbekannt ist dagegen, dass das Nahanni National Park Reserve diese Auszeichnung schon seit 1978 trägt, damals wurden die allerersten vier Stätten des Weltnaturerbes bestimmt, und dieser einzigartige Park war von Anfang an dabei.

Nur etwa 7000 Menschen pro Jahr besuchen den Nahanni Park. Er liegt zu abgeschieden und außer einer 700 km langen Schotterpiste vom Yukon aus, für die eine Spezialgenehmigung erforderlich ist, besteht keine Straßenverbindung in den Park. So gibt es heute

Norden | Northwest Territories → Karte S. 490/491

Die Virginia Falls machten selbst den Bürgermeister von Niagara Falls sprachlos

vor allem zwei Möglichkeiten, den Park zu entdecken: mit einer ein- bis dreiwöchigen Kanutour oder per Flugzeug in halb-, ganz- und mehrtägigen Touren, bei denen der Park überflogen wird oder auch eine Landung an den Virginia Falls auf dem Programm steht. Egal, ob zu Wasser oder in der Luft, die Touren konzentrieren sich vor allem auf drei besonders reizvolle Gebiete im Park: die schon erwähnten Virginia Falls, den Felskessel **Cirque of the Unclimbables** und den malerischen **Little Doctor Lake.** Wer die Zeit – und das Budget - hat, sollte alle drei Ziele besuchen. Ted Grant, Inhaber von Simpson Air, fliegt seit 1981 und ist für sein Engagement für den Nahanni National Park vielfach ausgezeichnet worden. Heute sind es meist jüngere Piloten aus seinem Team, die Besuchern den Park auf vier Touren näherbringen. Günstig ist keine der Touren, doch die einmaligen Eindrücke sind jeden Dollar wert.

In den letzten Jahren ist neben Flugzeug und Kanu noch eine dritte Option hinzugekommen: Heli-Hiking. Erfahrene Wanderer werden dabei mit dem Helikopter im Park abgesetzt, z. B. am Ram Plateau, am Tlogothsho Plateau oder an den Vampire Peaks, um von dort auf Tagestouren zu gehen.

Ziele im Park: Bei Flightseeing-Touren werden die **Virginia Falls** überflogen und umkreist, so dass man eindrucksvolle Blicke auf die in die Tiefe stürzenden Wassermassen hat. Es gibt keine Landepiste im Park, so dass man nur mit dem Wasserflugzeug näher herankommt. Die Maschinen landen etwas oberhalb der Fälle. Ein etwa 1100 m langer Weg führt von dort zu zwei Ausblicken oberhalb und zu einem seitlich des Wasserfalls. Dies ist gleichzeitig auch Teil der Route für Kanuten, die ihre Boote auf dieser sog. Portage um die Fälle herumtragen müssen.

Die Felsnadeln des **Cirque of the Unclimbables** in der Nahanni Mountain Range sind eindrucksvolle Zeugen der erdgeschichtlichen Entwicklung. Am **Glacier Lake** bildet das bis zu 2700 m hohe Granitgestein die höchsten Gipfel der NWT und umringt den See in einer Form, dass man sich in der Tat von unbesteigbaren Bergen umgeben sieht. Der Abfluss des Sees erfolgt durch Fairy Meadow, im Spätsommer eine alpine Blumenwiese.

Gus und Mary Kraus waren zwei der wenigen Siedler am South Nahanni River, als das Gebiet zum Nationalpark erklärt wurde und sie umsiedeln mussten. Sie entschieden sich für den **Little Doctor Lake** und bauten ein neues Zuhause am Ufer des Sees, mit einem eindrucksvollen Blick auf eine riesige Felsschneise in den Franklin Moun-

Nahanni – gefährlicher Fluss

So lautet die Übersetzung des indigenen Namens ins Deutsche. Der Fluss wird seinem Namen gerecht, allerdings weniger für die Kanuten, die den South Nahanni River heutzutage befahren – nein, die Geheimnisse des Flusses reichen weiter zurück. 1900 war es der Dene Little Nahanni, der als erster Gold an einem der Nebenflüsse fand; 1905 kehrte Willie McLeod als erster Weißer erfolgreich von der Goldsuche zurück – mit einer Kiste voller Nuggets. Im Jahr darauf zog er mit seinem Bruder und einem unbekannten dritten Mann wieder in die Region. Erst zwei Jahre später fand man seine sterblichen Überreste und die seines Bruders – enthauptet und an einen Baum gefesselt. Vom dritten Mann fehlte jede Spur. Das gab uralten Legenden von Kopfjägern und Kannibalen neue Nahrung. Diese Spekulationen wurden 1913 erneut angefacht, als der Norweger Martin Jorgenson tot neben seiner Hütte am Flat River gefunden wurde: enthauptet – das geladene und entsicherte, aber nicht abgefeuerte Gewehr neben sich ...

Noch bis weit in die 1930er-Jahre hinein war das Gebiet des South Nahanni Rivers einer der letzten weißen Flecke in den kanadischen Kartenwerken; auch dies heizte Legenden und Mythen an. Unter den Ureinwohnern hielten sich Gerüchte über Bergkannibalen, seltsame Trompetenlaute im Flusstal und riesige Tiere. Wenn man die Erzähler dann bat, ein Bild der Tiere zu malen, die sie gesehen hatten, zeichneten sie eine perfekte Wiedergabe eines Mastodon, d. h. eines amerikanischen Mammuts. Tatsächlich fand man Jahrzehnte später zahlreiche Mastodonknochen im Park. Die Spezies soll angeblich schon vor 9000 Jahren ausgestorben sein, aber wer weiß?

Noch heute gibt es im unwegsamen Park Gebiete von 500 km² oder mehr, in die noch nie ein Weißer einen Fuß gesetzt hat. Natürlich ist ein „Jurassic Park" im Nahanni extrem unwahrscheinlich. Aber wenn es überhaupt irgendwo in Nordamerika eine Wildnis gibt, in der Mastodons unbemerkt bis heute hätten überleben können, dann hier ...

tains. Im Alter verkauften die beiden das Gelände an Ted Grant von Simpson Air, der dort eine kleine Lodge einrichtete, wobei ihm das Kunststück gelang, Charakter und Charme der Gebäude zu erhalten. Eine Zwischenlandung hier gehört bei den meisten Rundflügen von Simpson Air dazu.

Die zerklüftete **Mackenzie Mountain Range** zieht Bergsteiger aus aller Welt an; Extremkletterer probieren sich gerne an den **Vampire Peaks.** Kanuten legen oft eine lange Rast bei den **Kraus Hot Springs** ein, einer 30° C warmen Quelle, neben der die Kraus-Familie bis 1971 in einer Blockhütte lebte. Die Hütte steht dort noch heute.

Norden | Northwest Territories → Karte S. 490/491

Wasserflugzeug am Little Doctor Lake

Für alle individuellen Touren ist eine enge Abstimmung mit Parks Canada erforderlich. Es gibt derzeit nur **24 Permits pro Tag** für individuelle Touren im Park!

Praktische Infos

Information Parks Canada (→ Fort Simpson/Information, S. 574).

MeinTipp **Touren per Flugzeug:** Simpson Air fliegt tägl. von Juni bis Sept. Zwei Haupttouren: Virginia Falls Day Tour 5–6 Std. mit Landungen an den Virginia Falls und am Little Doctor Lake, ab 518 $ p.P.; Glacier Lake/Extended Day Tour: wie oben, zusätzlich mit Glacier Lake und Landung dort, ab 670 $. Beide Touren sind auch ohne Landungen buchbar – auch das ist schon sehr eindrucksvoll. Da diese Touren aber nur etwa halb so lang dauern und kaum günstiger sind, bucht man besser gleich einen Flug mit Landung. Alle Preise basieren auf Vollauslastung der Flugzeuge (4 Pers.). Bei nur 2–3 Pers. wird es etwas teurer. 10101 Antoine Drive, Fort Simpson, ✆ (867) 695-2505, www.simpsonair.ca.

Kanu-Touren: Größter Anbieter ist Nahanni River Adventures in Whitehorse/Yukon. Sechs verschiedene Touren zwischen 7 und 21 Tagen mit Vollverpflegung und einigen Wanderabstechern ab 6325 $. ✆ (867) 668-3180, www.nahanni.com.

Simpson Air organisiert Kanus und Transport deutlich günstiger, dafür ohne Guide. 7 Tage ab 1657 $. Adresse s. o.

Heli-Hiking: Ökologisch fragwürdig, aber die einzige Möglichkeit, in die Berge zu gelangen. South Nahanni's Solitude Excursions in Whitehorse/Yukon führt im Juli/Aug. Wandertouren unterschiedlicher Schwierigkeitsgrade durch. 7–12 Tage ab 9800 $ inkl. Charterflug von Fort Simpson ins Basislager und tägl. bis zu 1 Std. Helikopter für die Tagestouren. ✆ (867) 399-3194, www.helihikenahanni.com.

Übernachten Nahanni Lodge: Die rustikale Lodge am Little Doctor Lake bietet bis zu 12 Pers. Platz. Sie wird nur komplett vermietet, lohnt sich daher nur für größere Gruppen. Buchung über Simpson Air. Lodge inkl. Flug ab 1778 $/Tag. 10101 Antoine Drive, Fort Simpson, ✆ (867) 695-2505, www.simpsonair.ca.

Náátsʼihchʼoh National Park Reserve

Der erst 2012 geschaffene Park grenzt nordwestlich an den Nahanni-Nationalpark an. Er schützt das Wassereinzugsgebiet des Oberlaufes des South Nahanni River. Der Park ist noch unzugänglicher als der Nahanni National Park. Hauptaktivitäten sind Wanderungen in weglosem Gelände (es gibt keinerlei eingerichtete Pfade) sowie dreiwöchige Kanutouren, die im Nahanni National Park enden.

- Informationen bei Parks Canada (→ Fort Simpson, S. 574) und unter www.pc.gc.ca/en/pn-np/nt/naatsihchoh.

Liard Trail

Der als Liard Trail bekannte Highway 7 ist eine der einsamsten Routen in den NWT. Er führt an den Nahanni Mountains und dem Liard River entlang und erlaubt oft schöne Blicke auf beide, vor allem vom Blackstone Territorial Park aus, dem einzigen Park entlang der Route.

Der Liard Trail wurde erst 1984 fertiggestellt und ersetzte die bis dahin bestehende Winter Road. Aufgrund der teils schwierigen Straßenbeschaffenheit (erst knapp vor British Columbia ist der Trail wieder asphaltiert) sollte man 7–8 Std. Fahrzeit für die 400 km rechnen. Insgesamt ist der Liard Trail weniger abwechslungsreich und reizvoll als die anderen Highways in den Northwest Territories, aber er erlaubt eine Verbindung zum Alaska Highway und damit eine Reise von Alberta über die südlichen NWT nach British Columbia.

Von Checkpoint (→ Dehcho-Region, S. 573) aus verläuft der Liard Trail zuerst in Richtung Westen und führt im Tal des Liard River flussaufwärts. Nach 105 km ist der **Blackstone Territorial Park** erreicht. Der einzige Park am Liard Trail wurde am landschaftlich schönsten Abschnitt der Strecke eingerichtet. Umgeben von eindrucksvollen Bergen und direkt am Fluss gelegen, ist er Ausgangspunkt für Kanutouren auf dem Liard River und dem Blackstone River; auch Angler und Wanderer kommen hier auf ihre Kosten. Ein kleines **Visitor Centre** (Mitte Mai bis Mitte Okt.) liegt direkt im Park. Von dort sind es noch 114 km bis zur kurzen Zufahrtstraße nach Fort Liard.

▪ Die **einzige Tankstelle** unterwegs befindet sich am Abzweig nach Fort Liard, sie ist allerdings nur Mo–Fr 8–16 Uhr verlässlich geöffnet!

Fort Liard: Durch hohe Bäume im Vorgebirge der Mackenzie Mountains ist die 600-Einwohner-Gemeinde vor kalten Winden geschützt: Fort Liard ist einer der wärmsten Orte in den NWT und gilt als das „Gartendorf", weil hier manches Obst und Gemüse gedeiht, das anderswo in den NWT den Winter nicht überstehen könnte. Der Ort ist für seine einzigartige indigene Kunst bekannt, vor allem für Körbe aus Birkenrinde und die Verarbeitung von Stacheln des Stachelschweins. Bei **Acho Dene Native Crafts** (Mo–Sa meist 11–16 Uhr), einer von der Regierung unterstützten Kooperative, kann man Birkenrinde-Körbchen, Mokassins und Produkte aus Elchhaut kaufen. Weiter findet man in Fort Liard einen ganz gut sortierten General Store mit Fast-Food-Imbiss und Motel sowie die Tankstelle mit dem kleinen Sisters Café.

Weiterreise: Nach weiteren 18 km wechselt die Piste von Schotter zu Asphalt; doch es sind noch einmal 20 km zur Grenze nach British Columbia und von dort weitere ereignisarme 140 km bis zum Alaska Highway. Die einzige Abwechslung bietet die Tierwelt: Auch hier ist es nicht ungewöhnlich, Bisons am Straßenrand zu sehen, auch Elche und Bären durchstreifen die dichten Wälder.

Praktische Infos

Übernachten Liard Valley General Store & Motel: Der General Store betreibt ein Motel mit 4 normalen Motelzimmern und 8 Suiten mit Küche. DZ ab 165 $, mit Küche ab 190 $. Liard Valley Main Street, Fort Liard, ✆ (867) 770-4441.

Camping Blackstone Territorial Park Campground: 19 Stellplätze. 22,50 $. www.nwtparks.ca.

Hay Lake Campground: Der von der Gemeinde betriebene Campground bietet 12 primitive Stellplätze am Hay Lake, auf halber Strecke an der Zufahrtstraße nach Fort Liard. Schöner Rundweg um den See. Kostenfrei!

Essen & Trinken Sisters Cafe: Im Liard Fuel Centre erhält man kleine Snacks und manchmal Sandwichs, Mo–Fr 8–16 Uhr. Am Abzweig der Zufahrtstraße nach Fort Liard. ✆ (867) 770-3216.

Norden | Northwest Territories → Karte S. 490/491

Südost-Alaska (USA)

Von Hyder nach Yakutat erstreckt sich auf mehr als 800 km ein Labyrinth aus über 2.000 Inseln und Wasserstraßen. Mächtige eisblaue Gletscher und immergrüne Wälder mit hoch aufragenden Sitkafichten prägen die Küsten. Wenige Städte schmiegen sich an die steilen Bergflanken – auch heute noch kann man nur per Schiff oder Flugzeug von einem Ort zum nächsten gelangen.

- Für die 75.000 Einwohner der 91.000 km² großen Region ist der Tourismus nach staatlichen Jobs der wichtigste Erwerbszweig noch vor der Fischerei.
- Knapp 70 % der 1,5 Mio. Besucher pro Jahr kommen per Kreuzfahrtschiff, knapp 30 % mit dem Flugzeug – nur 3 % reisen wie die Einheimischen entspannt mit der Fähre.

Britische Entdecker, russische Pelzhändler, amerikanische Goldsucher – alle hinterließen ihre Spuren in der Region, die seit Jahrtausenden die Heimat der Tlingit und Tsimshian war. Südost-Alaska begeistert mit seinen Gletschern und Inseln, seiner Geschichte und Kultur. Doch es wird voll im Sommer: Juneau, Skagway und Ketchikan werden täglich von Tausenden von Kreuzfahrtgästen besucht. Zwar verteilen sich die Massen gut organisiert auf zahlreiche Ausflugsbusse, doch das ursprüngliche Alaska lässt sich am ehesten mit dem Linien-Fährschiff in Wrangell, Petersburg oder Haines erleben.

Was anschauen?

Ketchikan, Alaskas First City, der ersten Stadt, die man von Süden aus in Alaska erreicht. Gleich zwei State Parks, ein Kulturzentrum und ein Museum widmen sich der **Kultur der regionalen First People** Tlingit, Tsimshian und Haida. Die Pfahlbauten der Creek Street sind ein weiterer Anziehungspunkt. Zudem ist Ketchikan Ausgangspunkt für Touren zum **Misty Fjord** und für Bärenbeobachtungen. → S. 585

Wrangell und Petersburg: Die beiden Fischereihäfen kommen angenehm hemdsärmelig daher und sind ideal für Touren zu Gletschern, Gebirgsflüssen und Bärengebieten. → S. 593

Juneau: Das Alaska State Museum und das Last Chance Mining Museum machen die spannende (Goldgräber-)Geschichte der Stadt erlebbar. Der Hausberg Mount Roberts lässt sich zu Fuß oder per Seilbahn erreichen. Zudem sind der **Mendenhall-Gletscher,** Whale Watching oder der **Tracy Arm Fjord** lohnend. → S. 609

Glacier Bay National Park: Von Juneau per Fähre oder Flug nach Gustavus. Die von dort nur im Sommer angebotene 8-Std.-Tour führt zu mächtigen Gletschern, Seelöwen und Vogelfelsen. **→ S. 640**

Sitka: die einstige Hauptstadt von Russisch-Amerika. Mehrere Museen lohnen einen Aufenthalt von ein, zwei Nächten, darunter das ethnologische Sheldon Jackson Museum mit den ältesten Funden Alaskas. **→ S. 600**

Haines: Das historische Fort Seward und die **American Bald Eagle Foundation,** die verletzte Weißkopf-Seeadler gesundpflegt, sind die Highlights der sympathischen Kleinstadt in schöner Lage. **→ S. 621**

Skagway: Die **Schmalspurbahn White Pass & Yukon Route** vom Hafen über 1.000 Meter hinauf zum White Pass ist eine der spektakulärsten Bahnstrecken des Erdballs. Kostenfrei, aber ähnlich spannend, sind die Führungen des National Park Service durch die historischen Gebäude der Goldrausch-Stadt, in der abends die skurrile Show **Days of '98** nicht fehlen darf. **→ S. 629**

Was unternehmen?

Überall, wo die Kreuzfahrtschiffe anlegen, gibt es Ausflüge – nicht mit gutem Gegenwert fürs Geld. Doch Tierbeobachtungen lohnen fast immer: Wale gibt es bei Juneau ganzjährig zu sehen, Bären am besten von Ende Juli bis Anfang September, vor allem rund um Juneau, Haines und auf Prince of Wales Island. Aktivurlauber wandern oder leihen sich ein Rad – so entgeht man auch den Besucherströmen. Wasserflugzeuge bringen Gäste von allen Orten zu Hütten der Forstverwaltung weitab der Zivilisation: Für ca. 50 Dollar die Nacht (reservieren!) gibt es ein Blockhaus mit eigenem See, Ruderboot und Lagerfeuer – auch das kann Urlaub in Alaska sein

Was sonst noch?

Es gelten **Alaska Time** (-10 Std., 1 Std. hinter B.C.) und der **US-Dollar** - mit kanadischem Geld kommt man nicht weit. Wer über Anchorage oder Seattle einreist, muss sich vorab beim **US-Einreiseprogramm ESTA** registrieren – wer per Fähre oder auf dem Landweg kommt, muss erst an der Grenze einige Formulare ausfüllen.

Was muss geplant werden?

Spontan und flexibel zu reisen, ist nicht einfach: Auch bei den Fähren muss man Monate im Voraus buchen, wenn man eine Kabine oder einen Kfz-Stellplatz will. **Zu Fuß** oder mit dem Fahrrad kommt man jedoch **immer problemlos auf den Fährschiffen** mit. Die wenigen kurzen Straßen auf den Inseln kann man auch mit dem Rad oder dem Linienbus entdecken, und selbst Taxis sind deutlich billiger als der Fährtransport eines Mietwagens.

Die Hauptroute durch die Inside Passage

Durch die Inside Passage nach Norden – es gibt gute Gründe, warum sowohl die Alaska-Fähren als auch die meisten Kreuzfahrtschiffe diese Route wählen: Die wichtigsten und attraktivsten Städte liegen entlang der Wasserstraßen, und die Fahrt erlaubt schöne Ausblicke auf die dicht bewaldeten Ufer mit ihren Gletschern und Wasserfällen.

Die Fähren des Alaska Marine Highways erreichen, von Prince Rupert oder von Bellingham bei Seattle kommend, **Ketchikan** als ersten Hafen Alaskas. Über Wrangell und Petersburg geht es nach Juneau, oft mit einem Abstecher nach Sitka, der ehemaligen Hauptstadt Russisch-Alaskas. **Juneau** mit seinen zahlreichen Sehenswürdigkeiten – teils natürlich, teils von Menschenhand erschaffen – ist Hauptziel für die meisten Reisenden. Im Norden, in **Haines** und vor allem in **Skagway**, wird die Geschichte des Klondike-Goldrausches wieder lebendig.

Praktische Infos

Flüge **Alaska Airlines:** Alaskas führende Fluggesellschaft verbindet Juneau und Ketchikan mehrmals täglich mit Seattle und Anchorage. Wrangell, Petersburg und Sitka werden pro Tag und Richtung mindestens einmal angeflogen. ✆ (800) 252–7522, www.alaskaair.com.

Es gibt attraktive Durchgangstarife mit **Condor**, so ist z. B. ein Flug von Frankfurt via Seattle nach Ketchikan kaum teurer als einer nur bis Seattle.

Fähren **Alaska Marine Highway – Routen:** 4 Hauptrouten führen durch den Südosten Alaskas. Diese überlagern sich zum Teil und bieten so teils täglich, teils mehrmals wöchentlich Verbindungen zwischen den Häfen Südost-Alaskas, aber auch nach Kanada, Washington und Zentral-Alaska an: Freitag von Bellingham (BEL) bei Seattle über Ketchikan (KTN), Wrangell (WRG), Petersburg (PSG), Juneau (JNU) und Haines (HNS) nach Skagway (SGY). Der Rückweg auf gleicher Route macht noch einen Abstecher nach Sitka (SIT). Alle 14 Tage Samstag von BEL mit Stopps nur in KTN und JNU nach Whittier (WTR) bei Anchorage. Dienstag und Freitag von Prince Rupert auf der Hauptroute via KTN, WRG, PSG, JNU und HNS nach SGY und zurück. Einmal die Woche wird nordwärts auch SIT bedient. An Tagen, an denen keine Langstreckenfähren verkehren, verbindet eine Tagesfähre JNU mit HNS und SGY. Ein älteres Fährschiff bedient von Juneau auch regelmäßig auf Tagestouren ohne Übernachtung PSG, SIT, Gustavus und kleineren Dörfern. Seit Sommer 2019 gibt es eine neue Tagesfähre, die vor allem die älteren Fähren auf Routen ab Juneau ersetzen soll – mit Fahrplanänderungen und budgetbedingten Reduzierungen in 2020 ist zu rechnen.

Alaska Marine Highway – Fahrzeiten und Buchungen: Die wichtigsten Häfen und Fahrzeiten zwischen ihnen: Bellingham – 30 Std. – Prince Rupert – 6 Std. – Ketchikan – 5½ Std. – Wrangell – 3 Std. – Petersburg – 7½ Std. – Juneau – 4 Std. – Haines – 1 Std. – Skagway. Nach Sitka: Juneau – 9 Std. – Sitka – 10 Std. – Petersburg. Online-Buchungen und Infos unter ✆ (800) 642-0066, www.dot.state.ak.us/amhs.

Attraktionen und Ausflüge Die meisten Reisenden in Südost-Alaska sind Kreuzfahrtgäste, so dass die Reedereien eine gewaltige Marktmacht auf die Anbieter von Attraktionen

Kreuzfahrtschiffe im Hafen von Skagway

Südost-Alaska | USA → Karte S. 582

und Ausflügen ausüben. Es ist nicht unüblich für an Bord verkaufte Exkursionen, dass die Reedereien 50 % und mehr der Einnahmen für sich behalten. Aufgrund dieser Umsatzprovisionen sind viele Attraktionen und Angebote unverschämt teuer. Umgehen kann man dies teilweise durch direkte Nachfrage vor Ort, ob denn nicht etwa für „Non-Cruise-Passengers" eine Ermäßigung drin sei.

Wer nicht viel feilschen will, sollte im Internet vorab nach Rabatten suchen. So bietet z. B. **Alaska Tour Saver** (www.toursaver.com) ein Couponheft und alternativ eine App an, die zahlreiche Ermäßigungen beinhalten – oft gibt es zwei Karten zum Preis von einer. Für Südost-Alaska kostet das Couponheft 100 $, die App 50 $. Lohnt sich das? Alaska Tour Saver bietet dazu auf seiner Webseite den „Savings Calculator" an, ein Werkzeug, das es erlaubt anzuklicken, welche Attraktionen man voraussichtlich besuchen wird. So kann jeder seine Ersparnisse selbst ausrechnen.

Auf der Fähre: Mietwagen ... oder doch besser Fahrrad?

Bei einer Kreuzfahrt sind der Routenverlauf und die Aufenthaltsdauer in den Häfen vorgegeben – anders stellt sich dies für Fährpassagiere dar. Das Straßennetz der fünf Hauptziele unterwegs – Ketchikan, Wrangell, Petersburg, Sitka und Juneau – ist nur zwischen 30 und 100 km lang. Die touristisch interessanten Ziele erreicht man dort leicht mit dem Fahrrad, zu Fuß oder in Ketchikan und Sitka auch mit bemerkenswert gut ausgebauten Busnetzen.

Die attraktivste Rundfahrt führt mit der Alaska State Ferry nach Norden und dann mit dem Auto oder Wohnmobil über den Alaska Highway oder den Stewart Highway wieder gen Süden. Doch die Mitnahme des Pkw oder Wohnmobils auf der Fähre ist eine teure Angelegenheit. Wer z. B. von Prince Rupert nach Skagway fährt und seine Reise in Ketchikan und Juneau jeweils für ein, zwei Tage unterbricht, zahlt 250 $ pro Person. Ein normal großer Mietwagen schlägt zusätzlich mit etwa 580 $ zu Buche – und kann dann auf dem kurzen Straßennetz kaum sinnvoll genutzt werden. So sieht man in der Region immer häufiger Reisende, die Südost-Alaska mit dem Fahrrad entdecken. Was sich wie ein gewaltiges Abenteuer anhört – und sich daheim auch noch recht gut als solches verkaufen lässt – ist ehrlich gesagt schon längst keines mehr. Gute Zeltplätze, B&B und Hotels sorgen für bequeme Unterkünfte und die meist flachen, verkehrsarmen Straßen für gutes Fortkommen. Selbst das Wetter ist oft besser als befürchtet.

Mit dem Rad auf die Fähre

Ketchikan – selbsternannte „Welthauptstadt des Lachses"

Ketchikan

Ketchikan, „Alaska's First City", heißt Reisende aus Richtung Süden im 49. Bundesstaat der USA willkommen und gibt sich unbescheiden gleich noch einen zweiten Beinamen: „Lachshauptstadt der Welt". Zwar hat der Lachs die Stadt groß gemacht, doch längst ist der Tourismus die Haupteinnahmequelle.

In den 1880er-Jahren zog die Region zahlreiche wagemutige Unternehmer an, und so entstand in Ketchikan 1885 die erste Fabrik für Lachskonserven. Ein Anleger, ein Laden und ein Sägewerk kamen hinzu; Grundstücke wurden günstig verkauft, um neue Siedler und Geschäftsleute anzuziehen. 1900 lebten schon 800 Menschen in dem Dorf, das sich dann den Namen Ketchikan gab. Es folgten der Bau von Schulen und einer Polizeistation, 1923 dann Alaskas erste asphaltierte Straße und eine Hundehalterverordnung – der wilde Norden war gezähmt.

Erzminen, Forstwirtschaft und Fischfang ließen Ketchikan weiter prosperieren; noch bis in die 1930er-Jahre hinein war es die bevölkerungsreichste Stadt Alaskas. Heute ist man mit 8200 Einwohnern nicht mal mehr in den Top 10. Nach dem Zweiten Weltkrieg sorgte die größte Zellstofffabrik der Region erst für den weiteren Aufschwung – auch dank einer Einwanderungswelle aus den Philippinen – und nach ihrer Schließung dann für den wirtschaftlichen Niedergang der Stadt. Heute sind die Werften im Nordwesten der Stadt ein wichtiges, letztes industrielles Standbein der Stadt, die sich längst auf den Tourismus konzentriert hat.

Ketchikan weist heute schöne Parkanlagen, authentisch renovierte Gebäude und eine lebendige Innenstadt mit Restaurants und Geschäften auf – ein Stadtbummel macht Spaß. Weniger Begeisterung rufen die zahlreichen

Südost-Alaska | USA → Karte S. 582

Juwelier- und Ramsch-Souvenirläden direkt am Kreuzfahrthafen hervor; auch die Arena für die Holzfäller-Shows, die den Kreuzfahrtgästen täglich mehrfach dargeboten werden, kommt architektonisch recht unsensibel daher. Dennoch bietet Ketchikan nach Skagway sicher das schönste Stadtbild in Südost-Alaska. Zwei volle Tage sollte man für einen Besuch schon einplanen – und die Regenjacke immer dabei haben, denn Ketchikan ist der regenreichste Ort der Inside Passage. Im Schnitt fallen jährlich über vier Meter Niederschlag, sechsmal so viel wie in Deutschland.

Orientierung: Ketchikan besteht aus fünf Stadtbezirken, die auf Übersichtsplänen und Wegweisern im gesamten Stadtgebiet farblich und textlich ausgeschildert sind. Die sehr kompakte Downtown mit zwei Museen wird im Norden und Osten durch den Ketchikan Creek begrenzt, im Westen durch ein Felsmassiv, das durch die Front Street untertunnelt wird. Im Süden befinden sich die Hafenanlagen der Kreuzfahrtschiffe. Auf der Nordseite des Bachs findet man die historischen Gebäude der Creek Street, weiter oberhalb am Bachlauf den Park District mit dem Totem Heritage Center. Östlich der Mündung des Ketchikan Creek liegt der historische Hafendistrikt Stedman Thomas mit einigen denkmalgeschützten Gebäuden. Kehren am Nachmittag die Fischerboote zurück, ergeben sich hier schöne Fotomotive. An die Downtown westlich schließt sich die Newtown mit Geschäften und Bars an. Auch zwei zusätzliche Liegeplätze für Kreuzfahrtschiffe entstanden hier in den vergangenen Jahren.

Weiter westlich, etwa 4 km von der Downtown entfernt, liegen der Fähranleger für die staatlichen Fähren sowie die IFA-Fähre nach Prince of Wales Island und die kleine Fußgängerfähre zur Flughafeninsel. Ist man einmal in der Innenstadt angekommen, sind fast alle Sehenswürdigkeiten bequem zu Fuß erreichbar, mit Ausnahme der beiden Kulturstätten der Tlingit (Totem Bight State Historical Park, Saxman Totem Park), die jeweils etliche Kilometer außerhalb liegen.

Pfahlbauten in der historischen Creek Street

Tongass Historical Museum

Creek Street: Der historische Distrikt auf der Ostseite des Ketchikan Creeks ist nur 300 m lang, aber Ketchikans meistbesuchte und meistfotografierte Sehenswürdigkeit. In den weitgehend auf Pfosten über dem Bach erbauten Häusern, die durch einen hölzernen Steg (Boardwalk) miteinander verbunden sind, sind heute Souvenirläden, Restaurants und ein kleines Museum (Dolly's House, in einem ehemaligen Bordell) angesiedelt. Im nördlichen Teil finden sich der Married Man's Trail – ein versteckter Zugang für verheiratete Männer in das damalige Rotlichtviertel – und eine Fischtreppe, damit die Lachse den Höhenunterschied des stark und steil fließenden Bachs besser überwinden können.

Tongass Historical Museum: Vom oberen Ende der Creek Street sind es nur wenige Schritte zum Museum für Stadtgeschichte, das weit mehr zeigt als klassische Stadtmuseen. Historische Ausstellungsstücke und Photographien führen den Besucher vom Fisch-Camp der Tlingit über die ersten Fischfabriken, die Zeit der Gold- und Kupferminen und die „Timber Town" – die Forstwirtschaft der Stadt – zur heutigen lebendigen Gemeinschaft. Seit den 1970er-Jahren ist Ketchikan führend in der Wiederbelebung der Kunst der Northwest Coast und hat zahlreiche Workshops und Kurse (sogar mit Universitätsabschlüssen!) durchgeführt, die jungen Menschen die traditionellen Flecht- und Schnitztechniken beibringen. Seit 2018 ergänzt eine permanente Ausstellung zu diesem Themenkomplex die bisherige Sammlung.

■ Tägl. 8–17 Uhr. Eintritt 6 $. 629 Dock Street, Downtown, ✆ (907) 225-5600, www.ktn-ak.us/tongass-historical-museum.

Totem Heritage Center: Zu Fuß rund eine Viertelstunde vom Tongass-Museum bachaufwärts, oder man lässt sich vom kostenlosen „Downtown Shuttle" (alle 20 Min,) hierherfahren. Nicht nur an Regentagen ist das Totem Heritage Center ein guter Ort, um sich mit Kultur und Kunst der Tlingit, Haida und Tsimshian vertraut zu machen. Eine große Sammlung originaler Totempfähle und indigener Kunst aus dem 19. und 20. Jahrhundert ist hier untergebracht. Der historische Kontext, in

Südost-Alaska | USA → Karte S. 582

dem diese Repräsentanten der traditionellen Kulturen stehen, wird hier besonders gut veranschaulicht.

▪ Mai bis Sept. tägl. 8–17, sonst Mo–Fr 13–17 Uhr. Eintritt 6 $. 601 Deermount St, Park District, ✆ (907) 225-5900, www.ktn-ak.us/totem-heritage-center.

Southeast Alaska Discovery Center: Das als interaktives Museum konzipierte Zentrum unweit des Hafens wird von der Behörde Alaska Public Lands geführt. Es bringt Besuchern die Natur- und Kulturgeschichte des Tongass National Forest näher, der 70 % der Fläche von Südost-Alaska ausmacht. Außer einem nachgebauten Fischerdorf der First Peoples und verschiedenen Filmen, die im kleinen Kino gezeigt werden, lohnt nur der Unterwasserblick auf die Lachse im Ketchikan Creek. Warum man aber einen künstlichen Regenwald in das Center hineinstellen muss, obwohl es nur ein paar hundert Meter zu Fuß zum Original sind, lässt sich wohl nur mit der typischen Kreuzfahrt-Klientel erklären, die sich oft nur im Umkreis von einigen Metern um das Schiff bewegt.

▪ Mai bis Sept. tägl. 8–16, sonst nur Fr 10–19 Uhr. Eintritt 5 $. 50 Main Street, ✆ (907) 228-6220, www.alaskacenters.gov/visitors-centers/ketchikan.

Totem Bight State Park

Totem Bight State Historical Park: An der idyllischen Bucht des Parks werden bereits seit 1938 Totempfähle aus aufgegebenen Siedlungen restauriert und konserviert. Bei zu großem Verfall werden die Pfähle mit originalgetreuen Werkzeugen und Farben neu erstellt. Obwohl Ketchikan nur von Tlingit besiedelt war, finden sich unter den 14 Pfählen auch solche aus Haida-Dörfern. Zudem wurde ein imposantes Langhaus errichtet. Wer sich den Park nicht nur anhand der informativen Schautafeln erschließen will, kann sich einer kostenlosen Führung anschließen, die regelmäßig für die Busgruppen der Kreuzfahrtgesellschaften stattfinden. Nachmittags ist meist weniger Andrang.

▪ Tägl. von Sonnenauf- bis Sonnenuntergang. Eintritt frei. Etwa 16 km nördlich der Stadt, stündlich per Linienbus erreichbar. www.dnr.alaska.gov/parks/units/totembgh.htm.

Saxman Totem Park: Wie der Totem Bight Park wurde auch dieser Park in den 1930er-Jahren durch Bemühungen von Historikern und des Civil Conservation Corps geschaffen, steht aber heute nicht unter staatlicher Verwaltung, sondern ist teils öffentlich, teils privat. Zwei der hier stehenden 25 Repliken von Totempfählen aus den umliegenden Dörfern zeigen neben den üblichen Tiermotiven auch Personen der Zeitgeschichte, Abraham Lincoln und William H. Seward. Gelegentlich kann man auch Holzschnitzern zu-

Langhaus und Totempfahl im Saxman Totem Park

schauen, die an einem neuen Pfahl arbeiten. Der Park ist gegen Gebühr auf eigene Faust zugänglich. Es werden teure Führungen angeboten, bei denen man interessante Informationen und Erläuterungen erhält – doch die gibt es in ähnlicher Form auch bei der kostenfreien Führung im Totem Bight State Park.

▪ Im Sommer tägl. mindestens 10–16 Uhr, je nach Fahrplan der Kreuzfahrtschiffe. Eintritt 5 $, mit Langhaus 8 $. Führung 35 $. Etwa 4 km südlich der Stadt, stündlich per Linienbus erreichbar. www.alaska.org/detail/saxman-totem-park.

Wanderungen: Mit zwei Dutzend Wanderwegen von einer Stunde bis drei Tagen bietet Ketchikan viele schöne Möglichkeiten, den Massen in der Downtown aus dem Weg zu gehen. Der **Deer Mountain Trail** ist Ketchikans beliebtester, aber auch anspruchsvoller Wanderweg. 3 bis 4 Stunden sollte man für die 5 km lange Wegstrecke auf den Gipfel mit seiner unbewirtschafteten Schutzhütte einplanen, schließlich sind fast 1000 Höhenmeter zu überwinden. Aber auch schon unterwegs erlauben zwei Aussichtspunkte einen weiten Blick über Ketchikan und die Tongass Narrows. Wesentlich einfacher ist der nur 2 km lange **Rainbird Trail.** Er verläuft oberhalb des Gewerbegebietes rund um die Shopping Plaza – nur geringe Anstiege. Beide Endpunkte sind mit dem Bus ganz gut zu erreichen.

▪ Die US-Landwirtschaftsbehörde (!) hat einen exzellenten Trail Guide mit topographischen Karten und Beschreibungen online gestellt: www.fs.usda.gov/Internet/FSE_DOCUMENTS/stelprdb5413489.pdf.

Praktische Infos

Information **Ketchikan Visitors Bureau:** Öffnungszeiten abhängig von den Liegezeiten der Kreuzfahrtschiffe, aber Mai bis Sept. tägl. mind. 10–16 Uhr. Man kann hier Touren für den gleichen Tag oder später buchen und bekommt eine kostenlose Walking Tour Map. 50 Front Street, ✆ (907) 225-6166, www.visit-ketchikan.com

Hin und weg **Alaska Airlines** und die **Alaska State Ferries** verbinden Ketchikan mit der Außenwelt.

Bus: Stündlich fährt die Silver Line über Totem Bight State Park zum Leuchtturm im Norden, ebenfalls stündlich zum Saxman Totem Park im Süden. Alle 20 Min. verbindet ein kostenloser

Südost-Alaska | USA → Karte S. 582

Shuttle-Bus Totem Heritage Center, Downtown und Plaza Mall. ☎ (907) 225-8726, www.kgbak.us/145/Transit.

Einkaufen **The Plaza,** 2417 Tongass Avenue, westlich der Newtown, ist die einzige Shopping Mall der Stadt. Nebenan liegt mit **Safeway** der größte Supermarkt der Stadt, der etwas kleinere **IGA** in der Stedman Street, 250 m östlich der Brücke über den Creek, ist aber dichter an der Downtown – und der **Liquor Store** ist auch gleich nebenan. **Parnassus Books,** 105 Stedman Street, ist der bestsortierte Buchladen der Stadt. Die **Scanlon Gallery** in der Mission Street ist die führende Adresse für Kunst und Drucke.

Fahrradverleih **SE Exposure**. 20 $/4 Std., 30 $/Tag. 1224 Tongass Avenue, Newtown, ☎ (907) 225-8829, www.southeastexposure.com/ketchikan-town-bike-rental.com.

Kajaktouren Der historische Creek Street District und weitere Teile der Stadt lassen sich gut mit dem Kajak entdecken. Marktführer **Southeast Sea Kayaks** bietet die Touren seit den 1980er-Jahren an. Alle Touren sind ohne Vorkenntnisse möglich. 4-Stunden-Kombitour mit Bootsfahrt in die Orca Cove, dort 2 Std. Kajak 159 $. 3 Salmon Landing, an Bord der „Arctic Fjord" ☎ (907) 225-1258, www.kayakketchikan.com.

Ketchikan Kayak Company bietet u. a. eine 4-Std.-Tour, die eine Fahrt mit E-Bikes mit einer Wanderung kombiniert, 129 $. 407 Knudson Cove Road, ☎ (907) 225-1272, www.ketchikankayakco.com.

Mietwagen **Budget** ist am Airport vertreten, günstiger ist **Alaska Car Rental**, 2828 Tongass Avenue, ☎ (907) 225-5000, www.akcarrental.com.

Show Tägl. bis zu 4 x findet zwischen 7.30 und 17.15 Uhr, je nach der Liegezeit der Kreuzfahrtschiffe, die einstündige **Great Alaskan Lumberjack Show** statt, die den aus dem Privatfernsehen bekannten Schauwettkämpfen ähnelt: Baumstämme zersägen oder Bäume mit der Axt fällen, auf schwimmenden Stämmen balancieren und Ähnliches. Wer einen Eindruck davon bekommen möchte, wie das raue Leben der Waldarbeiter sicher nicht war, ist hier richtig ... Wer in der Reisekasse noch Geld übrig hat und so etwas schon immer mal live sehen wollte, wird seinen Spaß daran haben. 37 $, mit Meeresfrüchte-Büffet 129 $. 420 Spruce Mill Way, Downtown, ☎ (907) 225-9050, www.alaskanlumberjackshow.com.

Stadtrundfahrten **Alaska Sourdough Tours** bietet 8 x tägl. eine 2-stündige Stadtrundfahrt, 60 $. Im Visitors Bureau (s. o.), ☎ (907) 225-4081, www.aksourdoughtours.com.

Duck Tour: Wer nur wenig Zeit hat, und wem das nicht zu peinlich ist, kann Ketchikan in 90 Minuten zu Lande und zu Wasser kennenlernen, und das bequem, ganz ohne Umsteigen: Das Amphibienfahrzeug fährt nämlich direkt ins Wasser. Abfahrt Downtown am Kreuzfahrthafen. 49 $. ☎ (907) 225-9899, www.akduck.com.

Touren **Misty Fjords Air:** 2-stündige Touren zum Misty Fjords National Monument mit einer Landung von 20 Min. im Fjord, 249 $. 1716 South Tongass Highway, ☎ (907) 225-5155, www.mistyfjordsair.com.

Alaska Seaplane Tours: 90-minütige Tour zum Misty Fjords National Monument mit kurzer Landung, 239 $. 4743 Tongass Highway, ☎ (907) 225-1974, www.alaskaseaplanetours.com.

MeinTipp **Island Wings:** Michelle Masden fliegt seit 30 Jahren in der Region und landet bei der Tour zum Misty Fjords National Monument so, dass die Gäste auch das Flugzeug verlassen und an Land gehen können, 2 Std. 239 $. Eine 2½-Stunden-Tour führt zusätzlich hoch über einen Gletscher, 385 $. 5-Stunden-Tour zum Anan Baer Observatory, davon 3½ Std. an Land, 565 $. 4-Std.-Tour im Aug. und Sept. zu den Schwarzbären der Traitor's Cove, 365 $. 1245 Tongass Avenue, ☎ (907) 225-2444, www.islandwings.com.

Ketchikan Shore Tours: Bootstour im Misty Fjords National Monument 5½ Std. 199 $, Kombination Boot und Flugzeug 349 $. Im Visitors Bureau (s. o.), ☎ (855) 983-0163, www.ketchikanshoretours.com.

Alaska Tours mit Sitz in Anchorage bietet u. a. eine Backcountry Jeep & Kanu Safari (167 $) und eine Kanutour im Regenwald (104 $) an. ☎ (866) 317-3325, www.alaskatours.com.

Baranof Fishing Excursions: Angeltouren ab 249 $. Wenn man den Fang dann noch in einem privaten Wilderness Camp als Dinner zubereitet haben möchte, ist man mit 325 $ dabei. In der Marina, 3 Salmon Landing, ☎ (907) 225-4055, www.exclusivealaska.com.

Übernachten Da die meisten Touristen per Kreuzfahrtschiff kommen, gibt es erstaunlich wenige Unterkünfte in der Stadt. Diese sind im Sommer oft ausgebucht. Wer ohne Reservierung ankommt, tut sich schwer.

Cape Fox Lodge 2: Die mehrfach ausgezeichnete Lodge mit ihren 72 Zimmern ist Ketchikans führende Unterkunft. Auf einem Felsen über der Stadt gelegen, ist man mit der hoteleigenen Standseilbahn schnell in der Creek Street. DZ mit Bergblick ab 238 $, mit Meerblick ab 272 $. 800 Venetia Way, ✆ (866) 225-8001, www.capefoxlodge.com.

Inn at Creek Street: Das Unternehmen betreibt mehrere Unterkünfte in historischen Häusern rund um die Creek Street. Das **New York Hotel 6** bietet kleine, aber gut ausgestattete Zimmer (alle mit Mikrowelle). Direkt gegenüber entstand 2017 das **Bayside Hotel 5**. Auch zahlreiche Ferienwohnungen und Suiten. DZ ab 139 $, Suite und Apartment ab 189 $. 207 Stedman Street, ✆ (907) 225-0246, www.thenewyorkhotel.com.

Rodeway Inn: Das bis 2016 als „Edgewater Inn" geführte Haus wurde von der Choice-Gruppe stilvoll modernisiert. Läge es nicht 6 km außerhalb, wäre es noch attraktiver. DZ ab 94 $. 4871 North Tongass Highway, ✆ (907) 247-2600, www.ketchikanedgewaterinn.com.

Alaska Travelers: Das Unternehmen vermittelt mehr als 70 Apartments und Häuser in und um Ketchikan. Je nach Größe 100–300 $/Nacht. Meist 3 Nächte Mindestaufenthalt. Kein Büro. ✆ (907) 247-7117, www.AlaskaTravelers.com.

Eagle View Hostel: Dale Rogers, Eigentümer dieses Hostels, ist Guide für Kajak-, Wander- und Angeltouren und eine unerschöpfliche Informationsquelle. Unterkunft im Schlafsaal 29 $. Nur im Sommer geöffnet. 2303 5th Avenue, ✆ (907) 225-5461, www.eagleviewhostel.com.

The Ketchikan Hostel 1: Das Hostel wird von der Methodistenkirche betrieben. Unterkunft im Schlafsaal 20 $. Nur im Sommer geöffnet. 400 Main Street, ✆ (907) 225-3319, ktnumc.org.

Camping Zwei **USFS Campgrounds** liegen etwa 12 km nördlich von Ketchikan wunderschön am Ward Lake. Die 41 Stellplätze am Signal Creek und am Last Chance Creek kosten 10 $/Nacht. Reservierung unter www.recreation.gov.

Das **Clover Pass Resort** bietet einige Wohnmobil-Stellplätze für 34–45 $, ✆ (907) 228-5902, www.cloverpassresort.com.

Essen und Trinken Kulinarisch ist die Auswahl in Ketchikan qualitativ gut, quantitativ aber eher gering, da die meisten Reisenden zum Essen wieder auf ihr Schiff zurückkehren.

Heen Kahidi Dining Room 2: Das gehobene Restaurant in der Cape Fox Lodge bringt gutes und überraschend bezahlbares Essen auf den Tisch – und das mit schönen Ausblicken. Tägl. 7–21 Uhr. Adresse s. o.

New York Café 6: Abwechslung auf der Karte. Morgens Eier mit Chorizo oder Ziegenkäse, mittags und abends Mezze, Kebab und Falafel – aber natürlich auch Burger, Steak und Fisch. Tägl. 7–21, Fr bis 22 Uhr. 211 Stedman Street, ✆ (907) 247-2326, www.newyorkcafe.net.

Arctic Bar 3: Hier treffen sich Einheimische und Urlauber gleichermaßen und lassen es in der zwanglosen Traditionsbar krachen. Zusätzlich zur großen Bier- und Schnaps-Auswahl gibt es eine passable Speisekarte. Tägl. 11–2 Uhr. 509 Water Street, ✆ (907) 225-4709.

Sweet Mermaids 4: Trotz der Lage direkt am Hafen trifft man in diesem bodenständigen Café mehr Einheimische als Urlauber. Große Portionen zu fairen Preisen. Tägl. 7–16 Uhr. 340 Front Street, ✆ (907) 225-3287.

Rund um Ketchikan

Misty Fjords National Monument: Das mit über 9000 km² flächenmäßig größte Schutzgebiet der USA gilt der Erhaltung der Region rund um den Meeresarm Behm Canal östlich von Ketchikan. Die eindrucksvollen steilen Granitwände von bis zu 900 m Höhe und der Anstieg des Meeresspiegels nach der letzten Eiszeit haben bis zu 300 m tiefe Fjorde entstehen lassen; Wasserfälle stürzen aus großer Höhe in die Tiefe. Von menschlichen Einflüssen verschont, leben Grizzlys und Schwarzbären, Elche und Wölfe, Otter und Lachse hier nahezu ungestört. Nur eines stört die idyllische Ruhe – nämlich genau das, was die Region für Reisende überhaupt erst erreichbar macht: der konstante Lärm der Ausflugsboote und Wasserflugzeuge. Mehrere Anbieter bringen Gäste hierher, wobei auch Kombitouren möglich sind, bei denen eine Strecke mit dem Boot, die andere mit einem Wasserflugzeug zurückgelegt wird. Ein Großteil der Kapazitäten wird schon vorab an Bord der Kreuzfahrtschiffe verkauft, Vorausbuchen ist also erforderlich. Anbieter von Touren finden Sie in den Basis-Infos. Wem dies schon zu viel Touristenrummel ist, der kann die Wanderwege rund um Ketchikan günstiger, nachhaltiger und einsamer entdecken.

Anan Bear Observatory: Einzigartig, denn nur hier sind Schwarzbären und junge Grizzlys oft zeitgleich zu sehen. Nach einem Flug von Ketchikan oder Wrangell wird man von einem Ranger zu einer Beobachtungsplattform geführt. Zusätzlich gibt es noch eine geschlossene Hütte mit kleinen Fotoöffnungen für maximal sechs Personen. Pro Tag werden in der heißen Phase der Lachswanderungen (Anfang Juli bis Ende August) zwar nur 60 Permits ver-

New Eddystone Rock im Misty Fjords National Monument

geben, dennoch ist es vor Ort oft unangenehm voll. Nicht jeder Gast erhält die Chance, auch mal für 30 Minuten in die Fotohütte zu gelangen, und nur diese erlaubt die spektakulärsten Aufnahmen. Trotzdem sind die Permits hoch begehrt und oft Monate im Voraus vergeben. Tourenanbieter verfügen über die meisten Permits und sind auch die einzige sinnvolle Möglichkeit, in diese abgeschiedene Region zu gelangen. Anbieter von Touren (→ Praktische Infos, S. 590).

Alaska Rainforest Sanctuary: Diese Touristenattraktion birgt Licht und Schatten. Einerseits erhält man hier einen guten Überblick über alles, was Südost-Alaska ausmacht: Im Raptor Center sieht man Adler und Eulen, ein Boardwalk führt durch echten Regenwald; man kann einem Tlingit-Holzschnitzer bei seiner Arbeit zusehen und ein Sägewerk bringt die forstwirtschaftliche Geschichte der Region näher. Gegen Aufpreis kann man in Kleingruppen ein großes Freigehege betreten und dort Schwarzbären in einer ziemlich natürlichen Umgebung sehen. Andererseits ist all dies ausschließlich in organisierten Busgruppen mit durchgetaktetem Zeitplan möglich – und der sieht gefühlt mehr Zeit im Souvenirshop vor als bei den Sehenswürdigkeiten. Dem Großteil der Kreuzfahrtpassagiere mag das recht sein, aber eben nicht allen Besuchern.

■ Nur im Rahmen organisierter Touren über Spirit of Alaska Tours. 2 Std. 45 Min. ohne bzw. 3 Std. 15 Min. mit Bärengehege 79/199 $. Herring Cove, 13 km südlich von Ketchikan. ✆ (907) 225-5503, www.spiritofalaskatours.com.

Weitere Touren: Zahlreiche Anbieter bieten weitere Touren in und um Ketchikan an, die sich vor allem an das Kreuzfahrtpublikum richten. Von Flightseeing über Angelcharter-Fahrten bis hin zum Lachs-BBQ am Strand mit Tanzvorführungen der Tlingit ist alles dabei – und ständig kommen neue Exkursionen hinzu.

Wrangell

Das 2500-Einwohner-Städtchen an der Nordspitze der gleichnamigen Insel hat eine bewegte Geschichte: Hier siedelten Tlingit, Russen, Briten und US-Amerikaner. Der Naturforscher John Muir kam häufig in die Region, und während des Klondike-Goldrausches diente der berühmte Wyatt Earp hier als Sheriff – wenn auch nur zehn Tage lang. Historische Gebäude sucht man aber vergeblich, da zwei Feuersbrünste 1906 und 1952 weite Teile der Stadt in Schutt und Asche legten. Der Wiederaufbau kann sich dennoch sehen lassen: Vom Fähr- und Kreuzfahrthafen sind es nur wenige Schritte in eine gemütliche, aber lebendige kleine Innenstadt. Insgesamt richtet sich das Leben nach einem eher gemächlichen Inseltempo; sonntags sind hier die Geschäfte, auch die Supermärkte, geschlossen. Wrangell bemüht sich um mehr Kreuzfahrt-Tourismus, doch legt im Schnitt nur jeden zweiten Tag ein Schiff hier an, und die meisten davon haben weniger als hundert Passagiere an Bord. So bleibt Wrangell vor allem eine authentische Kleinstadt mit viel Fischerei – und etwas Tourismus.

Wrangell ist Ausgangspunkt für Touren zum Stikine River, den Gletschern an der Küste und zum Anan Bear Observatory (→ Rund um Ketchikan, S. 592). Eine Vielzahl von Ausflügen, wie sie von Ketchikan oder Juneau aus angeboten werden, sucht man hier vergeblich. Wer einen längeren Aufenthalt auf der Insel plant, sollte daher in der Lage sein, sich auch ohne Führer an der Natur zu erfreuen, z. B. auf den für Mountainbikes idealen Forstwegen im Hinterland.

Der Fähranleger liegt im Norden des Städtchens; von hier sind es 250 m die kleine Uferstraße Stikine Avenue entlang zum City Dock, wo auch die Kreuzfahrtschiffe anlegen. Von dort

Chief Shakes Island

führt die Hauptstraße mit den meisten Restaurants und Geschäften, die Front Street, in einem Bogen zum Wrangell Harbor. In der Mitte der kleinen, natürlichen Bucht liegt **Chief Shakes Island,** die Hauptsehenswürdigkeit Wrangells. Die beschauliche Case Avenue führt östlich an der Bucht entlang, biegt nach rechts ab und führt als Peninsula Street auf die kleine Halbinsel Point Shekesti, die den Hafen nach Westen begrenzt.

Nolan Center und Museum: Der 2004 erstellte Bau ist das kulturelle Herz der Gemeinde. Neben dem Visitor Center sind hier ein kleines Museum und ein Souvenirgeschäft untergebracht. Im Civic Center finden Konzerte und Veranstaltungen statt; daneben steht ein Schuppen, in dem Tlingit-Künstler neue Totempfähle herstellen.

▪ Mai bis Sept. Mo–Sa 10–17, sonst Di–Sa 13–17 Uhr. Eintritt frei. 293 Campbell Street, ✆ (907) 874-2829, www.wrangellaslaska.org/museum.

Chief Shakes Tribal House: Das eindrucksvolle Stammeshaus auf Chief Shakes Island wurde 2013 renoviert und erstrahlt in neuem Glanz. Die Geschichte des ältesten bekannten Tribal House geht bis ins 17. Jahrhundert zurück; einige der alten Balken sind im Museum im Nolan Center ausgestellt. Das schmuckvolle Innere ist immer dann geöffnet, wenn Kreuzfahrtschiffe im Hafen liegen. Gerne wird das Langhaus aber auf Anfrage und gegen Gebühr auch außerhalb dieser Zeiten geöffnet. Aber auch wenn es geschlossen ist, bietet es – zusammen mit den Totempfählen und den Adlern, die dort oft zu sehen sind – einen eindrucksvollen Anblick.

▪ Eintritt 20 $. Anfragen unter ✆ (907) 874-4304, www.wrangell.com/visitorservices/chief-shakes-tribal-house.

Petroglyph Beach: Im 2000 zum State Historic Park ernannten Gebiet finden sich einige der am besten erhaltenen Felsgravuren der indigenen Kulturen Nordamerikas. Die 40 Petroglyphen (griech.: petros – Stein, glyph – gravieren, schnitzen) liegen meist knapp ober- oder unterhalb der mittleren Hochwasserlinie. Noch ist unbekannt, welche Bedeutung die Gravuren für die frühen Kulturen hatten. Da die meisten

Steine nur schwer zu finden sind, wurden zusätzlich Repliken aufgestellt.

■ Etwa 1200 m nördlich des Fährterminals entlang der Evergreen Avenue. http://www.wrangell.com/visitorservices/petroglyph-beach-state-historic-park.

Touren: Wrangell ist Ausgangspunkt für Jet-Boot-Touren den Stikine River hinauf, zum LeConte-Gletscher und zum Anan Bear Observatory. Der Stikine ist eine der letzten großen Wildnis-Regionen Alaskas, die Tagestour ist weit mehr als nur eine übliche Flussfahrt. Die Tour zum LeConte-Gletscher, dem Lieblingsgletscher des Naturforschers John Muir, schließt auch einen Stopp in Petersburg mit ein – eine ideale Möglichkeit, dieses Städtchen mit seinem präsenten norwegischen Erbe zu besuchen. Die Bootstour zum Anan Bear Observatory lässt mehr Zeit an Land als die meisten Flugtouren. Außerdem werden auch Wal- und Vogelbeobachtungstouren angeboten. Theoretisch finden alle Touren täglich statt, doch in der Praxis legen die ersten Reservierungen fest, wohin die Boote fahren, alle weiteren Anfragen füllen dann erst mal die Boote auf. Kleingruppen sind für ein optimales Erlebnis ideal. Anbieter → Praktische Infos.

Wandern: Wrangells Hausberg **Mount Dewey** ist fast schon als Sprint zu absolvieren, wenn die Fähre für eine Stunde im Hafen liegt. Der Aufstieg über Treppen und Boardwalks vom Ende der 3rd Street ist in 15–20 Minuten machbar; es ist weniger als 1 km zur kleinen Aussichtsplattform in 120 m Höhe.

Der 1,5 km lange **Rainbow Falls Trail** beginnt an der Shoemaker Bay, etwa 7 km südlich von Wrangell; hier befindet sich auch ein kleiner und einfacher Campground. Vom Startpunkt aus gewinnt er 200 m an Höhe, bevor er einen Wasserfall in einem üppigen Wald von Hemlock-Fichten erreicht. Die Tour lässt sich über den anschließenden Institute Creek zu einer Tages- oder sogar Mehrtageswanderung ausdehnen. Da die Wege oft schlammig sein können, empfehlen sich Gummistiefel oder zumindest feste Bergstiefel.

Praktische Infos

Information Wrangell Visitor Center, im Nolan Center: Mai bis Sept. Mo–Sa 10–17, sonst Di–Sa 13–17 Uhr. 293 Campbell Drive, ✆ (907) 874-2829, www.wrangell.com/visitorservices.com.

Hin und weg Alaska Airlines und **Alaska State Ferries** verbinden Wrangell mit der Außenwelt.

Mietwagen Practical Rent-a-car: Der lokale Autovermieter betreibt ein Büro am Airport. ✆ (907) 874-3975.

Touren Alaska Charters and Adventures: Kleine Gruppen von 2–6 Pers. Stikine River, 7–8 Std. 234 $; LeConte Glacier, 9 Std. 290 $; Anan Bear Observatory, 7–8 Std. 338 $.

Der LeConte-Gletscher ist von Wrangell und Petersburg aus erreichbar

5 Front Street, ☏(907) 874-4157, www.alaska upclose.com.

Alaska Waters: Größeres Boot für max. 20 Pers. Stikine River ab 219 $; LeConte Glacier 229 $; Anan Bear Observatory ab 319 $. 107 Stikeen Avenue, ☏(907) 874-2378, www.alaskawaters.com.

Breakaway Adventures: Touren zu denselben Destinationen. 104 Front Street, ☏(907) 874-2488, www.breakawayadventures.com.

Übernachten **Stikine Inn & Restaurant:** Das gepflegte Traditionshotel in bester Lage verfügt über Zimmer verschiedener Größen und Ausstattung. DZ ab 160 $, mit Meerblick ab 186 $. 107 Stikine Avenue, ☏(907) 874-3388, www.stikineinn.com.

Dock Side Wrangell: Das komfortable Hausboot ist im Jachthafen von Wrangell vertäut. Komplett ausgestattet mit Küche, Bad und Wohnbereich sowie einem Schlafloft unterm Dach. Mai bis Mitte Sept. 130 $, sonst 110 $. ☏(907) 305-0222, www.docksidewrangell.com.

Grandview Bed and Breakfast: Das B&B am Wasser bietet drei Zimmer unterschiedlicher Größe, die sich Küche und Wohnbereich teilen. DZ inkl. Hot Breakfast ab 165 $. Zimovia Highway (2,5 km südlich des Zentrums. ☏(907) 874-3225, www.grandviewbnb.com.

Essen und Trinken **Stik Café und The Stikine Restaurant:** Das Stik Café im Stile eines Coffee Shops bietet tägl. von 6.30–18 Uhr Frühstück und Lunch. Das Stikine Inn (tägl. 11.30–21 Uhr) ist das einzige klassische Full Service Restaurant in Wrangell. 107 Stikine Avenue. ☏(907) 874-3388, www.stikineinn.com.

Michelle's Taste of Asia: Chinesische und japanische Küche von Sushi bis Schwein – süß-sauer, schnell und schmackhaft. Lunch und Dinner. So–Di und Do 15–21, Fr/Sa 11–23 Uhr. 162-198 Front Street, ☏(907) 660-7579.

Petersburg

Die Tlingits unterhielten schon lange ein Sommercamp an der Nordspitze von Mitkof Island, als 1897 der norwegische Einwanderer Peter Buschmann hier eintraf. Er errichtete eine Sägemühle und eine Fischkonservenfabrik und zog damit weitere skandinavische Einwanderer an. Auch heute noch ist die Fischerei wichtigste Einkommensquelle des 3000-Einwohner-Städtchens; im Hafen ist Platz für bis zu 700 Fischerboote und in der Saison beschäftigen die Fischfabriken 1100 Arbeiter. Heute dominiert der in Petersburg gegründete Konzern Icicle den Markt.

Bojer Wikan Park und Sons of Norway Hall

Longliner, Troller, Gillnetter und Seiner – (k)ein Anglerlatein

Die 600 örtlichen Fischerboote unterscheiden sich je nach Einsatzzweck, repräsentieren aber alle Bootstypen, die der kommerzielle Fischfang an der Westküste aufweist. **Longliner-Boote** ziehen Schleppleinen über den Meeresboden, um die dort heimischen Heilbutte und Dorsche an die Haken zu bekommen. Troller und Gillnetter sind vor allem auf Lachse aus: **Troller** mit mittellangen Leinen mit zahlreichen Haken, die sie hinter sich herziehen, **Gillnetter** dagegen nutzen knapp 300 m lange Schleppnetze. Während diese drei Bootstypen mit ein bis zwei Mann Besatzung auskommen, sind die 17 m langen **Seiner** mit bis zu fünf Mann an Bord unterwegs. Sie setzen ein Beiboot aus, an dem das andere Ende des Netzes vertäut ist, und ziehen einen Kreis um die Lachse. **Crabber** nutzen Körbe, um Krabben von der kleineren Dungeness Crab bis hin zur Kamtschatka- oder Königskrabbe zu fangen. Seiner und Crabber sind oft längere Zeit auf See, vor allem in der Beringsee, bevor sie mit ihren Fängen nach Petersburg zurückkehren. Die anstrengende und nicht ungefährliche Arbeit der Bootsbesatzungen aus Petersburg ist auch schon in TV-Serien wie „The Deadliest Catch" dokumentiert worden.

Südost-Alaska | USA → Karte S. 582

Urlauber finden in Petersburg lebendiges norwegisches Erbe und mehrere Ausflugsmöglichkeiten. Fähren bedienen den Ort regelmäßig, Kreuzfahrtschiffe sind aber nicht zu sehen; dafür reicht die Infrastruktur nicht aus. Sehenswürdigkeiten im klassischen Sinn gibt es kaum: Wer nach Petersburg kommt, geht Sportfischen, macht Bootstouren oder genießt den entspannten Bummel durch das kleine Städtchen, das immerhin über ein engagiert geführtes Museum und einige kleine Galerien und Kunsthandwerk-

Geschäfte verfügt. Dazu noch ein paar Wanderwege, für die sich *Alaska Sneakers* – also Gummistiefel – empfehlen. Das war's dann schon.

Der Ort am Nordwestende von Mitkof Island erstreckt sich im Wesentlichen entlang des Nordic Drive, vom Fährterminal im Süden bis zu der größten Fischfabrik, den Petersburg Fisheries, im Norden. Dazwischen liegen zum Wasser hin mehrere Fischereihäfen, Fabriken und Docks. Der Haugen Drive führt vom Nordic Drive nach Osten zu einem Supermarkt, dann weiter zum Flughafen und zum Sandy Beach Park mit seinen Petroglyphen auf der Nordostseite der Insel. Von der Fähre ist man in wenigen Minuten zu Fuß am Hammer Slough – hinter der kleinen Brücke liegt die kompakte Innenstadt.

An der kleinen, teils aufgeständerten Holzplankenstraße **Sing Lee Alley** schlägt das Herz Petersburgs mit den ältesten Gebäuden. Die Gasse liegt parallel zum Middle Harbor und ist eine Einbahnstraße, am besten entdeckt man sie aber sowieso zu Fuß. Die **Sons of Norway Hall** der Fischerei-Brüderschaft von 1912 ist Kultur- und Veranstaltungszentrum. Im **Bojer Wikan Park** gleich nebenan stehen ein Denkmal für die Fischer, die ihr Leben auf See ließen, und ein kleines Wikingerboot, das bei Festumzügen zum Einsatz kommt.

Clausen Memorial Museum: Seit 50 Jahren informiert das kleine, private Non-Profit-Museum mit Fotos und Ausstellungsstücken über Petersburgs Geschichte. Der Schwerpunkt liegt – nicht überraschend – bei der Fischerei. Folgerichtig ist eines der Ausstellungsstücke der größte je gefangene Königslachs. Auf Wunsch wird ein preisgekrönter 30-Minuten-Film über die Geschichte der Fischindustrie gezeigt.

▪ Anfang Mai bis Anfang Sept. Mo–Sa 10–17 Uhr, sonst nur am Fr/Sa. Jan./Febr. geschlossen. Eintritt frei, Spenden willkommen. 203 Fram Street, ✆ (907) 772-3598, www.clausenmuseum.com.

Müll-Rundgang: Einen ganz und gar ungewöhnlichen Spaziergang schlägt die etwas skurrile Broschüre „Historic Cannery Labels Walking Guide" (erhältlich bei der Handelskammer und

Clausen Memorial Museum

im Museum) vor. Der Rundgang hat nicht etwa die historischen Gebäude der Fischfabriken zum Ziel – nein, er führt zu 12 Mülltonnen im Stadtgebiet! Diese sind alle mit historischen Etiketten der Fischkonservendosen gestaltet und informieren so über die einstige Vielfalt der Fischindustrie.

Wrangell Narrows: Die Meeresstraße, die Mitkof Island von Kupreanof Island trennt, zieht sich von Petersburg fast 50 km nach Süden. Teilweise ist die Route gerade noch breit genug für die Fährschiffe des Alaska Marine Highway. Die Passage ist örtlich als „Pinball Alley" bekannt, weil das Fährschiff wie eine Flipperkugel hin- und herschießt, oder als „Christmas Tree Lane", denn die roten und grünen Signalbojen und -leuchten wirken wie die Lichter eines Weihnachtsbaums. Der South Mitkof Highway führt über lange Strecken am Ufer entlang – doch schönere Eindrücke gewinnt man an Bord eines Fährschiffes.

Bootstouren: Wie in Wrangell werden auch in Petersburg Touren zum LeConte-Gletscher und den weiten, wilden Stikine River hinauf angeboten. Zusätzlich kann man Walbeobachtungstouren buchen oder sich die Natur mit dem Kajak erpaddeln. Anbieter → Praktische Infos).

Wanderungen: Neben einigen kürzeren Trails an der Küste ist der **Petersburg Lake Trail** der Hauptgrund für Wanderer, in die Region zu kommen. Die 2-Tage-Tour erfordert etwas Planung, denn sie beginnt mit dem Übersetzen nach Kupreanof Island und endet mit dem Rückflug in einem Wasserflugzeug. Dazwischen liegen 17 km Wegstrecke ohne große Steigungen, teils am Wasser entlang, teils im Wald. Je nach Zustand des Weges (bei/nach Regen oft schlammig) sollte man 5–8 Stunden einplanen. Die Wanderung endet bei der Petersburg Lake Cabin, einer Hütte der Forstverwaltung; hier kann man mit dem Ruderboot zum Angeln fahren und anschließend die Nacht verbringen. Nach einem erholsamen Morgen am See lässt man sich mit dem Wasserflugzeug abholen. In der Tour ist wirklich alles drin, was Alaska ausmacht!

Inga's Galley

Leider ist der Trail im Mittelstück – etwa zwischen Meile 4 und Meile 9 – oft in katastrophalem Zustand und so tief verschlammt, dass ein Durchkommen kaum möglich ist. Die Forstverwaltung setzt diesen Abschnitt nur unregelmäßig wieder instand.

▪ Das Chamber of Commerce (siehe unten) hilft beim Organisieren des Wassertaxis (etwa 30 $) und des Rückflugs (etwa 200 $). Die Nacht in der Hütte kostet 25 $, Reservierung unter www.recreation.gov.

Praktische Infos

Information **Petersburg Chamber of Commerce:** Mo–Sa 9–17, So 12–16 Uhr. Hier oder an Bord der Fähren erhält man den Visitor Guide, der auch einen Stadtrundgang beschreibt. 19 Fram Street, ☏ (907) 772-3646, www.petersburg.org.

Hin und weg **Alaska Airlines** und **Alaska State Ferries** fliegen bzw. fahren mindestens täglich nach/von Petersburg.

Mietwagen **Avis** betreibt eine Station im Tides Inn. Auch über das Scandia House Hotel sind Mietwagen zu buchen (→ Übernachten).

Touren Drei sehr erfahrene und empfehlenswerte Unternehmen teilen sich seit gut 30 Jahren den überschaubaren Markt. Nicht jede Tour wird täglich angeboten; es hängt davon ab, welche Reservierungen bereits vorliegen.

Südost-Alaska | USA → Karte S. 582

Alaska Passages: LeConte Glacier, 4–5 Std. ab 175 $; Whale Watching, 7–8 Std. ab 250 $; Sea Kayaking durch die Eisberge der LeConte Bay, 5–6 Std. 265 $. 602 1st Street. ✆ (907) 772-3967, www.alaskapassages.com.

Tongass Kayak: LeConte Glacier ab 200 $; Whale Watching 300 $, Sea Kayaking im Petersburg Creek, 4 Std. 95 $, durch die Eisberge der LeConte Bay, 6/10 Std., 285/365 $. Kein Büro. ✆ (907) 772-4600, www.tongasskayak.com.

Whalesong Cruises: Ähnliche Touren und Preise. 207 Nord Nordic Drive, ✆ (907) 772-9393, www.whalesongcruises.com.

Übernachten **Tides Inn:** Das 45-Zimmer-Hotel am Nordhafen hat 2014 die Zimmer renoviert und einige mit Kitchenette ausgestattet. DZ inkl. Frühstück und Transfers von/zu Fähr- oder Flughafen ab 143 $. 307 N. First Street, ✆ (907) 772-4288, www.tidesinnalaska.com.

Scandia House Hotel: Petersburgs modernstes Hotel liegt zentral. DZ ab 130 $, mit Meerblick ab 140 $ inkl. Continental Breakfast und Transfers vom/zum Flug- oder Fährhafen. 110 Nordic Drive, ✆ (907) 772-4281, www.scandiahousehotel.com.

The Waterfront: Petersburg wurde für seine Vielfalt an guten B&B ausgezeichnet, dieses liegt direkt am Wasser. 5 schöne Zimmer, Hot Tub, großes Frühstück. DZ ab 105 $. 1004 South Nordic Drive, ✆ (907) 772-9300, www.waterfrontbedandbreakfast.com.

Essen und Trinken **Papa Bear's Pizza:** Unglaublich, aber wahr, es gibt in Petersburg kein Fischrestaurant. Das Papa Bear's ist neben einem nicht überzeugenden Chinesen Petersburgs einziges Abendrestaurant, bietet aber immerhin neben Pizza auch Wraps und Burger. Lunch & Dinner 9–28 $. Mo–Sa 11–20 Uhr. 1103 South Nordic Drive, ✆ (907) 772-3727, www.papabearspizza.com.

Inga's Galley: Der Selbstbedienungs-Kiosk mit ein paar Tischen in einem kleinen Zelt und auf einer Schotterfläche kommt unscheinbar daher, bietet aber Petersburgs besten Lunch: Burger, Sandwichs, Suppen, Tacos, Seafood, Quesadilla – alles natürlich fangfrisch. Do–Di 11–14 Uhr. 104 North Nordic Drive, ✆ (907) 772-2090.

The Fisherman's Net Café: Abgesehen von den Hotels so ziemlich der einzige Ort, wo man ein passables Frühstück bekommt. Mo, Mi–Sa 7–14, So 8–14 Uhr. 307 North Nordic Drive, ✆ (907) 772-2277.

Sitka

Das Erbe der Tlingit und der Russen, einzigartige Museen und beeindruckende Landschaft – keine andere Stadt in Alaska hat so viel Ausstrahlung wie Sitka. Die hinter einer Inselkette liegende geschützte Bucht an der ansonsten rauen Pazifikküste war den Tlingit seit Tausenden von Jahren vertraute Heimat, als die Russen 1799 dort eintrafen. Nach einer Reihe von kriegerischen Auseinandersetzungen setzten die Russen sich durch: 1804 entstand ein Fort und um dieses herum die Stadt „Neu Archangelsk", „Paris des Pazifiks" genannt. Keine andere Siedlung an der gesamten amerikanischen Westküste wies damals mehr Einwohner auf; der Pelzhandel schuf eine reiche Oberschicht, die es sich in der Oper und in edlen Salons gutgehen ließ.

1867 erfolgte die Übergabe Russisch-Amerikas an die USA und Sitkas Abstieg begann, zumal die Otter- und

Landeanflug auf Sitka

Mount Edgecumbe: ein wirklich schlafender Vulkan?

Die Silhouette des knapp 1000 m hohen Mount Edgecumbe auf einer Sitka vorgelagerten Insel erinnert an die des Fujijama: ein klassischer Vulkankegel. Letztmals brach der Vulkan vor mehr als 4000 Jahren aus, dann war Ruhe – bis 1974. An einem Frühlingsmorgen versetzte eine schwarze Rauchsäule aus dem Krater die Einwohner Sitkas in Angst und Schrecken: Stand ein neuer Ausbruch bevor?

Anfangs wusste nur einer, dass keine wirkliche Gefahr bestand: Porky Bickar. Der als Spaßvogel stadtbekannte Mann hatte in wochenlanger, mühevoller Arbeit rund 100 alte Autoreifen in den Krater geschafft und dann am frühen Morgen mit Benzin übergossen und angezündet. Das genaue Datum? Es war natürlich der 1. April ...

Walbestände stark dezimiert waren. Juneau wurde 1904 neue Hauptstadt Alaskas. Sitka fiel in eine Art Dornröschenschlaf, dem es zu verdanken ist, dass zahlreiche historische Gebäude erhalten blieben. Die kompakte Innenstadt erlaubt es, das Erbe der Stadt bequem zu Fuß zu entdecken. Darüber hinaus hat Sitka zahlreiche Naturerlebnisse zu bieten: Sportfischer werden die umfangreichen Möglichkeiten der Westküste genießen, und Outdoor-Enthusiasten entdecken die Region auf dem Rad, zu Fuß oder im Kajak. Zwei bis drei Nächte sollte man sich hier schon gönnen.

Sitkas knapp 9000 Einwohner leben in der flächenmäßig größten Stadt der USA: Das offizielle Stadtgebiet umfasst knapp 13.000 km² und ist somit nur wenig kleiner als Schleswig-Holstein! Die Besiedelung konzentriert sich an der Westseite der Insel Baranof, auf gut 25 km vom Fährterminal an der Starrigavan Bay bis zur Herring Cove. Auf halber Strecke liegt die überschaubare Innenstadt, die über eine Brücke mit Japonski Island verbunden ist. Auf der Insel liegt Sitkas Flughafen, nur etwa 2 km von der Innenstadt entfernt.

Westliche Innenstadt: Von den ehemaligen russischen Befestigungsanlagen auf dem Castle Hill (Harbor Way, auch von der Lincoln Street über Treppen erreichbar) ist außer einigen Kanonen nicht mehr viel übrig. Für Alaskaner ist der Ort bedeutungsvoll: Hier erfolgte 1867 die Übergabe Russisch-Amerikas an die USA. Nicht-Alaskaner können sich zumindest an den Ausblicken erfreuen.

Zu Füßen des Castle Hill liegt nordwestlich der kleine ANB Harbor, um den herum sich zahlreiche Sehenswürdigkeiten gruppieren. Architektonisch dominiert das große Pioneer Home von 1934 das Viertel, eines der ersten Seniorenheime Alaskas. Auf dem Platz davor, dem Totem Square, steht ein Totempfahl mit einem doppelköpfigen Adler – Symbol für die (durchaus nicht immer freundschaftlichen) Verbindungen zwischen Tlingit und Russen. Das **Sheet'ka Kwaàn Naa Kahídi Community House** wurde im Stil eines klassischen Langhauses erbaut. Das oberhalb gelegene russische Blockhaus ist eine Nachbildung und erinnert an den Kontrollposten, der Russen und Tlingit trennte, als die First Natives in den 1820er-Jahren in

Südost-Alaska | USA → Karte S. 582

▲ Blockhaus und Langhaus

▼ Kathedrale St. Michael

die Region zurückkehrten. Noch weiter den Hügel hinauf, führt der Weg in ein Wäldchen und zum Russischen Friedhof mit seinen zum Teil mehr als 200 Jahre alten Gräbern. Das eindrucksvollste unter ihnen ist das der Prinzessin Maksoutoff, Ehefrau des letzten russischen Gouverneurs.

Kathedrale St. Michael: Die 1848 erbaute und 1966 vollständig abgebrannte russisch-orthodoxe Kathedrale wurde wieder originalgetreu aufgebaut. Bei dem Brand konnten zahlreiche Ikonen und andere religiöse Reliquien gerettet werden, die nun im Neubau zu sehen sind.

▪ 9–16 Uhr, sofern Kreuzfahrtschiffe im Hafen sind, sonst unregelmäßig. Eintritt 2 $. 240 Lincoln Street, www.stmichaelcathedral.org.

Sitka Lutheran Church: Schräg gegenüber stand einst die älteste protestantische Kirche der amerikanischen Westküste, erbaut von Skandinaviern in Diensten der russischen Pelzhandelsorganisation. Im Neubau finden sich einige Relikte der Kirche von 1843, so z. B. die Orgel und die Kronleuchter.

▪ Falls geschlossen, gibt es gegen eine kleine Spende Mo–Fr 10–14 Uhr Zugang über die Mitarbeiter des Kirchenbüros. 224 Lincoln Street, www.sitkalutheranchurch.com.

Sitka History Museum: Der Gebäudekomplex der Harrigan Centennial Hall am Hafen beherbergt auch das nach Umbau 2018 wiedereröffnete Museum, in dem die Geschichte der Tlingit, Russen und Amerikaner der Region lebendig wird. Nun ist auch Raum für Wechselausstellungen.

An Tagen, an denen große Kreuzfahrtschiffe im Hafen liegen, treten in der Harrigan Centennial Hall die „New Archangel Dancers" auf – junge und ältere Alaskanerinnen, die erkannt haben, dass mit „russischen" Volkstänzen für Kreuzfahrtgäste gutes Geld zu verdienen ist.

▪ Mai bis Sept. Di–Sa 9–16.30, sonst Di–Sa 10–12 und 13–16 Uhr. Eintritt 7 $. 330 Harbor Drive, ✆ (907) 747-6455, www.sitkahistory.com.

Ältestes russisches Gebäude in Nordamerika: der ehemalige Sitz des orthodoxen Bischofs

Russian Bishop's House: Das 1842 von der russischen Amerika-Gesellschaft erbaute Haus war der Amtssitz der russischen Bischöfe für die von Kalifornien bis Kamtschatka (auf der heute russischen Seite der Beringsee) reichende Diözese. Es ist das älteste erhaltene russische Gebäude in Nordamerika. Der National Park Service hat das 2000 m^2 große Bischofshaus und die kleine Verkündigungskapelle behutsam in den Zustand von 1853 zurückversetzt, so dass Besucher in die Zeit zurückreisen und das Leben in Russisch-Amerika nachempfinden können.

▪ Mai bis Sept. tägl. 9–17 Uhr. Eintritt frei. Führungen alle 30 Min. 103 Monastery Street, ✆ (907) 747-0110, www.nps.gov/sitk/learn/historyculture/russian-bishops-house.htm.

St. Peter's-by-the-Sea Episcopal Church: Ein paar Hundert Meter weiter, neben dem Bischofssitz, steht Sitkas älteste erhaltene Kirche, ein aus Natursteinen und Holz erbautes Gotteshaus. Hinter der Kirche wird im ehemaligen Teehaus des Bischofs Mi/Do von 10 bis 14 Uhr kostenfrei Kaffee und Tee ausgeschenkt.

▪ Tagsüber geöffnet. Eintritt frei. 611 Lincoln Street, www.stpeters-sitka.org.

Sheldon Jackson Museum: Der Presbyterianer-Missionar Sheldon Jackson sammelte während seiner Reisen durch Alaska in den 1880er und 1890er-Jahren mehr als 5000 Artefakte der indigenen Kulturen. Während andere Gleiches taten, aber die Gegenstände an Museen in aller Welt schickten, strebte Jackson einen Verbleib seiner einzigartigen Sammlung in Alaska an: Bereits 1887 eröffnete das Museum; der etwas größere, achteckige „Neubau" folgte schon 1897. Die Ausstellung deckt die ganze Bandbreite indigener Völker ab: Alëuten und Alutiiq aus Südwest-Alaska, Athabasken aus dem Landesinneren, Inupiat und Yup'ik der arktischen Küste sind hier ebenso repräsentiert wie die lokalen Stämme Südost-Alaskas. Die Spanne der ausgestellten Stücke reicht von Birkenrindenkanus und Badarkias (klassische Kajaks aus Robbenfell und Walknochen) über Masken, kunstvoll geflochtene Körbe und Schmuck bis hin zu

Südost-Alaska | USA → Karte S. 582

Kleidung, Werkzeugen und Haushaltsgegenständen.

▪ Mai bis Sept. Di–Sa 9–16.30, sonst Di–Sa 10–12 und 13–16 Uhr. Eintritt 7 $. 104 College Drive, ✆ (907) 747-8981, www.museums.alaska.gov/sheldon_jackson.

Sitka Sound Science Center: Die Erforschung von Alaskas Öko-Systemen zu Land und zu Wasser und die Weitergabe des Wissens sind die Ziele des wissenschaftlichen Instituts gegenüber dem Sheldon Jackson Museum. In einem Aquarium können Besucher die Wasserwelt entdecken und in „Touch Tanks" Seesterne und andere Tiere berühren. Die Lachsaufzuchtstation gibt weitere Einblicke in die Kreisläufe der Natur.

▪ Mo–Sa 9–16 Uhr. Eintritt 7 $. 834 Lincoln Street, ✆ (907) 747-8878, www.sitkascience.org.

Sitka National Historical Park: Wer heute durch den parkähnlichen Wald am Indian River östlich der Downtown schlendert und den Lachsen bei ihrer Wanderung zusieht, kann sich kaum vorstellen, dass hier von 1799 bis 1804 zahlreiche Schlachten zwischen Russen und Tlingit stattfanden, bis erstere die Oberhand behielten. Der National Park Service bewahrt hier seit 1890 Relikte aus den vergangenen Zeiten und der beteiligten Kulturen und macht sie zugänglich. Das Visitor Center stellt in der Totem Hall Pfähle und Hausbalken aus einer schon 1903 angelegten Sammlung vor. In der Exhibits Hall werden traditionelle Kulturgegenstände gezeigt, aber auch der von Häuptling Katlian für die Schlacht von 1804 geschmiedete Hammer. Auf Wunsch kann man im Lobby-Theater den sehr informativen 12-Minuten-Streifen „Voices of Sitka" sehen. Täglich bieten Ranger geführte Rundgänge durch den Park an. Diese sind nicht nur ab August, wenn die Lachse die Bäche hinaufziehen, sehr lohnenswert: 18 Totempfähle, Replika der für die Weltausstellung 1904 in St. Louis gesammelten Pfähle, können besichtigt werden.

▪ Visitor Center: Mai bis Sept. tägl. 8–17, sonst Di–Sa 9–15 Uhr. Parkwege: Mai bis Sept. 6–22, sonst 7–20 Uhr. Eintritt und Führung frei. Am Ende der Lincoln Street. ✆ (907) 747-0110, www.nps.gov/sitk/index.htm.

Völkerkundemuseum: das Sheldon Jackson Museum

Alaska Raptor Center: Das 1980 gegründete Raubvogel-Zentrum nördlich des Sitka National Historical Park kümmert sich um die Pflege verletzter und kranker Vögel. Die meist zwischen 20 und 30 Raubvögel – darunter Adler, Falken, Eulen – können im Rahmen von Führungen besichtigt werden. Dabei erfährt man viel über ihre natürlichen Lebensräume und über ihre individuellen Schicksale.

■ Mai bis Sept. tägl. 8–16 Uhr. Eintritt 13 $. 1000 Raptor Way, ✆ (907) 747-8662, www.alaskaraptor.org.

Praktische Infos

Information **Visit Sitka:** Mo–Fr 10–17 Uhr und wenn Kreuzfahrtschiffe im Hafen liegen. 104 Lake Street, ✆ (907) 747-8604, www.sitka.org.

Hin und weg **Alaska Airlines** und **Alaska State Ferries** bieten Verbindungen ab und bis Sitka an.

Bus: Sitkas exzellentes Bus-System „The Ride" verkehrt Mo–Fr 6.30–19.30 Uhr stündlich zwischen dem 11 km nördlich der Stadt gelegenen Fähr-Terminal und Downtown (rote Linie) sowie von dort zur Fortress of Bears (blaue Linie). ✆ (907) 747-7103, www.ridesitka.com. Sitka Tours bedient alle Fährankünfte, egal zu welcher Tag- oder Nachtzeit. Da die Fähre gezeitenbedingt meistens einige Stunden im Hafen bleibt, werden für weiterreisende Gäste Stadtrundfahrten angeboten – je nach Dauer zwischen 25 $ und 35 $. ✆ (907) 747-3439, www.sitkatoursalaska.com.

Fahrradverleih **Yellow Jersey Cycle Shop** ist einer der besten Bike-Shops in ganz Alaska mit sehr günstigen Mieträdern. 20 $/2 Std., 25 $/Tag (9–18 Uhr), 30 $/24Std. (z. B. 12–12 Uhr) 329 Harbor Drive. ✆ (907) 747-6317, www.yellowjerseycycles.com.

Folklore **Die New Archangel Dancers** zeigen „russische Folklore" vor allem für Kreuzfahrtgäste an verschiedenen Orten der Stadt; 5–7 Auftritte (30 Min.) wöchentlich. 10 $. Genaue Termine unter ✆ (907) 747-5516, www.newarchangeldancers.com.

Kajaktouren **Sitka Sound Ocean Adventures** bietet 5 verschiedene Kajaktouren für Einsteiger und Fortgeschrittene an – teils auch mit Landausflügen, 2–9 Std., 79–299 $. 112 Toivo Circle, ✆ (907) 752-0660, www.kayaksitka.com.

Jedem Dorf seine Brauerei – in Sitka ist dies Baranof Island Brewing

Mietwagen **Avis** betreibt eine Station am Airport. Dort ist auch der lokale Anbieter **Sitka Car Rental** vertreten, ✆ (907) 738-2282, www.sitkacarrental.com.

Sportfischen Zahlreiche Anbieter kompletter Packages (Vollpension, Angelfahrten, Zerlegen der Fische ...); gute Adressen sind folgende Lodges:

Kingfisher Charters & Lodge: Charter Package für 4 Nächte/3 Tage ab 2695 $. 104 Berry Knoll, ✆ (907) 747-6136, www.kingfishercharters.co.

Angling Unlimited: 4 Nächte/3 Tage 2795 $, in der Nebensaison ab 2095 $. 4256 Halibut Point Road, ✆ (907) 747-3736, www.anglingunlimited.com.

Stadtrundfahrt Die 2-stündige Rundfahrt Sitka Scenic von **Sitka Wildlife Tours** deckt für 65 $ alles Wichtige im Schnellformat ab. Kein Büro, nur ✆ (907) 738-1733, www.sitkawildlifetours.com.

Touren **Sitka Wildlife Tours** führt verschiedene kürzere Ausflüge durch, z. B. die 2-stündige Marine-Adventure-Tour für 135 $, bei der man neben Walen meist noch Tümmler, Seeotter, Seelöwen und Robben zu sehen bekommt. Touren je nach Tag unterschiedlich. Adresse siehe Stadtrundfahrt.

Whalewatching **Gallant Adventures** hat sich vor allem der Walbeobachtung verschrieben, die Fahrt kann auch um einen Besuch einer heißen Quelle verlängert werden. Walbeobachtung 2½ Std. 125 $; mit Hot Springs 5 Std. 250 $. 330 Harbor Drive. ✆ (907) 738-2855, www.gallantadventures.com.

Übernachten **Aspen Suites 2:** Eines der neuesten Hotels in Sitka, 200 m vom Herz der Downtown. Die 71 Suiten sind mit kompletten Küchen ausgestattet. Suite ab 249 $, bei längerem Aufenthalt günstiger. 210 Lake Street, ✆ (907) 747-3477, www.aspenhotelsak.com.

Katlian Street Suites 3: Die beiden riesigen Suiten mit gehobener Ausstattung verfügen über je 2 Schlafzimmer, 2 Bäder, Wohnzimmer, komplette Küche und Hafenblick. Suite ab 199 $, Mindestaufenthalt 3 Nächte. 246 Katlian Street, ✆ (907) 747-7115, www.katlianstreet.com.

**** Eagle Bay Inn:** Sehr gepflegte Unterkunft. DZ ab 179 $, Meerblick ab 195 $ inkl. Transfers von/zu Fähre oder Flughafen. 1321 Sawmill Creek Road, ✆ (907) 623-9973, www.sitkaeaglebayinn.com.

Sitka Hotel 7: Das Hotel aus dem Jahr 1939 hat 2017 neue Betreiber und die lange fällige Renovierung bekommen. Doch wo andere in moderne Zimmer investieren, stehen hier Kühlschrank und Mikrowelle eher lieblos herum – immerhin passen Preise und Lage. DZ ab 135 $. 118 Lincoln Street, ✆ (907) 747-3288, www.sitkahotel.com.

Ann's Gavan Hill 1: Das etablierte B&B in alaskanischem Stil bietet eine gute Lage, schöne Zimmer und einen Hot Tub im Garten. Die 5 Zimmer teilen sich mehrere Bäder auf dem Gang, was man angesichts des Preises verschmerzen kann. DZ 100 $. 415 Arrowhead Street, ✆ (907) 747-8023, www.annsgavanhill.com.

Camping Starrigavan Campground: Der von der Forstverwaltung USFS geführte Platz liegt in der Nähe des Fährterminals und an Waldwegen und Boardwalks, von wo sich Vögel und Wild beobachten lassen. 34 Stellplätze, teils am Wasser, sowie eine rustikale Cabin. Reservierung erforderlich. Stellplatz 12–16 $, je nach Lage und Ausstattung, Cabin für 6 Pers. 50 $. Nordende der Halibut Point Road. ✆ (518) 885-3639, https://www.recreation.gov/camping/campgrounds/233994.

Essen und Trinken Bayview Pub 4: In der Kombination aus Pub und Sportsbar gibt es eine umfangreiche Speisen- und Bierkarte – alles da für ein Abendessen in lockerer Atmosphäre. Tägl. 11–22, Fr/Sa bis 23 Uhr. 407 Lincoln Street, ✆ (907) 747-5300, www.sitkabayviewpub.com.

meinTipp **Ludvig's Bistro and Wine Bar 5:** Das wahrscheinlich beste Essen Südost-Alaskas gibt es in diesem kleinen und stets proppevollen Restaurant mit Fokus auf mediterraner Küche. Mo–Sa 16.30–21 Uhr. 256 Katlian Street, ✆ (907) 966-3663, www.ludvigsbistro.com.

Beak 8: Das 2017 eröffnete Beak tritt in große Fußstapfen, denn der Vorgänger, das „Larkspur Café", wusste stets zu überzeugen. Beak schlägt sich bis jetzt mit exzellentem Seafood und einem ungewöhnlichen Preiskonzept (Bedienungsgeld ist schon enthalten) mehr als wacker. Das lebendige Restaurant im Bistro-Stil überzeugt mit kreativer Tageskarte, schnellem Service und überdachter Veranda. Trotz der unschönen Lage an den Öltanks lohnt ein Besuch. Mo–Sa 9–21, So 10–14 und 17.30–21 Uhr. 2 Lincoln Street, ✆ (907) 966-2326.

Back Door 6: Die Bäckerei in zentraler, aber etwas versteckter Lage (hinter Old Harbor Books) sorgt für einen guten Start in den Tag und bietet zum Frühstück Kaffee und Backwaren (zur Abwechslung mal Kirsch-Rhabarber-Kuchen statt Spiegelei), zum Lunch Sandwichs und Suppen. Mo–Fr 6.30–17.30, Sa 6.30–14, So 7.30–14 Uhr. 104 Barracks Street, ✆ (907) 747-8856.

Rund um Sitka

Fortress of the Bear: Bären in zooartigen Gehegen? Das ist nicht immer eine gute Idee. Aber hier passt alles: In den riesigen früheren Zellstoffbecken eines ehemaligen Sägewerks kümmert sich eine engagierte, private Hilfsorganisation ohne jede staatliche Förderung darum, verwaisten Bärenjungen mehr als nur ein Überleben zu bieten, und dies so naturnah wie möglich. So gibt es z. B. nur saisongerechte Nahrung – Lachs eben nur dann, wenn er in der Natur auch vorkommt – und die Bären halten Winterschlaf. Die motivierten Mitarbeiter informieren gerne und umfassend über die derzeit fünf Grizzlys und drei Schwarzbären, über deren Lebensräume – und über die Hoffnung, die Tiere eines Tages wieder in die Freiheit entlassen zu können. Besucher können von einer Plattform den Tieren aus sicherer Entfernung und doch nächster Nähe zusehen und vor naturnahem Hintergrund ein Foto schießen.

Schwarzbären im „Fortress of the Bear"

Man muss daheim ja nicht erzählen, wo genau man war – binden Sie Ihren Freunden einfach einen Bären auf ...

▪ Mai bis Sept. tägl. 9–17 Uhr. Eintritt 10 $. 4639 Sawmill Creek Road (etwa 8 km östl. der Stadt; City Bus hält Mo–Fr stündl. 200 m vom Eingang). ✆ (907) 747-3550, www.fortressofthe bear.org.

Wandern und Mountainbiking: Kurze Touren bieten sich im **Sitka National Historic Park** an, drei Trails (zwischen 15 und 45 Min.) erschließen den Park. Auch in der **Starrigavan Recreation Area** nördlich von Sitka ist eine kurze Tour möglich: Der Estuary Life Trail (30 Min.) und der Forest & Muskeg Trail (60 Min.) lassen sich entlang der wenig befahrenen Straße (die schöne Ausblicke bietet) zu einem 2-stündigen Rundweg kombinieren. Wanderer und Mountainbiker gleichermaßen finden am südöstlichen Ende des Straßennetzes, hinter der Fortress of the Bear, schöne Trails rund um Thimbleberry Lake, Heart Lake, Blue Lake und Beaver Lake.

Sitkas Hausberg, der etwa 750 m hohe **Gavan Hill,** ist für Wanderer direkt von der Innenstadt aus zugänglich: Der Trail beginnt neben dem Haus 508 Baranof Street. Etwa 4–5 Stunden sollte man für den knapp 6 km langen Anstieg schon einplanen. Anfangs durch Gebüsch, dann in Serpentinen den Wald hinauf, erreicht man schon nach einer Meile den ersten Aussichtspunkt; grandioser ist jedoch das Panorama vom Gipfel. Mountainbiker können über die 7 km lange Harbor Mountain Road einen Großteil des Anstiegs meistern. Die letzten 5 km bis zum Gavan Hill geht es zu Fuß weiter, oder man beschränkt sich auf zwei namenlose Hügel, 300 m bzw. 800 m vom Parkplatz am Ende der Straße entfernt; sie erlauben auch spektakuläre Ausblicke.

Detaillierte Informationen und Karten erhält man bei Visit Sitka (→ Sitka/ Praktische Infos, S. 605).

Sportfischen: Die Gewässer sind reich an Heilbutt und Lachsen. Mehr als ein Dutzend Lodges in und bei Sitka bieten Rundum-Sorglos-Pakete für Sportfischer: Übernachtung, Verpflegung, Angelfahrten, fachgerechtes Zerlegen der Fische und Kühlverpackung für den Transport sind im Preis eingeschlossen. Anbieter s. o.

Heart Lake Trail am Bear Mountain – einer von vielen Wanderwegen

Blick auf Juneau aus der Seilbahn zum Mount Roberts

Juneau

Alaskas Capital City ist reich an Naturschönheiten und Geschichte, liegt gleichzeitig in den Bergen und am Wasser, ist kulinarisches und kulturelles Zentrum, Kreuzfahrt-Metropole und Outdoor-Mekka, Kleinstadt und Hauptstadt – alles in einem.

Die Möglichkeiten, den Kreuzfahrer-Massen aus dem Weg zu gehen, sind hier besser als in Ketchikan oder Skagway, und umgekehrt bekommen Kreuzfahrer alles Sehenswerte der Stadt und ihre Naturschönheiten quasi auf dem Silbertablett serviert.

Neben der Innenstadt mit Museen, einer Seilbahn, Kirchen, Denkmälern und einer fußläufig erreichbaren Goldmine ist das **Mendenhall Valley** das zweite touristische Zentrum Juneaus: Hier liegen der mächtige Mendenhall-Gletscher, mit den Eisbergen auf dem See, und ein kurzer, wilder Fluss, der zu Raftingtouren einlädt. Bären und Lachse sind im Spätsommer fast garantiert zu sehen. Auf halber Strecke zwischen Downtown und dem Mendenhall Valley locken ein botanischer Garten und Alaskas freundlichste Brauerei die Besucher zu einem Zwischenstopp.

Wanderer und Mountainbiker sind im Hinterland schnell in der Einsamkeit und finden genügend Trails für etliche Tage fernab der Zivilisation. Juneau ist der ideale Ausgangspunkt für Tagestouren zu den Grizzlys von Admiralty Island, zu den Gletschern des Glacier Bay Nationalparks, zu den Walen am Point Adolphus und in die zerklüftete Eis-Landschaft im Tracy Arm Fjord.

Fazit: Hier kann man durchaus für sechs, sieben Tage bleiben und wird sich nicht langweilen, zumal jährlich nicht mal halb so viel Regen fällt wie in Ketchikan.

Obwohl Juneau auf dem Festland liegt, ist die Anreise nur per Fähre oder Flugzeug möglich; das kleine Straßennetz rund um den Highway 7 ist nicht mit der Außenwelt verbunden. So bleibt die Natur Wanderern und Bergsteigern vorbehalten. Anders als in den meisten Gemeinden Südost-Alaskas sind die Entfernungen in der 33.000-Einwohner-Stadt ziemlich groß: Vom Point Bridget State Park im Norden bis zur AJ-Gasteneau-Mine im Süden sind es immerhin gut 65 km. Im südlichen Abschnitt der einzigen Straße an der Festlandküste liegt an der engsten Stelle des Gastineau Channel das Zentrum von Juneau, eine Brücke führt hinüber nach Douglas Island.

Wer individuell unterwegs ist, sollte sich ein Auto oder Fahrrad mieten, denn wichtige Punkte wie der Fährhafen und der Mendenhall-Gletscher sind nicht ins ansonsten recht passable Bussystem eingebunden. Selbstverständlich gibt es auch organisierte Touren und Taxis, doch ist bei einem mehrtägigen Aufenthalt ein eigenes Fahrzeug die sinnvollste Option.

Joe Juneau, ein Goldsucher aus Quebec, gab der Stadt ihren Namen. Er stieß 1880 in der nahen Schlucht Snow Slide Gulch auf Gold. Das sprach sich herum und ein Jahr später lebten schon 100 Männer in der Zeltsiedlung. Nachdem der Pelz- und Walhandel stark rückläufig war, traf Washington im Jahr 1900 die Entscheidung, die Hauptstadt des Territoriums von Sitka nach Juneau zu verlegen, was aber erst 1906 erfolgte. Das Minenwesen boomte vor und nach dem Ersten Weltkrieg weiter, wobei zunehmend industrielle Großminen wie die Alaska-Juneau-Mine und die Alaska-Gastineau-Mine das Geschäft übernahmen. Bis zur kriegsbedingten Schließung 1944 wurde in Juneau Gold im heutigen Wert von knapp 7 Mrd. Euro gefördert! Nachdem Alaska 1959 in den Rang eines Bundesstaates aufstieg, entstanden zahlreiche neue Jobs in der Hauptstadt. Heute ist Juneau nach Anchorage und Fairbanks das drittgrößte Ballungszentrum Alaskas.

Kapitol, House of Wickersham und Governor's Mansion: Das wuchtige Ge-

Das House of Wickersham

bäude des Alaska State Capitol (Mo–Fr 7–17 Uhr) aus dem Jahr 1931 hätte 2005 durch einen Neubau ersetzt werden sollen, doch es fehlte am Geld und einem überzeugenden Entwurf. Also wurde das Gebäude renoviert und einige Stockwerke in den Zustand von 1931 zurückversetzt. Seit 2012 wird das Kapitol auch außen restauriert – ein Projekt, das sich noch einige Jahre hinziehen wird.

Schon 1898 entstand das Wickersham House, einst Sitz von Alaskas berühmtem Pionier-Richter James Wickersham, der später die treibende Kraft für die Einrichtung des Denali National Park war. Das unter Denkmalschutz stehende Gebäude wird vom Staat Alaska verwaltet und kann besichtigt werden (Mitte Mai bis Ende Sept. So–Do 10–17 Uhr).

Das 1912 erbaute Governor's Mansion ist noch heute Amtssitz und Wohnhaus des Gouverneurs von Alaska, seit 2014 ist dies Bill Walker, und deshalb nicht öffentlich zugänglich. Das 1340 m^2 große Haus verfügt über zehn Bäder und acht Kamine.

Denkmäler: Mehr als in anderen Städten Südost-Alaskas stößt man fast an jeder Ecke auf ein Denkmal oder eine Skulptur. Sie erzählen oft auch etwas über Alaskas Geschichte.

Im Capital School Park zwischen Kapitol und Wickersham House steht Empty Chair, die Bronzeskulptur eines unbesetzten Klappstuhls. Er erinnert an die 120.000 japanischstämmigen US-Amerikaner, die nach dem Angriff auf Pearl Harbor ohne Ausnahme interniert wurden. In Juneau hatten Schüler damals einen leeren Stuhl in die Abschlussprüfung gestellt, in Erinnerung an ihre verschleppten Klassenkameraden.

Vor dem Kapitol beeindruckt die „Windfall Fisherman" getaufte Bronzestatue eines Grizzlys, der einen Lachs verspeist.

Orthodoxe Kirche St. Nicholas

In einem Vorgarten am Whittier Way (Ecke Willoughby) steht die Statue eines bewaffneten Inuit, der an die Alaska Territorial Guard erinnert: Im Zweiten Weltkrieg sollten schnell, aber unzureichend ausgebildete Angehörige der indigenen Völker Alaska im Falle eines japanischen Angriffs schützen, auch erst elfjährige Kinder wurden dafür eingezogen ...

St.-Nicholas-Kirche: Obwohl die Russen Alaska schon 1867 verkauft hatten, lebten noch zahlreiche orthodoxe Missionare in der Region. Da sie die Gottesdienste in der Sprache der Tlingit hielten, hatten sie viel Zulauf. So kam es, dass 1894 die St.-Nicholas-Kirche als eines der ersten festen Gebäude in Juneau entstand. Sechs Paneele der Ikonostase (mit Ikonen geschmückte Wand zwischen Kirchenschiff und Altarraum) wurden der Gemeinde aus Russland überlassen.

■ Besichtigung Mo–Fr 9–17, Sa 9–14, So 13–17 Uhr. Eintritt frei, Spenden erbeten. 326 5th Street, www.stnicholasjuneau.org.

Juneau-Douglas City Museum: Im neoklassizistischen Bau gegenüber dem Kapitol fand 1959 die offizielle Statehood Ceremony statt – erstmals wurde die US-Flagge mit 49 Sternen gehisst (Hawaii wurde erst einige Monate später Bundesstaat). Heute hat hier das städtische Museum seinen Platz: Die Dauerausstellung zeigt das Leben in den letzten 150 Jahren anhand thematisierter Bereiche von Lachsfallen über den Fischfang und den Bergbau bis hin zu frühen Geschäften. Zusätzlich erfährt man viel über die Aufschüttungen, die die Küstenlinie immer mehr Richtung Wasser verschoben sowie die Anfänge des Skilaufs und des Tourismus in der Region. Der halbstündige Film „Juneau, city built on gold" ist eine gute Einführung und steht am besten am Anfang des Besuchs. Über wechselnde Sonderausstellungen informiert die Webseite.

■ Mo–Fr 9–18, Sa/So 10–16.30 Uhr. Eintritt 6 $. 114 West 4th Street. ✆ (907) 586-3572, www.juneau.org/library/museum/index.php.

Alaska State Museum: Bereits 1900 erfolgte der Entschluss, besondere alaskanische Objekte zu sammeln, zu bewahren und auszustellen. Doch erst 1920 gab es einen ersten Ausstellungsraum, 1967 begannen die Arbeiten am jetzigen Museum, das von 2014–2016 im Rahmen des Neubaus der benachbarten Bibliothek erneut umgestaltet wurde. Waffen, Werkzeuge und Dokumente zeichnen ein umfassendes Bild der russischen Zeit, während die amerikanische Periode neben Erinnerungsstücken an den Goldrausch und den Bergbau auch Walfangausrüstung, Fischerboote und Relikte der Ölkatastrophe der Exxon Valdez zeigt. Mehr als 1800 Bilder, Zeichnungen, Fotografien und Skulpturen machen den Bestand an Kunst aus; über 1200 Fossilien, ausgestopfte Tiere, Muscheln und Mineralien bilden den naturgeschichtlichen Teil der Sammlung.

■ Mitte Mai bis Mitte Sept. tägl. 9–17, sonst Di–Sa 10–16 Uhr. Eintritt 12 $. 395 Whittier Street, ✆ (907) 465-2901, www.museums.alaska.gov/asm/asmhome.html.

Juneau Arts & Humanities Council: Das Kunst- und Kulturzentrum mit Galerie liegt gleich gegenüber dem Alaska

Das Alaska State Museum mit der öffentlichen Bibliothek

Sealaska Heritage Center: Zentrum der indigenen Kulturen Südost-Alaskas

State Museum. Die Galerie stellt monatlich wechselnde Werke regionaler Künstler aus. Neue Ausstellungen werden immer am ersten Freitag im Monat eröffnet; an den drei Tagen davor ist die Galerie wegen Ab- und Aufbauarbeiten geschlossen, sonst gleiche Öffnungszeiten wie das Kulturzentrum. Abends und an Wochenenden finden die unterschiedlichsten Veranstaltungen statt, von Konzerten über Vorträge bis hin zu Hochzeiten. Das engagierte Team geht auch unkonventionelle Wege: Im Sommer gibt es jeden Sonntag um 19 Uhr ein Konzert an den Gepäckbändern des Flughafens.

■ Mitte Mai bis Mitte Sept. tägl. 9–17 Uhr. 350 Whittier Street, ✆ (907) 586-2787, www.jahc.org.

Sealaska Heritage Center: Das 2016 eröffnete Kulturzentrum bringt Besuchern die Geschichte, Traditionen und Kunst der Tlingit, Haida und Tsimshian nahe und will so die traditionellen Werte der First Natives vermitteln. Vor allen die großen Werke beeindrucken optisch und emotional: Das Clan-Haus, große Wandpaneele und eine Glaswand verbinden zum Teil alte Designs und moderne Werkstoffe. Sonderausstellungen, z. B. über Masken, setzen temporäre Schwerpunkte. Das Center dient zudem den lokalen First Natives als Kulturzentrum, wo wichtige Ereignisse gefeiert, aber auch Kunstauktionen durchgeführt werden. Ein angeschlossenes Institut setzt sich dafür ein, dass Sprachen, Traditionen und Kultur der Stämme bewahrt und an die nächsten Generationen weitergegeben werden. Der Shop führt Juneaus größte Auswahl an indigenem Schmuck und Kunsthandwerk sowie eine umfangreiche Literatur.

■ Sommer tägl. 9–20 Uh. Eintritt 5 $. 105 South Seward Street, ✆ (907) 586-9114, www.sealaskaheritagecentre.org.

Mount Roberts Tram: Die 1996 eröffnete Seilbahn vom Kreuzfahrthafen zum 550 m höher gelegenen Mountain House am Hang des Mount Roberts ist Juneaus meistbesuchte Attraktion. Für Kreuzfahrtgäste sind es nur wenige Schritte vom Pier zur Talstation, aber

Front Street, Juneau Downtown

auch anderen Urlaubern steht die Bahn offen. Oben angekommen, kann man sich im Nature Center informieren und dann auf einem der Wanderwege durch Wälder und Blumenwiesen streifen oder sich im Kino den preisgekrönten Film „Seeing Daylight" über die Geschichte und Kultur der Tlingit ansehen.

Zu Fuß ist man auf dem gut 3 km langen Trail von der Basin Road in 60 bis 90 Minuten oben am Mountain House.

▪ Hochsommer: Mo 11–21, Di–So 8–21 Uhr, sonst oft kürzer. Tageskarte 34 $ (beliebig oft rauf und runter), nur Talfahrt 10 $, wobei Verzehr vor Ort angerechnet wird! 490 South Franklin Street, ✆ (907) 463-8811, www.mountrobertstramway.com.

Last Chance Mining Museum: Das Museum zur lokalen Bergbaugeschichte ist im einstigen Kompressorgebäude der Alaska Juneau Gold Mining Company, das von 1912 bis 1944 in Betrieb war, untergebracht. Die weitgehend im Originalzustand erhaltene (oder besser: verfallene) Anlage ist teils echtes Museum, teils ein großer Schrottplatz mit alten Grubenbahnen und eingestürzten Gebäuden. In Deutschland würde das Ordnungsamt das Gelände aus Sicherheitsgründen sperren, hier aber ist es ein eindrucksvoller Zeitzeuge der goldenen Geschichte der Region. Wer den angenehmen Weg aus der Stadt hierher auf sich genommen hat, kann gleich noch weiter wandern ins Perseverance-Becken oder auf dem Rückweg auf halber Strecke links auf den Mount Roberts Trail abbiegen (→ Wanderungen, S. 620).

▪ Tägl. 9.30–12.30 und 15.30–18.30 Uhr. Eintritt 5 $. 1001 Basin Road (etwa 20 Fußminuten von der Downtown), ✆ (907) 586-5338, www.alaska.org/detail/last-chance-mining-museum.

Praktische Infos

Information **Juneau Convention & Visitor Bureau:** Mo–Fr 8–17 Uhr. Radler finden hier die exzellente „Juneau Bike Map". 800 Glacier Avenue, ✆ (907) 586-2201, www.traveljuneau.com.

Zusätzlich gibt es im Sommer ein **Visitor Center** direkt auf dem Kreuzfahrtpier in der Downtown, das meist 8–18 Uhr geöffnet ist.

Hin und weg **Alaska Airlines** und **Alaska State Ferries** verbinden Juneau mit dem Rest Alaskas. Der Fährhafen in der Auke Bay und der Mendenhall-Gletscher sind gar nicht, der

Flughafen nur Mo–Fr tagsüber an das Busnetz angebunden.

Bus: Juneaus Bus-System „Capital Transit" verkehrt auf 16 Linien (von denen einige nur in der Rush Hour gefahren werden) Mo–Sa etwa 7–22, So 9–18.30 Uhr stündlich. ✆ (907) 789-6901, www.juneaucapitaltransit.org.

Der „Blue Bus" von M&M Tours fährt für 45 $ alle 30 Min. von der Innenstadt nonstop zum Mendenhall Lake Visitor Centre und zurück. Zu zweit ist das Taxi allerdings billiger. ✆ (907) 500-5186, www.mmtoursofjuneau.com.

Bootstouren **Adventure Bound** organisiert im Sommer Ganztagestouren für 160 $ in den Tracy Arm Fjord zum Twin-Sawyer-Gletscher, der bis in den Meeresarm hineinreicht: Eisberge und ein Bergpanorama vom Feinsten. Unterwegs werden Wale, Seelöwen, Robben, Otter und andere Tiere gesichtet. 76 Egan Drive, ✆ (907) 463-2509, www.adventurebound alaska.com.

Einkaufen **Bücher:** Hearthside Books, die größte Auswahl an Büchern über Alaska in ganz Alaska; 254 Front Street. **Outdoor-Ausrüstung:** Nugget Alaskan Outfitter, Mendenhall Mall. **Russische Andenken & Kunst:** The House of Russia, 389 South Franklin Street.

Fahrradverleih **Cycle Alaska:** Ab 40 $/ 4 Std., 60 $/Tag. 1107 West 8th Street, ✆ (907) 780-2253, www.cycleak.com.

Flightseeing **Wings Airways** fliegt bei der Five Glacier Exploration über das Juneau Icefield, 40 Min. 220 $. Die Tour kann um ein Lachs-BBQ in der Lodge am Taku-Gletscher ergänzt werden, 3 Std. (davon 40 min. Flug) 315 $. 2 Marine Way, Suite 175, ✆ (907) 586-6275, www.wingsairways.com.

Galerie **Juneau Artists Gallery** ist ein Zusammenschluss von mehr als 20 Künstlern; 175 South Franklin Street.

Mietwagen Alle führenden internationalen Anbieter sind am Airport mit Büros vertreten. Der lokale Anbieter **Juneau Car Rental Company** hat im Industriegebiet am Industrial Boulevard sein Büro: ✆ (907) 957-7530, www.juneaucarrental.com.

Stadtrundfahrt **M&M Tours** führt tägl. eine 2½-stündige Stadtrundfahrt durch (60 $). ✆ (907) 500-5186, www.mmtoursofjuneau.com.

Touren **Above and beyond Alaska:** Mendenhall Glacier Trek, 8-Stunden-Gletschertour mit Steigeisen und Eisaxt in das Juneau Icefield und zu Eishöhlen, 229 $. 2767 Sherwood Lane. Kontakt nur per ✆ (907) 364-2333, www.beyondak.com.

Coastal Helicopters: Flug mit Gletscherlandung im Juneau Icefield 299 $; zusätzlich mit Hundeschlitten 649 $. 8995 Yandukin Drive, ✆ (907) 789-5610, www.coastalhelicopters.com.

Goldsucher in Juneau: Die anderen waren nur nicht gründlich genug ...

Südost-Alaska | USA → Karte S. 582

Alaska Icefield Expeditions: Ähnliche Leistungen und Preise wie Coastal Helicopters. Kein Büro, nur ✆ (907) 789-5610, www.akdogtour.com.

Juneau Shore Tours: Mendenhall Glacier Canoe & Trek Tour, eine Kombination von Kajaktour zum Gletscher mit Besteigung des Gletschers, 6 Std. 299 $, nur Kajak auf dem Gletschersee, 3 Std. 169 $. Garantiert nass wird man auf der Raftingtour im Schlauchboot den Fluss hinunter, 3 Std. 135 $. Packages mit weiteren Leistungen, z. B. Whale Watching. 212 Admiral Way. ✆ (855) 983-0113, www.juneaushoretours.com.

Whalewatching Die Gewässer rund um Point Adolphus westlich von Juneau sind ein Tummelplatz für Grau- und Buckelwale.

Juneau Whale Watch: Der Marktführer bietet eine 3-stündige Whale-Watching-Tour für 115 $ an. Eine 6½-stündige Tour für 135 $ schließt zusätzlich Downtown und Mendenhall-Gletscher mit ein. Kein Büro, nur ✆ (907) 523-6095, www.juneauwhalewatch.com.

Harv and Marv's: Persönliches Erlebnis im 6-Personen-Boot. 3 Std. inkl. Transfers 165 $. Kein Büro, nur ✆ (907) 209-7288, www.harvandmarvs.com.

Ziplining Für den Adrenalinkick zwischendurch sorgt **Alpine Zipline Adventure**; eine vierstündige Tour für 154 $ deckt mehrere Lines ab und enthält einen kleinen Snack. 110 North Franklin Street, ✆ (907) 321-0947, www.alaskazip.com.

Übernachten ****** Pearson's Pond Luxury Inn 2:** Juneaus einzige Vier-Sterne-Unterkunft ist eine Mischung zwischen B&B und Boutique Hotel. Absolut ruhige Lage, nicht weit vom Mendenhall-Gletscher. Hot Tubs, Spa und vieles mehr. DZ ab 399 $, Junior-Suite ab 499 $. 4541 Sawa Circle, ✆ (907) 789-3772, www.pearsonspond.com.

***** Beachside Villa Luxury Inn:** Das gepflegte Hotel liegt auf Douglas Island, gegenüber von Juneau, direkt am Wasser mit schönem Ausblick auf die Stadt. Verschiedene Zimmer-Kategorien; alle Räume werden jährlich renoviert. DZ ab 229 $. 3120 Douglas Highway, ✆ (907) 463-5531, www.beachsidevilla.com.

***** Best Western Grandma's Feather Bed 3:** Das gemütliche, kleine, engagiert geführte Federbett ist eher ein Boutique-Hotel als eine klassische Franchise-Unterkunft. DZ ab 162 $. 23598 Mendenhall Loop Road (in der Nähe des Flughafens), ✆ (907) 789-5566, www.bestwestern.com.

**** The Driftwood Hotel 8:** Ein Kompromiss in jeder Hinsicht, Lage, Preis, Sauberkeit, Ausstattung sind gerade noch okay. Das Haus mit seinen 62 Zimmern punktet mit dem kostenfreien Shuttle von/zum Fähr- oder Flughafen sowie mit Waschmaschinen. DZ ab 115 $. 435 West Willoughby Avenue, ✆ (907) 586-2280, www.dhalaska.com.

*** The Alaskan Hotel and Bar 7:** Die Lage, der Preis und der Charakter des über hundert Jahre alten Hotels sind Pluspunkte, die mangelnde Sauberkeit, das unfreundliche und nachlässige Personal sowie der Lärm (Bar im EG, tägl. Livemusik) deutliche Minuspunkte. DZ mit Gemeinschaftsbad 80 $, mit Du/WC 90 $, mit Du/WC und Kitchenette 100 $. 167 South Franklin Street, ✆ (800) 327-9347, www.thealaskanhotel.com.

Juneau International Hostel 4: Das kleine, private Hostel in guter Innenstadtlage ist gepflegt. Neben Mehrbettzimmern für Männer und Frauen gibt es auch ein Familienzimmer. Die Preise sind sehr niedrig, dafür wird Mitarbeit in geringem Umfang erwartet. Bett 12 $. 614 Harris Street, ✆ (907) 586-9559, www.juneauhostel.net.

US Forest Service Cabins: Die Forstverwaltung betreibt einige Hütten rund um Juneau (30–60 $/Nacht), die meist nur per Flug oder Boot erreichbar sind. Doch die drei Cabins im **Bridget Point State Park** (Juneaus einzigem State Park) am Nordende des Straßennetzes liegen „nur" vier bis sechs Wander-Kilometer vom Parkplatz (50 $/Nacht). ✆ (907) 269-8700, www.dnr.alaska.gov/parks/cabins/south. Buchung über www.reserveamerica.gov.

Camping **Mendenhall Lake CG 1:** Der schönste Forest Campground in Südost-Alaska liegt direkt am Mendenhall Lake. Duschen und WC in separaten Sanitärgebäuden. Die Stellplätze direkt am eisigen See und Fluss sind zwar wunderschön – es zieht aber kalt ins Zelt. Stellplätze ohne/mit Strom 10/28 $. 8510 Mendenhall Loop Road, ✆ (907) 586-8800, www.recreation.gov.

Essen und Trinken **Twisted Fish Company Alaskan Grill 12:** Fangfrischer Fisch ist keine Kunst in Juneau – die fachgerechte Zubereitung für Gourmets schon. Hier gelingt das perfekt und das hat seinen (angemessenen) Preis. Schöne Terrasse. Reservieren! Tägl. 11–21.30 Uhr. 550 South Franklin Street. ✆ (907) 463-5033, www.twistedfishcompany.com.

The Rookery Café 5: Seit die Leser des Juneau Empire das Bistro 2014 und 2015 zum besten Restaurant der Stadt wählten, ist der Hype abgeflaut; aber selbstgebackenes Brot, langsam gegarte Truthahnbrust und der beste Kaffee der Stadt machen das Bistro immer noch zum Top-Ziel für alle Mahlzeiten. Reservieren! Mo–Fr 7–21, Sa 9–21 Uhr. 111 Seward St, ✆ (907) 463-3013, www.therookerycafe.com.

Red Dog Saloon 11: Treffpunkt für Sportfischer und Urlauber, Einheimische und Saison-Arbeitskräfte. Heute immer mehr Touristenattraktion, hat sich der Saloon dennoch einen Großteil seines Charmes bewahrt. Hierher kommt man zum Trinken, doch das Essen ist auch ganz erträglich. Täglich Livemusik. Mo–Sa 11–23, So 9–22 Uhr. 278 South Franklin St, ✆ (907) 463-3658, www.reddogsaloon.com.

Pel'meni 9: Das unwahrscheinlichste Restaurant in Juneau! Vor allem nachts, kurz vor Schließung, treffen sich in diesem Schuppen Kreuzfahrt-Crews und Nachtschwärmer für, na klar: Pelmeni, russische Knödel mit Butter, Curry, Sour Cream, Cilantro. Dazu Classic Rock vom Plattenspieler! Tägl. 11.30–1.30, Fr/Sa bis 3.30 Uhr. 2 Marine Way, ✆ (907) 586-0177.

The Hangar on the Wharf 10: Klassische Westküsten-Küche in einem alten Flugzeughangar mit Blick aufs Wasser, dazu 125 Biere zur Auswahl – was will man(n) mehr?! Tägl. 11–22 Uhr, Bar bis 24 Uhr. 550 South Franklin Street, ✆ (907) 586-5018, www.hangaronthewharf.com.

Heritage Coffee Roasting Co. 6: Das alteingesessene Unternehmen hat nun auch downtown ein Café eröffnet – die nunmehr siebte Location in der Stadt. In Mendenhall gibt es ein volles Menü, hier in der Downtown nur Snacks über die Theke, aber auch so eignet sich das Café für ein schnelles Frühstück oder Lunch. Tägl. 6–19.30 Uhr. 130 Front St, ✆ (907) 586-1088, www.heritagecoffee.com.

Rund um Juneau

Alaska Brewing Company: Auf dem Weg zwischen Downtown und dem Mendenhall Valley liegt das Gewerbegebiet Lemon Creek. 1986 eröffneten hier die Larsons die erste Brauerei in Juneau seit der Prohibition und begannen, ihr „Alaskan Amber" nach alten deutschen und tschechischen Brauweisen herzustellen. Stündlich werden Führungen mit Verkostung von sieben verschiedenen Bieren angeboten, man kann aber auch ohne Führung günstig probetrinken.

▪ Tägl. 11–19 Uhr. Test von 4 verschiedenen Bieren 8–11 $. Führung mit Verkostung 20 $. 5429 Shaune Drive (Buslinien 3, 4, 7 halten in der Nähe), ✆ (907) 780-5866, www.alaskanbeer.com.

In den Glacier Gardens

Glacier Gardens Rainforest Adventure: Der 20 ha große, private botanische Garten, der für seine kunstvollen Blumentürme bekannt ist, zeigt eindrucksvoll, dass im mild-feuchten Klima Südost-Alaskas nicht nur Regenwald gedeiht. Die etwa 90-minütige Führung erfolgt teils zu Fuß, teils in offenen Kleinbussen bis hin zu einem spektakulären Aussichtspunkt. Allerdings dominiert dann doch der Regenwald über die Blumenpracht. Der Eintrittspreis ist recht hoch, auch wenn das Ticket den ganzen Tag Gültigkeit hat.

▪ Im Sommer tägl. 9–18 Uhr. Nur mit Führung, Eintritt 27 $. 7600 Glacier Highway (Buslinien 3 und 4 halten fast direkt vor dem Eingang), ✆ (907) 790-3377, www.glaciergardens.com.

Mendenhall Glacier: Der gewaltige Gletscher ist nur einer von 38, die das Juneau Icefield bilden, ein 3800 km^2 großes Überbleibsel der letzten Eiszeit. Im Besucherzentrum erfährt man durch die Ranger und durch einen informativen Film mehr über Geschichte und Zukunft des Gletschers. Drei kurze Wanderwege führen zu einem „Photo Point", an den Fuß des Nugget-Wasserfalls und durch die sich nach dem Rückzug des Eises regenerierende Naturlandschaft. Längere Wege wie der West Glacier Trail und East Glacier Trail erschließen auch höher gelegene Regionen. Immer stärker ausgebaut wurde in den letzten Jahren das Pfadsystem am Steep Creek: Auf aufgeständerten Wegen läuft man oberhalb der Bäche und Wiesen und kann von dort etwa ab Mitte August Lachse beobachten, die zum Laichen kommen – und Schwarzbären, die sich an den Lachsen gütlich tun. Zwar kann man kostenfrei ein Foto vom Ufer aus schießen, aber für fast alle anderen Bereiche wie Besucherzentrum, Photo Point Trail, Steep Creek Boardwalk und selbst die Toiletten ist der Kauf eines Tagespasses erforderlich.

▪ Besucherzentrum im Sommer tägl. 8–19.30 Uhr, Trails 6–24 Uhr. Eintritt 5 $. 6000 Glacier

Spur Road, ✆ (907) 789-0097, www.fs.usda.gov/internet/FSE_DOCUMENTS/stelprd3835583.pdf.

AJ Mine Gastineau Mill Tour: Einst die größte Goldmine in Juneau – heute die einzige, in der man in den alten Minenschächten erfahren kann, wie der Alltag der Bergleute aussah. Die etwa zweistündigen Führungen waren 2018 leider ausschließlich als Landausflug für Kreuzfahrtgruppen buchbar und für Einzelbesucher nicht zugänglich. Es lohnt ein Blick auf die Webseite, ob sich dies inzwischen geändert hat.

▪ 500 Sheep Creek Mine Road (6 km südlich der Downtown), ✆ (907) 463-5017, www.ajgastineauminetour.com.

Shrine of St. Therese: Die 1938 von Jesuiten gegründete Kirche auf einer Landzunge ist Thérèse von Lisieux, der Schutzheiligen Alaskas und der Diözese Juneau, gewidmet. Das wunderschön gelegene Gelände ist tagsüber frei zugänglich.

▪ Mai bis Sept. 8–22, sonst 8–20 Uhr. 21425 Glacier Highway (35 km nördlich der Innenstadt), ✆ (907) 586-2227, www.shrineofsainttherese.org.

Juneau Icefield: Die ganze Schönheit von Gletschern erschließt sich erst von oben. Wer nicht hinaufwandern mag: Mehrere Unternehmen bieten Helikopterflüge mit einer Landung auf einem der Gletscher an. Ob die kaum zehnminütigen Flüge und die halbe Stunde auf dem Gletscher (plus evtl. eine weitere halbe Stunde für eine kurze Hundeschlittenfahrt) den Preis wert sind, muss jeder selbst entscheiden. Anbieter → Juneau/Touren S. 615.

Tracy Arm Fjord: Der etwa zwei Schiffsstunden südlich von Juneau gelegene Meeresarm ist eine gute Alternative zur Glacier Bay (→ Glacier Bay National Park, S. 640), wenn man die Zeit für einen Abstecher dort hin nicht aufbringen kann. Anbieter → Bootstouren, S. 615.

Rund um den Mendenhall-Gletscher

Mit dem Helikopter auf den Gletscher – muss das sein?

Wo touristische Nachfrage ist, wird immer auch ein Angebot geschaffen. Die Kreuzfahrtindustrie hat diese Entwicklung in Südost-Alaska im wahrsten Sinn des Wortes auf die Spitze getrieben mit ihren Helikopterflügen hinauf aufs Juneau Icefield. Doch die Flüge sind nicht nur ökologisch mehr als fragwürdig und überteuert – es kommt auch immer wieder zu Abstürzen mit Verletzten und Toten.

Kleinere Häfen wie Petersburg oder Haines bieten noch unverfälschte Naturerlebnisse jenseits des Massentourismus und stellen eine gute Alternative dar zu den oft künstlichen Attraktionen der Cruise Industry. Und in Juneau selbst bietet der Bridget Point State Park (→ Wanderungen, S. 621) einsame und unverfälschte Alaska-Erlebnisse weitab vom Massenbetrieb auf dem Gletscher.

Wanderungen/Mountainbiking: Juneau verfügt über das umfassendste und abwechslungsreichste Wegenetz ganz Südost-Alaskas.

In der Mendenhall-Gletscher-Region gibt es neben kürzeren Spaziergängen auch den 5 km langen **East Glacier Loop,** der sich in 90 Minuten gut bewältigen lässt, wenn man nicht zu viel Zeit an den schönen Aussichtspunkten verbringt. Härter ist der **West Glacier Trail:** Der 6 km lange Weg beginnt in der Montana Creek Road in der Nähe des Campgrounds und klettert über Felsen (bei Regen oft rutschig) entlang des Gletschers bis zu einem kleinen Aussichtspunkt, der spektakuläre Blicke auf den Gletscher eröffnet. Mindestens 5 Stunden sollte man einplanen und – so verlockend es sein mag – auf ein Betreten des instabilen Gletschers verzichten.

Perseverance Trail

Einige Trails beginnen fast direkt in der Innenstadt: Von der 6th Street biegt man in die Gold Street ab, die zur Basin Road wird und den Gold Creek hinaufführt. Nach wenigen hundert Metern ist der Mount Roberts Trailhead erreicht, von wo aus man in 60 bis 90 Minuten am Mountain House ankommt, der Bergstation der Seilbahn. Einige hundert Meter weiter endet die Straße am Parkplatz des Last Chance Mining Museums. Linker Hand beginnt nun der **Perseverance Trail,** an verlassenen Minenschächten vorbei, seinen Anstieg ins Perseverance Basin. Oben angekommen, bieten sich der **Mount Juneau Trail** und der **Granite Creek Trail** als Fortsetzung an, die zu einem sehr anspruchsvollen 10-Stunden-Trek kombiniert werden können. Der Trail ist auch für Mountainbikes zugelassen.

Juneaus beliebteste Berghütte ist die **Dan Moller Cabin auf Douglas Island**

(Bus 7/11 bis Cordova Avenue). Für den gut 5 km langen, steilen Weg zu den alpinen Bergwiesen sollte man etwa 6 Stunden für Hin- und Rückweg einplanen. Im Point Bridget State Park führen überwiegend flache Trails durch Wiesen und Wälder zur Berners Bay, wo man oft Seelöwen und Seehunde beobachten kann. Die Trails können zu Wanderungen von 7 bis 18 km kombiniert werden. Wer länger bleiben will: Zwei Cabins (55 $) in Traumlage gibt es entlang des **Point Bridget Trail,** eine an der Bucht Berners Bay (etwa 5 km vom Wanderparkplatz am Point Bridget State Park Trailhead) und eine an der Felsspitze Point Bridget (30 Fußminuten weiter). Reservierung unter www.recreation.gov.

Von der Innenstadt bis zum Mendenhall-Gletscher gibt es eine durchgehende Route über Radwege oder Nebenstraßen mit nur geringen Steigungen, so dass Juneau auch für Fahrradreisende ideale Touren bereithält.

■ Allgemeine Informationen zu den Trails unter www.alaska.org/destination/juneau/trails, zu den Radwegen unter www.juneaurides.org. **Point Bridget State Park:** www.dnr.alaska.gov/Assets/uploads/DNRPublic/parks/maps/ptbridgetguide.pdf.

Haines

Haines erstreckt sich entlang einer wald- und hügelreichen Halbinsel zwischen zwei kleinen Buchten, wo Chilkat und Chilkoot River in den Lynn Canal strömen. Letzterer ist keine von Menschen geschaffene Meeresstraße, sondern der größte und tiefste Fjord der Region, der sich von Juneau bis nach Skagway erstreckt. Die dramatische Lage vor den Bergen des Wrangell-St.-Elias-Nationalparks, die vielfältige Tierwelt und die Geschichte des Städtchens mit vielen erhaltenen historischen Gebäuden machen Haines zu einem attraktiven Ziel. Hinzu kommt die Straßenanbindung: Über den Haines Highway werden Kanada und der Alaska Highway erreicht. Jährlich

Alaska begrüßt seine Besucher an der Haines Road

Südost-Alaska | USA → Karte S. 582

▲ Sheldon Museum

▼ Hammer Museum

absolvieren Tausende von Wohnmobilen und Mietwagen die Rundtour von Whitehorse/Yukon über den Haines Highway nach Haines, dann per Fähre in einer Stunde nach Skagway und von dort über den Klondike Highway nach Whitehorse zurück. Die Fährpassage ist dabei unbedingt zu reservieren, denn die Plätze sind knapp. Die 600 km lange Rundtour mit dem Namen **Golden Circle** gilt zu Recht als schönster Road Trip im Nordwesten.

Die Chilkat Tlingit siedelten an den fischreichen Strömen schon lange vor den Weißen. Erst 1897 erkannte Jack Dalton das Potential eines alten Indianerpfades als Zugang ins Landesinnere zu den Goldfeldern des Klondike. Der von ihm leicht ausgebaute, schlammige Pfad zog so viele Goldsucher an, dass die Armee 1903 das Fort William Seward errichtete: Alaskas erstes befestigtes Fort sollte in der Region für Recht und Ordnung sorgen. Im Zweiten Weltkrieg wurde der Pfad zum **Haines Cutoff** ausgebaut, um im Falle einer japanischen Invasion in Alaska eine Fluchtroute Richtung Süden zu haben. Es sollte bis in die 1980er-Jahre dauern, bis diese Route asphaltiert und unter dem Namen Haines Highway im Winter offen gehalten wurde.

Seit dem Niedergang der Holzindustrie in den 1970er-Jahren haben sich Haines und seine gut 2000 Einwohner dem Tourismus zugewandt. Dennoch schafft es die Hafenstadt, sich den Charme der Kleinstadt zu bewahren. Das liegt auch daran, dass nur wenige Kreuzfahrtschiffe den Ort anfahren; so sind die meisten Geschäfte noch inhabergeführt. Es gibt keinen besseren Ort in Südost-Alaska, um einige Dollars in Flightseeing-Touren, Radausflüge oder andere Touren zu investieren.

Haines hat zwei Zentren. Das kommerzielle Herz schlägt rund um die Second Avenue und die Main Street mit dem Sheldon Museum und dem

Pflegestation für verletzte Raubvögel: die American Bald Eagle Foundation

Hammer Museum. 1 km südlich liegen die symmetrisch angeordneten Wohngebäude des ehemaligen Fort Seward.

Sheldon Museum: Der Bau mit dem bunten Totempfahl vor dem Eingang ist der Kunst und Kultur der Region gewidmet. Das Spektrum der fast 4000 Exponate reicht von den traditionellen Decken der Chilkat-Tlingits bis zur Linse des Leuchtfeuers am Eldred Rock. Im Sommer sind oft lokale Künstler vor Ort und arbeiten an ihren Werken; hinzu kommen Werkschauen und Sonderausstellungen.

■ Mo–Sa 10–17, So 13–16 Uhr. 10 $. 11 Main Street, ✆ (907) 766-2366, www.sheldonmuseum.org.

Hammer Museum: Es wirkt wie ein skurriler Scherz, handelt sich aber um eine ernsthafte und eindrucksvolle Sammlung eines engagierten Kulturforschers: Im Hammer-Museum gibt es nicht nur den kleinsten (5 cm) und den größten Hammer der Welt (6 m, steht vor dem Gebäude), sondern auch Hämmer aus der Zeit der alten Ägypter bis heute – und dazu unterhaltsame Erklärungen zur Kulturgeschichte eines der wichtigsten Werkzeuge der Menschheit.

■ Mo–Fr 10–17, Sa 10–14 Uhr. 5 $. 108 Main Street, ✆ (907) 766-2374, www.hammermuseum.org.

American Bald Eagle Foundation: Jeden Herbst sammeln sich Tausende von Weißkopfseeadlern in Haines am Chilkat River, um sich an einem der letzten großen Lachszüge des Jahres satt zu fressen – ein Fest auch für Ornithologen. Ganzjährig kann man sich im naturhistorischen Zentrum der American Bald Eagle Foundation über die riesigen Greifvögel informieren. Ein kleines Museum zeigt anschaulich das Öko-System der Region, doch die Hauptattraktion sind Adler, Falken und Eulen, die nach Unfällen oder als Waisen in das Zentrum gekommen sind. Hier kann man die Vögel sowohl beim Fliegen als auch beim Fressen beobachten.

■ Im Sommer Mo–Fr 9–17, Sa 11–15 Uhr. Eintritt 12 $. 113 Haines Highway, ✆ (907) 766-3094, www.baldeagles.org.

Nach den Sehenswürdigkeiten der Innenstadt ist die **Haines Brewing Company** (327 Main Street. Mo–Sa 12–19 Uhr) mit ihrer kleinen Brauerei eine gute Option für eine Pause. Neben einem Tasting-Bereich gibt es einen schönen Biergarten.

Südost-Alaska | USA → Karte S. 582

Fort William Seward: Das 1903/04 aus vorgefertigten Einzelteilen, die per Schiff nach Haines gelangten, zusammengebaute Fort war nie eine mit Palisaden geschützte Festung, sondern von Anfang an Verwaltungssitz und luxuriöse Kaserne – Zentralheizung in jedem Raum war damals keineswegs Standard. In den Weltkriegen diente es als Trainingslager für Rekruten aus ganz Alaska. Danach wurde es geschlossen und wäre wohl wie viele ähnliche Stätten verfallen, wenn nicht fünf Kriegsveteranen 1947 die gesamte Anlage gekauft hätten, um eine Kooperative von Kleinunternehmern zu gründen: Port Chilkoot. Über die Jahrzehnte wurden die Bindungen zur Stadt Haines enger, 1970 wurde das Gelände eingemeindet und erhielt wieder seinen alten Namen. Heute sind hier zahlreiche Geschäfte ansässig, im Gebäude des kommandierenden Offiziers und den anschließenden Nebengebäuden bringt das Hotel Hälsingland seine Gäste unter. Das braune, scheunenartige Gebäude am Südosten des Paradefeldes im Fort ist das Chilkat Centre for the Arts. Mit seinen 350 Sitzplätzen ist es Haines' wichtigster Veranstaltungsort für Kunst und Theater.

Alaska Indian Arts: Das Gebäude schräg gegenüber dem Chilcat Centre ist Sitz einer Non-Profit-Organisation, die sich der Erhaltung und Pflege des Brauchtums der indigenen Stämme widmet. Lee Heinmiller, einer der Söhne der fünf Käufer des Forts 1947, leitet das Haus und führt Besucher in die Kunst der Herstellung von Totempfählen und Schmuck ein.

▪ Mo–Fr 9–17 Uhr. Eintritt frei, Führungen (gegen Spende) nach telefonischer Vereinbarung. 43 Fort Seward Drive, ✆ (907) 766-2160, www.alaskaindianarts.com.

Port Chilkoot Distillery: Die Brennerei unterhalb des Fort Seward nutzt soweit wie möglich lokale oder zumindest vor Ort verarbeitete Zutaten und stellt damit feine Gins, Bourbons, Roggen-Whiskeys, Wodkas, Absinthe und mehr her. Ein kleiner Tasting Room lädt zur Verkostung ein.

▪ Mo–Sa 14–20 Uhr. 34 Blacksmith Street, ✆ (907) 766-3434, www.portchilkootdistillery.com.

Fort William Seward

Grizzly-Mutter und Jungtier am Fischwehr

Chilkoot River Fish Weir: Der Chilkoot River fließt über nur 1 km vom Chilkoot Lake hinunter in den Lutak Inlet. Auf halber Länge wurde ein Fischwehr errichtet. Einige Durchlassöffnungen erlauben es Biologen, die aufwärts ziehenden Lachse zu zählen. Haben diese abgelaicht, treiben sie halbtot wieder den Fluss hinunter und bleiben am Fischwehr hängen: leichte Beute für Grizzlys! Vor allem Muttertiere mit ihren Jungen sind hier in der Morgen- oder Abenddämmerung gut zu sehen. Die beste Zeit ist Ende Juli bis Anfang September. Es lohnt, sich vorab im Visitors Bureau zu informieren, ob die Lachse schon ziehen, und um sich mit den Sicherheitsvorkehrungen vorab vertraut zu machen: Nur an ausgewiesenen Stellen darf man halten und aus dem Auto steigen. Zunehmend sind hier abends auch Busladungen von Kreuzfahrtpassagieren anzutreffen – morgens zwischen 4 und 7 Uhr ist man dagegen oft alleine.

Kroschel Wildlife Center: Der Naturfilmer Steve Kroschel hat 45 km außerhalb von Haines ein einzigartiges Refugium für einen Bären, einen Elch, für Wölfe, Bärenmarder, Stachelschweine und andere Tiere geschaffen. Der als „Tierflüsterer" bekannte Kroschel macht es auch für Besucher möglich, die Tiere hautnah zu erleben, ohne dass es einer der beiden beteiligten Spezies unwohl wird. Die Preise der angebotenen Führungen richten sich nach Gruppengröße, Tourlänge und Sonderwünschen. Mit 100 $/Person muss man schon rechnen, aber das ist es wert!

■ Täglich Touren, ausschließlich nach telefonischer Absprache. Mile 1,8 Mosquito Lake Road, ✆ (907) 767-5464, www.kroschelfilms.com.

Touren und Ausflüge: Nur wenige Kilometer sind es hinauf zu den Eisfeldern des Glacier Bay National Park und des benachbarten Wrangell-St.-Elias-Nationalparks. Haines ist daher idealer Ausgangspunkt für eine Flightseeing-Tour über die Gletscher oder einen Lufttaxi-Transfer nach Gustavus, wenn man längere Zeit im dortigen Nationalpark verbringen will. Achtung: Im Sommer liegt morgens oft Nebel über

Südost-Alaska | USA → Karte S. 582

dem Gebiet, so dass morgendliche Flüge nicht selten ausfallen – besser gleich für den Nachmittag disponieren.

Andere Anbieter bleiben am Boden: Radtouren im Tal des Chilkat River, Wanderungen durch den Regenwald, Fototouren, Kajaktrips, Rafting, Tierbeobachtungen an Land, Whale Watching, Sportfischen. Das Angebot ist riesig. Anbieter → Praktische Infos, S. 627.

Spaziergänge und Wanderungen: Haines' Lage auf einer Halbinsel eröffnet viele Möglichkeiten für kürzere und längere Spaziergänge, z. B. im **Southeast Alaska State Fairground.** Das Gelände erwacht immer Ende Juli zum Leben, wenn der große Jahrmarkt der Region mit Konzerten, Farmers' Market, Rodeos und Umzügen stattfindet. Die Straße im Stil einer Westernstadt um die vorletzte Jahrhundertwende diente 1991 als Filmkulisse für den Disney-Film „White Fang – Wolfsblut" nach dem gleichnamigen Roman von Jack London. Es gab immer wieder erfolglose Versuche der Stadt, hier Läden einzurichten und die Touristenattraktion wiederzubeleben, doch mit dem Umzug der Brauerei in die Downtown scheint das Projekt endgültig gestorben zu sein. Man kann als Besucher hindurchschlendern und den nahe gelegenen Gemeinschaftsgarten bewundern.

Ein beliebter Spaziergang ist der **Battery Point Trail** (etwa 2 km, 45 Min. einfach) vom Ende der Beach Road zum Kelgaya Point und zum Battery Point, zwei kleinen Landzungen. Der **Mount Riley,** Haines' Hausberg mit 530 m Höhe, kann auf drei verschiedenen Routen erklommen werden, wovon sich zwei mit dem Battery Point Trail zu einem Rundkurs von 4–5 Stunden verbinden lassen.

Der härteste Wanderweg, steil und nicht besonders gepflegt, bietet die lohnendsten Ausblicke: Der **Mount Ripinsky Trail** ist eine insgesamt 16 km lange Traverse, die den 1200 m hohen Gipfel erreicht, aber als Skyline-Trail auf dem Weg dorthin und darüber hinaus in Auf- und Abstieg etliche weitere Höhenmeter erfordert – eine Tagestour für konditionsstarke, trittsichere Bergwanderer. Detailbeschreibungen mit farbigen topographischen Karten gibt es im Visitors Bureau (siehe unten) und unter www.visithaines.com/sites/default/files/Haines4HikersColor.pdf.

Praktische Infos

Information **Haines Convention and Visitors Bureau:** Sommer Mo–Fr 8–17, Sa/So 9–16 Uhr. Kostenfreie Broschüren „Fort William H. Seward – A History Walking Tour" und „Haines is for Hikers" sowie topographische Karten für Wanderer. 122 Second Avenue, ✆ (907) 766-2234, www.visithaines.com.

Hin und weg Die **Alaska State Ferries** verbinden Haines im Sommer fast täglich mit Skagway und Juneau. Das Fährterminal liegt 8 km nördlich der Stadt; es gibt keine öffentlichen Verkehrsmittel dorthin.

Wassertaxi: Haines Skagway Fast Ferry fährt von Mai bis Sept. zwischen Haines downtown und Skagway, je nach Saison und abhängig von besonderen Ereignissen 1–7 Fahrten/Tag, Fahrzeit 45 Min. Nur für Fußpassagiere, Fahrräder und Kajaks. Online vorausbuchen: ✆ (907) 766-2100, www.hainesskagwayfastferry.com.

Flugtaxi nach Gustavus (Glacier Bay National Park) → Flightseeing.

Fahrradverleih **Sockeye Cycle**, ab 45 $/Tag, niedrigere Preise auf Stundenbasis sind Verhandlungssache. Auch Roadbikes mit Packtaschen, Zelt etc. für den Golden Circle. 24 Portage Street. ✆ (907) 766-2869, www.cyclealaska.com.

Flightseeing **Mountain Flying Service:** täglich East Arm 1 Std., 200 $; Glacier Bay West Arm 1 Std. 20 Min., 250 $. Grand Flight inkl. Westküste, 2 Std. 350 $. Lufttaxi nach Gustavus 250 $. 132 2nd Avenue, ✆ (907) 766-3007, www.mountainflyingservice.com.

Mietwagen Das **Captain's Choice Motel** verleiht auch Mietwagen. Adresse s. u.

Sportfischen **Fly Guides** bietet Sportfischen in den Flüssen der Region an – im Vergleich zu den Bootstouren in anderen Orten der deutlich preisgünstigere Weg, sich sein

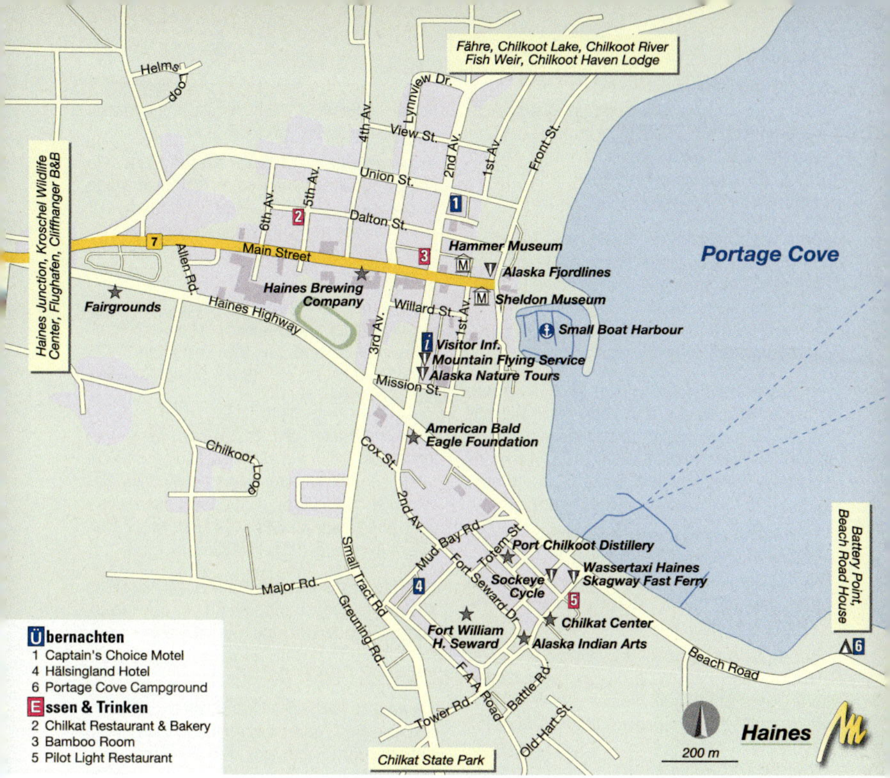

Abendessen zu angeln. Halber Tag 1 Pers./2 Pers. 225/350 $, ganzer Tag 1 Pers./2 Pers. 300/450 $. Kein Büro, nur ✆ (907) 209-0816, www.hainesflyfishing.com.

Touren **Alaska Fjordlines** fährt täglich mit einem Katamaran nach Juneau, morgens hin und nachmittags zurück: Stadtrundfahrt in Juneau und 3 Std. zur freien Verfügung, 1 Std. am Mendenhall-Gletscher, Whale Watching – alles kurz und (oft zu) knapp verpackt. 169 $ inkl. Frühstück und Snack auf der Rückfahrt. Kein Büro, nur ✆ (907) 766-3395, www.alaskafjordlines.com.

Sockeye Cycle bietet auf dem relativ flachen und verkehrsarmen Straßen- und Wegenetz 3 verschiedene Touren an: Die „Haines Bike, Hike and Brew" (4½ Std., 149 $) kombiniert 7 km auf dem Rad mit 5 km zu Fuß durch Regenwald und am Strand, zum Abschluss eine Bierprobe in der örtlichen Brauerei. Die „Glacial Fjord Tour" (3 Std. 89 $) führt über 15 km zum Chilkoot Lake. „Eagle Preserve Bike & Float" (5 Std. 199 $) beginnt mit 30 km Radfahren im Tal des Chilkat River. dann nach einem Lunch im Schlauchboot auf dem Fluss durch das Bald Eagle Preserve zurück, wo man auch im Sommer oft Seeadler sieht. 24 Portage Street, ✆ (907) 766-2869, www.cyclealaska.com.

Alaska Nature Tours führt Besucher in 3–4 Std. in sechs verschiedene Öko-Systeme der Region mit Schwerpunkt auf Tierbeobachtungen, 88 $. Abendliches Bear Viewing am Fischwehr, 3 Std. 78 $. Anstrengender sind die geführten Wanderungen durch den Regenwald (10 km, 3½ Std. 88 $) und auf den Mount Riley (7 km, 5 Std. 112 $). 109 Second Avenue, ✆ (907) 766-2876, www.alaskanaturetours.net.

Glacier Rainbow Adventures, Joe Ordonez und sein Team bieten eine Vielzahl von Ausflügen an, darunter Fototouren, Kajaktrips und Rafting; meist Tagesausflüge für Kreuzfahrtkunden von Skagway inkl. Wassertaxi-Transfer nach Haines – nach Ermäßigung fragen, wenn man die Tour nur ab Haines machen will. Kein Büro, nur ✆ (907) 766-3576, www.joeordonez.com.

Übernachten **Chilkoot Haven:** Die 3-Zimmer-Lodge liegt direkt oberhalb des Fischwehrs am Chilkoot River und ist idealer Ausgangspunkt für Tierbeobachtungen. Kühlschrank und Mikrowelle im Zimmer. DZ ab 159 $. Chilkoot State Park Road, ✆ (907) 314-0466, www.chilkoothaven.com.

MeinTipp **Cliffhanger B&B:** Das luxuriöse B&B hängt tatsächlich fast am Felsen und bietet zwei komfortable Zimmer, einen Hot Tub und traumhafte Blicke über Haines. DZ ab 179 $. 2.2 Mile Haines Highway, ✆ (907) 314-0099, www.cliffhangerbnb.com.

**** Captain's Choice Motel 1:** Das zentral, aber ruhig gelegene und gepflegte Hotel mit großer Terrasse bietet verschiedene Zimmertypen und eine Cocktail Lounge. DZ inkl. kontinentales Frühstück ab 155 $. 108 2nd Avenue, ✆ (907) 766-3111, www.capchoice.com.

**** Hälsingland Hotel 4:** Das Hotel im Fort Seward mit seinen 35 Zimmern bietet historisches Ambiente, dazu ein exzellentes Restaurant. DZ ab 119 $. 13 Fort Seward Drive, ✆ (907) 766-2000, www.hotelhalsingland.com.

Beach Road House: Am südlichen Ende von Haines, mitten im Wald, liegen die 3 Cabins und 2 motelähnlichen Zimmer, alle mit Küche. Sehr gepflegt und sauber. DZ/Cabin ab 115/145 $. 731 Beach Road, ✆ (907) 766-3060, www.beachroadhouse.com.

Camping **Camping Portage Cove 6:** Nur Radfahrer und Rucksacktouristen 10 $/Zelt. Beach Road, www.dnr.alaska.gov/parks/aspunits/southeast/portcovesrs.htm.

Autocamper **Chilkat State Park** (35 Plätze), südwestlich der Stadt, **Chilkoot State Recreation Site** (32 Plätze), nördlich der Stadt; jeweils ab 10 $. Webadressen wie Portage Cove, dann /chilkatsp.htm bzw. /chilkoot lksrs.htm.

Essen und Trinken **Bamboo Room 3:** Ein klassischer amerikanischer Diner mit Familienrestaurant und Bar. Viel Fisch. Tägl. 7–21 Uhr. 11 2nd Avenue, ✆ (907) 766-2800, www.bamboopioneer.net.

MeinTipp **Pilot Light Restaurant 5:** Kleines Restaurant beim Fort Seward. Biologische Zutaten, moderne amerikanische Küche. Das selbstgebackene Brot, die Suppen, die Salate – alles überzeugt. Mi–Mo 7–14 und 17–22 Uhr. 25 5th Avenue, ✆ (907) 766-2962.

Chilkat Restaurant & Bakery 2: Asiatische Küche mit Nudeln und Curry, aber auch Fisch, Burger, Sandwichs und ein passables Frühstück. Tägl. 7–20 Uhr. 25 5th Avenue, ✆ (907) 766-3653.

Sarah J's: Der kleine Coffee Shop und seine rustikale Besitzerin bieten neben Kaffees auch Gebäck und Sandwichs für Frühstück und Lunch, auch Suppen und Salate. Mo–Fr 6.30–17, Sa 7.30–16 Uhr. Neben dem Visitor Centre.

Alte Fischkonservenfabrik am Chilkat River

Der Broadway, Skagways Hauptstraße

Skagway

Kein anderer Ort verkörpert den Mythos vom Klondike-Goldrausch so sehr wie Skagway, nicht einmal Dawson City. Zahlreiche historische Gebäude versetzen den Besucher zurück in den Winter 1897/98, als Skagway für Zehntausende Goldsucher, Spekulanten, Profiteure und Kriminelle Heimat auf Zeit war. Heute sind die Wohnhäuser, die Saloons und der Friedhof attraktive Ziele für Besucher aus aller Welt. Hinzu kommt die berühmte, in die Felswände gehauene **White-Pass-Schmalspurbahn,** die auf ihrer Fahrt nach Kanada grandiose Ausblicke ermöglicht.

Skagway wird durch die Kreuzfahrtbranche mehr als andere Orte geprägt. An Spitzentagen kommen 10.000 Kreuzfahrtgäste in das 1100-Einwohner-Dorf. Doch die Abläufe sind gut organisiert, die Massen verteilen sich schnell auf die gebuchten Ausflüge, und so herrscht nur selten Gedränge. Individualreisende sollten aber ihre Ausflüge, insbesondere die Bahnfahrt, unbedingt vorab buchen, da vor Ort keine Verfügbarkeit garantiert werden kann.

Anfang des 20. Jahrhunderts, nach dem Ende des Goldrausches, verfiel Skagway in eine Art Dornröschenschlaf – aus 20.000 Einwohnern wurden schnell nur 500. Man beschloss daher, alle wichtigen Gebäude am Broadway entlang zu konzentrieren und verschob Hotels und Saloons teils über etliche Straßenblöcke. Der Broadway bildet heute noch die „Hauptflaniermeile" der Stadt, an der die Sehenswürdigkeiten liegen und die man am besten zu Fuß entdeckt – von der Fähre sind es nur zwei Minuten. Der Abschnitt zwischen Bahnhof und 7th Avenue bildet den denkmalgeschützten **Historic District.** Ein Dutzend Gebäude werden von der Nationalparkverwaltung geführt. Westlich parallel dazu verläuft die State Street, hier liegen ein Supermarkt und eine Tankstelle.

Historische Gebäude: Es lohnt, mit der kostenfreien Broschüre „Skagway Walking Tour" (erhältlich im Visitors

Südost-Alaska | USA → Karte S. 582

Charmanter Schurke und fragwürdiger Held

Der Trickbetrüger Jefferson Randolph Smith verdiente sich den Spitznamen „Soapy" durch seine erfolgreichste Nummer: Er verkaufte auf Märkten Seifenstücke, indem er lautstark darauf hinwies, dass in einigen Seifen Geldscheine versteckt seien. Natürlich fanden gleich die drei ersten „Käufer" (allesamt Mitglieder seiner Bande) große Scheine im Verpackungspapier – was dann zu einem Run auf die restlichen Seifenstücke führte.

Nach 20 kriminellen Jahren in Colorado war ihm dort 1897 der Boden zu heiß geworden. Sein erster Versuch, sich im boomenden Skagway niederzulassen, scheiterte: Die Bürger der Stadt warfen ihn hinaus, nachdem er mit Hütchenspielen auf dem Pier einige Männer ausgenommen hatte. 1898 kehrte er zurück – mit genug Geld, um den Marshall zu bestechen und sich weitere Verbündete zu kaufen. In seiner Bar (heute in der 2nd Avenue zu besichtigen) nahm er 5 Dollar für ein Telegramm Richtung Süden. Da die Telegrafenleitung Skagway aber noch gar nicht erreicht hatte, erfand er die Antwort-Telegramme einfach – und kassierte noch mal 5 Dollar für die Auslieferung. Dennoch war Smith ein geachteter Unternehmer, der für seinen (nie erfolgten) Einsatz im Spanisch-Amerikanischen Krieg von 1898 selbst vom Präsidenten belobigt wurde.

Soapy Smith's Bar in der 2nd Avenue

Die Spannungen in der Stadt eskalierten, als Frank Reid eine 101 Mann starke Bürgerwehr aufbot, um Smith zu entmachten. Smith konterte und brachte 317 Mann in seiner „Law and Order Society" zusammen. Am Abend des 8. Juli 1898 brach Smith am Hafen einen Streit mit Reid vom Zaun; erst fielen Worte, dann Schüsse. Smith war sofort tot; Reid erlag 12 Tage später seinen Verletzungen. In den Jahrzehnten danach wurde sowohl die Rolle von Soapy Smith verklärt – zu einer Art Robin Hood des Wilden Westen, der Reiche bestahl, um den Armen zu geben – als auch die des „Bürgerhelden" Frank Reid: Wie man heute weiß, hatte der kaum weniger Dreck am Stecken und wollte wohl hauptsächlich einen Konkurrenten loswerden.

Arctic Brotherhood Hall

Bureau) auf Entdeckungsreise zu den geschichtsträchtigen Bauten der Goldrausch-Zeit zu gehen.

Etwas versteckt liegt in der 2nd Avenue **Jeff Smith's Parlor,** innen wie außen fast originalgetreu im Zustand von 1898 erhalten; eine Besichtigung ist nur im Rahmen der Führungen des National Park Services möglich.

Eines der am häufigsten fotografierten Häuser in Alaska ist die Arctic Brotherhood Hall, die mit 8883 Treibholzstücken verkleidet ist. Bei der Restaurierung 2005 konnte man 60 % davon nach über hundert Jahren erneut verwenden, nur 40 % der Stücke mussten ausgetauscht werden.

Der benachbarte Red Onion Saloon lag einst an der Ecke 6th Avenue/State Street und war oben Bordell, unten Saloon. Beim Umzug an den Broadway vergaß man, das Gebäude zu drehen: So zeigt jetzt der frühere Hintereingang zum Broadway ... An der 4th Avenue lohnt ein Blick in den Hardware-Laden. Vorne stapelt sich alles meterhoch – das Schraubenlager im Hinterhaus ist schon weit mehr als hundert Jahre alt.

Captain Moore's Cabin in der 5th Avenue ist das älteste Haus Skagways. Als William Moore es 1887 in der einsamen Bucht errichtete, war er der einzige Siedler. Der Goldrausch von 1897 überrannte die Bucht, und auch wenn Moore notgedrungen skrupellosen Profiteuren wie Soapy Smith viel Land überlassen musste, verdiente er mit seinem Anleger und seinem Sägewerk ebenfalls am kurzen Boom.

Klondike Gold Rush National Historical Park: Das Besucherzentrum am Bahnhof informiert umfassend über den Klondike-Goldrausch. Es ist ein guter Startpunkt, um sich in dem Museum mit dem angeschlossen Mascot Saloon und anhand der historischen Filmdokumente einen Überblick über die Zeit zu verschaffen, als in Skagway Banden herrschten: Sehnsüchte und Skrupellosigkeit prägten das Geschehen, von Gesetz und Ordnung keine Spur. Mit zahlreichen interessanten, kostenlosen Führungen (die man reservieren sollte) informieren die Ranger über alle spannenden Details des Goldrausches in der Stadt.

▪ Tägl. 8.30–17.30 Uhr. Eintritt frei. Führungen kann man gegen eine geringe Gebühr online buchen: www.recreation.gov. 291 Broadway, ☏ (907) 983-9200, www.nps.gov.klgo/index.htm.

Südost-Alaska | USA → Karte S. 582

The Days of ’98 Show: Sage und schreibe seit 1923(!) stellt die engagierte kleine Musical-Produktion die wilde Zeit in Skagway im Winter 1897/98 nach, als der korrupte Soapy Smith die Goldsucher eiskalt betrog, nur um im Shootout mit dem kaum weniger skrupellosen Frank Reid … aber halt: Sehen Sie selbst! Mit viel Witz, Tanz, Gesang und Gedichten von Robert Service versuchte man schon in den 1920er-Jahren, Touristen nach Skagway zu locken. Die einstündige Show läuft heute in kaum abgewandelter Form immer noch – tagsüber ohne, abends mit Spielcasinobetrieb – was zeigt, wie gut sie war bzw. ist.

▪ Juni bis Mitte Sept. tägl. 10.30 und 14.30 Uhr, an manchen Tagen auch 12.30 Uhr, Di und Fr/Sa auch 20 Uhr; tagsüber/abends 25/28 $. Broadway/6th Avenue, ✆ (907) 983-2545, www.thedaysof98show.com.

Skagway Museum: Das städtische Museum ist im prachtvollen Granitbau des früheren McCabe College beheimatet, der ersten Schule Alaskas, die auf ein weiterführendes College-Studium vorbereitete. Neben den üblichen Artefakten aus der lokalen Geschichte von Tlingit-Kanus über die Ausrüstung der Goldsucher bis hin zu zahlreichen historischen Fotografien bietet das Archiv die Möglichkeit, nach den eigenen Vorfahren zu suchen – wenn sie denn beim Goldrausch dabei waren …

▪ Mo–Fr 9–17, Sa 10–17, So 13–16 Uhr. Eintritt 2 $. 700 Spring Street, ✆ (907) 983-2420, www.skagway.org/museum.

Sculpture and Flower Garden: Nur wenige Meter vom Museum entfernt kommen Liebhaber von Skulpturen auf ihre Rechnung. 28 Bronzeskulpturen stellen Stationen des Goldrausches und die Tierwelt dar. Ergänzt wird die Ausstellung um 57 historische Fotografien mit Erläuterungen.

▪ Tägl. 9–17 Uhr. Eintritt 7,50 $. 225 8th Avenue, ✆ (907) 983-3311.

Gold Rush Cemetery: Am Stadtrand finden sich auf Skagways erstem Friedhof die Gräber unbekannt gebliebener Goldsucher genauso wie die einiger prominenter Bewohner der wilden Zeit rund um die vorletzte Jahrhundertwende, z. B. Jefferson Smith und Frank

Skagway Museum im früheren McCabe College

Jewell Gardens: grünes Kleinod im rauen Alaska

Reid. Ein kurzer, aber lohnender Abstecher führt zu den nach Letzterem benannten Lower-Reid-Wasserfällen.

▪ Eintritt frei. Alaska Street (etwa 3 km vom Hafen). Der SMART-Bus hält in 800 m Entfernung.

Jewell Gardens: Die schöne Anlage mit ihrem Blumenmeer, den Gemüsebeeten und Gewächshäusern bietet willkommene Farbtupfer nach dem Einheitsgrün des Regenwaldes. Man kann Glasbläsern bei der Arbeit zusehen oder im Rahmen einer Führung mehr über die Gartenkunst erfahren. Eine Gartenbahn und ein Teehaus mit guter Küche runden das Erlebnis ab.

▪ Anfang Mai bis Ende Sept. tägl. 9–17 Uhr. Eintritt 10 $, 90-Minuten-Führung 39 $. Klondike Highway (am nördlichen Ausgang der Stadt), ☏ (907) 983-2111, www.jewellgardens.com.

Klondike Gold Fields Dredge: Der Schwimmbagger am Ortsausgang war nie in oder um Skagway im Einsatz, sondern im Klondike. Wer aber auf seiner Reise nicht so weit nach Norden kommt, kann sich bei einer Führung die Technik der industriellen Goldwäscherei zeigen lassen.

▪ Öffnungszeiten abhängig von den Kreuzfahrtschiffen, im Sommer tägl. mindestens 10–16 Uhr. Eintritt 10 $. Führungen ab 25 $. Mile 1,7 Klondike Highway, www.alaska3sixty.com.

White Pass & Yukon Route Railroad: Südost-Alaskas größte Touristenattraktion! Von Skagway aus erklimmt die 1900 fertiggestellte Schmalspurbahn in Serpentinen und an Felswänden entlang den namensgebenden White Pass und überquert die Grenze nach Kanada. Die Fahrt endet je nach Tour am Pass, in Fraser kurz hinter der Grenze oder in Carcross, von wo aus man mit dem Bus nach Whitehorse weiterreisen kann. Eine beliebte Tour ist die 4- bis 5-tägige Wanderung auf dem Chilkoot Trail und die anschließende Rückfahrt mit dem Zug nach Skagway. Ab Sommer 2019 kommt nach einer Generalüberholung wieder mehrmals die Woche eine historische Dampflokomotive zum Einsatz, ansonsten ziehen Dieselloks die Züge auf der atemberaubenden Fahrt. Bei Touren von/nach Kanada ist unbedingt der Reisepass mitzuführen und gegebenenfalls weitere für den Grenzübertritt benötigte Dokumente. Wenn Sie die Fahrt in Skagway beginnen, sollten Sie versuchen, Plätze auf der in Fahrtrichtung linken Seite zu ergattern; reisen Sie aus Kanada bergab, dann auf der rechten Seite.

Vor dem Bahnhof erinnern eine Schneefräse und eine kleine Dampflok

Südost-Alaska | USA → Karte S. 582

Spektakuläre Bahnfahrt mit der White Pass & Yukon Route Railroad

an die Geschichte der Bahn; ein Denkmal verkörpert einen Goldgräber und den typischen, oft dem Stamme der Tlingit zugehörigen Träger.

▪ Mitte Mai bis Anfang Sept. täglich, 1. Maihälfte und Sept. einzelne Tage. 2–3 x tägl. bis zum Pass und zurück (125 $), 5 x/Woche nach Carcross (234 $). Shuttle für Wanderer bis/ab Lake Bennett (97 $). 231 Second Avenue, ✆ (907) 983-2734, www.wpyr.com.

Dyea: Zu Zeiten des Goldrausches war der Ort ähnlich bedeutend wie Skagway. Doch schon während des Booms verlagerte sich der Verkehr nach Skagway, als die Bahnlinie ihren Betrieb aufnahm. Heute ist Dyea nicht einmal mehr eine Geisterstadt – es stehen nur noch ein paar Balken und Teile des Friedhofs. Der National Park Service bietet auch hier Führungen an.

▪ Etwa 16 km nördlich von Skagway, nach etwa 5 km schöner Aussichtspunkt mit Blick auf Skagway und den Lynn Canal.

Chilkoot Trail: Die historische Route beginnt in Dyea. Der Trail erstreckt sich über 53 km und ist heute einer der beliebtesten Fernwanderwege in Nordamerika. Es gibt ganze Bücher nur über die Geschichte des Trails und den heutigen Wanderweg. Üblich sind 5 Nächte mit Camps in Canyon City, Sheep Camp, Happy Camp, Lindeman City und Bennett, dann von dort mit dem Hiker-Train der White Pass & Yukon Route Railroad zurück. Man kann die Tour aber auch in 3 oder 4 Tagen schaffen. In jedem Fall wird man mit grandioser Landschaft, Tierbegegnungen und internationaler Kameradschaft auf den Campgrounds belohnt.

Zu beachten: Pro Tag und Richtung sind nur 50 Wanderer zugelassen, 42 Plätze werden vorab vergeben, 8 in Skagway. Campingplätze für die Übernachtungen müssen reserviert werden. Permits 55 Can.-$, Reservierungsgebühr 12 Can.-$. Teilnahme an einem Schulungsvortrag des National Park Service (NPS) vor dem Start ist Pflicht.

▪ Informationen: NPS, ✆ (907) 983-9200, www.nps.gov/klgo/planyourvisit/chilkoottrail.htm. Lokale Shuttle-Anbieter fahren für etwa 15 $ von Skagway zum Startpunkt in Dyea. Geführte 8-Tage-Tour 1650 Can.-$. Anbieter: Yukonwide, ✆ (867) 393-2111, www.yukonwide.com.

Weitere Wanderungen: Ein kurzer scharfer Anstieg reicht, um den Massen zu entkommen. Die 150 m Höhengewinn auf dem 1,5 km langen Weg zum **Lower Dewey Lake** erschließen einen kleinen Waldsee. Hängt man die fast ebene Runde um den See an, werden es 6 km hin und zurück. Upper Dewey Lake, Upper Reid Falls und Sturgill's Landing an der Küste sind weitere Fortsetzungen des Weges.

Einen eher gemütlichen Spaziergang eröffnet der Weg zum Yakutania Point. Die Landspitze westlich des Hafens ist vom kleinen Flughafen aus über eine Fußgängerbrücke und einen 3 km langen (hin/zurück) Weg erreichbar. Auch hier gibt es eine Fortsetzung: **Smuggler's Cove** packt noch mal 3 km auf den Schrittzähler drauf, lockt dafür aber mit einem schönen Picknickplatz.

Wer Skagways Hausberg, den **A.B. Mountain,** bezwingen will, sollte den ganzen Tag für den 8 km langen Aufstieg auf 1500 m und den genauso langen Abstieg einplanen. Der Berg heißt übrigens so, weil bei der Schneeschmelze im Frühling Felsformationen freigelegt werden, die den Buchstaben A und B ähneln.

Der Chilkoot Trail – ein schmaler Grat zwischen Gold und Grab

Bei Temperaturen bis 40 Grad unter Null mussten Goldsucher jeweils eine Tonne Lebensmittel und Ausrüstung über die kanadische Grenze schaffen: Die Northwest Mounted Police ließ nur ins Land, wer nachweisen konnte, dass er ein Jahr lang überleben konnte. Bis zu 30 Vier-Tage-Trips über den steilen Chilkoot Pass oder den kaum ungefährlicheren White Pass waren erforderlich, um alles zum Lake Bennett zu schaffen und dort für die Reise den Yukon hinunter ein Boot zu bauen. Für die Tausende von Männern und die wenigen Frauen war der Anstieg zum Chilkoot Pass steil, hart und gefährlich. Wer aus Erschöpfung beiseite trat, musste oft Stunden warten, bis sich wieder eine Lücke im endlosen Strom der Menschen öffnete, die schwerbepackt die in Schnee und Eis gehauenen Stufen erklommen. Viele bezahlten ihren Traum mit dem Leben – alleine am Palmsonntag 1898 riss eine Lawine mehr als 60 Menschen in den Tod.

Als im Frühjahr das Eis auf dem Lake Bennett aufbrach und sich die Menge auf dem Yukon River in Tausenden von kleinen Booten gen Norden aufmachte, war der Chilkoot Pass von einem Tag zum anderen verwaist – und ist dies bis heute geblieben. So finden sich auch im 21. Jahrhundert alte Öfen und Schuhe im Wald, Kabel und Seilbahnreste an den Felsen und Teile der kanadischen Ausrüstungs-Waagen am Felsabschnitt „The Scales“. Eine Wanderung auf dem Chilkoot Trail ist eine Tour auf historischen Pfaden in faszinierender Bergwelt: Die Geschichte des Chilkoot Trail, der heute als „längstes Museum der Welt“ gilt, und seiner Strapazen ist auch heute noch auf fast jedem Meter des Weges sichtbar.

Wer Bahnfahrt, Wandern und Gletscher verbinden will: Die **White Pass & Yukon Route Railroad** hat Bedarfshalte unterwegs eingerichtet, von denen man – nach vorheriger Reservierung – zu den Gletschern Denver und Laughton aufsteigen kann.

> Das Visitors Bureau gibt die exzellente „Skagway Trail Map" heraus – kostenfrei, mit detaillierten Beschreibungen und topographischer Karte.

Praktische Infos

Information **Skagway Convention & Visitors Bureau:** Mo–Fr 8–17 Uhr. Kostenfreie Broschüren „Skagway Walking Tour" und „Skagway Trail Map". 245 Broadway, ✆ (907) 983-2854, www.skagway.com.

National Park Service: Tägl. 8.30–17.30 Uhr. Nur für die historischen Gebäude und die eigenen Führungen zuständig, informiert nach besten Kräften aber auch darüber hinaus. 291 Broadway, ✆ (907) 983-9200, www.nps.gov.klgo/index.htm.

Hin und weg Die **Alaska State Ferries** verbinden Skagway im Sommer fast täglich mit Haines und Juneau. Das Fährterminal liegt nur wenige Meter vom Bahnhof, mitten zwischen den Kreuzfahrtschiffen.

Bahn: Über spektakuläre Fahrten mit der White Pass & Yukon Route Railroad siehe Text weiter oben.

Bus: Yukon Alaska Tourist Tours fährt Ende Mai bis Anfang Sept. morgens von Whitehorse über Carcross und Fraser nach Skagway und nachmittags zurück. Kann auch mit der White Pass & Yukon Route Railroad kombiniert werden, z. B. Zug von Skagway bis Fraser oder Carcross, dann mit Bus nach Whitehorse. ✆ (867) 668-5944, www.yatt.ca.

Der Downtown-Bus SMART verbindet von 7 bis 21 Uhr die Cruise Docks über den Broadway mit der 8th Avenue. Ab hier 10–17 Uhr Anschluss mit „Long Run" zu den Goldfeldern und den Jewell Gardens. ✆ (859) 983-0023, https://skagwayshoretours.com/smart-bus.

Wassertaxi: Mit Haines Skagway Fast Ferry nach Haines (→ S. 626).

Fahrradtouren **Sockeye Cycle** bietet vier verschiedene Radtouren an. Die beiden beliebtesten erfordern die Mitnahme eines Reisepasses: Bei der 2½-stündigen Klondike-Tour (95 $) geht es mit dem Van die Passstraße hinauf und dann die 25 km mit dem Rad wieder hinunter. Die 4-Stunden-Tour White Pass Train & Bike (219 $) kombiniert die Zugfahrt bergauf mit der Abfahrt auf dem Rad. 381 5th Avenue, ✆ (907) 766-2869, www.cyclealaska.com.

Fahrradverleih **Sockeye Cycle:** ab 45 $/Tag. Niedrigere Preise auf Stundenbasis sind Verhandlungssache; vermietet auch Roadbikes mit Packtaschen, Zelt etc. für den Golden Circle. 381 5th Avenue, ✆ (907) 766-2869, www.cyclealaska.com.

Hochplateau am White Pass

Flightseeing **Mountain Flying Service** bietet die von Haines (siehe dort) aus durchgeführten Rundflüge über den Glacier Bay National Park auch von Skagway an. Aufgrund der größeren Entfernung sind die Touren aber 50–120 $ pro Person teurer.

Mietwagen/Motorräder **Avis** hat eine Station an der 3rd Avenue. Zusätzlich gibt es noch den lokalen Anbieter **Affordable Car Rentals**, 648 Broadway, ✆ (907) 983-2523.

Skagway Scooters vermietet Motorroller ab 45 $/Std. Eine Harley-Davidson schlägt für den halben/ganzen Tag mit 200/350 $ zu Buche. 4th Street/Broadway, ✆ (907) 957-2551, www.skagwayscooters.com.

Stadtrundfahrt Die restaurierten Busse der **Skagway Streetcar Company** aus den 1920er-Jahren und ihre kostümierten Guides bieten eine durchaus interessante und lohnenswerte 90-minütige Stadtrundfahrt inklusive Stopps, bei denen man den Bus verlässt, um den Friedhof und einen Aussichtspunkt zu entdecken. 4 x tägl., 42 $. 270 2nd Avenue (Skagway Mercantile), ✆ (907) 983-2908, www.skagwaystreetcar.com.

Übernachten **At the White House** **3**: Seit vielen Jahren das führende B&B in Skagway. 9 Zimmer in einer denkmalgeschützten Villa von 1902, alle mit Bad/WC. Großes Frühstücksbüffet. DZ ab 149 $. 475 8th Street, ✆ (907) 983-9000, www.atthewhitehouse.com.

Morning Wood Hotel **6**: Das hellhörige Hotel über Station Bar und Happy Endings Saloon ist nichts für Ruhesuchende, sonst aber empfehlenswert. DZ 89 $ mit Gemeinschaftsbad, 150 $ mit Du/WC. 442 4th Avenue, ✆ (907) 983-3200, www.skagwayhotelandrestaurant.com.

Sgt. Preston's Lodge **4**: Wer den Schock der chaotisch-ungeordneten Rezeption hinter sich hat, wird positiv überrascht: Saubere und gepflegte Zimmer, wenn auch klein. Lage und Preis stimmen. DZ inkl. Transfer zum Flug- oder Fährhafen ab 105 $. 370 6th Street, ✆ (907) 983-2521, www.sgtprestonslodge.com.

Swaying Spruce **1**: 2 große, komplett ausgestattete Blockhäuser mit Küche sowie eine kleine, 6 m²-„Hundehütte" für einen Backpacker liegen hier ruhig im Wald. Backpacker-Cabin 50 $, die beiden großen Cabins 125 $. 2 Mile Dyea Road (3 km von Skagway), ✆ (907) 983-2674, www.swayingspruce.com.

Camping Zeltcamper schauen in Skagway seit Jahren in die Röhre – der ungepflegte **Campingplatz Pullen Creek RV Park** **10** sei hier erwähnt, aber keinesfalls empfohlen. Also nur für den Fall, wenn's nicht anders geht.

Der Klondike-Goldrausch von 1898

Unzählige Mythen ranken sich um diesen, den wohl folgenreichsten Goldrausch der amerikanischen Geschichte. Allein die Fakten sind schon eindrucksvoll: Mehr als 100.000 Goldsucher brachen auf, als die USA unter einer Wirtschaftskrise litten. Die insgesamt 570 Tonnen Gold, die bis heute am Klondike gefördert wurden, führten erst zu Inflation, dann zu Liquiditätskrisen. Geblieben sind zahlreiche Relikte, wie die White Pass & Yukon Route Railroad von Skagway nach Carcross – heute die größte touristische Attraktion Südost-Alaskas.

Doch der Reihe nach: Schon seit den 1880er-Jahren schürften Goldsucher in der Nähe von Dawson nach Gold, meist erfolglos. Skookum Jim Mason vom Stamm der Tagish, sein Cousin Charlie und seine Schwester Kate stießen am 16. August 1896 am Bonanza Creek dann erstmals auf vielversprechendes Gestein. Zur Eintragung eines Claims waren sie aber als First Peoples nicht berechtigt, das übernahm Kates weißer Ehemann George Carmacks. Die Nachricht sprach sich herum, erreichte aber wegen des Winters nicht mehr die Außenwelt: So teilten sich nur 25 Goldsucher die reichen Claims am Bonanza Creek und weiteren Bächen. Sie konnten fast ein Jahr ungestört schürfen, bis einige der reich gewordenen Männer den Yukon verließen und mit dem Dampfschiff „Portland" am 17. Juli 1897 Seattle erreichten.

Innerhalb weniger Stunden brachen Zehntausende Männer und auch einige Frauen voller Hoffnung auf – selbst der Bürgermeister von Seattle stürmte direkt vom Büro auf das nächste verfügbare Schiff. Die meisten Schiffe nahmen die Route nach Norden entlang des Lynn Canals bis ins heutige Skagway oder in den Nachbarort Dyea, um von dort über den Chilkoot Pass oder den White Pass ins Landesinnere zu gelangen. Die kanadischen Behörden forderten von allen Goldsuchern eine Tonne Lebensmittel und Ausrüstung, denn in Dawson gab es von beidem nur

Wohnmobilisten sind besser dran: Der **Garden City RV Park 2** zwischen 15th und 17th Avenue an der State Street (ab 29 $) ist absolut okay. Manchmal erbarmt man sich und lässt für 10 $ auch Zeltcamper aufs Gelände. ✆ (907) 983-3884, www.skagwayrvparks.com.

Essen & Trinken Olivia's at the Skagway Inn 5: Die Zimmer des B&B sind entschieden zu teuer, das Restaurant aber überzeugt mit sehr guter Küche zu fairen Preisen. Viel Fisch, aber auch mexikanische Einflüsse. Große Tageskarte. Tägl. 10.30–21 Uhr. 655 Broadway, ✆ (907) 983-2289, www.skagwayinn.com.

Skagway Brewing 8: Natürlich gibt es hier das hauseigene Bier, aber auch überraschend vielfältige und gute Speisen. Wenn man nicht eines der akzeptablen Daily Specials nimmt, wird es aber teuer. Tägl. 11–21 Uhr. Broadway/7th Avenue, ✆ (907) 983-2739, www.skagwaybrewing.com.

Bonanza Bar & Grill 9: Mehr Bar als Restaurant und zumindest abends mehr Saisonarbeitskräfte als Touristen, meist laut und herzlich. Beim Menü überwiegen Burger und große Vorspeisenteller zum Teilen. Tägl. 11–22 Uhr. Broadway/3rd Avenue, ✆ (907) 983-6214.

Bites on Broadway 7: Die beiden Jungs aus Mississippi haben bodenständige Southern Cuisine in den hohen Norden gebracht – lecker! Frühstück im Bäckerei-Stil, zum Lunch Hot Dog, Sandwichs und Suppen. Tägl. 6–18 Uhr. 648 Broadway, ✆ (907) 983-2166, www.bitesonbroadway.com.

wenig. Wer sein Hab und Gut in hundert und mehr Tagesmärschen endlich zum Lake Lindeman oder Lake Bennett geschafft hatte, musste erneut weite Wege ins Umland auf sich nehmen, um Holz für den Bau von Booten heranzuschaffen.

In den Camps, vor allem aber in Skagway und Dyea, herrschten Verbrechen und Korruption; die medizinische Versorgung war unzureichend, und die Wege waren nicht sicher. Hunderte starben an Entkräftung, Kälte und Krankheiten. Als im Mai 1898 das Eis aufbrach, machte sich eine Armada von 7000 mehr oder weniger schwimmfähigen Nussschalen auf die dreiwöchige Fahrt nach Dawson City. Wer die Berge und die Betrüger, die Stromschnellen und die Entbehrungen überstand, wurde in Dawson City bitter enttäuscht. 22 Monate nach den ersten Goldfunden waren alle lohnenden Claims längst besetzt und ausgebeutet. Die meisten Goldsucher verkauften ihre Ausrüstung und verdingten sich als Hilfsarbeiter oder zogen auf ihrer Suche nach Gold weiter. Oft waren jene besser dran, die es mangels Mut, Kraft oder Geld gar nicht so weit schafften: Victoria und Vancouver profitierten von der Zuwanderung und wuchsen in diesen Jahren gewaltig.

The Scales: Ausrüstung wiegen vor dem letzten Anstieg

Margerie Gletscher

Glacier Bay National Park

Nationalpark, Weltnaturerbe, Biosphärenreservat – die Glacier Bay steht unter vielfachem Schutz und trägt ihren Namen zu Recht: Mehr als 50 Gletscher bedecken den Norden und Westen des Parks; einige reichen bis zu den Fjorden hinunter. Regelmäßig brechen tonnenschwere Eiswände mit mehr als 50 Metern Höhe ab – ein eindrucksvolles Naturschauspiel.

Als James Cook und George Vancouver Ende des 18. Jahrhunderts erstmals in die Region kamen, gab es die Bucht noch gar nicht; die Gletscher reichten bis zur Icy Strait. 1879, hundert Jahre später, erkundete der schottische Naturwissenschaftler und Schriftsteller John Muir als erster Weißer die Glacier Bay – da hatte sich das Eis schon mehr als 70 km zurückgezogen. 1925 wurde die Region als National Monument unter Schutz gestellt, 1980 erweitert und zum Nationalpark erhoben; 1992 folgte der Status UNESCO-Weltnaturerbe.

Mit seiner Fläche von 13.287 km² ist der Park größer als das Bundesland Tirol. Fast 90 km muss man vom Parkeingang mit dem Schiff die Fjorde hinauffahren, um die eindrucksvollsten Gletscher, den **Margerie** und den **Grand Pacific,** zu sehen. Nicht alle Gletscher schrumpfen, manche verlieren an Höhe, nehmen dafür aber in der Länge zu, und einige wenige vergrößern sogar ihr Volumen. Der Rückgang des Eises im Muir Inlet und im West Arm wird durch natürliche Zyklen verursacht, aber durch die vom Menschen verursachte Klimaerwärmung beschleunigt. Wissenschaftler wie Reisende haben hier die Möglichkeit zu verfolgen, wie Flora und Fauna die von den Gletschern freigegebenen Flächen übernehmen. Neues Leben entsteht, wo vor kurzem noch das Eis der vergangenen Jahrhunderte auf dem nun wieder fruchtbaren Boden lastete.

Der Park ist ausschließlich auf dem Wasser- und Luftweg erreichbar. Theoretisch kann man die Tour an einem einzigen, langen Tag absolvieren. Sinnvoll ist dies nicht, denn neben der Bootstour sollte man sich Zeit nehmen für die Vorträge der Ranger, eine kurze Wanderung und vielleicht auch eine Kajaktour: Zwei bis drei Tage vor Ort sind zu empfehlen.

Praktische Infos

Information **Bartlett Cove Visitor Information Station:** Ende Mai bis Anfang Sept. tägl. 10.30–20 Uhr. Das in der Glacier Bay Lodge untergebrachte Büro ist die Anlaufstelle für alle Informationen zum Park. Hier gibt es die Permits und den Vortrag über das Camping im Park. Bartlett Cove, ✆ (907) 697-2230, www.nps.gov/glba/index.htm.

Gustavus Visitor Association: Kein Büro, nur Online-Informationen. ✆ (907) 500-5143, www.gustavusak.com.

Hin und weg **Flugzeug:** Alaska Airlines hält im Sommer tägl. eine Verbindung mit Juneau aufrecht. Flugdauer etwa 30 Min. Juneau ab 16.30 Uhr, Gustavus ab 18 Uhr. www.alaskaair.com.

Alaska Seaplanes fliegt im Sommer bis zu 6 x tägl. von Juneau nach Gustavus. Mit dem Flug um 5.30 Uhr kann man die Tagestour mit dem Boot erreichen, braucht also keine Übernachtung in Gustavus oder im Park. ✆ (907) 789-3331, www.flyalaskaseaplanes.com.

Fähre: Die Alaska Marine Highway fährt im Sommer Mo und Mi von Juneau nach Gustavus und zurück. Dauer 4 Std. 30 Min. Meist Juneau ab 7 Uhr, Gustavus ab 12.30 Uhr. ✆ (907) 465-3941, www.dot.state.ak.us/amhs.

Taxi: TLC ist Gustavus' Allzweckmittel für alle Transportfragen zwischen Gustavus und Bartlett Cove. Auch Fahrräder, Kajaks und Campingausrüstung werden transportiert. ✆ (907) 697-2239.

Lodge Shuttle: Die Glacier Bay Lodge bietet für Gäste einen kostenfreien Shuttle von Gustavus an, der in der Regel den Flug von Alaska Airlines bedient. Wer nicht in der Lodge nächtigt, kann den Shuttle gegen Gebühr nutzen. ✆ (888) 229-8687.

Gebühren/Backcountry Camping Anders als in den meisten anderen Nationalparks der USA ist der Eintritt in den Park frei. Auch das Camping ist kostenfrei, erfordert aber eine Registrierung für ein Backcountry Permit. Wer auf dem Zeltplatz oder im Hinterland des Parks übernachten will, muss zudem einen Vortrag über Sicherheitsmaßnahmen besuchen (s. o., Information).

Gustavus

Der Ort mit seinen 450 Einwohnern liegt weitläufig und verstreut auf flachem Gelände, im Süden begrenzt durch den Meeresarm Icy Strait, auf den anderen drei Seiten durch den Glacier-Bay-Nationalpark. Außer einer Handvoll kleinerer Unterkünfte, die vor allem als Ausgangspunkt für Touren in den Nationalpark dienen, hat Gustavus für Reisende wenig zu bieten.

Vom Fähranleger führt die Dock Road nach Norden und stößt nach 2 km auf die Gustavus Road, die ostwärts zum Airport und nach Westen Richtung Bartlett Cove führt. An dieser Kreuzung, von den Einheimischen „Four Corners" genannt, befindet sich die Gustavus Dray, ein kleiner Laden mit einer Tankstelle, die noch über historische Zapfsäulen verfügt. Ein paar Meter südlich verkauft ein kleines Geschäft Bio-Obst und Gemüse und serviert auch kleine Speisen.

Gustavus ist ein idealer Ausgangspunkt für Whale-Watching-Touren; Point Adolphus, wo Buckelwale viel Nahrung finden, liegt direkt gegenüber auf der anderen Seite der Icy Strait. Oft sieht man auch Seelöwen, Robben, Tümmler oder Adler.

Kurzwanderung: Der gemütliche, knapp 4 km lange **Nagoonberry Loop Trail** ist geschottert und bietet Sitzbänke an zwei Aussichtspunkten. Die junge Vegetation entlang des Trails

Südost-Alaska | USA → Karte S. 582

steht in starkem Kontrast zum üblichen Bewuchs in Südost-Alaska; so finden sich hier nur kleinere Nadelbäume, dafür aber auch Laubbäume und offene Wiesen. Nicht nur Ornithologen werden von der Vielfalt der Vogelarten begeistert sein. Vorsicht: Wer sich auf dem Weg nicht durch Geräusche zu erkennen gibt, kann unverhofft auf Elche oder Bären treffen.

Praktische Infos

Seekajak **Glacier Bay Sea Kayaks** verleiht Boote und organisiert Touren. Kajak 40 $/halber Tag; Touren siehe Bartlett Cove. 2 Parker Drive, ✆ (907) 697-2257, www.glacierbayseakayaks.com

Whalewatching Das 17-Meter-Boot von **TAZ Whale Watching Tours** fährt Ende Mai bis Anfang Sept. tägl. 8.30 und 12.30 Uhr zum Whale Watching an den Point Adolphus. Das Boot bietet einen großen Aussichtsbereich und bequem Platz für bis zu 28 Passagiere. Etwa 3½ Std., 120 $. Kein Büro, nur ✆ (907) 321-2302, www.taz.gustavus.com.

Übernachten **Blue Heron Bed & Breakfast at Glacier Bay 5**: 2 Zimmer, 2 Cottages, großes Frühstück und kostenlose Fahrräder. DZ 154 $, Cottage inkl. Transfer vom/zum Flughafen oder Fähranleger 190 $. Dock Road, ✆ (907) 697-2293, www.blueheronbnb.net.

Aimée's Guest House 4: Große Ferienwohnungen mit kompletten Küchen. Fahrräder kostenlos. Zwei Apartments für 4 Pers. (Mindestaufenthalt 3 Nächte) und ein Apartment für 2 Pers. (ohne Mindestaufenthalt) 110–175 $. Shooting Star Way, ✆ (907) 697-2330, www.glacierbayalaska.net.

In Gustavus gibt es mehrere **Full Service Lodges**, die alle Mahlzeiten, alle Transfers und teils weitere Aktivitäten beinhalten. Bei Preisen ab 250 $ pro Person (= 500 $/DZ) aufwärts stellt sich aber die Frage, inwieweit trotz allen Komforts das Preis-Leistungs-Verhältnis noch stimmt. Anbieter sind z. B. das **Glacier Bay Country Inn** (www.glacierbayalaska.com, ab 250 $/Pers.), das **Gustavus Inn** (www.gustavusinn.com, ab 250 $/Pers.) und das **Bear Track Inn** (www.beartrackinn.com, ab 625 $/Pers.).

Camping **Budget Rentals & Seaside Tent Campground 6**: Auf dem Golfplatz gibt es kleine, sehr einfache Cabins sowie Zelt-Stellplätze, jeweils mit Zugang zu einem zentralen Gebäude mit Duschen und WC. Cabins 60 $, Stellplatz 20 $. 1 State Dock Road, neben dem Golfplatz. ✆ (907) 697-2214, www.gustavus.com.

Essen und Trinken **Clove Hitch Café 2**: Gustavus' einziges klassisches Restaurant.

Gustavus Dray – historische Tankstelle an der einen Kreuzung des Ortes

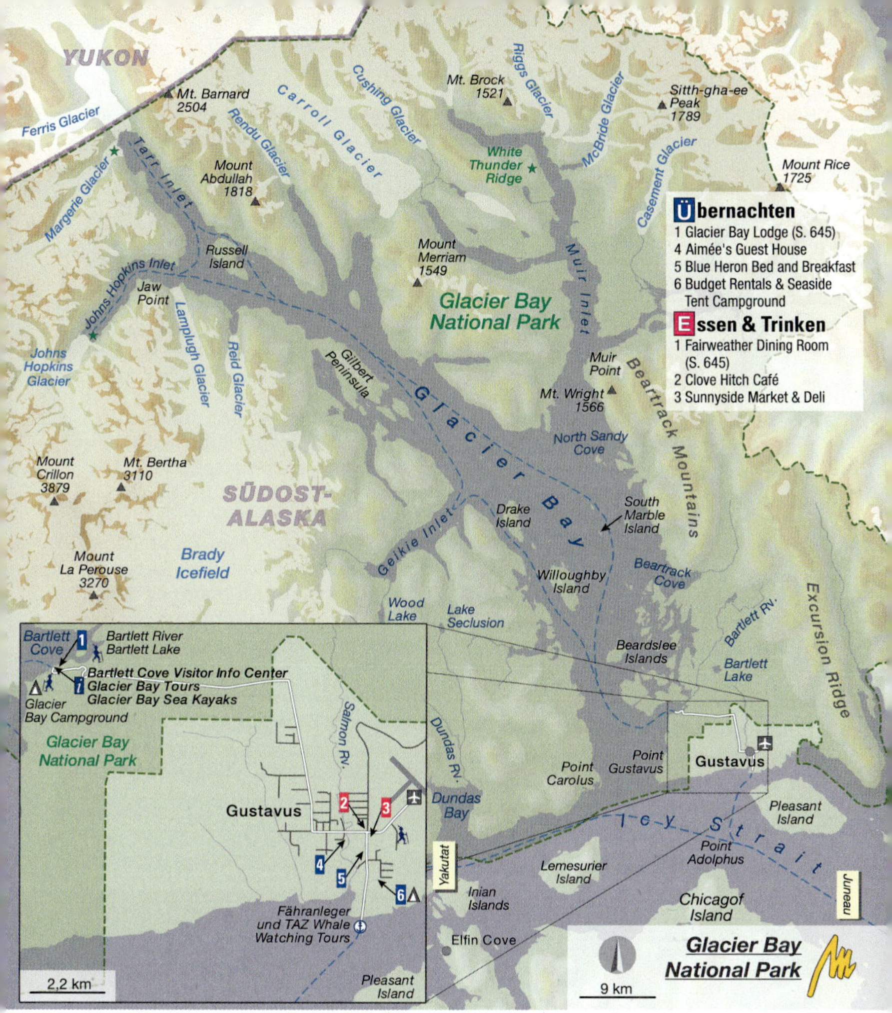

Typische Gerichte und Pizza. Mo 8–14, Di–Sa 8–14 und 16.30–20 Uhr. 1250 Gustavus Road (bei den Four Corners), ✆ (907) 697-2800.

MeinTipp **Sunnyside Market & Deli 3**: Sandwichs, Suppen, Kaffee, Tee, Säfte. Dazu frisches Obst und Gemüse, aber auch Gefriergetrocknetes für Kajakfahrer. Nette kleine Terrasse. Tägl. 9–17 Uhr. State Dock Road (bei den Four Corners), ✆ (907) 697-3060.

Die **Lodges Bear Track Inn** und **Glacier Bay Country Inn** (s. o.) bieten auch Nicht-Hotelgästen die Möglichkeit, zu Abend zu essen. Ab 50 $, nur mit Reservierung.

Bartlett Cove

Der Ort am Ende der 15 km langen Straße von Gustavus besteht praktisch nur aus der Glacier Bay Lodge und den Gebäuden der Nationalparkverwaltung. Dazu kommen noch ein Campground und der Anleger für das Ausflugsboot, das die Tagesfahrten in den Park durchführt. In der Lodge informiert ein Visitor Centre anhand von Schautafeln und Videos über den Park.

Touren: Um die Glacier Bay von all ihren faszinierenden Seiten kennenzulernen, muss man mit dem Ausflugsboot in den Park hinein – es sei denn, man ist an Bord eines der beiden Kreuzfahrtschiffe, die pro Tag die Bucht befahren dürfen.

Auf der Glacier Bay Day Tour wird der Park fast in ganzer Länge befahren, von Bartlett Cove bis zum Margerie-Gletscher, wo man mittags das Abbrechen großer Teile des Gletschers beobachten kann, das sog. Kalben. Unterwegs wird immer wieder gestoppt, um Eisstücken auszuweichen, vor allem aber um Seelöwen, Seehunde und Wasservögel zu beobachten; auch Bären am Ufer oder Bergziegen hoch oben an den Hängen werden oft gesichtet. Die Tour ist alles andere als preiswert, aber wer schon mal hier ist und dann abreist, ohne diese Fahrt gemacht zu haben, hat den Park nicht wirklich gesehen.

Abenteuerlustige können auch die mitgebrachten oder vor Ort gemieteten Kajaks auf das Ausflugsschiff mitnehmen und sich unterwegs für ein paar Tage absetzen und dann wieder abholen lassen. Oft wird hierfür der Muir Inlet gewählt, da in diesem Meeresarm keine Motorboote zugelassen sind.

▪ Auch die angebotenen halb- und ganztägige Kanutouren führen in den Park. Gletscher bekommt man dabei nicht zu sehen, diese liegen weit entfernt im nördlichen Teil des Parks. Doch erfährt man viel über Flora und Fauna des Parks und bekommt meist auch einige Meerestiere zu sehen. Kurze Wanderungen an Land ergänzen das Programm.

Ranger-Programme: Die Ranger des Nationalparks und die örtlichen Tlingit First Peoples führen regelmäßig kostenfreie Programme vor Ort durch. Dazu gehören z. B. bis zu dreimal tägl. Führungen durch das Huna Tribal House, einen Nachbau eines Langhauses des Stammes. An manchen Tagen wird abends ein Kulturprogramm angeboten. Täglich gibt es Vorträge zu wechselnden Themen, und ebenfalls täglich werden zwei preisgekrönte Filme über den Park gezeigt.

▪ Aktuelle Übersicht das Angebot unter www.nps.gov/glba/planyourvisit/join-a-park-ranger.htm.

Forest Loop Trail in Bartlett Cove

Seelöwen im Glacier Bay National Park

Wandern: Von der Lodge in Bartlett Cove aus sind drei Wanderwege angelegt. Der **Beach & Forest Trail** (Rundweg, 2 km, 30–60 Min.) führt am Strand entlang und durch den jungen Wald zurück. Der Bartlett River Trail (7 km hin/zurück, 4–5 Std.) führt durch die Gezeitenzone und einen Fichtenwald zur Mündung des Bartlett Rivers. Oft sieht man Kojoten, Otter, aber auch Bären und Elche am Strand. Im Spätsommer ziehen Lachse hier hinauf und werden in der Flussmündung Beute von Robben und Bären. Der nur wenig begangene und nur mäßig unterhaltene Weg zum **Bartlett Lake** ist eine Ganztagestour (13 km hin/zurück, 7–8 Std.). Über eine Endmoräne, moosbewachsene Felsen und an von Flechten bedeckten Bäumen führt der Weg zum kleinen See.

■ Detaillierte Infos und Karte: www.nps.gov/glba/planyourvisit/hiking.htm.

Praktische Infos

Kajakverleih **Glacier Bay Sea Kayaks**, Kajakmiete ab 40 $/halber Tag, 50 $/Tag. 2 Parker Drive, Gustavus, ✆ (907) 697-2257, www.glacierbayseakayaks.com.

Touren Für Kajakfahrer bietet **Glacier Bay Sea Kayaks** geführte Touren an. 3½ Std. 95 $, 6 Std. 150 $., jeweils inkl. Verpflegung und Transfers ab/bis Gustavus. Adresse s. o.

mein Tipp 8-stündige „Glacier Bay Tour“ mit **Glacier Bay Lodge & Tours.** Im Sommer tägl. fachkundige Erläuterungen durch Nationalpark-Ranger. 224 $ inkl. Lunch. ✆ (888) 229-8687, www.visitglacierbay.com.

Übernachten **Glacier Bay Lodge** **1** (→ Karte S. 643): Die einzige Unterkunft im Glacier Bay National Park bietet recht einfache Zimmer im Hotelstil, mit oder ohne Blick über die Bucht. Die hier angebotenen Packages inkl. Frühstück und Boottour sind für Gäste etwa 25 $/Pers. günstiger. DZ ab 212 $, mit Meerblick inkl. Transfer ab/bis Gustavus ab 237 $. ✆ (888) 229-8687, www.visitglacierbay.com.

Camping **Bartlett Cove Campground:** Etwa 20 Min. Fußweg von der Lodge. Einfachste Ausstattung. Kostenfrei! Bärengebiet, daher sind kostenlose Bären-Container und Einweisungsvortrag Pflicht. Adresse wie Lodge.

Essen & Trinken **Fairweather Dining Room** **1** (→ Karte S. 643): Das Restaurant der Glacier Bay Lodge ist das einzige im Park. Tägl. 6–9.30, 11.30–14 und 17–22 Uhr. Auf der Terrasse Lunch durchgehend 11.30–22 Uhr. Adresse s. o.

Im Landeanflug auf Prince of Wales Island

Prince of Wales Island

Die nach Kodiak und Hawaii drittgrößte Insel der USA begeistert durch ihre ungezähmte Landschaft und reiche Tierwelt. Wer sich auf die Insel, ihre Bewohner und deren Lebensart einlässt, wird beeindruckt sein – sowohl von den gelebten Traditionen der First Peoples als auch vom Pioniergeist der europäischstämmigen Fischer und Siedler.

Prince of Wales Island wurde 1793 von Captain George Vancouver an Bord seiner „HMS Discovery" entdeckt und nach dem damaligen Thronfolger benannt. Die First Natives – Haida und Tlingit – siedelten hier jedoch schon seit mehr als 10.000 Jahren. Im Karstgestein des Inselnordens liegt **El Capitan,** eines der größten Höhlensysteme im pazifischen Nordwesten. **Klawock** und **Craig,** die Hauptorte der Insel, zeigen authentische Kleinstadt-Atmosphäre und bieten großartige Möglichkeiten zum Fischen. **Hydaburg** im Süden ist eine Hochburg der First Peoples, und von dort ist Dog Salmon Fish Pass nicht weit – eine exzellente Gelegenheit, Schwarzbären in ihrer natürlichen Umgebung zu beobachten.

Wer wahre Ruhe und Abgeschiedenheit erleben möchte, findet auf der Insel zahlreiche einfache Blockhäuser der Forstverwaltung, die schon ab 30 $ die Nacht gemietet werden können, Schlafsack und Brennstoff zum Kochen und Braten muss man selber mitbringen. Manche sind nur per Wasserflugzeug erreichbar, bei anderen wiederum parkt man das Auto und rudert dann über einen See zur Hütte.

Praktische Infos

Information **Prince of Wales Chamber of Commerce:** Mo–Fr 10–15 Uhr. Vertritt zentral alle Orte der Insel. Klawock Heenya Mall, Klawock, ✆ (907) 755-2626, www.princeofwalescoc.org.

Hin und weg Flugzeug: Taquan Air bedient seit 1977 von Ketchikan aus an Mo–Sa mehrmals täglich Hollis, Craig sowie unregelmäßig auch Coffman Cove, Hydaburg, Thorne Bay und Whale Pass. ✆ (907) 225-8800, www.taquanair.com.

Pacific Airways fliegt von Ketchikan regelmäßig nach Craig sowie Hollis und Thorne Bay. ✆ (907) 225-3500, www.flypacificairways.com.

Harris Aircraft Services (www.harrisair.com) und Island Air Express (www.islandairx.com) bedienen die Insel unregelmäßig.

Fähre: IFA – Inter-Island Ferry Authority – fährt tägl. 1 x um 8 Uhr von Hollis nach Ketchikan und um 15.30 von dort zurück. Fahrzeit 3 Std. ✆ (907) 225-4848, www.interislandferry.com.

Mietwagen Hollis Adventure Rentals ist der größte, günstigste und beste Anbieter der Insel. Voll ausgestattete Mietwagen ab 90 $/Tag. Übernahme an der Fähre oder an den Flughäfen Hollis und Klawock/Craig; ✆ (907) 530-7040, www.harentals.com. Andere Mietwagenanbieter sind **Rainforest Auto Rentals** in Craig (www.rainforestauto.com) und **Wesley Rentals** in Klawock (www.wesleyrentals.com).

Übernachten Die meisten Unterkünfte auf Prince of Wales Island sind **Fishing Lodges**. Deren Übernachtungs-Packages beginnen preislich meist ab 1000 $/Tag, beinhalten aber auch Boot, Guide und Sprit für die Ausfahrten. Wichtige Anbieter sind das Waterfall Resort bei Craig (etwa 1500 $/Tag, www.waterfallresort.com) und die Fireweed Lodge (ab 900 $/Tag, www.fireweedlodge.com). Im Folgenden sind unter „Übernachten“ nur jene Unterkünfte aufgeführt, bei denen man auch „nur“ übernachten kann. In Craig gibt es noch weitere B&B – ansonsten ist das Angebot an Unterkünften auf der Insel noch sehr dünn.

USFS Cabins: 11 rustikale, sehr einfache Cabins sind über die Forstverwaltung anzumieten. Verpflegung, Schlafsack, Iso-Matte und Brennstoff für den Kocher sind mitzubringen. Meist 30–50 $/Nacht. ✆ (518) 885-3639, www.fs.usda.gov/recarea/tongass/recreation/camping-cabins/recarea/?recid=78615&actid=101.

Camping USFS Camping: Die Forstverwaltung betreibt 5 Plätze auf der Insel. Camping ist auch am Sandy Beach und Memorial Beach erlaubt sowie im Shelter am Ende des One Duck Trail. 10 $. Kontakt: Wie USFS Cabins

Essen und Trinken Nur Craig und Kasaan verfügen über Restaurants. Es gibt einige kleine Lebensmittelläden, z. B. in Thorne Bay, Craig und Klawock, auch Lieferservices, bei denen Privatleute in ihren Küchen Pizzen backen oder Fische braten – und dann zu Ihnen ins Ferienhaus oder B&B liefern. Diese Anbieter wechseln häufig. Erkundigen Sie sich vorab in Ihrer Unterkunft, welche gastronomischen Optionen es aktuell im Umkreis gibt.

Der Süden: Hollis, Hydaburg, Klawock und Craig

Hollis: Außer dem Fährhafen und einem Pier für Wasserflugzeuge hat Hollis, wo die meisten Reisenden auf der Insel eintreffen, nur einige Unterkünfte zu bieten. Der kurze, aber steile und anstrengende **One Duck Trail** (2 km, 500 Höhenmeter) bietet schöne Ausblicke vom Gipfel. Die halboffene Schutzhütte ist bei umschlagendem Wetter ein willkommener Unterschlupf vor dem Rückweg, darf aber kostenfrei nach dem „First-come-first-serve“-Prinzip auch für Übernachtungen genutzt werden. Der Trail beginnt an der Hydaburg Road, etwa 4 km südlich des Klawock.

Hydaburg: Zahlreiche Totempfähle säumen die Straßen des Orts, in dem fast alle Einwohner den First Peoples vom Stamm der Haida angehören. Im frühen 18. Jahrhundert zogen Haida von den Haida-Gwaii-Inseln nach Norden und besiedelten verschiedene Orte auf Prince of Wales Island. Aufgrund von Krankheiten dezimiert und durch die zunehmenden Besitzansprüche der Weißen mehr und mehr verdrängt, gab man 1911 die kleinen vereinzelten Siedlungen auf und zog alle Haida in Hydaburg zusammen. Dies war zumindest insofern erfolgreich, als die knapp 400 Einwohner auch heute noch eine

Südost-Alaska | USA → Karte S. 582

funktionierende soziale Gemeinschaft bilden. Jährlicher Höhepunkt ist das Haida Culture Camp mit dem Haida Festival Ende Juli. Ganzjährig besichtigen kann man die zahlreichen Totempfähle im **Totem Park.** Die ältesten stammen noch aus den 1930er-Jahren, doch alleine seit 2010 kamen acht neue hinzu.

Im Feuchtgebiet **12 Mile Estuary** (etwa 12 km östlich der Abzweigung von der Hydaburg Road Richtung Polk Inlet) lassen sich ganzjährig Rotwild und Schwarzbären sowie zahlreiche Wasservögel beobachten. Im Frühjahr und Herbst ziehen Kraniche und andere Zugvögel durch.

Dog Salmon Fishpass: Die Fischtreppe ist der beliebteste und erfolgversprechendste Ort auf Prince of Wales Island, um Schwarzbären zu sehen. Von Ende Juli bis Anfang September ziehen Lachse hier in den Bach ihrer Geburt. Von einer Aussichtsplattform lassen sich Bären und Lachse in der Bachmündung auf der Westseite des Polk Inlet gut beobachten.

▪ Etwa 30 km östlich der Abzweigung von der Hydaburg Road Richtung Polk Inlet. Für 2019 ist ein Eintritt von 5 $ geplant. www.fs.usda.gov/recarea/tongass/recarea/?recid=78668.

Auch am **Cable Creek Fishpass** ziehen Ende Juli bis Ende August Lachse den Bach hinauf, um zu laichen, werden dabei aber oft leichte Beute von Bären und Fischottern. Ein Boardwalk (Zugang bei Milepost 13 der Hydaburg Road) mit einer kleinen Aussichtsplattform erlaubt auch hier meist ein gutes Beobachten der Tierwelt.

Klawock: Hier wurde 1868 in der Nähe eines Sommerlagers der Tlingit ein erster weißer Handelsposten errichtet. Zehn Jahre später entstand die erste Fischverarbeitungsanlage und Fischkonservenfabrik Alaskas. Heute zählt der Ort 900 Einwohner.

Am Ortsrand steht das Heritage Center mit einem Langhaus und einer Werkstatt, in der neue Totempfähle aus Baumstämmen herausgehobelt und geschnitzt werden. Offizielle Öffnungszeiten gibt es nicht, doch sind Besucher gerne gesehen, wenn vor Ort gearbeitet wird. Nachdem die uralten Totempfähle in Tuxekan, einem Dorf der Heenya Kwan First Peoples, zunehmend verrotteten, wurden diese originalgetreu nachgeschnitzt und zur Erinnerung im Totem Park aufgestellt. In den letzten zehn Jahren kamen zehn weitere hinzu, so dass hier derzeit 21 Totempfähle stehen – die größte Sammlung der Insel.

Craig: Das idyllisch auf einer Halbinsel weit im Westen von Prince of Wales Island gelegene Craig ist mit seinen 1400 Einwohnern der größte Ort der Insel. Wie so viele Orte in Alaska wurde Craig durch die Forstwirtschaft groß, lebt aber seit deren Niedergang in den 1990er-Jahren vermehrt von Fischfang und Tourismus. Heute ist Craig mit seinen Unterkünften, mehreren Restaurants und einem Lebensmittelgeschäft das wirtschaftliche Zentrum der Insel, aber auch ein idealer Ausgangspunkt für Fisch- und Wildlifetouren in die Umgebung. Die Gewässer in der Umgebung sind ein Tummelplatz für Seelöwen, Seehunde und Fischotter. Kormorane und Fischreiher sind häufig zu sehen, und selbst Buckelwale kommen oft bis dicht an die Küste. Am besten entdeckt man all dies mit einer Bootstour ab Craig.

Wandern: Ein eher rustikales Erlebnis ist der **Sunnahae Mountain Trail;** der Startpunkt liegt am Highway zwischen Craig und Klawock, in der Nähe der High School und ist nicht ausgeschildert (Einheimische fragen!). Nur knapp 2 km sind es bis zum Gipfel auf 770 Metern Höhe, doch sollte man 2 Stunden für Hin- und Rückweg einplanen. Der untere Abschnitt wurde 2016 durch zusätzliche Treppenstufen und Schotter entschärft, aber weiter oben ist der Trail immer noch mehr Schlammschlacht als Wanderweg. Doch der Aufstieg in die alpinen Regionen wird mit einem netten Ausblick belohnt – das letzte Drittel des Weges verläuft oberhalb der Baumgrenze.

Praktische Infos

Touren **Emerald Island Adventures** bietet individuelle Sightseeing-Touren mit dem Boot oder als Wandertour. 33 North Cove Harbour. ✆ (907) 321-5772, www.emerald islandadventures.com.

Übernachten **Sunnahae Hotel:** Hotelzimmer sowie Cabins mit Küche und Blick übers Wasser. DZ 158 $, Cabin 231 $. 512 Water Street, Craig, ✆ (907) 401-0410, www.sunnahae hotel.com.

Blue Heron Inn: Das klassische Gästehaus mit seinen 4 sauberen und schönen Zimmern liegt zentral mit Aussicht über den Hafen. DZ 99–169 $. 1405 East Hamilton Drive, Craig, ✆ (907) 826-3608, www.craigblueheron.com.

Dreamcatcher B&B: Das B&B mit 3 Zimmern liegt fast direkt am Strand und an zwei Parks. DZ 135 $. 1405 East Hamilton Drive, Craig, ✆ (907) 826-2238, www.dreamcatcher bandb.com.

Trophy Inn: Das B&B 3 km außerhalb von Klawock bietet ein Apartment und eine Cabin, beide sehr komfortabel und geschmackvoll sowie mit kompletter Küche. Jeweils 125 $. B Street, Ecke J Street. Klawock, ✆ (907) 755-2209, www.trophyinn.com.

Ocean Bluebird B&B: Gemütliches Apartment mit Platz für bis zu 4 Personen. Nur zwei Blöcke vom Strand und der Mini-Mall entfernt. Balkon mit Gartenstühlen und BBQ-Grill. 120 $. 602 Oceanview Drive, Craig, ✆ (907) 826-3672, www.oceanbluebirdbb.com.

Creek Cabin: Das Ferienhaus bietet eine komplette, aber schon leicht abgewohnte Küche. Cabin ab 110 $. 6 Aurora Drive, Hollis, ✆ (907) 570-1194, www.holliscreekcabin.com.

Log Cabin Resort: Cabins mit Küche und Suiten sowie 20 Stellplätze für Wohnmobile und Zelte mit Dusche und Waschmaschine. Der örtliche Lebensmittelladen ist nur einige Meter entfernt. Preise variieren stark, je nach Saison und Package, teilweise inkl. Flug von Ketchikan und Motorbootnutzung. Big Salt Road, Klawock, ✆ (907) 755-2205, www.logcabinresortandrv park.com.

Essen und Trinken **Dockside Cafe:** Bodenständige Küche und große Portionen zeichnen das direkt am Wasser liegende Restaurant aus. Viele Specials, je nach Fang des Tages. Tägl. 6–20 Uhr. 504 Front Street, Craig, ✆ (907) 826-5544.

Zat's Pizza: Die Pizzeria in der kleinen Shopping Mall bietet Pizza zum Mitnehmen oder zum Verzehr vor Ort, wobei die großen, teureren zwei Personen satt machen. Di–Sa 12–20 Uhr. 420 Port Bagial Boulevard, Craig, ✆ (907) 826-2345.

Der Norden: Thorne Bay, Kasaan, Coffman Cove und Whale Pass

Thorne Bay: In den 1960er-Jahren war die Bucht Heimat der weltweit größten Holzfällercamps, die auf gewaltigen Flößen stets zu den nächsten lukrativen Waldbeständen weitergeschleppt wurden. 1982 gab das Landprogramm der Regierung den Einwohnern die Möglichkeit, Grund und Boden zu erwerben, was viele taten: Mit seinen heute 500 Bewohnern ist Thorne Bay der drittgrößte Ort der Insel.

Kasaan: Nur 60 Menschen leben noch in der einst zweitgrößten Siedlung der Haida auf der Insel. Berühmt ist Kasaan für das um 1880 erbaute Naay-l'waans-Langhaus, auch „Chief Son-i-Hat Whale House" genannt. Es ist das einzige original erhaltene Langhaus der Haida in den gesamten USA. Seit einigen Jahren werden behutsam Restaurierungen durchgeführt. Der Zugang ist daher oft eingeschränkt und nur mit einer offiziellen Führung der Stammesverwaltung möglich.

Führungen **OVK – Organized Village of Kasaan.** Preis Verhandlungssache, 20 $/Pers. sind angemessen. Etwa 30 km südöstlich von Thorne Bay; die Straße biegt an der Goose Bay Bridge ab. ✆ (907) 542-2230, keine Webseite.

Die raue Piste nördlich von Thorne Bay ist als **Sandy Beach Road** bekannt und führt anfangs durch Wald, dann

Südost-Alaska | USA → Karte S. 582

meist am Ufer der Clarence Strait entlang zu einem Sandstrand, etwa 26 km nördlich von Thorne Bay. Vom Picknickplatz aus kann man oft Buckel- und Schwertwale sowie Seelöwen und Robben beobachten. Fischreiher und Weißkopfseeadler sind hier zahlreich anzutreffen, im Herbst auch Trompeterschwäne. Dazu bietet die Picnic Area bei Ebbe auch noch Tide Pools, wo man das Meeresleben in den Salzwassertümpeln beobachten kann.

Der **Gravelly Creek** ist einer der „Hot Spots" für Lachswanderungen im August und September. Die abendliche Dämmerung ist die beste Zeit, um dort, etwa beim Milepost 4 der Thorne Bay Road (gut 6 km westlich von Thorne Bay), mit etwas Glück Schwarzbären beim Fischen zu beobachten.

Coffman Cove: Der Ort mit seinen 200 Einwohnern war einst völlig von der Holzindustrie abhängig, hat aber den Wandel geschafft und lebt heute von Urlaubern, die einmalige Angelerlebnisse suchen.

Der **Hatchery Creek Trail,** ein schöner Wanderweg auf einem Boardwalk, windet sich durch eine sumpfige Landschaft mit interessanter Vegetation. Die Aussichtsplattform am Hatchery Creek bietet ausgezeichnete Blicke auf den Wasserfall und das Fischwehr, wo sich im Spätsommer Bären beobachten lassen. Der Zugang liegt auf etwa halber Strecke zwischen dem Abzweig von der Hauptstraße und Coffman Cove.

Whale Pass: Die nur 38 Einwohner des Örtchens leben vom Fischfang und in sehr kleinem Rahmen auch vom Tourismus.

Hauptsehenswürdigkeit ist die El Capitan Cave, etwa 30 Minuten nordwestlich von Whale Pass. Ein anstrengender Aufstieg führt vom Parkplatz zum Zugang. Nach etwa 20 Metern durch enge, flache und matschige Passagen (festes Schuhwerk!) zeigt sich die grandiose Höhle und legt ihre 400 Millionen Jahre alte Geschichte offen. Die zweistündigen Führungen sind kostenlos, müssen aber mindesten 2 Tage im Voraus reserviert werden.

■ Im Sommer tägl. 2–3 Führungen, max. 6 Pers. Reservierung nur telefonisch: Thorne Bay Ranger Station, ✆ (907) 828-3304, www.fs.usda.gov/recarea/ tongass/recarea/?recid=78642.

Praktische Infos

Übernachten **Coffman Cove Lodging:** Die vor allem auf Angler ausgerichtete Lodge ist auch eine Option für Nichtfischer. 9 DZ und zwei größere Einheiten. Unterkunft inkl. Vollpension (Dinner, Frühstück, Lunchpaket) 130 $/Pers. Kajak 45 $/Tag. 306 Harbor Avenue, Coffman Cove, ✆ (907) 329-2228, www.coffmancovelodging.com.

Discovery Cabins: Die beiden großzügigen und modernen Cabins werden von der Ortsverwaltung in Kasaan betrieben und liegen direkt am Strand, schöne Ausblicke. Cabin ab 150 $/2 Pers., jede weitere Pers. 10 $, max. 6 Pers. Kasaan, ✆ (907) 542-2230, www.kasaan.org.

Welcome Inn: Die 3 plüschigen Zimmer im Blümchen-Design bieten allen Komfort und teilen sich einen großen Gemeinschaftsbereich. Zusätzlich kann man Lunch-Paket (15 $) und Dinner (25 $) sowie einen Mietwagen (100 $/Tag) buchen. DZ 125 $. Spruce Lane, Thorne Bay, ✆ (907) 828-3950, www.welcomeinnalaska.com.

Mein Tipp **Sweetwater Lake Cabin:** Man rudert 800 m vom Parkplatz auf der anderen Seeseite. Das Boot gehört mit zur Cabin – ideal für Angeltouren (Lachse, Forellen). 45 $/Nacht. An der Straße nach Coffman Cove (16 km vor Coffman Cove, ✆ (518) 885-3639, www.fs.usda.gov/recarea/tongass/recreation/camping-cabins/recarea/?recid=78615&actid=101.

Essen & Trinken **Totem Trail Café:** Das moderne Café in der Community Hall von Kasaan bietet gutes Essen, wenn auch zeitlich stark eingeschränkt. Frühstück und Lunch. Mi–So 9–16 Uhr. Kasaan, ✆ (907) 542-2230, www.kasaan.org/visit-kasaan/totem-trail-cafe.

Bait Box Take Out: Burger, Sandwichs, wöchentliche Specials, Kaffee und Milchshake gibt es hier zum Mitnehmen. Öffnungszeiten variieren stark, meist Mi–Sa 16–19 Uhr. Neben Riggin Shack, dem General Store des Orts. Coffman Cove, ✆ (907) 329-2269.

Tenakee, Chichagof Island

Weitere Ziele in Südost-Alaska

In der Inselwelt Südost-Alaskas finden sich zahlreiche kleinere und kleinste Siedlungen. Die meisten weisen keine touristische Infrastruktur auf: Es sind Dörfer der Tlingit oder größere Holzfäller-Camps. Andere sind groß genug, um ein- oder zweimal pro Woche mit der Fähre bedient zu werden. Das macht sie erreichbarer – aber nicht unbedingt attraktiver.

Nach wie vor dominiert in Südost-Alaska das Leben von und mit den natürlichen Ressourcen. Fischfang, Forstwirtschaft, Bergbau sind vielerorts zu finden. Diese traditionellen Wirtschaftszweige stehen in der alaskanischen Gesellschaft und Wahrnehmung meist gleichberechtigt neben dem immer wichtiger werdenden Tourismus. Wer in die kleineren Dörfer reist, findet mit Sicherheit immer authentisches Alaska, aber nur selten eine touristische Infrastruktur. Nur die wenigsten Orte bieten Läden, Restaurants oder Unterkünfte. Wer hierhin reisen will, sollte sich unbedingt vorab detailliert über die örtliche Infrastruktur informieren. Noch am ehesten erreichbar und interessant sind die folgenden Siedlungen.

Angoon

Das Tlingit-Dorf liegt auf **Admiralty Island,** am Kootnahoo Inlet, etwa auf halber Strecke zwischen Juneau und Sitka. Es verfügt über keine touristische Infrastruktur, ist aber Ausgangspunkt für Kajak- und Kanu-Touren auf

Beim Fähranleger von Angoon

der rund 60 km langen „Cross Admiralty Canoe Route“, die zwei Meeresarme über Inlandseen und einige Portage-Strecken, auf denen das Kanu getragen werden muss, verbindet.

Hoonah

Die größte Tlingit-Siedlung in Alaska liegt auf **Chichagof Island** und verfügt über eine eingeschränkte touristische Infrastruktur (www.visithoonah.com). Die 1912 erbaute Fischkonservenfabrik nördlich des Dorfs wurde zu einem Show-Hafen für die Kreuzfahrtindustrie umgebaut und wird unter dem Namen **Icy Strait Point** von verschiedenen Schiffen angefahren.

Kake

Das Tlingit- und Haida-Dorf auf **Kupreanof Island** war das erste, das sich unter einem neuen Bundesgesetz die Selbstverwaltung erstritt. Touristische Leistungen sind auch hier Fehlanzeige; doch immerhin ragt im Ort Alaskas höchster Totempfahl mehr als 40 Meter in die Höhe. Kake ist Ausgangspunkt für Hochsee-Kajaktouren erfahrener Ozeanpaddler in das Schutzgebiet Tebenkof Bay.

Metlakatla

Alaskas einziges Reservat für Ureinwohner ist nur 45 Fährminuten von Ketchikan entfernt. Hauptsächlich Tsimshian, aber auch Tlingit, Haida und Angehörige anderer Stämme nutzen die Fischereirechte, die ihnen aufgrund des Reservat-Status zustehen. Unter www.metlakatla.com gibt es Informationen über das kleine Hotel und das B&B vor Ort.

Pelican

Nicht viel mehr als ein Holzpier und eine Handvoll Gebäude bilden den „Ort“ an der Nordwestküste von **Chichagof Island.** Pelican ist Heimat für eine kommerzielle Fischereiflotte, bietet aber auch Hobbyanglern beste Möglichkeiten in Salz- und Süßwasser. Das ist der einzige, aber ein durchaus guter Grund herzukommen. Unter www.pelican.net finden sich vor allem Unterkünfte und Charterbootanbieter für Sportfischer.

Tenakee

Der Ort liegt am 55 km langen Meeresarm Tenakee Inlet auf **Chichagof Island.** Straßen gibt es keine: Tenakee zieht sich, teils auf Holzbohlen, an einer kleinen Schotterpiste entlang. Die Einheimischen nutzen Geländefahrzeuge oder Fahrräder für die kurzen Distanzen zur Fähre. Tenakee ist für seine heiße Quelle bekannt, die auch heute noch das 1939 errichtete kleine öffentliche Badehaus versorgt. Das einzige Becken ist nur 2,70 m x 1,80 m groß, da aber Frauen und Männer zeitlich getrennt baden müssen, kommt es selten zu Gedränge. Eine einfache Lodge mit fünf Zimmern und vier zu Ferienhäusern umgebaute Hütten sorgen für ein Dach über dem Kopf (www.tenakeespringsak.com).

Yakutat

Der Ort in Southcentral Alaska, auf halber Strecke zwischen Juneau und dem Prince William Sound, wird monatlich zweimal von der Fähre bedient. Yakutat ist einer der abgelegensten Orte ganz Alaskas und Heimat der Tlingit und Eyak-Athabasken, aber auch von Nachfahren amerikanischer, russischer und englischer Bergleute und Händler. Der Ort ist Ausgangspunkt für expeditionsähnliche Entdeckungstouren in die atemberaubende Natur der Umgebung. Der Malaspina-Gletscher als größter Vorland-Gletscher und der Hubbard-Gletscher als größter ins Meer kalbender Gletscher Alaskas sind ebenso Ziele wie der Wrangell-St.-Elias-Nationalpark. Sportfischer finden hier einige der fischreichsten Gewässer der gesamten Westküste, Extremsurfer reiten auf den Wellen der Far North Shore. Eine Handvoll Fishing Lodges und Unterkünfte sind unter www.yakutatalaska.com aufgelistet. Der National Park Service informiert ausführlich über Yakutat: www.nps.gov/wrst. Ein Blick auf die Webseite lohnt sich. Und sei es auch nur, um sich noch einmal zu vergegenwärtigen, wie klein der touristisch erschlossene Teil Alaskas ist – und wie weit und groß die unbekannte Wildnis …

Visitor Centre in Yakutat

Südost-Alaska | USA → Karte S. 582

Zug der White Pass & Yukon Route Railroad

Nachlesen &

Nachschlagen

Erdrutsch in Frank, Alberta

Geologie und Geografie

Zwei Landschaftsformen prägen den Nordwesten Nordamerikas: die zerklüftete Pazifikküste mit ihren Vulkanen und Tausenden von Inseln sowie die bis auf knapp 4000 m Höhe aufragenden Rocky Mountains. Beide sind durch komplexe geologische Entwicklungen entstanden und über Millionen Jahre geformt worden.

Pazifischer Feuerring

Die gesamte Pazifikküste British Columbias und Südost-Alaskas ist Teil eines Vulkangürtels, der den Pazifik im Osten, Norden und Westen umgibt. Dieser sog. Pazifische Feuerring ist auch heute noch durch aktive Vulkane, Erdbeben und Tsunamis geprägt. Vor der Nordwestküste Amerikas schiebt sich die Pazifische Platte kontinuierlich unter die Nordamerikanische Platte. Hinzu kommen mehrere kleine Platten wie die Juan-de-Fuca-Platte vor der Küste des US-Staats Washington. Der bei der Reibung der Platten entstehende Druck führt dazu, dass das Gestein der oberen Erdkruste teilweise schmilzt. Infolgedessen entladen sich die Spannungen, die sich durch die Verschiebungen der Erdplatten ergeben, in oft schweren Erdbeben, oder das aufsteigende Magma bricht sich in einem meist explosiven Vulkanismus seine Bahn.

Erdbeben und Vulkanausbrüche

Alleine in den letzten 80 Jahren gab es in der Region zahlreiche größere Eruptionen und Erdbeben. 1946 und 1949 verzeichnete British Columbia zwei gewaltige Beben mit Stärken von 8,1 und 7,5. Die Epizentren lagen auf Vancouver Island und auf den Haida-Gwaii-Inseln. In Alaska löste das Karfreitagsbeben von 1964 einen Tsunami von bis zu 67 Metern Höhe aus. Bei dem Beben der Stärke 9,2, dem stärksten je gemessenen Wert in den USA, verloren 125 Menschen ihr Leben. Im Mai 1980 verursachte ein Erdbeben einen gewaltigen Erdrutsch an der Flanke des Mount St. Helens in Washington. Infolgedessen war das darunterliegende, bisher stark komprimierte Magma-Gas-Dampf-Gemisch nur noch einem geringen Druck ausgesetzt und entlud sich in einem pyroklastischen Strom mit 1,2 km^3 ausgeworfenem Gemisch aus Fels, Gas und Magma. Der Ausbruch war über hunderte von Kilometern hinweg zu sehen und zu hören und forderte 57 Menschenleben. Der Mount St. Helens ist der südlichste Teil des Garibaldi-Vulkangürtels, der sich bis in eine Region etwa 500 km nordwestlich von Vancouver an der Festlandsküste erstreckt. Einfach wahrzunehmen sind die bis in 3200 m Höhe aufragenden Gipfel der „Coast Mountains" genannten Bergkette. Diese entstanden sowohl als Teil der Plattenverschiebung, aber auch durch andere geologische Entwicklungen. Tief unter ihnen schlummern gewaltige Magmakammern in Kanadas jüngsten Vulkanen. Mit immer aufwendigeren vulkanologischen und seismologischen Methoden versuchen Wissenschaftler, Prognosen über Zeit, Ort und Stärke künftiger Beben und Vulkanausbrüche abzugeben.

Die Entstehung der Rocky Mountains

Die Rocky Mountains verdanken ihre Entstehung plattentektonischen Aktivitäten in drei Phasen vom mittleren Jura (vor etwa 170 Mio. Jahren) bis hin zum mittleren Eozän (vor ca. 40 Mio. Jahren). Zu Beginn bildete diese Region den Westrand des nordamerikanischen Kontinents. Die ozeanische Platte hob dann regionsfremdes Gestein auf diesen Kontinentalrand und lagerte Sedimente vom Meeresboden ab. Fundstätten im Yoho National Park zählen heute zum Weltkulturerbe: Im sog. Burgess-Schiefer finden sich seltene Fossilien aus dem Mittleren Kambrium (vor etwa 500 Mio. Jahren). Die damals unter dem Meeresspiegel liegenden Schichten wurden durch die Bewegungen der Platten und der Erdkruste bis in diese Höhen transportiert. Vor 70 Millionen Jahren wurden dann die heutigen Rocky Mountains von unten durch diese Ablagerungen mehrere Tausend Meter in die Höhe gedrückt. Zwischen etwa 70.000 und 10.000 v. Chr. waren die Berge zu weiten Teilen vergletschert; noch heute finden sich im kanadischen Teil große Gletscherfelder wie das bekannte **Columbia Icefield** am Icefields Parkway zwischen Jasper und Banff.

Alberta – Fundgrube für Paläontologen

Vor etwa 90 bis 70 Millionen Jahren war Alberta tropisch warm – ein Dinosaurier-Paradies. Heute zählt die kanadische Provinz zu den weltweit wichtigsten Fundstätten von Fossilien, was vor allem den sedimentreichen Flüssen zuzuschreiben ist.

Canyon Country NWT

Das überwiegend flache, sumpfige Land in den Northwest Territories scheint kaum Besonderheiten aufzuweisen: Die dünne Erdkruste und die kalten Winter erlauben nur wenigen Pflanzen das Überleben. Der **Great Slave Lake** ist mit 614 m Nordamerikas tiefstes Gewässer. Im Südwesten, an der Grenze zu British Columbia, hat der Nahanni einen spektakulären, über 1000 Meter tiefen Canyon in die nördlichen Rocky Mountains geschnitten. Der nur schwer zugängliche **Nahanni National Park** lohnt die Mühen eines Besuchs.

Der Yukon – Eisbarrieren und Gold

Auch im Yukon formten die Ausläufer der Rocky Mountains das Terrain. Die Tintina-Linie durchquert die Provinz etwa auf der Linie Dawson City – Stewart Crossing. Nordöstlich von ihr liegt das „alte Nordamerika", südwestlich haben zahlreiche Plattenverschiebungen „neues" Land angehäuft. Dort, wo die Platten aufeinandertrafen, drang Magma der pazifischen Platte in das Felsgestein der amerikanischen.

Burgess-Schiefer in den Rocky Mountains

Beim Abkühlungsprozess lösten sich Wasserdampf, Gold und andere Mineralien aus dem Magma, sprengten Risse in den Fels und lagerten sich darin ab. Diese Plattenkollision hat auch das Bergmassiv an der Küste auf fast 6000 m Höhe angehoben: Der **Mount Logan** im Kluane National Park ist mit 5959 m Kanadas höchster Gipfel; er erhebt sich inmitten eines fast 20.000 km^2 großen Fels- und Eismassivs, des größten nicht-polaren Eisfelds der Erde. Die meisten Wolken regneten sich an diesem Massiv aus, der im Regenschatten liegende heutige Yukon bekam nur wenig Niederschlag ab. Aber wo kein Wasser ist, kann nichts gefrieren: Während die Küste in der letzten Eiszeit unter einem kilometerdicken Eispanzer erstarrte, was zu einem Absenken des Wasserspiegels führte, zogen Mammuts, Löwen und Kamele über die dadurch entstandene Bering-Landbrücke in die trockenen Steppen des Yukon. Eisbarrieren und die von den Gletschern verschobenen Felsbrocken versperrten dem ursprünglich nach Westen fließenden Yukon River den Weg. Bei seinem Umweg grub er sich immer tiefer in das von Trockenheit und Erosion geprägte Land – bis hinunter in die Erdschichten, wo das Gold lag. Jetzt war es nur noch eine Frage der Zeit, bis die ersten Goldsucher auf das wertvolle Metall stießen …

Alaskas vergängliche Gletscher

Die westlichen und südlichen Ausläufer des Eis- und Felsmassivs des Kluane-Nationalparks reichen bis weit nach Alaska und bilden dort die Nationalparks Wrangell St. Elias und Glacier Bay. Gerade **Glacier Bay** ist heute eines der schönsten Reiseziele in Südost-Alaska. Aber wie lange noch? Die kleine Eiszeit, die vor etwa 4000 Jahren begann, erreichte ihren Höhepunkt um 1750 n. Chr. Seitdem schmelzen die Gletscher hier – also lange bevor die Menschheit mit ihrem CO_2-Ausstoß zur Erderwärmung beitrug. Doch lässt sich nicht leugnen, dass sich die Gletscher in der Bucht zunehmend schneller zurückziehen. Im Rest Südost-Alaskas ist erneut der pazifische Feuerring präsent: Der nächste Ausbruch des Mount Edgecumbe bei Sitka ist geologisch überfällig. Auf Prince of Wales Island bildeten die Plattenverschiebungen Karstgestein, das Höhlensysteme formte. Mit mehr als 3 km Länge ist „El Capitan" die größte Höhle Alaskas.

Klima und Reisezeit

Vereinfacht gesagt: An der Küste regnet es mehr als bei uns, im Landesinneren ist es von Mai bis August wärmer als in Mitteleuropa, der Sommer ist die beste Reisezeit. Mit dieser Faustformel kann man schon ganz gut planen, aber natürlich muss man differenzieren. Die Region, die dieser Reiseführer abdeckt, ist kaum kleiner als die EU. Verschieben wir in Gedanken die Landkarte des Nordwestens Amerikas einmal Richtung Europa ... Dann läge Tuktoyaktuk nicht mehr in den Northwest Territories, sondern fast am norwegischen Nordkap, Vancouver aber bei Frankfurt und die Badlands Albertas irgendwo hinter Kiew in der ukrainischen Provinz. Südost-Alaska wäre dann übrigens auf den Britischen Inseln zu finden – womit schon mal das dortige regnerische Wetter erklärt wäre ...

Die Landschaft prägt das Klima. Drei Faktoren sind dabei bestimmend: die geographische Breite (je nördlicher, desto kühler), die Entfernung zur Küste (je weiter weg, desto wärmer sind die Sommer und umso kälter die Winter) sowie die Lage zu den großen Gebirgen. Die Stürme haben über dem Pazifik mit seinen vorherrschenden Westwinden viel Zeit, Regenmengen anzusammeln, um sie dann an der Westküste Vancouver Islands, an den Coast Mountains oder an den Rocky Mountains in Form von Regen, Hagel und Schnee wieder loszuwerden.

Regionale Unterschiede: An der Westküste Vancouver Islands und in Südost-Alaska fallen im Schnitt 50–100 % mehr Niederschläge als in Mitteleuropa. Die vier niederschlagärmsten Monate sind auf Vancouver Island Juni bis September, in Südost-Alaska Mai bis August. Die sommerlichen Tageshöchsttemperaturen überschreiten nur selten 25 Grad an der Westküste Vancouver Islands bzw. 20 Grad in Südost-Alaska, denn im gemäßigten Regenwald bremst das maritime Klima die jahreszeitlichen Temperaturschwankungen. Die Sommer sind also kühler, die Winter milder als im Landesinneren.

Etwas anders sieht es an der Ostküste Vancouver Islands, auf den Gulf Islands und an der Sunshine Coast aus: Sommerliche Höchstwerte von 30 Grad sind hier nicht ungewöhnlich, die Regenmenge liegt bei nur 400–600 mm im Jahr. In Vancouver fällt wieder mehr Regen, aber auch hier sind die Sommer trocken und warm, die Winter nass und kühl. Hinter den Coast Mountains, die weitere Niederschläge abhalten, gelangt man ins trockene Zentralplateau von British Columbia: Hier werden im Sommer auch schon mal 40 Grad erreicht, die Niederschläge sind gering. Die Westseite der Rocky Mountains fängt weitere Regenfälle ab: Wenn es in Revelstoke oder Golden schüttet, kann in Banff oder Jasper wolkenloser Sonnenschein herrschen: Die Nationalparks der Rockies weisen nur halb so viel Niederschlag auf wie Mitteleuropa, diesen aber leider vor allem zwischen Mai und September, bei Tageshöchstwerten von durchschnittlich kaum über 20 Grad im Schatten – der aber bei Bergtouren oft nicht gegeben ist. Noch wärmer wird es in der wüstenähnlichen Region des südlichen Okanagans und auch in Südost-Albertas Badlands: Temperaturen von 20 Grad nachts und 35 bis 40 Grad tagsüber, im Sommer oft von nachmittäglichen Gewittern begleitet, sind nicht ungewöhnlich. Was überrascht: Die Zone des trocken-warmen Kontinentalklimas zieht sich weit in den Norden, über Alberta hinaus bis in den Yukon und die Nordwest Territories. Selbst Whitehorse, Dawson City, Yellowknife und Inuvik erreichen im Sommer leicht 25 bis 30 Grad, denn die nicht untergehende Sonne verhindert eine nächtliche Abkühlung.

Hauptreisezeit: Das Klima definiert meistens auch die Reisezeit, zumal sich fast alle touristischen Anbieter danach richten: Die wichtigsten Museen sind vom dritten Mai- bis zum ersten Septemberwochenende geöffnet; auch Freizeitangebote beschränken sich oft auf diesen Zeitraum. Juli und August sind im gesamten Gebiet, das dieser Reiseführer abdeckt, die wichtigsten und schönsten Reisemonate: Die Tage sind lang, die Bergwiesen blühen, viele Events und Festivals sind angekündigt, und infolge der starken Nachfrage erhöhen die Unterkünfte ihre Preise. Im Yukon, in den NWT und in Südost-Alaska werden Anfang September, wenn der erste Schnee fällt, die Bürgersteige hochgeklappt. Juni und September sind aber für die südlichen Ziele ideale Reisemonate, denn auf Vancouver Island, in den Rockies und in Alberta sind keine Massen wie in der Hauptsaison unterwegs, und vieles ist günstiger. Achtung Wanderer: In den Hochlagen der Gebirge sind viele Wanderwege noch bis Anfang Juli verschneit. Die Metropolen wiederum lohnen als Reiseziele auch im Herbst und Winter und locken dann mit einem großen Kulturangebot. Regen (Vancouver) und Frost (Edmonton und Calgary) darf man aber nicht scheuen.

Jährliche Höhepunkte: Die faszinierendsten Seiten der Natur richten sich nicht nach schönem Wetter, sondern haben ihre eigenen Zyklen. Wale kann man ganzjährig sehen, doch am eindrucksvollsten ist es, schon Ende März nach Tofino zu kommen, wenn Zehntausende von Grauwalen direkt an der Küste entlang nach Norden ziehen. Grizzlys und andere Bären beobachtet man am besten, wenn die Lachse in ihre Laichgewässer ziehen. Je nach Lachsart und Fluss finden die Wanderungen meistens zwischen Juli und Dezember statt; die hohe Zeit der Anbieter für Bear Watching sind daher die Monate September und Oktober. Auch wer die eindrucksvolle Wanderung einer mehrere Zehntausend Tiere umfassenden Karibu-Herde in den Northwest Territories mit eigenen Augen erleben möchte, wird sich besser auf frostige Temperaturen einstellen.

Pflanzen und Tiere

So unterschiedlich Landschaften und Klima im Nordwesten des amerikanischen Kontinents sind, so vielfältig sind auch Flora und Fauna. Allerdings bleiben selbst Kanada und Alaska nicht von negativen Umwelteinflüssen verschont; sowohl die extensive Holzwirtschaft in den Regenwäldern der Küste als auch das Fracking in Alberta zur Förderung von Ölsand setzen der Natur mächtig zu. Zudem wird in den nächsten Jahren die Klimaerwärmung vor allem im äußersten Norden das Ökosystem weiter aus dem Gleichgewicht bringen. Dennoch stößt man auf intakte und oft unberührte Landschaften.

Die Pflanzenwelt

An der Küste

Von Südost-Alaska über die Pazifikküste British Columbias bis hinunter nach Nordkalifornien erstreckt sich der weltweit größte zusammenhängende **gemäßigte Regenwald.** Douglasien, Riesen-Lebensbäume, Sitka-Fichten, aber auch riesige Farne prägen die dunklen, feuchten und kühlen Wälder. Allerdings hat die Forstwirtschaft in den vergangenen Jahrzehnten ganze Arbeit geleistet; naturbelassene Urwälder finden sich nur noch in den Schutz-

Der gemäßigte Regenwald prägt die Küstenregionen

gebieten Vancouver Islands und vereinzelt im Nordwesten British Columbias. Etwas besser sieht es in Südost-Alaska aus, wo es noch 23.000 km² sog. **First Growth Forest** gibt, Urwald, der bis heute sich selbst überlassen blieb.

Während in den 1980er-und 1990er-Jahren Umweltschutzbewegungen Einwohner und Politiker für den Regenwald sensibilisierten und oft den schlimmsten Kahlschlag verhinderten, stellte sich Kanadas vorletzter Premierminister Stephen Harper klar auf die Seite der Holzwirtschaft. Der aktuelle Premierminister Justin Trudeau hat noch nicht verbindlich Stellung bezogen. Zunehmend trägt aber eine Strategie verschiedener First Nations Früchte: Vor ein, zwei Jahrzehnten wurde den besten Schülern und Schülerinnen ein Jurastudium finanziert; heute können sie die Rechte der Ureinwohner auch vor Gericht vertreten.

Wer durch den Regenwald an der Küste wandert, wird immer wieder auf Hinweistafeln stoßen, die erläutern, welcher Jahrhunderte-alte Baumriese da gerade vor einem in den Himmel ragt. Die häufigsten sind: **Douglas Fir** = Douglasie, Douglastanne (pseudotsuga menziesii); **Western Hemlock, Hemlock Fir** = Hemlocktanne (tsuga heterophylla); **Red Cedar,** auch **Giant Cedar** = Riesenlebensbaum (thuja plicata); **Sitka Spruce** = Sitkafichte, westliche Fichte (picea sitchensis)

Rocky Mountains

In den Rocky Mountains und ihren nördlichen Ausläufern dominieren ebenfalls ausgedehnte Nadelwälder, wobei an sonnigen Stellen auch die Pazifische Eibe in Erscheinung tritt. Der trockenere Waldboden wird oft vom Stinktierkohl (Skunk Cabbage) dominiert. In den mittleren Höhenlagen finden Eschen-Ahorne ein Auskommen, mit zunehmender Höhe sind nur noch robuste Nadelbäume wie Engelmannfichten und Felsengebirgstannen überlebensfähig. Die meist im August in voller Blüte stehenden alpinen Bergwiesen strotzen vor Arnika und Margeriten, Bergbaldrian und rotem Indian Paintbrush.

Alberta

Das weite Grasland und seine Bisons, das wir aus Filmen wie „Wer mit dem Wolf tanzt" kennen, gibt es kaum noch. Die **Bisons** wurden vor 150 Jahren fast ausgerottet, und die Grasslands mit ihren über 40 verschiedenen Gräsersorten sind bis auf wenige Ausnahmen unter den Pflugscharen der Siedler zu Ackerland geworden. Im Cypress Hills Interprovincial Park an der Grenze zu Saskatchewan und im Writing-on-stone Provincial Park im Süden sind die ausgedehntesten **Prärieregionen** Albertas zu finden.

Yukon und NWT

Beide Provinzen sind im Süden von der Taiga, im Norden von der Tundra geprägt. Der in Kanada „Boreal Forest" genannte Nadelwald der Taiga zieht sich in Ost-West-Richtung über 7000 km fast von Küste zu Küste und bildet Kanadas größtes Ökosystem. Die dünne, oft stark säurehaltige Erdschicht gewährt nur den robustesten Lärchen und Fichten ein Auskommen. Flache Seen und Tümpel, dazwischen der typische torfig-sumpfige Bewuchs, Muskeg genannt, machen ein Fortkommen abseits von Straßen und Wegen unmöglich. Im extremen Norden erstreckt sich die nur auf den ersten Blick lebensfeindliche, baumlose Tundra. Der Permafrostboden und oft starke Winde verhindern einen echten Baumbestand, doch zahlreiche Flechten, Gräser, kleine Sträucher und selbst Weiden finden an windgeschützten Hängen und in Senken ein Auskommen. Sie färben im September die Landschaft in Rot, Gelb und vielen Schattierungen dazwischen.

Die Tierwelt

Im Wasser

Die Gewässer der Pazifikküste sind reich an Nährstoffen und schaffen so die Lebensgrundlage für vielfältiges Leben auf und im Wasser. Die größten Meeressäuger der Region sind die **Grau- und Buckelwale,** die vor allem vor der Westküste Vancouver Islands anzutreffen sind. An der Nordostküste der Insel tauchen in der zweiten Hälfte des Sommers auch **Schwertwale** (Orcas) auf. Zudem sind häufig Schweinswale und Delfine zu sehen. Zahlreiche Anbieter führen in der Saison Touren zu Walbeobachtungen durch.

Fischotter, die auf dem Rücken treibend ihre Jungen tragen, kann man an vielen Orten sehen. Die felsigen Eilande vor der Küste, oft aber auch Hafenbecken, sind die Heimat der **Robben,** die ihre Felsen nicht nur gegen die überlegenen und größeren **Seelöwen** verteidigen, sondern auch auf der Hut sein müssen, um nicht Beute der Schwertwale zu werden: Während sich die lokal ansässigen Orcas (Residents) vor allem von Fischen ernähren, gehen die durchziehenden Orcas (Transients) gut koordiniert auf die Jagd nach Robben und anderen Meeressäugern, was ihnen den Beinamen „Killer Whales" einbrachte.

Angler freuen sich auf Duelle mit Hochseefischen wie Thunfisch (Tuna), Kabeljau (Cod) und Heilbutt (Halibut), die regelmäßig in Rekordgröße aus dem Pazifik an Bord gezogen werden. Die nährstoffreichen Küstengewässer sind aber nicht nur Heimat für Meeressäuger und Fische: Vor der Küste British Columbias werden auch die größten Tintenfische, Jakobsmuscheln und Seesterne der Welt gefunden. Ein Spaziergang bei Ebbe erlaubt faszinierende Einblicke in die Tierwelt der zahlreichen **Tide Pools** (Felsenbecken, in denen sich das Seewasser sammelt).

An der nördlichen Pazifikküste sind Königslachs (King Salmon oder Chinook), Silberlachs (Coho), Rotlachs (Sockeye) und der von Menschen weniger begehrte Keta-Lachs (Chum Salmon) heimisch.

Whale Watching – Wale beobachten

Die nährstoffreichen Gewässer rund um Vancouver Island sind Heimat von Buckelwalen und Orcas. Im Frühjahr und Herbst ziehen zudem Grauwale an der Westküste vorbei; einige bleiben den ganzen Sommer vor der Insel. In Südost-Alaska, vor allem in den Gewässern westlich von Juneau, sind ebenfalls Grau- und Buckelwale anzutreffen.

Einmal die majestätischen Meeressäuger von nahem zu erleben, ist der Wunsch vieler Kanada-Reisender. Damit dies zu einem eindrucksvollen Erlebnis wird, ist vorab zu klären: Welche Wale möchte ich sehen? Wann und wo kann ich das tun? Und wie komme ich zu den Walen?

Wann und wo? Zwischen Victoria und den Gulf Islands sind etwa 85 Resident Orcas (Residents) heimisch, die sich am besten zwischen Mai und November beobachten lassen, wenn hier die Lachse laichen. An der Johnstone Strait und im Broughton-Archipel leben weitere 250 Orcas (Residents), die Anfang Juli bis Oktober von Campbell River, Telegraph Cove oder Port McNeill aus zu sehen sind. An der Westküste von Vancouver Island kann man von Februar bis Oktober von Tofino und Ucluelet aus Grau- und Buckelwale erleben, mit etwas Glück auch durchziehende Gruppen von Orcas (Transients).

Alle Anbieter machen sich gegenseitig über Funk auf Wale aufmerksam; das erhöht die Chance einer Sichtung. Die Kehrseite der Medaille: Rund um Victoria tummeln sich zu Spitzenzeiten bis zu hundert Boote gleichzeitig auf der Suche nach den Walen – da bleibt oft nur der Blick aus einigen hundert Metern Entfernung. Von den kleineren Orten im Westen oder Norden der Insel brechen dagegen meist nur eine Handvoll Boote gleichzeitig auf.

Mit wem? Viele Anbieter fahren mit größeren Booten hinaus: Man kann sich während der mehrstündigen Tour in der geschützten Kabine und auf dem offenen Deck frei bewegen; meist ist auch ein WC an Bord. Andere Anbieter nutzen große Schlauchboote, sogenannte Zodiacs. Einerseits ist es schon ohne Walsichtung ein kleines Abenteuer, in einen Survival-Anzug verpackt und auf dem Sitz festgeschnallt mit hohem Tempo über die Wellen zu flitzen. Andererseits sind Lärm, Rüttelei und eingeschränkte Bewegungsfreiheit nicht jedermanns Sache.

Buckelwal im Pazifik

Trotz Zersiedelung und Umweltverschmutzung ziehen sie im Herbst noch immer in riesigen Schwärmen flussaufwärts in die Gewässer ihrer Geburt, um dort zu laichen – wenn sie nicht auf den letzten Metern von den Pranken hungriger Bären zerfetzt werden. Auch dies hat aber sein Gutes, denn die verwöhnten Bären essen meist nur die proteinhaltigsten Teile, nachdem sie ihren Fang tief in den Wald geschleppt haben; der Rest verrottet und führt so dem Waldboden reichlich Dünger zu.

An der Küste

Die Fjorde der Festlandsküste und die vielen Inseln sind die Heimat der Grizzlybären, Schwarzbären und des seltenen Kermodebären. **Grizzlys,** auch Braunbären genannt, erreichen dank der proteinreichen „Lachs-Diät" bis zu 600 kg Gewicht. Meist leben die Braunbären zurückgezogen in den höheren Bergregionen, doch kann man sie im Frühjahr auch beim Grasen am Highway entdecken. Zur Laichzeit der Lachse suchen sie die Flussmündungen auf, wo die Lachse sich aufhalten. Grizzly-„Hochburgen" finden sich an der unzugänglichen Küste von British Columbia, wo zahlreiche Lodges mehrtägige Aufenthalte mit Ausfahrten zur Bärenbeobachtung anbieten. Die höchste Grizzly-Dichte weltweit verzeichnet Admiralty Island in Südost-Alaska: 1600 Braunbären leben auf dieser Fortress of the bears (Festung der Bären) so dicht aufeinander, dass jedem nur etwa eine Quadratmeile für sein Revier bleibt; das geht nur aufgrund der reichhaltigen Lachsschwärme gut, die genug Nahrung für alle bieten. Es gibt nur wenige Lizenzen (Permits) pro Tag für Flüge vom 15 Meilen entfernten Juneau auf die Insel; die Plätze sind heiß begehrt (und teuer!) und müssen langfristig gebucht werden. Grizzlys und die kleineren Schwarzbären gehen sich meist aus dem Weg, doch rund um das Anan Bear Observatory, das von Ketchikan oder Wrangell per Flug oder Boot erreichbar ist, sind beide heimisch.

Der typische Muskelbuckel an den Schultern der Grizzlys tritt selbst im Sitzen hervor

Schwarzbären sind auf Vancouver Island vor allem im Norden häufig anzutreffen, aber auch auf vielen anderen Inseln. Auf den Haida-Gwaii-Inseln sind die größten Exemplare der Welt heimisch: Schulterhöhen von 1,40 m (in vierbeiniger Haltung gemessen!) sind nicht ungewöhnlich. Da das Fell sowohl der Schwarzbären als auch der Grizzlys sehr unterschiedliche Färbungen und Schattierungen annehmen kann, ist ein zuverlässiges Unterscheiden der beiden Gattungen auf den ersten Blick oft schwer. Schwarzbären haben eine eher längliche schmale Schnauze, die oft an einen Hund erinnert, Braunbären dagegen eine rundere Kopfform mit einer kurzen Nase und einen ausgeprägten, kräftigen Muskelbuckel im Schulterbereich, der dem Schwarzbären fehlt. Ab Tofino gibt es Touren zur Bärenbeobachtung: Man fährt bei Ebbe mit dem Boot in einige abgelegene Meeresarme, wo die Schwarzbären recht zuverlässig vom Wasser aus beobachtet werden können, wenn sie mit Leichtigkeit Felsen umdrehen, um an Krebse und Muscheln heranzukommen.

Im Norden British Columbias, im Herzen des Great Bear Rain Forest, ist Kanadas berühmtester Bär heimisch: der **Kermodebär,** von den First Nations der Tsimshian auch Moksgm'ol (Geisterbär) genannt. Es handelt sich um eine Unterart des Schwarzbären, bei der etwa 10 % der Tiere ein helles Fell aufweisen, dessen Färbung von weiß bis beige reicht, die Tiere sind aber keine Albinos. Nach der Überzeugung der Tsimshian sollen uns die weißen Bären an die schreckliche Phase der letzten Eiszeit erinnern, wir sollen dankbar dafür sein, dass uns die Natur heute im Überfluss beschenkt. Wissenschaftler dagegen halten eine rezessive Genmutation in der natürlichen Evolution für möglich: Weiße Bären verdunkeln das Ufer nicht so sehr wie schwarze und werden daher von Lachsen weniger als Bedrohung wahrgenommen, was dem Kermodebären den Lachsfang erleichtert. Nur wenige Anbieter führen in der Region Öko-Tourismus für Kleinstgruppen durch, und es gibt nach seriösen Schätzungen nur noch etwa 200 bis 300 Kermodebären – Sichtungen können nicht garantiert werden.

Kermodebär

Weißkopfseeadler, Möwen und Raben dominieren die Lüfte, an windstillen Orten findet man aber auch Kolibris. Seeadler sind oft auf hohen Bäumen, aber auch auf Masten in Häfen zu finden. Wer sich ihnen sehr, sehr langsam, mit Bewegungen im Zeitlupentempo nähert, hat gute Chancen, bis auf etwa 20 Meter an sie heranzukommen und eindrucksvolle Fotos zu schießen.

Rocky Mountains und Alberta

Auch hier sind Schwarzbären und Grizzlys heimisch, teilen sich aber den Wald mit den mächtigen **Wapiti-** und den kleineren **Maultierhirschen.**

Murmeltiere und Streifenhörnchen sieht man allerorten, Bergziegen und Dickhornschafe nur in oft unzugänglichen Höhenlagen. Flachere Waldregionen mit Bächen sind oft die Heimat von **Bibern**, deren eindrucksvolle Dämme teils schon von der Straße aus zu sehen sind. Abgesehen vom Bisongehege im Waterton Lakes National Park, bekommt man in den weiten Agrarlandschaften Albertas nur selten Tiere zu sehen. In den nicht bewirtschafteten Landstrichen sind Weißschwanzhirsche und Präriehunde heimisch; nächtliches Jaulen stammt von Kojoten, nicht von Wölfen.

Yukon und NWT

Der unzugängliche Nadelwald der Taiga ist Lebensraum für Bären und Elche. In den NWT wird man im Wood Buffalo National Park, aber auch auf dem Highway nach Yellowknife ziemlich sicher **Bisons** sehen. Zusätzlich gibt es in Taiga und Tundra aber auch Tiere, denen fast jeder Besucher der NWT begegnen wird: Moskitos, Mücken und Bremsen. Der Fairness halber muss gesagt werden: Die gibt es in allen anderen Provinzen auch. Wer sich nicht gerade an stehenden oder langsam fließenden Gewässern aufhält, sondern trockenere, windigere Plätze aufsucht, wird nur wenig Belästigung erfahren.

Die Flechten, Gräser und Sträucher der Tundra sind Nahrung für die gewaltigen **Moschusochsen** auf Banks Island und für die großen Herden von Karibus auf dem Festland. Die Rentiere selbst sind aber auch nur Teil der Nahrungskette: Schwache und kranke Tiere, die dem Zug der Herde nicht folgen können, fallen Wölfen oder – seltener – Eisbären oder Grizzlys zum Opfer. Polarfüchse und Geier machen sich dann abschließend über die Reste her. Gänse und Reiher nutzen die kurzen Sommer, bevor sie im Winter wieder ins südliche Alberta, nach British Columbia oder noch weiter ziehen. **Loons** (Seetaucher) sind an allen großen Binnengewässern Westkanadas zu finden. Der Vogel ziert die kanadische 1-Dollar-Münze, die deswegen auch „Loonie" genannt wird. Der Seetaucher sieht einer großen Ente oder einer kleinen Gans ähnlich, genetisch ist er allerdings mit den Pinguinen der Südhalbkugel verwandt.

Sasquatch – bitte nicht schießen

Von Kanada bis nach Kalifornien stößt man in den Urwäldern und Bergen entlang der Küste immer wieder auf den Mythos des Sasquatch (Kanada) bzw. Bigfoot (USA). Die Legende dieses humanoiden Wesens mit großen Füßen und starker Fellbehaarung lässt sich bis 1850 zurückverfolgen. Trotz zahlreicher angeblicher Sichtungen fehlen wissenschaftliche Beweise. Meistens handelt es sich bei den angeblichen Sasquatch-Fotos um Bären, die durchaus auch auf zwei Beinen stehen und laufen. Auch wenn es den Bigfoot vielleicht gar nicht gibt, hat British Columbia ihn sicherheitshalber geschützt: Das Erschießen eines Sasquatch ist hier gesetzlich verboten. In Albertas Parlament hingegen scheiterte ein ähnlicher Antrag ...

Geschichte Westkanadas

Während der letzten Eiszeit, die vor etwa 110.000 Jahren begann und vor gut 10.000 Jahren endete, waren weite Teile Alaskas und Westkanadas kilometerhoch von Eis bedeckt. Das so gebundene Wasser führte dazu, dass der Meeresspiegel deutlich niedriger lag als heute: Asien und Nordamerika waren über Zehntausende von Jahren über die **Bering-Landbrücke** miteinander verbunden. Nach dem heutigen Stand der Forschung erfolgte die Besiedlung von Nord- und Südamerika über diesen Landweg. Gesicherte Spuren am Bluefish River im Yukon reichen 20.000 Jahre zurück, neue Funde in Kalifornien werden sogar auf ein Alter von 130.000 Jahren datiert.

Man nimmt an, dass die Besiedlung in etlichen Wellen durch zahlreiche unterschiedliche asiatische Stämme erfolgte. Einige folgten der Nordküste auf der Jagd nach den Großtieren des Pleistozäns wie Mammuts, Kamelen und Helm-Moschusochsen – immer auf der Hut vor amerikanischen Löwen. Andere bevölkerten die großen Ebenen im Inneren des Kontinents: Für das heutige Alberta lässt sich eine Besiedlung seit etwa 8000 Jahren nachweisen. Während die Jäger und Sammler im Inneren des Kontinents oft einen täglichen Überlebenskampf führten, ließ an der Küste der Reichtum der Natur viel Zeit zur Entwicklung komplexer Gesellschaftsstrukturen mit eindrucksvollen Kulturzeugnissen wie Masken und Totempfählen. Zwar erreichten die Stämme nicht den Entwicklungsstand der mittelamerikanischen Hochkulturen, doch schufen die Tlingit und Haida der Pazifikküste die am weitesten entwickelten nordamerikanischen Kulturen. Sie trieben über hunderte von Kilometern Handel, brachten z. B. Fischöl und andere Waren von den Küsten bis tief in den heutigen Yukon und nahmen von den dortigen Athabasken Erze und Pelze mit an die Küste.

Segler und Siedler

Die ersten Europäer: Der englische Freibeuter und Entdecker Sir Francis Drake erreichte 1579 im Rahmen seiner Weltumsegelung die Nordwestküste nicht weit von Vancouver Island; eine nähere Erforschung fand aber nicht statt. Weite Teile des heutigen Alberta gehören zum Wassereinzugsgebiet der Hudson Bay, und so beanspruchte 1670 die britische Hudson's Bay Company (HBC) das gesamte Gebiete als „Rupert's Land" für sich – sehr zum Unwillen französischer Pelzhändler, die von Montreal aus nach Westen vorstießen und um 1730 die Region erreichten. Auch von Asien her begannen nun Entdeckungsfahrten: 1741 erreichte ein Schiff der russischen Großen Nordischen Expedition unter Vitus Bering die Küste südlich des heutigen Sitka. Doch es war die HBC, die 1754 beim heutigen Edmonton ein erstes Winterlager aufschlug. Nach dem Sturz der französischen Kolonialregierung in Quebec 1759 hatte sie dann östlich der Rocky Mountains weitgehend freie Hand. Die britische Regierung war aber noch nicht vom Erfolg einer möglichen Besiedlung überzeugt, da es zu Spannungen mit den französischen Pelzhändlern kam und die Briten in den 1760er-Jahren auch zunehmend mit Aufständen der Siedler an der amerikanischen Ostküste zu kämpfen hatten. Zeitweise wurde sogar erwogen, Kanada den Franzosen zu überlassen – im Tausch für das französische Guadeloupe! Nicht überraschend, dass die USA direkt nach ihrer Unabhängigkeit 1776 Kanada einluden, sich den USA anzuschließen.

Sehnsuchtsroute Nordwestpassage

Die Suche nach der Nordwestpassage, der fast 6000 km langen direkten Route vom Atlantik zum Pazifik durch Kanadas arktische Inselwelt, hat Entdecker über vier Jahrhunderte herausgefordert. Seit Magellan 1520 den Seeweg um Kap Hoorn befahren hatte, spekulierten Könige und Forscher, Geografen und Seefahrer, dass es auch eine nördliche Meeresstraße um Amerika herum geben müsse. Im 16. Jahrhundert schickten Franzosen und Briten Schiffe aus, die immerhin den St.-Lorenz-Strom erreichten. Der englische Entdecker Henry Hudson drang auf der Suche nach dem kürzesten Seeweg nach China 1610 in die riesige, später nach ihm benannte Hudson Bay vor, wo er und seine Crew überwintern mussten. Als er im Frühjahr 1611 von dort weiter nach Westen segeln wollte, meuterte seine Mannschaft und setzte ihn und seine Getreuen aus – sie wurden nie wieder gesehen. Sein Unterfangen wäre zur damaligen Zeit ohnehin zum Scheitern verurteilt gewesen, im 17. Jahrhundert war die Nordwestpassage auch im Sommer noch komplett zugefroren.

Auf seiner dritten Pazifikreise, die 1776 begann, drang James Cook vom heutigen Oregon her nach Norden vor, immer an der Küste entlang, bis weit in die Beringstraße hinein. Er scheiterte aber jenseits des 70. Breitengrades am Packeis. John Franklin erlangte tragische Berühmtheit, als seine Expedition in der kanadischen Arktis stecken blieb: Zwischen 1845 und 1848 verlor er beide Schiffe; alle Männer kamen spätestens im dritten Winter in der lebensfeindlichen Eiswüste um. Im Rahmen der zahlreichen Suchaktionen nach Franklins verschollener Expedition durchquerte schließlich eine Mannschaft zum ersten Mal die kanadische Arktis von Ost nach West – allerdings unter Aufgabe ihres Schiffes auf dem Landweg. Komplett auf dem Wasserweg schaffte dann von 1903 bis 1906 Roald Amundsen mit dem Einmaster „Gjøa“ die Erstbefahrung der gesamten Nordwestpassage. Über 100 Jahre später wurden die Wracks von Franklins Schiffen gefunden: 2014 die „HMS Erebus“ in der Victoria Strait, 2016 die „HMS Terror“ südlich der King-William-Insel.

Durch natürliche Erwärmung, aber vor allem wohl durch den von Menschen verursachten Klimawandel, ging in den letzten Jahrzehnten die Vereisung der Nordwestpassage in großen Schritten zurück: 1969 passierte der erste große Öltanker die Passage in weniger als vier Wochen, 1985 folgte das erste Kreuzfahrtschiff, die „World Discoverer“.

Im Westen gesellten sich Spanier und Briten in schneller Folge zu den Russen: 1774 und 1775 erkundeten die Spanier unter Juan José Pérez Hernández die Küste, um mehr über den vermuteten Vormarsch der russischen Pelzhandelsflotte nach Süden in Erfahrung zu bringen. James Cook segelte 1778 auf der Suche nach der sagenhaften Nordwestpassage in den Nootka-Sund auf Vancouver Island und baute von dort aus den Pelzhandel mit China auf. 1793 erreichte dann Alexander Mackenzie als erster Europäer die Küste auf dem Landweg von Osten her.

Die ersten permanenten Siedlungen: John Finlay, ein Mitglied von Mackenzies Expedition, gründete 1794 mit Fort St. John die erste dauerhafte europäische Siedlung in British Columbia. Gleichzeitig drangen die Russen von Westen her in die Gewässer Alaskas vor und bauten den lukrativen Handel mit Fischotterpelzen immer weiter aus. 1799 ließ Alexander Baranov, Gouverneur von Russisch-Amerika, eine erste feste Siedlung erbauen. Jedoch wurde Fort Arkhangela Mikhaila – das heutige Sitka in Südost-Alaska – bei einem Aufstand der örtlichen Tlingit-Indianer 1802 von diesen erobert, fast alle russischen Bewohner des Forts wurden getötet. Baranov kehrte 1804 zurück und konnte das Fort nach heftigen Kämpfen zurückgewinnen. 1808 wurde die Siedlung zur Hauptstadt Russisch-Amerikas. Im gleichen Jahr erforschte der Pelzhändler Simon Fraser, der im Auftrag der Northwest Company auf der Suche nach neuen Handelsrouten war, das heutige British Columbia entlang des später nach ihm benannten Stromes.

Kampf um die Vorherrschaft

Amerikaner und Briten: 1818 einigten sich Großbritannien und die USA darauf, den gesamten pazifischen Nordwesten, von Oregon bis zur russisch-amerikanischen Grenze, gemeinsam zu bewirtschaften und zu verwalten. Mit der Expansion der USA nach Norden kam es jedoch immer häufiger zu Konflikten bei Gebietsansprüchen, so dass die Briten 1843 Fort Victoria auf Vancouver Island gründeten. Der als Oregon-Kompromiss bekannte Vertrag von 1846 legte dann den 49. Breitengrad als Grenze fest, mit Ausnahme Vancouver Islands, das komplett unter britischem Einfluss blieb – allerdings als Territorium unter der informellen Verwaltung der Hudson's Bay Company. Das änderte sich 1858, als am Fraser Canyon Gold gefunden wurde. Praktisch über Nacht stürmten Tausende meist US-amerikanische Goldsucher, Spekulanten und Händler in die Region; ein Verlust des britischen Einflusses war zu befürchten.

Britische Kronkolonie und Unabhängigkeit: Infolge der Goldfunde am Fraser River festigte das britische Kolonialministerium seine Ansprüche auf das bisher von der Hudson's Bay Company eher kommerziell als politisch geführte Gebiet und erklärte am 2. August 1858 den Festlandteil zur Kronkolonie British Columbia. Kurz darauf folgte 1861 der Goldrausch am Cariboo rund um die heutige Westernstadt Barkerville, was Straßenbau und weitere Maßnahmen erforderte, um das Gebiet zu erschließen; die Kronkolonie verschuldete sich hoch. Um die Verwaltung zu straffen, fusionierte man 1866 die Vereinigten Kronkolonien von Vancouver Island und British Columbia mit Victoria als Hauptstadt. 1867 wurde Kanada weitgehend unabhängig, was auf den Westen des Landes aber erst mal keinerlei Einfluss hatte. Es wurde nur die bisherige britische Provinz Canada in die neuen Provinzen Ontario und Quebec geteilt und um die beiden weiteren bis dato ebenfalls britischen Kronkolonien New Brunswick und Nova Scotia ergänzt. Der Name „Canada" für die neue Konföderation setzte sich erst nach längerer Diskussion durch, die anderen Kandidaten New Britannia, Laurentia, Ursalia, Vesporia, Cabotia, Niagarentia und Efisga fanden keine Mehrheit.

Das politische System Kanadas

Seit der Gründung der Konföderation von 1867 steht das politische System Kanadas unverändert auf diesen vier Säulen:

– die britische Krone. Staatsoberhaupt ist derzeit Königin Elisabeth II., vertreten durch den Generalgouverneur bzw. die Generalgouverneurin von Kanada, seit 2017 Julie Payette;

– die Exekutive. Formal ist dies der Kronrat, in der Praxis geht die Macht jedoch vom Kabinett aus. Seit 2015 führt Justin Trudeau als Premierminister das 29. Kabinett seit 1867;

– die Legislative, also das Parlament mit seinen beiden Kammern nach dem Vorbild Großbritanniens, Unterhaus (House of Commons) und Senat (Senate);

– die Judikative mit dem Obersten Gerichtshof (Supreme Court of Canada) als höchster Instanz.

Russisch-Amerika am Ende: Russland sah das Anwachsen des britischen Einflusses an der Westküste mit großer Sorge, schließlich hatte man 1853 den Krimkrieg ausgelöst und ihn 1856 gegen die osmanisch-britische Allianz verloren. Russland musste erkennen, dass es technisch und kriegstaktisch nicht auf dem Niveau anderer europäischer Nationen war. Der Zar befürchtete nun auch einen Krieg mit den Briten im Pazifik, wo man erneut hoffnungslos unterlegen gewesen wäre. So entschied man sich in St. Petersburg, den bestmöglichen Profit aus dem notwendigen Rückzug zu schlagen, und verkaufte Alaska 1867 an die USA – zum Preis von 7,2 Mio. US-Dollar.

England festigt seine Position: Jetzt war die britische Regierung in Kanada gefordert, den Besitz im Westen gegen den Nachbarn USA abzusichern, der jetzt nicht nur im Süden, sondern auch in Alaska, im Norden saß. Nach langen Verhandlungen trat British Columbia schließlich 1871 als sechste Provinz der 1867 gegründeten Kanadischen Föderation bei. Als Gegenleistung für den Beitritt übernahm die Regierung in Ottawa die Schulden der Provinz und versprach den Bau einer Bahnlinie an die Westküste innerhalb von zehn Jahren; dieses Meisterwerk der Ingenieurskunst durch das äußerst schwierige Gelände wurde jedoch erst 1887 fertig.

Chaos in der Prärie: Alberta sollte nach dem Wunsch der Zentralregierung urbar gemacht und von Weißen besiedelt werden, doch in den frühen 1870er-Jahren herrschte hier das pure Chaos. Weiße Jagdtouristen schlachteten die Bisons zu Hunderttausenden ab, und die Ureinwohner der Blackfoot, Cree und anderer Stämme ließen sich nicht einfach bereitwillig in Reservate umsiedeln. Von weißen Siedlern noch keine Spur – stattdessen jede Menge zweifelhafter Händler, die die Eingeborenen mit Whiskey abfüllten, um sich dann an ihnen zu bereichern. Als beim Cypress-Hills-Massaker 1873 ein ganzes Dorf der Assiniboine durch eine Allianz von Händlern und Büffeljägern abgeschlachtet wurde, platzte der Regierung der Kragen. Sie gründete die **Northwest Mounted Police,** die noch heute berühmte berittene Polizei der „Mounties", die 250 Mann auf den legendären „March West" entsandte, um in der Provinz für Recht und Ordnung zu sorgen. Dies gelang und nach der Ausrottung der Bisons gelangten 1878 die ersten Viehherden von Süden auf die nun leeren Prärien Albertas; weitere Farmer folgten.

Industrieller Aufschwung und Goldrausch

1882 erlangte Alberta als eigenständiger Distrikt innerhalb der Northwest Territories eine gewisse Selbständigkeit, stand aber weiter im Schatten von British Columbia, denn dort nahm vor allem Vancouver, Endstation der transkontinentalen Bahnstrecke, einen raschen Aufschwung. Im Südwesten British Columbias dominierten Fischerei und Forstwirtschaft, im Südosten Bergbau und Eisenindustrie.

Besucherzentrum im Klondike Goldrush National Historical Park

Einwanderungsland Kanada

1604 gründeten französische Entdecker Port Royal im heutigen Nova Scotia. In den vier folgenden Jahrhunderten kamen immer wieder große Wellen Einwanderer, u. a. Loyalisten, die nach der amerikanischen Unabhängigkeit 1776 flohen. Dies waren nicht nur Briten, sondern auch Deutsche, Holländer und Skandinavier. Unter ihnen waren Presbyterianer und Anglikaner, Juden und Katholiken, Baptisten, Methodisten und Quäker. Sie alle schufen das Fundament für die tolerante multikulturelle Gesellschaft des modernen Kanadas, das niemanden wegen seiner Nationalität oder seines Glaubens diskriminiert. Zwischen 1815 und 1850 kamen in der „Great Migration of Canada" genannten Phase etwa 800.000 Immigranten nach Kanada, die meisten von den britischen Inseln. Fast alle blieben im Osten des riesigen Landes, das noch genug Raum für Neuankömmlinge bot.

Vor dem Fraser-Goldrausch von 1857 lebten nicht einmal 300 Europäer im heutigen British Columbia. Dann brachten der Fraser- und der folgende Cariboo-Goldrausch sowie die Flucht vor dem amerikanischen Bürgerkrieg Zehntausende US-Amerikaner ins Land. Zu ihnen stießen Tausende von Chinesen, die im Straßenbau oder als Hilfsarbeiter tätig waren. 1872 schuf der Dominion Lands Act dann auch attraktive Rahmenbedingungen für Farmer im Westen. Wer 10 $ zahlte und sein Land drei Jahre lang bewirtschaftete, bekam 65 Hektar geschenkt. In den Northwest Territories – damals noch inklusive des heutigen Alberta und Saskatchewan – wuchs dank einer Werbekampagne („The last, best West") die weiße Bevölkerung 1881 bis 1901 von weniger als 1000 auf etwa 211.000.

Mit der Industrialisierung stieg die Bevölkerungszahl weiter rapide an. Zwischen 1901 und 1914 reisten 750.000 Menschen, deren Traum von einem besseren Leben sich dort nicht erfüllt hatte, auf dem Landweg aus den USA ein. So gelangten Deutsche, Ungarn, Norweger, Schweden und Isländer zu Zehntausenden in den Norden des Kontinents. Gemeinsam mit 170.000 Ukrainern und 115.000 Polen, die oft aus Europa direkt in den Westen kamen, schufen sie eine ertragreiche Landwirtschaft.

Der Boom hielt auch nach dem Ersten Weltkrieg an: Zwischen 1928 und 1971 passierten mehr als eine Million Einwanderer die Einreisekontrollen des Passagierterminals am Pier 21 in Halifax, Nova Scotia. Kanada begrüßte die Einwanderung, man brauchte Arbeitskräfte für die wachsende Industrie und erkannte, dass die unterschiedlichen Kulturen das Land voranbringen würden. 1910 gab es erstmals eine kanadische Staatsbürgerschaft, bis dahin waren Kanadier offiziell „British Subjects". 1960 hatte bereits jeder dritte Kanadier weder britische noch französische Wurzeln; mittlerweile ist es etwa jeder zweite. Heute kommen die meisten der jährlich 200.000 bis 300.000 Einwanderer aus China, Indien und den Philippinen.

Der Yukon wurde ab den 1840er-Jahren erschlossen. Zahlreiche Forscher und Händler befuhren die großen Flüsse und gründeten kleine Siedlungen. In der zweiten Hälfte des 19. Jahrhunderts machten Gerüchte von Goldfunden die Runde, aber es handelte sich stets nur um kleinere Vorkommen. Dennoch zog der Distrikt Goldsucher, Spekulanten und Profiteure an – meist aus den USA, was die kanadische Zentralregierung veranlasste, 1894 Truppen der Mounted Police auch hierher zu schicken. Gerade rechtzeitig, denn eine Gruppe von Goldschürfern wurde im August 1896 am Klondike River fündig. Daraufhin erschlossen Hunderte von Goldsuchern, die sich bereits in der Region aufhielten, die lukrativsten Claims. Als einige von ihnen im Juli 1897 mit ihren Schätzen in Seattle eintrafen, lösten sie den berühmtesten Goldrausch der Geschichte aus. Innerhalb weniger Wochen brachen 40.000 Goldsucher nach Norden auf, mussten aber den Winter in Skagway oder anderen Küstenstädten Alaskas verbringen. Als im Frühjahr 1898 das Eis des Yukon River brach, machten sie sich auf, um in selbstgezimmerten Nussschalen die wochenlange Fahrt den Fluss hinab nach Dawson zu bewältigen. Wer nicht in den Stromschnellen umkam, erlebte am Klondike eine böse Überraschung: Alle Claims waren längst besetzt und ausgebeutet. Einige Glücksritter wanderten ins Umland weiter, doch die meisten zogen 1899 nach Nome an der Westküste Alaskas, als dort der nächste Goldrausch ausgelöst wurde. Als Postskriptum der Geschichte verständigten sich Kanada und die USA im Jahr 1903 auf den noch heute gültigen Grenzverlauf im Nordwesten zwischen dem Yukon, British Columbia und Alaska.

1900 bis heute

Von der Jahrhundertwende bis zum Zweiten Weltkrieg: Anfang des 20. Jahrhunderts kamen noch viele Immigranten aus China, Japan und Indien nach British Columbia, die als billige Arbeitskräfte die aufstrebende wirtschaftliche Entwicklung förderten. Dies wurde nach dem Ersten Weltkrieg zeitweise eingeschränkt, zumal die Weltwirtschaftskrise ab 1929 die Provinz in eine tiefe Rezession stürzte. Zunehmend hemmte die Einflussnahme aus London die Selbstverwaltung und Entwicklung Kanadas. Mit dem „Statut von Westminster" 1931 gelang dann die fast vollständige Abnabelung vom Mutterland, aber erst mit dem Constitution Act 1982 erhielt das Land die volle Souveränität und löste sich vom britischen Parlament. Der Ausbruch des Kriegs im Pazifik 1941 führte zu einem raschen wirtschaftlichen Aufschwung. Doch nach dem Angriff auf Pearl Harbor wurden auch alle Kanadier mit japanischen Wurzeln enteignet, zusammengetrieben und unter unwürdigen Umständen im Landesinneren interniert, da Kanada sie als Risiko betrachtete. Erst 1988 entschuldigte sich die Regierung und leistete Entschädigungszahlungen. Der Bau des 1942 fertiggestellten Alaska Highways, der nach dem Krieg auch für die zivile Nutzung freigegeben und immer weiter ausgebaut wurde, trug zur Erschließung des Yukon bei.

Die Nachkriegszeit: Nach dem Zweiten Weltkrieg erlebte British Columbia einen noch nie da gewesenen Wirtschaftsaufschwung, der bis heute anhält. Die inzwischen leicht rückläufige Fischerei sowie die Holz- und Papierwirtschaft sind nach wie vor wichtige Faktoren in der Wirtschaftsleistung; Hölzer und Papierprodukte aus den Nadelbäumen British Columbias haben einen Anteil von 25 % am Weltmarkt. Die erste große Ölförderanlage, Leduc No. 1 bei Edmonton, legte 1947 den Grundstein für Albertas Ölindustrie. In rascher Folge wurden weitere Vorkommen erschlossen, was zu einer Vervierfachung der Bevölkerungszahl Albertas in wenigen Jahrzehnten führte. Seit den 1980er-Jahren schwankt Albertas Wirtschaft im Rhythmus des internationalen Ölmarktes. Im Nordosten der Provinz sorgt seit Jahren die Förderung von Ölsand für Schlagzeilen. Der Abbau verursacht erhebliche Umweltschäden, und auch der Transport in Pipelines durch Naturschutzgebiete ist umstritten.

Die Rückgabe Hongkongs an China und andere politische Entwicklungen in Ostasien sorgen seit den 1980er-Jahren für eine hohe Zuwanderung aus China: Nach den jüngsten Einwanderungswellen leben im Großraum Vancouver mehr als eine halbe Million Menschen mit chinesischen Wurzeln. Die große Mehrheit der Bevölkerung ist jedoch europäischer Abstammung, lebt aber größtenteils erst in zweiter oder dritter Generation im Land. Wenngleich es nicht mehr so einfach wie vor hundert Jahren ist, nach Kanada zu immigrieren, ist Kanada nach wie vor ein Einwanderungsland.

Der Norden wird neu verteilt: Am 1. April 1999 wurden die Northwest Territories geteilt. Der kleinere westliche, überwiegend von Weißen, Cree, Dene und Gwich'in besiedelte Teil behielt den Namen Northwest Territories; Hauptstadt blieb Yellowknife. Der größere östliche, überwiegend von Inuit bewohnte Teil untersteht als *Nunavut* (Unser Land) der Zentralregierung in Ottawa. Einerseits sind die hier lebenden indigenen Stämme mit besonderen Rechten zum Schutz ihrer Kultur und Lebensweise ausgestattet, andererseits erfolgte die territoriale Neustrukturierung auch, um den Rechtsanspruch auf Gebiete des arktischen Meeres (und die unter dem Meeresboden vermuteten Ölvorkommen) zu verdeutlichen. Nunavut umfasst alle nördlichen Inseln, einschließlich Ellesmere Island nordwestlich von Grönland.

First Nations und First Peoples

Der uns so geläufige Begriff „Indianer" ist in Kanada verpönt. Er entspricht nicht der Political Correctness im Land und wird von vielen Ureinwohnern diskriminierend verstanden, auch wenn er nicht so gemeint ist. Früher waren die Bezeichnungen *Tribe* oder *Band* üblich, auf Deutsch „Stamm". Nicht falsch, denn sowohl die Verwaltungsbehörden als auch die meisten Ureinwohner benutzten diese Begriffe. Doch dann tauchte in den frühen 1980er-Jahren erstmals der Begriff *First Nations* auf und verbreitete sich rasend schnell – kein Wunder, stecken darin doch gleich zwei selbstbewusste politische Ansagen. „First" besagt: Wir waren zuerst hier, das ist unser Land! Und „Nation" meint eben nicht nur die Ethnie, sondern in der Diskussion um die Rechte der indigenen Bewohner zunehmend auch den völkerrechtlichen Schutzanspruch einer Nation statt nur den Minderheitenschutz einer ethnischen Gruppe. 617 verschiedene Stämme sind in Kanada anerkannt, über 200 davon alleine in British Columbia. Dennoch stellen die landesweit gerade einmal 560.000 Nachfahren der Ureinwohner in jeder Provinz nur eine kleine Minderheit. In Alaska sind für die indigenen Völker die Begriffe *First Peoples* und *Alaska Natives* üblich, von denen nur drei – Tlingit, Haida und Tsimshian – in Südost-Alaska beheimatet sind.

Traditionelle Lebensweise

Die historischen und aktuellen wirtschaftlichen, sozialen und kulturellen Unterschiede zwischen den verschiedenen Gruppen sind groß. Auch deshalb verbietet sich der zusammenfassende Begriff Indianer. Nicht alle

Häuptlinge bei der Eröffnung eines Tourismuskongresses in Calgary

„Indianer" jagten auf Pferden Büffel und wohnten in Wigwams. Im Norden und in den Graslandschaften herrschten Jahrtausende lang nomadische Gruppen vor, die sich nur zu Fuß bewegten. Erst um 1700 gelangten Wildpferde, die von den Pferden der spanischen Eroberer Mittelamerikas abstammten, ins heutige Kanada und wurden von den Stämmen des zentralen Plateaus genutzt. An der Pazifikküste waren die Gruppen dagegen meist sesshaft und wechselten, wenn überhaupt, ihr Lager nur saisonal. Fischfang spielte eine sehr große Rolle, aber auch Walfang, Ackerbau und Handel waren weit verbreitet. Die typischen Unterkünfte am Pazifik sind Langhäuser für große Clans mit oft über 500 m2 Fläche. Bei den Nomaden im Grasland dagegen waren in der Tat Tipi und Wigwam vorherrschend.

Religion

Die meisten Stämme vertreten die Überzeugung, dass alles – Menschen, Tiere, Pflanzen, Wasser, Stein – von Geistern beseelt ist, was auf eine sehr enge Beziehung zur Umwelt schließen lässt. Vor allem bei den Algonquin spielte eine allem innewohnende Kraft, der **Manitou,** eine wichtige spirituelle Rolle; die Provinz Manitoba hat ihren Namen daher. Während das Christentum durch eine Heilsgeschichte geprägt ist, waren für die First Nations meist Orte, Rituale oder Gegenstände heilig. Nur in der Mythologie und Religion der Küstenstämme haben auch Geschichten einen Platz. Diese drehen sich vor allem um den trickreichen und verschlagenen Raben, der das Licht auf die Erde brachte, aber auch Adler, Bär, Wal, Wolf und Lachs spielen eine wichtige Rolle. Die Geschichten sind auf den Totempfählen verewigt, die – das sei am Rande gesagt – nie Marterpfähle waren.

Wer mehr über die jeweilige Geschichte eines einzelnen Pfahls wissen will, wird jedoch oft eine überraschende Antwort erhalten: „Dies ist nicht meine Geschichte, ich kann sie nicht erzählen." Denn anders als Christentum und Islam mit ihrem universellen Anspruch, das Heil zu bringen, handelt es sich hier um eine lokale, persönliche Religion: Es ist ein prägendes Ereignis für einen einzigen Stamm, einen einzigen Clan oder sogar nur eine einzige Familie und nur, wer dazugehört, darf und kann die Geschichte des Pfahls erzählen.

Begegnungen mit den Europäern

Für fast alle Stämme veränderte die Begegnung mit den Weißen ihr Leben völlig. Gegen eingeschleppte europäische Krankheiten wie Masern und Pocken waren sie nicht immun. Mancher Stamm wurde binnen weniger Monate zu 90 % ausgelöscht. Die Überlebenden zweifelten oft an ihren Göttern – ein fruchtbarer Boden für christliche Missionare. In Alaska waren es Priester der russisch-orthodoxen Kirche, im heutigen Kanada eher katholische Missionare, die Anklang fanden. Die stark auf Rituale fixierten Ureinwohner konnten den ebenfalls durch Rituale geprägten Gottesdiensten dieser Glaubensgemeinschaften mehr abgewinnen als Lutheranern oder Anglikanern. Leider führten die Missionare nicht immer nur Gutes im Schilde: Alkoholmissbrauch und sexuelle Übergriffe waren an der Tagesordnung, um den angeblich Wilden den rechten Glauben und die Segnungen der Zivilisation nahezubringen. All dies geschah mit Unterstützung der Regierung, die mit dem **Indian Act** von 1876 das Ziel verfolgte, „das Indianerproblem zu lösen". Dieses Gesetz bildete die rechtliche Grundlage dafür, ältere Indianer in Reservate umzusiedeln und die Kinder aus den Familien zu reißen. Letztere wurden in hunderte von Kilometern entfernt liegende Umerziehungslager, **Residential Schools** genannt, verfrachtet. Dort waren die alten Traditionen und der Gebrauch der eigenen Sprache bei Strafe verboten. Man schätzt heute, dass ein Drittel der Kinder in den Lagern zu Tode kam oder sich später, durch Misshandlungen und Traumata geprägt, selbst das Leben nahm. Erst 1996 schloss die letzte Residential School und beendete das wohl schwärzeste Kapitel der kanadischen Geschichte. Auch den älteren Bewohnern erging es nicht besser: Traditionelle Feste und Zeremonien, wie das **Potlatch** an der Küste, wurden untersagt und Zuwiderhandlungen mit Gefängnis geahndet. Widerstand wurde im Keim erstickt, die Bildung von politischen Organisationen verboten.

Entwicklung nach dem Zweiten Weltkrieg

Nach 1945 verbesserte sich die rechtliche Stellung der Ureinwohner. 1951 wurden die Verbote von Potlatch und Sonnentanz aufgehoben, 1960 wurde ihnen die Teilnahme an Wahlen erlaubt. In den 1970er-Jahren gelang es in Kanada erstmals, in begrenztem Umfang Landansprüche durchzusetzen. Alaska war da konsequenter: Mit dem ANCSA (Alaska Native Claims Settlement Act) von 1971 wurden 13 regionale Einheiten geschaffen, die ihr Land weitestgehend selbst verwalten, nicht jedoch dessen Ressourcen: Die traditionelle Subsistenzwirtschaft, die den Menschen einen autarken Lebensunterhalt ermöglichte, wurde mit dem gleichen Gesetz verboten oder stark eingeschränkt, um z. B. der kommerziellen Fischerei besseren Zugriff auf den Fischreichtum zu ermöglichen. 1982 tagte in Kanada erstmals die Versammlung der First Nations. Sie vereint die führenden politischen Vertreter der Stämme, unabhängig davon, ob diese gewählt oder durch Erbrecht in diese Position gelangt sind. Nachdem Kanada sich lange geweigert hatte, die UN-Resolution über die Rechte indigener Völker zu unterzeichnen, erfolgte dies schließlich 2010. Die USA – und damit auch Alaska – lehnen als einziges Land weltweit eine Unterzeichnung weiterhin ab …

Kulturelle Entwurzelung

Die Zerstörung der natürlichen Grundlagen, Zwangsassimilation und Bevölkerungsverluste durch Epidemien haben die traditionellen Lebensweisen fast ausgerottet. Noch heute wirkt das System der Internatsschulen nach, das junge Menschen von ihrer Tradition, ihrer Sprache und ihrer Kultur entfremdete. Die erlittenen Traumata entluden sich in Alkohol- und Drogensucht, häuslicher Gewalt und hohen Selbstmordraten. In den abgelegenen Reservaten herrscht auch heute noch hohe Arbeitslosigkeit. Subsistenzwirtschaft könnte dies lindern, doch während die kanadische Regierung Fischereilizenzen an ausländische Flotten schwimmender Fischfabriken verkauft, wird den indigenen Völkern der Lachsfang zum Eigenbedarf mit dem Hinweis auf die dezimierten Fischbestände auch heute noch meist verwehrt.

Kulturelle Wiederbelebung

Die Sprachen der indigenen Stämme sind die Eckpfeiler der Kulturen und zur Wahrung der Tradition wichtig. Seit den 1970er-Jahren bemühen sich Sprachforscher und Tausende engagierter Ehrenamtlicher, die Sprachen der First Nations vor dem Aussterben zu bewahren. Da Geschichten früher nur mündlich weitergegeben wurden, musste für viele Sprachen das Alphabet erweitert werden; mit dem normalen Satz von 26 Buchstaben sind besondere Klicklaute oder Konsonantenverbindungen nicht wiederzugeben. Dem Reisenden begegnen daher oft völlig unbekannte Schriftzeichen – aber auch ö und ü, die man im Englischen nicht kennt. Zu zahlreichen Sprachen gibt es heute Wörterbücher, Radio- und TV-Programme sowie Internetkurse. Auch in der englisch- und französischsprachigen Literatur gibt es Unterstützung für die First Nations: Zunehmend finden Bücher von Autoren und Autorinnen, die sich mit der Aufarbeitung der Ereignisse, aber auch einem ermutigenden Blick in die Zukunft beschäftigen, den Weg in die Buchläden. So gewann Joseph Boyden 2009 mit „Through Black Spruce" den Giller Prize, Kanadas wichtigste Literatur-Auszeichnung.

Emotionen und Geschichten lassen sich aber nicht nur in Worten ausdrücken, wie zahlreiche Künstler beweisen. Mungo Martin (1879–1962), ein Häuptling der Kwakiutl, trug mit seinen Schnitzereien und seiner Malerei wesentlich zur Wiederbelebung der Kunst an der Nordwestküste bei. Werke von ihm sind u. a. im Royal BC Museum in Victoria zu sehen. Er inspirierte Künstler wie Robert Davidson (* 1946) und Bill Reid (1920–1998), zu dessen bekanntesten Werken die Darstellung der Schöpfungsgeschichte der Haida gehört: Seine Skulptur, in der der Rabe die ersten Menschen in einer Muschel findet, steht im Museum of Anthropology in Vancouver. Sein Werk „Spirit of Haida Gwaii – The Jade Canoe" ist in der Abflughalle des Vancouver Airport zu sehen.

Aktuelle rechtliche Stellung

Nach wie vor gibt es politische Auseinandersetzungen um Besitz und Nutzungsrechte an Land und Wasser. So traf der Oberste kanadische Gerichtshof 2016 erstmals eine wichtige Entscheidung zugunsten der First Nations: Jahre vorher hatte die Bundesregierung dem Ölkonzern Enbridge den Bau einer Pipeline durch das fragile Ökosystem des Great Bear Rain Forest erlaubt. An der Küste sollte das Öl verladen und verschifft werden – auf Supertanker, doppelt so groß wie die Exxon Valdez, die 1989 in Alaska auf Grund lief und eine bis heute anhaltende Umweltkatastrophe auslöste. Der Supreme Court kassierte die Entscheidung der Regierung mit der Begründung, die Rechte der sieben betroffenen First Nations seien nicht ausreichend geprüft und berücksichtigt worden. Ein Teilerfolg, immerhin. Im Peace River Valley im Norden British Columbias wurden dagegen im Herbst 2017 trotz der Proteste der indigenen Bevölkerung die Arbeiten am Staudamm-Projekt „Site C" wieder aufgenommen – die bereits ausgegebenen 2 Mrd. Dollar waren Argument genug für die neue Provinzregierung, den Dammbau fortzuführen.

„Rothaut" und „Bleichgesicht" heute

Klischees und Diskriminierungen sind leider im täglichen Leben immer noch präsent, aber es wird besser. In Südost-Alaska, auf den Haida-Gwaii-Inseln und an der kanadischen Pazifikküste haben sich die Stämme mit der Situation arrangiert. Vielfach mischen sie aktiv im Tourismus mit, in den Museen und Kulturzentren von Skidegate, Ketchikan und Haines wird man im Sommer fast immer einem Einheimischen beim Bearbeiten eines Totempfahls oder eines Kanus zusehen können. Oft wird bereitwillig Auskunft erteilt, auch wenn Reisende meist die gleichen Fragen stellen. Hier finden sich auch zunehmend Anbieter von geführten Kulturveranstaltungen, Bootstouren oder Wanderungen.

Die Vereinigung der indigenen Tourismusanbieter selbst stuft derzeit aber nur etwa die Hälfte ihrer Mitglieder als „export ready" (den Erwartungen der Kunden entsprechend) ein. Bei der anderen Hälfte kommt es gelegentlich vor, dass der Führer nicht pünktlich am Treffpunkt ist, auch drei Stunden später noch nicht. Trifft man ihn am nächsten Tag zufällig, zeigt er keine Reue – warum auch? Es sei doch wohl klar, dass man an einem solchen Tag zum Angeln fahren müsse und nicht durch den Wald laufe. Das hat nichts mit Faulheit oder Unzuverlässigkeit zu tun, sondern mit einem ureigenen, völlig anderen Zeit- und Selbstverständnis. Ein anderes Beispiel: Der Autor war einst für den Sonntag zu einer Potlatch-Zeremonie eingeladen – eine große Ehre. Auf die vorsichtige Frage, wann der Potlatch denn beginne, bekam er als Antwort ein Kopfschütteln, das völliges Unverständnis signalisierte: „Na, wir fangen natürlich an, wenn alle da sind!"

In weniger touristisch geprägten Regionen dagegen steht man Weißen oft kritisch gegenüber. Wer dort durch ein Dorf im Reservat schlendert, um die scheinbar so pittoresken (in Wirklichkeit bitterarmen) Lebensumstände auf den Kamerachip zu bannen, macht sich schnell unbeliebt. Gerade im nördlichen British Columbia und in den Northwest Territories wird man öfter auf First Nations treffen, die auffallende T-Shirts tragen. Ein beliebtes Motiv ist ein Klischeebild aus einem Western der 1950er-Jahre: Bewaffnete Indianer – hier sei der Begriff einmal benutzt – in vollem Kriegsschmuck auf ihren Pferden, dazu der Aufdruck „Homeland Security: Fighting Terrorism since 1492". Das mag satirisch gemeint sein, kann aber durchaus die innere Einstellung des Trägers wiedergeben.

Wirtschaft und Umwelt

Die Wirtschaft Kanadas: Kanada ist Mitglied der G7-Gruppe und eine der wohlhabendsten großen Nationen der Welt; das Pro-Kopf-Einkommen liegt mit gut 50.000 US-Dollar über dem deutschen und österreichischen, aber unterhalb dem der Schweiz. Die natürlichen Ressourcen haben wesentlichen Anteil daran, 60 % der Exportleistung stammen aus Landwirtschaft, Energie,

Fishing, Logging, Mining – vielerorts immer noch wichtiger als Tourismus

Forstwirtschaft und Bergbau. Kanada verfügt über die drittgrößten Ölreserven weltweit – also wird Öl exportiert. Neben ganzen Baumstämmen sind auch verarbeitete Holzprodukte wie Zellstoff und Papier wichtige Wirtschaftszweige – hier ist Kanada Weltmarktführer. Parallel dazu haben sich Hightech und Dienstleistungen als weitere wichtige Wirtschaftssektoren entwickelt. Inflation (ca. 1 %) und Arbeitslosigkeit (unter 6 % im Frühjahr 2019) sind im internationalen Vergleich niedrig, doch immer noch 13 % der Kanadier leben unter der offiziellen Armutsgrenze.

Die Wirtschaft Südost-Alaskas: Öl spielt auch in Südost-Alaska eine große Rolle. Zwar gibt es in der Region keine industriellen Großprojekte, aber man profitiert erheblich von den Öl- und Gasfunden an der arktischen Küste bei Barrow. So verwundert es nicht, dass die Ölindustrie geschützt und gefördert wird. Mit einem Pro-Kopf-Einkommen von 44.000 Dollar/Jahr liegt Alaska im vorderen Drittel der USA. Seit einem Volksentscheid im Jahr 1976 werden die Gewinne, die Alaska durch die vergebenen Lizenzen zur Ölförderung erzielt, nur noch zum Teil durch die Regierung ausgegeben; 25 % fließen in einen Fonds, wobei die Hälfte dieser jährlichen Gewinne ausgeschüttet werden. Derzeit erhält jeder Alaskaner im Schnitt etwa 1400 $ pro Jahr aus diesem „Alaska Permanent Fund".

Energiewirtschaft: Schon 2006 bezog Kanada zwei Drittel seines Bedarfs aus erneuerbarer Energie, heute sind es fast 75 %. Den höchsten Anteil hat Wasserkraft, aber auch bei Windenergie und Photovoltaik gehört Kanada zu den weltweit führenden Nationen.

Naturschutz: 19 der 47 kanadischen Nationalparks liegen in Westkanada; hinzu kommen der Glacier Bay National Park in Alaska und eine mittlere vierstellige Zahl von Provinzparks, Regionalparks, Marine Parks und anderen Schutzgebieten. In British Columbia stehen 15 % der Provinzfläche unter Schutz, in Alberta und im Yukon sind es etwa 12 %, die Northwest Territories bringen es auf 22 %, Alaska sogar auf 35 %. Ist das viel? Nun, selbst

Die Holzernte

In der deutschen Sprache wird ein Baum „gefällt", in Kanada heißt es dagegen euphemistisch „a tree is being harvested" – ein Baum wird geerntet. Die Maschine, die in der Lage ist, Hunderte von Jahren alte Riesen wie Streichhölzer abzuknicken, ist daher ein „Harvester" – ein „Erntearbeiter".

Uns mag dieser Sprachgebrauch zynisch erscheinen. Für Kanadier war es jedoch lange Zeit normal, Holz als nie endenden, stets nachwachsenden Rohstoff zu betrachten – und die Forstwirtschaft als die selbstverständlichen Manager dieses Bestandes. Erst in den letzten Jahren setzte ein Umdenken ein, vor allem seit klar geworden ist, dass die aufgeforsteten Bestände nicht annähernd die Qualität des ursprünglichen **First Growth Forest** erreichen.

Dennoch sind die allermeisten Kanadier, vor allem in British Columbia, nach wie vor stolz auf ihr **FiLoMi Heritage,** also auf die traditionsreichen Wirtschaftszweige Fischen, Logging (Holzindustrie) und Mining (Bergbau). Fast jeder hat Verwandte, die einst damit ihr Geld verdienten oder es heute noch tun. Wer als Besucher seine Gesprächspartner hierfür aus ökologischen Motiven kritisiert, wird meist auf völliges Unverständnis stoßen. Im besten Falle wird dies noch mit der (durchaus nachdenklich machenden) Replik verbunden, dass wir Deutschen schließlich ebenso stolz seien auf unsere Autoindustrie, obwohl diese ja nun der Umwelt mindestens genau so schade ...

im dicht besiedelten Deutschland kommen wir auf 26 % für Nationalparks, Landschafts- und Naturschutzgebiete – also kein Ruhmesblatt für das ach so grüne Kanada. Schaut man aufs Kleingedruckte, wird man noch skeptischer: Schutzzonen bedeuten nicht gleich Naturschutz: Im alaskanischen Tongass National Forest z. B. ist der Bau neuer Lodges verboten, nicht aber die intensive Forstwirtschaft – das wächst ja wieder nach ...

Natur und Wirtschaft: Zwar ist die Natur Kanadas wichtigster Faktor für die weitere Entwicklung des Tourismus, aber die Politik orientiert sich mehr an den Weltmarktpreisen für Rohstoffe. So prallen oft wirtschaftliche, politische, umweltschützerische, kulturelle und touristische Interessen in wechselnden Allianzen aufeinander. Ohne die Aktivitäten zahlreicher Umweltschutzorganisationen schon seit den 1970er-Jahren wären auch die letzten Urwälder längst verschwunden.

Waldbrände: Großflächige Waldbrände beherrschen immer wieder die Schlagzeilen in Kanada: 2016 rund um Fort McMurray, 2017 bei Williams Lake und im Waterton Lakes National Park. Doch keine Sorge: Es ist noch genug Wald übrig, der Blick fällt nicht nur auf verkohlte Stümpfe. Waldbrände gab es immer schon. Die Natur regeneriert sich durch diese Maßnahmen, manche Bäume benötigen sogar die Hitze der Brände, um ihre Samen abzugeben. Selbst von den weitflächigen Bränden 2017 waren nicht mehr als 0,2 % der Gesamtfläche von British Columbia betroffen. Für Urlauber hatte dies nur insofern Auswirkungen, als einige Straßen aus Sicherheitsgründen gesperrt waren und es teilweise ein Verbot von Lagerfeuern gab.

Bio-Produkte, E-Mobilität und Recycling: In der Landwirtschaft ist in den letzten Jahren ein verstärkter Trend zu ökologischen Anbaumethoden erkennbar. Insbesondere die Gastronomie hat den Trend entdeckt und stürzt sich geradezu auf *organic* (aus biologischer Produktion), *sustainable* (nachhaltig) und *locally produced*. Findet man alle drei Begriffe auf der Webseite oder Speisekarte eines Restaurants, kann man davon ausgehen, dass es überdurchschnittlich teuer ist …

E-Mobilität wird staatlich gefördert. Landesweit standen in Kanada schon 2016 über 5000 Ladesäulen zur Verfügung. Bis die Mietwagenfirmen ihre Flotten umstellen, wird es dennoch noch etwas dauern.

Mülltrennung nach deutschen Kriterien ist kaum verbreitet; jedoch finden sich gerade in Ausflugsregionen zunehmend – allerdings sehr uneinheitlich beschriftete – Abfallbehälter für das Recycling von Getränkedosen und -flaschen.

Innovativ – was die Welt den Kanadiern verdankt

Die langen dunklen Winternächte machen erfinderisch – in jeder Richtung: Kanadier erfanden das Insulin, das IMAX-Kino und das Gesellschaftsspiel Trivial Pursuit. Der Wonder-Bra, die Gasmaske und die Pizza Hawaii haben hier ebenso ihren Ursprung wie – weniger überraschend – Schneemobile und Schneefräsen. Kanadier waren es auch, die das Kerosin, die Schokoladentafel und Walkie-Talkies erfanden, nicht zu vergessen Nebelhorn, Farbroller, Quarzuhr, Herzschrittmacher und das Würfelspiel Kniffel! Schon im 19. Jahrhundert erfanden Kanadier Baseball und Basketball, Inline Skates und die Klappsitze in Theatern (und später auch in Kinos). Die Einführung eines 24-Stunden-Zeitsystems für Fahrpläne wurde ebenfalls von Kanadiern lanciert.

Schon die Ureinwohner waren innovativ: Forscher fanden Walrossknochen, die zwischen 1600 und 1200 v. Chr. von Inuit-Jägern bearbeitet wurden. Schmale Schlitze waren durch den Knochen hindurch gefeilt worden. Sie ließen nur noch wenig Licht durch, erlaubten dem Träger aber dennoch eine gute Rundumsicht: Die erste Sonnenbrille war erfunden – als Schutz gegen Schneeblindheit.

Gesellschaft und Kultur

Gesellschaft: Kanada ist stolz auf seine multikulturelle Gesellschaft. In Westkanada ist jeder Zweite entweder selbst eingewandert oder seine Eltern sind es. Das fördert Offenheit und Toleranz – untereinander und auch Reisenden gegenüber. Wie in weltoffenen Demokratien üblich, werden alle gesellschaftlichen Fragen in den Medien und der Öffentlichkeit frei und offen, intensiv und kontrovers diskutiert. Kanada war 2005 das erste nichteuropäische Land, das die Hochzeit für gleichgeschlechtliche Paare erlaubte und somit die volle Gleichstellung der Schwulen und Lesben erreichte. Die oft gehörte Definition, Kanadier seien „nur weltoffene US-Amerikaner ohne Waffenschein", greift zu kurz: Die Abschaffung der Todesstrafe, ein öffentlich finanziertes Gesundheitssystem, ein Steuersystem, das die Umverteilung von Reich zu Arm forciert, und strikte Waffenkontrolle sind nur einige der Werte und Maßnahmen, die Kanadiern wichtig sind und ihr Land von den USA unterscheiden. Fast scheint es, als hätten die Kanadier sich von ihren „Wurzelländern" stets die besten Eigenschaften rausgepickt: von den Briten den Humor und die Demokratie, von den Franzosen die Küche und eine Laisser-faire-Haltung, von Deutschen und Skandinaviern Fleiß und Zuverlässigkeit, von den indigenen Völkern einen hohen Respekt vor der Natur.

Symbole: Schon um 1700 war das Ahornblatt eines der Symbole, das die Bewohner Neu-Frankreichs am St.-Lorenz-Strom in ihren Flaggen führten; es trat von dort seinen Siegeszug auch nach Westen an. Seit 1965, als Kanada eine eigene Flagge schuf, ist das rote Ahornblatt auf weißem Grund das weltweit bekannteste Symbol für Kanada. Auch der Biber, Wappentier im kanadischen Staatswappen, die Royal Canadian Mounted Police in ihren leuchtend-roten Uniformen und die Inukshuk-Steinmännchen der Inuit stehen stellvertretend für Kanada und seine Gesellschaft, auch international.

Nationales Selbstbewusstsein: Im Gegensatz zu ihren Nachbarn südlich der Grenze halten Kanadier ihr Heimatland nicht für die auserwählte Nation, die der Welt sagen muss, wo es lang geht – ganz im Gegenteil. Aber es ist nicht nur kanadische Bescheidenheit, die zu einem nur sehr schwach ausgeprägten Nationalismus führt.

Im Wesentlichen sind es drei Faktoren, die die Schaffung eines für alle verbindlichen kanadischen Leitbildes erschweren:

– Zum einen versuchen Kanadier häufig, sich von ihren Wurzeln als Einwanderer zu lösen und sich von Briten, Franzosen und US-Amerikanern zu distanzieren – ohne aber zu erklären, welchen Weg Kanada dann gehen will und soll.

– Zum anderen lösen die Aktivitäten der französischsprachigen Minderheit, sich als „French Canada" zu positionieren, heftige Gegenreaktionen in „English Canada" aus. Das macht die Suche nach einer gemeinsamen Identität nicht leichter.

– Die multikulturelle Gesellschaft, in der Einwanderer ihre Sitten und Gebräuche beibehalten sollen, statt sich assimilieren zu lassen, trägt ebenfalls zum fehlenden nationalen Selbstverständnis bei.

Der staatliche Radiosender CBC startete vor einigen Jahren einen Wettbewerb, bei dem Kanadier den Ausdruck „so kanadisch wie ..." um einen Begriff ergänzen sollten. Hatte man bei CBC auf Beiträge wie etwa „... wie die drei Ozeane" oder „... wie ein Ahornblatt" gehofft, wurden sie enttäuscht: Die Hörer wählten den Vorschlag von Heather Scott zum Sieger: „so kanadisch wie möglich, unter den gegebenen Umständen". Das sagt viel über das Selbstverständnis der Nation ...

Regionale Besonderheiten: Ein Land mit diesen riesigen Distanzen weist natürlich regionale Unterschiede auf – auch aus Unkenntnis: Die weit überwiegende Mehrheit der Bevölkerung British Columbias war noch nie in ihrem Leben in Neufundland und umgekehrt. Das hält den Rest der Kanadier aber nicht davon ab, die Neufundländer zur Zielscheibe ihres Spottes zu machen: Die „Newfies" haben diesbezüglich den gleichen Stellenwert wie Ostfriesen, Berner und Burgenländer. Ernster sind politische Fragestellungen, die weit bis in alle Schichten der Gesellschaft reichen. Zu ihnen zählen die immer wieder auftretenden franko-kanadischen Unabhängigkeitsbestrebungen, aber auch der Protest Albertas gegen die angeblichen „liberalen Eliten im Osten", weil das stark umweltorientierte nationale Energieprogramm sich mit Albertas Politik der grenzenlosen Ausbeutung seiner Ölsandvorkommen nicht in Einklang bringen lässt. Politisch tendiert British Columbia eher nach links, seit 2017 regieren sogar die Grünen die Provinz mit. Alberta dagegen ist traditionell deutlich konservativer geprägt.

In Südost-Alaska zeigt sich ein etwas anderes Bild der Gesellschaft. Die Alaskaner sind sich selbst genug und schauen distanziert, oft aber auch mit unverhohlener Verachtung auf die „Lower 48", die 48 zusammenhängenden Bundesstaaten südlich von Kanada. Zwar ist man auch hier stets freundlich und aufgeschlossen, doch wird von Besuchern erwartet, dass sie sich auf das Land am äußersten Rand der Zivilisation vorbereitet haben und ohne Hilfestellung zurechtkommen. Klagen von Reisenden über das Wetter, hohe Preise oder fehlende kulturelle Einrichtungen lösen meist ebenso nur Kopfschütteln aus wie Stöckelschuhe oder tiefgelegte Sportwagen. In Alaska geht man pragmatisch mit der Natur um; dazu gehören natürlich Gummistiefel, ein Pickup und eine durchgeladene Schrotflinte ... Politisch wählt Alaska traditionell republikanisch und bringt dabei so skurrile Persönlichkeiten hervor wie Sarah Palin, von 2006 bis 2009 erste Gouverneurin Alaskas und 2008 Kandidatin für das Amt des US-Vizepräsidenten.

Kultur: Die heterogene und multikulturelle Bevölkerung Westkanadas sowie die weltoffene und neugierige Haltung seiner Bewohner haben eine breite Kulturszene geschaffen. Ganzjährig finden überall im Land Musik-, Theater- und Kinofestivals statt, deren Ruf oft weit über die Landesgrenzen hinausreicht. Selbst in kleinen Dörfern Westkanadas und auch Südost-Alaskas findet sich mindestens ein Buchladen, der meistens auch Literatur aus zweiter Hand verkauft. In vielen Freilichtmuseen stellen Laiendarsteller in historischen Kostümen das Alltagsleben zur Zeit der ersten Siedler nach. In Pubs gibt es am Wochenende oft Livemusik, deren Qualität nicht durchgängig überzeugt, aber stets den Spaß am Musizieren erkennen lässt. Ehrenamtlich betriebene Galerien und Kunstmuseen geben lokalen Künstlern selbst in der Provinz eine Plattform, um sich einem Publikum zu präsentieren, und in so manchem kleinen Café tragen die Bilder an der Wand Preisschilder,

Literatur: Bis in die 1960er-Jahre gab es nur wenig erwähnenswerte kanadische Literatur: Das Land stand noch stark unter dem Einfluss britischer und US-amerikanischer Autorinnen und Autoren. Erst in den letzten Jahrzehnten hat Kanada Schriftstellerinnen und Schriftsteller hervorgebracht, deren Werke auch international erfolgreich waren und oft auch in Deutsch verfügbar sind. Vielfach spiegeln sich Kanadas Natur, Geschichte und Gesellschaft in diesen Werken wider. Einem breiteren Publikum bekannt sind die Romane, Essays und Gedichte von Margaret Atwood, die

2017 mit dem Friedenspreis des deutschen Buchhandels ausgezeichnet wurde. Alice Munro erhielt 2013 als bisher einzige Kanadierin den Literaturnobelpreis und errang dadurch internationalen Ruhm. Michael Ondaatje wurde vor allem durch die Verfilmung seines Bestsellers „Der englische Patient" auch in Europa bekannt, ähnlich erging es Yann Martel („Life of Pi"). Die Verfilmung von „Feld der Träume" im Jahr 2001 mit Kevin Costner in der Hauptrolle machte die oft in Alberta und British Columbia spielenden Werke von W .P. Kinsella einer breiteren Leserschaft zugänglich. Lawrence Hills „Ich habe einen Namen" wurde 2008 als bestes Buch des Commonwealth ausgezeichnet, und Carol Shields gewann 1995 mit „Das Tagebuch der Daisy Goodwill" den renommierten Pulitzer-Preis.

Südost-Alaska dagegen brachte sowohl in der Literatur als auch in der Musik keine Autoren oder Künstler von Weltgeltung hervor, wenngleich Schriftsteller wie Jack London durch ihre Zeit im Norden geprägt wurden.

Musik: Die „traditionelle" kanadische Musik ist zum einen durch die Gesänge der indigenen Völker geprägt, zum anderen stark durch die Musik der Einwanderer beeinflusst. Während im äußersten Osten Kanadas heute noch irische und französische Einflüsse spürbar sind, dominieren in Alberta Country & Western-Music, aber auch ukrainische Volksweisen.

Ähnlich wie in der Literatur gelang auch in der Musikszene kanadischen Künstlern ab Ende der 1950er-Jahre der internationale Durchbruch. Den Anfang machte Paul Anka 1958 mit „Diana", einem Hit in den USA. Es folgten der Rockstar Neil Young, der Singer-Songwriter Leonard Cohen und die in Alberta geborene Folk-Legende Joni Mitchell. Als Ende der 1960er-Jahre die US-amerikanische Musikszene den kleineren kanadischen Markt zu erdrücken drohte, erließ die kanadische Regierung ein Gesetz, das den heimischen Radiosendern vorschrieb, mindestens 30 % kanadische Musik zu spielen. Die politisch umstrittene Regelung gab zahlreichen kanadischen Künstlern eine Plattform und verhalf ihnen zum internationalen Durchbruch, u. a. den Rockbands Rush und Bachmann Turner Overdrive, später auch Bryan Adams, Alanis Morrissette und Céline Dion. Im Country & Western-Sektor bzw. im Crossover-Bereich zwischen diesem Genre und der Pop-Musik feierte Shania Twain internationale Erfolge. Im 21. Jahrhundert wurde die Quote auf 35 % kanadischen Inhalt erhöht und brachte zunehmend umstrittene Künstler wie Justin Bieber, Nelly Furtado, Avril Lavigne und Michael Bublé hervor.

Film und Fernsehen: Die in der Musikszene eingeführte Regel galt auch für TV-Sender und zeitweise auch für Kinos: Mindestens 30 % des Programms mussten in Kanada geschrieben oder produziert sein, über einen entsprechenden Anteil kanadischer Schauspieler verfügen oder anderweitig einen hohen nationalen Beitrag aufweisen. Das erleichterte es kanadischen Regisseuren und Produzenten, für ihre Werke eine Plattform zu finden, meist aber nur auf nationaler Ebene. Die 2015 durch das renommierte Toronto Film Festival erstellte Liste der Top 10 der kanadischen Filme aller Zeiten enthält jedenfalls Werke, die in Europa kaum bekannt sind: „Atanarjuat – The fast runner", „Mon oncle Antoine", „The Sweet Hereafter", „Jesus of Montreal" und „Léolo" liegen auf den ersten fünf Plätzen.

Bekannter sind kanadische Schauspieler und Schauspielerinnen, die sich meist in Hollywood einen Namen machten: Donald Sutherland erhielt 2017 den Ehren-Oscar für sein Lebenswerk, das Rollen in mehr als 80 Filmen umfasst. Auch sein Sohn Kiefer Sutherland („Stand by me", „24") war international erfolgreich, wie auch William Shatner (Captain Kirk in „Raumschiff

Enterprise"), Dan Aykroyd (u. a. „Blues Brothers", „Ghostbusters"), Rachel McAdams („Wie ein einziger Tag", „State of Play"), Keanu Reeves („Gefährliche Brandung", „Matrix"-Trilogie), Michael J. Fox („Zurück in die Zukunft"-Trilogie) und Ryan Gosling („The Ides of March", „La La Land").

Show und Theater: Kanadas wohl bekanntester Show-Export ist der Cirque du Soleil. Das 1984 vom Straßenkünstler Guy Laliberté gegründete Entertainment-Unternehmen legt den Fokus auf Artistik, Theaterkunst und Livemusik. Es beschäftigt heute mehr als 5000 Mitarbeiter aus 50 Ländern und verfügt über ein Repertoire von 17 verschiedenen Shows. Diese finden teils an festen Standorten statt (Las Vegas, New York, Orlando, Mexiko), teils im Rahmen von Tourneen, wobei meist auch Vancouver auf dem Spielplan steht. Die zweite große Stadt im Westen, Calgary, wiederum ist Heimat einer ganz anderen „Show": Jährlich im Juli bringt die Calgary Stampede, das größte Rodeo der Welt mit zahlreichen Shows und Einzelveranstaltungen, mehr als 300.000 Gäste in die Stadt, die klassische Paraden und Bullenritte, Pferderodeo und anderes erleben wollen. Wer dabei sein will, sollte sich Unterkunft und Eintrittskarten lange im Voraus sichern.

Groß, skurriler, am schrägsten – Größenwahn in der Provinz

Um die Autotouristen in den 1970er-und 80er-Jahren anzulocken, begannen einige kanadische Gemeinden – vor allem jene, die sonst nicht allzu viel zu bieten hatten – mit gigantischen Skulpturen oder anderer Form von „Kunst" für sich zu werben. Die meisten dieser Bauwerke gibt es heute noch und einige sind durchaus ein Foto wert, z. B. die größte Wetterfahne der Welt in Form einer DC-3 am Flughafen Whitehorse oder der größte begehbare Dinosaurier in Drumheller, Alberta. Andere dagegen sind eher nur skurril, und obwohl die Einheimischen auf diese Werke meist mächtig stolz sind, führen sie bei uns Europäern eher zu einem mitleidigen Kopfschütteln als zu echter Begeisterung. Dazu zählen in British Columbia der weltgrößte Eishockeyschläger (62,5 m) in Duncan, der mit 9,8 Meter größte Zinnsoldat des Planeten in New Minster und die weltweit größte Kuckucksuhr in Kimberly. Die Nase vorn bei den ungewöhnlichen Größenrekorden hat aber eindeutig Alberta: Hier finden sich die größte Pirogge der Welt (8 m) in Glendon, der „Piroggen-Hauptstadt der Welt", das größte Osterei der Erde (ebenfalls 8 m) in Vegreville und eine 13 Meter lange ukrainische Räucherwurst in Mundare. In Airdrie steht der größte Cowboy der Welt (9 m). Der drei Meter große Büffel in Wainwright wirkt im Vergleich dazu mickrig – und erst recht neben dem Rekordbiber: Das 4,5 Meter hohe, 1300 kg schwere Tier sitzt auf einem Baumstamm in – na klar! – Beaverville. An Albertas Boomtown Trail finden sich auch das größte Golf-Tee und die größte Glühbirne der Welt. Im Norden der Provinz steht in Fort Assiniboine das größte Planwagen-Rad mit sieben Metern Durchmesser.

Entspannt mit dem Fährschiff durch die Inselwelt British Columbias

Anreise und Einreise

Einreiseformalitäten

Nachfolgend sind die wichtigsten Regelungen für Urlauber und Geschäftsreisende aufgeführt. Die Bestimmungen für Studierende, Arbeitssuchende, Praktikanten, Sprachschüler, Au-pair etc. weichen erheblich hiervon ab und sollten in jedem Einzelfall gründlich geprüft werden.

Für Kanada

Für die visumfreie Einreise nach Kanada benötigen Bürger der EU und der Schweiz einen Reisepass, der für die gesamte Reisedauer gültig ist. Bei Einreisen per Flugzeug ist zusätzlich eine **elektronische Einreiseerlaubnis** im Rahmen des sog. „eTA-Verfahrens" erforderlich.

■ Die kanadische Regierung informiert auf www.cic.gc.ca/english/visit/tourist.asp. Die elektronische Einreiseerlaubnis kostet 7 Can.-$. Der Aufenthalt als Tourist oder Geschäftsreisender ist auf maximal 90 Tage beschränkt. Nutzen Sie auch für die elektronische Einreiseerlaubnis unbedingt die offizielle Webseite.

Für die USA

Für die visumfreie Einreise in die USA im Rahmen des sog. **Visa Waiver Program** benötigen Bürger der EU und der Schweiz:

– einen maschinenlesbaren Reisepass (sog. ePass mit integriertem Chip, erkennbar am Symbol mit dem Punkt im Kasten auf der Vorderseite unten), der für die gesamte Reisedauer gültig ist;

– ein Ticket für einen Rückflug oder einen Weiterflug, der aber nicht in die USA, nach Kanada oder Mexiko führen darf;

– eine elektronische Einreiseerlaubnis im Rahmen des sog. ESTA-Verfahrens (außer bei Einreise auf dem Landweg).

Von der Teilnahme am Visa Waiver Program ausgeschlossen sind Deutsche, die zusätzlich die Staatsbürgerschaft bestimmter arabischer Länder haben oder in diese gereist sind. Aktuelle Informationen hierzu beim Auswärtigen Amt und auch auf der Webseite der US-Einreisebehörden. Nicht maschinenlesbare Pässe, z. B. vorläufige Reisepässe, sind ausschließlich in Verbindung mit einem Visum gültig.

▪ Alle Informationen zur Einreise nach Alaska und in andere US-Bundesstaaten sind unter www.cbp.gov/travel/international-visitors/know-before-you-go zu finden. Hier kann auch das ESTA-Verfahren durchgeführt werden. Die Gebühren von 14 US-$ sind per Kreditkarte zu zahlen. Nutzen Sie für die Anmeldung unbedingt die offizielle Webseite der Einreisebehörden. Es gibt zahlreiche Betreiber, die dies gegen hohe Aufschläge für Sie übernehmen. Dies ist aber weder notwendig, noch ist es empfehlenswert, Pass- und Kreditkartendaten an Unbekannte zu geben. Wer auf dem Landweg per Auto, Bus oder Bahn einreist, benötigt kein ESTA, muss aber an der Grenze seine Fingerabdrücke abgeben und sich fotografieren lassen; zudem fällt eine Gebühr von 7 US-$ an.

Zoll und Einfuhrregelungen

Waffen, Elektroschocker, Pfefferspray, Betäubungsmittel sowie leicht entflammbare Stoffe dürfen nicht mitgeführt werden: Das Bärenspray und den Sprit für den Campingkocher besorgt man sich daher erst vor Ort.

Nach Kanada dürfen 200 Zigaretten oder 200 g andere Tabakwaren sowie 1,5 l Wein oder 1,14 l Alkoholika über 20 % Vol. eingeführt werden. Deutlich komplizierter stellt sich das in den USA dar, wo zwar auch 200 Zigaretten zulässig sind, sich aber die Alkoholfreigrenze nach den Regeln der Bundesstaaten richtet: Wer unter 21 Jahre ist, darf z. B. in Alaska keinen Alkohol konsumieren – und ihn folglich auch nicht auf einem Flug aus Deutschland mitführen.

Achtung: Verschärfte Einreisekontrollen

Einreiseregeln können sich kurzfristig ändern. Das betrifft nicht nur Nonstop-Flüge nach Alaska, sondern auch ein Umsteigen z. B. in New York, Chicago oder Seattle auf dem Weg nach Westkanada. Informieren Sie sich daher unbedingt aktuell über die jeweils gültigen Regelungen unter www.auswaertiges-amt.de.

Seit 2017 kommt es aufgrund ungenauer Regeln – oder fehlender Kenntnis derselben seitens der Behörden – vor allem in den Regionen Vancouver und Victoria (Zug oder Fähre nach Seattle) sowie Prince Rupert (Fähre nach Alaska) bei der Einreise in die USA auf dem Land- oder Wasserweg häufig zu Problemen: Formal ist hier die Vorlage des Passes ausreichend bzw. bei Fährpassagen zusätzlich die elektronische Einreisegenehmigung ESTA. Faktisch fordern aber die US-Behörden vor Ort oft das Ausfüllen eines vierseitigen umfangreichen Dokuments. Der Eintrag aller geforderten Daten ist auch für gut Englisch sprechende Reisende kaum unter 20 Minuten zu schaffen. Wer an der Westküste mit Fähre, Schiff, Bahn oder Bus von Kanada in die USA einreisen will, sollte dies unbedingt berücksichtigen und sich rechtzeitig in der Schlange vordrängeln – sonst läuft man Gefahr, einfach stehengelassen zu werden.

Die USA haben eine Liste mit etlichen hundert Positionen von verbotenen Lebensmitteln und anderem Reisegepäck erstellt, aktuelle Infos sind unter www.cbp.gov/travel zu finden. Auf der Verbotsliste stehen Überraschungseier, Schnapspralinen, fast alle Fleischprodukte und auch manches Obst. Deutlich entspannter gibt sich Kanada, doch beide Staaten haben Angst vor eingeschleppten Erregern, die heimische Pflanzenarten angreifen könnten.

Häufig sind Nörgeleien bei mitgebrachten Fahrrädern. Der Autor hat selbst schon sein Mountainbike mit bereitgestellten Wassereimern und Putzlappen von deutschem Schmutz befreien müssen, bevor ihm die Einreise gestattet wurde. Eher skurril ist das Verbot der Einfuhr von Lauflernhilfen für Kleinkinder, weil kanadische Wissenschaftler die Auffassung vertreten, diese seien der Entwicklung nicht förderlich. Gebrauchte Matratzen dürfen übrigens auch nicht eingeführt werden.

Geldbeträge über 10.000 $ Landeswährung müssen in beiden Ländern bei der Einreise deklariert werden.

Für die USA wie für Kanada gilt: Die Zollabfertigung erfolgt am Punkt der Einreise. Wer also in Toronto, Vancouver oder Seattle landet, muss dort durch die Einreise- und Zollkontrolle, bevor das Gepäck für den Weiterflug in die kanadische Provinz oder nach Alaska wieder eingecheckt wird.

Fluggesellschaften, Flugpreise

Zahlreiche Fluggesellschaften bieten Flüge nach Alaska und Westkanada an. Per Nonstop-Flug aus Frankfurt sind u. a. Anchorage und Fairbanks in Alaska, Whitehorse im Yukon, Calgary und Edmonton in Alberta und Vancouver in British Columbia erreichbar. Mit einmaligem Umsteigen, z. B. in Toronto, sind auch Kamloops, Kelowna und Victoria bequem erreichbar. Seattle in Washington bietet sich ebenfalls als Ausgangspunkt für Touren im Westen an: Die Anfahrt mit Auto und Fähre z. B. nach Vancouver Island ist kaum länger als die von Vancouver.

Nonstop zu vielen Zielen im Nordwesten: Condor

Wichtigste Fluggesellschaften Air Canada fliegt in Partnerschaft mit Lufthansa von Frankfurt und München nach Vancouver sowie von Frankfurt nach Calgary.

Air Canada Rouge fliegt von Berlin nach Toronto und bietet dort Anschlüsse nach Westkanada.

KLM erreicht Calgary, Edmonton und Vancouver von Amsterdam aus.

Icelandair verbindet mehrere deutsche Flughäfen sowie Wien und Zürich mit Reykjavik und stellt über direkte Weiterflüge den Anschluss nach Anchorage, Edmonton, Seattle und Vancouver her.

Condor fliegt mehrmals wöchentlich im Sommer von Frankfurt nonstop nach Anchorage, Fairbanks, Whitehorse, Calgary, Vancouver und Seattle. Günstige Anschlussflüge mit den Condor-Partner-Airlines Westjet und Alaska Airlines erschließen zahlreiche Orte in der kanadischen Provinz und in Südost-Alaska mit nur einmaligem Umsteigen.

Air Transat fliegt derzeit nicht mehr ab Deutschland, doch für Urlauber aus NRW sind die Flüge von Amsterdam nach Calgary und Vancouver eventuell eine Option.

Dank **British Airways** und **Air France** und ihren Drehkreuzen London-Heathrow und Paris sind Vancouver und Seattle von kleineren europäischen Flughäfen mit einmal Umsteigen zu erreichen.

Die **Preise** schwanken je nach Fluggesellschaft, Saison und Vorausbuchungsfrist. In den Schulferien von Juni bis August sind die Flüge am teuersten; Inlandsflüge sind vor allem rund um die langen Wochenenden (→ Feiertage, S. 726) sehr teuer.

Für Flüge in der günstigsten Klasse (Economy) von Deutschland, Österreich und der Schweiz nach Westkanada muss man in der Nebensaison (Mai und September) mit Flugpreisen ab mindestens 700 € für Hin- und Rückflug rechnen, in der Hochsaison sind es eher 1000 € und mehr. Die Flüge nach Alaska und Whitehorse sind grundsätzlich 100–200 € teurer, aber auch hier kann es in der Nebensaison attraktive Preise geben. Zu beachten sind die Freigepäckgrenzen: Gerade wenn noch eine Campingausrüstung mit muss, kann es schnell eng werden, denn im Gegensatz zum früheren Piece-Concept, wo man zwei Koffer zu je 23 kg mitnehmen konnte, haben viele Fluggesellschaften dies mittlerweile in der Economyklasse auf 1 x 20 kg reduziert.

Die meisten Airlines bieten mittlerweile eine Premium-Economy-Klasse an: Gegen einen Aufpreis von einigen hundert Euro gibt es mehr Sitzabstand, breitere Sitze, besseres Essen und ein umfangreicheres Entertainment-Programm. Da die Transatlantikflüge immer mindestens neun Stunden dauern, kann sich das durchaus lohnen, wenn man erholt am Ziel eintreffen will.

Ökologische Belastung: Langstreckenflüge sind ökologisch belastend. Bei einem Flug aus Deutschland an die Westküste und zurück fallen pro Person etwa 3 Tonnen CO_2 an – ein Drittel des durchschnittlichen jährlichen Schadstoffausstoßes pro Person in Deutschland. Hier kann man überlegen, ob bei der ohnehin nicht ganz günstigen Reise an die Westküste noch etwa 70 Euro übrig sind, damit Maßnahmen zur Kompensation des Schadstoffausstoßes umgesetzt werden können. Atmosfair (www.atmosfair.de), aber auch viele Reiseveranstalter bieten diese Möglichkeit, um mit besserem Gewissen den langen Flug anzutreten.

Verkehrsmittel vor Ort

Viele Reisende kommen nach Westkanada und Südost-Alaska, um für eine Weile der durchorganisierten Zivilisation mit ihren bis ins Detail geplanten Abläufen zu entgehen. Das ist leicht möglich, man sollte aber darauf vorbereitet sein, dass am Rande der Wildnis nicht immer alles mit der mitteleuropäischen Zuverlässigkeit und Pünktlichkeit passiert. Bei Fernstreckenzügen und Langstreckenfähren sind mehrstündige Verspätungen nichts Ungewöhnliches. Die Katamaranfähren des Alaska Marine Highway bleiben bei hohen Wellen im Hafen, Waldbrände oder Überflutungen können Straßen für mehrere Tage unpassierbar machen, und bei dichtem Nebel werden Flüge oft abgesagt, insbesondere von kleineren Maschinen ohne Instrumentenflugeinrichtung. Planen Sie daher nicht zu knapp, sondern sehen Sie Reserven vor. Informieren Sie sich unterwegs über mögliche Verzögerungen: Alle Verkehrsträger geben auf ihren Webseiten größere Störungen bekannt.

Auto, Wohnmobil, Motorrad

Mit dem SUV, dem Wohnmobil oder der Miet-Harley – die grandiose Landschaft Westkanadas lässt sich am besten mit eigenem fahrbaren Untersatz erleben. Doch so schön wie das unabhängige Reisen auf zwei oder vier Rädern auch ist: Einiges gilt es zu berücksichtigen, damit der Urlaubsgenuss nicht auf der Strecke bleibt.

Führerschein: Für Kanada und Alaska reicht der nationale Führerschein; auch ein im Heimatland beantragter internationaler Führerschein kann genutzt werden. Der alte, graue deutsche Führerschein ist offiziell ausreichend, kann aber vor Ort wegen der fehlenden englischen Erläuterung zu Problemen führen.

Entfernungen: Aufgrund von sommerlichen Baustellen und niedrigen Tempolimits ist es auch im verkehrsarmen Landesinneren kaum möglich, mehr als 80 km in der Stunde zurückzulegen. Ein böses Sprichwort besagt, dass Kanada aus neun Monaten Winter und drei Monaten Straßenbauarbeiten bestehe. Das ist nicht ganz unzutreffend, denn oft erlauben die klimatischen Verhältnisse Reparaturarbeiten wirklich nur im Sommer. Wer sich 300 km pro Tag vornimmt, verbringt also schnell seinen halben Urlaub im Auto. Setzen Sie lieber regionale Schwerpunkte, genießen Sie die Natur intensiv – und kommen Sie wieder, um mehr von diesem faszinierenden Land zu entdecken.

Tanken: Die billigste Benzinsorte heißt *Regular* oder *Unleaded* (Bleifrei) und weist eine ausreichend hohe Oktanzahl für fast alle Mietwagen auf; es gibt keinen Grund, das deutlich teurere Premium oder Super zu tanken. Die Preise lagen 2019 in Westkanada zwischen 1,15 $ und 1,90 $ pro Liter. Die Unterschiede sind sowohl in den Provinzen begründet (Alberta lebt von der Ölförderung, man bekommt den Sprit mit niedrigem Steuersatz und ohne teure Transportwege) als auch durch regionale Unterschiede (je weiter man in die unberührte Wildnis kommt, desto teurer wird es). In Südost-Alaska lagen die Preise zwischen 3,50 US-$ und 4 US-$ für die Gallone (knapp 3,8 l). Im Gegensatz zu fast allen anderen Preisangaben verstehen sich diese Beträge jeweils inklusive aller Steuern und Gebühren.

Fast alle Tankstellen haben den Tank- und Bezahlvorgang automatisiert: Sie führen eine Kreditkarte ins Kartenlesegerät ein und können dann am Display einen vorgegebenen Maximalbetrag auswählen oder diesen selbst eingeben. Zum Tanken müssen Sie aber erst noch die Taste der von Ihnen gewünschten Benzinsorte drücken (bei modernen Geräten) oder einen Hebel am unteren Ende der Zapfpistolen-Halterung nach oben klappen (bei älteren Geräten). Nachdem Sie die Zapfpistole wieder eingehängt haben, werden Sie am Display gefragt, ob Sie eine Quittung wollen.

Mietwagen

Diesen sollten Sie bereits in Deutschland buchen. Das ist inklusive der sinnvollen Versicherungen billiger, egal, ob Sie im Reisebüro buchen oder im Internet. Beim Marktführer Sunny Cars sind alle erforderlichen Versicherungen bereits im Preis enthalten, und im Schadenfall wird sogar die Selbstbeteiligung erstattet. Das gilt mit leichten Abstrichen auch für die Mietwagenangebote der großen Veranstalter TUI, DER und FTI. Bei manchem Billigangebot aus dem Internet dagegen ist die Absicherung nicht ausreichend und es fallen vor Ort Zusatzkosten an. Vergleichen lohnt. Ein eventueller zweiter Fahrer sollte schon von Europa aus mitgebucht werden; das ist ebenfalls günstiger.

Sie erhalten schon bei Ihrem europäischen Mietwagenpartner ausführliche Informationen, welche Straßen Sie befahren dürfen und welche nicht. Oft sind Schotterpisten komplett untersagt; bei manchen Vermietstationen im Norden (etwa bei Sunny Cars in Whitehorse) gilt dagegen, dass man „Government-Maintained Roads" befahren darf. Das schließt z. B. auch den Dempster Highway mit ein. Wer ohne Genehmigung Schotterstraßen befährt, verliert den Versicherungsschutz. Das kann teuer werden, denn Steinschläge und platte Reifen kommen häufig vor. Unschön: Auch viele Campingplätze sind nur über – wenn auch kurze – private Schotterstraßen erreichbar. Wenn hier etwas passiert: Die Versicherung zahlt nicht. Bei Übernahme des Mietwagens sollten Sie versuchen, ein Fahrzeug mit einem echten Reserverad (full spare wheel/tyre) zu erhalten statt eines Notrads – im Norden sind es oft hunderte von Kilometern zur nächsten Werkstatt. Wenn Sie Ihr Fahrzeug an einer anderen Station als der Übernahmestation zurückgeben, fallen fast immer Einweg-Aufschläge an.

Sunnycars, www.sunnycars.com, Westkanada und Seattle: Pkw der unteren Mittelklasse ca. 270 €/Woche, Mittelklasse ca. 300 €, großer SUV 400 €, Minivan etwa 400 €, jeweils inkl. zweitem Fahrer und erster Tankfüllung. In Whitehorse ca. 70 % teurer, in Alaska bis zu 100 % teurer. Anmietung ab dem 25. Lebensjahr, die meisten Fahrzeuge gibt es mit Underage-Zuschlag bereits ab dem 21. Lebensjahr.

Auto Europe, www.autoeurope.de: Ähnliches Angebot und Preise wie Sunny Cars, zusätzlich auch Billiganbieter wie Thrifty im Angebot, deren Stationen oft weit außerhalb der Flughäfen liegen.

Großveranstalter: TUI (www.tuicars.com), DERTOUR (www.dertour.com) und FTI (www.fti.de) bieten Fahrzeuge vor allem an den großen Flughäfen an. Die Preise werden seltener aktualisiert und können – je nach Wechselkurs – mal teurer, mal günstiger sein als bei den Spezialisten Sunnycars und Auto Europe.

Langzeitaufenthalt mit eigenem Auto

Das eigene Auto mit nach Kanada zu nehmen, lohnt kaum: Die Verschiffung kostet ca. 1500 € und das Fahrzeug muss nach spätestens einem Jahr wieder ausgeführt werden (noch einmal 1500 €). Ein Verkauf im Land ist nicht zulässig! Halbwegs ordentliche Gebrauchtwagen bekommt man vor Ort ab ca. 3000 $ über Online-Plattformen wie www.autotrader.ca. Zuverlässiger ist www.budgetcarsales.ca – hier werden noch recht neue Ex-Mietwagen verkauft. Zwar muss man mindestens 12.000 $ hinblättern, erhält dafür aber ein generalüberholtes Auto mit hohem Wiederverkaufswert. Bei Autohändlern und bei den Automobilklubs erhält man auch die Formulare für die nicht ganz einfache Zulassung sowie Informationen zu den erforderlichen Versicherungen.

Wohnmobile

Alle großen Reiseveranstalter für Kanada bieten Wohnmobile an, vor Ort auch RV (Recreational Vehicles) oder Mobile Homes genannt. Die kleinste Kategorie sind Truck Camper für 2–3 Personen, bei denen ein Campingmodul auf einen Pick-up gesetzt wird. Mit diesen Fahrzeugen kommen Sie überall hin, auch über steile und kurvige Schotterpisten. Anders als beim Truck

Truck-Camper am Strand des Skeena Rivers

Camper bilden bei den größeren Modellen Fahrerkabine und Wohnbereich eine Einheit. Wohnmobile gibt es in Längen von bis zu 32 Fuß – fast 10 m. Zu lange Gefährte können allerdings Probleme schaffen: Ab 24 Fuß Länge wird es z. B. auf zahlreichen Nebenstrecken in den Rocky-Mountain-Nationalparks schwierig.

Fast jeder National- und Provinzpark bietet Stellplätze für Wohnmobile. In diesem Reiseführer haben wir nur die schönsten und wichtigsten erwähnt. Im Juli und August müssen die Stellplätze fast überall vorausgebucht werden, insbesondere in den Nationalparks und um diese herum. Die Stellplätze fallen in drei Kategorien: „No Service" bedeutet genau das – es gibt nur den Stellplatz. „Partial Hookup" stellt in der Regel auch einen Strom- und Wasseranschluss zur Verfügung, beim „Full Hook Up" kommt noch ein Anschluss für das Abwassersystem des Wohnmobils hinzu. Zwar erhält man bei der Übernahme des Mobils vom Vermieter eine umfassende Einweisung – doch ist es nicht verkehrt, diese Unterschiede schon vorab zu kennen, um die richtige Stellplatzkategorie zu reservieren.

Finanziell ist die große Freiheit des Wohnmobils nicht lohnend: Bei Mietpreisen von durchschnittlich 300 $/Tag für das Wohnmobil, hohem Spritverbrauch und Übernachtungskosten bis zu 80 $ auf stadtnahen privaten Campingplätzen ist die Kombination von Mietwagen und Hotel fast immer günstiger.

Motorrad: Sowohl bei deutschen Veranstaltern als auch bei Anbietern vor Ort können – unter Vorlage des entsprechenden Führerscheins – Motorräder gemietet werden. Verleiher vor Ort halten auch Tipps bereit, welche Touren – neben den Klassikern Icefields Parkway und Sea-to-Sky-Highway – sich besonders lohnen.

Cycle BC, 10 East 6th Avenue, Vancouver: ab 115 $/Tag für kleinere Maschinen (Honda CB 500 FA), 130 $/Tag für Cruiser (Triumph Bonneville) und Adventure Touring-Maschinen (BMW F 700 GS) bis hin zu 180 $/Tag für große Maschinen (BMW R 1200, Harley Davidson Road King). ✆ (604) 709-5663. www.cyclebc.ca.

Autofahren in Westkanada und Südost-Alaska

Kanadier und Alaskaner sind sehr entspannte Autofahrer – aber auch ziemlich schlechte! Es geht selbst im Berufsverkehr gelassen zu: Man lässt einfädeln, es wird nicht gedrängelt, an Zebrastreifen wird schon gestoppt, wenn ein Fußgänger die Absicht haben könnte, auf die Straße zu treten. Niemand macht Kavalierstarts oder prescht noch bei Gelb über die Kreuzung. Doch wehe, es muss auf einer Hauptstraße mal rückwärts eingeparkt werden; dann wird schon mal der Verkehr für zehn Minuten lahmgelegt, bis es beim 19. Versuch so halbwegs klappt. Auf Überlandstraßen fließt der Verkehr meist sehr gleichmäßig, da auch Trucks mit dem gleichen Tempo unterwegs sind wie Pkw. Achtung bei schlechtem Wetter und in der Dunkelheit: Es gibt oft keine reflektierenden Fahrbahnmarkierungen und die Fahrbahnen sind nicht gewölbt – Regenwasser läuft schlecht ab, es droht schnell Aquaplaning.

Wichtige Verkehrsregeln: Die am Straßenrand angezeigten zugelassenen Höchstgeschwindigkeiten sollten beachtet werden, wobei ein Überschreiten von bis zu 10 km/h in aller Regel toleriert wird – nicht jedoch an Baustellen, wo Überschreitungen mit der doppelten Strafe geahndet werden, um die Arbeiter zu schützen. Gelbe Geschwindigkeitstafeln stehen vor scharfen Kurven oder anderen Stellen, wo es gilt, die Geschwindigkeit zu verlangsamen; anders als bei uns gibt es aber keine Schilder, mit denen diese temporäre Begrenzung wieder aufgehoben wird. An Baustellen gibt es oft einspurigen Verkehr, der nicht mit Ampeln geregelt wird, sondern durch Verkehrslotsen: Personal in Warnwesten dirigiert die Autofahrer mit orangefarbenen Tafeln, deren Aufdrucke „Stop" und „Slow" signalisieren, was zu tun ist. Haltende gelbe Schulbusse mit Warnblinkanlage dürfen nicht überholt werden – auf Straßen ohne Mittelleitplanke darf man sie auch nicht in Gegenrichtung passieren! Stehen am Fahrbahnrand Polizei-, Feuerwehr- oder Krankenwagen und sind dort Personen im Einsatz, darf man diese nur mit „angepasster Geschwindigkeit" passieren, auf Highways heißt das: höchstens Tempo 60. Warnschilder, die auf Elche oder andere Tiere hinweisen, sollten ernst genommen werden: In der Nacht mit einem tonnenschweren Elch zu kollidieren, ist eine andere Erfahrung, als einen Hasen zu überfahren – jeder dreihundertste Autounfall in Kanada ist eine Elchkollision …

Auch innerstädtisch gibt es Besonderheiten. Analog zum „Grünen Pfeil" in Deutschland darf an roten Ampeln nach dem Anhalten – und Prüfen, ob es querenden Auto- oder Fußgängerverkehr gibt – rechts abgebogen werden, es sei denn, dies ist ausdrücklich untersagt. Achtung: Die Ampeln hängen in der Mitte der Kreuzung oder gar hinter ihr – anhalten muss man natürlich trotzdem vor der Kreuzung. In Nebenstraßen trifft man oft auf Stoppschilder mit der Aufschrift „3 Way Stop" oder „4 Way Stop": Wer zuerst an der Kreuzung angehalten hat, darf auch als Erster weiterfahren. Es gilt also, den Verkehr der anderen einmündenden Straßen zu beobachten, um zu ermitteln, wann man selbst an der Reihe ist. Die Verkehrszeichen „Vorfahrtstraße" und „Vorfahrt an der nächsten Kreuzung" gibt es in Kanada oder Alaska nicht: Wenn an einer Kreuzung kein Verkehrszeichen steht, hat man Vorfahrt, der querende Verkehr wird dann durch Stoppschilder gewarnt. Ein U-Turn (180 Grad-Wende) ist in Alberta strikt verboten, in allen anderen Provinzen dagegen kein Problem.

Nicht nur das Fahren fordert Aufmerksamkeit, auch das Parken: Ist der Bordstein in der City gelb oder rot markiert, darf man nicht parken, bei weißen oder grünen Markierungen gilt eine maximale Parkdauer (vor der Post sind das schon mal nur 2 Minuten!), oder man muss eine Parkuhr füttern. Parkhäuser haben oft keine Schranke, dann muss man an einem Automaten ein Ticket für die geplante Parkdauer vorab bezahlen. Dazu braucht man fast immer das Kennzeichen des Autos – muss das Ticket aber nicht hinter der Scheibe platzieren.

Bei Ihrem Automobilklub erfahren Sie, inwieweit die Automobilklubs Kanadas (CAA) und der USA (AAA) mit Ihrem Klub kooperieren und Ihnen im Pannenfall Hilfe leisten. Wenn Sie mit einem Mietfahrzeug unterwegs sind, ist aber immer der Mobilitätsservice Ihres Vermieters der erste Ansprechpartner.

CAA National, ☎ (800) 222-4357, www.caa.ca.
AAA, ☎ (800) 222-4357, www.aaa.com.

Nix geht bei car2go

Die aus deutschen Großstädten bekannten weißblauen Smart und Mercedes finden sich auch in Calgary und Vancouver. Mit Stand von 2018 können deutsche Kunden zwar in anderen europäischen Metropolen die Autos freizügig nutzen, aber noch immer nicht in Kanada. „Wir arbeiten daran", heißt es nach wie vor seitens des Kundenservice. Schade.

Flugzeug

Für lange Strecken ist das Flugzeug das wichtigste Verkehrsmittel in der Region. In Westkanada dominieren drei Fluggesellschaften den Markt: Air Canada (mit der Regionalflugtochter Jazz und der Billigflug-Tochter Air Canada Rouge), Westjet und Harbour Air. Die **Air-Canada-Gruppe** fliegt siebzehn Airports in British Columbia an, sieben in Alberta sowie Whitehorse und Yellowknife. Je nach Entfernung und Buchungszeitpunkt liegen die Kosten für einen Inlandsflug innerhalb Westkanadas meist zwischen 200 $ und 400 $. Günstiger wird es, wenn man die Flüge mit dem Transatlantikflug (hin oder zurück) kombinieren kann. Ein Flug von Deutschland zu den Haida-Gwaii-Inseln oder nach Kelowna ist dann kaum teurer als einer nach Vancouver oder Calgary. Wer vor Ort ist und mal eben von Vancouver einen Abstecher nach Ostkanada machen möchte, ist dagegen schnell 1000 $ los.

Die Billigfluggesellschaft **Westjet** gewinnt auch im Westen Kanadas zunehmend an Bedeutung: Elf Ziele in British Columbia, vier in Alberta sowie Yellowknife und Whitehorse werden regelmäßig bedient. Inlandsflüge sind hier bei längerer Vorausbuchung oft schon unter 100 $ zu haben – allerdings nur, wenn man Einschränkungen bei der Gepäckmenge akzeptiert. Ähnlich wie bei Air Canada kann man auch hier mit Kombinationstickets sparen, denn Westjet ist Partner der Condor: Anschlussflüge von Toronto, Calgary oder Vancouver mit Westjet zu Zielen in der Provinz sind günstig zu haben, wenn sie gleich bei Buchung des Transatlantikflugs mitgekauft werden.

Harbour Air ist die weltweit größte „Seaplane only-Airline", ihre Flotte besteht nur aus Wasserflugzeugen. Von Vancouver und Victoria aus werden Ziele an der Küste und auf den Gulf Islands angeflogen. Aufgrund der kurzen Strecken ist man auch hier teils schon ab 100 $ mit an Bord. Andere Regionalfluggesellschaften operieren vor allem in entlegenen Gebieten. Die wichtigsten sind Pacific Coastal Airlines (nördliches Vancouver Island und Discovery Coast), Air North (Yukon) und Canadian North (Northwest Territories).

Zu vielen entlegenen Orten des Nordens und an der Küste führen keine Straßen, hier kommt man nur mit kleinen Buschfliegern hin. Noch heute

Wasserflugzeuge und Ausflugsschiffe im Coal Harbour in Vancouver

sind 900 der etwa 1500 Landebahnen in Kanada nur Sand- oder Schotterpisten und nicht asphaltiert. Schon die Anreise ist oft ein kleines Abenteuer.

In Südost-Alaska führt kein Weg an **Alaska Airlines** vorbei, die einen Großteil der Flotte in Anchorage und Seattle stationiert hat. Von dort aus werden Juneau, Ketchikan, Petersburg, Sitka und Wrangell täglich mehrfach angeflogen. Aber auch entlegenere Orte wie Cordova, Valdez und Yakutat zählen zu den Destinationen. Bei rechtzeitiger Buchung sind die kurzen Inlandsflüge in Südost-Alaska zum Teil schon unter 50 $ zu haben – 150 $ ist aber eher die Regel. Zudem verfügt jede Stadt in Alaska noch über eine oder mehrere lokale Fluggesellschaften, die die Verbindung zu den kleineren Dörfern und Inseln im Umland sicherstellen. Diese kooperieren in der Regel nicht mit Alaska Airlines. Es gibt weder Durchgangstarife, noch kann das Gepäck durchgecheckt werden; Anschlüsse werden nicht abgewartet.

Air Canada-Gruppe Air Canada, ✆ (514) 393-3333, www.aircanada.com. Jazz, ✆ (902) 873-5000, www.flyjazz.ca. Air Canada Rouge, www.flyrouge.com.

Westjet, in Deutschland ✆ 0800 53815696, in Kanada ✆ (888) 987-8538, www.westjet.com.

Harbour Air, ✆ (604) 274-1277, www.harbourair.com.

Pacific Coastal Airlines, ✆ (604) 273-8666, www.pacificcoastal.com.

Air North, ✆ (867) 668-2228, www.flyairnorth.com.

Canadian North, ✆ (800) 661-1505, www.canadiannorth.com.

Alaska Airlines, ✆ (800) 252-7522, www.alaskaair.com.

Schiff und Fähre

Hunderte von Fjorden und Inseln säumen die Pazifikküste zwischen den San Juan Islands im Süden und Skagway im Norden. Vom Wasser aus lassen diese sich am besten entdecken, egal, ob man mit einem luxuriösen Kreuzfahrtschiff unterwegs ist oder mit einer staatlichen Fährgesellschaft.

Kreuzfahrtschiffe

Von Vancouver und Seattle brechen zwischen Mai und September jede Woche mehr als ein Dutzend Kreuzfahrtschiffe gen Norden auf – die meisten unter der Flagge von **Princess Cruises** oder der **Holland America Line.** Beide betreiben auch eigene Hotels und Lodges in Alaska für Anschlussprogramme. Das südöstliche Alaska per Kreuzfahrt zu entdecken, ist die bequemste Möglichkeit, und durchaus nicht die teuerste. Flexibel ist man mit dieser Reiseform natürlich nicht, und auch Gästestruktur (fast nur US-Amerikaner) und Altersschnitt (deutlich jenseits der 70) schrecken manchen Interessenten ab. Aber man muss ja in den Anlegehäfen nicht jeden oft überteuerten Ausflug mitmachen, sondern kann sich frei bewegen und das Ziel auf eigene Faust entdecken. Mancher Reisende wird den Massentourismus der Reedereien ablehnen – aber man kann ihm in Südost-Alaska nicht aus dem Weg gehen. Wenn im 800-Einwohner-Dorf Skagway vier Kreuzfahrtschiffe gleichzeitig an den Piers liegen und 10.000 Kreuzfahrtgäste ins Dorf strömen, kann einem schon angst und bange werden. Doch zum Abendessen sind die meisten Tagesbesucher wieder zurück auf ihren schwimmenden Hotels.

■ Reisebüros und Kreuzfahrtportale bieten ein großes Angebot und beraten gerne. Princess Cruises (www.princesscruises.de/de) und HAL (de.hollandamerica.com) stehen im Wettbewerb mit Celebrity Cruises (www.celebrity cruises.de), Royal Caribbean Cruises (www.royalcaribbean.de) und Norwegian Cruise Line (www.ncl.com/de/). Nur zwei Schiffe pro Tag erhalten die Erlaubnis, in die Glacier Bay zu fahren – wer zum ersten Mal nach Südostalaska kommt, sollte diesen Höhepunkt unbedingt erleben: Achten Sie bei der Auswahl von Schiff und Route darauf.

Staatliche Fährgesellschaften

Sie sind die lokale Form des Reisens. Die **BC Ferries** verbinden nicht nur das Festland mit den Gulf Islands und Vancouver Island, sondern betreiben auch die Langstreckenfähren von Port Hardy nach Prince Rupert (Inside Passage, 15 Std.) und Bella Coola (10 Std.) sowie die Route von Prince Rupert nach Skidegate auf den Haida-Gwaii-Inseln (6–9 Std.). Fährschiffe sind für viele Reisende mehr ein Urlaubshöhepunkt als nur ein Transportmittel – kein Wunder, denn die Inside Passage gilt als eine der schönsten Fährstrecken weltweit. Dementsprechend begehrt und teuer sind die Tickets. Etwas Entspannung bei den Kapazitäten gibt es seit 2019, denn auf der Strecke zwischen Port Hardy und Bella Coola wird wieder eine größere Fähre eingesetzt.

Die blauen Fähren des **Alaska Marine Highway System** verbinden Prince Rupert sowie Bellingham (US-Bundesstaat Washington, zwischen Vancouver und Seattle) mit den Highlights in Südost-Alaska. Ketchikan, Wrangell, Petersburg, Sitka und Juneau heißen die Häfen auf dem Weg nach Haines und Skagway – erst dort besteht wieder Anschluss an das Straßennetz des Festlandes. Nebenrouten erschließen u. a. den Glacier-Bay-Nationalpark. Urlauber sind an Bord oft in der Minderheit. Meist sind es Einheimische, die ein Fahrzeug überführen, der Flugangst aus dem Weg gehen oder diese Art des Reisens schlichtweg schätzen.

Sowohl in Kanada als auch in Alaska gilt: Als Fußpassagier bekommt man noch kurzfristig ein Ticket, und auch das Fahrrad passt immer an Bord. Wer jedoch mit Pkw oder Wohnmobil unterwegs ist, sollte langfristig buchen. Insbesondere die Inside Passage, die Fahrt an die Discovery Coast und die kurze Fahrt von Haines nach Skagway sind oft Monate im Voraus ausgebucht.

BC Ferries: Langstreckenfähren müssen vorab gebucht werden. Für die Fähren vom Festland nach Vancouver Island und zu den

Southern Gulf Islands wird eine Reservierung vor allem an Wochenenden empfohlen. ✆ (250) 386-3431, www.bcferries.com.

Alaska Marine Highway System: Für Reservierungen ist aus Sicherheitsgründen die Angabe des Reisepasses erforderlich. ✆ (907) 465-3941, www.dot.state.ak.us/amhs.

Inselhüpfen mit den „Blue Canoes"

Seit 1963 fahren die Fährschiffe des Alaska Marine Highway System (Ja: Es gibt hier offizielle Highways auf dem Wasser!) an der Südküste Alaskas entlang. Mit eher gemächlichen 17 Knoten – gut 31 km/h – geht es an Bergen und Wäldern, an Wasserfällen und Gletschern vorbei. Auf einigen kürzeren Routen fahren seit einigen Jahren zwei Katamaran-Schnellfähren.

Die schönsten Routen führen durch die Inselwelt Südost-Alaskas, besonders eindrücklich sind die Abschnitte zwischen Petersburg und Wrangell, kurz vor bzw. nach Sitka und zwischen Juneau und Skagway. In größeren Häfen wie Ketchikan liegen die Fährschiffe schon mal ein paar Stunden im Hafen, um Fracht ein- und auszuladen: eine gute Gelegenheit für einen Ortsbummel. Aber nur, wenn die Fähren ihren Fahrplan einhalten, was durchaus nicht selbstverständlich ist.

Es gibt exzellente Cafeteria-Restaurants, wo dreimal täglich alles frisch zubereitet wird und zu sehr fairen Preisen auf den Tisch kommt. Auf der Fahrt von Bellingham nach Norden sind meist Park Ranger an Bord, die kostenlose, interessante Vorträge halten. Einfache, aber zweckmäßige Kabinen mit Dusche/WC sorgen nachts für eine bequeme Unterbringung. Auch für Reisende mit knappem Budget sind die Fähren eine Option, denn man darf auf den Achterdecks Zelte aufbauen! Wer keines dabei hat: Das nach hinten offene, aber nach oben hin verglaste Solarium an Bord aller Schiffe bietet Liegen und Heizstrahler, so dass man dort akzeptabel übernachten kann – inklusive kostenfreier Duschen an Bord.

Mit den Mitreisenden kommt man schnell ins Gespräch und erfährt so aus erster Hand viel über das Leben in Alaska. Oft ist auch der eine oder Tipp für den nächsten Hafen dabei und manchmal eine – durchaus ehrlich gemeinte – Einladung, doch auf ein paar Tage vorbeizukommen.

Greyhound Bus gibt Westkanada auf

Kurz vor Drucklegung hat Greyhound bekanntgegeben, sich aus ganz Westkanada zurückzuziehen; es soll vorerst nur die Strecke Vancouver – Seattle verbleiben. Die Provinzen British Columbia und Alberta bemühen sich um Ersatzangebote, die jedoch vor allem darauf abzielen, Bürgern ohne Auto einmal die Woche Arztbesuche und Behördentermine in der nächsten größeren Stadt zu ermöglichen: Die Fahrpläne und Routen orientieren sich weder an touristischen Interessen noch wird ein Netz aufeinander abgestimmter Anschlüsse angeboten, wie es bei Greyhound der Fall war.

Mit Stand vom Frühjahr 2019 bedient LOUD die Routen von Calgary nach Banff sowie von Edmonton über Red Deer nach Calgary. Rider Express fährt einmal wöchentlich von Winnipeg über Saskatoon und Calgary nach Kamloops, sowie von dort täglich weiter nach Vancouver. Adventure Charters plant, ab Sommer die Strecken von Williams Lake nach Surrey bei Vancouver, nach Kamloops und nach Prince George in Betrieb zu nehmen. Von Prince George aus erschließt BC Bus North den Norden der Provinz mit Linien nach Nelson (wöchentlich) sowie Fort St. John, Prince Rupert und Valemount (zweimal pro Woche).

Mit größeren Veränderungen ist auf allen Routen stets zu rechnen, da die privaten Busbetreiber nur geringe Zuschüsse erhalten: Rechnet sich eine Verbindung nicht, wird sie wieder eingestellt. Es ist ratsam, sich vorab im Internet zu erkundigen, welche Routen voraussichtlich angeboten werden und an welchen Wochentagen.

Bahn und Bus

Es war die Canadian Pacific Railway, die durch den Bau von prachtvollen Hotels in Banff, Vancouver und andernorts den Tourismus in die Region einleitete. Auch heute noch hängt ein Hauch von Großartigkeit über jeder längeren Bahnreise – der Mythos der Greyhound-Fernreisebusse ist dagegen seit Ende 2018 gebrochen (siehe oben)

VIA Rail und Busse: Reisen mit Bahn und Bus in Kanada haben Vor- und Nachteile gegenüber anderen Verkehrsmitteln, und es sind die gleichen wie bei uns. Für Zug und Bus spricht, dass man Mitreisende kennenlernt und so viel leichter als bei einem Autourlaub mit Kanadiern in Kontakt kommt. Zudem reist man umweltschonender, entspannt und günstig. Aber es fehlt die Flexibilität, spontan umzuplanen: Die Langstreckenzüge der staatlichen VIA Rail fahren nur dreimal wöchentlich und auch die bequemen Langstreckenbusse bedienen manche Route nur einmal wöchentlich. Mit einer gründlichen Planung im Vorfeld ist es aber durchaus möglich, eine große Westkanadarundreise komplett mit Zug, Bus und Fähre zu gestalten.

Rocky Mountaineer: Der private Luxuszug befährt seit 1990 unter dem Motto „Der Weg ist das Ziel" verschiedene Strecken in Westkanada. Tagsüber gibt es traumhafte Aussichten, nachts gute

Hotels an den Bahnhöfen. Das Gepäck wird vom Zug ins Hotelzimmer transportiert, alle Mahlzeiten sind inklusive, und auch sonst wird an alles gedacht. Das hat seinen Preis: Die Touren kosten ein Vielfaches der Bahnfahrt mit den Planzügen der VIA Rail. Das Publikum an Bord des Rocky Mountaineers entspricht dem der Kreuzfahrten; nicht jedem Europäer gelingt es, in diesem Umfeld die Reise zu genießen.

VIA Rail: Je 3x/Woche auf den Routen Toronto – Winnipeg – Edmonton – Jasper – Kamloops – Vancouver („The Canadian" – Sitz-, Liege-, Schlafwagen) und Jasper – Prince George – Prince Rupert („Skeena" – Sitzwagen). www.viarail.ca. Fahrkarten zu Originalpreisen bei den Vertriebsagenturen für Deutschland (CRD, www.crd.de) und Österreich (Canadareisen, www.canadareisen.at).

Rocky Mountaineer: Vier verschiedene Routen ab 2 Tagen. Abfahrten ab Calgary, Banff, Lake Louise, Jasper, Vancouver und Seattle. Deutschland: ✆ 0800 1899311, Kanada (604) 606-7245, www.rockymountaineer.com.

BusBud sucht nach günstigen Linienbus-Verbindungen, zum Teil sind auch private Shuttle gelistet. www.busbud.com.

Fahrrad

Radler-Metropolen wie Vancouver, dazu stillgelegte Bahnstrecken, die über Brücken und durch Tunnel führen, mitten in der Natur: genug Gründe, das Land vom Sattel aus zu entdecken, statt eingesperrt hinter der Windschutzscheibe zu sitzen.

Man muss ja nicht gleich den kompletten Urlaub auf dem Rad verbringen, aber viele Städte und Sehenswürdigkeiten lassen sich am besten per Drahtesel erleben. Für Südost-Alaska ist das Fahrrad sogar das ideale Fortbewegungsmittel, die vielen Fährpassagen und das stets nur kleine Straßennetz auf den Inseln machen die Pkw-Mitnahme teuer und überflüssig. Mittlerweile gibt es Reiseveranstalter, die sich darauf spezialisiert haben, einen Teil der Reise oder gar den kompletten Urlaub als Radreise zu organisieren. Für das Radfahren in Kanada und Alaska gilt vielfach, was auch für das Autofahren gilt: breite Straßen, wenig

Viele Hotels – wie dieses an der Sunshine Coast – vermieten Fahrräder

Verkehr und eine entspannte Grundeinstellung der meisten Verkehrsteilnehmer. So wird das Fahren auf den Straßen in Alaska und Kanada zum Vergnügen für Radler.

Straßen und Fahrradwege: In den Großstädten Calgary, Vancouver und Victoria sowie mit leichten Abstrichen in Edmonton und Juneau gibt es ein exzellentes Netz von Fahrradwegen und Fahrradstraßen. Hier können sich die meisten deutschen Großstädte noch viel abschauen! Auf den Landstraßen fehlen parallele Radwege dagegen meist völlig, dafür gibt es markierte Seitenstreifen von 60 cm bis zu 2 m Breite. Ein Traum für Radfahrer sind die vielen stillgelegten Eisenbahntrassen, auf denen u. a. der Great Trail und viele andere Radwege verlaufen. Verkehrsarm und mit nur geringen Steigungen radelt es sich hier weitab der Straßen sehr angenehm.

Ausrüstung: Aufgrund der Waldwege und der manchmal nur schlecht vom Dreck geräumten Seitenstreifen der Highways sind klassische Rennräder nicht zu empfehlen. Ideal sind Trekking- und Cyclocross-Räder oder MTB/ATB. Ein Helm sollte in unbekanntem Terrain ohnehin selbstverständlich sein – in British Columbia besteht sogar Helmpflicht. Robuste Bereifung ist ebenfalls sinnvoll.

Miteinander im Verkehr: Obwohl Autofahrer in Kanada und Alaska meist rücksichtsvoller fahren als in Deutschland, ist Vorsicht geboten – außerhalb der Ballungsräume sind Radfahrer eher selten. Ganze Generationen von Einheimischen sind dort nicht wie bei uns mit Fahrrädern, sondern mit Quads – kleinen Allradfahrzeugen – und Schneemobilen aufgewachsen. So kann nicht jeder Verkehrsteilnehmer die Geschwindigkeit von Radfahrern richtig einschätzen. Es lohnt sich, im Zweifelsfall für die Autofahrer mitzudenken. Zu Unfällen kommt es dennoch deutlich seltener als bei uns.

Service: Für den Fall der Fälle hat fast jedes Dorf eine Fahrradwerkstatt. Bei

Naturnahe Radwege wie hier bei Juneau bieten viele Städte

größeren Pannen reicht es, einfach am Straßenrand stehen zu bleiben und besorgt zu schauen: Schnell halten hilfsbereite Autofahrer, und das Fahrrad ist flott auf dem Pickup verladen. Der Umweg zur nächsten Werkstatt ist selten ein Problem für die freundlichen Landbewohner. Auch Linienbusse nehmen in den meisten Fällen zwei Fahrräder auf ihren Frontgepäckträgern mit. Die Radwege in Vancouver und Victoria bieten in regelmäßigen Abständen Wasser- und Werkstatt-Stationen, wo Luftpumpen, Schraubenschlüssel u. a. m. bereitliegen.

Fahrrad mieten: Wo immer es landschaftlich lohnt, stehen Anbieter von Leihrädern bereit, zunehmend auch von E-Bikes. Auch wer sonst eher selten Rad fährt, sollte hier öfter mal von vier auf zwei Räder wechseln – es lohnt sich! Auf die schönsten Radstrecken und -touren wird in den einzelnen Kapiteln hingewiesen.

Eigenes Fahrrad: Die Mitnahme eines Fahrrads kostet je nach Fluggesellschaft 70 bis 250 €, hin und zurück das Doppelte. Bei Tagesmieten von bis zu 80 $ für vor Ort ausgeliehene Fahrräder rechnet sich dies oft dennoch. Spezielle Fahrradkoffer und Transporttaschen stellen sicher, dass das Rad heil ankommt. Wer nicht vom Einreiseflughafen wieder zurückfliegt, holt sich am besten einen Fahrradkarton bei seinem Händler. Vor Ort kann man diesen dann am Flughafen oder im Hotel entsorgen. Genauso beim Rückflug: Auch kanadische Radhändler haben fast immer Kartons vorrätig. Ein paar Tage vorher sollte man aber anrufen.

Veranstalter von Radreisen: Valhalla Tours bietet geführte Fahrrad-Gruppenreisen in Alaska und Kanada an. In Deutschland: ✆ 02102-155783, www.valhallatours.de.

Invaturru Tours stellt in Westkanada und Alaska individuelle Fahrradreisen und Kombinationsreisen mit anderen Verkehrsmitteln wie Zügen und Fähren zusammen. In Deutschland: ✆ 089-75201951, www.invatarru-tours.de.

Per Anhalter oder Mitfahrzentralen

Reisen per Anhalter ist weder eine sichere noch eine zuverlässige Art des Reisens und wird grundsätzlich nicht empfohlen.

Dies vorausgeschickt, dennoch einige Hinweise für Anhalter. Das Aufnehmen oder Absetzen an Ein- und Ausfahrten von Autobahnen und vergleichbaren Highways ist verboten, schwarz-gelbe Warnschilder („No hitch-hiking") weisen darauf hin. Vielerorts legen die Fähren weit vom Stadtzentrum entfernt an, und es gibt keinen Linienbus. Fragen Sie daher am besten Einheimische schon auf der Fähre nach einer Mitfahrmöglichkeit. Je mehr Menschen von Ihrem Vorhaben wissen, umso sicherer – und oft findet sich auf Anhieb jemand, der sie mitnimmt.

Kostenfreie Alternative auf Inseln: Mehrere Inseln der Southern Gulf Islands (z. B. Mayne Island, Pender Islands) haben in Ermangelung eines öffentlichen Bus-Systems eine eigene Lösung geschaffen, bei der sich Reisende (egal, ob Inselbewohner oder Besucher) an bestimmten Haltestellen aufstellen können und von Einheimischen mitgenommen werden. Die praktisch nicht vorhandene Kriminalität auf den Inseln führte dieses System zum Erfolg.

Mitfahrzentralen: Durch die Erfassung der Daten von Fahrer und Mitfahrer wird hier ein Stück weit Sicherheit geschaffen. Das jahrzehntealte Prinzip der klassischen Mitfahrzentrale bringt auch heute noch Fahrer und Passagiere zusammen, wenngleich elektronisch. Zahlreiche Anbieter sind am Markt präsent. Die Preise regeln sich nach Angebot und Nachfrage.

Pop A Ride und **Kijiji** sind die beiden Marktführer, auch per App, www.poparide.com, www.kijiji.ca. **Car Pool World** ist vor allem in den USA stark vertreten, aber zunehmend auch in Kanada, www.carpoolworld.com.

Übernachten

In Westkanada und Südost-Alaska gibt es Tausende von Möglichkeiten, die sich in Art, Lage, Komfort, Preis und anderen Kriterien stark unterscheiden. In den meisten Provinzparks findet man nur Campingplätze, in vielen Kleinstädten nur einige, meist ältere Motels, dazu noch ein paar private Bed-&-Breakfast-Unterkünfte. Vor allem entlang der großen Fernstraßen wie dem Trans-Canada-Highway stehen in den Städten zahlreiche Motels unterschiedlicher Qualität zur Verfügung. Klassische Hotels bereichern das Angebot in Großstädten und werden gern von Geschäftsreisenden genutzt. Lodges weitab der Zivilisation bieten Angeltouren oder Bärenbeobachtungen und runden das Angebot preislich nach oben ab.

Preise: Alle Preisangaben beziehen sich auf die Hauptsaison – Mitte Juni bis Mitte September – und auf ein Doppelzimmer (DZ) mit einem Queensize-Bett (ca. 150 x 200 cm). Die Preise für Zimmer mit Kingsize-Betten (min. 180 x 200 cm) oder Zimmer mit 2 Queen-Betten liegen meist etwa 10–15 % höher. Gleiches gilt für Zimmer mit Küchenzeile (Kitchenette). Noch teurer wird es in Suiten, die über einen zusätzlichen Wohnbereich im gleichen oder einem angrenzenden Zimmer verfügen. Angegeben sind die offiziellen Tarife der Beherbergungsbetriebe. In den Spitzen rund um die langen Wochenenden Anfang Juli und Anfang August kann es durchaus empfindlich teurer werden. Vor oder nach der Hochsaison sind die Unterkünfte dagegen oft 20–40 % günstiger. Hinzu kommen unterschiedlich hohe Steuern, meist 10 % bis 20 % (→ Preisangaben, S. 727).

Klassifizierung: Eine Einstufung der Unterkünfte wird in Kanada und in Alaska – weil kostenpflichtig – von vielen Betrieben nicht durchgeführt. Wenn im Text Hotels klassifiziert sind, handelt es sich um Betriebe, die sich durch „Canada Select“ (www.canada

Übernachten in einer Lodge: oft rustikal, immer naturnah

select.com) einstufen ließen. Die Bewertung entspricht weitgehend dem, was wir uns in Mitteleuropa unter einem Hotel der entsprechenden Kategorie vorstellen. Doch auch viele der nicht klassifizierten Betriebe weisen einen hohen Standard auf.

Auswahl der Unterkünfte in diesem Reiseführer: In vielen Städten dominieren die Hotels der großen nationalen und internationalen Ketten oder Franchisesysteme das Bild. In Westkanada und Alaska sind vor allem die folgenden Marken präsent.

– etwa ****: Crowne Plaza, Delta, Fairmont, Hilton, Holiday Inn, Hyatt Regency, Listel, Prestige, Sandman Signature, Sheraton, Wyndham;

– etwa ***: Accent, Best Western Plus, Coast, Double Tree, Fairfield Inn, Four Points, Hampton Inn, Hilton Garden Inn, Holiday Inn Express, Park Inn, Quality, Radisson;

– etwa **: Best Western, Canada's Best Value, Comfort Inn, Days Inn, Econolodge, La Quinta, Motel 6, Premier Inn, Ramada, Sandman Inn, Super 8, Travelodge.

Fast alle der genannten Kettenhotels sind für eine Zwischenübernachtung durchaus geeignet; im Zweifelsfall lohnt ein Blick auf die bekannten Bewertungsportale. Doch so einschätzbar die Leistung hier ist, so austauschbar ist sie auch: Überraschendes und Besonderes darf man nicht erwarten. In diesem Reiseführer finden sich Kettenhotels daher in der Regel nur dann, wenn sie wirklich die beste Wahl darstellen. Ansonsten werden bei den Unterkünften die kleinen, inhabergeführten Hotels, Motels, Lodges und B&B genannt, die sich durch besondere Lage, exzellenten Service, Zusatzeinrichtungen oder auf andere Art positiv von der Vielzahl der möglichen Unterkünfte abheben.

Bad und WC: Sofern nicht anders beschrieben, verfügen die Zimmer in der Regel über ein Bad mit WC und Badewanne mit Duschkopf. In einigen Hotels und Motels befindet sich das Waschbecken im Schlafbereich – nur Wanne und WC sind räumlich abgetrennt. Günstigere Unterkünfte verfügen oft über Gemeinschaftsbäder: Dusche und WC befinden sich ein paar Meter vom Zimmer entfernt, z. B. am Ende des Gangs. Diese Unterkünfte sind vor allem dort aufgeführt, wo sie aufgrund erheblicher Preisvorteile eine annehmbare Alternative darstellen.

Ausstattung: Zunehmend verfügen selbst ältere Motels über einen Flachbild-TV. Ausnahmen machen einige Lodges in Nationalparks oder anderen abgeschiedenen Regionen, in denen bewusst auf Fernsehgeräte verzichtet wird. Kühlschränke – bei den heißen Sommern durchaus willkommen – und zunehmend auch Mikrowellengeräte gehören fast überall zum Standard. Häufigster Einrichtungsgegenstand, egal ob Hotel, Motel oder B&B, ist und bleibt jedoch die Kaffeemaschine. In einfacheren Unterkünften ist dies meist eine klassische Maschine für Filterkaffee, in besseren Häusern steht eine *Keurig*-Maschine, die mit Kapseln gefüllt wird und so „frischen" Kaffee produziert. Das mit Kaffee-Pads hergestellte Gebräu wird von vielen Europäern (der Autor zählt auch dazu) als ungenießbar bezeichnet – oft ist löslicher Kaffee die bessere Wahl. Ob Filter- oder Kapselkaffee: Mit dem oft verchlorten Leitungswasser angerichtet, schmeckt er nicht. Hier hilft nur Wasser aus dem Supermarkt.

Klimaanlagen: Die in Nordamerika Air Condition genannten Systeme sind in mehr als 90 % der Unterkünfte zu finden, meist als kombinierte Heiß- und Kaltluftgeräte. Alternativ lassen die meisten Unterkünfte die Option, das durch Fliegengitter geschützte Fenster zu öffnen. Ausnahmen bilden hier Großstadthotels, wo sich Fenster oft gar nicht oder nur als Miniklappe öffnen lassen. Für die Klimaanlagen gilt: Je einfacher und älter das Hotel oder Motel, desto lauter das Gerät – einige erreichen akustisch Staubsaugerniveau. Es ist legitim, vor einer spontanen Entscheidung bei der Rezeption erst nachzufragen, ob man sich das Zimmer kurz ansehen könne („May I have a look at the room, please?"). Dabei kann man probeweise schon mal die Klimaanlage anwerfen ...

Raucher: Das Rauchen ist nicht nur in Restaurants und öffentlichen Gebäuden verboten, auch fast alle Beherbergungsbetriebe in Kanada und Südost-Alaska sind inzwischen reine Nichtraucher-Unterkünfte. Dem Laster darf nur noch in ausgewiesenen Bereichen gefrönt werden. Wer gegen das Rauchverbot verstößt, muss mit saftigen Strafen rechnen. Die Spezialreinigung eines Zimmers, in dem verbotenerweise geraucht wurde, kostet etliche Hundert Dollar – Kosten, die die Betriebe an den Kunden weiterreichen, was meist im Kleingedruckten des Anmeldeformulars steht. Nur kleinere und ältere Betriebe haben zum Teil noch Raucherzimmer. Wer vermeiden möchte, dort eingebucht zu werden, sollte schon bei der Online-Buchung, spätestens aber beim Check-in an der Rezeption einen „Non-Smoking Room" verlangen.

Spontan oder Vorausbuchung?

Nach über 20 längeren Reisen des Autors in die Region kann die Antwort nur lauten: sowohl als auch. Sich je nach Lust, Laune und Wetter spontan entscheiden zu können, wohin man fährt, ist Teil der großen Freiheit im Westen. Andererseits dürfen in Nationalparks wie Banff oder Jasper aus Gründen des Umweltschutzes keine neuen Unterkünfte mehr gebaut werden, die Nachfrage steigt aber von Jahr zu Jahr ... Hier kommt man also um eine Vorausbuchung nicht herum, denn im Sommer ist täglich ausgebucht – es sei denn, man ist bereit, 400–500 $ für eine Bruchbude zu zahlen. In anderen Regionen kann man sich dagegen durchaus auch im Sommer noch spontan entscheiden.

Reservierungen: Für exklusive Lodges, z. B. zur Bärenbeobachtung, geht ohne langfristige Buchung nichts. In der jeweiligen Hauptsaison für Tierbeobachtungen ist meist 12 bis 18 Monate im Voraus ausgebucht! Reservierungen, auch für Campgrounds, sind für die folgenden Regionen und Zeiten unbedingt notwendig:

– ganz Westkanada und Südost-Alaska: an langen Wochenenden (→ Feiertage, S. 726) sowie im Juli und August;

– Flughafenhotel: am Anreisetag – erspart die Unterkunftssuche mit Jetlag;

– Vancouver und Nationalparks: stets von Mitte Mai bis September;

– Victoria: Freitag bis Sonntag, ganzjährig;

– Whitehorse: Samstag bis Montag, nur im Sommer;

– Port Hardy und Prince Rupert: an den Ferry Nights, d. h. wenn die Fähre der Inside Passage über Nacht im Hafen liegt. Auch die frisch Angekommenen suchen ein Bett.

Hotels und Motels

In Hotels ist es üblich, beim Check-in die Kreditkartendaten zu hinterlegen. Auf diese werden die Übernachtungskosten, aber auch Extras wie Telefonate vom Hoteltelefon aus verbucht und beim Auschecken belastet. In Motels dagegen wird beim Einchecken bereits der Übernachtungspreis voll berechnet.

Motels bieten oft deutlich weniger Service als Hotels. Sie führen meist kein Restaurant, und falls überhaupt Frühstück angeboten wird, ist dies in der Regel ein kontinentales Frühstück. Oft wird es mit eingeschweißten Lebensmitteln in einem kleinen Raum zur Selbstbedienung angeboten – dafür ist es kostenlos. Hotels weisen meistens ein Restaurant auf, das jedoch oft unter getrenntem Management geführt wird: Man kann daher die Rechnung nicht aufs Zimmer schreiben lassen, sondern zahlt sofort. Fast alle Hotels und Motels verfügen zur Minimalversorgung über Getränke- und Snackautomaten, die auch zu nächtlicher Stunde Limonaden, Chips und Schokoriegel zu Tankstellenpreisen ausgeben, sofern man das passende Kleingeld parat hat.

Vier-Sterne-Hotels halten die Rezeption meist rund um die Uhr besetzt. Sonst gilt: In fast allen Hotels und Motels kann man mindestens bis 22 Uhr einchecken, oft auch noch deutlich später. In der Provinz muss man aber auch damit rechnen, dass nach 21 Uhr kein Personal mehr greifbar ist. Viele Hotels gewähren zwischen 10 und 20 % Rabatt für Mitglieder der großen amerikanischen Automobilklubs. Oft reicht der ADAC/AvD-Mitgliedsausweis und ein Hinweis auf die internationalen Partnerschaften, um ebenfalls einen Preisvorteil zu erhalten.

Lodges, Bed & Breakfasts und Guesthouses

Der Begriff „Lodge" ist nicht geschützt – dementsprechend finden sich Unterkünfte mit diesem Namen auch mal mitten in enger Großstadtbebauung. In aller Regel handelt es sich jedoch um Unterkünfte mit Hotelstandard außerhalb von Ortschaften in der freien Natur. Mangels Alternativen für die Gäste verfügen fast alle Lodges über ein Restaurant, in dem Frühstück und Abendessen, manchmal auch Lunch angeboten werden.

Bed & Breakfasts, kurz B&B, sind private Unterkünfte mit einem oder mehreren Gästezimmern, bei denen der Besitzer meist im Haus wohnt. Anders als im anonymen Hotel- und Motelbetrieb trifft man hier oft auf sehr engagierte und interessierte Gastgeber, die ihren reichen Erfahrungsschatz zur Region und ihren Sehenswürdigkeiten teilen. Die Servicezeiten sind deutlich eingeschränkt: Vielfach muss man den Anreisezeitpunkt im Vorfeld abstimmen oder hat nur ein kleines Zeitfenster zur Auswahl. Frühaufsteher haben ebenfalls oft ein Problem, denn die wenigsten B&B bieten ein Frühstück vor 8 Uhr an.

Guesthouses unterscheiden sich von B&B meist durch das fehlende Frühstück und zum Teil auch durch einfachere Unterbringung, vielfach mit geteilten Bädern. Da die Begriffe „Bed and Breakfast" und „Guesthouse" nicht geschützt sind, sind auch hier die Grenzen fließend.

Air BnB & Co. – Vorsicht ist geboten

Nicht alles, was schön und günstig ist, ist auch legal: Die Stadtverwaltungen in Victoria und Calgary gehen massiv gegen die Zweckentfremdung von Wohnraum vor, und auch Vancouver hat die Regelungen für die kurzfristige Vermietung solcher Objekte 2017 grundlegend verändert. Wenn Sie über Online-Plattformen wie airbnb o. Ä. anmieten wollen, prüfen Sie also unbedingt vorab, ob Ihr Vermieter eine Genehmigung zur kommerziellen Nutzung hat.

Hostels und Jugendherbergen

In allen für Reisende reizvollen Städten gibt es auch günstige Unterkünfte – Hostels und Jugendherbergen. Während man früher im Jugendherbergswerk Mitglied sein musste, kommt man heute auch ohne Mitgliedschaft in den Jugendherbergen Kanadas und Alaskas unter – allerdings zahlen Mitglieder oft

10 % weniger. Bei den Mitgliedsbetrieben des Dachverbands Hostelling International kann man gepflegte, saubere und zeitgemäße Unterkünfte erwarten, dazu große Gemeinschaftsbereiche wie Küchen, Lounges und Sporträume. In der Regel gibt es drei Unterkunftskategorien: Die günstigste bietet ein Bett im Schlafsaal, oft nach Geschlecht getrennt, den man sich meist mit fünf bis sieben anderen Mitreisenden teilt. Die sanitären Einrichtungen finden sich irgendwo auf der Etage und werden auch von anderen Gästen genutzt. Teurer sind Privatzimmer, die es als Einzel-, Doppel- oder Mehrbettzimmer gibt, in denen man keine Fremden im Zimmer hat, sondern mit dem Partner, der Familie oder dem Freundeskreis unter sich bleibt; auch hier ist es ein kurzer Weg über den Gang zu den Duschen und zum WC. Die meisten Unterkünfte bieten inzwischen auch Zimmer mit Dusche/WC an. Zwar sind diese am teuersten – aber oft deutlich preisgünstiger als in vergleichbaren Hotels.

Die privaten Hostels, die sich nicht zertifizieren lassen müssen, arbeiten nach dem gleichen System. Allerdings gibt es neben vielen exzellenten Betrieben hier auch das eine oder andere schwarze Schaf unter den Anbietern. Zwar hat der Autor alle im Reiseführer genannten Hostels in den letzten drei Jahren selbst getestet und für befriedigend oder besser befunden, doch kann sich durch einen Inhaberwechsel manches schnell ändern.

Campingplätze

Staatliche Campgrounds: Unterschiedlich in Größe, Lage, Ausstattung und Preisniveau warten in Westkanada und Südost-Alaska weit über tausend staatliche Campgrounds auf Reisende. So schön die Lage inmitten von National- oder Provinzparks auch ist: Die Stellplätze sind fast immer eher einfach ausgestattet. Oft finden sich nur Wasserhähne und Plumpsklos – Duschen sucht man vergebens, ebenso Wohnmobil-Anschlüsse für Wasser, Abwasser und Strom. Viele Stellplätze weisen dafür eine eigene Feuerstelle auf. Feuerholz muss man im Supermarkt oder beim Campground Host, dem Verwalter des Platzes, kaufen. Fast alle Stellplätze sind nur saisonal verfügbar, zwischen Ende Oktober und Mitte April sind viele Campgrounds geschlossen oder zumindest nicht bewirtschaftet (kein Wasser).

Private Campingplätze: Sie ergänzen das Angebot der staatlichen Campgrounds und sind vor allem am Rand der Städte und der großen Highways zu finden. Der Ausstattungsstandard ist meist deutlich höher: Duschen (manchmal gegen Gebühr) und Anschlüsse fürs Wohnmobil sind Standard, oft gibt es einen kleinen Laden und auch einen Pool. Einige dieser Campingplätze haben sich im Lauf der Jahre zu eigenständigen Resorts mit Restaurant, Cabins, Hot Tub, und Minigolf-Anlagen entwickelt. Die Nachteile gegenüber den staatlichen Campgrounds: Die privaten sind meist teurer, und man sitzt sich dicht auf der Pelle, denn jeder Quadratmeter kostet Geld. In den Provinz- und Nationalparks dagegen sind es oft 20 bis 50 Meter Abstand zum nächsten Stellplatz.

Reservierung und Ausrüstung: Auch fürs Campen gilt das unter „Spontan oder Vorausbuchung?" (siehe oben) Gesagte: An bestimmten Orten und zu bestimmten Zeiten kommt man um eine Reservierung nicht herum. Zu beachten ist ferner, dass sowohl bei privaten als auch bei staatlichen Campgrounds weitere Regelungen bestehen, z. B. eine Maximalzahl von Fahrzeugen und/oder Personen pro Stellplatz. Um die Nachtruhe zu schützen, verschließen viele Plätze die Zufahrt zwischen 22 und 7 Uhr mit einer Schranke, so dass nur noch Fußgänger und Radfahrer hinein oder hinaus gelangen. Wer spätabends mit der Fähre eintrifft oder frühmorgens mit derselben abreisen

Große Freiheit: Roadtrip mit dem Wohnmobil im Norden

will, sollte darauf achten – entsprechende Hinweise finden sich auf den Webseiten der Betreiber.

Wer mit dem Zelt unterwegs ist, wird vor Ort vielleicht noch zusätzliche Artikel benötigen, die es in Deutschland nicht gibt oder die im Flugzeug nicht mitgenommen werden dürfen. Es empfiehlt sich, Benzin bzw. Gas für den Kocher, Bärenspray für die Bergtour und was sonst noch in der Wildnis gebraucht wird, schon direkt nach der Landung in den Großstädten zu kaufen. MEC bietet in seinen Läden in Vancouver, Calgary, Edmonton und Kelowna alles, was das Outdoorer-Herz begehrt. Auf den Campingplätzen vor Ort sind diese Artikel kaum zu bekommen.

Preisangaben im Reiseführer: Ist nur ein einziger Preis angegeben, gibt es nur eine einzige Stellplatzkategorie. Preisspannen geben an, dass es neben einfachen Stellplätzen auch solche mit Strom- und/oder Wasseranschluss gibt.

Camping in den Parks – Zahlen und Fakten

In den großen **Nationalparks** wie Banff und Jasper gibt es mehrere Campingplätze, von denen jeweils mindestens einer auch über komplett ausgestattete Sanitäranlagen mit Duschen verfügt. Weitere Campgrounds dienen zum Teil als Überlauf, sind nur saisonal geöffnet und bieten wenige oder gar keine Serviceeinrichtungen. Zusätzlich verfügen die großen Nationalparks über zahlreiche Campingplätze im Hinterland. Diese sind nur zu Fuß auf Mehrtageswanderungen erreichbar: Fast immer benötigt man ein sog. „Permit" für die Nutzung. Damit stellt die Parkverwaltung sicher, dass nicht zu viele Menschen gleichzeitig in den schützenswerten Gebieten unterwegs sind. In weniger häufig besuchten Nationalparks wie dem Kluane National Park gibt es nur einen oder zwei kleinere Campingplätze, die einzig über Plumpsklos und Wasserversorgung verfügen. In den arktischen Nationalparks der Northwest Territories gibt es überhaupt keine Infrastruktur: Alles muss bei der Anreise mit dem Buschflugzeug mitgebracht und der Müll beim Rückflug wieder abtransportiert werden. In Alaskas Glacier Bay National Park findet man in der Nähe der Lodge den kleinen Bartlett Cove

Campground ohne Service, der nur zu Fuß erreichbar ist.

Reservierung in Kanada unter www.reservation.pc.gc.ca/ParksCanada. Der Campground in Bartlett Cove (Alaska) ist nicht vorab reservierbar, erfahrungsgemäß ist dort aber immer Platz.

Provinzparks in Alberta: Alberta verfügt über mehrere hundert Provinzparks unterschiedlicher Ausstattung, wobei die in Canmore (südlich von Banff) und die in Hinton (östlich von Jasper) auch Überlauffunktion für die Nationalparks besitzen. Vielfach sind die Campingplätze in normale Stellplätze, einen Group-Use-Bereich (nur für angemeldete größere Gruppen) sowie eine Day-Use Area aufgeteilt. Letztere bietet auch Nicht-Campern die Nutzung der Spiel-, Grill- und Picknickplätze. Anders als in Nationalparks wird für die Day Use meist keine Gebühr erhoben. Nur etwa jeder fünfte Campingplatz verfügt auch über Duschen und Spül-WC. In sieben Parks wird mittlerweile auch Comfort Camping in Jurten, Cabins oder fest aufgebauten Zelten angeboten – bei Preisen ab 105 $ aufwärts kein günstiges Vergnügen.

▪ www.albertaparks.de/albertaparksca/visit-our-parks/find-a-park. Für fast alle Parks können Stellplätze reserviert werden: ✆ (877) 537-7257, www.reserve.albertaparks.ca. Preise: 5–26 $/Nacht.

Provinzparks in British Columbia: Auch British Columbia verfügt über Hunderte von Provinzparks unterschiedlicher Größe und Ausstattung. In den meisten ist Camping möglich, aber nur etwa 10 % sind komfortabel mit Duschen, Spül-WC und zum Teil auch mit Anschlüssen für Strom, Frisch- und Abwasser ausgestattet. Neben den üblichen Reservierungen für mit dem Auto zugängliche Stellplätze (Frontcountry Camping) können auch für besonders beliebte Routen die Campingplätze für die gesamte Tour gebucht werden, z. B. für den bekannten Berg Lake Trail im Mount-Robson-Massiv oder für die Kanurunde auf den Bowron Lakes.

▪ Allgemeine Infos unter www.env.gov.bc.ca/bcparks, Reservierungen unter www.env.gov.bc.ca/bcparks/reserve. Preise: 5–35 $/Nacht.

Northwest Territories Parks and Campgrounds: Es sind die abgelegensten Campgrounds in Kanadas Westen – aber es sind auch die besten! Die 16 von der Territorialverwaltung der NWT betriebenen Campingplätze verfügen alle über großzügige Stellplätze und Sanitärgebäude mit Duschen und WC. An den meisten Stellplätzen gibt es Stromversorgung. Noch wichtiger für die meisten Reisenden: Die Plätze finden sich meist in bester Lage, so befindet sich einer der beiden Campgrounds in Inuvik mitten im Stadtzentrum. Andere Plätze liegen direkt an Badeseen (Fred Henne in Yellowknife) oder an Wasserfällen (Twin Falls Gorge, Lady Evelyn Falls). Allerdings ist die Saison so hoch im Norden kurz: Die meisten Plätze sind nur von Mitte Mai bis Mitte September geöffnet, manche gar nur von Juni bis August.

Allgemeine Informationen unter www.nwtparks.ca, Reservierung unter www.nwtparks.ca/campgrounds. Preise: Walk-in-Sites 15 $; Stellplätze für Pkw und Wohnmobile 23–32 $/Nacht.

Campgrounds im Yukon: Mehr als 50 einfach ausgestattete Campgrounds säumen die Highways des Yukons. Die einheitliche Übernachtungsgebühr kann man auch online vorab bezahlen. Das ist aber nur der Zahlungsnachweis, keine Reservierung, denn reservieren kann man nicht. Es gilt „First come, first serve", doch selbst wer in der Hochsaison spät anreist, findet fast immer einen freien Stellplatz – sofern nicht gerade ein großes Festival stattfindet.

▪ www.env.gov.yk.ca/camping-parks/campgrounds.php. Auf der Webseite findet sich umfangreiches und detailliertes Material zum Herunterladen. Preis: 12 $/Nacht pro Stellplatz.

USFS Campgrounds in Südost-Alaska: Mehr als 70 % der Fläche Südost-Alaskas liegen im Tongass National Forest, daher werden die 17 Campgrounds rund um die wichtigsten Städte und Fährhäfen vom US Forest Service betrieben. Nur der größte Platz, an Juneaus Mendenhall Lake, verfügt über Duschen und Spül-WC sowie Einrichtungen für Wohnmobile. Mehr als 100 Hütten an einsamen Seen oder tief im Wald können ebenfalls über den USFS gemietet werden. Die meisten sind so abgelegen, dass sie nur per Wasserflugzeug erreichbar sind. Auf Prince of Wales Island jedoch sind manche per Auto anfahrbar, andere erfordern „nur" 800 Meter Rudern, um zum kleinen Blockhaus zu gelangen. Diese Hütten bieten echtes Wildnis-Abenteuer zu günstigen Preisen.

■ www.fs.usda.gov/recmain/tongass/recreation. Für die Reservierung von Stellplätzen und Cabins fällt eine Gebühr an: ☏ (877) 444-6777, www.recreation.gov. Preis pro Platz und Nacht: 10 US-$, in Juneau für Wohnmobile mit Hookup 26–28 $. Cabins je nach Ausstattung zwischen kostenfrei und 75 $/Nacht, meist 35–45 $.

Essen & Trinken

Kanadier und Alaskaner gehen deutlich häufiger auswärts essen als Mitteleuropäer. Für viele Angestellte und Arbeiter ist es ganz normal, in einem Lokal zu frühstücken. Auch mittags ist ein „Lunch Break" in einem Restaurant um die Ecke üblich. Eine Institution ist der Sunday Brunch, der fast überall angeboten wird – meist ist hierfür eine Reservierung nötig.

Restaurants

Zeiten: Kanadier und Alaskaner essen früh, vor allem abends: Ab 17 Uhr gibt es allerorts „Dinner". Viele Restaurants schließen schon um 21 Uhr; auf dem Land bekommt man zum Teil schon um halb acht kein Abendessen mehr! Morgens dagegen geht es entspannter zu – fast überall gibt es Frühstück ab 7 Uhr und mindestens bis 11 Uhr. Immer mehr Restaurants entschließen sich, die Frühstückskarte ganztags anzubieten („All-day-breakfast").

„Please wait to be seated": In den meisten Restaurants steht ein solches Schild am Eingang. Es bedeutet, dass eine Bedienung die Gäste am Eingang in Empfang nehmen und zu einem Tisch führen wird. Wer das nicht abwartet und das Schild ignoriert, zieht den Unwillen des Personals auf sich. Nur durch das organisierte Platzieren der Gäste wird sichergestellt, dass alle Bedienungen in etwa gleich viel Arbeit und damit gleich viel Verdienst haben (→ Trinkgeld, S. 736).

Morgens, mittags, abends: Morgens gibt es große Frühstücksgerichte, entweder auf der Basis von Eiern, Speck oder Würstchen und *Hash Browns* (kleine gebratene Kartoffelwürfel oder -streifen, wie Rösti zubereitet) oder mit *Pancakes*, zu denen durchaus auch Deftiges gereicht wird. Runtergespült wird dies mit einem Kaffee, zu dem es stets einen kostenlosen *Refill* gibt: Der Becher wird immer wieder und meist ungefragt aufgefüllt. Ein Müsli zum Frühstück ist eher selten. Mittags gibt es Suppen und Salate, dazu Sandwiches und Hamburger. Abends dominieren Fleisch- und Fischgerichte. Zunehmend findet sich in vielen Restaurants

Poutine – das Nationalgericht

aber auch leichtere Kost auf der Karte. Bei den Getränken gilt: Für Softdrinks wie Cola etc. gibt es meist ebenfalls eine oder mehrere kostenfreie Nachfüllungen, Tee, Bier und Wein dagegen werden pro Glas abgerechnet.

Gastronomische Küche und Hausmannskost: In Westkanada gibt es zahlreiche exzellente Restaurants; viele von ihnen wurden für ihre moderne und innovative Küche ausgezeichnet. Geographisch ist die gastronomische Küche fast ausschließlich in den Großstädten Calgary, Edmonton und Vancouver beheimatet oder in exklusiveren Urlaubszielen wie Kelowna, Sunshine Coast, Tofino, Victoria und Whistler. Schon wenige Kilometer weiter herrscht oft triste Hausmannskost, und manchmal ist in der Provinz sogar ein Fastfood-Restaurant die beste Wahl. Ähnlich bei den Getränken: Obwohl der Craft-Beer-Trend der kreativen Kleinbrauereien von Kanada aus seinen Siegeszug um die Welt antrat, traf der Autor in Albertas Provinznestern auf Bedienungen, die nicht nur kein Craft Beer im Angebot hatten, sondern schlichtweg nicht wussten, was das bitte sein solle ...

Vegetarisches, Veganes, organic & local: In fast allen größeren Orten gibt es ein oder mehrere Restaurants, die sich auf vegetarische oder vegane Küche spezialisiert haben. Doch auch in klassischen Restaurants steht meist mindestens ein vegetarisches Gericht auf der Karte. Sonderwünsche wie glutenfreies Essen oder laktosefreie Milch überraschen kaum noch eine Bedienung, fast überall ist man darauf eingestellt. Zutaten aus biologischem Anbau werden als *organic* bezeichnet, viele der neu eröffneten Restaurants legen Wert darauf, möglichst viel Biofleisch und -gemüse zu verarbeiten, am besten aus lokaler Herkunft – *locally produced*. Auf dem flachen Land, vor allem in Albertas Ranchgebieten, dominiert jedoch nach wie vor Fleisch in allen Variationen die Speisekarte.

West Coast Cuisine: Häufig stößt man auf den Webseiten der Restaurants auf den Hinweis, dass West Coast Cuisine angeboten wird. Doch was ist das genau? Wie so häufig gibt es keine verbindliche Definition, aber meist handelt es sich um eine eher leichte Küche mit lokalen Zutaten – an der Küste viel Fisch, in Alberta viel Fleisch – und nachhaltige Zubereitung: Das Essen wird nicht zerkocht oder zu Tode frittiert. Auf der Wein- und Bierkarte dominieren in diesen Restaurants meist lokale Marken.

Fisch, Fleisch und Zutaten: Auch in Restaurants kommt meist das auf den Tisch, was die Natur in der näheren Umgebung hergibt. Für Fisch – vor allem an der Pazifikküste und auf den Inseln – heißt das Lachs (salmon), Thunfisch (tuna) oder Heilbutt (halibut), im Landesinneren auch Forelle (trout). Beim Fleisch dominiert Rind in allen Formen, vor allem als Steak, Ribs und Burger. Schwein, Huhn und Lamm finden sich seltener als bei uns auf der Karte, dafür taucht schon mal ein Bison-Burger auf. Bei den Beilagen haben die Kartoffeln die Nase vorn – egal, ob als Pommes Frites (chips), Kartoffelecken (wedges) oder Baked Potatoes. Reis und Nudeln gibt es meist nur beim Asiaten oder Italiener; auch klassisches Gemüse wie Blumenkohl, Erbsen oder Karotten sucht man oft vergeblich. An der Küste ist eine sämige Muschelsuppe (Clam Chowder) die Standardsuppe, im Landesinneren oft eine Tomaten- oder Kartoffelsuppe. Salate sind Beilagen oder kommen als Caesar Salad daher. Gewürzt wird eher schwach, dafür stehen Salz, Pfeffer sowie diverse Ketchups und BBQ-Saucen auf den Tischen. Beim Dessert dominiert Zuckerreiches, wie Erdbeer-Käsekuchen oder Muffins.

Indigene und internationale Einflüsse: Der kulturelle Einfluss der Küche der First Nations und der vielen Einwanderer macht auch vor den Speisekarten am Pazifik nicht halt – zum Glück: Auch in kleineren Städten Westkanadas oder Südost-Alaskas findet sich fast immer ein chinesisches Restaurant oder eine japanische Sushi-Bar. Die italienische und die griechische Küche sind ebenfalls stark präsent. Als Konzession an den Geschmack der Kanadier dominieren auch hier Steaks und Burger, aber es finden sich zusätzlich auch Pasta-Gerichte oder ein Gyros auf der Karte. Den vielleicht stärksten Einfluss hat die mexikanische Küche: Auf fast jeder Frühstückskarte finden sich Wraps oder Huevos Rancheros, und mittags gibt es Tacos, Enchiladas und Tortillas. Zunehmend finden sich traditionelle Gerichte der First Nations auf den Speisekarten, wenn auch oft nur als Beilage, wie z. B. das Bannock-Brot.

Kanadas Küche: Pfannkuchen, Poutine und Piroggen

Westkanada orientiert sich kulinarisch deutlich an den USA, britische Einflüsse auf die regionale Küche finden sich kaum. Aber natürlich hat Kanada auch einige Besonderheiten aufzuweisen. Das geht schon beim Frühstück los. Neben den berühmten Pfannkuchen (mit Ahornsirup oder auch Würstchen und Speck) sind es vor allem die Eggs Benedict in allen Variationen, die jeder Kanadareisende zumindest einmal versucht haben sollte. In der Grundversion werden pochierte Eier mit Speck auf halbierten Muffins oder Toast serviert und mit reichlich Sauce Hollandaise übergossen. Dazu gibt es zahlreiche Varianten mit Spinat, Lachs, Avocado, Hamburger-Patties oder anderem.

Das Auge isst mit

Das kanadische Nationalgericht schlechthin ist jedoch die **Poutine** (spricht sich aus wie der russische Präsident, aber mit Betonung auf der zweiten Silbe). Das aus Quebec stammende Gericht nutzt Pommes Frites als Grundlage – allerdings etwas gröber geschnitten, außen fest und innen weich. Darüber kommen Käse und **Gravy,** eine dunkle Sauce. Das Geheimnis ist der Käse: Es muss frischer Käsebruch (Cheese Curds) sein, maximal 24 Stunden alt. Nur dieser sorgt für das Poutine-typische quietschende Geräusch beim Essen ... Oft wird die Kalorienbombe noch um Hackfleisch, Zwiebeln und Speck ergänzt.

In weiten Teilen Albertas haben ukrainische Einwanderer die Küche geprägt, so dass man Piroggen (Perogies), aber auch Pelmeny und Borschtsch nicht nur im Spezialitätenrestaurant erhält. Inoffizielles Nationalgericht – und das ist den Kanadiern gar nicht peinlich – ist das **Kraft Dinner:** Makkaroni mit Käse aus der Fertigpackung im Supermarkt.

Fast Food, Kettenrestaurants, Sports Bars

In fast allen Städten liegen die „klassischen" Restaurants in den attraktiven Innenstadtlagen. Entlang der Haupteinfallstraßen und in den Gewerbegebieten dagegen sind nicht nur Supermärkte, Shopping Malls und Autohändler zuhause, sondern auch die gastronomischen Ketten- und Franchise-Betriebe. Diese teilen sich in vier Kategorien auf:

Fast Food (nachfolgend FF): umfasst wie bei uns Schnellrestaurants ohne Bedienung, oft McDonald's und Burger King, in Kanada aber ist Tim Hortons der Platzhirsch.

Family Restaurants (nachfolgend FR): richten sich an alle potentiellen Gäste – Familien, Senioren, Paare, Singles … Sie sind wie ein richtiges Restaurant eingerichtet, mit Speisekarte zum Auswählen und Bedienung am Platz. Doch kommt das Essen meist aus der Mikrowelle, dafür aber in wenigen Minuten, auf den Tisch. Genau wie die Fast-Food-Unternehmen haben die Family Restaurants meist von frühmorgens bis spätabends geöffnet und bieten Frühstück, Mittag- und Abendessen an. Achtung: kein Alkoholausschank!

Sports Bars (nachfolgend SB): Sie sind durch eine abgedunkelte Bar-Atmosphäre gekennzeichnet; an den Wänden hängen zahlreiche große TV-Bildschirme, auf denen parallel mehrere Live-Übertragungen von Baseball-, Basketball- oder Football-Spielen gezeigt werden. Die Speisekarte ist erstaunlich umfangreich, das Essen meist gut. Da Bars erst mit Erreichen der Altersgrenze für den Alkoholkonsum betreten werden dürfen (18 Jahre in Alberta, 19 Jahre im Rest Kanadas, 21 Jahre in Alaska), verfügen viele Sports Bars über einen abgetrennten Family-Bereich.

Dinner Restaurants (nachfolgend DR): berechenbare Qualität im Sinne der klassischen Ketten- oder Systemgastronomie, meist im höheren Preissegment.

Nachstehend von A bis Z die wichtigsten Marken, auf die man häufig stößt, mit Kategorie (FF, FR, SB, DR) und Preisniveau der typischen Hauptgerichte: $ = < 10 $, $$ = 10–15 $, $$$ = 15–20 $, $$$$ = >20 $.

A&W (FF, $), Frühstück, Burger, Chicken, bekannt für Root Beer. www.web.aw.ca.

Boston Pizza (SB, $$$), Pizza, Pasta, Burger, Sandwiches, Steaks, Ribs. www.bostonpizza.com.

Burger King (FF, $), ziemlich identisch mit dem Angebot in D, A, CH. www.burgerking.ca.

Cactus Club Café (DR, $$$$), gehobene internationale Küche. www.cactusclubcafe.com.

Carl's Jr. (FF, $), Holzkohlengrill-Burger, Chicken. www.carlsjr.com.

Chez Cora (FF, $), frische, aber nicht unbedingt gesunde Küche zum Frühstück und als Lunch. www.chezcora.com.

Dairy Queen (FF, $), Burger, Huhn, Milchshakes, Eis. www.dairyqueen.com/ca-en.

Denny's (FR, $$), einer der günstigsten Anbieter in diesem Marktsegment. www.dennys.com.

Earl's Kitchen & Bar (DR, $$$$), gehobene Küche. www.earls.ca.

Humpty's (FR, $$$), fleisch- und fettlastig. www.humptys.com.

IHOP (FR, $$), im International House of Pancakes gibt es auch komplette Menüs für Lunch und Dinner. www.ihop.ca.

Kentucky Fried Chicken (FF, $), Hühnerteile in allen Variationen. www.kfc.ca.

Mc Donald's (FF, $), Angebot ähnelt dem in D, A, CH. www.mcdonalds.ca.

Moxie's (DR, $$$$), gehobene Küche in entspannter Atmosphäre. www.moxies.com.

Mr Mike's (DR, $$$$), Steakhouse, Salate. www.mrmikes.ca.

mein Tipp **Mucho Burrito** (FF, $), mexikanische Küche. Ähnlich wie bei Subway lässt man sich hier Burritos, Tacos oder Quesadillas frisch zusammenstellen. Dazu original mexikanische Jarritos-Limonade. www.muchoburrito.com.

Quizno's (FF, $), frische Sandwiches, individuell belegt. www.quiznos.com.

Ricky's All Day Grill (FR, $$$), gehört zusammen mit den Ablegern Ricky's Country Restaurant und Ricky's Cafe klar zu den besseren der Familienrestaurants. www.gotorickys.com.

Taco Bell und **Taco Time** (F, $), mexikanisches Fast Food im Stile von McDonald's. www.tacobell.com, www.tacotimecanada.com.

Smitty's Family Restaurant (FR, $$$), Kanadas größte Kette in diesem Segment. www.smittys.ca.

Subway (FF, $), die Sandwichkette arbeitet nach dem gleichen Konzept wie in Mitteleuropa. www.subway.com/en-ca.

Swiss Chalet (FR, $$$), bekannt für seine Grillhähnchen. www.swisschalet.com.

The Keg (DR/SB, $$$$), Steakhäuser mit separater Bar. www.kegsteakhouse.com.

Tim Hortons (FF, $), die vom kanadischen Eishockeystar gegründete Kette hat sich einen Namen mit gutem Kaffee und Donuts gemacht, bietet aber auch warme Panini. www.timhortons.com.

Wendy's (FF, $), ein weiterer Burger-Bräter. www.wendys.com/en-ca/home.

White Spot (FR, $$$), seit den 1930er-Jahren eine Legende in British Columbia, aber mit einem Menü ohne Besonderheiten. www.whitespot.ca.

Food Courts, Food Trucks

Jedes größere Einkaufszentrum, Shopping Mall genannt, verfügt über einen Food Court. Hier sind – je nach Größe der Mall – zwischen 5 und 25 Fast Food Counter um einen großen zentralen Bereich mit Tischen und Stühlen gruppiert. Neben den auch bei uns bekannten Marken wie Burger King oder Subway findet man oft griechische, mexikanische und italienische Speisen, aber auch Anbieter, die sich mit Gerichten der chinesischen, japanischen und koreanischen Küche vor allem an ihre Landsleute wenden. Schon für etwa 10 $ wird man gut satt; mittags wird es oft voll.

Seit einigen Jahren sind in den Großstädten Westkanadas verstärkt Food Trucks anzutreffen. Die fahrenden Imbisswagen stehen immer da, wo etwas los ist: mittags in der Downtown, um die Angestellten zu versorgen, abends vor dem Baseballstadion, am Wochenende auf dem Parkplatz am Badesee. Für 5 bis 15 $ gibt es frisch zubereitete Speisen aus aller Herren Länder. Ein Truck bietet exotische Hot Dog Kombos an, ein anderer Fish Tacos aller Art, wieder ein anderer vegane Suppen. Es ist ein besonderes Vergnügen, die variantenreiche Vielfalt auszuprobieren und sich den Mittags-Imbiss an einem der Food Trucks zu holen.

Supermärkte, Fachgeschäfte, Farmers Markets

Supermärkte: Abgesehen von kleinen Läden auf dem Land ist der typische Supermarkt deutlich größer als in Deutschland. Wichtige Vollsortimenter sind u. a. IGA, Overwaitea, Safeway, Sobeys. Große Discounter sind u. a. Buy Low, Quality Foods, Real Canadian Superstore, Save-on-Foods und Thrifty Foods.

Was auffällt: Fast alle Waren gibt es nur in großen Mengen. Milch und Säfte in Vier-Liter-Kanistern, Käsestücke in Ziegelsteingröße und Erdnussbutter im 2-Kilo-Topf sind der Normalfall. Getränkedosen sind nur im 6er- oder 12er-Pack zu haben, und Waschmittel für eine einzige Wäsche unterwegs hätte man sich besser schon in Deutschland besorgt – was soll man mit dem 10-Kilo-Vorteilspack anfangen?

Supermarkt Urban Fare, Vancouver

Vieles liegt preislich in etwa auf deutschem Niveau, es gibt aber einige signifikante Unterschiede: Milchprodukte werden in Kanada und Alaska nicht subventioniert. So kostet der Liter Milch meist deutlich über 2 $, und auch Joghurt, Käse, Butter und Schokolade sind teurer als bei uns. Noch teurer sind Importartikel wie Schweizer Käse oder deutsche Schokolade. Beim Obst liegt der Hauptkostenfaktor im Transport: Wenn die lokalen Blaubeeren reif sind, gibt es sie sehr günstig, aber wer im Mai schon Erdbeeren haben möchte, zahlt Mondpreise. Fleisch wiederum ist preiswerter als bei uns.

Hat man seinen Wagen gefüllt, geht es zur Kasse, wo einen zwei Fragen erwarten: „Paper or plastic?" lässt Ihnen die Wahl, wie Sie die Einkäufe verpackt haben wollen – das übernimmt nämlich meist das Kassenpersonal. „Do you have a bonus/loyalty/customer card?" fragt nach Ihrer Kundenkarte. Es gibt kein landesübergreifendes Bonus-System – fast jede Kette hat ihr eigenes Kundenbindungsprogramm. Wenn Sie länger im Land sind und öfter bei der gleichen Supermarktkette einkaufen, lohnt ein Besuch beim Customer Service-Counter (meist hinter den Kassen), am besten schon vor dem ersten Großeinkauf. Auch als Europäer erhalten Sie hier schnell und unkompliziert eine Mitgliedskarte und profitieren so von Sonderangeboten.

Backwaren: Was die Brotauswahl anbetrifft, ist man nach wie vor weit vom europäischen Standard entfernt: Frisches Vollkornbrot sucht man oft vergebens. Das einzige, was vor Ort frisch gebacken wird, sind Baguettes und manchmal Weißbrote. Als gut haltbar – wenn man z. B. längere Zeit nicht zum Einkaufen kommt – erweisen sich die typisch amerikanischen „Bagel". Diese Brötchen mit Loch gibt es in unterschiedlichen Geschmacksrichtungen, und da sie mit Konservierungsstoffen vollgepumpt sind, werden sie auch nach einer Woche weder hart noch schimmelig. Wem das nicht reicht, der muss sich auf die Suche nach einer echten Bäckerei machen. Das ist nicht einfach, denn eine Bakery verkauft vor allem süße Teilchen, aber nicht unbedingt hochwertiges Brot. Doch in allen größeren Städten gibt es inzwischen oft von Europäern geführte, gute Bäckereien. Wer also wieder einmal „richtiges" Brot haben möchte, sucht im Internet unter „[Ortsname] German Bakery" und wird oft fündig.

Bio, glutenfrei, vegetarisch und vegan: Wie bei uns auch, nehmen Produkte mit diesen Standards immer mehr Raum in den Supermärkten ein, vor allem *organic food* (aus biologischem Anbau) boomt. 2009 begannen Corin und Brian Mullins auf dem Farmers Market in Sechelt mit dem Verkauf der ersten Tüten selbstgemachten Müslis, das gleich drei Kriterien (bio, glutenfrei, vegan) erfüllte. Als ein Kunde nach dem Testen sagte: „Heilige Sch ... – schmeckt das lecker!" tauften sie es auf den Namen „Holy Crap". Heute ist es Kanadas meistgekauftes Müsli ...

Fleisch, Wurst und Käse: Nur einige Großstädte verfügen über eine Metzgerei europäischen Zuschnitts. Die Fleischtheken in den Supermärkten tun sich schwer damit, die Herkunft des Fleisches nachzuweisen, und Spezialitäten wie Leberwurst o. ä. sucht man dort meist vergeblich. Stattdessen dominieren eingeschweißte Würste, die entfernt an Salami erinnern, das Angebot. An den Käsetheken der Supermärkte dagegen ist die Auswahl riesig – sofern man unter „Auswahl" 80 Sorten Cheddar versteht, Kanadas Lieblingskäse. Anderen Käse findet man kaum, es sei denn, es sind Produkte aus Europa zu Kilopreisen von 50 $ und mehr. In jüngster Zeit trifft man jedoch in der Provinz auf Käsereien *(Cheesery* oder *Cheese Works),* die nicht nur Cheddar herstellen und ihre Produkte vor Ort verkaufen.

Fruit Stands: Im Okanagan Valley sind sie daheim, doch auch im restlichen British Columbia säumen die bunten Bretterbuden die Straßen. Hier wird frisches Obst und Gemüse angeboten. In den landwirtschaftlich geprägten Regionen stammt die Ware meist von den örtlichen Feldern und Plantagen. In den kärgeren Bergregionen wiederum werden die Stände regelmäßig mit frischen Früchten und Gemüse aus dem Okanagan Valley beliefert.

Farmers Markets: Eine gute Möglichkeit, frische, lokale Lebensmittel einzukaufen, sind die Bauernmärkte. Diese gibt es in jeder Stadt und in vielen Dörfern auf dem Land, meist freitags oder samstags. Auf fast allen Märkten dürfen nur lokale Anbieter verkaufen, viele Farmer tun dies als Nebenerwerb. Je nach Region reicht das Angebot von selbstgebackenem Brot über Gemüse, Obst, Honig und Käse bis hin zu Säften, Tee und Kaffee.

Getränke

Nicht alkoholisch: Kanadier und Alaskaner trinken pro Kopf mehr Kaffee als die Deutschen, bei der meist dünnen Plörre ist das keine Kunst ... Wer einen vernünftigen Kaffee will, ist auf Coffee Shops angewiesen. In vielen Städten gibt

Craft Beer

Der Hype um den Begriff hat längst auch Europa erreicht: Craft Beer bedeutet letztlich aber nichts anderes als ein handwerklich produziertes Bier im Gegensatz zur Massenware der Großkonzerne. Fast jedes Dorf in British Columbia und Alaska hat inzwischen seine eigene Brauerei. Vielfach stehen die Braukessel mitten im darum herum gebauten Pub; einige Brauereien bieten auch Führungen an. Bei der Verkostung gibt es fast immer auch Sampler, bei denen man drei oder vier Biersorten zu je 0,1 l oder 0,15 l ausprobieren kann, denn die Vielfalt ist groß.

Es dominieren **Pale Ale** (warm fermentiert) und **IPA** (India Pale Ale, mit einem hohen Hopfenanteil – früher erforderlich, damit das Bier auf der langen Reise von England nach Indien nicht schlecht wurde). Dazu kommen das mit unserem Hellen vergleichbare **Lager,** die dunklen **Bitter** und **Stout,** Pilsner und Weißbiere (Wheat Beer). Weitere Varianten liegen weit außerhalb des deutschen Reinheitsgebotes: Ob man wirklich kiloweise Himbeeren, Muscheln, Austern, Kaffee oder Schokolade in den Braukessel geben muss, ist aber Geschmackssache. Das mit Kiefernnadelspitzen versetzte Bier aus Sitka allerdings ist großartig ... Hat man dann nach langem Verkosten das passende Bier gefunden, gibt es natürlich auch größere Gläser – Prost!

es an den Einfallstraßen kleine Drive-through-Espressoläden, wo man sich auf dem Weg zur Arbeit sein Koffein in jeglicher Form abholen kann. Tee wird seltener getrunken als bei uns, und einen „Free refill" gibt es anders als beim Kaffee auch nicht – jeder Teebeutel wird abkassiert. Ansonsten wird viel Wasser konsumiert. In den Restaurants kommt es kostenfrei auf den Tisch – allerdings meist als behandeltes Leistungswasser mit Chlorgeschmack. Im Supermarkt dominieren Wasser ohne Kohlensäure in allen Größen, doch finden sich immer mehr auch prickelnde Mineralwasser im Regal: Vor allem italienische und deutsche Marken sind vertreten, allerdings zu hohen Preisen.

Orangen- und Cranberry-Saft dominieren bei den Fruchtsäften; bei den Limonaden sind es die auch bei uns bekannten internationalen Marken. Größer als in Europa ist die Palette der Energy Drinks. Außerdem erhält man überall Root Beer, das geschmacklich irgendwo zwischen Almdudler, Mundwasser und Hustensaft angesiedelt ist. Nichtalkoholische Getränke kommen im Restaurant aus der Zapfanlage und werden mit vielen Eiswürfeln serviert.

Alkoholisch: Der Biermarkt hat sich in den letzten drei Jahrzehnten in Kanada und Alaska radikal gewandelt. Erhielt man in den 1980er-Jahren in Kneipen und Liquor Stores ausschließlich Sorten der US-amerikanischen Großkonzerne, gewannen seitdem die Kleinbrauereien, die sog. Micro Breweries mit ihren Craft-Bieren massiv an Marktanteilen. Zudem kommt heimischer Wein, aber auch US-amerikanischer immer häufiger auf den Tisch. Wer abends in der Bar noch etwas trinken möchte, wird früher oder später Bekanntschaft mit Kanadas Nationaldrink Nr. 1 machen, dem Bloody Ceasar: Tomatensaft wird mit Muscheln vermixt, dann kommen Wodka, Worcestershire-Sauce und Tabasco hinzu.

Sport – aktiv & passiv

Eine Region, die geradezu verschwenderisch mit den Schönheiten und Möglichkeiten der Natur ausgestattet ist, lädt förmlich dazu ein, sie aktiv zu entdecken: Machen Sie es wie die Kanadier, und tauschen Sie Ihr Auto mal für einen halben Tag gegen ein Kanu, ein Fahrrad oder den Sattel eines Pferdes. So erleben Sie die Natur ganz anders und viel intensiver als nur durch die Windschutzscheibe. Unter erfahrener Anleitung können Sie an vielen Orten schnell und ohne Vorkenntnisse von Kajaktouren über Mountainbiking bis hin zu Reiten und SUP (Stand-up-Paddeln) einzigartige Reise-Eindrücke gewinnen.

Wer nur einmal etwas Neues ausprobieren möchte, findet an vielen Orten dazu spontan Gelegenheit. Wer aber unter professioneller Anleitung eine Sportart lernen will, sollte sich vorab intensiv informieren und einen Kurs schon von Deutschland aus buchen. Die Kapazitäten sind oft begrenzt und nicht alles wird überall angeboten. In einem rauen Fischereihafen an der Westküste wird die Frage nach SUP-Yoga nur verständnisloses Kopfschütteln auslösen ...

American Football

Weder ein kanadisches Team noch ein Team aus Alaska sind in der NFL, der renommiertesten Liga des Footballs, zu finden. Die Kanadier haben ihre eigene Profi-Liga, die Canadian Football League (CFL). In Alberta sind die Calgary Stampeders und die Edmonton Eskimos daheim, Vancouver stellt das Team der BC Lions. Der Spielbetrieb

Angeln vor großartiger Kulisse: am Seton Lake bei Lillooet

beginnt im späten Juni und dauert bis in den November. Zwar sind wie in der berühmten NFL fast alle Spiele ausverkauft, aber wer langfristig plant und vorab im Internet Tickets bestellt, hat gute Chancen, American Football auf hohem Niveau live zu sehen.

Informationen/Tickets: Allgemeine Informationen zur CFL gibt es auf www.cfl.ca. Infos, Online-Tickets (ab 31 $) und Service-Telefonnummern findet man auf den Webseiten der Clubs: Calgary Stampeders, www.stampeders.com; Edmonton Eskimos, www.esks.com; BC Lions, www.bclions.com.

Angeln und Fischen

Zum Angeln und Hochseefischen wird eine Lizenz („Fishing Licence") benötigt, die von der jeweiligen Provinz bzw. Alaska erteilt wird. Es gelten regional und saisonal unterschiedliche Bestimmungen, was Köder, Fischarten und Fangquoten anbetrifft. Allgemein gilt jedoch immer: nur eine Rute pro Angler zur selben Zeit. Die Lizenz bekommen Sie online, aber auch in Sportgeschäften sowie in kleineren Orten auch im General Store oder an der Tankstelle. Je nach Region ist sie zwischen einem Tag und einem Jahr gültig. In Nationalparks gelten oft weitere Bestimmungen – erkundigen Sie sich im jeweiligen Visitor Centre. An fast jedem Hafen der Pazifikküste findet man Anbieter, die Gäste zum Fischen aufs Meer hinausfahren. Zudem gibt es in den abgelegenen Meeresarmen der Küste zahlreiche Fishing Lodges – hier dreht sich alles nur ums Angeln.

Weitere Informationen zu Online-Lizenzen: Alberta: www.mywildalberta.com/Fishing/LicensingFees/Default.aspx.

British Columbia: www.fishing.gov.bc.ca.

NWT: www.enr.gov.nt.ca/_live/pages/wpPages/permits.aspx.

Yukon: www.env.gov.yk.ca/hunting-fishing-trapping/fishinglicences.php.

Alaska: www.adfg.alaska.gov/index.cfm?adfg=fishingSportFishingInfo.main.

Baseball und Basketball

Auch in kleinsten Ortschaften findet sich immer ein **Ballpark** – das Baseball-Spielfeld ist das Gegenstück zum deutschen Bolzplatz. Egal ob untrainierte Familienväter in der Hobby-Liga antreten oder Sie in den Metropolen ein

Spiel der Halbprofis ansehen: Trotz der komplizierten Regeln wird es ein vergnüglicher Nachmittag oder Abend werden, denn neben dem Sport steht stets auch die Geselligkeit im Vordergrund. Familien genießen während der Matches oft ein komplettes Picknick im Stadion, und internationalen Besuchern erklären die Kanadier gerne und oft enthusiastisch die wichtigsten Regeln. In der halbprofessionellen Northwest League (www.milb.com) – von Mitte Juni bis Anfang September – treffen die Vancouver Canadians auf Teams aus dem Nordwesten der USA. In Alberta, Saskatchewan und Manitoba gibt es die Western Major Baseball League (eine Sommerliga der Colleges mit Spielen im Juli und August), an der Teams aus Edmonton, Lethbridge und Medicine Hat teilnehmen.

Auch in der stärksten Basketball-Liga der Welt, der NBA, ist Kanada derzeit nur mit einem Team vertreten – den Toronto Raptors. Basketball-Spitzensport lässt sich derzeit leider weder in Westkanada noch in Alaska erleben.

Bergsteigen

Mit ihrer Vielfalt und Vielzahl von Bergen sind Westkanada und Südost-Alaska ideale Gebiete fürs Bergsteigen. Vom Bergwandern über Bergsteigen bis hin zum Freeclimbing bieten sich sowohl in den Rocky Mountains als auch in den Küstengebirgen unzählige Möglichkeiten aller Schwierigkeitsgrade. Regionale Schwerpunkte liegen zwischen Jasper und Banff in den Rocky Mountains (u. a. am Rogers Pass, am Columbia Icefield, in Lake Louise und an den Bugaboo Spires) sowie nördlich von Vancouver im Küstengebirge (u. a. im Joffre Lakes Provincial Park, rund um Whistler und am Stawamus Chief in Squamish). Überall können vor Ort organisierte Touren mit Führern gebucht werden. Auch wer unabhängig unterwegs ist, wird die Ortskenntnisse der lokalen Guides zu schätzen wissen.

Bungee Jumping, Hochseilgärten, Ziplining

Ziemlich zeitgleich mit Neuseeland erfanden die Kanadier 1990 das Bungee Jumping. Seither sind fast 300.000 Menschen von der berühmten Brücke in Nanaimo auf Vancouver Island gesprungen. Heute findet man überall, wo es Berge oder Brücken gibt, Angebote in Hülle und Fülle für Bungee-Sprünge, Hochseilgärten und Ziplining. Egal, ob es an historischer Stätte in Nanaimo in die Tiefe gehen soll oder ob man in Whistler an Kanadas längster Zipline mit 100 Sachen zu Tal rasen will: Professionelle Anbieter sorgen für den Adrenalinkick, meist ab 100 $ aufwärts. Wem etwas weniger Nervenkitzel reicht: Schon für 20 $ ist man in Vancouver auf dem wackeligen Treewalk des UBC Botanical Garden in luftiger Höhe unterwegs.

Curling

Für die einen ist es eine unnötige Kreuzung zwischen Eisstockschießen und Boccia. Für die anderen handelt es sich bei der Präzisionssportart aufgrund der Vielzahl der taktischen Optionen um „Schach auf dem Eis". Curling, das im 16. Jahrhundert in Schottland erfunden wurde, gelangte mit Auswanderern nach Kanada und wurde dort sehr populär: In keinem anderen Land der Welt gibt es heute so viele aktive Curlingsportler und -sportlerinnen. Kanada gewann 53 der bisher 99 Weltmeisterschaften; der Weltverband hat seinen Sitz in Vancouver.

Gleitschirmfliegen und Fallschirmspringen

Wer Kanada aus luftiger Höhe erleben will, kann bei zahlreichen Anbietern das Drachenfliegen und auch das Fallschirmspringen erlernen oder – sofern man über die entsprechende Erfahrung und Nachweise verfügt – auch alleine springen. Informationen erhält man im

Internet unter den Begriffen „Paragliding" bzw. „Skydive". Auch die Seiten der Tourismus-Organisationen (z. B. www.hellobc.de) listen hilfreiche Informationen und Kontakte auf.

Eishockey

Kanadas Sportart Nr. 1 boomt weiterhin, wobei man von der Nationalmannschaft, immerhin Vize-Weltmeister 2017, im Lande nach wie vor eher wenig Notiz nimmt. Wichtiger ist den Kanadiern die National Hockey League (NHL, www.nhl.com). Seit 1917 treffen hier Teams aus Kanada und den USA aufeinander. Von den derzeit 30 Mannschaften sind die Vancouver Canucks, die Calgary Flames und die Edmonton Oilers in Westkanada beheimatet. Die Oilers – in den 1980er-Jahren der Verein des international bekannten Superstars Wayne Gretzky – schafften 2017 den Sprung in die Playoffs der NHL und verpassten das Halbfinale nur knapp. Mit den Winnipeg Jets gelang 2018 einem anderen kanadischen Team der Einzug in die Vorschlussrunde. Tickets sind auf dem freien Markt fast nicht zu erhalten, doch auch das Miterleben eines Spiels an den TV-Monitoren einer proppenvollen Sportsbar ist ein Erlebnis. In Südost-Alaska ist Eishockey auf hohem Niveau derzeit leider nicht zu erleben.

Fußball

Fußball hat in Kanada mit der Ausrichtung der Frauen-WM 2015 einen Aufschwung erlebt, und auch bei den Männern tat sich einiges: Seit 2011 treten die Vancouver Whitecaps in der MLS an, der amerikanisch-kanadischen Profiliga. Oft gibt es kurzfristig noch Karten für die Heimspiele im BC Place Stadium (www.whitecapsfc.com). Die Saison dauert von Februar bis Oktober.

Höhlentouren

Die Karstgebirge auf den Inseln vor der Pazifikküste haben zur Bildung von großen Höhlensystemen geführt. Alaskas größte Höhle, El Capitan auf Prince of Wales Island, bietet Höhlengängern ein ebenso großes Erlebnis wie die Horne Lake Caves auf Vancouver Island. Das in Nordamerika *Spelunking* genannte Hobby kann an zahlreichen weiteren Orten ausgeübt werden.

Kajak und Kanu

Die Pazifikküste und zahlreiche Binnenseen prägen die Landschaft Westkanadas und Südost-Alaskas. Wer die Pflanzen- und Tierwelt wirklich entdecken will, sollte raus aus dem Auto und rauf aufs Wasser. Es muss ja nicht gleich der Bowron Lake Canoe Circuit sein, obwohl die etwa einwöchige Route als eine der schönsten Nordamerikas gilt. Auch wer sich nur für zwei Stunden ein Kajak oder Kanu an der Westküste ausleiht und an der geschützten Küste entlanggleitet, wird viel Neues entdecken. Nach wenigen Minuten Einweisung können auch absolute Anfänger den Paddelspaß genießen. Wer sich unsicher fühlt oder die Natur durch die Augen Einheimischer entdecken will, findet zahlreiche Anbieter geführter Touren in fast jedem Urlaubsort an der Küste und an den Binnenseen. Kanadier selbst verbringen viel Zeit in ihren Kanus und können diese perfekt balancieren – unabhängigen und durchaus seriösen Studien zufolge hatte jeder zehnte Kanadier schon einmal Sex in einem Kanu …

Mountainbiking und Fahrradfahren

Einige der weltbesten Reviere für Mountainbiker liegen in Westkanada, so z. B. Whistler, Squamish, Cranbrook, Hornby Island und Carcross. Hier finden sich abwechslungsreiche Singletrails, mit Liften ausgestattete **Bike Parks** und die in den Mountainbike-Magazinen häufig erwähnten **Hotspots** und **Epic Trails.** Die hochalpine Landschaft lädt zu Touren ins

Hinterland ein, und wer einmal einen Singletrail im Regenwald runtergesaust ist, wird wieder kommen.

Tourenrad-Fahrer finden mit dem ausgezeichneten Radwegenetz – z. B. in Calgary, Edmonton, Juneau, Vancouver und Victoria – ideale Möglichkeiten, Städte zu entdecken. Die flachen und gut gepflegten breiten Radwege in den Städten und ihrer Umgebung eignen sich hervorragend für einen gemütlichen Familienausflug. Auch längere Touren sind verlockend. Zahlreiche ehemalige Eisenbahnstrecken in Westkanada sind heute Radwege – steigungsarm und fernab des Straßenverkehrs. Auf Strecken wie dem Trans-Canada-Trail (seit 2017 offiziell „The Great Trail", www.thegreattrail.ca), dem Kettle Valley Railway Trail oder den beiden Trails im Cowichan Valley lässt sich die Natur genießen.

Wer die Inselwelt Südost-Alaskas entdecken möchte, für den ist das Rad sogar das ideale Verkehrsmittel: Die Straßennetze dort sind klein und nur wenig befahren – und man spart sich Hunderte von Dollars gegenüber der Mitnahme eines Mietwagens. Die Pkw-Tarife der Fährgesellschaften liegen drastisch über denen für Fahrräder.

Rafting

Zahlreiche Flüsse auf halbem Wege zwischen den Rocky Mountains und Vancouver bieten ideale Rafting-Bedingungen der Schwierigkeitsstufen III und IV, darunter der Fraser, der Nahatlatch, der Stein und der Thompson River. Im Internet und vor Ort finden sich viele Ausrüster und auch Anbieter geführter Touren. In Südost-Alaska steht oft nicht die sportliche Herausforderung im Vordergrund, dort macht anderes den Reiz des Trips aus: In Juneau bietet sich vom Mendenhall River aus ein einmaliger Blick auf den Mendenhall-Gletscher, in Bella Coola lassen sich auf dem Atnarko River die nahen Grizzlys vom Boot aus beobachten.

Reiten

Cowboy-Romantik im wilden Westen Kanadas: Die Nationalparks Waterton Lakes und Jasper bieten organisierte kürzere Ausritte durch die unberührte Landschaft der Rocky Mountains. Im Chilcotin im Herzen British Columbias finden sich viele Guest Ranches, die zusätzlich Kanus oder Kajaks und andere Aktivitäten anbieten. Deutlich anspruchsvoller geht es auf den sog. Working Ranches zu, vor allem in Alberta, wo Reiterfahrung vorausgesetzt und aktive Mithilfe beim Viehtrieb erwartet wird. Insgesamt ist das Angebot vielfältig: Sie können in einer luxuriösen Lodge mit Wellnessbereich übernachten oder in einem Planwagen schlafen, Reiterferien machen, der Wellness frönen, ein Kanu oder ein Fahrrad mieten, an einem Kochkurs

An Vancouvers Kitsilano Beach

teilnehmen und mehr. Eindrucksvolle Erlebnisse sind auch örtliche Rodeos wie die berühmte Calgary Stampede oder die ebenfalls große und vielfältige Williams Lake Stampede.

Segeln, Surfen, SUP, Windsurfen

Die oft windige Westküste bietet Seglern, Surfern und Windsurfern meist gute bis ideale Bedingungen, während die Stand-up-Paddler (SUP) zunehmend von den ruhigeren und windgeschützten Hafenbereichen Besitz ergreifen. An der Westküste Vancouver Islands, bei Tofino, liegen die besten Reviere für Wellenreiter, während Windsurfer vor allem an den weiten Buchten rund um Vancouver selbst aktiv sind. SUP wird an fast allen Urlaubsorten angeboten, auch in Kombination mit anderen Sportarten, z. B. SUP-Yoga. Die örtlichen Visitor Centre sind hier die beste Informationsquelle. Wer selbst segelt und im Café der örtlichen Marina mit den einheimischen Seglern fachsimpelt, wird schon mal ganz spontan eingeladen, am nächsten Tag mit hinauszufahren.

Tauchen

An den Küsten British Columbias und Alaskas finden sich einige der besten Tauchreviere der Welt. Die Jacques Cousteau Society hat die Gewässer rund um Vancouver Island als weltweit reinste und vielfältigste nach denen im Roten Meer ausgezeichnet. Gute Reviere finden sich direkt vor der Haustür Vancouvers, z. B. im Porteau Cove Provincial Park und im Whytecliff Marine Park, aber auch entlang der Sunshine Coast. Allerdings sind die besten Tauchbedingungen im Winter gegeben, wenn das Plankton abstirbt und die Tiefensicht bis zu 30 Meter erreicht.

Tiere beobachten

Bären und Wale sehen – das steht ganz oben auf dem Wunschzettel vieler Reisender. Wer nichts dem Zufall überlassen will, findet zahlreiche Anbieter organisierter Touren, die einzigartige Begegnungen ermöglichen. Doch auch ohne Führer gibt es viel zu sehen. Ist man im Spätsommer unterwegs, lässt sich an zahlreichen Flüssen der Zug der Lachse beobachten. In den Nationalparks ist die Artenvielfalt immens. Was darf's sein: Seelöwen und Delfine im Glacier-Bay-Nationalpark oder Wapitihirsche und Dallschafe in Jasper? Wer sich Zeit nimmt und sich vor der Dämmerstunde aus den Federn schält, um zu frühmorgendlichen Touren aufzubrechen, wird oft mit eindrucksvollen Begegnungen belohnt.

Wer beobachtet hier wen?

Wandern und Trekking

Hohe Berge, dichte Wälder, faszinierende Küsten: Viele Kanada-Reisende träumen davon, die Zivilisation hinter sich zu lassen und in die grüne Natur einzutauchen. Dies ist an vielen Orten möglich. Vom zehnminütigen Abstecher zu einem Wasserfall über attraktive mehrstündige Wanderungen bis hin zu ganztägigen Touren ist in diesem Reiseführer eine Vielzahl von Wanderungen aufgeführt. Darüber hinaus hat fast jedes Dorf einen oder mehrere Wanderwege aufzuweisen, auf dem man sich nach einem Tag im Auto die Beine vertreten kann. Diese Wege bieten oft Überraschungen, sind aber nicht immer gut ausgeschildert; am

Wenn plötzlich der Bär dasteht ...

Für viele Kanada- und Alaskareisende ist der Anblick eines Bären in freier Wildbahn einer der Höhepunkte des Urlaubs, doch gilt es unbedingt einige Punkte zu beachten.

Bären sind wilde Tiere: Man streichelt sie nicht, man füttert sie nicht und man stellt keine Kinder neben sie, um ein niedliches Foto zu schießen. Alles schon passiert. Bären sind aber auch intelligente Tiere: Sie gehen dem Menschen, wo immer möglich, aus dem Weg. Gefährliche Situationen gibt es daher sehr selten, wenn man sich an die folgenden Regeln hält.

1. Machen Sie sich nicht zur Beute: Bären haben eine gute Nase: Bewahren Sie im Zelt keine Lebensmittel oder Drogerieprodukte auf. Kochen Sie mindestens 100 Meter vom Zelt entfernt. Alles, was riecht, gehört ins Auto, in einen bärensicheren Metallschrank (gibt es auf fast allen Campingplätzen) oder in einen Bear Container (ein robuster Kanister), wenn Sie zu Fuß im Busch unterwegs sind. Wenn Sie einem Bären begegnen: Nicht weglaufen, das weckt seinen Jagdinstinkt. Schauen Sie dem Bären nicht in die Augen, das provoziert ihn. Blicken Sie stattdessen auf seine Füße, heben Sie die Arme über den Kopf, um sich größer erscheinen zu lassen, und reden Sie laut auf ihn ein, während Sie mit Gesicht Richtung Bär den Rückweg antreten.

2. Vermeiden Sie eine plötzliche Begegnung: Ein unerwartetes Aufeinandertreffen auf einem Wanderweg lässt einen Bären genauso erschrecken wie Sie. Lassen Sie es gar nicht so weit kommen. Nutzen Sie Bärenglöckchen, reden Sie laut, singen Sie, klatschen Sie in die Hände: Teilen Sie dem ganzen Wald mit, dass *Sie* es sind, der jetzt auf diesem Pfad unterwegs ist. Auch in offenem Gelände kann Unachtsamkeit zu schwierigen Situationen führen. Natürlich lösen spielende Bärenjunge den Reflex aus, die Kamera zu zücken, um die kleinen schwarzen Knäuel im Bild festzuhalten. Eine schlechte Idee. Ihr erster Gedanke sollte stattdessen sein, nach dem fehlenden *großen* schwarzen Knäuel Ausschau zu halten. Sind Sie nämlich versehentlich zwischen die Bärenmutter und ihre Jungen geraten, haben Sie ein ernsthaftes Problem. Treten Sie unbedingt sofort den Rückzug an (siehe Punkt 1).

3. Vermeiden Sie einen Konkurrenzkampf um Nahrung: Es mag spannend sein, im reißenden Fluss zu stehen und einen Mordsbrocken von Lachs an der Angel zu haben – das Foto mit dem Fang und die Reaktion der Kollegen daheim schon vor den Augen. Hat aber ein Bär beschlossen, ebenfalls hier zu fischen, sollte Ihnen bewusst sein: Für ihn ist jeder Fisch überlebenswichtig, um durch den Winter zu kommen. Rechnen Sie also nicht damit, dass Sie den Lachs (und sich selbst) heil an Land bringen: Fisch vom Haken, Rückzug antreten!

4. Bärenspray: Natürlich können Sie eines kaufen – gibt's in jedem General Store für 15–30 $. Allerdings ist statistisch erwiesen, dass der Anwender damit wesentlich öfter sich selbst statt den Bären außer Gefecht setzt, und wenn Sie ein Spray einsetzen müssen, dann ohnehin nur, weil Sie einen der drei vorgenannten Punkte nicht beachtet haben ...

besten fragt man daher Einheimische, welchen *short hike* sie empfehlen würden. Oft geben diese mit Begeisterung und Stolz ihre Tipps an Reisende weiter.

Trails: Die eindrucksvolle und nur dünn besiedelte Natur bietet zahlreiche Möglichkeiten für Mehrtagestouren. In allen Fällen gilt, dass eine umfassende Vorbereitung auf das Begehen dieser Trails erforderlich ist: Zum Teil sind Monate im Voraus Genehmigungen (Permits) zu beantragen, da die Zahl der Wanderer pro Tag limitiert ist, und es sind Vorräte für etliche Tage mitzuführen. Die bekanntesten Mehrtages-Wanderungen sind in diesem Reiseführer in den jeweiligen Kapiteln kurz beschrieben: der Chilkoot Trail von Skagway (Südost-Alaska) zum Lake Bennett (Yukon), in British Columbia der West Coast Trail von Bamfield nach Port Renfrew, der Juan de Fuca Marine Trail, der North Coast Trail im Cape Scott Provincial Park, der Suncoaster Trail und der Sunshine Coast Trail, beide an der Sunshine Coast, der Bowron Lake Canoe Circuit im Herzen British Columbias zwischen Kamloops und Prince George sowie in Alberta der Skyline Trail im Jasper National Park.

Wissenswertes von A bis Z

Ärztliche Versorgung, Apotheken, Krankenhäuser

Auch Westkanada und Alaska sind von einem Rückgang der niedergelassenen Ärzte betroffen. Als Folge erhält man bei medizinischen Problemen kaum noch eine Chance, einen Termin bei einem unabhängig praktizierenden Arzt zu bekommen. Die meisten Ärzte nehmen schlichtweg keine *Walk-ins* mehr an, sondern verweisen ans örtliche Krankenhaus. Bevor man diesen Weg geht, lohnt ein Gang zur Apotheke, denn die Krankenhäuser nehmen auch bei ambulanten Behandlungen oft Tagessätze von 800–2000 $ – inklusive eines hohen Zuschlags für nicht ortsansässige Patienten. Deutsche Krankenkassen erstatten diese Beträge in aller Regel nicht, und auch bei einer Reiseversicherung sollte ein möglicher Gang ins Krankenhaus mit dem Versicherer abgestimmt sein. Neben einigen unabhängigen Apotheken (Pharmacy) in größeren Städten finden sich die meisten in Supermärkten. Viele Medikamente sind verschreibungspflichtig, aber die Apotheker beraten gerne und gut, welche frei verkäuflichen Medikamente „over the counter" vielleicht geeignet sind, Linderung zu bringen.

Alkohol

Erwerb: In der Gastronomie gibt es Alkohol nur in *licenced restaurants*, die eine Lizenz zum Alkoholausschank besitzen. Ansonsten müssen alkoholische Getränke in einem separaten *Liquor Store* erworben werden, der oft privat geführt wird. In der Regel sind die Läden bis 22 Uhr geöffnet, sonntags kürzer. Im Yukon – der kanadischen Region mit dem höchsten Pro-Kopf-Konsum an Alkohol – schließen sie bereits um 18 Uhr und bleiben sonntags und zum Teil auch montags ganz geschlossen. Anders in den Northwest Territories – hier variieren die Zeiten von Ort zu Ort. Um die Jugend zu schützen: In Alberta darf Alkohol ab 18 Jahren gekauft und getrunken werden, in allen anderen Regionen erst ab 19 Jahren – das ist jeweils auch das Mindestalter für einen Bar- oder Pub-Besuch.

Auch in Alaska gab es früher Alkohol nur im Restaurant oder im Liquor Store. Seit einiger Zeit dürfen aber Brauereien und Brennereien ihre eigenen Erzeugnisse auch vor Ort verkaufen;

große Supermärkte haben oft einen angegliederten Liquor Store, der abends lange geöffnet ist. Alkohol darf jedoch erst ab 21 Jahren konsumiert werden. In mehr als 100 *Dry Communities* – „trockenen Gemeinden" – in Alaska wird Alkohol weder im Restaurant angeboten noch im Laden verkauft.

Konsum: Das öffentliche Konsumieren von Alkohol ist in ganz Westkanada und Südost-Alaska ebenso verboten wie das offensichtliche Transportieren von Alkohol im Auto – die Bierdose des Beifahrers darf also nicht in der Getränkehalterung stehen! Das Autofahren unter Alkoholeinfluss (DUI – Driving under influence) wird streng geahndet. Für Fahranfänger (Führerschein weniger als ein Jahr) und für alle Fahrer unter 21 Jahren gilt kanadaweit eine Grenze von 0,0 Promille. Für alle anderen liegt das Limit bei 0,5 Promille (British Columbia) bzw. bei 0,8 Promille (Alberta, Northwest Territories, Yukon, Alaska). Wer unter Alkoholeinfluss in einen Verkehrsunfall verwickelt wird – ob schuldig oder nicht, ob unterhalb des Limits oder nicht – muss in Kanada mit einer sofort wirksamen dreitägigen Ausnüchterungshaft rechnen. Wer in Alaska am Straßenverkehr teilnimmt, erteilt der Polizei automatisch die grundsätzliche Erlaubnis zu einem Atemtest auf Alkohol. Wer diesen verweigert, begeht in den USA – anders als in Europa – bereits eine Straftat.

Arbeiten

Wer in Kanada oder Alaska arbeiten will, darf nicht als Tourist einreisen, sondern muss sich schon im Vorfeld von Deutschland aus um einen Arbeitsplatz und die erforderlichen Formalien kümmern. Gute Chancen, sowohl in Kanada als auch in Alaska, haben derzeit vor allem IT-Experten, Ärzte und medizinisches Fachpersonal.

Kanada: Ein verbindliches Einstellungsangebot eines kanadischen Arbeitgebers ist bei Human Resources Development Canada einzureichen. Wer nicht nur befristet, sondern dauerhaft in Kanada arbeiten möchte, benötigt den „Permanent Residence Status" (→ Auswandern und Einwanderungsrecht, s. u.).

Alaska: Wie für alle anderen US-Bundesstaaten ist eine Green Card Voraussetzung für die Arbeitsaufnahme. Wer sich nicht auf die jährliche Lotterie der Einwanderungsbehörden verlassen will, braucht hohe Qualifikationen sowie ein Arbeitsangebot eines Unternehmens, und dieses muss nachweisen, dass es keine qualifizierten US-Bürger für diese Stelle findet.

Auswandern und Einwanderungsrecht

Kanada: Vor allem im Westen des Landes spürt man: Kanada ist ein Einwanderungsland. Als 1997 Großbritannien Hongkong an China zurückgab, zogen viele wohlhabende Hongkong-Chinesen eine neue Heimat in Kanada der ungewissen Zukunft unter einem chinesischen Regime vor. Der Nachzug vieler Verwandter führte dazu, dass in Städten wie Richmond schon jeder zweite Einwohner chinesische Wurzeln hat. Nach wie vor ist Kanada für Einwanderer offen, das Einwanderungssystem gilt international als vorbildlich: Sprachkenntnisse, Bildungsstand, Berufserfahrung und Integrationsfähigkeit werden nach einem Punktesystem bewertet, auch kanadische Lebenspartner und Alter spielen eine Rolle – je näher man an die Maximalpunktezahl von 100 herankommt, desto besser die Chancen, einen „Permanent Resident Status" zu erhalten. Nach einigen Jahren im Land mit diesem Status kann man den Antrag auf kanadische Staatsbürgerschaft stellen. Schneller geht es, wenn man sehr hohe Beträge in die kanadische Wirtschaft investiert – ein Weg, der aber nur wenigen offensteht.

Grenzübergang im Grünen: Goat Haunt, Waterton Lakes National Park

Botschaften und Konsulate

Grundsätzlich verfügen nur die Botschaften über die volle Kompetenz für alle Dienstleistungen. Konsulate sind vor Ort zwar immer hilfreiche Ansprechpartner, werden bei Passverlust und anderen ärgerlichen Situationen aber nur eingeschränkt tätig.

Kanadische Vertretungen In Deutschland: Botschaft, Leipziger Platz 17, 10117 Berlin, ✆ 030-203120, zuständig für Einwohner von Schleswig-Holstein, Hamburg, Bremen, Niedersachsen, Mecklenburg-Vorpommern, Brandenburg, Berlin, Sachsen-Anhalt, Thüringen und Sachsen. www.kanada-info.de.

Konsulat in Düsseldorf, Benrather Str. 8, 40213 Düsseldorf, ✆ 0211-172170, zuständig für Nordrhein-Westfalen, Rheinland-Pfalz, Hessen, Saarland.

Konsulat in München, Tal 29, 80331 München, ✆ 089-2199570, zuständig für Baden-Württemberg, Bayern.

In der Schweiz: Botschaft, Kirchenfeldstr. 88, 3005 Bern, ✆ 031-3573200, www.canadainternational.gc.ca.

In Österreich: Botschaft, Laurenzerberg 2, 1010 Wien, ✆ 01-531383000, www.canadainternational.gc.ca.

Vertretungen in Westkanada Deutschland: Das Generalkonsulat in Vancouver betreut den Westen Kanadas. 999 Canada Place. ✆ +1 (604) 684-8377.

Schweiz: Das Generalkonsulat ist für Alberta, B.C., die NWT und Yukon zuständig. 999 Canada Place, Vancouver, ✆ +1 (604) 684-2231.

Österreich: Für die NWT ist die Botschaft zuständig, 445 Wilbrod Street, Ottawa, ✆ +1 (613) 789-1444.

Für B.C. und Yukon: **Honorargeneralkonsulat in Vancouver,** 595 Howe Street, Vancouver, ✆ +1 (604) 687-3338.

Für Alberta: Honorargeneralkonsulat in Calgary, 1015 4th Street, Calgary, ✆ +1 (403) 283-6526.

Vertretungen der USA In Deutschland: Botschaft, Clayallee 170, 14189 Berlin, ✆ 030 83050, www.de.usembassy.gov. Nichteinwanderungsvisa können auch in den Generalkonsulaten in Frankfurt und München beantragt werden.

In der Schweiz: Botschaft, Sulgeneckstr. 19, 3007 Bern, ✆ 031-3577011, www.ch.usembassy.gov.

In Österreich: Botschaft, Boltzmanngasse 16, 1090 Wien, ✆ 01-3331900, www.at.usembassy.gov.

Europ. Vertretungen in den USA Deutschland: Zuständiges Generalkonsulat für Alaska, 1960 Jackson Street, San Francisco. ✆ +1 (415) 775-1061.

Schweiz: Zuständiges Generalkonsulat für Alaska, Pier 17, San Francisco, ✆ +1 (415) 788-2272.

Österreich: Zuständiges Generalkonsulat für Alaska, 11859 Wilshire Blvd, Los Angeles, ✆ +1 (310) 444-9310.

Cannabis und andere Drogen

Kanada: Seit Herbst 2018 ist der private Konsum von Cannabis in Kanada in Grenzen erlaubt – Premier Trudeau setzte damit eines seiner Wahlkampfversprechen von 2015 um. Ähnlich wie beim Alkohol sind aber Mindestalter und Verfügbarkeiten von Provinz zu Provinz unterschiedlich geregelt.

Alaska: Erwerb und Besitz von Cannabis für den privaten Konsum sind legal, sofern die Menge 28 g nicht überschreitet. In der Öffentlichkeit und an Bord von Verkehrsmitteln (also auch im Mietwagen) ist das Kiffen aber nicht erlaubt.

Feiertage

Feiertage werden in Alaska und Kanada oft nicht am exakten Datum gefeiert, sondern am nächstliegenden Montag. Das daraus jeweils resultierende lange Wochenende nutzen viele Einheimische für einen Kurzurlaub – dann steigen die Hotelpreise rapide an. Langfristiges Vorausbuchen ist für diese Daten zwingend erforderlich. Es ist z. B. alles andere als ungewöhnlich, dass an den langen Wochenenden Anfang Juli und Anfang August im Umkreis von rund 300 km (!) um die Nationalparks Banff und Jasper kurzfristig kein Zimmer mehr zu bekommen ist. Der kanadische Feiertagskalender ist nicht einheitlich. Alberta (AB), British Columbia (BC), die Northwest Territories (NWT) und der Yukon kennen auch regionale Feiertage. Die Daten und regionale Gültigkeit:

Kanada, feste Feiertage: 1. 1. *Neujahr*, 21. 6. *Aboriginal Day* (NWT, YT), 1. 7. *Canada Day*, 11. 11. *Remembrance Day*, 25. 12. *Weihnachten*, 26. 12. *Boxing Day* (YT).

Kanada, variable Feiertage: 18. 2. 19 (17. 2. 20, 15. 2. 21) *Family Day* (AB, BC), 22. 2. 19 (21. 2. 20, 19. 2. 21) *Heritage Day* (Yukon), 19. 4. 19 (10. 4. 20, 2. 4. 21) *Karfreitag*, 22. 4. 19 (13. 4. 20, 5. 4. 21) *Ostermontag* (AB, BC, YT), 20. 5. (18. 5. 20, 24. 5. 21) *Victoria Day*, 5. 8. 19 (3. 8. 20, 2. 8. 21) *Heritage Day* (AB) bzw. *BC Day* (BC), 19. 8. 19 (17. 8. 20, 16. 8. 21) *Discovery Day* (Yukon), 2. 9. 19 (7. 9. 20, 6. 9. 21) *Labour Day*, 14. 10. 19 (12. 10. 20, 11. 10. 21) *Thanksgiving*.

Alaska, feste Feiertage: 1. 1. *Neujahr*, 18. 10. *Alaska Day*, 11. 11. *Veterans Day*

Alaska, variable Feiertage: 21. 1. 19 (20. 1. 20, 18. 1. 21) *Martin Luther King Day*, 18. 2. 19 (17. 2. 20, 15. 2. 21) *President's Day*, 25. 3. 19 (30. 3. 20, 29. 3. 21) *Seward's Day*, 27. 5. 19 (25. 5. 20, 31. 5. 21) *Memorial Day*, 4. 7. 19 (4. 7. 20, 5. 7. 21) *Independence Day*, 2. 9. 19 (7. 9. 20, 6. 9. 21) *Labour Day*, 28. 11. 19 (26. 11. 20, 25. 11. 21) *Thanksgiving*, 25. 12. 19 (25. 12. 20, 24. 12. 21) *Weihnachten*.

Festivals, kulturelle Veranstaltungen

Im Sommer bieten zahlreiche größere und kleinere Events dem Urlauber eine willkommene Abwechslung. Ein Festivalbesuch kann aber auch Planung erfordern: Wenn Anfang Juli 30.000 Besucher zum Music Festival ins kleine Atlin strömen, sind die Hotelbetten fast im gesamten Yukon ausgebucht. Kinos finden sich auch in kleineren Städten und sind oft gut besucht. In „Dorfkinos" kann man noch vielerorts für vergleichsweise günstige 6–10 $ historische Lichtspiel-Atmosphäre in Filmtheatern aus den 1920er- und 1930er-Jahren genießen – selbstverständlich mit modernster Technik. Karten für Konzerte und Theater erhält man fast immer online, oft aber auch noch abends an der Tageskasse. In Vancouver bietet „Tickets Tonight" im Visitor Centre am Canada Place täglich zwischen 9 und 16 Uhr Restkarten für den gleichen Abend, meist mit 50 % Ermäßigung.

Geld, Wechselkurs, Kreditkarten

In Kanada ist der kanadische Dollar die offizielle Währung, aber oft kann auch mit US-Dollars bezahlt werden – allerdings zu einem meist 15–20 % schlechteren Kurs als dem offiziellen Wechselkurs. Umgekehrt wird in Alaska der kanadische Dollar fast nirgendwo akzeptiert, hier gilt nur der US-Dollar.

Kanadischer Dollar (Can.-$): Im Umlauf sind Münzen von 5 Cent (Nickel), 10 Cent (Dime), 25 Cent (Quarter), 1 Dollar (Loonie) und 2 Dollar (Toonie). Scheine gibt es zu 5, 10, 20, 50 und 100 kanadische Dollar. 1-Cent-Münzen wurden abgeschafft – krumme Beträge werden auf den nächsten durch 5 Cent teilbaren Betrag auf- oder abgerundet.

US-Dollar (US-$): Münzen von 1 Cent, 5 Cent, 10 Cent, 25 Cent. Die Bezeichnungen Nickel, Dime und Quarter sind auch hier geläufig. Kaum im Umlauf sind die seltenen Münzen zu 50 Cent und 1 $. Scheine sind in der Stückelung 1 $, 5 $, 10 $, 20 $, 50 $ und 100 $ in Gebrauch.

Preisangaben: Sie sind in diesem Reiseführer dort, wo es selbsterklärend ist, nur in Dollar ($) angegeben – für Alaska ist damit der US-$ gemeint, für Kanada der Can.-$. Dort wo US-Unternehmen (z. B. Fähren) auch Kanada bedienen, werden zur Klarstellung die Beträge mit US-$ bzw. Can.-$ angegeben.

Wechselkurse: Im Frühjahr 2019 erhielt man für einen Euro zwischen 1,10 und 1,15 US-$. Da vor Ort oft noch Steuern anfallen, kann man der Einfachheit halber mit 1:1 umrechnen. In Kanada war ein Euro zwischen 1,45 und 1,55 Can.-$ wert. Unter Berücksichtigung der Steuern entsprechen 10 Can.-$ etwa 7 Euro. Wechselstuben an Flughäfen (egal ob in Europa oder Nordamerika) bieten meist sehr schlechte Kurse oder fordern hohe Gebühren. Deutlich günstiger ist es, sich bei der Hausbank die Fremdwährung zu besorgen. Traveller-Schecks bieten gute Kurse, werden aufwandsbedingt allerdings nicht mehr überall akzeptiert.

Kreditkarten: Die allermeisten Unternehmen – bis auf einige kleinere B&B – akzeptieren alle gängigen Kreditkarten, wenn auch zum Teil erst ab 5 $ aufwärts. Bei Zahlung mit Kreditkarte fällt ein Auslandseinsatzentgelt an – je nach Karte und Provider zwischen 1 und 3 %. Günstiger ist es, am Geldautomaten ATM direkt die Fremdwährung abzuheben. Das ist auch mit der EC-Karte bei fast allen Bankfilialen möglich, nicht aber bei manchen privaten ATM-Betreibern. Dabei fallen pauschal meist 2 oder 3 $ Gebühren an, und es wird der Devisenmittelkurs angesetzt: Vorsicht: Die neueste Generation der EC-Karten hat einen sog. EMV-Chip; hier muss der Magnetstreifen vom Karteninstitut freigeschaltet werden – klären Sie dies rechtzeitig mit Ihrer Bank.

Gesundheitsrisiken

Impfungen: Besondere Impfungen z. B. gegen Gelbfieber, Malaria, Cholera etc. sind für Reisen nach Kanada und Alaska nicht erforderlich. Die Standardimpfungen für Kinder und Erwachsene (gegen Mumps, Masern, Röteln, Tetanus, Diphtherie etc.) sollten allerdings durchgeführt worden sein. Angebracht ist auch eine Tollwutimpfung: Überträger der in ganz Kanada und Alaska vorkommenden Tollwut sind oft Hunde und Katzen, aber auch Wildtiere. Vorsicht ist geboten, wenn sich Tiere auffällig verhalten; bei Bisswunden ist sofort der nächste Arzt aufzusuchen. Für Kinder und Jugendliche wird eine Impfung gegen Hepatitis B empfohlen, da die Krankheit landesweit vorkommt.

Zecken: Vor allem im heißen Südosten von British Columbia, zwischen dem Okanagan und den Rocky Mountains, drohen Zeckenbisse und damit das Risiko von Borreliose. Neben hautbedeckender Kleidung helfen oft nur einheimische Insektenschutzmittel auf DEET-Basis gegen die kleinen Blutsauger. Bei ständiger Anwendung sind diese Mittel aber aufgrund ihrer Inhaltsstoffe der Gesundheit nicht gerade zuträglich und können Hautirritationen hervorrufen.

Wasser: Das Leitungswasser ist überall trinkbar, durch Chlor und andere chemische Zusätze aber geschmacklich stark beeinträchtigt. Geschmacksneutrales, aber oft auch von allen Mineralstoffen befreites Wasser ist in Supermärkten erhältlich. Wer Wasser aus Seen und Flüsse trinken will, sollte dieses vorher filtern, abkochen oder mit Wasseraufbereitungstabletten behandeln – es besteht sonst die Gefahr der parasitären Infektion durch Giardia lamblia.

Fleisch: Das Fleisch von Robben, Walen oder Eisbären sollte nur gut gegart verzehrt werden, sonst droht in Einzelfällen die Wurmerkrankung Trichinose.

UV-Strahlung: Die gerade im Landesinneren oft hohe UV-Strahlung und die hohe Anzahl von Sonnenstunden im Sommer machen einen guten Sonnenschutz bei Aufenthalten im Freien erforderlich.

GPS und Straßenkarten

In Westkanada abseits der Ballungsräume und in ganz Südost-Alaska ist das Straßennetz so überschaubar, dass man nicht unbedingt ein Navigationssystem braucht, doch kann dieses manchmal ganz hilfreich sein. Am einfachsten ist es, bei der Buchung des Mietwagens oder Campers darauf zu achten, ob ein Navigationssystem (in Nordamerika meist GPS oder Sat Nav genannt) im Mietpreis eingeschlossen ist. Wer daheim über ein mobiles Navigationssystem verfügt, kann zu vernünftigen Kosten die Kartensoftware für die USA bzw. Kanada laden und das eigene Gerät einsetzen.

Die Mietwagenfirmen bieten kostenfreie Landkarten an, die allerdings nur eine grobe Orientierung ermöglichen. In den Visitor Centres erhält man fast immer gute Karten, auf denen die touristisch interessanten Punkte verzeichnet sind. Wer tiefer in die Wildnis will, kommt um detaillierte lokale Karten nicht herum: Tankstellen verkaufen regionale Kartenwerke, die auch die Straßen im Hinterland, die „Backcountry Roads" vermerken. Wer die

Verfahren unmöglich: Highway 3 in den NWT

großen Trails erwandern will, bekommt vor Ort detaillierte Wanderkarten oder kann sich die Daten vorab auf sein GPS-Gerät laden.

Kriminalität und Sicherheit

Kanada und Alaska sind generell sichere Reiseländer, die Kriminalitätsrate ist niedrig. In abgelegenen Regionen ist es immer noch üblich, Haus und Auto nicht abzuschließen – der Nachbar könnte ja etwas brauchen, wenn man selbst nicht da ist ... In Großstädten gibt es oft soziale Problemregionen, wo man insbesondere abends Vorsicht walten lassen und den gesunden Menschenverstand einschalten sollte. Auch an einigen Parkplätzen bei touristischen Attraktionen, Wanderwegen etc. kommt es leider immer mal wieder zu Einbrüchen in Autos. Warnschilder sollte man beachten und keinesfalls Wertsachen im Auto zurücklassen.

Literatur

Wer sich intensiver mit Kanada und Alaska beschäftigen will, findet dazu viel Literatur, teils aber nur auf Englisch (E).

Kanada-Lesebuch von Mechthild und Wolfgang Opel, vermittelt Hintergründe über Geschichte, Kultur, Lebensart, Politik und Wirtschaft.

Milepost (E), jährlich neu erscheinender detaillierter Führer für alle Straßen Alaskas, deckt auch die Zufahrtsrouten durch Kanada nach Norden ab.

Reader's Companion to Alaska (E) von Alan Ryan. Der 1997 erschienene, aber zeitlose Band bringt dem Leser in zahlreichen Essays und Erzählungen den nördlichsten Bundesstaat der USA näher.

Ruf der Wildnis von Jack London und John Muirs **Travels in Alaska (E)** sind nicht nur Klassiker, sondern immer noch eine gute Einstimmung auf den Klondike und Südost-Alaska.

A land gone lonesome (E) und The last giant of Beringia (E) sind packend geschriebene Sachbücher von Dan O' Neill. Ersteres handelt vom Rückzug der Siedler vom Yukon River, das zweite von der Bering-Landbrücke, die die Besiedlung Nordamerikas erst erlaubte.

Am Ende der Wildnis von John Vaillant berichtet über die einzigartige Kultur der Haida Gwaii.

Beauty Tips from Moose Jaw (E), How to be Canadian (E), Canadian Pie (E) und **Why I hate Canadians (E),** in all seinen Büchern nähert sich Will Ferguson der kanadischen Mentalität mit einem Augenzwinkern und nimmt sich und seine Landsleute ironisch-sarkastisch unter die Lupe.

Adventures in Solitude (E), in seinem Bestseller beschreibt Grant Lawrence humorvoll seine Jugendjahre im Desolation Sound an der Sunshine Coast.

Alaska, James A. Micheners leicht lesbares 1300-Seiten-Epos ist kaum der großen Literatur zuzurechnen, bringt aber trotz seines Umfangs dem Leser die Geschichte des Nordens näher.

Zum Thema Sport finden sich im Buchhandel vor Ort und im Internet unzählige Bücher, die sich mit Eishockey, Wandern, Radfahren, Wassersport, Curling etc. befassen und keine Fragen offenlassen. Ebenso gibt es eine Vielzahl von Büchern zur indigenen Kultur Kanadas, zur kanadischen Küche, zur Siedlungsgeschichte sowie zahlreiche Werke zu den Eisenbahnen und Wasserflugzeugen.

Maße und Gewichte

In Alaska sind Entfernungen in Meilen angegeben (1 Meile = 1609 m). Kanada dagegen hat seine Maßeinheiten 1970 auf das metrische System umgestellt. Im Alltagsgebrauch hat sich das aber noch nicht völlig durchgesetzt.

Größen- und Gewichtsangaben von Menschen dagegen erfolgen meist noch in Fuß (1 Fuß = 30,48 cm), Inch (1 Inch =2,54 cm, 12 Inch = 1 Fuß) und Pfunden (1 Pfund = 454 g). Es gibt immer noch Inlandsfluggesellschaften, die das zulässige Freigepäck in Pfund angeben. Auch wer beim Bungeejumping bei der Frage nach dem Gewicht seine Kilos im Verhältnis 2:1 in Pounds umrechnet, wird unangenehme Erfahrungen machen, denn er macht sich 10 % leichter:

Jetzt wird's skurril: Maßeinheiten für Flüssigkeiten

Seit 1959 sind in den USA und in Kanada Fuß, Inch und Pfund einheitlich definiert. Soweit hat man es aber bei den Getränken noch nicht gebracht, was zu äußerst seltsamen Füllmengen führt. Zwar gilt für Kanada auch hier das metrische System, aber das heißt noch lange nicht, dass die Hersteller ihre Maschinen umstellen würden. So werden immer noch die „alten" Mengen abgefüllt. Wer im kanadischen Supermarkt nach einer Literpackung Milch oder Saft greift, erhält daher meist 1,14 Liter, was einem „Imperial Quart" entspricht, also dem Viertel einer britischen Gallone von 4,55 Litern. Ein Quart wiederum besteht aus 40 Flüssigunzen (Fluid Ounces, auf Getränkeverpackungen als fl. oz. abgekürzt). In den USA dagegen hat eine Gallone nur 3,79 Liter und das Quart folglich nur 0,95 Liter. Aber halt! In den USA passen nur 32 (statt der kanadischen 40) Flüssigunzen in ein Quart, so dass die US-amerikanische Flüssigunze 29,6 ml umfasst und nicht nur 28,4 ml. Im Ergebnis bekommt man in Kanada importierte Getränkedosen dann meist mit 355 ml oder 593 ml Inhalt – das sind 12 bzw. 20 US-amerikanische Flüssigunzen, die in Kanada aber wie vorgeschrieben in Millilitern gekennzeichnet werden müssen ...

90 kg sind eben nicht 180, sondern 200 Pounds – da braucht man dann schon ein etwas dickeres Seil ...

Medien

Fernsehen: In Hotels stehen oft mehrere hundert TV-Sender zur Auswahl – theoretisch. Praktisch beschränkt sich das frei verfügbare Angebot auf nationale oder regionale Nachrichten- und Wettersender, sowie einige Sport- und Spielfilmkanäle, die deutlich häufiger durch Werbeunterbrechungen auffallen als bei uns. Der Großteil der Kanäle ist jedoch nur über monatliche Abos oder Pay-per-view-Bezahlung zugänglich.

Radio: Der Empfang ist außerhalb der Ballungsräume kaum bis gar nicht vorhanden. Hochwertige Mietwagen sind jedoch inzwischen meist mit einem Satellitenradio ausgestattet. So stehen auch in der Wildnis bis zu 200 Radiosender zur Verfügung. Viele Musikrichtungen sind mehrfach vertreten; den Rest machen Dutzende Sportsender, Nachrichtenkanäle und kirchliche Programme aus.

Tageszeitungen: Die Printmedien stehen auch in Nordamerika unter wirtschaftlichem Druck, doch Blätter wie die international renommierten „Vancouver Sun", „Calgary Herald" und „Juneau Empire" halten ihre Qualität weiterhin hoch. Druck kommt aber nicht nur aus dem Internet, sondern auch von Gratiszeitungen wie „Metro", die in Vancouver und Calgary überall verfügbar sind. Der Blick in die Tageszeitung (in kleineren Städten in die Wochenzeitung) bietet nicht nur einen Einblick in die örtliche Kultur und Lebensweise, man findet auch Tipps zu lokalen Veranstaltungen wie Bücherflohmärkten, Kirchenkonzerten oder High-School-Sportveranstaltungen.

Nachtleben

Außerhalb von Vancouver, Calgary, Edmonton sowie den Urlaubsorten Banff, Jasper, Victoria und Whistler gibt es nur wenige Bars, und die schließen oft schon gegen 22 Uhr. Auch in größeren Städten finden sich kaum Diskotheken, und wenn, dann ist gegen Mitternacht oft schon Schluss. Pubs bieten freitags und samstags gelegentlich Livemusik. Dann wird manchmal eine Eintrittsgebühr (Cover) verlangt.

Nationalparks und Provinzparks

19 Nationalparks in Kanada und zwei in Südost-Alaska, dazu Dutzende National Historic Sites und Hunderte von Provinz-, Territory- und State-Parks: Die Natur mit ihrer einzigartigen Flora oder Fauna und historische Gebäude stehen im Nordwesten des amerikanischen Kontinents unter besonderem Schutz.

Nationalparks: Sie sind sowohl in Kanada als auch in Alaska kostenpflichtig. Alle Einnahmen kommen dem Erhalt der Natur und den Einrichtungen für die Besucher zugute. Der Eintrittspreis ist von Park zu Park unterschiedlich und richtet sich nach Verkehrsmittel, Personenzahl und Dauer. Für bekannte Parks wie die National Parks Banff und Jasper in den kanadischen Rocky Mountains zahlt man 10 $ pro Person und Tag, und der Eintritt in die besonders schützenswerten Parks in der kanadischen Arktis schlägt schon mal mit 25 $/Tag zu Buche.

Bei Parks, die nur organisiert zugänglich sind (z. B. bei Tageskreuzfahrten in den Glacier Bay National Park in Alaska) wird die Gebühr oft gleich mit dem Reisepreis erhoben. Einige kanadische Parks erlauben die kostenfreie Durchfahrt durch bestimmte Teile des Parks ohne Anhalten. Dies gilt z. B. für den Pacific Rim National Park auf dem Weg nach Tofino, den Yellowhead Highway durch den Jasper-Nationalpark oder den Highway 1 durch die Nationalparks Revelstoke, Glacier, Yoho und Banff. Wer jedoch für ein Foto auf einem Parkplatz kurz hält, ist verpflichtet, einen Park Pass zu kaufen – es wird viel kontrolliert. Wer auf einer

Provinzparks sind oft genauso attraktiv wie Nationalparks

Tour mehrere kanadische Parks besuchen will, kann bei seinem ersten Parkbesuch für 68 $ den 12 Monate gültigen Discovery Pass erwerben. Das Park-Personal an den Zufahrtsstraßen informiert gerne, ob sich das für Ihre geplante Route rechnet.

Provinz-, Territory- und State-Parks: Die Parks der Provinzen Alberta und British Columbia, der Territories NWT und Yukon sowie die State-Parks Alaskas erheben in der Regel keine Gebühr für den Eintritt. Kostenpflichtig sind natürlich Leistungen wie Campingplätze, Thermalbäder und geführte Touren. Campingplätze lassen sich in den meisten Parks online reservieren, was insbesondere in der Hochsaison unbedingt zu empfehlen ist. Die anfallenden Reservierungsgebühren von einigen Dollar erhöhen zwar die Kosten, was aber nicht ins Gewicht fällt gegenüber den Unannehmlichkeiten, die man riskiert, wenn man ohne Reservierung eintrifft und dann erfahren muss, dass im weiten Umkreis kein einziger Stellplatz mehr frei ist. Letzteres ist in den Rocky Mountains im Sommer die Regel, nicht die Ausnahme!

Notruf

Über die in Nordamerika einheitliche **Notrufnummer 911** erreichen Sie Polizei, Feuerwehr und Notarzt.

Öffnungszeiten

Große Museen und touristische Sehenswürdigkeiten sind in Westkanada und Alaska im Sommer meist täglich von 10 bis 17 Uhr geöffnet, kleinere Einrichtungen oft nur am Wochenende. Die auch in den Infoseiten oft genannten Zeitangaben „Ende Mai bis Anfang September" schließen die beiden langen Wochenenden, die den kanadischen Sommer eingrenzen, mit ein: Das Victoria Day Weekend, das dem vorletzten Mai-Montag vorangeht, läutet die Hauptsaison ein; der Labour Day, der 1. Montag im September, beendet sie.

Supermärkte sind in den Großstädten bis spätabends, teils auch rund um die Uhr geöffnet, in kleinen Dörfern hat meist wenigstens ein Supermarkt oder General Store bis 21 oder 22 Uhr geöffnet, an Sonntagen zumindest von 12 bis 16 Uhr. **Shopping Malls, Geschäfte des Einzelhandels** sind Mo–Sa meist von 10 bis 20 Uhr geöffnet, an Sonntagen von 11/12 bis 17 oder 18 Uhr. **Banken** haben Öffnungszeiten, die mit denen in Europa vergleichbar sind. **Restaurants** öffnen meist schon um 7 Uhr zum Frühstück, schließen abends oft aber bereits um 21 Uhr. Auch **Bars und Pubs** sind – außer in den großen Städten – zum großen Teil nur bis 21 oder 22 Uhr geöffnet. **Fast-Food-Restaurants** dagegen bieten vielerorts noch bis 23 Uhr oder später Essbares an.

Post

Auch in Zeiten von E-Mail und Kurznachrichtendiensten werden immer noch gerne Ansichtskarten aus dem Urlaub verschickt. Postkarten gibt es überall, für die Briefmarke muss man ein Postamt aufsuchen.

Kanada: Hier findet man nur noch in größeren Städten klassische Postämter mit der vollen Leistungspalette; den weitaus überwiegenden Teil der Postservices erbringen inzwischen privat geführte Postannahmestellen, die sich vor allem in Drogeriemärkten wie Pharmasave, Rexall und Shoppers Drug Mart befinden – mit kundenfreundlichen Öffnungszeiten. Die Briefkästen sind rot oder rot-gemustert und mit dem Emblem von Canada Post/Postes Canada versehen. Für Postkarten und Briefe bis 30 g fallen 2.50 $ (!) an.

Südost-Alaska: In allen Orten findet man ein staatliches Postamt des United States Postal Service, das fast immer zentral gelegen ist; nur hier erhält man auch Briefmarken. Die Briefkästen sind blau und tragen das Logo des USPS. Übliche Öffnungszeiten sind Mo–Fr 9.00–16.30 Uhr. Das Porto für Postkarten und leichte Briefe liegt bei 1.15 $.

Preisangaben

Anders als in Europa, wo bei Preisangaben der Endpreis inklusive aller Steuern ausgewiesen ist, wird in Nordamerika in Geschäften, Restaurants und Hotels nur der Nettopreis angegeben, auf den oft noch zahlreiche Steuern aufgeschlagen werden. Je nach Art der Ware oder Dienstleistung kommen die allgemeine Mehrwertsteuer (5 %), eine Provinzsteuer (nicht in Alberta) und/oder eine städtische Steuer hinzu – dies kann zwischen 5 und 20 % Zuschlag ausmachen. In der Praxis liegt der Gesamtbetrag der Steuern aber meist in der Größenordnung von 10–15 %. Staatliche Dienstleister (z. B. Fähren, Eisenbahnen), Tankstellen und die meisten privaten Anbieter von Unterkünften (z. B. kleinere B&B) weisen dagegen meist den Endpreis aus. Das Verkaufspersonal informiert in der Regel gern, welche Steuern zum Nettopreis hinzukommen. Es gibt auch entsprechende Apps fürs Smartphone, die die Beträge je nach Provinz und Stadt ausrechnen.

Rauchen

In Kanada und Alaska wird deutlich weniger geraucht als in Europa. Rauchen in geschlossenen Räumen mit Publikumsverkehr ist verboten. Vor Geschäften, Behörden oder Hotels stehen Rauchern meist markierte Raucherzonen zur Verfügung – das Rauchen außerhalb dieser Flächen wird mit hohen Strafen geahndet. Fast überall gilt diese Regelung auch für E-Zigaretten, in Nordamerika *Vape* oder *Vapor* genannt.

Reiseveranstalter

Ein Flug und ein Mietwagen sind im Internet schnell gebucht und mit diesem Reiseführer sind auch die passenden Übernachtungen leicht zu reservieren – wozu benötigt man da noch ein Reisebüro oder einen Reiseveranstalter? Für die Einbindung der Spezialisten spricht, dass diese vielfach wichtige Zusatzinformationen liefern können, die auf die individuellen Wünsche der Reisenden abgestimmt sind. Das muss nicht teurer sein, als die Bausteine selbst zusammenzustellen: Reiseveranstalter erhalten oft erhebliche Preisnachlässe bei Hotels, weil sie viele Buchungen im Jahr bringen, und finanzieren mit diesen Nachlässen ihre Arbeit. Der Kunde zahlt dann nicht mehr als bei einer Direktbuchung. Nicht zu unterschätzen ist auch die Hilfe im Problemfall: Fällt mal eine Fähre mit einem Defekt aus, gerät schnell der Zeitplan aus den Fugen, und es fallen hohe Zusatzkosten für Umbuchungen an. Nicht so, wenn man die Leistungen als Paket übers Reisebüro oder den Veranstalter gebucht hat: Dann ist es deren Aufgabe, für Lösungen zu sorgen. Viele Veranstalter bieten auch die Möglichkeit, nur einzelne Module zu buchen, z. B. drei Nächte in der exklusiven Lodge zum Bärenbeobachten.

An touristischen Brennpunkten wie Vancouver oder den Nationalparks in den Rocky Mountains ist in der Hochsaison oft im weiten Umkreis kein Bett mehr zu bekommen. Vorausbuchen – ob über einen Veranstalter oder selbst – ist hier dringend zu empfehlen. Die großen Veranstalter wie DER, FTI, Thomas Cook und TUI bieten auch für Kanada und Alaska ein umfassendes Angebot, sind aber nicht immer in der Lage, individuell detailliert zu beraten. Spezialanbieter hingegen, die ihre Tätigkeit zum Teil seit Jahrzehnten auf diese Region fokussiert haben, kennen alle Angebote in- und auswendig und können auftauchende Fragen kompetent beantworten. Hierzu zählen u. a. Canusa, CRD, Meridia, SK Touristik, TourConsult und TransCanada. Reiseveranstalter wie Invatarru Tours und Mister Trip bieten eine an den Kundenbedürfnissen ausgerichtete, individuelle Zusammenstellung der Reise an. Alle Anbieter sind leicht im Internet zu finden. Bei Reiseveranstaltern sollte man darauf achten, dass sie am „Canada Specialist Program" teilgenommen haben, das einem Gütesiegel gleichkommt.

Schwul, lesbisch, LGBTQ+

Die kanadische Gesellschaft gilt als eine der liberalsten der Welt, und so ist Homosexualität in Kanada weitgehend akzeptiert. Meist wird von LGBTQ+ gesprochen: L= Lesbisch, G = Gay/Schwul, B = Bisexuell, T = Transsexuell, Q = Questioning (Personen, die sich mit diesen Positionen für sich selbst auseinandersetzen) und „+" für Pansexualität, Asexualität etc. Oft werden auch einfach die Begriffe **Queer Community** und **Rainbow Community** verwendet. Die Diskriminierung von Menschen aufgrund ihrer sexuellen Orientierung ist in Kanada verboten und kommt in der Praxis auch nur sehr selten vor. Zudem sind die Rechte der LGBTQ+ durch die Verfassung geschützt. Die Ehe mit umfassenden Rechten zwischen Personen gleichen Geschlechts, in Deutschland 2017 beschlossen, ist in Kanada seit 2005 geltendes Recht. Die homosexuelle Community findet sich im Westen vor allem in den Großstädten Vancouver und Calgary, wo der Christopher Street Day jedes Jahr mit Paraden gefeiert wird. In den USA ist die Toleranz leider nicht so groß. Gerade in kleineren Städten in Südost-Alaska kann offen gezeigte Homosexualität noch Anfeindungen auslösen oder trifft zumindest auf Unverständnis.

Strom, Steckdosen und Adapter

In Nordamerika kommen eine andere Stromspannung (110 V/60 Hz Wechselstrom) und ein anderes Steckdosensystem zum Einsatz. Um das Handy, Kamera-Akkus etc. aufzuladen, benötigen Sie daher einen Adapter. Zudem sollten Sie vor Abflug sicherstellen, dass alle Geräte auch mit der Spannung von 110 V funktionieren – bei Rasierapparaten ist dies nicht immer der Fall. Manche Akku-Ladegeräte funktionieren auch mit 12 V und lassen sich wie in Europa am Zigarettenanzünder im Auto betreiben. Höherwertige Mietwagen haben oft zusätzlich einen USB-Anschluss. Auch dieser taugt zum (langsamen) Laden von Mobiltelefonen oder Tablets.

Telefon und Internet

Kreditkarten und Prepaid-Karten: Auch in ländlichen Regionen können Sie ihre Gespräche in Telefonzellen mit der Kreditkarte bezahlen und somit exakt abrechnen. Günstiger sind Prepaid-Karten, die man u. a. in Supermärkten, Drugstores und Tankstellen erwerben kann. Wer seine Kreditkartendaten an der Hotelrezeption hinterlegt, kann auch bequem, aber teuer vom Hotelzimmer aus telefonieren.

Mobiles Telefonieren: Das Telefonieren mit dem Handy ist aufgrund der immer noch bestehenden hohen Roaming-Kosten sehr teuer, egal ob Sie von Alaska oder Kanada aus anrufen, sich anrufen lassen oder gar mit Ihrem deutschen Mobiltelefon eine amerikanische Nummer anrufen. Eine böse Überraschung erlebt auch oft, wer sich auf die Werbeangebote seines Mobilfunkanbieters verlässt, die in der Regel per SMS eingehen, sobald man sein Handy nach der Landung in Alaska oder Kanada wieder einschaltet. Die Angebote versprechen zwar eine Kostenobergrenze, verraten aber nicht, dass dann meist nur ein einziger kanadischer Mobilfunkanbieter freigeschaltet wird. So arbeitet Vodafone in Westkanada nur mit Rogers zusammen, deren Netz sich aber nur bis etwa zum Yellowhead Highway 16 (Prince Rupert – Prince George – Jasper – Edmonton) erstreckt. Ist man im nördlichen British

Zum Glück kein Handy-Empfang: Naikoon Provincial Park, Haida Gwaii

Columbia, im Yukon oder in den NWT unterwegs, hat man als Vodafone-Kunde dann keinerlei Empfang mehr. Man kann dann aufgrund des fehlenden Netzes auch nicht auf die Normaltarife umsteigen, um im Notfall erreichbar zu sein. Informieren Sie sich daher unbedingt vorab im bei Ihrem Mobilfunkanbieter, welche Optionen mit welchen Leistungen und Kosten Ihnen zur Verfügung stehen.

Alternativ kann man schon vorab in Europa – z. B. von www.reisesim.de oder ähnlichen Anbietern – günstige SIM-Karten kaufen, die mit einem bestimmten Guthaben aufgeladen werden.

Internet-Telefonie: Skype, FaceTime oder ähnliche Angebote – die günstigste Form der Telefonie ist die Internet-Telefonie. Fast überall stehen kostenfreie WLAN-Netze – in Nordamerika „Wifi" genannt – zur Verfügung: in Hotels, Restaurants, Fast-Food-Läden, Visitor Centres, Museen und Bibliotheken. Natürlich sind über diese allerdings meist ungesicherten WLAN-Verbindungen auch Internetrecherchen, Empfang und Versand von E-Mails etc. möglich. In ländlichen Regionen sind die Bandbreiten und Übertragungsraten dieser Netze aber oft sehr niedrig.

800er-Nummern: Viele touristische Einrichtungen verfügen über 800er-Nummern, die einen kostenfreien Anruf erlauben. Dies funktioniert aber in der Regel weder aus Europa noch vor Ort mit dem Handy, sondern nur vom Festnetz aus. Daher sind in diesem Reiseführer die jeweiligen lokalen Rufnummern angegeben.

R-Gespräche: Wenn Sie von öffentlichen Telefonen die „0" wählen, gelangen Sie zur Vermittlung, die ein R-Gespräch (Collect call) herstellen kann. Die Vermittlung ruft in diesem Fall Ihren Gesprächsteilnehmer vorab an und fragt, ob er bereit ist, die Kosten zu übernehmen.

Toiletten

Neben Restaurants, Museen und Shopping Malls bieten auch die meisten Tourist-Informationen kostenfreie Toiletten an. Viele Städte verfügen zudem über öffentliche Toiletten, vor allem an Wanderwegen und an Stränden, die meist in einem guten Zustand sind. Es gilt als unfein, nach der „Toilet" zu fragen – „Restroom" oder „Washroom" sind die üblichen Begriffe. In kleineren Restaurants ist es durchaus üblich, dass es nur eine einzige Toilette gibt, die von beiden Geschlechtern genutzt wird.

Fahrradverleiher gibt es in allen größeren Städten

Touristische Informationen

Die Webseiten und Broschüren der überregionalen Tourismusvertretungen bieten umfassende Informationen, meist auch in Deutsch. Auch das kleinste Dorf hat heute seinen eigenen Internetauftritt, wo detaillierte Informationen für „Visitors" in Englisch zu finden sind. Die lokalen Fremdenverkehrsämter („Visitor Centres") sind ideale Anlaufpunkte vor Ort, um Stadtpläne sowie Tipps zu aktuellen Veranstaltungen, Unterkünften, Restaurants und Freizeitmöglichkeiten zu erhalten. Hier findet man immer auch Material für die nächsten Orte auf der Route.

Kanada: https://de-keepexploring.canada.travel. **British Columbia:** www.hellobc.de. **Alberta:** www.travelalberta.com.de. **Yukon:** www.travelyukon.de. **Northwest Territories:** www.spectacularnwt.de. **Alaska:** www.alaskausa.de.

Trinkgeld

Nach wie vor erhalten Servicekräfte in der nordamerikanischen Hotellerie und Gastronomie keine oder nur sehr geringe Grundgehälter: Sie sind zur Existenzsicherung auf Trinkgelder angewiesen.

Restaurants: Hier sind 10 % Trinkgeld das absolute Minimum – als Geste wird dies so aufgefasst, wie wenn man in Deutschland überhaupt kein Trinkgeld zahlt. Ein normal zufriedenstellender Service sollte daher mit 15 % vergütet werden, ein guter Service mit 20 %. Wer mit Kreditkarte zahlt, bekommt das Kartenlesegerät auf den Tisch gestellt, bestätigt den Rechnungsbetrag und kann dann in der Regel über eine einfache Auswahl festlegen, ob 10, 15 oder 20 % Trinkgeld addiert werden sollen.

Hotels: Üblich sind 2 % des Übernachtungspreises, man lässt den Betrag einfach auf dem Tisch liegen.

Tourguides: Wer für 100 $ einen Ausflug bucht, um Wale, Bären oder anderes zu sehen und zufrieden war, kann dem Tourguide und/oder Kapitän 5 $ oder 10 $ als Dankeschön geben.

Versicherungen

Aufgrund der hohen Kosten für ärztliche Behandlungen ist eine umfassende Reisen-Kranken-Versicherung praktisch Pflicht. Bestimmte Versicherungs-Grundleistungen sind zwar bei einigen Kreditkarten inbegriffen; diese reichen jedoch im Ernstfall meist keineswegs aus. Studieren Sie unbedingt die Versicherungsbedingungen im Detail, oder gehen Sie gleich auf Nummer sicher: Reiseversicherungen der bekannten Anbieter Allianz („Allianz Travel"), ERGO („Europäische Reiseversicherung"), Hanse-Merkur und Union Reiseversicherung decken so wichtige Aspekte wie Vorkasse, medizinisch sinnvolle Rücktransporte und umfangreiche Assistance-Leistungen mit ab. Auch rechtlicher Beistand ist oft mit eingeschlossen – nicht zu unterschätzen bei Problemen mit den Polizeibehörden (→ Alkohol, S. 723). Die meisten deutschen Autovermieter schließen alle erforderlichen Versicherungen schon in den Reisepreis ein; allerdings muss man manchmal bei Schäden in Vorleistung gehen.

Wäsche waschen

Wer nicht zu viel Gepäck mitschleppen möchte, aber auch nicht eine Woche mit dem gleichen Satz Kleidung auskommt, wird unterwegs irgendwann vor die Frage gestellt: Wo kann ich Wäsche waschen? Viele große Hotels und auch manche Motels bieten einen Komplettservice an: Sie erhalten die gewaschene und zusammengelegte Wäsche am nächsten Morgen zurück, die Kosten halten sich in Grenzen. Noch billiger ist es, wenn das Hotel bzw. Motel oder der Campground über einen **Laundry Room** verfügt: Hier können Sie Waschmaschinen und Trockner gegen eine Gebühr nutzen. Fragen Sie an der Rezeption, welche Münzen („coins") Sie benötigen, und wechseln Sie bei Bedarf einen Schein ins passende Kleingeld („change"). Dort erhalten Sie auch eine Portion Waschmittel („detergent"). Weist man Sie aber an der Rezeption darauf hin, dass es um die Ecke einen **Laundromat,** einen Waschsalon gibt, bleibt nur der Weg dorthin. Diese Einrichtungen sind denen in Deutschland ähnlich und werden vor allem von jenen sozialen Schichten genutzt, die sich keine eigene Waschmaschine leisten können. Die Industriemaschinen waschen eine Trommel in 30–40 Minuten, die Trockner benötigen meist auch nicht länger. Wenn Sie Ihre Wäsche nicht unbeaufsichtigt lassen wollen, setzen Sie sich mit einem guten Reiseführer in den Waschsalon und machen Sie schon mal Pläne fürs Abendessen oder die morgige Route …

Zeitzonen/Zeitverschiebung

Westkanada und Südost-Alaska erstrecken sich über drei Zeitzonen. Als Faustregel kann gelten: Alberta und die Northwest Territories liegen in der **Mountain Time Zone,** acht Stunden hinter Deutschland zurück. Eine weitere Stunde zurück liegen British Columbia und der Yukon in der **Pacific Time Zone,** und wieder eine weitere Stunde, also zehn Stunden zurück, liegt Südost-Alaska in der **Alaska Time Zone.** Tatsächlich ist es aber etwas komplizierter. Zum einen erfolgt der Wechsel von der Sommer- zur Winterzeit in Kanada und Alaska bereits am zweiten Sonntag im März, und die Uhren werden erst am ersten Novembersonntag zurückgestellt. Zum anderen gilt in einem etwa 100 km breiten Streifen im Osten British Columbias im Sommer (und nur dann!) die Mountain Time, man ist dem Rest der Provinz eine Stunde voraus. Dies hat Konsequenzen für Reisende: So richtet sich z. B. der Fahrplan der Fähre über den Kootenay Lake am Highway 3A nach der Pacific Time. Wer von Osten (Kootenay Bay) kommt, gewinnt eine Stunde, wer von Westen (Balfour) aus die Überfahrt antritt, muss seine Uhr nach Ankunft auf der Ostseite eine Stunde vorstellen. In Südost-Alaska führt die Anwendung der Alaska Time dazu, dass dort trotz Sommerzeit die Sonne abends relativ früh untergeht, Mitte August schon kurz nach 20 Uhr.

Kartenverzeichnis

Zeichenerklärung für die Karten und Pläne

- Schnellstraße
- Fernstraße (vierspurig)
- Hauptstraße (vierspurig)
- Nebenstraße (vierspurig)
- Piste
- Pfad/Fußweg
- Fährlinie
- Bahnlinie
- Treppe
- Seilbahn
- Landesgrenze
- Provinz-/Staatsgrenze
- Fluss
- Stadtgebiet
- Grünfläche/Wald
- Sumpfgebiet
- Nationalpark
- Provinzpark
- Fußgängerzone
- Flughafen
- Fähre/Hafen
- Bahnhof
- Parkplatz
- Fahrradverleih
- Sehenswürdigkeit
- Naturattraktion
- Touristeninformation
- Tickets/Buchung
- Museum
- Kirche
- Therme
- Berggipfel
- Aussichtspunkt
- Pass
- Wasserfall
- Campingplatz
- Friedhof
- Wanderung

Was haben Sie entdeckt?

Haben Sie ein besonderes Restaurant, ein neues Museum oder ein nettes Hotel entdeckt? Wenn Sie Ergänzungen, Verbesserungen oder Tipps zum Buch haben, lassen Sie es uns bitte wissen!

Schreiben Sie an: Martin Pundt, Stichwort „Kanada – der Westen“
c/o Michael Müller Verlag GmbH | Gerberei 19, D – 91054 Erlangen
martin.pundt@michael-mueller-verlag.de

Alles im Kasten

Fotonachweis

Alle Fotos von Martin Pundt außer:
A. Michael Brown/Shutterstock.com: S. 510, 514 | Alaska Drones/Shutterstock.com: S. 646 | Amanda TQ/Shutterstock.com: S. 327 | Ami Parikh/Shutterstock.com: S. 592 | Bob Hilscher/Shutterstock.com: S. 232 | Brent Hofacker/Shutterstock.com: S. 715 | bon9/Shutterstock.com: S. 48 (2. v. u.) | Chad Zuber/Shutterstock.com: S. 608 | Christian Heiling/Shutterstock.com: S. 346 | Christopher Babcock/Shutterstock.com: S. 93 | Dancestrokes/Shutterstock.com: S. 559 | Doptis/Shutterstock.com: S. 197 | EB Adventure Photography/Shutterstock.com: S. 44, 103, 179 | Edmund Lowe/ Shutterstock.com: S. 595 | Emperoroscar/Shutterstock.com: S. 580, 609 | Eric Buermeyer/Shutterstock.com: S. 49 | Habib Sajid/Shutterstock.com: S. 709 | Hanna-mariah/Shutterstock.com: S. 9 | Harry Beugelink/Shutterstock.com: S. 253 | inEthos Design/Shutterstock.com: S. 519, 553 | Ingo70/Shutterdstock.com: S. 532 | James Wheeler/Shutterstock.com: S. 440 | JamesChen/Shutterstock.com: S. 55 | JeniFoto/ Shutterstock.com: S. 170, 711 | Jim Kulisek/Shutterstock.com: S. 628 | Josef Hanus/ Shutterstock.com: S. 88, 194, 342, 532 | Jukka Jantunen/Shutterstock.com: S. 538 | Kyle T Perry/Shutterstock.com: S. 79 (2. v. o.) | Lisa Holmen Photography/ Shutterstock.com: S. 50 | LouieLea/Shutterstock.com: S. 67 | Mady MacDonald/ Shutterstock.com: S. 541 | Michael Clewley/Shutterstock.com: S. 515 | Michael Woodruff/Shutterstock.com: S. 79 (oben) | Michele Aldeghi/Shutterstock.com: S. 542 | Murdock, G.G./Library and Archives Canada/C-004492: S. 639 | Nalidsa/ Shutterstock.com: S. 271, 412 | Natalia Bratslavsky/Shutterstock.com: S. 358 | NaturesMomentsuk/Shutterstock.com: S. 665 | Oliver S/Shutterstock.com: S. 145 | Pi-Lens/Shutterstock.com: S. 488, 707 | Robert Haasmann/Shutterstock.com: S. 644 | Poemnist/Shutterstock.com: S. 190 | Ralph Eshelman/Shutterstock.com: S. 658 | Reinhard Tiburzy/Shutterstock.com: S. 533 | Rocky Grimes/Shutterstock.com: S. 634 | Ronnie Chua/Shutterstock.com: S. 394, 398 | rook76/Shutterstock.com: S. 545 | Russ Heinl/Shutterstock.com: S. 600 | Ruth Peterkin/Shutterstock.com: S. 619 (1. v. u.) | Sandra Marsh/Dreamstime.com: S. 428 | Scott Prokop/Shutterstock.com: 403 |

sherwood/Shutterstock.com: S. 683 | SimonaKoz/Shutterstock.com: S. 79 (unten) | Sleuth Travel/Shutterstock.com: S. 204 | Stas Moroz/Shutterstock.com: S. 438 | Stephan Pietzko/Dreamstime.com: S. 433 | STEVENSON/Shutterstock.com: S. 411 | Tomas Nevesely/Shutterstock.com: S. 328 | TooTallEd Photo/Shutterstock.com: S. 522

Vielen Dank!

Ich danke allen Reise- und Weggefährten, die mich mit Rat und Tat bei diesem Reiseführer unterstützt haben und mir immer wieder Mut gemacht haben. Ohne Euch hätte ich es nicht geschafft:

Stephanie Fitz, Nadine Wroblewski, Jörg Finke, Karina Müller, Thomas Plessl, Bernd Willbrand, Barbara Pundt (†), Germut Pundt, Johannes Mehrer, Doris Finke, Thorsten Lehmann sowie zahllose haupt- und ehrenamtliche Mitarbeiterinnen der Tourismusorganisationen, Museen, Airlines, Fährgesellschaften, Busbetriebe, Bahngesellschaften, Tankstellen, Kneipen, Fahrradclubs und First Nations vor Ort, die stets mit Begeisterung und Herzlichkeit ihr Wissen mit mir teilten.

Impressum

Text und Recherche: Martin Pundt **Lektorat:** Marcus X. Schmid, D&M Services GmbH: Horst Christoph **Redaktion:** Angela Nitsche **Layout:** D&M Services GmbH: Christiane Bauer, Jana Dillner, Mirko Graf **Karten:** Benedikt Neuwirth, Hans-Joachim Bode, Theresa Flenger, Judit Ladik, Annette Seraphim, Gábor Sztrecska **Fotos:** siehe S. 741 **GIS-Consulting:** Rolf Kastner **Covergestaltung:** Karl Serwotka **Covermotiv:** Lake O'Hara Yoho National Park British Columbia © Autumn Sky Photography/ Shutterstock.com

Die in diesem Reisebuch enthaltenen Informationen wurden vom Autor nach bestem Wissen erstellt und von ihm und dem Verlag mit größtmöglicher Sorgfalt überprüft. Dennoch sind, wie wir im Sinne des Produkthaftungsrechts betonen müssen, inhaltliche Fehler nicht mit letzter Gewissheit auszuschließen. Daher erfolgen die Angaben ohne jegliche Verpflichtung oder Garantie des Autors bzw. des Verlags. Autor und Verlag übernehmen keinerlei Verantwortung bzw. Haftung für mögliche Unstimmigkeiten. Wir bitten um Verständnis und sind jederzeit für Anregungen und Verbesserungsvorschläge dankbar.

ISBN 978-3-95654-551-1

© Copyright Michael Müller Verlag GmbH, Erlangen 2019. Alle Rechte vorbehalten. Alle Angaben ohne Gewähr. Druck: hofmann infocom GmbH, Nürnberg.

Aktuelle Infos zu unseren Titeln, Hintergrundgeschichten zu unseren Reisezielen sowie brandneue Tipps erhalten Sie in unserem regelmäßig erscheinenden Newsletter, den Sie im Internet unter **www.michael-mueller-verlag.de** kostenlos abonnieren können.

Shannon Falls bei Squamish, B.C.

Abruzzen ▪ Ägypten ▪ Algarve ▪ Allgäu ▪ Allgäuer Alpen ▪ Altmühltal & Fränk. Seenland ▪ Amsterdam ▪ Andalusien ▪ Andalusien ▪ Apulien ▪ Australien – der Osten ▪ Azoren ▪ Bali & Lombok ▪ Barcelona ▪ Bayerischer Wald ▪ Bayerischer Wald ▪ Berlin ▪ Bodensee ▪ Bremen ▪ Bretagne ▪ Brüssel ▪ Budapest ▪ Chalkidiki ▪ Chiemgauer Alpen ▪ Chios ▪ Cilento ▪ Cornwall & Devon ▪ Comer See ▪ Costa Brava ▪ Costa de la Luz ▪ Côte d'Azur ▪ Cuba ▪ Dolomiten – Südtirol Ost ▪ Dominikanische Republik ▪ Dresden ▪ Dublin ▪ Düsseldorf ▪ Ecuador ▪ Eifel ▪ Elba ▪ Elsass ▪ Elsass ▪ England ▪ Fehmarn ▪ Franken ▪ Fränkische Schweiz ▪ Fränkische Schweiz ▪ Friaul-Julisch Venetien ▪ Gardasee ▪ Gardasee ▪ Genferseeregion ▪ Golf von Neapel ▪ Gomera ▪ Gomera ▪ Gran Canaria ▪ Graubünden ▪ Hamburg ▪ Harz ▪ Haute-Provence ▪ Havanna ▪ Ibiza ▪ Irland ▪ Island ▪ Istanbul ▪ Istrien ▪ Italien ▪ Italienische Adriaküste ▪ Kalabrien & Basilikata ▪ Kanada – Atlantische Provinzen ▪ Kanada – Der Westen ▪ Karpathos ▪ Kärnten ▪ Katalonien ▪ Kefalonia & Ithaka ▪ Köln ▪ Kopenhagen ▪ Korfu ▪ Korsika ▪ Korsika Fernwanderwege ▪ Korsika ▪ Kos ▪ Krakau ▪ Kreta ▪ Kreta ▪ Kroatische Inseln & Küstenstädte ▪ Kykladen ▪ Lago Maggiore ▪ Lago Maggiore ▪ La Palma ▪ La Palma ▪ Languedoc-Roussillon ▪ Lanzarote ▪ Lesbos ▪ Ligurien – Italienische Riviera, Genua, Cinque Terre ▪ Ligurien & Cinque Terre ▪ Limousin & Auvergne ▪ Limnos ▪ Liparische Inseln ▪ Lissabon & Umgebung ▪ Lissabon ▪ London ▪ Lübeck ▪ Madeira ▪ Madeira ▪ Madrid ▪ Mainfranken ▪ Mainz ▪ Mallorca ▪ Mallorca ▪ Malta, Gozo, Comino ▪ Marken ▪ Marseille ▪ Mecklenburgische Seenplatte ▪ Mecklenburg-Vorpommern ▪ Menorca ▪ Midi-Pyrénées ▪ Mittel- und Süddalmatien ▪ Montenegro ▪ Moskau ▪ München ▪ Münchner Ausflugsberge ▪ Naxos ▪ Neuseeland ▪ New York ▪ Niederlande ▪ Niltal ▪ Norddalmatien ▪ Norderney ▪ Nord- u. Mittelengland ▪ Nord- u. Mittelgriechenland ▪ Nordkroatien – Zagreb & Kvarner Bucht ▪ Nördliche Sporaden – Skiathos, Skopelos, Alonnisos, Skyros ▪ Nordportugal ▪ Nordspanien ▪ Normandie ▪ Norwegen ▪ Nürnberg, Fürth, Erlangen ▪ Oberbayerische Seen ▪ Oberitalien ▪ Oberitalienische Seen ▪ Odenwald ▪ Ostfriesland & Ostfriesische Inseln ▪ Ostseeküste – Mecklenburg-Vorpommern ▪ Ostseeküste – von Lübeck bis Kiel ▪ Östliche Allgäuer Alpen ▪ Paris ▪ Peloponnes ▪ Pfalz ▪ Pfälzer Wald ▪ Piemont & Aostatal ▪ Piemont ▪ Polnische Ostseeküste ▪ Portugal ▪ Prag ▪ Provence & Côte d'Azur ▪ Provence ▪ Rhodos ▪ Rom ▪ Rügen, Stralsund, Hiddensee ▪ Rumänien ▪ Rund um Meran ▪ Sächsische Schweiz ▪ Salzburg & Salzkammergut ▪ Samos ▪ Santorini ▪ Sardinien ▪ Sardinien ▪ Schottland ▪ Schwarzwald Mitte/Nord ▪ Schwarzwald Süd ▪ Schwäbische Alb ▪ Schwäbische Alb ▪ Shanghai ▪ Sinai & Rotes Meer ▪ Sizilien ▪ Sizilien ▪ Slowakei ▪ Slowenien ▪ Spanien ▪ Span. Jakobsweg ▪ Sri Lanka ▪ St. Petersburg ▪ Steiermark ▪ Stockholm ▪ Südböhmen ▪ Südengland ▪ Südfrankreich ▪ Südmarokko ▪ Südnorwegen ▪ Südschwarzwald ▪ Südschweden ▪ Südtirol ▪ Südtoscana ▪ Südwestfrankreich ▪ Sylt ▪ Tallinn ▪ Teneriffa ▪ Teneriffa ▪ Tessin ▪ Thassos & Samothraki ▪ Toscana ▪ Toscana ▪ Tschechien ▪ Türkei ▪ Türkei – Lykische Küste ▪ Türkei – Mittelmeerküste ▪ Türkei – Südägäis ▪ Türkische Riviera – Kappadokien ▪ USA – Südwesten ▪ Umbrien ▪ Usedom ▪ Varadero & Havanna ▪ Venedig ▪ Venetien ▪ Wachau, Wald- u. Weinviertel ▪ Westböhmen & Bäderdreieck ▪ Wales ▪ Warschau ▪ Westliche Allgäuer Alpen und Kleinwalsertal ▪ Wien ▪ Zakynthos ▪ Zentrale Allgäuer Alpen ▪ Zypern

Reisehandbuch **MM-City** **MM-Wandern**

Bisons im Mackenzie Bison Sanctuary, NWT

CASA FERIA
Land- und Ferienhäuser

Im Urlaub zu Hause

Finden Sie Ihr Feriendomizil
in über 70 Ländern
weltweit.

www.casa-feria.de

Casa Feria wünscht schöne Ferien

Wir sind Partner von: e-domizil Feriendomizile online

... MIT INVATARRU TOURS!

Mit mehr als 20 Jahren Erfahrung in Westkanada und Alaska wissen wir: Jeder von uns hat seine persönliche Kanada-Traumreise. Ob Flugsafari, Bärenbeobachtung oder indigene Kulturen, ob Radreise, Weingüter oder Wellness - oder vielleicht all das und mehr: Wir planen und gestalten Ihre Reise individuell für Sie, nach Ihren Wünschen, mit Ihren Inhalten, in Ihrem Zeitplan, mit Ihrem Budget - weil es *IHR* persönlicher Reisetraum ist!

Invatarru GmbH
Hochweg 12, 86672 Thierhaupten
www.invatarru-tours.de
info@invatarru-tours.de

INVATARRU TOURS

Register

Die in Klammern gesetzten Koordinaten verweisen auf die beigefügte Westkanada-Karte.

Café in der Innenstadt von Nelson, B.C.

Voyageur-Großkanu auf dem Beauvert Lake im Jasper National Park

Der Umwelt zuliebe

Unsere Reiseführer werden klimaneutral gedruckt.

Eine Kooperation des Michael Müller Verlags mit myclimate

Sämtliche Treibhausgase, die bei der Produktion der Bücher entstehen, werden durch Ausgleichszahlungen kompensiert. Unsere Kompensationen fließen in das Projekt »Kommunales Wiederaufforsten in Nicaragua«:

- Wiederaufforstung in Nicaragua
- Speicherung von CO_2
- Wasserspeicherung
- Überschwemmungsminimierung
- klimafreundliche Kochherde
- Verbesserung der sozio-ökonomischen und ökologischen Bedingungen
- Klimaschutzprojekte mit höchsten Qualitätsstandards
- zertifiziert durch Plan Vivo

Plan Vivo
Carbon management and rural livelihoods

Einzelheiten zum Projekt unter myclimate.org/nicaragua.

Michael Müller Reiseführer
So viel Handgepäck muss sein.

myclimate
shape our future

Die Webseite zum Thema:
www.michael-mueller-verlag.de/klima